Reclams
Opern- und Operettenführer

Von
Rolf Fath und Anton Würz

Philipp Reclam jun. Stuttgart

Inhalt

I
Opernführer

II
Operettenführer

ISBN 3-15-010465-3

Reclams Opernführer

Von Rolf Fath

36., erweiterte Auflage
Mit 48 Bildtafeln

Philipp Reclam jun. Stuttgart

Satz und Druck: Reclam, Ditzingen
Buchbinderische Verarbeitung: Kösel, Kempten
Printed in Germany 1999
RECLAM ist eine eingetragene Marke
der Philipp Reclam jun. GmbH & Co., Stuttgart
ISBN 3-15-010458-0

Claudio Monteverdi

Getauft 15. Mai 1567 in Cremona
† 29. November 1643 in Venedig

Trotz seiner bescheidenen Herkunft erhielt Claudio Monteverdi Musikunterricht von Marc' Antonio Ingegneri, dem Maestro di cappella am Dom in Cremona. Bereits 1582 und 1583 erschienen erste Kompositionen im Druck. Um 1590 trat Monteverdi als Violaspieler und Sänger in die Dienste des Herzogs Vincenzo I. Gonzaga von Mantua. 1595 begleitete er ihn auf Reisen nach Österreich, Prag und Ungarn, 1599, im Jahr der Heirat mit der Sängerin Claudia de Cattaneis, nach Flandern. 1601 wurde Monteverdi, der inzwischen zu den bedeutendsten zeitgenössischen Musikern zählte, Kapellmeister am Hof in Mantua. 1603 und 1605 veröffentlichte er sein viertes und fünftes Madrigalbuch (das erste war 1587 erschienen; das achte und letzte kam 1638 heraus). 1607 wurde seine erste Oper, *Orfeo*, in Mantua aufgeführt, 1608 die zweite, *L'Arianna*. Der Tod seiner Frau 1607 stürzte ihn in eine tiefe Depression, die sich verstärkte, als seinem Wunsch, aus dem Dienst der Gonzaga zu scheiden, nicht stattgegeben wurde, bis zur – vorübergehenden – Auflösung der Hofmusik 1612 unter Francesco IV. 1613 erhielt Monteverdi eine der ehrenvollsten Positionen des damaligen Musiklebens, die Kapellmeisterstelle an Venedigs San Marco. Zwischen 1630 und 1632 wurde er zum Priester geweiht. 1616 schrieb er für den Hof in Mantua das Ballett *Tirsi e Clori*. 1624 wurde seine dramatische Kantate *Il combattimento di Tancredi e Clorinda* in Venedig aufgeführt. 1638 und 1641 veröffentlichte er umfassende Sammlungen seiner weltlichen und geistlichen Kompositionen, und mit der Gründung der ersten öffentlichen Opernhäuser in Venedig nach 1637 wurde er wieder ein gesuchter Opernkomponist. Es kam zur Wiederaufnahme seiner *Arianna* sowie zu den Uraufführungen von *Il ritorno d'Ulisse in patria* (1640), *Le nozze d'Enea con Lavinia* (1641, Musik verloren) und *L'incoronazione di Poppea* (1642). 1643

besuchte er nochmals Mantua und seine Geburtsstadt. Der kurz nach seiner Rückkehr nach Venedig Gestorbene wurde in der Frari-Kirche beigesetzt.
Als Künstler und Repräsentant der Hochrenaissance fühlte sich Monteverdi Platons Vorstellung von einer Kunst, die Leidenschaften erregen solle und in der das Wort der Musik überlegen sei, verpflichtet. Der Primat des Wortes vor der Musik – während der ganzen Operngeschichte, bis u. a. hin zu *Capriccio* von Richard Strauss, ein Konflikt, der nicht nur die Opernreformatoren beschäftigte – wurde von Giulio Cesare Monteverdi, ebenfalls Musiker in Mantua, im Vorwort zu den *Scherzi musicali* seines Bruders Claudio 1607 ausdrücklich festgeschrieben. Im Gegensatz zu anderen Künstlern, beispielsweise den Mitgliedern der Florentiner »Camerata«, die als eine Art Musikakademie fungierte, war Monteverdi überzeugt, daß die Hoheit des Wortes auch innerhalb der herrschenden Polyphonie garantiert werden könne. Folglich griff er auch schon in die Textgestaltung seiner Opern ein, wie sein »Librettist« Giacomo Badoaro für *Le nozze d'Enea* bezeugt: »Ich vermied alle zu weit hergeholten Gedanken und Konzepte und achtete mehr auf die Affekte, wie Monteverdi es wünschte. Zu seiner Zufriedenheit änderte und strich ich vieles von dem, was ich ursprünglich vorgesehen hatte.« Für die Geschichte der Oper bedeutet Monteverdis Schaffen den ersten, die Form prägenden Höhepunkt.

Orpheus

L'Orfeo

Favola in musica in einem Prolog und 5 Akten. Text von Alessandro Striggio. Uraufführung am 24. Februar 1607 im herzoglichen Palast von Mantua.

Alessandro Striggio d. J. (1573? Mantua – 15. 6. 1630 Venedig), der Sohn des Madrigalkomponisten Alessandro Striggio, war Musiker, Jurist und Diplomat. 1611 trat er in die Dienste der Gonzaga, wurde Botschafter in Mailand, 1628 Kanzler. Für Monteverdi verfaßte er den Text zu *L'Orfeo*, vermutlich auch zu *Tirsi e Clori* (1615) und der verlorengegangenen Kantate *Lamento d'Apollo*. Außerdem schrieb er für Marco da Gagliano die Libretti zu *Il trionfo d'onore* und *Il sacrificio d'Ifigenia* (beide 1608).

PERSONEN: La Musica / Die Musik (Sopran) – Orfeo / Orpheus (Tenor oder Bariton – Euridice / Eurydike, eine Nymphe (Sopran) – Vier Hirten (Tenor, Bariton, Baß) – Botin (Mezzosopran) – La Speranza / Die Hoffnung (Sopran) – Charon (Baß) – Proserpina (Mezzosopran) – Pluto (Baß) – Apollo (Tenor oder Bariton) – Nymphe (Sopran) – Weitere Hirten und Nymphen, Geister.

ORT UND ZEIT: Thrakien und die Unterwelt in mythischer Vorzeit.

Prolog. Die Allegorie der Musik kündigt als ein Beispiel für die Macht ihrer Kunst die Geschichte von Orpheus an, der allein durch Gesang und Lyraspiel wilde Tiere zähmte und die Götter der Unterwelt bezwang.

1. Akt. Hirten und Nymphen freuen sich über die bevorstehende Hochzeit zwischen Orpheus und Eurydike. Tanzend erflehen sie die Gnade des Hymenäus, des Gottes der Ehe. Von einem Hirten zu einem Lied aufgefordert, beginnt Orpheus die Sonne und die Schöpfung zu preisen und endet mit einer Liebeshymne auf Eurydike (*Rosa del ciel / Rose des Himmels*). Die Nymphen und Hirten freuen sich, daß mit dem anbrechenden Frühling das Liebesleid des Orpheus ein Ende haben wird.

2. Akt. Gemeinsam mit den Hirten und Nymphen sucht Orpheus die Wälder und Hügel auf, die einst Zeugen seiner Trauer waren. Aus dem Glücksgefühl über die Wende seines Schicksals reißt ihn plötzlich eine Botin mit der Nachricht, daß Eurydike beim Blumenpflücken durch den Biß einer giftigen Schlange getötet worden ist (*Ahi, caso acerbo / Weh, grausames Verhängnis!*). Aus tiefem Schmerz (*Tu se' morta / Du bist tot*) faßt Orpheus den Entschluß, in das Reich der Schatten hinabzusteigen und den Herrscher der Unterwelt, Pluto, zur Rückkehr Eurydikes zu bewegen – oder mit ihr dort für immer vereint zu bleiben.

3. Akt. Geleitet von der Hoffnung gelangt Orpheus an das Tor der Unterwelt, wo sie ihn verlassen muß, denn hier herrscht das abweisende Motto »Laßt alle Hoffnung zurück,

die ihr hier eintretet!«. Durch die Macht seines Gesangs vermag er den Fährmann Charon, der sich weigert, einen Lebenden über den Totenfluß zu setzen, in Schlaf zu senken und mit dem Kahn selbst das andere Ufer zu erreichen (*Possente spirito / Mächtiger Geist*). Der Chor der Geister besingt warnend die Hybris der Menschen.
4. Akt. Proserpina, die Göttin der Unterwelt, ist vom Schmerz und von den Klagen des Orpheus so bewegt, daß sie Pluto bittet, Eurydike auf die Erde zurückkehren zu lassen. Pluto willigt ein, stellt aber eine Bedingung: Orpheus darf Eurydike erst ansehen, wenn beide das Totenreich verlassen haben. Voll Freude, aber auch voll Zweifel, ob Eurydike ihm wirklich folgen darf, geht Orpheus voran. Als er glaubt, die Furien hinter sich zu hören, kann er nicht an sich halten, er wendet sich um – und verliert Eurydike für immer. Die Geister der Unterwelt aber singen das Lob der Selbstüberwindung als hoher Tugend.
5. Akt. Dem ganz seinem hoffnungslosen Schmerz hingegebenen Orpheus schallt als leerer Reflex seiner Liebesklagen nur das Echo zurück. Da erscheint ihm voll Mitleid sein Vater Apoll und erhebt ihn zu Ruhm und Unsterblichkeit zu sich in den Olymp, wo alles irdische Leiden ein Ende hat und Orpheus Eurydikes Abbild in der Sonne und in den Sternen erblicken wird.

Die Bedeutung von Monteverdis erster Oper liegt bei aller Schlichtheit in der gelungenen Symbiose von Text, Handlung, Gesang und Musik, einem Ideal, dem alle Opernreformer in der Folgezeit nacheiferten.
Die Oper war gerade erst wenige Jahre alt, als Monteverdi, der sich bereits seit 1600 mit dem Problem des musikalischen Dramas beschäftigte, 1606 die Vertonung des Orpheus-Stoffes in Angriff nahm. Als erste Beispiele der Gattung Oper gelten Jacopos Peris *La Dafne* (1597) und *L'Euridice* (1600) sowie Giulio Caccinis *L'Euridice* (1602), die beiden letzten auf einen Text des Florentiner Dichters Ottavio Rinuccini. Alle drei Opern sind unmittelbare Ergebnisse der Bemühungen, die antike Tragödie wiederzubeleben, wie sie

die Florentiner »Camerata« um den Grafen Bardi propagierte. Musikalisch wandten sich diese Bestrebungen gegen die Auswüchse der Polyphonie und stellten das singende Sprechen, das »parlar cantando«, in den Vordergrund.
Striggio orientierte sich bei seinem Libretto weniger an Rinuccini, der die Orpheus-Handlung für seine *Euridice* bearbeitet hatte, sondern ging auf Angiolo Polizianos Schauspiel *La festa di Orfeo* zurück, das 1480 in Mantua erstmals gespielt wurde. Wie Poliziano wählte Striggio für sein Libretto, entsprechend einer anderen Überlieferung des Mythos, einen tragischen Schluß, die Flucht des Orpheus vor den Bacchantinnen, während Poliziano allerdings mit einem Bacchanal, in dessen Verlauf Orpheus von den Bacchantinnen zerrissen wurde, geendet hatte. In seiner Partitur von 1609 entschied sich Monteverdi für ein Finale mit der Apotheose des Orpheus.
Musikalisch und theatergeschichtlich kommen im *Orfeo* mehrere Einflüsse aus den Vorläuferformen der Oper zusammen. Elemente der Pastorale und der Intermedien, d. h. der Zwischenaktmusiken bei Schauspielen, finden sich in den ausführlichen Hirtenszenen, für die Monteverdi, entsprechend seiner Übung im Umgang mit Ballettmusik, eine tänzerische Musik konzipierte, die sich von den Absichten der rezitativisch strengen Musik der Florentiner Schule entfernte. Das Instrumentarium entspricht weitgehend dem der Intermedien (aus dieser Tradition stammt auch die eröffnende Bläsertoccata), und zeigt große Vielfalt in der Auswahl der Harmonieinstrumente. Posaunen in den Unterweltszenen, Flöten und Streicher zur Illustration des pastoralen Geschehens entsprachen der Konvention, neu war dagegen die von Monteverdi geforderte virtuose Beherrschung der Instrumente. Seine Auffassung des Gesangs hat er später, 1616, in einem Brief an Striggio niedergelegt; darin forderte er, daß den Menschen in seinen Opern möglichst unverzierte Gesangslinien zukommen müßten, während sich die Götter in einer verzierten, quasi allegorischen Gesangsweise zu äußern hätten. Die 5 Akte sind fast identisch aufgebaut und jeweils um eine große Solonummer des Orpheus

konzipiert, deren wichtigste die Arie *Possente spirito* im 3. Akt ist. Orpheus wird hier nicht nur als Allegorie des Künstlers oder sinnbildlich für die Kraft der Musik schlechthin aufgefaßt, sondern auch als ein verzweifelter Mensch. Die Verwendung eines rhythmisch ostinaten Basses im 4. Akt, wenn Orpheus und Eurydike sich langsam schreitend, Schritt für Schritt, der Erde zubewegen, ist von Monteverdi ganz aus den szenischen Erfordernissen heraus gestaltet und begründete einen musikalischen Archetypus. Gleichermaßen erschütternd und in seiner Eindringlichkeit revolutionierend wirkt der Dialog zwischen Orpheus und der Botin.
1609 erschien der *Orfeo* in Venedig im Druck, erneut 1615. Nachdem Monteverdis Wirken in Schriften Ernst Ludwig Gerbers (1790) und Carl von Winterfelds (1834) erwähnt wurde, veröffentlichte Robert Eitner 1881 eine moderne Ausgabe der Oper. Die erste moderne Aufführung fand, in konzertanter Form und französisch gesungen, unter Vincent d'Indy 1904 durch die Pariser Schola Cantorum statt; 1911 folgte, wieder in Paris, eine szenische Aufführung. In Breslau kam es 1913 zu der ersten deutschsprachigen Version (eingerichtet von Hans Erdmann-Gunckel). 1925, 1929 und 1940 (Dresden, unter Karl Böhm) legte Carl Orff seine Fassungen des *Orfeo* vor. 1930 gab Gian Francesco Malipiero seine Bearbeitung des *Orfeo* heraus, 1933 folgte in Mantua eine konzertante Aufführung in der Fassung von Giacomo Orefice. Weitere Einrichtungen und Fassungen stammen von Giacomo Benvenuti (1934 Rom, unter Tullio Serafin), von Ottorino Respighi (1935 Mailand, unter Marinuzzi), von Hans Ferdinand Redlich (1936 Zürich), von Paul Hindemith (1954 Wien), von August Wenzinger (1955 Hitzacker). Modellcharakter kommt der Inszenierung Jean-Pierre Ponnelles am Zürcher Opernhaus (20. 12. 1975) zu; diese Aufführung, unter Nikolaus Harnoncourt, bildete den Beginn des Zürcher Monteverdi-Zyklus, der Theatergeschichte machte.
Spieldauer: ca. 1¾ Stunden (Prolog: ca. 7 min.; 1. Akt: ca. 15 min.; 2. Akt: ca. 25 min.; 3. Akt: ca. 25 min.; 4. Akt: ca. 15 min.; 5. Akt: ca. 15 min.).

Die Heimkehr des Odysseus

Il ritorno d'Ulisse in patria

Dramma in musica in einem Prolog und 3 Akten. Text von Giacomo Badoaro nach Homers *Odyssee* (13.–23. Gesang). Uraufführung wahrscheinlich im Frühjahr 1640 in Venedig, Teatro San Cassiano.

Giacomo Badoaros (1602 Venedig – 1654 Venedig) Ruhm als Librettist gründet sich vor allem auf diesen Text. In seinem Libretto zu Francesco Paolo Sacratis *L'Ulisse errante* (1644) griff er ebenfalls auf Homer zurück, gab dabei die Prinzipien des Aristoteles von der Einheit der Zeit, des Ortes und der Handlung auf und behandelte in jedem Akt eine andere Episode aus der *Odyssee*.

PERSONEN: L'umana fragilità / Die menschliche Gebrechlichkeit (Sopran oder Tenor) – Tempo / Die Vergänglichkeit (Baß) – Fortuna / Das Schicksal (Sopran) – Amore / Die Liebe oder Amor (Sopran) – Giove / Zeus (Baß) – Nettuno / Poseidon (Baß) – Minerva / Athene (Sopran) – Giunone / Hera (Sopran) – Ulisse / Odysseus (Tenor oder Bariton) – Penelope, Frau des Odysseus (Mezzosopran oder Sopran) – Telemaco / Telemach, ihr Sohn (Tenor oder Mezzosopran) – Die königlichen Freier Antinoo / Antinoos (Baß), Pisandro / Pisandros (Tenor), Anfinomo / Amphinomos (Tenor oder Bariton) – Eurimaco / Eurymachos (Tenor oder Bariton) – Melanto / Melantho, Penelopes Dienerin (Sopran) – Eumete / Eumaios, ein Hirte (Baß) – Iro / Iros (Tenor) – Ericlea / Eurykleia, Amme des Odysseus (Mezzosopran) – Phäaken, Seeleute, Sirenen.

ORT UND ZEIT: Ithaka, nach dem Trojanischen Krieg.

Prolog. Das Thema der Oper wird gleich in den ersten Sätzen der Umana fragilità angeschlagen; die Allegorie der menschlichen Gebrechlichkeit beklagt ihre Abhängigkeit von Tempo, Fortuna und Amore: der verrinnenden Zeit, dem launischen Schicksal und der blinden Liebe.

1. Akt. Penelope beklagt in gleicher Weise die 20 Jahre ihrer Einsamkeit (*Di misera regina / Ich unglückliche Königin*) und ersehnt die Rückkehr ihres Mannes Odysseus. Die alte Dienerin Eurykleia teilt ihren Schmerz. Eurymachos, einer der von Penelope zurückgewiesenen Freier, wendet sich

deren Dienerin Melantho zu. Poseidon beschwert sich bei Zeus, daß die Phäaken einen Befehl der Götter mißachtet und Odysseus in seine Heimat Ithaka zurückgeführt haben. Zeus gesteht Poseidon das Recht zu, die Phäaken dafür zu bestrafen; ihr Schiff wird in einen Felsen verwandelt.
Einsam am Strand, erkennt Odysseus seine Heimat nicht wieder und glaubt sich von den Phäaken betrogen (*Dormo ancora o son desto? / Schlafe ich noch oder wach ich?*). Da erscheint Athene und bestätigt ihm, daß er in Ithaka sei. Sie rät ihm, bei der Heimkehr erst das Treiben der Freier am Hof der Penelope zu beobachten, und damit er nicht erkannt würde, verwandelt sie ihn in einen Greis.
Vergeblich drängt Melantho ihre Herrin Penelope, der Liebe zu Odysseus zu entsagen und dem Werben der Freier endlich nachzugeben. Als Odysseus in Gestalt eines alten Mannes bei Eumaios erscheint, der das Glück eines einfachen Hirtenlebens preist und deshalb von dem Großmaul Iros verspottet wird, bleibt er unerkannt, erhält aber großzügig Obdach.
2\. Akt. Von Athene geführt, kommt Telemach zu Eumaios und schickt diesen voraus zu Penelope, um seine Heimkehr anzukündigen. Darauf gibt sich Odysseus seinem Sohn zu erkennen (*O padre sospirato! / O langersehnter Vater!*). Telemach solle nun auch in den Palast zurückkehren, während Odysseus in der Maske des alten Mannes später folgen werde.
Im Palast gesteht Melantho ihrem Eurymachos, daß es nicht gelungen ist, die Königin in der Treue zu Odysseus schwanken zu machen. Als Eumaios die Ankunft des Telemach und die Rückkehr des Odysseus ankündigt, wird den Freiern, die Penelope mit Worten, Tänzen und Gesängen umzustimmen versuchten, ihre Lage bewußt. Das stachelt sie zu noch drängenderer Werbung um Penelope an. An ihrer Absicht, Telemach umzubringen, hindert sie nur ein böses Omen, der am Himmel erscheinende Adler des Zeus. Penelope soll nun mit Gold zur Liebe verführt werden.
Die Handlung schreitet in weiteren Einzelszenen fort: Athene versichert Odysseus ihrer Unterstützung im Kampf

gegen die Freier; Eumaios schildert Odysseus den Schrekken der Freier bei der Nachricht von seiner Rückkehr, und Telemach beschreibt seiner Mutter Helenas Schönheit, die Rechtfertigung genug für den Untergang Trojas sei. Helena habe ihm die Heimkehr des Odysseus und den Tod der Freier vorausgesagt. Penelope erscheint eine Schönheit und Liebe, »die in Blut badet«, ungeheuerlich. Antinoos ist der bettelnde Greis, den Eumaios in den Palast geführt hat und der den pöbelhaften, fetten Fresser Iros im Zweikampf besiegt, zuwider. Die Freier erreichen schließlich, daß Penelope nachgibt: Wer den Bogen des Odysseus spannen kann, dem will sie gehören. Keinem gelingt es – außer dem Alten: Mit der Hilfe der Götter erschießt Odysseus die Freier.

3. Akt. Iros, der dem Gemetzel entkommen konnte, bejammert sein Schicksal (*O dolor, o martir che l'alma attrista / Qual und Trauer bedrücken die Seele*). Da ihm seine Gönner nicht mehr den Bauch füllen können und ehe ihn der Hunger umbringt, will er sich selbst töten. Penelope kann keinen Schmerz über den Tod der Freier aufbringen. Als ihr Eumaios erzählt, daß es Odysseus war, der die drei tötete, glaubt sie ihm nicht. Selbst Telemach kann sie nicht davon überzeugen; sie glaubt nicht an die Hilfe der Götter.

Auf Bitten Athenes bedrängt Hera, die Göttin der Ehe, den Göttervater Zeus, Poseidon umzustimmen. Athene solle nur Sorge tragen, daß es aus Rache für die Ermordung der Freier zu keinem neuen Kampf komme. Während Eurykleia noch zögert, Penelope das ihr plötzlich offenbar gewordene Geheimnis des Odysseus mitzuteilen, versuchen es Eumaios und Telemach noch einmal – umsonst. Penelope kann selbst in den Beteuerungen des Greises nicht ihren Mann wiedererkennen. Nun erzählt Eurykleia doch, daß sie an einer Narbe in dem Fremden Odysseus erkannt habe, und macht damit Penelope unsicher. Aber erst als er die Decke ihres Ehebettes beschreibt, lösen sich ihre Zweifel und kann sie sich der Freude über die Wiederkehr des Odysseus hingeben (*Sospirato mio sole! / Du meine mit Seufzern ersehnte Sonne!*).

War der *Orfeo* noch für einen kleinen kunstinteressierten Kreis an einem Fürstenhof bestimmt, so vollzog Monteverdi mit seinen letzten drei Opern (von denen nur *Le nozze d' Enea con Lavinia* nicht erhalten ist) den Schritt in die Öffentlichkeit. Er schloß sich damit einer Entwicklung an, die vor allem in Venedig auffällig war, seit 1637 der vielseitige Künstler und Unternehmer Benedetto Ferrari das erste öffentliche Opernhaus, das Teatro San Cassiano, dort gegründet hatte und rasch weitere Theatergründungen gefolgt waren. Die Oper wurde zu einer beliebten und volkstümlichen Unterhaltungsform. Gleichzeitig veränderten sich ihre Inhalte. Sie war nicht mehr Gegenstand ästhetisierender Diskussionen des kunstinteressierten Adels, sondern hatte die weniger anspruchsvollen Bedürfnisse eines viel breiteren Publikums nach Unterhaltung zu befriedigen. Das bedeutete Zurückdrängung der idealisierten mythischen Vorwürfe zugunsten realistisch aufgesplitterter, auch drastischer Handlungen voll elementarer Beweggründe, spannender Intrigen, praller Komik und einer Vielzahl verschiedener Figuren. Die historischen Stoffe wurden kurzerhand wie Probleme der Gegenwart behandelt.
Musikalisch weist *Ulisse*, 33 Jahre nach dem exemplarischen Renaissance-Werk des *Orfeo*, bereits Merkmale der Barockoper auf. Monteverdi benutzt hier das Rezitativ als soziologisches Instrument, indem er auch Penelope und andere Hauptgestalten sich rezitativisch äußern läßt und die ariosen, liedhaften, verzierten und kunstvolleren Passagen für die Freier, die Diener, die Amme oder das Paar Melantho und Eurymachos vorsieht. Ein frühes Beispiel für musikalische Parodie ist die Arie des Iros im 3. Akt, den schwankenden Charakter des Fressers durch ein buntes Stilgemisch darstellt. Darüber hinaus bedeutet dieses sich verselbständigende komische Lamento die parodistische Entsprechung zu Penelopes Klage am Beginn der Oper.
Das Libretto (in 5 Akten) blieb in Venedig erhalten; die Partitur wurde 1881 in der Wiener Nationalbibliothek entdeckt und 1922 von Robert Haas herausgegeben. Überliefert ist allerdings nur die Gesangsstimme und eine Zeile für den

Begleitbaß. Obwohl die Oper stets etwas im Schatten des *Orfeo* und der *Poppea* stand, reizte sie – vor allem Komponisten – zu zahlreichen Bearbeitungen. So kam es zu Fassungen von Vincent d'Indy (1925 Paris), Luigi Dallapiccola (1942 Florenz), Erich Kraack (1959 Wuppertal), Siegfried Matthus (1967 Berlin, Komische Oper), Nikolaus Harnoncourt (1969 Darmstadt; 1971 Wien; 1977 Zürich), Raymond Leppard (1972 Glyndebourne), Hans Werner Henze (1985 Salzburg und Köln).
Spieldauer: ca. 3¼ Stunden (Prolog: ca. 10 min.; 1. Akt: ca. 70 min.; 2. Akt: ca. 70 min.; 3. Akt: ca. 45 min.).

Die Krönung der Poppäa

L'incoronazione di Poppea

Favola regia per musica in einem Prolog und 3 Akten. Text von Giovanni Francesco Busenello. Uraufführung 1642 in Venedig, Teatro Santi Giovanni e Paolo.

Giovanni Francesco Busenello (24. 9. 1598 Venedig – 27. 10. 1659 Legnaro), der Sohn einer wohlhabenden und bedeutenden venezianischen Familie, studierte in Padua Jura, praktizierte ab 1623 als Anwalt in Venedig und gehörte mehreren Akademien (Delfici, Umoristi, Imperfetti, Incogniti) an, die großen Einfluß auf die Entwicklung der öffentlichen Oper nahmen. Er selbst hat starken Anteil an der Umformung der Oper von der höfischen Unterhaltung zum bürgerlichen Spektakel. Neben seinem Text für Monteverdi verfaßte er u. a. Libretti für Cavalli (*Gli amori d'Apollo e di Dafne*, 1640; *La Didone*, 1641).

PERSONEN: Fortuna / Schicksal (Sopran) – Virtù / Tugend (Sopran) – Amore / Liebe (Sopran) – Ottone / Otho, römischer Feldherr (Sopran oder Bariton) – Poppea / Poppäa, seine Geliebte (Sopran) – Nerone / Nero, Kaiser (Sopran oder Tenor) – Ottavia / Octavia, Kaiserin (Mezzosopran) – Arnalta, Poppeas Amme (Tenor oder Alt) – Ottavias Amme (Tenor oder Mezzosopran) – Seneca, Philosoph, Erzieher Neros (Baß) – Valletto, Page (Sopran oder Tenor) – Damigella, Hofmädchen (Sopran) – Drusilla (Sopran) – Pallade / Pallas Athene (Sopran) – Mercurio / Merkur (Bariton) – Lucano / Lucanus, Dichter und Freund Neros (Tenor) – Liberto, Hauptmann der Wache (Tenor) – Littore (Bariton) – Venere / Venus (Sopran) – Soldaten, Schüler Senecas, Konsuln, Tribune, Senatoren u. a.

ORT UND ZEIT: Rom, um 62 n. Chr. unter Kaiser Nero.

Prolog. Den Streit zwischen Fortuna und Virtù um den Vorrang in der Weltordnung beendet Amor, indem er zu beweisen verspricht, daß es allein die Liebe ist, die über allem anderen den Lauf der Dinge bestimmt.
1. Akt. Ottone, aus dem Feld nach Rom zurückgekehrt, muß von zwei kaiserlichen Wachsoldaten vor Poppeas Haus erfahren, daß Nero bei ihr ist und sie seine Geliebte wurde. Beim Abschied von Poppea verspricht ihr Nero, seine Frau Ottavia zu verstoßen. So sieht sich Poppea bereits als Kaiserin, doch Arnalta äußert sich skeptisch. Sie fürchtet um Poppeas Ruf und hat Angst vor Ottavias Rache. Obwohl unter Neros Treulosigkeit leidend (*Disprezzata regina / Geschmähte Königin*), denkt Ottavia nicht daran, sich einen Liebhaber zu nehmen, wie ihre Amme rät. Aber auch Senecas Versuch, sie mit den Einsichten des Stoizismus zu trösten, bringen ihr keinen Trost; ihr Page Valletto erklärt unumwunden aller Philosophen Weisheit für Schwindel. Pallas Athene erscheint vor Seneca und verkündet seinen nahen Tod. Als ihm Nero seine Absicht eröffnet, Poppea zu heiraten, spricht sich Seneca so eindringlich wie vergeblich dagegen aus. Wieder in Neros Armen, hat Poppea leichtes Spiel mit einer Intrige gegen den lästigen Seneca: Nero schickt ihm den Befehl, sich selbst zu töten. Ottone, dem die einstige Geliebte unverblümt ihre Absichten mitteilt, wendet sich, »Poppea noch im Herzen«, nun der Drusilla zu, deren Liebe er bisher zurückgewiesen hatte.
2. Akt. Seneca wird zum zweiten Mal, jetzt von Merkur, der nahe Schritt in die Ewigkeit angekündigt; kurz darauf überbringt ihm Liberto des Kaisers Todesbefehl. In voller Übereinstimmung mit den stoischen Tugenden begrüßt der Philosoph den Tod als glückliches Schicksal und nimmt Abschied von den Freunden. In einer Zwischenszene bekennen sich Valletto und Damigella als Opfer Amors. Nero und sein

Freund Lucanus feiern ein ausschweifendes Gelage, dann eilt der Kaiser wieder zu Poppea. Die in vielen Einzelbildern voranschreitende Handlung wird fortgeführt mit Ottavias erpresserischer Anstiftung zum Mord an Poppea, den Ottone, mit Drusillas Hilfe als Frau verkleidet, ausführen soll. Poppea triumphiert: Durch Senecas Tod ist der Weg zum Thron frei. Von Arnalta zur Ruhe gebettet, wird sie von Amor selbst vor Ottones Anschlag bewahrt. Ottone flieht in seiner Verkleidung.

3. Drusilla wird als die vermeintliche Attentäterin vor Nero geführt. Sie nimmt alle Schuld auf sich, um Ottone zu schützen, doch der bekennt die Wahrheit. Neros Urteil lautet auf Verstoßung und Verbannung Ottavias. Auch Ottone wird verbannt; Drusilla folgt ihm freiwillig. Poppea schwelgt nun mit Nero im Vorgefühl kommender Würden, und Arnalta genießt ihren Aufstieg in das Gefolge einer Kaiserin. Ottavia nimmt Abschied (*Addio Roma*). Vor Konsuln und Tribunen läßt Nero der neuen Kaiserin huldigen. In den Chor stimmen die Liebesgötter und der triumphierende Amor ein, der Neros und Poppeas Ausdruck ihres Liebesglücks das letzte Wort läßt (*Pur ti miro / Dich nur sehen*).

Als Grundlage für Busenellos Libretto diente das 14. Buch der *Annalen* des Tacitus, wo von der Leidenschaft des Kaisers Nero für Poppea, die Frau seines Prätorianerführers Otho, berichtet wird. Darüber hinaus soll auch die Geschichte einer reichen Venezianerin, Bianca Cappello, die ihre Ehe brach und erst durch die Heirat mit einem Medici-Herzog wieder Ansehen errang, mit eingeflossen sein. Trotz des heiter-kapriziösen Tons ist Busenellos Text, den Monteverdi wahrscheinlich bearbeitete, alles andere als nur eine Komödie. In Monteverdis ungeschönter, fast zynischer Abrechnung mit seiner Zeit triumphieren Intrigen, Machtgier und Leidenschaften, wird der Staatsapparat unterhöhlt, ist keine der Hauptfiguren ohne Tadel, vermischen sich die Sphären von Oben und Unten, werden – auch musikalisch – Diener und Herrscher einander gleichgestellt. Doch Monteverdi ergreift keine Partei, er stellt lediglich den triumphierenden Eros dar. Obwohl im Prolog der übliche allegorische Rahmen beibehalten ist, beginnt mit *Poppea* eine Tendenz, die historischen Vorgänge im Gewand der Gegenwart und mit lebensvollen Menschen (statt Kunstfiguren) vorzuführen.

Monteverdis Vokalsprache ist in *Poppea* unabhängig von früher geäußerten Prinzipien, ohne diese (z. B. den »stile concitato«, einen dramatischen Vortragsstil, wie er durch musikalisch-gestische Akzente erreicht wird) ganz aufzugeben, und paßt sich vollkommen den Forderungen der Bühne an. Innerhalb der durchkomponiert wirkenden Oper weisen arios ausgeschmückte Rezitative und geschlossene arienhafte Gesänge bereits auf einzelne »Nummern« hin. Zahlreiche Arien werden exemplarisch für spätere Arien-Typen: Ottones *Apri un balcone / Öffne ein Fenster* als Morgenständchen, Neros *Flagelli, fochi, funi / Peitschen, Feuer oder Eisen* als Vergeltungsarie, Poppeas und Neros Gesänge als Liebesduette; Ottone gehört die erste Serenade in der Operngeschichte (*Sogni, portate a volo / Träume, tragt im Augenblicke*), Arnalta die erste Schlummerarie (*Oblivion soave / Gib deine zärtlichen Gefühle*), Ottavia die erste Entrüstungsarie (*Destin, se stai la sù / Vorsehung, wenn du da oben herrschst*). Bestechend ist Monteverdis Kunst, den Melismen und Koloraturen Leben einzuhauchen, den Eindruck von Sinnlichkeit, Ausgelassenheit, Sehnen, aber auch von Trauer und Entrücktheit zu vermitteln. Hingegen wirkt der Orchesterpart mit Ouvertüre, Krönungsmusik und wenigen kurzen Ritornellen schlicht.

Poppea wurde im 17. Jahrhundert mehrfach gespielt. Die Urfassung der Oper muß beim Brand des Uraufführungstheaters 1748 vernichtet worden sein. Eine venezianische Druckausgabe wurde 1888, eine neapolitanische (vollständigere) 1930 entdeckt. Wie beim *Ulisse* schufen mehrere Komponisten Bearbeitungen und Fassungen: Die erste moderne Aufführung fand, in konzertanter Form, wieder unter Vincent d'Indy (vgl. *Orfeo*) in Paris statt (1905). Weitere Fassungen stammen u. a. von Gian Francesco Malipiero (1937 Paris), Ernst Krenek (1937 Wien), Nikolaus Harnoncourt

(1970 Darmstadt; 1977 Zürich), René Jacobs (1989 Montpellier). Die neue wissenschaftliche *Poppea*-Ausgabe stammt von Alan Curtis (1989).
Spieldauer: 3 Stunden (Prolog: ca. 9 min.; 1. Akt: ca. 70 min.; 2. Akt: ca. 60 min.; 3. Akt: ca. 40 min.).

Henry Purcell

* 1659 in London
† 21. November 1695 in London

Henry Purcell bewies bereits als Chorknabe an der Königlichen Kapelle seine musikalischen Fähigkeiten und begann frühzeitig zu komponieren. Ab 1673 assistierte er dem Aufseher der Königlichen Instrumentensammlung, eines Amtes, das er später unter drei Königen bis zu seinem Tod selbst innehaben sollte. 1679 wurde er als Nachfolger seines Lehrers John Blow Organist an der Westminster Abbey. Um 1680 heiratete er, und zur gleichen Zeit entstanden erste Kompositionen für Theateraufführungen. In seinem Schaffen verband Purcell die englischen Traditionen eines Matthew Locke mit den kontinentalen Errungenschaften, so in seinen Sonaten, die sich auf die polyphonen Traditionen Englands, die deutschen Ausdrucksmittel eines Rosenmüller und Biber sowie die italienische Raffinesse eines Corelli oder Carissimi stützen. Purcell, der »Orpheus Britannicus«, gilt als Begründer der englischen Fest- und Huldigungskomposition, wie sie auch Händel als Vorbild dienten, und er steht in England als Opern- bzw. Theaterkomponist quasi über Jahrhunderte einzig da. Neben seiner Oper *Dido and Aeneas* schuf er die Semi-Operas oder Masques (das sind Maskenspiele mit gesprochenen Texten, Liedern und Tänzen) *The Prophetess, or The History of Dioclesian* (1690), *King Arthur*, *The Fairy Queen*, *The Indian Queen* (1695) und *The Tempest* (1695), außerdem Bühnenmusiken und Lieder für rund 50 Schauspiele.

Dido und Aeneas

Dido and Aeneas

Oper in einem Prolog und 3 Akten. Text von Nahum Tate. Uraufführung 1689 in London-Chelsea, Josias Priests Mädchenpensionat.

Nahum Tate (1652 – 30. 7. 1715 London) kam aus Dublin nach London, wo er sich 1678 niederließ, als sein erstes Bühnenstück *Brutus in Alba* aufgeführt wurde. Später arbeitete er das Stück als Libretto zu Purcells *Dido and Aeneas* um. Ursprünglich ist der Oper ein Prolog vorangestellt, dessen Musik allerdings verlorenging. 1692 wurde Tate zum Poeta Laureatus gekrönt und schuf in seiner Funktion als Hofdichter zahlreiche Oden zu Feiertagen oder ähnlichen Anlässen.

Personen: Dido, Königin von Karthago (Sopran oder Mezzosopran) – Belinda, ihre Vertraute (Sopran) – 2. Frau (Sopran) – Aeneas, trojanischer Fürst (Bariton) – Zauberin (Mezzosopran oder Bariton) – 1. Seemann (Tenor) – 1. Hexe (Sopran) – 2. Hexe (Mezzosopran) – Geist (Sopran oder Bariton) – Gefolge, Krieger, Seeleute, Furien u. a.

Ort und Zeit: Karthago, nach der Zerstörung Trojas.

1. Akt. Um Rom als neues Troja anstelle des zerstörten alten zu gründen, war Aeneas nach Italien aufgebrochen. Ein Sturm ließ ihn vor Karthago stranden. Dort verliebt sich die verwitwete Königin Dido, sanft dazu ermuntert von Belinda, in ihn – und er sich in sie. Diese vom Hof begrüßte glückliche Verbindung läßt Aeneas seine Weiterfahrt immer wieder hinauszögern.

2. Akt. Didos Feindin, die Zauberin, heckt einen Plan aus, die Königin ins Unglück zu stürzen, indem Aeneas zur Weiterreise genötigt wird. Dido und Aeneas, ganz ihrer Liebe hingegeben, werden von einem aufziehenden Sturm zum Abbruch einer Partie im Walde und einer Jagd gezwungen. Die Königin und ihr Gefolge kehren in die Stadt zurück, während ein von der Zauberin gesandter, als Götterbote auftretender Geist Aeneas so eindringlich an seine Aufgabe erinnert, daß er sich unverzüglich zum Aufbruch entschließt.

3. Akt. Die Seeleute nehmen Abschied. Die Zauberin prophezeit den nahen Tod Didos, die tief getroffen ist, weil Aeneas ihr seinen Entschluß nicht selbst mitgeteilt hat. So hält sie ihn trotz seiner Beteuerungen, nun doch bleiben zu wollen, für treulos und weist ihn zurück. Belindas Tröstungen sind vergeblich; Dido stirbt an gebrochenem Herzen, da sie ohne Aeneas nicht leben kann.

Purcells einzige Oper wurde in dem Mädchenpensionat des Josias Priest uraufgeführt, wo auch schon die Oper *Venus and Adonis* von Purcells großem Vorbild und Lehrer John Blow in einem speziellen Arrangement für junge Damen gespielt worden war. Man nimmt an, daß der unmittelbare Anlaß für Purcells *Dido and Aeneas* die Krönung von Prinz William und Prinzessin Mary am 11. April 1689 gewesen sein könnte. Purcell hält sich auffallend stark an Blows Vorbild. Auch seine Oper besteht aus 3 Akten, ihr ist ein Prolog vorangestellt, auch sie schildert die unglückliche Liebe einer Frau zu einem leichtfertigen Mann, auch sie endet mit dem Tod einer Titelgestalt, und bei Purcell spielen ebenfalls Tanz und Chorszenen eine wesentliche Rolle (Priest war übrigens ein bedeutender Tänzer und Choreograph). Tates Libretto, das sich am 4. Buch von Virgils *Aeneis* orientiert und eine während des Englisch-Holländischen Kriegs (1672) verwendete Symbolik aufgreift, nach der Amsterdam mit Karthago und Britannien mit Rom gleichzusetzen ist, läßt sich als Warnung an William auffassen, sein Königreich und seine Gattin nicht zu vernachlässigen. Dem starken Anteil des Tanzes (Triumph-Tanz im 1. Akt, Tanz der Hofdamen im 2. Akt, Tanz der Hexen und Seeleute im 3. Akt) ist der Einfluß von Lullys Tragédies en musique und der Court masques des englischen Hofes anzumerken. Neu ist bei Purcell die hohe Bedeutung, die er den nach italienischem Vorbild gebauten Arien verleiht, z. B. Didos *Ah! Belinda* (1. Akt) in Da-capo-Form und *When I am laid in earth / Wenn ich in der Erde liege* (3. Akt) als Lamento. Purcells Rezitative, auf einen regelmäßigen Takt bezogen und mit ausgezierten, bedeutungstragenden Aussagen, gelten als die meisterhaftesten der englischen Musik.

Dido und Aeneas wurde erst wieder 1700 als Zwischenspiel zu Shakespeares *Maß für Maß* aufgeführt. 1841 erschien die Partitur erstmals in Druck. Später hat sich die Fassung von Edward J. Dent (1925) durchgesetzt. Die erste moderne Aufführung fand 1878 konzertant in London, die erste deutsche Aufführung 1926 in Münster (Übersetzung: A. Mayer) statt.
Spieldauer: ca. 1 Stunde.

König Arthur oder Britanniens Würde
King Arthur, or The British Worthy

»A dramatick opera« (Semi-Oper) in einem Prolog, 5 Akten und einem Epilog. Text von John Dryden. Uraufführung im Juni 1691 in London, Dorset Gardens Theatre.

Der bedeutende Dramatiker John Dryden (9. 8. 1631 Aldwinkle bis 1. 5. 1700 London) studierte in Cambridge und ließ sich 1654 in London nieder, wo er 1668 zum Poeta Laureatus gekrönt wurde, eine Auszeichnung, die man ihm 1685, als er zum Katholizismus überwechselte, aber wieder entzog. 1684 verfaßte Dryden den Text zu der Semi-Oper *King Arthur*, den er 1690 Purcell zur Vertonung übergab. Dryden schrieb darüber hinaus u. a. 2 Cäcilien-Oden, die von Giovanni Battista Draghi (1687) sowie von Jeremiah Clarke (1697) und Händel (1736, *Alexander's Feast*) in Musik gesetzt wurden.

Personen: Arthur, König von England (Bariton) – Emmeline, seine Braut, Connons Tochter (Sprechrolle) – Connon, Herzog von Cornwall (Sprechrolle) – Merlin, der Zauberer (Baß) – Oswald, König von Sachsen (Tenor) – Osmond, ein Zauberer (Baß) – Philidel, ein Luftgeist (Sopran) – Grimbald, ein Erdgeist (Baß) – Aurelius, König Arthurs Freund (Tenor) – Soldaten, Schäfer, Teufel, Geister, Satyrn u. a.

Ort und Zeit: Britannien, in sagenhaftem Mittelalter.

Arthur versucht Britannien zu vereinen und seine Braut Emmeline, die blinde Tochter Connons, Oswalds Gefangenschaft zu entreißen.

1. Akt. Der britische König Arthur wird vom Sachsenkönig Oswald bedroht. Arthur steht unter dem Schutz des Zauberers Merlin, während Oswald der Zauberer Osmond, der Geist Grimbald und der Luftgeist Philidel zur Seite stehen. Zwischen Arthur und Oswald entbrennt ein heftiger Kampf um Emmeline. Die Sachsen werden geschlagen und fliehen.
2. Akt. Durch Zutun Merlins wechselt Philidel zu Arthur über. Grimbald versucht indessen, als Hirte verkleidet, Arthur und seine Soldaten in ein Moor zu führen. Philidel erscheint rechtzeitig als Retter.
3. Akt. Dieses Mal verkleidet sich Grimbald als Frau und entführt Emmeline. Obwohl Oswald die ganze Zauberkunst Osmonds aufbietet, vermag er Emmelines Gunst nicht zu erringen. Mit Hilfe eines Balsams von Philidel kann Emmeline wieder sehen.
4. Akt. Osmond versucht die Briten in einem Zauberwald zu vernichten. Doch selbst in Gestalt Emmelines vermag er Arthur nicht zu überwältigen.
5. Akt. Im Zweikampf besiegt Arthur Oswald, schenkt ihm aber das Leben. Merlin verkündet den Frieden, und Emmeline kehrt zu Arthur zurück.

Nachdem sich Purcell mit seinem *Dioclesian* für die Bühne empfohlen hatte, überließ ihm Dryden seinen ausdrücklich als Semi-Oper oder »dramatische Oper« bezeichneten *King Arthur,* nicht ohne seinen fünf Jahre alten Text umzuarbeiten und so die Identifikation von König Arthur und Wilhelm III. zu ermöglichen. Die Semi-operas verwendeten als Grundlage meist Schauspiele aus der elisabethanischen Zeit, verarbeiteten sie zu einer komisch-ernsten, revueartigen Handlung, in der Tanz, Musik und Sprechtexte gleichberechtigt nebeneinander stehen, der Handlungsverlauf aber einzig durch die Sprechtexte vermittelt wird. Auch in Purcells *King Arthur* waren ursprünglich nur zwei Rollen reine Gesangspartien. Die meisten Hauptrollen wurden von Schauspielern interpretiert, die auch bescheidene Gesangspartien übernehmen konnten.

Purcells Musik gelingt es, den überbordenden Patriotismus und Kampfgeist des Stückes ironisch zu brechen. Das abschließende Maskenspiel und die zahlreichen Divertissements, die aus den ca. 1670–1710 für alle Londoner Schauspielaufführungen komponierten Tanzfolgen entstanden, sind in die Handlung integriert.

King Arthur gehörte zu den großen Erfolgen des englischen Theaters und wurde noch im 18. und 19. Jahrhundert, wenn auch oft in verstümmelter Form, aufgeführt. Durchgesetzt hat sich heute eine Fassung von C. Graham und Ph. Ledger (London 1970), die 1977 in Bern (Übersetzung: K. R. Marz) und 1986 in München gespielt wurde.

Spieldauer: ca. 1¾ Stunden (ohne Sprechtexte).

John Christopher (Johann Christoph) Pepusch

* 1667 in Berlin
† 20. Juli 1752 in London

Der Sohn eines protestantischen Pfarrers trat mit 14 Jahren in die Dienste des preußischen Hofes. Um 1700 gelangte er über Holland nach London, wo er 1704 erstmals schriftlich erwähnt wurde. Als Violaspieler und Cembalist war er am Drury Lane Theatre beschäftigt, für das er in Zusammenarbeit mit Cibber, Hughes und Barton Booth eine Reihe von Masques, festlichen Spielen mit Musik, Tanz und maskierten Götterfiguren, verfaßte, darunter *Venus and Adonis* (1715). Bereits 1707 hatte er mit Scarlatti und Bononcini das Pasticcio *Thomyris* zusammengestellt. Er wurde Musikdirektor des Herzogs von Chandos, für den er die Mehrzahl seiner Kirchenmusik komponierte, heiratete 1722 die Sängerin Marguerite de l'Epine und verlegte sich zunehmend auf die Produktion von Bühnenstücken, nach dem Erfolg von *The*

Beggar's Opera (1728) vornehmlich auf weitere Ballad Operas. Die direkte Fortsetzung, *Polly* (1729), konnte wegen der Zensur erst nach Pepuschs Tod 1777 aufgeführt werden. Etwa um 1730 mußte der Herzog von Chandos seine Musiker entlassen; Pepusch verlegte sich nun hauptsächlich auf das Unterrichten. 1735 war er beteiligt an der Umorganisation der 1710 von ihm mitbegründeten Academy of Ancient Music. Pepusch, ein Sammler alter Musik und großer Kenner von Händels Musik, wurde durch seine *Bettleroper* zu dessen direktem Konkurrenten und trug dazu bei, daß der italienischen Oper in England sozusagen der Boden unter den Füßen weggezogen wurde.

Die Bettleroper
The Beggar's Opera

Ballad Opera in einem Prolog und 3 Akten. Text von John Gay. Uraufführung am 28. Januar 1728 in London, Theatre Royal, Lincoln's Inn Fields.

John Gay (getauft 16. 9. 1685 Barnstaple – 4. 12. 1732 London) initiierte als eigenständige englische Musikgattung die Ballad Opera, zu deren zentralem Stück, *The Beggar's Opera*, er den Text schrieb und die Melodien auswählte. Neben einer Liedersammlung von Thomas D'Urfey bildeten Gays Sammlungen volkstümlicher Melodien und Texte den Ausgangspunkt für die neue Gattung. Eine Fortsetzung zur *Beggar's Opera*, *Polly* (1777), war ebenso erfolglos wie Gays letzte Ballad Opera *Achilles* (1733). 1718 hatte Gay für Händel den Text zu *Acis and Galatea* verfaßt.

Personen: Der Bettler (Sprechrolle) – Der Schauspieler (Sprechrolle) – Mr. Peachum, Chef einer Gaunerbande (Baß) – Mrs. Peachum (Mezzosopran) – Polly, ihre Tochter (Sopran) – Captain Macheath, Chef einer Diebesbande (Tenor) – Filch (Tenor) – Lockit, Gefängnisaufseher (Bariton) – Lucy, seine Tochter (Sopran) – Matt of the Mint (Bariton) und Jemmy Twitcher, Crook-Fingered Jack, Wat Dreary, Robin of Bagshot, Nimming Ned, Harry Paddington, Ben Budge, Gangster der Bande von Macheath (Tenor, Bariton, Baß) – Mrs. Diana Trapes, Bordellbesitzerin

(Mezzosopran) – Jenny Diver (Sopran) und Mrs. Coaxer, Dolly Trull, Mrs. Vixen, Betty Doxy, Mrs. Slammekin, Suky Tawdry, Molly Brazen, Dirnen (Sopran, Mezzosopran, Alt) – Polizisten, Kellner, Gefängniswärter.

Ort und Zeit: London, um 1728.

Prolog. Der Bettler, zugleich Autor des Stücks, gibt zusammen mit dem Schauspieler eine ironische Absichtserklärung zu seiner die Formen der großen Oper parodierenden Burleske.
1. Akt. Peachum erhält durch Filch die Nachricht, daß einige Mitglieder seiner Bande gefaßt und im Newgate eingelocht wurden. Das läßt ihn ziemlich kalt, schließlich hat er beste Verbindungen zum Gefängnischef Lockit. Viel mehr beunruhigt ihn – und Mrs. Peachum –, daß seine Tochter sich mit dem Straßenräuber Macheath eingelassen und ihn sogar geheiratet hat. Man hatte eine einträglichere Verbindung geplant und wünschte keinen geschäftskundigen Mitwisser in der Familie. Da muß Peachum sich noch etwas einfallen lassen, wie Macheath aus dem Verkehr gezogen werden kann (und Polly dann sein Vermögen erbt). Polly widersetzt sich heftig jedem Verrat an ihrer Liebe und hinterbringt Macheath die dunklen Pläne ihrer Eltern. Macheath taucht unter.
2. Akt. In einer Spelunke trifft sich Macheath mit seinen Kumpanen. Er gibt die Order aus, Peachum glauben zu machen, er habe die Bande verlassen. Wieder allein, bestellt er sich einige Ladies von der Straße, nicht ahnend, daß ihn eine von ihnen, die kesse Jenny Diver, an Peachum verraten wird, der urplötzlich mit ein paar Konstablern hereinstürzt. Im Gefängnis macht ihm Lucy, die von ihm schwanger ist, bittere Vorwürfe wegen Polly. Macheath leugnet, verheiratet zu sein, und als Mann von Ehre bietet er ihr die Ehe an. Da platzen Polly und Peachum herein; es kommt zu einer heftigen Auseinandersetzung, die Peachum beendet, indem er seine Tochter aus dem Gefecht nimmt. Lucy aber verspricht nun Macheath, ihm zur Flucht zu verhelfen.
3. Akt. Lockit ist wütend, weil Lucy Macheath befreit hat; er vermutet dahinter einen Trick Peachums. Macheath heckt

mit seinen Leuten schon wieder neue Raubzüge aus. Bei Peachum, der sich gerade Lockits Vorwürfe anzuhören hat, erscheint Mrs. Trapes. Sie möchte Kleider für die Damen ihres Etablissements kaufen. Rein zufällig läßt sie wissen, daß Macheath sich zur Zeit in ihrem Haus amüsiert. Lucy hat Polly zu sich gebeten, um sie zu beseitigen. Ihre süßsaure Konversation bricht abrupt ab, als Polly sieht, wie Macheath erneut in Newgate eingeliefert wird; ein Glas mit Gift fällt ihr dabei vor Schreck aus der Hand. Nun flehen beide gemeinsam ihre Väter an, Macheath zu verschonen. Aber der hat nur den Galgen zu erwarten. In der Todeszelle nimmt er trinkend und singend Abschied vom Leben. Ben und Matt besuchen ihn, dann Lucy, Polly und fünf weitere Bräute mit seinen Kindern. Das wird ihm zu viel, er läßt sich zur Exekution abführen. An diesem Punkt der Handlung greifen der Bettler und der Schauspieler ein. Eine Oper hat glücklich zu enden, so verlangt es die Konvention; hier gibt es keine »dichterische Gerechtigkeit«, macht der Schauspieler dem Autor klar. Der fügt sich drein und klebt ein absurdes Happy-End an: Macheath erscheint befreit mit seinen Frauen inmitten der Gangster und Dirnen in Heldenpose.

Die Ballad Opera, in der bekannte, volkstümliche Lieder, Tänze oder Arien durch – quasi Rezitative ersetzende – Sprechtexte verbunden werden, kann sich auf Aufführungen französischer Jahrmarktsbühnen berufen, die um 1720 auch in England gastierten. Sie erlebte ihre Blüte als Gegenreaktion auf Händels höfisch-großbürgerliche italienische Oper. Auch nach dem Niedergang der italienischen Oper in London blieb die Ballad Opera die eigentliche Form des englischen Musiktheaters und wurde insofern wichtig, als durch diese Stücke die Oper auch nach Amerika vordrang. Charles Coffeys *The Devil to Pay* (1731) gelangte als Vertreterin der Gattung auch nach Berlin und spielte hier eine Rolle in der Entwicklung des deutschen Singspiels.
Die Entstehung der *Beggar's Opera* soll auf den Satiriker Jonathan Swift zurückgehen. Er schlug Gay vor, statt der Helden der italienischen Oper doch die Londoner Unterwelt

auf die Bühne zu bringen und ein »Newgate-Pastorale« zu schreiben. Möglicherweise ließ sich Gay auch von Allan Ramsays Pastorale *The Gentle Shepherd* (1725) anregen. Neben der Satire auf die italienische Oper, die für Gay eher nebensächlich war, erzielt der Text seine Schärfe durch seine Attacken gegen die unter dem damaligen Premierminister Walpole verbreitete Korruption sowie die politischen Mißstände und wirtschaftlichen Probleme.

Zahlreiche Szenen haben ihre direkten Vorbilder in Opern Händels. Der Streit zwischen Lucy und Polly ist eine Parodie auf eine Auseinandersetzung (auf offener Bühne!) zwischen Händels Primadonnen Cuzzoni und Bordoni; zu Beginn des 2. Aktes nimmt Macheath einen Marsch aus *Rinaldo* auf usw. Andere Szenen sind Satiren auf das aktuelle politische Tagesgeschehen. Statt in erhabenen Staatsaktionen wird die skrupellose Besitzgier im Milieu der Verbrecher, Diebe und Huren vorgeführt, statt pompöser Koloraturarien werden liedhafte Gassenhauer gesungen. Die Unterwelt spielt das Spiel der oberen Zehntausend. Diese höchst unterhaltsame und publikumswirksame Gesellschaftskritik brachte es auf Anhieb zu der sehr hohen Zahl von 62 Aufführungen im Royal Theatre. In einer Zeit ähnlicher Gegensätze und Krisen, im Berlin der 1920er Jahre, übte das Stück als »Dreigroschenoper« in der Bearbeitung von Brecht/Weill (1928; s. S. 719) abermals seine Faszination aus.

Die Musik bzw. die Melodien zu den 69 Nummern hatte Gay selbst aus Vorlagen von Purcell, Händel, Jeremiah Clarke, John Eccles, Henry Carey sowie einer Sammlung von Henry Playford ausgewählt. Pepuschs Anteil ist vergleichsweise gering. Er komponierte die Ouvertüre und schrieb die Arrangements zu den Lieder- und Tanzvorlagen.

Neben Kurt Weill und Bertolt Brecht nahmen sich zahlreiche Bearbeiter des Stückes an. Ab 1920 sorgte das Stück in London in der Bearbeitung von Frederic Austin für eine Erfolgsserie von fast 1 500 Aufführungen. 1940 schuf Benjamin Britten eine Bearbeitung.

Spieldauer: ca. 2½ Stunden.

Claudio Monteverdi: Orpheus
Salzburger Festspiele 1993

Claudio Monteverdi: Die Krönung der Poppäa
Salzburger Festspiele 1993

Georg Philipp Telemann

* 14. März 1681 in Magdeburg
† 25. Juni 1767 in Hamburg

Telemann besuchte das Gymnasium seiner Heimatstadt, spielte Geige, Flöte und verschiedene Tasteninstrumente und versuchte sich bereits mit 12 Jahren an einer Oper. 1701 begann er in Leipzig ein Jurastudium, gründete an der Universität ein Collegium musicum und wurde bereits im folgenden Jahr als musikalischer Leiter an die Oper geholt. Innerhalb der folgenden drei Jahre schrieb er 4 Opern; nach eigener Aussage soll er insgesamt rund 20 Opern für Leipzig verfaßt haben. 1705 ging Telemann als Kapellmeister des Fürsten Promnitz nach Sorau (heute Żary in Polen). 1708 wechselte er als Organist nach Eisenach, wurde dort Hofkapellmeister, 1712 städtischer Musikdirektor in Frankfurt und 1721 musikalischer Leiter der fünf Hauptkirchen in Hamburg, wo er 1722–1738 zugleich Operndirektor war. Zu seinem unglaublich umfangreichen Schaffen gehören 1043 Kantaten, 122 Orchestersuiten, 49 Passionen und etwa 50 Opern, von denen nur 8 überliefert sind. Telemann überwand die Trennung zwischen Kirche und Bühne, komponierte sowohl geistliche Musik wie Opern. Auf dem Gebiet der Oper erprobte er sich in allen Gattungen; er schrieb ernste Musiken nach dem Vorbild der italienischen Opera seria sowie abendfüllende komische Opern wie *Der geduldige Sokrates* (1721) und *Der neumodische Liebhaber Damon* (1724) und kurze Zwischenspiele, die in den Pausen der ernsten Opern gegeben wurden, sogenannte »Intermezzi«, deren wichtigstes *Pimpinone* (1725) ist.

Pimpinone

oder Die ungleiche Heirat

Intermezzo in 3 Teilen. Text von Johann Philipp Praetorius nach Pietro Pariatis *Vespetta e Pimpinone.* Uraufführung 27. September 1725 in Hamburg.

Das Libretto des Hamburger Operndichters Johann Philipp Praetorius (1696–1766) ist eine Übersetzung von Pietro Pariatis (1665 bis 1733) Text für *Vespetta e Pimpinone* von Tommaso Albinoni (1708), das als Intermezzo zu der Opera seria *Astarto* diente.

Personen: Vespetta, Stubenmädchen (Sopran) – Pimpinone, ein alter Junggeselle (Baß).
Zeit: Anfang des 18. Jahrhunderts.

1. Teil. Die hübsche Vespetta ist auf der Suche nach einem neuen Herrn und einer günstigen Heirat – der alte, reiche und einfältige Pimpinone sucht ein Kammermädchen, das nicht nur hinter seinem Geld her ist. Man wird sich rasch einig. Vespetta, die ihre Vorzüge herauszustreichen versteht, darf sogar den Lohn selbst bestimmen.
2. Teil. Bald hat Vespetta ihren Herrn soweit, daß er in sie verliebt ist und ihr vertraut, ihr selbst die Schlüssel zum Geldschrank überläßt. Vespettas zweiter Schritt ist die Drohung, aus Pimpinones Diensten scheiden zu müssen, weil ihre Ehre auf dem Spiele stehe; man beginne schon über sie beide zu tuscheln. Pimpinone spricht denn auch von Heirat, und nachdem Vespetta sparsames Wirtschaften, Häuslichkeit und Gehorsam gelobt hat, ist sie abgesprochen. Pimpinone überschreibt ihr ein kleines Vermögen als Mitgift. Vespetta reibt sich die Hände über den Erfolg ihrer List – Pimpinone freut sich über seine junge Geliebte.
3. Teil. Erster Ehestreit. Vespetta spielt die feine Dame und weigert sich, ihrem Gatten über ihre Freizeit Rechenschaft abzulegen. Sie denkt auch nicht daran, sich zu Hause zu langweilen. Seinen Einwand, er könne es genauso machen, quittiert sie mit einer Ohrfeige. Nachdem sie ihm sogar mit dem Stock und der Einklage ihrer Mitgift droht, sieht Pimpinone schnell ein, daß es besser ist, Vespetta ihren Willen zu lassen und sich in sein tristes Ehelos zu fügen.

Telemann war bereits drei Jahre Leiter der seit 1680 bestehenden Gänsemarkt-Oper, als er ihr mit seinem *Pimpinone* zu einem andauernden Aufschwung verhalf. Entsprechend der italienischen Tradition soll das Stück als Einlage zwischen den einzelnen Akten einer ernsten Oper aufgeführt worden sein, möglicherweise als Intermezzo zu Händels *Tamerlano*. Als Vorlage diente Pariatis Text, der den uralten Topos von der »Weibermacht«, von der jungen Frau und dem alten Mann, von der berechnenden Verführerin und dem geizigen Tölpel, von der Frau, die den Mann unterjocht, und dem Mann, der klein beigibt, für die Operngeschichte ein für allemal vorzeichnete. Während das Sujet aber, ganz der Buffa-Tradition entsprechend, bei Telemanns direktem Nachfolger Pergolesi (*La serva padrona*) und dann bei Donizetti (*Don Pasquale*) und Strauss (*Die schweigsame Frau*) eine positive Schlußwendung erhält, endet sie hier in fast tragischer Resignation. Entsprechend einer Hamburger Tradition seit Beginn des 18. Jh. wurden auch in der Übersetzung von Praetorius die Rezitative deutsch und, bis auf eine Arie und zwei Duette, die übrigen Arien italienisch gesungen. Die Arien folgen einem einfachen dreiteiligen Schema, und die Orchesterbegleitung begnügte sich mit Streichern und Basso continuo. Telemann illustrierte trotz bescheidener Mittel vortrefflich die Leichtigkeit und Geschmeidigkeit der italienischen Sprache, gab den Dialogen Witz und Schlagfertigkeit, der Handlung schauspielerische Wendigkeit und tänzerische Bewegtheit. Ein Kabinettstück buffonesken Singens ist Pimpinones »Kaffeetanten-Terzett« (Nr. 17), das er mit sich selbst in der Sopran-, Alt- und Baßlage anstimmt.

Telemann ließ zwei Jahre später eine Fortsetzung folgen, *Die Amours der Vespetta oder Der Galan in der Kiste*. Während diese Fortsetzung verlorenging, behauptete sich *Pimpinone*, angereichert mit Kompositionen anderer Komponisten, sogar als abendfüllende Oper. 1936 entstand Th. W. Werners rein deutsche Version des *Pimpinone*.

Spieldauer: ca. 70 Minuten.

Georg Friedrich Händel

* 23. Februar 1685 in Halle a. d. Saale
† 14. April 1759 in London

Händels Vater, ein gutsituierter Barbier und Wundarzt, heiratete im Alter von 61 Jahren ein zweites Mal. Georg Friedrich war das zweite von vier Kindern aus dieser Ehe. Gegen den Widerstand des Vaters brachte sich der Junge musikalische Grundkenntnisse bei und beeindruckte am Hof von Weißenfels durch sein Orgelspiel, woraufhin er Unterricht bei F. W. Zachow in Halle erhielt. 1702 begann er dort ein Jura-Studium und wurde Organist am Dom. Im Jahr darauf ging er nach Hamburg, wo er unter R. Keiser im Opernorchester spielte und sich mit J. Mattheson anfreundete. 1705 wurden hier auch Händels erste Opern, *Almira* und *Nero*, aufgeführt. Im Herbst des folgenden Jahres entschloß sich Händel, einer Einladung der Medici nach Florenz zu folgen, wo im Herbst des folgenden Jahres sein *Rodrigo* aufgeführt wurde. In Venedig (1709 *Agrippina*) lernte er den Kurfürsten Georg von Hannover kennen, der ihn 1710 als Kapellmeister an seinen Hof holte. Den England-Aufenthalt, den er zur Bedingung gemacht hatte, trat Händel sofort an. Mit *Rinaldo* (1711) ebnete er sich die Zukunft als ständig angefochtener, doch bedeutendster Repräsentant der italienischen Seria in England, der bis Italien zurückwirkte. Im folgenden Herbst kam er abermals nach London, wo er nun – mit geringen Unterbrechungen – bis zu seinem Tod leben sollte. Mit *Il pastor fido* erlebte er zunächst einen Reinfall, der sich mit *Teseo* einigermaßen ausgleichen ließ. 1714 wurde Georg von Hannover zum englischen König gekrönt, und Händel söhnte sich mit seinem einstigen Dienstherrn, dessen Bewilligung auf Urlaub er zu großzügig ausgelegt hatte, wieder aus. Die entscheidende Wende kam 1719 mit der Gründung der Royal Academy of Music im Haymarket Theatre als privates Opernunternehmen, an dem der König selbst beteiligt war. Händel wurde musikalischer Direktor.

Radamisto (1720), *Floridante* (1722), *Ottone* (1723), *Flavio* (1723) waren Händels erste Titel für das neue Unternehmen; mit *Giulio Cesare* (1724), *Tamerlano* (1724) und *Rodelinda* (1725) schuf er eine Erfolgstrias, welche das gesamte Unternehmen beflügelte. Mit *Scipone* (1726), *Alessandro* (1726), *Admeto* (1727) war die Erfolgsserie schon gebrochen. Mit *Riccardo Primo* (1727) buhlte Händel um die Gunst des Prinzen von Wales, des Nachfolgers von George I. Die Opernsatire *The Beggar's Opera* von Gay und Pepusch (1728) versetzte dem kränkelnden Unternehmen schließlich den Gnaden-, jedenfalls den Todesstoß. Am 1. Juni 1728 schloß das Haus. Bereits im Januar hatte sich Händel entschlossen, in alleiniger Regie eine zweite Academy zu gründen. Er erhielt weiterhin das Haymarket Theatre, und der König beließ seine Aktien im Unternehmen: Es entstanden *Tolomeo* (1728), *Lotario* (1729), *Partenope* (1730) und die Meisterwerke *Poro* (1731), *Orlando* (1733), dazu *Ezio* (1732), *Sosarme* (1732). 1733 begann im Lincoln's Inn Fields Theatre ein Konkurrenzunternehmen: die Adelsoper mit Nicola Porpora und Johann Adolf Hasse sowie dem Kronprinzen als Geldgeber. Im Jahr darauf mußte Händel der Adelsoper sein Theater überlassen und in das Lincoln's Inn Fields Theatre (in dem einst die *Beggar's Opera* aufgeführt worden war), dann nach Covent Garden umziehen. *Ariodante* (1735), *Alcina* (1735), *Atalanta* (1736), *Arminio* (1737), *Giustino* (1737) und *Berenice* (1737) sind Werke dieser Zeit. Im Sommer 1737 mußten beide Opernunternehmen Konkurs anmelden. Noch ein letztes Mal rappelte sich Händel, der im gleichen Jahr einen Schlaganfall erlitten hatte, auf und startete im Januar 1738 eine letzte Serie von Opern: *Faramondo*, *Alessandro Severo*, *Serse* (1738), *Imeneo* (1740) und *Deidamia* (1741). Er schrieb jetzt die großen Oratorien, die ihm auch in den folgenden Jahrhunderten Ruhm sicherten.

Als Opernkomponist war Händel bereits nach seinem Abschied von der Bühne tot. Erst mit der von Göttingen ausgehenden Händel-Renaissance 1920 gelangten seine Opernwerke wieder zur Aufführung. Händel-Festspiele bestehen seit 1952 in Halle, wo seit 1955 auch eine neue Händel-Gesamtausgabe entsteht, und seit 1985 in Karlsruhe. Die souveränsten literarischen Würdigungen erfuhr Händel in Stefan Zweigs *Sternstunden der Menschheit* (1927) und Romain Rollands Biographie von 1910.

Agrippina

Dramma per musica in 3 Akten (8 Bildern). Text von Vincenzo Grimani. Uraufführung am 26. Dezember 1709 in Venedig, Teatro di San Giovanni Crisostomo.

Vincenzo Grimani (1655–1730), einer venezianischen Adelsfamilie entstammend, hatte nach Familientradition eine geistliche Laufbahn eingeschlagen. Der weltgewandte Kardinal, seit 1708 Vizekönig von Neapel, der sich in politischen Dingen mehrfach mit Papst Clemens XI. überworfen hatte, sparte in *Agrippina*, seinem einzigen bekannten Libretto, nicht mit Anspielungen auf aktuelle politische Intrigen. Das 1678 eröffnete Teatro San Giovanni Crisostomo gehörte übrigens seiner Familie.

Personen: Claudio / Claudius, römischer Kaiser (Baß) – Agrippina, seine Gemahlin (Sopran) – Nerone / Nero, Agrippinas Sohn aus erster Ehe (Sopran oder Tenor) – Ottone / Otho, römischer Feldherr (Alt oder Bariton) – Poppea / Poppäa, Geliebte Ottones (Sopran) – Narciso / Narziß (Tenor) und Pallante / Pallas (Baß), Höflinge – Lesbo / Lesbus, Claudios Diener (Baß) – Giunone / Juno (Alt) – Römisches Volk, Gefolge der Juno.

Ort und Zeit: Rom, um die Mitte des 1. Jahrhunderts n. Chr.

1. Akt. Agrippina hat die Nachricht erhalten, Claudius sei auf hoher See umgekommen. Damit sieht sie den Weg frei für ihren Plan, den Sohn Nero zum Thron zu führen. Durch Liebesbeteuerungen gewinnt sie zunächst Narziß und Pallas für Nero. In die offizielle Verlautbarung vom Tode des Kaisers und von der Nominierung Neros stürzt aber Lesbus mit der Botschaft, Claudius lebe, von Otho gerettet. Zum Dank, so erklärt Otho selbst, habe Claudius ihm den Thron versprochen. Um ihre Pläne dennoch durchzusetzen, intrigiert Agrippina gegen Otho bei Poppäa, die sich tatsächlich täu-

schen läßt und Claudius, der ein Auge auf sie geworfen hat, so weit bringt, Otho seine Gunst zu entziehen.
2. Akt. Vom Volk bejubelt zieht Claudius in Rom ein. Otho ist in Ungnade gefallen, beim Kaiser und bei Poppäa, die aber bald erkennt, daß sie von Agrippina betrogen wurde, und sich deshalb mit ihm versöhnt und ihn ins Bild setzt. Auch die beiden Höflinge haben Agrippinas Tun, dem sie selbst als Mitwisser zum Opfer fallen sollen, durchschaut; nur zum Schein gehen sie einzeln auf ihren hinterlistigen Wunsch ein, ein jeder solle den Feldherrn und einer den andern ermorden. Bei Claudius setzt die Kaiserin durch, daß er Nero zu seinem Nachfolger bestimmt. Sie scheint am Ziel.
3. Akt. Poppäa setzt mit Otho ihre Rache ins Werk: Zur gleichen Zeit, da Claudius zu ihr kommen wird, bestellt sie Nero, der auch auf eine zärtliche Begegnung hofft. Sie versteckt Nero hinter einem Vorhang (hinter einem zweiten steht Otho) und erklärt dem kurz darauf eintretenden Kaiser, nicht Otho, sondern Nero sei der Verräter und darüber hinaus sein Rivale um Poppäas Gunst. Zum Beweis enttarnt sie Nero – ein Triumph für Poppäa und Otho. Narziß und Pallas hinterbringen dem Kaiser Agrippinas Machenschaften. Zur Rede gestellt, versichert die Kaiserin aber, sie habe nur den Thron für ihren Gatten retten wollen. Da Otho die Heirat mit Poppäa dem Thron vorzieht, kann Claudius allen verzeihen und Nero den Thron überlassen. Im Schlußbild steigt Juno vom Olymp herab, um den neuen Cäsar zu grüßen und Poppäas und Othos Ehebett zu segnen.

Als Vorbild für *Agrippina* mag eine Nero-Oper von Jacopo Antonio Perti aus dem Jahr 1693 gedient haben. Grimani, ein Mann von großem Einfluß, konnte in der Schilderung des Intrigengeflechts am römischen Kaiserhof auf Erfahrungen aus seinem politischen Wirken – übrigens auch im Vatikan – zurückgreifen.
Grimanis Libretto ist in der Tradition der venezianischen Oper des 17. Jahrhunderts verwurzelt und wirkt nicht nur thematisch Monteverdis *Krönung der Poppäa* verwandt. Im

Mittelpunkt steht die Primadonnenrolle der Agrippina, die mit ihren Ränken und Intrigen die Fäden spinnt. Die Schwächlinge Nero, Narziß und Pallas erscheinen nur als Karikaturen in diesem Spiel. Bei seinem ersten bedeutenden Opernauftrag versuchte Händel sowohl dem verwöhnten Publikum wie seinem Gönner Grimani gerecht zu werden. Erstmals arbeitete er, dem später die Gesangsstars der Zeit zur Verfügung standen, mit einer berühmten Besetzung: Margherita Durastanti (Agrippina) – er holte sie später nach London –, Francesca Vanini Boschi (Otho), Giuseppe Maria Boschi (Pallas) – auch er sang später in London – und der Kastrat Pellegrini (Nero). Händel benutzte Arien aus seinem *Nero*, griff bei Keiser und Steffani zu und band das alles in eine sprühende, farbig instrumentierte Partitur ein. Mit den Arien der Agrippina, z. B. *Pensieri, voi mi tormentate / Gedanken, ihr quält mich*, begründet er jenen dramatischen und leidenschaftlichen Stil, den er später zur Vollkommenheit ausformt. Poppäa ist im Gegensatz dazu als kokette, etwas leichtsinnige Verführerin dargestellt: *Vaghe perle, eletti fiori / Glänzende Perlen, seltene Blumen* im 1. Akt und *Bella pur nel mio diletto / Wie schön zu entdecken wäre* im 2. Akt (mit obligater Oboe). Otho hat sowohl eine bravouröse, pathetisch stimmungsvolle Arie (*Vaghe fonti / Seltene Brunnen*) wie eine waghalsig virtuose Szene (*Lusinghiera mia speranza / Vielversprechende Hoffnung*). Die chorischen Szenen überträgt Händel dem Solistenensemble. Händel hat die italienische Gesangskunst vollkommen aufgesogen und, bei aller gelegentlich noch etwas schematischen und steifen Abfolge der Arien, großartige Soloszenen geschaffen, die den Ausgangspunkt für eine spätere Vertiefung des Ausdrucks bilden.

Das Werk erlebte einen grandiosen Erfolg. Händel standen alle Türen offen. Aber erstaunlicherweise verschwand das Werk auch in Italien schnell von den Bühnen. Zahlreiche moderne Aufführungen fanden nach 1943 (in Halle; Übersetzung und musikalische Bearbeitung: H. Chr. Wolff) statt.

Spieldauer: ca. 3 Stunden.

Julius Cäsar
Giulio Cesare in Egitto

Dramma per musica in 3 Akten (9 Bildern). Text von Nicola Francesco Haym. Uraufführung am 20. Februar 1724 in London, King's Theatre Haymarket.

Nicola Francesco Haym (6. 7. 1678 Rom – 11. August 1729 London), spielte in Rom unter Corelli in Kardinal Ottobonis Orchester Bratsche und komponierte auch. Um 1701 nach London gelangt, stand er in den Diensten des Herzogs von Bedford, später des Herzogs von Chandos und spielte ab 1705 eine zentrale Rolle beim Aufbau der italienischen Oper in London. Bevor er 1720 Rolli als Theaterdichter am Haymarket ersetzte, hatte er für Händel bereits die Texte zu *Teseo* (1713) und *Radamisto* (1720) geschrieben, es folgten u. a. *Flavio*, *Giulio Cesare*, bei dem er auf einen Text G. F. Bussanis für A. Sartorios gleichnamige Oper (1676) zurückgreifen konnte, *Tamerlano*, *Rodelinda*, *Siroe*, *Admeto*. Haym verfaßte auch Texte für Ariosti und Bononcini.

PERSONEN: Giulio Cesare / Julius Cäsar, erster römischer Imperator (Alt, auch Bariton) – Curio, römischer Tribun (Baß) – Cornelia, Gemahlin des Pompejus (Alt) – Sesto / Sextus, ihr Sohn (Sopran oder Tenor) – Cleopatra / Kleopatra, Königin von Ägypten (Sopran) – Tolomeo / Ptolemäus, König von Ägypten, Kleopatras Bruder (Alt) – Achillas, Vertrauter des Ptolemäus (Baß) – Nireno / Nirenus, Kleopatras Vertrauter (Alt) – Römische und ägyptische Edle, Hofstaat, Soldaten, Sklaven, Volk.

ORT UND ZEIT: Ägypten, nach der Schlacht bei Pharsalus 48 v. Chr.

1. Akt. Cäsar hat den Pompejus in die Flucht geschlagen und zieht als Triumphator in Alexandria ein. Cornelia und Sextus, Gattin und Sohn seines Gegners, bitten ihn um Versöhnung. Cäsar gewährt großmütig Schonung des Besiegten, doch zu seinem Entsetzen überbringt Achillas das abgeschlagene Haupt des Pompejus. Den Mord hatte Ptolemäus veranlaßt, weil er glaubte, damit Cäsar im Thronstreit mit Kleopatra für seine Interessen zu gewinnen. Neben seiner zusammengebrochenen Mutter schwört Sextus Rache. – Für den Anspruch auf den Thron – sie ist die Erstgeborene –

möchte Kleopatra ihrerseits den Imperator sich geneigt machen, vertraut sie Nirenus an. Indessen bietet sie Achillas dem König als Mörder Cäsars an, wenn er dafür Cornelia erhält; Ptolemäus geht auf den Handel ein. – Am Grabmal des Pompejus sinnt Cäsar über die Vergänglichkeit des Irdischen nach. Kleopatra tritt auf ihn zu und stellt sich als Frau namens Lydia vor, der Ptolemäus den Besitz geraubt habe. Bezaubert von ihrer Erscheinung verspricht Cäsar seine Hilfe. Cornelia und Sextus, die danach zum Grab treten und ihren Racheschwur erneuern, bietet Kleopatra ihre Unterstützung an. – Ptolemäus gibt zu Ehren Cäsars ein Fest, auf dem er ihn ermorden lassen will, doch ahnt Cäsar das Unheil und verläßt vorzeitig den Palast. Cornelia und Sextus, die Ptolemäus offen des Mordes anklagen, werden gefangengenommen.

2. Akt. Mit ihrer Schönheit und ihrem Gesang (*V'adoro, pupille / Ich lieb euch, ihr Augen*) nimmt »Lydia« den Imperator ganz für sich ein. Schließlich gesteht sie ihre Liebe zu ihm, und in dem Augenblick, da sich Mordkommandos des Königs nähern, gibt sie sich zu erkennen. Durch einen Sprung ins Meer kann sich Cäsar in Sicherheit bringen. – Die Annäherungsversuche von Achillas weist Cornelia strikt zurück, auch die Avancen des Ptolemäus. Achillas verkündet triumphierend, Cäsar sei ertrunken, und verlangt seinen Lohn: Cornelia. Weil Ptolemäus sich weigert, läßt Achillas voll Wut Sextus frei und wechselt ins Lager der Römer.

3. Akt. Ptolemäus hat Kleopatra überwältigt und die für sie streitenden römischen Truppen besiegt. Cäsar konnte sich aus dem Meer retten. Am Strand erlebt er mit, wie der tödlich verwundete Achillas dem Sextus gesteht, aus Liebe zu Cornelia den Mord an Pompejus und Cäsar angestiftet zu haben. Er übergibt Sextus einen Ring, der ihm die Befehlsgewalt über seine Truppen sichert. – Kleopatra, die bereits vom Leben Abschied genommen hat, wird von Cäsar befreit. Curio meldet den Sieg der Römer, Sextus die an Ptolemäus vollstreckte Rache. Nun vollzieht Cäsar die Krönung der Kleopatra zur Königin von Ägypten.

Händels Stil hatte sich seit der *Agrippina* relativ wenig verändert, dafür vertieft, verfeinert. In allen seinen großen Opern stehen vor politischen Ränken und Machtkämpfen die privaten Gefühle im Zentrum seiner Darstellungskunst, verschmelzen Drama und Musik zu einer Einheit. Mit den drei Opern der Jahre 1724/25, beginnend mit *Giulio Cesare*, erreichte Händel eine Sonderstellung, die ihn weit über das übrige Opernschaffen der Zeit hob, wobei *Giulio Cesare* als sein Meisterwerk gelten darf.
Ganz im Sinne Händels tritt in Hayms Libretto, das sich weitgehend an Bussanis Vorlage hält, der politische Aspekt in den Hintergrund. Im Mittelpunkt der Palastintrige stehen (wie später in Shaws *Cäsar und Cleopatra*) die Liebesbeziehung zwischen der eigentlichen Hauptfigur Kleopatra und Cäsar, die Händel mit sinnlichen Reizen umgibt, und die in düster glühende Farben getauchten Szenen um Cornelia und Sextus. Gegenüber der Vorlage hat Haym die Rollen der Cornelia und des Sextus aufgewertet.
In den Arien der Kleopatra wird ihre Entwicklung von der kokett-berechnenden Verführerin zur Liebenden nachvollzogen. *V'adoro pupille / Ich lieb euch, ihr Augen*, *Venere belle / Venus, du Schöne*, *Se pietà di me non senti / Hast du mit mir kein Erbarmen*, *Piangerò la sorte mia / So beklag ich denn mein Schicksal* sind ausdrucksvolle, tief empfundene Arien. Cäsar, den der berühmte Kastrat Francesco Bernardi (»Senesino«) sang, ist im ariosen Largo-Rezitativ am Grabmal seines Gegners melancholisch (*Alma del gran Pompeo / Seele des großen Pompejus*), geschickt in der vom Horn begleiteten Gleichnis-Arie (*Va tacito e nascosto / Still schleicht er und verborgen*) und draufgängerisch in der hochvirtuosen Arie am Schluß des 3. Aktes, bevor er mit Sextus zu den Truppen eilt (*Quel torrente che cade dal monte / Der Sturzbach, der vom Berge flutet*). Mit jeder Arie (es sind jeweils 8) gewinnen Kleopatra und Cäsar neue Facetten ihres Charakters hinzu. Im Gegensatz dazu dominiert bei Cornelia (*Priva son d'ogni conforto / Beraubt bin ich allen Trostes*) und Sextus (*Cara speme / Süße Hoffnung*) die Trauer. Die beiden Duette der vier Hauptpersonen sowie die zahlreichen kur-

zen Choreinwürfe und die Instrumentalmusik sind architektonisch und tonartlich aufeinander bezogen und stellen so die übergeordnete dramaturgische Einheit her. Ein ironischer Grundzug, der in dieser Oper immer wieder durchbricht, läßt sich am deutlichsten an der Figur des römischen Imperators zeigen.
Giulio Cesare wurde unter Händel annähernd 40mal in London gespielt (1725 nahm er Änderungen vor, u. a. wurde der Sextus zu einer Tenorpartie). Seit Oskar Hagens Einrichtung für Göttingen (1922) ist *Julius Cäsar* wieder die meistgespielte Händel-Oper auf den internationalen Bühnen: 1950 Leipzig (Übersetzung: Emilie Dahnck-Baroffio), 1959 Halle (Übersetzung: H. Kupfer / W. Gubisch / H.-T. Margraf).
Spieldauer: ca. 3½ Stunden.

Alcina

Dramma per musica in 3 Akten. Text nach Ariosts *Orlando furioso*. Uraufführung am 16. April 1735 in London, Covent Garden.

PERSONEN: Alcina, eine Zauberin (Sopran) – Ruggiero, ein Ritter (Sopran) – Morgana, Schwester Alcinas (Sopran) – Bradamante, Ruggieros Verlobte, verkleidet als Ricciardo (Alt) – Oronte, Feldherr Alcinas (Tenor) – Melisso, Bradamantes alter Erzieher (Baß) – Oberto, auf der Suche nach seinem Vater Astolfo (Sopran) – Ritter, Krieger, Geister u. a.

ORT UND ZEIT: Alcinas Zauberreich, eine Insel, zur Zeit der Kreuzzüge.

1. Akt. Auf der Suche nach ihrem verschollenen Geliebten Ruggiero ist Bradamante, als Mann verkleidet, gemeinsam mit ihrem alten Erzieher auf Alcinas Insel verschlagen worden. Sie treffen auf Morgana, die sich sofort in den angeblichen Jüngling verliebt und beide zum Hof Alcinas führt. Dort finden sie Ruggiero, der aber ganz dem Zauber der Alcina verfallen ist und sich nicht mehr an seine Braut Brada-

mante erinnern kann. Als nächstem begegnen sie dem Jungen Oberto, der seinen Vater, offenbar auch ein Opfer der Zauberkünste Alcinas, sucht. Oronte, Morganas Geliebter, ist eifersüchtig auf »Ricciardo«. Er läßt Ruggiero deshalb wissen, welcher Zauberkräfte Alcina mächtig ist, daß sie nämlich ihre verflossenen Liebhaber in Tiere, Pflanzen oder Steine zu verwandeln pflegt – ein Schicksal, das auch ihm drohe, weil sie in Liebe zu »Ricciardo« entflammt sei. Ruggieros Mißtrauen ist geweckt, er glaubt nun auch Alcinas Liebesbeteuerungen nicht mehr. Um seine Zweifel zu zerstreuen, plane Alcina die Verwandlung »Ricciardos« in ein Tier, warnt daraufhin Morgana den geliebten »jungen Mann«, dessen Zuneigung sie gewonnen zu haben hofft.
2. Akt. Melisso gibt sich die Gestalt von Ruggieros Erzieher Atlante und öffnet Ruggiero mittels eines Zauberrings die Augen: Alcinas Reich ist nur leerer Schein. Von Ruggiero fällt der Bann ab, aber als Bradamante ihn wieder ihrer Liebe versichert, glaubt er an einen neuen Zaubertrick Alcinas und weist sie zurück. Allerdings verhindert er, daß Alcina den Fremden in ein Tier verwandelt; er leistet vor ihr das zweideutige Gelöbnis, der einzigen Frau, die er liebe, treu zu bleiben. Oronte hinterbringt Alcina, daß Ruggiero, »Ricciardo« und Melisso fliehen wollen; die Zauberin bricht in lautes Klagen aus. Bradamante und Ruggiero, wieder vereint, werden von Morgana belauscht; sie erfährt entsetzt die wahre Identität »Ricciardos«. Vergeblich versucht Alcina, die Flucht des Paares zu verhindern; die aufrichtige Liebe zu Ruggiero läßt ihre Zauberkräfte schwinden.
3. Akt. Morgana versucht Orontes Liebe wiederzugewinnen. Er gibt sich abweisend kalt, obwohl er sie noch immer liebt. Alcina sucht Ruggiero vergeblich zum Bleiben zu bewegen; schließlich schwört sie ihm Rache. Aber unbeirrt führt Ruggiero mit Hilfe eines Zauberschilds von Melisso einen siegreichen Kampf gegen Alcinas Truppen und für die Befreiung der verzauberten Opfer Alcinas. Oberto erinnert Alcina an ihr Versprechen, ihm seinen Vater zu zeigen. Als Antwort liefert sie ihn dem Kampf mit einem Löwen aus. Oberto erkennt in dem friedlichen Tier seinen verzauberten Vater und

richtet die Waffe gegen Alcina. Ruggiero und Bradamante haben die Zauberurne, den Schlüssel zu Alcinas Macht, gefunden. Umsonst sind Alcinas Schmeicheleien und Beteuerungen: Ruggiero zertrümmert die Urne, die falsche Welt versinkt, alle Verzauberten erhalten ihre Menschengestalt zurück.

Händel schien im unaufhaltsamen Niedergang, die Konkurrenz der Adelsoper im Lincoln's Inn Fields Theatre blühte auf. 1734 hatte er das Haymarket Theatre verlassen müssen, in das nun die Opera of the Nobility einzog. Doch für das neuerbaute Covent Garden Theatre und dessen französische Balletttruppe konnte Händel zunächst Ballettopern im Stil Lullys verfassen. Bereits im Januar 1735 ließ er dort den *Ariodante* folgen, drei Monate später die *Alcina*, für die er sich sein Libretto offensichtlich selbst geschrieben hat. Als Vorlage dienten ihm der Text zu Riccardo Broschis Oper *L'isola di Alcina* (Rom 1728), dessen Autor nicht gesichert ist, und Ludovico Ariosts *Orlando furioso* (1516), eine der wichtigsten Quellen für eine unüberschaubare Menge von Opern des 17. und 18. Jahrhunderts. Händel nahm keine wesentlichen Änderungen vor, neu waren eigentlich nur die Szenen mit dem Knaben Oberto. Auch wenn die meisten Figuren nur Affekte vortragen, ist *Alcina* Händels musikalisch reichste Oper seit dem Dreigestirn *Giulio Cesare*, *Tamerlano* und *Rodelinda*. Die Titelrolle, gesungen von Anna Strada del Po, war ein weiteres seiner großartigen Frauenporträts. Um sich mit dem Glanz der Adelsoper messen zu können, prunkte Händel mit Verwandlungseffekten, üppigen Ausstattungen, aufwendigen Chor- und Tanzszenen.
Während Händel für Morgana, Oronte und Bradamante nur jeweils 4 bzw. 3 Arien komponierte, wurden Ruggiero und Alcina weit großzügiger bedacht. Für den Kastraten Carestini (Ruggiero) schrieb er schwärmerische, lyrische Gesänge, darunter *Mio bel tesoro / Meiner schönen Geliebten* mit reizvollen Echowirkungen, und das liedhafte Rondo *Verdi prati / Trauter Talgrund*. Weit charakteristischer ist die Musik Alcinas, die als selbstbewußte Verführerin wie als

hoffnungslos liebende Frau gezeigt wird, die erfahren muß, wie sie ihren Zauber und ihre Macht verliert. Voll inniger Gefühle ist ihre erste Arie *Di', cor mio / Sag, o Teurer*, einschmeichelnd die zweite, *Sì, son quella / Ja, die gleiche*. Das Accompagnato *Ah! Ruggiero crudel / O Ruggiero, wie grausam!* und die Arie *Ombre pallide / Dunkle Schatten*, am Ende des 2. Aktes, verdichten sich zu einer meisterhaften psychologischen Studie, und der Siciliano *Mi restano le lagrime / Mir bleiben nur die Tränen noch* im 3. Akt gehört zu jenen Arien-Typen, die Händel zu bewegender Eindringlichkeit entwickelt hat.
Ihre Anlage als Zaubertheater prädestiniert *Alcina* zu einem Prototyp der prunkvollen Barockoper. Nach Leipzig 1928 (Übersetzung: Hermann Roth) erlebte sie in dieser Form ihre Wiederaufführung 1957 in London (mit Joan Sutherland) und 1960 in Venedig (in der üppigen Inszenierung Franco Zeffirellis, ebenfalls mit J. Sutherland).
Spieldauer: ca. 3½ Stunden.

Xerxes

Serse

Dramma per musica in 3 Akten. Text nach *Serse* von Niccolò Minato. Uraufführung am 15. April 1738 in London, King's Theatre Haymarket.

Niccolò Minato (um 1630 Bergamo – 1698 Wien) wirkte als Impresario und Librettist in Venedig und war 1669–1698 Hofdichter in Wien, wo er Texte für Leopold I. und Antonio Draghi schrieb. Manche seiner ab 1650 entstandenen rund 200 Libretti wurden mehrfach vertont, mitunter nach Bearbeitung seines Originals, so von Cavalli, Legrenzi, Bononcini, Albinoni und Hasse. Händels Libretto zu *Serse* basiert wahrscheinlich auf Minatos Text zu Cavallis *Serse* (Venedig 1654/55).

PERSONEN: Serse / Xerxes, König von Persien (Sopran) – Arsamene / Arxamenes, sein Bruder, Geliebter Romildas (Sopran) – Romilda und Atalanta, Töchter des Ariodates (zwei Soprane) – Amastre / Amastris, eine Königstochter, Geliebte des Xerxes (Alt) –

Ariodate / Ariodates, Fürst und Hauptmann des Xerxes (Baß) – Elviro, Diener des Arxamenes (Baß) – Soldaten, Priester, Seeleute u. a.

Ort und Zeit: Persien, 480 v. Chr.

1. Akt. Xerxes hat seine Geliebte Amastris verlassen und sehnt sich nach einer neuen Liebe (*Ombra mai fu / Welch schattig Grün*). Romilda erregt sein Entzücken, und so bittet er Arxamenes, sie als sein Brautwerber aufzusuchen. Arxamenes, den eine tiefe Liebe mit Romilda verbindet, weigert sich entsetzt, seine Braut aufzugeben; zur Strafe wird er in die Verbannung geschickt. Atalanta unterstützt heimlich das – vergebliche – Werben des Königs bei Romilda in der Hoffnung, daß Arxamenes dann für sie frei ist. – Inkognito, als Soldat verkleidet, ist Amastris am persischen Hof erschienen. Als sie von den Absichten des Xerxes erfährt, entschließt sie sich, um den Geliebten zu kämpfen.
2. Akt. Elviro, der als Blumenbote verkleidet Romilda einen Brief des Arxamenes überbringen soll, klärt Amastris über den Konflikt zwischen Xerxes, seinem Bruder und den Töchtern des Ariodates auf. Atalanta fängt den Brief ab, um gegenüber Xerxes vorzugeben, er sei an sie gerichtet, und Xerxes benutzt ihn vor Romilda als angeblichen Beweis der Untreue des Arxamenes. Elviro berichtet dem tief betroffenen Arxamenes, Romilda sei in Xerxes verliebt. Xerxes sucht eine Aussprache mit seinem Bruder und schlägt eine Doppelhochzeit vor, in der Annahme, Arxamenes habe sich nun für Atalanta entschieden. Dabei stellt sich Atalantas Intrige heraus. Xerxes begegnet dem »Krieger« Amastris, ohne in ihm seine Geliebte zu erkennen, und klagt sein Liebesleid. Als der König Romilda abermals mit seiner Werbung bedrängt, erhebt Amastris warnend ihre Stimme, Xerxes sei ein Betrüger. Ihre sofortige Verhaftung kann Romilda verhindern.
3. Akt. Romilda und Arxamenes beschuldigen sich gegenseitig der Untreue. Xerxes übt weiterhin Druck auf Romilda aus und ringt ihrem Vater die Zusage zur Heirat mit einem »königlichen Schwiegersohn«, wie die verschleierte Formulierung lautet, ab. Freudig eilt Xerxes zu Romilda, die nun zu einer neuen List greifen muß: Durch einen Treuekuß sei

sie Arxamenes verbunden. Xerxes gibt den Befehl, Arxamenes zu suchen und zu töten. Amastris vertraut der verzweifelten Romilda einen Brief an, der ihr in höchster Not Hilfe bringen werde. Dann führt sie Arxamenes zu Ariodates, der glaubt, den »königlichen Schwiegersohn« vor sich zu haben, und ihn sofort mit Romilda trauen läßt – Xerxes kommt zu spät, wie er wütend erkennen muß. Romilda läßt ihm den ominösen Brief überreichen; er enthält die Anschuldigungen der Amastris gegen den treulosen Geliebten. Xerxes tobt und reicht Arxamenes sein Schwert, Romilda zu töten. Der »Krieger« Amastris tritt dazwischen; es sei seine Sache, verratene Liebe zu rächen. Damit richtet Amastris das Schwert auf Xerxes und gibt sich zu erkennen. Als höchsten Ausdruck ihrer Tugend will sie ihn aber, der reumütig zum Tod bereit ist, verschonen und eher selbst sterben. Xerxes ist völlig bezwungen und bittet alle um Vergebung.

Indem Händel auf einen venezianischen Text aus der Mitte des 17. Jahrhunderts (den Silvio Stampiglia 1694 nochmals für Bononcini bearbeitet hatte) zurückgriff, ergab sich fast von selbst der lockere Ton dieser amourösen Staatsaffäre und komplizierten Liebesintrige. Händels Opernschaffen neigte sich dem Ende zu. *Serse* war seine letzte Oper am Haymarket Theatre, dem Ort seiner Triumphe und seiner Niederlagen. Die Opera seria hatte sich in London überlebt; Händel kehrte mit *Serse* zurück zu seinen Anfängen, zu *Agrippina*, in der er schon einmal ein satirisch durchfärbtes Libretto vertont hatte.
Den Mittelpunkt dieser ernst-heiteren Komödie bildet Xerxes, dessen Launenhaftigkeit zum Grundmotiv der Handlung wird. Den (historischen) Feldzug gegen Griechenland (480 bis 477 v. Chr.) eröffnet der König ganz nebenbei. Zu Beginn ist die Welt quasi noch in Ordnung, der König befindet sich mit sich und seiner Umgebung in Harmonie. Händel gestaltet die pastorale Idylle mit einem Larghetto (*Ombra mai fu*), das, durchaus kein trauriges Stück, zur wahrscheinlich meistgespielten Musik innerhalb von Händels gesamtem Œuvre wurde: Xerxes besingt – wie von Herodot überliefert – eine

Platane. Mit der Verliebtheit des Xerxes beginnt ein Strudel dramatischer Verwicklungen, in dem der König die Führung verliert und damit die Zielscheibe von Händels Ironie wird. Der raschen Folge der Ereignisse entspricht die leichte und flexible Musik, die, mit wenigen Ausnahmen (z. B. Furien-Arie des Xerxes gegen Ende des 3. Aktes), auf die großen Arien der Seria verzichtet. Begleitete und unbegleitete Rezitative und Ariosi sind gekonnt gemischt, und die 42 meist kurzen Arien und Duette treiben die Handlung eher voran, als daß sie, wie üblich in der Seria, reflektierende Ruhepunkte bieten. Die einzige wirklich komische Figur ist der Diener Elviro mit seinen realistischen »Blumen!«-Rufen und seinem Couplet im 2. Akt; desgleichen scheint Atalanta in vielen ihrer Äußerungen eine Verwandte der Kammermädchen aus der neapolitanischen Opera buffa zu sein.
Serse war indessen ein Mißerfolg, den erst die Göttinger Wiederaufnahme 1924 (Übersetzung: Oskar Hagen) ausglich. 1972 schuf Joachim Herz (zusammen mit H. Gurgel und E. Röhlig) für seine Leipziger Inszenierung eine vielbeachtete Bearbeitung, die sich auf den deutschen Bühnen durchsetzte.
Spieldauer: ca. 3 Stunden (1. Akt: ca. 70 min.; 2. Akt: ca. 60 min.; 3. Akt: ca. 45 min.).

Giovanni Battista Pergolesi

* 4. Januar 1710 in Jesi (Prov. Ancona)
† 16. März 1736 in Pozzuoli (Prov. Napoli)

Obwohl Pergolesi schon in seiner Geburtsstadt ersten Musikunterricht erhielt und das Violinspiel erlernte, ermöglichte ihm erst die Unterstützung eines Grafen Pianetti ab etwa 1722 eine solide Musikausbildung am Conservatorio dei Poveri di Gesù Cristo in Neapel. Zu seinen Lehrern gehörten Leonardo Vinci und Francesco Durante. 1731 trat Pergolesi mit *San Guglielmo Duca d'Aquitania* hervor, einer religiösen Oper mit eingelegten Buffo-Szenen. Im gleichen Jahr verließ er das Konservatorium und erhielt seinen ersten Auftrag für eine Oper, die Opera seria *Salustia*. 1732–1734 war er Kapellmeister des Prinzen Stigliano in Neapel, 1734/1735 des Herzogs Maddalani in Rom. In dichter Folge entstanden währenddessen seine Opern. 1732 wurde im Teatro dei Fiorentini die im neapolitanischen Dialekt geschriebene Commedia musicale *Lo frate 'nnamorato* aufgeführt, 1733 im Teatro San Bartolomeo die Seria *Il prigioniero superbo* mit dem Intermezzo *La serva padrona* und 1734 im gleichen Theater *Adriano in Siria* mit dem Intermezzo *La contadina astuta* (auch unter dem Titel *Livietta e Tracollo* bekannt). Für Rom entstand 1735 *L'Olimpiade*, während in Neapel im gleichen Jahr im Teatro Nuovo seine letzte Oper, die Commedia musicale *Il Flaminio*, zur Aufführung gelangte. In Pozzuoli, wohin sich der bereits Todkranke danach zurückzog, vollendete er sein *Stabat mater*.

Pergolesis bescheidenen Erfolgen zu Lebzeiten steht sein immenser Nachruhm gegenüber. Neben seiner Kirchenmusik wurde vor allem *La serva padrona* bekannt, die in das Repertoire aller wandernden Operngesellschaften Eingang fand und die Entwicklung der Opera buffa ungemein vorantrieb. In einer Zeit, als die Gattungen exakt getrennt waren, ließ Pergolesi in seinen beiden Commedie musicali sowohl ernste (Parti serie) wie komische (Parti buffe) Charaktere auftreten, die er auch durch ihren Dialekt unterschied, und führte die sogenannte Parti caricate ein, Personen, die nicht eindeutig einer sozialen Schicht zugehörig sind.

Die Magd als Herrin

La serva padrona

Intermezzo in 2 Teilen. Text von Gennaro Antonio Federico. Uraufführung am 28. August 1733 in Neapel, Teatro San Bartolomeo, als Intermezzo zu Pergolesis *Il prigioniero superbo*.

Gennaro Antonio Federico († um 1743/48 Neapel), einer der Spezialisten des Intermezzos, verfaßte Texte für das Teatro Nuovo und das Teatro dei Fiorentini, wobei er sich auf französische und spanische wie lateinische Vorlagen stützte. Durch seine Libretti, die auf volkstümliche Verzerrungen und populäre Übertreibungen verzichteten (u. a. von Auletta, Logroscino und Leo vertont), fand die Opera buffa Einlaß in die höfischen Musiktheater. Für Pergolesi schrieb er auch die Texte zu *Lo frate 'nnamorato* und *Il Flaminio*.

PERSONEN: Uberto, ein Alter (Baß) – Serpina, seine Magd (Sopran) – Vespone, ein Diener (stumme Rolle).

ORT UND ZEIT: Neapel, 1733.

1. Teil. Der sauertöpfische Hagestolz Uberto ist in heller Aufregung, weil seine Magd Serpina, die ihm das Leben schwermacht, weder Frühstück noch Mittagessen kredenzt (*Aspettare e non venire / Warten und niemand kommt*). Uberto sieht nur einen Ausweg: Es muß geheiratet werden. Vespone erhält den Auftrag, nach einer heiratsfähigen Frau Ausschau zu halten. Uberto will nicht wählerisch sein, jede Frau ist besser als Serpina. Doch Serpina läßt sich nicht so einfach ausschalten. Sie ist sicher, daß sie Ubertos Gattin wird.
2. Teil. Serpina zettelt eine listige Komödie an. Als Soldat verkleidet soll Vespone bei Uberto um ihre Hand anhalten. Uberto, den sie schon soweit herumgekriegt hat, daß er erwägt, sie zu heiraten, paßt diese Veränderung nun nicht. Die Magd, die an ihre Zukunft zu denken hat (*A Serpina penserete / An Serpina werdet Ihr denken*) holt zu einem kräftigen Schlag aus: Der angebliche Capitano fordert 4000 Scudi Mitgift. Uberto, vor die Wahl gestellt, entweder ruiniert zu werden, oder Serpina zu heiraten, fügt sich in das vermutlich weniger kostspielige Schicksal: Die Magd wird Herrin im Haus (Duett *Per te / Für dich*).

Als anläßlich des Geburtstags von Kaiserin Elisabeth Christine, der Gattin Karls VI., Pergolesis Seria *Il prigioniero superbo* mit dem Intermezzo *La serva padrona* aufgeführt wurde, war die Gattung des Intermezzos gerade ein Vierteljahrhundert alt. Um 1700 bürgerte sich die Praxis ein, ernste und komische Opernhandlungen vollkommen zu trennen und letztere als Einlagen zu den tragischen Stoffen zu spielen. Am Anfang dieser Entwicklung stehen Venedig und P. Pariatis Textbuch zu *Pimpinone* (1708), auf den sich auch G. A. Federico, Pergolesis Librettist, bezieht, wenngleich das Gegensatzpaar junge Frau – alter Mann schon vor 1700 auf den Musikbühnen aufgetaucht war. In Neapel wurde die Scheidung von Seria und Intermezzo etwas später vollzogen, dann aber brach das Goldene Zeitalter des neapolitanischen Intermezzos an. Berühmtestes Beispiel ist Pergolesis *Magd als Herrin*, die sich schnell von der dazugehörenden Seria löste und eine eigene Karriere machte.

Die Intermezzi setzten sich in Europa durch Aufführungen reisender Operntruppen rasch durch und trugen wesentlich zur Verbreitung der italienischen Oper bei. In Paris löste eine Aufführung der *Serva padrona* 1752 den sogenannten Buffonistenstreit aus, in dessen Verlauf die Opern Lullys und Rameaus an den italienischen Werken gemessen wurden. Philosophen wie Diderot und Rousseau verteidigten die italienischen Opern als volkstümlich und wirklichkeitsnah gegenüber den weltfremden und antiquierten Produktionen der Hofkomponisten.

Serpina (auf deutsch »kleine Schlange«) verhält sich genauso, wie es die Tradition der Commedia dell'arte verlangt. Sie ist eine listige, schwatzhafte, intrigante Zofe, die ihrem Herrn einen Streich spielt und für sich jeden Vorteil herausschindet. Genauso gewitzt und selbstbewußt legt Pergolesi die Figur musikalisch an, während Uberto als der unsichere und nervöse Herr erscheint. Die Art, wie Pergolesi mit wenigen Strichen seine Figuren charakterisiert, hebt sein Können weit über ähnliche Versuche der Zeitgenossen und bereitet den Weg für eine Kunst der Individualisierung und des Aufzeigens seelischer Entwicklung, die Mozart dann vollzog. An die Stelle des stilisierten Sprechgesangs tritt hier ein lebendiger Dialog, der mit zahlreichen imitatorischen Mitteln (Wortwiederholungen, abgebrochene Silben, rasantes Plappern) arbeitet. Wie Telemann in seinem *Pimpinone* benutzte Pergolesi schlichteste musikalische Formen. Die 5 einfachen Dacapo-Arien und die Duette am Ende der bei-

den Teile werden lediglich von einem Streichorchester plus Cembalo begleitet, und nur an einer Stelle wird aus den verbindenden Secco-Rezitativen ein die Opera seria parodierendes Accompagnato.
In ihrer italienischen Urform fand die *Serva padrona* schon 1740 nach Deutschland (Dresden), und bald darauf erfolgte eine Unzahl deutscher Bearbeitungen, die sich auf das neapolitanische Original beriefen. Gesichert ist C. A. Herklots' Übersetzung (Berlin 1810); im 20. Jahrhundert spielte Hermann Aberts Ausgabe eine Rolle. *La serva padrona* ist häufig bei Studioaufführungen zu hören und läßt sich leicht mit Intermezzi von Pergolesis Zeitgenossen kombinieren.
Spieldauer: ca. 50 Minuten.

Christoph Willibald Gluck

* 2. Juli 1714 in Erasbach (heute: Berching; Oberpfalz)
† 15. November 1787 in Wien

Glucks Vater stand als Förster in wechselnden Dienstverhältnissen, zuletzt bei einem der Fürsten Lobkowitz, war deshalb öfter zum Umziehen nach Böhmen gezwungen, nach Reichstadt, Böhmisch-Kamnitz und Eisenberg. Christoph Willibald erhielt zwar Gesangs- und Geigenunterricht, aber der Vater hat die musikalischen Neigungen des Sohnes eher unterdrückt, weshalb der junge Gluck um 1727 von zu Hause weglief. Er schlug sich als Musikant durch, begann aber auch ein Studium in Prag. Um 1735 ging er nach Wien, wo er dem lombardischen Fürsten Antonio Melzi begegnete, der ihn ab 1737 für sein Orchester nach Mailand verpflichtete. Dort schloß sich Gluck G. B. Sammartini als musikalischem Mentor an und brachte 1741 seine erste Oper, *Artaserse*, heraus, die wie die meisten seiner Bühnenstücke auf einem Text Metastasios basiert. Bis 1745 (*Ippolito*) erhielt Gluck in Mailand Aufträge für drei weitere Opern,

ebenso entstanden Opernwerke für Venedig, Crema und Turin. Ein Aufenthalt in London 1745/46 (*La caduta de' giganti*, *Artamene*) war, bedingt durch das sinkende Interesse an der italienischen Oper, nicht erfolgreich. Die nächsten sechs Jahre waren eine einzige Reise: Gluck gelangte 1747, wohl mit Pietro Mingottis berühmter Operntruppe, nach Dresden, schrieb 1748 für die Wiedereröffnung des Wiener Burgtheaters eine *Semiramide*, dirigierte und komponierte in Hamburg und Kopenhagen, heiratete 1750 in Wien die Kaufmannstochter und Hofdame der Kaiserin Maria Anna Bergin, hielt sich 1750 und 1752 in Prag auf und komponierte *La clemenza di Tito* für Neapel, bevor er sich Ende 1752 in Wien niederließ.
In Wien wurde Gluck Kapellmeister des kaiserlichen Feldmarschalls Joseph Friedrich von Sachsen-Hildburghausen; der Kanzler W. A. Graf Kaunitz, Graf Giacomo Durazzo als Direktor der kaiserlichen Theater (1754–1764) und Metastasio waren seine Förderer. Ab 1752 war es dank Kaunitz und Durazzo zu erfolgreichen Aufführungen französischer Opéras-comiques und Vaudevilles in Wien gekommen, und so schuf Gluck bis 1764 eine Reihe von Adaptionen französischer Stücke für die deutsche Bühne sowie eigene Werke im französischen Stil. Das stark frankophil geprägte, gegen Metastasio gewandte Wiener Opernleben dieser Jahre erhielt durch die Ankunft von Raniero de' Calzabigi zusätzliche Impulse. Erste Ergebnisse der Zusammenarbeit mit diesem Literaten sowie mit dem Choreographen Gasparo Angiolini war das *Don Juan*-Ballett von 1761 und im Jahr darauf *Orfeo ed Euridice*, denen sich – ebenfalls mit Calzabigi – 1767 *Alceste* und 1770 *Paride ed Elena* anschlossen. Die darin begonnenen Reformideen setzte er, obwohl er für festliche Serenaden weiterhin Texte des Hofdichters Metastasio verwendete, in seinen für Paris geschriebenen Opern fort: 1774 *Iphigénie en Aulide*, 1777 *Armide* und 1779 *Iphigénie en Tauride*. Gluck und seine Autoren wollten sich durch die Neuerungen sowohl gegen die in Metastasios Libretti institutionalisierte Schematik der Handlungen auflehnen als auch gegen die musikalisch stereotype Abfolge von Rezitativ und hoch-

verzierter Dacapo-Arie sowie gegen die zirzensische Selbstgefälligkeit der Sänger, vornehmlich der Kastraten. Nach seinem letzten Paris-Aufenthalt beschäftigte sich Gluck in seinen letzten Lebensjahren mit dem Plan für eine deutsche Oper, Klopstocks *Hermanns Schlacht*; sein letztes Bühnenwerk wurde 1780 *Echo et Narcisse*. Obwohl sich beispielsweise auch bei Traetta und Jommelli Tendenzen zu einer Reformierung der Oper unter Einbeziehung französischer Formen in die italienische Seria finden, gilt Gluck als der Vollender dieser Bemühungen, als der eigentliche Reformator der Oper, als welchen ihn z. B. auch Wagner bewunderte. Bis zur Wiederentdeckung Monteverdis und Händels im 20. Jahrhundert waren seine Opern, allen voran *Orfeo*, die ältesten Werke innerhalb des Repertoires.

Orpheus und Eurydike

Orfeo ed Euridice

Azione teatrale per musica in 3 Akten. Text von Raniero de' Calzabigi. Uraufführung am 5. Oktober 1762 in Wien, Burgtheater.

Raniero Simone Francesco Maria de' Calzabigi (23. 12. 1714 Livorno – Juli 1795 Neapel) entstammte einer Kaufmannsfamilie und erhielt eine ausgezeichnete Ausbildung. Ab 1741 lebte er in Neapel, wirkte am Teatro San Carlo, gehörte einem Ministerium an und trat 1745 mit ersten Bühnenstücken hervor. Um 1750 ließ er sich in Paris nieder, wo er 1755 eine kritische Edition von Metastasios Werken herausgab. 1761 gelangte er nach Wien und kam durch Graf Durazzo in Kontakt mit Gluck und Angiolini (s. S. 55). Nach dem Ballett *Don Juan* schrieb er für Gluck die Texte zu *Orfeo ed Euridice*, *Alceste* und *Paride ed Elena*. Nach 1775 lebte er in Pisa und Neapel, verfaßte *Le danaidi* für Gluck, die dieser an Salieri weitergab, wodurch es zum Bruch zwischen Calzabigi und Gluck kam. Calzabigi, einer jener literarisch gebildeten Weltmänner wie Casanova, mit dem er in Paris eine Lotterie gegründet hatte, leitete die Reform der Oper durch die Rückbesinnung auf die Dominanz des Wortes über die Musik ein; er propagierte die wahren, tiefmenschlichen Gefühle und Ideale als Gegentendenz zu Metastasios mechanisierter Dramaturgie.

Personen: Orfeo / Orpheus (Alt) – Euridice / Eurydike (Sopran) – Amore / Amor (Sopran) – Schäfer, Nymphen, Furien, Larven der Unterwelt u. a.

Französische Fassung:

Orphée et Euridice

Tragédie-opéra in 3 Akten. Text von Pierre-Louis Moline nach Calzabigi. Uraufführung am 2. August 1774 in Paris, Opéra.

Pierre-Louis Moline (1740 Montpellier – 19. 2. 1821 Paris), ein Jurist, war zur Zeit Glucks Parlamentsadvokat, später Sekretär des Kongresses. Moline schrieb Tragödien, Komödien, bürgerliche Dramen und Revolutionsstücke und trat vor allem als Übersetzer des *Orphée* von Calzabigi und Gluck sowie Glucks *L'arbre enchanté* (1775) hervor. Der nicht sonderlich erfolgreiche Librettist wechselte später auf die Seite der Gluck-Feinde über, lieferte aber mit seiner Parodie *Orphée dans les Champs Elysées* nur einen schwachen Beitrag zu der künstlerischen Kontroverse zwischen »Gluckisten« und »Piccinnisten«.

Personen: Orphée / Orpheus (Haute-contre oder Tenor) – Euridice / Eurydike (Sopran) – L'Amour / Amor (Sopran) – Schäfer, Nymphen, Dämonen, Furien, Selige Geister u. a.

Ort und Zeit: Griechenland, in mythischer Zeit.

Italienische Originalfassung. – 1. Akt. Am Grab Eurydikes trauern Hirten und Nymphen mit Orpheus, der zu jedem Opfer bereit wäre, wenn er seine junge Frau aus dem Totenreich zurückholen könnte. Jupiter ist von dieser Treue gerührt und entsendet Amor, um Orpheus zu verkünden, daß er versuchen dürfe, in die Unterwelt vorzudringen und Eurydike zurückzuholen, allerdings unter der Bedingung, sie nicht anzusehen, bevor sie nicht die Erde wieder erreicht hätten. Orpheus nimmt die Bedingungen an (*Che disse? che ascoltai? / Was sprach er? was vernahm ich?*), doch befallen ihn düstere Ahnungen: Wird Eurydike sein Handeln verstehen?

2. Akt. Die Furien und Geister der Unterwelt (*Chi mai dell'Erebo / Wer ist der Sterbliche*) stellen sich Orpheus in den Weg, doch es gelingt ihm, sie durch sein Spiel auf der Leier zu rühren und zu bezwingen. Er erreicht das Elysium. Die tanzenden seligen Geister weisen ihm den Weg zu Eurydike. Ohne einen Blick auf sie zu werfen, ergreift er ihre Hand und eilt mit ihr fort.
3. Akt. Eurydike, mit Orpheus durch die Finsternis dem Licht der Erde entgegenfliehend, begreift sein Handeln nicht und beginnt so stark an seiner Liebe zu zweifeln (*Che fiero momento / Welch schrecklicher Augenblick*), daß Orpheus ihrem Drängen nachzugeben gezwungen wird – er blickt sich nach ihr um. Sofort sinkt sie tot um. Ihren ewigen Verlust beklagend, will sich Orpheus den Tod geben, um mit Eurydike auf immer im Schattenreich vereint zu sein (*Che farò senza Euridice / Ach, ich habe sie verloren*). Da greift ein weiteres Mal Amor ein und nimmt ihm den Dolch aus der Hand, wieder die Gnade der Götter verkündend: Treue Liebe wird belohnt, Eurydike erneut zum Leben erweckt. Orpheus und Eurydike feiern mit Hirten und Nymphen den Triumph der Liebe (*Trionfi Amore / Triumph sei Eros*).

Der entscheidende opernästhetische Anstoß ging von Calzabigi aus, der Formen der Seria, der Wiener Festa teatrale und der Pariser Tragédie lyrique mit den Reformbestrebungen des Jahrhunderts (Traetta, Jommelli) verband. Calzabigis Handlung, die der Erzählung Ovids in den *Metamorphosen* einen glücklichen Ausgang gibt, ist geradlinig und verzichtet auf die verschnörkelten Nebenintrigen, die Metastasios Libretti kennzeichnen; er benutzte nur drei Personen, wobei die Rollen von Eurydike und Amor sehr kurz sind, und stellte einfache menschliche Leidenschaften direkt einander gegenüber. Eine Anlehnung an die festliche Seria ist nur noch in der Aufteilung in 3 Akte und der Verwendung von Chor und Ballett zu sehen, die allerdings unmittelbar an dem Geschehen beteiligt sind.
Mit der Komposition hat Gluck im Anschluß an *Le cadi dupé* begonnen, und auf seinen Wunsch hin wurde der Alt-

kastrat Gaetano Guadagni für den Orpheus verpflichtet (selbst in *Paride ed Elena* setzte er noch einen Kastraten, Hauptträger der verpönten Opera seria, ein!). Entsprechend Calzabigis Vorlage bemühte sich auch Gluck in seiner Musik um klassizistische Einfachheit und geistige Klarheit bei großer emotionaler Spannung; er verzichtet auf alle Auszierungen und Wiederholungen, einzig die Klage des Orpheus *Ach, ich habe sie verloren* entspricht weitgehend der italienischen Tradition. Statt dessen ist sein Gesangsstil durch ein mächtiges, nie übersteigertes, die Gefühle stilisierendes Rezitativ geprägt. Das Rezitativ ist bei Gluck immer das differenzierte, psychologisch aufgeschlüsselte (und, wie das italienische Wort besagt: vom Orchester begleitete) Accompagnato, das einen raschen Wechsel ins Arioso erlaubt.
In der französischen Bearbeitung sind die sämtlich neukomponierten Rezitative knapper, aber auch dramatischer, wird das Werk noch stärker der Tradition der Tragédie lyrique angenähert. Darüber hinaus übertrug Gluck die Alt-Partie des Orpheus einem typisch französischen Tenor, einem Haute-contre, und erweiterte die Chorszenen zu großen Tableaus von gegensätzlicher Dramatik (Elysiumsszene/Furientanz am Ende des 2. Aktes).
Der Erfolg des programmatisch gemeinten *Orfeo* war gering. Verbreitung fand das Werk durch den Einsatz der Interpreten Gaetano Guadagni, Giuseppe Millico (für diesen Kastraten transponierte Gluck den Orpheus in die Sopranlage), Giusto F. Tenducci und Girolamo Crescentini. Bereits 1773 (in Kopenhagen) wurde der Orpheus von einem Tenor gesungen. Dagegen errang die Pariser Version 1774 einen überwältigenden Erfolg. *Orphée* blieb bis 1800 auf dem Spielplan der Pariser Oper, im Ausland konnte sich diese Tenor-Fassung dagegen kaum durchsetzen. Wiederbelebt wurde *Orphée* durch Liszt 1854 in Weimar und vor allem durch Berlioz, der die Oper allerdings für die gefeierte Altistin Pauline Viardot-Garcia (Paris 1842/59) umschrieb. Von diesem Zeitpunkt datiert das Aufkommen von Mischfassungen mit einer Altistin als Orpheus. Deutsche Fassungen gibt es u. a. von J. D. Sander (zur deutschsprachigen Erstauffüh-

rung 1808 in Berlin), Max Kalbeck (1898) und Hans Swarowsky (1963).
Spieldauer: italienische Fassung ca. 1½ Stunden; französische Fassung ca. 2 Stunden.

Alkestis

Alceste

Tragedia messa in musica (in Musik gesetzte Tragödie) in 3 Akten. Text von Raniero de' Calzabigi nach der *Alkestis* des Euripides. Uraufführung am 26. Dezember 1767 in Wien, Burgtheater.

Raniero Simone Francesco Maria de' Calzabigi s. *Orpheus und Eurydike*, S. 56.

Personen: Admeto / Admetos, König von Thessalien (Tenor) – Alceste / Alkestis, seine Gattin (Sopran) – Eumelo / Eumelos und Aspasia, ihre Kinder (Soprane) – Evandro / Euandros, Vertrauter des Königs (Tenor) – Ismène / Ismene, Vertraute der Alkestis (Sopran) – Ein Ausrufer (Baß) – Ein Priester Apollons (Tenor) – Apollon (Tenor) – Orakel (Baß) – Ein Gott der Unterwelt (Baß) – Höflinge, Priester Apollons, Götter der Unterwelt u. a.

Französische Fassung:

Alceste

Tragédie-opéra in 3 Akten. Text von Marie-François-Louis Gand-Leblanc Bailli du Roullet nach Calzabigi. Uraufführung am 23. April 1776 in Paris, Opéra.

Marie-François-Louis Gand-Leblanc Bailli du Roullet (10. 4. 1716 Normanville – 2. 8. 1786 Paris), Offizier und Kommandeur (Bailli) des Malteserordens, trat ab 1752 mit Bühnenwerken hervor. Nachdem er als Gesandtschaftsattaché in Wien Gluck kennengelernt hatte, wurde er zu seinem wesentlichen Fürsprecher in Paris. Für Gluck schuf er die französische Bearbeitung der *Alceste* und schrieb *Iphigénie en Aulide*.

Personen: Admète / Admetos, König von Thessalien (Haute-contre) – Alceste / Alkestis, seine Gattin (Sopran) – Eumelo / Eumelos und Aspasia, ihre Kinder (stumme Rollen) – Oberpriester Apollons (Baß) – Évandre / Euandros, ein Führer des Volks von Pherae (Haute-contre) – Ein Waffenherold (Baß) – Hercule / Herkules (Baß) – 4 Chorführer (Sopran, Alt, Tenor, Baß) – Apollon, Beschützer von Admetos' Haus (Baß) – Orakel (Baß) – Ein Gott der Unterwelt (Baß) – Volk. Götter der Unterwelt u. a.

Ort und Zeit: Pherae (Thessalien), in der Antike.

Wiener Fassung. – 1. Akt. Ein Herold verkündet den Thessaliern, die schwere Erkrankung ihres Königs lasse keine Hoffnung mehr. Euandros ruft daraufhin die Menge auf, im Apollon-Tempel um ein gutes Orakel zu beten. Alkestis schließt sich dem Zug an und bittet mit den anderen die Götter um Erbarmen. Da ertönt der Orakelspruch: Admetos kann gerettet werden, wenn ein anderer freiwillig sein Leben opfert. Der Spruch löst tiefe Betroffenheit aus. Allein Alkestis ringt sich zu dem Entschluß durch, für ihren Gatten zu sterben.

2. Akt. In einem den Gottheiten der Unterwelt geweihten schaurigen Wald bittet Alkestis, von Ismene vergeblich zum Umstoßen ihres Entschlusses gedrängt, die Götter um Annahme ihres Opfers und darum, sie zuvor nur noch einmal Admetos und ihre Kinder sehen zu lassen. Admetos ist zur Freude der Thessalier genesen und erfährt durch Euandros, daß sich jemand aus seiner nächsten Umgebung für ihn geopfert hat. Als Alkestis erscheint, bedrängt er sie mit Fragen, bis sie ihre Tat gesteht. Der verzweifelte König eilt in den Tempel, um die Götter umzustimmen. Alkestis aber nimmt Abschied von den Kindern.

3. Akt. Die Entscheidung der Götter wird nicht widerrufen, muß Euandros mitteilen. So hat das Volk den nahen Tod Alkestis' zu beklagen. Admetos hat bereits Abschied von ihr genommen, entschließt sich nun aber, ihr in den Tod zu folgen. Da öffnet sich der Himmel, Apollon steigt herab und erklärt den Ratschluß der Götter, ihnen zum Lohn unverbrüchlicher Liebe das Leben zu schenken.

In der französischen Fassung fehlt die 1. Szene des 2. Aktes (Alkestis und Ismene im Hain). Sie enthält ihre wesentlichen inhaltlichen Abweichungen aber im 3. Akt: Während das Volk um Alkestis trauert, kommt Herkules an den Hof und erfährt, daß Admetos seiner Gattin in den Tod folgen will. Vor dem Eingang zur Unterwelt drängen die Götter Alkestis, den letzten Schritt zu wagen. Admetos ist ihr gefolgt; gemeinsam beklagen die Gatten ihr Schicksal. Als sie vom Gott der Unterwelt ergriffen wird und er mit ihr gehen will, hält ihn Herkules zurück, um selbst Alkestis aus dem Schattenreich zu befreien. In der Höhe erscheint Apollon und verkündet die Rettung von Alkestis und Admetos. Das Volk von Pherae preist den König, Alkestis und Admetos danken dem Gott.

Möglich, daß die tapfere Haltung der um ihren 1765 gestorbenen Mann trauernden Kaiserin Maria Theresia den Ausschlag für diesen Stoff gab. Die Vorlage des Euripides formte Calzabigi entsprechend den Tugendvorstellungen des 18. Jahrhunderts um. Wie *Fidelio* ist *Alceste* ein einziger Hymnus auf die Gattenliebe.
Die Intention Glucks, *Alceste* als Reformoper (mehr noch als *Orfeo ed Euridice* oder die Opern de Majos, Gassmanns und Traettas, die unter Durazzo in Wien aufgeführt wurden) auszuweisen, ist schon in der Widmungsadresse an Großherzog Leopold I. von Toskana formuliert. Gluck schreibt darin programmatisch, es sei seine Absicht, »restlos alle jene Mißbräuche auszumerzen, die infolge der übel beratenen Eitelkeit der Sänger und der allzu großen Gefälligkeit der Tonsetzer sich eingeschlichen haben«. Die Musik habe wieder »der Dichtung zu dienen«, die Ouvertüre solle »auf die Handlung, die vorzuführen ist, vorbereiten«, und er habe »die größte Sorgfalt auf die Erreichung einer schönen Einfachheit« verwendet. Wie im *Orfeo* weicht Calzabigi vollkommen vom Handlungsschema Metastasios ab, verzichtet auf äußere Aktionen, konzentriert sich auf die Opferbereitschaft der Alkestis und schildert das Geschehen als Seelendrama.

Gluck sah sich dadurch mit dem Problem konfrontiert, einen einzigen Affekt musikalisch immer neu zu umschreiben. Seine Accompagnati und Ariosi reagieren aber spontan und bezwingend auf alle Seelenregungen der Protagonisten. Mit der tragisch timbrierten »Intrada« und dem feierlich-getragenen Wechselspiel von Chören und Ariosi bereitet Gluck die Atmosphäre für ein leidenschaftliches Drama vor, in dem die Chöre starken Anteil haben. Für Paris komponierte Gluck sämtliche Rezitative neu, die Partie des Euandros wurde reduziert, die der Ismene gestrichen, und die Rollen der Kinder wurden in stumme Rollen umgewandelt. Die Konzentration auf die beiden Hauptfiguren war perfekt. Höhepunkt des 1. Aktes ist die Arie der Alkestis *Divinité du Styx / Ihr Götter ew'ger Nacht*, gleichsam eine Herausforderung der Götter und Zeichen ihres Opfermuts und ihrer leidenschaftlichen Treue.
Wie bereits beim *Orfeo* erlebte die Oper ihren bedeutenderen Erfolg nach ihrer eingreifenden Umarbeitung in Paris. Deutsche Übersetzungen schufen Johann Böhm (1784), H. G. Schmieder (1791), C. A. Herklots (1817), Peter Cornelius (1874), Hermann Abert (1925). Nach langem Vergessen hatten Wagner und Liszt *Alceste* in Dresden und Weimar wiederaufgeführt, eine Renaissance erlebte die Oper aber erst in den 1920er Jahren und danach.
Spieldauer der französischen Fassung: ca. 2¾ Stunden (1. Akt: ca. 60 min.; 2. Akt: ca. 55 min.; 3. Akt: ca. 45 min.).

Iphigenie in Aulis

Iphigénie en Aulide

Tragédie-opéra in 3 Akten von Marie-François-Louis Gand-Leblanc Bailli du Roullet nach Jean Racines gleichnamiger Tragödie. Uraufführung am 19. April 1774 in Paris, Opéra.

M.-F.-L. Gand-Leblanc Bailli du Roullet s. *Alceste*, S. 60.

PERSONEN: Agamemnon, König von Mykene und Oberbefehlshaber der Griechen (Baß) – Clitemnestre / Klytämnestra, seine Frau

(Mezzosopran) – Iphigénie / Iphigenie, beider Tochter (Sopran) – Achille / Achilles, König in Thessalien (Haute-contre) – Patrocle / Patroklus, sein Freund (Baß) – Calchas / Kalchas, Oberpriester der Diana d. i. Artemis (Baß) – Arcas / Arkas, Hauptmann Agamemnons (Baß) – 3 Griechinnen (Soprane) – Ein Grieche (Tenor) – Griechische Offiziere, Volk, Wachen, thessalische Krieger, Frauen aus Argos, Frauen aus Aulis, Sklaven aus Lesbos u. a.

Ort und Zeit: Aulis, vor Ausbruch des Trojanischen Krieges.

1. Akt. Agamemnon, der griechische Heerführer, ist verzweifelt, weil Diana den günstigen Wind zur Ausfahrt der Flotte gegen Troja verwehrt und sich nur umstimmen lassen will, wenn er ihr seine Tochter Iphigenie opfert. Der Oberpriester versichert den beunruhigten Griechen, daß die Göttin bald durch ein Opfer versöhnt werde. Von Kalchas beschworen, den Willen der Göttin zu erfüllen, versuchte Agamemnon dennoch, Klytämnestra und Iphigenie, die im Heerlager mit Achill vermählt werden soll, im heimatlichen Mykene zurückzuhalten durch die Nachricht, Achill sei Iphigenie untreu geworden. Doch Arkas, der Bote, hat die beiden Frau verfehlt. Sie ziehen bereits, vom Volk umjubelt, im Lager ein. Klytämnestra tritt in Agamemnons Zelt. Sie verläßt es rasend vor Zorn über Achills angebliche Untreue und drängt Iphigenie zur raschen Rückfahrt. Achill kann aber die verzweifelt klagende Iphigenie von seiner unwandelbaren Treue bald überzeugen.
2. Akt. Iphigenie wird für die Hochzeit geschmückt. Achill erscheint mit seinem Gefolge und Patroklus, um sie zum Traualtar zu geleiten. Alle huldigen bereits der neuen Königin, als Arkas herbeistürzt. Seine Nachricht, daß Agamemnon seine Tochter am Traualtar zu opfern beabsichtige, löst Verwirrung und ungläubigen Schrecken aus. Klytämnestra wendet sich um Hilfe an Achill, der sich mit seinen thessalischen Truppen sofort Agamemnon, dem »Barbaren« und »Tyrannen«, und seinen Griechen entgegenstellen will. Heimlich läßt er aber Patroklus der für das Leben ihres Vaters bittenden Iphigenie sagen, daß Agamemnons Leben geschont werde. Es kommt zu einer scharfen Konfrontation

Christoph Willibald Gluck: Iphigenie auf Tauris
Staatstheater Stuttgart

Domenico Cimarosa: Die heimliche Ehe
Oper Frankfurt a. M.

zwischen dem auf seiner Befehlsgewalt beharrenden Agamemnon und Achill. Allein geblieben, bricht aus Agamemnon die ganze Gewissensqual zwischen Pflicht vor den Göttern und Liebe zu seiner Tochter – zuletzt befiehlt er Arkas, Iphigenie heimlich fortzubringen. Der Göttin bietet er sich selbst als Opfer an.
3. Akt. Die Griechen fordern den Vollzug des Opfers, um endlich absegeln zu können. Angesichts dieses Aufruhrs ist Iphigenie bereit zu sterben. Sie nimmt Abschied von Achill. Verzweifelt eilt Achill zum Tempel, um Kalchas am Vollzug des Opfers zu hindern. Aus Rache beschwört Klytämnestra Jupiters Groll auf das griechische Heer herab, nachdem Iphigenie auch von ihr Abschied genommen hat. Schon kniet Iphigenie vor dem Opferaltar, da stürmt Achill mit seinen Soldaten hinzu und reißt Iphigenie an sich. Im Anblick der drohend aufeinander eindringenden Griechen und Thessalier verkündet Kalchas, daß sich Diana durch Iphigenies Reinheit, Klytämnestras Tränen und den Heldenmut Achills besänftigen ließ. Als Zeichen dieser Gnade erlischt das Feuer auf dem Opferaltar, und Winde kommen auf, die die Ausfahrt der Schiffe ermöglichen. Krieger und Volk huldigen der Göttin.

Der Anteil seiner künstlerischen Berater und Librettisten an Glucks Erfolg, vor allem aber an seinem Reformwerk, ist nicht hoch genug einzuschätzen. Auch der Plan, ein Werk für die Pariser Académie Royale de Musique zu schreiben, geht noch auf den Wiener Aufenthalt du Roullets zurück, der schließlich auch die Aufführung bei Antoine d'Auvergne, dem Direktor der Opéra, anregte und auf die Unterstützung Marie Antoinettes zählen konnte. In seinem Textbuch ging du Roullet nicht auf Euripides zurück, sondern arbeitete Jean Racines fünfaktige Tragödie *Iphigénie* (1674) in eine dreiaktige Handlung um und führte die Figur des Kalchas ein. Außerdem konnte sich du Roullet auf den Entwurf einer Operndichtung »Iphigénie en Aulide« des Theoretikers Francesco Algarotti stützen, wie sie dieser in seiner Schrift *Saggio sopra l'opera in musica* (1755) als exemplarisch vorgestellt hatte.

In der Spätphase des »Ancien régime« und der von Lully bis Rameau kultivierten Tragédie lyrique gelang es dem im Stil der italienischen Seria, des deutschen Singspiels und der französischen Opéra-comique versierten Gluck, in seiner Tragédie-opera nochmals die Ideale französischer Opernkunst beispielhaft herauszustellen. Er übernahm nicht die reichen Orchesterstrukturen und die Raffinesse der Klangfarben des Orchestermagiers Rameau, der während Glucks Paris-Aufenthalt 81jährig starb; statt dessen herrscht in *Iphigénie en Aulide* eine ungewohnte neue Schlichtheit vor. Statt der kurzen Arien Rameaus brachte Gluck große, dramatisch gesteigerte Szenen, die sich vollkommen aus den Forderungen der Handlung ergaben, entweder als traditionelle Dacapo-Arien oder als mehrteilige, arios und rezitativisch gesteigerte Formen. Ähnlich wie in *Alceste* sind die Arien Ausdruck leidenschaftlich konzentrierter Emotionen. Dies trifft auf den Eingangsmonolog Agamemnons zu, *Diane impitoyable / Unbarmherzige Diana*, auf Klytämnestras Bitte vor Achill im 2. Akt *Par un père cruel / Durch den grausamen Vater zum Tode verdammt* und ihre Anrufung der Götter *Jupiter, lance la foudre / Jupiter, schleudre den Blitz* (3. Akt). Die Verkündung des Opferbegehrens der Göttin durch Kalchas (*D'une sainte terreur / Von heiligem Schrekken*) ist nur ein Beispiel für Glucks raschen Wechsel zwischen Arioso und Arien. Der Titelfigur selbst gab Gluck keine ausladenden Arien, sondern eine Reihe kleinerer Arien, die nach und nach ein Gesamtbild ergeben, von den Bildern unschuldiger Jugend im 1. Akt, ihrem Schwanken zu Beginn des 2. Aktes bis zu ihrem Abschied von Achill im 3. Akt *Adieu, conservez dans votre âme / Leb wohl, bewahre in deiner Seele*. Glucks Fähigkeit, die Architektur großer Handlungsflächen durch offene Formen zu entwerfen, zeigt sich am Ende des 2. Aktes in der Konfrontation Achill – Agamemnon, die mit der grandiosen, psychologisch aufgesplitterten Soloszene des Agamemnon (*Tu décides son sort / Du entscheidest ihr Los*) einen subtilen Höhepunkt findet. Eine weitere zentrale Szene ist das vorausgehende Terzett Klytämnestra / Iphigenie / Achill *C'est mon père, Seigneur /*

Er ist mein Vater, Herr. Ein Festhalten an der Tradition bedeuten dagegen die vielkritisierten, die Handlung anhaltenden Divertissements, wozu auch Stücke aus dem *Don Juan*-Ballett gehören.
Gluck, der sich, wie er 1773 schrieb, eine »für alle Nationen geeignete Musik« wünschte, hatte mit der *Iphigénie en Aulide* den angestrebten Erfolg. Bis 1824 stand das Werk ununterbrochen auf dem Spielplan der Opéra. In deutscher Sprache wurde es erstmals 1790 in Magdeburg (Übersetzung: J. D. Sander) gespielt. Nach 1847 setzte sich in Deutschland Richard Wagners stark eingreifende Bearbeitung und Neukomposition durch, die im 3. Akt die Göttin selbst erscheinen und Iphigenie mit nach Tauris führen läßt. Bei den Salzburger Festspielen 1962 legten Günter Rennert und Fritz Oeser eine neue Textfassung vor.
Spieldauer: ca. 2½ Stunden (1. Akt: ca. 50 min.; 2. Akt: ca. 55 min.; 3. Akt: ca. 35 min.).

Iphigenie auf Tauris

Iphigénie en Tauride

Tragödie in 4 Akten. Text von Nicolas-François Guillard nach einem gleichnamigen Schauspiel von Claude Guimond de la Touche. Uraufführung am 18. Mai 1779 in Paris, Opéra. Deutsche Fassung vom Komponisten und Johann Baptist von Alxinger. Erstaufführung am 23. Oktober 1781 in Wien, Hofoper.

Nicolas-François Guillard (16. 1. 1752 Chartres – 26. 12. 1814 Paris) fand ab 1771 Einlaß in die literarischen Zirkel von Paris. Sein Libretto *Iphigénie en Tauride* ist Alphonse Du Congé Dubreuils gleichnamigem Textbuch, das Nicola Piccinni 1781 vertonte, weit überlegen und gilt als Glucks bester Operntext. Außerdem schrieb Guillard Texte u. a. für Sacchini (*Œdipe à Colone*, 1786), Pergolesi (*Proserpine*, 1803), Le Sueur (*La mort d'Adam*, 1809). – Johann Baptist von Alxinger (24. 1. 1755 Wien – 1. 5. 1797 Wien) war Schriftsteller und Wiener Hoftheatersekretär.

PERSONEN: Iphigénie / Iphigenie, Tochter Agamemnons und Klytämnestras, Oberpriesterin des Diana-Tempels auf Tauris (Sopran) – Thoas, König der Skythen (Baß) – Oreste / Orest, Iphigenies Bruder (Bariton) – Pylade / Pylades, griechischer Prinz, Freund Orests (Haute-contre) – 2 Priesterinnen (Sopran/Mezzosopran) – Diana (Sopran) – Ein Skythe (Baß) – Ein Aufseher des Heiligtums (Baß) – Griechen, Priesterinnen, Eumeniden, Volk der Skythen, Wache des Thoas u. a.

ORT UND ZEIT: Heiligtum der Diana im skythischen Tauris, nach dem Ende des Trojanischen Krieges.

1. Akt. Iphigenie, die in Aulis von Diana vor dem Tod gerettet und hier im Land der Skythen zur Priesterin im Tempel der Göttin bestimmt wurde, bittet während eines heftigen Sturms mit ihren Priesterinnen die Götter um Gnade und Befreiung von der Pflicht, die an den Strand von Tauris verschlagenen Fremden dem Opfertod zuzuführen. Die Beruhigung der Natur scheint die Erhörung ihres Wunsches anzudeuten. Iphigenie selbst kommt nicht zur Ruhe. Sie schildert ein gräßliches Traumerlebnis, in dem die Burg ihrer Eltern in Mykene vom Blitz zerstört, der Vater von der Mutter ermordet und ihr Bruder Orest von ihr selbst, wie unter einem Zwang, erdolcht wurde. Ein Fluch liegt über ihrer Familie, den Iphigenie durch ihren Tod sühnen will; darum bittet sie Diana. Erregt kommt Thoas. Böse Vorzeichen haben ihm bedeutet, daß sein Leben in Gefahr ist, wenn nicht jeder Fremde als Blutopfer dargebracht wird. Da melden ihm die Skythen die Festnahme von zwei Griechen, die im Sturm gestrandet sind. Thoas läßt Iphigenie die Opferung vorbereiten und die beiden vorführen. Es sind Orest und Pylades. Daß sie hierher verschlagen wurden, nennt Pylades ein Geheimnis der Götter. Unter dem wilden Blutgeschrei der Skythen werden sie abgeführt.

2. Akt. Im Tempel gefangen, macht sich Orest Vorwürfe, seinen Freund mit in den Tod geführt zu haben, den er selbst wegen des Mordes an seiner Mutter verdient habe. Pylades aber will jedes Schicksal mit ihm teilen. Ein Aufseher trennt sie. Allein geblieben, schläft Orest erschöpft ein. Wahnbilder der ihn verfolgenden Rachegöttinnen suchen ihn heim. Mit Iphigenies Erscheinen verschwindet der Spuk. Sie

möchte wissen, woher er kommt. Als er Mykene als seine Heimat nennt, fragt sie ihn nach ihrer Familie und erfährt von der Ermordung Agamemnons durch Klytämnestra und Orests blutiger Rache an ihr; einzig Elektra lebe noch, Orest habe den Tod gefunden. Iphigenie, die ihre Ahnungen bestätigt findet, beklagt mit den Priesterinnen ihr Schicksal und den Tod des Orest, von dem sie Rettung erwartet hatte.
3. Akt. Iphigenie ist entschlossen, einen der beiden Fremden zu retten, damit er Elektra eine Botschaft überbringe. Sie entscheidet sich für Orest, der sie an den verlorenen Bruder erinnert. Den beiden Freunden eröffnet sie, daß sie nur einen retten könne, Orest, und löst damit einen edlen Wettstreit aus; einer will für den andern sterben. Weil Orest sich selbst zu töten droht, wenn Pylades der Diana geopfert wird, muß Iphigenie sich für Pylades entscheiden. Ihm übergibt sie ein Schreiben an Elektra. Pylades aber beschließt, erst Orest zu befreien.
4. Akt. Im Tempel fleht Iphigenie Diana an, ihr die Kraft zum Vollzug der Opferpflicht zu geben. Als Orest zum Altar geführt wird und unter dem gezückten Messer in den Ruf ausbricht »O Iphigenie, teure Schwester, so wurdest auch du in Aulis einst geopfert!«, ist es um die Fassung der Priesterin geschehen; von Freude überwältigt zieht sie den wiedergefundenen Bruder an ihr Herz. Thoas besteht zornig auf dem Vollzug des Opfers, nun an beiden, Bruder und Schwester. Im letzten Augenblick stürzt Pylades mit seinen Bewaffneten herein. Unter seinen Schwerthieben fällt Thoas. Da erscheint Diana: Die Tat des Orest sei durch seine Reue gesühnt, Mykene erwarte ihn als den neuen Herrscher, und Iphigenie solle mit ihm in die Heimat zurückkehren.

Obwohl in Guillards Libretto die Dimensionen von Goethes Drama (1779), in dem sich Thoas vom Barbaren zum edlen Herrscher entwickelt, fehlen, hat sein Operntext bis weit ins 19. Jahrhundert hinein Goethes Drama verdrängt. Guillard orientierte sich mehr an dem gleichnamigen Drama von Claude Guimond de La Touche (1757), das er von 5 auf 4 Akte zusammenzog, als an Euripides.

In dieser Oper sind Glucks Reformbestrebungen am konsequentesten umgesetzt. Das beginnt gleich mit der Sturm-Sequenz und Iphigenies unmittelbar in die Handlung einführender Anrufung der Götter, abwechselnd mit den Gebeten ihrer Priesterinnen. Die Schilderung der aufgepeitschten Natur mündet in eine lange Erzählung Iphigenies von den schrecklichen Träumen der Nacht und bringt erst vor dem Auftritt des Thoas mit einem schmerzvollen Rezitativ Iphigenies und der dreiteiligen Arie *O toi qui prolonges mes jours / O du, die mir das Leben gab*, einem Gebet an Diana, ein Innehalten der aufwühlenden Dramatik. Selbst die Tänze der mit Thoas erscheinenden Skythen sind wilde, rauhe Charaktertänze, die nichts mehr mit den eingestreuten Divertissements früherer Werke zu tun haben. Eine ähnliche, von Synkopen bizarr zerrissene und spannungsvolle Szene findet sich im 2. Akt. Orest sinkt scheinbar beruhigt nieder (*La calme rentre dans mon cœur / Der Frieden kehret in mein Herz*), um dann in einer chorischen, durch seine Anrufe aufgebrochenen, wilden Wahnvorstellung von den Rachegöttinnen heimgesucht zu werden. Erst das nachfolgende Rezitativ, in dem Orest der Schwester die Geschehen in Mykene schildert, bringt die notwendige Beruhigung. Eine heftige Selbstanklage ist zuvor schon Orests *Dieux! qui me poursuivez / Ihr, die ihr mich verfolgt*, während Pylades in deutlich lyrischem Kontrast dazu schwärmerisch die gemeinsame Kindheit beschwört: *Unis des la plus tendre enfance / Befreundet waren wir schon lange.* Das Zentrum des 3. Aktes, in dem die liedhaften Arien von Iphigenie und Pylades eine lichtere Atmosphäre schaffen, bildet das Duett der beiden Freunde, *Et tu prétends encore que tu m'aimes / Und du behauptest noch, daß du mich liebtest?* – jeder will für den anderen sterben. Die Erkennungsszene zwischen Iphigenie und Orest im 4. Akt, nur auf vier knappe Zeilen konzentriert, wird durch die hymnisch sich verdichtenden Chöre der Priesterinnen vorbereitet, in die ein Rezitativ zwischen Schwester und Bruder eingebettet ist.

Rosalie Lavasseur, mit der 1777 Glucks Armida auf die Bühne gekommen war, kreierte auch die Iphigenie. Die

Oper wurde sofort als Meisterwerk begriffen, dem auch Piccinnis Vertonung des gleichen Stoffes zwei Jahre später nichts anhaben konnte. *Iphigénie en Tauride* stand bis 1829 auf dem Spielplan der Pariser Oper. Bereits 1781 schuf Gluck zusammen mit Johann Baptist von Alxinger für Wien eine deutsche Bearbeitung, wobei die Melodik der deutschen Sprache angepaßt und verschiedene Veränderungen vorgenommen wurden. Durchgesetzt haben sich in Deutschland allerdings die Übersetzungen des französischen Originals: J. D. Sander (Berlin 1795), Chr. A. Vulpius (Weimar 1800), K. H. Bitter (Berlin 1866), P. Cornelius (1874), später H. Abert. Ähnlich wie zuvor Wagner im Falle der *Iphigenie in Aulis* legte Richard Strauss 1890 in Weimar eine eingreifende Bearbeitung vor.
Spieldauer: ca. 1¾ Stunden (1. Akt: ca. 30 min.; 2. Akt: ca. 30 min.; 3. Akt: ca. 25 min.; 4. Akt: ca. 20 min.).

JOSEPH HAYDN

* 31. März? (getauft 1. April) 1732 in Rohrau (Niederösterreich)
† 21. Mai 1809 in Wien

Joseph, zweites von zwölf Geschwistern, erlebte Musik bereits seit frühester Kindheit durch die Hausmusik im Elternhaus. Bereits 1740 wurde er Chorknabe am Wiener Stephansdom. Seit etwa 1749 versuchte Haydn durch Unterricht und kleine Auftritte ein Auskommen zu finden; ab 1755 war er Nicola Porporas Begleiter beim Gesangsunterricht und vertiefte bei ihm seine musikalische Ausbildung. 1779 wurde er Musikdirektor des Grafen Morzin in Lukawitz bei Pilsen und heiratete ein Jahr später. Haydns erste Bühnenmusik entstand zu Beginn der 1750er Jahre für ein Lustspiel (*Der krumme Teufel*) des populären Wiener Volksschauspielers Johann Kurz-Bernardon. 1761 wurde er vom

Fürsten Paul Anton Eszterházy als 2. Kapellmeister engagiert. Fast 30 Jahre gehörte Haydn dem fürstlichen Hof an, zuerst in Eisenstadt, ab 1769, bereits als einziger Kapellmeister, in Eszterháza unter Fürst Nikolaus Joseph, wo sein gesamtes Bühnenœuvre entstand. In Eszterháza schrieb er eine Reihe leichter, lustspielartiger Opern: *La canterina* (in Preßburg aufgeführt), *Lo speziale* (1768, anläßlich der Eröffnung des Opernhauses in Eszterháza) und *Le pescatrici* (1770). 1772 wurde Haydns neue Oper *L'infedeltà delusa* in Anwesenheit der Kaiserin gespielt, welche auch die Marionettenoper *Philemon und Baucis* in dem neuerrichteten Marionettentheater erlebte; anläßlich des Besuchs des Erzherzog Ferdinand schrieb Haydn 1755 *L'incontro improvviso*. Haydns eigentliche Epoche als Opernkomponist fällt jedoch in die Jahre nach 1775. In dieser Zeit pflegte er als Operndirektor des fürstlichen Theaters während der Sommermonate ein regelrechtes Repertoire, bestehend aus Opern von Dittersdorf, Sacchini, Piccinni, Paisiello, Gassmann u. a. Haydns eigene Beiträge waren *Il mondo della luna* (1777), *La vera costanza* (1779), *L'isola disabitata* (1779), *La fedeltà premiata* (1781), *Orlando paladino* (1782) und *Armida* (1784), dazu bis 1783 ebenfalls kleine Werke für das Puppentheater. Ab den 1780er Jahren wuchs Haydns Ruf derart, daß er nur schwer die Wünsche der Verleger nach neuen Werken erfüllen konnte. Nach dem Tod des Fürsten Nikolaus 1790 zog er wieder nach Wien, wo er das ruhige Leben eines freien Komponisten zu führen beabsichtigte. Doch dem deutschstämmigen Impresario Johann Peter Salomon gelang es, Haydn für zwei umfangreiche (und überaus erfolgreiche) Konzertserien (1791/92, 1794/95) nach London zu verpflichten. Für London entstand auch seine letzte, erst 1951 in Florenz uraufgeführte Oper *L'anima del filosofo ossia Orfeo ed Euridice*. Anschließend nahm er wieder seinen Dienst als Kapellmeister der Fürsten Eszterházy auf, nun in den Residenzen in Wien und Eisenstadt. In diese Zeit fällt die Komposition der wichtigsten Kirchenmusik und der Oratorien »Die Schöpfung« und »Die Jahreszeiten«.

Innerhalb von Haydns Schaffen, den 108 Sinfonien, 68 Streichquartetten, 126 Streichtrios, 14 Messen u. a., spielen die Opern nur eine untergeordnete Rolle. Sie waren nicht entfernt so stilbildend wie der von Haydn zu exemplarischer Vollkommenheit ausgebildete klassische Sonatensatz. In seinen meisten Opern, anfangs Singspiele, Marionettenopern oder Opere buffe, versuchte Haydn ernste und komische Elemente zu mischen; neben der bereits 1762 entstandenen *Acide* ist *Armida* seine einzige traditionelle Opera seria.

Der Apotheker
Lo speziale

Dramma giocoso in 3 Akten. Text nach einem Libretto von Carlo Goldoni. Uraufführung im Herbst (28. September?) 1768 auf Schloß Eszterháza.

Carlo Goldoni (25. 2. 1707 Venedig – 6. oder 7. 2. 1793 Paris), wandte sich, obwohl durch sein Studium für die Juristenlaufbahn bestimmt, früh dem Theater zu. In den traditionellen Vorlagen der Commedia dell'arte ersetzte er die schematischen Figuren durch Charaktere und die improvisatorischen Passagen durch ausgeschriebene Dialoge. Neben seinen Theaterstücken verfaßte er während seiner gesamten Laufbahn auch Operntexte. Nachdem er auf dem Gebiet der Opera seria Schiffbruch erlitten hatte, schrieb er Intermezzi und war ab 1741 Theaterdichter an Venedigs Teatro San Giovanni Crisostomo. Auf dem Höhepunkt seiner Karriere entstanden 1748–1762 jährlich drei bis fünf Libretti für die Opera buffa. Mit *L'arcadia in Brenta* (Musik von Galuppi) setzte sich Goldoni 1749 mit den Einflüssen der neapolitanischen komischen Oper auseinander und schrieb in der Folgezeit eine Reihe satirischer Texte, darunter auch *Il mondo della luna.* Unter Goldoni wurden die Handlungen der Opera buffa flüssiger, entstanden abwechslungsreiche musikalische Formen (Ensembles, Ensemblefinale, Duett) und verschwanden die langen Rezitative. Goldonis Dominanz auf dem Gebiet der Opera buffa war im 18. Jahrhundert unbestritten; seine Texte wurden u. a. von Fischietti, Gassmann, Paisiello, Piccinni, Sarti vertont; Haydn benutzte *Lo speziale*, *Le pescatrici* und *Il mondo della luna.*

Personen: Sempronio, Apotheker (Tenor) – Mengone, sein Gehilfe (Tenor) – Grilletta, Sempronios Mündel (Sopran) – Volpino, ein junger, reicher Geck (Sopran).

Ort und Zeit: Eine Apotheke, Mitte des 18. Jahrhunderts.

1. Akt. Mengone, der überhaupt nichts von der Pharmazie versteht, arbeitet nur in Sempronios Apotheke, um Grilletta nahe zu sein. Sein Chef ist auch nicht an seinen Arzneien interessiert, er vertieft sich lieber in die Zeitung. Volpino, der es ebenfalls auf Grilletta abgesehen hat, will sie soweit bringen, daß sie Mengone den Laufpaß gibt – worüber sie nur lachen kann. Wie er ob dieser Abfuhr, so gerät Sempronio in große Wut, weil er Grilletta und Mengone beim Techtelmechtel überrascht.
2. Akt. Volpino hält bei Sempronio um Grilletta an, gerät aber damit an den Falschen: Sempronio selbst will sein wohlhabendes Mündel heiraten. Um den nach der Entdekkung ihrer Liebe durch Sempronio etwas zögerlich gewordenen Mengone durch eine Prise Eifersucht anzustacheln, nimmt Grilletta zum Schein Sempronios Heiratsantrag an. Der Notar wird bestellt – und tritt zweifach auf: Mengone und Volpino kamen, jeder für sich, auf die Idee, als falsche Urkundsbeamte zu erscheinen. Und jeder der beiden setzt seinen eigenen Namen anstelle Sempronios in die zwei geforderten Ehekontrakte. Das aber merkt der Apotheker; der Schwindel platzt.
3. Akt. Volpino macht nun dem leichtgläubigen Sempronio weis, der König der Molukken suche einen Apotheker, und tritt kurz darauf in neuer Verkleidung als türkischer Bevollmächtigter in dieser Sache auf. Im Gegengeschäft solle Volpino die Grilletta bekommen. Weil er in der Türkei reich zu werden hofft, willigt Sempronio ein. Ein entsprechendes Verkleidungsspiel wiederholt sich mit Mengone, der sich mit Grilletta versöhnt hat und als Mitglied des türkischen Gefolges erscheint. Abermals willigt Sempronio in eine Heirat ein und verkündet sogleich die Ehe zwischen Grilletta und Mengone, der nun seine Verkleidung fallen läßt. Volpino und Sempronio fügen sich nach anfänglichem Zorn in ihr Schicksal.

Goldoni schrieb seinen Text ursprünglich für eine Oper von Vincenzo Pallavicini und Domenico Fischietti (Venedig 1754). In der von Haydn benutzten Bearbeitung, die möglicherweise von Karl Friberth stammt, der selbst die Rolle des Sempronio übernahm, fielen die ernsten Rollen, die sog. »parti serie«, weg, so daß *Lo speziale* in Haydns Version zu einer reinen Opera buffa wurde. Mit der Uraufführung dieser Oper, wahrscheinlich anläßlich eines Besuchs des Palatins von Ungarn, wurde zugleich das Opernhaus im Park des Schlosses eröffnet, das seinen regelmäßigen Spielbetrieb allerdings erst 1776 aufnahm.
Von Haydns Musik (der 3. Akt ist nur unvollständig erhalten) sind vor allem die 3 mehrteiligen Finali hervorzuheben (ein Terzett und 2 Quartette) sowie Volpinos Arie *Amore nel mio petto / Die Liebe hat sich in meinem Herzen* und Mengones *Per quel che ha mal di stomaco / Für jemanden, der Bauchweh hat. Lo speziale* war die erste Oper Haydns, die nach langer Abwesenheit von den Spielplänen eine Wiederaufführung erlebte: 1895 in Dresden in Robert Hirschfelds oftmals nachgespielter einaktiger deutscher Fassung, die einige Abweichungen (u. a. ist Sempronio eine Bariton-Partie) sowie eine Ergänzung (aus Haydns *Orlando paladino*) enthält und 1970 durch die Bearbeitung H. C. Robbins Landon (deutsch von K. H. Füssl und H. Wagner) abgelöst wurde.
Spieldauer: ca. 70 Minuten.

Die Welt auf dem Mond

Il mondo della luna

Dramma giocoso in 3 Akten. Text nach einem Libretto von Carlo Goldoni. Uraufführung am 3. August (?) 1777 auf Schloß Eszterháza.

Carlo Goldoni (s. *Der Apotheker*, S. 73) hatte den Text ursprünglich für Baldassare Galuppi (Venedig 1750) geschrieben; er wurde auch von anderen vertont, so 1775 von Gennaro Astarita. Haydn benutzte Goldonis Original bis zum 2. Finale, dann die Bearbeitung für Astarita.

Personen: Ecclitico, ein falscher Astrologe (Tenor) – Ernesto, ein Kavalier (Alt) – Buonafede (Baß) – Clarice und Flaminia, Buonafedes Töchter (Soprane) – Lisetta, Buonafedes Kammerzofe (Mezzosopran) – Cecco, Ernestos Diener (Tenor) – 4 Schüler Eccliticos (Bässe).

Ort und Zeit: Haus des Ecclitico in Venedig, um 1750.

1. Akt. Auf seiner Dachterrasse läßt Ecclitico, der sich als Sterndeuter ausgibt, den einfältigen, aber reichen Buonafede durch ein Fernrohr die Wunder des Mondes – in Wahrheit künstliche Bilder – sehen. Buonafede ist entzückt. Ecclitico hat es nicht etwa auf Buonafedes Geld abgesehen, sondern auf seine Tochter Clarice. Und da Eccliticos Freund Ernesto Buonafedes zweite Tochter, Flaminia, liebt, entwikkelt ihm Ecclitico einen Plan. – Clarice und Flaminia stöhnen unter dem strengen Heiratsverbot des Vaters. Seiner Zofe Lisetta verspricht Buonafede dagegen alle Wunderdinge des Mondes. Da erscheint Ecclitico, um sich vor seiner Abreise zum Mond zu verabschieden. Buonafede ist Feuer und Flamme und wünscht mitzufliegen. Ecclitico verabreicht ihm einen Wundertrank, der nichts als ein Schlaftrunk ist. Clarice und Flaminia sind anfangs entsetzt, da sie ihren Vater für tot halten, lassen sich jedoch durch den Gedanken an das Erbe trösten.

2. Akt. Im Garten Eccliticos erwacht Buonafede inmitten zauberischer Musik und verführerischer Tänze. Ecclitico tritt als Zeremonienmeister auf und kleidet Buonafede neu ein. Er bereitet ihn auf das Erscheinen des Mondkaisers, Ernestos verkleideter Diener Cecco, vor. Der Mondkaiser erscheint und verlangt Buonafedes Töchter zu sehen; er selbst will Lisetta zur Frau nehmen. Lisetta, die im Mondkaiser ihren Cecco erkennt, wird trotz des Einspruchs Buonafedes zur Mondkaiserin ernannt. Clarice und Flaminia werden vor den Kaiser geführt, der sie mit Ernesto bzw. Ecclitico, beide ebenfalls verkleidet, traut. Während der Hochzeitszeremonie des Kaisers und der Kaiserin luchsen die Intriganten Buonafede den Schlüssel zu seinem Geldschrank ab; dann klären sie das Spiel auf.

3. Akt. Als Preis für seine Freilassung verlangen Ernesto und Ecclitico von Buonafede die Mitgift ihrer Frauen. Buonafede will handeln wie in der besseren Welt auf dem Mond und willigt in alle Bedingungen ein (Finale: *Dal mondo della luna / Auf die Welt auf dem Mond*).

Als Resultat von Goldonis Bemühen um eine »Charakterkomödie« finden sich neben reinen Buffo-Figuren (Buonafede, Lisetta, Cecco) auch »parti di mezzo carattere« (Clarice, Ecclitico), Gestalten, die weder eindeutig der ernsten noch der komischen Stilebene zuzuordnen sind, und »parti serie« (Ernesto, Flaminia). Entsprechend vielschichtig ist Haydns Musik; reinen Buffo-Charakter verströmen Buonafedes und Lisettas Duett *Non aver di me sospetto / Mißtraue mir nicht*, Lisettas vierteilige Arie *Una donna come me / Eine Frau wie ich* und Ceccos *Un avaro suda e pena / Ein Geizhals plagt sich im Schweiß*; dagegen sind Flaminias Bravourszene *Ragiòn nell'alma siede / Die Vernunft beherrscht die Seele* und ihr von Fagott und Hörnern begleitetes *Se la mia stella / Da mich mein Stern leitet* sowie Ernestos *Qualche volta non fa male / Manchmal ist es gar nicht schlecht* dem Seria-Bereich zuzuordnen; stilistisch dazwischen angesiedelt sind Clarices und Eccliticos lyrisches Duett *Un certo ruscelletto / Wonneschauer fließen* oder Eccliticos *Un poco di denaro / Ein bißchen Geld*.
Die Oper wurde nur ein einziges Mal – zu einer Prinzenhochzeit – in Eszterháza aufgeführt. Sie ist in einigen Varianten erhalten. Erfolg hatte erst 1932 in Schwerin die musikalische Bearbeitung von Mark Lothar; 1958 erschien die originalgetreue Bearbeitung H. C. Robbins Landons, die 1959 unter Giulini beim Holland-Festival erprobt wurde. Weitere Aufführungen fanden 1959 beim Festival in Aix-en-Provence sowie bei den Salzburger Festspielen (deutsch von H. Swarowsky) statt.
Spieldauer: ca. 2¾ Stunden (1. Akt: ca. 75 min.; 2. Akt: ca. 75 min.; 3. Akt: ca. 15 min.).

Die belohnte Treue
La fedeltà premiata

Dramma pastorale giocoso in 3 Akten. Text von Giovanni Battista Lorenzi. Uraufführung am 25. Februar 1781 auf Schloß Eszterháza.

Giovanni Battista Lorenzi (1721 Neapel – 1807 Neapel) gehörte ab 1763 dem Teatro di Corte in Neapel als Librettist, später Direktor an und profilierte sich durch seine Texte zu komischen Opern von Cimarosa, Guglielmi, Paisiello. Der Kenner der französischen Literatur schuf für Paisiello *Nina ossia La pazza per amore*, mit deren Erfolg der Aufschwung der Semiseria begann. Haydns *Fedeltà premiata* entstand nach Lorenzis Text zu Cimarosas im Juli 1779 in Neapel aufgeführter *L'infedeltà fedele*.

PERSONEN: Celia, mit richtigem Namen Fillide, Geliebte Filenos (Sopran) – Fileno, Liebhaber Fillides (Tenor) – Amaranta, eine eitle und arrogante Dame (Sopran) – Perrucchetto, ein Graf von überspanntem Charakter (Bariton) – Nerina, eine Nymphe, unstet in der Liebe, verliebt in Lindoro (Sopran) – Lindoro, Amarantas Bruder, zunächst verliebt in Nerina, dann in Celia (Tenor) – Melibeo, Priester des Diana-Tempels, verliebt in Amaranta (Baß) – Diana (Sopran) – Nymphen, Schäfer, Jäger, Jägerinnen, Gefolge der Diana.

ORT UND ZEIT: Bei Cumae in Kampanien, zur Sagenzeit.

Akt 1. Die Nymphen und Schäfer von Cumae leiden unter einem Gebot der Diana, wonach alljährlich das glücklichste Liebespaar des Ortes einem Seeungeheuer geopfert werden müsse, bis sich eine heldenhafte Seele freiwillig hingebe und damit die Stadt von dem Bann erlöse. Für ihn als Diana-Priester gelte das nicht, betont Melibeo gegenüber Amaranta, die spaßeshalber auf sein Werben eingeht, dafür aber verlangt, daß er ihrem Bruder Lindoro zu seiner geliebten Celia verhelfe. Urplötzlich ersteht Melibeo aber im Grafen Perrucchetto ein Nebenbuhler, der offensichtlich einige Chancen bei Amaranta hat. Fileno und Nerina klagen sich ihr Leid: Ihr ist Lindoro untreu geworden, ihm starb die Braut Fillide durch einen Schlangenbiß. Fileno ahnt nicht, daß Fillide lebt und unter dem Namen Celia nach ihm sucht.

Und wirklich finden sie sich. Aus Angst, der eifersüchtige Lindoro könnte sie an Melibeo verraten und sie würden als glücklichstes Paar geopfert werden, verstellt sie sich aber so, daß der verzweifelte und schließlich zornig-aggressive Fileno sie für untreu halten muß. Melibeo durchschaut das wahre Verhältnis und stellt Celia vor die Entscheidung, entweder Lindoro zu heiraten oder mit Fileno geopfert zu werden. Um seiner Drohung Nachdruck zu verleihen, läßt Melibeo Fileno festnehmen. Der Wirrwarr der wechselnden Beziehungen aller Personen löst einen Aufruhr aus, den eine Gruppe von Satyrn zur Entführung Celias nutzt.
2. Akt. Nerina befreit Fileno, und Melibeo bestärkt sie in ihrem Werben um Fileno, damit dieser sich von Celia abwende. Denn Melibeo sieht seine Aussichten auf Amaranta schwinden, da sie sich mit Perrucchetto versöhnt hat. Fileno will sich das Leben nehmen und schnitzt einen Abschiedsgruß in einen Baum. Celia findet entsetzt die Botschaft und sucht Fileno in einer Höhle. Melibeo hat sie beobachtet und bringt Nerina dazu, den Grafen ebenfalls dorthin zu locken. In Gegenwart von Amaranta, Lindoro und Fileno läßt er daraufhin Celia und den Grafen als Liebes- und Opferpaar herausführen.
3. Akt. Vergebens versucht Celia, Fileno von ihrer Unschuld zu überzeugen. Amaranta und Perrucchetto nehmen Abschied. Amaranta und Lindoro erfahren von Melibeos Intrige, können ihn aber nicht von seinem Vorhaben abbringen. In dem Moment, als Celia und Perrucchetto dem Ungeheuer vorgeworfen werden sollen, stürzt sich Fileno als freiwilliges Opfer in die See. Dianas Spruch ist erfüllt. Die Göttin selbst bemüht sich herbei, tötet Melibeo, schenkt Fileno das Leben und vereint ihn mit Celia, auch Nerina mit Lindoro und Amaranta mit dem Grafen.

La fedeltà premiata war zur Wiedereröffnung der im November 1779 abgebrannten Schloßoper von Eszterháza im Februar 1781 bestimmt. Da die Theatereröffnung bereits für 1780 vorgesehen war und der Hausdichter Pietro Travaglia in dieser Eile keinen Text liefern konnte, übernahm Haydn Lorenzis Libretto, wobei ein unbekannter Bearbeiter eine

Buffo-Figur strich, den neapolitanischen Dialekt auflöste und die Derbheiten des Originals milderte.
La fedeltà premiata repräsentiert einen neuen Operntypus in Haydns Schaffen, eine Semiseria im Schäfergewand. Haydn schildert die pastorale Atmosphäre durch Ballett- und Chorszenen und mehrteilige, meist durch Accompagnati eingeleitete Arien. Eine Krönung bedeuten die beiden ersten, mehrteilig sich steigernden Kettenfinali über 822 bzw. 506 Takte. Die Ouvertüre fand in der Sinfonie Nr. 73 *La Chasse* Verwendung. Von den 16 Arien verdienen Erwähnung besonders Celias teilweise von drei Hörnern begleitete Arie *Deh socorri un infelice / Eile und helfe einer Unglücklichen*, ihre Gleichnisarie *Placidi ruscelletti / Ihr sanften Silberbäche* und ihre Ombra-Szene *Ah come il core / Ach, wie mein Herz*, Filenos fünfteilige Arie *Miseri affetti miei / Was muß ich Ärmster leiden* und Amarantas *Vanne, fuggi, traditore / Weiche, fliehe fort, Verräter.*
La fedeltà premiata war neben *Armida* Haydns erfolgreichste Oper. In der 2. Fassung des Jahres 1782 legte Haydn die Partie der Celia höher und vertraute die Baß-Partie des Grafen einem Tenor an. Bereits 1784 wurde die Oper in deutscher Übersetzung von Schikaneder und H. Kumpf in Wien gespielt. Ihre erste Wiederaufführung erlebte die Oper 1970 in der Bearbeitung von H. C. Robbins Landon beim Holland-Festival in Amsterdam.
Spieldauer: ca. 3½ Stunden (1. Akt: ca. 100 min.; 2. Akt: ca. 85 min.; 3. Akt: ca. 20 min.).

Domenico Cimarosa

* 17. Dezember 1749 in Aversa (Prov. Caserta)
† 11. Januar 1801 in Venedig

Seinen Musikunterricht erhielt der früh verwaiste Cimarosa in Neapel durch den Organisten des Franziskanerklosters San Severo. Mit 12 Jahren kam er an das Konservatorium

Santa Maria di Loreto, wo er sich als Geiger, Sänger und Cembalist auszeichnete. Seine Gesangsausbildung setzte er 1771 bei dem Kastraten Giuseppe Aprile fort. Kompositionsunterricht erhielt er um diese Zeit bei Piccinni. Erste Opern schrieb er bereits als Student; mit seiner ersten professionellen Arbeit, *Le stravaganze del conte*, trat er 1772 hervor. Doch erst um 1776, als die Konkurrenten Piccinni nach Paris und Paisiello nach Sankt Petersburg gegangen waren, festigte sich Cimarosas Ansehen. 1777 schrieb er erstmals eine Oper für Rom, 1781 eine für Venedig, und um die Mitte der 1780er Jahre gehörte er zu den meistgespielten italienischen Komponisten. 1787–1791 wirkte er unter Katherina II. als Nachfolger Sartis in St. Petersburg, bis ihn Leopold II. als Nachfolger Salieris zum Hofkapellmeister in Wien ernannte. Im Februar 1792 erzielte er an der dortigen Hofoper mit *Il matrimonio segreto* seinen größten Dauererfolg. 1793 kehrte Cimarosa nach Neapel zurück, wo er 1796 Organist der königlichen Kapelle wurde. Weil er 1799 den Idealen der kurzlebigen Republik in Neapel gehuldigt hatte, wurde er inhaftiert; nur das Einschreiten einflußreicher Freunde rettete ihn vor dem Tode, doch verbannte ihn König Ferdinand IV. Cimarosa wollte erneut nach Rußland, erkrankte aber in Venedig und starb, ohne seine Seria *Artemisia* noch vollenden zu können. Das Gerücht, er sei auf höheres Geheiß vergiftet worden, ließ die Regierung dementieren.

Bis zum Erscheinen Rossinis war Cimarosa der erfolgreichste Komponist der italienischen Oper von internationalem Ruf; Haydn spielte seine Opern in Eszterháza, Goethe führte *Le astuzie femminile*, *L'impresario in angustie* und *Il matrimonio segreto* in Weimar auf, Stendhal schwärmte für ihn (»Keiner einzigen von den Frauen, die ich gehabt habe, verdanke ich einen so wonnevollen, nicht im geringsten erkauften Augenblick«, schrieb er über die Musik des *Matrimonio segreto*), auch Verdi, und selbst der rigorose Wiener Musikkritiker Hanslick ließ zumindest *Le astuzie femminile* gelten. Von seinen rund 65 Opern haben sich vor allem die Opere buffe am Leben erhalten, darunter *L'Italiana in Londra* (1779), *Il pittor parigino* (1781), *I due baroni di*

Rocca Azzurra (1783), *L'impresario in angustie* (1786). Von seinen ernsten Opern muß vor allem *Gli Orazi ed i Curiazi* (1797) genannt werden.

Die heimliche Ehe

Il matrimonio segreto

Dramma giocoso per musica in 2 Akten. Text von Giovanni Bertati nach der Komödie *The Clandestine Marriage* von David Garrick und George Colman. Uraufführung am 7. Februar 1792 in Wien, Burgtheater.

Giovanni Bertati (10. 7. 1735 Martellago – 1815? Venedig) wirkte seit 1763 als Librettist in Venedig und gehörte ab 1771 dem Teatro San Moïsè an, für das der Großteil seiner Texte entstand. 1791–94 war er als Nachfolger da Pontes Hoftheaterdichter in Wien. Neben seinem Libretto zu Cimarosas *Il matrimonio segreto* schrieb er u. a. für Domenico Gazzaniga einen *Don Giovanni* (1787), der auch da Ponte als Vorlage für seinen Text zu Mozarts Oper diente. Bertatis Libretti zeichnen sich durch theatralischen Witz aus, während ihre literarische Qualität durchweg bemängelt wurde.

PERSONEN: Geronimo, ein reicher Kaufmann (Baß) – Elisetta, seine ältere Tochter (Sopran) – Carolina, seine jüngere Tochter (Sopran) – Fidalma, seine Schwester, eine reiche Witwe (Mezzosopran) – Graf Robinson (Baß) – Paolino, ein junger Handlungsgehilfe im Haus Geronimos (Tenor).

ORT UND ZEIT: Bologna, im 18. Jahrhundert.

1. Akt. Der Kaufmann Geronimo ist darauf versessen, sein Geld zu adeln, das heißt, seine Töchter mit Trägern hochklingender Namen zu verheiraten. Carolina hat aber schon Paolino geheiratet – aus Angst vor dem Zorn des Vaters heimlich. Die beiden hoffen, nachträglich den Segen Geronimos zu erhalten, wenn Elisetta seine ehrgeizigen Vorstellungen erfüllt. Deshalb hat Paolino den verarmten Grafen Robinson, der auf der Suche nach einer einträglichen Partie ist, als Heiratskandidaten im Hause des Kaufmanns eingeführt. Schon spielt sich Elisetta als Gräfin auf, da folgt die

Enttäuschung: Der Graf verliebt sich in Carolina, auch zu Paolinos Verwirrung. Obwohl Carolina ihrem Verehrer klarmacht, daß sie weder Neigung noch Eignung zur Gräfin verspüre, glaubt Elisetta an einen Verrat ihrer Schwester. Merkwürdigerweise tut auch Fidalma heimlich mit einer angeblichen Liebschaft (Paolino ist gemeint), was alles zur völligen Konfusion führt.
2. Akt. Fest entschlossen, Carolina zu heiraten, erklärt der Graf ihrem Vater, er sei bereit, für sie auf die Hälfte der Mitgift zu verzichten. Geronimo ist einverstanden. Jetzt überrascht Fidalma Paolino mit dem Geständnis ihrer Liebe – Paolino fällt in Ohnmacht. Elisetta läßt sich indessen von dem Grafen nicht umstimmen zugunsten ihrer Schwester. Mehr noch: Gemeinsam mit Fidalma versucht sie, die Konkurrentin fortzuschaffen in ein Kloster. Dem Vater wird so lange zugesetzt, bis er einwilligt. Carolina und Paolino bleibt nichts als die Flucht; dabei werden sie von Elisetta entdeckt und von allen Hausbewohnern gestellt. So gestehen sie endlich das Geheimnis ihrer bereits vollzogenen Ehe. Worauf sich der Graf mit Elisetta zufriedengibt und den aufgebrachten Geronimo dazu bewegt, Carolina zu verzeihen. Nur Fidalma, die Witwe, geht leer aus.

Bertatis Text geht letzten Endes auf einen Bilderzyklus zurück. Die Autoren der englischen Komödie *The Clandestine Marriage* (1766), George Colman und David Garrick, hatten sich an der – in Stichen verbreiteten – *Marriage à la mode* (1745) von William Hogarth inspiriert. Vor Bertati waren schon zwei Opernfassungen dieser Komödie in Paris auf die Bühne gelangt: 1768 mit Musik von Joseph Kohout (*Le mariage caché*; Text: Marie-Jeanne Riccoboni), 1790 mit Musik von François Devienne (*Le mariage clandestin*; Text: J. A. P. Vicomte de Ségur). Bertati milderte die beißende Satire der englischen Vorlage und näherte das Stück der Commedia dell'arte an. Der sozialkritische Aspekt – ein zu Geld gekommener Kaufmann sucht durch seine Töchter Aufnahme in Adelskreise zu finden – tritt in den Hintergrund.
Cimarosas Musik entspringt der Buffotradition Italiens und

wird gefiltert durch den Blick auf Mozart und Haydn. *Il matrimonio segreto* ist ein liebenswert empfindsames Stück, das bis heute nichts von seinem Reiz eingebüßt hat. Genau genommen gehört es dem Bereich des bürgerlichen Rührstücks an, wie es Piccinni beispielhaft in seiner *Buona figliuola* (1760) vorgab; es ist der von Goldoni eingeführte »mezzo carattere« eingesetzt, der nicht mehr nur einseitig komische, sondern auch fühlende Personentypus. Allerdings fehlt den Figuren jene seelische Dimension, die ihnen Mozart zu geben wußte. Bei Cimarosa sind sie alle Typen aus dem Arsenal der italienischen Komödie und weisen eher auf Rossini voraus, als daß sie sich als Verwandte Mozarts zu erkennen gäben. Unter den 20 durch Secco-Rezitative verbundenen Nummern ragen Paolinos *Brillar mi sento il core / Mein Herz schlägt fröhlich* (nicht definitiv Cimarosa zuzuschreiben; 1. Akt), Carolinas und Paolinos Duett gleich zu Beginn der Oper (*Cara, non dubitar / Liebste, zweifle nicht*), Fidalmas *È vero che in casa / Es ist wahr, daß ich im Hause* (1. Akt) und die beiden Finali heraus. Das Duett Robinson/Geronimo *Se fiato in corpo avete / Solange Ihr noch lebt* aus dem 2. Akt ist mit seinen rasanten Tonrepetitionen eine direkte Vorwegnahme von Rossini; ebenso weist Geronimos »ba ba ba« und »ci ci ci« im Finale des 1. Aktes auf dessen skurrilen Witz, beispielsweise in der *Italiana in Algeri*, voraus.

Bei der zweiten Aufführung passierte etwas noch nie Dagewesenes: Nicht nur eine Arie, sondern gleich die ganze Oper wurde, nach gebührender Pause, in Anwesenheit des Kaisers Leopold II. wiederholt. Als Charakterkomödie inszenierten das Stück Giorgio Strehler 1955 zur Eröffnung der Piccola Scala in Mailand sowie 1979 Michael Hampe in Köln. Neuere deutsche Übersetzungen schufen J. Popelka, H. Stüwe (1947), H. Hohlfeld / C. Riha (1958).

Spieldauer: ca. 2¾ Stunden (1. Akt: ca. 90 min.; 2. Akt: ca. 75 min.).

Wolfgang Amadeus Mozart

* 27. Januar 1756 in Salzburg
† 5. Dezember 1791 in Wien

Wolfgang und seine Schwester Maria Anna (1751–1829) waren die einzigen überlebenden Kinder des Komponisten und Musiktheoretikers Leopold Mozart (1719–1787) und seiner Frau Anna Maria geb. Pertl (1720–1778). Als Wunderkind bereiste Wolfgang Amadeus mit seinem Vater die europäischen Musikzentren und erwarb sich eine kompositorische Meisterschaft und Universalität, die ihn – zwischen Haydn und Beethoven – zum Inbegriff der Wiener Klassik werden ließen. Bereits im Alter von fünf Jahren trat das Kind an der Salzburger Universität erstmals öffentlich auf. Im folgenden Jahr führte Leopold Mozart seine beiden Kinder am Münchner wie am Wiener Hof vor. Wolfgang Amadeus verblüffte als Violin- und Cembalospieler, mehr und mehr aber auch als Komponist. Das Herumreichen an den Höfen entsprach den Gepflogenheiten der Zeit, die Wunderkinder liebte. Was das an Anstrengungen und Entbehrungen, aber auch an anregenden Begegnungen bedeutete, ist den bloßen Daten, die hier nur die Opern nennen können, nicht zu entnehmen:
Eine lange Reise führte von Juni 1763 bis November 1766 nach Paris und London, über Stationen wie Ludwigsburg, Schwetzingen, Frankfurt, Brüssel, Amsterdam und Antwerpen. Danach, 1767, entstand die lateinische Schuloper *Apollo et Hyazinthus*, Mozarts erste selbständige Bühnenmusik. Ende des gleichen Jahres schloß sich ein mehrmonatiger Aufenthalt in Wien, Brünn und Olmütz an. 1768 entstand *Bastien und Bastienne*, 1769 *La finta semplice*, Mozarts erste Oper. Im Dezember 1769 brach Mozart, nun erzbischöflicher Konzertmeister in Salzburg, mit dem Vater erstmals nach Italien auf. Die Reise ging u. a. nach Verona, Mantua, Cremona, Mailand, wo Ende 1770 *Mitridate, re di Ponto* mit großem Erfolg uraufgeführt wurde, dann nach Florenz, Rom

und Neapel. Eine zweite Italien-Reise führte noch 1771 nach Mailand, zur Aufführung von *Ascanio in Alba*. Für den Amtsantritt des Salzburger Fürsterzbischofs Hieronymus Graf Colloredo hatte Mozart 1772 *Il sogno di Scipione* zu schreiben. Die dritte Italien-Reise dauerte vom Oktober 1772 bis zum März 1773; wieder für Mailand entstand *Lucio Silla*. Auf ständiger Suche nach einer gehobenen Anstellung für seinen Sohn begab sich Leopold im Sommer 1773 mit ihm abermals nach Wien. Das folgende Jahr brachte Aufträge für eine Oper zum Münchner Karneval (*La finta giardiniera*) sowie für eine Festvorstellung zum Besuch des Erzherzogs Maximilian Franz in Salzburg (*Il re pastore*). Als Spannungen mit seinem Dienstherrn, dem Fürstbischof, zu Mozarts Entlassung geführt hatten, fuhr er, diesmal mit der Mutter, über München, Augsburg, Mannheim (wo er lange blieb, weniger der vorzüglichen Hofmusik wegen als der Sängerin Aloysia Weber zuliebe) nach Paris. Von dort hat Wolfgang in sehr anrührend zu lesenden Briefen Krankheit und Tod der Mutter nach Salzburg mitteilen müssen. Ein zweiter Opernauftrag aus München, 1780, eröffnete die Reihe der großen Meisteropern mit *Idomeneo*, und im Sommer 1781 begann Mozart, in Wien als freier Komponist lebend, mit der *Entführung aus dem Serail*. Wenige Tage nach der Premiere (Juli 1782) gab er dem Vater seine Entscheidung bekannt, Constanze Weber (1762–1842), die Schwester von Aloysia, zu heiraten. Er war mittlerweile, nicht zuletzt durch den Erfolg der *Entführung*, ein weithin bekannter und angesehener Komponist geworden. Die Oper spielte auch weiterhin eine zentrale Rolle in seinem Œuvre; nach dem *Schauspieldirektor* (1786) und den beiden Fragment gebliebenen Stücken *L'oca del Cairo* und *Lo sposo deluso* folgte als erste Zusammenarbeit mit dem Librettisten Lorenzo da Ponte *Le nozze di Figaro* (1786). Der Wiener Erfolg des *Figaro* wiederholte sich in Prag, worauf Mozart eingeladen wurde, eine Oper für die böhmische Hauptstadt zu schreiben, den *Don Giovanni* (1787). Als dritte und letzte Oper mit da Ponte kam 1790 *Così fan tutte* heraus. Noch während der Arbeit an der *Zauberflöte* erging an Mozart die Einla-

dung, für die Feierlichkeiten anläßlich der Krönung Josephs II. zum böhmischen König in Prag eine weitere Oper zu verfassen (*La clemenza di Tito*). Ihre Aufführung fiel in Mozarts Todesjahr.
Einen Höhepunkt der Operngeschichte bilden die in kongenialer Zusammenarbeit mit Lorenzo da Ponte entstandenen drei Mozart-Werke *Le nozze di Figaro*, *Don Giovanni* und *Così fan tutte*. In ihnen erreicht Mozarts psychologische Nuancierungskunst, sein Gefühl für seelische Schwingungen und szenische Proportionen, eine zuvor nicht gekannte Vollkommenheit. Von einer puren Adaption der Opera buffa in *La finta semplice* bis zur souveränen Variation dieser Gattung, vom schier sklavischen Nachvollzug der Opera seria in *Mitridate* über den phantasievollen Gebrauch klassischer Schemata in *Lucio Silla* und *Idomeneo* bis zur späten Abkehr von der Seria im *Titus*, von den festlichen Bühnengattungen des *Ascanio in Alba* oder *Il sogno di Scipione* bis zu den Wurzeln eines nationalen Singspiels in *Zaide* und der *Entführung aus dem Serail* steht bei Mozart stets das Bemühen im Vordergrund, menschliches Empfinden in seiner Ganzheit zu schildern und ein szenisches Kunstwerk aus Text und Musik zu schaffen.

Bastien und Bastienne

Singspiel in 1 Akt von Friedrich Wilhelm Weiskern, Johann H. F. Müller und Johann Andreas Schachtner nach *Les amours de Bastien et Bastienne* von Marie-Justine Favart, Charles-Simon Favart und Harny de Guerville. Erste nachgewiesene Aufführung am 2. Oktober 1890 in Berlin, Architektenhaus.

Friedrich Wilhelm Weiskern (1710 Sachsen – 29. 12. 1768 Wien) war Schauspieler in Wien. Er genoß die Bewunderung der Kaiserin Maria Theresia, die ihm die Umgestaltung des Ballhaustheaters in das Burgtheater anvertraute. Trat auch als Bearbeiter und Übersetzer französischer, spanischer, englischer und italienischer Bühnentexte hervor, wie hier der *Amours de Bastien et Bastienne*. –

Der Burgschauspieler Johann Heinrich Friedrich Müller (20. 2. 1738 Halberstadt – 8. 8. 1815 Wien), ein Vertrauter Kaiser Josephs II. in Theaterfragen, fügte Weiskerns Übersetzung einiges hinzu. Dann formte der Gelegenheitsdichter, Salzburger Hoftrompeter und enge Freund der Familie Mozart Johann Andreas Schachtner (9. 3. 1731 Dingolfing – 20. 7. 1795 Salzburg) den Text zur eigentlichen Grundlage von Mozarts Singspiel. Schachtner schrieb später das Libretto zu *Zaide* und besorgte auf Wunsch Leopolds die deutsche Fassung des *Idomeneo*. Seine Berichte über Mozarts Kindheit bildeten die Grundlage der ersten Mozart-Biographien.

Personen: Bastienne, eine Schäferin (Sopran) – Bastien, ihr Geliebter (Tenor) – Colas, ein vermeintlicher Zauberer (Baß) – Schäfer und Schäferinnen.

Ort und Zeit: Frankreich, um die Mitte des 18. Jahrhunderts.

Weil ihr geliebter Bastien sich offenbar von ihr ab- und einer anderen zugewandt hat, bittet die betrübt ihr Schicksal beklagende Bastienne Colas um Rat. Colas, der sich als Zauberer gibt, in Wirklichkeit aber nur über gute Menschenkenntnis verfügt, rät Bastienne, sich auch so kokett und flatterhaft zu geben wie die Damen in der Stadt, die damit ihre Liebhaber an sich zu binden verstehen. So werde Bastien zu ihr zurückkehren. – Durch den Rat des »Zauberers« sind Bastien die Augen aufgegangen: Er möchte die Schätze der anderen Geliebten, eines Schloßfräuleins, nicht tauschen gegen die Lieblichkeit seiner Bastienne. Um so mehr trifft es ihn, von Colas zu hören, die hübsche Schäferin habe bereits einen andern. Ob ihm Colas nicht helfen könne, sie zurückzugewinnen? Der »Zauberer« macht prompt ein bißchen Hokuspokus und prophezeit ihm ein Wiedersehen mit ihr. Als Bastienne und Bastien einander begegnen, gibt sich jeder trotzig. Bastienne tut, als sei sie völlig uninteressiert. Bastien zieht alle Register, droht sogar mit Selbstmord. Im Duett schleudern sie sich Abschiedsschwüre zu – und schmelzen gleich dahin. Die Liebe erweist sich als stärker. Versöhnt und mit den Schäferinnen und Schäfern im Bunde singen sie das Lob des »Zauberers« Colas, der alles so gut gefügt hat und zu guter Letzt auch noch die Hochzeit ausrichten soll.

Bei keinem anderen Werk Mozarts ist die Entstehungsgeschichte ähnlich verschlungen wie bei diesem. Schließlich ist gar nicht bekannt, ob es zu Lebzeiten Mozarts überhaupt aufgeführt wurde. Ausgangspunkt war Jean-Jacques Rousseaus 1752 in Paris aufgeführtes Intermède (musikalisches Zwischenspiel) *Le devin du village*. Dem großartigen Erfolg ließ die Comédie Italienne im Jahr darauf die von Charles-Simon Favart (1710–1792), seiner Frau, der Schauspielerin Marie-Justine Favart (1727–1772) sowie Harny de Guerville verfaßte Parodie *Les amours de Bastien et Bastienne* folgen, die Rousseaus arkadische Idylle in ein bäuerliches Milieu versetzte. Bereits 1755 gelangte dieses Stück nach Wien. Im Zuge der Bemühungen des Grafen Durazzo, das französische Singspiel in Wien zu etablieren, erteilte dieser 1764 F. W. Weiskern den Auftrag zur Übersetzung. Wahrscheinlich wurde Mozart in Salzburg durch Schachtner auf *Bastien und Bastienne* aufmerksam gemacht. Schachtner selbst wandelte die Prosa-Arientexte von Weiskern/Müller in Verse um und fügte die Zauberformel des Colas hinzu. Von den 16 Nummern der Endfassung stammen 7 von Weiskern (Nr. 1, 6, 8, 9, 14–16), je 2 von Müller (Nr. 11, 13) und Schachtner (Nr. 4, 12); bei den 4 übrigen handelt es sich um Gemeinschaftswerke.
Um 1770 komponierte Mozart Secco-Rezitative (komponiert wurden bzw. erhalten sind nur die ersten beiden Szenen), welche die gesprochenen Texte ersetzen sollten; die Rezitative des Colas sind hier in der Alt-Lage notiert, während die übrige Partie als Baß-Rolle angelegt ist. Mozart beginnt mit einer kurzen Intrada (Ouvertüre), läßt einfache, zweiteilige Arien folgen und endet mit einem Duett und einem Terzett.
Diese »Operetta [. . .] in Teutsch« (Leopold Mozart) ist stilistisch ein Vorläufer der deutschen Opern *Entführung aus dem Serail* und *Die Zauberflöte* (obwohl sie für die Entwicklung des deutschen Singspiels keine Rolle spielen konnte) und umkreist inhaltlich bereits Themenkreise aus *Figaro* und *Così fan tutte*. Aus der Naturschwärmerei eines Philosophen wurde über mehrere Umwege eine Idylle der Kindheit schlechthin.

Die ursprüngliche Annahme, das wohl 1767/68 entstandene Werk sei im Gartenhaus des Wiener Magnetiseurs und Arztes Dr. Mesmer aufgeführt worden, hält die Wissenschaft nicht mehr aufrecht. Die erste Aufführung hat demnach 1890 (gemeinsam mit Mendelssohn Bartholdys *Heimkehr aus der Fremde*) stattgefunden. Bearbeitungen stammen u. a. von Max Kalbeck / J. N. Fuchs, Rainer Simons / Richard Kleinmichel und von Wilhelm Zentner.
Spieldauer: ca. 45 Minuten.

Die Gärtnerin aus Liebe
La finta giardiniera

Dramma giocoso in 3 Akten. Text von Giuseppe Petrosellini. Uraufführung am 13. Januar 1775 in München, Salvatortheater.

Der Abate Giuseppe Petrosellini (19. 11. 1727 Corneto Tarquinia bis um 1799 Rom), ein Schützling des Papstes Pius VI. und Mitglied mehrerer römischer Akademien, ist vor allem durch sein Libretto zu Paisiellos *Il barbiere di Siviglia* (1782) bekannt. Er schrieb die Texte zu einer Vielzahl der berühmtesten Buffo-Opern seiner Zeit, von Anfossi, Cimarosa, Galuppi, Guglielmi, Piccinni. Petrosellinis Buch hatte schon 1773 in Rom Pasquale Anfossi (1727–1797) als Libretto für dessen *Finta giardiniera* gedient.

Personen: Don Anchise, Podestà (Bürgermeister) von Lagonero, verliebt in Sandrina (Tenor) – Marchesa Violante Onesti, Geliebte des Grafen Belfiore, als Gärtnerin unter dem Namen Sandrina (Sopran) – Graf Belfiore, früher der Geliebte von Violante, jetzt von Arminda (Tenor) – Arminda, vornehme Mailänderin, Nichte des Podestà, früher die Geliebte des Cavaliere Ramiro, jetzt Verlobte des Grafen Belfiore (Sopran) – Cavaliere Ramiro, Geliebter der Arminda, von ihr verlassen (Sopran) – Serpetta, Kammerzofe des Podestà (Sopran) – Roberto, Diener der Marchesa, als Gärtner unter dem Namen Nardo (Baß).

Ort und Zeit: Landgut des Don Anchise in der Nähe von Mailand, um 1750.

Don Anchise hat sich in Sandrina verliebt, die er kürzlich mit ihrem Cousin Nardo als Gärtner eingestellt hat, ohne daß seine Gefühle erwidert werden. Ebenso ist Nardo in Serpetta verliebt, die ihn abblitzen läßt, weil sie ihren Herrn liebt. Sandrina, in Wirklichkeit die Gräfin Onesti, sucht ihren Geliebten, den Grafen Belfiore, der geflohen ist, weil er glaubt, sie bei einer Auseinandersetzung getötet zu haben.
1. Akt. Ramiro leidet an der Treulosigkeit Armindas, die ihn verlassen hat, um mit dem Grafen verheiratet zu werden. Als sie auf dem Landgut ihres Onkels zur Hochzeitsvorbereitung eintrifft, weckt sie sofort hellstes Entzücken bei Belfiore, der übrigens ein eitler Prahlhans ist. Arminda findet ihn nicht übel, bringt ihn aber erst einmal ein wenig zur Räson: Sie sei störrisch, und wenn er sie, wie üblich, betrüge, wisse sie sich zu wehren. Dem verliebten Nando gegenüber gibt sich auch Serpetta recht zugeknöpft. Aber fassungslos stehen sich ehemalige und neue Paare gegenüber, als Belfiore in der – bei der Nachricht von seiner Hochzeit mit Arminda ohnmächtig zusammengesunken – Sandrina die Gräfin Onesti zu erkennen glaubt und vor Ramiro plötzlich Arminda steht. Die Szene mündet in turbulente Konfusion. Jeder hat jedem etwas vorzuwerfen, alle sind ratlos, am meisten der völlig düpierte, polternde Podestà.
2. Akt. Neue Bezichtigungen, von Paar zu Paar. Serpetta setzt ihr kokettes Spiel mit Nardo fort. Sandrina läßt den Grafen glauben, seine Violante sei tot, sie sehe ihr nur ähnlich, und dem verliebten Podestà bereitet sie Wechselbäder der Empfindung. Da wird ein Haftbefehl gegen Belfiore wegen Mordes an der Gräfin Onesti ins Spiel gebracht. Er löst eine Untersuchung durch den Podestà aus, bei der Sandrina sich als durchaus noch lebendige Gräfin zu erkennen gibt, aber nur, wie sie dem glücklichen Belfiore zu verstehen gibt, damit er wieder zu seiner Arminda komme, ihr liege nichts an ihm. Belfiore beginnt an seinem Verstand zu zweifeln. Wieder Aufregung: Sandrina ist verschwunden. Es beginnt ein heiter-ernstes Verwirrspiel der durch einen dunklen Wald tappenden, Sandrina suchenden und in einer Höhle findenden Paare.

3. Akt. Langsam beginnen sich die Fäden zu entwirren. Serpetta gibt dem Werben Nardos nach, der Graf und die Gräfin versöhnen sich, jeweils nach einigem Widerstreben der Damen, die ihre Rache und andere Gefühle auskosten wollen. Arminda bittet ihren Onkel, sie mit Ramiro, den sie bis zuletzt hingehalten hat, zu verbinden. Allein bleibt nur der Podestà, in Erwartung einer anderen Gärtnerin.

La finta gardiniera ist Mozarts zweite Buffa. Als Komponist ernster Opern hatte er in Mailand bereits große Ehre eingelegt. Der Auftrag an ihn erging vom Münchner Hofmusikintendanten Graf Josef Anton von Seeau, der auch Petrosellinis Textbuch auswählte. Die Personen entstammen zwar dem Geiste von Goldonis Komödien, doch übertreibt Petroselli die Lust an der dramaturgischen Kniffeligkeit, bis sich die Verkleidungsspiele und Verwirrungen totlaufen. Der Podestà entstammt noch dem Arsenal der Commedia dell'arte, doch wie bei Goldoni stehen sich »parti serie« (Arminda und Ramiro), »parti di mezzo carattere« (Sandrina und Belfiore) sowie ein Dienerpaar (Serpetta und Nardo) gegenüber; Züge der Comédie larmoyante – im empfindsamen Rührstück ist die Titelheldin in der Regel ein unschuldig verdächtigtes, einfaches Mädchen – verbinden sich mit der venezianischen Buffa.
Wie stets, wenn ihm der Text keine optimale Vorlage bot, schrieb Mozart Arien, die für sich ein Miniaturdrama abbildeten. Fast alle großen Arien dieser Partitur malen die sich ständig ändernden Emotionen, ihren Gefühlsumschlag, auf sensibelste Weise aus, kehren das Innerste nach außen, reiben unter der äußerlichen Glätte die wahren Gefühle hervor. So sind die bravourösen, aus dem Seria-Bereich kommenden Agitata-Arien der Arminda (Nr. 13, *Vorrei punirti indegno / Ich wollte dich, Nichtswürdiger, bestrafen*) oder des Ramiro durchaus mehr als nur parodistische Einlagen, desgleichen Sandrinas Arie *Crudeli, oh Dio! Fermate! / Grausame, o Gott! Bleibt stehen!* (Nr. 21) im 2. Akt, die dem Ombra-Typus entspricht. Wie auch in anderen Fällen geht Sandrinas verzweifelter Ausbruch im Wald in ein aufgeregtes

Accompagnato über und bildet so eine große szenische Einheit. Dieser Arie geht übrigens, als äußerster Kontrast, Serpettas kecke Soubretten-Arie *Chi vuol godere / Wer die Welt genießen will* voraus. Eine Entsprechung zu Sandrinas Szene ist Belfiores groß angelegtes »Recitativo ed Aria« *Ah non partir / Ach gehe nicht fort* (Nr. 19), auch dies eine Ombra-Szene, in der die Gedanken des dem Wahnsinn nahen Grafen um den Tod kreisen. Reine Buffa-Momente offenbaren Arien wie des Grafen *Da Scirocco e Tramontana / Vom Südosten bis zum Norden* (Nr. 8), Sandrinas *Geme la tortorella / Die Turteltaube seufzt* (Nr. 11) oder des Podestà *Dentro il mio petto / Ich fühle in meiner Brust* (Nr. 3) mit der sprechenden Orchesterbegleitung. Mozarts szenische Vorstellungskraft beweist sich nicht zuletzt in den Finali.
Der Dichter Christian F. D. Schubart schrieb über die Uraufführung der *Finta gardiniera*: »Genieflammen zucken da und dort, aber es ist noch nicht das stille, ruhige Altarfeuer, das in Weihrauchwolken gen Himmel steigt. Wenn Mozart nicht eine im Gewächshaus getriebene Pflanze ist, so muß er einer der größten Komponisten werden, die jemals gelebt haben.« Das Werk erlebte nur 3 Aufführungen, obwohl die Premiere vor vollem Haus gegeben wurde und »nach einer jeden Aria [. . .] alzeit ein erschröckliches getös mit glatschen, und viva Maestro schreyen« (Mozart) war. Erst 1779/80 nahm Johann Heinrich Böhms Schauspielertruppe das Stück in einer Umarbeitung als deutsches Singspiel unter dem Titel *Die verstellte Gärtnerin* in ihr Repertoire auf. Mozart hatte einige Orchesterrezitative umgearbeitet, Johann Franz Joseph Stierle (1741–1800?), ein Mitglied von Böhms Truppe, die deutschen Sprechtexte verfaßt. 1978 erschien das Werk in der Neuen Mozart-Ausgabe (R. Angermüller / D. Berke), im Jahr darauf kam die Oper in der neuen Version in einer pompös-äußerlichen Inszenierung am Münchner Cuvilliés-Theater heraus. Erst Karl-Ernst Hermann überwand in seiner Brüsseler Inszenierung von 1986 das immer wieder betonte Niveaugefälle zwischen Musik und Text.
Spieldauer: ca. 3½ Stunden (1. Akt: ca. 90 min.; 2. Akt: ca. 80 min.; 3. Akt: ca. 35 min.).

Idomeneo

Idomeneo, re di Creta

Dramma per musica in 3 Akten. Text von Gianbattista Varesco nach Antoine Danchets *Idomenée.* Uraufführung am 29. Januar 1781 in München, Hoftheater.

Giovanni Battista (Gianbattista) Varesco (um 25. 11. 1735 Trient bis 28. 8. 1805 Salzburg), seit 1766 erzbischöflicher Hofkaplan und -musiker in Salzburg, war mit der Familie Mozart befreundet und schrieb neben dem *Idomeneo* auch den Text zu Mozarts Opernfragment *L'oca del Cairo* (*Die Gans von Kairo*). Für *Idomeneo* griff Varesco auf Antoine Danchets (1671–1740) gleichnamige Tragödie zurück, die 1712 von André Campra (1660–1744) vertont wurde.

PERSONEN: Idomeneo, König von Kreta (Tenor) – Idamante / Idamantes, sein Sohn (Sopran oder Tenor) – Ilia, trojanische Prinzessin, Tochter des Priamus (Sopran) – Elettra / Elektra, Prinzessin, Tochter des argivischen Königs Agamemnon (Sopran) – Arbace / Arbaces, Vertrauter des Königs Idomeneo (Tenor) – Oberpriester Neptuns (Tenor) – Die Stimme des Orakels (Baß) – Zwei Kreterinnen, zwei Trojaner, Priester, Priesterinnen, Kreter, Krieger, gefangene Trojaner u. a.

ORT UND ZEIT: Kydonia auf Kreta, nach dem Trojanischen Krieg.

1. Akt. Nach jahrelangem Krieg hat Idomeneo gemeinsam mit den Griechen Troja erobert. Seine Rückkehr steht unmittelbar bevor. Vorausgeschickt hat er die trojanischen Kriegsgefangenen, darunter Prinzessin Ilia. Ilia hat sich in Idamantes, den von Elektra leidenschaftlich begehrten Sohn des feindlichen Siegers, verliebt und weiß sich von ihm geliebt; sie befindet sich deshalb in einem heftigen Gewissenskonflikt (Arie *Padre, germani, addio! / Vater, Geschwister, lebt wohl!*). Die Kreter erwarten bereits ihren siegreichen König, als Arbaces mitteilen muß, Idomeneo sei in einem Seesturm umgekommen. Idamantes eilt zum Meer, während ihn Elektra mit rasenden Eifersuchtsausbrüchen verfolgt (Arie *Tutte nel cor vi sento / Euch alle fühl ich im Herzen*). Der Sturm legt sich auf Geheiß Neptuns, und Idomeneo be-

tritt unversehrt das Land. Die Rettung bedeutet für ihn, daß er nun jenen Schwur, den er dem Meeresgott in höchster Not leistete, erfüllen muß: den ersten Menschen zu opfern, der ihm an Land begegnet. Idamantes nähert sich dem Fremdling, und beide erkennen sich als Vater und Sohn, worauf sich Idomeneo entsetzt von dem tief betroffenen Idamantes abwendet (Arie *Il padre adorato ritrovo / Den geliebten Vater finde ich wieder*). Die landenden Kreter, freudig von ihren Frauen begrüßt, danken Neptun mit Tänzen, Märschen und Chören.

2. Akt. Um seinen Sohn durch Flucht und Verbergen vor Neptun zu retten, will Idomeneo, von Arbaces gut beraten, Elektra durch Idamantes nach Argos auf den Thron ihres Vaters Agamemnon zurückführen lassen. (In der Wiener Fassung von 1786 beginnt dieser Akt mit einer Szene Ilia und Idamantes, in der Idamantes Ilia seiner unveränderten Treue versichert [Nr. 10b, Rondo *Non temer, amato bene / Fürchte nichts, du Vielgeliebte*].) Im Überschwang des Glücks bittet die trojanische Prinzessin Idomeneo, ihr den verlorenen Vater zu ersetzen – Idomeneo ahnt, was sie mit Idamantes verbindet, und fürchtet, Neptuns Fluch würde nun auch sie treffen (Arie *Fuor del mar / Dem Meer entronnen*). Elektra indessen triumphiert, da sie glaubt, den Geliebten auf der Heimfahrt ganz für sich gewinnen zu können (Arie *Idol mio, se ritroso / Mein Geliebter, wenn eine andere*). Als beide das Schiff besteigen wollen, erhebt sich ein gewaltiger Sturm, und ein Ungeheuer entsteigt dem Wasser. Die Kreter fragen sich entsetzt, wer den Zorn Neptuns so sehr herausgefordert habe – Idomeneo gesteht es. Er bietet sich selbst an seines Sohnes Stelle als Opfer an.

3. Akt. Ilia vertraut den Lüften ihre Liebe zu Idamantes an (Arie *Zeffiretti lusinghieri / Schmeichelnde Lüfte*), der sie überrascht mit der festen Absicht, den Kampf mit dem mordenden Ungeheuer aufzunehmen und so im Tod den Konflikt zwischen seiner Liebe und der Sohnespflicht zu beenden. Idomeneo und Elektra drängen auf baldige Abreise, doch Idamantes will allein den Tod suchen; Ilia ist nicht bereit, ihn zu verlassen, und Elektra schwört erneut Rache

(Quartett *Andrò ramingo e solo / Einsam werd ich in die Irre wandern*). Verzweifelt wegen der Verheerungen, die das menschenfressende Ungeheuer auf Kreta anrichtet, bietet sich Arbaces als Opfer an. Aber dem Oberpriester und dem ganzen Volk muß Idomeneo eröffnen, daß nur die Opferung seines Sohnes Neptun zufriedenstellen wird. Seine und des Priesters Opfergebete unterbrechen Siegesrufe: Idamantes hat das Ungeheuer getötet. Jetzt, da alles offenliegt, versteht er die Verzweiflung seines Vaters; er ist auch jetzt bereit zu sterben. Als Idomeneo zustoßen will, fällt ihm Ilia in den Arm und bietet sich zum Opfer an. Da ertönt die Stimme des Orakels und verkündet: »Idomeneo sei nicht mehr König, König sei Idamantes und Ilia seine Gemahlin.« Rasend stürzt Elektra davon. Idomeneo gehorcht dem Götterwort; er dankt ab und krönt Idamantes unter dem Jubel des Volkes.

Idomeneo ist die letzte der Seria-Opern in Mozarts Jugendzeit, die letzte Oper auch vor seiner Übersiedlung nach Wien, dem Ende seiner Wanderjahre. Die Oper entstand im Auftrag des kurfürstlichen Hofes in München als Karnevalsoper des Jahres 1781; damit verbunden war zugleich die Wahl des Stoffes, Danchets *Idoménée*, für dessen Bearbeitung Mozart den befreundeten Salzburger Hofkaplan Varesco gewann. Die umfangreichen Chöre (9 Nummern) und monumentalen Tableaus haben ihr Vorbild in der französischen Oper von Lully bis Rameau ebenso wie in einigen Werken Glucks. Varesco hat den Prolog, die Göttererscheinungen und die allegorischen Figuren gestrichen und die Handlung wesentlich gestrafft, sie allerdings auch sehr undramatisch eindimensional geführt. Wie im Falle des *Lucio Silla* erhielt die Oper ihre Form in enger Zusammenarbeit mit den Sängern in München, wo Mozart am 5. 11. 1780 eintraf. Der ausführliche Briefwechsel Mozarts mit dem Vater gibt detailliert Auskunft über die immer wieder verworfenen Fassungen verschiedener Szenen und über die Art und Weise einer Operneinstudierung in dieser Epoche.
In dem zwei Jahre zuvor von Mannheim nach München

Wolfgang Amadeus Mozart: Die Hochzeit des Figaro
Oper Leipzig

Wolfgang Amadeus Mozart: Don Giovanni
Oper der Stadt Köln

übergesiedelten Orchester – Kurfürst Karl Theodor von der Pfalz war 1778 durch Erbfolge auf den bayerischen Thron gelangt – stand Mozart der beste Klangkörper der Zeit zur Verfügung. Umfang und Schwierigkeit der Partitur des *Idomeneo* stellten das Orchester (unter Christian Cannabich) vor seine bisher schwierigste Aufgabe. Das gilt auch von den Ballettszenen, darunter der Chor-Ciaconna am Ende des 1. Aktes, von dem Marsch im 2. Akt (Nr. 14) und dem Chor vor dem Sturm (Nr. 15).
Neben den vor Eifersucht getriebenen Rachegesängen Elektras, den lyrisch eindringlichen Arien Ilias und den Reflexionen Idomeneos steht das Quartett des 3. Aktes (Nr. 21, *Andrò ramingo e solo*) im Mittelpunkt des musikalischen Geschehens. Mozart gestaltet von hier bis zum abschließenden Chor ein spannungsvoll gesteigertes und durchorganisiertes Drama, das nur kurze Rezitative unterbrechen.
Die Münchner Premiere in dem 1751–1753 von François Cuvilliés d. Ä. gebauten Neuen Hoftheater blieb folgenlos; der mit zwei Sängern unzufriedene Mozart trug sich dann mit dem Gedanken, die Partie des Idomeneo für einen Baß umzuschreiben. Erst 1786 bot sich im Wiener Palais des Fürsten Auersperg die Möglichkeit zu einer weiteren Aufführung. Dabei übertrug Mozart die Partie des Idamantes einem Tenor, für den er eine neue Arie schrieb, auch nahm er Änderungen im Duett mit Ilia und in den Ensembles vor.
Die erste deutsche Übersetzung fertigte auf Wunsch Mozarts J. A. Schachtner (vgl. 88) an; weitere deutsche Versionen stammen u. a. von G. Fr. Treitschke (1805), L. Lenz (1845) und Niese (1854). Das Werk erlebte zahlreiche Bearbeitungen, u. a. von Arthur Rother (1931), Richard Strauss (Wien 1931), Ermanno Wolf-Ferrari (München 1931), Bernhard Paumgartner (Salzburg 1956 unter Böhm). 1972 kam das Werk (deutsch von E. Neunteufel) in der Neuen Mozart-Ausgabe heraus.
Spieldauer: ca. 2 Stunden 50 Minuten (1. Akt: ca. 55 min.; 2. Akt: ca. 50 min.; 3. Akt: ca. 65 min.).

Die Entführung aus dem Serail

Singspiel in 3 Akten. Text von Johann Gottlieb Stephanie d. J. nach einem Bühnenstück von Christoph Friedrich Bretzner. Uraufführung am 16. Juli 1782 in Wien, Burgtheater.

Johann Gottlieb Stephanie d. J. (19. 2. 1741 Breslau – 23. 1. 1800 Wien), als preußischer Soldat im Siebenjährigen Krieg gefangengenommen und dann im österreichischen Heer, wurde nach Wien verschlagen, wo ihn der Mozart-Freund Anton Mesmer zu einer Bühnenlaufbahn drängte. Zwischen 1778 und 1786 schuf er für das Nationalsingspiel, dessen Direktor er 1779 wurde, ca. 20 Libretti für Opern von Umlauf, Gassmann, Süßmayr, für Mozarts *Entführung aus dem Serail* (1782) und *Der Schauspieldirektor* (1786) sowie für Dittersdorfs *Doktor und Apotheker* und *Die Liebe im Narrenhaus*; darüber hinaus übersetzte und bearbeitete er Opern von Anfossi, Gretry, Paisiello, Piccinni, Sacchini, Sarti. – Stephanie schuf sein Textbuch als freie Bearbeitung des Stückes *Belmont und Constanze oder Die Entführung aus dem Serail* von Christoph Friedrich Bretzner (1746–1807), einem vielbeschäftigten Leipziger Kaufmann, Theaterautor und Romancier, der den Text ursprünglich als Singspielvorlage für Johann André (1741–1799) konzipiert hatte (Berlin 1781); 1794 schuf er eine deutsche Übersetzung von Mozarts *Così fan tutte* als *Weibertreue oder Die Mädchen sind von Flandern*.

Personen: Selim, Bassa (Sprechrolle) – Konstanze, Geliebte des Belmonte (Sopran) – Blonde, Zofe der Konstanze (Sopran) – Belmonte (Tenor) – Pedrillo, Diener des Belmonte und Aufseher über die Gärten des Bassa (Tenor) – Osmin, Aufseher über das Landhaus des Bassa (Baß) – Klaas, ein Schiffer (Sprechrolle) – Anführer der Wache (Sprechrolle) – Ein Stummer, Janitscharen, Gefolge des Bassa.

Ort und Zeit: Landgut des türkischen Bassa Selim am Meeresufer, 16. Jahrhundert.

1. Akt. Vor dem Palast des Bassa Selim sucht Belmonte nach einer Gelegenheit, seine Braut Konstanze wiederzusehen, die Seeräuber entführt und samt Blonde und Belmontes Diener Pedrillo in Selims Serail verkauft haben (Arie *Hier soll ich dich denn sehen*). Als Osmin, ein Lied auf den Lippen (*Wer ein Liebchen hat gefunden*), aus dem Palast

kommt, um Feigen im Garten zu pflücken, versucht Belmonte, ihn auszuhorchen. Osmin stellt sich zunächst taub, als er aber nach Pedrillo, in seinen Augen nichts als ein zweifelhafter, den Haremsfrieden bedrohender Frauenheld, gefragt wird, erwacht sein Mißtrauen. Er jagt Belmonte wütend davon. Wie gerufen erscheint Pedrillo selbst. Über ihn gießt Osmin seine ganze Galle aus; am liebsten ginge er ihm an die Gurgel (Arie *Solche hergelaufne Laffen, die nur nach den Weibern gaffen*). Kaum daß er weg ist, wagt sich Belmonte hervor. Pedrillo erkennt voll Freude seinen Herrn und versichert ihm, daß Konstanze allen Werbungen des Bassa widerstanden habe. Er macht sich größere Sorgen um Blonde, die Selim dem Osmin als Sklavin geschenkt hat. Die Wiederbegegnung mit Konstanze erwartet Belmonte voll freudiger Erregung (Arie *O wie ängstlich, o wie feurig klopft mein liebevolles Herz!*). Und wirklich kann er aus einem Versteck die Rückkehr des Bassa Selim von einer Bootsfahrt beobachten und bei ihm Konstanze, die von Selim bedrängt wird, seine Liebe zu erwidern. Sie aber erklärt ihr Zögern mit der Erinnerung an Belmonte (Arie *Ach, ich liebte, war so glücklich*) und erreicht einen Aufschub, wenn auch nur um einen einzigen Tag noch. Pedrillo stellt Belmonte seinem Herrn als geschickten Baumeister vor, und Selim zeigt sich geneigt, den jungen Mann in seine Dienste zu nehmen. Schäumend vor Wut kann Osmin dem verhaßten Fremden nicht länger den Eintritt in den Palast verwehren (Terzett *Marsch! Trollt euch fort!*).

2. Akt. In Selims Garten wehrt Blonde spöttisch das Drängen Osmins, ihm als Sklavin zu gehorchen und ihn zu lieben, ab. Sie erteilt ihm eine Lektion im Umgang mit einer freien Engländerin, die ganz anders zu gewinnen sei als eine türkische Sklavin, nämlich: *Durch Zärtlichkeit und Schmeicheln* (Arie). Brummend trollt sich der Alte davon (Duett *Ich gehe, doch rate ich dir, den Schurken Pedrillo zu meiden*). Kummervoll naht Konstanze, vor der Aussprache mit dem Bassa bangend (Arie *Traurigkeit ward mir zum Lose*). Als er sie an die Macht erinnert, die er über sie besitzt, muß er erfahren, daß Konstanze eher *Martern aller Arten* (Arie) ertra-

gen würde, statt sich einer erzwungenen Liebe zu unterwerfen. Inzwischen haben Belmonte und Pedrillo alles für eine nächtliche Flucht vorbereitet. Blonde, in den Entführungsplan eingeweiht, bricht in hellen Jubel aus (Arie *Welche Wonne, welche Lust*). Zunächst muß Osmin unschädlich gemacht werden, wozu Pedrillo sich selber Mut zuspricht (Arie *Frisch zum Kampfe!*). Pedrillo kriegt Osmin mit ein paar Flaschen Wein (Duett *Vivat Bacchus! Bacchus lebe!*) so weit, daß er reichlich besäuselt ins Haus wankt. Der Weg ist frei: Konstanze und Belmonte (Duett *Wenn der Freude Tränen fließen*), Pedrillo und Blonde fallen sich in die Arme; zwar kommt es zu einer Aussprache, bei der gewisse Zweifel der beiden Männer zerstreut werden müssen, doch rasch siegen Liebe und frohe Erwartungen (Quartett *Es lebe die Liebe!*).

3. Akt. Pedrillo und Klaas bereiten die Flucht vor. Belmonte ist voll ungeduldiger Erwartung (Arie *Ich baue ganz auf deine Stärke*). Um Mitternacht gibt Pedrillo mit einer maurischen Romanze (*Im Mohrenland gefangen war ein Mädel hübsch und fein*) das verabredete Zeichen zur Entführung. Doch ehe das rettende Boot erreicht ist, schlägt Osmin Alarm. Die vier werden ergriffen, und Osmin schwelgt in der genüßlichen Ausmalung ihres Todes durch den Strick (Arie *Oh, wie will ich triumphieren, wenn sie euch zum Richtplatz führen*). – Im Palast hat der Lärm den Bassa aus dem Schlaf geweckt. Hämisch führt Osmin die Gefangenen vor. Beim Verhör erfährt Selim, daß er in Belmonte den Sohn seines ärgsten Feindes in der Gewalt hat. Konstanze und Belmonte erwarten den Tod (Duett *Meinetwegen sollst du sterben!*). Bassa Selim fällt das Urteil: Zum freudigen Staunen aller schenkt er ihnen die Freiheit, weil es größeres Vergnügen bereite, Ungerechtigkeit durch Wohltaten zu vergelten als Laster mit Lastern. Osmin, dem solche Großmut unbegreiflich ist, läßt seiner Wut freien Lauf in einer Litanei aller Qualen, die er diesen Fremden angedeihen lassen möchte (Arie *Verbrennen sollte man die Hunde*). Er ist der einzige, der nicht in den Chor der Janitscharen einstimmt, die das Lob des edelmütigen Bassa Selim singen.

Im August 1781 begann und vollendete Mozart die Komposition des 1. Aktes, im Mai 1782 war die Oper vollendet. Nie zuvor hatte Mozart so intensiv bei der Textgestaltung mitgewirkt. Anteil hatte er wohl auch an der wesentlichen Abweichung von Betzner, die darin besteht, daß Belmonte sich nicht als Selims Sohn, sondern als der seines Todfeindes herausstellt. Erst dadurch wird die großmütige Vergebung des Paschas ethisch motiviert. Das Sujet hat mehrere bedeutende Vorläufer, darunter Glucks *La rencontre imprévue* (*Die Pilger von Mekka oder Die unvermutete Begegnung*; 1764), Haydns *L'incontro improvviso* (*Die unverhoffte Begegnung*; 1775) und Mozarts eigene *Zaide* (1779/80); die Literatur kannte den edlen morgenländischen Fürsten aus Voltaires *Zaïre* (1732) oder Lessings *Nathan der Weise* (1779), das Publikum liebte das – von Mozart ausgekostete – orientalische Kolorit. Mozart hatte die Sänger der Hauptpartien und ihre Fähigkeiten – Caterina Cavalieri (Konstanze), Johann Valentin Adamberger (Belmonte) und Johann Ignaz Fischer (Osmin) – im Kopf, als er Arien wie *Ach, ich liebte* und *O wie ängstlich, o wie feurig* (quasi die musikalische Keimzelle der Oper) komponierte.

Musikalisch bedeutet die *Entführung* insofern eine Abkehr von den vorangegangenen Werken, als sich hier jede Arie genau der Handlung einpaßt und jeweils ein neues Mosaikstück zur psychologischen Erklärung der Figuren hinzufügt. Die Figuren besitzen ihren unverkennbaren Ton und werden darüber hinaus in ihrer Entwicklung vorgestellt. Die meisten Arien stehen dem Typus der Ariette, dem liedhaft schlichten Gesang, nahe und besitzen eine sinnbildhafte, fast volkstümliche Prägnanz. Der Dacapo-Form der Seria verhaftet sind Konstanzes *Martern aller Arten* und Belmontes *Ich baue ganz auf deine Stärke*; dagegen entwickelt sich Konstanzes *Traurigkeit ward mir zum Lose* aus einem ausdrucksstarken Accompagnato. Blondes Arien stehen in der Tradition der Buffa und besitzen einen frischen, eigenwilligen Charakter; auch Pedrillo wird in seiner Romanze *Im Mohrenland* als weit mehr denn nur eine eindimensionale Lustspielfigur dargestellt. Mit dem Osmin, einer Buffo-Ge-

stalt von eigenster Prägung, brachte Mozart ganz neue Töne auf die Singspielbühne: Eine anfangs boshaft aufgeplusterte Lustspielfigur wird als das Böse schlechthin entlarvt. Höhepunkt von Mozarts Kunst, mehrere Charaktere zu beschreiben, ist das Quartett-Finale des 2. Aktes.
Mit diesem Deutschen Singspiel, einer von Kaiser Joseph II. seit 1776 geförderten Operngattung, erlebte Mozart seinen größten Erfolg zu Lebzeiten. Goethe resümierte: »Die *Entführung aus dem Serail* schlug alles nieder.« Die Oper fand rasch Verbreitung: Prag 1782, Berlin 1788, Paris 1798, London 1827. 1981 wurde die *Entführung* in Frankfurt a. M. erstmals nach der Neuen Mozart-Ausgabe gespielt.
Spieldauer: ca. 2 Stunden (1. Akt: ca. 40 min.; 2. Akt: ca. 40 min.; 3. Akt: ca. 30 min.).

Der Schauspieldirektor

Komödie mit Musik in 1 Aufzug. Text von Johann Gottlieb Stephanie d. J. Uraufführung am 7. Februar 1786 in Wien, Orangerie des Schlosses Schönbrunn.

Johann Gottlieb Stephanie d. J. s. *Die Entführung aus dem Serail*, S. 98.

PERSONEN: Frank, Schauspieldirektor (Sprechrolle) – Madame Herz, Sängerin (Sopran) – Mademoiselle Silberklang, Sängerin (Sopran) – Monsieur Vogelsang, Sänger (Tenor) – Buff, Schauspieler (Baß) – Eiler, ein Bankier (Sprechrolle) – Herz, Schauspieler (Sprechrolle) – Madame Pfeil, Madame Krone, Madame Vogelsang, Schauspielerinnen (Sprechrollen).

ORT UND ZEIT: Salzburg, Ende des 18. Jahrhunderts.

Frank hat die Konzession für eine Schauspiel- und Operntruppe erhalten. Beim Probesingen stellen sich zwei Damen und ein Herr vor. Madame Herz trägt eine empfindsame Ariette vor (*Da schlägt die Abschiedsstunde*), während Mademoiselle Silberklang mit einem virtuosen Rondo (*Bester Jüngling!*) brilliert. Schnell kommt es zwischen den Damen bezüglich des sängerischen Vorrangs und der Gagen zum

Streit, den Monsieur Vogelsang nicht zu schlichten vermag (Terzett *Ich bin die erste Sängerin!*), aber die Damen zeigen sich zuletzt einsichtig; gemeinsam mit Buff, dem Buffo der Truppe, stimmen sie letztlich ein Hohelied auf die an, denen sie alle gleichermaßen dienen: der Kunst und dem Publikum (Vaudeville *Jeder Künstler strebt nach Ehre*).

Die leichtgewichtige »Komödie mit Musik« schrieb Mozart als Auftrag für ein »Lustfest«, das Kaiser Joseph II. zu Ehren des niederländischen Generalgouverneurs ausrichtete. Noch einmal fand sich Mozart zu einer gemeinsamen Arbeit mit Stephanie zusammen. Wieder ist das Ergebnis ein Singspiel, allerdings en miniature, bestehend aus Ouvertüre, 2 Arien, einem Terzett und einem Vaudeville. Das Thema war seit Metastasios *L'impresario delle canarie* (1724) oder Goldonis *L'impresario delle Smirne* bekannt. Der dünne Text gibt ein paar Blicke hinter die Bühne frei, eine Perspektive, die z. B. Donizetti in *Viva la Mamma!* viel parodistischer ausreizte. Am gleichen Abend erlebte in Schönbrunn auch *Prima la musica e poi le parole* von Mozarts Rivalen Antonio Salieri seine Uraufführung – dieses kleine szenische Aperçu des Abbate Casti über die Vorrangstellung der Musik über den Text trug dabei den Sieg davon. Beide Einakter werden gelegentlich noch heute als Theaterabend gegeben, haben allerdings ihren Witz weitgehend eingebüßt.
Spieldauer: ca. 25 Minuten (nur die Musik).

Die Hochzeit des Figaro

Le nozze di Figaro

Commedia per musica in 4 Akten. Text von Lorenzo da Ponte nach Beaumarchais' Komödie *La folle journée, ou Le mariage de Figaro*. Uraufführung am 1. Mai 1786 in Wien, Burgtheater.

Lorenzo da Ponte, eigtl. Emmanuele Conegliano (10. 3. 1749 Ceneda [heute: Vittorio Veneto] – 17. 8. 1838 New York), war der

Sohn eines jüdischen Vaters, der mit seiner Familie zum Katholizismus konvertierte und den Namen da Ponte angenommen hatte. Lorenzo wurde sogar Priester. Seit 1773 meist in Venedig, wurde er wegen Ehebruchs 1779 aus der Stadt verbannt, gelangte dank einer Einladung des sächsischen Hofdichters Mazzolà 1780 nach Dresden, 1781 nach Wien, wo ihn Joseph II. 1783 zum Librettisten für die italienische Oper ernannte. Sein erster Erfolg wurde die von Mozart vorgeschlagene Bearbeitung von Beaumarchais' *La folle journée*; ihre Zusammenarbeit bei der Entstehung des *Don Giovanni* und der *Così fan tutte* gehört zu den Höhepunkten der Operngeschichte. Außerdem verfaßte da Ponte Libretti für Cimarosa, Guglielmi, Paisiello, Martín y Soler (*Una cosa rara*, 1786), Salieri (*Axur, re d'Ormus*, 1788) und andere. Auch in Wien hatte sich da Ponte nicht nur Freunde gemacht und fiel nach dem Tod Josephs II. (1790) in Ungnade. Seine Versuche, eine Italienische Oper in Holland und Belgien zu gründen, scheiterten. 1793 wurde er Librettist am Londoner King's Theatre, übernahm später einen Buchladen und emigrierte auf dem Höhepunkt seiner finanziellen Schwierigkeiten 1805 in die USA. Er unterrichtete, veröffentlichte seine Memoiren (1823) und machte sich um die Einführung der italienischen Oper durch seine New Yorker Produktion des *Don Giovanni* (1825) verdient. Da Ponte war wie Casanova, mit dem er bekannt war, einer der literarisch hochgebildeten Weltmänner und Abenteurer des 18. Jahrhunderts. Seine Texte zeichnen sich durch die versierte Aneignung fremder Vorlagen, die geschmeidigen Verse und das sichere dramaturgische Gespür, vor allem in den Buffo-Szenen, aus. – Pierre-Augustin Caron de Beaumarchais (24. 1. 1732 Paris – 18. 5. 1799 Paris) war Uhrmacher, wurde aber als Aufsehen erregender Literat 1755 am französischen Hof aufgenommen. 1767 verfaßte er seinen auf Diderot basierenden *Essai sur le genre dramatique*, dessen Thesen er in seiner Figaro-Trilogie umsetzte: *Le barbier de Séville* (aufgeführt 1775, von Paisiello und Rossini vertont), *La folle journée* (aufgeführt 1784) und *La mère coupable* (aufgeführt 1792). Im Vorwort seines (1787 von Salieri vertonten) *Tarare* faßte er seine Operntheorie zusammen. Kaum ein anderes Stück wirkte in seiner Zeit ähnlich aufrührerisch wie der *Figaro*, der mit seiner Kritik am »ius primae noctis«, dem »Recht der ersten Nacht« des Grundherrn mit der Braut eines jeden Leibeigenen, ein unmenschliches Vorrecht des Adels anprangerte und damit jene Stimmungen unterstützte, die zur Französischen Revolution führten. Da Ponte war es, der die Aufführung der Oper in Wien erreichte; das Stück von Beaumarchais war bis dahin verboten.

PERSONEN: Graf Almaviva (Bariton) – Gräfin Almaviva (Sopran) – Susanna, Kammermädchen der Gräfin und versprochene Braut des Figaro (Sopran) – Figaro, Kammerdiener des Grafen (Baß) – Cherubino, Page des Grafen (Sopran) – Marcellina (Alt) – Bartolo, Arzt aus Sevilla (Baß) – Basilio, Musikmeister (Tenor) – Don Curzio, Richter (Tenor) – Barbarina, Tochter des Antonio (Sopran) – Antonio, Gärtner des Grafen und Onkel der Susanna (Baß) – Bauern, Bäuerinnen, Diener.

ORT UND ZEIT: Schloß des Grafen Almaviva bei Sevilla, um 1780.

Durch eine gemeinsam mit der Gräfin eingefädelte Intrige versuchen Susanna und Figaro den Grafen um das von ihm offiziell abgeschaffte, aber heimlich praktizierte »Recht der ersten Nacht« bei Susanna zu bringen; zugleich hofft die Gräfin, die Liebe ihres Gatten zurückerobern zu können.
1. Akt. Die Heirat von Susanna und Figaro steht bevor. In dem ihnen zugewiesenen Zimmer messen sie den Platz für das Bett aus. Figaro findet die Lage des Zimmers – zwischen den Gemächern des Grafen und der Gräfin – ideal für ein Dienerpaar. Susanna muß ihn erst darüber aufklären, daß der Graf es ihnen nur deshalb zugewiesen hat, weil er ihr nachstellt und so bequem zum Ziel zu kommen hofft. Der wütende Figaro nimmt sich vor, dem Grafen eine Lehre zu erteilen (Kavatine *Se vuol ballare, signor Contino / Will der Herr Graf den Tanz mit mir wagen*). Doktor Bartolo und seine ältliche Haushälterin Marcellina, der Figaro einst schriftlich die Heirat gegen ein Darlehen versprochen hat, erscheinen. Bartolo wittert seine Chance, mit der Durchsetzung dieses Kontrakts sich an Figaro zu rächen, der einst dem Grafen bei der Entführung von Bartolos Mündel Rosina, nun Gräfin Almaviva, geholfen hat (Arie *La vendetta, oh, la vendetta / Die Rache, oh, die Rache*). Almavivas Page Cherubino klagt Susanna sein Leid: Der Graf will ihn entlassen, weil er ihn mit Barbarina überrascht hat. Cherubino, der heimlich auch die Gräfin, wie überhaupt alle Frauen, liebt, ist verzweifelt (Arie *Non so più cosa son, cosa faccio /*

Ich weiß nicht, was ich bin, was ich tue). Vor dem überraschend eintretenden Grafen kann er sich noch rechtzeitig hinter einem Sessel verstecken. Hier wird er heimlich Zeuge, wie der Graf Susanna zu einem Rendezvous im nächtlichen Garten zu bestechen versucht. Doch auch Almaviva muß sich verstecken, weil Basilio auftaucht, der Susanna in die Arme des Grafen treiben möchte und sie einer Liebschaft mit Cherubino verdächtigt, der doch, wie alle wüßten, mit der Gräfin ... Almaviva hält es nicht länger im Versteck. Zornig läßt er sich über Cherubino aus – und entdeckt ihn. Die Abrechnung wird verhindert durch den Auftritt der Dorfbewohner mit Figaro als Wortführer, die dem Grafen für seinen Verzicht auf das Recht der ersten Nacht feierlich danken. Danach wendet sich der Graf wieder Cherubino zu. Er schafft sich den Mitwisser seiner Verführungsversuche gegenüber Susanna vom Leibe, indem er ihn zum Offizier befördert und ihm sofort nach Sevilla abzurücken befiehlt. Figaro verabschiedet ihn mit höhnischen Bemerkungen über das entbehrungsreiche Soldatenleben (Arie *Non più andrai / Nun vergiß leises Flehn, süßes Kosen*).

2. Akt. Der tiefbetrübt die Untreue ihres Gatten beklagenden Gräfin (Kavatine *Porgi amor / Hör mein Flehn, o Gott der Liebe*) und seiner Susanna legt Figaro einen Plan vor: Dem Grafen soll ein Billett zugespielt werden, das auf ein Rendezvous der Gräfin mit einem Liebhaber schließen läßt; zugleich solle dem Grafen das erhoffte Stelldichein mit Susanna im Garten gewährt werden, aber nicht von Susanna selbst, sondern von Cherubino in Frauenkleidern – »und dann spiel ich ihm auf!« Bereit zur Verkleidung, wird Cherubino von Susanna gedrängt, der Gräfin ein selbstverfaßtes Lied, ein Geständnis seiner leidenschaftlichen Neigung zu den Frauen, vorzutragen (Arietta *Voi che sapete / Sagt, holde Frauen*). Die Anprobe wird ein kokettes Spiel Susannas und der Gräfin mit Cherubino, da klopft der Graf an die Tür. Rasch wird Cherubino im Ankleidezimmer versteckt, Susanna verbirgt sich hinter einem Wandschirm. Als der Graf Geräusche im Kabinett nebenan hört, erklärt ihm die Grä-

fin, das sei Susanna beim Umkleiden, und weigert sich aufzuschließen. Der argwöhnische und wütend gewordene Graf zwingt sie, gemeinsam mit ihm Werkzeug zu holen, um das Kabinett aufzubrechen, und verschließt inzwischen das Zimmer. Susanna läßt Cherubino aus seinem Versteck, er springt aus dem Fenster in den Garten, und an seiner Stelle verbirgt sich Susanna im Ankleidezimmer. Zurückgekommen, gesteht die Gräfin ihrem Mann, man habe einen Scherz machen wollen, im Nebenraum befinde sich in Wahrheit Cherubino. Die Tür wird aufgebrochen – und Susanna vorgefunden. Zerknirscht bittet Almaviva die Gräfin um Vergebung. Sie klärt ihn über das Komplott auf und verzeiht ihm. Figaro meldet, daß alles zur Hochzeit bereit sei. Auf die Fragen des Grafen nach dem (falschen) Billett stellt er sich ahnungslos. In diesem Moment platzt Antonio wütend herein: Da sei jemand aus dem Fenster gesprungen und habe seine Nelkentöpfe zerschmissen. Figaro hat die blitzschnelle Eingebung zu sagen, er sei es gewesen, und mit Hilfe der geistesgegenwärtigen Gräfin erklärt er auch, wie das vom Gärtner gefundene Offizierspatent Cherubinos in seine Hände gelangt sei. Jetzt aber verliert er die Fassung: Es erscheinen Marcellina, Bartolo und Basilio, um Figaros Eheversprechen einzufordern. Der Graf verspricht fürs erste die ordnungsgemäße Prüfung des Vertrags.
3. Akt. Den über all der Konfusion nachdenklich gewordenen Almaviva lockt Susanna, wie mit der Gräfin abgesprochen, zu einem Stelldichein, falls er ihr eine Mitgift zahle, mit der sich Figaro von seinem Eheversprechen bei Marcellina loskaufen könnte. Überglücklich kann sie darauf Figaro sagen, daß sein Prozeß schon so gut wie gewonnen sei. Der Graf belauscht sie aber und wird mißtrauisch (Rezitativ und Arie *Hai gia vinto la causa! . . . Vedrò mentre io sospiro / Der Prozeß schon gewonnen? . . . Ich soll ein Glück entbehren*). Im folgenden Prozeß kommt es zu einer überraschenden Wendung: Es stellt sich heraus, daß Figaro das geraubte uneheliche Kind von Marcellina und Bartolo ist – große Freude auf der einen, Verdruß auf der anderen, des Grafen Seite. Allein in ihren Gemächern sinnt die Gräfin über ihr

unglückliches Los nach, die verworrenen Situationen, in die sie die Untreue ihres nach wie vor geliebten Gatten gebracht hat (Rezitativ und Arie *E Susanna non vien! ... Dove sono i bei momenti / Und Susanna kommt nicht! ... Wo sind die schönen Augenblicke*). Sie diktiert Susanna ein Billett an den Grafen, in dem der Treffpunkt für den Abend im Garten festgelegt wird. Dort wird aber die als Susanna verkleidete Gräfin erscheinen (Duettino *Che soave zeffiretto / Wenn die sanften Abendwinde*). Susannas Einladung wird mit einer Nadel versiegelt, die der Graf als Zeichen seiner Zusage zurückgeben soll. Unter den Mädchen, die der Gräfin Blumen überreichen, entdeckt der Graf schon wieder Cherubino. Doch Barbarina hat ihn in der Hand: Als Gegenleistung für die Küsse und Umarmungen, die sie dem Grafen gewährte, wünscht sie von ihm Cherubino zum Mann. Nun werden Figaro und Susanna, aber auch Bartolo und Marcellina als zweites Hochzeitspaar feierlich vor ihre Herrschaft geleitet zum Empfang des Brautkranzes; dabei steckt Susanna dem Grafen das Billett zu.
4. Akt. Barbarina sucht die Nadel, die sie im Auftrag des Grafen Susanna zurückbringen soll, wie sie Figaro erzählt, für den damit feststeht, daß Susanna ihn betrügt. Marcellina (Arie *Il capro e la capretta / Die Ziege und der Ziegenbock*), die nicht an Susannas Schuld glaubt, kann ihn nicht beruhigen. Basilio gibt Philosophisches zum besten: Zum Schutz vor den Launen der hohen Herren müsse man sich eben eine Eselshaut zulegen (Arie *In quegli anni in cui val poco / In den Jahren, da vergebens*), und der völlig desillusionierte Figaro prangert die Falschheit der Frauen und die Dummheit der Männer an (Arie *Aprite un po' quegl'occhi / Öffnet nur die Augen, blinde, betörte Männer*). Susanna hat ihn entdeckt und spielt ihm die vor Liebeserwartung vergehende Anbeterin – des Grafen, soll Figaro denken – vor, um sich für seine Zweifel an ihrer Treue zu rächen (Rezitativ und Arie *Giunse alfin il momento / Endlich naht sich die Stunde*). Es beginnt im nächtlichen Dunkel des Gartens ein zauberischer Verwechslungsreigen aller Personen, mit Cherubino als erotisch irrlichterndem Kobold dazwischen. Der

Graf drängt zuletzt Susanna – in Wirklichkeit die verkleidete Gräfin – in einen Pavillon, wie Figaro beobachtet, der dann aber der Gräfin begegnet und, weil er bemerkt, daß dies in Wirklichkeit Susanna ist, sich revanchiert, indem er sie anhimmelt. Der Lohn der falschen Gräfin, ein paar Ohrfeigen, entzückt ihn; unter Gelächter versöhnen sich die beiden. Vor Almaviva spielen sie das Liebespaar Gräfin–Diener weiter, zur hellen Wut des Grafen, der jetzt vor aller Augen die Untreue seiner Frau offenbaren will, ohne Pardon. Da erst erscheint die Gräfin in Person, alles klärt sich. Sie ist zu dem fähig, was Almaviva ihr versagt hat und worum er nun selbst bittet: Sie vergibt.

Nach Mozarts überaus erfolgreicher *Entführung aus dem Serail* waren die Fragmente *L'oca del Cairo* und *Lo sposo deluso* sowie der Einakter *Der Schauspieldirektor* gefolgt, alles Zwischenspiele auf der Suche nach einem wirklich geeigneten, bevorzugten italienischen Operntextbuch. Die Begegnung mit da Ponte war in dieser Situation ein ausgesprochener Glücksfall. Da Ponte kürzte die Handlung von 5 auf 4 Akte, strich 5 der 16 Figuren, milderte die aufrührerischen Akzente und entschärfte die sozialkritischen Spannungen des Originals. Mozart begann wahrscheinlich im Oktober 1785 mit der Komposition, deren Partitur am 29. 4. 1786 mit der Ouvertüre abgeschlossen wurde. Zwei Tage darauf fand die auf Wunsch des Kaisers anberaumte Uraufführung statt.

Der Form nach ist *Figaro* eine Opera buffa mit den seit der Commedia dell'arte bekannten Spannungen zwischen Herren und Dienern. Mozart hat die bei Beaumarchais vorgezeichnete Profilierung der Figuren durch psychologische Pointierung und eine Handlung, die alle sozialen Beziehungen anspricht, vertieft. Der tragische Unterton verleiht der Lustspielhandlung den Ernst und die Leichtigkeit einer subtilen Charakterkomödie. Der Stoff wird vollkommen von der Sphäre des Theater aufgesogen und lebendig gemacht. Der melancholische Ton der Gräfin, z. B. in ihrer dem Seria-Charakter verhafteten Kavatine zu Beginn des 2. Aktes und

in ihrer Arie im 3. Akt wird kontrastiert durch die Quecksilbrigkeit Susannas, die zwar an vielen Ensembles (6 Duette, 2 Terzette) beteiligt ist und damit als Intrigantin im Mittelpunkt steht, aber erst im 4. Akt mit ihrer »Rosen-Arie« (*Endlich naht sich die Stunde ... O säume länger nicht*) eine Tiefe der Empfindung offenbart, die man ihr nicht zugetraut hätte. Kaum wurde jünglingshaftes Liebesbegehren plastischer dargestellt als in den beiden Arien des »hermaphroditen« Cherubino. Auch Figaro, dessen *Se vuol ballare* sozialkritischen Zündstoff besitzt, sprengt mit seiner Anklage der treulosen Frauen im 4. Akt die Konventionen der komischen Oper. Das umfangreichste Stück der Partitur ist das Finale des 2. Aktes, eine in 8 Nummern gegliederte, ständig mit veränderten szenischen Situationen konfrontierte, nach den Gesetzen des klassischen Sonatenhauptsatzes entwickelte Ensembleszene.
Die Oper wurde in Wien zunächst neunmal gespielt. Die Prager *Figaro*-Begeisterung 1787 verschaffte Mozart dann den Auftrag zum *Don Giovanni.* Eine Unzahl deutscher Übertragungen entstanden seit der Prager Aufführung: M. Held / F. Walter (1787), Chr. A. Vulpius (1788), A. v. Knigge (1789), K. L. Giesecke (1792), E. Devrient (1847), C. Niese (1874), H. Levi (1899), M. Kalbeck (1906), S. Anheißer (1931), G. Schünemann (1941), Walter Dürr (1978, Neue Mozart-Ausgabe, erstmals 1977 im Gärtnerplatztheater München aufgeführt).
Spieldauer: ca. 3 Stunden (1. Akt: ca. 45 min.; 2. Akt: ca. 50 min.; 3. Akt: ca. 45 min.; 4. Akt: ca. 40 min.).

Don Giovanni

Il dissoluto punito o sia Il Don Giovanni
Der bestrafte Wüstling oder Don Juan

Dramma giocoso in 2 Akten. Text von Lorenzo da Ponte. Uraufführung am 29. Oktober 1787 in Prag, Gräflich Nostitzsches Nationaltheater (heute Tyl-Theater).

Lorenzo da Ponte s. *Die Hochzeit des Figaro*, S. 103. Als Vorbild diente da Ponte Giuseppe Gazzanigas am 5. 2. 1787 im Teatro San Moisè in Venedig uraufgeführter *Don Giovanni o sia Il convitato di pietra* mit dem Libretto von Giovanni Bertati (s. Cimarosa, *Die heimliche Ehe*, S. 82). Der Stoff stammt aus Spanien und erhielt seine erste literarische Gestalt durch Tirso de Molinas *El burlador de Sevilla y convidado de piedra* (aufgeführt 1630). Weitere Dramatisierungen stammen u. a. von Molière (1665) und Goldoni (1736); durch das Volks- und Puppentheater, das sich der Figur von Don Juans Diener annahm, drang der Stoff im 18. Jahrhundert in das Genre der Opera buffa vor – ebenfalls in Venedig wurde am 5. 2. 1787 Francesco Gardis tragikomischer *Il nuovo convitato di pietra* aufgeführt; im gleichen Jahr folgte noch Calegaris *Il convitato di pietra*. Bei Bertati, der Tirso de Molinas Grundkonstellation folgte, fand da Ponte bereits alle Situationen seines späteren Librettos vor, allerdings ohne die individuelle Charakterisierung, die erst da Ponte den Figuren zu geben verstand.

Personen: Don Giovanni, junger und außerordentlich zügelloser Edelmann (Bariton) – Il Commendatore / Der Komtur (Baß) – Donna Anna, seine Tochter, Verlobte Don Ottavios (Sopran) – Don Ottavio (Tenor) – Donna Elvira, Edeldame aus Burgos, von Don Giovanni verlassen (Sopran) – Leporello, Diener Don Giovannis (Baß) – Masetto, ein junger Bauer (Baß) – Zerlina, Bäuerin, Verlobte Masettos (Sopran) – Bäuerinnen und Bauern, Diener, Stimmen aus der Tiefe der Erde.

Ort und Zeit: Eine Stadt in Spanien, 17./18. Jahrhundert.

1. Akt. Vor dem Haus des Komturs hält Leporello in dunkler Nacht und übler Laune Wache. Plötzlich wird es laut: Don Giovanni stürzt heraus, verfolgt von der empörten Donna Anna, die den ihr unbekannten Eindringling an der Flucht zu hindern sucht. Auf ihre Hilferufe eilt der Komtur hinzu und stellt Don Giovanni zum Zweikampf, in dem der alte Edelmann tödlich verwundet wird. Entsetzt findet ihn Donna Anna, die ins Haus geeilt war, um ihren Verlobten zu holen. Über der Leiche des Vaters muß Don Ottavio ihr schwören, an dem Mörder blutige Rache zu üben. – Kaum hat sich Don Giovanni mit seinem Diener davongemacht, ist er auf der Suche nach neuen Liebesabenteuern. Schon wittert er wieder eine Frau in seiner Nähe, und in der Tat: Eine

vornehme Dame, die sich allein glaubt, klagt um einen Geliebten, der sie verlassen hat und den sie wiederzufinden hofft. Don Giovanni spricht sie an – und prallt zurück: Es ist Donna Elvira. Ihren Vorwürfen ausweichend, überläßt er es Leporello, ihr – ziemlich roh – klarzumachen, daß sie nur eine von Unzähligen ist, die Don Giovanni verführt und verlassen hat (Arie *Madamina, il catalogo e questo / Schöne Dame, dies genaue Register*). – Don Giovanni trifft auf eine Hochzeitsgesellschaft, und da ihn die Braut, Zerlina, interessiert, lädt er alle auf sein Schloß ein. Verständlich, daß der Bräutigam, Masetto, nur widerwillig und erbost mitgeht (Arie *Ho capito, signor si / Ich hab verstanden*). Mit einem Heiratsversprechen will Don Giovanni Zerlina gefügig machen (Duettino *La ci darem la mano / Reich mir die Hand, mein Leben*). Donna Elvira tritt dazwischen und nimmt Zerlina unter ihren Schutz (Arie *Ah, fuggi il traditor / O flieh, Betrogene, flieh*). Auf der Suche nach dem Mörder treffen Donna Anna und Don Ottavio auf Don Giovanni und bitten ihn um Mithilfe. Donna Elvira warnt die beiden vor dem Verräter (Quartett *Non ti fidor, o misera / Traue dem glatten Heuchler nicht*). Vergeblich versucht Don Giovanni sie als verrückt hinzustellen; Donna Anna und ihr Verlobter werden mißtrauisch, ja, Donna Anna ist ganz sicher, daß Giovanni es war, der in ihr Zimmer eindrang. Jetzt erst schildert sie Don Ottavio den ganzen Vorgang und stachelt noch einmal seine Rache an (Arie *Or sai, chi l'onore / Du kennst nun den Frevler*). Ottavio ist bereit, alles für sie zu tun (Arie *Dalla sua pace / Nur ihrem Frieden*). – Für den Abend läßt Don Giovanni ein großes Fest auf seinem Schloß vorbereiten (Champagner-Arie: *Fin ch'han dal vino / Treibt der Champagner erst*). Zerlina gelingt es, Masettos Eifersucht zu besänftigen (Arie *Batti, batti, o bel Masetto / Schmäle, tobe, lieber Junge*), und übersteht auch eine weitere verfängliche Situation mit Don Giovanni und Masetto. Als Gäste werden auch drei maskierte Personen zum Fest gebeten: Donna Anna, Donna Elvira und Don Ottavio. Hier wollen sie Don Giovanni stellen. Während des Festtreibens erklingen gleichzeitig drei Tänze, ein Menuett, ein Contretanz und ein

Deutscher Tanz. Don Giovanni gelingt es, Zerlina in ein Nebenzimmer zu drängen. Plötzlich ertönen ihre Angstschreie. Man eilt ihr zur Hilfe. Don Giovanni hat die Kühnheit, Leporello als den Missetäter zu präsentieren, doch niemand glaubt ihm. Donna Anna, Donna Elvira und Don Ottavio nehmen die Masken ab und drohen Don Giovanni das nahe Ende an (*Trema, trema, celerato / Ehrvergeßner, schweig und zittre*).

2\. Akt. Leporello hat genug, er will seinen Dienst aufkündigen, aber mit einem Beutel Geld läßt er sich erneut ködern. Don Giovanni hat es jetzt auf Donna Elviras Zofe abgesehen. Um ans Ziel zu gelangen, tauscht er im nächtlichen Dunkel vor Elviras Haus Hut und Mantel mit seinem Diener. Als Elvira am Fenster erscheint, mimt Leporello seinen Herrn, während dieser hinter ihm mit süßen Bitten um Vergebung sie bewegt, herunterzukommen. Mit dem falschen Don Giovanni tauscht sie Koseworte, der echte macht plötzlich mörderischen Lärm und jagt die beiden davon – das Haus ist frei, Don Giovanni kann zur Laute greifen und der Zofe ein Ständchen singen (Canzonetta *Deh! vieni alla finestra / Horch auf den Klang der Zither*). Da machen sich Bauern und Masetto bemerkbar. Sie suchen Don Giovanni, um ihn totzuschlagen. Immer noch in Leporellos Kleidern gelingt es Don Giovanni, sie in die Irre zu führen, Masetto abzusondern und kräftig zu verprügeln. Für ihren völlig zerschlagenen Bräutigam hat Zerlina aber süßen Trost (Arie *Vedrai, carino / Wenn du fein artig bist*). – Leporello, noch mit Donna Elvira als falscher Giovanni unterwegs, wird von Zerlina und Masetto, dann von Donna Anna und Ottavio gestellt. Sie stürzen sich mit gezückten Waffen auf ihn, nur Donna Elvira bittet um Erbarmen für ihren – vermeintlichen – Geliebten. Um Gnade winselnd wirft Leporello Hut und Mantel seines Herrn ab und entflieht. Don Ottavio erneuert seine Mahnung, den wahren Übeltäter zu fassen. Er setzt seine Suche nach ihm fort und bittet seine Freunde, unterdessen Donna Anna beizustehen (Arie *Il mio tesoro / Folget der Heißgeliebten*). Donna Elvira empfindet aber immer noch mehr Mitleid als Rache (Arie *Mi tradì / Mich ver-*

riet der Undankbare). – Auf einem Friedhof treffen sich Don Giovanni und Leporello wieder. Ausgelassen berichtet Giovanni von seinen Abenteuern, da unterbricht ihn eine geisterhafte Stimme: das Lachen werde ihm noch vor Morgengrauen vergehen. Seinen vor Angst schlotternden Diener zwingt er, das Standbild über dem Grab des Komturs, von dem die Stimme kam, zum Abendessen auf das Schloß einzuladen. Die Statue nickt und läßt ein deutliches »Ja!« ertönen. – Ottavio bittet Donna Anna in aller Ergebenheit, sie durch die Verbindung mit ihm trösten zu dürfen, aber sie kann sich zu diesem Schritt noch nicht entschließen (Arie *Non mi dir / Sag mir nicht, o mein Geliebter*). – Auf seinem Schloß läßt sich Don Giovanni von Leporello – der sich dabei heimlich selbst bedient – ein festliches Mahl auftragen. Musiker spielen dazu beliebte Opernmelodien von Soler, Sarti und Mozart. Verzweifelt erscheint noch einmal Elvira, um ihren einstigen Geliebten zu Einsicht und Umkehr zu bewegen. Umsonst; die Frauen und den Wein preisend, weist er sie spöttisch ab. Im Hinausgehen prallt Donna Elvira mit einem Schrei zurück und flieht durch einen anderen Ausgang: Die Statue vom Kirchhof pocht an die Tür. Jede irdische Speise zurückweisend, fragt sie Don Giovanni, ob er seinerseits bereit sei, eine Einladung anzunehmen. Don Giovanni bejaht und gibt seine Hand darauf. Diese Hand fest und fester haltend, fordert die Statue ihn zur Reue auf, mehrfach und immer drohender. Don Giovanni gibt jedes Nein wie einen Degenstoß zurück. Da beginnt die Erde zu beben, sie öffnet sich, Flammen brechen hervor und verschlingen Don Giovanni. – Sobald der Sturm verebbt ist, finden sich alle Opfer und Gegenspieler des »bestraften Missetäters« zusammen. »Also stirbt, wer Böses tat«, lautet ihre Nutzanwendung für das Publikum. Für sich selbst ziehen auch sie die Konsequenz: Donna Anna bittet Don Ottavio erstaunlicherweise um ein weiteres Jahr Geduld, Donna Elvira geht ins Kloster, Zerlina mit Masetto nach Hause zum Essen, Leporello ins Wirtshaus, um einen neuen Herrn zu suchen.

Nach dem herausragenden Erfolg, den der *Figaro* Ende 1786 in Prag erlebt hatte, gab Pasquale Bondino Mozart den Auftrag zu einer Oper eigens für Prag. Den Stoff schlug da Ponte vor. Da dieser gleichzeitig noch an zwei Opern für Martín y Soler und Salieri arbeitete, bedeutete diese Wahl für ihn eine große Erleichterung; er konnte sich auf das Grundgerüst von Bertatis einaktigem *Don Giovanni*-Libretto stützen. Bis zum Quartett des 1. Aktes (Nr. 9) und wieder ab der Friedhofsszene folgte da Ponte (einige Namensänderungen eingeschlossen) weitgehend Bertati. Den musikalischen Grundduktus des Werkes bestimmen ein dunkel glühendes Pathos und eine erotische Triebkraft, die unstillbar um Leid, Leidenschaft, Schmerz, Sinnlichkeit und Tod kreisen. Die Gewalt dieser Emotionen gibt der Handlung eine bis zu Don Giovannis Untergang anhaltende finstere Dramatik. Don Giovanni, der Lüstling, der sich durch seinen Mord selbst aus der Gesellschaft ausgegliedert hat, erscheint als ein von Dämonie gepeitschter Verführer, der seinem Untergang bewußt zustrebt. Verführerisch und lokkend ist das Duett mit Zerlina *La ci darem la mano*, voll dunkler Vitalität strotzt seine sogenannte »Champagner-Arie«. Ausgewogen mit jeweils 12 Nummern ist das Gleichgewicht zwischen Solo-Arie und Ensemble.
Auf meisterhafte Weise überblendet Mozart den historischen, im Spanien des 17. Jahrhunderts angesiedelten Stoff während Don Giovannis Abendbankett in die eigene Gegenwart durch die Anspielungen auf drei allgemein bekannte Opern, die im Wien bzw. Prag dieser Jahre aufgeführt worden waren: Giuseppe Sartis *Fra i due litiganti* (1782), Martín y Solers *Una cosa rara* (1786) und Figaros *Non piu andrai* aus seiner eigenen *Nozze di Figaro*.
Mozart traf am 4. Oktober mit Constanze in Prag ein (Mörike malte diese Reise in seiner Novelle *Mozart auf der Reise nach Prag* frei aus) und überwachte die Einstudierung. Die ursprünglich als Festvorstellung zu Ehren des Prinzen von Sachsen gedachte Premiere wurde zweimal verschoben.
Für die Wiener Aufführung am 7. 5. 1788 komponierte Mozart 3 Stücke nach: Ottavios *Il mio tesoro* wurde im 1. Akt

durch *Dalla sua pace* ersetzt (in heutigen Aufführungen werden meist beide Arien gesungen); hinzu kamen Elviras *Mi tradì* und das heute fast immer gestrichene Duett Zerlina/Leporello *Per queste tue manine / Bei diesen kleinen Händchen.* Weggelassen wurde in Wien, wie vielfach dann im 19. Jahrhundert, die Schlußszene nach Don Giovannis Tod. Die erste deutschsprachige Übersetzung stammt von H. G. Schmieder (1789 Mainz); im 20. Jahrhundert setzten sich die Übersetzungen von H. Levi (1896) und G. Schünemann (1940) durch; Walter Dürrs Fassung für die Neue Mozart-Ausgabe (1977) wurde schon 1969 erstmals in Salzburg gespielt.
Die Zeugnisse zu *Don Giovanni* sind vielfältig, und alle unterstreichen den Ausnahmecharakter des Stückes. E. T. A. Hoffmann – für ihn war der *Giovanni* die »Oper aller Opern« – hat in seiner *Don Juan*-Erzählung (1813) das Verhältnis Donna Anna – Don Giovanni als Liebesbeziehung interpretiert. Goethe schrieb 1797 an Schiller, »Ihre Hoffnung, die Sie von der Oper hatten [nämlich daß aus ihr sich »das Trauerspiel in einer edlern Gestalt« entwickeln würde], würden Sie neulich im Don Juan auf einen hohen Grad erfüllt gesehen haben«, und Kierkegaard bezeichnete das Werk in seiner Musikästhetik von 1843 *Entweder–Oder* als »Inkarnation der Genialität des Sinnlichen«. Auch Brecht (»dieser Gipfel ist nie wieder erreicht worden«) und die Philosophen Ernst Bloch und Ortega y Gasset waren Bewunderer des *Don Giovanni.*
Die Bühne hat sich indessen mit dieser Oper nicht leichtgetan. Bühnengeschichte machten Max Slevogts Ausstattungen für Dresden (1924), gerühmt wurde Gustav Mahlers Aufführung mit Alfred Rollers beweglichen Bühnen-Türmen (Wien 1905, ohne Schlußsextett). 1917 inszenierte Ernst Lert die Oper in Leipzig auf der Basis von Kierkegaards Deutung, kalt und klar realisierten Klemperer und Düllberg den *Don Giovanni* 1928 an der Berliner Kroll-Oper, und als Mysterienspiel stellten ihn Furtwängler und Graf 1953 in Salzburg auf die Bühne. Bei Bohumil Herlischka (München 1974) brachte sich Don Giovanni selbst

um, bei John Dew (Bielefeld 1983) war Don Ottavio der Mörder. Joseph Losey gelang 1979 eine überzeugende Adaption der Oper an den Film.
Spieldauer: insgesamt: ca. 3 Stunden (1. Akt: ca. 95 min.; 2. Akt: ca. 85 min.).

Così fan tutte

ossia La scuola degli amanti
So machen sie's alle oder Die Schule der Liebenden

Dramma giocoso in 2 Akten. Text von Lorenzo da Ponte.

Uraufführung am 26. Januar 1790 in Wien, Burgtheater.

Lorenzo da Ponte s. *Die Hochzeit des Figaro*, S. 103.

Personen: Fiordiligi und Dorabella, Schwestern, aus Ferrara, in Neapel wohnend (Soprane bzw. Sopran und Mezzosopran) – Guglielmo, (Guilelmo), Offizier, Liebhaber Fiordiligis (Bariton) – Ferrando, Offizier, Liebhaber Dorabellas (Tenor) – Despina, Kammermädchen der beiden Damen (Sopran) – Don Alfonso, ein alter Philosoph (Baß oder Bariton) – Soldaten, Diener, Seeleute.
Ort und Zeit: Neapel, um 1790.

1. Akt. In einem Kaffeehaus schwärmen Ferrando und Guglielmo von ihren Bräuten Dorabella und Fiordiligi. Ihr skeptischer alter Freund Don Alfonso äußert seine Zweifel an der Treue der Frauen, wodurch er die Entrüstung der beiden jungen Männer so sehr entfacht (Terzett *La mia Dorabella / Meine Dorabella ist dazu nicht fähig*), daß sie ihn zum Duell fordern. Don Alfonso bleibt gelassen und unbeirrt: Mit der Beständigkeit der Frauen sei es wie mit dem arabischen Phönix; jeder glaube an ihn, doch keiner habe ihn je gesehen. Die beiden Damen aus Ferrara seien keine Ausnahme, darauf wette er 100 Zechinen. Die beiden Offiziere nehmen ihn beim Wort, die Wette gilt, und frohgemut überlegen sie schon, was sie mit dem gewonnenen Geld machen werden (Terzett *Una bella serenata / Eine schöne Serenade*). – In einem Garten am Meer schwören die angebeteten

Schönen vor den Miniaturporträts ihrer Liebhaber unverbrüchliche Treue (Duett *Ah, guarda, sorella / Oh, sieh doch nur, Schwester*). Statt der erwarteten Herren Ferrando und Guglielmo erscheint Don Alfonso, der ihnen mit scheinheiliger Trauermiene mitteilt, daß die beiden Offiziere zu den Waffen gerufen wurden. Die herbeigerufenen Liebhaber können sich nur flüchtig von ihren Bräuten verabschieden (Quintett *Sento, o Dio, che questo piede / Ich merke, o Gott, daß dieser Fuß*). Die tiefbetrübten Damen reagieren, wie ihre Liebhaber es erwartet haben, Don Alfonso kann indessen sein Lachen kaum unterdrücken. Gemeinsam mit den Schwestern wünscht er den unter Trommelklängen ein Boot besteigenden Soldaten eine ruhige Überfahrt (Terzettino *Soave sia il vento / Sanft wehe der Wind*). – Despina verflucht beim Schokoladerühren ihr Kammerzofendasein. Als die Schwestern völlig außer sich vor Abschiedsschmerz hereinstürzen (Arie der Dorabella *Smanie implacabili / Unerbittliche Qualen*), mokiert sie sich über soviel vergeudete Gefühle für die Männer. Da sei doch einer so falsch wie der andere (Arie *In uomini, in soldati / Beim Männervolk, bei Soldaten*). Da hat Don Alfonso leichtes Spiel, Despina zu bestechen, damit sie zwei Herren hereinläßt, die den Damen etwas Trost zu spenden vermöchten. Es sind die als Türken verkleideten Ferrando und Guglielmo, von denen nun einer des anderen Braut zu verführen sucht. Während sich die Fremden den Damen zu Füßen werfen, kommentieren Despina und Alfonso das abgekartete Spiel (Sextett *Alla bella Despinetta / Hier der schönen Despinetta*). Fiordiligi wird in ihren Gefühlen nicht wankend. Ihre Treue zu Guglielmo steht fest »wie ein Felsen« (Arie *Come scoglio*). Auch Guglielmo kann mit seinen wortreichen Verführungskünsten (Arie *Non siate ritrosi / Seid nicht widerspenstig*) nicht landen. Schon glauben die Freunde ihre Wette gewonnen zu haben, und Ferrando schwärmt von der Liebe (Arie *Un'aura amorosa / Der Odem der Liebe*), während Don Alfonso Despina soweit herumkriegt, daß sie die Fortsetzung der Intrige selbst in die Hand nimmt. Ferrando und Guglielmo treiben das Spiel auf die Spitze, indem sie den Damen

vorspielen, Gift eingenommen zu haben, weil sie nicht erhört wurden. Die Schwestern rufen nach einem Arzt. Der erscheint in Gestalt der verkleideten Despina und heilt die Fremden unter kräftigem Einsatz des Magnetismus. Den geforderten Genesungskuß verwehren die Damen dem schmachtenden »Orientalen« allerdings.
2. Akt. Despina klärt ihre Herrinnen über die Liebesstrategien auf, die bereits »eine Frau von 15 Jahren« (Arie *Una donna a quindici anni*) beherrschen sollte. Und wirklich finden die Schwestern allmählich Spaß an dem Spiel; Dorabella wählt den »Braunen«, Fiordiligi nimmt den »Blonden«. Man liebt also »über Kreuz« (Duett *Prenderò quel brunettino / Ich nehme den Braunen*). – Die Fremden bringen ihren Angebeteten eine Serenade und ergehen sich anschließend im Garten am Meer. Dorabella erliegt dem Drängen Guglielmos (Duett *Il core vi dono / Mein Herz schenk ich Euch*). Ferrando hat bei Fiordiligi weniger Glück. Erneut bekräftigt sie ihre Standhaftigkeit (Rondo *Per pietà, ben mio / O verzeih, mein Geliebter*). Stolz läßt sich Guglielmo von der Treue seiner Braut berichten, dann zeigt er, um Schonung seines Freundes bemüht, Ferrando ein Medaillon, das er bei Dorabella erobert hat. Das heitere Spiel beginnt tragische Züge anzunehmen. Ferrando ist tief betrübt über diese Wendung (Kavatine *Tradito, schernito / Verraten, verspottet*). – Dorabella und Despina versuchen alles, Fiordiligi umzustimmen, doch diese macht sich reisefertig, um ihrem Guglielmo ins Feld zu folgen. Da stürzt ihr Ferrando entgegen und droht, sich zu töten, wenn sie ihn nicht erhöre. Fiordiligis letzter Widerstand schmilzt dahin (Duett *Fra gli amplessi / Umarmen wir uns*). Guglielmo trifft die neue Sachlage schwer. Don Alfonso tröstet die zwei Freunde (Andante *Tutti accusan le donne / Alle beschuldigen die Frauen*), so wechselhaft seien nun mal Frauenherzen, und stellt fatalistisch-lapidar fest: »così fan tutte«, so machen's alle Frauen. Er werde die Sache aber mit einer Doppelhochzeit in Ordnung bringen. – Despina verkündet, daß die Damen bereit seien, die Herren zu heiraten. Sie bringt auch sogleich, diesmal als Notar verkleidet, die Eheverträge. Kaum haben die

Schwestern unterschrieben, trübt ein Militärmarsch die Festtagslaune. Don Alfonso verkündet die Rückkehr der Offiziere. Schnell werden die beiden Bräutigame im Nebenzimmer versteckt – um sich sogleich durch die Vordertür ihren Bräuten als heimkehrende Soldaten zu präsentieren. Angesichts der Tafel und der Verlegenheit der beiden Damen geben sie sich mißtrauisch und stürzen sich auf den Notar Despina. Diese redet sich auf einen Maskenball heraus, doch die Entdeckung der Ehekontrakte macht alle Ausreden überflüssig. Fiordiligi und Dorabella gestehen ihren Treuebruch, und die Männer decken das Verkleidungsspiel auf – worauf die Damen und Despina fast den Verstand verlieren. Don Alfonso führt die Paare zur Versöhnung zusammen. Das kleine Fragezeichen, wie's sich künftig mit der Liebestreue wohl verhalten wird, bleibt über der Schlußszene schweben.

Bei keiner von Mozarts Opern ist so wenig über ihre Hintergründe und ihr Entstehen bekannt wie bei seiner dritten und letzten Zusammenarbeit mit da Ponte. Wahrscheinlich hat der Kaiser selbst, Joseph II., nach der erfolgreichen Wiederaufnahme der *Nozze di Figaro* am 29. 8. 1789 zu einer neuen Oper die Anregung gegeben.
Im Gegensatz zu seinen vorausgegangenen Libretti für Mozart ist *Così fan tutte* da Pontes eigene Erfindung. Die Treueprobe gehört zwar seit jeher zu den Archetypen der Komödie und taucht in Ovids *Metamorphosen* ebenso auf wie in Shakespeares *Cymbeline* und Boccaccios *Decamerone*, doch Gerüchte wollten wissen, daß Mozart und da Ponte eine tatsächliche Begebenheit aus dem Wien des Jahres 1788 verarbeitet hätten. Weitere mögliche Quellen wären die Komödie *Les fausses infidelités* von Nicolas-Thomas Barthe (1768) oder Marivaux' *Le jeu de l'amour et du hasard* (*Das Spiel von Liebe und Zufall*, 1730) und *L'île des esclaves* (1725). Die Frauennamen erscheinen schon in Ariosts *Orlando furioso*. Die von Don Alfonso verbreitete Sentenz »Così fan tutte« tauchte bereits in Basilios Einwurf »Così fan tutte le belle« im Terzett des 1. Aktes von *Le nozze di*

Figaro auf und wird als wortbezogene Figur in der C-Dur-Ouvertüre der Oper als Motto vorangestellt.
Zweimal, am 31. 12. 1789 und am 21. 1. 1790, lud Mozart den hochverehrten Joseph Haydn und seinen Freimaurer-Freund Michael Puchberg zu einer Probe der *Così* ein. Dann fand am 26. Januar die Uraufführung statt mit den (tatsächlich aus Ferrara stammenden) Schwestern Adriana Ferraresi del Bene (Fiordiligi) und Louise Villeneuve (Dorabella). Mozart bediente sich der bei seinen vorausgegangenen Opern erprobten Arbeitsweise: Zuerst entstanden die Ensembles des 1. Aktes, dann die Arien und das 1. Finale, dann der 2. Akt und schließlich die Ouvertüre. In *Così fan tutte* hat Mozart die Ensembleoper auf extreme Weise verwirklicht: 12 Arien stehen 15 Ensembles (1 Sextett, 2 Quintette, 1 Quartett, 5 Terzette, 5 Duette, 1 Duettino) und 2 Finali gegenüber. Meisterhaft ist der Aufbau des 1. Aktes, der mit 9 Ensembles beginnt – unterbrochen von Alfonsos kurzer Arie *Vorrei dir / Ich möchte es sagen* –, bevor mit Dorabellas *Smanie implacabili* die erste große Arie zu hören ist. Das führt allerdings dazu, daß im 2. Akt gleich 5 Arien aufeinanderfolgen.
Es ist die Musik Mozarts, welche die Handlung, die durch den Zynismus Don Alfonsos initiiert wird, in einem Schwebezustand zwischen Ironie und wahrem Gefühl, zwischen Schein und Wirklichkeit hält. Wie Marionetten läßt Don Alfonso die Figuren dieser mit den Zutaten der Verkleidungskomödie inszenierten Liebesprobe zappeln. Den beiden Offizieren, die den Beweis der Untreue geradezu herausfordern, wird nach und nach der Boden ihrer Wertvorstellungen weggezogen; dennoch zeichnet Mozart die Gefühle der Männer stets als wahr, z. B. in Ferrandos Arie *Un'aura amorosa* und seiner verzweifelten Kavatine *Tradito, schernito.* Selbst in den gespielten Situationen wie dem angeblichen Abschied der Liebhaber im 1. Akt, dem Quintett *Di scrivermi ogni giorno / Daß du mir täglich schreiben wirst* und dem Nachhall im Terzettino *Soave sia il vento* enthält sich die Musik jeglicher Doppelbödigkeit, wie auch die großen, der Opera seria nahestehenden Szenen der Fiordiligi, der

Gleichnisarie *Come scoglio* und dem Rondo *Per pietà, ben mio*, auch Dorabellas *Smanie implacabili* keine vordergründigen Parodien auf den konventionellen Opernstil sind. Dem Typus der Kammerzofe entwachsen ist die zur Mitspielerin Don Alfonsos aufgestiegene Despina; in ihren beiden Arien gibt sie skrupellos-drastische, fast obszöne Ratschläge.
Am 20. 2. 1790 starb der Kaiser; die Hoftrauer verhinderte zunächst weitere Aufführungen. Doch dies erklärt nicht den bescheidenen Erfolg der *Così* mit nur 10 Wiener Aufführungen zu Lebzeiten Mozarts. Die zynisch unverstellte Darstellung der Liebe mit vertauschten Partnern erschütterte vielmehr die moralischen Grundfesten des erstarkten Bürgertums. Man deklassierte das Libretto als »elendes, welsches Produkt«, »Machwerk« und »elendes Ding«, als frivole Posse, ohne die auf des Messers Spitze balancierenden, ständig vom Absturz in ein bodenloses Nichts bedrohten Gefühle zu erkennen, die Mozart hier darstellte. Zeitgenossen und Nachfahren fühlten sich bald aufgerufen, Mozarts Musik gegen das amoralische Textbuch in Schutz zu nehmen, indem sie es »entschärften«, was bis Ende des 19. Jahrhunderts zu einer Reihe hanebüchener Bearbeitungen des Librettos führte, ja sogar dazu, der Musik eine neue Handlung überzustülpen, so 1863 in Paris Shakespeares *Verlorene Liebesmüh* und 1909 in Dresden Calderóns *Dame Kobold*. Eine *Così*-Renaissance leitete Hermann Levis, des Dirigenten, Übersetzung (München 1897) ein; ihr folgten Übertragungen von S. Anheißer (1936) und G. Schünemann (1941). Gustav Mahler (1900), Richard Strauss (1910), Clemens Krauss und Karl Böhm nahmen sich dieser Oper an. In unserer Zeit wurde *Così fan tutte* zum erklärten Repertoirestück, mit dem sich mit Vorliebe bedeutende Regisseure (u. a. Joachim Herz, Harry Kupfer, Götz Friedrich, Ruth Berghaus, Johannes Schaaf) befaßten, um in das Geheimnis dieser Geometrie der Liebe einzudringen. 1990 wurde *Così fan tutte* in Kiel erstmals nach der Neuen Mozart-Ausgabe gespielt.
Spieldauer: ca. 3 Stunden (1. Akt: ca. 95 min.; 2. Akt: ca. 90 min.).

Titus
La clemenza di Tito

Opera seria in 2 Akten. Text von Caterino Mazzolà nach Pietro Metastasio. Uraufführung am 6. September 1791 in Prag, Altstädtisches Theater.

Caterino Mazzolà (18. 1. 1745 Longarone [Prov. Belluno] – 16. 7. 1806 Venedig), mit da Ponte befreundeter Librettist, war 1780–98 Hofdichter in Dresden, desgleichen vorübergehend im Sommer 1791 als Nachfolger da Pontes in Wien. – Pietro Metastasio, eigtl. Antonio Domenico Bonaventura Trapassi (3. 1. 1698 Rom – 12. 4. 1782 Wien), erhielt eine vorzügliche literarische und juristische Ausbildung und wandte sich ab 1720 ganz dem Schreiben und ab 1723 der Oper zu. 1729 wurde er als Nachfolger des Hofdichters Apostolo Zeno von Karl VI. nach Wien berufen. Für dessen Nachfolgerin Maria Theresia schrieb Metastasio in den 40er und 50er Jahren eine Reihe von szenischen Spielen für den Hof, sog. Azioni teatrali. Durch seine 27 Texte zu heroisch-ernsten Stoffen beherrschte er im 18. Jahrhundert die Gattung der Seria und legte deren verbindliche Schemata fest (Anzahl der Arien, Abfolge von Rezitativ und Abgangsarie u. a.). Seine Stoffe entstammten meist der griechischen und römischen Historie und stützten das Bild des absoluten Herrschers. Zu seinen meistvertonten Libretti gehören *Didone abbandonata* (1724), *Alessandro nell'Indie* (1729), *Adriano in Siria* (1732), *Olimpiade* (1733); zahlreiche Opernkomponisten des 18. Jahrhunderts bedienten sich seiner Vorlagen, darunter Albinoni, Galuppi, Gazzaniga, Gluck, Hasse, Jommelli, Mozart, Paisiello, Piccinni. Seine von Mazzolà für Mozart bearbeitete *Clemenza di Tito* entstand 1734 für eine Festaufführung Antonio Caldaras am Wiener Hof und wurde in der Folgezeit u. a. von Hasse, Gluck (1752), Jommelli und G. Scarlatti vertont. Als Quelle dienten Metastasio Dramen von Corneille und Racine sowie Suetons *Leben der Cäsaren*.

Personen: Tito Vespasiano / Titus Vespasianus, Imperator von Rom (Tenor) – Vitellia, Tochter des Imperators Vittelius (Sopran) – Servilia, Schwester des Sextus, Geliebte des Annius (Sopran) – Sesto / Sextus, Freund des Titus, Geliebter der Vitellia (Sopran) – Annio / Annius, Freund des Sextus, Geliebter der Servilia (Sopran) – Publio / Publius, Präfekt der Prätorianer

(Baß) – Senatoren, Abgesandte fremder Völker, Prätorianer, Liktoren, Volk.

Ort und Zeit: Rom, 79 n. Chr.

1. Akt. Vitellia, die Tochter des ermordeten Kaisers Vitellius, hoffte durch die Heirat mit Titus auf den Thron gelangen zu können. Da sich Titus aber entschlossen hat, Berenice, die Tochter des Königs von Judäa, zu heiraten, plant Vitellia seinen Tod. In diese Verschwörung weiht sie zuerst den sie liebenden Sextus ein, der als Freund des Titus in einen tiefen Zwiespalt gerät (Duett *Come ti piace imponi / Wie es dir gefällt, so befiehl es*). Von Annius hören sie, daß Titus aus Gründen der Staatsraison seiner Liebe zu Berenice, der Ausländerin, entsagt hat. Vitellia schöpft neue Hoffnung und sichert sich erneut das Vertrauen des Sextus (Arie *Deh se piacer mi vuoi / Ach, wenn du mir gefallen willst*). Annius möchte Servilia, die Schwester des Sextus, heiraten, wozu Sextus gern die notwendige Einwilligung des Kaisers einholen will. Er kommt aber nicht dazu, denn nach einer öffentlichen Huldigung des Kaisers als Vater des Vaterlandes läßt ihn Titus in kleinem Kreis wissen, daß er nun eine Römerin, und zwar Servilia, zu heiraten beabsichtige. Annius, und sein Freund mit ihm, ist erschüttert, er will Servilia freigeben, doch sie versichert sich unverbrüchlich ihrer und seiner Liebe (Duett *Ah, perdona al primo affetto / Ach, verzeih dem ersten Gefühlssturm*). Dann geht sie zum Kaiser und gesteht ihm, daß ihr Herz nicht mehr frei ist. Titus in seiner Großmut nimmt ihr alle Ängste: Er dankt für ihre Offenheit und erklärt sich bereit, auf sie zu verzichten (Arie *Ah, se fosse intorno al trono / Ach, wenn um meinen Thron*). Vitellia drängt indessen Sextus, das Kapitol in Brand zu setzen und Titus zu ermorden, was er, ihr wehrlos verfallen, schließlich zu tun verspricht (Arie *Parto, ma tu ben mio / Ich gehe, aber du, mein Lieb*). Als Vitellia erfährt, daß Titus mittlerweile sie als Kaiserin auserwählt hat, ist es zu spät, das Verhängnis zu stoppen. Schon brennt das Kapitol. Nur Sextus zögert noch, den Mord auszuführen (Rezitativ *Oh Dei, che smania e questa / O Götter, was ist das für eine*

Erregung). Im nächtlichen Rom verbreitet sich die Nachricht, Titus sei in den Flammen umgekommen. Sextus will seine Schuld bekennen, doch Vitellia befiehlt ihm zu schweigen.
2. Akt. Seinem Freund Annius, der ihm sagt, daß Titus unverletzt blieb, vertraut Sextus in seiner Verzweiflung an, daß er den Brand ausgelöst hat. Vitellia, schon von Gewissensbissen gepeinigt, will Sextus zur Flucht überreden, weil sie ihm nicht traut, doch inzwischen hat ihn ein Verschwörer verraten, und er wird von Publius verhaftet. Während der Senat Gericht hält über Sextus, an dessen Schuld Titus nicht glauben kann, bittet Annius den Kaiser schon um die Begnadigung seines Freundes; wie Publius gleich darauf berichtet, ist Sextus zum Tod in der Raubtierarena verurteilt (Arie *Tu fosti tradito / Du wurdest verraten*). Tief erschüttert ringt sich Titus zu dem Entschluß durch, Sextus noch einmal anzuhören. Sextus bekennt dem Freund seine alleinige Schuld und Reue, aber ohne den wahren Grund zu nennen (Rondo *Deh, per questo istante solo / Weh, nur für diesen Augenblick*), sehr zum Unwillen des Kaisers, der dann dennoch, um der Freundschaft und kaiserlicher Großmut willen, das Todesurteil vernichtet (Arie *Se all'impero / Wenn für die Herrschaft*). Vitellia, die fürchtet, daß Sextus gestanden hat, wird von Servilia und Annius bestürmt, bei ihrem künftigen Gemahl die Begnadigung des Sextus zu erwirken. Schließlich ringt sie sich dazu durch, ihr Gewissen zu entlasten (Rondo *Non più di fiori / Um aus Blumen*). Noch bevor Titus öffentlich die Begnadigung seines Freundes verkünden kann, gesteht ihm Vitellia, daß sie allein die Verschwörung angestiftet hat. Abermals läßt Titus Milde walten und spricht sie und alle Mittäter frei (Begleitetes Rezitativ *Ma che giorno e mai questo? / Aber was ist das nur für ein Tag?*) – unter den Huldigungsrufen der begeisterten Römer.

Der Auftrag für eine Festoper anläßlich der Krönung Leopolds II. zum böhmischen König wurde Mozart vom Impresario Domenico Guardasoni überbracht. Seine Auftraggeber, die Böhmischen Stände, wünschten sich ausdrücklich

eine Titus-Oper, um die aufgeklärte Politik (u. a. Abschaffung von Folter und Todesstrafe) des Kaisers zu ehren. Mozart beschäftigte sich ab Mitte Juli 1791 mit der Oper, für deren Komposition nach der Fertigstellung des Textbuches nur noch ungewöhnlich kurze Zeit – Mozarts erster Biograph Niemetschek spricht von 18 Tagen – zur Verfügung stand. Die Secco-Rezitative übertrug Mozart aus diesem Grund seinem Schüler Franz Xaver Süßmayr.
Mozart, der in seinen frühen Opera-seria-Kompositionen die Gattung nie in Frage gestellt hatte, aber mit dem *Idomeneo* eigene Wege gegangen war, verlangte anläßlich dieser neuerlichen, pflichtgemäßen Beschäftigung tiefgreifende Änderungen am Original. Mazzolà reduzierte folglich die 3 Akte bei Metastasio auf 2, nahm gravierende Kürzungen vor und führte Ensembles (3 Duette, 3 Terzette) und 2 handlungsintensive Finali (das Quintett des 1. Finales ist eine Zusammenziehung von 3 Arien bei Metastasio) ein, wodurch der *Titus* rein äußerlich schon nicht mehr viel mit der Opera seria gemein hatte.
Der mildtätige und entsagende Herrscher – ihn sang Mozarts erster Don Ottavio Antonio Baglioni – erscheint musikalisch als passive, doch über sein Tun reflektierende Gestalt. In seinen Arien Nr. 6 (*Del più sublime soglio / Des allerhöchsten Thrones*) und Nr. 8 (*Ah, se fosse intorno al trono*) stellt er die Leitmotive seines Handelns auf. Während er in dem Recitativo accompagnato des 2. Aktes (*Che orror! che tradimento / Was für ein Grauen! Welch ein Verrat!*) unter der Last der politischen und privaten Verantwortung leidet, wünscht er in der Arie Nr. 20 (*Se all'impero*) die Treue seines Volkes mit Liebe statt Strenge zu gewinnen. Auffallend sind die Arie des Sextus (Nr. 9) für den Kastraten Domenico Bedini *Parto, ma tu ben mio* mit obligater Klarinette und Vitellias Rondo (Nr. 23) *Non più di fiori* mit Bassetthorn.
Der Oper, welche die aus Neapel stammende Kaiserin als eine »porcheria tedesca« (deutsche Schweinerei) beschrieb, war bei ihrer Uraufführung kein Erfolg beschieden, doch wurde sie im Jahr darauf schon in Wien gespielt. Deutsche

Textfassungen stammen von F. Rochlitz (1796), Chr. A. Vulpius (1799), I. von Seyfried (1801), H. Curjel / B. Paumgartner (1949 Salzburg). Seit 1971 (erstmals in Hannover-Herrenhausen aufgeführt) liegt das Werk in der Neuen Mozart-Ausgabe (F. Giegling / K. Honolka) vor. Große Verdienste für die moderne Aufführungspraxis kommen den Inszenierungen Jean-Pierre Ponnelles 1969 in Köln (unter István Kertész), 1971 in München und 1976 in Salzburg (unter James Levine) sowie Karl-Ernst Hermanns 1982 in Brüssel zu.
Spieldauer: ca. 2¼ Stunden (1. Akt: ca. 65 min.; 2. Akt: ca. 70 min.).

Die Zauberflöte

Eine deutsche Oper in 2 Akten. Text von Emanuel Schikaneder. Uraufführung am 30. September 1791 in Wien, Theater im Starhembergschen Freihaus auf der Wieden.

Emanuel (Johann Joseph) Schikaneder (1. 9. 1751 Straubing bis 21. 9. 1812 Wien), Theaterdirektor, Sänger, Schauspieler, Regisseur und Librettist, war Absolvent der Jesuitenschule in Regensburg gewesen. Er schloß sich um 1773 einer Theatertruppe an, trat 1777 am Münchner Hoftheater auf, leitete im folgenden Jahr eine eigene Truppe und machte 1780 in Salzburg die Bekanntschaft der Mozarts. 1783 erhielt er eine Konzession für das Kärntnertortheater in Wien, und 1789 wurde er Mitdirektor des Freihaustheaters auf der Wieden, wo er sich hauptsächlich auf die Aufführung von Opern und Singspielen verlegte. Sein künstlerischer und finanzieller Niedergang setzte schon vor der Übernahme des Theater an der Wien 1801 ein. 1807–1809 leitete er noch das Theater in Brünn, starb dann in geistiger Umnachtung. Schikaneder war einer der erfolg- und einflußreichsten Theaterleute der Zeit, und viele seiner rund 50 Schauspiele und 40 Libretti, die das Wiener Lokalstück vorbereiteten, wurden bis Mitte des 19. Jahrhunderts aufgeführt. Als Fortsetzung der *Zauberflöte* schrieb er das 1798 von Peter von Winter vertonte *Labyrinth*.

Personen: Sarastro (Baß) – Königin der Nacht (Sopran) – Pamina, ihre Tochter (Sopran) – Tamino (Tenor) – Papageno (Baß oder

Bariton) – Ein altes Weib, später Papagena (Sopran) – Sprecher (Baß) – Erster Priester (Baß) – Zweiter Priester (Tenor) – Monostatos, ein Mohr (Tenor) – Erste Dame der Königin (Sopran) – Zweite Dame (Mezzosopran) – Dritte Dame (Alt) – Drei Knaben (Soprane) – Erster Geharnischter (Tenor) – Zweiter Geharnischter (Baß) – Drei Sklaven (Sprechrollen) – Priester, Sklaven, Gefolge u. a.

Ort und Zeit: Reich der Königin der Nacht und Reich des Sarastro, in einer Märchenzeit.

1. Akt. Auf der Jagd hat sich Prinz Tamino verirrt und wird von einer großen Schlange angegriffen. Vor Angst fällt er in Ohnmacht, wird aber von drei Damen, den Entsandten der Königin der Nacht, gerettet, die sich sofort alle drei in ihn verlieben. Da sie sich nicht einigen können, welche von ihnen als Wache bei dem Prinzen bleiben darf, eilen sie schließlich gemeinsam zur Königin, um ihr von dem Vorfall zu berichten. Tamino erwacht und sieht sich bald mit einem gefiederten Menschen konfrontiert (Arie *Der Vogelfänger bin ich ja*), der ihm erklärt, daß er für die »sternflammende Königin« Vögel fange und dafür Speis und Trank erhalte. Dieser komische Mensch, Papageno mit Namen, läßt den Prinzen auch im Glauben, daß er die Schlange getötet habe. Doch sofort erscheinen die drei Damen, stellen den Sachverhalt richtig, legen Papageno ein Schloß vor den Mund und überreichen Tamino im Auftrag der Königin ein Bildnis ihrer Tochter Pamina. Tamino verliebt sich auf der Stelle in sie (Arie *Dies Bildnis ist bezaubernd schön*). Die Damen erklären ihm, er könne sein Glück machen, wenn er Pamina aus dem Palast Sarastros, der sie entführt hat, befreie. Tamino ist ohne Zögern dazu bereit. Unter Donnergetöse erscheint die Königin der Nacht, die Tamino ihr Leid schildert und ihm als Belohnung für die Befreiung Paminas Hand verspricht (Arie *O zittre nicht, mein lieber Sohn!*). Für das gefährliche Unternehmen rüsten die Damen Tamino mit einer Zauberflöte und seinen Begleiter Papageno, den sie vom Mundschloß befreien, mit einem zauberkräftigen Glockenspiel aus; außerdem werden ihnen drei Genien in Knabenge-

Wolfgang Amadeus Mozart: Don Giovanni
Theater Basel

Wolfgang Amadeus Mozart: Così fan tutte
Oper Leipzig

stalt als Führer zur Seite gestellt. – Im Palast Sarastros wird Pamina, nach einem gescheiterten Fluchtversuch, von Papageno aufgespürt. Er erklärt ihr, daß Tamino, der sie liebe, bald folgen werde, und weil er ihr betrübt gesteht, selbst keine Geliebte zu haben, macht sie ihm Mut für die Zukunft (Duett *Bei Männern, welche Liebe fühlen*). – Die drei Knaben ermahnen Tamino zu Standhaftigkeit, Duldsamkeit und Verschwiegenheit. Sie gelangen an drei Tempel, in die Tamino gewaltsam eindringen möchte, doch wird er durch magische Stimmen zurückgewiesen. Aus dem Tempel der Weisheit tritt ein Priester, der ihn nach seinen Beweggründen fragt. Über die Hintergründe von Paminas Entführung darf der Sprecher ihn noch nicht aufklären, aber ein unsichtbarer Tempelchor sagt ihm, daß sie lebt. Aus Freude darüber spielt Tamino auf seiner Flöte und bemerkt verwundert, daß die Töne wilde Tiere zahm aus ihren Verstecken locken. Auch Papageno und Pamina hören die Flöte. Sie eilen dem Klang entgegen – geradewegs in die Hände von Monostatos und seinen Sklaven. Doch die Melodien des Glockenspiels bezähmen die Wilden, wie Taminos Flöte die Tiere: sie ziehen tanzend ab. Da erscheint Sarastro selbst mit großem Gefolge im Löwenwagen. Pamina bekennt sich zu ihrem Fluchtversuch, der aber nur eine Flucht vor den Nachstellungen des Monostatos gewesen sei. Sarastro gibt ihr zu verstehen, daß es zu ihrem Besten sei, wenn er sie nicht der Mutter zurückgebe, und verurteilt den Mohren zu 77 Sohlenhieben. Gemeinsam mit dem herbeigeführten Tamino wird Pamina dann zu einer Reinigungszeremonie in den Prüfungstempel geführt.
2. Akt. In einer feierlichen Priesterversammlung erklärt Sarastro, daß die Götter Tamino und Pamina füreinander bestimmt hätten. Zur Erkenntnis seiner Pflichten sowie von Vernunft, Tugend und Göttermacht soll Tamino, und mit ihm Papageno, zuvor aber durch ernste Prüfungen geläutert werden. Dafür erflehen alle den göttlichen Beistand (Arie mit Chor *O Isis und Osiris*). – In tiefer Nacht bereitet der Sprecher der Priesterschaft die beiden auf das Kommende vor. Tamino ist bereit, sich jeder Aufgabe zu stellen, für

Freundschaft, Liebe und »Weisheitslehre« sein Leben zu wagen. Papageno dagegen muß erst ein schönes junges Weibchen in Aussicht gestellt werden, bevor auch er zustimmt. Die erste Aufgabe befiehlt absolutes Stillschweigen und ist mit der Warnung vor der Arglist der Frauen verbunden (Duett *Bewahret euch vor Weibertücken*). Sogleich erscheinen denn auch die drei Damen der Königin der Nacht und versuchen die beiden jungen Männer zu verunsichern. Während Tamino standhaft schweigt, redet Papageno munter drauflos, bis der Priesterchor mit Blitz und Donner die Damen verjagt. – In einem Garten macht sich der häßliche schwarze Monostatos an die schöne weiße, im Schlaf liegende Pamina lüstern heran (Arie *Alles fühlt der Liebe Freuden*). Da steht urplötzlich die Königin der Nacht vor ihrer Tochter. Sie drängt ihr einen Dolch auf, mit dem Pamina Sarastro töten solle. Sonst sei Tamino unerreichbar fern. In Wirklichkeit will sie die an Sarastro verlorene Macht über den Sonnenkreis zurückgewinnen (Arie *Der Hölle Rache kocht in meinem Herzen*). Monostatos hat gelauscht und droht nun, alles zu verraten, wenn Pamina ihm nicht zu Willen ist. Schnell greift Sarastro helfend ein. Der um Milde für ihre Mutter bittenden Pamina versichert er, daß er Rache nicht kenne (Arie *In diesen heil'gen Hallen*). – Auch die zweite Prüfung gebietet Tamino und Papageno Schweigen. Ein häßliches altes Weib bietet dem durstigen, fortwährend plappernden Vogelfänger Wasser an. Auf seine Fragen erzählt sie ihm, sie sei 18 Jahre alt und habe einen Liebhaber namens Papageno. Bevor er erschrocken ihren Namen erfahren kann, donnert es und ist die Alte verschwunden. Jetzt kommen die drei Knaben wieder, machen Tamino und Papageno Mut und setzen ihnen Speisen und Getränke vor. Papageno genießt, während Tamino selbstversunken die Flöte bläst. Ihre Töne locken Pamina herbei. Taminos Schweigen auf ihre freudige Begrüßung stürzt sie in schmerzliche Zweifel an seiner Liebe (Arie *Ach, ich fühl's*). – Vor der dritten Prüfung lassen die Priester Pamina und Tamino noch einmal aufeinander zutreten, jedoch nicht zusammenkommen. Sarastro verheißt ihnen aber ein frohes Wiedersehen. – Obwohl er seine Prüfung nicht bestanden hat, wird Papageno vom Sprecher ein Glas Wein gewährt. Höchst vergnügt beginnt er wieder, seinen Wunsch – *Ein Mädchen oder Weibchen* (Arie) – zu träumen; sehen läßt sich statt dessen nur wieder die Alte, die ihm fürchterlich auf den Leib rückt, dann plötzlich sich in eine junge Schöne verwandelt, die Papagena heißt, und ihm unverzüglich vom Sprecher entrissen wird. Er sei ihrer noch nicht würdig. – Die verzweifelt umherirrende Pamina hindern die drei Knaben am Selbstmord. Sie führen sie zu Tamino, der sie immer noch liebe. – Als letzte Prüfung steht Tamino die Feuer- und Wasserprobe bevor. Die Geharnischten erlauben, daß Pamina an seiner Seite gehen und er mit ihr sprechen darf. Von Taminos Zauberflöte geleitet, wandeln sie furchtlos durch alle Schrecken, worauf sie im Triumph zum Tempel geführt werden. – Papageno hat sich auf die Suche nach Papagena gemacht. Und weil er sie nicht findet, will er seinem Leben ein Ende machen. Die drei Knaben retten ihn. Auf ihren Rat läßt er das Glockenspiel erklingen und kann sogleich seine Papagena in die Arme schließen (*Papagena, Papageno*). – In den unterirdischen Gängen des Sonnentempels planen, von Monostatos geführt, die Königin und ihre Damen einen letzten Anschlag auf Sarastro. Der aber kommt ihnen zuvor. Blitz, Donner und Sturm zerschmettern sie. *Die Strahlen der Sonne vertreiben die Nacht*, Tamino und Pamina sind in den Kreis der »Eingeweihten« aufgenommen.

Mozarts erste Beschäftigung mit der *Zauberflöte*, deren Auftrag ihm Schikaneder erteilte, fällt in den Herbst des Jahres 1790. Zur gleichen Zeit arbeitete er u. a. am *Titus*, dem Requiem und seinem letzten Klavierkonzert KV 595. Im Juli war die Komposition fast ganz vollendet. An der Ausarbeitung von Schikaneders Libretto dürfte Mozart nicht unbeteiligt gewesen sein. Der Inhalt, der archetypische Kampf zwischen Gut und Böse, spiegelt Ideale der Aufklärung wider, läßt sich vielfältigst interpretieren als Übergang vom Matriarchat zum Patriarchat – in der Nachfolge der Französischen Revolution –, als Versinnbildlichung des königlichen Herrschaftsanspruchs (Königin der Nacht), der Freiheit (Pamina) und des Volkes (Tamino). Für die mit den Prüfungsriten verbundenen Vorstellungen der moralischen Läuterung im Isis-Kult war der Roman *Séthos* (1731) des Abbé Jean Terrasson, seinerzeit ein geradezu in Mode gekommenes Buch, ein Vorbild. Die anderen Vorlagen sind vielfältige szenisch-inhaltliche Versatzstücke aus Alt-Wiener Zauberstück, Volkskomödie und barocker Zauberoper. Schikaneder hat J. A. Liebeskinds Märchenerzählung *Lulu oder Die Zauberflöte* aus dem 2. Band von Christoph Martin Wielands Sammlung *Dschinnistan* (1786–89) gekannt, einer Anthologie, in der sich auch die Märchen *Die drei Knaben*, *Der Stein der Weisen*, *Der Palast der Wahrheit* und *Das Labyrinth* finden. Weitere Vorlagen waren Paul Wranitzkys 1789 von Schikaneder aufgeführte Oper *Oberon, König der Elfen* (Text: K. L. Giesecke), Tobias Philipp von Geblers Drama *Thamos, König in Ägypten*, zu dem Mozart 1773 und 1779 eine Schauspielmusik geschrieben hatte, sowie exotisch gefärbte Opern von Johann Gottlieb Naumann (*Osiride*, 1781) und Wenzel Müller (*Das Sonnenfest des Brahminen*, 1790). Die in der *Zauberflöte* benutzten Riten, Feuer- und Wasserprobe, die Symbolzahl Drei (drei Damen, Knaben, Tugenden, Prüfungen, Tempel) und die symmetrisch-geometrische Bilderwelt aus der ägyptischen Mythologie kannte Mozart als Teil des Gedankenguts der Freimaurer, zu denen er zählte.

Ein deutlicher, in der Literatur weitgehend kritisierter Bruch besteht zwischen beiden Akten, ein »sozialer, ideologischer und ästhetischer Frontenwechsel zwischen dem 1. und 2. Akt« (S. Kunze). Die zuerst noch mütterlich besorgte Königin der Nacht stiftet im 2. Akt ihre Tochter zum Mord an, der eben noch dämonisierte Sarastro enthüllt sich als warmherziger und doch auch brutaler Herrscher eines heilbringenden Kults und frauenfeindlichen Männerbundes, und die drei Knaben, Abgesandte der Königin der Nacht, unterstützen Tamino, Pamina und Papageno selbst dann noch, als sie sich längst in den Schutzkreis des Sarastro begeben haben. Ignaz von Seyfried erklärte Schikaneders Ände-

rungen 1840 damit, daß der Text des 1. Aktes vollendet war, als im konkurrierenden Leopoldstadt-Theater die auf dem gleichen Stoff basierende Oper *Die Zauberzither oder Kaspar der Fagottist* (Musik: Wenzel Müller, Text: Joachim Perinet) gespielt wurde, wodurch sich Schikaneder zu einem Kurswechsel veranlaßt gesehen habe.
Streng erscheint dagegen Mozarts musikalischer Aufbau. Durch seine kunstfertige Behandlung der Singspielformen verblenden sich die gegensätzlichen Stilebenen. Bereits die feierliche Es-Dur-Ouvertüre mit dreimaligen Akkordschlägen und kunstvollem Fugato steht in jener Tonart, die dann auch, unter Verwendung von Holzbläsern und Posaunen, das Reich Sarastros charakterisiert. Alle Figuren sind mit einer derart prägnanten Aura umgeben, die ihnen sinnbildliche Eindringlichkeit verleiht und zu volkstümlichem Eigenleben verhalf. Das schlichte, fast volksliedhafte Auftrittslied des Papageno (*Der Vogelfänger bin ich ja*) stellt diesen als einen Nachkömmling des italienischen Harlekins oder Kasperls dar. Den drei Damen überträgt Mozart einen der italienischen Buffo-Oper abgeschauten Ensemblegesang, und auch die Figur des Monostatos entstammt der Stillage der Buffa, während ihm seine sehnsuchtsvolle Arie *Alles fühlt der Liebe Freuden* durch die Piccoloflöte und den Pianissimo-Gesang eine exotische Färbung verleiht. Der Sphäre der ernsten Oper, der Opera seria, sind sowohl die Königin wie auch Tamino und Pamina zuzurechnen. Während die erste Arie der Königin lyrisch grundiert ist, entspricht ihre vor Rache blitzende zweite Arie, mit Flöten, Trompeten und Pauken, dem Typ der venezianischen Trompetenarie. Tamino ist eher der schwärmerische Jüngling denn ein draufgängerischer Kämpfer; diesem Naturell entspricht seine Bildnis-Arie, ein empfindsam verinnerlichter Ausdruck seiner Gefuhle. Dem entspricht auch die ihm beigegebene Flöte, mit der er, wie Orpheus, wilde Tiere zu bezähmen vermag. Paminas Instrumente sind die einen warmen menschlichen Ton verströmenden Klarinette, Horn und Fagott, so auch im Duett mit Papageno; tief berührend ist ihre g-Moll-Klage *Ach, ich fühl's*, eine musikalische

Kostbarkeit der Partitur. Auch die beiden Arien Sarastros gehören dem Bereich der Seria an, sind aber kühle, feierlich-pompöse Sentenzen, denen wirkliche Anteilnahme fehlt. Ähnlich der Gesang der Geharnischten in der Feuer- und Wasserprobe (*Der, welcher wandert diese Straße voll Beschwerden*), dem als Melodie eine kontrapunktische Verknüpfung des protestantischen Chorals *Ach Gott vom Himmel* zugrunde liegt.
Bei der Uraufführung dirigierte Mozart vom Flügel aus, Schikaneder sang den Papageno, Josepha Hofer, Mozarts Schwägerin, die Königin, die 17jährige Anna Gottlieb die Pamina, Franz Xaver Gerl den Sarastro, Benedikt Schack den Tamino. Die »mit so vielen beifall [. . .] aufgeführte« Oper wurde allein im Oktober 1791 zwanzigmal gespielt; bereits im November des Jahres erschien sie im Druck, und 1792 folgten Aufführungen in Prag, 1793 in Leipzig, Budapest, Warschau, München und Hamburg. Chr. A. Vulpius stellte 1794 eine viel gespielte dreiaktige Fassung her. 1970 wurde die Oper in Salzburg erstmals nach der Neuen Mozart-Ausgabe gespielt. Geschichte machte Karl Friedrich Schinkels Ausstattung für eine Berliner Aufführung 1816 mit dem berühmt gewordenen Sternenhimmel der Königin der Nacht. Gründgens inszenierte das Werk als Zauberoper (1938 Berlin, unter von Karajan), Schuh als Mysterium (1949 Salzburg, unter Furtwängler), Felsenstein als »Welttheater des schöpferischen Eros« (1954 Berlin, Komische Oper), Ingmar Bergman 1974 in seinem Film als »Theater auf dem Theater«, Achim Freyer 1982 in Hamburg als phantastischen Comic strip, Nikolaus Lehnhoff 1983 in Wiesbaden mit Bildern der Pop-Künstlerin Suzan Pitt.
Spieldauer: ca. 2½ Stunden (1. Akt: ca. 75 min.; 2. Akt: ca. 80 min.).

Luigi Cherubini

* 14. September 1760 in Florenz
† 13. März 1842 in Paris

Vom Vater, Cembalist am Florentiner Teatro della Pergola, erhielt Luigi den ersten Unterricht, dann u. a. von Bartolomeo Felici, unter dessen Leitung 1773 auch Cherubinis erste Messe aufgeführt wurde. Die Kirchenmusik dominierte zu Beginn seiner Karriere; sie bildete später, in Paris, noch einen wesentlichen Bestandteil seines Schaffens. Nach 1778 studierte er bei Giuseppe Sarti in Mailand und Bologna. 1780 debütierte er als Opernkomponist (*Il Quinto Fabio*). Nachdem Cherubini im Stil der Opera seria und der Buffa mehrere Werke für verschiedene italienische Bühnen geliefert hatte, ging er 1784 nach London. Zwei Jahre später ließ er sich in Paris nieder. Dort verinnerlichte er vollkommen das französische Idiom, feierte in der Napoleonischen Ära – trotz der Mißgunst des Kaisers – seine größten Erfolge und wurde danach, in der Zeit der Restauration, neben Spontini zum herausragenden Repräsentanten des französischen Musiklebens: 1814 Ritter der Ehrenlegion, 1821–1842 Direktor des Conservatoire. Nach dem kühl aufgenommenen *Démophoon* (1788) erlangte er mit der Comédie héroique *Lodoïska* (1791), einem der markantesten Beispiele des Typus der Rettungsoper, seinen ersten Triumph in Paris (200 Reprisen in einer Saison!) und einige Jahre später damit die Bewunderung Beethovens in Wien. Die Höhepunkte seiner Opernerfolge erreichte er 1797 mit *Médée* und 1800 mit *Les deux journées*. Das Opéra-ballet *Anacréon* (1803) und die beiden Großen Opern *Les Abencérages* (1813) und *Ali Baba* (1833) brachten ihm nur Augenblickserfolge ein.

Medea
Médée

Opéra in 3 Akten. Text von François-Benoît Hoffman. Uraufführung am 13. März 1797 in Paris, Théâtre Feydeau.

Der Schriftsteller und Gelegenheitskomponist François-Benoît Hoffman (Pseudonym für Nicolas-Étienne Framéry; 11. 7. 1760 Nancy – 28. 4. 1828 Paris), Verfasser vieler Komödien, schrieb Libretti u. a. für Méhul, Grétry und Kreutzer. Er bezog sich in seinen tragischen Dichtungen auf die klassische Tradition eines Corneille und Racine und versuchte, den Stil des Librettisten Philippe Quinault (1635–88) wiederzubeleben. Mit *Médée*, die auf Corneilles Drama (1635) und Euripides zurückgeht, errang er einen für den besten Operntext ausgesetzten Preis.

Personen: Créon / Kreon, König von Korinth (Baß) – Dircé / Glauke (auch: Kreusa), seine Tochter, Jasons Braut (Sopran) – Jason, Anführer der Argonauten (Tenor) – Médée / Medea, seine verstoßene Gemahlin (Sopran) – Néris, ihre Begleiterin (Alt) – Hauptmann der königlichen Wache (Baß) – Die beiden Kinder Medeas und Jasons (stumme Rollen) – Zwei Begleiterinnen Dircés – Hauptmann der Argonauten – Argonauten, Priester, Soldaten, Diener, Dienerinnen, Volk von Korinth.

Ort und Zeit: Korinth, in mythischer Zeit.

Mit Hilfe Medeas hatte Jason das Goldene Vlies errungen und aus Kolchis nach Thessalien zurückgebracht. Von dort vertrieben, lebten beide glücklich in Korinth, bis Jason sich Glauke zuwandte und Medea verstieß.

1. Akt. Am Tag ihrer Hochzeit mit Jason wird Glauke von bösen Vorahnungen gequält, doch Jason zerstreut ihre Furcht vor den Zauberkräften der rachsüchtigen Medea und überreicht ihr das Goldene Vlies als Brautgeschenk. Während Kreon den Schutz der Götter für das Brautpaar erfleht, dringt Medea zu Jason vor und versucht ihn für sich zurückzugewinnen (*Dei tuoi figli / Die Mutter deiner Kinder*). Als ihr das mißlingt, droht sie ihm blutige Vergeltung an.

2. Akt. Medea wird aus Korinth verbannt. Vergeblich ist ihr Flehen um Gnade, doch erreicht die Fürbitte der Neris, daß

Kreon ihr einen letzten Tag zum Abschied von ihren Kindern gewährt. Dankbarkeit heuchelnd, läßt sie ihrer Rivalin ein wertvolles, aber mit Gift durchwirktes Gewand als Geschenk überreichen. Es soll Glauke den Tod bringen.
3. Akt. Medea ringt mit dem Gedanken, die beiden Kinder von ihr und Jason umzubringen (*Numi, venite a me / Götter! Kommt zu mir*). Sie wird in ihrem Vorsatz schwankend (*Del fiero duol / Den schrecklichen Schmerz*). Als sie das laute Klagen der Korinther um die vergiftete Glauke und ihren vergeblich zu Hilfe geeilten Vater vernimmt, tötet sie wirklich die Kinder. Dann tritt sie vor das Volk, um ihre Tat zu bekennen und Jason ein Leben voll Gewissensqualen vorauszusagen. Unter dem Schutz der Eumeniden entschwindet sie auf einem von Drachen gezogenen Wagen.

Cherubinis *Medea* verkörpert beispielhaft den Repräsentationsstil der Ära nach der Revolution. Obgleich an Glucks Vorbild angelehnt, ist *Medea* durch die gesprochenen Dialoge gattungsgeschichtlich doch eine Opéra-comique. Über die Dialoge hinweg schuf Cherubini indessen große musikalische Blöcke, die dem Werk klassizistische Monumentalität geben und es der Opera seria annähern. Eine große Rolle spielt der aktiv ins Geschehen eingreifende Chor. Daneben steht die psychische Ausnahmesituation Medeas im Mittelpunkt; durch arios und rezitativisch durchbrochene Passagen sowie große Arien werden alle Facetten der Leidenschaft, von verführerischer Hingabe bis hin zu ihren von Haß und Rache lodernden Schwüren erfaßt.
Der *Medea*-Stoff wurde vor Cherubini u. a. von Cavalli (*Giasone*, 1649), Lully (*Thésée*, 1675), Charpentier (*Médée*, 1693) vertont. Cherubinis Version erlebte in Paris nur einen mäßigen Erfolg; um so größer war ihre Resonanz in Deutschland, wo sie 1800 in Berlin (deutsch von C. A. Herklots) und 1802 in Wien in einer von Cherubini gekürzten Fassung (deutsch von G. F. Treitschke) aufgeführt wurde. Durchgesetzt hat sich *Medea* später mit den von Franz Lachner 1855 für Frankfurt nachkomponierten Rezitativen, welche Luigi Arditi 1865 in London ins Italienische übertrug.

Auch der italienischen Erstaufführung 1909 an der Mailänder Scala (italienisch von Carlo Zangarini) lagen Lachners Rezitative zugrunde. Aus der Versenkung holte das Werk erst Maria Callas, die es u. a. in Florenz (1953), an der Scala (1953, 1961), in Dallas (1958), London (1959), Epidauros (1961) sang und neben den archetypischen Affekten die zeitlosen psychologischen Empfindungen der Figur betonte. Seither gehört die Partie zu den Herausforderungen für dramatische Singschauspielerinnen.
Spieldauer: ca. 2 Stunden (1. Akt: ca. 50 min.; 2. Akt: ca. 40 min.; 3. Akt: ca. 30 min.).

Der Wasserträger

Les deux journées ou Le porteur d'eau

Opéra-comique in 3 Akten. Text von Jean-Nicolas Bouilly. Uraufführung am 16. Januar 1800 in Paris, Théâtre Feydeau.

Jean-Nicolas Bouilly (23. 1. 1763 La Couldraye – 14. 4. 1842 Paris) war Parlamentsadvokat in Paris, während der Revolutionsjahre Staatsanwalt und Richter in der Provinz. Dort erlebte er die Schreckensszenen, die er später in seinen Bühnenstücken darstellte. Nach Robespierres Sturz kehrte er nach Paris zurück, gehörte bis 1799 der Kommission für Unterrichtswesen an und war danach nur noch als Schriftsteller tätig. Er verfaßte zahlreiche Libretti, u. a. für Auber, Boieldieu und Méhul. Seinen größten Erfolg erreichte er mit *Les deux journées* für Cherubini. Historische Bedeutung erlangte er durch seinen Text *Léonore ou L'amour conjugal* (1798) für den Komponisten Pierre Gaveaux, Vorbild für Beethovens *Fidelio.*

PERSONEN: Armand, Parlamentspräsident (Tenor) – Constance, seine Frau (Sopran) – Mikéli, ein Savoyarde, Wasserträger (Baß) – Daniel, sein Vater (Baß) – Antonio, Mikélis Sohn (Tenor) – Marcelina, Mikélis Tochter (Sopran) – Semos, ein reicher Pächter in Gonesse (Baß) – Angelina, seine Tochter (Sopran) – Landleute, Soldaten u. a.

ORT UND ZEIT: Paris und das Dorf Gonesse, 1647.

Mikéli gewährt dem von Mazarin verfolgten Grafen Armand und Constance ein Versteck in seinem Haus. Dann gelingt es Antonio, die Gräfin in den Kleidern und mit dem Paß Marcelinas aus Paris zu schmuggeln, und Mikéli schafft es mit einer List, dem Grafen in seinem Wasserkarren an den Wachen des Stadttores vorbei zur Flucht zu verhelfen. Bei der Hochzeit von Antonio und Angelina in Gonesse werden Constance und Armand zwar von Mazarins Soldaten gestellt, doch Mikéli bringt rechtzeitig einen Freilassungsbefehl der Königin für Armand. Großer Jubel.

Der einstige Erfolg dieser Oper läßt sich heute schwer nachvollziehen. Ganz aus der Tradition der Opéra-comique mit ihren volkstümlichen, schlichten Arien, ansprechenden Ensembles, spannungserzeugenden Melodramen – die auf *Fidelio* und *Freischütz* nachwirkten – und kurzen Finali (insgesamt 15 Nummern) entwickelte Cherubini mit Bouilly ein Stück, das die Überwindung der Schranken zwischen Adel und Bürgertum in einer sentimentalen Handlung idealisiert.
Wie auch im Fall seiner *Léonore* beruht Bouillys Text auf einer wahren Begebenheit, die er aus Rücksicht auf die Zensur in die Zeit der Fronde-Aufstände verlegte. Bouillys Text zollten Goethe und Beethoven Beifall; auf der Suche nach einer romantischen, deutschen Musik wandten sich Wagner, Spohr und Weber Cherubinis Opern zu.
Nach der gefeierten Uraufführung erfreute sich das Werk vor allem in Deutschland (in Übersetzungen u. a. von G. F. Treitschke und H. G. Schmieder) auffallender Beliebtheit.
Spieldauer: ca. 1¾ Stunden.

Ludwig van Beethoven

Getauft 17. Dezember 1770 in Bonn
† 26. März 1827 in Wien

Beethoven stammte aus einer über drei Generationen im Dienste der Kölner Kurfürsten stehenden Musikerfamilie und trat schon mit 8 Jahren öffentlich als Pianist auf. Klavier- und Geigenunterricht hat er u. a. vom Hoforganisten Christian Gottlob Neefe erhalten, den er als Zwölfjähriger bereits vertreten konnte. 1783 erhielt er eine Anstellung als Cembalist, dann als Bratscher beim Kurfürsten. Vier Jahre später gewährte ihm sein Dienstherr ein Stipendium, damit er in Wien bei Mozart studieren könne. Doch der Tod der Mutter erzwang sehr bald seine Rückkehr. Erst 1792 gelangte Beethoven abermals nach Wien, nun für immer. Anstelle Mozarts, der im Jahr zuvor gestorben war, wurden Haydn, Johann Schenk, J. G. Albrechtsberger und Antonio Salieri seine Lehrer. Beethoven stand bald in freundschaftlich-engem Kontakt mit Mitgliedern des Wiener Hochadels, die ihn förderten und denen er nahezu sämtliche seiner Kompositionen zum Dank gewidmet hat. Einen tiefen Einschnitt in sein Leben bedeutete ein 1795 beginnendes Gehörleiden, das ihm ab 1808 jegliches Konzertieren verbot und 1819 zur völligen Ertaubung führte.

Wie nach ihm Schubert oder Schumann war Beethoven kein geborener Opernkomponist. Es ist seine Instrumentalmusik, mit 9 Sinfonien, 16 Streichquartetten und 32 Klaviersonaten, in welcher der durch die Streichquartette von Mozart und Haydn begründete Stil der Wiener Klassik seinen Höhepunkt erreichte.

Unter den Opern seiner Zeit verehrte Beethoven, der leidenschaftlich mit der Französischen Revolution sympathisierte, vor allen die den Idealen von 1789 huldigenden Werke Cherubinis und Méhuls. Ein französisches Sujet lag denn auch seiner einzigen Oper, *Fidelio*, zugrunde, in der er heroische humanistische Ideale mit einem politischen Anliegen verband. Alle anderen Opernpläne, u. a. nach Goethes *Faust* sowie Shakespeares *Hamlet* und *Macbeth*, zerschlugen sich. Es entstanden Schauspielouvertüren und Musikszenen zu Lustspielen (Umlaufs *Die schöne Schusterin*, Treitschkes *Germania* und *Es ist vollbracht*), ferner Bühnenkompositionen zu Kotzebues *König Stephan* und *Die Ruinen von Athen*, zu Goethes *Egmont* und zu Balletten.

Fidelio

Oper in 2 Akten. Text von Joseph Ferdinand von Sonnleithner, Stephan von Breuning und Georg Friedrich Treitschke nach Jean-Nicolas Bouillys *Léonore ou L'amour conjugal*. Uraufführung der 1. Fassung in 3 Akten als *Fidelio oder Die eheliche Treue* am 20. November 1805 in Wien, Theater an der Wien. Uraufführung der 2. Fassung in 2 Akten als *Leonore oder Der Triumph der ehelichen Liebe* am 29. März 1806 ebenda. Uraufführung der 3. Fassung als *Fidelio* am 23. Mai 1814 in Wien, Kärntnertortheater.

Joseph Ferdinand von Sonnleithner (3. 3. 1766 Wien – 25. 12. 1835 Wien) entstammte einer österreichischen Musikerfamilie, war Archivar des Kaisers, 1804–1814 Sekretär der Hoftheater, leitete bis 1807 das Theater an der Wien und war 1812 Mitbegründer der Gesellschaft der Musikfreunde. Zu seinen zahlreichen Adaptionen fremder Stoffe für die deutsche Bühne gehört die Bearbeitung von Bouillys Libretto zu Pierre Gaveaux' Oper *Léonore ou L'amour conjugal* (Paris, 1798) für Beethoven. – Das dreiaktige Libretto der 1. Fassung hat Stephan von Breuning (17. 8. 1774 Bonn – 4. 6. 1827 Wien) auf 2 Akte zusammengefaßt; die meisten Nummern wurden gekürzt, Roccos Gold-Arie fiel vorerst weg. – Georg Friedrich Treitschke (29. 8. 1776 Leipzig – 4. 6. 1842 Wien), Regisseur am Kärntnertortheater, später, ab 1821, Hoftheatersekretär und 1841 Leiter der Hofoperntheater, schuf auf Wunsch Beethovens die endgültige Textfassung des *Fidelio*. Bereits 1802 hatte Treitschke Cherubinis von Beethoven hochbewunderte Oper *Les deux journées* übersetzt. – Zu Jean-Nicolas Bouilly s. Cherubini, *Der Wasserträger*, S. 138.

PERSONEN: Don Fernando, Minister (Bariton) – Don Pizarro, Gouverneur eines Staatsgefängnisses (Bariton) – Florestan, ein Gefangener (Tenor) – Leonore, seine Gemahlin, unter dem Namen Fidelio (Sopran) – Rocco, Kerkermeister (Baß) – Marzelline, seine Tochter (Sopran) – Jaquino, Pförtner (Tenor) – 1. Gefangener (Tenor) – 2. Gefangener (Baß) – Wachsoldaten, Gefangene, Volk.

ORT UND ZEIT: Ein spanisches Staatsgefängnis bei Sevilla, 18. Jahrhundert.

1. Akt. Jaquino drängt Marzelline, ihn endlich zu heiraten (Duett *Jetzt, Schätzchen, jetzt sind wir allein*), doch sie hat sich gerade in den neuen Gehilfen ihres Vaters, Fidelio, verliebt und träumt von einem künftigen Glück mit ihm (Arie *O wär ich schon mit dir vereint*). Hinter Fidelio verbirgt sich Leonore, die Frau des Staatsbeamten Florestan, der plötzlich verschwunden ist und von seinen Freunden für tot gehalten wird. Leonore ist überzeugt, daß ihr Mann hier gefangengehalten wird, als politischer Gegner und Opfer Don Pizarros, dessen Verbrechen er aufdeckte. Deshalb ließ sie sich, als Mann verkleidet, einstellen. Rocco ist erfreut über den Diensteifer Fidelios, er sieht in ihm bereits den künftigen Schwiegersohn. Fidelio aber erkennt mit Bestürzung Marzellines Zuneigung zu ihr und Jaquinos Eifersucht (Quartett *Mir ist so wunderbar*). Rocco gibt Marzelline und Fidelio bereits Ratschläge: für ihr künftiges Eheglück sei nicht nur Liebe notwendig (Arie *Hat man nicht auch Gold beineben*). Fidelio nutzt Roccos Vertrauen zu der Bitte, ihn in die unterirdischen Gewölbe des Gefängnisses begleiten zu dürfen. Der Kerkermeister willigt ein, fügt aber hinzu, daß es eine Zelle gebe, die Fidelio wohl nie betreten dürfe. Roccos Andeutungen lassen Leonore erahnen, daß es ihr Mann sein könnte, der dort als persönlicher Gefangener Pizarros Tag um Tag seinem Ende nähergebracht wird. Sie versichert Rocco, auch in ein solches Verlies mutig gehen zu wollen, was er anerkennend zur Kenntnis nimmt (Terzett *Gut, Söhnchen, gut*). Der Aufmarsch von Wachen und Offizieren kündigt Pizarros Ankunft an. Rocco händigt ihm einen Brief aus, in dem Pizarro vor überraschenden Untersuchungen des zuständigen Ministers gewarnt wird, der in den Gefäng-

nissen Opfer politischer Willkür vermutet. Pizarro läßt die Zufahrtsstraße nach Sevilla beobachten, vereinbart ein Trompetensignal beim Nahen eines Wagens und beschließt, Florestan aus dem Weg räumen zu lassen (Arie *Ha, welch ein Augenblick*). Da sich Rocco selbst für viel Geld weigert, den Mord auszuführen, will Pizarro persönlich die Tat vollbringen; Rocco soll nur das Grab ausheben (Duett *Jetzt, Alter, hat es Eile!*). Leonore, die alles beobachtet hat, läßt trotz ihrer Verzweiflung die Hoffnung nicht sinken; die Liebe zu Florestan gibt ihr Kraft (Rezitativ und Arie *Abscheulicher, wo eilst du hin! – Komm, Hoffnung*). Auf die Bitten Fidelios und Marzellines läßt Rocco die oberen Gefängnisse öffnen. Zögernd, dann jubelnd treten die Eingekerkerten ins Freie (Chor *O welche Lust*). Vor dem Gouverneur, der ihn wegen dieser Eigenmächtigkeit zur Rede stellt, redet sich der Kerkermeister damit heraus, es sei ja heute der Namenstag des Königs und da so üblich. Während die Gefangenen in die Zellen zurückgeführt werden, gibt Pizarro die letzten Anweisungen zur Aushebung des Grabes tief unter der Erde.

2. Akt. Florestan liegt angekettet in seiner Zelle und glaubt in seinen Fiebervisionen Leonore als rettenden Engel zu sehen. Erschöpft bricht er zusammen (Rezitativ und Arie *Gott! Welch Dunkel hier! – In des Lebens Frühlingstagen*). Rocco und Fidelio steigen in das Gewölbe herab und beginnen zu graben. Leonore ist fest entschlossen, den Gefangenen, wer er auch sei, zu retten (Duett *Nur hurtig fort, nur frisch gegraben*). Als er sich ihr zuwendet, erkennt sie jedoch tief erschüttert das Gesicht ihres Gatten. Rocco und Fidelio geben Florestan Wein und Brot, für die er mit ergreifenden Worten dankt (Terzett *Euch werde Lohn in bessern Welten*). Auf ein Zeichen Roccos erscheint Pizarro, bereit zum Mord. Bevor er den Dolch zieht, gibt er sich Florestan zu erkennen (Quartett *Er sterbe! Doch er soll erst wissen*). Im letzten Augenblick wirft sich Leonore schützend vor Florestan und gibt sich als seine Frau zu erkennen: »Töt erst sein Weib!« Seinen Dolch pariert sie mit einer Pistole – da ertönt das Trompetensignal vom Turm, das die Ankunft des Ministers

anzeigt. Pizarro und Rocco eilen nach oben. Leonore und Florestan sinken sich in die Arme (Duett *O namenlose Freude!*). Don Fernando, der Minister, als »Bruder seine Brüder« aufsuchend, will allen zu Unrecht Inhaftierten die Freiheit geben. Unter den Gefangenen, die ihn mit Heil-Rufen empfangen haben, führt man seinen totgeglaubten Freund Florestan vor ihn. So wird Pizarros verbrecherische Absicht aufgedeckt – die Wache nimmt ihn fest. Der Dank für Gottes Gerechtigkeit und eine Hymne auf Leonore (Schlußchor *Wer ein solches Weib errungen*) bilden das emphatische Finale.

Der Oper liegt ein Auftrag Peter von Brauns, Intendant des Theaters an der Wien, zugrunde. Nachdem Beethoven sich von einer Vorlage Schikaneders, *Vestas Feuer*, abgewandt hatte, und weil so »frivole« Stoffe, wie sie Mozart vertont hatte, nicht in Frage kamen, besann er sich auf die von ihm bewunderte, aus der französischen Opéra-comique entwachsene sogenannte »Rettungs-« oder »Befreiungsoper« der Revolutionszeit und danach, in der die gegen jede Tyrannei gerichteten Prinzipien der politischen Freiheit, der Gerechtigkeit und der Brüderlichkeit oder einfach die Rettung eines unschuldigen Helden aus höchster Not zum Ausdruck gebracht wurde. Bouillys Libretto liegt ein authentischer, von ihm selbst erlebter Fall zugrunde: Eine Madame de Tourraine hatte, als Mann verkleidet, ihren Gatten aus der Gefangenschaft der Jakobiner in Tours befreit.
Beethoven schuf die erste Fassung der Oper 1804/05, die zweite, weitgehend aus Kürzungen bestehende Version im Frühjahr 1806. Im Frühjahr 1814 unterzog er das Werk einer letzten Umgestaltung. Doch schon während seiner ersten Arbeitsphase schrieb er zu einigen Passagen mehrere Entwürfe, so für die Florestan-Arie rund 18, für den Schlußchor 10 Skizzen.
Schon in dem Singspielduett zwischen Jaquino und Marzelline griff Beethoven über das herkömmliche Genre hinaus, indem er das Orchester die wahren Gefühle Marzellines kommentieren läßt. Das Klopfen, das diesen auf zwei Ebe-

nen geführten Dialog ständig unterbricht, erscheint durch die Orchesterillustration wie ein symbolhaft überhöhtes allgegenwärtiges Mahnen. Ähnlich kunstvoll sind die 4 monologisierenden »Arien« von Jaquino, Marzelline, Fidelio und Rocco zu einem Quartett (*Mir ist so wunderbar*) verwoben. Mit Roccos Gold-Arie kehrt Beethoven ein letztes Mal in den Bereich des Singspiels zurück, bevor mit dem Terzett *Gut, Söhnchen, gut, hab immer Mut* das eigentliche Drama seinen Anfang nimmt. In ihren beiden Szenen schildern Leonore und Florestan, nach einem den äußerlichen Anlaß beschreibenden Rezitativ, mit wehmütigem Blick zurück in die Vergangenheit ihre augenblickliche Seelenlage, bevor sie in der Schlußsequenz sich ihrer Situation bewußt werden und mit einem hoffnungsvoll-hymnischen Ausdruck schließen. Ebenso rückt Beethoven nach dem Trompetenfanal die Handlung auf eine zweite Ebene, entzieht Pizarro einer politischen Lösung und überantwortet das Drama einer übergeordneten Instanz.

Nach nur zwei Wiederholungen wurde *Leonore* 1805 abgesetzt. Bei der auf Drängen seiner Freunde erfolgten Umarbeitung, eher einer allgemeinen Kürzung, entstand die *Leonoren*-Ouvertüre Nr. 3 op. 72a. Den Durchbruch erzielte die Oper aber erst in ihrer dritten, dieses Mal von Beethoven initiierten Gestalt; ein Terzett Marzelline / Jaquino / Rocco (*Ein Mann ist bald genommen*) und ein Duett Marzelline / Fidelio (*Um in der Ehe froh zu leben*) fielen weg. Bei der zweiten Aufführung (26. Mai) wurde die noch heute dem Werk vorangestellte sog. *Fidelio*-Ouvertüre E-Dur gespielt. (Die *Leonoren*-Ouvertüre Nr. 1 C-Dur war 1806 für eine Prager Aufführung gedacht; sie blieb unvollendet.)

Fidelio, ein Ideendrama, mit dem Beethoven erzieherisch wirken und aufrütteln wollte, weil er die Aufgabe der Kunst in der ethischen Bildung des Menschen sah, entwickelt sich vom Singspiel, dem »bürgerlichen Familienstück mit seinem doppelten Boden« (H. Goldschmidt) über die große Oper zum Oratorium. Durchgehend bestimmt die Musik als moralische Instanz (neben dem Wort) den Verlauf des Geschehens; die Situationen und die Handlung müssen sich den

klaren, blockhaften Szenen wie dem bildhaft heroischen Zug des Geschehens unterordnen. Als Revolutionsoper oder, wie Ernst Bloch in »Das Prinzip Hoffnung« schrieb, als Drama der Utopie bleibt der *Fidelio* durch das im Finale geäußerte Hohelied der Gattenliebe ein Symbol für menschliche Harmonie und zugleich eine stete Aufforderung an die Menschen, ist dieses Werk »eine Legende der erfüllten Hoffnung« (Bloch), nicht die erfüllte Hoffnung selbst. In dieser Hinsicht hat die Oper die Künstler bis in die Gegenwart gereizt. Die von Otto Nicolai 1841 erstmals vor dem 2. Akt gespielte *Leonoren*-Ouvertüre Nr. 3 wurde von Carl Anschütz 1849 zwischen den beiden letzten Szenen gespielt, eine Praxis, die Gustav Mahler in seiner stilbildenden Wiener Aufführung von 1904 aufnahm. Den oratorischen Gestus unterstrich Wieland Wagner durch Einführung eines Sprechers (Stuttgart 1954). Gottfried Wagner (Bonn 1977) und Juri Ljubimow (Stuttgart 1986) ließen die 3. *Leonoren*-Ouvertüre am Ende der Oper spielen. Beethovens erste Fassung, deren Überarbeitung u. a. Romain Rolland bemängelt hat, wurde nach einer Rekonstruktion (Berlin 1905) gelegentlich wiederaufgeführt (Kiel 1978).
Spieldauer: ca. 2 Stunden (1. Akt: ca. 70 min.; 2. Akt: ca. 50 min.).

Gaspare Spontini

* 14. November 1774 in Maiolati
(heute: Maiolati Spontini; Prov. Ancona)
† 24. Januar 1851 in Maiolati

Spontinis erstes Bühnenwerk, die Farce *Li puntigli delle donne*, bildete 1796 im römischen Karneval den Auftakt zu einer Reihe von komischen Opern für Venedig, Florenz und Neapel, schließlich zur Karriere als meistgefeierter Prunkopernkomponist des Empire. Durch die Bourbonen gelangte

Spontini von Neapel, wo er studiert hatte, 1798 nach Palermo. Seit 1803 lebte er in Paris, stark gefördert von der Kaiserin Joséphine. Sie setzte 1807 die Aufführung von *La vestale* durch, deren Erfolg Spontini über Nacht zur Berühmtheit machte. Daß Kaiser Napoleon durch den Auftrag zu *Fernand Cortez* (1809) sich selbst und seiner Eroberungspolitik ein Denkmal zu setzen suchte, zeigt deutlich, welche Hochschätzung der Komponist genoß. 1810–12 leitete Spontini das Théâtre Italien. 1816 wurde die Hochzeit des Thronfolgers mit Spontinis Opéra-ballet *Les dieux rivaux* gefeiert, und im folgenden Jahr gewährte ihm König Ludwig XVIII. eine Pension. Eine Wendung nahm Spontinis Karriere mit der Berufung nach Berlin durch seinen Bewunderer König Friedrich Wilhelm III., 1820, die mit großen Vollmachten über das Konzert- und Opernwesen und dem erstmals verliehenen Titel »Generalmusikdirektor« verbunden war. Hier, wo er in die Auseinandersetzungen um eine nationale deutsche Oper hineingezogen wurde, begann sein Stern zu sinken. Seine letzte, die »große historisch-romantische Oper« *Agnes von Hohenstaufen* (1837) konnte sich gegenüber den Werken eines C. M. von Weber nicht mehr durchsetzen. Wegen intriganter Machenschaften nach dem Tod seines Gönners (1840) verurteilt, dann von Friedrich Wilhelm IV. begnadigt, überließ er 1842 Berlin seinem Erzrivalen Meyerbeer, reisend und schließlich, 1850, sich wieder in Italien niederlassend.

Die Vestalin

La vestale

Tragédie lyrique in 3 Akten. Text von Victor-Joseph Étienne de Jouy. Uraufführung am 15. Dezember 1807 in Paris, Opéra.

Victor-Joseph Étienne de Jouy (12. 9. 1764 Jouy-en-Josas bei Paris bis 4. 9. 1846 Saint-Germain-en-Laye) war Soldat der Revolutionsarmee, dann Mitarbeiter von Zeitungen und Magazinen, dazu Verfasser zahlreicher Bühnenstücke für die Comédie Française, und wurde 1815 Mitglied der Académie. Als Librettist der Opéra war er beteiligt an der französischen Bearbeitung von Rossinis *Mosè* und an den Libretti zu Rossinis *Guillaume Tell* und Spontinis *Fernand Cortez*; für Cherubini schrieb er *Les Abencérages*.

PERSONEN: Giulia / Julia, römische Priesterin (Sopran) – Licinio / Licinius, römischer Feldherr (Tenor) – Cinna, Tribun, sein Freund (Bariton) – Oberpriester (Baß) – Oberpriesterin (Mezzosopran) – Ein Konsul (Baß) – Ein Augur (Baß) – Priester, Priesterinnen, Volk von Rom, Soldaten, Gladiatoren u. a.

ORT UND ZEIT: Rom, in der Antike.

1. Akt. Bei seiner siegreichen Rückkehr nach Rom gesteht Licinius seinem Freund Cinna, daß er immer noch Julia liebe, die man ihm nicht zur Frau geben wollte und die deshalb in den zur Keuschheit verpflichtenden Dienst der Göttin Vesta getreten ist. Vergeblich bittet Julia nun die Oberpriesterin, sie von ihrem Keuschheitsgelübde zu entbinden. Julia ist dazu ausersehen, Licinius den goldenen Lorbeerkranz des Triumphators zu überreichen. Während dieser feierlichen Staatszeremonie flüstert ihr Licinius zu, daß er sie in der folgenden Nacht entführen wolle.

2. Akt. Die heilige Flamme hütend, läßt Julia nachts Licinius in den Tempel. Während ihrer leidenschaftlichen Aussprache erlischt das Feuer. Der Oberpriester erscheint sofort, und Julia, die den Namen ihres geflohenen Geliebten nicht preisgibt, wird zum Tode verurteilt (*O Nume tutelar / Göttin des Herzens*).

3. Akt. Julia soll lebendig begraben werden. Nachdem Licinius und Cinna den Oberpriester vergebens um Gnade angefleht haben, kann nur noch ein Zeichen der Götter Julia retten (*Caro oggetto, il di cui nome / Du, den ich trostlos hier verlasse*). Als sie in das offene Grab hinabsteigen soll und Licinius mit seinen Männern hereinstürzt, um sie gewaltsam zu retten, verdunkelt sich der Himmel. Ein Blitz entzündet Julias auf dem Altar liegenden Schleier, das Feuer brennt wieder: Die Göttin hat Julia verziehen. Licinius führt die Geliebte zum Altar und läßt sich mit ihr vermählen.

Der kühle Klassizismus Spontinis steht trotz der feierlichen Aufmärsche und Zeremonien Cherubini und Gluck eindeu-

tig näher als den Grands opéras Aubers, Halévys und Meyerbeers, denen er mit seinen späteren, stark äußerlichen, effektgeladenen Werken den Weg bereitete. In der klaren Anlage und dem konzentrierten Pathos, der etwas manierierten und wenig spontanen Partitur der *Vestalin*, die man »eine kleine *Norma*« genannt hat, lebt noch der Geist der Opera seria. Die geradezu architektonisch gemeißelten, kargen Gesangslinien binden die Rezitative und Arien in eine feste Form ein, sie besitzen Dramatik, doch selten mitreißendes Feuer. Leben hauchte Spontini einzig seiner Titelfigur ein; musikalischer Mittelpunkt ist Julias große Szene im 2. Akt – in der bekannten italienischen Übersetzung: *Tu che invoco / Dich rufe ich an* –, ein kühles Konzentrat der Oper, die nicht die anrührende Kraft von Bellinis *Norma* aufbringt.
Problematisch gestaltete sich die Aufführung dieser ersten französischen Oper Spontinis durch die Opéra an der Académie Impériale de Musique; sie ließ sich nur unter Beihilfe seiner Gönner, vorab der Kaiserin, durchsetzen. Der Triumph nach der Premiere war indessen perfekt. Rasch entstanden deutsche Übersetzungen: 1810 für Wien (J. von Seyfried) und 1811 für Berlin (C. A. Herklots); die italienische Übertragung von N. Perotti wurde 1810 erstmals in Dresden gespielt.
Spieldauer: ca. 2 Stunden (1. Akt: ca. 50 min.; 2. Akt: ca. 40 min.; 3. Akt: ca. 35 min.).

François-Adrien Boieldieu

* 16. Dezember 1775 in Rouen
† 8. Oktober 1834 in Jarcy bei Paris

Boieldieu, der schon mit 18 Jahren eine erste kleine Oper herausbrachte, war Schüler von Charles Broche, dem Organisten der Kathedrale in Rouen. Mit den Opéras-comiques eines Dalayrac, Grétry, Le Sueur schon hier vertraut, ging der glänzende Pianist und Organist 1796 nach Paris, wo er zum wesentlichen Vertreter der Opéra-comique während der ersten Jahrzehnte des 19. Jahrhunderts aufstieg. *Le calife de Bagdad* (1800), *Ma tante Aurore* (1803), *Jean de Paris* (1812), *La dame blanche* (1825) waren seine größten Erfolge. Ab 1798 unterrichtete er Klavier am Conservatoire. 1803 folgte er einer Einladung des Zaren Alexander I. als Leiter der Französischen Oper nach St. Petersburg. Seit 1810 zurück in Frankreich, wurde Boieldieu mit Ehrungen und Ämtern überhäuft: 1815 Ernennung zum Hofkomponisten, 1817 Mitglied der Académie des Beaux-Arts und Leiter einer Komponistenklasse am Conservatoire. Boieldieus Beliebtheit litt später unter der Ankunft Rossinis, der seit 1824 Paris in einen wahren Taumel versetzte. Mit der *Dame blanche* bewies er 1825 nochmals seine romantische Ader, den Reiz und die Frische seiner Melodien, die Erfindungskraft und Natürlichkeit seiner Musik, und schuf den wahrscheinlich einzigen bleibenden Welterfolg auf dem Gebiet der Opéra-comique. Seine letzte Oper *Les deux nuits* (1829), mit der er neue Wege beschreiten wollte, wurde ein Mißerfolg.

Die weiße Dame
La dame blanche

Opéra-comique in 3 Akten. Text von Eugène Scribe. Uraufführung am 10. Dezember 1825 in Paris, Opéra-Comique (Salle Ventadour).

Eugène Scribe (24. 12. 1791 Paris – 20. 2. 1861 Paris) war der erfolgreichste französische Theaterautor seiner Zeit, seit 1836 Mitglied der Académie Française. Begonnen hatte der Jurist Scribe mit Comédies-vaudevilles, doch seinen Durchbruch erlebte er mit geschickt konstruierten Unterhaltungsstücken wie *Le verre d'eau* (*Das Glas Wasser*, 1840), die zwar ob ihrer literarischen Mittelmäßigkeit bemängelt wurden, aber die europäischen Bühnen beherrschten. Seine zahlreichen Libretti, die er den Wünschen der Komponisten geschmeidig anpaßte, wurden u. a. von Auber, Bellini (*La sonnambula*, 1831), Boieldieu, Donizetti, Gounod, Halévy, Meyerbeer und Verdi (*Les vêpres siciliennes*, 1855) vertont; er wirkte auf dem Gebiet der Opéra-comique (Rossinis *Le comte Ory*, 1829), bestimmte vor allem aber nachhaltig die Entwicklung der Grand opéra, u. a. mit Libretti zu Aubers *La muette de Portici* (1828), Halévys *La juive* (1835) sowie Meyerbeers *Les huguenots* (1836), *L'africaine* (1838) und *Le prophète* (1849).

PERSONEN: Gaveston, Verwalter der Grafen von Avenel (Baß) – Anna, sein Mündel (Sopran) – George Brown, ein junger englischer Offizier (Tenor) – Dikson, Pächter der Grafen von Avenel (Tenor) – Jenny, seine Frau (Sopran) – Marguerite, alte Dienerin der Grafen von Avenel (Alt) – MacIrton, Friedensrichter (Baß) – Pächter und ihre Frauen, Bäuerinnen, Gerichtspersonen u. a.

ORT UND ZEIT: Gut Avenel in Schottland, 1759.

1. Akt. George Brown, auf der Suche nach einer Frau, die ihn einst gesundpflegte, fremd im Ort eingetroffen, hört von seinen Gastgebern Dikson etwas über eine Weiße Dame, die auf Schloß Avenel spuke. Dikson hat tatsächlich einmal in einer Notlage von ihr einen Beutel Geld erhalten, mußte ihr dafür aber versprechen, jederzeit zu kommen, wenn sie ihn rufe. Jetzt, da die Versteigerung des herrenlosen, von Gaveston verwalteten Schlosses bevorsteht, ist dieser Ruf an ihn erfolgt. Furchtlos bietet Brown an, an Diksons Stelle den nächtlichen Gang in das Schloß zu wagen.
2. Akt. Dort gewähren Gaveston, der das Schloß bei der Versteigerung an sich reißen will, und Marguerite dem Fremden nur widerwillig ein Quartier. In der Nacht erscheint Anna, die das Anwesen für den verschollenen Sohn der letzten Gräfin Avenel erhalten sehen möchte, als Weiße Dame und verkündet Brown, er werde die Gesuchte finden, wenn er ihre Anweisungen genau befolge. – Bei der Auktion am nächsten Morgen überbietet Brown auf Geheiß der Weißen Dame alle, zuletzt auch Gaveston, obwohl er die fällige Summe innerhalb der gebotenen Frist nicht zahlen kann. Er vertraut erneut auf die Weiße Dame.
3. Akt. Im Schloß begrüßen die Pächter den neuen Herrn. Als der Richter und Gaveston die Kaufsumme verlangen, erscheint die Weiße Dame und überreicht George Brown, den sie als den letzten Grafen von Avenel erkannt hat, den Familienschatz und die zugehörigen Dokumente. Gaveston

muß in der Weißen Dame, der er den Schleier vom Gesicht reißt, Anna erkennen. George, jetzt Graf Julien, bietet Anna, der Spielgefährtin der Jugendzeit und später seine Krankenpflegerin, seine Hand an.

Scribe stützte sich auf Romanmotive von Walter Scott, hauptsächlich aus *Guy Mannering* und *The Monastery*, die er zu einer einfachen rührend-naiven Geschichte zusammenzog, deren romantischer Hintergrund ebenso zu einem Modell für die Opéra-comique wurde wie Boieldieus Musik. Die romantische Gefühls- und Bilderwelt der Werke Scotts hatte in ganz Europa eine Welle der Begeisterung ausgelöst, die auch viele Opernlibrettisten berührte; so wurden von dieser Vorliebe für schottische Stoffe das französische, englische und italienische Musiktheater insgesamt erfaßt.
Boieldieu bezieht sich auf die Traditionen der Gattung, pflegt eine elegant biegsame Deklamation, eine schlichte, doch einfallsreiche Melodik und einen lyrischen, gelegentlich innigen Ton, so in Annas Arie im 3. Akt *Enfin je vous revois / Endlich seh ich euch wieder.* Georges *Ah! quel plaisir d'être soldat! / Ach, welche Lust, Soldat zu sein* (1. Akt) und einen Teil seiner berühmten Arie *Viens, gentille dame / Komm, o holde Dame* hat Boieldieu früheren Werken entnommen; das schottische Chorlied *Chantez, joyeux menestrels / Stimmt an, ihr Sänger* zu Beginn des 3. Aktes ist eine Bearbeitung der Volksballade *Robin Adair.* Die Oper errang einen grandiosen Erfolg und erlebte 1862 ihre 1000. Aufführung in Paris. Die deutschsprachige Premiere war am 6. 7. 1826 in Wien. 1971 versuchte Karlheinz Gutheim das Werk durch eine Neubearbeitung für das Repertoire zu retten. George Brown ist eine Paraderolle für einen lyrischen Tenor mit vollendeter Gesangskultur wie z. B. Nicolai Gedda es war.
Spieldauer: ca. 2½ Stunden.

Daniel-François-Esprit Auber

* 29. Januar 1782 in Caen
† 12. oder 13. Mai 1871 in Paris

Auber, der schon als Elfjähriger durch eigene Kompositionen aufgefallen war, begann erst eine kaufmännische Ausbildung zum Kunsthändler in England. Er brach sie 1803 ab und begann in Paris zu komponieren. Mit dem Einakter *L'erreur d'un moment* (1805) fand er das Gefallen Cherubinis, der ihn als Schüler annahm. Mit seinen Bühnenwerken in Paris zunächst erfolglos, gab Auber das Komponieren auf, bis der finanzielle Ruin seines Vaters ihn 1819 zwang, damit erneut sein Auskommen zu suchen. *La bergère châtelaine* (1820) und *Emma* (1821) fanden dann auch die Aufmerksamkeit des Pariser Publikums, doch der Durchbruch gelang Auber dank der bis 1861 währenden Zusammenarbeit mit Eugène Scribe. Anders als Boieldieu wehrte er sich zunächst nicht gegen Rossinis Einfluß, begründete aber mit *Léocadie* (1824) und *Le maçon* (1825) das goldene Zeitalter der französischen Opéra-comique als »Opéra français«. *Fra Diavolo* (1830), die einzige seiner 47 Opern, die sich bis heute im Repertoire hielt, ist eine aus dem Geist der italienischen Buffa entwickelte, originär französische Komische Oper. Mit *La muette de Portici* (1828) initiierten Auber und Scribe den Typus der Grand opéra, deren Erfolg sie aber in späteren Werken nicht wiederholen konnten. Nach 1840 wandelte sich Aubers Stil einer lyrisch grundierten Opéra-comique ernsten Charakters zu, als deren Paradebeispiel *Manon Lescaut* (1856) gilt. 1842–1870 leitete Auber das Pariser Conservatoire; unter Karl X. wurde er 1825 Mitglied der Ehrenlegion, und Napoléon III. machte ihn 1852 zum Leiter der kaiserlichen Kapelle.

Fra Diavolo
oder Das Gasthaus in Terracina
Fra Diavolo ou L'hôtellerie de Terracine

Opéra-comique in 3 Akten. Text von Eugène Scribe. Uraufführung am 28. Januar 1830 in Paris, Opéra-Comique (Salle Ventadour).

Eugène Scribe, s. Boieldieu, *Die weiße Dame*, S. 150.

PERSONEN: Fra Diavolo, unter dem Namen Marquis von San Marco auftretend (Tenor) – Lord Kokbourg (auch: Kookburn), reisender Engländer (Bariton) – Lorenzo, Dragoneroffizier (Tenor) – Mathéo, Gastwirt (Baß) – Beppo (Tenor) und Giacomo (Baß), Banditen – Francesco, Bauer (Baß) – Ein Müller (Baß) – Paméla Lady Kokbourg (Mezzosopran oder Alt) – Zerline, Mathéos Tochter (Sopran) – Einwohner von Terracina, Dragoner, Lakaien u. a.

ORT UND ZEIT: Terracina, um 1830.

1. Akt. Vor Mathéos Gasthaus rastet ein Dragonertrupp, der hinter dem Banditen Fra Diavolo und seiner Bande her ist. Lorenzo, der ihn führt, hängt trübsinnigen Gedanken nach: Die von ihm geliebte Zerline soll den reichen Bauern Francesco heiraten, nicht ihn, den mittellosen Offizier. Lord und Lady Kokbourg, unterwegs von Fra Diavolos Leuten halb ausgeraubt, treffen erschöpft im Gasthaus ein, wo ein neuer Gast, der Marquis von San Marco, sich sehr um die Lady bemüht (weil er ihr auch den restlichen Schmuck nehmen möchte). Lorenzo gelingt es, der Bande die Beute abzujagen, zum Ärger Fra Diavolos, der alles daransetzen will, das Verlorene wieder an sich zu bringen.
2. Akt. In der Nacht kommt es zu einigen Verwirrungen, als Lorenzo und der Lord den Marquis auf seiner Diebestour im Dunkel aufspüren, der sich aber geschickt aus der Affäre zieht: Zum Lord sagt er, sein nächtlicher Besuch habe Lady Paméla gegolten, Lorenzo erzählt er von einem Stelldichein mit Zerline. So hofft er, beide sich zum Feind machen und im Duell beseitigen zu können.
3. Akt. Am Tag darauf entdeckt Lorenzo mit Zerlines Hilfe

bei Giacomo und Beppo einen Plan Fra Diavolos, wie der Überfall auf die Engländer während Zerlines und Francescos Hochzeit ausgeführt werden soll. Lorenzo zwingt Giacomo, ein mit Fra Diavolo vereinbartes Glockensignal zu geben. Fra Diavolo erscheint, wird entlarvt, festgenommen, und Lorenzo kann, dank einer saftigen Kopfprämie für die Ergreifung des Banditen, seine Zerline bekommen.

Fra Diavolo, der »Teufelsmönch«, war eine historische Figur, eine Art Schinderhannes, der in Süditalien gegen die Franzosen kämpfte, bis er 1806 von ihnen gefaßt und gehenkt wurde. Scribes Libretto hat mit den geschichtlichen Vorgängen nichts zu tun und kann sich nur auf Jean-François Lesueurs Oper *La caverne* (1793) stützen, die 1808 von Cuvellier und Franconi als *Fra Diavolo, chef des brigands dans les Alpes* zum Schauspiel umgearbeitet worden war.
Die Oper mit 18 Nummern und gesprochenen Dialogen zeigt Auber auf der Höhe seiner Erfindungskraft. Es dominiert ein parodistischer, anmutiger und charmanter Ton. Neben brillanten Ensemble-Szenen, deren Komik den Einfluß Rossinis verrät, sowie prägnanten Couplets stehen nur wenige größere Solo-Passagen wie Zerlines innige Kavatine zu Beginn des 2. Aktes (*Ne craignez rien, Milord / Fürchten Sie nichts, Mylord*), Lorenzos Romanze im 3. Akt (Nr. 14, *Pour toujours / Ewig will ich*) und Fra Diavolos draufgängerisches, mit Verzierungen und hohen Noten gespicktes Selbstporträt im 3. Akt (Nr. 12, Rezitativ und Arie *J'ai revu nos amis / Ich habe meine Freunde wiedergesehen*). Die mit einem Trommelwirbel beginnende Ouvertüre gehört zu den unverwüstlichen Dauerbrennern der Wunschkonzerte.
Fra Diavolo war sofort ein durchschlagender Erfolg und gehörte weltweit bald zu den populärsten Opéras-comiques (die deutsche Kodifizierung als »Komische Oper« wird der Gattung nicht voll gerecht). Im 19. Jahrhundert setzte sich eine tragische Schlußvariante durch, wonach Fra Diavolo bei einem Fluchtversuch erschossen wird. Deutsche Übersetzungen stammen von K. A. Ritter, K. L. Blum (beide 1830), Wolfgang Kühne (1960, für Götz Friedrichs Inszenie-

rung an der Komischen Oper Berlin) und Dietrich Haugk (1971, München, Theater am Gärtnerplatz).
Spieldauer: ca. 2 Stunden.

Carl Maria von Weber

* 18. oder 19. (getauft 20.) November 1786 in Eutin
† 5. Juni 1826 in London

Der junge Carl Maria, Kind eines Musikers, der u. a. Kapellmeister des Fürstbischofs von Lübeck in Eutin war, und einer Schauspielerin und Sängerin, kam mit der reisenden Bühnentruppe des Vaters früh in Deutschland herum. In Salzburg erhielt er musikalischen Unterricht von Michael Haydn, in München von J. N. Kalcher; hier entstand auch seine erste (verlorene) Oper und erwarb sich der glänzende Klaviervirtuose Kenntnisse des Singspiels und der französischen Oper. In Freiberg folgte 1800 seine zweite (*Das Waldmädchen*), in Augsburg 1803 seine dritte Oper (*Peter Schmoll*). Nach weiteren Studien bei Abbé Vogler in Wien kam Weber über Breslau, Carlsruhe in Oberschlesien, Stuttgart und Darmstadt 1813 als Kapellmeister an die Prager Oper. Bis dahin hatte er schon drei weitere Bühnenwerke – *Silvana*, *Abu Hassan* und *Preciosa* – komponiert. 1816 übernahm er in Dresden die Leitung der Deutschen Oper, wo er seine in Prag erworbenen ästhetischen Vorstellungen fortführte: Aufbau eines deutschen Ensembles, Verwirklichung der Oper als Gesamtkunstwerk und Pflege der Werke Spontinis, Cherubinis, Isouards oder Boieldieus, die er als wichtige Meilensteine für die Entwicklung der deutschen romantischen Oper ansah. In Dresden schloß er Freundschaft mit Friedrich Kind, mit dem er seine frühere Idee, den *Freischütz*, verwirklichte. 1820 war dieses Werk vollendet, dessen Berliner Uraufführung im folgenden Jahr zum Wendepunkt für die deutsche Oper wurde. Zurück in Dresden, wo

er zunächst keine Aufführung des *Freischütz* durchsetzen konnte, erreichte ihn der Auftrag, ein Werk für das Theater an der Wien zu schreiben, die *Euryanthe*, die er trotz einer fortschreitenden Tuberkulose 1822/23 komponierte. 1821 war *Preciosa* in Berlin uraufgeführt worden. 1824 erhielt er den ehrenvollen Auftrag zu einer Oper für Covent Garden in London: *Oberon*. Der schwerkranke Weber akzeptierte, weil er hoffte, durch die Einkünfte die Existenz seiner Familie zu sichern. Im Februar 1826 reiste er nach England, absolvierte ein umfangreiches Konzertprogramm sowie die Proben zu *Oberon* und dirigierte die ersten Aufführungen. Der Tod ereilte ihn im Haus eines Londoner Freundes, des Hofkapellmeisters George Smart. 1844 veranlaßte Richard Wagner die Überführung der sterblichen Überreste nach Dresden.
Gegenüber seiner Bedeutung als Komponist wird Webers Wirkung als Dramaturg und als Reformator der Aufführungspraxis weitgehend unterschätzt. Seine musikdramatischen Errungenschaften markierten den Sieg der deutschen romantischen über die italienische Oper und bereiteten Wagners Schaffen vor. In seinen Opern erhalten die Orchesterfarben tragende Bedeutung, werden einzelne, solistisch herausgelöste Instrumente zu prägenden Handlungsträgern. Unter seiner Leitung und mit seinen Kompositionen verfeinerte sich die Orchestersprache des 19. Jahrhunderts zu einem Instrument, das Natur- und Seelenzustände gleichermaßen ausdrucksvoll darzustellen vermochte.

Der Freischütz

Romantische Oper in 3 Akten. Text von Johann Friedrich Kind. Uraufführung am 18. Juni 1821 in Berlin, Königliches Schauspielhaus.

Johann Friedrich Kind (4. 3. 1768 Leipzig – 25. 6. 1843 Dresden) wurde an der Thomanerschule ausgebildet, wo er Johann August Apel kennenlernte, den Mitverfasser des *Gespensterbuchs*, dem der Stoff zum *Freischütz* entnommen ist, und wandte sich bereits während seines Jurastudiums dem Schreiben zu. Er ließ sich 1792 in Dresden nieder, war Mitglied der Vereinigungen »Dichter-Thee« und »Liederkreis«, denen auch Wilhelmina von Chézy (sie schrieb den Text zu Webers *Euryanthe*) und Weber angehörten, und 1816–1826 Mitherausgeber der *Abendzeitung*. Die Quellen zum *Freischütz* sowie den Originaltext veröffentlichte er in seinem *Freischützbuch* (Leipzig 1843).

PERSONEN: Ottokar, böhmischer Fürst (Bariton) – Kuno, fürstlicher Erbförster (Baß) – Agathe, seine Tochter (Sopran) – Ännchen, eine junge Verwandte (Sopran) – Kaspar, erster Jägerbursche (Baß) – Max, zweiter Jägerbursche (Tenor) – Ein Eremit (Baß) – Kilian, ein reicher Bauer (Bariton) – Vier Brautjungfern (Soprane) – Samiel, der schwarze Jäger (Sprechrolle) – Fürstliche Jäger und Gefolge, Bauern, Bäuerinnen, Schenkmädchen, Erscheinungen u. a.

ORT UND ZEIT: Böhmen, kurz nach Ende des Dreißigjährigen Krieges.

1. Akt. Vor einer Waldschenke wird Max, der beim Preisschießen leer ausgegangen ist, von Kilian, dem Sieger, gehänselt (*Schau der Herr mich an als König!*). Kuno trennt die Streitenden und führt Max die Wichtigkeit des Probeschusses am folgenden Tag vor Augen, bei dessen Gelingen ihm die Erbförsterei übertragen werde und er Kunos Tochter Agathe heiraten dürfe. Max, der Agathe seit langem liebt, wird von Zweifeln gequält, ob ihm der Schuß gelingt (Terzett *Oh, diese Sonne*), er fühlt sich von dunklen Mächten umgarnt (Rezitativ und Arie *Nein, länger trag ich nicht die Qualen – Durch die Wälder, durch die Auen*). Der finstere Kaspar lädt den widerstrebenden Max zum Trinken ein (*Hier im ird'schen Jammertal*) und weist ihm einen Weg, wie er immer treffen könne: durch »geheime Kräfte der Natur«. Zum Beweis läßt er Max mit Kaspars Büchse auf den größten Steinadler zielen. Max trifft, kaum daß er richtig angelegt hat. Agathe vor Augen, willigt er widerstrebend ein, sich um Mitternacht in der verrufenen Wolfsschlucht bei Kaspar einzufinden, um selbst eine solche treffsichere Freikugel zu erhalten. Kaspar verpflichtet ihn zu striktem Schweigen (*Schweig, damit dich niemand warnt!*) und trium-

phiert: Weil Agathe ihn, Kaspar, abgewiesen hat, soll Max das Opfer von Höllengeistern werden.
2. Akt. Im Forsthaus versucht Ännchen alles, mit heiteren Ideen Agathe, die von unbestimmten trüben Ahnungen verfolgt wird, aufzuheitern (*Kommt ein schlanker Bursch gegangen*). Bevor sie sich zur Ruhe begibt, erwartet Agathe ihren Max (*Wie nahte mir der Schlummer*), der verwirrt und erschreckt wirkt, auch rasch wieder aufbricht, weil er in die Wolfsschlucht müsse, um einen erlegten Hirsch zu bergen. Ihn des Nachts in dieser »Schreckensschlucht« zu wissen, erfüllt Agathe und Ännchen mit banger Sorge (Terzett *Wie? Was? Entsetzen!*). – In der Schlucht sind unheildrohende Zauberformeln unsichtbarer Geister bei bleichem Vollmond zu hören, Kaspar ruft Samiel herbei. Er will ihm Max als neues Opfer zuführen, um so sein eigenes an den »schwarzen Jäger« verpfändetes Leben zu retten. Sechs treffsichere Freikugeln soll Max dafür erhalten, eine siebente aber soll Samiel lenken – auf Agathe, wünscht Kaspar. Max betritt den Rand der Schlucht. Ihm erscheint seine tote Mutter als warnendes Bild, aber auch eine verzweifelte Agathe – er steigt zu Kaspar hinab, der die Freikugeln am offenen Feuer unter Zaubersprüchen zu gießen beginnt. Von Kugel zu Kugel steigert sich eine grauenerregende Bewegung in der Natur. Bei der siebenten tobt ein Sturm und bebt die Erde, Samiel erscheint, der Blitz schlägt ein – und Stille. Die beiden Jäger liegen wie tot am Boden.
3. Akt. Max hat bei der Probe bereits drei gute Schüsse getan. Er bittet Kaspar, ihm die restlichen Freikugeln zu überlassen, doch Kaspar weigert sich, verbraucht höhnisch alle Kugeln bis auf die letzte, damit Max seinen Probeschuß mit der siebenten, der Samiel geweihten Kugel absolvieren muß.

Agathe, schon im Brautkleid, sucht Beruhigung im Vertrauen auf Gott (*Und ob die Wolke sie verhülle*), Ännchen dagegen hofft, sie durch eine Gruselgeschichte, in der sich ein Ungeheuer als der Kettenhund Nero herausstellt, aufzuheitern (*Einst träumte meiner sel'gen Base*). Die bedrükkende Atmosphäre können auch die Brautjungfern nicht verjagen (*Wir winden dir den Jungfernkranz*), und als Ännchen die Schachtel mit dem Brautkranz öffnet, findet sie eine Totenkrone. Aus den Rosen, die ein Eremit Agathe gegeben hat, windet Ännchen rasch einen frischen Kranz. – Die Jäger haben sich auf dem Schießplatz im Wald eingefunden; Kaspar schaut von einem Baum herab zu (Chor *Was gleicht wohl auf Erden dem Jägervergnügen?*). Fürst Ottokar bestimmt eine weiße Taube als Ziel für den Probeschuß. Als Max schießt, schreit Agathe auf: »Schieß nicht! Ich bin die Taube!« Im gleichen Moment fällt Kaspar vom Baum, Agathe sinkt ohnmächtig nieder. Max hat Kaspar getroffen. Mit einem Fluch auf den Himmel und Samiel stirbt dieser. Max muß dem Fürsten bekennen, daß er sich Kaspar und dessen bösem Zauber verschrieben hatte und Freikugeln benutzte. Ottokar will ihn zornig des Landes verweisen, so sehr auch Agathe, Kuno und die Jäger für ihn um Nachsicht bitten. Doch letztlich kann der Eremit den Fürsten überzeugen, daß nicht ein einziger Schuß über die Zukunft zweier Menschen entscheiden darf. Max wird ein Probejahr bewilligt, in dem er sich bewähren kann, bevor er Agathe heiraten und die Försterei übernehmen darf.

Seit 1817 arbeitete Weber gemeinsam mit Johann Friedrich Kind am *Freischütz*. Er war im Januar dieses Jahres vom Sachsenkönig Friedrich August III. zum Leiter der Deutschen Oper verpflichtet worden. Hier in Dresden waren durch den Komponisten Johann Gottlieb Naumann, der in seinen letzten Opern die Schematik der Opera seria durchbrochen hatte, sowie Kreise um den vaterländisch-freiheitlichen Schriftsteller Theodor Körner (Weber hatte einige von dessen *Leyer und Schwert*-Gedichten vertont) Voraussetzungen und ein geistiges Klima für eine deutsche Nationaloper geschaffen worden.
Kind, der in seinem *Freischützbuch* schildert, wie er bereits auf der Thomasschule mit Johann August Apel (1771–1816) die Geschichte in einem alten Folianten entdeckt habe, entnahm den Stoff in Wirklichkeit dem 1810 erschienenen *Gespensterbuch* von Apel und Friedrich Laun (1770–1849) sowie Apels Novelle *Der Freischütz*. Apel und Laun dienten

Ludwig van Beethoven: Fidelio
Opernhaus Zürich

Carl Maria von Weber: Der Freischütz
Staatstheater Stuttgart

wiederum die *Unterredungen von dem Reiche der Geister zwischen Andrenio und Pneumatophilo*, 1730 in Leipzig erschienen, als Hauptquelle; u. a. findet sich darin ein Bericht über den böhmischen Schreiber Georg Schmid, der unter Foltern den Gebrauch von Freikugeln gestanden hat. Innerhalb der Gattung wurde als direkter Vorwurf zu Kinds Libretto Franz Xaver von Caspars Text *Der Freischütze* nachgewiesen, der 1813 in München mit der Musik von Carl B. Neuner aufgeführt worden ist. Bereits bei Caspar finden sich die Figur des Eremiten, der gute Ausgang der Handlung sowie der zugespitzte Konflikt zwischen Gut und Böse. Übrigens gab es 1818 in Wien die Aufführung einer weiteren *Freischütz*-Oper mit Musik von F. Rosenau und dem Text von J. A. Gleich. Auch Weber hatte bereits auf seiner Wanderschaft durch Deutschland auf Schloß Neuburg bei Heidelberg 1810 das *Gespensterbuch* Apels und Launs kennengelernt und begeistert ein Opernszenario entworfen, das er allerdings nicht weiterverfolgte.

Weber begann im Sommer 1817 mit seiner Komposition und schloß sie im Mai 1820 ab; einzig die Arie des Ännchen (*Einst träumte meiner sel'gen Base*), der »zum Biedermeierkousinchen gewordenen serva padrona« (Adorno), entstand im Juni 1821 unmittelbar während der Vorbereitungen zur Uraufführung auf Wunsch der Sängerin nach einer zweiten großen Arie (neben *Kommt ein schlanker Bursch*).

Nach Theodor W. Adorno hat der *Freischütz* »mit größerem Recht als die *Meistersinger*« als deutsche Nationaloper zu gelten, »denn das deutsche Element setzt sich darin nicht als solches, kompromittiert sich nicht durch nationalistische Gesinnung«. Aus dem deutschen Singspiel mit seinem charakteristischen Wechsel von Musiknummern und gesprochenem Dialog entwickelte Weber seine Vorstellung der romantischen Oper als einem Kunstwerk, »wo alle Teile und Beiträge der verwandten und benutzten Künste ineinander verschmelzend verschwinden und – auf eine gewisse Weise untergehend – eine neue Welt bilden«. Musikalisch setzte er vor allem in den Gesangsszenen neue Formen ein, z. B. in der Wolfsschlucht mit ihrer dramatisch effektvollen Verbin-

dung reiner Musikteile mit gesprochenen Passagen und Melodram, und schuf eine tief naturverbunden, zugleich unheilvoll und schauerlich wirkende Musik. Die lichten und dunklen Seiten der Romantik finden sich in der liedhaften, volkstümlich gewordenen Kirmesmusik, dem »Viktoria«-Chor, Kilians Spottlied, dem Walzer der Bauern, Ännchens *Kommt ein schlanker Bursch gegangen*, vor allem aber im Gesang der Jungfern (*Wir winden dir den Jungfernkranz*) und im Jäger-Chor sowie in einer Instrumentation und Klangfarbendramaturgie, der es gelingt, poetisch gestaltete Momentaufnahmen zu zerklüfteten Seelenlandschaften zu erweitern. Mit feinsten Schattierungsmitteln psychologischer Darstellungskunst ist Agathe in ihrer Szene und Arie *Wie nahte mir der Schlummer* gezeichnet: eine nicht in strenge Formen gegossene fortlaufende Schilderung heftigster innerer Bewegungen. Auch Maxens *Durch die Wälder, durch die Auen* zeigt den durch selbstquälende Reflexionen leidenden Jäger, dessen »Lebt kein Gott?« Hans Mayer als Angstschreie kennzeichnete, während Kaspars *Hier im ird'schen Jammertal* der pfeifend-aufbrausende Triumphgesang des Bösen schlechthin ist. Vergleichsweise harmlos nimmt sich die Wolfsschlucht als eine Reihung schauerlicher, grell illustrierter Bilder aus, bedeutet historisch aber eine grandiose Umformung des traditionellen 2.-Akt-Finales mit Chor und Solisten.
Ein Meisterstück hintergründiger atmosphärischer Verdichtung ist die zuletzt komponierte Ouvertüre. Weber gestand: »Auf die Ouvertüre bilde ich mir etwas ein; wer zu hören versteht, wird die ganze Oper in nuce darin finden.« Keine Potpourri-Ouvertüre im gewohnten Sinne, nimmt dieses Musikstück die Oper vorweg, breitet – durch die Idyllik der Hörnermelodie und die Klarinettenfarben – die Faszinationskraft des Naturbildes aus, um dieses bald in eine Ebene »finsterer Mächte« zu überführen, und erlaubt erst am Schluß einen befreienden Jubel-Aufschwung. Weber stellt die individuelle Farbe der einzelnen Orchestergruppen heraus, formt das bis heute gültige romantische Orchesterbild schlechthin und macht, wie nach ihm erst wieder Wagner,

das Orchester zum Brennspiegel psychologischer Zusammenhänge.
Die Uraufführung unter der Leitung des Komponisten, der sich außerdem um Dekorationen und Beleuchtungseffekte kümmerte, wurde zum triumphalen Erfolg, zugleich zum Durchbruch für die deutsche nationale Oper. Bald wurde das Werk populär – ein natürlich auch von suspekten Freischütz-Moden und Parodien begleiteter Vorgang – und bewundert, so von Beethoven, Wagner, Heine und Berlioz, der 1841 für eine Pariser Aufführung Rezitative komponierte.
Spieldauer: ca. 2 Stunden 20 Minuten (1. Akt: ca. 50 min.; 2. Akt: ca. 45 min.; 3. Akt: ca. 45 min.).

Oberon

Oberon, or The Elf King's Oath

Romantische Oper in 3 Akten. Text von James Robinson Planché nach Christoph Martin Wielands *Oberon* und William Shakespeares *Sommernachtstraum*. Deutsch von Theodor Hell. Uraufführung am 12. April 1826 in London, Covent Garden.

James Robinson Planché (27. 2. 1796 London – 20. 5. 1880 London) galt als prominentester britischer Bühnenautor seiner Zeit. Seine Stücke im komischen Genre wirkten bis ins 20. Jahrhundert nach; unter seinen ca. 175 Werken finden sich viele Libretti für englische Komponisten (u. a. Bishop, Wallace) und Übersetzungen fremder Opern. – Theodor Hell (eigentlich K. G. Th. Winkler, 1775–1856) war Dramaturg am Dresdener Hoftheater und Schriftsteller, auch Verfasser von Webers unvollendeter Oper *Die drei Pintos*.

Personen: Oberon, König der Elfen (Tenor) – Titania, seine Gemahlin (stumm) – Puck, sein dienstbarer Geist (Alt) – Hüon von Bordeaux, Herzog von Guinne (Tenor) – Scherasmin, sein Knappe (Bariton) – Ein Meermädchen (Mezzosopran) – Harun al Raschid, Kalif von Bagdad (Sprechrolle) – Rezia, seine Tochter (Sopran) – Fatime, deren Vertraute (Mezzosopran). – Sprechrollen: Babekan, persischer Prinz – Almansor, Emir von Tunis – Roschana, seine

Gemahlin – Nadine, deren Sklavin – Abdallah, Seeräuber – Drei Gartenhüter – Kaiser Karl der Große – Feen, Elfen, Geister, Gefolge des Kalifen, Haremsdiener, Sklaven, Wachen, Seeräuber, Gefolge des Kaisers u. a.

Ort und Zeit: Feenreich, Franken, Bagdad und Tunis, im Jahre 806.

1. Akt. Über die Frage, wer unbeständiger in der Liebe sei, die Männer oder die Frauen, gerieten Oberon und Titania in Streit. Erst, wenn zwei Liebende gefunden werden, die sich trotz größter Widerstände die Treue halten, wollen sich beide wieder versöhnen. Unter diesen Vorzeichen berichtet Puck von dem Ritter Hüon von Bordeaux, der im Zweikampf einen Sohn des Kaisers getötet hatte und zur Strafe von Karl d. Gr. nach Bagdad geschickt worden ist, damit er des Kalifen Tochter Rezia gewaltsam zur Braut nehme und den »Mann zur Rechten des Kalifs«, den Prinzen Babekan, töte. Daraufhin richtet Oberon seine Hoffnung auf Hüon und Rezia als das standhafte Paar, das er sucht. Beide werden schlafend herbeigezaubert. Oberon läßt Hüon im Traum das Bild Rezias erscheinen, umgekehrt Rezia das Bild Hüons als ihres Retters vom ungeliebten Bräutigam Babekan. Dann versetzt Oberon den Ritter und dessen Knappen Scherasmin nach Bagdad, wohlausgestattet mit einem Zauberhorn, das ihnen in Gefahr jederzeit Hilfe bringt, und einem nie versiegenden Weinbecher. – Die unglückliche Rezia sehnt sich nach dem Hüon ihres Traumbildes – da kündigt Fatime auch schon seine leibhaftige Ankunft in Bagdad an.

2. Akt. Als im Prunksaal des Kalifen Rezia dem persischen Prinzen als Braut zugeführt wird, erscheint Hüon, küßt die Braut, tötet Babekan und entführt Rezia, mit seinem Zauberhorn alle Verfolger bannend. – Scherasmin hat, wie sein Herr, Fatime durch einen Kuß zu seiner Braut erklärt. Im Garten des Palastes wirbt er um ihre Liebe und gewinnt sie (Ariette *Arabiens einsam Kind*). Mit Hilfe des Zauberhorns und Oberons, vor dem Rezia und Hüon sich unverbrüchliche Treue geloben (Quartett *Über die blauen Wogen*), gelingt beiden Paaren die Flucht auf ein rettendes Schiff. Jetzt aber beginnen die Prüfungen, die Puck mit allen Geistern

der Natur zu inszenieren hat: Das Schiff strandet im Sturm, und die vier werden auseinandergerissen. Rezia wird von Seeräubern, deren Schiff sie noch als Rettung begrüßt hatte (Szene und Arie *Ozean, du Ungeheuer*), nach Tunis entführt, wohin Puck auch Hüon nach Ablauf von sieben Tagen bringen soll. Oberon läßt Hüon von Feen und Geistern in den Schlaf wiegen und singen (Finale: *Oh, wie wogt es sich schön auf der Flut*).

3. Akt. Almansor, der Emir von Tunis, hat Fatime und Scherasmin als Sklaven gekauft, Rezia für seinen Harem. Vergeblich bemüht er sich, die Gunst Rezias zu gewinnen. Andererseits, aus Enttäuschung darüber, sucht seine Lieblingsfrau Roschana den standhaften Hüon zu verführen. Als der Emir die beiden beim Gespräch überrascht, verurteilt er sie zum Tode. Während ein Scheiterhaufen für Hüon aufgerichtet wird, bittet Rezia vergeblich um sein Leben. Im Gegenteil: Weil Almansor auf diese Weise erfährt, daß sie Hüons Braut ist, bestimmt er sie ebenfalls zum Feuertod. Scherasmin gelingt es aber mit dem im Seesturm verlorengegangenen und wiedergefundenen Zauberhorn, Oberon erneut um Hilfe anzurufen. Die vier Liebenden werden von Oberon und Titania befreit. Der Streit ist geschlichtet angesichts dieses zu beiden Teilen gleich und wahrhaft treuen Paares, und Kaiser Karl empfängt Rezia und Hüon mit allen Ehren.

Als Weber im August 1824 den Auftrag zu einer Oper für London erhielt, standen ihm zwei Stoffe, *Faust* oder *Oberon*, zur Auswahl; als Librettist war bereits James Robinson Planché verpflichtet. Weber griff zu dem märchenhaften Stoff, der wie geschaffen schien, seine Idee der romantischen Oper auf repräsentative Weise zu demonstrieren. Vorlage war Christoph Martin Wielands *Oberon* (1780), der auf eine altfranzösische Erzählung *Huon de Bordeaux* (um 1220) zurückgeht. Mit in das Sujet eingeflossen sind Motive aus Shakespeares *Sommernachtstraum* und seinem *Sturm* sowie die Welt von *1001 Nacht* und Legenden um Karl d. Gr. und Harun al Raschid. Planché hat alles zu einem buntscheckigen Textteppich nach dem Vorbild der Masques und

Semi-operas der Purcell-Zeit verarbeitet, zu einer Ausstattungsrevue. Es fehlt der Versuch einer Personenzeichnung, auch die fein-naive Schlichtheit beispielsweise von Schikaneders aus ebenso heterogenen Quellen entstandener *Zauberflöte*.
Im Januar 1826 reiste Weber mit der weitgehend vollendeten Partitur nach London, um die Uraufführung vorzubereiten. Wie im Falle des *Freischütz* gelang es ihm auch hier, gleich mit der stimmungsprächtigen Ouvertüre in die Sphäre der Oper einzuführen, mit ihren zarten, feenhaft-zauberisch huschenden Geistertönen und dem geheimnisvoll prägnanten Hornthema Oberons. Bis heute hat auch Rezias Ozean-Arie (*Ozean, du Ungeheuer*) nichts von ihrem hochdramatischen Aplomb eingebüßt. Daneben verblassen Hüons feurige Arie *Von Jugend auf*, aber auch die kleineren, singspielartigen Formen wie Fatimes Ariette *Arabiens einsam Kind* (2. Akt), ihr Duett mit Scherasmin im 3. Akt *An dem Strande der Garonne*, Pucks Geisterbeschwörung im 2. Akt *Geister der Luft und Erd und See!*. Das Reich der Elfen, des mit Janitscharenmusik ausgestatteten Orients und die französische Ritterdramatik überführt Weber mittels eines souverän inszenierten Orchesterklangs in ein romantisch flirrendes Ambiente. Er geht dabei weit über eine pure Illustration der Geisterwelt, der Gewitter- und Abenteuerszenen hinaus.
Für Weber bedeuteten die 11 Londoner Aufführungen des *Oberon or The Elf King's Oath* einen Triumph. Eine deutsche Bearbeitung konnte er nicht mehr selbst überwachen; das Werk fristet seither ein Randdasein auf den Bühnen. Die erste Aufführung in der deutschen Übersetzung von Theodor Hell fand 1828 in Dresden statt. 1890 schuf Franz Wüllner für München eine Fassung mit Rezitativen anstelle der Sprechtexte. Bearbeitungen stammen u. a. von K. Gutheim / W. Reinking (Berlin 1955), Ernst Poettgen (Stuttgart 1961), Manfred Linke (Bregenz 1977). Graham Vick inszenierte das Werk 1986 in Leeds (Venedig 1987) mit einem neuen Libretto von Anthony Burgess.
Spieldauer: ca. 3 Stunden.

Giacomo Meyerbeer

* 5. September 1791 in Vogelsdorf oder Tasdorf
(Nieder-Barnim) bei Berlin
† 2. Mai 1864 in Paris

Giacomo Meyerbeer (eigtl. Jakob Liebmann Meyer Beer) entstammt einer wohlhabenden jüdischen Kaufmannsfamilie, in deren Haus Künstler ebenso wie Mitglieder des Hofes verkehrten. Er studierte ab 1805 Komposition bei Zelter in Berlin und als Mitschüler Carl Maria von Webers 1810–1812 beim Abbé Vogler in Darmstadt, war aber schon mit 11 Jahren öffentlich als Pianist aufgetreten. Erste Opern des sich seit 1810 Giacomo Meyerbeer nennenden Musikers wurden u. a. in München (*Jephtas Gelübde*, 1812), Stuttgart (*Alimelek, Wirt und Gast*, 1813) und Wien (*Die beiden Kalifen*, 1814, eine Bearbeitung von *Alimelek*) aufgeführt. Ab 1816 lebte er – mit Unterbrechungen – neun Jahre in Italien und hatte in den Fußstapfen Rossinis einigen Erfolg, u. a. mit *Romilda e Costanza* (1817), *L'esule di Granada* (1821), *Il crociato in Egitto* (1824). Mit dieser letzten Oper errang er auch brillante Erfolge in London und vor allem in Paris, wo er seit Dezember 1825 den Großteil des Jahres verbrachte. 1842 wurde er Generalmusikdirektor in Berlin. In Zusammenarbeit mit Eugène Scribe schuf er vier Opern, die ihn in Paris nach Spontini und Auber zum führenden Vertreter der Grand opéra machten: *Robert le diable* (1831), *Les huguenots* (1836), *Le prophète* (1849), *L'africaine* (1865), dazu das Singspiel *Ein Feldlager in Schlesien* (1844) sowie die Opéras-comiques *L'étoile du nord* (1854, wofür er Musik aus dem *Feldlager* verwendete) und *Le pardon de Ploërmel* (1859). Sein Vorbild wirkte musikalisch und szenisch auf die französischen Opern von Donizetti und Verdi; selbst so gegensätzliche Komponisten wie Wagner, Boito und Goldmark gerieten unter den Einfluß der von Meyerbeer geschaffenen Großen Oper mit historischen Sujets. Bis in die 1920er Jahre konnten sich Meyerbeers Werke auf den internationalen

Bühnen behaupten, erlebten dann aber, trotz gelegentlicher Rettungsversuche nach dem 2. Weltkrieg, keine Renaissance.

Die Hugenotten
Les huguenots

Opéra in 5 Akten. Text von Eugène Scribe und Émile Deschamps. Uraufführung am 29. Februar 1836 in Paris, Opéra (Salle Le Peletier).

Eugene Scribe s. Boieldieu, *Die weiße Dame*, S. 150. – Émile Deschamps de Saint-Amand (20. 2. 1791 Bourges – 22. [?] 4. 1871 Versailles) war einer der Wortführer der französischen Romantik, mit Victor Hugo Gründer der Zeitschrift *La muse française*. Weniger bedeutend als Dramatiker, hatte er in Zusammenarbeit mit anderen Autoren einige Erfolge als Librettist. Für die *Hugenotten* übertrug er einige Passagen (4. Akt, Arie des Urbain) ins Französische, die Meyerbeer bei Gaetano Rossi (18. 5. 1774 Verona – 25. 1. 1855 Verona) bestellt und die sich Scribe zu übersetzen geweigert hatte.

Personen: Marguerite de Valois, Königin von Navarra (Sopran) – Graf von Saint-Bris, Gouverneur des Louvre (Baß) – Graf von Nevers, katholischer Edelmann (Bariton) – Valentine, Tochter des Grafen von Saint-Bris (Sopran) – Urbain, Page der Königin (Mezzosopran) – Raoul de Nangis, protestantischer Edelmann (Tenor) – Marcel, hugenottischer Soldat, Diener Raouls (Baß) – Katholische Edelmänner: Tavannes (Tenor), Cossé (Tenor), Thoré (Bariton), de Retz (Bariton), Méru (Bariton), Maurevert (Baß) – Bois Rosé, hugenottischer Soldat (Tenor) – Ritter, Edelleute, Hofdamen, katholische Studenten, protestantische Soldaten, Hochzeitsgäste.

Ort und Zeit: Touraine und Paris, im August 1572, zur Zeit der Bartholomäusnacht.

1. Akt. Der katholische Graf von Nevers ist bemüht, im Glaubensstreit zwischen den Katholiken und den Hugenotten, der durch die Verlobung von Marguerite de Valois mit dem Protestanten Heinrich von Navarra beigelegt scheint, zu vermitteln. Deshalb bat er den Hugenotten Raoul de

Nangis auf sein Schloß in der Touraine. Beim Bankett werden die Edelleute zu einer Huldigung an die Dame ihres Herzens aufgefordert; dabei wird offenbar, daß Raoul eine Unbekannte liebt, die er kürzlich vor einer Meute aufrührerischer Studenten gerettet hat. Kurz darauf erscheint jene Unbekannte. Es ist Valentine, Nevers' Verlobte. Sie erreicht vom Grafen, daß ihre nur auf Wunsch ihres Vaters geschlossene Verlobung gelöst wird. Gleichzeitig überreicht Urbain, ein Page, Raoul eine Einladung zu einem Treffen mit der Königin an geheimem Ort.

2. Akt. Marguerite erklärt Raoul, daß sie ihn, um die streitenden religiösen Parteien zu versöhnen, mit der Tochter des Grafen von Saint-Bris vermählen möchte. Raoul, der Valentine für Nevers' Geliebte hält, schlägt ihre Hand aus und fordert Saint-Bris zum Duell.

3. Akt. Valentine muß nun doch Nevers heiraten, erfährt aber von einem Komplott gegen Raoul und unterrichtet Marcel davon. Es kommt zwar zum Duell zwischen Saint-Bris und Raoul, doch die Königin setzt ihm ebenso ein Ende wie einem sich anbahnenden Kampf zwischen hugenottischen Soldaten und katholischen Studenten. Saint-Bris ist entsetzt über das, was er als Verrat seiner Tochter an der katholischen Sache empfindet. Raoul aber wird zu spät bewußt, daß Valentine ihn liebt.

4. Akt. Im Palais des Grafen von Nevers bittet Raoul Valentine um Verzeihung. Von ihr versteckt vor den katholischen Edelleuten, wird er Ohrenzeuge einer geplanten Verschwörung gegen die Protestanten, der sich nur Nevers widersetzt: In der Nacht zum Bartholomäustag, dem 24. August, sollen alle Hugenotten niedergemacht werden. Raoul flieht, um seine Glaubensgenossen zu warnen.

5. Akt. Auf dem Hochzeitsball von Marguerite und Heinrich von Navarra hören die Protestanten durch Raoul von dem drohenden Überfall und rüsten sich zum Kampf. – Valentine findet auf einem Kirchhof Raoul und den verwundeten Marcel, durch den sie erfährt, daß Nevers gefallen ist. Raoul zuliebe nimmt sie seinen Glauben an, und beide lassen sich von Marcel segnen, während die Soldaten des Königs bereits auf

sie eindringen. – Im Dunkel der Nacht werden die drei gestellt und, da sie sich mutig als Hugenotten bekennen, niedergeschossen – auf Befehl von Saint-Bris, der in der sterbenden Unbekannten seine Tochter Valentine erkennen muß.

Nach *Robert le diable* galt es für Meyerbeer, die Erwartungen der nach der Julirevolution zur dominierenden Gesellschaftsschicht emporgestiegenen Bourgeoisie zu befriedigen. Auf der Opernbühne erwies sich die historische Große Oper als das dafür geeignete Medium, nicht zuletzt dank der damit verbundenen außermusikalischen Momente, ihrer aufwendigen Ausstattungs- und Inszenierungseffekte.
Das von Scribe nach Prosper Mérimées Roman *La chronique du règne de Charles IX* (1829) angelegte Libretto erfüllte die Forderungen des Publikums wie Meyerbeers auf ingeniöse Weise. Wieder wird ein bedeutendes historisches Ereignis, die Ermordung Tausender von Hugenotten bei der »Pariser Bluthochzeit« im August 1572, anhand einer Intrigenhandlung erzählt, durchmischen sich Fiktion und Realität, wechseln glühender religiöser Fanatismus und weltliche Ausgelassenheit einander ab. Die szenischen Kontraste werden auch zum musikalischen Leitmotiv: Die im Vorspiel von dem Luther-Choral *Ein feste Burg* geschaffene religiöse Atmosphäre wird schon im 1. Akt durch Raouls Romanze auf die schöne Unbekannte *Plus blanche / Weißer als zwei blühende Rosen*), Marcels Hugenotten-Lied (*Piff-Paff*) und die elegante Cavatine des Pagen (*Nobles Seigneurs / Edle Herren*) aufgebrochen. Zu den Höhepunkten der Partitur gehören Marguerites Arie *O beau pays de la Touraine / O schönes Land Touraine* zu Beginn des 2. Aktes, ihr Duett mit Raoul danach (*Beauté divine / Himmlisch Schöne*), das Septett des 3. Aktes (*En mon bon droit / Ich vertraue auf mein gutes Recht*), die von Offenbach in der *Großherzogin von Gerolstein* parodierte Schwerterweihe des 4. Aktes und das in eine leidenschaftliche Stretta mündende Liebesduett Valentine-Raoul *Tu l'as dit, oui, tu m'aimes / Du sagst es, ja, du liebst mich* am Ende des 4. Aktes.
Die Hugenotten, einer der größten Opernerfolge des 19. Jahr-

hunderts, eröffneten 1858 den Neubau der Londoner Covent Garden Opera und gingen durch eine Aufführung an der Met 1890 – mit Nordica, Scalchi, Melba, Jean und Edouard de Reszke, Palcon, Maurel – als »Nacht der sieben Sterne« in die Geschichte ein. Das berühmte Liebesduett lieferte Meyerbeer auf Drängen des Tenors Nourrit im Dezember 1836 nach, und die Hosenrolle des Pagen transponierte er 1844 für einen Mezzosopran. In Deutschland wurde der Konflikt zwischen Katholiken und Protestanten in Übersetzungen von Franz Ignaz Castelli (1837 Wien) und Charlotte Birch-Pfeiffer (1838 München) arg entstellt. Eine Neufassung schufen Gustaf Gründgens und Julius Kapp (1932 Berlin).
Spieldauer: ca. 4 Stunden.

Die Afrikanerin
L'africaine

Grand opéra in 5 Akten von Eugène Scribe und François-Joseph Fétis. Uraufführung am 28. April 1865 in Paris, Opera (Salle Le Peletier).

Eugène Scribe s. Boieldieu, *Die weiße Dame*, S. 150. – François-Joseph Fétis (25. 3. 1784 Mons – 26. 3. 1871 Brüssel) war Gründer der *Revue musicale* und seit 1833 Direktor des Brüsseler Konservatoriums. Seine Sammlung von Instrumenten und Musikalien war berühmt. Fétis schrieb mehrere Opéras-comiques in der Tradition Grétrys. Meyerbeer übertrug ihm die endgültige Revision der *Afrikanerin* und die Einstudierung ihrer Uraufführung.

PERSONEN: Don Pédro, Präsident des Rats des Königs von Portugal (Baß) – Don Diégo, Admiral, Mitglied des Rats (Baß) – Inès, seine Tochter (Sopran) – Anna, ihre Vertraute (Mezzosopran) – Vasco de / da Gama, Offizier der portugiesischen Flotte (Tenor) – Don Alvar, Mitglied des Rates (Tenor) – Der Großinquisitor (Baß) – Sélika, eine Sklavin (Sopran) – Nélusko, ein Sklave (Bariton) – Oberpriester des Brahma (Baß) – Bischöfe, Inquisitoren, Mitglieder des Rates, Hofleute, Edeldamen, Offiziere, Soldaten, Seeleute, Inder u. a.

ORT UND ZEIT: Lissabon und Indien, im frühen 16. Jahrhundert.

1. Akt. Weil ihr Verlobter, Vasco da Gama, bei einer gescheiterten Expedition verschollen ist, soll Ines auf Wunsch ihres Vaters Don Pedro heiraten. Doch Vasco hat den Schiffbruch überlebt. Er kehrt mit zwei Sklaven, Selika und Nelusko, aus Indien zurück und legt dem Großen Rat einen neuen Plan zur Entdeckung fremder Länder vor. Don Pedro gelingt es aber, die Inquisition von der Aussichtslosigkeit solcher Unternehmungen zu überzeugen. Das erregt Vascos Zorn so sehr, daß er die Inquisitoren verflucht, worauf er festgenommen wird.
2. Akt. Selika, einst Königin ihres Landes, wird gemeinsam mit ihrem Diener Nelusko, der sie liebt, und Vasco im Gefängnis festgehalten. Hier beginnt sie eine starke Zuneigung zu Vasco zu empfinden und weckt so Neluskos Eifersucht, der den Nebenbuhler im Schlaf zu ermorden versucht, was Selika eben noch verhindern kann. – Durch die Heirat mit Don Pedro hat Ines für Vasco die Freiheit erkauft. Don Pedro führt jetzt selbst eine Expedition in die Neue Welt an und nimmt Selika und Ines sowie Nelusko als Lotsen mit. Danach sieht Vasco, dem Selika einen bisher unbekannten Seeweg gewiesen hatte, alle Hoffnungen auf eigene Entdekkungserfolge schwinden.
3. Akt. Vasco, der heimlich der Flotte gefolgt ist, warnt Don Pedro vor Nelusko, der den Untergang der Expeditionsschiffe plane, doch Don Pedro glaubt ihm nicht, läßt ihn vielmehr festnehmen und verurteilt ihn zum Tode. Ein Sturm bricht los. Inder stürmen das gestrandete Schiff und befreien Selika und Nelusko. Die Fremden werden gefangengenommen.
4. Akt. Als Königin in ihre Heimat zurückgekehrt, bewahrt Selika Vasco vor dem Tod, indem sie vorgibt, mit ihm verheiratet zu sein; eine Hochzeitsfeier nach indischem Ritus wird vorbereitet. Da hört Vasco die Stimme von Ines, die wie die anderen Fremden hingerichtet werden soll, und erneut bricht seine Leidenschaft für sie hervor.
5. Akt. Selika verzichtet auf ihre Liebe. Sie befiehlt Nelusko, Ines und Vasco die Flucht mit einem Schiff zu ermöglichen. Dann dürfe er sie am Strand unter einem Manzanillobaum

erwarten. – Ausgestreckt unter den Zweigen dieses Baumes, die einen tödlichen Duft verströmen, sieht Selika Vascos Schiff entschwinden. Nelusko sucht den Tod neben seiner sterbenden Geliebten.

Das Textbuch zur *Afrikanerin* hatte Scribe schon 1838, zusammen mit dem Libretto für *Le prophète*, vorgelegt, Meyerbeer griff zuerst zum *Prophet*, begann aber nach dessen Uraufführung bald die Komposition des zweiten Librettos mit dem irreführenden Titel, denn der historische Hintergrund ist die Entdeckung des Seewegs nach Ostindien, nicht etwa nach Afrika, durch Vasco da Gama. Meyerbeer schrieb eine Musik, die, bedingt durch die lange Entstehungszeit, weniger ursprünglich denn kalkuliert und bedächtig klingt. Immerhin enthält sie neben den Elementen von Exotik und grellem Abenteurertum bei hoher Meisterschaft der Instrumentation seine wohl einzige unvergessene Arie, Vasco da Gamas *O Paradis*, und einige inspirierte Stücke wie Selikas Schlaflied (*Sur mes genoux / Auf meinen Knien*), die beiden Arien des Nelusko (*Fille des rois / Tochter von Königen* und *Adamastor, roi des vagues / Adamastor, König der Wogen*), das Septett am Ende des 1. Aktes und die Gebetsszene des 3. Aktes (*O grand Saint Dominique / Großer heiliger Dominik*).
Die Uraufführung, für die nach Meyerbeers Tod der belgische Musikwissenschaftler François-Joseph Fétis eine spielbare Fassung herstellte, wurde zum herausragenden gesellschaftlichen Ereignis des Zweiten Kaiserreiches. Die deutsche Erstaufführung, in der Übersetzung von Ferdinand Gumbert, fand noch im Jahr der Uraufführung in Berlin (Hofoper) statt. Hier kam 1951 (an der Städtischen Oper) auch eine Neubearbeitung von Julius Kapp heraus. International konnte sich *L'africaine* in italienischer Übersetzung (von M. Marcello) vor allem an der Metropolitan Opera sowie an Covent Garden im Repertoire halten.
Spieldauer: ca. 3 Stunden 20 Minuten.

Gioacchino Rossini

* 29. Februar 1792 in Pesaro
† 13. November 1868 in Passy (heute: Paris)

Dieser wohl einflußreichste Opernkomponist in der ersten Hälfte des 19. Jahrhunderts, ganz sicher aber Italiens wichtigster und stilprägender Komponist dieser Epoche, entstammte einer Musikerfamilie – der Vater war Hornist, die Mutter sang kleine Opernpartien – und erhielt in Bologna eine umfassende musikalische Ausbildung. Neben Gesang, Cello- und Klavierspiel wurde er vom berühmten Abate Mattei in Kontrapunkt unterwiesen. Schon 1808 kam eine Kantate Gioacchinos zur Aufführung. 1812 seine im Auftrag der Sängerfamilie Mombelli bereits um 1808 komponierte erste Oper *Demetrio e Polibio*. In einer Zeit der Umwälzungen innerhalb der italienischen Oper – die Opera seria im Stil Metastasios hatte ebenso abgedankt, wie die neapolitanische Buffa eines Paisiello und Cimarosa ohne Nachfolge blieb – sollte sich Rossini als konservativer Erneuerer und phantasievollster Szeniker erweisen. In seinen späteren italienischen Opern nahm er jeweils die modernsten Tendenzen eines anglophilen Romantizismus (*Elisabetta, regina d'Inghilterra*, 1815; *La donna del lago*, 1819) ebenso auf, wie er einer märchenhaften Sensualität (*Armida*, 1817), einer spätbarocken Belcanto-Üppigkeit (*Bianca e Falliero*, 1819) oder einer neuschöpferischen Klassizität (*Semiramide*, 1823) huldigte. Immer zeigte sich Rossini bestrebt, den Kanon der Konventionen zu sprengen und neue, verblüffende musikalische Formen zu finden. Unter dem Primat des Belcanto realisierte er in Opern wie *Mosè in Egitto* (1818), *Ermione* (1819) und *Maometto* (1820) szenisch-musikalische Großformen, die durch eine vom Gesang getragene Dramatik zu romantisch geprägten Tableaus finden.
Rossinis Ruhm begründeten eine Reihe einaktiger »Farse« für die Bühnen Venedigs: *La cambiale di matrimonio* (1810), *L'inganno felice* (1812), *La scala di seta* (1812), *L'occasione fa*

il ladro (1812) und *Il signor Bruschino* (1813). *Tancredi* (1813) markiert einen ersten Höhepunkt auf dem Gebiet der ernsten Oper, auf dem, trotz aller Erfolge mit komischen Opern, Rossinis herausragende Bedeutung liegt. Die teils grotesk-automatisierte und slapstickhafte, teils sentimental-bizarre Komik von *L'italiana in Algeri* (1813), *Il turco in Italia* (Mailand 1814), *Il barbiere di Siviglia* (1816) oder *La cenerentola* (1817) zeigen alle Facetten eines überlegenen, oft bitteren und zynischen Humors. Mit *Elisabetta* beginnt die große Zeit seiner für Neapel geschriebenen »Reformopern«, deren Hauptrollen oftmals für seine spätere Gattin Maria Colbran entworfen waren. Dazu gehören auch *Otello* (1816), dessen 3. Akt als »Wasserscheide« der italienischen Oper bezeichnet wurde, *Ricciardo e Zoraide* (1818) und *Zelmira* (1822); mit *Semiramide* kehrte Rossini 1823 nochmals an die Stätte seiner ersten Triumphe, nach Venedig, zurück und verabschiedete sich von seiner Heimat, denn 1824 wurde er zum Leiter des Théâtre-Italien in Paris berufen. *Le siège de Corinthe* (1826) und *Moïse et Pharaon* (1827), französische Umarbeitungen früherer Opern, stehen hinter den Vorbildern zurück, doch mit *Le comte Ory* (1828) und *Guillaume Tell* (1829) gelangen Rossini nochmals originäre Beiträge zur Gattung der französischen Opéra-comique und der Grand opéra. Dann setzte sich Rossini »zur Ruhe«, die Jahre 1836–1848 in Bologna, teils als Direktor des Liceo Musicale, verbringend, 1848–1855 in Florenz. In diesen letzten Jahrzehnten, in denen sich die Legende vom Gourmet, vom scharfzüngigen Gastgeber und ironischen Beobachter des Musiklebens bildete, entstanden zwar zahlreiche Kompositionen, so 1832–1842 sein berühmtes *Stabat mater*, doch keine Opern mehr. *Il viaggio a Reims* zur Krönung Karls X. 1848 ist eine von Selbstironie und parodistischer Übertreibung strotzende Festkantate.

Sein Leichnam wurde zunächst auf dem Pariser Friedhof Père-Lachaise beigesetzt, 1887 aber nach Santa Croce in Florenz überführt. In den 1970er Jahren begann die Fondazione Rossini mit der kritischen Ausgabe seiner Opern. 1980 kam es in Pesaro zur Gründung des alljährlichen Rossini-Festivals.

Die Italienerin in Algier
L'italiana in Algeri

Dramma giocoso in 2 Akten. Text von Angelo Anelli. Uraufführung am 22. Mai 1813 in Venedig, Teatro San Benedetto.

Angelo Anelli (1. 11. 1761 Desenzano – 9. 4. 1820 Pavia), einer der produktivsten Librettisten Italiens, war 1793–1817 Hausdichter der Scala in Mailand. Seine *Italiana in Algeri* wurde vor Rossini schon von Mosca 1808 vertont, sein *Ser Marcantonio* von Pavesi (1810) und Donizetti (als *Don Pasquale*, 1843). Operntexte verfaßte er außerdem für Cimarosa, Gazzaniga, Martín y Soler, Pacini und Zingarelli.

Personen: Mustafà, türkischer Bey von Algier (Baß) – Elvira, seine Frau (Sopran) – Zulma, Sklavin und Vertraute Elviras (Mezzosopran) – Haly, Kapitän der algerischen Korsaren (Bariton) – Isabella, eine Italienerin (Mezzosopran) – Lindoro, italienischer Lieblingssklave des Mustafà (Tenor) – Taddeo, Begleiter Isabellas (Baß) – Eunuchen, algerische Korsaren, italienische Sklaven, Pappataci u. a.

Ort und Zeit: Algier, um 1810.

1. Akt. Mustafa ist seiner Frau Elvira überdrüssig, er möchte sie mit Lindoro verheiraten, der sich eigentlich nach einer anderen, seiner geliebten Isabella fern in der Heimat, sehnt (Kavatine *Languir per una bella / Nach einer Schönen zu schmachten*). Von Mustafa mit der Suche nach einer feurigen Italienerin beauftragt, präsentiert Haly die von den Korsaren gefangengenommene schöne Isabella, die sich auf die gefährliche Seereise begeben hatte, um Lindoro zu finden (Kavatine *Cruda sorte! / Grausames Schicksal!*). Mit List und Verstellung sucht sie ihr Ziel zu erreichen. Zuerst gibt sie den in sie verliebten Begleiter Taddeo als harmlosen Onkel aus (Duett *Ai capricci della sorte / Den Launen des Schicksals*), dann zieht sie vor Mustafa, der von ihrer Erscheinung hingerissen ist, alle Register der Verführungskunst. Um so größer ist ihr Schreck, als Lindoro und neben ihm Elvira, beide zum Abschied bereit, eintreffen. Geistesgegenwärtig fordert sie, Mustafas Verliebtheit nutzend, Lin-

doro als ihren Sklaven – eine verteufelte Situation für alle, die völlig perplex sind.
2. Akt. Isabella muß Lindoro für untreu halten, verlangt deshalb ein klärendes Gespräch von ihm, was er freudig zusagt (Kavatine *Oh, come il cor di giubilo / Wie mein Herz vor Freude*). Vom Bey erreicht sie, daß er Taddeo zum Kaimakan, seinem Statthalter, ernennt, und die sie belauschenden Lindoro, Taddeo und Mustafa macht sie mit einem Liebesgesang toll (Kavatine *Per lui che adoro / Für ihn, den ich anbete*). Ihr Versuch, Mustafa für Elvira umzustimmen, endet dagegen in einem Tobsuchtsanfall des Bey, der nicht, wie Haly (*Le femmine d'Italia / Die Frauen aus Italien*), die Schläue der italienischen Frauen durchschaut. Nun lassen sich Isabella und Lindoro einen neuen Trick einfallen: Mustafa soll aufgenommen werden in den hohen Orden der »Pappataci«, der »Papa-sei-still«-Männer, deren Regel sie verpflichtet, nur zu schlafen, zu essen, zu trinken und im übrigen sich widerspruchslos in alles zu schicken, was mit ihnen geschieht. Isabella will alle Italiener aus den Händen Mustafas befreien und mahnt deshalb Lindoro an seine patriotische Pflicht (Rondo *Pensa all patria / Denke an das Vaterland*). Während Mustafa in einer grotesken Zeremonie in den »Orden« eingeweiht wird, entwischen Isabella, Lindoro und Taddeo auf ein rettendes Schiff. Tief gedemütigt bittet Mustafa Elvira um Verzeihung.

Innerhalb kürzester Zeit – man spricht von 18 bzw. 27 Tagen – vertonte der 21jährige Rossini das bereits vorliegende Libretto Anellis für das Teatro San Benedetto und befreite das Opernhaus damit aus einer terminlichen Zwangslage. Für die Rezitative, Halys Arie *Le femmine d'Italia* und Lindoros *Oh, come il cor* wurde deshalb ein Mitarbeiter herangezogen.
Im Mittelpunkt dieser von Stendhal als »organisierte und vollständige Verrücktheit« bezeichneten, von Ironie getränkten Oper steht Isabella, die mit ihrer Verführungskunst drei Männer becirct. Rossini läßt sie zwischen Ernst und Komik mit vielen Facetten ihrer Weiblichkeit spielen und alle

Register souveräner Gesangskunst ziehen; diese »Italienerin in Algier« ist sich dabei immer des schmalen Grads zwischen Spiel und Wirklichkeit bewußt. Einer jener für Rossini beispielhaften Momente, in der die auf die Spitze getriebene Handlung erstarrt und die perplexen Akteure nur noch stammeln, ist das 1. Finale mit seinen lautmalerischen Floskeln wie »din din«, »cra cra«, »tac tac«, »bum bum«. Eine ähnliche, sich mechanisch verselbständigende Komik bestimmt die »Pappataci«-Szenen des 2. Aktes. Mit rhythmischer Verve, melodischem Raffinement und szenischem Drive hält Rossini das Stück in einer bewundernswerten Balance.

L'italiana begründete Rossinis Weltruhm; sie wurde 1816 schon in München gespielt, 1817 in Wien, 1819 in London und 1832 in New York. Auch heute behauptet sie sich nach dem *Barbiere di Siviglia* unter Rossinis komischen Opern wieder an vorderster Stelle im Repertoire. 1974 wurde die kritische Edition Azio Corghis an der Mailänder Scala aufgeführt, 1981 veröffentlicht.

Spieldauer: ca. 2 Stunden (1. Akt: ca. 65 min.; 2. Akt: ca. 60 min.).

Der Türke in Italien

Il turco in Italia

Opera buffa in 2 Akten. Text von Felice Romani. Uraufführung am 14. August 1814 in Mailand, Teatro alla Scala.

Felice Romani (31. 1. 1788 Genua – 28. 1. 1865 Moneglia) band sich nach seinen Studien und Reisen durch Spanien, Deutschland und Griechenland als Librettist an die Mailänder Scala. Überflügelte bald seine mediokren Kollegen und profilierte sich als bedeutendster Operndichter Italiens seit Metastasio. Nachdem er für Rossini u. a. *Il turco in Italia* geschrieben hatte, schuf er mit 11 Texten für Donizetti, darunter *Anna Bolena*, *Parisina*, *Lucrezia Borgia* und *Elisir d'amore*, Paradebeispiele des italienischen Romantizismus, dessen Höhepunkte seine Texte für Bellini bildeten (*Il pirata*, *La straniera*, *I Capuleti e i Montecchi*, *Beatrice di Tenda*, *La sonnambula* und *Norma*). Schrieb außerdem für Mayr, Mercadante,

Meyerbeer, Pacini. Verdi vertonte den schon von Gyrowetz komponierten *Giorno di regno*.

Personen: Selim, türkischer Prinz (Baß) – Donna Fiorilla, Ehefrau des Don Geronio (Sopran) – Don Geronio (Baß) – Don Narciso, Edelmann in Donna Fiorillas Diensten (Tenor) – Prosdocimo, Dichter (Bariton) – Zaida, einst Verlobte des Selim (Mezzosopran) – Albazar, Vertrauter des Selim (Tenor) – Zigeuner, Zigeunerinnen, Türken, Maskierte u. a.

Ort und Zeit: Gegend um Neapel, im 19. Jahrhundert.

1. Akt. Die aus Selims Palast verstoßenen türkischen Sklaven Zaida – Selims Geliebte und ihm immer noch verbunden – und Albazar haben in einem Zigeunerlager Zuflucht gefunden, in dem Prosdocimo Stoff für eine Komödie zu finden hofft. Geronio schließlich möchte hier von den Wahrsagern Aufschluß über das lose Leben seiner Gattin erhalten. Fiorilla ist wirklich etwas flatterhaft, wie ein Schmetterling liebt sie es, von einem zum anderen zu wechseln (Kavatine *Non si dà follia maggiore / Es gibt keine größere Verrücktheit*). Als ein offensichtlich vermögender Türke von Bord seines Schiffes steigt – es ist Selim –, komplimentiert sie ihn für ein Täßchen Kaffee zu sich nach Hause, sehr zum Ärger von Geronio und Narciso. Prosdocimo seinerseits ist entzückt über das, was sich hier als sein künftiges Stück entwickelt (Terzett *Un marito – scimunito! / Ein Ehemann – von Sinnen!*). Selim zeigt sich von Fiorilla durchaus hingerissen; um so mehr erbost ihn, daß sein Tête-à-tête von Geronio gestört wird. Im allgemeinen Durcheinander macht er schnell noch einen Treffpunkt in der Nacht mit Fiorilla aus. Geronio und Narciso schäumen vor Eifersucht, aber sich gegen seine junge Frau durchsetzen vermag Geronio mit dem besten Willen nicht. – Am Strand auf Fiorilla wartend, die er entführen will, trifft Selim zu seiner angenehmsten Überraschung auf Zaida. Als dann Fiorilla erscheint, kommt es zu Eifersüchteleien und schließlich stürmischen Auseinandersetzungen um den unentschlossen zwischen beiden Frauen schwankenden Selim. Prosdocimo beobachtet mit Vergnügen, wie sich der Knoten zu schönen Komplikationen schürzt.

2. Akt. Selim möchte Fiorilla ihrem Gatten abkaufen und setzt dem heftig ablehnenden Geronio deshalb mächtig zu. Das Objekt seiner Begierde wünscht nun aber, daß Selim sich zwischen Zaida und ihr entscheide. Zaida macht ihm die Wahl leicht: Sie wendet sich entrüstet ab; damit steht der leidenschaftlichen Versöhnung mit Fiorilla nichts im Wege (Duett *Credete alle femmine / Glaubt nur den Frauen*). – Jetzt greift Prosdocimo ein: Er hinterbringt Geronio und Narciso etwas von einem Maskenball, auf dem Selim Fiorilla entführen wolle. Also lautet die Gegenmaßnahme: Zaida wird sich, mit Albazars Hilfe, als Fiorilla verkleiden, Narciso als Selim. Tatsächlich reicht Fiorilla Narciso und Selim Zaida auf dem Ball die Hand. Die Paare quirlen durcheinander, bis auch Geronio seine eigene Frau nicht mehr erkennt (Quintett *Oh! guardate, che accidente / Oh, seht doch dies Mißgeschick!*). Als die Masken fallen, ist Selim für Zaida wiedergewonnen. Geronio verstößt seine Frau, die sich jetzt ihres Tuns reumütig bewußt wird (Rezitativ und Arie *I vostri cenci – Squallida veste e bruna / Eure Habe – Schlicht sei meine Kleidung*) und so zum guten Ende seine Vergebung erlangt – ein vorzüglicher Schluß »seiner« Komödie, findet Prosdocimo.

Obwohl sein *Aureliano in Palmira* im Dezember 1813 an der Scala matt aufgenommen worden war, erhielt Rossini den Auftrag zu einer weiteren komischen Oper für die Eröffnung der Herbstspielzeit 1814. Er hatte das Glück, dafür einen Text des wohl bedeutendsten Librettisten der Zeit, Felice Romani, zu erhalten. Romanis Buch, das sich auf eine Vorlage Caterino Mazzolas stützte, kann man als hintergründige Umkehr-Variante zur *Italiana in Algeri* lesen: Dieses Mal ist ein Türke nach Italien versetzt. Die Einführung der Figur des Dichters, die damit verbundene Distanzierung und inhaltliche Brechung, ist ein Kunstmittel, das auf Pirandellos moderne Kunst des Wechsels zwischen Schein und Wirklichkeit vorausweist. Dennoch wurde *Il turco in Italia* ein Mißerfolg. Man empfand das Stück, zu Unrecht, als einen Aufguß der erfolgreichen *Italiana in Algeri*. *Il turco* läßt

sich kaum mit anderen Werken Rossinis vergleichen. Die zynische Betrachtungsweise der Liebesaktionen scheint hier auf die Spitze getrieben. Die handelnden Personen, oft wie Marionetten an ihren Fäden zappelnd, wirken wie die gelenkten Instrumente des Dichters Prosdocimo, Romanis Alter ego. Rossini reizt musikalisch alle Möglichkeiten des buffonesken Ensemblespiels aus, inmitten dessen er zu empfindsamen Momenten voll lyrischer Vertiefung findet. Kennzeichnend für seine Meisterschaft im Umgang mit crescendierenden Effekten ist auch hier das 1. Finale. Kabinettstücke des Ensemblesingens sind im 1. Akt das Quartett *Siete Turchi / Türken seid ihr*, das Terzett *Un marito – scimunito!*, im 2. Akt das Quintett *Oh! guardate, che accidente.*
1981 erschien die kritische Ausgabe des *Turco in Italia* von Margaret Bent, die diesem Meisterwerk Rossinischer Komik, das vielfach in verstümmelten Versionen (und am 23. 4. 1819 in Stuttgart erstmals deutsch) gespielt wurde, einen Platz im Repertoire zurückgewinnen kann. Seit den Aufführungen mit Maria Callas 1950 in Neapel ist die »Lebensfähigkeit« des Werkes immer wieder bestätigt worden.
Spieldauer: ca. 2½ Stunden (1. Akt: ca. 80 min.; 2. Akt: ca. 65 min.).

Der Barbier von Sevilla

Il barbiere di Siviglia

Melodramma buffo in 2 Akten. Text von Cesare Sterbini nach Beaumarchais' *Le Barbier de Séville.* Uraufführung am 20. Februar 1816 in Rom, Teatro Torre Argentina.

Cesare Sterbini (1784 Rom – 19. 1. 1831 Rom) trat 1813 mit dem Text zu einer Kantate erstmals als Dichter hervor und wurde durch Rossini, für den er auch die Libretti zu *Torvaldo e Dorliska* sowie *Almaviva ossia L'inutile precauzione* verfaßte, zur Oper geführt. – Zu Pierre-Augustin de Beaumarchais – sein *Barbier de Séville* kam 1775 heraus – s. Mozart, *Die Hochzeit des Figaro*, S. 104.

PERSONEN: Graf Almaviva (Tenor) – Bartolo, Doktor der Medizin (Baß) – Rosina, ein reiches Mündel im Hause Bartolos (Mezzosopran) – Figaro, Barbier (Bariton) – Basilio, Rosinas Musiklehrer (Baß) – Fiorillo, Diener des Grafen (Bariton) – Ambrogio, Diener Bartolos (Baß) – Berta (Marzelline), Haushälterin Bartolos (Mezzosopran) – Ein Offizier (Baß) – Ein Notar (stumme Rolle) – Musikanten, Soldaten.

Ort und Zeit: Sevilla, Mitte des 18. Jahrhunderts.

1. Akt. Im Dämmerlicht des frühen Morgens bringt Graf Almaviva der von ihm angebeteten Rosina ein Ständchen (Kavatine *Ecco, ridente / Sieh, schon die Morgenröte*), begleitet von ein paar Musikern, die er aber recht bald auszahlen muß, denn hinter Rosinas Fenster rührt sich nichts. Dafür schallt Gesang aus den Gassen: Der Barbier Figaro kommt des Wegs daher, laut das Eigenlob seiner allseits geschätzten Fähigkeiten singend (Kavatine *Largo al factotum / Ich bin das Faktotum der schönen Welt*). Rosina hat Almavivas Werben wohl beobachtet, sie tritt auf ihren Balkon – der mißtrauische alte Bartolo gleich hinter ihr – und läßt ein Briefchen hinunterfallen – was ihr sofort Hausarrest einträgt. Figaro, der durch seine Profession Zugang zu Bartolos Haus hat, weiß dem Grafen mit Auskünften zu dienen: Bartolo selbst will Rosina heiraten, weil sie reich erben wird. Er ermuntert Almaviva, auf die Frage in Rosinas Billet, wer er denn sei, gleich zu antworten. Also gibt sich der Graf in einem Lied an die Geliebte als einfacher Student namens Lindoro aus, der sie liebe und heiraten wolle. Inspiriert durch einen Beutel Geld, entwirft Figaro einen Plan (Duett *All'idea di quel metallo / Strahlt auf mich der Blitz des Goldes*): Almaviva soll sich mittels eines Einquartierungsbefehls als betrunkener Soldat in Bartolos Haus einschleichen. – Rosina schreibt einen Brief an »Lindoro« (*Una voce poco fa / Frag ich mein beklommnes Herz*), dessen Besorgung sie Figaro anvertrauen will. Von dem korrupten Basilio erfährt Bartolo, daß Almaviva, Rosinas Verehrer, in Sevilla sei und wie man ihn durch ein hübsch erfundenes skandalöses Gerücht loswerden könne (Arie *La calunnia / Die Verleumdung, sie ist ein Lüftchen*). Figaro hat die beiden belauscht und erzählt das Gehörte sofort Rosina, dabei zu ihrer

Freude die Verehrung seines »Vetters Lindoro« für sie in leuchtenden Farben schildernd. Sie übergibt ihm den Brief an »Lindoro«, um anschließend auf alle mißtrauischen Fragen Bartolos zu behaupten, mit der Tinte an ihrer Hand habe sie nur einen verbrühten Finger gekühlt. Einen solchen Bären will der sich nun aber doch nicht aufbinden lassen (*A un dottor della mia sorte / Einen Doktor meinesgleichen fängt man nicht durch solche Lügen*). Nun kommt Almavivas Auftritt als ziemlich angeheiterter Soldat. Er gibt sich Rosina zu erkennen, und im lauten Streit mit Bartolo über die Zulässigkeit der Einquartierung lanciert er gekonnt unbeholfen »das« Billett in ihre Hände. Wie Bartolo es ihr entreißt, entpuppt es sich als Wäschezettel ... Eine Wache greift ein, um den Störenfried Almaviva abzuführen. Zu aller Erstaunen bleibt er aber unbehelligt, nachdem er dem Wachoffizier hinter vorgehaltener Hand ein Papier gezeigt hat.

2. Akt. Almaviva erscheint abermals in einer Verkleidung im Haus Bartolos; dieses Mal als Musikmeister »Don Alonso« und Schüler Basilios, den er vertrete, da der Musiklehrer selbst krank sei. Rosina erscheint zur Musikstunde, erkennt ihren »Lindoro« und singt ein Rondo (*Contro un cor / Gegen ein Herz*) aus der ad hoc erfundenen Oper *Die überflüssige Vorsicht*, ein Liebesgeständnis an »Lindoro«, in das der Graf freudig einstimmt. Bartolo setzt dagegen mit einer »schöneren« Arie aus der guten alten Zeit (*Quando mi sei vicina / Wenn du mir nah bist*). Nun kommt Figaro, um Bartolo zu rasieren; er findet eine Gelegenheit, ihm den Schlüssel zu Rosinas Balkontür zu stiebitzen. Plötzlich erscheint auch noch Basilio, der aber durch einen Beutel Geld, den der Graf ihm zusteckt, schleunigst zum Rückzug bewogen werden kann. Während Figaro den Doktor Bartolo einseift, verabreden Almaviva und Rosina Entführung und Flucht für die kommende Nacht. Dabei läßt der Graf das Wort »Verkleidung« fallen – Bartolo schnappt es auf, riecht den Braten und gerät gewaltig in Rage; er wirft alle hinaus. Dann läßt er Basilio holen. Derweil sinniert Berta über die Narrheiten und Freuden der Liebe (Arie *Il vecchiotto cerca moglie / Sich vermählen will der Alte*). Von Basilio aufgeklärt, daß der gewisse »Don

Alonso« nur der Graf sein kann, wünscht Bartolo sofort einen Notar, um Rosina auf der Stelle zu heiraten. Er zeigt ihr den Brief, den sie an »Lindoro« schrieb, um ihr zu beweisen, daß »Lindoro« und Figaro sie an den Grafen Almaviva verkuppeln wollen. Damit hat er Erfolg. Rosina rächt sich, indem sie den Fluchtplan aufdeckt und Bartolo zu heiraten verspricht. Beim Toben eines starken Gewitters und in Abwesenheit Bartolos sind Figaro und der Graf in das Haus eingestiegen, und »Lindoro« gibt sich hier Rosina als Almaviva zu erkennen. Damit ist alles wieder gut. Als Basilio und der Notar eintreffen, fordert Figaro, völlig Herr der Situation, mit Bartolos Stimme den Notar auf, »seine Nichte« sofort mit dem Grafen zu trauen; Basilio, durch eine Pistole genötigt und einen goldenen Ring überwältigt, fungiert gar als Trauzeuge. Als Bartolo mit einer Wache anrückt, ist der Kontrakt geschlossen; er sieht sich überlistet. Seine Wut verraucht jedoch schnell, denn der Graf schenkt ihm Rosinas Mitgift, Grund genug für ihn, in den allgemeinen Jubel dann doch auf seine Weise einzustimmen.

Rossini hatte sich mit *Elisabetta, regina d'Inghilterra* (1815) gerade als neuer Hauskomponist von Neapels Teatro San Carlo eingeführt und in Rom, allerdings ohne großen Erfolg, mit *Torvaldo e Dorliska* vorgestellt, als er den Auftrag zu einer Oper erhielt, die seine berühmteste werden sollte, »die älteste italienische Oper, die seit ihrer Premiere nie aus dem Opernrepertoire verschwunden ist« (Ph. Gossett). Die überaus kurze Kompositionszeit, drei Wochen von Ende Januar bis Mitte Februar 1816 festigte bis heute die Legende vom Schnellschreiber Rossini.
Ein Problem bildete von Anfang an das Textbuch. Nachdem Jacopo Ferretti, der später das Libretto für *Cenerentola* schreiben sollte, abgesprungen war, fiel die Wahl auf den unerfahrenen Cesare Sterbini, der am 17. Januar seinen Vertrag unterschrieb und bereits am 29. beide Akte abgeliefert hatte. Zur Unterscheidung von Paisiellos gleichnamiger Oper (1782) wählte Rossini u. a. zunächst den Titel *Almaviva*. Im Gegensatz zu Paisiello griff Sterbini auf Beaumar-

chais' Originalstück bzw. auf eine 1798 in Venedig erschienene italienische Übersetzung Francesco Balbis zurück. Die von Anekdoten umrankte Uraufführung des *Barbiere* erfuhr eine kühle Aufnahme; die Oper setzte sich erst bei den folgenden Aufführungen sowie bei Inszenierungen 1818 in Mailand und 1819 in New York durch. Bereits am 30. 10. 1820 kam sie – in Braunschweig – auf deutsch heraus.

Rossini verwendete für den *Barbier von Sevilla* Teile aus *Sigismondo*, *Aureliano in Palmira* und *Il signor Bruschino*; die Ouvertüre hatte bereits für *Aureliano* und *Elisabetta* gute Dienste geleistet. Um die zentrale Figur des Barbiers schuf Rossini eine Charakterkomödie voll Witz, Tempo und überraschender Wendungen. Die Situationskomik, Rossinis ironische Zwischentöne und sein subtiler Humor spiegeln sich in dem raffinierten Orchestersatz wider, in welchem die typischen Crescendi – in Figaros Kavatine, in Basilios Verleumdungs-Arie, im Finale des 1. Aktes – handlungsprägende Akzente setzen. Jede der Nummern läßt sich so als ein Instrument zur präzisen Schilderung der Figuren wie zur prägnanten Zuspitzung der Handlung erkennen; das gilt z. B. für die Musikstunde mit Rosinas Arie aus der angeblichen Oper *L'inutile precauzione / Die überflüssige Vorsicht* (das war der ursprüngliche Untertitel des *Barbiere*), die beiden diskret parodistischen Arien Bartolos, das Terzett Figaro / Almaviva / Rosina (*Ah, qual colpo / Ist er's wirklich?*) oder das mit Sinn für szenische Dramatik und musikalische Pointen inszenierte Gewitter.

Die Oper wurde später durch zahlreiche Bearbeitungen entstellt; man ersetzte z. B. die Rezitative durch Sprechtexte oder transponierte die Mezzosopranstimme der Rosina für eine Sopranistin. 1969 erschien Alberto Zeddas kritische Edition von Rossinis Meisterwerk, auf der schon Claudio Abbados berühmte Salzburger Aufführung (1968) in der Inszenierung Jean-Pierre Ponnelles basierte. Deutsche Textübertragungen verfaßten u. a. Ignaz Kollmann (mit Sprechdialog), Theobald Rehbaum (1890), Otto Neitzel, Günther Rennert, Siegfried Anheißer und Carl Stueber.

Spieldauer: ca. 2½ Stunden (1. Akt: ca. 90 min.; 2. Akt: ca. 60 min.).

Aschenbrödel
La cenerentola

Dramma giocoso in 2 Akten. Text von Jacopo Ferretti nach Charles Perrault. Uraufführung am 25. Januar 1817 in Rom, Teatro Valle.

Jacopo Ferretti (16. 7. 1784 Rom – 7. 3. 1852 Rom) hatte 1803 erste Erzählungen veröffentlicht, schrieb dann Gelegenheitstexte zu Kantaten und wurde Hauspoet des Teatro Valle und des Argentina in Rom. Mit *Cenerentola* erzielte er seinen Durchbruch als Operndichter. Für Rossini verfaßte er noch *Matilde di Shabran*, außerdem Texte für Mayr, Mercadante, Pacini, Zingarelli und für Donizetti (*L'ajo nell'imbarazzo*, *Torquato Tasso*).

Personen: Don Ramiro, Prinz von Salerno (Tenor) – Dandini, sein Kammerdiener (Baß) – Don Magnifico, Baron von Montefiascone (Baß) – Clorinda (Sopran) und Tisbe (Mezzosopran), seine Töchter – Angelina, genannt Cenerentola, Stieftochter Don Magnificos (Mezzosopran) – Alidoro, Philosoph, Berater Don Ramiros (Baß) – Kavaliere und Damen an Don Ramiros Hof.

Ort und Zeit: Don Magnificos alter Palast und das Schloß des Prinzen im Italien des 18. Jahrhunderts.

1. Akt. Im verlotterten Palast Magnificos sind die eitlen Schwestern Clorinda und Tisbe wie immer nur mit sich selbst beschäftigt. Ganz anders die als Dienstmagd gehaltene Angelina; sie singt bei der Arbeit das Lied vom König, der sich von drei Frauen die unschuldigste und gütigste zur Braut wählt, vor sich hin (*Una volta c'era un re / Es war einmal ein König*). Ihr gutes Herz erweist sich, als sie einem Bettler – es ist der Philosoph Alidoro –, den ihre Schwestern wegjagen, zu essen gibt. In helle Aufregung geraten Clorinda und Tisbe, als angekündigt wird, der Prinz werde seine Aufwartung machen, um auf sein Schloß zu einem Fest zu laden, bei dem er sich eine Frau erwählen wolle. Da hofft auch Vater Magnifico, daß eine seiner Töchter eine reiche Fürstin wird (*Miei rampolli / Meine Sprößlinge*). Don Ramiro selbst, jedoch in Dandinis Kleidung als einfacher Kammerdiener, tritt ein. Zwischen ihm und Angelina ist es Liebe auf den ersten Blick. Der kurz darauf als Prinz erscheinende

Dandini wird umschmeichelt von Magnifico und seinen beiden Töchtern, die ihrer Cenerentola, dem Aschenputtel Angelina, die Teilnahme am Fest verbieten; der Vater erklärt sie sogar für tot, als er vom plötzlich eintretenden Alidoro nach der dritten Tochter gefragt wird (Quintett *Signore, una parola / Nur ein Wort, Herr*). Der Philosoph durchschaut die Situation aber ganz genau; als alle zum Ballfest ins Schloß gegangen sind, verspricht er Angelina zu helfen (*Il mondo è un gran teatro / Die Welt ist ein großes Theater* oder *Là del ciel nell'arcano / Dort, in der Himmels tiefem Geheimnis*). – Auf dem Schloß Ramiros wird der mächtig sich aufplusternde Don Magnifico zum Ehrenkellermeister gekürt. Dandini als Ramiro entlarvt indessen die Dummheit von Clorinda und Tisbe, die mit Beklemmung die Ähnlichkeit einer von Alidoro hereingeführten schönen Dame mit Angelina wahrnehmen.

2. Akt. Es ist klar: Magnificos einzige Rettung, sich zu sanieren, ist eine reiche Heirat seiner Töchter. Dandini hat sich in Angelina verliebt, doch die gesteht ihm, daß sie seinen »Diener« liebe. Ihm, dem verkleideten Prinzen, welcher der schönen Unbekannten seine Liebe gesteht, überläßt sie einen Armreif: Er solle sie suchen, und falls er sie beim Wiedersehen noch immer liebe, wolle sie seine Frau werden. Von Magnifico mit Fragen bedrängt, gibt sich Dandini schließlich als Diener zu erkennen. Der düpierte Baron ist wütend (Duett *Un segreto d'importanza / Ein gewichtiges Geheimnis*). – Angelina geht wieder ihren gewohnten niederen Arbeiten nach, als sich Don Ramiro und Dandini nach einem Unfall mit der Kutsche in Magnificos Haus retten. Jäh erkennt Angelina den Prinzen und er in ihr die schöne Unbekannte – zu aller Verblüffung (Sextett *Siete voi? – Questo è un nodo avviluppato / Seid Ihr es? – Das ist ein verzwickter Knoten*). Magnifico und seine Töchter kapieren nichts, sie wollen Angelina noch wegscheuchen, und es bedarf Angelinas Fürbitte, um den Zorn Ramiros von ihnen abzuwenden. Die letzte Aufklärung erteilt der Philosoph den eingebildeten Schwestern. Sein Fazit: »Ein Triumph des Guten!« – Im Thronsaal des Schlosses empfangen Don Ra-

miro und Angelina den Vater und die beiden Stiefschwestern, denen das einstige Aschenputtel großmütig vergibt (Rondo *Nacqui all'affanno / Aus Kummer und Tränen*).

Das Märchen vom Aschenputtel, das Angelina selbst gleich zu Beginn der Oper in ihrem Lied *Una volta c'era un re* erzählt, hat in Ferrettis Libretto wenig mehr mit dem *Cendrillon* aus Charles Perraults Märchensammlung *Contes de ma mère l'Oye* (1697) zu tun, sondern es basiert vielmehr auf Felice Romanis Libretto zu Stefano Pavesis Oper *Agatina o La virtù premiata* (1814). Ähnlich dem *Barbiere* entstand auch *Cenerentola* in ungewöhnlich kurzer Zeit. Rossini übernahm die Ouvertüre seiner Oper *La gazzetta*, transponierte eine (meist gestrichene) Arie Almavivas (*Cessa di più resistere*) für das Schlußrondo Cenerentolas und ließ die Secco-Rezitative sowie drei Nummern, Alidoros Arie im 1. Akt sowie einen Chor und eine Arie Clorindas im 2. Akt, von Luca Agolini komponieren; anläßlich einer Wiederaufnahme 1820 reichte Rossini dann Alidoros *Là del ciel nell'arcano* nach. Am 29. 8. 1820 kam das Werk deutsch in Wien heraus.
La cenerentola ist eine von den eigenartigen Rossini-Opern, die sich nicht in ein stilistisches Korsett zwängen lassen: eine Buffa mit tragischen Schlaglichtern, eine Komödie mit Elementen des Zauberspiels, eine Parabel, in der alle von einer Person, Alidoro, gelenkt werden. Das Märchen läutert sich über die Charakterkomödie zur barocken Allegorie, so am Ende Ferrettis Untertitel *La bontà in trionfo / Der Triumph des Guten* Genüge tuend. Dem Charakter des Verwandlungsspiels entspricht die Musik: Der Don Ramiro in Dienergestalt erhielt einfache, schlicht melodische Linien, als Prinz hat er dagegen vertrackte Koloraturen zu singen (zu Beginn des 2. Aktes: *Si, ritrovarla io giuro / Ja, ich schwöre, sie wiederzufinden*), während Dandini im Fürstengewand mit pathetischen Floskeln auftritt. Auch die Rollenfigur Cenerentola durchmißt diese Entwicklung, von dem schlichten Auftrittsgesang bis zum königlich-bravourösen Schlußrondo. Verwirren und Entwirren, Blindheit und Einsicht steigern und durchdringen sich in dem exquisiten Schluß-

sextett zu einer von Rossinis virtuosesten Ensembleszenen (*Questo è un nodo avviluppato*).
Alberto Zedda bereinigte durch seine revidierte Ausgabe die Unsitten vieler Bearbeitungen; Claudio Abbado dirigierte diese Fassung erstmals 1971 in Edinburgh.
Spieldauer: ca. 2½ Stunden (1. Akt: ca. 95 min.; 2. Akt: ca. 50 min.).

Der Graf Ory

Le comte Ory

Opéra-comique in 2 Akten. Text von Eugène Scribe und Charles-Gaspard Delestre-Poirson. Uraufführung am 20. August 1828 in Paris, Opéra (Salle Le Peletier).

Eugène Scribe s. Boieldieu, *Die weiße Dame*, S. 150. – Charles-Gaspard Poirson, genannt Delestre-Poirson (22. 8. 1790 Paris bis 19. 11. 1859 Paris) debütierte 1812 als Theaterdichter. Er gehörte in der Folge zu den engsten Mitarbeitern von Scribe und erwarb sich als Meister des Vaudevilles Ansehen. Leitete 24 Jahre das Théâtre de Gymnase in Paris, das zeitweise den Namen Théâtre de Madame trug.

Personen: Graf Ory (Tenor) – Erzieher des Grafen (Baß) – Isolier, der Page des Grafen (Mezzosopran) – Raimbaud, ein Freund des Grafen (Bariton) – Gräfin Adèle de Formoutiers (Sopran) – Ragonde, ihre Beschließerin (Alt) – Alice, ein Bauernmädchen (Sopran) – Zwei Ritter des Grafen (Tenor, Bariton) – Hofdamen auf Schloß Formoutiers, Ritter und Krieger, Diener, Volk, Wachen u. a.
Ort und Zeit: Bei und im Schloß Formoutiers in der Touraine, zur Zeit der letzten Kreuzzüge, um 1200.

1. Akt. Der Graf von Formoutiers und Orys Vater sind als Kreuzritter ins Heilige Land gezogen. In ihrer Abwesenheit versucht Graf Ory die schöne Schwester des Grafen von Formoutiers, Adèle, zu erobern, und hat sich deshalb in der Nähe ihres Schlosses als Eremit niedergelassen. Von Raimbaud dazu animiert, bringen viele Leute vom Lande, darunter Alice, dem Einsiedler ihre Gaben dar, Früchte, Käse und

kostbaren Wein. Salbungsvoll dankt der fromme Mann und verspricht seine besondere Hilfe in Liebesangelegenheiten, worauf er mit Wünschen bestürmt wird; selbst Ragonde, von dem Lärm aus dem Schloß gelockt, bittet, daß ihr Mann bald vom Kreuzzug zurückkomme. Sie vereinbart aber auch mit dem Eremiten ein vertrauliches Gespräch mit ihrer Herrin, die an einer rätselhaften Krankheit leide. Auf der Suche nach dem Grafen Ory, seinem entflohenen Schüler, rastet der Erzieher, von Isolier begleitet, bei der Eremitage. Isolier nutzt die Gelegenheit, den Eremiten, der ihn wohl erkennt, mit etwas Geld dazu zu bewegen, der Gräfin Adèle anzudeuten, ihre Krankheit könne geheilt werden durch Liebe, durch die Liebe zu ihm, Isolier. Er werde dann verkleidet zu ihr in das Schloß dringen – eine List, die sich Ory zu eigen machen will; Ursache ihres Leidens, versichert er der Gräfin, sei ihr Gelöbnis ewiger Witwenschaft, sie müsse wieder lieben. Aber der Eremit warnt sie vor Isolier, für den sie eine Neigung empfindet: er sei der Page des für seine Liebeshändel berüchtigten Grafen Ory. In diesem Augenblick kehrt der Erzieher zurück und entlarvt den Eremiten als eben diesen Grafen. Damit scheinen alle Pläne zunichte gemacht. Man überreicht der Gräfin einen Brief, der die baldige Rückkehr der Kreuzritter ankündigt. Ein einziger Tag bleibt Ory noch für seinen amourösen Feldzug.
2. Akt. Während sich im Schlafgemach der Gräfin die Damen entrüstet über das zügellose Gebaren des Grafen Ory unterhalten, klopfen Pilgerinnen, die vorgeben, vom Grafen Ory verfolgt zu werden, bei Nacht und Gewitter an das Tor. Man gewährt ihnen Obdach. Unter den langen Gewändern verbirgt sich aber niemand anders als der Graf mit dreizehn Kumpanen. In seiner Verkleidung nähert er sich der Gräfin, um überschwenglich seinen Dank und seine Devotion auszudrücken. Es fällt der Name Ory, und zu seinem Amüsement verwahren sich alle Damen gegen Verehrer seiner Art. – Für die mit Früchten und Milch verköstigten Spießgesellen Orys hat Raimbaud Wein aufgetrieben, dem sie kräftig zusprechen, immer wieder in ihre Pilgerinnenrolle zurückfallend, wenn sich eine der Damen nähert. Mit dem Auftreten

Isoliers im Schloß ändert sich aber die Situation: Er kündigt für Mitternacht die Rückkehr der Kreuzfahrer an und verrät, um wen es sich bei den vierzehn ungebetenen Gästen handelt, gegen die man sich nur noch eine Stunde zu wappnen habe. Man tut das mit List: Als sich in der Dunkelheit Ory nähert, mimt Isolier verschleiert die Gräfin, die indessen hinter ihm steht und an seiner Stelle spricht. Gerade als Ory zum Höhepunkt seiner schmeichlerischen Avancen den Pagen küßt, melden Trompetensignale die Rückkehr der Ritter. Der düpierte Ory bittet die Gräfin um Vergebung, die ihm gewährt wird. Er darf sich mit seinen Männern durch einen Geheimgang unbemerkt davonmachen, während der Zug der Ritter von den Damen jubelnd begrüßt wird.

Es ist ein Glücksfall der Musikgeschichte, daß rund die Hälfte der Musik zu Rossinis erst 1983 wiederentdeckter Oper *Il viaggio a Reims* (1825) bereits in seinem *Comte Ory* überlebt hatte. Bezeichnend für Rossinis Ironie, daß er die gleiche Musik für die Reisenden zur Königskrönung nach Reims wie für das Abenteuer des verführerischen Grafen Ory verwenden konnte! Für ihr Libretto griffen Scribe und Delestre-Poirson auf ein eigenes, 1816 uraufgeführtes Vaudeville gleichen Titels zurück, das auf einer mittelalterlichen Ballade basiert und sich inhaltlich mit dem 2. Akt von Rossinis Oper deckt. *Le comte Ory*, vordergründig eine Opéra-comique, entspricht gattungsgeschichtlich nicht deren Formen, da Rossini u. a. statt der Sprechtexte begleitete Rezitative einsetzte und ausgedehnte musikalische Nummern und ein großes Orchester verwendete. Der buffoneske Effekt des *Ory* ergibt sich aus seiner rhythmischen Triebkraft, der Eleganz und Doppelbödigkeit der Arien und Ensembles, aus dem Witz der Situationen und den geistreichen Versen. Brillante Geistesblitze sind die neu geschriebenen Nummern wie der Trink-Chor der angeblichen Pilgerinnen (*Buvons, buvons soudain / Trinken wir*) und das Duett Ory / Isolier *Une dame de haute parage / Eine Dame von Adel* im 1. Akt, schließlich im 2. Akt im Terzett Ory / Isolier / Adèle *À la fa-*

veur de cette nuit obscure / Dank dem Dunkel dieser Nacht gipfelt.
Spieldauer: ca. 2¼ Stunden (1. Akt: ca. 70 min.; 2. Akt: ca. 65 min.).

Wilhelm Tell
Guillaume Tell

Opéra in 4 Akten. Text von Victor-Joseph Étienne de Jouy und Hippolyte-Louis-Florent Bis nach Friedrich Schillers gleichnamigem Schauspiel (1804). Uraufführung am 3. August 1829 in Paris, Opéra (Salle Le Peletier). Italienische Fassung von Calisto Bassi als *Guglielmo Tell* (1831).

Victor-Joseph Étienne de Jouy s. Spontini, *Die Vestalin*, S. 147. – Hippolyte-Louis-Florent Bis (19. 8. 1789 Douai – 7. 3. 1853 Paris), ein Staatsbeamter, der 1816 von Lille nach Paris versetzt wurde und hier als Verfasser von Bühnenstücken mehrfach in Konflikt mit der Zensur geriet, wurde zur Kürzung des zu langen Jouy-Textes herangezogen. – Ein nicht genannter Mitautor war Armand Marrast (1801 St-Gaudens – 1852 Paris), der nach Rossinis Angaben eine Fassung der Schwur-Szene im 2. Akt beisteuerte. Marrast begann als Schriftsteller, wurde Bürgermeister von Paris und Präsident der Nationalversammlung. – Weitere Verse stammen von Adolphe Crémieux (1796 Nîmes – 1880 Paris).

Personen: Guillaume Tell (Bariton) – Hedwige, Tells Frau (Sopran) – Jemmy, Tells Sohn (Sopran) – Arnold Melchthal, Geliebter Mathildes (Tenor) – Melchthal, Arnolds Vater (Baß) – Gessler, kaiserlicher Landvogt von Schwyz und Uri (Baß) – Radolphe, Offizier, Gesslers Vertrauter (Tenor) – Walter Fürst (Bariton) – Leuthold, ein Schäfer (Bariton) – Mathilde, habsburgische Prinzessin (Sopran) – Ruodi, ein Fischer (Tenor) – Bauern, Jäger, Pagen, Gesslers Gefolge, Hochzeitsgesellschaft u. a.

Ort und Zeit: Bei Altdorf im Kanton Uri, frühes 14. Jahrhundert.

1. Akt. Aus dem idyllischen Bild einer Dorfgemeinschaft, die eine dreifache Hochzeit vorbereitet, treten sehr bald die Hauptpersonen in den Vordergrund und zeichnen sich die Konflikte des beginnenden Dramas ab: Neben Tell, der um jeden Preis zum Kampf gegen die Tyrannei der Habsburger

Gioacchino Rossini: Die Italienerin in Algier
Bayerische Staatsoper München

Gioacchino Rossini: Der Barbier von Sevilla
Staatsoper Unter den Linden, Berlin

bereit ist, steht Arnold unentschlossen, gebunden durch seine Liebe zur habsburgischen Prinzessin; schließlich gibt er Tell sein Wort, im Kampf dabeizusein. Während der alte Melchthal die Hochzeitspaare segnet und alle sie feiern, stürzt Leuthold hilfesuchend ins Dorf. Er hat einen von Gesslers Leuten, der seine Tochter zu entführen drohte, mit der Axt erschlagen. Er muß fort, ans andere Ufer des Vierwaldstätter Sees, aber der Fischer verweigert die gefährliche Überfahrt. Kurz entschlossen übernimmt Tell diese Aufgabe, eben noch rechtzeitig, bevor Gesslers Soldaten unter Radolphe eintreffen. Keiner werde ihm den Namen von Leutholds Fährmann verraten, setzt Melchthal stolz dem Offizier entgegen – und wird unverzüglich abgeführt.

2. Akt. Im schwindenden Abendlicht, nachdem Jäger und Schäfer heimgezogen sind, trifft sich Mathilde (Romanze *Sombre forêt / Dunkler Wald*) mit Arnold (Duett *Oui, vous l'arrachez à mon âme / Ja, du entreißest meiner Seele*). Sie kann ihn dazu bewegen, seine Ehre auf der Seite der Habsburger zu suchen. In jähem Wechsel schlägt er sich aber gleich darauf wieder zu Tell und Walter Fürst, als er von ihnen hört, daß sein Vater von Gessler umgebracht worden ist. Mit ihnen und den Vertretern der Kantone Uri und Schwyz leistet er den Rütli-Schwur gegen die Tyrannei.

3. Akt. Zum letzten Mal sehen sich Mathilde und Arnold. Sie wissen, daß des alten Melchthals Tod sie trennt. – Auf dem Altdorfer Kirchplatz demonstriert Gessler seine Macht, indem er das Volk zwingt, seinem Hut als Insignie der habsburgischen Landeshoheit Reverenz zu erweisen. Nur Tell verweigert die befohlene Demütigung. Gessler verfällt auf den zynischen Gedanken, ihn zur Strafe einen Apfel vom Haupt seines Sohnes Jemmy schießen zu lassen. Tells Schuß gelingt. Auf Gesslers Frage, weshalb er einen zweiten Pfeil zu sich gesteckt habe, antwortet Tell, der hätte, falls Jemmy verletzt worden wäre, Gessler selbst gegolten. Der Landvogt läßt Tell daraufhin festnehmen. Doch Jemmy wird von Mathilde in ihre Obhut genommen.

4. Akt. Trauer und Klage um seinen Vater stacheln Arnolds Rachlust an. An der Spitze der Schweizer bricht er auf, um

Tell und das ganze Land zu befreien. Hedwig in ihrer Verzweiflung will zu Gessler eilen und um Gnade für ihren Mann flehen. Da erscheint Mathilde mit Jemmy, um sich selbst als Geisel für Tell zur Verfügung zu stellen. – Bei einer Gewitterfahrt über den See gelingt es Tell, aus dem Boot mit Gessler und seinen Soldaten an Land zu springen und Gessler zu erschießen. Inzwischen haben die Schweizer unter Führung von Walter Fürst und Arnold Melchthal Altdorf erobert. Das Land ist befreit. Und Mathilde ist eines Sinnes mit Arnold. Der Sturm klingt ab.

Guillaume Tell war Rossinis erste vollständig original französische Oper. Er begegnete der Herausforderung der französischen Bühne durch eine Oper, die italienische wie französische Einflüsse verband, die Sache der Grand opéra beflügelte und die Ideale der Pariser Revolutionszeit ebenso vertrat wie die des gegen die österreichische Fremdherrschaft rebellierenden italienischen Risorgimento.
Rossini hatte seine italienischen Opern stets als Folge geschlossener, durch Rezitative verbundener Nummern entworfen, doch innerhalb dieser klassischen Formen (Arie, Cabaletta, Kavatine, Duett, Terzett u. a.) fand er doch vielfältigste Möglichkeiten zu individuellen, dramatischen Lösungen. Dieser italienischen Tradition entsprechen z. B. Mathildes Arie im 3. Akt *Pour notre amour / Für unsre Liebe*, ihr Duett mit Arnold *Oui, vous l'arrachez à mon âme*, Arnolds Szene zu Beginn des 4. Aktes *Asile héréditaire / Zuflucht meiner Väter* und die Strettasteigerung des 1. Finales; in dem Duett Tell / Arnold im 1. Akt (*Ou vas-tu? / Wohin gehst du?*) sowie im Terzett Tell / Arnold / Walter des 2. Aktes (*Qu'entends-je? / Was hör ich?*) steigert und mischt Rossini die traditionellen Formen zu musikalisch wie dramatisch bezwingender Aussage. Französischen Einfluß verraten Mathildes schlichte, strophisch gebaute und sorgfältig instrumentierte Arie *Sombre forêt*, die traditionell starke Bedeutung der Rezitative und der Deklamation sowie der durchgehend gewichtige Anteil der Chöre, die darüber hinaus im 1. und 3. Akt in reiche Divertissements mit meister-

haften Ballettmusiken (Pas de six, Chœur dansé, Pas des soldats) eingebettet sind.
Wie die erstmals 1988 an der Mailänder Scala gespielte kritische Edition von Elisabeth Bartlet (italienisch von Paolo Cattelan) beweist, nahm Rossini bis zur Uraufführung ständig Änderungen vor, und die Oper hielt sich in Paris größtenteils nur in verstümmelter Form (so auch bei den deutschsprachigen Erstaufführungen am 4. 5. 1830 in Frankfurt a. M. und als *Andreas Hofer* in Berlin). Für London schuf Webers *Oberon*-Librettist James R. Planché im gleichen Jahr eine Fassung als *Hofer, or The Tell of Tyrol*, für die Henry Bishop Rossinis Musik einrichtete. An der Mailänder Scala wurde unter der Herrschaft der Österreicher der brisante Stoff nach Schottland verlegt. Diese schottische Fassung wurde als *Rodolfo de Sterlinga* auch in Rom (1840) gespielt, ebenso wie eine biblische Variante (*Giuda Maccabeo*). St. Petersburg erlebte 1836 eine russische Fassung als *Karl der Kühne*. International durchgesetzt hat sich dagegen die erstmals im Sommer 1831 in Lucca aufgeführte musikalische Bearbeitung Pietro Romanis mit der italienischen Übersetzung Calisto Bassis. Der Hauspoet der Mailänder Scala hatte auch schon Rossinis *Le siège de Corinthe* und *Moïse et Pharaon* übersetzt.
Spieldauer: ca. 4 Stunden (1. Akt: ca. 70 min.; 2. Akt: ca. 70 min.; 3. Akt: ca. 60 min.; 4. Akt: ca. 35 min.).

Heinrich Marschner

* 16. August 1795 in Zittau
† 14. Dezember 1861 in Hannover

Statt Jura zu studieren, wandte sich der früh mit Kompositionen hervorgetretene Sohn böhmischer Handwerker ganz der Musik zu. Sein Mentor war der Thomaskantor Johann Gottfried Schicht. 1817 wurde er Musiklehrer des Grafen

Zichy in Preßburg, wo er seine ersten Opern schrieb, darunter *Heinrich IV. und D'Aubigné* (durch C. M. von Weber in Dresden 1820 uraufgeführt). Seit 1821 in Dresden, wurde er 1824 Musikdirektor der dortigen Oper. Mit dem Singspiel *Der Holzdieb* (1825, mit dem Text des *Freischütz*-Librettisten Kind) führte er die von Weber begründete deutsche Nationaloper fort. 1827–1831 musikalischer Leiter der Oper in Leipzig, errang er hier große Erfolge mit *Der Vampyr* (1827) und *Der Templer und die Jüdin* (1829). Zu einem Schlüsselwerk der deutschen romantischen Oper wurde *Hans Heiling*, ein Werk, das 1833, während Marschners Zeit als Hofkapellmeister der Oper in Hannover (1831–1859), in Berlin herauskam. Marschner blieb noch einige Zeit erfolgreich, besonders in Kopenhagen. Allerdings zerschlugen sich seine Hoffnungen, in Berlin die Nachfolge Spontinis anzutreten, der Ruhm Meyerbeers, dann auch Wagners, überstrahlte ihn. In seinen letzten Jahren war Marschner fast vergessen.
Zu Lebzeiten genoß er unter Musikern wie Mendelssohn und Schumann, später auch Pfitzner, hohe Wertschätzung als eigenständiger Schöpfer eines dramatischen, mit Vorliebe das Gespenstisch-Dämonische schildernden Operntypus; seine Titelgestalten sind meist gespaltene Persönlichkeiten, die archetypisch den romantischen Helden verkörpern.

Hans Heiling

Romantische Oper in einem Vorspiel und 3 Akten. Text von Eduard Devrient. Uraufführung am 24. Mai 1833 in Berlin, Königliches Opernhaus.

Philipp Eduard Devrient (11. 8. 1801 Berlin – 4. 10. 1877 Karlsruhe), Neffe des berühmten Schauspielers Ludwig Devrient, ging wie seine beiden Brüder Karl und Emil zur Bühne. Als Musiker war er Schüler Zelters und sang seit 1819 Bariton an der Königlichen Oper in Berlin. In Mendelssohns berühmter Wiederaufführung der *Matthäus-Passion* von Bach 1829 wirkte er als Christus mit. Nach 1831 trat er als Schauspieler auf, war 1844–1846 Regisseur in Dresden und leitete 1852–1870 das Karlsruher Hoftheater.

Der Verfasser einer *Geschichte der deutschen Schauspielkunst* und mehrerer Libretti sang bei der Uraufführung des *Hans Heiling* die Titelrolle.

Personen: Die Königin der Erdgeister (Sopran) – Hans Heiling, ihr Sohn (Bariton) – Anna, seine Braut (Sopran) – Gertrud, ihre Mutter (Alt) – Konrad, burggräflicher Leibschütz (Tenor) – Stephan, Dorfschmied (Baß) – Niklas, Schneider (Sprechrolle) – Erdgeister, Bauern, Hochzeitsleute, Spielleute, Schützen u. a.

Ort und Zeit: Das böhmische Erzgebirge, im 14. Jahrhundert.

Vorspiel. Im »tiefsten Grund der Erde« entsagt Hans Heiling seinem Herrschaftsanspruch über das Geisterreich. Das ist die Bedingung, um sich für immer mit einer Irdischen verbinden zu dürfen. Heiling erfüllt sie freudig für Anna, trotz aller Warnungen seiner Mutter und der Erdgeister vor einem Leben als unglücklich zwiespältiges Doppelwesen.
1. Akt. Im düsteren Studierzimmer seines Hauses besuchen ihn Anna und ihre Mutter, die ihre Tochter zur – übrigens längst beschlossenen – Heirat mit dem reichen Mann drängt. Anna fühlt sich unwohl in dieser unfrohen Umgebung, auch kreisen ihre Gedanken mehr um Konrad, und als sie ein von der Geisterkönigin mitgegebenes Zauberbuch erblickt, das beim Aufschlagen sich zu bewegen beginnt, verlangt sie, daß Heiling es verbrennt. Damit ist die Verbindung zum Erdreich zerrissen, sein ganzes Glück, gesteht er Anna, liege nun allein bei ihr. Er offenbart ihr mit aller Leidenschaft seine Liebe (Arie *An jenem Tag, da du mir Treue versprochen*). Auf einem Dorffest, zu dem zu gehen sie den ihr immer ein wenig unheimlichen Heiling überredet hat, bittet Konrad Heiling um einen Tanz mit Anna. Heiling schlägt die Bitte ab, dennoch läßt sich Anna von Konrad auf den Tanzboden ziehen. Heiling fühlt sich tief getäuscht: »Sie hat mich nie geliebt.«
2. Akt. Allein auf dem nächtlichen Heimweg in einsamer Landschaft, grübelt Anna über ihr Treueversprechen gegenüber Heiling und die Liebe zu Konrad nach. Da erscheint ihr die Königin der Erdgeister, um ihr Heilings Herkunft zu eröffnen und sie drohend vor der Heirat mit ihrem Sohn zu warnen. Konrad findet sie völlig verwirrt und begleitet sie

nach Hause. Zum Mißfallen der Mutter macht Konrad hier Anna einen Heiratsantrag, und das gerade in dem Augenblick, da Heiling kommt, um ihr den Brautschmuck zu überreichen. Entsetzt flieht Anna in Konrads Arme und entlarvt Heiling als Erdgeist. Heiling sticht Konrad nieder und flieht.
3. Akt. Die Menschenliebe und -treue verspottend und verfluchend, bittet Heiling um Rückkehr in sein Erdreich. Die Geister aber erklären ihn seiner Herrschaft verlustig; überdies sei seines Liebchens Bräutigam kaum verletzt und das Paar werde morgen Hochzeit feiern. Dem Verzweifelnden reichen aber auf geheime Weisung der Königin die Erdgeister dann doch Krone und Zepter seines Reiches. Im Vollbesitz seiner Geistermacht schwört Heiling Rache. – Während der Trauzeremonie erscheint Heiling (Arie *Ha! Ihr glaubt euch schon am Ziel*), und als Braut und Bräutigam nach altem Brauch sich mit verbundenen Augen suchen müssen, ergreift er Annas Hand. Sie stürzt vor ihm nieder und bittet um Schonung wenigstens für Konrad, dessen gezückte Schwertklinge an Heilings Brust abbricht. Es wird urplötzlich Nacht, und die Königin der Erdgeister erscheint. Sie gebietet Heilings Rache Einhalt und holt ihn in ihr Reich zurück, in dem aller Schmerz ein Ende haben werde.

Sein Freund Felix Mendelssohn Bartholdy war es, dem Devrient das Textbuch ursprünglich zugedacht hatte. Weil aber Mendelssohn zu viele Ähnlichkeiten mit Webers *Freischütz* darin fand, lehnte er ab. So schickte Devrient das Libretto vier Jahre später, 1831, (anonym!) an Marschner. Im August 1832 war die Komposition bereits abgeschlossen. Der Opernerzählung liegt eine auch durch die Brüder Grimm überlieferte böhmische Sage zugrunde, doch hielt sich Devrient an die Fassung in Theodor Körners Erzählung *Hans Heilings Felsen* (nicht an den zeitgenössischen *Hans Heiling*-Roman [1800] von Christian Heinrich Spieß).
Der dramaturgische Antagonismus Heiling – Anna / Konrad und Königin – Gertrud wird von Marschner ganz unter dem Aspekt des im Vorspiel dargelegten Konflikts behandelt. Die Menschen gewinnen in dem Charakterdrama kaum Pro-

fil, sie dienen nur als Stationen auf Heilings Weg der bitteren Erkenntnis, seinem gescheiterten Versuch, als ein nach menschlicher Liebe sich sehnender Geist seine Natur mit der des Menschen zu verbinden. Anders als in dem ebenfalls in Böhmen spielenden *Freischütz*, Marschners Ideal, treiben in *Hans Heiling* die mächtigen Geister nicht nur vorübergehend ihr Unwesen, sie sind allgegenwärtig. Und Geistermacht allein bewirkt zum guten Ende die Wiederherstellung der irdischen und der unterirdischen Ordnung.
Das durchkomponierte Vorspiel, die dann erst folgende, als »Charaktergemälde« ohne Motive aus der Oper angelegte Ouvertüre, die 19 durch Dialoge und Rezitative verbundenen Nummern zeigen immer wieder das Bestreben, traditionelle Arien-Formen aufzulösen. Das belegen die beiden eindringlichen Melodramen Gertrudes (Nr. 12, Melodram und Lied *Des Nachts wohl auf der Heide*) und Heilings (Nr. 14, Melodram und Arie *Ich bin am Ziel*), die Konfrontation Annas mit der Königin (Nr. 9) und die Auftritte der Erdgeister. Die Oper, für die Marschner eine Arie (Heilings *Ha! Ihr glaubt euch schon am Ziel*) nachkomponiert und Teile erweitert hatte, hielt sich bis zu Beginn des 20. Jahrhunderts auf den deutschen Bühnen. Auch sie hat Hans Pfitzner einer Bearbeitung unterzogen, ohne sie für das Repertoire später ganz zurückgewinnen zu können.
Spieldauer: ca. 2¾ Stunden.

Gaetano Donizetti

* 29. November 1797 in Bergamo
† 8. April 1848 in Bergamo

Donizetti verdankt seine musikalischen Grundlagen in Komposition, Gesang, Klavier und Bratsche Simon Mayr, einem der prominentesten italienischen Komponisten der Zeit, Kapellmeister an S. Maria Maggiore in Bergamo. Mayr ermöglichte seinem Meisterschüler den Kompositionsunterricht beim großen Musiktheoretiker Abbate Mattei in Bologna 1815–1817 und verschaffte ihm 1817 einen Vertrag für eine reisende Operntruppe. Für diese komponierte Donizetti 4 Opern; daneben produzierte er in raschester Folge geistliche Werke und sinfonische Musik. Mit dem durch Mayr vermittelten Auftrag zu *Zoraide di Granata* und dem Erfolg dieser Oper in Rom 1822 begann der eigentliche Aufstieg Donizettis, der nach dem Verzicht Rossinis, nach dem Tod Bellinis und vor den Erfolgen des jungen Verdi die führende Position unter den italienischen Opernkomponisten einnehmen sollte. Domenico Barbaia, einflußreicher Impresario in Neapel, Wien und Mailand, bot Donizetti daraufhin sofort einen Vertrag an. Neben seinen Verpflichtungen für das Teatro di San Carlo in Neapel schrieb er Opern für Rom, Palermo, Genua und, leider erfolglos, für die Scala, insgesamt 23 Werke, bis es ihm 1830 mit *Anna Bolena* gelang, von einem der vielgefragten zum berühmten Komponisten mit internationaler Karriere zu werden. Wohl schrieb er in der Folge einige Opern von kaum mehr als momentanem Interesse, doch mit *L'elisir d'amore / Der Liebestrank* (1832), vor allem aber mit *Lucrezia Borgia* (1833) und *Maria Stuarda* (1835) kreierte Donizetti – häufig in Zusammenarbeit mit Felice Romani – den Erfolgstyp der romantischen Primadonnenoper, zu dem auch *Sancia di Castiglia* (1832), *Parisina* (1833) und *Gemma di Vergy* (1834) gehören. Quasi als Gegenentwurf dazu entstanden Opern, in denen er die außergewöhnlichen dramatischen Fähigkeiten des Baritons Giorgio Ronconi herausstellte: *Il furioso all'isola di San Domingo* (1833), *Torquato Tasso* (1833). 1835 arbeitete er zum erstenmal in Paris, wo er die damals besten Arbeitsbedingungen vorfand, die ihn – neben Problemen mit der neapolitanischen Zensur – dazu veranlaßten, sich 1839 ganz dort niederzulassen. Doch zunächst gelang ihm mit *Lucia di Lammermoor* seine neben *Elisir d'amore* und *Don Pasquale* populärste Oper, die zudem als einzige seiner ernsten Opern nie aus dem Repertoire verschwand. Mit *La fille du régiment / Die Regimentstochter* (1840) und *La Favorite / Die Favori-*

tin (1840) zollte er den Gattungen der französischen Opéra-comique und Grand opéra Tribut. Bei allem Erfolg konnte Donizetti aber nicht die Mittel erwerben, die ihm erlaubt hätten, sich, wie Rossini, zur Ruhe zu setzen. 1842 leitete er in Wien die Uraufführung seiner *Linda di Chamounix*, was ihm den Titel eines kaiserlichen Hofcompositeurs eintrug. Bei seinen letzten Opern erzielte er mit *Don Pasquale* 1843 in Paris nochmals einen beispiellosen Sensationserfolg im Genre der komischen Oper. Mit *Maria di Rohan* (1843), *Dom Sebastien, roi de Portugal* (1843) und – als 74. und letzte Oper – *Caterina Cornaro* (1844) gelangen ihm zuletzt hochambitionierte, wiewohl stilistisch sehr verschiedenartige Werke. Kurz darauf äußerten sich die Folgen einer Syphilis-Erkrankung, die im Januar 1846 zur Einlieferung in ein Sanatorium nötigten. Im Herbst 1847 brachten ihn ein Bruder und ein Neffe nach Bergamo zurück, wo Donizetti in völliger Geistesverwirrung starb.

Viva la Mamma!

Le convenienze ed inconvenienze teatrali
(Sitten und Unsitten der Leute vom Theater)

Zur Opera buffa in 2 Akten erweiterte einaktige Farsa. Text von Gaetano Donizetti nach A. S. Sografi. Uraufführung der Oper am 20. April 1831 in Mailand, Teatro Canobbiana. Uraufführung der Farsa *Le convenienze teatrali* am 21. November 1827 in Neapel, Teatro Nuovo.

Donizetti selbst scheint den Text zu seinen *Sitten und Unsitten der Leute vom Theater* nach den Komödien *Le convenienze teatrali* (1794) und *Le inconvenienze teatrali* (1800) des Bühnenschriftstellers Antonio Simone Sografi (1759–1818) verfaßt zu haben. Ungesichert ist die Beteiligung von Domenico Gilardoni (1798 Neapel bis 1831 Neapel), der Donizetti 1827–1831 die Texte zu 11 seiner frühen Opern, darunter *Il borgomastro di Saardam*, *L'esule di Roma*, *Il diluvio universale* und *Fausta*, geschrieben hat.

Personen: Corilla, Primadonna einer Operntruppe, Interpretin der

Ersilia (Sopran) – Procolo (auch: Stefano), ihr Mann (Baß) – Luigia, Seconda Donna der Truppe (Sopran) – Dorotea, die Altistin, Interpretin des Romulus (Alt) – Guglielmo, der Tenor (Tenor) – Mamma Agata, Mutter Luigias (Bariton) – Biscroma Strappaviscere, Komponist (Baß) – Prosper Salsapariglia, Dichter (Tenor) – Impresario (Baß) – Bürgermeister (Baß) – Weitere Mitglieder der Operntruppe, Wachen, Publikum u. a.

Ort und Zeit: Italien, um 1830.

Diese Parodie auf den zeitgenössischen Opernbetrieb ist ein Bilderbogen aus Einzelszenen, zusammengehalten von einem Handlungsgerüst, der Einstudierung einer hochdramatischen Opera seria, bei der sich Mamma Agata als robuste Kämpferin beim Ergattern der größten Rolle und der schönsten Arie für ihre Tochter hervortut, schließlich selbst eine (Bariton-)Rolle übernimmt und zu guter Letzt das ganze Unternehmen durch beherztes Eingreifen vor dem Ruin rettet.

1. Akt. Bei den Proben zur großen Oper »Romulus und Ersilia« liegen sich die Beteiligten über den Umfang und die Bedeutung ihrer Rollen ständig in den Haaren. Mamma Agata brüskiert die Primadonna, worauf diese sich weigert, mit Luigia, die nur die zweite Sängerin ist, aufzutreten. Dorotea ist auch beleidigt und rauscht kurzerhand ab, wodurch sich Mamma Agata trotz ihrer kläglichen Stimme zu der Erklärung berechtigt fühlt, deren Rolle zu übernehmen. Und als der Tenor es Dorotea gleichtut, will Procolo als Einspringer fungieren. Der Zwist spitzt sich allerseits zu, und da nach dem Abgang zweier Stars der Ruin des Unternehmens befürchtet werden muß, hat keiner mehr Lust, weiterzuproben.

2. Akt. Mamma Agatas Versuch, vom Impresario einen Vorschuß zu erpressen, schlägt fehl, und die anschließende Probe eröffnet angesichts der kläglichen Leistungen von Agata und Procolo die Aussicht auf ein vollendetes künstlerisches Fiasko. Den Höhepunkt setzt die Nachricht, daß die Stadt die Aufführung von der Stellung einer Kaution abhängig mache. Wer aber hat Geld beim Theater? Mamma Agata – sie versetzt ihren Schmuck und rettet so die Aufführung. Einhelliger Applaus: Viva la Mamma!

Parodien auf den Theaterbetrieb gehörten seit Benedetto Marcellos *Il teatro alla moda* (um 1721) zu den beliebten Themen der Opernbühne. Mit der einaktigen Farsa stellte sich Donizetti während eines Galaabends als Nachfolger Rossinis in Neapel vor; mit der zweiaktigen Opera buffa festigte er vier Jahre später in Mailand, wo er kurz zuvor mit *Anna Bolena* triumphiert hatte, seinen glänzenden Ruf.
Da die hier persiflierte Ästhetik der Opera seria und damit viele Anspielungen für heutige Zuschauer unwichtig geworden sind, beruht der Reiz der Oper nun weitgehend auf der Besetzung der Mamma Agata mit einem Baßbuffo und den stets aktuellen satirischen Seitenhieben auf Primadonnenlaunen, auf Gefallsucht und Dummheit von Künstlern. Die Gefahr der Klamotte und einer aufgepappten Aktualisierung liegt natürlich nahe. Unter dem Titel *Viva la Mamma!* hat sich, vor allem in Deutschland, die zweiaktige Fassung, welche erst 1963 in Siena wiederaufgeführt worden war, seit 1969 (München, deutsche Fassung von Horst Goerges und Karlheinz Gutheim) durchgesetzt.
Spieldauer: ca. 1½ Stunden.

Anna Bolena

Tragedia lirica in 2 Akten. Text von Felice Romani. Uraufführung am 26. Dezember 1830 in Mailand, Teatro Carcano.

Felice Romani s. Rossini, *Der Türke in Italien*, S. 178. Das Libretto folgt zwei Schauspielstücken, Marie-Joseph de Cheniers *Henri VIII* (1791) und *Anna Bolena* des Grafen Alessandro Ercole Pepoli (1788).

Personen: Enrico VIII / Heinrich VIII., König von England (Baß) – Anna Bolena / Anna Boleyn, seine Gattin (Sopran) – Giovanna di Seymour / Jane Seymour, Hofdame Annas (Mezzosopran) – Lord Riccardo Percy (Tenor) – Smeton, Page und Vorsänger der Königin (Mezzosopran) – George Boleyn, Lord Rochefort / Rochford, Annas Bruder (Baß) – Sir Hervey, Offizier des Königs (Tenor) – Höflinge, Damen Annas, Jäger, Pagen, Soldaten, Wachen, Gerichtspersonal u. a.

Ort und Zeit: Windsor und London, 1536.

Heinrich VIII. hat sich von seiner zweiten Gattin, Anna Boleyn, abgewandt und Jane Seymour zu seiner Mätresse gemacht. Indem er Anna beschuldigt, mit ihrem Jugendfreund Lord Percy ein Verhältnis zu haben, sucht er sich seiner Gattin auf legale Weise zu entledigen und Jane Seymour zu seiner dritten Gattin zu machen. Die Intrige des Königs gelingt, und Anna Boleyn wird hingerichtet.
1. Akt. Die Höflinge auf Schloß Windsor beklagen die Leidenschaft des Königs für Giovanna di Seymour, die Hofdame der Königin. Anna, die von dem Verhältnis nichts ahnt, sich aber im eitlen Glanz ihrer hohen Stellung ohnehin nicht glücklich fühlt, wird durch ein Lied Smetons an ihre einstige Liebe zu Percy erinnert. Sie mahnt Giovanna, sich nie vom Glanz der Krone verführen zu lassen. Durch diese Worte beunruhigt – sie glaubt, ihre Liebe zum König sei von Anna entdeckt worden –, offenbart Giovanna dem König ihren Konflikt zwischen ihrer Liebe zu ihm und der Treue zu Anna (Duett *Anna pure amor m'offria / Auch Anna bot mir Liebe*). Heinrich verspricht ihr, dem ein Ende zu setzen; er werde sie bald vor den Altar führen und Anna, die ihn immer betrogen habe, bestrafen lassen. – Annas Bruder Rochefort ist erstaunt, Lord Percy, dem vom Hof verbannten einstigen Geliebten seiner Schwester, in Windsor zu begegnen. Percy ist gekommen, um vom König seine Begnadigung zu erbitten. Indem Heinrich VIII., inmitten des Hofstaates von der Jagd zurück, sie ihm gewährt, hofft er, Anna, die Percys Anwesenheit verwirrt hat, in eine Falle zu locken; er läßt seine Gattin und Percy von Hervey heimlich überwachen. – Smeton wird unfreiwillig Zeuge eines Gesprächs zwischen Anna, die er glühend verehrt, und dem sie mit leidenschaftlichen Liebesgeständnissen bestürmenden Percy. Sie muß zu Vernunft und Verzicht raten (Duett *Ah! Per pietà del mio spavento / Ach, erbarme dich meiner Angst*), worauf Percy in seiner Verzweiflung zu einem Dolch greift, um sich zu töten. Smeton glaubt, er wolle die Königin angreifen und stürzt zu ihrem Schutz aus seinem Versteck. Im gleichen Moment erscheinen der König und sein Hof. Dem Pagen entfällt ein Medaillon mit dem Porträt Annas –

der König sieht seinen Verdacht bestätigt und läßt alle drei abführen.
2. Akt. Entsetzt über diese Vorgänge sucht Giovanna die Königin im Gefängnis auf und drängt sie, durch ein Schuldbekenntnis wenigstens ihr Leben zu retten. Der König habe eine andere und diese andere, bekennt sie, sei sie, Giovanna, selbst. Anna begegnet diesem Geständnis mit Größe: Sie vergibt Giovanna. – Um Annas Leben zu retten, habe Smeton gestanden, ihr Liebhaber gewesen zu sein, so berichtet Hervey. Percy versichert dem König Annas Unschuld; er sei aber vor dem Himmel mit ihr vermählt, eine Äußerung, die Heinrichs ganzen Zorn weckt (Terzett *Fin dall'età più tenera / Schon im zartesten Alter*). Von Gewissensqualen gepeinigt, bittet Giovanna den König, sie freizugeben – umsonst. Hervey verkündet das Todesurteil der Richter über Anna, Percy und Smeton, selbst über Annas Bruder Rochefort. – Im Tower von London wird Percy und Rochefort mitgeteilt, daß sie begnadigt würden, aber weil Anna verurteilt bleibt, sind beide entschlossen, das Schicksal der Königin zu teilen. Diese wirkt in ihrem Kerker auf heitere Weise wie von Sinnen, ganz den Erinnerungen an ihre Liebe zu Percy hingegeben (*Piangete voi? – Al dolce guidami / Weint ihr? – Führt mich zum Trauten*). Sie empfängt ihre Mitgefangenen zum Abschied, darunter Smeton, der sich heftig anklagt, durch sein falsches Geständnis gerade das Gegenteil von dem erreicht zu haben, was er erreichen wollte. Beim Geläut der Hochzeitsglocken für Giovanna und Heinrich sinkt Anna mit Worten der Vergebung für das neue Königspaar auf den Lippen in geistige Umnachtung.

Nachdem er 1822 mit *Chiara e Serafina* an der Scala durchgefallen war, ging es Donizetti darum, bei nächster Gelegenheit in Mailand einen Erfolg zu erzwingen. Sie kam 1830, wenn auch nur am kleinen Teatro Carcano. Mit Felice Romanis *Anna Bolena* war das paradigmatische Schema von Donizettis Erfolgsopern kreiert: Im Mittelpunkt steht die heroisch leidende, im Wahnsinn endende Unschuld, um sie herum ein hochromantisch wirkendes mittelalterliches Am-

biente. In der lyrisch-emphatischen Grundstimmung der Musik sind Stilmerkmale seines Konkurrenten Bellini übernommen.
Und in der Tat: »Erfolg, Triumph, Delirium: es war, als ob das Publikum verrückt geworden wäre«, konnte Donizetti seiner Frau von der Uraufführung mitteilen. Es war seine 35. Oper, in rund einem Monat in der Villa seiner Primadonna Giuditta Pasta am Comer See komponiert. Obwohl er die traditionellen Nummern und Einteilungen der Opera seria beibehielt, gelang es Donizetti, mit mehrgliedrigen Szenenkomplexen, z. B. Annas von Einwürfen des Chores und der Solisten unterbrochene Finalszene, eine dramatisch eindringliche Wirkung zu erreichen. Donizettis spezifischer Stil bricht in den federnden Stretta-Steigerungen der Duette durch, während die ausschwingenden Linien und die beseelte Melodik der Ensembles den Einfluß Bellinis verraten. Musikdramatische Effekte, üppige Melodik, virtuose Stimmbehandlung und packende Situationen machten *Anna Bolena* zu einem Höhepunkt des Erfolgs in der Nach-Rossini-Ära: 1831 in London und Paris, 1833 in Wien, 1834 in Dresden. Nach der Wiederaufnahme 1956 in Bergamo wurde die Mailänder Aufführung 1957 mit der Callas (in der Inszenierung Luchino Viscontis) zu einem Eckpfeiler der Donizetti-Renaissance im 20. Jahrhundert.
Spieldauer: ca. 2½ Stunden (1. Akt: ca. 70 min.; 2. Akt: ca. 75 min.).

Der Liebestrank

L'elisir d'amore

Melodramma in 2 Akten. Text von Felice Romani nach Eugène Scribe. Uraufführung am 12. Mai 1832 in Mailand, Teatro della Canobbiana.

Felice Romani (s. Rossini, *Der Türke in Italien*, S. 178) fand den Stoff zum *Liebestrank* im Libretto *Le philtre*, das Scribe (s. Boieldieu, *Die weiße Dame*, S. 150) für Auber verfaßt hatte (Uraufführung am 20. Juni 1831 in Paris).

Personen: Adina, eine reiche junge Pächterin (Sopran) – Nemorino, ein junger Bauer (Tenor) – Belcore, Sergeant (Bariton) – Dulcamara, ein Quacksalber (Baß) – Giannetta, Bauernmädchen (Sopran) – Ein Notar, ein Diener, ein Mohr (stumme Rollen) – Bauern, Bäuerinnen, Soldaten u. a.

Ort und Zeit: Ein baskisches Dorf, Ende des 18. Jahrhunderts.

Erst über Umwege finden der schüchterne Nemorino und die reiche Adina zusammen. Adina macht Nemorino mit dem feschen Sergeanten Belcore eifersüchtig, während Nemorino auf den Liebestrank des zweifelhaften Wunderdoktors Dulcamara setzt.

1. Akt. Nemorino ist einfach zu schüchtern, um Adina seine Liebe zu zeigen, wie er sich seufzend eingesteht, während er sie beim Lesen inmitten ihrer rastenden Erntearbeiter verzückt betrachtet (Kavatine *Quanto è bella, quanto è cara / Wie schön sie ist, wie lieb sie ist*). Adina liest amüsiert und gerührt aus der Geschichte von »Tristan und Isolde« vor, die durch einen Zaubertrank zusammenfanden. Nach einem solchen Trank sehnen sich alle, nicht zuletzt Nemorino. Da ertönt Trommelklang: Soldaten ziehen ins Dorf, an ihrer Spitze der Draufgänger Belcore, der Adina unverzüglich und ziemlich gockelhaft den Hof macht (*Come Paride vezzoso / Lieblich wie ein Paris*). Sie weist ihn kokett zurück, gewährt ihm aber Quartier mit seinen Soldaten. Und den schüchternen Nemorino, der sich ein paar Worte zu sagen traut, setzt sie einem Wechselbad von Komplimenten und Demütigungen aus. Für seine Liebe gebe sie nicht ihre Freiheit auf, mal da, mal dort das Leben zu genießen. Wieder Trompeten: Der Wunderarzt Dulcamara hat seinen Auftritt. Er preist den staunenden Bauern seine Mittelchen an (*Udite, udite, o rustici / Hört, hört, ihr Leute!*). Nemorino kauft einen Liebestrank, der in Wahrheit nichts als eine Flasche Bordeaux ist, und erhält dazu den Hinweis, die Wirkung setze erst nach 24 Stunden ein (wenn Dulcamara längst über alle Berge ist) (Duett *Voglio dire / Ich will sagen*). Nemorino trinkt sich gleich einen Schwips an und zeigt sich so, im Vorgefühl seines baldigen Erfolges, ganz überlegen und gleichgültig gegen Adina. Selbst ihr Gegenzug, das Verspre-

chen, Belcore demnächst die Hand zu reichen, reizt ihn nur zum Lachen. Doch es sieht ernst aus: Belcore wird abkommandiert, die Hochzeit soll deshalb sofort stattfinden. Nemorino wird wieder bang und ängstlich, er fleht, von Belcore heftig beschimpft und von Adina insgeheim bedauert, um nur einen einzigen Tag Aufschub, weil sich doch dann erst die Wirkung seines Trankes einstellt. Wer jetzt aber lacht, sind all die andern.

2. Akt. Im Hof des Landgutes wird zu Ehren des Brautpaares gefeiert. Dulcamara improvisiert eine Stegreifkomödie; Adina spielt die umworbene Spröde. So gibt sie sich auch in Wirklichkeit: Den Hochzeitskontrakt will sie erst in Anwesenheit Nemorinos unterschreiben, angeblich, um ihre Rache an ihm voll genießen zu können. Man zieht sich mit dem Notar ins Haus zurück. Nemorino erscheint tief bedrückt und möchte von Dulcamara eine zweite Flasche des Elixiers, hat aber kein Geld mehr. Um es sich zu verschaffen, läßt er sich von Belcore, der ihn damit endgültig ausgeschaltet glaubt, für ein Handgeld als Soldat anwerben (Duett *Venti scudi? / Zwanzig Taler?*). Unterdessen verbreitet Giannetta die Nachricht, Nemorino sei durch den Tod eines Onkels eine bedeutende Erbschaft zugefallen, worauf die Dorfschönen, wie verwandelt, den Glückspilz anzuschwärmen beginnen. Nemorino hält dies für die erneuerte Wirkung seines Wundertrankes. Adina sieht es mit einiger Pein, zumal ihr Belcore Nemorinos Verpflichtungserklärung gezeigt hat. Sie nimmt sich vor, ihrer wahren Liebe zu folgen und Nemorino zurückzuerobern, und zwar mit wirksameren Mittelchen als denen, die ihr Dulcamara anpreist; ein Blick genüge ... Nemorino hat eine Träne in Adinas Augen gesehen und deutet dies als Zeichen ihrer Zuneigung (Romanze *Una furtiva lagrima / Heimlich aus ihrem Auge sich eine Träne stahl*). Und so ist es: Adina hat Belcore den Vertrag abgekauft. Sie gesteht ihm nun, weshalb (*Prendi, per me sei libero / Nimm, du bist frei für mich*). Belcore zieht mit süßsaurer Miene ab. Dulcamaras Zaubertrank, der, wie sich zeigte, zur Liebe auch Reichtum verschafft, findet reißenden Absatz.

Obwohl am 13. März 1832 sein *Ugo, conte di Parigi* mit dem Star Giuditta Pasta an der Scala durchgefallen war, ließ sich Donizetti nicht unterkriegen und stellte genau zwei Monate später seinen *Liebestrank* am Teatro della Canobbiana vor. Romani hatte das Libretto in kürzester Zeit verfaßt – mit ihren bitteren Untertönen eine der glücklichsten Eingebungen auf dem Gebiet der komischen Oper –, Donizetti das ganze Werk in etwa vierzehn Tagen komponiert. Seine übersprudelnde Musik mißt sich an Rossini und anderen Großmeistern der Opera buffa. Wie Romani die Welt Goldonis beschwört, so läßt Donizetti die Idyllik eines Paisiello oder Cimarosa auferstehen, verleiht der komischen Oper aber durch die Mischung von Buffa- und Seria-Elementen wie durch die Auflösung der Einzelnummern neue Akzente. Neben den kurzen, melodisch effektvollen Nummern, unter ihnen auffallend viele Duette, Quartette sowie ein Terzett, finden sich rührende, ausdrucksvolle Arien wie Nemorinos *Una furtiva lagrima*, vielleicht Donizettis berühmteste Tenor-Arie (mit obligater Harfe und Englischhorn), und Adinas *Prendi, per me sei libero.* Donizetti sieht seine Figuren nicht durch die Brille des mitleidlosen Zynikers wie Rossini, sondern zeichnet sie mit nachsichtigem Humor, mit hoher Charakterisierungskunst. So stehen die beiden Buffo-Rollen, Belcore und Dulcamara, eigenwertig neben dem Liebespaar, der von koketter Lebenslust zu wahrer Empfindung sich wandelnden Adina und dem bis zum guten Ende so leidenschaftlich aufrichtigen wie arg naiven Nemorino.

Elisir d'amore wurde einer der größten Erfolge Donizettis wie der komischen Oper überhaupt und gehört noch heute zu den Zaubertränken des Repertoires. Die erste deutsche Übersetzung stammt von Johann Christoph Grünbaum (für die deutsche Erstaufführung in Berlin am 26. Juni 1834), andere vom Dirigenten Felix Mottl, der das Werk auch musikalisch bearbeitete (1906), von D. Wolf / L. Nedomansky / W. Hessel (1962) und J. Popelka (1966).

Spieldauer: ca. 2 Stunden (1. Akt: ca. 70 min.; 2. Akt: ca. 55 min.).

Lucia di Lammermoor

Dramma tragico in 3 Akten. Text von Salvatore Cammarano nach Walter Scotts *The Bride of Lammermoor.* Uraufführung am 26. September 1835 in Neapel, Teatro San Carlo.

Salvatore Cammarano (19. 3. 1801 Neapel – 17. 7. 1852 Neapel), Maler, Dramatiker und Regisseur, entstammte einer neapolitanischen Theaterfamilie und trat 1834 erstmals als Librettist hervor. Barbaia machte ihn als Nachfolger Gilardonis zum Hofdichter der königlichen Bühnen in Neapel. Für Donizetti, mit dem ihn eine enge Freundschaft verband, entstanden nach *Lucia di Lammermoor* u. a. die Texte zu *L'assedio di Calais* (1836), *Belisario* (1836), *Pia de Tolomei* (1837), *Maria de Rudenz* (1838), *Maria di Rohan* (1843) und *Poliuto* (1848). Als ihn Verdi für *Alzira* (1841) auswählte, gehörte der durch Romani beeinflußte Cammarano zu den führenden Librettisten Italiens; es folgten für Verdi *La battaglia di Legnano*, *Luisa Miller* und *Il trovatore*; außerdem entstanden 9 Texte für Mercadante und 6 für Pacini (darunter *Saffo*). Cammarano bediente sich spanischer und englischer Vorlagen und wurde zum Hauptlieferanten bühnenwirksamer romantischer Libretti.

Personen: Lord Enrico Asthon (= Ashton; Bariton) – Lucia, seine Schwester (Sopran) – Edgardo di Ravenswood (Tenor) – Lord Arturo Bucklaw (Tenor) – Raimondo Bidebent, Lucias Erzieher und Vertrauter (Baß) – Alisa, Lucias Zofe (Mezzosopran) – Normanno, Hauptmann der Truppen von Ravenswood (Tenor) – Edelleute, Verbündete Asthons, Bewohner von Lammermoor, Pagen, Bedienstete u. a.

Ort und Zeit: Schloß Ravenswood und der Turm von Wolferag in Schottland, Ende des 16. Jahrhunderts.

Um die Macht seiner Familie zu sichern, drängt Asthon seine Schwester Lucia in eine ungewollte Ehe. Als ihr Geliebter Edgardo während des Hochzeitszeremoniells erscheint und sie der Untreue beschuldigt, wird Lucia wahnsinnig, ersticht in der Hochzeitsnacht ihren Gatten und bricht tot zusammen. Edgardo begeht daraufhin Selbstmord.

1. Akt. Normanno äußert gegenüber Asthon den Verdacht, dessen Schwester Lucia liebe Edgardo Ravenswood, den

von seinem Besitz vertriebenen Erzfeind; sie sehe ihn täglich. Als Jäger diesen Verdacht bestätigen, schwört Lord Asthon, er werde das Paar auseinanderbringen (*Cruda, funesta smania / Grausame, unheilvolle Erregung*). – Am Brunnen im Schloßpark ihren Geliebten erwartend, erzählt Lucia ihrer Zofe, daß ihr der Geist eines ermordeten und an dieser Stelle bestatteten Ravenswood erschienen sei (*Regnava nel silenzio / In tiefem Schweigen lag die Nacht*). Edgardo muß ihr mitteilen, daß er beauftragt wurde, anderntags nach Frankreich zu reisen. Beide tauschen ihre Ringe und schwören sich ewige Liebe (Duett *Sulla tomba / Am Grabe*).

2. Akt. Lord Enrico zwingt seine widerstrebende Schwester mit Hilfe eines gefälschten Briefes, der Edgardo als untreuen Geliebten denunziert, zur Hochzeit mit Lord Bucklaw, damit Enrico und sein an Mitteln und Einfluß geschwächtes Haus gerettet werden. Lucia ist so entmutigt, daß sie sich den Tod wünscht. Erst auf Raimondos Zureden ist sie zu diesem Opfer bereit, läßt sich Bucklaw zuführen und unterschreibt den Ehevertrag. In diesem Augenblick erscheint Edgardo (Sextett *Chi me frena / Wer hält mich zurück*) und gibt sich als einzig legitimer Bräutigam Lucias aus. Als ihm Raimondo den unterzeichneten Vertrag zeigt, entreißt er Lucia den Ring und verflucht sie.

3. Akt. In seinem letzten Besitz, dem Turm von Wolferag, erhält Edgardo den überraschenden Besuch Asthons, der ihn seinen Triumph spüren lassen will. Edgardos Antwort ist die Forderung zum Duell. – Auf Schloß Ravenswood unterbricht Raimondo das lärmende Festtreiben mit der Nachricht, daß Lucia ihren Gatten im Brautbett ermordet habe. Lucia, offensichtlich vom Wahnsinn erfaßt, erscheint selbst, und in ihren Erzählungen vermischen sich das Erlebnis der Hochzeit und Erinnerungen an das Glück mit Edgardo (»Wahnsinnsarie« *Il dolce suono / O süße Töne*). Asthon erkennt in tiefer Bestürzung seine Schuld. – Als Edgardo, der im Duell den Tod suchen wollte (Rezitativ und Arie *Tombe degli avi miei / Ihr Gräber meiner Ahnen – Frapoco a me ricovero / Dies Herz, das heiß und treu geliebt*), die Nachricht gebracht wird, daß Lucia gestorben sei, gibt er sich selbst

den Tod, um endlich, im Jenseits, ihr nahe zu sein (*Tu che a Dio spiegasti l'ali / Die du zu Gott die Flügel breitest*).

Walter Scotts wohl berühmtester Roman, *The Bride of Lammermoor* (1819), war schon vor Donizetti auf die Opernbühne gebracht worden, u. a. von Michele Carafa (*Le nozze di Lammermoor*, 1829), Luigi Rieschi (*La fidanzata di Lammermoor*, 1831), Giuseppe Bornacini (*Ida*, 1833) und Alberto Mazzucato (1834). Auf diesen Vorläufern aufbauend, konnte Cammarano ein leidenschaftliches, knapp und wirkungsvoll konzipiertes Drama schreiben. Die komplizierte Vorgeschichte bleibt in beiläufigen Dialogen versteckt, und der von Scott detailliert beschriebene politische Hintergrund klingt nur an. In der Konzentration der Handlung auf die Hauptfiguren dominieren die ekstatischen Geständnisse und ein romantisch-melancholisches Ambiente. Lucia, Edgardo und Enrico sind gleichsam als Archetypen festgelegt: Ihr Handeln entspricht weniger den Forderungen nach zwingender psychologischer Deutung als der fortwährend variierten und gesteigerten Äußerung der Lebensmächte Liebe, Treue und Haß.
Donizetti entsprach dieser Dramaturgie mit einer feurigen, melodisch eindringlichen und alle Opernschemata leidenschaftlich beiseite wischenden Partitur; mit der nachgestellten Sterbeszene Edgardos, also eines Tenors, wagte er es, gegen die Konventionen, die das Finale der Primadonna zuwiesen, zu verstoßen. Lucias Wahnsinnsarie, Bravournummer par excellence aller Koloratursopranistinnen, bildet mit den Einwürfen des Chores und der Solisten einen großen szenischen Komplex. Die Koloraturen sind Ausdrucksträger eines in Traumvisionen entrückten Deliriums. Donizetti nahm hier die Stimmung der Auftrittsarie Lucias, *Regna va nel silenzio*, auf, die »somnambulen« Melodielinien Bellinis fortführend, und steigerte den Gesamteindruck durch die irisierende Virtuosität der begleitenden Flöte.
Lucia di Lammermoor erlebte einen unvergleichlichen Triumph und steht bis heute als Synonym für Donizettis Kunst. 1837 wurde die Oper in Wien (deutsch von C. E. Käßner) und in Paris, 1838 in London, 1843 in New York erstaufge-

führt. Deutsche Fassungen gibt es u. a. von Max Ettinger, Fritz Schalk, G. F. Kogel, Joachim Popelka (1963) und Curt Haug. Die üblichen zahlreichen Kürzungen (beispielsweise der 1. Szene des 3. Aktes) und Transpositionen wurden erst durch die von Jesús López Cobos vorgelegte Revision (1979) korrigiert. Der von den leichten Koloratursopranen vereinnahmten Titelrolle hat Maria Callas (erstmals 1952) ihre tragische Dimension zurückgegeben.
Spieldauer: ca. 2½ Stunden (1. Akt: ca. 40 min.; 2. Akt: ca. 45 min.; 3. Akt: ca. 55 min.).

Die Regimentstochter

La fille du régiment / La figlia del regimento

Opéra-comique in 2 Akten. Text von Jules-Henri Vernoy de Saint-Georges und Jean-François-Alfred Bayard. Uraufführung am 11. Februar 1840 in Paris, Opéra-Comique (Salle des Nouveautés).

Jules-Henri Vernoy Marquis de Saint-Georges (7. 11. 1799 Paris bis 23. 12. 1875 Paris) war Romancier und einer der führenden Librettisten Frankreichs (»Ewiger Vater des Librettos«), seit 1829 Direktor der Opéra-Comique. Zu seinen – meist mit anderen verfaßten – mehr als 80 Libretti gehören auch Arbeiten für Adam, Auber, Flotow, Halévy und Bizet (*La jolie fille de Perth*). – Jean-François-Alfred Bayard (17. 3. 1796 Charolles – 19. 2. 1853 Paris), ein Jurist, war ebenfalls äußerst erfolgreich mit Bühnenstücken, meist Lustspielen für das Théâtre du Vaudeville, wurde Mitarbeiter Scribes (auch dessen Schwager) und Verfasser von mehr als 200 Libretti für das Genre der Opéra-comique.

PERSONEN: Marie, eine junge Marketenderin (Sopran) – Tonio, ein junger Tiroler (Tenor) – Die Marquise de Berkenfield / Marchesa di Maggiorivoglio (Mezzosopran) – Hortensius / Hortensio, Hofmeister der Marquise (Baß) – Sulpice, Sergeant (Baß) – Ein Korporal (Baß) – Die Herzogin de Crakentorp / Duchessa di Craquitorpi (Alt) – Ein Bauer (Tenor) – Ein Notar (Sprechrolle) – Französische Soldaten, Tiroler Landleute, Bedienstete u. a.

ORT UND ZEIT: Tirol, um 1815.

1. Akt. Die vor den französischen Truppen geflüchtete Marquise von Berkenfield, eine ältere ledige Frau, erlebt die Angst und Sorge der Tiroler vor dem Feinde mit. Von dem alten Haudegen Sulpice angeführt, rückt ein Trupp vom 2. französischen Regiment an und mit ihm Marie, die als Findelkind von den Soldaten adoptiert wurde und ihnen seither als kesse Marketenderin folgt. Sulpice, ihr eigentlicher Pflegevater, muß nun von ihr hören, daß sie sich in einen Feind verliebt hat, in den Tiroler Tonio, den man im gleichen Moment vorführt, um ihn als Spion zu hängen. Marie wirft sich dazwischen und erklärt, dies sei der Mann, der sie kürzlich in den Bergen vor dem Absturz gerettet habe. Sofort geben die Soldaten den Lebensretter »ihrer« Tochter frei und stimmen mit ihr und Tonio das Regimentslied an: *Chacun le sait / Weiß nicht die Welt.* In einem Liebesduett (*Quoi? Vous m'aimez? / Wie, du liebst mich?*) macht Marie ihrem allzu kühnen, sein Leben riskierenden Tonio klar, man habe sein Leben für die Liebe zu schonen. Das Erscheinen der Marquise vor den aufmarschierenden Soldaten (Chor *Rataplan*) bringt eine unerwartete Wendung: Zufällig erfährt sie im Gespräch mit Sulpice von Umständen und schriftlichen Beweisen, daß Marie die Tochter ihrer Schwester ist. Die Marquise besteht nun darauf, daß Marie sie auf ihr angestammtes nahes Schloß begleite (insgeheim: damit ihr die derben Soldatenmanieren abgewöhnt werden). Sie nimmt Marie mit auf ihr Schloß; Tonio, der sich zum Eintritt ins Regiment bereit erklärt (*Ah! mes amis / O meine Freunde*), weil nur ein Soldat dieser Truppe sie heiraten darf, bleibt verzweifelt zurück, fast ebenso alle ihre »Väter«.

2. Akt. Im Schloß der Marquise, ein Jahr später. Für Marie ist eine standesgemäße Heirat mit dem Sohn der Herzogin von Crakentorp vorbereitet. Sie versteht sich jetzt auf Etikette, singt aber immer noch lieber das Regimentslied als eine der neckischen Schäferspielballaden, sehr zur Freude von Sulpice, der nach einer Verwundung ins Haus aufgenommen worden ist. Um so größer ist ihre Freude, als das Regiment sie besuchen kommt – und der zum Offizier beför-

derte Tonio. Er hält bei der Marquise um Maries Hand an, und weil die Marquise ablehnt, offenbart er, daß Marie gar nicht ihre Nichte sei, wie er inzwischen wisse; Marie sei also frei. Diese Überraschung nötigt die Marquise zu einer zweiten: dem Geständnis, unter vier Augen mit Sulpice, daß Marie ihre leibliche Tochter ist, der sie durch die Heirat mit dem Herzog Rang und Stand zurückgeben wolle, ohne den eigenen Fehltritt offenbaren zu müssen. Dann empfängt sie die Hochzeitsgäste und den Notar – in Abwesenheit des verhinderten Bräutigams und der unterdessen von Sulpice ins Bild gesetzten Braut. Da marschiert Tonio mit seinem Regiment an, »zum Schutz unserer Tochter«, wie sie erklären. Damit ist Maries Vergangenheit der adligen Gesellschaft deutlich. Dann, als Marie gehorsam den Ehevertrag trotz allem unterschreiben will, entscheidet sich die Marquise: Nicht der Herzog, sondern Tonio sei der Bräutigam – unter tosendem Jubel der Soldaten und würdevoller Entrüstung der feinen Gesellschaft.

Den Stil der französischen komischen Oper repräsentiert Donizettis *Regimentstochter* in Vollkommenheit, mit einer wirkungsvollen Lustspielouvertüre, melancholischen Liedern für Marie, naiv draufgängerischen Arien für Tonio, schmissigen *Rataplan*-Chören für die Soldaten und altmodisch gesetzten Weisen für die Rokoko-Welt der Marquise. Dazu wirkt die Verwendung pastoraler Elemente wie eine Verbeugung vor Rousseau. Neben Marie, die vom derben Regimentslied (*Chacun le sait*) über den elegischen Abschied Ende des 1. Aktes (*Il faut partir / Ich muß fort!*) bis zur schmerzvollen Arie im 2. Akt (*Par le rang / Mit hohem Rang*) innerhalb komisch-sentimentaler Grenzen eine Entwicklung durchmacht, bleiben Sulpice, Tonio und die Herzogin nur Chargen in einer durch das Aufeinanderprallen von derbem Soldatenleben und aristokratischer Welt komisch wirkenden Lustspielhandlung, die im 2. Akt allerdings an Witz verliert. Der Sänger des Tonio kann dank der Arie *Pour mon âme / Welche Wonne*, einer Tour de force für jeden hohen Tenor, der sich achtmal zum hohen C aufschwin-

gen muß, der besonderen Aufmerksamkeit des Publikums gewiß sein. – Noch populärer als die bereits überaus erfolgreiche Pariser Uraufführung wurde die italienische, 1841 in Rom erstaufgeführte Version (italienisch von Calisto Bassi), für die Donizetti die Prosatexte durch Rezitative sowie einige Arien durch alternative Szenen ersetzte.
Das wohl wegen seines hier und da aufscheinenden plumpen Patriotismus und des martialischen Kolorits vernachlässigte Werk (an der Opéra-Comique gab es die Tradition, die Oper am 14. Juli, dem Nationalfeiertag, aufzuführen) erfuhr nach dem 2. Weltkrieg durch Joan Sutherland und Luciano Pavarotti (London 1966) eine glanzvolle Ehrenrettung.
Spieldauer: ca. 2 Stunden (1. Akt: ca. 75 min.; 2. Akt: ca. 45 min.).

Die Favoritin

La favorite / La favorita

Oper in 4 Akten (5 Bilder). Text von Alphonse Royer und Gustave Vaëz. Uraufführung am 2. Dezember 1840 in Paris, Opéra (Salle Le Peletier).

Das Autorengespann Alphonse Royer (1803–1875) und Gustave Vaëz, eigtl. Jean Nicolas Gustave van Nieuwenhuyzen (1812 bis 1862), das für Donizetti bereits die französische Fassung der *Lucia di Lammermoor* angefertigt hatte (Paris 1839), arbeitete für *La favorite* ein eigenes Bühnenstück, *L'ange de Nisida* (*Der Engel von Nisida*) um. Für Verdi schufen sie die französische Fassung der *Lombardi* als *Jérusalem* (1847). Vaëz schrieb auch den Text zu Donizettis Einakter *Rita* (postum 1860).

Personen: Alphonse XI. / Alfonso XI, Re di Castiglia / Alfonso XI., König von Kastilien (Bariton) – Léonor de Gusmann / Leonora di Gusman / Leonor di Guzman, Mätresse des Königs (Mezzosopran) – Fernand / Fernando (Tenor) – Balthazar / Baldassare, Abt des Klosters Sankt Jakob von Compostela (Baß) – Don Gaspar / Don Gasparo, Offizier des Königs (Tenor) – Inès / Ines, Vertraute Léonors (Sopran) – Ein Edler (Tenor) – Höflinge, Page, Wachen, Mönche, Novizen, Pilger u. a.

Ort und Zeit: Kastilien, um 1350.

1. Akt. Im Kloster von Compostela gesteht der Novize Fernand dem Abt Balthazar seine Liebe zu einer unbekannten Schönen und bittet, aus dem Kloster entlassen zu werden. Balthazar segnet den jungen Mann und läßt ihn ziehen. – Auf einer Insel vor der portugiesischen Küste trifft Fernand heimlich seine Geliebte Léonor, die ihm jedoch ihre Identität nicht enthüllt. Sie weist auch seinen Heiratsantrag zurück und teilt Fernand schweren Herzens mit, daß sie sich nie wiedersehen können. Um die Zukunft ihres Geliebten zu sichern, übergibt sie Fernand ein Offizierspatent. Fernand hält Léonor für eine gesellschaftlich hochstehende Dame, die ihn wegen seiner niederen Herkunft nicht heiraten kann; einzig der König wäre ein würdiger Gatte für seine Geliebte.
2. Akt. König Alfonso erfährt von einem Sieg seines Feldherrn Fernand über die Mauren. Doch in Gedanken ist der König bei seiner Geliebten und sucht einen Weg, sich von seiner Gattin, der Tochter Balthazars, scheiden zu lassen. Léonor, die sich als Geliebte des Königs am Hof aufhält, klagt über ihre Stellung und macht Alfonso Vorwürfe. Um sie zu besänftigen, veranstaltet der König ein Fest. Inzwischen fängt Don Gaspar einen Liebesbrief an Léonor ab. Sie streitet nicht ab, einen anderen zu lieben, ohne jedoch Fernands Namen zu verraten. Nun erscheint Balthazar und droht dem König, daß er sich durch eine Scheidung den Zorn des Papstes wie der Kirche zuziehen werde. Als der König auf seiner Absicht beharrt, verflucht Balthazar die Ehebrecher.
3. Akt. Alfonso empfängt den siegreichen Fernand und gesteht ihm die Erfüllung eines Wunsches zu. Fernand bittet um die Hand Léonors, die ihm der König freudig überläßt, um somit die lästig gewordene Geliebte loszuwerden. Vergebens versucht Léonor, Fernand vor der rasch anberaumten Trauung über ihre Vergangenheit aufzuklären. Durch die Höflinge und Balthazar erfährt dieser anschließend die Wahrheit, worauf er den Hof und seine Gattin verläßt und in das Kloster zurückkehrt.
4. Akt. Im Kloster bittet Fernand, der Léonor nicht verges-

sen kann, um inneren Frieden. Vollkommen erschöpft folgte Léonor ihm ins Kloster und hofft auf seine Verzeihung. Nur langsam weicht Fernands Zorn seiner alten Liebe zu ihr, und er ist bereit, Léonor zu vergeben. Doch sein Wunsch, mit ihr zu fliehen, kommt zu spät; Léonor stirbt in seinen Armen.

La favorite ist die Umarbeitung der für das Théâtre de la Renaissance bereits 1839 fertig komponierten Oper *L'ange de Nisida* und ihre Erweiterung zur Grand opéra. Donizetti entsprach damit dem Wunsch des Direktors der Pariser Opéra nach einem neuen, angemessenen Bühnenwerk für sein Haus. Die Einbeziehung von Stücken seiner unvollendeten Opern *Adelaide* und *Le duc d'Albe* (daraus die Tenor-Arie *Ange si pur*) beeinträchtigten dabei in keiner Weise den geschlossenen Gesamteindruck des Werkes, das ebenso brillant und exemplarisch den Geist der Grand opéra verkörpert, wie das auf der anderen Seite für die als originäre Opéra-comique begrüßte *Fille du régiment* gilt.
Donizetti bewies in seiner 62. Oper eine Meisterschaft der Instrumentation und Orchesterbehandlung, die ihn weit über seine Zeitgenossen hinaushebt. Innerhalb der großen Tableaus erregen die ariosen Nummern durch suggestive melodische Erfindungen Aufmerksamkeit. Die Gesangslinien stehen im Dienst der dramatischen Handlung und entwickeln sich im weitgehenden Verzicht auf verzierte Passagen aus schlicht-eindringlichen melodischen Einfällen. Beispiele sind im 3. Akt Alfons' *Pour tant d'amour / A tanto amor / Einer so großen Liebe*, das anschließende Lamento Léonors (*O mon Fernand / O mio Fernando / O mein Fernand*), die musikalisch wie dramaturgisch bis dahin bedeutendste Mezzo-Partie der Opernbühne, oder im 1. Akt Fernands Romanze *Un ange, une femme inconnue / Una vergine, un angiol / Eine Jungfrau, ein Engel* und seine Arie im 4. Akt *Ange si pur / Spirto gentil / Süßer Geist*. Weitere Höhepunkte sind das Finale des 3. Aktes sowie die Divertissements, obligate Bestandteile der französischen Oper.
Die Uraufführung mit den Spitzenkräften der Opéra wurde ein respektabler Erfolg. Doch außerhalb Frankreichs über-

lebte die Oper in ihrer italienischen Version als *La favorita* (italienisch von Calisto Bassi, Mailand 1843). In dieser textlich wie musikalisch verfälschten Version begegnet man dem Werk heute noch. Die deutschsprachige Erstaufführung hatte 1841 in Kassel stattgefunden.
Spieldauer: ca. 2¾ Stunden (1. Akt: ca. 40 min.; 2. Akt: ca. 50 min.; 3. Akt: ca. 40 min.; 4. Akt: ca. 40 min.).

Don Pasquale

Dramma buffo in 3 Akten. Text von Giovanni Domenico Ruffini und Gaetano Donizetti. Uraufführung am 3. Januar 1843 in Paris, Théâtre-Italien (Salle Ventadour).

Giovanni Domenico Ruffinis (20. 9. 1807 Genua – 3. 11. 1881 Taggia) Libretto entstand, unter erheblicher Mitarbeit Donizettis, als Bearbeitung eines Textes von Angelo Anelli (s. Rossini, *Die Italienerin in Algier*, S. 176) zu Stefano Pavesis (1779–1850) Oper *Ser Marc' Antonio* (1808). Weil die Zusammenarbeit mit Donizetti problematisch verlaufen war, zog Ruffini seinen Namen später zurück. Der immer noch umlaufende »Michele Accursi« war ein in Paris im Exil lebender Literat, der Ruffini auf Pavesis Libretto stieß.

Personen: Don Pasquale, ein alter Junggeselle (Baß) – Doktor Malatesta, Arzt und Freund Don Pasquales (Bariton) – Ernesto, Neffe Don Pasquales (Tenor) – Norina, eine junge Witwe (Sopran) – Ein Notar (Baß) – Modistin, Friseur, Haushofmeister, Diener und Kellner.

Ort und Zeit: Rom, zu Beginn des 19. Jahrhunderts.

Nach uralter Commedia-dell'arte-Weise wird erzählt von dem alten Hagestolz Don Pasquale, der eine junge Frau sucht und dabei tüchtig an der Nase herumgeführt wird. Am Schluß ist er froh, diese Frau, Norina, an seinen Neffen Ernesto loszuwerden.
1. Akt. Der alte, reiche Don Pasquale hat die Absicht, zu heiraten und eine Familie zu gründen, damit das Erbe nicht seinem Neffen Ernesto, der gegen den Willen des Onkels die arme Witwe Norina liebt, zufällt. Als Vermittler bietet

sich der Doktor Malatesta an. Die von ihm gerühmte Kandidatin (Romanze *Bella siccome un angelo / Schön wie ein Engel*) sei seine eigene, im Kloster erzogene Schwester. Pasquale ist hochentzückt (Kavatine *Un fuoco insolito / Ein ungewohntes Feuer*). Ernesto trifft die Mitteilung seines Onkels, daß er selbst bald heiraten werde, tief. Bestürzt ist er auch über den Verrat Malatestas, den er für seinen Freund hielt. Norina, durch ein Buch animiert, rühmt sich ihrer Reize und Schliche bei Männern (Kavatine *So anch'io la virtù / Auch ich versteh mich auf die Tugend*). Doch ein wenig kommt ihre Selbstsicherheit ins Wanken durch einen Abschiedsbrief von Ernesto, bis ihr Malatesta erklärt, was er für sie und Ernesto plant: Sie solle seine Schwester Sofronia, die es gar nicht gibt, spielen, sanft und schüchtern bis zur »Heirat« vor einem falschen Notar, und danach als kleiner Teufel dem Alten die Ehehölle so heiß machen, daß er bald aufgibt.

2\. Akt. Enttäuscht von seinen Freunden will Ernesto die Heimat verlassen. Indessen beginnt Norinas Spiel: Sie gibt sich so ängstlich und unerfahren, daß Pasquale, vor Wonne fast vergehend, gleich nach einem Notar ruft. Der Doktor besorgt ihn umgehend. In die Unterzeichnung des Ehevertrags platzt Ernesto, der sich verabschieden will. Malatesta kann ihn rasch über den geplanten Coup aufklären und zum Zeugen einer hochkomischen Eheschließung bestellen. Und dann geht es, wie geplant: Kaum hat »Sofronia« den Ehekontrakt in der Hand, entlarvt sie sich als zänkisches, herrsch- und verschwendungssüchtiges, aufmüpfiges Weibsstück.

3\. Akt. Pasquales Haus quillt über von Kleidern, Hüten, Pelzen der jungen Herrin; der Hausherr hat alle Hände voll mit Rechnungen. Es kommt zum Streit, der damit endet, daß Sofronia ihrem Gatten eine Ohrfeige verpaßt. Pasquale ist vernichtet. Sofronia rauscht voll Spott davon, dabei ein Briefchen fallen lassend, eine Verabredung zum Rendezvous mit ihrem Liebhaber. Der Doktor und Ernesto können sich gleich darauf von der Wirkung dieses letzten Schlages auf Don Pasquale überzeugen. Selbstverständlich steht Malatesta ganz zu Pasquales Verfügung, wenn es gilt, das Pärchen in flagranti zu ertappen (Duett *Cheti, cheti immantinente / Ganz im stillen*). Ernesto spielt den im Garten wartenden Liebhaber und singt für Sofronia-Norina ein Ständchen, in das sie einstimmt (*Com' è gentil la notte / Wie freundlich ist die Nacht*). Als Pasquale und Malatesta auf sie zustürzen, ist Ernesto verschwunden, und Sofronia streitet alles ab. Jetzt fädelt Malatesta die Lösung ein: Es werde eine andere Frau ins Haus müssen und zwar Norina, als Frau seines Neffen. »Norina? Eher verlasse ich das Haus«, spielt Sofronia die Entsetzte – genau das ist es, was Pasquale will. Also stimmt er zu, sein Neffe soll Norina haben, damit er Sofronia los wird. Tableau: Sofronia gibt sich zu erkennen, Ernesto ist sogleich wieder da, und Pasquale, der die Lektion begriffen hat, gibt zum glücklichen Ende seinen Segen für das junge Paar.

Nachdem die Opera buffa sich eigentlich schon überlebt hatte, beschwor Donizetti noch einmal den Geist der musikalischen Typenkomödie und schuf unter Verwendung eines alteingeführten Stoffes (vgl. Pergolesis *La serva padrona*) ein Meisterwerk der italienischen komischen Oper. Die historische Distanz zur Buffa inspirierte ihn zu einer überschäumend komischen, reizvoll leichtfüßigen Musik, die ihren Witz vornehmlich im Duett entfaltet und sich in den Arien eher reflektierend und melancholisch zeigt. Die Duette entwickeln sich zur rasanten Steigerung des Parlandos und überhöhen die Dialoge zu artifiziellen Kunstfiguren (z. B. Pasquale / Malatestas hinreißendes Duett im 3. Akt *Cheti, cheti immantinente*), die Arien geben sich selbstverliebt der eigenen Schönheit hin (Ernestos Serenade *Com' è gentil*). Die beiden Chornummern im 3. Akt, in denen die Diener die Zustände im Haus kommentieren, haben packendes Eigenleben; der 2. Akt endet mit einem animierenden Ensemble-Finale, der 3. mit einem kurzen Rundgesang. Donizetti verbindet die geschlossenen Nummern zwar mit konventionellen Seccorezitativen, durchdringt aber innerhalb der Nummern das alte Buffa-Schema mit so viel prik-

kelnder Komödiantik, gestischer Ausdruckskraft und lebhafter Deklamation, daß dieser Abgesang auf die Komödienwelt des 18. Jahrhunderts bis heute nichts von seiner funkelnden Brillanz einbüßte. Vor allem aber gelang es Donizetti, den Figuren individuelle Züge zu verleihen und die Buffa zur Charakterkomödie umzubilden. In der Auseinandersetzung zwischen Norina und Pasquale im 3. Akt (*Signorina, in tanta fretta / Fräulein, in solcher Eile*) bricht nach Norinas Ohrfeige das Spiel zusammen, und Pasquale wird in seiner bitteren Selbsterkenntnis zu einer durchaus tragischen Figur. Daß Donizetti die Oper nach Auflösung aller Intrigen mit einem raschen, kurzen Rondo abschließt, entspricht dann wieder den Konventionen. Der *Don Pasquale* ist das wichtigste Bindeglied zwischen der reinen Opera buffa und Verdis und Puccinis späten Versuchen mit der Komödie im *Falstaff* und *Gianni Schicchi*.
Noch im Jahr der Uraufführung wurde der *Don Pasquale* in Mailand, Wien und London gespielt und verschwand, als dankbares Stück auch für kleinste Bühnen geeignet, bis heute nicht von den Spielplänen. Deutsche Übersetzungen stammen von H. Proch, Otto Julius Bierbaum, M. Koeth / C. Riha sowie J. Popelka.
Spieldauer: ca. 2 Stunden (1. Akt: ca. 45 min.; 2. Akt: ca. 35 min.; 3. Akt: ca. 40 min.).

Jacques Fromental Halévy

* 27. Mai 1799 in Paris
† 17. März 1862 in Nizza

Jacques François Fromental Élie Halévy, eigtl. Elias Lévi, war der Sohn eines aus Fürth stammenden Schriftstellers. Schon früh ließen sich seine musikalischen Fähigkeiten erkennen, und 1808 trat er in das Pariser Konservatorium ein,

wo sich 1811 Cherubini seiner annahm. Cherubini lenkte auch später entscheidend seine Karriere. 1819 gewann Halévy den mit einem Studienaufenthalt verbundenen Rom-Preis, die höchste Auszeichnung für junge Künstler. Von 1827 an unterrichtete er selbst am Conservatoire. 1829–1845 war er »Chef du chant« an der Pariser Opéra, und seit 1836 gehörte er der Académie des Beaux-Arts an. Erste Achtungserfolge als Opernkomponist erzielte Halévy 1827 mit *L'artisan*, der ersten von zahlreichen Gemeinschaftsarbeiten mit dem Librettisten Vernoy de Saint-Georges, und 1829 mit *Clari*. Den Höhepunkt seines Schaffens markiert *La juive* (1835), deren Wirkung keines seiner späteren Opernwerke erreichen konnte, auch nicht die seinerzeit vielgespielte Kammeroper *L'éclair* (1835). Nach mehreren Opéras-comiques kehrte er 1852 mit *Le juif errant* nochmals auf das Feld der Grand opéra zurück.

Die Jüdin

La juive

Oper in 5 Akten. Text von Eugène Scribe. Uraufführung am 23. Februar 1835 in Paris, Opéra (Salle Le Peletier).

Eugène Scribe s. Boieldieu, *Die weiße Dame*, S. 150.

PERSONEN: Prinzessin Eudoxie, Nichte des Kaisers (Sopran) – Der Jude Eleazar (Tenor) – Rachel, Eleazars Tochter (Sopran) – Kardinal Jean-François de Brogni, Präsident des Konzils (Baß) – Leopold, Reichsfürst (Tenor) – Ruggiero, Bürgermeister der Stadt Konstanz (Baß) – Albert, Unteroffizier der kaiserlichen Leibwache (Baß) – Waffenherold des Kaisers (Baß) – Offizier des Kaisers (Tenor) – Majordomus des Kaisers (Baß) – Ein Henker (Baß) – Zwei Männer aus dem Volk (Tenor, Baß) – Kaiser Sigismund (stumme Rolle) – Kurfürsten, Reichsherzöge und -herzoginnen, Reichsfürsten und -fürstinnen, Kardinäle, Bischöfe, Ritter, Edeldamen, Büßerinnen, Bannerträger, Offiziere, Gefolge des Kaisers, Bürger und Bürgerinnen von Konstanz, Juden, Jüdinnen u. a.

ORT UND ZEIT: Konstanz, 1414, zu Beginn des Konzils.

1\. Akt. Es ist Feiertag in Konstanz. Man erwartet den Kaiser zur Eröffnung des Konzils. Aus dem Münster klingt das Tedeum, vor der Kirche aber erregen sich die Konstanzer über den jüdischen Goldschmied Eleazar, in dessen nahem Haus am christlichen Festtag gearbeitet wird. Ruggiero, der das Fest zur Feier von Leopolds Sieg über die Hussiten proklamiert, läßt die fanatisierte Menge Fenster und Tür an Eleazars Haus einschlagen und droht ihm, der bereits seine Söhne auf den Scheiterhaufen der Christen sterben sah, mit dem Tod. Da erscheint Kardinal Brogni, der Eleazar kennt; er hat ihn einst aus Rom ausgewiesen. Er gibt den Goldschmied frei und bittet ihn um Vergebung, Eleazar aber will nichts verzeihen. – Nachdem sich die Menge verlaufen hat, nähert sich Leopold dem Haus des Goldschmieds, um einige Worte mit Rachel zu wechseln; beide lieben sich – er hat sich deshalb ihr gegenüber als Jude ausgegeben. Wieder strömt das Volk zusammen in Erwartung des Kaisers (und des Weins, der aus allen Brunnen fließen soll), und wieder bedrängt es Rachel und Eleazar, bis Albert, auf Order Leopolds, ihren freien Weg sichert. Der prunkvolle Einzug des kaiserlichen und päpstlichen Gefolges drängt alles andere Geschehen beiseite.
2\. Akt. In Eleazars Haus wird Passah gefeiert, mit Leopold. Ein überraschender nächtlicher Kunde erweist sich als Prinzessin Eudoxie, die ein Schmuckstück für die bevorstehende Hochzeit mit Leopold – der sich unerkannt im Halbdunkel hält – erwerben möchte. Danach gesteht Leopold der irritierten Rachel, schließlich auch Eleazar, daß er Christ ist. Der Goldschmied schwört ihm blutige Rache für den Verrat.
3\. Akt. In Anwesenheit von Kaiser und Kardinal finden die Hochzeitsfeierlichkeiten von Eudoxie und – einem zu Tode betrübten und geängstigten – Leopold statt. Rachel erkennt jetzt, wer ihr Geliebter ist; sie enthüllt in aller Öffentlichkeit ihrer beider verbotene Beziehung. Eleazar fordert höhnisch gleiches Recht für alle – Leopolds Bestrafung. Brogni stößt Leopold aus der Kirche und läßt ihn verhaften, aber auch Eleazar und Rachel werden als seine Verbündeten festgenommen.

Gaetano Donizetti: Der Liebestrank
Deutsche Oper Berlin

Gaetano Donizetti: Anna Bolena
Bregenzer Festspiele 1986

4. Akt. Eudoxie bittet Rachel, ihre Anschuldigung gegen Leopold zurückzunehmen. Anfangs noch zur Rache fest entschlossen (»Teilen wollt er mit dir sein Leben, nun teile er mit mir den Tod!«), ringt sich Rachel zu diesem Opfer durch. Beide Frauen fühlen sich einander nahe in der Liebe zu Leopold. In einer anderen Begegnung beschwört Brogni den Goldschmied, Christ zu werden, um seine Tochter zu retten. Eleazar weist diesen Gedanken empört zurück. Er werde sterben, zuvor aber an einem Christen noch Rache nehmen – an Brogni. Er erinnert ihn an die Plünderung Roms durch die Neapolitaner, als Brogni seine Familie verlor, und enthüllt ihm, daß damals ein Jude seine, Brognis, Tochter gerettet habe; er wisse, wo sie sei, werde es ihm aber nie sagen. Im Selbstgespräch äußert danach der alte Jude seine Gewissensqual, Rachel, eben das von ihm aus dem Feuer gerettete Kind Brognis, nun selbst wieder ins Feuer (des Scheiterhaufens) zu stoßen.
5. Akt. Die Hinrichtung der Juden ist vorbereitet; das Urteil für Leopold lautet auf Verbannung. Während Rachel den Scheiterhaufen besteigt, tritt Brogni neben Eleazar und fragt ihn leise nochmals nach dem Schicksal seiner Tochter. Das ist Eleazars Triumph: Er zeigt auf die sterbende Rachel: »Dort ist dein Kind.« Dann geht er selbst dem Tod entgegen.

Wie in den Opern Meyerbeers gibt in Halévys *Jüdin* das geschichtliche Ereignis, das Konzil von Konstanz, lediglich das historische Kolorit für eine individuelle Schicksalstragödie ab (bezeichnenderweise war ursprünglich Goa und ein Inquisitionstribunal dafür vorgesehen); der Gegensatz von Christentum und Judentum, von Scribe mit der sicheren Hand des gewieften Dramatikers auf die Konflikte von Christlich / Jüdisch, Rache / Vergebung pointiert, wurde von Halévy primär für musikalische Kontraste, z. B. Tedeum / Passahfest, genutzt. Der ganze Konflikt verbirgt sich in der Vorgeschichte, während die Oper selbst den Gesetzen der sogenannten Enthüllungsdramaturgie folgt: Rachels unbekannter Geliebter stellt sich als Reichsfürst heraus, zudem

ist er quasi verheiratet und Christ; Brogni ahnt nicht, daß seine Tochter von Eleazar gerettet und als Tochter erzogen wurde, nur der Goldschmied kennt dieses Geheimnis; am Ende ist Rachel gar keine Jüdin. Wie sich Zug um Zug das Drama enthüllt, zeugt von großem dramatischem Geschick. Der Stoff ist von zeitlosem Interesse, die profilierte Figur des Juden, neben der die anderen Gestalten verblassen, ein wahrer »Shylock der Opernbühne« (Ulrike Hessler).
An dem wechselvollen Entstehungsprozeß der Oper hatte auch Adolphe Nourrit, der erste Sänger des Eleazar, Anteil; er betonte die väterlich-liebevollen Züge Eleazars und lieferte u. a. den Text zu dessen Arie im 4. Akt *Rachel, quand du Seigneur / Rachel, als der Herr.* Auffallend ist der melodische Überschwang in Rachels von Hörnern und Holzbläsern getragener Romanze im 2. Akt *Il va venir / Er wird kommen*, im anschließenden Duett mit Leopold (*Lorsqu' à toi je me suis donnée / Als ich mich dir gab*), auch Brognis *Si la rigueur / Wenn Unnachgiebigkeit*; dagegen bleiben die Chorszenen ohne Konturen, und auch Eudoxies Bolero im 3. Akt ist eine pure Bravournummer.
In der ersten Vorstellung, die durch grandiose und teure Ausstattung bestach und doch wenig Beifall fand, begründete Cornélie Falcon in der Titelrolle ihren Ruf. Nach ihr wurde der neue Stimmtypus der französischen Oper benannt (»soprano falcon«), der neben stimmlicher Beweglichkeit auch dramatischen Impetus erfordert. *La juive* gewann dann in der Uraufführungsserie rasch größten Erfolg und stand bis in die 30er Jahre des 20. Jahrhunderts auf den internationalen Spielplänen, wurde besonders in den deutschsprachigen Ländern – bis zum »Dritten Reich« in Deutschland selbst – sehr geschätzt; die Erstaufführung fand bereits am 29. 12. 1835 in Leipzig statt (deutsch von Karl August von Lichtenstein und Friederike Ellmenreich).
Spieldauer: ca. 3½ Stunden.

Albert Lortzing

* 23. Oktober 1801 in Berlin
† 21. Januar 1851 in Berlin

Lortzing erhielt früh Klavier-, Violin- und Cellounterricht; er trat bereits als Fünfjähriger in der Laienspielgruppe seiner Eltern auf. Als diese sich ganz dem Theater zuwandten, der Vater als Schauspieler, die Mutter als Soubrette, zog der Junge mit ihnen nach Breslau, wo eine Schauspielmusik zu Schillers *Bürgschaft* 1812 zu seinen ersten Kompositionsversuchen zählte. Nach Jahren der Wanderschauspielerei vervollständigte Lortzing seine musikalische Ausbildung. 1823 heiratete er die Schauspielerin Rosina Regina Ahles und trat nun häufig gemeinsam mit ihr und seinen Eltern auf. 1828 gelangte in Münster seine erste Oper *Ali Pascha von Janina* zur Aufführung, 1829 schrieb er eine Schauspielmusik zu Grabbes *Don Juan und Faust*, und 1832 folgte eine Reihe von Singspielen: *Der Pole und sein Kind*, *Der Weihnachtsabend*, *Andreas Hofer*, *Szenen aus Mozarts Leben.* In Leipzig machte Lortzing 1833 die Bekanntschaft Marschners und wurde von dem dortigen Prinzipal Friedrich Ringelhardt darin bestärkt, seine erste komische Oper, *Die beiden Schützen*, zu komponieren, die 1837 mit Lortzing selbst in der Rolle des Peter in Leipzig zur Uraufführung kam. Der Erfolg wurde noch im gleichen Jahr mit der Uraufführung von *Zar und Zimmermann* übertroffen. Zwei Jahre später folgte, erneut in Leipzig, die »große komische Oper« *Caramo*, 1840 *Hans Sachs*, 1841 *Casanova* und 1842 *Der Wildschütz*. 1844 versuchte sich Lortzing, der immer noch als Schauspieler und Sänger auftrat, erstmals als Dirigent. Doch nach der Magdeburger Uraufführung der *Undine* (1845) erhielt Lortzing die Kündigung seines Leipziger Engagements. Rettung in höchster Not bedeutete in dieser Situation die Berufung nach Wien auf eine Kapellmeisterposition am Theater an der Wien, wo 1846 *Der Waffenschmied* aus der Taufe gehoben wurde. Doch die neue Anstellung entwikkelte sich nicht so gut wie erhofft, und Lortzing gab seine nächste Oper *Zum Großadmiral* (1847) erneut nach Leipzig. Die 1848 entstandene Revolutionsoper *Regina* wurde erst 1899 in Berlin aufgeführt. Bereits 1848 sah sich Lortzing wieder ohne festes Engagement. Seine Hoffnung auf eine Anstellung in Leipzig (*Rolands Knappen*, 1849) oder Berlin zerschlug sich, und Lortzing versuchte, als reisender Schauspieler sein Auskommen zu finden. Endlich erreichte ihn im April 1850 ein Ruf als Kapellmeister an das Berliner Friedrich-Wilhelmstadt-Theater; doch auch dieser Vertrag sollte im Februar des folgenden Jahres auslaufen. Kurz zuvor (am 20. Januar) brachte Lortzing in Frankfurt seine letzte Oper *Die Opernprobe* heraus, deren Premiere der seit längerer Zeit kranke Komponist nicht mehr besuchen konnte. Am nächsten Tag starb er.

Mit der Theaterpraxis und den Kenntnissen, die er sich als Sänger, Librettist und Schauspieler erworben hatte, wurde Lortzing der Schöpfer einer komischen Oper mit Sprechtexten und teilweise sozialkritischen Untertönen, deren typisch deutsche Thematik und gemütlicher Humor einer Verbreitung im Ausland im Wege standen. Heute sind seine Werke fast nur noch an kleineren Bühnen anzutreffen, doch kein anderer deutscher Opernkomponist dürfte ähnlich viele »Evergreens« der Opernwunschkonzerte verfaßt haben wie der allseits wirkungssichere Lortzing.

Zar und Zimmermann

Komische Oper in 3 Akten. Text vom Komponisten. Uraufführung am 22. Dezember 1837 in Leipzig, Stadttheater.

Personen: Peter I., Zar von Rußland, unter dem Namen Peter Michaelow, Zimmergeselle (Bariton) – Peter Iwanow, ein junger Russe, Zimmergeselle (Tenor) – van Bett, Bürgermeister von Saardam (Baß) – Marie, seine Nichte (Sopran) – Admiral Lefort, russischer Gesandter (Baß) – Lord Syndham, englischer Gesandter (Baß) – Marquis von Chateauneuf, französischer Gesandter (Tenor) – Witwe Browe, Zimmermeisterin (Alt) – Ein Offizier

(Sprechrolle) – Ein Ratsdiener (Sprechrolle) – Holländische Soldaten, Einwohner von Saardam, Zimmerleute, Matrosen u. a.

Ort und Zeit: Saardam (Zaandam) in Holland, 1698.

1. Akt. Zar Peter I. arbeitet seit einem Jahr unter dem Namen Peter Michaelow als Zimmermann auf der Werft in Saardam, um den Schiffsbau zu lernen. Zu den Zimmergesellen gehört ein weiterer Russe, Peter Iwanow, der ihm gesteht, vom Militärdienst desertiert zu sein. Iwanow hält seine Liebe zu Marie in Saardam. Marie, eine selbstbewußte kokette Person, hat viele Verehrer, darunter den Marquis Chateauneuf, dessen Nachstellung Iwanows Eifersucht weckt. Admiral Lefort unterrichtet den Zaren von drohenden Revolten in Rußland, die sofortige Heimreise scheint geboten. Da fährt van Bett, ein aufgeblasener Wichtigtuer von Bürgermeister, dazwischen (*O sancta iustitia! Ich möchte rasen*). Er hat Order erhalten, einen gewissen Schiffszimmermann Peter beobachten zu lassen. In einem Verhör sämtlicher Werftarbeiter fällt van Betts Verdacht auf Iwanow, der ihm schon wegen seiner Liebe zu Marie suspekt ist. Als der englische Gesandte, Lord Syndham, inkognito an ihn herantritt mit der Bitte, gegen eine fette Belohnung unter den Zimmergesellen einen jungen Russen herauszufinden, gibt sich van Bett ganz überlegen, als sei er völlig im Bilde. Den verunsicherten Iwanow lockt er mit der Aussicht auf Maries Hand, »alles zu gestehen« – was das sein soll, davon hat van Bett keine Ahnung. Chateauneuf erkennt in Michaelow den Zaren und verabredet ein Gespräch mit ihm auf der eben beginnenden Hochzeit des Sohnes von Frau Browe.

2. Akt. Auf dem Fest unterbreitet Chateauneuf dem Zaren einen Bündnisvertrag. Iwanow reagiert auf die Anwesenheit des Marquis überaus gereizt, während sich Marie von ihm den Hof machen läßt und ihn gar um ein Lied bittet, worauf Chateauneuf eine zärtliche Weise anstimmt (*Lebe wohl, mein flandrisch Mädchen*). Lord Syndham und van Bett bemühen sich, in der Annahme, dieser sei der Zar, eingehend um den verblüfften Iwanow, der fürchtet, der Engländer wolle ihn im Auftrag der Russen aufspüren. Die Gespräche des Zaren mit dem Marquis und Admiral Lefort auf der einen und dem

Lord, van Bett und Iwanow auf der anderen Seite sind bestimmt von Mißtrauen und Mißverständnissen. Marie singt das Brautlied (*Lieblich röten sich die Wangen*). Lefort überbringt dem Zaren die Nachricht vom Aufruhr in Moskau, worauf der Zar unverzüglich aufbrechen will, doch da erscheint ein Offizier und läßt alle Fremden kontrollieren. Van Bett blamiert sich erneut, indem er nacheinander den Marquis, Lord Syndham und Admiral Lefort verdächtigt, schließlich die beiden Peter und zu guter Letzt überhaupt alle, die da sind, inhaftieren will. Das Fest endet in allgemeiner Prügelei.
3. Akt. Zu Ehren des Zaren, für den er Peter Iwanow noch immer hält, bereitet van Bett ein Fest vor und probt mit dem Chor eine Huldigungskantate. Marie bittet Michaelow, er solle ihren Peter Iwanow zum Thronverzicht überreden, damit er sie auch heirate. Michaelow macht ihr Mut, sie werde ihren Peter gewiß bekommen. Gerührt vergleicht er in Gedanken sein Schicksal als Zar mit der unbeschwerten Zukunft der beiden jungen Leute (*Sonst spielt ich mit Zepter*), die nicht aufhören, sich zu foppen; Marie tituliert ihren Peter fortwährend als Majestät. Die Sperrung des Hafens scheint die Abreise des Zaren zu verhindern, doch Iwanow überläßt ihm einen von Lord Syndham ausgefertigten Paß. Die von dem Bürgermeister ausgerichtete Feier mit Gesängen (*Heil sei dem Tag*) und einem Ballett (*Holzschuhtanz*) wird durch Kanonenschüsse unterbrochen: Das Schiff des Zaren läuft aus. »Verrat!« schreit van Bett. Marie und Iwanow fühlen sich von Michaelow betrogen. Iwanow öffnet einen Brief Michaelows und liest laut die Einwilligung des Zaren zur Heirat der beiden, zugleich Iwanows Ernennung zum Kaiserlichen Oberaufseher vor. Alle huldigen dem von seinem Schiff herübergrüßenden Zaren Peter I.

Das Sujet, die Studienreise von Zar Peter dem Großen in Westeuropa 1697/98, ist historisch belegt (er hielt sich 1697 sieben Tage in Zaandam auf) und war mehrfach Gegenstand von Opern und Schauspielen. Direktes Vorbild für Lortzing war die französische Komödie *Le bourgmestre de Saardam ou Les deux Pierres* von Mélesville, Merle und Boirie (1818), in

deren deutscher Bearbeitung von Georg Römer er in Detmold mehrfach den Chateauneuf gespielt hatte; außerdem kannte er K. A. von Lichtensteins Oper *Frauenwert oder Der Kaiser als Zimmermann*. Das Thema hatten u. a. Pierre Grétry (*Pierre le Grand*, 1790), Joseph Weigl (*Die Jugendjahre Peters des Großen*) und Donizetti (*Il borgomastro di Saardam*, 1827) schon aufgegriffen. Bis auf den 3. Akt und die Einfügung der Szene mit der Einübung der Huldigungskantate (*Den hohen Herrscher würdig zu empfangen*) hielt sich Lortzing weitgehend an die Vorlage, bereicherte sie aber als versierter Theaterpraktiker durch komödiantische Szenen.
Zar und Zimmermann, in dessen Uraufführung Lortzing den Peter Iwanow, seine Mutter die Witwe Browe sangen, setzte sich erst mit der Berliner Erstaufführung 1839 durch und hielt sich bis heute im deutschen Repertoire. Das Zarenlied *Sonst spielt' ich mit Zepter, mit Krone und Stern*, auf den Text seines Freundes Philipp Reger, errang schnell volkstümliche Berühmtheit.
In den 16 Musiknummern steht Lortzing sowohl dem deutschen Singspiel (Maries Ariette aus dem 1. Akt *Die Eifersucht ist eine Plage*) wie der italienischen Buffa (Sextett im 2. Akt *Zum Werk, das wir beginnen*) nahe und schuf mit Chateauneufs schwärmerischer Romanze aus dem 2. Akt *Lebe wohl, mein flandrisch Mädchen* und van Betts buffonesk-saftigem Selbstporträt *O sancta Justitia* (1. Akt) bleibende Erfolge der deutschen volkstümlichen Oper; die Huldigungskantate, der Holzschuhtanz und die Ouvertüre zeigen darüber hinaus Lortzings Fähigkeiten des kunstvollen Orchestersatzes.
Spieldauer: ca. 2½ Stunden (1. Akt: ca. 65 min.; 2. Akt: ca. 35 min.; 3. Akt: ca. 40 min.).

Der Wildschütz

oder Die Stimme der Natur

Komische Oper in 3 Akten. Text von August von Kotzebue. Uraufführung am 31. Dezember 1842 in Leipzig, Stadttheater.

August von Kotzebue (3. 5. 1761 Weimar – 23. 5. 1819 Mannheim) gehörte mit mehr als 200 Bühnenstücken zu den meistgespielten Autoren seiner Zeit. Mit seinem Lustspiel *Die deutschen Kleinstädter* führte er Krähwinkel als einen Ort kleingeistiger Enge in die Literatur ein und karikierte spießbürgerliches Denken. Beethoven schrieb Schauspielmusiken zu seinen Stücken, Schubert zwei Opern (*Der Spiegelritter, Des Teufels Lustschloß*) auf Kotzebue-Vorlagen.

PERSONEN: Graf von Eberbach (Bariton) – Die Gräfin, seine Gemahlin (Alt) – Baron Kronthal, Bruder der Gräfin (Tenor) – Baronin Freimann, eine junge Witwe, Schwester des Grafen (Sopran) – Baculus, Schulmeister auf einem Gut des Grafen (Baß) – Gretchen, seine Braut (Sopran) – Pancratius, Haushofmeister auf dem Schloß (Baß oder Tenor) – Nanette, Kammermädchen der Baronin (Sopran) – Dienerschaft und Jäger des Grafen, Dorfbewohner und Schuljugend u. a.

ORT UND ZEIT: Dorf und Schloß des Grafen in Süddeutschland, um 1803.

1. Akt. Vor dem Dorfgasthaus feiert der Dorfschulmeister Baculus seine Verlobung mit Gretchen. Baculus hat gerade ein Lied vorgetragen, als ihm ein Jäger des Grafen einen Brief überbringt: Wegen des Wilderns eines Rehbocks, den er für seine Feier im Wald des Grafen erlegte, wird Baculus entlassen. Den spontanen Gedanken, Gretchen beim Grafen vorsprechen zu lassen, verwirft Baculus aus Eifersucht rasch wieder, kennt er doch die Schwäche des Grundherrn für junge Mädchen. Nun erscheint, verkleidet als Student, Baronin Freimann, die Schwester des Grafen. Gerade Witwe geworden, genießt die Baronin ihre neugewonnene Freiheit. Ihre Verkleidung hat sie gewählt, um unerkannt den Baron Kronthal zu begutachten. Diesen hat der Graf, den sie seit mehreren Jahren nicht mehr gesehen hat, ihr als neuen Gatten zugedacht. Als die Baronin von dem Unglück des Schulmeisters erfährt, der sie natürlich für einen Studenten halten muß, bietet sie ihm an, sich als Gretchen verkleidet auf dem Schloß für ihn verwenden zu wollen. Mit ihrer Jagdgesellschaft tauchen der Graf und der als sein Stallmeister verkleidete Baron auf. Die beiden sind sofort von Gret-

chen entzückt, finden aber noch mehr Gefallen an der verkleideten Baronin und ihrem hübschen Lied *Bin ein schlichtes Kind vom Lande*. Gutgelaunt lädt der Graf die ganze Gesellschaft zu seinem Geburtstagsfest am folgenden Tag auf sein Schloß.

2. Akt. Die Gräfin langweilt ihre gesamte Dienerschaft mit der Vorlesung einer antiken Tragödie; sie schwärmt für solche Literatur. Dem als Bittsteller auf das Schloß gekommenen Baculus rät Pancratius, er solle sich diese Schwäche der Gräfin zunutze machen. Der Baron macht seiner Schwester, der Gräfin, die ihn nach langen Jahren der Trennung in der Livree des Stallmeisters nicht erkennt, Avancen. Baculus gelingt es zwar, die Gräfin durch einige rasch zusammengelesene antike Zitate zu beeindrucken, doch der Graf nimmt die Entlassung nicht zurück. Baculus holt deshalb die Baronin, seine angebliche Braut Gretchen, zu Hilfe. Das wirkt: Der Baron umwirbt das schöne Bauernkind auf das heftigste, auch der Graf hat Interesse an »Gretchen« und drängt sie und Baculus, wegen eines aufkommenden Unwetters im Schloß zu übernachten. Während einer Billardpartie erlischt plötzlich das Licht – Gelegenheit für den Grafen und den Baron, »Gretchen« zu überrumpeln. Doch die Gräfin bringt sie auf ihrem Zimmer in Sicherheit. Der Baron handelt Baculus für fünftausend Taler sein »Gretchen« ab, eine leicht verdiente Summe für den Schulmeister (*Fünftausend Taler*).

3. Akt. Seinen Geburtstag beginnt der Graf in bester Laune (*Heiterkeit und Fröhlichkeit*). Die ihm vom Baron selbst eröffnete Absicht Kronthals, »Gretchen« zur Frau zu nehmen, erscheint ihm natürlich bedenklich. Baculus hat das richtige Gretchen gebracht, dem die Aussicht, Baronin zu werden, nicht mißfällt. Um so mehr das Gretchen dem Baron, der ja das »Gretchen« von gestern erwartet hat. Da gesteht ihm der Schulmeister, daß das andere Gretchen in Wirklichkeit ein verkleideter Student sei. Als der Baron von dem jungen Mann Aufklärung verlangt, gibt sich die Baronin lachend zu erkennen. Wieder allein, wird sie von dem Grafen bedrängt. In diesem Augenblick kommen die Gräfin

und der Baron hinzu. Beim anschließenden Verhör klären sich alle Verwandtschaftsbeziehungen auf. Die delikaten Liebesverwirrungen lassen sich nur mit der *»Stimme der Natur«* erklären. Der Baron und die Baronin geben sich das Jawort, Baculus behält sein Gretchen und sein Amt: Er ist unschuldig, da er im Dunkeln statt eines Rehbocks seinen eigenen Esel erlegt hat.

Für den *Wildschütz* griff Lortzing zu einem der erfolgreichsten Stücke der Zeit: Das Lustspiel *Der Rehbock oder Die schuldlosen Schuldbewußten* von August von Kotzebue, in dem Lortzing mehrfach den Baron gespielt hatte, gehörte seit 1815 zu den Hits des Unterhaltungstheaters. Zu der Antikenbegeisterung der Gräfin ließ sich Lortzing durch die Antikenmode inspirieren, die 1842 durch eine Aufführung von Mendelssohn Bartholdys Vertonung der *Antigone* des Sophokles in Leipzig ausgebrochen war. Die (wie der Haushofmeister Pancratius) von Lortzing erfundene Titelfigur des Schulmeisters (bei Kotzebue der Pächter Grauschimmel) sollte ursprünglich den Namen Basedow (nach dem Schulreformer Johann Bernhard Basedow [1723–1790]) erhalten; erst kurz vor Beendigung seiner Arbeit gab ihm Lortzing den lateinischen Namen Baculus (»Stöckchen«).
Mit dem *Wildschütz* gelang Lortzing eine musikalische Komödie, der es nicht an gesellschaftskritischen Spitzen und sicheren Pointen fehlt, in der sich auch wieder die Sicherheit des Bühnenkenners zeigt. Durch einen während der Ouvertüre hinter der Bühne abgegebenen Schuß führt das Vorspiel unmittelbar in die Handlung ein. Jenseits der Schablonen des gängigen Singspiels werden die einzelnen Figuren als Charaktere vorgestellt: herrisch und harmlos der Graf als bescheidener Don Juan in seiner Lebenslust versprühenden Arie *Heiterkeit und Fröhlichkeit* (3. Akt), gefühlvoll und geistreich die Baronin in ihrer Auftrittsarie im 1. Akt *Auf des Lebens raschen Wogen*, in modischer Melancholie zerfließend der Baron (Kavatine im 2. Akt *Bleiben soll ich und stets sie sehen*). Wirkungsvoll wie van Bett in *Zar und Zimmermann* ist die Figur des Baculus mit seiner tragikomi-

schen Arie *Fünftausend Taler* (2. Akt) sowie der Pancratius mit seinem sächsischen »Wie närr'sch«. Ein Kabinettstück geschliffener und gewitzter Ensemblekunst ist das Quintett des 2. Aktes, die sogenannte Billardszene (*Ich habe Numro Eins*).
Spieldauer: ca. 2¼ Stunden (1. Akt: ca. 55 min.; 2. Akt: ca. 50 min.; 3. Akt: ca. 32 min.).

Undine

Romantische Zauberoper in 4 Akten. Text vom Komponisten nach der gleichnamigen Erzählung von Friedrich de la Motte Fouqué (1811). Uraufführung am 21. April 1845 in Magdeburg, Stadttheater.

Personen: Bertalda, Tochter des Herzogs Heinrich (Sopran) – Ritter Hugo von Ringstetten (Tenor) – Kühleborn, ein mächtiger Wasserfürst (Bariton) – Tobias, ein alter Fischer (Baß) – Marthe, sein Weib (Alt) – Undine, ihre Pflegetochter (Sopran) – Pater Heilmann, Ordensgeistlicher aus dem Kloster Maria-Gruß (Baß) – Veit, Hugos Schildknappe (Tenor) – Hans, Kellermeister (Baß) – Ein Hofherr (Sprechrolle) – Edle des Reiches, Ritter und Frauen, Herolde, Pagen, Knappen, Jagdgefolge, Landleute, Fischer und Fischerinnen, Wassergeister.

Ort und Zeit: Ein Fischerdorf, ein herzogliches Schloß, Burg Ringstetten, um 1450.

1. Akt. Ritter Hugo von Ringstetten und sein Knappe Veit waren durch eine Überschwemmung drei Monate lang von der Umwelt abgeschnitten. In dieser Zeit lebten sie bei dem Fischer Tobias und seiner Frau Marthe, wo sich Hugo in deren Pflegetochter Undine verliebte und dabei die schöne Herzogstochter Bertalda, seine »letzte Eroberung«, vergaß. Vor Hugos Heimreise soll das junge Paar von Pater Heilmann getraut werden. Dem Pater vertrauen Tobias und Marthe an, wie ihre eigene Tochter einst ertrank und sie später ein fremdes Mädchen, Undine, das am Allerseelentag vor ihrer Tür stand, als Tochter aufzogen. Undine selbst er-

wartet übermütig die Hochzeit, dabei alle, auch Hugo, mit der Bemerkung überraschend, der Höhere, der ihr das Leben gab, habe ihr keine Seele gegeben. – Ein Faß anzapfend, unterhält sich Veit mit Kühleborn, der sich als Hochzeitsgast und Weinhändler ihm vorgestellt hat. Der Wein löst Veits Zunge, er plaudert aus, die Verbindung mit Undine sei für seinen Herrn nichts weiter als ein Abenteuer unter vielen. Kühleborn schwört, Undine rettend und »rächend« beizustehen, und begleitet das Paar in der Maske des Paters auf der Heimreise.

2. Akt. In das Schloß heimgekehrt, schildert Veit dem Kellermeister Hans die Erlebnisse der Reise, ihm geheimnisvoll andeutend, er halte die junge Frau des Ritters für eine Nixe. Undine gesteht Hugo ihre Herkunft aus dem Reich der Wassergeister. Durch seine Liebe erhielt sie eine Seele. Hugo schließt sie in seine Arme. Bertalda ist erschüttert, als sie erfährt, daß Hugo inzwischen geheiratet hat. Die Begegnung der beiden Frauen löst eine Ahnung künftigen Schreckens aus (Quartett *Was ergreift mit bangem Schrecken*). Kühleborn warnt Undine, der geringste Treuebruch Hugos bedeute ihre Rückkehr zu den Wasserwesen und seinen Tod. Aus Trotz nimmt indessen Bertalda die Werbung des Königs von Neapel an, die durch seinen Gesandten, hinter dessen Maske sich Kühleborn verbirgt, ausgesprochen wurde. In einem Lied, das er auf ihre Bitte vorträgt, enthüllt Kühleborn Bertaldas wahre Herkunft: Sie ist die vom Herzog gerettete Tochter von Tobias und Marthe (*Es wohnt' am Seegestade*). Die stolze Bertalda bricht zusammen. Kühleborn gibt sich als Fürst der Wassergeister zu erkennen und entschwindet.

3. Akt. Veit teilt Hans seine Befürchtung mit, daß Hugo sich von Undine abwenden könnte, denn er wurde Zeuge, wie es Bertalda gelang, Hugo erneut an sich zu binden (*Vater, Mutter, Schwestern, Brüder*). Bertaldas Triumph wird vollkommen: Hugo verstößt Undine. Kühleborn holt sie in sein Reich zurück.

4. Akt. Am Morgen seiner Hochzeit mit Bertalda wird Hugo von düsteren Träumen gequält. Veit trauert um Undine; ver-

geblich versucht Hans ihn mit einem Trinklied aufzuheitern. Beide beschließen, den verschlossenen Brunnen im Schloßhof zu öffnen, damit Kühleborn darin aufsteigen und sich rächen könne. Tatsächlich entsteigt Undine um Mitternacht dem Wasser und erscheint auf dem Fest. Hugo eilt in ihre Arme und stirbt. – In Kühleborns Reich verkündet dieser das Urteil: Hugo hat den Tod verdient, doch um Undines Liebe willen darf er an ihrer Seite als Wassergeist weiterleben.

Die Sage von der Wassernymphe, die durch ihre Liebe zu einem irdischen Mann eine Seele erhält, gehört zu den typischen Stoffen der Romantik. Fouqué (1777–1843) hatte seine Erzählung selbst zu einem Libretto für E. Th. A. Hoffmann umgearbeitet. Hoffmanns Oper kam 1816 heraus, in Bühnenbildern von Karl Friedrich Schinkel (die kurz nach der Premiere beim Brand der Berliner Oper 1817 in Flammen aufgingen). Lortzing kannte aber Hoffmanns *Undine* nicht. Er hatte anfangs Bedenken, den Text selbst zu schreiben, da er sich hier erstmals von seinem eigentlichen Terrain, der Spieloper, abwandte. Zwei Figuren aus dem Bereich der volkstümlichen Spieloper, Veit und Hans, hat er denn auch hinzuerfunden. Lortzing verteilte Fouqués Dreiakter auf 4 Akte, aus Huldbrand wurde Hugo, und er gab dem Finale für die Hamburger Aufführung (25. 4. 1845) eine von der Dichtung abweichende Form: Hugo muß nicht sterben, sondern darf an der Seite Undines im Wasser weiterleben. Für die Wiener Aufführung 1847 nahm Lortzing Kürzungen vor und änderte den Schluß der Ouvertüre und die Finali des 2. und 4. Aktes. Er empfand *Undine* als seine beste Oper.
Die von Lortzing aufgegriffenen musikalischen Mittel sind die gleichen, die schon Weber, Marschner und Schumann verwendet hatten. Neben den romantisch-lyrischen, dem Übersinnlichen zugewandten Passagen, denen Lortzing alle Hintergründigkeit und Schärfe nahm, um sie in ein biedermeierlich-gemütliches Ambiente zu übertragen, bestechen auch hier die humoristisch-lebensprallen Figuren von Veit

und Hans. Veits Lied im 3. Akt *Vater, Mutter, Schwestern, Brüder* (den Text schrieb der Freund Philipp Düringer) gehört zu jenen Lortzing-»Schlagern«, die Volkstümlichkeit errangen. Die Zeile »Im Wein ist Wahrheit nur allein« (Lied des Hans *Ich war in meinen jungen Jahren*), mit dem die spannungsgeladen-gespenstische Szenerie des 4. Aktes unterbrochen wird, gewann sprichwörtliche Bekanntheit. Im Vergleich dazu wirken die Gestalten des Hugo und der Bertalda papieren wie die schablonierten Ritterfiguren auf der Volksbühne des 19. Jahrhunderts.
Spieldauer: ca. 2¼ Stunden (1. Akt: ca. 50 min.; 2. Akt: ca. 35 min.; 3. Akt: ca. 25 min.; 4. Akt: ca. 25 min.).

Vincenzo Bellini

* 3. November 1801 in Catania
† 23. September 1835 in Puteaux (Dép. Hauts-de-Seine)

Bellini stammte aus einer Musikerfamilie: Vater und Großvater wirkten schon als Organisten, Kapellmeister und Musiklehrer in Catania – kein Wunder, daß Vincenzo schon mit sechs Jahren erste Kompositionen verfaßte. 1819 wurde er Schüler des Konservatoriums in Neapel, wo Nicola Zingarelli, ein Vertreter der Neapolitanischen Opernschule, zu seinen Kompositionslehrern gehörte und er sich an Haydn und Mozart schulte. Neben den üblichen geistlichen Werken, einer Hochzeitskantate und einigen Liedern, darunter das bekannte *Dolente immagine*, entstand als erste Oper die Semiseria *Adelson e Salvini* (1825), deren Erfolg auf der Konservatoriumsbühne ihm einen Auftrag für Neapels berühmtes Teatro San Carlo einbrachte: *Bianca e Gernando* (1826; aus »Gernando« wurde in der Neufassung 1828 »Fernando«). In den ihm verbleibenden nur knapp zehn Lebensjahren schuf Bellini dann, meist in enger Zusammenarbeit mit dem Librettisten Felice Romani, eine kleine Zahl von Opern, die ihn zum heftigsten Rivalen Donizettis machten. Bereits nach *Bianca e Gernando* erreichte ihn eine Einladung von Italiens mächtigstem Impresario, Domenico Barbaja, ein Werk für die Scala zu schreiben. Mit dieser dritten Oper, *Il pirata* (1827), legte er den Grundstock zu seinem Ruhm. Es folgten *La straniera* (1829), *Zaira* (1829), *I Capuleti e i Montecchi* (1830), *La sonnambula* (1831), *Norma* (1831) und *Beatrice di Tenda* (1833). Neben Romani beeinflußte die Freundschaft mit dem Tenor Rubini wesentlich sein Schaffen. Im Gegensatz zu seinen Kollegen, die in die unerbittliche Tretmühle des italienischen Opernbetriebs geraten waren, gelang es Bellini, dank hoher Honorare ausschließlich vom Erlös seiner Opernaufträge zu leben, ohne irgendwelche Lehrtätigkeiten annehmen zu müssen oder sich von Terminen hetzen zu lassen. In Paris, wo er seit 1833 lebte und seine letzte Oper *I puritani* (1835) schrieb, schloß er enge Bekanntschaft mit Rossini, Chopin und Heine, der in seinen *Florentinischen Nächten* (1837) ein literarisches Porträt Bellinis zeichnete. Sein musikalischer Einfluß reichte über Donizetti, Pacini, Mercadante bis zu Verdi – und sogar Wagner.

Bellinis Musik, deren lyrische Seiten den Einfluß Rossinis verraten, ist von elegischer, schwermütiger Färbung und intensiviert diese Stimmung durch schlicht wirkende, betörende, lang ausgesponnene Gesangslinien. Diese gefühlvolle, melancholische, manchmal ekstatisch gesteigerte Klangschwelgerei – bei genauester Deklamation und starker Berücksichtigung des Textes – machte Bellini zum Exponenten romantischer Kunstauffassung. Heute wird auch der dramatische Gehalt seiner weiträumig konzipierten Szenen, in denen sich die Einzelnummern dem Gesamtkonzept unterordnen, wieder stärker beachtet. Die Wiederentdeckung der Belcanto-Oper brachte, nicht zuletzt durch den Einsatz großer Sängerpersönlichkeiten (Callas, Sutherland, Caballé, Gencer, Aliberti u.a.), seit den 1950er Jahren auch eine Zunahme der Bellini-Aufführungen.

Die Nachtwandlerin

La sonnambula

Melodramma in 2 Akten. Text von Felice Romani nach Eugène Scribe. Uraufführung am 6. März 1831 in Mailand, Teatro Carcano.

Felice Romani (s. Rossini, *Der Türke in Italien*, S. 178) orientierte sich an einem Lustspiel Eugène Scribes, *La sonnambule* (1819), das in Frankreich auch schon als Vorlage für eine Ballett-Pantomime von Jean-Pierre Aumer (1827) gedient hatte. – Eugène Scribe s. Boieldieu, *Die weiße Dame*, S. 150.

PERSONEN: Graf Rodolfo, Feudalherr des Dorfes (Baß) – Teresa, eine Müllerin (Mezzosopran) – Amina, ihre Pflegetochter, Verlobte Elvinos (Sopran) – Elvino, ein reicher Bauer (Tenor) – Lisa, eine in Elvino verliebte Wirtin (Sopran) – Alessio, ein in Lisa verliebter Bauer (Baß) – Ein Notar (Tenor) – Bauern, Bäuerinnen.

ORT UND ZEIT: Ein Schweizer Dorf, in der ersten Hälfte des 19. Jahrhunderts.

1. Akt. Zur Hochzeit von Amina und Elvino laufen am Vorabend von überall her die Bauern im Dorf zusammen. Ihre »Vivat«-Rufe und Brautlieder, das Glück Aminas (Kavatine *Come per me sereno / Wie heiter der Tag mir heute*), ja beider Brautleute (Duett *Prendi! l'anel ti dono / Hier, nimm den Ring*) stimmen Lisa traurig; die Annäherungsversuche Alessios sind ihr in dieser Stimmung nur lästig. Allen fällt auf, daß die Braut das besondere Interesse eines neuen Gastes in Lisas Haus findet – keines anderen als des nach langer Abwesenheit zurückgekehrten Grafen Rodolfo, den niemand wiedererkennt. Bei sinkender Dämmerung ziehen sich alle zurück, Rodolfo vor der Nacht warnend, in der hier ein Phantom sein Unwesen treibe. Das letzte Wort hat das Brautpaar; Amina versichert den auf Rodolfo eifersüchtig gewordenen Elvino ihrer Liebe und Treue (Duett *Son geloso del zefiro / Ich bin eifersüchtig auf den Wind*). – In seinem Gasthauszimmer macht Rodolfo, nun bereits als Graf erkannt, der durchaus geneigten Lisa den Hof. Ihr Gespräch wird gestört durch die Erscheinung des Phantoms – der

schlafwandelnden Amina. Sie glaubt, Elvino vor sich zu haben. Rodolfo kann sich ihr nur mit Mühe entziehen. Schließlich schläft sie auf einem Sofa ein. So finden sie die Dorfbewohner am nächsten Morgen, als sie dem Grafen huldigen wollen. Vergeblich beteuert Amina ihre Unschuld. Der von Lisa herbeigeholte Elvino verstößt sie. Lisas Tuch vom Sofa nehmend und Amina umlegend, schließt Teresa die Ohnmächtige beschützend in ihre Arme.
2. Akt. Die Dorfbewohner brechen zum Schloß auf, um vom Grafen Aufklärung zu fordern. Eine zufällige Begegnung von Elvino und Amina endet in Verzweiflung; er entreißt ihr den Ring, den er ihr schenkte. – Alessio wirbt unbeirrt um die widerstrebende Lisa, ist deshalb völlig konsterniert, als Elvino nun Lisa um ihre Hand bittet. Da tritt der Graf auf Elvino zu und versucht ihm Aminas Unschuld und das Phänomen des Schlafwandelns zu erklären, findet allerdings keinen Glauben. Weit mehr überzeugt Teresa, die Lisas Halstuch vorzeigt, gefunden im Zimmer des Grafen ... Elvino wendet sich enttäuscht von Lisa ab. Da erscheint die somnambule Amina; zum Entsetzen aller balanciert sie über den Dachfirst der Mühle. Die Worte, die sie im Traum spricht, sind ein Liebesgeständnis an Elvino (*Ah! non credea mirarti / Ich glaubte nicht, dich so bald verwelkt zu sehen*). Jetzt erkennt er seinen Irrtum und schließt die Erwachende (*Ah! non giunge / Ach, kein menschlich Fühlen reicht*) in die Arme.

Das Thema (ein zu Unrecht beschuldigtes Mädchen), das Milieu (die dörfliche Idylle), die Mischung aus ernsten und komischen Rollen und der heitere Ausgang des Stücks sind seit Paisiellos *Nina* und Rossinis *La gazza ladra* Kennzeichen der Opera semiseria, wie man sie z. B. auch in Donizettis *Linda di Chamounix* und *Elisir d'amore* findet. Die *Sonnambula* verkörpert den Typ der Semiseria allerdings auf ideale Weise.
Im Gegensatz zu Bellinis übrigen Opern enthält *La sonnambula* keine dramatischen, leidenschaftlichen Ausbrüche; die Titelfigur inspirierte ihn zu einer elegisch ausgesponnenen,

weichen Musik, in der die volkstümlichen Chöre heitere Akzente setzen. Anders als in seinen früheren Opern gesteht Bellini dem Ziergesang eine dominierende Rolle zu, z. B. in Aminas Auftrittsarie *Come per me sereno* und im Duett Amina / Elvino *Son geloso del zefiro*, ohne den Bezug zum Text aufzugeben. Der Text wird mit langen, sich allmählich steigernden melodischen Bögen sozusagen umkost und zu einer süß bezwingenden Wirkung gebracht, so in Aminas und Elvinos erstem Duett *Prendi! l'anel ti dono*, in Aminas *Ah! non credea mirarti* und in ihrer brillanten Finalarie *Ah! non giunge*. Als einzige von Bellinis Opern verschwand *La sonnambula* nie von der Bühne, da sich die großen Primadonnen gern des Schweizer Waisenmädchens annahmen. Die deutschsprachige Erstaufführung fand 1832 in Budapest statt; am 27. 9. 1834 folgte Dresden. Aufführungsgeschichte machte Luchino Viscontis Inszenierung 1955 mit Maria Callas an der Scala. Spieldauer: ca. 2½ Stunden (1. Akt: ca. 80 min.; 2. Akt: ca. 60 min.).

Norma

Melodramma (Tragedia lirica) in 2 Akten. Text von Felice Romani. Uraufführung am 26. Dezember 1831 in Mailand, Teatro alla Scala.

Felice Romani (s. Rossini, *Der Türke in Italien*, S. 178) legte seinem Libretto die französische Tragödie *Norma* von Alexandre Soumet (uraufgeführt am 6. April 1831 in Paris) zugrunde, die ihrerseits auf zwei Kapiteln in Chateaubriands Roman *Les martyrs* (1809) basiert.

Personen: Pollione, römischer Prokonsul in Gallien (Tenor) – Oroveso, Oberhaupt der Druiden (Baß) – Norma, Orovesos Tochter, Oberpriesterin der Druiden (Sopran) – Adalgisa, Novizin im Irminsul-Heiligtum (Sopran) – Clotilde, Vertraute Normas (Mezzosopran) – Flavio, römischer Befehlshaber, Freund Polliones (Tenor) – Die beiden Kinder Normas und Polliones (stumme Rollen) – Druiden, Barden, Priesterinnen, gallische Krieger, Soldaten.

Ort und Zeit: Gallien, zur Zeit der römischen Besetzung, ca. 50 v. Chr.

Die Druidenpriesterin Norma zögert, den Galliern das Zeichen zum Kampf gegen die Römer zu geben, denn sie ist, entgegen ihrer Keuschheitspflicht, Polliones heimliche Geliebte und Mutter seiner beiden Kinder. Als sie aber entdeckt, daß Pollione sich Adalgisa zugewandt hat, gibt sie dieses Signal. An dem gefangengenommenen, treu zu Adalgisa stehenden Pollione vollzieht sie die Rache indessen nicht. Statt Adalgisa sühnt sie selbst den Bruch des Keuschheitsgebots auf dem Scheiterhaufen. Von solcher Liebe überwältigt, folgt ihr Pollione in den Tod.

1. Akt. Im heiligen Irminsul-Hain verkündet Oroveso den Druiden in tiefer Nacht, daß Norma bei Erscheinen des Mondes den göttlichen Willen offenbaren werde: Alle hoffen auf ein Zeichen zum Kampf gegen die Römer. Im Dunkel dieses Waldes überrascht Pollione seinen Freund Flavio mit dem Geständnis, daß er Norma, die heimliche Mutter seiner beiden Kinder, nicht mehr liebe, sondern Adalgisa. Er fürchtet Normas Rache und erzählt von einem Traum, in dem sie ihm als Mörderin ihrer Kinder erschienen sei. Beide werden vertrieben von Druiden, die den Mondaufgang verkünden. Norma kommt (Chor *Norma viene*). Noch sei nicht die Zeit zum Kampf, erklärt sie den Galliern. Dann vollzieht sie die heilige Handlung des Mistelbrechens und fleht die Mondgöttin um inneren Frieden an, einen Frieden, den sie sich selbst, zerrissen zwischen der Liebe zum Römer Pollione und ihrer Pflicht, ersehnt (*Casta diva / Keusche Göttin*). Nachdem die Gallier den Ort verlassen haben, erscheint Adalgisa (*Sgombra è la sacra selva / Einsam ist der heilige Hain*). Pollione bestürmt sie, mit ihm nach Rom, wohin er abberufen ist, zu gehen, was sie nach langem innerem Kampf ihm auch verspricht, als Liebesopfer. – Norma quält sich mit der Vorahnung, daß Pollione ohne sie nach Rom zurückkehren werde. Voll Verständnis nimmt sie Adalgisas Geständnis auf, einen jungen Römer zu lieben, und gewährt ihr die Lösung vom Keuschheitsgelübde (Duett *Oh! rimembranza! / O Erinnerung*). Für beide ist es eine tragische jähe Erkenntnis, daß der hinzutretende Pollione für die eine der Vater ihrer Kinder, für die andere der Geliebte ist. Adalgisa wendet sich von ihm ab,

Norma droht ihm mit ihrer Rache (Terzett *Oh! di qual sei tu vittima – Vanne, si / Du bist sein Opfer – Geh, ja geh*).
2. Akt. Norma will ihre Kinder töten, doch ihre Mutterliebe siegt. Sie bittet Adalgisa, die Hochzeit mit Pollione zu vollziehen, die beiden Kinder mit nach Rom zu nehmen und ihnen eine gute Mutter zu sein. Die tiefbewegte Adalgisa, die für Pollione keine Liebe mehr empfindet, möchte statt dessen Pollione dazu bewegen, zu Norma zurückzukehren. Die beiden Frauen versichern sich ihrer treuen Freundschaft (Duett *Mira, o Norma / Sieh, o Norma*). – Die auf ein Zeichen Normas zum Kampf gegen die Römer wartenden Gallier bittet Oroveso um weitere Geduld. Doch jetzt gibt Norma, die sich Hoffnungen machte, Pollione werde wirklich zu ihr zurückkehren, dieses Zeichen, als sie hört, er habe geschworen, Adalgisa notfalls mit Gewalt nach Rom zu führen. Gleich danach wird ihr Pollione als Gefangener vorgeführt. Stolz reicht er ihr sein Schwert, damit sie ihn töte. Sie zögert, gibt ihm eine letzte Gelegenheit, Adalgisa zu entsagen (*In mia man alfin tu sei / Nun bist du in meiner Hand*) – er tut es nicht. Norma droht, ihre Rache mit dem Tod der Kinder, dann Adalgisas zu erfüllen, umsonst. So läßt sie den Scheiterhaufen für eine Priesterin, die das Keuschheitsgebot gebrochen habe, richten. Als die Gallier nach dem Namen fragen, nennt sie nicht den Adalgisas, sondern ihren eigenen (*Qual cor tradisti / Welch Herz du verraten*). Ihre Kinder dem Schutz Orovesos anvertrauend, geht sie gefaßt ihrem Tod entgegen. Überwältigt, von neuer Liebe erfaßt, folgt ihr Pollione.

Norma wurde zum Inbegriff der hochromantischen Gesangspartie, in der sich absolute Beherrschung des italienischen Schöngesangs und interpretatorische Hingabe verbinden. Dank der als kongenial gerühmten Interpretation durch die Malibran setzte sich *Norma* als die italienische Primadonnenoper par excellence durch, wenn auch langsam und nach gescheiterter Uraufführung (mit Giuditta Pasta, Domenico Donzelli und der Sopranistin Giulia Grisi als Adalgisa). Maria Callas knüpfte ab 1948 an diese Tradition an; ihr folgten u. a. Sutherland, Gencer, Scotto, Verrett, Bumbry, Caballé,

wobei die Adalgisa entgegen Bellinis Absicht mit einer Mezzosopranistin besetzt wurde; erst Riccardo Muti führte die Oper 1978 wieder mit zwei Sopranistinnen auf (Scotto, Rinaldi).
Seit seiner ersten, durch Barbaja vermittelten Oper für die Scala, *Il pirata*, war Bellini ein Liebling des Mailänder Publikums. Vom Sujet seiner dritten Scala-Oper – vorausgegangen war *La straniera* (und *La sonnambula* für das Teatro Carcano) –, das Romani vorgeschlagen hatte, begeistert, konzipierte Bellini die Titelrolle ganz nach den immensen gesangsdarstellerischen Möglichkeiten der Pasta. Die Partitur entstand zwischen Anfang September und Mitte Dezember 1831 und stellt den Höhepunkt in Bellinis Schaffen dar, eine Musik von tief romantischer Haltung, voll Melancholie und Weltschmerz, wie er sich in der Literatur Byrons und manchmal in den Opern Donizettis darstellt. Trotz der elegisch ausschwingenden Linien, beispielsweise in Normas Anrufung der Mondgöttin (*Casta diva*), besitzt die Oper dramatische Stringenz, die im Terzett am Ende des 1. Aktes, einem eklatanten Verstoß gegen die Konventionen der Zeit, die ein großes Ensemble mit Chor forderten, sowie im gesamten 2. Akt mit den scharf gemeißelten Rezitativen Normas zum Ausdruck kommt. An den dramatischen Höhepunkten verwischen sich, wie meist bei Bellini, auch die Grenzen zwischen geschlossener Nummer und Ensemble. Bellinis klangschwelgerischer Gestus zeigt sich in den Duetten der beiden Frauen mit ihren melismatischen Steigerungen und betörenden melodischen Verlockungen.
Norma wurde schon am 11. 5. 1833 in Wien aufgeführt (deutsch von Joseph von Seyfried); weitere deutsche Versionen stammen u. a. von G. F. Kogel und J. Popelka.
Spieldauer: ca. 2½ Stunden (1. Akt: ca. 85 min.; 2. Akt: ca. 65 min.).

Die Puritaner

I puritani

Oper in 3 Akten von Carlo Graf Pepoli. Uraufführung am 24. Januar 1835 in Paris, Théâtre-Italien (Salle Favart).

Carlo Graf Pepoli (1801–1860), ein italienischer, seit 1831 im Pariser Exil lebender Gelegenheitsdichter, schrieb den Text zu *I puritani* nach dem Schauspiel *Têtes rondes et cavaliers* (1833), das zwei französische Bühnenautoren, Jacques Ancelot und Joseph-Xavier Boniface gen. Saintine, mit Anleihen bei Walter Scotts Roman *Old Mortality* (1816), verfaßt hatten.

PERSONEN: Lord Gualtiero Valton, Generalgouverneur, Puritaner (Baß) – Sir Giorgio, sein Bruder, Oberst im Ruhestand (Baß) – Lord Arturo Talbo, ein Parteigänger der Stuarts (Tenor) – Sir Riccardo Forth, Oberst, Puritaner (Bariton) – Sir Bruno Roberton, Offizier, Puritaner (Tenor) – Enrichetta / Henriette Maria von Frankreich, Witwe Karls I., unter dem Namen »Dama di Villa Forte« (Sopran) – Elvira, Tochter Lord Valtons (Sopran) – Soldaten Cromwells, Herolde, Soldaten Talbos und Valtons, Puritaner, Besatzung der Festung, Damen, Pagen u. a.

ORT UND ZEIT: Eine Festung der Puritaner in der Nähe von Plymouth, um 1650.

1. Akt. Alle Festungsbewohner erwarten voll Vorfreude die Hochzeit Elviras, der Tochter Lord Valtons, des puritanischen Festungsgouverneurs, mit dem königstreuen Lord Arturo; nur Riccardo ist betrübt, denn Lord Valton hatte Elviras Hand einst ihm versprochen. Sir Giorgio teilt Elvira zu deren großer Freude mit, er habe ihrem Vater das Jawort zu ihrer Verbindung mit Arturo abringen können. Feierlich empfangen, überreicht Arturo seine Brautgabe (*A te, o cara / Zu dir, Geliebte*). – In einer Staatsgefangenen erkennt Arturo die Witwe des Stuart-Königs Karl I., Enrichetta, und fühlt sich verpflichtet, sie zu retten. Eine Gelegenheit dazu bietet sich, als Elvira Enrichetta bittet, ihren Brautschleier auszuprobieren (*Son vergin vezzosa / Ich bin ein fröhliches Mädchen*). Arturo und Enrichetta fliehen. Riccardo läßt sie passieren. Die Hochzeitsgesellschaft ist entsetzt, und die fassungslose Elvira verliert den Verstand.
2. Akt. Giorgio schildert Elviras geistige Zerrüttung, während Riccardo berichtet, daß Arturo vom Parlament zum Tode verurteilt wurde. Voll Schmerz müssen Giorgio und Riccardo erkennen, daß Elvira trotz ihres Wahns Arturo nicht vergessen kann (*O rendetemi la speme / O gebt mir die*

Hoffnung wieder). Giorgio kann Riccardo dazu überreden, Arturo, und damit auch Elvira, zu retten.
3. Akt. Arturo konnte sich in den Garten der Festung retten. Er erklärt Elvira den Grund seiner Flucht und bittet um Verzeihung, worauf sie ihren Verstand wiederzugewinnen scheint. Doch ihre Sinne verwirren sich erneut, als Arturos Verfolger auftauchen und Riccardo Arturos Todesurteil verliest (Arturo: *Credeasi, misera / Die Arme glaubte sich*). In allerletzter Minute erscheint ein Bote, der die Nachricht von der Vernichtung der Stuarts und der Begnadigung der politischen Gegner überbringt.

Da sich Bellini während der Arbeit an *Beatrice di Tenda* mit Romani überworfen hatte, ist *I puritani e i cavalieri* (so der Originaltitel) die einzige seiner großen Opern, die nicht in der Zusammenarbeit mit diesem Weggefährten seiner Triumphe entstanden ist. Die holprige Dramaturgie des hier als Bühnenautor debütierenden Pepoli, die den historischen Hintergrund vollkommen außer acht läßt, reduziert die *Puritaner* zur üppigen Gesangsoper.
Im Gegensatz zur *Norma* ist in den *Puritanern* das Rezitativ fast gänzlich ausgeklammert, und es dominieren weit ausgreifende, zusammenhängende Sequenzen, so daß sich aus den 10 Musiknummern kaum einzelne Arien herauslösen lassen, am ehesten noch Arturos Soli *A te, o cara* und *Credeasi, misera* innerhalb großer Szenen mit Ensemble und Chor im 1. bzw. 3. Akt und Elviras *O rendetemi la speme*, eine der ergreifendsten Wahnsinnsszenen des 19. Jahrhunderts. Wirkt die Musik insgesamt melancholisch überschattet, so besitzt sie doch auch dramatische und heitere Akzente, etwa im 1. Akt in Elviras Polacca *Son vergin vezzosa*, in der Cabaletta ihres Duetts mit Giorgio im 1. Akt (*A quel nome, al mio contento / Bei jenem Namen, bei meinem Glück*) oder im martialischen Duett Giorgio/Riccardo am Ende des 2. Aktes (*Suoni la tromba / Die Trompeten ertönen*).
Die Uraufführung gestaltete sich zu einem Triumph. Bellini verfaßte gleichzeitig eine sog. neapolitanische Fassung, für die er den Riccardo als Tenor- und die Elvira als Mezzoso-

pran-Partie umschrieb; die szenische Uraufführung erfolgte erst 1986 in Bari. Mit ihrem ersten Auftritt als Elvira (Venedig 1949) vollzog Maria Callas einen bedeutenden Schritt zur Wiedergewinnung der Belcanto-Oper, insbesondere der Werke Bellinis.
Spieldauer: ca. 2¾ Stunden (1. Akt: ca. 70 min.; 2. Akt: ca. 45 min.; 3. Akt: ca. 40 min.).

Adolphe Charles Adam

* 24. Juli 1803 in Paris
† 3. Mai 1856 in Paris

Adam war der Sohn eines elsässischen Komponisten und Pianisten, der fast ein halbes Jahrhundert lang am Pariser Conservatoire lehrte. Dort begann auch Adolphe 17jährig zu studieren, u. a. bei Antonín Reicha und bei seinem späteren treuen Förderer François-Adrien Boieldieu, den er 1825 bei den Vorbereitungen zur *Dame blanche* unterstützte. Im gleichen Jahr erhielt Adam den Rom-Preis der Akademie. Nach erster Anerkennung seiner Klavierkompositionen und frühen Versuchen auf dem Gebiet des Musiktheaters fanden seine an der Opéra Comique aufgeführten Zwei- und Einakter *Pierre et Cathrine* (1829) und das auf Goethes Singspiel *Jery und Bätely* zurückgehende *Le chalet* (1834) größeren Zuspruch. Während der Julirevolution hielt er sich in London auf und schuf 1836, wieder für die Pariser Opéra Comique, mit *Le postillon de Lonjumeau* sein nachhaltigstes Erfolgsstück neben den Balletten *Giselle* (1841) und *Le corsaire* (1856). 1844 überwarf er sich mit der Direktion der Opéra Comique, wodurch er seiner wichtigsten Aufführungsmöglichkeit beraubt wurde, und verlor 1848 mit der in eigener Verantwortung gegründeten Opéra National sein gesamtes Vermögen. Das 1851 als Théatre-Lyrique wiedereröffnete Institut begünstigte die Entwicklung einer Mischform aus den zuvor streng geschiedenen Gattungen von Grand Opéra und Opéra-comique. Adam war auch als Musikkritiker und -schriftsteller tätig und unterrichtete, selbst ein glänzender Pianist, seit 1849 Klavier am Conservatoire. 1852 erlebte er mit *Si j'étais roi* und *La poupée de Nuremberg* ein grandioses künstlerisches Comeback. Unbeirrt von den Einflüssen der italienischen Oper folgte Adam in seinen mehr als 50 Bühnenwerken dem Ideal der französischen Opéra-comique in der Tradition von Favart, Grétry, Auber und, vor allem, Boieldieu.

Der Postillon von Lonjumeau
Le postillon de Lonjumeau

Opéra-comique in 3 Akten. Text von Adolphe de Leuven und Léon-Lévy Brunswick. Uraufführung am 13. Oktober 1836 in Paris, Opéra Comique (Salle des Nouveautés).

Adolphe de Leuven, eigtl. Adolphe Graf Ribbing (um 1800 Paris bis 14. 4. 1884 Paris), Bühnenautor und Theaterleiter. Schrieb, häufig in Zusammenarbeit mit anderen Autoren, u. a. Libretti für Hippolyte Monpou, Ambroise Thomas, Michael William Balfe, Victor Massé; für Adam verfaßte er auch die Texte zu *Le Brasseur de Preston* (1838), *Le Roi d'Yvetôt* (1843), *La poupée de Nuremberg* (1852). – Léon-Lévy Brunswick, eigtl. Léon Lévy (20. 4. 1805 Paris bis 1859 Le Havre), Bühnenschriftsteller, der an Libretti zu zahlreichen komischen Opern, Einaktern und Vaudevilles mitarbeitete, wie z. B. für Donizettis *La campanelle di notte.*

Personen: Chapelou, der Postillon von Lonjumeau, später unter dem Namen Saint-Phar erster Sänger der Pariser Opéra (Tenor) – Bijou, Schmied, später als Alcindor Chorführer an der Opéra (Baß) – Marquis de Corcy, Kammerherr des Königs, Direktor der Opéra (Bariton) – Madelaine, Gastwirtin, später Madame de Latour (Sopran) – Rose, ihre Kammerfrau (Sprechrolle) – Bourdon, Chorführer an der Opéra (Baß) – Dorfbewohner, Sägner und Choristen der Opéra, Nachbarn und Freunde der Madame de Latour, Soldaten, Diener.

Ort und Zeit: Das Dorf Lonjumeau, 1756, und das Landhaus Madame Latours bei Fontainebleau, zehn Jahre später.

1. Akt. Chapelou feiert Hochzeit mit Madelaine. Der zufällig durchreisende Marquis de Corcy vernimmt Chapelous ungewöhnlich schöne Stimme (Rondo *Mes amis, écoutez l'histoire / Freunde, vernehmet die Geschichte*) und wittert einen neuen Star für die Pariser Opéra. Für den Postillon erscheint Corcys Angebot, seine Stimme in Paris ausbilden zu lassen, höchst verlockend. Ohne Zögern greift er zu und verläßt noch am gleichen Abend heimlich das Dorf und seine frisch angetraute Gattin.
2. Akt. Zehn Jahre später ist Chapelou unter dem Namen Saint-Phar umschwärmter Tenor der Opéra und Liebling der Damen wie der Salons. Seine neueste Liebe ist Madame de Latour, hinter der sich unerkannt Madelaine verbirgt, die den Titel und ein Vermögen geerbt hat. Sie liebt Chapelou noch immer, will ihm aber für seine Untreue eine Lehre erteilen und listet ihm das Eheversprechen ab. Saint-Phar, der ja offiziell schon mit Madelaine verheiratet ist, überredet seinen alten Freund Bijou, bei einer Scheinheirat den Priester zu spielen. Der eifersüchtige Marquis hat das Gespräch belauscht und verrät Madelaine den Plan, worauf diese einen echten Priester für die Trauung bestellt.
3. Akt. Entsetzt erfährt Saint-Phar, daß seine zweite Heirat nicht fingiert war und der Marquis ihn der Bigamie anklagen will. Die Situation spitzt sich zusätzlich zu: Madelaine treibt ihr Spiel mit Saint-Phar, indem sie sich abwechselnd als Gastwirtin und als Madame de Latour ausgibt. Schon erscheint die Polizei, um den Sänger festzunehmen, da enthüllt Madelaine lächelnd ihre wahre Identität: Chapelou hat sie zweimal geheiratet, wahrhaftig kein Verbrechen. – Eine Nebenhandlung schildert den Werdegang von Chapelous Kollegen Bijou, dem Dorfschmied, der es mit seiner Baßstimme aber nur bis zum Chorsänger bringt.

Das Stück ist kein Meilenstein der Opernkunst, aber eine wirkungssichere Komödie aus dem französischen Biedermeier, der Zeit Louis Philipps, deren Rokoko-Ambiente Adam genügend Möglichkeiten für zarte Lyrik und pastorale Ornamentik in der Musik bot. Höhepunkt ist Chapelous bis zum hohen D hinaufreichendes Rondo *Mes amis, écoutez l'histoire*, ein Bravourstück für jeden Tenor mit sicherer Höhe (Helge Roswaenge, Nicolai Gedda, Rockwell Blake), dessen Refrain im 1. Finale wiederkehrt; die beiden ehemaligen Droschkenkutscher Theodor Wachtel (1823–93) und Heinrich Bötel (1854–1938) fanden im Chapelou, dessen Arie sie mit effektvollem Peitschenknallen vorführten, jeweils die Rolle ihres Lebens. Ein Stück parodistischen Ziergesangs ist Chapelous Romanze im 2. Akt (*Assis au pied d'un hêtre / Von frühster Morgenröte*). Virtuos und gefühlvoll zugleich ist die Arie der Madame de Latour zu Beginn des 2. Aktes (*Je vais donc le revoir / Ich werde ihn also wiedersehen*). Bijous Arie im 2. Akt (*Oui, des choristes du théâtre / Ja, Choristen vom Theater*) besticht durch die witzige Verwendung der Tonleiter, und das Terzett *Pendu! ... pendu! / Gehenkt! ... gehenkt!* im 3. Akt ist ein komödiantisches Kabinettstück. Bereits die Ouvertüre mit Peitschenknall führt auf animierende Weise in den Geist dieser farbig orchestrierten, leichtfüßig charmanten Konversationsoper (mit gesprochenen Texten) ein, die sich noch Anfang des 20. Jahrhunderts besonders in Deutschland größter Popularität erfreute, allerdings oftmals in freien und operettenhaften Bearbeitungen. Nach der Erstaufführung 1837 an der Berliner Hofoper, wo Adam das Werk Friedrich Wilhelm III. gewidmet hatte (dt. von M. G. Friedrich), kam es zu neueren Übersetzungen und Fassungen u. a. von Georg Hartmann, Karlheinz Gutheim / Günter Ebert und Günter Haußwald / Klaus Dreyer. Heute wird das Werk, wie auch die deutschen Spielopern, fast nur noch an kleineren Bühnen aufgeführt (Hildesheim 1992). 1998 unternahm die Staatsoper Berlin (Chapelou: Jeffrey Francis) den Versuch, das Stück für das Repertoire zurückzugewinnen. – Der gleiche Stoff liegt Pier Antonio Coppolas Oper *Postiglione di Longiumeau* (Mailand 1838, Text: Calisto Basti) zugrunde.

Spieldauer: ca. 2 Stunden (1. Akt: ca. 45 min.; 2. Akt: ca. 50 min.; 3. Akt: ca. 30 min.).

Hector Berlioz

* 11. Dezember 1803 in La Côte-Saint-André (Dép. Isère)
† 8. März 1869 in Paris

Person und Werk von Hector Berlioz bilden den größten Gegensatz zu dem gleichaltrigen Adolphe Adam. Er verband unter Berufung auf die klassischen Vorbilder Gluck, Mozart, Beethoven und Weber avantgardistische Kühnheit im Musikalischen mit philosophischem und literarischem Gedankengut der zeitgenössischen Romantik (Scott, Byron, E. T. A. Hoffmann, Hugo, de Musset u. a.), aber auch der Klassiker, vorab Shakespeares, der den zu leidenschaftlichen Empfindungen ebenso wie zur intelligenten Reflexion fähigen Komponisten zeitlebens begeistert hat. Das spricht sich am deutlichsten in seinen sinfonisch-dramatischen Werken aus, mit denen er Einfluß auf die nachfolgenden Generationen gewann. Berlioz war Autodidakt und hatte bereits seine erste Orchesterkantate verfaßt, als er 1826 am Konservatorium Unterricht bei Lesueur und Reicha nahm. Neben drei vollendeten Opern, *Benvenuto Cellini* (1838), *Les Troyens* (1855–58) und *Béatrice et Bénédict* (1862), in denen er durch kühne Verwendung verschiedener Genres, durch gewaltige Ausmaße oder orchestrale Hürden die Grenzen der Gattung überschritt, schuf er mehrere musikalische Mischformen mit stark opernhaften Zügen, die sowohl konzertant wie gelegentlich szenisch aufgeführt werden, darunter das lyrische Monodram *Lélio* (1831), die »Symphonie dramatique« *Roméo et Juliette* (1839) und die »Légende dramatique« *La damnation de Faust* (1846).
Berlioz verschaffte sich seinen Lebensunterhalt als Musikschriftsteller und fand anfangs kaum öffentliche Aufmerksamkeit als Komponist. Das änderte sich erst in den 1840er Jahren, als seine Werke mehr und mehr im Ausland – in Deutschland vor allem dank Liszts Förderung – gespielt wurden und Berlioz sich nun ständig auf Konzertreisen durch Deutschland, England, Rußland und Österreich be-

fand. Nach der Enttäuschung, *Les Troyens* nicht aufgeführt zu sehen, und ohne angemessene Anstellung – er war lediglich Bibliothekar des Konservatoriums – verbrachte Berlioz seine letzten Jahre, körperlich und seelisch gebrochen, in tiefer Resignation, seine (heute noch sehr lesenswerten) *Mémoires* vollendend. Berlioz, ein Meister der – auch theoretisch begründeten – Instrumentation, kreierte einen gänzlich eigenen Stil, der sich unbeeinflußt von zeitgenössischer Musik nach eigenen Ideen entwickelte und weiterwirkte. Die Sinfonischen Dichtungen von Liszt und Strauss, auch die Werke russischer Komponisten wie Rimskij-Korsakow und Balakirew, haben wesentliche Impulse von Berlioz' Tonsprache und Orchesterzucht empfangen, gelegentlich auch Richard Wagner, der im übrigen den von Berlioz vertretenen Begriff der »Programmusik« ablehnte und dessen hochromantische Stilattitüde als »phantastische Willkür« und »hexenhaftes Chaos« verwarf.

Fausts Verdammung

(Fausts Verdammnis)
La damnation de Faust

Légende dramatique in 4 Teilen. Text von Hector Berlioz und Almire Gandonnière nach Gérard de Nerval. Konzertante Uraufführung am 6. Dezember 1846 in Paris, Opéra-Comique. Szenische Adaption von Raoul Gunsbourg am 18. Februar 1893 in Monte Carlo, Salle Garnier.

Die 1828 erschienene Übersetzung des romantischen Dramatikers und Kritikers Gérard de Nerval (22. 5. 1808 Paris – 26. 1. 1855 Paris), für Berlioz die Textgrundlage, hat Goethes *Faust I* in Frankreich berühmt gemacht. Die Ausarbeitung des Librettos geschah durch Berlioz selbst, der Originalpartien Goethes und Nervals mit eigenen Texten zu einer eher statischen Szenenfolge als dramatischen Handlung zusammenfügte. Nach seinen Angaben schrieb Almire Gandonnière einige Szenen.

PERSONEN: Faust (Tenor) – Méphistophélès (Baß) – Marguerite / Margarete (Mezzosopran) – Brander (Baß) – Studenten, Soldaten, Bürger, Bauern, Geister u. a.

ORT UND ZEIT: Ungarn und Deutschland, im sagenhaften Mittelalter.

1. Teil. Beim Sonnenaufgang über der ungarischen Ebene preist Faust die Schönheit des anbrechenden Frühlings und den Frieden der Natur (*Le vieil hiver / Der alte Winter*). Mit Tänzen und liebeslustigen Liedern begrüßen die Bauern den Frühling. Das ungarische Heer zieht unter den Klängen des Rákóczy-Marsches ins Feld.
2. Teil. Faust ist in seine Studierstube im Norden Deutschlands zurückgekehrt. Durch das Geläut der Osterfestglokken wird er aus finsterem Lebensüberdruß und Selbstmordgedanken gerissen, das »Christ ist erstanden« des Ostergesangs gibt ihm den Frieden der Religion seiner Kindheit zurück. Mephisto verhöhnt diese Gefühle; er sei »der Geist des Lebens«, und allein er werde ihm Glück und Lust in der Erfüllung aller Wünsche bieten. Gemeinsam gelangen sie nach Leipzig und mischen sich in Auerbachs Keller unter die zechenden und singenden Studenten (Brander: *Certain rat / Es war eine Ratt im Kellernest*); Mephisto imponiert mit seinem »Flohlied« (*Une puce gentille / Es war einmal ein König*). Diese lärmende Ausgelassenheit bietet Faust nicht das erwartete Vergnügen. So führt ihn Mephisto in die Elb-Auen (*Voici des roses / Sieh hier die Rosen*); dort versetzen Gnomen- und Geisterchöre Faust in den Schlaf, in dem ihm ein schönes Mädchen, Margarete, erscheint und sein Verlangen weckt. Mephisto verspricht, ihn zu ihr zu führen. Ein Soldatenlied und ein Studentenchor schließen diese Szene ab.
3. Teil. In Margaretes Zimmer erwartet Faust, überwältigt von der reinen Anmut, die dieses Ambiente ausstrahlt, das junge Mädchen. Hinter einem Vorhang verborgen hört er, wie sie, bedrückt von einem Traum, in dem ihr der künftige Geliebte erschien, die Ballade vom einsamen König in Thule vor sich hin singt (*Autrefois un roi de Thule / Es war ein König in Thule*). Mephisto inszeniert mit Hilfe eines

Chores von Irrlichtern einen Liebeszauber, der auch Margarete ergreift. Sie sinkt in die Arme des entzückten Faust. Mephisto tritt dazwischen: Die Nachbarn sind aufmerksam geworden, sie warnen die Mutter, Faust muß Abschied nehmen, ohne das erhoffte Liebesfest zu feiern.
4. Teil. Margarete, verwirrt, sehnt sich nach Faust, der sie verlassen hat (Romanze *D'amour l'ardente flamme / Meine Ruh ist hin*). An ihrem Zimmer ziehen die Soldaten, in der Ferne die Studenten vorbei. – In Wald und Höhlen sucht Faust eine kurze Linderung seiner Begierden, seines Leidens an der Welt (*Nature immense / Unendliche Natur*). Mephisto schreckt ihn auf mit der Nachricht, daß Margarete als Mörderin ihrer Mutter verurteilt worden sei; ein Schlaftrunk, den Faust seiner Geliebten gab, um die Mutter während der Liebesnächte einzuschläfern, hat den Tod bewirkt. Jetzt hat Mephisto Faust in der Hand, er zwingt ihn zu einem Pakt: Margarete wird leben, wenn Faust sich ihm verschreibt. Faust ist ohne Bedenken dazu bereit. Und sogleich sind schwarze Rosse zur Stelle, auf denen Mephisto und Faust in den Abgrund der Hölle, zum Fürsten der Finsternis, sprengen. Margaretes Seele aber wird vom Chor der seligen Geister in die himmlische Verklärung aufgenommen.

Berlioz lernte Nervals Übersetzung des Ersten Teils von Goethes *Faust* bald nach Erscheinen kennen und vertonte voll Enthusiasmus 8 Prosapartien, die er bereits im April 1829 als *Huit scènes de Faust* veröffentlichte und Goethe schickte, dessen Urteil indessen ganz vom Verdikt seines musikalischen Mentors Carl Friedrich Zelter bestimmt wurde, der ihm schrieb: »Gewisse Leute können ihre Geistesgegenwart und ihren Anteil nur durch lautes Husten, Schnauben, Krächzen und Ausspeien zu verstehen geben; von diesen einer scheint Herr Hector Berlioz zu sein. Der Schwefelgeruch des Mephisto zieht ihn an, nun muß er niesen und prusten, daß sich alle Instrumente im Orchester regen und spuken – nur am Faust rührt sich kein Haar.« Schon Ende des gleichen Jahres zog Berlioz die Partitur zurück, integrierte sie aber, umgearbeitet, in *La damnation de Faust*,

als er sich im Winter 1845/46 bei einer Tournee als Dirigent durch Österreich, Böhmen und Ungarn erneut dem Stoff zuwandte. Deutschland hatte er bereits 1842/43 bereist.
Berlioz plante damit eine »Grand opéra«, wie er schrieb, ob konzertant oder szenisch, ist nicht geklärt; jedenfalls ergriff er kurz nach dem von ihm selbst veranstalteten (erfolglosen) Uraufführungskonzert die Chance für eine szenische Realisation am Londoner Drury Lane Theatre, die aber am Zusammenbruch der dortigen Operngesellschaft scheiterte. Seit der szenischen Uraufführung 1893 ist diese »Dramatische Legende« auch immer wieder auf der Opernbühne anzutreffen, wo Berlioz' innovativer musikdramatischer Ansatz vor allem die Regisseure reizte, u. a. den Choreographen Béjart (Paris, 1964) und Nikolaus Lehnhoff (Hamburg, 1988).
Der faszinierende Beherrscher des großen Chor- und Orchesterapparats, der psychologisierende Erfinder neuer Klangfarben beweist sich im Rákóczy-Marsch, in den Studenten- und Soldatenchören, im Tanz der Irrlichter und im Pandämonium des Höllenritts, in dem der Chor der Dämonen und der Gesang der Seraphim in- und übereinandergeblendet werden. Berlioz' Faust ist ein an Weltschmerz leidender Held Byronscher Prägung, dessen Gedanken bestimmt sind durch schwärmerische Reflexionen und romantisierende Naturempfindungen; Mephistopheles ist der Grandseigneur aller Verführer, Gounods Teufel nicht unähnlich. Berlioz' Komposition wurde auch durch außerliterarische Bilder und Visionen angeregt; seine »Légende dramatique«, ein prachtvolles Kolossalgemälde, evoziert selbst Bilder und Visionen in so reichem Maß, daß darin eine Schwierigkeit ihrer szenischen Realisation begründet liegt.
Spieldauer: ca. 2 Stunden.

Albert Lortzing: Zar und Zimmermann
Oper der Stadt Köln

Hector Berlioz: Fausts Verdammung
Bayerische Staatsoper München

Die Trojaner
Les Troyens

Grand opéra in 5 Akten. Text von Hector Berlioz nach Vergils *Aeneis*. Uraufführung von Akt III.–V. als *Les Troyens à Carthage* am 4. November 1863 in Paris, Théâtre Lyrique. Konzertante Uraufführung von Akt I. und II. als *La prise de Troie* am 7. Dezember 1879 in Paris, Théâtre du Châtelet. Uraufführung der gesamten Oper (an zwei Abenden) am 6. und 7. Dezember 1890 in Karlsruhe, Hoftheater, und (gekürzt, an einem Abend) am 18. Mai 1913 in Stuttgart, Hoftheater.

Personen: Enée / Äneas, trojanischer Held, Sohn der Venus und des Anchises (Tenor) – Didon / Dido, verwitwete Königin von Karthago (Mezzosopran) – Cassandre / Kassandra, trojanische Prophetin, Tochter des Königs Priamos (Mezzosopran) – Ascagne / Ascanius, Sohn des Äneas (Sopran) – Anna, Didos Schwester (Alt) – Chorebe / Choroebus, junger asiatischer Prinz, Verlobter Kassandras (Bariton) – Panthée / Pantheus, trojanischer Priester, Freund des Äneas (Baß) – Narbal, Minister Didos (Baß) – Iopas, tyrischer Dichter am Hof Didos (Tenor) – Priame / Priamos, König von Troja (Baß) – Hécube / Hekuba, Königin der Trojaner, Frau des Priamos (Sopran) – Der Schatten Hektors, des trojanischen Helden und Sohnes des Priamos (Baß) – Helenus, trojanischer Priester, Sohn des Priamos (Tenor) – Hylas, junger phrygischer Seemann (Tenor) – Polyxène, Schwester Kassandras (Sopran) – Ein griechischer Heerführer (Baß) – Zwei trojanische Soldaten (Bässe) – Mercure / Merkur (Bariton) – Ein Priester Plutos (Baß) – Vier nubische Sklaven (Alt) – Andromache, Witwe Hektors (stumme Rolle) – Astyanax, Sohn Hektors (stumme Rolle) – Trojaner, Griechen, Tyrer, Karthager, Nymphen, Satyrn, Faune, Waldgeister, unsichtbare Schatten u. a.

Ort und Zeit: Troja und Karthago, während des Trojanischen Krieges.

1. Akt. Die Griechen haben scheinbar ihr Feldlager vor Troja geräumt, lediglich ein riesiges hölzernes Pferd zurückgelassen. Begeistert feiern die Trojaner das Ende des Krieges und die wiedergewonnene Freiheit. Einzig Kassandra er-

hebt warnend ihre Stimme; sie sah den mahnenden Schatten des gefallenen trojanischen Helden Hektor und ahnt den Untergang der Stadt (*Les Grecs ont disparu / Die Griechen sind verschwunden*) – vergeblich, keiner glaubt ihr, nicht einmal ihr Verlobter Choroebus, dem sie zur Flucht rät. Die Freude beim Dankopfer, das König Priamos den Göttern darbringt, wird durch das Erscheinen von Hektors trauernder Witwe Andromache und eine bestürzende Nachricht des Äneas gedämpft: Der Priester Laokoon ist tot. Er hatte beim Anblick des hölzernen Pferdes Verdacht geschöpft, seinen Speer in dessen Flanke geschlagen und das Volk aufgefordert, es anzuzünden, woraufhin ihn zwei Meeresschlangen erwürgten. Äneas sieht darin eine Strafe Athenas, der Schutzgöttin der Athener, der das Pferd geweiht sei. Priamos gibt Befehl, das Pferd in die Stadt zu bringen. Keiner hört auf die erneuten Warnungen Kassandras, selbst dann nicht, als aus dem Inneren des Pferdes Waffengeklirr ertönt.

2. Akt. Der Schatten Hektors fordert Äneas auf, die von den Griechen aus dem Bauch des Pferdes überlistete und in Brand gesteckte Stadt zu verlassen und in Italien ein neues Troja zu gründen. Aber obwohl Ascanius, Pantheus und Choroebus dem Äneas die verzweifelte Lage der Stadt darstellen, will er mit ihnen die Zitadelle verteidigen. – Im Palast des Priamos fordert Kassandra, die eben vom Tod ihres Verlobten Choroebus benachrichtigt wurde, alle Frauen auf, sich selbst zu töten, um nicht in die Hände der Griechen zu fallen (*Tous ne périront pas / Alle werden nicht untergehen*). Bei der Nachricht, daß es Äneas gelang, mit den Götterbildern und dem Goldschatz Trojas zu entkommen, bricht sie zusammen. Sie tötet sich, im Sterben mit dem Ruf »Italien!« auf den Berg Ida weisend, wohin sich Äneas und seine Trojaner gerettet haben.

3. Akt. In Karthago. Mit einem Festspiel feiert Königin Dido das Jubiläum ihrer Regierung, die der Stadt für sieben Jahre den Frieden sicherte. Seinerzeit hatte sie, vertrieben durch ihren Bruder Pygmalion, den Mörder ihres Gatten, Sychaios, die Heimat Tyros verlassen und Karthago gegrün-

det. Iopas meldet die Ankunft einer unbekannten, gestrandeten Flotte, die um Aufnahme bitte: Es sind Äneas und seine Trojaner. Dido empfängt sie als ihre Gäste. Als Narbal meldet, daß der numidische König Iarbas in das Land eingefallen sei, bietet Äneas der Königin seine Hilfe an und zieht an der Spitze der Trojaner und Karthager in den Kampf.

4. Akt. Bei der Jagd von einem Unwetter überrascht, flüchten Dido und Äneas in eine Grotte. Es kommt zum Geständnis ihrer gegenseitigen Liebe, während Satyrn, Faune, Waldgeister und Nymphen im Licht eines vom Blitz entzündeten Baumes sie umtanzen. Didos Volk huldigt seiner Königin und fürchtet um sie, weil sie sich ganz Äneas zugewandt hat. Während eines Festes zu Ehren von Äneas und zur Feier seines Sieges über die Numidier beschwört Iopas die friedvolle Vergangenheit Karthagos. Äneas und Dido, ihrer Liebe hingegeben (*Nuit d'ivresse et d'extase infinie! / Nacht voll Trunkenheit und Verzückung ohne Ende*), werden durch das Erscheinen Merkurs und seine Mahnung an die Sendung des Äneas (»Italien!«) aufgeschreckt.

5. Akt. Die Götter zürnen wegen der ständig verschobenen Weiterfahrt von Äneas' Flotte nach Italien. Äneas schwankt zwischen seiner Bestimmung und der Liebe zu Dido. Den Ausschlag geben die mahnenden Stimmen der Toten: Priamos, Choroebus, Hektor und Kassandra. Dido vermag Äneas nun nicht mehr aufzuhalten. – In ihrem Palast erhält die Königin die Nachricht vom Auslaufen der trojanischen Flotte. Ihr Stolz ist gebrochen, ihre Liebe getäuscht. Sie verflucht Äneas und ruft die Götter um Rache an (*Dieux immortels! / Unsterbliche Götter!*). Auf einem Scheiterhaufen sollen alle Gegenstände, die sie an den Geliebten erinnern, verbrannt werden. Dann nimmt sie Abschied von Karthago, vom Leben. – Sie besteigt selbst den Scheiterhaufen und ersticht sich mit dem Schwert des Äneas. Sterbend hat sie die Vision vom Untergang Karthagos und dem Aufstieg eines künftigen Rom (*Rome ... Rome ... immortelle! / Rom ... Rom, unsterblich!*). Im Volk verbreitet sich die Ahnung

kommender Vernichtungskriege zwischen Karthagern und Römern.

Die Begeisterung des Komponisten für die *Aeneis* des Vergil reichte bis in seine Kindheit zurück; die Faszination dieses Stoffes ließ ihn nicht mehr los, sie verdichtete sich, je mehr der Künstler Berlioz Ablehnung erlebte und unter dem mediokren musikalischen Niveau der französischen Metropole litt. Ohne Aussicht auf eine Aufführung entstand die Oper zwischen Mai 1856 und April 1858. »Welches Schicksal auch immer sie erleiden mögen, ich empfinde jetzt nichts als Zufriedenheit, das Werk vollendet zu haben. [. . .] Was das Hauptanliegen des Werkes betrifft, nämlich die Charakterisierung der Personen und ihrer Gefühle und Leidenschaften mit musikalischen Mitteln, so handelt es sich dabei um den leichtesten Teil meiner Aufgabe. Ich habe mein Leben mit dieser Art von Halbgöttern verbracht«, schrieb Berlioz im Juni 1859.
Durch die Wahl seines Stoffes, des Sagenkreises der *Aeneis*, der zu den beliebtesten Themen der Opera seria gehört hatte, aber seit Auber und Meyerbeer von historischen Sujets abgelöst worden war, mußte Berlioz von Anfang an mit dem Unverständnis seiner Zeitgenossen rechnen. Berlioz' Vorliebe für Tableaus, stehende Bildszenen, entstammt der Dramaturgie der Grand opéra eines Cherubini, Spontini oder den Reformopern Glucks; seine Vorliebe für Pantomimen (Auftritt Andromaches) und Ballett-Divertissements (3. und 4. Akt) verrät das Vorbild der Tragédie lyrique. Die Figuren werden nicht als Charaktere erlebbar, sondern sind Repräsentanten einer Idee oder eines Gefühls. Musikalisch gestaltet Berlioz sie mit pathetischen Rezitativen aus, die sich zu einem melodisch nuancierten Gesang aufschwingen; grandiose Beispiele bieten die hochdramatischen Warnungen Kassandras. Dagegen sind Didos Schlußgesänge voll sublimer Momente. Die durchkomponierte Partitur ist in 52 Nummern gegliedert, die traditionellen Formen wie Rezitativ und Arie, Duett, Quintett, Septett und Finale, entsprechen. Monumentale Höhepunkte bilden das Finale des 2. Aktes und die Huldigung der Karthager im 3. Akt (*Gloire*

à Didon / Dido sei Ehre und Ruhm); der Beginn des 4. Aktes (*Chasse royale et orage / Königliche Jagd und Sturm*) hat Eingang in den Konzertsaal gefunden.
Daß seine *Trojaner* von der Pariser Opéra abgelehnt wurden, hat Berlioz tief getroffen. Die Aufführung am Théâtre-Lyrique war eine Notlösung; gespielt wurden (in gekürzter Form!) nur die Akte III–V, ein Schicksal, das die Oper während der folgenden Jahrzehnte nicht verließ. Eine komplette Einstudierung hat Berlioz nicht erlebt. Nach den Aufführungen 1890 in Karlsruhe (unter Felix Mottl; deutsch von O. Neitzel), 1913 in Stuttgart (gekürzt) und 1955 in Boston (erstmals komplett an einem Abend), bedeutete die Einstudierung 1969 an Londons Covent Garden (unter Sir Colin Davis), nach der Fassung der Neuen Berlioz-Ausgabe des Bärenreiter-Verlags, einen Meilenstein in der Aufführungsgeschichte.
Spieldauer: ca. 4 Stunden (1. Akt: ca. 60 min.; 2. Akt: ca. 25 min.; 3. Akt: ca. 50 min.; 4. Akt: ca. 55 min.; 5. Akt: ca. 55 min.).

Michail Iwanowitsch Glinka

* 1. Juni (20. Mai) 1804 in Nowospasskoje
(heute: Glinka; Gouv. Smolensk)
† 15. Februar 1857 in Berlin

Mit *Ein Leben für den Zaren* (*Iwan Sussanin*) und *Ruslan und Ludmilla* begründete Glinka die nationalrussische Oper. Wie andere seiner russischen Kollegen hatte er als Autodidakt begonnen, wenngleich auf mehreren Instrumenten. Er reiste 1830–1833 in Italien, lernte dort u. a. Bellini, Donizetti und Mendelssohn Bartholdy kennen und nahm darauf in Berlin Kompositionsunterricht bei Siegfried Dehn. 1834 begann er *Iwan Sussanin* (*Ein Leben für den Zaren*), seine erste Oper, die ihn zwei Jahre später auf einen Schlag zum führenden Musiker Rußlands machte und ihm die Ernennung zum Kapellmeister des Hofchors einbrachte. Die folgende, seine Schaffenskraft lähmende Enttäuschung über die schlechte Aufnahme von *Ruslan und Ludmilla* bewog ihn zu einer Reise nach Paris und Spanien (1844–1848). In Paris hielt er sich erneut 1852–1854 auf. Er starb in Berlin, wo er weitere Studien bei Dehn aufgenommen hatte. Glinka wollte, wie er kurz vor seinem Tod einem Freund mitteilte, »die westliche Fuge und die russische Musik durch die heiligen Bande der Ehe vereinen«; in seinen Werken finden sich, neben aller Vorliebe für orientalische Farben, viele Züge aus zentraleuropäischen Vorbildern (Bach, Beethoven, Schubert, Schumann). So öffnete er seinen Nachfolgern die Tore zum Westen. Aufführungen seiner Werke unter Berlioz, Liszt und Meyerbeer begründeten ein europaweites Verständnis für russische Musik. Sehr gegensätzliche russische Komponisten von Balakirew über Tschaikowskij und Mussorgskij bis zu Prokofjew und Strawinsky zeigten sich von seinem Werk beeinflußt.

Ruslan und Ludmilla

Ruslan i Ljudmila

Phantastische Oper in 5 Akten. Text von Michail Glinka und Walerjan Schirkow nach der gleichnamigen Verserzählung von Alexander Puschkin (1820); unter Mitarbeit von Nestor Kukolnik, Nikolaj Markewitsch, Michail Gedeonow, Konstantin Bachturin und Alexander Schachowskij. Uraufführung am 9. (21.) Dezember 1842 in St. Petersburg, Großes Theater (Bolschoj Teatr).

PERSONEN: Swjetosar, Großfürst von Kiew (Baß) – Ludmilla, seine Tochter (Sopran) – Ruslan, Kiewer Ritter und Bräutigam Ludmillas (Baß) – Ratmir, ein chasarischer Fürst (Alt) – Farlaf, ein warägischer Ritter (Baß) – Gorislawa, Gefangene Ratmirs (Sopran) – Finn, ein guter Zauberer (Tenor) – Naina, eine böse Zauberin (Mezzosopran) – Bajan, ein Balladensänger (Tenor) – Tschernomor, ein Zwerg und böser Zauberer (stumme Rolle) – Kopf eines Riesen (Männerchor) – Gefolge Swjetosars, Ritter, Bojaren

Dienerinnen, Kinderfrauen, Ammen, Edelknaben, Waffenträger, Truchsesse, Anhänger des Fürsten, Volk, Mohren, Zwerge, Sklaven Tschernomors, Nymphen und Undinen u. a.

Ort und Zeit: Rußland, in sagenhafter Zeit.

1. Akt. Mit einem Fest leitet Fürst Swjetosar die Hochzeit Ludmillas mit Ruslan ein. Dabei trägt Bajan eine Ballade von vergangenen Zeiten und vom wechselhaften Glück den Gästen vor, unter denen sich auch grollend die abgewiesenen Freier Ratmir und Farlaf befinden. Da erlöschen mit einem Schlag alle Lichter, und in der Dunkelheit wird Ludmilla von einer finsteren Macht entführt. Der entsetzte Fürst verspricht sein halbes Reich und die Hand Ludmillas demjenigen, der seine Tochter zurückbringt. So machen sich Ruslan, Ratmir und Farlaf, jeder für sich, auf die Suche nach ihr.

2. Akt. Ruslan gelangt in die Höhle Finns, der ihm von seiner unseligen Liebe zur Zauberin Naina erzählt: Er hatte lange um sie geworben und sogar die Zauberkunst für sie erlernt, doch als Naina ihn endlich zu erhören versprach, war er ein alter Mann geworden. Er warnt Ruslan: Seither verfolge die Zauberin alle Liebenden mit Haß. Ludmilla, die Ruslan suche, habe der Zwerg Tschernomor auf sein Schloß entführt. – Farlaf dagegen trifft auf Naina, die ihm zu helfen verspricht; er brauche nur ruhig zuzuwarten. – Auf seiner weiteren Suche gelangt Ruslan auf ein Schlachtfeld, wo ein Riesenkopf die Gebeine der Gefallenen bewacht und jeden Fremden mit seinem Riesenatem wegzublasen droht. Ruslan zertrümmert den Kopf und findet darunter ein ihm von Finn verheißenes Schwert. Sterbend gibt der Kopf ein Geheimnis preis: Ihm und seinem Bruder Tschernomor wurde der Tod durch ein Zauberschwert geweissagt. Im Kampf um diese Waffe habe der Zwerg ihn, den Riesen, getötet. Mit dem Schwert solle Ruslan nun Rache an dem Zwerg üben, dessen ganze Kraft in seinem Bart stecke.

3. Akt. In ihrem Zauberschloß ist Naina von schönen Mädchen umgeben, die alle Ritter verführerisch anlocken. Auch Gorislawa, die verlassene Geliebte Ratmirs, wird hier von der Zauberin festgehalten. Auf der Suche nach Ludmilla

zum Schloß gelangt, erkennt Ratmir sie nicht wieder; er erliegt dem bannenden Zauber der Mädchen. Ebenso vergißt Ruslan unter Nainas Zauber Ludmilla. Da greift Finn ein. Er zerstört Nainas Blendwerk und nimmt den Bann von Gorislawa und Ratmir, die, glücklich wiedervereint, nun Ruslan bei der Suche nach Ludmilla helfen wollen.
4. Akt. Mit dem Zauberschwert gelingt es Ruslan, den Ludmilla gefangenhaltenden und sie bedrängenden Zwerg Tschernomor zu besiegen, doch die in einen Zauberschlaf versenkte Ludmilla vermag er nicht aufzuwecken. Mit Hilfe von Ratmir und Gorislawa macht er sich auf, die Schlafende nach Kiew zu bringen.
5. Akt. Unterwegs wird Ludmilla abermals von Geistern Nainas entführt. Während Ruslan sich erneut auf die Suche macht, eilt Ratmir zu Finn, der ihm einen Ring übergibt, mit dessen Hilfe Ludmilla geweckt werden kann. – Naina hat ihr schlafendes Opfer Farlaf überlassen und dieser Ludmilla nach Kiew gebracht, doch kann er sie aus ihrem Zauberschlaf nicht erlösen. Erst Ruslan ruft Ludmilla mit Finns Ring zurück ins Leben, zum Jubel des ganzen Volkes.

Weil der Tod Puschkins (1837) seine Absicht und Glinkas Wunsch, das Poem *Ruslan und Ludmilla* selbst zu einem Libretto umzuformen, vereitelt hatte, übertrug der Komponist die Textfassung größtenteils Schirkow, der 19 der 27 Nummern schrieb. Glinka hat das Szenario vorgegeben und die restlichen Texte verfaßt.
Wie er mit *Iwan Sussanin* das historisch-patriotische Thema in die russische Oper eingeführt hatte, so inspirierte Glinka mit der Zauberoper *Ruslan und Ludmilla* russische Komponisten zur Beschäftigung mit Volksmärchen und Legenden, mit phantastischen und sagenhaften Stoffen. Es war vor allem Rimskij-Korsakow, der ihm darin folgte, aber auch Strawinsky (*Der Feuervogel*) und Prokofjew (*Die Liebe zu den drei Orangen*) gehören in dieser Beziehung zu Glinkas Nachfolgern.
Dem phantastischen Stoff wurde Glinka durch eine kunstvolle Instrumentation, in der er Soloinstrumenten leitmotivi-

sche Funktionen zuwies (Fagott, Englischhorn, Violine, Klarinette), und die Verwendung orientalisch nachempfundener Musik gerecht: dem persischen Chor zu Gorislawas Kavatine am Beginn des 3. Aktes, dem türkischen und arabischen Tanz sowie dem kaukasischen Nationaltanz Lesginka im Zaubergarten Tschernomors. Sie setzte er gegen das Nordisch-Russische, wobei er auf originale Volksmelodien zurückgriff wie in Finns Ballade im 2. Akt. Mit dem Guslisänger Bajan schuf Glinka eine Figur, die Rimskij-Korsakow in seinem *Sadko* wiederaufnahm.
Die Uraufführung war ein Mißerfolg, und noch 1860 löste die Oper eine heftige Kontroverse aus zwischen den Kunstkritikern Alexander Serow, der sich für *Iwan Sussanin* als einem Schritt in Richtung des Wagnerschen Musikdramas eingesetzt hatte, und Wladimir Stassow, der sich, zusammen mit Anatolij Ljadow und Milij Balakirew, den »Ruslanisten«, für eine originär russische Oper stark machte. Ljadow dirigierte die Oper 1864 erneut in St. Petersburg, Balakirew 1867 in Prag. Die deutschsprachige Erstaufführung fand 1950 an der Deutschen Staatsoper Berlin statt. Eine 3aktige Fassung schuf Kurt Honolka (Hamburg 1969).
Spieldauer: ca. 3¼ Stunden (1. Akt: ca. 40 min.; 2. Akt: ca. 40 min.; 3. Akt: ca. 45 min.; 4. Akt: 35 min.; 5. Akt: ca. 25 min.).

Otto Nicolai

* 9. Juni 1810 in Königsberg
† 11. Mai 1849 in Berlin

Als Halbwaise wurde Nicolai vom Vater, selbst Komponist, so sehr zum musikalischen Wunderkind gedrillt, daß er mit 16 Jahren durchbrannte. In Stargard (Pommern) fand er einen Förderer, der ihm die Ausbildung in Berlin bei Carl Friedrich Zelter sowie am Königlichen Institut für Kirchenmusik ermöglichte. Nach 1830 arbeitete er als Musiklehrer und war Mitglied der Berliner Singakademie, die 1831 auch sein *Te Deum* aufführte. 1833 folgte er einem Angebot als Organist der Preußischen Gesandtschaft in Rom. In dieser Zeit kam Nicolai in Berührung mit dem Theater, insbesondere mit der Oper, konnte aber keinen Opernauftrag bekommen. In Neapel besuchte er Donizetti. Nach einem kurzen Zwischenspiel 1837 als Gesangslehrer und Kapellmeister an den Wiener Hoftheatern kehrte er nach Italien zurück, wo er mit seinen am Stil Donizettis und Bellinis geschulten Opern *Enrico II.* (Triest 1839) und *Il templario* (Turin 1840) große, mit *Odoardo e Gildippe* (Genua 1840) und *Il proscritto* geringere Erfolge erzielte. (Das von ihm abgelehnte Libretto *Nabucco* hat dann Verdi vertont.) 1841 erfolgte seine Verpflichtung als leitender Hofkapellmeister an die Wiener Oper, wo er 1842 die »Philharmonischen Akademien« begründete, aus denen die Philharmonischen Konzerte hervorgingen. Als seine Oper *Die lustigen Weiber von Windsor* abgelehnt wurde, verließ er 1847 Wien, übernahm in Berlin die Leitung des Domchors und wurde 1848 Kapellmeister an der Hofoper, die im folgenden März die *Lustigen Weiber* uraufführte. Am Tag seines Todes wurde er in die Königliche Akademie der Künste aufgenommen.

Die lustigen Weiber von Windsor

Komisch-phantastische Oper in 3 Akten. Text von Salomon Hermann Mosenthal nach William Shakespeares Komödie *The Merry Wives of Windsor.* Uraufführung am 9. März 1849 in Berlin, Königliches Opernhaus.

Salomon Hermann Mosenthal (14. 1. 1821 Kassel – 17. 2. 1877 Wien), ein Wiener Pädagoge und Bühnenautor, arbeitete Nicolais Szenarium als Libretto aus. Weitere Operntexte schrieb er u. a. für Karl Goldmark (*Die Königin von Saba*) und Ignaz Brüll (*Das goldene Kreuz*). – Neben Mosenthal und dem Komponisten hatte der aus Kassel stammende Schriftsteller Jacob Hoffmeister (1813 bis 1893) geringen Anteil an dem Textbuch als erster Verfasser von zwei später fast ganz getilgten Terzetten.

PERSONEN: Sir John Falstaff (Baß) – Herr Fluth (Bariton) und Herr Reich (Baß), zwei Bürger von Windsor – Fenton (Tenor) – Junker Spärlich (Tenor) – Dr. Cajus (Baß) – Frau Fluth (Sopran) – Frau Reich (Mezzosopran) – Jungfer Anna Reich (Sopran) – Kellner im Gasthaus »Zum Hosenbande« (Sprechrolle) – Erster Bürger (Tenor) – Bürger und Bürgerinnen von Windsor, Kinder, Masken von Elfen und Geistern, Wespen, Mücken u. a.

ORT UND ZEIT: Windsor, zu Beginn des 17. Jahrhunderts.

1. Akt. Frau Fluth hält einen aufdringlichen Liebesbrief des dicken Trunkenbolds Sir John Falstaff in Händen. Belustigt und empört zugleich zeigt sie ihn ihrer Nachbarin Frau Reich – die genau den gleichen erhalten hat. Mit Lust und List machen sich die beiden Frauen daran, dem liebestollen Alten einen Denkzettel zu verpassen. Dazu ziehen sie sich in Frau Fluths Haus zurück. Indes hat es der eifersüchtige, überall Nebenbuhler witternde Herr Fluth eilig, zu seiner Frau zu kommen. Seinen Nachbarn Reich plagt der Gedanke an die ebenfalls präsenten drei Verehrer seiner Tochter Anna: den einfältigen Junker Spärlich, Dr. Cajus, einen deutsch radebrechenden Franzosen, und Fenton. Spärlich wird vom Vater favorisiert, Cajus von der Mutter. Anna liebt aber den feurigen Fenton, den Reich gewaltig abfahren läßt. – Frau Fluth malt sich vergnügt aus, wie sie Falstaff hereinlegen wird (Rezitativ und Arie *Nun eilt herbei, Witz, heitre Laune*), den sie hergebeten hat. Zudem hat sie ihrem Mann, um ihn für seine Eifersucht zu bestrafen über Frau Reich heimlich ein Briefchen zukommen lassen, er könne heute abend einen Liebhaber bei seiner Frau ertappen. Falstaff erscheint und gibt sich unverzüglich besitzergreifend, bis Frau Reich verabredungsgemäß dazwischenfährt mit der Meldung von der Rückkehr des Herrn Fluth. Rasch wird der dicke Ritter in einem bereitgestellten Korb voll schmutziger Wäsche versteckt und werden zwei Knechte angewiesen, den Korb auf der Bleiche in einen Schlammgraben auszuschütten. Vergeblich schnüffelt der wütende Fluth – und mit ihm die halbe Nachbarschaft – im ganzen Haus nach einem Verehrer seiner Frau. Zerknirscht bittet er sie um Vergebung. Sie aber will die Scheidung.

2. Akt. Im Gasthaus »Zum Hosenbande« erhält Falstaff ein Versöhnungs- und Einladungsbriefchen von Frau Fluth, was ihn zu einem gewaltigen Wettsaufen mit einigen Bürgern animiert (Lied *Als Büblein klein an der Mutter Brust*). Unter dem Namen Bach nähert sich Fluth dem Schwerenöter und versucht, ihn gegen bare Münze zu einem zweiten Versuch bei Frau Fluth, die er, Bach, vergeblich umwerbe, zu überreden. Falstaff ist rasch dazu bereit (Duett *Wie freu ich mich*). – Spärlich und Cajus wollen, jeder für sich, Anna ein Ständchen bringen, werden aber von Fenton ausgestochen (Romanze *Horch, die Lerche singt im Hain*) und müssen zähneknirschend aus einem Versteck mit ansehen, wie sich Anna und Fenton Liebe schwören. – Wieder ist Falstaff bei Frau Fluth im Liebesgetändel, und wieder meldet Frau Reich die überraschende Rückkehr Fluths von der Jagd. Dieses Mal verkleiden Frau Fluth und Frau Reich Sir John rasch als »Mutter Klatsch«, eine alte Kartenschlägerin und Kupplerin, der Fluth das Haus verboten hat. Fluth, der von Falstaff selbst die Affäre mit dem Wäschekorb vernommen hat, glaubt sich seiner Sache sicher und hat deshalb die Nachbarn hergeholt, um diesmal den dicken Ritter am gleichen Ort zu fassen. Höhnisch von seiner Frau verspottet, sticht er mit dem Degen in den Korb – kein Widerstand. Er kann seine Wut nur an der vermeintlichen Mutter Klatsch auslassen, die prügelt er aus dem Haus.
3. Akt. Die beiden Frauen setzen ihre Männer über die Briefe Falstaffs und den wahren Sachverhalt der Rendezvous ins Bild. Versöhnt beschließen sie gemeinsam, ihm eine letzte Lektion zu erteilen: Falstaff dürfe, als Jäger Herne verkleidet, um Mitternacht bei Hernes Eiche im Wald von Windsor die zwei Frauen erwarten. Dann würden alle Nachbarn, als Geister und Kobolde verkleidet, über ihn herfallen. Insgeheim hoffen Frau und Herr Reich, diesen Spuk für ihre Ziele zu nutzen: Frau Reich weist Anna an, als rote Elfe zu erscheinen, um so erkannt und in der gleichen Nacht mit Dr. Cajus vermählt zu werden. Und Reich will sie als grüne Elfe zur Vermählung mit Spärlich auftreten sehen. Anna sagt zu allem ja und amen, teilt aber sogleich Fenton mit, daß sie in

Weiß kommen werde. Das rote Elfengewand schickt sie Spärlich, das grüne Dr. Cajus. Falstaff erscheint, ein Hirschgeweih auf dem Kopf, das er den Herren Fluth und Reich je zur Hälfte zukommen lassen möchte, am vereinbarten Ort. Die Frauen gehen zum Schein auf sein Werben ein. Da erhebt sich Lärm: Anna und Fenton, als Titania und Oberon verkleidet, führen den Reigen der Waldgeister an, die Falstaff stechen und zwicken. Beglückt ergreifen ein grüner und ein roter Elf im allgemeinen Durcheinander die Flucht. Dem um Erbarmen flehenden Falstaff zeigen sich schließlich alle lachend ohne Maske. Dr. Cajus und Spärlich beklagen sich über die Fopperei bei den Reichs, die nun noch den Schock hinnehmen müssen, daß sich Anna und Fenton insgeheim haben trauen lassen. Sie fügen sich schließlich drein, und heiter wenden sich alle mit der Bitte um Nachsicht für ihre Späße selbst an das Publikum.

Bereits in Italien hatte sich Nicolai mit der Idee einer Oper nach Shakespeares *Lustigen Weibern von Windsor* befaßt, in der sich italienischer Belcanto und deutsche Gefühlstiefe verbinden sollten. In Wien schrieb Nicolai, basierend auf der Schlegel-Tieck-Übersetzung, erste Entwürfe, nachdem er lange nach deutschen Stoffen und Librettisten gesucht hatte: »Wo soll man Textbücher hernehmen in einem Land wie diesem, wo erstens keine Dichter existieren, die von der richtigen Anfertigung solcher Arbeiten auch nur einen leisen Begriff haben, und wo vor allem für neue Opern nichts getan und so gut wie nichts gezahlt wird? Deutschland nimmt lieber die schlechteste italienische oder französische Oper hin.«
Shakespeares um 1599 entstandenes Lustspiel hatte bereits Dittersdorf (1796), Salieri (1799) und Michael William Balfe (1838) zu Opern inspiriert. Mosenthal kürzte Shakespeares Stück und strich einige Figuren (Quickly, Meg Page, Badolph und Pistol). Da die als Teil seiner Wiener Verpflichtung geschriebene und im Herbst 1846 fast vollendete Oper nicht zur Aufführung angenommen wurde, wandte sich Nicolai nach Berlin. Dort wurde sie, im Februar 1849 abge-

schlossen, unter Nicolais Leitung mit großem Erfolg uraufgeführt. 1876 fand hier bereits die 100. Vorstellung statt. Versionen mit nachkomponierten Rezitativen anstelle der wenigen Dialoge – H. Proch (1860) und O. Neitzel (1911) – haben sich nicht durchgesetzt.
In Nicolais *Lustigen Weibern* verbinden sich Charme, Leichtigkeit, italienische Melodik, fein disponierter Humor sowie romantische Innigkeit zu einer volkstümlich eleganten Oper, der es nicht an echt populären, melodisch einfallsreichen Passagen wie z. B. Falstaffs Trinklied *Als Büblein klein* fehlt. Der Komponist hat seine Ziele durchaus verwirklicht: »Deutsche Schule muß sein [. . .], aber italienische Leichtigkeit muß dazukommen.« Kostbarkeiten der Arienkunst Nicolais sind Frau Fluths komödiantisch-virtuoses *Nun eilt herbei* im 1. Akt und Fentons gefühlvolle Lerchen-Romanze im 2. Akt (*Horch, die Lerche singt im Hain*), Höhepunkte darüber hinaus die ganz in der Tradition der großen deutschromantischen Orchesterbravour (Weber!) stehende Ouvertüre, die stimmungsvollen Chorszenen (Mondchor, Elfenreigen) und die buffonesken, mitreißend vitalen Ensembles auf der Grundlage einer farbenreichen Instrumentation.
Spieldauer: ca. 2½ Stunden (1. Akt: ca. 50 min.; 2. Akt: ca. 55 min.; 3. Akt: ca. 40 min.).

Charles-Louis-Ambroise Thomas

* 5. August 1811 in Metz
† 12. Februar 1896 in Paris

Der Sohn eines Musiklehrers erhielt eine gute Musikausbildung und trat 1828 in das Pariser Konservatorium ein, das er 1832 mit dem Rom-Preis abschloß. Aus Italien 1835 zurück in Paris, verfaßte er, ohne bleibenden Erfolg, für die Opéra-Comique eine Oper nach der anderen. Aufmerksamkeit fanden seine Rossini-Parodie *Le caïd* (1849) und seine *Sommernachtstraum*-Version *Le songe d'une nuit d'été* (1850). 1852 erhielt er die Berufung an die Académie des Beaux-Arts, 1856 als Kompositionsprofessor an das Conservatoire, dessen Direktor er 1871 als Nachfolger Aubers wurde. Der Erfolg von Gounods *Faust* inspirierte ihn zu seiner Goethe-Oper *Mignon* (1866), neben dem zwei Jahre später aufgeführten *Hamlet* sein einziger internationaler Erfolg. Thomas fühlte sich vollkommen den Konventionen der Opéra-lyrique verpflichtet, betrachtete Wagner, Bizet, Fauré und Debussy mit Skepsis und gab seine traditionelle Einstellung an seinen Schüler Massenet weiter. Geschätzt von seinen Zeitgenossen, hat von seiner Musik kaum etwas überlebt.

Mignon

Oper in 3 Akten. Text von Jules Barbier und Michel Carré nach Goethes Roman *Wilhelm Meisters Lehrjahre*. Uraufführung am 17. November 1866 in Paris, Opéra-Comique.

Jules-Paul Barbier (8. 3. 1822 Paris – 16. 1. 1901 Paris) bildete seit 1849 mit Michel Carré das führende Autorengespann der französischen Oper. Gemeinsam schrieben sie u. a. die Libretti zu *Faust, Mireille, Roméo et Juliette* (alle von Gounod komponiert), *Mignon, Hamlet, Dinorah* (Meyerbeer), *Les contes d'Hoffmann* (Offenbach). – Michel-Florentin Carré (20. 10. 1821 Besançon – 28. 6. 1872 Argenteuil) war erst Lyriker, versuchte sich dann als Romancier und Dramatiker und ging mit Barbier eine künstlerische Verbindung ein, die stilprägend auf dem Gebiet der Opéra-comique wie der Grand opéra wurde.

Personen: Wilhelm Meister (Tenor) – Frédérick / Friedrich (Tenor oder Sopran) – Philine, Sängerin (Sopran) – Laerte / Laertes, Schauspieler (Tenor) – Lothario (Baß) – Mignon (Sopran oder Mezzosopran) – Jarno, Führer einer Zigeunerbande (Baß) – Antonio, Diener (Baß) – Zigeuner, Schauspieler, Herren, Damen, Volk, Diener u. a.

Ort und Zeit: Deutschland, Italien, um 1790.

1. Akt. Wilhelm Meister, ein junger Mann auf der Bildungsreise, wird Zeuge, wie Jarno, der Führer einer umherziehenden Zigeunerbande, ein junges Mädchen, Mignon, brutal zum Tanzen vor Schaulustigen zwingt. Er geht mit der Pistole dazwischen. Mignon ist in Italien als Kind geraubt und an Artisten verkauft worden, wie sie Wilhelm erzählt (Romanze *Connais-tu le pays / Kennst du das Land, wo die Zitronen blühn*). Er kauft sie daraufhin von Jarno frei. Philine und Laertes, die Wilhelm hier kennenlernt, sind Mitglieder einer aufgelösten Schauspielertruppe. Wilhelm ist von der koketten Philine bezaubert und gern bereit, den Schauspielern als »Theaterdichter« auf das Schloß des Barons Rosenberg zu folgen, sehr zum Verdruß von Philines Anbeter Friedrich. Auch läßt er sich erweichen, Mignon, die sonst mit Lothario, einem alten, verwirrten Harfner, weiterziehen würde, im Männerkostüm als Diener mitzunehmen.

2. Akt. Auf dem Schloß des Barons verfolgt die von Philine spöttisch gedemütigte Mignon, wie raffiniert die Schauspielerin den verliebten Wilhelm sich gefügig zu machen versteht. Um für ihn ebenso begehrenswert zu sein, schminkt sich Mignon (Styrienne / Steyrisches Lied *Je connais un pauvre enfant / Kam ein armes Kind*) und zieht heimlich ein Kleid von ihr an. So stürzt sie herein, als sie hört, daß sich Friedrich und Wilhelm nebenan wegen Philine duellieren, und wirft sich schützend vor Wilhelm. Schweren Herzens gibt er ihr zu verstehen, daß sie sich trennen müßten (Lied *Adieu, Mignon, courage / Adieu, Mignon, hab Mut*). – Verzweifelt will sich Mignon in den Schloßteich stürzen, wird aber von Lothario zurückgehalten. Als aus dem Theater Beifall für Philine zu hören ist, wünscht sie, daß ein Brand das ganze Schloß in Schutt und Asche lege. Lothario erfüllt ihr diese Wahnvorstellung: Nach Ende der Vorstellung steht das Gebäude in Flammen. Philine (Polonaise *Je suis Titania / Ich bin Titania*) schickt Mignon noch hinein, um ein Blumenbukett Wilhelms aus ihrer Garderobe zu holen; sie kann eben noch von ihm aus dem Feuer gerettet werden.

3. Akt. Von Wilhelm ist die kranke Mignon gemeinsam mit Lothario nach Italien gebracht worden. Sie finden in einem alten, zur Versteigerung anstehenden Palast Unterkunft. Als Lothario hört, dies sei der Stammsitz der Familie Cypriani, seit 15 Jahren verlassen, gerät er in seltsame Erregung. Mignon erweckt Wilhelms ganzes Mitleid (Romanze *Elle ne me croyait pas / Sie glaubte mir nicht*); er heuchelt ihr vor, sie zu lieben und Philine nie geliebt zu haben. Beiden kann Lothario, der geistige Klarheit und Erinnerung wiedergewonnen hat, erklären, daß er selbst Graf Cypriani ist. Mignon errät: sie ist seine einst geraubte Tochter Sperata. Da erklingt Philines Stimme; sie tritt mit Laertes und Friedrich ein. Mignon schreit auf und stirbt.
Von Goethes Schluß abweichend, hat sich eine Variante nach den Regeln der französischen komischen Oper durchgesetzt: Auf einem Fest bittet Philine (Forlana *Paysanne ou Signora / Bauernkind oder Dame sein*) Mignon um Verzeihung, und diese gesteht jetzt Wilhelm ihre Liebe. Beide werden ein Paar, ebenso Philine und Friedrich.

Barbier und Carré haben Goethes Bildungsroman *Wilhelm Meisters Lehrjahre* (1795/96) unter den Aspekten einer romantischen Liebeshandlung, in deren Mittelpunkt Mignon und Philine stehen, umgestaltet. Die Autoren stellen die Gegensätze der beiden Frauen – hier das geheimnisumwitterte, fast geschlechtslose Naturkind, dort die berechnende Verführerin – und die Buntscheckigkeit des Milieus (Kleinstadt, Theateratmosphäre, Italien) in den Vordergrund. Thomas' eher lyrisch und sentimental fundierte denn dramatisch gehaltvolle, aber durchsichtig instrumentierte Musik besitzt einen leicht verwelkten Charme. Das gilt für Philines Polonaise *Je suis Titania* und ihre Forlana, für Mignons Styrienne und *Connais-tu le pays* ebenso wie für Wilhelms Arien *Adieu, Mignon* und *Elle ne me croyait pas*.
Für London nahm Thomas 1870 einige Änderungen vor: Er machte aus dem Tenor Friedrich eine Hosenrolle und ersetzte die Melodramen und Sprechtexte durch Rezitative. Von insgesamt 4 Schluß-Fassungen hat sich jene mit dem

versöhnlichen Terzett Mignon / Wilhelm / Lothario (*Mignon! Wilhelm! Salut à vous! / Mignon! Wilhelm! Ich grüße euch!*) behauptet. Deutsche Fassungen existieren von Ferdinand Gumbert (für die Erstaufführung in Weimar 1868), Wilhelm Brückner-Rüggeberg und Karlheinz Gutheim. Spieldauer: ca. 3 Stunden.

Friedrich von Flotow

* 27. April 1812 auf Gut Teutendorf (Mecklenburg)
† 24. Januar 1883 auf Gut Heiligenkreuzberg bei Darmstadt

Flotow, Sohn eines Gutsbesitzers aus altem mecklenburgischem Adel, studierte 1828–30 bei Anton Reicha in Paris. Dort bildete er seinen Stil an den zeitgenössischen französischen und italienischen Opern. Während der Juli-Revolution 1830 kehrte er für etwa ein Jahr in die Heimat zurück und vollendete dort seine erste Oper *Pierre et Cathérine*, die den *Zar und Zimmermann*-Stoff zur Vorlage hat. In Paris erregte er 1839 erstmals größere Aufmerksamkeit durch *Le naufrage de la Méduse*, eine Oper, die er für Hamburg 1845 zu *Die Matrosen* umarbeitete, übrigens mit Hilfe des gleichen Librettisten F. W. Riese (Pseudonym: W. Friedrich), mit dem er *Alessandro Stradella* (Hamburg 1844) und seinen größten Erfolg, *Martha* (Wien 1847), schrieb. Seine weiteren Opern, darunter *Sophie Katharina* (1859), *Rübezahl* (1852), *Zilda* (1866), *Die Musikanten* (1887) und *L'ombre* (1870), reichten an diese Erfolge nicht heran. Flotow war 1855–63 Intendant des Hoftheaters in Schwerin, lebte seit 1868 in Niederösterreich und seit 1880 auf Gut Heiligenkreuzberg. Seine französische Ausbildung kommt nicht nur in der Wahl seiner Libretti, sondern vor allem in der Eleganz seiner Melodik, besonders in der *Martha*, zum Ausdruck.

Martha
oder Der Markt zu Richmond

Romantisch-komische Oper in 4 Akten. Text von W. Friedrich. Uraufführung am 25. November 1847 in Wien, Kärntnertor-Theater.

W. Friedrich, eigtl. Friedrich Wilhelm Riese (1805? Berlin – 15. 11. 1879 Neapel), wirkte als Bühnenautor vornehmlich in Hamburg, wo er für das Thalia-Theater Bearbeitungen französischer, englischer und italienischer Stücke schuf. Lebte seit 1852 in Neapel.

Personen: Lady Harriet Durham, Ehrendame der Königin (Sopran) – Nancy, ihre Vertraute (Mezzosopran) – Lord Tristan Mickleford, ihr Vetter (Baß) – Lyonel (Tenor) – Plumkett, ein reicher Pächter (Baß) – Der Richter von Richmond (Baß) – Drei Mägde (Soprane, Alt) – Drei Diener (Tenöre, Baß) – Pächter, Mägde, Knechte, Jäger, Jägerinnen, Pagen, Diener, ein Gerichtsschreiber.

Ort und Zeit: Schloß der Lady Harriet sowie Richmond und Umgebung, zur Regierungszeit der Königin Anna (1702–1714).

1. Akt. Um in die vornehm-melancholische Langeweile der Lady Harriet ein wenig Abwechslung zu bringen, rät ihr Nancy, sich zu verlieben. Der just jetzt eintretende Lord Tristan allerdings, der seine Cousine mit Anträgen verfolgt, ist dafür nicht der richtige Mann. Als draußen die Leute vom Land zum Markt nach Richmond ziehen und die Mägde dort ihre Hausdienste anbieten, bekommt Lady Harriet Lust, sich ebenfalls, zusammen mit Nancy, als Magd anwerben zu lassen. – Im bunten Treiben auf dem Marktplatz erregen Nancy und die Lady, in Bauernkleidung, das Interesse von Plumkett und seinem Pflegebruder Lyonel. Zum Spaß gehen die beiden Frauen auf den Handel ein und stellen zu spät und mit Schrecken fest, daß sie sich durch die Annahme eines Handgeldes als Mägde an die beiden Männer gebunden haben, die sie sofort mitnehmen – dies alles unter den Augen des völlig entsetzten Tristan.
2. Akt. Obwohl sich die beiden Mägde als völlig ungeeignet für die Hausarbeit im Gutshof herausstellen und die Männer selbst ihnen zeigen müssen, wie man das Spinnrad dreht, ver-

liebt sich Lyonel in die Lady (die sich Martha nennt) und Plumkett in Nancy (alias Julia). Auf Bitten Lyonels singt die Lady ein irisches Volkslied (*Letzte Rose*), doch als er ihr seine Liebe erklärt und daß er sie, die Magd, in seinen höheren Stand als seine Frau erheben wolle, weist sie ihn natürlich zurück, wenn auch voll Mitgefühl für seinen Kummer. In der folgenden Nacht verhilft Lord Tristan den jungen Frauen zur Flucht.
3. Akt. Plumkett zecht mit den Landleuten vor einer Waldschenke, als sich das Jagdgefolge der Königin nähert. Unter den Jägerinnen erkennt Plumkett seine Magd Julia und will sie sofort mit Gewalt in sein Haus zurückschaffen. Das verhindern aber ihre Begleiterinnen mit gezückten Jagdwaffen. – Lyonel kann Martha nicht aus dem Sinn verlieren (*Ach, so fromm, ach, so traut*). Der Lady geht es ähnlich, doch als sich beide unverhofft begegnen und Lyonel sie umarmen möchte, ruft sie Tristan zu Hilfe. Und als Lyonel sich als ihr Dienstherr ausweist, erklärt sie ihn unter dem Spott der Hofgesellschaft für verrückt. Auf Befehl Lord Tristans wird Lyonel festgenommen (Finale *Mag der Himmel Euch vergeben*). Da fällt ihm sein Ring ein, den ihm sein Vater mit der Versicherung hinterlassen hatte, die Königin werde ihm in jeder Not helfen, wenn er ihr diesen Ring zeige. Er gibt ihn Plumkett mit der Bitte, damit bei der Königin seine Freilassung zu erwirken.
4. Akt. Die Lady ist mit Nancy in Plumketts Haus zurückgekehrt, um Lyonel mit dem Geständnis ihrer Liebe zu versöhnen. Wie sie erfahren hat, ist Lyonel der Sohn des unschuldig verbannten, nun rehabilitierten Grafen Derby. Das alles gesteht sie ihm freudig, aber Lyonel weist sie, tief in seinem Stolz getroffen, ab. Dagegen fügt sich nach lustigem Streit bei Nancy und Plumkett alles gut zusammen. – Um Lyonel zurückzuerobern, hat die Lady den Markt von Richmond nachbauen lassen. Wieder preisen die Mägde ihre Fähigkeiten an, darunter die Lady, die als Magd Martha dem überraschten Lyonel ihre Liebe und Treue anbietet. Jetzt nimmt Lyonel mit Freuden an.

Den Stoff der Handlung um den (in England und Frankreich historischen) Mägdemarkt kannte Flotow bereits aus einem 1844 gemeinsam mit Friedrich Burgmüller und Edouard Del-

devez für die Pariser Oper komponierten Ballett *Lady Henriette ou La servante de Greenwich*. Seine *Martha* ist bemerkenswert als erste deutsche komische Oper, die Rezitative anstelle der sonst üblichen Sprechtexte verwendet. Dies hat die Rezeption im Ausland erleichtert, denn nach der erfolgreichen Uraufführung wurde das Stück 1858 in London, 1859 in New York und 1865 in Paris zu einer italienischen Oper, in der später Stars wie Marcella Sembrich, Angelina Patti, Victoria de Los Angeles, Caruso, Gigli, Pertile auftraten. Flotows musikalische Erziehung war französisch; der Geist der französischen Opéra-comique ist auch allenthalben in der Partie der Lady zu spüren mit ihrer einem irischen Volkslied nachempfundenen *Letzten Rose*, ebenso in den rhythmisch prickelnden und fein ironischen Ensembles und Chören (Mägdechöre, Spinnszene). Die melodisch anschmiegsame Musik kann aber nicht immer die Balance zwischen Sentimentalität und plumpem Chorgesang halten, und die italienisch gefärbten Buffo-Szenen erhalten gelegentlich einen biederen Einschlag. Eingebungen wie der effektvollen Potpourri-Ouvertüre, Lyonels *Ach, so fromm* (im Ausland in der italienischen Version als *M'appari* bekannt), dem Gute-Nacht-Quartett (*Schlafe wohl! Und mag dich reuen*), Plumketts Porter-Lied stehen betuliche Passagen wie das Jägerlied und das kitschige Quintett mit Chor *Mag der Himmel Euch vergeben* gegenüber.
Spieldauer: ca. 2¼ Stunden (1. Akt: ca. 50 min.; 2. Akt: ca. 30 min.; 3. Akt: ca. 25 min.; 4. Akt: ca. 25 min.).

Richard Wagner

* 22. Mai 1813 in Leipzig
† 13. Februar 1883 in Venedig

In keinem anderen Werk für die Musikbühne kristallisieren sich die musikalischen, literarischen, philosophischen, sogar politischen Ideen des 19. Jahrhunderts derart klar wie im Œuvre Richard Wagners. Mit ihnen revolutionierte er nicht nur die Musik, sondern auch das Theater und die Aufführungspraxis seiner Zeit. Zu ihrer idealen Verwirklichung schuf er sich in Bayreuth einen eigenen Festspielort.

Richard war das jüngste von neun Kindern des Polizeibeamten Karl Friedrich Wagner (1770–1813) und seiner Frau Johanna, geborene Pätz (1774–1848), die 1814, nach dem Tod des Gatten, den Maler und Hofschauspieler Ludwig Geyer (1779–1821) heiratete und nach Dresden zog. Er interessierte sich früh für Musik und Literatur und kam durch vier Geschwister, die zur Bühne gingen, mit dem Theater in Berührung. Wieder in Leipzig, wurde der junge Nikolaischüler 1828 durch eine Aufführung von Beethovens *Fidelio* mit Wilhelmine Schröder-Devrient in seiner Absicht, sich der Musik zu widmen, entscheidend bestärkt. Schon 1830 gelangte eine Ouvertüre von ihm im Leipziger Theater zur Aufführung. Musikunterricht erhielt Wagner von dem Orchestermusiker Christian Gottlieb Müller, später vom Thomaskantor Christian Theodor Weinlig und an der Universität. 1832 schrieb er den Text zu seiner ersten Oper *Die Hochzeit*, von der einzig ein Septett erhalten ist. Anschließend begann er *Die Feen* (nach Gozzis *La donna serpente*), ging 1833 als Chorleiter an das Theater in Würzburg und beendete diese seine zweite Oper 1834, nun wieder in Leipzig. Während eines Aufenthalts in Teplitz nahm er seine dritte Oper, *Das Liebesverbot* (nach Shakespeares *Maß für Maß*), in Angriff. Im Sommer 1834 wurde er musikalischer Leiter einer Theatertruppe in Magdeburg, 1836 folgte er seiner Geliebten, der Schauspielerin Minna Planer, nach Königsberg, wo das Paar heiratete und Wagner im Jahr darauf musikalischer Direktor der Oper wurde. Hier kam es zur ersten Beschäftigung mit dem *Rienzi*-Stoff. 1837–1839 war Wagner in gleicher Funktion an der Oper in Riga, von wo er im März 1839 hoch verschuldet vor seinen Gläubigern fliehen mußte. Auf der stürmischen Überfahrt nach London entstand der Plan zum *Fliegenden Holländer*. Im September gelangte das

Ehepaar an sein eigentliches Ziel, nach Paris, das jedoch während dreier entbehrungsreicher Jahre keine Möglichkeit für die Aufführung von Wagners Werken bot. Für diese Enttäuschungen entschädigte die Uraufführung des *Rienzi* 1842 in Dresden. Im Januar 1843 folgte an gleicher Stelle der *Fliegende Holländer*, allerdings mit geringerem Erfolg. Im Februar 1843 wurde Wagner Kapellmeister an der Dresdner Oper. Hier brachte er 1845 den *Tannhäuser* heraus. Im Herbst 1848 begann Wagner mit der Arbeit an *Siegfrieds Tod*, der Keimzelle der Tetralogie *Der Ring des Nibelungen*, deren Text er 1852 abschloß. 1849 ließ sich Wagner in Zürich nieder, wieder als Flüchtling, diesmal als politischer, nämlich als Teilnehmer eines gescheiterten Volksaufstandes in Dresden. In das Jahr 1854 fällt, angeregt durch die Liebe zu Mathilde Wesendonk, der Frau seines Zürcher Mäzens, die erste Idee zu *Tristan und Isolde*. Eine von Napoleon III. angeordnete Aufführung des *Tannhäuser* 1861 in Paris gestaltete sich in Anwesenheit des Komponisten zu einem der größten Skandale in der Geschichte des Musiktheaters. Aus seinen permanenten Geldproblemen rettete den häufig reisenden und die Wohnorte wechselnden Wagner 1864 das Angebot Ludwigs II. von Bayern, ihm seine Schulden zu bezahlen und ihn mit einem großzügigen Jahresgehalt, das die Vollendung des *Rings* ermöglichen sollte, auszustatten. In München fand dann 1865 auch die Uraufführung des *Tristan* statt. Zwei Jahre später kam es, geschürt durch konservative Kreise, zum Zerwürfnis mit dem König. Doch bei der Uraufführung der *Meistersinger von Nürnberg* 1868 konnte Wagner wieder die Huldigungen des Publikums neben dem König in dessen Loge entgegennehmen. Ab 1868 lebte Wagner mit Cosima, der Tochter seines Freundes Franz Liszt und Gattin des Dirigenten Hans von Bülow, der mehrere Wagner-Musikdramen uraufgeführt hatte, in Tribschen bei Luzern. 1869 kam der Sohn Siegfried zur Welt, im folgenden Jahr heiratete das Paar, nachdem Cosima kurz zuvor geschieden worden war (Minna, die Wagner zuletzt 1862 gesehen hatte, war 1866 in Dresden gestorben). Nach den Aufführungen des *Rheingolds* und der *Walküre* 1869 und 1870 in

München entschloß sich Wagner, seine Werke unter idealeren Möglichkeiten zu präsentieren: 1871 nahm der Festspielgedanke Formen an; 1872 zog die Familie nach Bayreuth und erfolgte die Grundsteinlegung zum Festspielhaus. Nach den drei ersten kompletten Aufführungen des *Rings* im August 1876 wandte sich Wagner dem *Parsifal* zu, den er im Januar 1882 in Palermo vollendete; aus gesundheitlichen Gründen hat er sich in seinen letzten Lebensjahren mehrfach in Italien aufgehalten. Im Sommer 1882 fanden die ersten Aufführungen dieses seines letzten Musikdramas in Bayreuth statt; König Ludwig hatte Wagner zugestanden, daß das Werk einzig dem Festspielhaus zur Aufführung vorbehalten bleiben sollte. Im September reiste Wagner mit seiner Familie nach Venedig, wo er am 13. Februar 1883 eine tödliche Herzattacke erlitt. Er wurde im Garten seiner Villa Wahnfried in Bayreuth beigesetzt.

Aus der anfänglichen Übernahme der romantischen deutschen Oper in den *Feen*, der durch Donizetti oder Rossini geprägten italienischen Oper in *Das Liebesverbot* wie der durch Meyerbeer und Halévy bestimmten Grand opéra im *Rienzi* entwickelte Wagner, basierend auf seinen Schriften, eine intellektuell fundierte Reform der Oper. Je mehr er sich von der traditionellen Oper entfernte, desto stärker löste er sich auch von deren Nummern-Schema. Bereits im *Fliegenden Holländer* faßte er einzelne Arien, Ensembles und Chöre zu großen Szenen zusammen. Im gleichen Maß griff die Melodie als Weiterentwicklung leitmotivischer Formeln als »unendliche Melodie« von der Arie auf größere dramatische Szenen über.

Mit den von ihm konsequent eingesetzten »Leitmotiven«, sich wiederholenden Tonsymbolen – der Begriff wurde im Bezug auf Wagners Werk erstmals 1876 von Hans von Wolzogen verwendet – schuf Wagner mit musikalischen Mitteln ein Netz theatralischer, symbolischer wie psychologischer Querverweise, die seinem Werk eine eminente Vieldeutigkeit verleihen. Die Ausbildung des Leitmotivs ging Hand in Hand mit der Ausreizung orchestraler Koloristik und feinster Instrumentationskunst. Wagner verlieh einzelnen In-

strumenten und Gruppen fast symbolische Bedeutung und erreichte durch souveräne Mischtechnik, Auflösung der Chromatik und durch die Kunst des Übergangs bislang nicht gekannte bildhafte Klangwirkungen: »In der Phantasmagorie gerät die bilderarme Welt der Bürger selber zum Bilde, und diesem Bilde dient Wagners Kunstwerk, wie es zugleich den Bürgern dient« (Adorno).
Der zentrale Gedanke seiner als Gesamtkunstwerk konzipierten Bühnenwerke ist das Erlösungsmotiv. Vorlagen waren mittelalterliche Mythen, Sagen, Legenden, aus denen er die Momente des Märtyrer- oder Erlösungsdramas herausdestillierte. Der von ihm, vor allem im *Ring*, verwendete Stabreim war der Versuch einer Annäherung an die alte deutsche Versform.

Rienzi,
der letzte der Tribunen

Große tragische Oper in 5 Aufzügen. Text vom Komponisten nach dem Roman *Rienzi* von Edward George Bulwer Lytton. Uraufführung am 20. Oktober 1842 in Dresden, Königlich Sächsisches Hoftheater.

PERSONEN: Cola Rienzi, päpstlicher Notar (Tenor) – Irene, seine Schwester (Sopran) – Stefano Colonna, Haupt der Familie Colonna (Baß) – Adriano, sein Sohn (Mezzosopran) – Paolo Orsini, Haupt der Familie Orsini (Bariton) – Raimondo, päpstlicher Legat (Baß) – Baroncelli (Tenor) und Cecco del Vecchio (Bariton), römische Bürger – Ein Friedensbote (Sopran) – Ein Herold (Tenor) – Die Gesandten der lombardischen Städte, Neapels, Böhmens und Bayerns, römische Nobili und Trabanten, Senatoren, Bürger und Bürgerinnen Roms, Friedensboten, Priester, Mönche u. a.

ORT UND ZEIT: Rom, Mitte des 14. Jahrhunderts.

1. Aufzug. Platz vor der Lateranskirche. Des Nachts wollen die Anhänger der Orsini Irene, die Schwester des päpstlichen Notars Rienzi, rauben. Die mit den Orsini verfeindeten Colonna stellen sich ihnen aber in den Weg, und Adriano

befreit Irene, die er heimlich liebt. Vergeblich versucht der päpstliche Legat Raimondo, den Kampf zu schlichten; erst Rienzi kann die streitenden Adelsfamilien auseinanderreißen und das zum Kampf bereite Volk besänftigen. Rienzi, der die Macht der Bürger stärken, die Stellung der mit Willkür und Tyrannei herrschenden und untereinander verfeindeten Adelsparteien beenden und den aus dem Exil in Avignon regierenden Papst nach Rom zurückholen will, sagt den Nobili den Kampf an. An der Spitze des Volkes, das ihn zum Volkstribun ausruft, rüstet Rienzi gegen den Adel. Adriano läßt sich von Rienzis Ideen mitreißen und schließt sich ihm an. Rienzi vertraut ihm, einem Sohn der Colonna, die einst seinen kleinen Bruder erschlugen, Irene an.

2. Aufzug. Rienzi gelang es, die Macht des Adels zu brechen und den Frieden wiederherzustellen. Im Kapitol empfängt er die Friedensboten. Doch der Adel hat sich nur zum Schein Rienzi gebeugt und plant seine Ermordung. Adriano deckt das Vorhaben auf, wendet sich gegen seinen Vater und bleibt auf Rienzis Seite. In einem großen Festakt huldigen das Volk und die Gesandten aus Italien, Deutschland und Böhmen Rienzi. Der Tribun macht dem deutschen Kaiser die Herrschaft über das von der Kirche befreite Rom streitig. Ein allegorisches Pantomimenspiel, »Der Raub der Lucretia«, illustriert die neugewonnene Freiheit Roms. Die Feier wird durch einen Mordanschlag Orsinis auf Rienzi jäh unterbrochen. Der Anschlag mißlingt; ein Gericht verurteilt die Attentäter zum Tode. Doch Adriano und Irene stimmen Rienzi um; er bittet das Volk um Gnade für die Aufrührer, schenkt ihnen die Freiheit und läßt sie erneut auf die Verfassung schwören.

3. Aufzug. Wieder haben die Nobili ihren Treueschwur gebrochen und rüsten, gemeinsam mit der Kirche, zum Kampf gegen Rienzi. Rienzi ruft die Römer zu den Waffen (*Santo Spirito cavaliere* [Der Heilige Geist sei unser Begleiter]). Vergeblich versucht Adriano, den Adel von seinem Vorhaben abzubringen. Rienzi hat die Schlacht erfolgreich geführt. Im Siegeszug kehren die Truppen zurück. Die Zahl der Opfer ist groß, auch Orsini und Colonna sind gefallen.

Nun schwört Adriano dem Volkstribun Rache für den Tod seines Vaters.
4. Aufzug. Die öffentliche Meinung hat sich nach Bekanntwerden der Verbindung von Kirche und Adel gegen Rienzi gewendet. Adriano macht sich zum Wortführer jener Parteien, die gegen Rienzi hetzen. Rienzi nähert sich im Festzug der Lateranskirche, in der ein Tedeum zu seinen Ehren abgehalten werden soll. Noch einmal gelingt es ihm, das aufrührerische Volk auf dem Kirchenvorplatz durch eine brillante Rede zu besänftigen. Da tritt ihm Raimondo entgegen und verhängt den Bann der Kirche über ihn, da er sich nicht ihren Machtvorstellungen fügt. Von der Kirche verstoßen, bleibt Rienzi verlassen zurück; einzig Irene hält zu ihm.
5. Aufzug. Im Kapitol bittet Rienzi Gott um Beistand (*Allmächt'ger Vater*). Vergeblich fordert Adriano Irene auf, mit ihm zu fliehen. Das Kapitol ist bereits in Brand gesteckt. – Ein letztes Mal versucht Rienzi, zu der Menge zu sprechen; gegen ihre Empörung kommt er aber nicht mehr an. Rienzi verflucht Rom. Steine und Fackeln werden gegen ihn geworfen. Die Mauern der brennenden Kapitolsburg stürzen über Rienzi, Irene und Adriano, der die Geliebte zu retten versucht, zusammen. Die Nobili ergreifen wieder die Herrschaft.

Im Juni 1837 hatte Wagner Georg Nikolaus Bärmanns Übersetzung von E. G. Bulwer Lyttons 1835 erschienenem Roman *Rienzi, or The Last of the Tribunes* gelesen, einer unter dem Einfluß Walter Scotts verfaßten romantischen Erzählung über Cola di Rienzi (1313–1354), der 1347 eine Republik nach altrömischem Vorbild installiert hat und schließlich einem Mordanschlag zum Opfer gefallen ist. Im Handlungsverlauf wie in der Betonung der Liebesbeziehung Irene–Adriano zeigt die Oper aber auch Parallelen zu einem anderen Werk, Mary Mitfords Tragödie *Rienzi* (1828). Wagner hat auf die historisch-politische Bedeutung Rienzis einen eigenen Akzent gesetzt. Der erste Prosaentwurf entstand im Juli 1837 in Blasewitz bei Dresden, im August des folgenden Jahres wurde die Dichtung in Riga vollendet, und

im November 1840 lag die Partitur der gesamten Oper, der umfangreichsten in Wagners Œuvre, abgeschlossen vor.
Ein Großteil der Partitur entstand in Paris, wo Wagner auch auf eine Aufführung des *Rienzi* hoffte. Mit großem Nachdruck versuchte Wagner hier die Prunkentfaltung der »Großen Oper« eines Spontini oder Meyerbeer, deren *Fernando Cortez* und *Robert le diable* er kannte, zu übertreffen und gestaltete 5 Kernszenen aus Rienzis Laufbahn zu pompösen Final-Tableaus. »Und dennoch ist ›Rienzi‹ kein Jugendwerk, das Wagner etwa in spekulativer Absicht auf Meyerbeer abgestimmt hätte. Er hat sicher vieles von ihm wie von Spontini entlehnt, ihnen gewisse instrumentale Eigentümlichkeiten und dramaturgische Kniffe abgesehen. Aber er hat sie nicht nachgeahmt, sondern die Vorbilder mit seinen eigenen Vorstellungen verschmolzen. So gesehen ist ›Rienzi‹ das genialischste Werk, das Wagner je schrieb« (W. Panofsky). Auch als Dichtung ist der *Rienzi* Keimzelle für spätere Werke. Die Verse sind meist banal, der reimlose Vers herrscht vor oder geht unvermittelt in ungeschickte Reimformen über, aber die szenische Disposition deutet mit ihrer Vorliebe für Massenszenen bereits auf entsprechende Szenen im *Tannhäuser*, in der *Götterdämmerung* oder im *Parsifal* hin, der Brand des Kapitols auf *Die Walküre* und wieder die *Götterdämmerung*; Rienzis Gebet nimmt ähnliche Anrufungen im *Tannhäuser* und *Lohengrin* vorweg.
Auch musikalisch deutet vieles auf späteres voraus, obwohl *Rienzi* durchaus noch eine »Nummernoper« mit Arien und Rezitativen im traditionellen Sinn ist. Jugendlich drängende Begeisterung herrscht in der musikalischen Sprache vor; sie verleiht der Schlachthymne *Santo spirito* und dem Huldigungschor *Rienzi, dir sei Preis* am Ende des 2. Aufzugs mitreißenden Impetus. Die Ouvertüre wird mit einem knappen Trompetenmotiv eröffnet, das die Atmosphäre der Handlung ebenso prägnant einfängt wie das leitmotivisch verwendete *Santo spirito*-Motiv.
Rienzi war lange Jahre Wagners erfolgreichstes Werk. Auf Grund der Länge kam es zu zahlreichen Bearbeitungen. 1976 sendete die BBC eine ungekürzte Fassung der Oper

mit über 1000 auf Grund von Wagners Skizzen nachkomponierten Takten.
Spieldauer: ca. 5 Stunden.

Der fliegende Holländer

Romantische Oper in 3 Aufzügen. Text von Richard Wagner. Uraufführung am 2. Januar 1843 in Dresden, Königlich Sächsisches Hoftheater.

Personen: Daland, ein norwegischer Seefahrer (Baß) – Senta, seine Tochter (Sopran) – Erik, ein Jäger (Tenor) – Mary, Sentas Amme (Alt) – Der Steuermann Dalands (Tenor) – Der Holländer (Bariton) – Die Matrosen des Norwegers, die Mannschaft des Holländers, norwegische Mädchen.

Ort und Zeit: Die norwegische Küste, um 1650.

1. Aufzug. Wegen eines heftigen Sturms hat Daland mit seinem Schiff unweit des Heimathafens Zuflucht in einer Bucht genommen. Nachdem sich die Mannschaft zur Ruhe begeben hat, hält der Steuermann Wache. Ein Lied singend (*Mit Gewitter und Sturm*), versucht er, seine Augen offenzuhalten, schläft aber trotzdem ein. So kann er nicht bemerken, wie nebenan ein düsteres Schiff mit »schwarzen Masten« und »blutroten Segeln« Anker wirft. Von Bord dieses Schiffes geht ein bleicher Mann. Es ist der Holländer, dazu verdammt, in alle Ewigkeit auf dem Meer herumzuirren. Nur alle sieben Jahre (Arie *Die Frist ist um*) darf er an Land, um eine Frau zu suchen, deren Treue ihn von diesem Fluch erlösen könnte. Da er an dieser Hoffnung verzweifelt ist, begehrt er nur noch den Tod und die Herbeikunft des Jüngsten Tages, an dem er in Nichts vergehen würde. Daland betritt das Deck und entdeckt den Fremden an Land. Er geht auf ihn zu und spricht ihn an. Der Fremde bittet Daland, ihn für eine Nacht in sein Haus aufzunehmen, und bietet ihm dafür eine Kiste voller Schätze an. Er schildert sein heimatloses Leben und fragt plötzlich, ob der Kapitän eine Tochter habe. Daland bejaht, und unvermittelt schroff bricht es aus

dem Holländer heraus: »Sie sei mein Weib!« Dafür gebe er alle seine Reichtümer. Daland ist von dem reichen Schwiegersohn und dem guten Handel entzückt. Der Holländer schöpft Hoffnung. Mittlerweile hat sich der Sturm gelegt, und Dalands Schiff kann als erstes absegeln (Matrosenchor *Mit Gewitter und Sturm*). Der Holländer will ihm nach kurzer Ruhepause folgen.

2. Aufzug. In Dalands Haus spinnen die Mädchen unter Aufsicht von Sentas alter Amme Mary (Chor *Summ und brumm, du gutes Rädchen*). Nur Senta beteiligt sich nicht an den fröhlichen Gesängen. Sie ist in den Anblick eines Gemäldes an der Wand, Porträt des Holländers, versunken und bittet Mary, die Ballade vom Fliegenden Holländer zu singen. Weil die Amme nicht will, singt Senta selbst das Lied (*Johohoe! Traft ihr das Schiff im Meere an*), das vom Schicksal des ewig Verdammten erzählt. Senta steigert sich während des Singens in heftige Erregung und bricht plötzlich in den Ruf aus, sie werde diejenige sein, durch die dem Holländer Erlösung zuteil werde. Diese Worte hört Erik, der die Nachricht von der Rückkehr Dalands bringt, zu seinem größten Schrecken, denn ihm hat Senta ihre Hand versprochen, er liebt sie. Verzweifelt warnt er sie vor ihrer Schwärmerei für den unseligen Holländer, mit dem er sie in einem Traum (*Auf hohem Felsen lag ich träumend*), auf dem Meer entschwinden sah. Senta wirkt wie entrückt. Erik stürzt ohne Hoffnung davon. Da tritt Daland in die Tür, und gebannt erkennt Senta neben ihm den Holländer. Der Vater stellt ihn vor als den Mann, dem sie ihre Hand reichen solle (*Mögst du, mein Kind*). Der Holländer ist von Senta bezaubert. Erschüttert ahnt er, daß sein Leiden nun doch ein Ende finden wird. Senta sieht ihren Traum erfüllt und schwört dem Fremden Treue bis zum Tod (Duett *Wie aus der Ferne längst vergangner Zeiten*). Als Daland zurückkehrt, kann die Verlobung gefeiert werden.

3. Aufzug. Vor Dalands Haus feiern die norwegischen Matrosen mit ihren Mädchen (Chor *Steuermann, laß die Wacht!*). Trotz ihrer auffordernden Rufe bleibt es auf dem nahen Holländerschiff totenstill. Den Mädchen ist das un-

heimlich, sie laufen weg. Die Norweger verstärken daraufhin ihren Spott. Plötzlich erhebt sich um das Schiff des Holländers ein Sturm, und ein wilder Gesang aus dem Inneren übertönt den Chor der Norweger. Entsetzt fliehen alle Matrosen. Dann Totenstille. Senta tritt aus dem Haus, gefolgt von Erik, der sie an das einst ihm gegebene Treueversprechen erinnert (Kavatine *Willst jenes Tags du nicht mehr dich entsinnen*). Der Holländer, der Eriks Mahnen und Werben belauschte, glaubt sich nun von Senta betrogen. In seinem verzweifelten Irrtum läßt er die Anker lichten. Senta, die sich ihm in den Weg wirft, will er durch sein Verschwinden vor ewiger Verdammnis bewahren, die ihr wegen dieses Vergehens droht. Erik ruft Daland, Mary und das Volk herbei, damit sie Senta davon abhalten, dem Fremden zu folgen, der sich ihnen jetzt als der Fliegende Holländer zu erkennen gibt. Senta reißt sich los und stürzt sich, ihren Treueschwur auf den Lippen, ins Meer. Das Schiff des Holländers versinkt. In der Ferne erscheinen die verklärten Gestalten Sentas und des Holländers über den Trümmern seines Schiffes.

Während Richard und Minna Wagners Flucht aus Riga 1839 geriet ihr Segelschiff »Thetis« im Skagerrak in einen heftigen Sturm. Dieses Erlebnis und die Erzählungen der Matrosen vom »Fliegenden Holländer« bildeten den Ereignishintergrund für Wagner. Er kannte den alten Sagenstoff bereits aus dem 7. Kapitel von Heinrich Heines *Memoiren des Herren von Schnabelewopski* (1834) und aus Wilhelm Hauffs *Geschichte vom Gespensterschiff* (1826).
Die Oper wurde in Paris ausgeführt: Im Sommer 1840 war der Prosaentwurf fertig, im Mai 1841 entstand in nur zehn Tagen die Dichtung, innerhalb von sieben Wochen zwischen Juli und November des gleichen Jahres dann die Komposition. Über den Text befand er später: »Vom ›Holländer‹ an beginnt meine Laufbahn als Dichter, mit der ich die eines Verfertigers von Operntexten verließ.« Wagner reichte seine Oper zur Aufführung an der Pariser Opéra ein, die sie jedoch ablehnte. Einzig an dem Prosaentwurf zeigte man In-

teresse, worauf ihn der in Geldnot befindliche Wagner für 500 Franken verkaufte. (Die nach seinem Konzept ausgeführte Oper *Le vaisseau fantôme* von Pierre Louis Dietsch wurde 1841 ein Mißerfolg.)

»Ich betrat nun eine neue Bahn, die der Revolution gegen die künstlerische Öffentlichkeit der Gegenwart«, schrieb Wagner über den Beginn der *Holländer*-Komposition. Am Anfang stand die Idee zum Steuermannslied, dann folgte das Spinnerlied. Im Zentrum des Werkes steht die Ballade der Senta: »in diesem Stücke legte ich unbewußt den Keim zu der ganzen Musik der Oper nieder: es war das verdichtete Bild des ganzen Dramas.« Von hier aus entstand die Musik zur ganzen Oper. Bereits in der dreiteiligen Ouvertüre stehen sich, hervorgehend aus einer aufwühlenden Naturschilderung, die dämonische Welt des Holländers, gebildet aus Streicher- und Holzbläserklängen, und das von Hörnern, Englischhorn und anderen Holzbläsern vorgetragene Erlösungsthema Sentas gegenüber. Die Entsprechung zu Sentas sich visionär steigernder Ballade ist der große Monolog des Holländers im 1. Aufzug (*Die Frist ist um*). Im Duett Senta/ Holländer (*Wie aus der Ferne*), das keine szenische Handlung erhält, nur seelische Vorgänge offenbart, gelang es Wagner, die Nummernoper zu sprengen und zu einer arios und rezitativisch verflochtenen Großform vorzustoßen, wie er sie später in seinen sinfonisch konzipierten Musikdramen durchsetzte. Einen Ansatz zu der sinfonischen Großform bieten die orchestralen Überleitungen, die ein pausenloses Durchspielen der Oper erlauben. Daneben gibt es die traditionellen Arienformen, in denen sich neben italienischen und französischen Einflüssen, wie in Eriks Kavatine (*Willst jenes Tags*) und dem Duett Daland / Holländer, auch Einflüsse der buffonesken, biedermeierlichen Spieloper, so in Dalands *Mögst du, mein Kind* oder im Chor der Spinnerinnen, finden. Die Stile durchdringen sich auch in den Chorszenen zu Beginn des 3. Aufzugs, wo das volkstümliche Lied der Norweger förmlich vom Spukchor der Holländer-Mannschaft durchwühlt wird.

Anläßlich einer Zürcher Inszenierung 1852 nahm Wagner

Richard Wagner: Der fliegende Holländer
Bregenzer Festspiele 1989

Richard Wagner: Tannhäuser
Bayreuther Festspiele 1993

Retuschen der Instrumentation vor, ebenso 1864 in München. 1880 trug er sich mit der Absicht, die Oper zu einem Einakter zusammenzuziehen. Der Dirigent Felix Mottl hat diesen Gedanken in einer 1901 erstmals in Bayreuth aufgeführten Fassung verwirklicht; sie gehört seither als Alternative zum Repertoire. 1959 griffen Wieland Wagner und Wolfgang Sawallisch hier auf die Urfassung zurück (u. a. Ouvertüre ohne Erlösungsschluß, ohne Vorspiele zum 2. und 3. Aufzug).
Spieldauer: ca. 2½ Stunden (1. Aufzug: ca. 55 min.; 2. Aufzug: ca. 60 min.; 3. Aufzug: ca. 30 min.).

Tannhäuser
und der Sängerkrieg auf der Wartburg

Große romantische Oper in 3 Aufzügen. Text von Richard Wagner. Uraufführung am 19. Oktober 1845 in Dresden, Königlich Sächsisches Hoftheater.

PERSONEN: Hermann, Landgraf von Thüringen (Baß) – Die Ritter und Sänger Tannhäuser (Tenor), Wolfram von Eschenbach (Bariton), Walther von der Vogelweide (Tenor), Biterolf (Baß), Heinrich der Schreiber (Tenor), Reinmar von Zweter (Baß) – Elisabeth, Nichte des Landgrafen (Sopran) – Venus (Mezzosopran) – Ein junger Hirt (Sopran) – Vier Edelknaben (Soprane, Alte) – Thüringische Grafen, Ritter und Edelleute, Edelfrauen, ältere und jüngere Pilger, Sirenen u. a. (In der Pariser Fassung von 1861 zusätzlich: drei Grazien, Jünglinge, Amoretten, Satyre und Faune.)

ORT UND ZEIT: Ein »Venusberg« (der Hörselberg bei Eisenach) und die Wartburg, Anfang des 13. Jahrhunderts.

Revidierte Dresdner Fassung. – 1. Aufzug. Heinrich von Ofterdingen, genannt Tannhäuser, hat die Wartburg verlassen, um in den Armen der Liebesgöttin im Innern des Venusbergs (als der in einer Sage der Thüringer Hörselberg bei Eisenach galt) sein Glück zu genießen. Aus einem bacchantischen Fest mit Nymphen und liebenden Paaren (Chor *Naht euch dem Strande*) schreckt Tannhäuser plötzlich auf: Er hat im Traum den Klang heimatlicher Glocken vernommen und sehnt sich nun aus dem Reich der sinnlichen Genüsse zurück zur Sonne und zu den lichten Farben der Erde. Die Göttin ist gekränkt und verlangt von ihm das Lob der Liebe. Tannhäuser preist auch leidenschaftlich die Wunder der Venus, schließt aber mit der Bitte, ihn ziehen zu lassen (*Dir töne Lob!*). Vergeblich läßt Venus ihre Verführungskünste spielen, beschwört, warnt und verflucht sie ihn – er reißt sich los, um nicht ihr Sklave zu werden. Sein Ruf »Mein Heil ruht in Maria!« läßt Venus und den Hörselberg auf einen Schlag im Nichts versinken. – Tannhäuser sieht sich in ein lichtes Tal nahe der Wartburg versetzt. Ein junger Hirt preist den Frühling (*Frau Holda kam aus dem Berg hervor*), und reuige Büßer ziehen als Rom-Pilger an ihm vorüber. Ihr Gesang ergreift Tannhäuser tief, er sinkt zu einem Sündenbekenntnis auf die Knie. So finden ihn Landgraf Hermann und seine Ritter bei der Rückkehr von der Jagd im Gebet versunken. Freundlich geben sie ihm zu verstehen, daß sie ihn wieder in ihren Kreis aufnehmen wollen, den er einst hochmütig verlassen hatte. Tannhäuser wehrt ab. Erst als Wolfram den Namen Elisabeth erwähnt und ihm schildert, wie sehr sein Weggang sie getroffen hat, zeigt er sich gerührt zur Heimkehr auf die Wartburg bereit.

2. Aufzug. Glücklich über Tannhäusers Rückkehr begrüßt Elisabeth jubelnd die Sängerhalle, die sie seit seinem Weggang nicht mehr betreten hatte (*Dich, teure Halle, grüß ich wieder*). Dem ihr zu Füßen stürzenden Tannhäuser schildert sie den tiefen Eindruck, den seine Lieder auf sie ausübten. Ihre Verwirrung und seine Verzauberung lassen beide die gegenseitige Liebe ahnen. Wolfram, im Hintergrund Zeuge der Szene, erlebt das Ende seiner heimlich gehegten Hoffnungen auf Elisabeths Zuneigung. Ihrem Onkel vermag Elisabeth ihre Liebe noch nicht zu gestehen, und der Landgraf, der ihre Verwirrung wohl bemerkt hat, verspricht seiner Nichte, ihr Geheimnis erst im bevorstehenden Sängerfest durch die Kunst lösen zu lassen. – Der Landgraf begrüßt die Edelleute und Teilnehmer des Sängerwettstreits (Chor *Freudig begrüßen wir die edle Halle*) und gibt das Thema be-

kannt: die Liebe. Wer ihr Wesen am würdigsten besinge, dürfe von Elisabeth einen Preis seiner Wahl verlangen. Das Los bestimmt als ersten Sänger Wolfram. Er beschreibt die Liebe als klaren, unantastbaren Quell (*Blick ich umher in diesem edlen Kreise*). Tannhäuser greift dieses Bild auf, preist aber die Erfüllung im sinnlichen Genuß dieses Quells. Walther von der Vogelweide warnt: Der Quell ist die Tugend, wer seine Leidenschaft daran kühle, beschmutze ihn. Tannhäuser antwortet heftig, er kenne Liebe nur im Genuß. Unter dem Beifall der Zuhörer entgegnet ihm Biterolf, Liebe, Frauenehre und Tugend seien eins, ein unverbrüchliches Ideal, für das er kämpfe. Tannhäuser fragt ihn höhnisch, ob er überhaupt wisse, von was er rede; er habe wohl noch nie Liebe genossen. Da fällt Wolfram mit seinem Preislied ein, um die erregten Parteien zu beruhigen, aber Tannhäuser greift sein Lied auf und setzt es fort mit einem emphatischen Gesang auf die Quelle alles Schönen, Venus, die Zuhörer damit aufs äußerste schockierend (*Dir, Göttin der Liebe*). Die Frauen bleiben nicht länger, die Ritter dringen mit den Waffen auf ihn ein, aber Elisabeth tritt dazwischen. Selbst tief getroffen, bittet sie um Tannhäusers Leben. Der Landgraf entscheidet, daß »der Sünde fluchbeladner Sohn« sich den Pilgern nach Rom anschließen müsse, um vom Papst Vergebung zu erlangen.

3. Aufzug. In einem Tal unter der Wartburg stößt Wolfram auf die vor einem Marienbild um die Rückkehr des begnadigten Tannhäuser betende Elisabeth. Ein Pilgerzug nähert sich (*Beglückt darf nun dich, o Heimat, ich schauen*), aber Elisabeth kann den Gesuchten nicht finden. In ihrem Schmerz fleht sie die Jungfrau an, sie zu sich zu nehmen (*Allmächt'ge Jungfrau*). – Wolfram ist von Todesahnungen erfüllt. Sein Lied an den Abendstern ist ein letzter Abschied von seiner Liebe zu Elisabeth (*Wie Todesahnung Dämmrung deckt die Lande – O du, mein holder Abendstern*). Mit der hereinbrechenden Nacht kommt Tannhäuser allein den Pilgerweg herauf, müde und niedergeschlagen; er sucht den Weg zum Venusberg, denn in Rom hat er keine Vergebung gefunden. Von Wolfram voll Mitleid begrüßt, beginnt er zu

erzählen (*Inbrunst im Herzen*): von seiner Büßerfahrt und Bußwilligkeit; daß der Papst ihn vernichtet habe mit dem Satz, für ihn gebe es so wenig Vergebung, wie der Stab in der Hand des Pontifex je wieder Blätter tragen werde. Mehr und mehr steigert sich Tannhäuser dabei aus der Enttäuschung zu wildem Verlangen nach Venus. Tanzende Nymphen erscheinen, dann wird die Liebesgöttin selbst sichtbar, freudig Tannhäuser begrüßend und lockend. Wolframs Ruf »Elisabeth!« bringt Tannhäuser zur Besinnung; Venus versinkt klagend. Das Tal wird in Morgenrot getaucht, ein Trauerzug nähert sich: Man trägt Elisabeth zu Grabe. Vor ihrem Sarg bricht Tannhäuser mit dem Ruf »Heilige Elisabeth, bitte für mich!« tot zusammen. Junge Rom-Pilger bringen als Zeichen der Vergebung den grünenden Stab des Papstes. Tief ergriffen preisen alle Tannhäusers Erlösung durch die Fürbitte Elisabeths.

Wie für den *Holländer* verdankt Wagner für den *Tannhäuser* entscheidende Impulse einem Naturerlebnis: dem Anblick der Wartburg im April 1842 auf seiner Rückreise nach den enttäuschenden Pariser Jahren. »Einen seitab von ihr gelegenen fernen Bergrücken stempelte ich sogleich zum ›Hörselberg‹ und konstruierte mir so, in dem Tal dahinfahrend, die Szene zum dritten Akt meines ›Tannhäuser‹.« Wagner hielt sich aber nicht mehr, wie beim *Holländer*, weitgehend an die Sage, sondern verknüpfte mehrere der literarischen Romantik vertraute Legendenkomplexe, so den Sagenkreis um den ca. 1205 geborenen Minnesänger Heinrich von Ofterdingen, den eine wissenschaftliche Untersuchung 1838 hypothetisch mit Tannhäuser gleichgesetzt hatte, und den historisch ungesicherten Sängerkrieg auf der Wartburg, der um 1206/07 stattgefunden haben könnte. Das Ergebnis ist die Verbindung einer historisch benennbaren Epoche, des Hochmittelalters, mit einer Volkssage (Venusberg), ist das am Gleichnis vom Gegensatz zwischen irdischer und himmlischer Liebe gezeigte Aufeinanderprallen von christlicher Welt und Heidentum.
Im Sommer 1842 entwarf Wagner das Szenarium, im April

des folgenden Jahres lag die Dichtung fertig vor, und am 13. April 1845 war die Partitur der zunächst noch *Der Venusberg* genannten Oper vollendet. Im Herbst 1845 erst gab Wagner seiner Oper den endgültigen Titel. 1847 hat Wagner die Partitur revidiert, u. a. mit Änderung des Schlusses (Erscheinen der Venus; Trauerzug der toten Elisabeth statt der Beschränkung auf ihre Todverkündung). Selbst nicht völlig mit dem Werk zufrieden, hat Wagner es für eine Pariser Inszenierung (13. 3. 1861) nochmals bearbeitet. Diese »Pariser Fassung« unterscheidet sich von der »Dresdner Fassung« hauptsächlich in den beiden ersten Szenen des 1. Aufzugs, d. h. dem um eine große Pantomime erweiterten Bacchanal. Obwohl die Pariser Tradition ein obligates Ballett im 2. Aufzug (nachdem einige Clubs vom Diner in die Oper zu gehen geruht hatten) verlangte, behielt er es in diesem Bacchanal bei. Im 2. Aufzug verzichtete er auf Walthers Lied.

Musikalisch ist der Gegensatz von Diatonik und Chromatik als Symbol für die verschiedenen Welten bemerkenswert; die reifste Ausformung fand dieser Gegensatz in der mit der Farbpalette des *Tristan* anderthalb Jahrzehnte nach der 1. Fassung gestalteten »Pariser Fassung«. Divers wie die verschiedenen Fassungen ist die musikalische Stilvielfalt: Neben den »Nummern« (Tannhäusers Arie im 1. Aufzug, seine Rom-Erzählung, Elisabeths Hallen-Arie und ihr Gebet sowie Wolframs *Lied an den Abendstern*), die an sich schon keine traditionellen, aus der Handlung herauslösbaren Arien mehr sind, stehen die in die Handlung notwendig eingeschmolzenen Bühnenmusiken und Chöre, die eigene dramatische Aussage besitzen. Von den Sängern verlangten die mit glaubwürdigen Gebärden erfüllten, musikalisch-gestisch empfundenen Vor- oder Nachspiele spezielle schauspielerische Fähigkeiten.

Die Uraufführung unter Wagners Leitung mit Joseph Tichatschek in der Titelrolle, seiner Nichte Johanna Wagner als Elisabeth und der Schröder-Devrient als Venus erlebte eine laue Aufnahme. Durchgesetzt hat die Oper Franz Liszt 1849 in Weimar, die ersten Erfolge auf den deutschen Bühnen waren allerdings primär Erfolge des dramatischen Ge-

schehens, nicht der Musik. Nach einem Skandal, den der einflußreiche Jockey-Club, der das obligate Ballett im 2. Akt vermißte, bei der Pariser Erstaufführung 1861 angezettelt hatte, zog der Komponist die Oper von der Pariser Bühne zurück. In ihrer definitiven Form wurde die abermals von Wagner revidierte und für endgültig erklärte »Pariser Fassung« erst am 22. 11. 1875 in Wien gespielt. 1891 erklang der *Tannhäuser* dann erstmals in Bayreuth. 1962 benutzte Wieland Wagner hier wieder die Urfassung von 1845. In der Theaterpraxis haben sich meist Mischfassungen durchgesetzt.
Spieldauer: ca. 3 Stunden (1. Aufzug: ca. 55 min. [Dresdner Fassung] bzw. 70 min. [Pariser Fassung]; 2. Aufzug: ca. 65 min.; 3. Aufzug: ca. 50 min.).

Lohengrin

Romantische Oper in 3 Aufzügen. Text von Richard Wagner. Uraufführung am 28. August 1850 in Weimar, Hoftheater.

PERSONEN: Heinrich der Vogler, deutscher König (Baß) – Lohengrin (Tenor) – Elsa von Brabant (Sopran) – Friedrich von Telramund, brabantischer Graf (Bariton) – Ortrud, seine Gemahlin (Mezzosopran) – Der Heerrufer des Königs (Bariton) – Vier brabantische Edle (zwei Tenöre, zwei Bässe) – Vier Edelknaben (zwei Soprane, zwei Alte) – Herzog Gottfried, Elsas Bruder (stumme Rolle) – Sächsische und thüringische Grafen und Edle, brabantische Grafen und Edle, Edelfrauen, Edelknaben, Mannen, Frauen, Knechte.

ORT UND ZEIT: Antwerpen, erste Hälfte des 10. Jahrhunderts.

1. Aufzug. Am Ufer der Schelde bei Antwerpen sind die Männer des Landes um König Heinrich versammelt, der sie zum Heerzug gegen den drohenden Hunneneinfall zusammenrufen ließ. Unter einer Gerichtseiche sitzend, spricht der König Recht in einem Geschlechterstreit der Brabanter: Graf Telramund klagt Elsa, die Tochter des verstorbenen

Herzogs von Brabant, des Mordes an ihrem Bruder Gottfried, dem Erbfolger, an, da sie zusammen mit einem noch unbekannten Liebhaber nach dem Thron strebe. Ihm, Telramund selbst, stehe jetzt der Thron zu. Durch den Heerrufer vor den König befohlen, erscheint Elsa und beeindruckt alle durch die helle Reinheit ihrer Erscheinung. Statt sich zu verteidigen, erzählt Elsa von einem im Traum ihr erschienenen Ritter; ihn wähle sie als Streiter für ihre Unschuld und ihm werde sie dafür angehören (*Einsam in trüben Tagen*). Der König läßt das Gottesgericht, einen Zweikampf mit dem Ankläger Telramund, ausrufen. Als Elsas Streiter nach zweimaligem Aufruf nicht erscheint, sinkt Elsa zum Gebet nieder. Das Wunder geschieht: In einem von einem Schwan gezogenen Nachen wird die glänzende Rüstung eines Ritters auf der Schelde sichtbar (*Nun sei bedankt, mein lieber Schwan!*). Dieser Schwanenritter ist bereit, für Elsa zu kämpfen, und wünscht sie zur Frau, aber unter der Bedingung, daß sie nie nach seinem Namen und seiner Herkunft frage. Er siegt im Zweikampf, schenkt Telramund aber das Leben. Das Volk huldigt dem »Schützer der Frommen«, Elsa wird ihm vom König zugeführt.

2. Aufzug. In düsterer Nacht auf den Kirchenstufen in der Burg von Antwerpen hockend, schreit der ehrlos gewordene und geächtete Telramund seine ganze Verzweiflung gegen Ortrud heraus. Mit der Lüge, sie habe Elsas Mord an Gottfried gesehen, habe sie sein Elend verschuldet. Ortrud, heimlich heidnischem Zauber zugetan, weckt in ihrem Mann den Verdacht, der Fremde habe ihn nur mit Hilfe eines Zaubers besiegt. Hätte Telramund nur ein Fingerglied ihm abgeschlagen, wäre der Zauber dahingewesen. Nun müsse der Zauber durch Aufdeckung seines Namens und seiner Herkunft gelöst werden. Als Elsa auf dem Söller des Burgpalas erscheint und dem Schicksal für ihre wundersame Errettung dankt (*Euch Lüften, die mein Klagen so traurig oft erfüllt*), ruft Ortrud sie an. Mit heuchlerischen Klagen erregt sie Elsas Mitleid und wird von ihr ins Haus gebeten. Insgeheim aber ruft sie die heidnischen Götter ihrer Rache zu Hilfe (*Entweihte Götter!*). Allein im Dunkel, schwört Telramund

dem Fremden seine Rache. – Der Hochzeitstag bricht an. Der Heerrufer verkündet Telramunds Ächtung; der fremde Ritter wurde von König Heinrich mit Land und Krone belehnt und soll den Heerzug gegen die Hunnen führen. Elsa wird von ihren Frauen zur Burgkirche geleitet. Als sie das Münster betreten will, verlangt Ortrud den Vortritt; Elsa stehe dieses Recht nicht zu, solange man nicht wisse, ob der fremde Ritter denn auch adeliger Herkunft sei. Auch Telramund stellt sich dem Fremden in den Weg und bezichtigt ihn der Zauberei. Er solle sagen, wer er sei. Der Schwanenritter entgegnet, daß er diese Frage nur Elsa zu beantworten habe. Elsa aber stellt die Frage nicht, sie stellt die Liebe über ihre Zweifel und Telramunds böse Einflüsterungen. Das Paar schreitet unter dem Jubel der Brabanter in das Münster.
3. Aufzug. Lohengrin und Elsa werden in das Brautgemach geleitet (Chor *Treulich geführt*) und geben sich ihrem Glück hin (*Das süße Lied verhallt; wir sind allein – Fühl ich zu dir so süß mein Herz entbrennen*). Endlich wird Elsas Wunsch übermächtig, ihren Mann beim Namen zu nennen, alles über ihn zu erfahren. Und obwohl er sie nochmals bittet, ihm zu vertrauen, da er nichts Dunkles zu verbergen habe, stellt Elsa die verbotene Frage. Im gleichen Moment stürzt Telramund aus einem Versteck mit gezücktem Schwert auf ihn, wird aber mit einem Streich niedergestreckt. Tief erschüttert läßt der Ritter Elsa vor den König führen. Dort werde er sein Geheimnis enthüllen. – Am Ufer der Schelde stehen der König und die Mannen zum Aufbruch in den Feldzug bereit. Da wird Elsa vor Heinrich geleitet; der Schwanenritter folgt ihr. Er berichtet von Telramunds Anschlag und Elsas Vergehen und daß er des Königs Heer nicht führen könne, denn er sei Lohengrin, Sohn des Gralskönigs Parsifal, und müsse zum Gral zurück, da ein Gralsritter nur unerkannt die Kraft besitze, für das Recht zu streiten (*In fernem Land*). Schon erscheint der Schwan. Lohengrin nimmt Abschied von der ohnmächtig zusammensinkenden Elsa (*Mein lieber Schwan!*). Noch einmal triumphiert Ortrud, dieser Schwan sei der von ihr verzauberte Gottfried, Elsas Bruder, aber mit einem Gebet kann Lohengrin den Zauber brechen:

Der Schwan versinkt, und Gottfried steigt aus den Fluten der Schelde, der wahre Herzog von Brabant.

Während seines Paris-Aufenthalts 1839–1842 begegnete Wagner der um die Mitte des 13. Jahrhunderts erstmals dichterisch fixierten *Lohengrin*-Sage. Im Juli 1845, nach Vollendung des *Tannhäuser*, las er während einer Kur in Marienbad den *Parzival* Wolframs von Eschenbach (um 1270) sowie Joseph Görres' Vorwort zur Edition einer zwischen 1283 und 1290 in Bayern anonym entstandenen *Lohengrin*-Version (1813); zu weiteren Quellen gehören Jacob Grimms *Weisthümer* (1842) und seine *Deutschen Sagen* (1816/18). Der Ursprung der Sage stammt aus der Zeit der Kreuzritter (*Le chevalier au cigne et les enfances de Gaudefroi*, 1170/1190); sie wurde u. a. von Konrad von Würzburg um 1260/70 und von einem thüringischen Dichter um 1290 wiederaufgenommen.
Wie in *Tannhäuser* wird in *Lohengrin* ein Kampf zwischen gegensätzlichen Polen ausgetragen: Ortruds altgermanischer Glaube hier, die neue Religion des Christentums dort, Lohengrins Wunsch nach irdischer Bindung einerseits, seine Bindung an einen göttlichen Auftrag andererseits. Die Künstler-Problematik ist allen frühen Opern Wagners gemeinsam: »*Holländer, Tannhäuser* und *Lohengrin* haben untereinander ebensoviel Trennendes wie Gemeinsames. Sie alle aber sind Künstlerdramen mit beinahe gleicher Konstellation. Immer geht es um den Konflikt des Genies mit den herkömmlichen Lebens-, Kunst- und Moralbegriffen der Umwelt. Holländer, Tannhäuser und Lohengrin enthalten ebenso autobiographische Elemente Wagners wie Stolzing und Sachs, wie Tristan, Wotan und Amfortas« (Hans Mayer). Lohengrin wird zum Symbol des sich in Menschengestalt dem geliebten Menschen nähernden Gottes (Wagner beruft sich auf den Mythos von Zeus und Semele), des christlichen Befreiers verfolgter Jungfrauen, und nicht zuletzt verkörpert seine Heirat mit Elsa die Verbindung des Ideal-Schönen mit dem Ideal-Guten.
»Aus einer Welt des Hasses und des Haders schien die Liebe

verschwunden zu sein«, schrieb Wagner programmatisch über das Vorspiel zum *Lohengrin*, in dessen klangätherischer Phantasmagorie Thomas Mann bildhaft das Wunder einer »blau-silbernen Schönheit« erblickte. In schimmerndem A-Dur enthüllen die vielfach geteilten, in hoher Lage spielenden Geigen die Welt des Grals, die Lohengrin wie mit einem Schein umhüllt. Crescendo und Descrescendo schaffen eine Stimmung zauberischer Verklärung, die sich zu höchster Intensität verdichtet und den mystischen Hintergrund des Geschehens umschreibt. Der feierliche Charakter des Vorspiels, das Liszt als »eine Art Zauberformel« bezeichnete, wird durch die Einleitung zum ersten Bild, sozusagen zum C-Dur des Königs, weggewischt, und öffnet gleichzeitig den Blick auf ein hochromantisches Gemälde, in dem die musikalischen Themen durch eine dramaturgisch-logische Entsprechung der Tonarten fein verwoben sind. So ist in Lohengrins Motiv nicht nur das Motiv Elsas, sondern dialektisch auch die Sphäre Ortruds enthalten. Aus der romantisch-verklärten Atmosphäre entwickelt sich Elsas Traum-Erzählung, ihr Gesang auf dem Söller, Lohengrins Erscheinung, seine Ansprachen an den Schwan, die Brautgemach-Szene. Dagegen steht die Musik Ortruds und Telramunds, die zu Beginn des 2. Aufzugs in der düsteren Beschwörungsformel »Du wilde Seherin« avancierteste Formen annimmt und auf die musikalische Sprache des *Rings* vorausweist.

Noch in Marienbad stellte Wagner am 3. August 1845 den Prosaentwurf zum *Lohengrin* fertig; die Textfassung beendete er nach seiner Rückkehr in Dresden am 27. November. 1846 begann er mit der Kompositionsskizze des 1. und 3. Aufzugs, während der 2. Aufzug erst ab Juni 1847 und die Ouvertüre zum Schluß, im August 1847, skizziert wurden. Die Partitur arbeitete Wagner von Januar bis Ende April 1848 aus. Da er wegen seiner Beteiligung am Dresdner Maiaufstand 1849 Sachsen hatte verlassen müssen, wurde die geplante Uraufführung abgesagt. Auf Wunsch Wagners leitete Franz Liszt die Uraufführung in Weimar, bei der Wagner nicht anwesend sein konnte. Trotz des mäßigen Erfolgs

wurde die Oper an mehreren Bühnen nachgespielt. Den Durchbruch für das Werk erzielte die Münchner Aufführung 1858, die zum Ausgangspunkt der schwärmerischen Idealisierung Wagners durch den späteren König Ludwig II. werden sollte. Wagner selbst hörte seine Oper erstmals 1861 in Wien. In Bayreuth wurde der *Lohengrin* zum ersten Mal 1894 (unter Felix Mottl) gespielt.
Spieldauer: ca. 3¾ Stunden (1. Aufzug: ca. 65 min.; 2. Aufzug: ca. 85 min.; 3. Aufzug: ca. 70 min.).

Tristan und Isolde

Handlung in 3 Aufzügen. Text von Richard Wagner. Uraufführung am 10. Juni 1865 in München, Königliches Hof- und Nationaltheater.

Personen: Tristan (Tenor) – König Marke (Baß) – Isolde (Sopran) – Kurwenal (Bariton) – Melot (Tenor) – Brangäne (Mezzosporan) – Ein Hirt (Tenor) – Ein Steuermann (Bariton) – Ein junger Seemann (Tenor) – Schiffsvolk, Ritter, Knappen, Frauen aus Isoldes Gefolge.

Ort und Zeit: Tristans Schiff während der Fahrt von Irland nach Kornwall, Markes Burg in Kornwall, Tristans Burg Kareol in der Bretagne; frühes Mittelalter.

Vorgeschichte. Im Krieg zwischen Irland und seinem tributpflichtigen Vasallentum Kornwall hatte Tristan, Kornwalls siegreicher Held, den Irenkönig Morold getötet, den Verlobten Isoldes, und ihr dessen abgeschlagenes Haupt höhnisch als den fälligen Zins gesandt. Selbst schwer verwundet, war Tristan, in einem Boot an Irlands Küste getrieben, von Isolde aufgenommen und gesundgepflegt worden. Als sie in dem Fremden, der sich Tantris nannte, schließlich den Mörder Morolds erkannte, hatte sie es nicht über sich gebracht, ihn zu töten, vom Blick in seine Augen wie gebannt. Tristan war unter Dank- und Treueschwüren nach Kornwall zurückgekehrt.
1. Aufzug. Tristan ist erneut nach Irland gekommen, um als

Brautwerber für seinen König Marke Isolde nach Kornwall zu holen. Isolde empfindet die doppelte Schmach, gleichsam als Tribut Irlands dem alten König Kornwalls zugeführt zu werden und das vom treulosen Mörder ihres Verlobten. Sie wünscht den Untergang des Schiffes und ihrer selbst. Tristan, den sie zur Rede stellen will, verweigert jede Begegnung. Seine Männer, Kurwenal voran, verhöhnen Brangäne, die – ohne Kenntnis der Vorgeschichte – unbefangen Tristan zu Isolde bittet. Jetzt offenbart Isolde ihrer treuen Brangäne diese Vorgeschichte; sie fühlt sich selbst schuldig an ihrem Geschick, weil sie es damals nicht übers Herz gebracht hatte, Tristan zu töten. Sie verlangt von Brangäne aus einem Schrein ihrer Mutter mit Zaubermitteln den Todestrank. Dann zwingt sie Tristan zu sich mit der Drohung, nicht eher vor König Marke zu erscheinen. Für Morolds Tod, hält sie ihm vor, habe er noch keine Sühne geleistet, sie fordere ihn deshalb auf, mit ihr einen Sühnetrank zu trinken. Tristan ist bereit. Er weiß, daß ihn der gleiche Tod erwartet, den Isolde für sich sucht. Während das Schiff zur Landung ansetzt, greift er nach dem Becher, um ihn ganz zu leeren. Isolde entreißt ihn seinen Händen, um selbst davon zu trinken – und statt tot hinzusinken, durchströmt beide glühendes Liebesgefühl. Völlig dieser Empfindung hingegeben, sind sie in sich versunken und nehmen Brangänes ahnungsvolles Klagen »Unabwendbar ew'ge Not für kurzen Tod!« nicht wahr: Sie, die Vertraute, hat heimlich den Todes- mit einem Liebestrank vertauscht. In solcher Verwirrung landet das Schiff.

2. Aufzug. Im Garten von Markes Burg wartet Isolde auf die heimliche Ankunft Tristans. Trotz Brangänes Warnung vor Tristans falschem Freund Melot, der einen Anschlag auf ihn plane, gibt sie ihrem Geliebten durch Löschen einer Fackel an der Tür das vereinbarte Zeichen. Die Liebenden genießen das Glück, endlich vereint zu sein, das nur der »feindliche« Tag, der neue Trennung bedeutet, vernichten kann (*O sink hernieder, Nacht der Liebe*). Sie steigern sich in einen Zustand völliger Selbstvergessenheit, in den Brangänes ferne Warnrufe vor dem anbrechenden Tag klingen (*Einsam*

wachend in der Nacht). Tristan und Isolde wünschen sich eine ewige Nacht der immerwährenden Vereinigung, die Erfüllung der Liebe im Tod (*So stürben wir, um ungetrennt [. . .] in Lieb' umfangen [. . .] der Liebe nur zu leben*). So werden sie von Marke und seinem Hofstaat überrascht. Melot rühmt sich, dem König den Verrat hinterbracht zu haben. Der König ist tief getroffen von dem Treuebruch seines Freundes Tristan (*Tatest du's wirklich?*). Unter seinen Worten reift in Tristan der Entschluß, Isolde im Tod voranzugehen. Er gibt ihr den Abschiedskuß und reizt damit Melot so sehr, daß der mit gezogener Waffe auf ihn eindringt. Sich in das Schwert des einstigen Freundes stürzend, der ihn an den von Tristan selbst verratenen König verriet, sinkt Tristan in Kurwenals Arme.
3. Aufzug. Kurwenal hat seinen schwerverwundeten Herrn auf die Burg Kareol in der Bretagne gebracht und pflegt ihn hier. Doch die Wunden heilen nicht; Kurwenal hat deshalb nach Isolde gesandt. Ein alter Hirt, der eine sehnsüchtige Melodie auf der Schalmei bläst, hält nach dem Schiff Ausschau. In seinen Fieberphantasien meint Tristan Isolde und schon das Schiff zu sehen. Er verflucht sein Los, das ihm das Sterben verwehrt und ihn so die Qualen des Liebestranks ungestillt zu ertragen zwingt. Als das Schiff gemeldet wird, erreicht seine Erwartung höchste, ekstatische Freude. Er taumelt Isolde wie von Sinnen entgegen, den Verband von seiner Wunde reißend, und stirbt in ihren Armen. Ein zweites Schiff naht; es ist Marke mit seinen Leuten und Brangäne. Kurwenal stellt sich ihnen entgegen und streckt Melot nieder, wird aber selbst tödlich verwundet. Marke beugt sich klagend über Tristan; Brangäne hat ihm, wie sie Isolde berichtet, das Geheimnis des Trankes entdeckt; nun kommt er zu spät, um das Paar zu vermählen. Über Tristans Leiche sinkt Isolde verklärt in die Vereinigung mit ihm, in den Tod (*Mild und leise wie er lächelt*).

Am 16. 12. 1854 hatte Wagner an Liszt geschrieben: »Da ich nun aber im Leben nie das eigentliche Glück der Liebe genossen habe, so will ich diesem schönsten aller Träume noch ein Denkmal setzen, in dem vom Anfang bis zum Ende diese Liebe sich so recht sättigen soll.« Die Entstehung von *Tristan und Isolde* während des Zürcher Exils fiel dann in die große Schaffenspause zwischen dem 2. und dem 3. Aufzug des *Siegfried* ab dem Frühjahr 1857. Im August entwarf Wagner das Szenarium dazu, im Anschluß daran die am 18. September fertiggestellte Dichtung; am 1. 10. begann er mit den Kompositionsskizzen, die für den 1. Aufzug Ende 1857, für den 2. am 1. 7. 1858 vorlagen. Die Ausarbeitung vor allem des 2. Aufzugs erfolgte in Venedig zwischen 15. 10. 1858 und 18. 3. 1859. In Luzern begann Wagner am 9. 4. 1859 den 3. Aufzug, die Orchesterskizzen dazu am 1. 5. Vollendet wurde die Partitur dort am 6. 8. des gleichen Jahres.

Neben der zehn Jahre dauernden Unterbrechung am *Ring* hatten mehrere Beweggründe Wagner dazu gebracht, den *Tristan*-Stoff aufzugreifen. Seine Liebe zu Mathilde Wesendonk, die er 1852 kennengelernt hatte, mag die Verwirklichung veranlaßt haben. Die philosophische Grundstimmung war ihm in Arthur Schopenhauers *Die Welt als Wille und Vorstellung* begegnet, auf das ihn Herwegh 1854 aufmerksam gemacht hatte. Wagner fand bei Schopenhauer das theoretische System seiner eigenen Gedanken und Vorstellungen. Davon übernommen hat er indessen nur einen Teil; er verneint nicht den Willen zum Leben, sieht vielmehr die Möglichkeit, der Vereinzelung des Menschen durch die Liebe entgegenzutreten. Andere philosophische Voraussetzungen fand Wagner in Ludwig Feuerbachs *Vom Wesen des Christentums*, aus dem er den Gedanken einer den Menschen erlösenden sinnlichen Liebe kristallisierte. Als literarische Quelle diente ihm unmittelbar das Epos *Tristan und Isolt* von Gottfried von Straßburg (um 1210); inspiriert haben ihn zudem die *Hymnen an die Nacht* (1800) von Novalis, die darin besungene Sehnsucht nach der Vereinigung von Liebe und Tod. Thomas Mann, der den *Tristan* »das klassische opus metaphysicum der Kunst« nannte, wies auf Beziehungen zu Friedrich Schlegels *Lucinde* (1799) hin. Von Calderón hat Wagner – nach Siegfried Melchinger – einiges in der Darstellung des Tugendbegriffs der »Ehre«, auch die

Bezeichnung seines Werkes als »Handlung« übernommen, in wörtlicher Übersetzung der Gattungsbezeichnung von Calderóns geistlichen Stücken als »Autos«.
Diese Handlung ist auf das äußerste reduziert. Sie ist »eine ganz innere, seelische geworden, sie ist ganz nach innen verlegt; was in dem inneren Menschen vorgeht, wird hier der wichtigste Teil der Handlung« (Wagner). Sprachlich gestaltet Wagner das Drama zwischen den Polen des »überströmendsten Lebens in seinen allerheftigsten Affekten« und »weihevollstem, innigstem Todesverlangen« (Wagner) durch eine hochpoetische, bildhaft verschlüsselte, oftmals nur klanglich erfaßte Sprache sowie die Benutzung des Endreims zusammen mit dem beim *Ring* eingeführten Stabreim.
Musikalisch erreicht Wagner in der *Tristan*-Partitur eine Verfeinerung des mit größter Farbskala ausgestatteten, oft ekstatisch aufgetürmten Orchesterklangs; er ist das vollendete, höchst sensible Werkzeug zur Darstellung der verschlungensten psychischen Zustände. Inhalt und Form haben sich nach den Gesetzen des Gesamtkunstwerks vollkommen durchdrungen. Aufwühlende Chromatik, Auflösung des konservativen Tonartempfindens, die unendliche Melodie, d. h. das Umspielen der Tonartbezüge ohne Rückkehr zum Grundton, sind Kennzeichen einer Partitur, aus der sich kaum noch einzelne Passagen getrennt herauslösen lassen.
Wagner hatte sich getäuscht, als er glaubte, ein intimes Werk geschaffen zu haben, das überall »mit großer Bereitwilligkeit aufgenommen« und »wie warmes Brot abgehen« würde. Die Aufführungsprobleme waren schier unüberwindbar. In Straßburg, Karlsruhe, Paris, Wien – alle Aufführungspläne zerschlugen sich, bis nach der ersten Begegnung mit Ludwig II. von Bayern (am 4. 5. 1864) eine Order des Königs die Uraufführung in München zustande brachte. Nach einer Probe vor geladenen Gästen am 11. 5. 1865 ging sie einen Monat später unter Hans von Bülow und mit dem Ehepaar Ludwig und Malvina Schnorr von Carolsfeld in den Titelrollen in Szene. Als nächste Bühnen folgten zögernd 1874 Wei-

mar, 1876 Berlin. 1886 wurde der *Tristan* unter Mottl erstmals in Bayreuth gegeben. Stilbildend wirkten sich Wieland Wagners Inszenierungen 1952 (unter Herbert von Karajan) und 1962 (unter Karl Böhm) aus.
Spieldauer: ca. 3¾ Stunden (1. Aufzug: ca. 75 min.; 2. Aufzug: ca. 75 min.; 3. Aufzug: ca. 70 min.).

Die Meistersinger von Nürnberg

Oper in 3 Aufzügen. Text von Richard Wagner. Uraufführung am 21. Juni 1868 in München, Königliches Hof- und Nationaltheater.

Personen: Hans Sachs, Schuster (Bariton) – Veit Pogner, Goldschmied (Baß) – Kunz Vogelgesang, Kürschner (Tenor) – Konrad Nachtigall, Spengler (Baß) – Sixtus Beckmesser, Stadtschreiber (Bariton) – Fritz Kothner, Bäcker (Baß) – Balthasar Zorn, Zinngießer (Tenor) – Ulrich Eißlinger, Gewürzkrämer (Tenor) – Augustin Moser, Schneider (Tenor) – Hermann Ortel, Seifensieder (Baß) – Hans Schwarz, Strumpfwirker (Baß) – Hans Foltz, Kupferschmied (Baß) – Walther von Stolzing, ein junger Ritter aus Franken (Tenor) – David, Sachsens Lehrbube (Tenor) – Eva, Pogners Tochter (Sopran) – Magdalene, Evas Amme (Mezzosopran) – Ein Nachtwächter (Baß) – Bürger und Frauen aller Zünfte, Gesellen, Lehrbuben, Mädchen, Volk.

Ort und Zeit: Nürnberg, Mitte des 16. Jahrhunderts.

1. Aufzug. In der Nürnberger Katharinenkirche beendet eben die Gemeinde den Gottesdienst mit dem Schlußchoral. Während sich die Kirche langsam leert, nähert sich Walther von Stolzing der jungen Eva, in die er sich bei der ersten Begegnung im Haus seines Geschäftsfreundes Pogner verliebt hat, um sie zu fragen, ob sie schon verlobt sei. Braut sei sie wohl, bekommt er von Eva und ihrer Amme Magdalene zu hören, wer aber der Bräutigam sei, wisse man erst morgen, am Johannistag, nach dem Wettsingen; dem Sieger habe Veit Pogner die Hand Evas als Preis versprochen. Eva entschlüpft dabei das unschickliche Geständnis, daß sie aber ihn oder keinen wolle. Unterdessen richten Lehrbuben den

Kirchenraum für eine Sitzung der Meistersinger her. Stolzing ist entschlossen, am Wettbewerb teilzunehmen, und läßt sich deshalb von David, dem Lehrbuben des Hans Sachs und Magdalenes Schatz, in das komplizierte System des Meistergesangs einführen. Pogner eröffnet die Sitzung mit der offiziellen Verkündung des Sängerpreises: seine Tochter und sein ganzes Vermögen. Wolle Eva den Sieger nicht heiraten, müsse sie ihr Leben lang ledig bleiben (*Das schöne Fest, Johannistag*). Hans Sachs empfiehlt, die Veranstaltung ausnahmsweise öffentlich abzuhalten; dann wird Stolzing, der sich den Meistern vorstellt (*Am stillen Herd*) als neuer Bewerber zum Probegesang (*Fanget an!*) zugelassen. Der kauzige, schon nicht mehr junge Sixtus Beckmesser, der sich selbst große Chancen auf Eva ausrechnet, ist zum »Merker«, das heißt Gesangsprüfer, ernannt und kreidet seinem Konkurrenten genüßlich-boshaft alle Fehler nach der Tabulatur des Meistersangs an. Bis auf Hans Sachs stimmen die Meister, auch Pogner, dem der Junker gefällt, Beckmessers vernichtendem Schlußurteil zu: »Versungen und vertan!«
2. Aufzug. Auf der Straße vor den einander gegenüberliegenden Häusern von Hans Sachs und Pogner berichtet David seiner Magdalene, wie es Stolzing ergangen ist. Eva eilt erschrocken zu Sachs, der den Werktisch an die Haustür gerückt hat, um in der Abenddämmerung noch ein Paar neue Schuhe für Beckmesser fertigzumachen. Beim Duft des Holunders in der anbrechenden Nacht überdenkt er die Ereignisse des Tages um Stolzing (*Was duftet doch der Flieder*). Eva gibt sich schmeichlerisch und kokett, um aus Sachs genaueres über den Verlauf des Vorsingens hervorzulocken. Der Schuster stellt sich zum Schein auf die Seite der Meister und bemerkt an Evas heftigen Reaktionen, wie sehr sie den Ritter liebt. Kurz darauf kommt Stolzing die Straße herauf, und Eva stürzt ihm stürmisch entgegen. Sie werden sich schnell einig, sich dem Gericht der Meister durch die Flucht zu entziehen. Nachdem der Nachtwächter die zehnte Stunde verkündet hat, ist sie – in Magdalenes Kleidern – bereit, doch beide trauen sich nicht, weil Sachs noch immer hinter dem halbgeöffneten Laden die Straße überblicken kann.

Aus einem Versteck beobachten sie das Auftauchen Beckmessers, der vor Pogners Haus zu einem Ständchen für Eva ansetzt. Sachs hat das wohl bemerkt und fängt laut zu klopfen und zu singen an (*Als Eva aus dem Paradies von Gott dem Herrn vestoßen*), wovon er sich durch Beckmessers immer wütenderes und flehenderes Bitten nicht abbringen läßt. Er zahlt ihm so einige abfällige Bemerkungen über Sachsens Handwerks- und Liederkunst vom Nachmittag heim, und als Beckmesser endlich zum Singen kommt, spielt Sachs den »Merker«, indem er jeden Fehler mit einem Hammerschlag auf die Schuhsohlen anzeigt. Schnell sind die Schuhe des Stadtschreibers fertig. Durch das heftige Gehämmere und Beckmessers immer lauteren Gesang werden nach und nach die Nachbarn wach. David erkennt Magdalene, die anstelle Evas und in deren Kleidern verabredungsgemäß dem Ständchen zu lauschen vorgibt, stürzt sich also voll Eifersucht auf Beckmesser. Es kommt zu Auseinandersetzungen, die sich zu einer allgemeinen Prügelei zwischen Nachbarn, Gesellen und Lehrbuben ausweitet. Im Durcheinander faßt Sachs Stolzing und Eva. Er schickt sie nach Hause und nimmt ihn in sein Haus. Als der Nachtwächter erscheint, hat sich der ganze Lärm wie ein Spuk gelegt.

3. Aufzug. Am frühen Morgen sitzt Sachs in seiner Schusterstube, ganz ins Lesen vertieft. Er nimmt kaum Davids ein wenig verzagte Bitte um Vergebung für die Vorfälle am Abend zuvor wahr, merkt erst auf, als David ihn an den Anbruch des Johannisfestes (24. Juni) erinnert, Sachs zum Namenstag gratuliert und dazu seinen Spruch sagt (*Am Jordan Sankt Johannes stand*). Sachs sinkt zurück ins Nachdenken über die Torheiten der Menschen und wie er das Preissingen zu einem guten Ende bringen könne (*Wahn! Wahn! Überall Wahn!*). Da tritt Stolzing ein. Es drängt ihn, Sachs von einem Traum der vergangenen Nacht zu erzählen, und Sachs zeigt ihm, wie er diesen Traum poetisch und musikalisch gestalten und zu einem Meisterlied formen kann (*Morgenlich leuchtend*). Sachs schreibt zwei Strophen des Liedes mit, welche Beckmesser kurz darauf in der von Stolzing und Sachs verlassenen Schusterstube findet. Beckmesser ist von

seinem nächtlichen Mißerfolg und der Prügelei sichtlich gezeichnet. Sachs habe ihm so übel mitgespielt, weil er selber Eva haben wolle, das sei nun klar und dieses Lied der Beweis. In aller Ruhe wehrt Sachs ab; Beckmesser könne das Lied haben, und nie würde er, Sachs, behaupten, der Verfasser zu sein. »Ein Gedicht von Sachs« – darauf werde er die schönste »Weis« komponieren, zieht Beckmesser siegesgewiß davon. Nach und nach treffen Eva, Stolzing, Magdalene und David in der Werkstatt zusammen. Mit ihnen schreitet Sachs nach Meistersingerbrauch zur Taufe von Walthers Lied, der »Seligen Morgentraum-Deutweise« (Quintett *Selig, wie die Sonne meines Glückes lacht*). Und zur Feier des Tages wird David zuvor zum Gesellen ernannt. – Auf der Festwiese vor der Stadt ziehen die Zünfte, ihre Lieder schmetternd, auf, und die Lehrbuben greifen sich die Mädchen aus Fürth zum Tanz. Hans Sachs, im Kreis der Meistersinger, wird enthusiastisch begrüßt mit einem seiner eigenen Lieder (*Wach auf, es nahet gen den Tag*). Er dankt gerührt (*Euch macht Ihr's leicht*). Dann beginnt Beckmesser das Preissingen. Schnell wird deutlich, daß er den Text von Walthers Lied nicht verstanden und nicht behalten hat, zudem wirkt seine Melodie so gekünstelt, daß er nur Gelächter erntet. Wütend nennt er Sachs als Schöpfer des Liedes, doch dieser weist auf Walther von Stolzing, der nun Gelegenheit erhält, das Lied vorzutragen (*Morgenlich leuchtend*). Das Volk spendet ihm jubelnd Beifall. Einmütig wird ihm der Preis zuerkannt, Pogner nimmt ihn in die Meistersingergilde auf – diese Ehrung aber weist Stolzing brüsk zurück. Sachs muß ihn erst auf die Würde und Verantwortung der Meister für die deutsche Kunst hinweisen (*Verachtet mir die Meister nicht*), ehe er annimmt. In Sachsens Lob der Meister stimmt das Volk zum guten Schluß kräftig ein (*Ehrt Eure deutschen Meister*).

»Wie bei den Athenern ein heiteres Satyrspiel auf die Tragödie folgte, [...] erschien mir plötzlich das Bild eines komischen Spiels, das in Wahrheit als beziehungsvolles Satyrspiel meinem ›Sängerkrieg auf der Wartburg‹ sich anschließen

konnte«, erklärte Wagner über den Anstoß zu den *Meistersingern*; und über Hans Sachs: »Ich faßte ihn als die letzte Erscheinung des künstlerisch produktiven Volksgeistes auf.« Den ersten Prosaentwurf beendete Wagner noch vor der Uraufführung des *Tannhäuser* bereits 1845 in Marienbad. Anregungen zu dem Thema hat er aus der Beschäftigung mit Johann Christoph Wagenseils *Buch von der Meister-Singer holdseligen Kunst* (1697, 1827), Johann Ludwig Deinhardsteins *Hans Sachs*-Drama (1827), der *Geschichte der deutschen Nationalliteratur* von Georg Gottfried Gervinus, Jacob Grimms *Über den altdeutschen Meistergesang* und E. T. A. Hoffmanns Erzählung *Meister Martin, der Küfner, und seine Gesellen* empfangen. Wichtig war für ihn auch Goethes Gedicht *Hans Sachsens poetische Sendung*, in dem der Gegensatz von himmlischer und irdischer Liebe vorgebildet ist; in Stolzings Lied formte ihn Wagner zum Bild einer Synthese aus Parnaß und Paradies um. Persönliche Erlebnisse Wagners 1835 in Nürnberg boten die Inspiration zur Prügelszene des 2. Aktes und zur Figur des Beckmesser (in Gestalt eines erbärmlich falsch singenden, öffentlich zum Gaudium der Nürnberger herumgereichten Tischlermeisters).
Mehr als 15 Jahre ruhte dann der Plan zu den *Meistersingern*; es entstanden *Lohengrin* und *Tristan* sowie erste Entwürfe zum *Ring*. Mathilde Wesendonk (auf der Venedig-Reise 1861) und der *Tannhäuser*-Mißerfolg in Paris gaben den Anstoß dazu, daß Wagner im Dezember 1861 den zweiten Prosaentwurf zu den *Meistersingern* in Angriff nahm. Ende Januar 1862 lag die Dichtung vor. Die Vollendung der Partitur dauerte noch bis zum März 1867. Thematische Wechselwirkungen ergaben sich mit den gleichzeitig geschriebenen programmatischen Schriften *Was ist deutsch?* (1865) und *Deutsche Kunst und Deutsche Politik* (1867). Wagner hatte anfangs Wien als Uraufführungsort ins Auge gefaßt und die Dichtung am 23. 11. 1862 dort gelesen, dabei einen Eklat ausgelöst, weil er die Figur des Beckmesser anfangs nach dem Wiener Musikkritiker Eduard Hanslick, seinem Gegner, Hans Lick oder Veit Hanslich nannte.
Die Meistersinger sind die deutsche Festoper par excellence

(die wiederaufgebauten Opernhäuser in Freiburg i. Br. 1949, Berlin 1955, Leipzig 1960 und München 1963 wurden mit ihnen eröffnet) und bieten durch ihr ins 19. Jahrhundert transponiertes Bild des deutschen 16. Jahrhunderts alle Voraussetzungen zu einer Auseinandersetzung mit dem bürgerlichen Kunstverständnis der Zeit Wagners, gaben später aber auch Anlaß zu verfälschenden Deutungen des »Deutschen« durch den Nationalsozialismus. Der Wert der Oper liegt u. a. nicht allein darin, daß sie, wie Hofmannsthal schrieb, »eine echte, geschlossene Welt wieder lebendig macht«, sondern in der nahezu sakralen Behandlung des Themas »Kunst« als höchster Äußerung menschlichen Geistes, ohne biedermeierliche Verbrämung, ohne Spitzweg-Idyllik und Butzenscheiben-Romantik. Die Auffassung der Meistersinger, der Repräsentanten einer überlieferten Kunst, ist erstarrt; sie vermittelt kein neues Erleben, wird nur noch als Selbstbestätigung wiederholt – »meisterliche Spießbürgerschaft« nannte sie Wagner. Hier weist der Eindringling Stolzing den Weg zu neuen Möglichkeiten, sprich Liedformen. Wagners Dialektik erweist sich darin, daß erst einmal gerade nicht Stolzing, sondern Beckmesser den »modernen« Text des Preisliedes komponiert und nach alter Manier »versingt«, und daß Sachs, das Alter ego des reifen Wagner, demgegenüber dem Revolutionär Stolzing (= der junge Wagner) die wahre Bedeutung der Meisterkunst verdeutlicht.
Wagner setzte mit den *Meistersingern* auf den breiten Erfolg und rüttelte demzufolge nicht an den Konventionen: Die Figuren – Liebespaar, Buffo-Paar, Intrigant und Weiser – entsprechen der Tradition, und musikalisch erinnern nicht nur die drei in Meyerbeerscher Manier entworfenen Final-Tableaus an die Große Oper. Mit dem Andante und der daraus folgenden festlichen Haltung ist das Vorspiel – ohnehin Keim für die Hauptmotive der ganzen Oper – dem Duktus der französischen Barock-Ouvertüre nachgebildet. Satztechnische Mittel der Bach-Zeit anwendend (nicht allein in der Doppelfuge der Prügelszene am Ende des 1. Aufzugs), kreierte Wagner ein historisches Ambiente, in dem die leitmotivischen Verbindungen auffälliger als im *Ring* sind. Es ist so-

gar der Nachweis versucht worden, das wichtigste Formmodell des Meistersangs, den Bar (in der von Wagner allerdings unrichtig rekonstruierten Form einer aus zwei metrisch gleichen Stollen und einem anders gebildeten Abgesang bestehenden Strophe), in der Abfolge der drei Meistersinger-Aufzüge angewandt zu sehen. »In der Dissonanzensprache, der Vorhaltstechnik und Spannungsharmonik sind die *Meistersinger* nicht weniger modern als der *Tristan*, sie sind stilistisch keine Vorstufe zum *Tristan*, sondern eher dessen Überwindung«, urteilte der Musikwissenschaftler Heinz Becker.
Die Vorbereitungen zur Münchner Uraufführung 1868 unter Hans Richter übertrafen an Intensität und Opulenz alles bisher Dagewesene. Der Erfolg steigerte sich zu einer wahren Kundgebung für Wagner. Die für 50000 Taler angefertigten Dekorationen wiesen aber schon auf eine Möglichkeit der Fehlinterpretation: *Die Meistersinger* als teure Ausstattungsoper.
Spieldauer: ca. 4½ Stunden (1. Aufzug: ca. 80 min.; 2. Aufzug: ca. 60 min.; 3. Aufzug: ca. 120 min.).

Der Ring des Nibelungen

Ein Bühnenfestspiel für drei Tage und einen Vorabend. Uraufführung der Tetralogie am 13., 14., 16. und 17. August 1876 in Bayreuth, Festspielhaus.

Das Rheingold

Vorabend zu dem Bühnenfestspiel
»Der Ring des Nibelungen«

In 4 Szenen. Uraufführung am 22. September 1869 in München, Königliches Hof- und Nationaltheater. Erstaufführung im Rahmen der Tetralogie am 13. August 1876 im Festspielhaus Bayreuth.

PERSONEN: Götter: Wotan (Bariton), Donner (Bariton), Froh (Tenor), Loge (Tenor) – Nibelungen: Alberich (Bariton), Mime (Tenor) – Riesen: Fasolt (Baß), Fafner (Baß) – Göttinnen: Fricka

(Mezzosopran), Freia (Sopran), Erda (Alt) – Rheintöchter: Woglinde (Sopran), Wellgunde (Mezzosopran), Floßhilde (Alt) – Nibelungen (stumme Rollen).

Vorgeschichte. Wotan, der Oberste der Götter, begehrte nach höherem Bewußtsein und mehr Wissen. Er gelangte zu der Weltesche, deren Wurzeln durch den Quell ewigen Wissens genährt werden, und verlangte von den drei Nornen, die sie bewachten, daraus trinken zu dürfen. Als Preis dafür gab er eines seiner Augen. So wurde Wotan sehend und offen für die Zusammenhänge der Welt. Aus der Weltesche brach er einen Speer, schnitt in ihn die Verträge mit den Naturgewalten ein und machte sich damit zum Gesetzgeber und Herrscher über die Völker. Wotan hatte fortan nur noch einen Blick für die Macht und sah nicht, daß der Quell der Weisheit versiegte und die Weltesche zu vertrocknen begann. Mit Fricka, der Hüterin der Moral und Gattentreue, schloß Wotan die Ehe, und ließ sich zur Demonstration seiner Macht von den Riesen Fafner und Fasolt eine Burg bauen. Als Lohn versprach er ihnen zum Schein Freia, die Göttin der Liebe und ewigen Jugend. Da das Bauwerk sich seiner Fertigstellung nähert, soll Loge, der listige Gott des Feuers, einen Ausweg finden, wie Wotan der Verpflichtung aus diesem Vertrag entgehen kann.

1. Szene. Auf dem Grunde des Rheins tummeln sich singend und spielend die drei Rheintöchter, die Hüterinnen des Rheingolds (*Weia! Waga!*). Einer Kluft entsteigt der häßliche, struppige Zwerg Alberich und versucht, eine der Nixen, die den Liebeslüsternen verspotten und necken, zu erhaschen. Sie entziehen sich ihm mit Gelächter, bis sein Begehren in Haß umschlägt. Plötzlich läßt ein Strahl der Sonne das Rheingold aufleuchten, und mit einem Schlage weicht Alberichs Lüsternheit der Gier nach Besitz. Die Rheintöchter klären ihn über das Geheimnis des Goldes auf: Wer aus dem Gold einen Ring schmiedet, gewinnt die Herrschaft über die Welt. Aber nur der ist dazu imstande, der für immer der Liebe entsagt. Alberich ist überwältigt von dem Gedanken an die Macht, verflucht die Liebe und flieht mit dem geraubten Gold.

2. Szene. Freie Gegend auf Bergeshöhen. Fricka und Wotan erblicken im ersten Licht des Tages die vollendete Burg. Wotan begrüßt das Bild mit Entzücken, doch Fricka macht ihm Vorwürfe wegen des Vertrags, der den beiden Riesen Fasolt und Fafner Freia verspricht, ohne deren goldene Äpfel die Götter ihre ewige Jugend verlieren würden. Freia kommt bereits herangelaufen, verfolgt von den Riesen, die ganz entschieden von Wotan die Einlösung des Vertrags fordern. Donner und Froh wollen für ihre Schwester Freia kämpfen. Doch Wotan tritt dazwischen. Er hofft auf Loge, der sich um Ersatz für Freia umsehen wollte – und nun wirklich erscheint. Ihm gelingt es, die Riesen abzulenken durch seinen Bericht vom Rheingold und von dem Ring, den sich Alberich daraus geschmiedet hat, um höchste Macht zu gewinnen (*Immer ist Undank Loges Lohn!*). Fafners Habgier ist erwacht; Fasolt fügt sich seinem Vorschlag, statt Freia das Gold zu nehmen. Aber auch Wotan – und selbst Fricka, beim Gedanken an goldenen Schmuck – ist von dem Ring fasziniert. Wie aber kann man das Gold erringen? Loge rät: durch Raub. Die Riesen entführen Freia als Pfand. Loge und Wotan steigen hinab nach Nibelheim, um Alberich das Gold und den Ring abzulisten.
3. Szene. Wotan und Loge gelangen in die unterirdischen Höhlen von Nibelheim. Mit der Zauberkraft des Ringes hat Alberich seine Zwangsherrschaft angetreten: Alle Nibelungen müssen für ihn Gold und Silber aus der Erde fördern und daraus Geschmeide schmieden. Seinen Bruder Mime, einen kunstvollen Schmied, hat Alberich gezwungen, ihm einen zauberkräftigen Tarnhelm zu hämmern, durch den er sich unsichtbar machen und in jede beliebige Gestalt verwandeln kann. Mime will den Tarnhelm zurückhalten, doch Alberich zwingt ihn zur Herausgabe und bestraft ihn anschließend, unsichtbar geworden, mit Hieben. Loge rührt an der Eitelkeit Alberichs, der jetzt prahlend die Kunst des Tarnhelms demonstriert. Zuerst verwandelt er sich in eine Riesenschlange, dann, auf Vorschlag Loges, in eine Kröte. In dieser Gestalt überwältigen ihn die beiden Götter und schleppen ihn an die Oberwelt.

4. Szene. Alberich wird von Wotan und Loge gezwungen, als Lösegeld für seine Freiheit den gesamten Goldschatz und den Tarnhelm abzuliefern. Schließlich entreißt ihm Wotan auch den Ring. Alberich ist vernichtet und belegt den Ring mit einem Fluch: wer ihn besitzt, soll sterben (*Bin ich nun frei?*). Schon kehren die Riesen mit Freia zurück, um das Gold abzuholen. Das Maß des aufgetürmten Horts soll die Gestalt Freias abgeben, er soll sie gänzlich verbergen. Als Fasolt zuletzt noch Freias Auge zwischen dem Gold durchschimmern sieht, fordert er auch noch den Ring von Wotans Hand. Doch Wotan will den Ring nicht herausgeben. Warnend erscheint aus der Tiefe Urmutter Erda und gemahnt die Götter an ihr Ende (*Weiche, Wotan, weiche! Flieh des Ringes Fluch!*). Tief berührt von Erdas dunkler Mahnung wirft Wotan den Ring von sich, dessen Fluch sich sofort erfüllt: Im Streit um den Ring erschlägt Fafner seinen Bruder Fasolt. Wotan ist erschüttert, wendet sich dann aber der Burg zu. Donner läßt den schwülen Nebel durch ein aufziehendes Gewitter zerreißen (*Schwüles Gedünst schwebt in der Luft*), und Froh zaubert im Abendschein einen Regenbogen, der den Göttern den Weg zur Burg weist. Wotan verleiht der Burg den Namen »Walhall«. Gemeinsam ziehen die Götter zur Burg. Loge, der das anbrechende Ende der Götter ahnt, schließt sich ihnen zögernd an (*Ihrem Ende eilen sie zu*). In seiner Feuergestalt wird er die Götter und ihr Werk einst vernichten. Aus der Tiefe dringt die Klage der Rheintöchter um das verlorene Rheingold herauf.
Spieldauer: ca. 2½ Stunden.

Die Walküre

Erster Tag des Bühnenfestspiels »Der Ring des Nibelungen«

In 3 Aufzügen. Uraufführung am 26. Juni 1870 in München, Königliches Hof- und Nationaltheater. Erstaufführung im Rahmen der Tetralogie am 14. August 1876 im Festspielhaus Bayreuth.

PERSONEN: Siegmund (Tenor) – Hunding (Baß) – Wotan (Bariton) – Sieglinde (Sopran) – Brünnhilde (Sopran) – Fricka (Mezzosopran) – Die Walküren: Helmwige (Sopran), Gerhilde (Sopran), Ortlinde (Sopran), Waltraute (Mezzosopran), Siegrune (Mezzosopran), Roßweiße (Mezzosopran), Grimgerde (Alt), Schwertleite (Alt).

Vorgeschichte. Inzwischen entstand das Menschengeschlecht, das den Göttern untertan ist. Auf Walhall regiert vor allem Fricka, während Wotan, um deren Weissagungen zu verstehen, zu Erda flieht. Mit ihr zeugt er Brünnhilde. Sie und ihre acht Schwestern wachsen als Kriegerinnen in Walhall auf. Gemeinsam ziehen sie zu den Schlachtfeldern und bringen die tapfersten der gefallenen Krieger nach Walhall, um ihnen neues Leben zu schenken und ein Heer gegen Alberich aufzustellen, denn Wotan fürchtet, daß Alberich erneut versuchen wird, die Weltherrschaft an sich zu reißen. Dazu müßte er nur Fafner besiegen, der sich in einen Lindwurm verwandelt hat und in einer Höhle den Schatz hütet. Da Wotan das Gold, welches er als Lohn ausgezahlt hat, nicht selbst rauben kann, will er sich als Ausweg aus seiner Lage einen freien Helden erschaffen, der, ungehindert durch Wotans Gesetze, seinen eigenen Willen verwirklicht. Der Gott verfolgt einen Gedanken, den er bereits am Ende des *Rheingolds* faßte: Er streift auf der Welt umher und zeugt als »Wälse« mit einer Menschenfrau ein Zwillingspaar, das er, getarnt als »Wolfe«, selbst aufzieht. Damit sein Plan, das Zwillingspaar zeuge den freien Helden, unentdeckt bleibe, läßt Wotan die Tochter, Sieglinde, bei einem Überfall verschleppen, während der Sohn, Siegmund, sich selbst durchschlagen muß. Wotan setzt seine Hoffnungen auf ein Schwert aus dem Schatz der Nibelungen. Als sich Hunding Sieglinde zur Frau nimmt, erscheint Wotan am Hochzeitstag und rammt dieses Schwert in den Stamm der Esche, die das Zentrum von Hundings Heim bildet. Sieglinde hat den Vater erkannt und weiß, daß sie einer aus dieser Ehe erretten wird.

1. Aufzug. Hundings Hütte. Völlig erschöpft stürzt Siegmund, auf der Flucht vor Feinden und gejagt von peitschen-

den Gewitterstürmen, in das Haus. Sieglinde bietet dem Erschöpften eine Erfrischung. Sie fordert ihn auf, über seine Herkunft zu erzählen. Siegmund erzählt von Wolfe, dem Vater, und der von fremden Horden geraubten Schwester (*Friedmund darf ich nicht heißen*). Der heimgekehrte Hunding erkennt in dem Fremden den Todfeind seiner Sippe und fordert ihn zum Zweikampf. Doch achtet er das Gastrecht und gewährt dem Schutzlosen Obdach für diese Nacht noch. Sieglinde mischt ihrem Mann einen starken Schlaftrunk, und Hunding zieht sich zurück. Siegmund erinnert sich jetzt an das Schwert, das ihm sein Vater für den Augenblick der höchsten Not verhieß (*Ein Schwert verhieß mir der Vater*). Sieglinde erzählt ihm von dem Schwert, das einst ein Fremder in den Stamm der Esche stieß (*Der Männer Sippe saß hier im Saal*). Nur der Stärkste kann es herausziehen. Vor dem durch die aufgesprungene Tür hereinscheinenden Mondlicht gestehen sie sich emphatisch ihre Liebe (*Winterstürme wichen dem Wonnemond*). Sieglinde nennt den Fremden, der keinen Namen genannt hat, Siegmund. Aus einzelnen Erinnerungen und dem geistigen Bild ihres Vaters erkennen sich Siegmund und Sieglinde als Geschwister. Sie wissen jetzt, daß »Wolfe« das Schwert für seinen Sohn in den Stamm stieß. Mit dem Schwert »Notung«, das er mit einem Ruck aus der Esche zieht, erobert sich Siegmund seine Schwester als Braut.

2. Aufzug. In einem wilden Felsengebirge gibt Wotan Brünnhilde Anweisungen, im bevorstehenden Zweikampf Siegmund gegen Hunding, der ihm »nach Walhall nicht taugt«, zu schützen (*Nun zäume dein Roß*). Doch Fricka, von Hunding um Hilfe angerufen, verlangt als Strafe für die ehebrecherische Liebe und Blutschande der Geschwister den Tod Siegmunds. Wotans Plan ist dadurch nichtig geworden: Im Konflikt zwischen den von ihm geschaffenen Gesetzen, die keiner der Götter aufheben kann, nur ein Siegmund außer Kraft setzen soll, und seinem außergesetzlichen Verhalten ist der Gott gescheitert, denn er darf ja Siegmund keinen göttlichen Schutz angedeihen lassen. Er schwört Fricka, nicht zugunsten Siegmunds in den Kampf einzugreifen. Ge-

brochen vertraut er Brünnhilde seine intimsten Gedanken an (*Als junger Liebe Lust mir verblich*), seine Sucht nach Macht und Liebe zugleich. Er sehnt nun nichts mehr herbei als das Ende. Nun befiehlt er der Walküre, Hunding zu unterstützen, »Frickas Knecht«. Brünnhilde sucht das vor Hunding fliehende Geschwisterpaar, um Siegmund seinen Tod zu verheißen (*Siegmund, sieh auf mich!*). Als der erfährt, daß er von Sieglinde getrennt werden soll, will er die Schwester und sich töten (*So grüße mir Walhall*). Die erschütterte Brünnhilde wendet sich darauf gegen Wotans Gebot und verspricht Siegmund den Sieg. Doch im Kampf greift plötzlich Wotan selbst ein: An seinem Speer zerschellt Notung, und Hunding tötet Siegmund. Auch Hunding fällt. Brünnhilde rettet Sieglinde, muß sich aber selbst vor Wotans Zorn in Schutz bringen.
3. Aufzug. Brünnhilde flieht mit Sieglinde zu den Walküren auf den Gipfel eines Felsenberges und bittet sie um Schutz. Sieglinde ist verzweifelt und will nach Siegmunds Tod ebenfalls sterben, doch Brünnhilde verkündet ihr, daß sie einen Sohn, Siegfried, gebären werde (*Fort denn eile*), und übergibt Sieglinde die Splitter des Schwertes »Notung«, das Siegfried einst neu schweißen wird, und weist ihr den Weg in den Wald, der sicher ist, weil in ihm Fafner den Hort bewacht (*O hehrstes Wunder!*); sie selbst will sich indessen Wotans Zorn stellen. Wotan teilt ihr die Strafe mit: Brünnhilde wird aus Walhall verstoßen und verliert ihren göttlichen Schutz (*War es so schmählich*). Als sie ihm gesteht, daß sein Plan durch die Geburt Siegfrieds weiterlebt (*Du zeugtest ein edles Geschlecht*), ist Wotan überwältigt und mildert die ursprüngliche Strafe: Brünnhilde wird in einem schützenden Feuergürtel, den Loge auf Befehl Wotans um sie herum entfacht, eingeschlossen (*Leb wohl, du kühnes, herrliches Kind*). Nur ein Held, der freier als der Gott ist und dessen Speer nicht fürchtet, kann das Feuer durchdringen; ihm muß Brünnhilde angehören.
Spieldauer: ca. 4 Stunden (1. Aufzug: ca. 65 min.; 2. Aufzug: ca. 95 min.; 3. Aufzug: ca. 75 min.).

Siegfried

Zweiter Tag des Bühnenfestspiels
»Der Ring des Nibelungen«

In 3 Aufzügen. Uraufführung im Rahmen der Tetralogie am 16. August 1876 im Festspielhaus Bayreuth.

PERSONEN: Siegfried (Tenor) – Mime (Tenor) – Der Wanderer (Bariton) – Alberich (Bariton) – Fafner (Baß) – Erda (Alt) – Brünnhilde (Sopran) – Stimme des Waldvogels (Sopran).

Vorgeschichte. Sieglinde fand in Mimes Höhle Zuflucht und brachte dort Siegfried zur Welt; sterbend vertraut sie das eben geborene Kind und das zerborstene Schwert Mime an. Mime zog den Knaben in der Hoffnung groß, daß dieser einst für ihn Fafner erlegen werde.
1. Aufzug. Mime schmiedet ein Schwert für Siegfried (*Zwangvolle Plage!*), das dieser nach seiner Rückkehr aus dem Wald aber mühelos zertrümmert. Siegfried verlangt nun von dem ungeliebten Mime, daß er ihm die Geschichte seiner Geburt erzähle, und fordert ihn auf, aus den Splittern Notung neu zu schmieden. Mime ist ratlos. Da erscheint Wotan in der Gestalt des Wanderers (*Heil dir, weiser Schmied!*). Er hat Siegfrieds Entwicklung verfolgt und will nun Mime, ohne selbst einzugreifen, die Möglichkeit geben, die Lösung der Probleme zu erfahren. In einem Frage-und-Antwort-Spiel, mit dem Mime den Wanderer loshaben will und bei dem Wotan seinen Kopf setzen muß, vertut Mime seine Chance. Schließlich stellt Wotan selbst drei Fragen um Mimes Kopf, als letzte: Wer wird das Schwert neu schmieden? Mime kennt die Antwort nicht; Wotan gibt sie: Nur wer das Fürchten nicht kennt. Diesem gehört auch Mimes verwirktes Leben. Jetzt schmiedet sich Siegfried das Schwert selbst (*Notung! Notung!*). Damit er das Fürchten lerne, schickt ihn Mime zu Fafner in den Wald, in der Hoffnung auch, er werde Fafner töten und dann könne er, Mime, den Ring sich greifen.
2. Aufzug. Vor Fafners Höhle lauert Alberich auf eine Möglichkeit, wieder an den Ring zu kommen (*In Wald und*

Nacht). Als der Wanderer erscheint, erkennt er in ihm Wotan und glaubt, daß auch er sich am neuerlichen Kampf um den Ring beteiligen will. Doch Wotan warnt ihn vor Mime und weckt Fafner auf. Alberich bietet Fafner an, den Kampf mit Siegfried zu verhindern, wenn er ihm den Ring ausliefere. Fafner lehnt ab. Alberich und Wotan ziehen sich zurück, dann tauchen Mime und Siegfried auf. Siegfried vertreibt Mime und streckt sich unter einer Linde aus (*Daß der mein Vater nicht ist*). Er denkt an seine Mutter und lauscht den Vögeln, deren Stimmen er nicht versteht. Um ihren Gesang nachzuahmen, bläst er auf seinem Horn. Damit weckt er den Drachen auf, den er nach kurzem Kampf besiegt. Durch die Berührung mit dem Blut Fafners vermag Siegfried plötzlich die Sprache der Vögel zu verstehen. Ein Waldvogel rät ihm, sich aus der Höhle den Tarnhelm und den Ring zu holen. Während Siegfried in die Höhle steigt, streiten Alberich und Mime davor bereits, welcher von ihnen den Ring bekommen solle. Siegfried erscheint mit den Beutestücken und erschlägt Mime, als der seine heuchlerischen Absichten nun offenbart. Der Waldvogel, den er um Rat bittet, was er nun tun solle, weist ihn auf Brünnhilde hin, die auf einem von Feuer umflammten Felsen schläft (*Hei! Siegfried erschlug nun den schlimmen Zwerg!*). Siegfried, »der das Fürchten nicht kennt«, ist begeistert von dem Gedanken, seine Kraft auch an Brünnhilde zu erproben. Der Vogel weist ihm den Weg.

3. Aufzug. Vor einem Felsentor beschwört Wotan Erda (*Wache, Wala!*), um zu erfahren, ob sich sein Ende noch abwenden läßt. Doch die Urmutter weiß keinen Ausweg, und Wotan versenkt sie wieder in ewigen Schlaf. Wotan vertraut auf Siegfried, der sich dem Felsen nähert, und versucht, ihn durch Fragen aufzuhalten. Aber Siegfried erkennt in ihm den Feind seines Vaters Siegmund und zerschlägt Wotans Speer, mit dem dieser sich ihm in den Weg stellt. Die Macht des Gottes ist endgültig dahin. Durch das Feuer dringt Siegfried zum Gipfel des Felsens (*Selige Öde auf sonniger Höh'!*) und weckt Brünnhilde mit einem Kuß aus ihrem Schlaf. Brünnhilde begrüßt die Sonne und ihren Retter (*Heil dir,*

Sonne!), wird sich bewußt, daß ihre göttliche Kraft geschwunden ist, spürt aber in den Armen Siegfrieds die menschlichen Leidenschaften einer liebenden Frau.
Spieldauer: ca. 4 Stunden (1. Aufzug: ca. 80 min.; 2. Aufzug: ca. 80 min.; 3. Aufzug: ca. 80 min.).

Götterdämmerung

Dritter Tag des Bühnenfestspiels »Der Ring des Nibelungen«

In einem Vorspiel und 3 Aufzügen. Uraufführung im Rahmen der Tetralogie am 17. August 1876 im Festspielhaus Bayreuth.

PERSONEN: Siegfried (Tenor) – Gunther (Bariton) – Alberich (Bariton) – Hagen (Baß) – Brünnhilde (Sopran) – Gutrune (Sopran) – Waltraute (Alt) – 1. Norn (Alt) – 2. Norn (Mezzosopran) – 3. Norn (Sopran) – Die drei Rheintöchter Woglinde (Sopran), Wellgunde (Mezzosopran), Floßhilde (Alt) – Frauen und Mannen.

Vorspiel. Auf dem Walkürenfelsen spinnen die drei Nornen am Seil des Schicksals (*Welch Licht leuchtet dort?*) und sprechen über die Vergangenheit und Zukunft der Welt: Die Weltesche und ihr Quell sind vertrocknet, und Wotan ließ das Holz des Baumes in Scheiten um Walhall schichten. Doch die Frage, wie es weitergehen wird, können die Schicksalsgöttinnen nicht mehr beantworten. Das Seil reißt – ihr Wissen ist zu Ende. Sie fliehen zu ihrer Mutter Erda. – Siegfried rüstet zu neuen Heldentaten. Brünnhilde läßt ihn ziehen (*Zu neuen Taten, teurer Helde*). Zum Abschied schenkt er Brünnhilde den Ring; sie gibt ihm ihr Pferd Grane. Siegfried fährt mit seinem Schiff den Rhein hinauf.
1. Aufzug. Gunther, der Fürst der Gibichungen, sitzt mit seiner Schwester Gutrune und beider Halbbruder Hagen, dem Sohn Alberichs, in der Halle seiner Burg. Hagen rät Gunther, Brünnhilde zu freien. Doch sei nur einer stark genug, das Feuer zu durchschreiten und Brünnhilde für Gunther zu bezwingen: Siegfried. Gunther soll deshalb Siegfried mit sei-

ner Schwester Gutrune vermählen und an sich binden. Auf seiner Rheinfahrt gelangt Siegfried zur Burg der Gibichungen und wird freudig aufgenommen. Auf Befehl Hagens, der sich versichert hat, daß Siegfried den Goldhort noch besitzt, den Ring aber Brünnhilde gab, serviert Gutrune einen Vergessenstrank, der Siegfried jegliche Erinnerung an Brünnhilde raubt und ihn leidenschaftlich für Gutrune entbrennen läßt. Um sie als Braut zu erringen, ist er bereit, für Gunther um Brünnhilde zu freien. Die beiden Männer trinken Blutsbrüderschaft und brechen zum Walkürenfelsen auf. Hagen bleibt zurück und brütet darüber, wie er für seinen Vater den Ring zurückgewinnen kann (*Hier sitz ich zur Wacht*). – Waltraute eilte zu ihrer Schwester, um sie zur Herausgabe des Ringes an die Rheintöchter zu bewegen und so den Untergang der Götter zu verhindern. Brünnhilde weigert sich, Siegfrieds Liebesbeweis wegzugeben. Voll Entsetzen flieht Waltraute. Durch den Tarnhelm in Gunther verwandelt, erscheint Siegfried, entreißt ihr den Ring und beansprucht sie sogleich als Braut des Gibichungenfürsten.
2. Aufzug. Alberich beschwört seinen Sohn, nicht von seinem Vorhaben abzulassen, denn sie beide würden nach dem Untergang der Götter die Erben der Welt – Siegfried wisse nichts von des Ringes Macht (*Schläfst du, Hagen, mein Sohn?*). Siegfried trifft bereits am Hof ein, von Gutrune begrüßt, während Gunther mit seiner Braut zu Schiff folgt. Hagen setzt sein Horn an und ruft die Mannen herbei, zur Doppelhochzeit, aber auch zu Kampf und Streit. Tief gedemütigt erscheint Brünnhilde am Arm Gunthers; als sie aber Siegfried als Verlobten Gutrunes erblickt und an seinem Finger den Ring sieht, der ihr in der vergangenen Nacht entrissen wurde, ahnt sie den Betrug und klagt Siegfried des Treuebruchs an ihr wie an Gunther an (*Heil'ge Götter*). Auf Hagens Speer beschwört Siegfried seine Unschuld. Brünnhilde bekräftigt ihre Anklage ebenfalls auf den Speer und weiht ihn als todbringende Waffe für den Meineidigen (*Helle Wehr!*). Siegfried ruft zum Fest, während Hagen sich heuchlerisch Brünnhilde als Werkzeug ihrer Rache anbietet. Sie verrät Hagen die einzige Stelle, an der Siegfried verwundbar

Richard Wagner: Das Rheingold
Staatsoper Wien

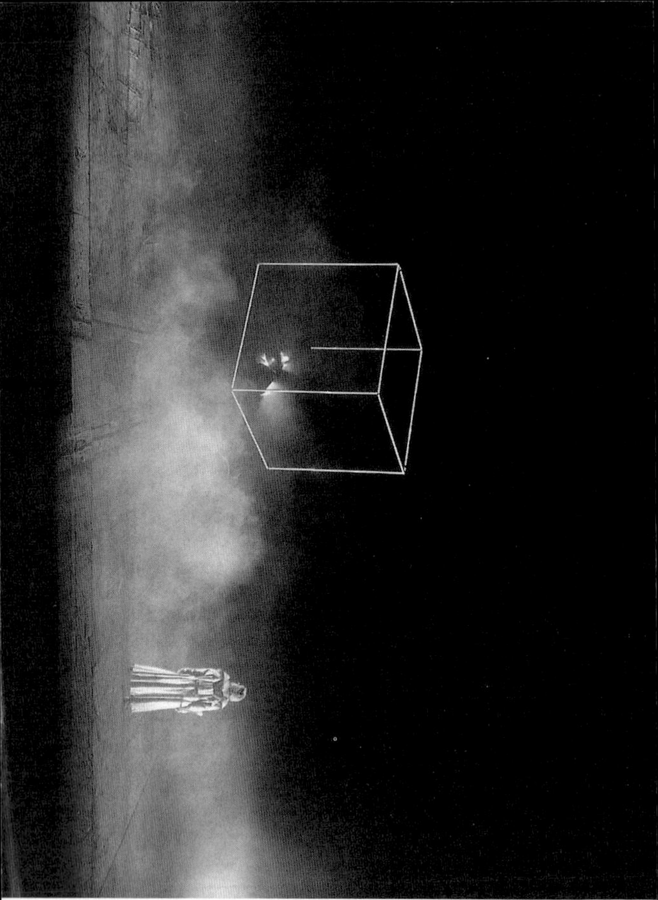

Richard Wagner: Die Walküre
Bayreuther Festspiele 1988

ist: am Rücken. Auch Gunther weiß er zu überzeugen, daß nur nach Siegfrieds Tod ihm der Ring zufallen würde.
3. Aufzug. Am Rhein trifft Siegfried auf der Jagd die drei Rheintöchter, die ihm seinen Tod voraussagen, wenn er ihnen den Ring nicht gebe. Doch Siegfried läßt sich nicht einschüchtern. Vor versammelter Jagdgesellschaft reicht Hagen Siegfried einen Trank, der ihm seine Erinnerung zurückgibt. Er erzählt von seiner Jugend (*Mime hieß ein mürrischer Zwerg*), seinem Kampf mit dem Drachen und der ersten Begegnung mit Brünnhilde, die er als Braut eroberte. Damit hat er seine Schuld gestanden, und Hagen stößt ihm seinen Speer in den Rücken. Sterbend erinnert sich Siegfried an Brünnhilde (*Brünnhilde, heilige Braut!*). – Im Trauerzug wird Siegfrieds Leiche zur Gibichungenhalle getragen. Von düsteren Vorahnungen geplagt, erwartet Gutrune unruhig die Heimkehr ihres Gatten. Als der Tote gebracht wird, klagt sie Gunther des Mordes an, den Hagen stolz bekennt. Hagen beansprucht den Ring als Beute, was ihm Gunther verwehrt. Durch die Rheintöchter hat Brünnhilde alles erfahren. Sie läßt einen Scheiterhaufen errichten, um mit Siegfried zu verbrennen (*Starke Scheite schichtet mir dort*). Den Ring sollen die Rheintöchter zurückerhalten – aus Brünnhildes Asche. Sie entzündet das Feuer und schickt Wotans Raben nach Walhall, damit sie den Göttern das Ende verkünden (*Fliegt heim, ihr Raben!*). Dann sprengt sie mit ihrem Pferd Grane in den Scheiterhaufen. Das Feuer verzehrt die Gibichungenburg; der Rhein tritt über die Ufer. Als Hagen den Rheintöchtern den Ring entreißen will, ziehen sie ihn mit in die Tiefe.
Spieldauer: ca. 4¼ Stunden (Vorspiel und 1. Aufzug: ca. 110 min.; 2. Aufzug: ca. 65 min.; 3. Aufzug: ca. 80 min.).

Die Idee zu der späteren Tetralogie *Der Ring des Nibelungen* nahm mit dem im Herbst 1848 niedergelegten Prosaentwurf zu *Siegfrieds Tod* erste konkrete Formen an. Vorausgegangen war dieser Keimzelle des *Rings des Nibelungen* in den Jahren 1845–1848 eine intensive Beschäftigung mit Literatur, darunter der *Edda*, dem *Nibelungenlied* und anderen nordischen Sagen, den klassischen Dramen eines Aischylos und Aristophanes, den *Deutschen Sagen* der Brüder Grimm, den *Deutschen Mythologien* von Jacob Grimm, der *Geschichte der poetischen Nationalliteratur der Deutschen* von Georg Gottfried Gervinus, den *Untersuchungen zur deutschen Heldensage* von Mone und Hegels *Philosophie der Geschichte*. 1848 hatte Wagner noch einen früheren Entwurf zu einem Barbarossa-Drama (1846) mit der Nibelungen- und Siegfried-Sage verknüpft, dann aber bald das Barbarossa- und ein Jesus-von-Nazareth-Drama zugunsten des Nibelungenstoffes vernachlässigt. Am 4. 10. 1848 vollendete er die Niederschrift von *Der Nibelungen-Mythos. Als Entwurf zu einem Drama*, und bereits am 19. 11. lag die Dichtung zu *Siegfrieds Tod* vor, einer »großen Heldenoper in drei Akten«.

Der zentrale Gedanke vom Raub des Goldes, von der Gier nach Macht und Herrschaft und vom Mißbrauch der Gesetze stammt noch aus der Zeit vor dem Dresdner Aufstand. Doch durch August Röckel lernte Wagner den russischen Emigranten und Revolutionär Michail Bakunin kennen und durch diesen die Ideen zu einer neuen, sozialistischen Gesellschaft, wie sie u. a. auch in Paris Pierre-Joseph Proudhon mit seiner These »Eigentum ist Diebstahl« verkündete. Wagner betätigte sich auch schriftstellerisch als anarchistischer Revolutionär: »Zerstören will ich die bestehende Ordnung der Dinge, welche die einige Menschheit in feindliche Völker, in Mächtige und Schwache, in Berechtigte und Rechtlose, in Reiche und Arme teilt, denn sie macht aus allem nur Unglückliche. Zerstören will ich die Ordnung der Dinge, die Millionen zu Sklaven von Wenigen und diese Wenigen zu Sklaven ihrer eigenen Macht, ihres eigenen Reichtums macht [. . .]« (*Die Revolution*, 1848). Im Gegensatz zu Bakunin, der nicht nur die Vernichtung aller Kultureinrichtungen, sondern die Zerstörung alles Bestehenden forderte (man findet seine Ansichten wieder in Erdas »Alles was ist, endet«), wollte Wagner die Menschen durch seine Kunst zum Besseren beeinflussen.

Die Erfahrungen des Dresdner Maiaufstands 1849, bei dem

August Röckel eine führende Rolle spielte und Wagner ebenso wie Bakunin und Gottfried Semper beteiligt war, gab Wagners jüngstem Opernplan den entscheidenden Impuls zum revolutionären Drama, in dessen Mittelpunkt ein Held steht, der die Menschen von der durch die Macht des Geldes verursachten Unterdrückung befreien soll.

1850 schrieb Wagner Kompositionsskizzen zu *Siegfrieds Tod*; im Januar des folgenden Jahres legte er in seinem theoretischen Hauptwerk *Oper und Drama* seine Vorstellungen eines Musikdramas dar. Ab Mai entwarf Wagner den Prosaentwurf zu *Der junge Siegfried* und erkannte bald die Notwendigkeit, den Mythos bis zu seinen Ursprüngen zurückzuverfolgen; der Plan zu einer Trilogie mit Vorspiel war geboren: Noch im November skizzierte er die Prosafassungen zu *Rheingold* und *Walküre*. Während Wagner den Text des Dramas sozusagen von hinten aufrollte, hat er die Komposition vom *Rheingold* zur *Götterdämmerung* chronologisch realisiert. Die Erweiterung der ursprünglichen *Siegfried*-Vorlage mag auch durch Wagners Beschäftigung mit der *Prometheus*-Trilogie des Aischylos und dessen Weltendrama angeregt worden sein.

Die weitere Entstehungsgeschichte in den Hauptzügen: Am 1. 7. 1852 ist die Dichtung der *Walküre*, am 3. 11. die des *Rheingolds* vollendet; anschließend erfolgte die Umgestaltung der beiden Siegfried-Dramen (*Der junge Siegfried* und *Siegfrieds Tod*) in *Siegfried* und *Götterdämmerung*. Am 28. 5. 1854 ist die Partitur des *Rheingolds* fertiggestellt, Ende März 1856 die der *Walküre*, und am 26. 6. 1857 ist Wagner bis zur Mitte des 2. Aufzugs von *Siegfried* fortgeschritten. Es folgte nun ein bis ins Frühjahr 1865 dauernder Einschnitt, bis Wagner nach dem *Tristan* und den *Meistersingern* die Arbeit am *Ring* wiederaufnahm und im Juli 1865 den 2. Aufzug, im Juni 1869 den 3. Aufzug und im Februar 1871 schließlich die gesamte Partitur des *Siegfried* vollendete. 1869–71 entstanden die beiden ersten Aufzüge der *Götterdämmerung*, im Frühjahr 1872 der 3. Aufzug, und am 21. 11. 1874 war schließlich die gesamte, etwa 14 Stunden dauernde Tetralogie abgeschlossen. Die Entstehungszeit umfaßte von

1848 bis 1874 rund 26 Jahre, in denen sich Wagner vom 34jährigen Revolutionär zum 60jährigen situierten Komponisten entwickelt hatte.

Im *Ring des Nibelungen* spiegelt sich Wagners eigenes Leben ebenso wider wie die politischen Veränderungen seiner Zeit. Neben Siegfried, dem »gewünschten, gewollten Menschen der Zukunft«, tritt immer mehr Wotan als Katalysator von Wagners eigenen Ideen und Zweifeln in den Vordergrund. Wagner gestaltet schließlich die Tragödie des Gottes: »Er gleicht uns aufs Haar: er ist die Summe der Intelligenz der Gegenwart, wogegen Siegfried der von uns gewollte Mensch der Zukunft ist, der aber nicht durch uns gemacht werden kann und der sich selbst schaffen muß durch unsere Vernichtung!« Diese Götter und Figuren entnahm Wagner seiner Zeit und schuf nach seinen Bildern und Visionen eine eigene mythologische Welt aus germanischen und griechischen Vorlagen, eine mythologische Parabel, als welche sie George Bernard Shaw in seiner Schrift *The perfect Wagnerite* (1898) erstmals analysierte.

Von dem Revolutionär Siegfried bis zu dem den eigenen Untergang als Basis für eine glücklichere Menschheit heraufbeschwörenden Wotan führt ein Weg, der für Wagner die Auseinandersetzung mit weiteren philosophischen Schriften beinhaltete. Dazu gehört nur in geringem Maß Arthur Schopenhauers *Die Welt als Wille und Vorstellung*, da Wagner erst ein Jahr nach der 1853 als Privatdruck erschienenen Dichtung mit Schopenhauers Werk bekannt wurde und so nur in einer unvertont gebliebenen Variante des Schlusses der *Götterdämmerung* darauf zurückgriff.

Wie bei all seinen Kompositionen hatte Wagner auch für den Beginn des *Rheingolds* rückblickend eine Mystifikation parat, eine Betrachtung am 5. 9. 1853 in La Spezia: »Am Nachmittag heimkehrend, streckte ich mich todmüde auf ein hartes Ruhebett aus, um die langersehnte Stunde des Schlafes zu erwarten. Sie erschien nicht; dafür versank ich in eine Art somnambulen Zustand, in welchem ich plötzlich die Empfindung, als ob ich in ein stark fließendes Wasser versänke, erhielt. Das Rauschen desselben stellte sich mir bald im musikalischen Klange des Es-Dur-Akkordes dar.« Aus den 136 Takten des Es-Dur-Vorspiels des *Rheingolds* entwickelt Wagner den Uranfang der Welt, seinen Kosmos der Motive – er nannte sie »Gefühlswegweiser«; Hans von Wolzogen prägte den Begriff der »Leitmotive« –, wie sie für die rekapitulierenden Erzählungen der *Götterdämmerung* sowohl als musikalische wie dramaturgische Erinnerungen notwendig geworden waren. So werden anhand dieser Arbeitsweise im *Rheingold* etwa 30 Motive vorgestellt, in der *Walküre* und im *Siegfried* jeweils 20, während in der *Götterdämmerung*, der das gesammelte bisherige Material an Erinnerungen und Motiven vorliegt, nur noch 10 Motive hinzukommen.

Diese »Leitmotive« sind alles andere als stereotype musikalische Erkennungsfloskeln, welche die Handlung nochmals auf der Ebene der Musik spiegeln. »Die Musik bestätigt, was die Figuren tun und sagen. Und sie sagt, warum die Figuren etwas tun und sagen. Und sie sagt, was die Figuren verschweigen« (S. Melchinger). Wagners Musik ist also stets mehrdeutig: »Ich denke mir, meine Musik ist furchtbar, es ist ein Pfuhl von Schrecknissen und Hoheiten« (R. Wagner). Im *Ring* vollzieht Wagner auch musikalisch die zuvor theoretisch begründete Abkehr von der traditionellen Oper. U. a. beinhaltet diese Abkehr neue Stilmomente wie die unendliche Melodie, den dramatischen rezitativisch-ariosen Gesang anstelle geschlossener Arienformen, weitgehenden Verzicht auf den Chor. Im *Ring* soll nicht die Einzelnummer bestechen, sondern die Kunst der Verwandlung. Die pausenlose Überblendung der Szenen und Abschnitte verleiht den Aufzügen eine sinfonische Großform, aus der sich nur noch selten Einzelmomente herauslösen lassen: Loges Erzählung, Siegmunds *Ein Schwert verhieß mir der Vater* und *Winterstürme*, Sieglindes *Der Männer Sippe*, Brünnhildes Todesverkündigung, Siegfrieds Schmiedelieder. Eher gelingt dies mit gesamten Szenenkomplexen, sinfonischen und szenischen Einheiten wie dem Einzug der Götter in Walhall, dem 1. Aufzug der *Walküre*, Wotans Abschied und Feuerzauber, Wotans Weckrufer-Szene, Brünnhildes Erwachen, Siegfrieds Rheinfahrt und Brünnhildes Schlußgesang.

Dramaturgisch entwickelt sich der *Ring* von der Exposition anhand einer geschliffenen Konversationskomödie unter Göttern, Riesen und Zwergen über das bürgerliche Trauerspiel mit inzestuösen Leidenschaften und sinistren Eheszenen, die bizarre Welt der Zwerge, den grotesken Zirkus um die Macht und das blutige Idyll des Waldwebens bis zu dem heroisch-düsteren Fanal einer brennenden Welt. *Das Rheingold* mit dem falsch klingenden Einzug der Götter in Walhall, der bereits ihr Ende signalisiert, zeigt einen ersten Höhepunkt dessen, was Wagner mit seinem Orchester, das größer als je zuvor besetzt ist, an klanglicher Sensibilität und Psychologie, an interpretatorischem Raffinement und szenisch-magischer Naturbeschwörung zu leisten vermochte. Für Thomas Mann ist Wagners Werk *der* Beitrag Deutschlands zur Kunst des 19. Jahrhunderts: »Leidend und groß, wie das Jahrhundert, dessen vollkommener Ausdruck sie ist, das neunzehnte, steht die geistige Gestalt Richard Wagners mir vor Augen. [. . .] Welche Riesenlasten wurden damals getragen, epische Lasten, im letzten Sinn dieses gewaltigen Wortes, weshalb man dabei nicht nur an Balzac und Tolstoi, sondern auch an Wagner denken sollte«.

Bereits 1851 berichtete Wagner seinem Freund Theodor Uhlig von seiner Festspielidee: »Mit dieser meiner neuen Konzeption trete ich gänzlich aus allem Bezug zu unserem heutigen Theater und Publikum heraus: ich breche bestimmt und für immer mit der formellen Gegenwart. An eine Aufführung kann ich erst nach der Revolution denken: erst die Revolution kann mir die Künstler und die Zuhörer zuführen. Die nächste Revolution muß nothwendig unserer ganzen Theaterwirtschaft das Ende bringen: sie müssen und werden alle zusammenbrechen. Am Rheine schlage ich dann ein Theater auf, und lade zu einem großen dramatischen Feste ein: nach einem Jahr Vorbereitung führe ich dann im Lauf von vier Tagen mein ganzes Werk auf.«

Nach den Münchner Voraufführungen von *Rheingold* und *Walküre* (unter Franz Wüllner), die gegen den Willen Wagners stattgefunden hatten, wurde die Tetralogie 1876 unter Hans Richter erstmals komplett aufgeführt. Durchgesetzt hat sich der *Ring* außerhalb Bayreuths durch Angelo Neumanns Gastspieltheater ab 1878 in Leipzig, Berlin, Holland, Belgien, Italien und Rußland. An Wagners Werk haben sich, wie an keinem anderen, die modernen Regietendenzen des Musiktheaters gerieben: u. a. 1924 abstrahiert-symbolische Szenenvorschläge von Adolphe Appia, 1951 und 1965 Wieland Wagners entrümpelte Bayreuther *Ring*-Scheibe, 1970 bis 1973 marxistische Deutungen durch S. Melchinger in Kassel und 1973–1976 Joachim Herz in Leipzig und resümierend umfassend wie beispielhaft 1976 durch Patrice Chéreau in Bayreuth. Dagegen postmoderne Inszenierungen von Nikolaus Lehnhoff 1987 in München, 1988 von Harry Kupfer in Bayreuth, 1993 von Günter Krämer in Hamburg.

Parsifal

Bühnenweihfestspiel in 3 Aufzügen. Text von Richard Wagner. Uraufführung am 26. Juli 1882 in Bayreuth, Festspielhaus.

PERSONEN: Amfortas (Bariton) – Titurel (Baß) – Gurnemanz (Baß) – Parsifal (Tenor) – Klingsor (Baß) – Kundry (Sopran) – Erster und Zweiter Gralsritter (Tenor, Baß) – Vier Knappen (zwei Soprane, zwei Tenöre) – Sechs Blumenmädchen (fünf Soprane, ein Alt) – Stimme aus der Höhe (Alt) – Gralsritter und Knappen, Jünglinge und Knaben, Klingsors Zaubermädchen.

ORT: Auf dem Gebiet und in der Burg Montsalvat in den »nördlichen Gebirgen des gotischen Spanien«; in Klingsors Zauberschloß »am Südabhange derselben Gebirge«.

Vorgeschichte. Der heilige Gral, das Gefäß, aus dem Jesus beim Abendmahl trank und in dem sein Blut unter dem Kreuz aufgefangen wurde, und die Lanze, mit der die Seite Jesu geöffnet wurde, sind auf wunderbare Weise Titurel zum Schutz anvertraut worden. Mit einer Bruderschaft keuscher Ritter hat er sich in seiner Gralsburg dem Dienst dieser Heiligtümer geweiht. Klingsor wurde vom Kreis der Gralsritter ausgeschlossen, da er sein sinnliches Verlangen nicht anders als durch Selbstentmannung unterdrücken konnte. Aus Rache schuf er sich ein Zauberreich der Lust, dessen Verlokkungen viele Gralsritter erlagen. Als Amfortas das Amt des Gralskönigs von seinem Vater Titurel übernahm, zog er aus, um Klingsors Zauber zu brechen; aber auch er widerstand im Zaubergarten nicht den Verführungen Kundrys. Sie, die einst den leidenden Christus verlachte, ist dazu verdammt, den Erlöser von neuem zu suchen. Klingsor raubte Amfortas den heiligen Speer und schlug ihm damit eine Wunde, die sich seither nicht mehr schließen will. Der greise Titurel lebt mittlerweile nur noch durch das Gralswunder, den lebenspendenden Anblick des heiligen Kelchs, weiter; auch Amfortas, dem ein »reiner Tor, durch Mitleid wissend«, als Erlöser verheißen wurde, kann nicht sterben.

1. Aufzug. Die Knappen, die das Gralsgebiet bewachen sollten, aber eingeschlafen sind, werden bei Tagesanbruch von Gurnemanz geweckt. Sie erwarten den Gralskönig Amfortas, der zum See getragen wird, um im Bade seine Schmerzen zu lindern. Kundry, die den Gralsrittern, um Buße zu tun, als Botin dient, bringt einen Balsam für Amfortas. Die Knappen, die sie wie ein Tier betrachten, weist Gurnemanz zurecht und erzählt ihnen die Geschichte der Gralsritter (*O wunden-wundervoller heiliger Speer!*). Er berichtet von der Verfehlung und Verwundung des Amfortas, von der Gründung der Gralsburg durch Titurel und vom einstigen Einsiedler Klingsor. Als Gurnemanz von der Verheißung eines Erlösers, eines durch Mitleid wissend gewordenen reinen Toren, spricht, wird er unterbrochen: Ein fremder Jüngling hat auf dem Gralsgebiet, wo nicht getötet werden darf, einen Schwan erlegt. Der Täter, es ist Parsifal, erweist sich als vollkommen unwissend. Nur den Namen seiner Mutter, Herzeleide, die ihn vaterlos und fern von allen Menschen in den Wäldern aufzog, kennt er. Da Gurnemanz in ihm aber die Fähigkeit zum Mitleid erkennt, nimmt er ihn mit zur mittäglichen Gralsfeier, in der Hoffnung, Parsifal sei der verkündete Erlöser. – Die Ritter versammeln sich zum Abendmahl, doch Amfortas weigert sich, den Gral zu enthüllen, denn sein Anblick verlängert nur sein Leben und damit seine Qualen. So gibt Titurel das Zeichen zur Enthüllung. Amfor-

tas vollzieht die Segnung von Wein und Brot mit der heiligen Schale. Parsifal ist stummer Zeuge des Geschehens. Er fühlt den Schmerz des Amfortas, kann die Vorgänge nicht begreifen und stellt doch keine Frage. Enttäuscht und ärgerlich weist ihn Gurnemanz davon.
2. Aufzug. In seinem Zauberschloß sieht Klingsor Parsifal nahen, dessen Sendung er kennt. Um ihn zu verderben, beschwört er Kundry herbei (*Die Zeit ist da*). Sie ist zu der Qual verdammt, sowohl den Gralsrittern als büßende Botin wie auch Klingsor als Verführerin zu dienen. Parsifal bahnt sich den Weg durch Klingsors Wächter, verführte ehemalige Gralsritter, und sieht sich plötzlich in einen Zaubergarten versetzt und umringt von lachenden, um ihn werbenden Blumenmädchen. Schon versucht er dieser irritierend schönen Welt zu entkommen, als ihn Kundrys Ruf »Parsifal!« betroffen innehalten läßt. Parsifal – so nannte ihn ja einst seine Mutter. Kundry gewinnt sein Vertrauen, weil sie alles über seine Herkunft und den Tod seines Vaters im Kampf gegen die Sarazenen zu wissen scheint (*Ich sah das Kind an seiner Mutter Brust*). Daß seine Mutter aus Gram über sein Verschwinden gestorben sei, erfüllt ihn mit Schmerz und Reue. So hat es Kundry leicht, ihm den ersten Liebeskuß als Segen der Mutter zu bieten. Mit diesem Kuß geht in Parsifal eine Veränderung vor; er wird »welthellsichtig«, erkennt und fühlt plötzlich die Sünde und den Schmerz des durch Kundry verführten Amfortas, das Leiden zwischen Liebesverzicht und Liebessehnen (*Amfortas! – Die Wunde! – Die Wunde!*). Mitleid läßt Parsifal sich seiner Aufgabe bewußt werden. Er stößt Kundry, die ihn, in dem sie auch ihren Erlöser ahnt und zugleich Erfüllung ihrer Liebe erhofft, verzweifelt zu umarmen versucht, von sich. Kundry verflucht ihn (*Grausamer! Fühlst du im Herzen*) und ruft Klingsor herbei. Der Zauberer wirft den heiligen Speer auf Parsifal, doch die Lanze bleibt über dessen Haupt schweben. Parsifal ergreift sie und beschreibt mit ihr das Kreuzeszeichen, worauf Klingsors Zauberreich mit einem Schlage versinkt.
3. Aufzug. Kundrys Fluch ließ Parsifal auf der Suche nach dem Gral lange Jahre in die Irre gehen. An einem Karfrei-

tagmorgen gelangt er endlich in das Gebiet des Grals und trifft auf Gurnemanz, der, als Einsiedler lebend, soeben Kundry aus totenähnlichem Schlaf geweckt hat. Als Gurnemanz in dem schwarz gerüsteten Ritter Parsifal und in seiner Hand die heilige Lanze erkennt, begrüßt er ihn tiefergriffen als Retter. Denn Titurel ist gestorben, und Amfortas in seiner Todessehnsucht hat den Gral nie mehr enthüllt; ohne die geistige Stärkung des Abendmahls schleppen sich die Gralsritter mut- und führerlos durch die Zeit. Doch heute wird, so versprach Amfortas, der Gral ein letztes Mal enthüllt werden. Gurnemanz gibt Parsifal die Taufe und salbt ihn zum Gralskönig (*Gesegnet sei, du Reiner, durch das Reine!*). Parsifals erstes Amt ist die Taufe Kundrys. Sie gehen, von Gurnemanz geführt, in die Gralsburg, zur Totenfeier Titurels. Die Klage um seinen Vater läßt Amfortas in höchste Verzweiflung gelangen. Er bietet den Rittern seinen Körper mit der offenen Wunde zum Todesstoß, damit ihm die Qual längeren Lebens erspart bleibe. Da tritt Parsifal vor und berührt mit der Lanze die Wunde (*Nur eine Waffe taugt: die Wunde schließt der Speer nur, der sie schlug*). Als neuer Gralskönig entnimmt er die heilige Schale dem Schrein und sinkt anbetend mit den Rittern vor ihr nieder.

Auf die Grals-Legende war Wagner schon 1845 während seiner Beschäftigung mit dem *Lohengrin* in Marienbad gestoßen, als er den *Parzival* Wolframs von Eschenbach las. Mehrfach, als noch nicht einmal der Entwurf dazu vorlag, hat Wagner später den *Parsifal* als sein letztes Werk, sein Opus ultimum, bezeichnet. Die Stoffsammlung dazu erstreckte sich über viele Jahre und vereinte mehrere schöpferische Phasen. Wagner konstruierte eine philosophisch-geistige Verbindung des *Tristan* mit dem *Parsifal*, indem er die Wunde des Tristan mit der des Amfortas assoziierte und bereits in einem ersten Szenarium (1845) plante, Parsifal am Krankenbett Tristans erscheinen zu lassen. Eine weitere Querverbindung zu seinem übrigen Œuvre, nämlich zum *Ring*, sah Wagner 1860 bei der Lektüre des *Peredur*, einer walisischen Fassung des *Parzival*-Stoffes, in welcher der

Held ein zerbrochenes Schwert neu schmiedet, wie Siegfried das Schwert seines Vaters Siegmund.
Die dem bretonischen Sprachkreis und den Legenden um König Artus entstammende *Parzival*-Sage wurde literarisch erstmals von Chrétien de Troyes um 1181/87 behandelt. Die Idee zu den Blumenmädchen empfing Wagner aus Lamprechts *Alexanderlied* (1130), und die Schreibweise *Parsifal*, im Gegensatz zum früheren *Parzival*, übernahm er ab 1877 von dem Historiker Joseph Görres. In die Entstehungsgeschichte des »Bühnenweihfestspiels« spielen auch der Entwurf zu einem *Jesus von Nazareth* (1849) und zu einem buddhistischen Stück *Die Sieger* (1856) hinein.
Nach eigener, bewußt mystifizierender (und durch Cosima Wagners Tagebücher als falsch entlarvter) Aussage konzipierte Wagner am Karfreitag 1857 den »Karfreitagszauber«, die zentrale Szene des 3. Aufzugs, und im Anschluß daran das komplette 3aktige Drama. 1859 ließ er den Plan zum *Parsifal* vorübergehend fallen (er schrieb an Mathilde Wesendonk: »Heute nehme ich Abschied von diesem unsinnigen Vorhaben; das mag Geibel machen, und Liszt mags komponieren«), nahm ihn 1862 aber offensichtlich wieder auf, und 1865 erfolgte, auf Wunsch Ludwigs II., die Niederschrift des *Parsifal*-Entwurfs. Doch erst im Herbst 1877, nach der Uraufführung des *Rings*, begann Wagner mit der Komposition, die er am 13. 1. 1882 vollendete, nachdem ihm der König zugestanden hatte, das Werk ausschließlich in Bayreuth zur Aufführung bringen zu lassen. Durch seinen Italien-Aufenthalt 1880 lernte Wagner zwei Orte kennen, die ihn unmittelbar zu szenischen Entwürfen des *Parsifal* inspirierten: den Garten der Villa Rufolo in Ravello als Vorbild für Klingsors Zaubergarten und das Innere des Doms von Siena für den Gralstempel.
Die – oft als christlicher Mythos mißverstandene – Idee vom Kunstwerk als Religion, seine Aufführung als Ritual und der damit verbundene Totalitätsanspruch des Künstlers im *Parsifal* riefen heftige Abwehr hervor und provozierten u. a. den Abfall von Wagners heftigstem Jünger Friedrich Nietzsche: »Die Musik als Circe ... Sein letztes Werk ist hierin

sein größtes Meisterstück. [...] Das Raffinement im Bündnis von Schönheit und Krankheit geht hier so weit, daß es über Wagners frühere Kunst gleichsam Schatten legt.«
Noch vor der Komposition schrieb Wagner an Ludwig II.: »Zum Parsifal liegen die Tonfarben für den eingeweihten Freund im *Lohengrin* und *Tristan* vorgebildet.« Auf ingeniöse Weise setzte Wagner im *Parsifal*, der im übrigen musikalisch nichts mit dem *Lohengrin*, dafür, bis in die Verflechtung der Motive hinein, sehr viel mit dem *Tristan* zu tun hat, musikalisch zwei Welten gegeneinander, die starre, feierlich düstere Gralswelt und die flirrende, kunstvoll-schwüle Atmosphäre von Klingsors Reich. Zum einzigen Mal hat Wagner einen Orchesterklang vollkommen nach seinen theaterpraktischen Intentionen, d. h. für den verdeckten Orchestergraben (»mystischen Abgrund«) des Bayreuther Festspielhauses, entworfen, welcher schwebende Impressionen, nebelhaft verschwimmende Nuancen und glühende Mischfarben präzise wiedergibt. Die instrumental und klanglich homogenen, dicht gesteigerten Vorspiele und die Verwandlungsmusiken der Eckakte sind die schönsten Beispiele dieser altersreifen, klar strukturierten, gleichmäßig feierlichen wie sinnlich strömenden Musik. Im Gegensatz zum *Ring* ist die Zahl der Leitmotive reduziert, wie überhaupt Themen nicht kontrastierend herausgestellt, sondern konzentriert verarbeitet werden.
Die Uraufführung fand unter Hermann Levi statt; insgesamt kam es in dem zweiten Bayreuther Festspieljahr zu 16 *Parsifal*-Aufführungen. Bis 1913 erlaubte die Schutzfrist keine Aufführungen des Werkes außerhalb Bayreuths (die New Yorker Met, Monte Carlo und Amsterdam verstießen dagegen), und bis 1933 wurde das Werk dort in der Inszenierung von 1882 konserviert; einen Wendepunkt in der Aufführungsgeschichte markierte 1951 Wieland Wagners Bayreuther Inszenierung (unter Hans Knappertsbusch).
Spieldauer: ca. 4¼ Stunden (1. Aufzug: ca. 110 min.; 2. Aufzug: ca. 65 min.; 3. Aufzug: ca. 75 min.).

Giuseppe Verdi

* 9. (oder 10.) Oktober 1813 in Le Roncole
(Roncole Verdi, heute: Busseto; Prov. Parma)
† 27. Januar 1901 in Mailand

Mit seinen 26 Opern, wovon die Hälfte zum festen Repertoire der internationalen Bühnen zählt, ist Verdi ohne Zweifel der erfolgreichste und populärste aller Opernkomponisten, vom Publikum wie von der Kritik und der Musikwissenschaft gleichermaßen geschätzt – ein seltener Fall. Der Gefangenenchor aus *Nabucco* avancierte in Italien zur heimlichen Nationalhymne, und *La donna è mobile / O wie so trügerisch sind Weiberherzen* ist eine von vielen Verdi-Arien, die weltweit zum geflügelten Wort wurden.
Der Sohn eines Gastwirts erhielt früh Unterricht durch den Organisten von Le Roncole, dann, als er 1823 auf das Gymnasium im nahen Busseto wechselte, durch Ferdinando Provesi, den Direktor der städtischen Musikschule. Er lebte dort im Hause des Kaufmanns Antonio Barezzi, der ein kleines Liebhaberorchester gegründet hatte und dem jungen Verdi Gelegenheit bot, sich als Dirigent und Komponist hervorzutun. Barezzi schoß dem jungen Musiker eine Summe zum Studium in Mailand vor – aber Verdi wurde 1832 am Konservatorium nicht angenommen, u. a. weil er aus der damals französischen Provinz Parma kam. Er nahm daraufhin Privatunterricht beim Kompositionslehrer Vincenzo Lavigna, dem Cembalisten der Mailänder Scala. 1836 kehrte er als Leiter des Städtischen Orchesters und Musiklehrer nach Busseto zurück und heiratete Barezzis Tochter Margherita.
Das Paar zog 1839 nach Mailand, wo sich Verdis Hoffnung auf die Aufführung seiner ersten Oper *Oberto* erfüllte. Margherita starb 1840; im gleichen Jahr erlebte Verdi mit der zweiten Oper, *Un giorno di regno*, einen katastrophalen Mißerfolg. *Nabucco* (1842) leitete Verdis erste Erfolgsjahre ein, die er im nachhinein als »Galeerenjahre« bezeichnete,

womit er die mühevolle Zeit ständigen Komponierens bis 1853/54, als er hoch geachtet nach Paris und London gerufen wurde, meinte. In rascher Folge entstanden *Ernani* (1844), *I Lombardi* (1843), *I due Foscari* (1844), *Giovanna d'Arco* (1845), *Alzira* (1845), *Attila* (1846), *Macbeth* (1847), *I masnadieri* (1847), *Il corsaro* (1848), *La battaglia di Legnano* (1849), *Luisa Miller* (1849), *Stiffelio* (1850), dann die »trilogia popolare« *Rigoletto* (1851), *Il trovatore* (1853) und *La traviata* (1853).

Nach dem Pariser Aufenthalt und den halbherzig aufgenommenen *Simon Boccanegra* 1857 in Venedig und *Un ballo in maschera* (1859) in Rom zog sich Verdi für mehr als 20 Jahre von den heimischen Musikbühnen zurück und überließ ihnen nur Überarbeitungen früherer Werke. Er lebte seit 1851 auf einem schon früher erworbenen Landgut, Sant'Agata bei Busseto, wenn er nicht reiste und Aufführungen seiner Werke leitete oder überwachte. Der internationale Ruhm brachte ihm ehrenvolle Aufträge: *La forza del destino* 1862 für St. Petersburg, *Don Carlos* 1867 für die Pariser Opéra und *Aida* 1871 für Kairo. Dann, nach einem Rossini ähnlichen Verstummen, folgten noch – mit dem kongenialen Arrigo Boito als Textdichter – die beiden späten Mailänder Triumphe: *Otello* 1887 und *Falstaff* 1893.

1859 hatte Verdi die ehemalige Sängerin Giuseppina Strepponi (1815–1897) geheiratet, seine erste Abigaille (in *Nabucco*), mit der er seit 1847 zusammenlebte. Im gleichen Jahr war zum ersten Mal sein Name als geheimer Schlachtruf der die Einigung Italiens unter König Viktor Emanuel betreibenden Patrioten aufgetaucht: »Viva VERDI« für V(ittorio) E(manuele) R(e) D'I(talia). Nach seinem Tod wurde er neben Giuseppina in der Casa di Riposo, dem von ihm begründeten Altersheim für mittellose Künstler in Mailand, beigesetzt.

Eine Einteilung in Arbeitsphasen oder »Stilepochen« bei Verdi ist nur als vage Unterscheidung möglich. Auf erste Opernwerke mit »patriotischen« Sujets folgten Opern, in denen die Gestaltung eines persönlichen Schicksals zu intimen, meisterhaft entworfenen Charakterbildern geriet (ab

Luisa Miller), dann eine Phase des Suchens und Verwerfens (ab den *Vespri siciliani*) und schließlich eine der Kulmination kompositorischer Meisterschaft in den letzten Arbeiten. Diese Phasen zeigen Einflüsse des späten Rossini, dann Donizettis, schließlich ist das Vorbild der französischen Grand opéra wie auch Wagners zu erkennen. Schlüsselworte in seinem Suchen nach konzentrierter szenischer Aktion und geballtem Ausdruck sind »parola scenica« und »varietà«: der treffende Ausdruck, um den er mit seinen Textdichtern unermüdlich rang, und die kontrastreiche Handlung. Auf der Suche nach musikalischer Wahrhaftigkeit – »Die Wahrheit zu kopieren, kann eine gute Sache sein, aber die Wahrheit zu erfinden, ist viel besser« (Verdi an C. Maffei) – ließ er das obligate Nummernschema der italienischen Oper hinter sich und ordnete die arios durchgliederten Rezitative in große dramatische Sequenzen ein, ohne das Primat des Sängers (fast alle Partien wurden für die jeweiligen Interpreten »maßgeschneidert«) zu vernachlässigen.

Nabucco

Nabucodonosor

Dramma lirico in 4 Teilen. Text von Temistocle Solera nach dem Drama *Nabuchodonosor* von Auguste Anicet-Bourgeois und Francis Cornue (1836). Uraufführung am 9. März 1842 in Mailand, Teatro alla Scala.

Temistocle Solera (24. 12. 1816 Ferrara – 21. 4. 1878 Mailand), Dichter, Musiker und Librettist, führte ein abenteuerliches Leben als Impresario und Orchesterleiter in Spanien, Geheimkurier Napoleons III., Festorganisator des Khediven in Ägypten und Antiquar in Florenz und Mailand. Verdienste erwarb er sich durch die Texte zu Verdis frühen patriotischen Opern: *Oberto*, *Nabucco*, *I Lombardi*, *Giovanna d'Arco* und *Attila*. Solera komponierte selbst Opern.

PERSONEN: Nabucco (Nebukadnezar), König von Babylon (Bariton) – Ismaele, Neffe des Königs Zedekia von Jerusalem (Tenor)

– Zaccaria, Hoherpriester der Hebräer (Baß) – Abigaille, Sklavin, vermeintliche erstgeborene Tochter Nabuccos (Sopran) – Fenena, Tochter Nabuccos (Mezzosopran) – Oberpriester des Baal (Baß) – Abdallo, alter Offizier des Königs von Babylon (Tenor) – Anna, Zaccarias Schwester (Sopran) – Babylonische und hebräische Soldaten, Hebräer, Babylonier, Priester u. a.

Ort und Zeit: Jerusalem und Babylon, um 586 v. Chr.

1. Teil. Im Tempel Salomos in Jerusalem beten die Hebräer um Schutz vor nahenden Babyloniern. Zaccaria baut auf die Hilfe Gottes. Er zeigt dem jüdischen Volk Fenena, die Tochter Nabuccos, die ihnen als Geisel dienen soll. Dafür gibt er sie in die Obhut Ismaeles. Diese beiden indessen lieben sich, seit Fenena Ismaele aus dem Gefängnis in Babylon befreit hat, und wollen gemeinsam fliehen. Abigaille, der es gelang, in den Tempel einzudringen und das Paar gefangenzunehmen, ist ebenfalls in Ismaele verliebt. Für seine Liebe wäre sie bereit, ihm die Freiheit zu schenken, doch Ismaele zieht es vor, das Los seines Volkes zu teilen. Mit dem Hinweis auf die gefangene, vom Tod bedrohte Fenena kann Zaccaria den siegreich in die Stadt eingedrungenen Nabucco von der Plünderung des Tempels abhalten. Ismaele aber läßt Fenena frei, worauf die Babylonier den Tempel in Brand stecken und die Hebräer Ismaele verfluchen.
2. Teil. Aus einem Dokument entnimmt Abigaille, daß sie nicht die Tochter Nabuccos und rechtmäßige Thronerbin, sondern eine einfache Sklavin ist. Ihr Rachedurst und ihr Machtstreben sind grenzenlos, zumal Fenena zur Thronfolgerin bestimmt wurde. In Abwesenheit Nabuccos trägt der Oberpriester, entrüstet über Fenenas Sympathie für die Hebräer, Abigaille die Macht an. Im gleichen Augenblick kommt die Nachricht, Nabucco sei gefallen. Als Abigaille der inzwischen zum Judentum konvertierten Fenena die Krone aus den Händen winden will, erscheint Nabucco. Er verhöhnt alle Götter der Babylonier und Hebräer und ruft sich selbst zum Gott aus. Da schleudert ihm ein Blitzstrahl die Krone vom Kopf und schlägt ihn mit Wahnsinn. Abigaille reißt die Krone an sich.
3. Teil. Abigaille bringt den geistig verwirrten Nabucco da-

zu, das Todesurteil für die Hebräer und damit auch für Fenena zu unterschreiben; triumphierend zerreißt sie dann das Dokument, das ihre Herkunft verrät. – Am Ufer des Euphrat beklagen die gefangenen Hebräer ihr Schicksal (Chor *Va, pensiero, sull'ali dorate / Flieg, Gedanke, auf goldenen Flügeln*), aber Zaccaria macht ihnen Mut, indem er das Ende Babylons prophezeit.

4. Teil. Als Nabucco, im Palast gefangengehalten, sieht, wie seine Tochter zum Schafott geführt wird, bittet er den Gott der Hebräer um Vergebung und Beistand. Mit dem treuen Abdallo und dessen Truppe eilt er, Fenena und die Hebräer zu befreien, und kann sie wirklich im letzten Moment vor dem Tod retten. Das Bildnis Baals stürzt zu Boden und Abigaille, die sich selbst Gift gab, fleht um Verzeihung. So offenbart sich die Macht Jehovas, des Königs der Könige.

Trotz gewisser Anleihen bei seinen Vorgängern ist Verdis Erfindungskraft hier immer frisch, wirkt die Oper, trotz einiger trivialer Passagen, wie ein geschlossener großer Wurf. Die draufgängerische Vitalität der überhitzten Affekte, die brennpunktartig erfaßten Situationen und schließlich die Chöre, deren Identifikationsmomente Verdi zum künstlerischen Sprachrohr des Risorgimento, der Einigungsbewegung in Italien, werden ließen, wurden zu Stilmerkmalen, ja Markenzeichen seiner Werke. Die 4 Teile, denen jeweils ein Motto aus dem Buch Jeremias vorangestellt ist, wirken wie grandiose biblische Tableaus und erhalten ihre Faszination durch die alttestamentliche Wucht der Zaccaria-Beschwörungen, durch die inbrünstigen Chöre, vor allem den sinnbildlich gewordenen Gefangenenchor im 3. Teil (*Va, pensiero / Flieg, Gedanke*), und die leidenschaftlichen Auseinandersetzungen im Hause Nabuccos mit den ekstatischen Ausbrüchen Abigailles (Rezitativ und Arie *Ben io t'invenni – Anch'io dischiuso un giorno / Schlecht hat der König – Oft träumt' ich in süßem Schlummer*) zu Beginn des 2. Teils.

Spieldauer: ca. 2¼ Stunden (1. Teil: ca. 45 min.; 2. Teil: ca. 30 min.; 3. Teil: ca. 27 min.; 4. Teil: ca. 25 min.).

Ernani

Dramma lirico in 4 Teilen. Text von Francesco Maria Piave nach dem Schauspiel *Hernani* von Victor Hugo (1830). Uraufführung am 9. März 1844 in Venedig, Teatro La Fenice.

Francesco Maria Piave (18. 5. 1810 Murano – 5. 3. 1876 Mailand), einer der gewandtesten Opernlibrettisten Italiens, trat schon um 1828 in Rom als Literat hervor, kehrte 1838 nach Venedig zurück, war 1848–1859 Dichter am Teatro La Fenice und anschließend an der Scala. In vielen der 10 Libretti, die er zwischen 1843 und 1862 für Verdi verfaßte, stehen dramatische persönliche Schicksale im Mittelpunkt: *Ernani, I due Foscari, Macbeth, Il corsaro, Stiffelio, Rigoletto, La traviata, Simon Boccanegra, Aroldo* und *La forza del destino*.

Personen: Ernani, Bandit, eigentlich Herzog Juan von Aragon (Tenor) – Don Carlo, König von Spanien (Bariton) – Don Ruy Gomez de Silva, spanischer Grande (Baß) – Elvira, seine Nichte und Verlobte (Sopran) – Giovanna, ihre Amme (Sopran) – Don Riccardo, Waffenträger des Königs (Tenor) – Jago, Waffenträger Don Ruys (Baß) – Rebellen, Banditen, Gefolgsleute Silvas, Dienerinnen Elviras, Höflinge, spanische und deutsche Adelige u. a.

Ort und Zeit: Aragon, Aachen und Saragossa, 1519.

1. Teil. Ernani, dessen Vater sich gegen den König erhoben hatte und deshalb hingerichtet worden ist, lebt als Rebell in der Verbannung. Durch die Entführung seiner Geliebten Elvira will er deren Hochzeit mit dem alten Silva zuvorkommen. – Auf dem Schloß Silvas bittet der unerkannt eingedrungene Don Carlo Elvira, seine Frau zu werden. Zugleich erscheint Ernani, um Rache für den Tod seines Vaters zu üben. Die beiden Rivalen werden von Silva gestellt, der Genugtuung verlangt. Nachdem Don Carlo von Riccardo als König angesprochen und so erkannt wird, gibt er vor, Silva lediglich wegen eines Rats zur bevorstehenden Kaiserwahl aufgesucht zu haben. Silva gewährt dem König Quartier. Ernani reitet davon.

2. Teil. Auf einem Fest anläßlich seiner bevorstehenden Hochzeit mit Elvira läßt Silva den verfolgten Ernani in den Genuß seines Gastrechts kommen. Und obwohl er Elvira

und Ernani in eindeutiger Situation überrascht, beharrt er selbst gegenüber dem König auf dem Gebot der Gastfreundschaft und liefert ihm Ernani nicht aus. Daraufhin nimmt Don Carlo statt Ernani Elvira als Geisel mit. Ernani läßt Silva wissen, daß das eigentliche Motiv des Königs sein Verlangen nach Elvira sei, und er verpfändet Silva sein Leben, indem er ihm ein Horn überreicht mit dem Versprechen, sich zu töten, sobald Silva dies wünsche und durch Blasen des Horn anzeige. Gemeinsam verfolgen sie den König.

3. Teil. Im Dom zu Aachen haben sich vor der Wahl Don Carlos zum Kaiser die Verschwörer gegen ihn versammelt, unter ihnen Silva und Ernani. Das Los, ihn zu ermorden, fällt auf Ernani. Zum Kaiser gewählt, läßt Don Carlo die Verschwörer verhaften. Ernani gibt sich als Herzog von Aragon zu erkennen und wird daraufhin von Carlo begnadigt und großmütig mit Elvira zusammengeführt. Silva aber bleibt voll Rachelust.

4. Teil. In seinem Palast feiert Ernani die Hochzeit mit Elvira. Da ertönt ein Hornsignal: Trotz Elviras Flehen verlangt Silva unerbittlich die Einlösung von Ernanis Schwur. Ernani gehorcht, er erdolcht sich. Elvira bricht über seiner Leiche zusammen.

Mit dem ersten Auftrag für Venedigs Opernhaus La Fenice begann ein langes und akribisches Suchen nach einem geeigneten Stoff, wie es typisch für Verdi bleiben sollte. Schließlich fiel die Wahl auf Victor Hugos *Hernani*, den Piave als Opernbuch einrichtete. Der Inhalt – die Liebe dreier Männer zu einer Frau, verbunden mit der historischen Konstellation der Kaiserwahl Karls V., des Enkels Maximilians I. und Amtsrivalen des Königs Franz von Frankreich im Jahr 1519 – entsprach dem romantischen Ideal der Zeit, und der Titelheld verkörperte Verdis eigene idealistische Vorstellungen. Gegenüber *Nabucco* besticht *Ernani* durch die Verfeinerung der musikalischen Mittel. Hervorzuheben sind neben den bravourösen Soloarien – z. B. in der 1. Szene Ernanis *Come rugiada / Wie der Tau auf der Blüte*, Elviras Kavatine im

2. Bild *Ernani! Ernani, involami / Ernani! Ernani, befreie mich*, im 3. Teil Carlos *Oh, de' verd'anni miei / Oh, ihr Träume* – das Concertato am Ende des 1. Teils, das sich aus der Stretta des vorausgegangenen Terzetts (*Tu se' Ernani! / Du bist Ernani!*) entwickelt, sowie die Verschwörungsszene im 3. Teil. Übertroffen werden diese Nummern durch die Anlage des 4. Teils, der Verschmelzung dreier musikalischer Elemente in dramatischer Dichte (mit dem berührenden abschließenden Terzett *Ferma, crudele, estinguere / Halt ein, Grausamer, warum?*), wie sie Verdi in gleicher Konsequenz erst in den Werken der Meisterschaft wieder gelingen sollte.
Spieldauer: ca. 2¼ Stunden (1. Teil: ca. 50 min.; 2. Teil: ca. 35 min.; 3. Teil: ca. 25 min.; 4. Teil: ca. 25 min.).

Macbeth

Melodramma in 4 Akten. Text von Francesco Maria Piave, unter Mitarbeit von Andrea Maffei, nach William Shakespeares *Macbeth* (1606?). Uraufführung am 14. März 1847 in Florenz, Teatro La Pergola. Erstaufführung der Neufassung am 21. April 1865 in Paris, Théâtre Lyrique.

Francesco Maria Piave s. *Ernani*, S. 338. – Andrea Maffei (1798 bis 1885), Dichter und Übersetzer, Germanist dazu, war ein enger Freund Verdis. Er arbeitete mit am Text zu *Macbeth* und verfaßte das Libretto zu *I masnadieri*; in seiner Übersetzung von Schillers *Wallenstein* fand Verdi die Vorlage zu der Kapuzinerpredigt des Fra Melitone in *La forza del destino*. Die 1846 von Maffei geschiedene Gattin Clara (1814–1886) unterhielt ab 1840 einen intensiven Briefwechsel mit Verdi. Sie förderte patriotisch gesinnte Künstler und setzte sich für die Mitglieder der »Scapigliatura« ein, einer Bewegung ab ca. 1860, zu der Maler wie Musiker gehörten, die sich einer bürgerlichen Ästhetik verweigerten und eine Verschmelzung der Künste anstrebten.

Personen: Macbeth (Bariton) und Banquo (Baß), Feldherrn in der Armee König Duncans – Lady Macbeth (Sopran) – Kammerfrau der Lady Macbeth (Mezzosopran) – Macduff, schottischer Adeliger, Lord of Fife (Tenor) – Malcolm, Duncans Sohn (Tenor) – Ein

Arzt (Baß) – Ein Diener Macbeths (Baß) – Ein Mörder (Baß) – Ein Herold (Baß) – Erste Erscheinung (Bariton) – Zweite Erscheinung (Sopran) – Dritte Erscheinung (Sopran) – Duncan, König von Schottland (stumme Rolle) – Fleanzio / Fleance, Banquos Sohn (stumme Rolle) – Hexen, Gesandte des Königs, schottische Adelige und Flüchtlinge, Mörder, englische Soldaten, Barden, Geister, Erscheinungen u. a.

Ort und Zeit: Schottland und die schottisch-englische Grenze, 11. Jahrhundert.

1. Akt. Macbeth und Banquo wird von Hexen die Zukunft geweissagt: Macbeth werde Than von Glamis und Cawdor, dann König von Schottland, Banquo Stammvater eines künftigen Königsgeschlechts. Kaum sind die Hexen verschwunden, erfüllt sich die erste Weissagung: Boten überbringen die Nachricht von Macbeths Ernennung zum Than von Cawdor. – Durch einen Brief ihres Gatten erfährt Lady Macbeth von den Neuigkeiten. Ihr Ehrgeiz erwacht. Um die Macht ihres Mannes zu sichern, wird ihr jedes Mittel recht sein (*Nel dì della vittoria . . . Vieni! T'affretta! / Am Tag des Sieges, . . . Komm! Beeile dich!*). Sowie sie erfährt, daß König Duncan auf ihrem Schloß übernachten wird, faßt sie den Plan zu seiner Ermordung. Macbeth läßt sich, trotz vieler Bedenken, zum Vollzug des Mordes aufstacheln. Den blutigen Dolch in Händen, fühlt er sich bereits von Rachegeistern umgeben, doch kaltblütig steckt die Lady das Messer den schlafenden Wächtern zu. Als Macduff am Morgen den getöteten König entdeckt und mit Banquo den unbekannten Mörder verflucht, stimmen Macbeth und seine Frau mit gespieltem Entsetzen in die Verwünschungen ein.
2. Akt. Da Duncans Sohn Malcolm überstürzt nach England geflohen ist, wurde Macbeth König von Schottland. Er erinnert sich jetzt der Prophezeiung der Hexen, die Nachkommen Banquos würden die künftigen Könige sein, und beschließt die Beseitigung von Banquo und dessen Sohn Fleance, sehr zur Befriedigung seiner Frau (*La luce langue / Nun sinkt der Abend*). – Gedungene Mörder lauern Banquo (*Come dal ciel precipita l'ombra / Sieh, wie vom Himmel schwer herab finstre Wolken*) und Fleance auf und töten

den Vater. Der Sohn kann fliehen. – Auf seiner Burg gibt Macbeth ein Bankett, bei dem die Lady ein übermütiges Trinklied (*Si colmi il calice / Den vollen Becher*) anstimmt. Währenddessen erhält Macbeth die Bestätigung von Banquos Ermordung. Als er sich an die Tafel setzen will, sieht er seinen Platz vom Geist Banquos eingenommen und beginnt zum Entsetzen der Gäste mit ihm zu sprechen. Lady Macbeth sucht die Situation zu retten, indem sie alle zur Wiederholung des Trinklieds animiert.

3. Akt. Macbeth geht erneut zu den Hexen. Auf seine Fragen nach der Zukunft treten drei Erscheinungen auf: Sie warnen ihn vor Macduff, sagen ihm voraus, daß ihm kein von einem Weib Geborener gefährlich werden könne und daß Ruhm und Unbesiegbarkeit ihm erhalten blieben, bis der Wald von Birnam gegen ihn vorrücke. Auf seine Frage, ob Banquos Nachkommen auf den Thron gelangen werden, treten die Erscheinungen von acht Königen, gefolgt vom Geist Banquos, auf. Macbeth bricht bewußtlos zusammen. Luftgeister geben ihm auf Geheiß der Hexen die Besinnung wieder. Er kann seiner Frau, die ihm gefolgt ist, die drei Prophezeiungen mitteilen und stimmt wieder in ihre mörderischen Schwüre ein, Macduffs Familie und Fleance zu vernichten (Duett *Ora di morte e di vendetta / Stunde des Todes und der Rache*).

4. Akt. Mit schottischen Flüchtlingen trauert Macduff um seine von Macbeth ermordete Familie (*O figli, o figli miei! / O meine Söhne*). Gemeinsam mit dem an der Spitze eines englischen Heeres nahenden Malcolm wollen die Schotten Macbeth entgegentreten. Sie tarnen sich mit Zweigen aus dem nahen Wald von Birnam. – In ihrem Schloß wird Lady Macbeth nun auch von Angstträumen verfolgt und erlebt schlafwandelnd, dem Wahnsinn nah, die von ihr begangenen Bluttaten noch einmal (*Una macchia è quì tuttora / Dieser Flecken hier kommt immer wieder*). Nebenan erkennt Macbeth die Ausweglosigkeit seiner Situation (*Pietà, rispetto, amore / Verehrung, Respekt, Liebe*). Man meldet ihm den Tod seiner Frau – es berührt ihn nicht, das Leben bedeutet ihm nichts mehr. Man ruft ihm zu, der Wald von Birnam bewege sich auf das Schloß zu – da stellt er sich

zu seinem letzten Kampf. Im Schlachtgewühl siegessicher Macduff gegenübertretend, weil kein von einer Frau Geborener ihn ja besiegen kann, muß er hören, daß Macduff aus dem Leib seiner Mutter geschnitten wurde: Die letzte Weissagung der Erscheinungen geht in Erfüllung, Macbeth fällt durch Macduff, der nun Malcolm zum König ausruft.

Macbeth bezeichnet den Beginn von Verdis künftig lebenslanger Beschäftigung mit Shakespeare, die in der kongenialen Vertonung des *Otello* dem Vorbild nahekam, es mit *Falstaff* sogar übertraf. Der großen musikalischen wie literarischen Herausforderung bewußt, verfaßte Verdi selbst das Szenarium, das er 1846 mit der ständigen Forderung nach »Erhabenheit und Kürze« von Piave in Verse setzen ließ. Unzufrieden mit Piave, zog Verdi 1847 für den 3. und 4. Akt dann Andrea Maffei hinzu.
Akribisch ins Detail versessen, verwirklichte Verdi bei den Proben erstmals seine Vorstellung eines musikdramatischen Kunstwerks, indem er der Ausstattung, dem Bühnenbild und den Kostümen, die gleiche Bedeutung zumaß wie der musikalischen Darstellung. Maria Barbieri-Nini, die erste Lady Macbeth, hat darüber berichtet. Wie sehr sich Verdis ästhetisches Credo mit einer die Konventionen erschütternden Sicherheit äußerte, zeigt sich u. a. daran, daß er – in einer Epoche, in der der Belcanto absolut verbindliches Ideal war! – die Darstellerin der Lady, »ungestalt und häßlich«, mit einer »rauhen, erstickten, hohlen Stimme« singen ließ: Wahrhaftigkeit des Ausdrucks als oberstes künstlerisches Prinzip.
Bei der Uraufführung reagierte das Publikum indigniert. Dies änderte sich auch 18 Jahre später nicht, als Verdi für Paris eine neue Fassung vorlegte. Für diese heute fast ausschließlich verwendete Version schrieb er ein Ballett in den 3. Akt, ersetzte u. a. Macbeths Monolog am Ende des 3. Aktes (*Vada in fiamme / Geh in Flammen auf*) durch das Rache-Duett Macbeth/Lady *Ora di morte*, die furiose Triumph-Arie der Lady *Trionfai! securi alfine / Triumphiere! Endlich sind wir sicher* durch *La luce langue* und stellte die entschei-

dende Schlacht im 4. Akt mittels einer strengen Orchesterfuge dar, der Macbeths ursprüngliche Todesszene (*Mal per me / Also büß ich*) zum Opfer fiel.
Im Mittelpunkt des Werkes bietet die Figur der Lady in ihrer Kavatine, der Arie, dem Trinklied und der Nachtwandelszene das psychologisch ausgefeilte Porträt einer gebrochenen Persönlichkeit. Seit der Verdi-Renaissance der 1920er Jahre in Deutschland und der späteren Interpretationen durch Maria Callas, Grace Bumbry, Shirley Verrett oder Christa Ludwig ist *Macbeth* Bestandteil des Repertoires.
Spieldauer: ca. 2¾ Stunden (1. Akt: ca. 50 min.; 2. Akt: ca. 30 min.; 3. Akt: ca. 35 min.; 4. Akt: ca. 40 min.).

Luisa Miller

Oper (Melodramma tragico) in 3 Akten. Text von Salvatore Cammarano nach Friedrich Schillers *Kabale und Liebe* (1784). Uraufführung am 8. Dezember 1849 in Neapel, Teatro San Carlo.

Salvatore Cammarano s. Donizetti, *Lucia di Lammermoor*, S. 210.

PERSONEN: Luisa Miller (Sopran) – Miller, ihr Vater, Soldat im Ruhestand (Bariton) – Graf von Walter (Baß) – Rodolfo, sein Sohn (Tenor) – Federica, Herzogin von Ostheim, Nichte des Grafen (Mezzosopran) – Wurm, Schloßverwalter des Grafen (Baß) – Laura, eine Bäuerin (Sopran) – Ein Bauer (Tenor) – Damen der Herzogin, Pagen, Leibwächter, Dorfbewohner u. a.

ORT UND ZEIT: Tirol, 18. Jahrhundert.

1. Akt. *Die Liebe.* An ihrem Geburtstag ist Luisa besonders glücklich. Sie hat sich in einen gewissen Karl verliebt, nicht ahnend, daß er der Sohn des Grafen ist. Ihr Vater fürchtet dagegen um die Ehre seiner Tochter und sieht sich bestätigt, als ihm Wurm, der seit langem vergeblich um Luisa wirbt, die Identität von Luisas Geliebten enthüllt. – Graf von Walter will Rodolfo zwingen, Luisa zu entsagen und standesgemäß Federica zu heiraten. Rodolfo weigert sich. Er gesteht der Herzogin von Ostheim, die ihn seit ihrer Jugend liebt,

daß er sich zu einer anderen hingezogen fühlt. – Miller eröffnet seiner Tochter, wer ihr Geliebter ist, und schwört dem ›Verführer‹ Rache; doch Rodolfo bekräftigt seine Liebe zu Luisa. Der Graf erscheint im Hause Millers, beschimpft Luisa als Dirne und will sie und Miller festnehmen lassen. Rodolfo tritt dazwischen und droht, er werde enthüllen, wie sein Vater zum Grafen wurde . . .

2. Akt. *Die Intrige*. Luisa erfährt, daß ihr Vater doch inhaftiert wurde. Wurm macht ihr vor, sie könne Miller retten, wenn sie in einem Brief erkläre, daß sie nie Rodolfo geliebt habe, sondern nur ihn, Wurm. Luisa geht notgedrungen auf die Erpressung ein (Arie *Tu punisci mi, o Signore / Bestrafe mich, o Herr* und Cabaletta *A brani, a brani, perfido / In Stücke, in Stücke, Ruchloser*). – Dem Grafen, der in der Furcht lebt, sein Sohn könne verraten, wie er, mit Hilfe Wurms, durch einen Mord zu Macht und Titel gekommen ist (Duett *L'alto retaggio non ho bramato / Ich habe die große Erbschaft meines Vaters*), übergibt Wurm den Brief Luisas. Auch gegenüber der Herzogin beteuert Luisa, daß sie nur Wurm liebe (Quartett *Come celar le smanie / Wie verbergen die Rasereien*). Auch Rodolfo wird Luisas Brief zugespielt. Er ist verzweifelt (*Quando le sere al placido / Als sie am Abend mit mir*) und will sich mit Wurm duellieren. Aber sein Vater, dem er von Luisas Brief erzählt, empfiehlt ihm hinterhältig, sich aus Rache mit Federica zu verheiraten.

3. Akt. *Das Gift*. Miller ist wieder frei. Ihrem Vater zuliebe zerreißt Luisa einen Abschiedsbrief an Rodolfo, in dem sie die ganze Intrige aufdeckt und ihm mitteilt, daß sie den Tod suche (Arie *La tomba è un letto / Das Grab ist ein Bett*). Da tritt Rodolfo ein. Er macht Luisa heftige Vorwürfe wegen des scheinbaren Verrats. Als Luisa weiterhin beteuert, Wurm zu lieben, läßt er sich von ihr einen Trank reichen, in den er heimlich Gift schüttet, und bittet sie, das Glas mit ihm zu leeren. Dann sagt er ihr, daß sie nun beide sterben werden. Angesichts des Todes bekennt Luisa ihre Liebe. Miller, dann der Graf und Wurm finden die Sterbenden. Mit letzter Kraft bäumt sich Rodolfo auf und ersticht Wurm.

Verdis dritte Schiller-Oper bezeichnet nach *Giovanna d'Arco* und *I Masnadieri* einen Wendepunkt in seinem Schaffen. *Luisa Miller*, Verdis erste Oper, die im bürgerlichen Milieu spielt, bereitet durch die intensive Darstellung der Figuren, die psychologische Schilderung der Einzelschicksale und den intimen Rahmen die große Trias seiner populärsten Tragödien *Rigoletto*, *Il trovatore* und *La Traviata* vor. Verdi selbst hatte im Herbst 1848 *Kabale und Liebe* Cammarano als Stoff vorgeschlagen, um einen bereits 1845 unterzeichneten Vertrag mit dem Teatro San Carlo zu erfüllen, danach aber die Lust an diesem bürgerlichen Trauerspiel verloren. Cammarano griff das Sujet, das er ursprünglich *Eloise*, Verdi schließlich der Textvorlage entsprechend *Luisa Miller* genannt hatte, wieder auf, nahm ihm aber jeglichen gesellschaftskritischen Ansatz und gab dem Liebesdrama, das er aus einer kleinen deutschen Fürstenresidenz nach Tirol, in die 1. Hälfte des 18. Jahrhunderts verlegte, einen romantischen, idyllisch-harmlosen Rahmen.
Verdi schuf eine subtile Orchesterbegleitung (z. B. die Luisa zugeordnete Solo-Klarinette), verfeinerte seine Melodien, bezog Wort und Musik viel deutlicher aufeinander als bisher, ersetzte das Secco-Rezitativ durch das freie Accompagnato-Rezitativ und entsprach vor allem im Finale des 1. Aktes und im gesamten 3. Akt, einem von Trauer und todesnahem Schwelgen in Schönheit durchzogenen Gesang, dem Anspruch von Schillers Vorlage. Die Partie der Luisa verlangt vom naiven Dorfmädchen bis zu der durch alle Demütigungen gegangenen Liebenden die weitgespannten Wandlungsfähigkeiten einer Violetta (*La Traviata*). Die Figur des Wurm entspricht ganz der Schillerschen Vorlage; er ist das Urbild des Schurken und Intriganten, wie er mit Paolo Albani (*Simon Boccanegra*) und Jago (*Otello*) wiederkehrt. Miller, liebender Vater und nicht der eigennützig gebrochene Charakter Schillers, ist eine der archetypischen, teils auch autobiografisch grundierten Vaterfiguren, wie sie Verdi mit dem Dogen Foscari (*I due Foscari*) schon geschaffen hatte und sie mit Rigoletto, Germont (*La Traviata*), Amonasro (*Aida*), Boccanegra (*Simon Boccanegra*) u. a. neu auf-

greifen sollte. Die Rolle des Rodolfo, bei Schiller Major Ferdinand, gehört zu Verdis dankbarsten Tenorpartien; seine Arie *Quando le sere al placido / Als sie am Abend mit mir* ist nicht nur die einzige bis heute noch bekannte Nummer der Oper, sie markiert auch die Schnittstelle zwischen den eher konventionellen, in der Nachfolge Donizettis konzipierten ersten beiden Akten und dem musikalisch verdichteten 3. Akt.

1851 fand in Hannover die deutsche Erstaufführung statt, eine neuere deutsche Übersetzung (G. Göhler) wurde 1927 an der Berliner Krolloper (mit Käthe Heidersbach als Luisa) erprobt.

Spieldauer: ca. 2¼ Stunden (1. Akt: ca. 55 min.; 2. Akt: ca. 40 min.; 3. Akt: ca. 40 min.).

Rigoletto

Melodramma in 3 Akten. Text von Francesco Maria Piave nach dem Schauspiel *Le roi s'amuse* von Victor Hugo (1832). Uraufführung am 11. März 1851 in Venedig, Teatro La Fenice.

Francesco Maria Piave s. *Ernani*, S. 338.

Personen: Der Herzog von Mantua (Tenor) – Rigoletto, sein Hofnarr (Bariton) – Sparafucile, ein gedungener Mörder (Baß) – Graf von Monterone (Bariton oder Baß) – Marullo, ein Edelmann (Bariton) – Matteo Borsa, ein Höfling (Tenor) – Graf von Ceprano (Baß) – Ein Gerichtsdiener (Baß) – Gilda, Rigolettos Tochter (Sopran) – Giovanna, ihre Duenna (Mezzosopran) – Maddalena, Sparafuciles Schwester (Alt) – Gräfin von Ceprano (Mezzosopran) – Ein Page (Sopran) – Edelmänner, Damen, Pagen, Hellebardiere u. a.

Ort und Zeit: Mantua und Umgebung, 16. Jahrhundert.

1. Akt. In seinem Palast feiert der Herzog ein rauschendes Fest. In bester Laune erzählt er von einer jungen Schönheit, die ihn so gefesselt habe, daß er ihr von der Kirche bis in ihr Haus gefolgt sei, und verkündet unverfroren seine zynische Einstellung zu den beliebig verfügbaren Frauen (Ballade

Questa o quella / Freundlich blick ich auf diese und jene). Er fordert den Zorn des Grafen Ceprano heraus, weil er dessen Frau mit aufdringlichen Komplimenten verfolgt. Nicht genug damit, muß Ceprano auch den billigen Spott des frechen Hofnarren Rigoletto über sich ergehen lassen. Nachdem dieser lachend abgegangen ist, gibt Marullo der Gesellschaft die Neuigkeit zum besten, der bucklige Narr schleiche sich abends immer zu einem Liebchen. – Rigoletto legt dem Herzog nahe, den Grafen einfach aus dem Weg zu schaffen und die Gräfin zu entführen – Ceprano hört das mit eigenen Ohren und verpflichtet daraufhin die Hofherren zu einer gemeinsamen Rachetat. Das Fest wird jäh unterbrochen durch Monterone, der den Herzog, den Verführer seiner Tochter, sprechen will. Rigoletto, den Natur und Menschen deformiert und zur Rolle des spottenden und verspotteten Narren verdammt haben, verhöhnt den tief getroffenen Mann zum Ergötzen des Herzogs, worauf Monterone beide verflucht. – Dieser Schwur beginnt Rigoletto in Gedanken zu verfolgen. Auf dem nächtlichen Weg zu seiner Tochter Gilda hat er eine Begegnung mit Sparafucile, der ihm seine Dienste anbietet; Rigoletto habe doch ein Liebchen, und wenn ihm ein Nebenbuhler im Wege sei . . . Rigoletto ahnt, daß sie sich gleich sind, der eine mordet mit dem Dolch, der andere mit der Zunge (*Pari siamo / Gleich sind wir beide*). Rigoletto läßt seine Tochter, der seine ganze Liebe gilt, in behüteter Abgeschiedenheit aufwachsen; sie weiß nichts vom Beruf ihres Vaters und darf das Haus nur zum Kirchgang verlassen. Sie begrüßen sich innig (Duett *Figlia! Mio padre! / Tochter! Mein Vater!*). Ein Geräusch auf der Straße läßt Rigoletto kurz nach draußen gehen. Diesen Moment nutzt der im Verborgenen wartende Herzog, um in das Haus zu schlüpfen. Giovannas Verschwiegenheit erkauft er mit einem Beutel Geld. Rigoletto nimmt von Gilda Abschied, und dabei erfährt der Herzog, daß sie Rigolettos Tochter ist. Allein in ihrem Zimmer gibt Gilda ihren Empfindungen für den jungen Mann, den sie in der Kirche gesehen hat, Ausdruck – da tritt der Herzog hervor, bestürmt sie mit seinen Liebesbeteuerungen und stellt sich als Student Gualtier Maldé vor (Duett *T'amo, t'amo / Der Gott der Liebe*). Nachdem er gegangen ist, hängt Gilda träumerischen Gedanken an ihren Geliebten nach (*Gualtier Maldé*). Inzwischen haben sich Ceprano und die Hofherren dem Haus genähert, um Rigolettos vermeintliche Geliebte zu entführen. Dem Narren, den sein Argwohn nochmals zurückkommen ließ, verbinden sie die Augen und machen ihm weis, sie wollten Cepranos Frau aus dem benachbarten Palast entführen; er müsse dabei die Leiter halten. Zu spät merkt Rigoletto, daß er bei der Entführung seiner eigenen Tochter mithalf und der Fluch Monterones sich so erfüllt hat.

2. Akt. In der Sorge und Bestürzung des Herzogs, der bei der Rückkehr in Gildas Haus die Geliebte nicht mehr vorfand, schwingt aufrichtige Zuneigung mit (*Ella mi fu rapita ... Parmi veder le lagrime / Sie wurde mir entrissen ... Ich seh die heißen Tränen*). Als ihm die Höflinge enthüllen, daß sie das Mädchen, das sie immer noch für die Geliebte Rigolettos halten, entführt und in seinen Palast gebracht haben, eilt er, voll Freude, zu ihr (*Possente amor / Zu ihr ruft mich die Liebe*). Rigoletto tritt zu den Höflingen. Hinter Scherzen seinen Schmerz verbergend, versucht er, etwas über das Schicksal seiner Tochter zu erfahren. Dem Getuschel der Hofleute kann er entnehmen, daß sie hier im Palast ist. Er bricht in rasende Verwünschungen aus (*Cortigiani, vil razza dannata / Feile Sklaven*). Und betroffen hören die Hofleute von dem völlig gebrochenen Narren, daß die Entführte seine Tochter Gilda ist – die im gleichen Moment aufgelöst aus dem Zimmer des Herzogs in Rigolettos Arme stürzt. Unter vier Augen bekennt dann Gilda, was sie mit dem Herzog verbindet (*Tutte le feste / Wenn ich an Festtagen*). Auf dem Weg zum Kerker wird Monterone vorbeigeführt, der vor dem Bild des Herzogs seinen Fluch resigniert zurücknimmt. Für Rigoletto wird diese Begegnung zum auslösenden Funken. Er schwört dem Herzog Rache, während Gilda Verzeihung für ihn erbittet (Duett *Si, vendetta / Ja, bald schlägt sie*).

3. Akt. In der Spelunke, in die Sparafucile seine Opfer zu locken pflegt, um sie dort umzubringen, vergnügt sich der Herzog inkognito mit Sparafuciles Schwester Maddalena (*La donna è mobile / Oh, wie so trügerisch sind Weiberherzen*). Rigoletto hat Gilda hierhergebracht, um ihr die Treulosigkeit ihres Liebhabers vor Augen zu führen (Quartett

Un dí, se ben rammentomi . . . Bella figlia del amore / Einst, wenn ich mich recht erinnere . . . Holdes Mädchen, sieh mein Leiden). Anschließend schickt er Gilda in Männerkleidern nach Verona, wo sie ihn am folgenden Tag erwarten soll, und gibt Sparafucile den Auftrag, den Herzog zu töten. Weil ein Gewitter hereinbricht, läßt sich der Herzog ein Gastzimmer für diese Nacht geben. Dort will ihn Sparafucile umbringen. Gilda kehrt heimlich zurück und wird Ohrenzeugin, wie Maddalena ihrem Bruder den Anschlag auf den hübschen Herrn, der ihr gefällt, ausredet. Statt seiner soll der nächste Gast, der hereinkommt, getötet und dem Auftraggeber Rigoletto in einem Sack übergeben werden. Gilda faßt den Entschluß, sich zu opfern: Sie klopft an die Tür – und wird von Sparafucile sofort niedergestochen. – Gegen Mitternacht holt Rigoletto den Sack mit der Leiche, um ihn triumphierend in den Fluß zu werfen. Da hört er entsetzt die Stimme des Herzogs, der nach dem Abzug des Gewitters die Kneipe verläßt. Er öffnet den Sack und hält den Körper seiner Tochter in den Armen, die ihn sterbend um Verzeihung bittet. Mit einem Schrei bricht der verzweifelte Narr zusammen, Monterones Fluch wieder in den Ohren.

1849 hatte Verdi Victor Hugos Drama *Le roi s'amuse* zuerst Cammarano als Librettostoff vorgeschlagen, im April des folgenden Jahres dann, als er im Begriff stand, mit Venedigs Theater La Fenice einen Vertrag zu unterzeichnen, dem verläßlichen Piave angetragen. Hier hatte er mit Piave schon *Ernani* nach Hugos Schauspiel uraufgeführt, hier sollte auch jenes Drama herauskommen, das Verdi für »eine der größten Schöpfungen des modernen Theaters« hielt. Die Mutationen, die Hugos Schauspiel (das auf König Franz I. von Frankreich zielte) in den Händen der Zensur durchmachte, brachten zwar gewisse Eingriffe mit sich – der Schauplatz wurde von Paris nach Mantua verlegt, aus *Le roi s'amuse* wurde *Rigoletto* –, aber der Kern des Dramas blieb unbeschädigt. Für Verdi lag er in der Umkehrung gewohnter Schablonen, die das Schöne mit dem Guten, das Häßliche mit dem Bösen gleichsetzten: Im *Rigoletto* ist die moralische Verderbtheit in der Person des Herrschers und die Verkörperung der Vater-

liebe in Gestalt eines mißgebildeten Hofnarren geschildert. Deshalb setzte Verdi sich vehement dafür ein, daß seine Titelfigur bucklig sei: »Ich glaube effektiv, daß es überaus schön wäre, diesen Charakter darzustellen, äußerlich mißgestaltet und lächerlich, doch im Innern erfüllt von Leidenschaft und Liebe. Ich habe dieses Thema gerade wegen dieser Eigenschaften und dieser Originalität gewählt, und wenn sie beseitigt werden, kann ich die Musik nicht schreiben.«
Mit dem Rigoletto gelang Verdi seine widersprüchlichste und menschlichste, auch eine seiner dankbarsten Partien. Doch auch die beiden anderen Hauptfiguren sind widersprüchlich gezeichnet und entsprechen keineswegs den Konventionen. Unter diesem Aspekt haben Piave und Verdi dem Herzog, der in seiner Ballade *Questa o quella* und der vielleicht berühmtesten Opernarie *La donna è mobile* als leichtfertiger Verführer charakterisiert ist, die tief und wahrhaft empfundene Arie *Parmi veder le lagrime* gegeben. Und auch Gilda, die sich heimlich gegen ihren Vater auflehnt und mit ihrem Selbstmord ihren Verführer schützt, entwickelt sich von der engelhaften Träumerin (*Gualtier Maldé*) zu der eigenständigen (und eigenwilligen) jungen Frau, die im Quartett des 3. Aktes ein kräftiger Widerpart zu den anderen Stimmen ist. Dieser Akt ragt wie ein Gipfel aus Verdis bisherigem Schaffen heraus, ein musikalisches Drama, in dem die Grenzen zwischen Arie und Rezitativ aufgehoben sind.
Doch die wichtigste Errungenschaft in diesem Werk ist Verdis Kunst, komplizierte dramatische und psychologische Entwicklungen in kurzen szenischen Blöcken quasi blitzartig zu erhellen und in ihrer ganzen Komplexität zu erfassen. So werden die vielen Verflechtungen des ersten Bildes inklusive des Vorspiels in nur 15 Minuten skizziert.
Der Triumph bei der Uraufführung war, obwohl das Stück nicht gänzlich in seinem Wert erkannt wurde, vollkommen, und die Arie des Herzogs wurde schnell zum Gassenhauer. *Rigoletto* eroberte sich rasch die Bühnen der Welt, auch Paris, wo Hugos Drama schon in Vergessenheit geraten war.
Spieldauer: ca. 2 Stunden (1. Akt: ca. 55 min.; 2. Akt: ca. 30 min.; 3. Akt: ca. 35 min.).

Der Troubadour
Il trovatore

Dramma lirico in 4 Teilen. Text von Salvatore Cammarano nach dem Schauspiel *El trovador* von Antonio García Gutiérrez (1836), vollendet von Leone Emanuele Bardare. Uraufführung am 19. Januar 1853 in Rom, Teatro Apollo.

Salvatore Cammarano s. Donizetti, *Lucia di Lammermoor*, S. 210. – Leone Emanuele Bardare (* 1820) war in Neapel Leiter der Lehrerbildung.

PERSONEN: Graf von Luna, junger Edelmann in den Diensten des Fürsten von Aragon (Bariton) – Leonora, Hofdame der Prinzessin von Aragon (Sopran) – Azucena, eine alte Zigeunerin (Mezzosopran) – Manrico, Offizier des Fürsten Urgel, vermeintlicher Sohn der Azucena (Tenor) – Ferrando, Hauptmann im Heer des Grafen von Luna (Baß) – Ines, Leonoras Gesellschafterin (Mezzosopran) – Ruiz, Manricos Knappe (Tenor) – Ein alter Zigeuner (Baß) – Ein Bote (Tenor) – Anhänger des Grafen Luna, Gefolge Manricos, Gefährtinnen Leonoras, Nonnen, Zigeuner u. a.

ORT UND ZEIT: Biscaya und Aragon (Spanien), Anfang des 15. Jahrhunderts.

Vorgeschichte. Im Erbfolgestreit um den spanischen Thron kämpft der Graf von Luna auf der Seite des legitimen Kronprätendenten, des Infanten Fernando, während Manrico, der unerkannte Bruder Lunas, für den rebellierenden Grafen von Urgel streitet, der schließlich unterliegen wird.
1. Akt. *Das Duell.* Im Palast Aliaferia in Aragon ruft Ferrando die Soldaten zur Wachsamkeit auf, denn der eifersüchtige Luna versucht einen Troubadour zu fassen, der des Nachts in den Gärten des Palastes der von Luna geliebten Leonora ein Ständchen bringt. Um sie wachzuhalten, erzählt Ferrando den Wachen die Geschichte von Lunas jüngerem Bruder, der in der Wiege von einer Zigeunerin verhext wurde, wie man glaubte (*Di due figli ... Abbietta zingara / Glücklich lebt' einst ein Vater von zwei Söhnen ... Eine Zigeunerin*). Die Hexe wurde zum Tod auf dem Schei-

Richard Wagner: Götterdämmerung
Bayreuther Festspiele 1988

Richard Wagner: Parsifal
Staatsoper Unter den Linden, Berlin

terhaufen verurteilt, hat aber noch im Sterben ihre Tochter zur Rache verpflichtet. Und wirklich fand man bald an der Feuerstätte die halbverbrannte Leiche eines Knaben. Der alte Graf Luna habe aber immer geglaubt, daß sein Kind noch lebe, und vor seinem Tod den überlebenden Sohn gebeten, nach der Zigeunertochter zu suchen. Mit Grausen vernehmen die Wachen, daß der todbringende Geist der alten Zigeunerin noch umgehe. – Im Garten des Palastes vertraut Leonora ihrer Gesellschafterin Ines an, daß sie sich bei einem Turnier in einen Ritter verliebt habe, denselben, der ihr jetzt nächtliche Serenaden darbringe (Kavatine *Tacea la notte / In der Stille der Nacht*). Als sich Luna dem Garten nähert, erklingt der Gesang des Troubadours (*Deserto sulla terra / Einsam auf Erden*). In der Dunkelheit stürzt sich Leonora in die Arme Lunas, den sie für den Troubadour hält. Als dieser herankommt, erkennt sie ihren Irrtum und bekennt ihm ihre Liebe. Luna fordert den Namen des Rivalen – es ist Manrico, sein politischer Gegner. Vergeblich sucht Leonora die sich im Dunkel verlierenden Duellanten zu trennen.

2. Akt. *Die Zigeunerin.* In einem Zigeunerlager in der Biscaya sitzt Azucena nachdenklich am Feuer. Der Flammentod ihrer Mutter tritt in ihre Erinnerung (*Stride la vampa / Lodernde Flammen*). Als die anderen Zigeuner weiterziehen, bleibt sie mit Manrico zurück und gibt ihm ihr Geheimnis preis: Wie ihre Mutter zum Scheiterhaufen geführt wurde (*Condotta ell'era / In Fesseln geführt*) und wie sie den Racheauftrag ausführte, indem sie das Kind raubte und in die Flammen warf – doch in ihrer Verwirrung hatte sie nicht den kleinen Grafen, sondern ihren eigenen Sohn auf das brennende Holz geworfen. Auf seine Frage, wer er denn dann sei, weicht Azucena aus. Manrico schildert nun sein Duell mit Luna, den er besiegt, doch auf Geheiß einer inneren Stimme nicht habe töten können. Er muß Azucena schwören, bei einer nächsten Gelegenheit Luna nicht zu schonen und die Mutter zu rächen. Ein Bote überbringt Manrico die Nachricht, daß ihn der Graf von Urgel zum Befehlshaber der Festung Castellor ernannt habe und daß Leonora Manrico für tot halte, deswegen in ein Kloster gehen

wolle. Er nimmt sogleich Abschied von seiner Mutter. – Vor jenem Kloster wartet Luna mit seinen Leuten, um Leonora zu entführen (*Il balen del suo sorriso / Ihres Auges himmlisch Strahlen*). Manrico ist rechtzeitig dort, um das zu verhindern und seinerseits die Geliebte davonzuführen.
3. Akt. *Der Sohn der Zigeunerin*. Luna hat sein Heerlager vor Castellor errichtet, um die Burg zu stürmen. Ferrando meldet ihm die Festnahme einer Zigeunerin, die alsbald vorgeführt wird und in der er die gesuchte Mörderin erkennt. Ihr Geständnis, Manrico sei ihr Sohn, macht Lunas Triumph vollkommen. Sie soll den gleichen Tod wie ihre Mutter erdulden. – Manrico und Leonora bereiten auf Castellor ihre Trauung vor, und Manrico beruhigt die Geliebte (*Ah! Si, ben mio / Daß nur für dich*). Ihren Gang zum Altar unterbricht Ruiz mit der Nachricht von Azucenas drohendem Feuertod. Der bestürzte Manrico gesteht Leonora, daß er der Sohn der Zigeunerin sei, dann befiehlt er den Kampf gegen Luna und zur Rettung Azucenas (*Di quella pira / Lodern zum Himmel seh ich die Flammen*).
4. Akt. *Die Hinrichtung*. Manrico ist unterlegen. Er liegt im Turm von Aliaferia gefangen. Leonora, die mit Ruiz entkommen konnte, hofft, ihn befreien zu können, wenn es sein muß, um den Preis ihres Lebens (*D'amor sull'ali rosee / Auf der Liebe rosigen Schwingen*). Aus dem Inneren erklingt ein Miserere für die zum Tode Verurteilten. Luna befiehlt für den kommenden Morgen die Hinrichtung Manricos und seiner Mutter. Leonora spricht ihn an, fleht um Gnade, vergeblich. So bietet sie sich selbst ihm an. Luna gibt daraufhin sofort Befehl, Manrico freizulassen. Leonora nimmt heimlich Gift. – Im Gefängnis wird Azucena von düsteren Todesvisionen gequält. Manrico gelingt es, sie zu beruhigen; beide träumen von ihrer Heimat (Duett *Ai nostri monti / In unsere Heimat kehren wir wieder*). Da erscheint Leonora und teilt Manrico seine Freilassung mit. Sie selbst müsse bleiben. Um welchen Preis? ist Manricos Frage. Er fürchtet, sie habe ihn verraten, bis Leonora, schon sterbend, ihm ihr Liebesopfer gesteht. Der Graf wird Zeuge ihres Geständnisses, das ihm Leonoras Täuschung offenbart. Unverzüglich ordnet er die

Hinrichtung Manricos an und zwingt Azucena, mit anzusehen, wie Manrico durch den Henker stirbt. Mit dem Aufschrei »Er war dein Bruder!« bricht sie zusammen.

Nach seiner Beschäftigung mit großen literarischen Themen bei Shakespeare und Schiller hatte Verdi in Hugos *Le roi s'amuse* das vordergründige theatralische Moment gereizt. So fiel nach dem *Rigoletto*, trotz neuerlicher Beschäftigung mit dem *Lear*-Stoff, seine Wahl auf das krude spanische Drama *El trovador* (1836). Hier wie im *Rigoletto* suchte er die wirkungsvollen dramatischen Ereignisse und starke Charaktere. Doch im Gegensatz zu der sich seit der *Luisa Miller* abzeichnenden differenzierenden Personendarstellung dominieren im *Troubadour* die plakativen Effekte, die grellen Tableaus, wie sie sich in den Überschriften der 4 Bilder ankündigen und wie sie sich mit dem für Verdi lange Zeit zentralen Begriff der »varietà« umschreiben lassen. Mit Cammaranos Arbeit war Verdi offensichtlich nicht gänzlich zufrieden, denn er schlug zwischenzeitlich einen anderen Stoff, ein »schlichtes und leidenschaftliches« Sujet (die spätere *Traviata*), vor. Nach Cammaranos Tod 1852 übertrug Verdi dem ebenfalls aus Neapel stammenden Leone Emanuele Bardare die Fertigstellung des Librettos.
Die diversen kurzen Bilder, die Buntheit der Spielorte stimulierten Verdi zu einer knapp formulierten, dabei energisch und leidenschaftlich dahinstürmenden, rhythmisch mitreißenden Musik voll grandioser musikdramatischer Gesten und plakativer Wucht. Im *Troubadour* wartet Verdi auf verschwenderische Weise mit Melodien auf und stattet seine Protagonisten mit archetypischen Merkmalen aus: Wichtig für das Verständnis werden die beiden Erzählungen Ferrandos und Azucenas. Mit ihren gleisnerischen Visionen und ihren wilden Racheschwüren rückt die Zigeunerin fast ins Zentrum der Oper. Die anderen Figuren entwickeln sich dagegen aus gefühlvollen Gesängen; sie sind nicht Handelnde, sondern Reflektierende: Leonora mit ihrer Kavatine und ihrer Arie, der Graf mit *Il balen*, der Troubadour mit seiner kleinen Romanze (*Deserto sulla terra*), seinem *Ah! Si, ben*

mio, wohingegen die martialische Stretta *Di quella pira* fast den Rahmen seines Charakterbildes sprengt.
Il trovatore entstand in einer Zeit, als sich Verdi nicht mehr von ständig neuen Verträgen hetzen ließ. Die Zeitspanne zwischen der Uraufführung des *Rigoletto* und des *Trovatore* ist denn auch die bis dahin längste zwischen zwei Uraufführungen. Der Erfolg war eindeutig, die Kritiken waren gespalten. Erst die moderne Verdi-Forschung hat begonnen, die Eigenwertigkeit des *Troubadour* zu erkennen und ihn nicht mit den frühen Opern oder den ihn flankierenden *Rigoletto* und *Traviata* zu vergleichen.
Spieldauer: ca. 2¼ Stunden (1. Akt: ca. 30 min.; 2. Akt: ca. 40 min.; 3. Akt: ca. 25 min.; 4. Akt: ca. 35 min.).

La Traviata

Melodramma in 3 Akten. Text von Francesco Maria Piave nach dem Schauspiel *La dame aux camélias* von Alexandre Dumas d. J. (1852). Uraufführung am 6. März 1853 in Venedig, Teatro La Fenice.

Francesco Maria Piave s. *Ernani*, S. 338.

PERSONEN: Violetta Valery (Sopran) – Flora Bervoix (Mezzosopran) – Annina (Sopran) – Alfredo Germont (Tenor) – Giorgio Germont, sein Vater (Bariton) – Gastone, Vicomte de Létorières (Tenor) – Baron Douphol (Bariton) – Marquis d'Obigny (Baß) – Doktor Grenvil (Baß) – Giuseppe, Violettas Diener (Tenor) – Ein Diener Floras (Baß) – Ein Dienstmann (Baß) – Damen und Herren, Freunde von Violetta und Flora, Stierkämpfer, Zigeuner, Maskierte u. a.

ORT UND ZEIT: Paris und Umgebung, um 1850 (bei Verdi: um 1700); der 1. Akt spielt im Oktober, der 2. im Januar, der 3. im Februar.

1. Akt. In ihrem Haus feiert die Halbweltdame Violetta Valery ein glanzvolles Fest. Gaston führt den Studenten Alfred Germont, der Violetta seit langem bewundert, bei ihr ein. Auf Drängen Violettas und aller Gäste gibt Alfred ein feuri-

ges Trinklied zum besten (*Libiamo ne'lieti calici / Auf, trinket in durstigen Zügen*). Ein Schwächeanfall, hervorgerufen von der keimenden Schwindsucht, zwingt Violetta, sich zurückziehen, während sich die Gäste in den Ballsaal begeben. Alfred folgt ihr und gesteht ihr seine Liebe (Duett *Un dì felice / Eines glücklichen Tages*). Violetta, von diesem Ausdruck aufrichtiger Empfindungen gerührt, warnt ihn; es wäre besser, sie würden nichts weiter als Freunde sein. Sie reicht ihm eine Kamelie und erlaubt ihm wiederzukommen, sobald die Blume verwelkt sei. Er weiß, das bedeutet: morgen. Nachdem sich die Gäste verabschiedet haben, sinkt Violetta ins Nachsinnen über Alfreds Erklärung (*E strano! / Wie seltsam*). Obwohl sie sich nach dem Glück einer noch nie erlebten reinen Liebe sehnt (*Ah, fors' è lui / Vielleicht ist er es*), fühlt sie sich für das bisherige Leben im Lust- und Festtaumel bestimmt (*Sempre libera / Immer frei*).
2. Akt. Seit drei Monaten leben Violetta und Alfred in einem Landhaus bei Paris. Alfred genießt das Zusammenleben mit der Geliebten (*De' miei bollenti spiriti / Ach, ihres Auges Zauberblick*). Erstaunt erfährt er von Annina, daß sich Violetta zur Veräußerung ihres Besitzes gezwungen sah, um ihren Lebensunterhalt zu bestreiten. Alfred will die finanzielle Situation bereinigen (*O mio rimorso / Weh mir, im Traume*) und reist deshalb sofort nach Paris. Einen Herrn, der Violetta gemeldet wird, hält sie für den erwarteten Notar und läßt ihn eintreten. Doch es ist Alfreds Vater, der diesen Schritt unternimmt, um seinen Sohn vor dem Ruin zu bewahren. Violetta beeindruckt ihn durch ihre Noblesse. Auch kann sie beweisen, daß sie beide von ihrem, nicht Alfreds Geld leben. Dennoch verlangt Germont von ihr, Alfred freizugeben, denn seine schimpfliche Verbindung zu ihr bringe seine Familie in Verruf und gefährde die Heirat seiner Tochter (*Pura siccome un angelo / Gott schenkte eine Tochter mir*). Mit bewegten Worten bittet er sie um dieses Opfer und um Überdenken ihres Tuns, das ja in nichts vergehe, sobald ihre Schönheit einmal schwinde (Duett *Un dì, quando le veneri / Wenn mit der Zeit*). Zur Entsagung bereit, schreibt Violetta einen Brief an Baron Douphol und einen

zweiten an Alfred, der sie dabei überrascht. Sie flüchtet sich in eine leidenschaftliche Umarmung und stürzt davon. Alfred erhält durch Boten Violettas Brief, in dem sie ihm mitteilt, daß sie ihn verläßt. Tief getroffen fällt er in die Arme seines gerade jetzt zurückgekommenen Vaters. Dessen sanfte Überredung zur Heimkehr (*Di Provenza / Hat dein heimatliches Land*) bietet ihm keinen Trost. – Auf einem Maskenball bei Flora sucht Alfred nach Violetta. Inmitten der als Zigeunerinnen und Stierkämpfer kostümierten Gäste gewinnt er am Spieltisch große Summen. Es kommt zu einem Gespräch unter vier Augen mit Violetta, die am Arm des Barons Douphol eingetreten ist. Sie bittet ihn zu gehen, was er aber nur tun will, wenn sie ihm für immer folgt. Ihrem dem Vater Germont gegebenen Versprechen treu, weigert sich Violetta und begründet das mit dem entschlossenen Satz, sie liebe den Baron. Es kommt zum Eklat: Wütend ruft Alfred die Anwesenden zu Zeugen dafür an, daß er ihr hiermit alles, was sie ihm gegeben habe, zurückzahle. Dann wirft er Violetta das gewonnene Geld vor die Füße. Die erschütterte Gesellschaft schwankt zwischen Abscheu und Teilnahme; der ebenfalls anwesende Vater Germont ist fassungslos. Alfred kommt reuevoll zur Besinnung, während Violetta ihn wieder ihrer Liebe versichert (Oktett *Di sprezzo degno / Verachtung trifft den*). Douphol aber fordert Alfred zum Duell.

3. Akt. Annina pflegt die schwer von Krankheit und Schicksal gezeichnete Violetta, der Dr. Grenvil nur noch Stunden zu leben gibt. Violetta zieht einen Brief Germonts hervor, in dem er ihr die Rückkehr des gesund aus dem Duell gekommenen Alfred ankündigt, der sie um Verzeihung bitten wolle. Doch sie hat keine Hoffnung mehr (*Addio del passato / Lebt wohl jetzt*). Während sich von draußen Karnevalstrubel vernehmen läßt, tritt Alfred vor die Todkranke. Sein Erscheinen weckt noch einmal in ihr die heftigsten Empfindungen und den Traum eines gemeinsamen Lebensglücks (Duett *Parigi, o cara / O laß uns fliehn*). Dann sinkt Violetta kraftlos zusammen (*Ah! Gran Dio! Morir si giovine / Ach! Mein Gott*). Germont und Grenvil treten ein, Germont voll Reue und Mitgefühl für sie. Violetta reicht Alfred ein Me-

daillon mit ihrem Porträt, richtet sich noch einmal auf und fällt dann mit dem Ausruf »Ich lebe!« tot zurück.

Die »biographischen« Bezüge der Bühnenfigur der Violetta zu Dumas, in gewisser Weise auch zu Verdi, liegen auf der Hand: Im Frühjahr 1847 war die berühmte Pariser Kurtisane Alphonsine (oder Marie, wie sie sich selbst nannte) Duplessis, zu deren Liebhabern Alexandre Dumas zählte, 23jährig gestorben. 1848 gab er seinen Roman *La dame aux camélias* heraus, dem 1852 das Bühnenstück folgte. Und Verdi unterhielt zur Zeit seines Paris-Aufenthalts und danach eine freie Liebesbeziehung zu seiner späteren Gattin Giuseppina Strepponi; sie lebte mit ihm auf dem Lande vor Paris oder im abgelegenen Sant'Agata.
Den Entschluß zur Komposition traf Verdi, als er das Schauspiel im Frühjahr 1852 im Pariser Théâtre du Vaudeville gemeinsam mit Giuseppina gesehen hatte. Jahre zuvor hatte er angesichts von Hugos *Marion Delorme* noch bekannt, er möge keine Huren auf der Bühne, jetzt aber war er begeistert von dem Sujet: »Ich will neue, schöne, große, abwechslungsreiche, kühne Stoffe. Kühn bis zum äußersten, neu in der Form.« Die Wahl des Stoffes, eines aktuellen bürgerlichen Dramas in einer durchaus kritischen Darstellung des Pariser Halbweltmilieus, hatte Brisanz, weshalb die Theaterleitung auf Verlegung der Handlung in die Vergangenheit bestand – »um 1700« hieß es schließlich auf dem Theaterzettel der Uraufführung. Mit seiner Musik beschrieb Verdi nicht nur Emotionen, wie im gleichzeitig entstandenen *Troubadour*, sondern fing das Flair einer Stadt und das Lebensgefühl von Violetta und ihrem Kreis ein. Aus dem Rahmen solcher Musik, die das gesellschaftliche Milieu beschreibt – mit Tanzweisen, einem Trinklied, Zigeuner- und Stierkämpferfolklore, dem Reigen des Karnevalstreibens –, ragen die Szenen der in ergreifendem Wandel zum Opfer aus Liebe bereiten Violetta als intime, facettenreiche und psychologisch fundierte Darstellungen heraus: Man vergleiche nur die überschäumende Lebenslust ausdrückende Arie im 1. Akt mit dem ätherischen, abgeklärten *Addio del passato* und

ihrem großen Duett mit Vater Germont. Insgesamt wirkt Verdis in 10 große Nummern unterteiltes musikalisches Schauspiel konzentrierter als Dumas' Vorlage, auch realistischer als dessen rührseliger Roman (und das nicht weniger sentimentale Libretto Piaves).
Spieldauer: ca. 2¼ Stunden (1. Akt: ca. 32 min.; 2. Akt: ca. 65 min.; 3. Akt: ca. 32 min.).

Die sizilianische Vesper

Les vêpres siciliennes / I vespri siciliani

Grand opéra in 5 Akten. Text von Eugène Scribe und Charles Duveyrier. Uraufführung am 13. Juni 1855 in Paris, Opéra.

Eugène Scribe s. Boieldieu, *Die weiße Dame*, S. 150. – Charles Duveyrier (1803–1866), ein Mitarbeiter Scribes, hatte mit diesem zusammen 1839 bereits eine erste Textfassung als Libretto unter dem Titel *Le Duc d'Albe* für Donizetti geschrieben.

Personen: Guy de Montfort / Guido di Montforte, Gouverneur von Sizilien (Bariton) – Sire de Béthune und Comte de Vaudemont, zwei französische Offiziere (Bässe) – Henri / Arrigo, ein junger Sizilianer (Tenor) – Jean Procida / Giovanni da Procida, sizilianischer Arzt (Baß) – Herzogin Hélène / Elena, Schwester des Herzogs Friedrich von Österreich (Sopran) – Ninetta, ihre Dienerin (Alt) – Danieli, ihr Diener (Tenor) – Thibault / Tebaldo und Robert / Roberto, zwei französische Soldaten (Tenor, Baß) – Mainfroid / Manfredo, ein Sizilianer (Tenor) – Sizilianerinnen und Sizilianer, französische Soldaten, Mönche u. a.

Ort und Zeit: Palermo und Umgebung, 1282.

1. Akt. Die Franzosen haben Sizilien erobert und führen unter dem Statthalter Guy de Montfort ein strenges Regiment. Auf der Gran' Piazza von Palermo treten die Gegensätze zwischen patriotischen Sizilianern und auftrumpfendem französischem Militär offen zutage. Die Herzogin Elena, deren Bruder die Franzosen hingerichtet haben, erwidert Robertos anmaßende Aufforderung, ein Lied auf die Sieger anzustimmen, mit einem die Revolte der Palermitaner anfeu-

ernden Freiheitslied (*Corraggio, su, corraggio / Zuversicht, komm, Zuversicht*). Nur der Auftritt Montforts verhindert eine Rebellion. Er nimmt Arrigo, den gerade freigelassenen Geliebten Elenas, beiseite und versucht, ihn für die Sache der Franzosen zu gewinnen, was der leidenschaftliche Patriot stolz zurückweist. Montfort wird deutlich: Roberto solle Elena aufgeben und verschwinden.

2. Akt. Procida, einer der Anführer der sizilianischen Freiheitsbewegung, kehrt nach Palermo zurück (*O tu Palermo / O mein Palermo*). Vor der Stadt bespricht er mit Arrigo und Elena einen Coup gegen die Franzosen, der alle noch zögernden Sizilianer zum Aufstand anstacheln könnte. Béthune überbringt Arrigo eine Einladung des Gouverneurs, und als Arrigo sie ausschlägt, läßt er ihn abführen. Der Coup ist infam: Procida hetzt französische Soldaten zum Brautraub bei einer Hochzeitsfeier von zwölf ländlichen Paaren auf. Dieser Raub erregt bei allen Sizilianern Abscheu und Wut auf die Franzosen.

3. Akt. Aus hinterlassenen Zeilen einer Geliebten hat Montfort erfahren, daß Arrigo sein Sohn ist. Den Gouverneur erfüllen gewandelte Empfindungen für ihn (*In braccio alle dovizie / Dem Reichtum überlassen*), und er gibt sich dem tief verwirrten Arrigo als Vater zu erkennen (Duett *Quando al mio sen / Als ehrliches Mitleid*). Immerhin warnt Arrigo auf dem anschließenden Maskenfest, in dessen Mittelpunkt eine Darbietung des Balletts »Die vier Jahreszeiten« steht, den Vater vor einem Anschlag, und als die Verschwörer, Elena an der Spitze, mit gezücktem Dolch auf Montfort eindringen, zögert er nicht, sich schützend vor ihn zu stellen. So kommt es zur Festnahme von Elena, Procida und Danieli, die Arrigo als Verräter verfluchen.

4. Akt. Arrigo sucht die Feste, in der seine Freunde eingekerkert sind, auf (*Giorno di pianto / Tag der Tränen*) und bittet Elena um Vergebung, die sie ihm erst gewährt, als er ihr eröffnet, Montfort sei sein Vater. Obwohl er sich mit Montfort quitt glaubt und sich wieder ganz der Sache Siziliens widmen will, läßt er sich vom Gouverneur förmlich zur Anerkennung als Sohn drängen, denn das ist dessen Bedingung für die Be-

gnadigung der Verschwörer und Montforts Einwilligung zur Hochzeit Arrigos mit Elena. Procida und die Sizilianer schwören aufs neue den Kampf gegen die Unterdrücker.
5. Akt. Vor der Vermählung tritt Procida auf Elena zu und vertraut ihr an, daß man beim Geläut der Hochzeitsglocken losschlagen werde. Sie kann sich Arrigo nicht mitteilen, die Freunde nicht verraten, muß ihm – zu seiner Verzweiflung – den gemeinsamen Gang zum Altar verweigern. Doch Montfort tritt dazwischen und läßt die Glocken läuten. Auf dieses Zeichen stürmen die Sizilianer heran und metzeln die Franzosen nieder. Auch Arrigo wird getötet. Elena stößt sich selbst einen Dolch ins Herz.

Den Stoff für diese als kultureller Höhepunkt der Weltausstellung 1855 geplante Oper hatte Scribe vorgeschlagen. Verdi akzeptierte unter der Bedingung, daß die Handlung von den Niederlanden nach Sizilien verlegt würde und vor dem Hintergrund der »Sizilianischen Vesper« spielte, jener Massenermordung der französischen Besatzer durch die Sizilianer am 30. März 1282 in Palermo.
Neu war für Verdi in *Les vêpres siciliennes* die Einbindung großer persönlicher Schicksale und Leidenschaften in ein politisches bzw. historisches Ambiente. Entsprechend der Tradition der französischen Grand opéra verlagerte er den Hauptakzent auf die breit angelegten Chor- und Ballettszenen, die über den Rahmen von koloristischen Einlagen hinaus dramaturgisches Gewicht erhielten;. Verdi machte zu diesem Zweck genaue musikalische Vorstudien. Einzig das Ballett »Die vier Jahreszeiten«, mit 30 Minuten Verdis längste Ballettkomposition, stellt eine retardierende, aus der Handlung herausführende Zutat dar, die heute eher auf der Ballett- als auf der Opernbühne anzutreffen ist.
Neben den dramatischen Koloraturfeuerwerken der Elena in ihrer Auftritts-Cabaletta (*Corraggio*) des 1. und im Bolero zu Beginn des 5. Aktes (*Merce', dilette amiche / Dank euch, geliebte Freundinnen*), den Duetten zwischen Arrigo und Montfort sowie dem auf König Philipp im *Don Carlos* vorausweisenden Monolog Montforts zu Beginn des 3. Ak-

tes hat sich vor allem Procidas Gruß an die Heimat *O tu Palermo* wunschkonzerthafte Präsenz bewahrt. Höhepunkte sind das Concertato des 1. und 3. Aktes, das Quartett im 4. (*Addio, mia patria / Lebwohl, Vaterland*) und das Terzett (*Al tuo cor / Deinem Herzen*) im 5. Akt.
Das Publikum und die Kritiker, voran Hector Berlioz, waren von Verdis erster originär französischer Schöpfung – nach den zu *Jérusalem* umgearbeiteten *I Lombardi* – begeistert. Auf den internationalen Bühnen hielt sich die Oper allerdings nur in ihrer italienischen, am 26. 12. 1855 in Parma erstaufgeführten Fassung von Arnoldo Fusinato. Wiederaufführungen erlebte das Werk erst wieder innerhalb der deutschen Verdi-Renaissance der 1920er Jahre, als u. a. Erich Kleiber 1932 in Berlin eine Inszenierung leitete.
Spieldauer: ca. 3½ Stunden (inkl. Ballett; 1. Akt: ca. 35 min.; 2. Akt: ca. 35 min.; 3. Akt: ca. 60 min.; 4. Akt: ca. 40 min.; 5. Akt: ca. 25 min.).

Simon Boccanegra

Melodramma in einem Prolog und 3 Akten. Text von Francesco Maria Piave nach dem Schauspiel *Simón Bocanegra* von Antonio García Gutiérrez (1847). Uraufführung am 12. März 1857 in Venedig, Teatro La Fenice. Erstaufführung der Neufassung mit überarbeitetem Text von Arrigo Boito am 24. März 1881 in Mailand, Teatro alla Scala.

Francesco Maria Piave s. *Ernani*, S. 338. – Arrigo Boito s. *Othello*, S. 388.

Personen: Prolog: Simon Boccanegra, Korsar im Dienst der Republik Genua (Bariton) – Jacopo Fiesco, Edelmann aus Genua (Baß) – Paolo Albiani, Genueser Goldschmied (Bariton) – Pietro, Mann aus dem Volke (Bariton)
Handlung: Simon Boccanegra, Erster Doge von Genua (Bariton) – Maria Boccanegra, seine Tochter, unter dem Namen Amelia Grimaldi (Sopran) – Jacopo Fiesco, unter dem Namen Andrea (Baß) – Gabriele Adorno, Edelmann aus Genua (Tenor) – Paolo Albiani, bevorzugter Höfling des Dogen (Bariton) – Pietro, Höfling (Bari-

ton) – Hauptmann der Armbrustschützen (Tenor) – Magd Amelias (Sopran) – Soldaten, Seeleute, Volk, Senatoren, Diener Fiescos, Hofstaat des Dogen, Gefangene u. a.

Ort und Zeit: Genua und Umgebung, im Jahr 1339 (Prolog); die Haupthandlung spielt 25 Jahre später.

Prolog. Im Dunkel der Nacht treffen Paolo Albiani und Pietro die nicht ganz uneigennützige Vereinbarung, bei der Wahl des neuen Dogen ihren Einfluß zugunsten des Korsaren Simon Boccanegra geltend zu machen. Boccanegra selbst zeigt wenig Neigung, erster Mann im Staat zu werden, aber Paolo gewinnt ihn für dicse Aufgabe mit dem Hinweis, dann könne ihm Jacopo Fiesco nicht mehr länger die Hand Marias, Simons Geliebter und Mutter einer gemeinsamen Tochter, aus Standesdünkel verweigern. Noch weiß Boccanegra nicht, daß die von ihrem Vater streng im Haus gehaltene Maria aus Kummer gestorben ist. Ihren Tod beklagt der eben aus seinem Palast tretende Jacopo Fiesco (*Il lacerato spirito / Müde, den Geist von Gram verzehrt*) voll Haß gegen ihren Verführer Boccanegra, der nun auf ihn zugeht mit der Bitte um Versöhnung. Dazu wäre Fiesco bereit, wenn Boccanegra ihm seine Enkelin, die wie ihre Mutter Maria heißt, überließe. Die aber ist, wie Simon gestehen muß, unter mysteriösen Umständen entführt worden. Kalt wendet sich Fiesco von ihm ab. Daraufhin geht Boccanegra in den Palast – und findet dort seine Geliebte tot. Dem gänzlich verstört auf die Piazza zurückkommenden Korsaren huldigen die Genuesen als neuem Dogen ihrer Wahl.

1. Akt. 25 Jahre später. Maria Boccanegra, einst als Findelkind in einem Kloster abgegeben, wurde von den Grimaldi aufgenommen und lebt als Amelia Grimaldi im Palast der Grafen außerhalb von Genua. Jacopo Fiesco hat sie dann, als die Grimaldi geächtet wurden, adoptiert und wacht als »Andrea« über sie. Sie erwartet nun ihren Geliebten Gabriele Adorno (*Come in quest'ora bruna / Dämmernd in bleicher Helle*) und warnt ihn, sich an einer Verschwörung des Adels gegen den Dogen Boccanegra zu beteiligen. Sie

gibt ihm zu verstehen, daß der Doge sie seinem Favoriten Paolo zur Ehe geben will, und drängt auf eine baldige Heirat. Andererseits erfährt Gabriele von Andrea, daß Amelia in Wahrheit ein Findelkind ist. Das läßt ihn in seiner Treue zu ihr nicht schwanken. Der Doge erscheint und überreicht Amelia die Urkunde der Begnadigung der Grafenfamilie Grimaldi. Um seiner Brautwerbung zuvorzukommen, erzählt sie ihm, wer sie in Wahrheit ist, ein Waisenkind, und zeigt ihm das Medaillonbildnis ihrer Mutter: Es ist Maria, die Geliebte Simons – der Doge und Amelia sind Vater und wiedergefundene Tochter (Duett *Figlia! A tal nome il palpito / Tochter! Bei dieses Wortes Klang*). Auf ein Wort des Dogen an Paolo, daß er auf Amelia verzichten müsse, beschließt dieser die Entführung Amelias. – Im Senat spricht sich der Doge, entgegen allen anderen, für einen Frieden mit der Rivalin Venedig aus; beide Staaten hätten schließlich ein gemeinsames Vaterland. Das Volk dringt in den Saal und fordert Rache für einen von Gabriele Adorno verübten Mord. Gabriele selbst bekennt, einen gewissen Lorenzino getötet zu haben, der im Auftrag eines mächtigen Mannes Amelia entführen wollte. Gabriele hält den Dogen für den Auftraggeber und will sich mit dem Schwert auf ihn stürzen. Da tritt unvermutet Amelia dazwischen. Sie trennt beide und bittet für Gabriele um Gnade, die Boccanegra gewährt. Einen plötzlich aufflammenden Streit zwischen Patrizier- und Volkspartei schlichtet er kraft seiner Autorität (*Plebe! Patrizi! Popolo! / Plebejer, Patrizier, Narrenvolk*). Er ahnt, daß Paolo der Anstifter zur Entführung ist, und befiehlt ihm als Vertrauensmann der öffentlichen Sicherheit, einen Fluch auf den Schuldigen auszusprechen, was Paolo voll Schrekken tun muß; er verflucht sich selbst. Das Volk stimmt ein.
2. Akt. Paolo findet eine Gelegenheit, in ein Trinkgefäß des Dogen ein lähmendes, langsam tödlich wirkendes Gift zu gießen. Dann versucht er, nacheinander Fiesco und Gabriele zu einem Mord an Simone anzustiften, was Fiesco ablehnt, nicht aber Gabriele, weil Paolo ihm einredet, Amelia sei die Geliebte des Dogen. Amelia gesteht ihrem Vater ihre Liebe zu Gabriele, seinem Feind, und erreicht mit ihren Bitten,

daß er ihn zu begnadigen verspricht. Ein Trunk aus dem vergifteten Becher läßt den Dogen rasch in Schlaf sinken – Gelegenheit für Gabriele, ihn zu erdolchen. Doch Amelia hält ihn zurück. Von dem erwachenden Boccanegra erfährt Gabriele, daß Amelia seine, des Dogen Tochter ist. Entsetzt bereut er sein Vorhaben und gelobt, für Simon Boccanegra zu kämpfen, während sich die rebellierende Partei des Patriziats schon dem Palast nähert.
3. Akt. Die Verschwörung wurde niedergeschlagen. Boccanegra begnadigt Fiesco, aber Paolo wurde zum Tode verurteilt. Vor ihm werde der Doge selbst sterben, läßt Paolo höhnisch Fiesco wissen, durch sein Gift nämlich. Und so stellt sich Fiesco seinem schon von der Wirkung des Giftes gezeichneten Gegner triumphierend entgegen. Der erkennt in ihm den Vater seiner Geliebten und bietet ihm die Versöhnung an, da die verloren geglaubte Enkelin gefunden ist. Fiesco geht gerührt darauf ein. Als letzte Tat bestimmt der Doge Gabriele Adorno zu seinem Nachfolger. Fiesco verkündet dem Volk den Tod des Dogen.

Außer dem *Simón Bocanegra* von Gutiérrez, einem Schauspiel über den ersten vom Volk gewählten Dogen von Genua (1339), studierte Verdi Schillers *Die Verschwörung des Fiesko zu Genua* (1784) und fertigte selbst das Szenarium an, welches Piave Ende 1856 vollendete. Wie im Falle des *Trovador* von Gutiérrez schreckte Verdi nicht vor der hochkomplizierten Handlung zurück, sondern begeisterte sich an dem Drama menschlicher Leidenschaften vor einem historisch verbürgten politischen Hintergrund. Doch erst in der unter Mithilfe Boitos entstandenen Umgestaltung der Oper 1881 trat Simons politisches Kalkül durch die Einbeziehung des historischen Briefwechsels Boccanegras mit Petrarca in den Vordergrund und gewann das 2. Bild des 1. Aktes, die Ratsszene, ihre zentrale Bedeutung. Im Einigungsgedanken Boccanegras sah Verdi die politischen Fragen seiner eigenen Gegenwart vorweggenommen.
Nach der durchgefallenen Uraufführung brachte die Umgestaltung von 1881 eine Straffung der Handlung und eine musikalische Verdichtung im bruchlosen Wechsel von rezitativi-

schen und ariosen Formen; neu war auch das komplette, brillant verdichtete 1. Finale. Das in dunklen Schattierungen raffiniert gewobene Farbenspiel des Orchesters zeugt bereits von der seit *Aida* vollendeten Meisterschaft der Komposition, und die lautmalerischen Naturschilderungen sind Widerspiegelungen intensiver psychologischer Betrachtungen – ein Höhepunkt ist die orchestrale Beschreibung des Meeres (durch ständiges Wechseln der Tonarten), während der sterbende Simon voll Resignation und Melancholie zum Horizont blickt. Von den ariosen Passagen beeindrucken vor allem Fiescos Klage um die tote Tochter (*Il lacerato spirito*) als ergreifende Baßarie, Amelias Auftrittsarie (*Come in quest'ora bruna*) und Gabrieles Szene *O, inferno! ... Sento avvampar nell'anima / O Hölle! ... Rasend in wilder Eifersucht.* Letztlich ist *Simon Boccanegra* ein grausames, von schwarzer Melancholie durchzogenes Drama, in das auch die Liebe nur wenig Licht bringt; Verdi hat alle melodischen Auswucherungen und Äußerungen der Liebesleidenschaft unterdrückt. Das sinistre Machtdenken nimmt Verdi kommentarlos hin. Mit dem nur von tiefen Männerstimmen gespenstisch intonierten Prolog gelang ihm eine erschütternde, unbarmherzige Beschreibung politischer Vorgänge.
Boccanegra hat keine eigene Arie. Dennoch zählt die Figur des Dogen, des guten Vaters, des großzügigen Herrschers und vergebenden Gegners zu den markantesten und nuancenreichsten Porträts in Verdis Schaffen.
Spieldauer: ca. 2½ Stunden (Prolog: ca. 25 min.; 1. Akt: ca. 60 min.; 2. Akt: ca. 30 min.; 3. Akt: ca. 30 min.).

Ein Maskenball

Un ballo in maschera

Melodramma in 3 Akten. Text von Antonio Somma nach dem Libretto *Gustave III ou Le bal masqué* von Eugène Scribe (1833). Uraufführung am 17. Februar 1859 in Rom, Teatro Apollo.

Der Jurist Antonio Somma (28. 8. 1809 Udine – 8. 8. 1865 Venedig) wandte sich 1840 dem Theater zu, leitete bis 1847 das Teatro Grande in Triest und verfaßte einige Dramen. Für Verdi konzipierte er auch ein *König Lear*-Libretto. – Eugène Scribe s. Boieldieu, *Die weiße Dame*, S. 150.

Personen: Riccardo / Richard, Graf von Warwich, Gouverneur von Boston (Tenor) – Renato / René, ein Kreole, sein Sekretär (Bariton) – Amelia, Renatos Frau (Sopran) – Ulrica, eine schwarze Wahrsagerin (Alt) – Oscar, Page (Sopran) – Silvano / Silvan, Matrose (Bariton) – Samuel und Tom, Gegner Riccardos (zwei Bässe) – Ein Richter (Tenor) – Amelias Diener (Tenor) – Gesandte, Offiziere, Seeleute, Wachen, Volk, Diener, Edelleute, Anhänger Toms und Samuels, tanzende Paare u. a.

Ort und Zeit: Boston und Umgebung, Ende des 17. Jahrhunderts.

1. Akt. Riccardo, der Gouverneur der Stadt, hält seine morgendliche Audienz ab. Unter vielen Besuchern jeden Standes befinden sich Tom und Samuel an der Spitze einer kleinen Gruppe von Verschwörern, die ihre Stunde aber noch nicht gekommen sehen. Auf einer Liste der anderntags zum Maskenball eingeladenen Gäste, die ihm der Page Oscar überreicht, entdeckt Riccardo zu seiner Freude den Namen Amelias, die er heimlich liebt (*La rivedra nell'estasi / Ha, welch hohe Wonne*). Renato, Amelias Mann und sein engster Freund, ahnt nichts von dieser Liebe; er tritt mit einer Warnung von Riccardos Gegnern auf ihn zu (*Alla vita che t'arride / Für dein Glück und für dein Leben*). Doch Riccardo will keine Namen hören, er vertraut auf seine Beliebtheit beim Volk. Der Oberrichter tritt ein. Er legt Urteile zur Unterzeichnung vor, darunter die Verbannung der Wahrsagerin Ulrica. Oscar setzt sich für die angebliche Zauberin ein; sie halte es zwar mit dem Teufel, aber ihre Vorhersagen hätten schon vielen geholfen (*Volta la terrea / Mit starrem Angesicht*). Aus einer plötzlichen Laune heraus beschließt Riccardo, der Sache selbst nachzugehen, und fordert sein Gefolge auf, ihm in die Hütte Ulricas zu folgen, aber verkleidet als einfache Leute. – Dort zelebriert die Negerin vor einer großen Menge ihren Hokuspokus (*Re dell'abisso / König des Abgrunds, zeige dich*). Als erster will der Matrose

Silvano wissen, ob seine Treue zum Gouverneur belohnt werde. Ulrica verheißt ihm Reichtum. Heimlich steckt Riccardo dem Matrosen Geld und ein Offizierspatent zu, so daß der, als er in die Tasche greift, um die Wahrsagerin zu bezahlen, diese Vorhersage schon aufs schönste bewahrheitet sieht. Da erscheint die verschleierte Amelia, um heimlich Ulricas Rat zu erbitten. Die Wahrsagerin schickt die übrigen hinaus und hört Amelia allein an – was alles Riccardo belauscht. Amelia will ein Mittel gegen ihre verbotene Liebe zu Riccardo. Ulrica rät ihr, noch heute um Mitternacht auf dem Friedhof unter dem Galgen ein bestimmtes Kraut zu pflücken, und entläßt sie. Dann drängen die verkleideten Kavaliere herein und mit ihnen Riccardo, der nun seine Zukunft erfahren will (*Di' tu se fedele / O sag, wenn ich fahre*). Entsetzt müssen alle hören, daß der Gouverneur durch die Hand eines Freundes getötet werde, und zwar desjenigen, der ihn heute als erster mit Handschlag begrüße. Im gleichen Augenblick erscheint Renato; Riccardo reicht seinem Freund zum Gruß die Rechte und gibt sich lachend in seiner Verkleidung zu erkennen (*E scherzo od è follia / Ist Scherz oder Wahnsinn*), Ulrica, deren düstere Warnungen er in den Wind schlägt, eine Geldbörse zuwerfend.

2. Akt. Um Mitternacht ist Amelia am angegebenen Ort auf der Suche nach dem Zauberkraut (*Ecco l'orrido campo / Hier ist der grauenvolle Ort*). Riccardo ist ihr heimlich gefolgt; er gesteht ihr seine Liebe und erhält das Geständnis der ihren (Duett *Teco io sto / Ich bin dir nah*). Doch jemand ist ihnen gefolgt. Es ist Renato, der den Gouverneur suchte, um ihn vor Tom und Samuel zu warnen und ihn zu bitten, sich in Sicherheit zu bringen. Er erklärt sich bereit, an Riccardos Stelle die Dame, die sich einen Schleier vor das Gesicht gezogen hat, diskret in die Stadt zurückzubringen. Doch schon nahen Tom und Samuel mit ihren Leuten. Enttäuscht, statt Riccardo nur Renato zu finden, wollen sie wenigstens wissen, wer seine Begleiterin ist. Renato zieht den Degen, um ihr Inkognito zu schützen – und Amelia, die für das Leben ihres Mannes fürchtet, läßt den Schleier fallen. Beschämt und von den Verschwörern verspottet, be-

schließt Renato, sich zu rächen. Dazu bestellt er Tom und Samuel für den nächsten Morgen in sein Haus.
3. Akt. Renato droht seiner Frau, die vergeblich beteuert, seinen Namen rein gehalten zu haben, mit dem Tod. Ihre letzte Bitte, noch einmal ihren Sohn zu sehen (*Morrò, ma prima in grazia / Der Tod sei mir willkommen*), erfüllt er ihr noch. Dann wendet sich seine gesteigerte Rachlust von ihr ab und allein gegen Riccardo (*Eri tu / Ja, du warst*). Als Tom und Samuel erscheinen, legt er ihnen Beweise für ihre Konspiration vor und zeigt sich zu ihrer Verblüffung zum Mitmachen bereit. Wer den Mord ausführen soll, wird durch das Los bestimmt. Amelia muß den Namen ziehen: Renato. – Oscar überbringt die Einladung zum Maskenball, auf dem die Verschwörer ihr Vorhaben ausführen wollen. Der Gouverneur unterzeichnet eine Order, nach der Renato nach England zurückgeschickt wird und mit ihm Amelia, die Riccardo so aufgibt (*Forse la soglia attinse / Doch heißt dich auch das Pflichtgebot*). Einen Brief mit der anonymen Warnung vor einem Anschlag beim Ball nimmt er nicht weiter zur Kenntnis: Ein letztes Mal will er die Geliebte noch sehen. – Der Ball ist im Gange. Aus Oscar kann Renato herauslocken, welche Maske der Gouverneur trägt (*Saper vorreste / Laßt ab mit Fragen*). Amelia versucht nochmals, Riccardo zu warnen; sie gibt sich sogar zu erkennen, und beide versichern sich ihrer Liebe bis in den Tod (Duett *T'amo, si, t'amo / Lieben, ja lieben*) – da trifft Renatos Dolch den Gouverneur. Sterbend verzeiht Riccardo seinem tief betroffenen Freund und bezeugt die Unschuld Amelias.

Eigentlich wollte Verdi einen *König Lear* schreiben, und Antonio Somma hatte dazu schon die nötigen Vorarbeiten erbracht; dann zerschlug sich das Projekt, und Verdi verlangte nach einem anderen Stoff. In einer Phase seines Schaffens, während der er sich merklich von der französischen Grand opéra fasziniert zeigte, fiel Verdis Wahl auf Scribes Stück *Gustave III*, das schon Auber (1833) und Mercadante (1843 als *Il reggente*) vertont hatten. Somma, der sich aktiv am Aufstand der Venezianer gegen die Österreicher beteiligt hatte, war sich der Brisanz des Stoffes, der die

Ermordung des schwedischen Königs 1792 behandelt, bewußt. Doch anders als der vorausgegangene *Simon Boccanegra* ist *Un ballo in maschera* kein politisches Stück. »Mehr noch als *La Traviata* ist *Un ballo in maschera* ausschließlich ein reines Liebesgedicht« (Massimo Mila). Da es sich um eine unmögliche, aber von schwindelnder Leidenschaft gepackte Liebe handelt, die für einen Moment alle Bedenken hinwegfegt, wurde *Un ballo in maschera* oft mit *Tristan und Isolde* verglichen: »Ein natürlich ins Italienische übertragener *Tristan*, verpflanzt unter einen glühenden, leidenschaftlichen Himmel, selbst wenn die Handlung in den Norden verlegt ist« (M. Mila). Auch der Verdi-Biograph Julian Budden zieht solche Vergleiche: »Man hat *Un ballo in maschera* als Verdis *Don Giovanni*, aber auch als sein *Tristan und Isolde* bezeichnet. Beides ist nicht ganz falsch.«

Im *Maskenball* prallen tödliches Schicksal, fieberndes Liebesverlangen und Komisch-Groteskes aufeinander und ergeben ein Drama von greller Folgerichtigkeit, wo hinter jeder Verkleidung und jedem Lachen Abgründe lauern. Verdis Musik nimmt zum einen die hektischen, aggressiven Rhythmen der frühen Opern auf, gelegentlich – in den Arien Oscars und Riccardos – voll gefährlich leichtsinniger Ausgelassenheit, zum anderen wartet sie in verschwenderischer Weise mit eindringlichen Melodien auf, wodurch die Atmosphäre von Lebensgier und unterschwelliger Todesnähe unterstrichen wird. Im Finale des 2. Aktes verschränken sich z. B. Hohn und Spott, Verzweiflung und Zorn zu einem packenden Quartett mit Chor (*No, fermatevi / Nein, haltet ein*). Höhepunkt ist nach Amelias gespenstischer, vom Englischhorn getragener Arie *Ecco l'orrido campo* das von entfesselter Leidenschaft und hymnischer Hingabe bestimmte Duett *Teco io sto*, wie es in solch wilder Ekstatik einzig bei Verdi ist. Obwohl Verdi im *Maskenball* eine Reihe singulärer Arien schuf, führte er auch hier sein Bestreben nach Auflösung der schematischen geschlossenen Formen weiter.

Da die Zensur der Bourbonen die Darstellung eines Königsmordes verbot, wurde die ursprünglich in Schweden spie-

lende Handlung nach langen Auseinandersetzungen nach Boston verlegt. Die Uraufführung in Neapel fand unter dem Verlegenheitstitel *Un ballo in maschera* statt, der sich später als durchsetzungsfähig erwies. In Kopenhagen wurde 1935 erstmals der Versuch gewagt, die Handlung, wie ursprünglich geplant, wieder im Schweden des 18. Jh. anzusiedeln; Riccardo wird dann wieder zu Gustav III., Renato zum Grafen Anckarström, Ulrica zur Madame Arvedson, Tom und Samuel werden zu den Grafen Horn und Ribbing, und Silvano wird zu Christian. Im allgemeinen wird jedoch an der »Boston«-Version festgehalten.
Spieldauer: ca. 2¼ Stunden (1. Akt: ca. 55 min.; 2. Akt: ca. 30 min.; 3. Akt: ca. 45 min.).

Die Macht des Schicksals

La forza del destino

Melodramma in 4 Akten. Text von Francesco Maria Piave nach dem Schauspiel *Don Alvaro ò La fuerza del sino* von Angel de Saavedra, Duque de Rivas (1835). Uraufführung am 10. November 1862 in St. Petersburg, Kaiserliches Theater. Erstaufführung der Neufassung (Textbearbeitung: Antonio Ghislanzoni) am 27. Februar 1869 in Mailand, Teatro alla Scala.

Francesco Maria Piave s. *Ernani*, S. 388. – Antonio Ghislanzoni (25. 11. 1824 Lecco – 16. 7. 1893 Caprino Bergamasco) hatte Medizin studiert, sang aber Bariton in der Oper, bis er ab Mitte der 1850er Jahre nur noch als Librettist, Journalist und Herausgeber der »*Gazzetta musicale*« in Mailand arbeitete. Für Verdi überarbeitete er Piaves Text zu *La forza del destino* und besorgte die Versfassung der *Aida*. Eigenständiger sind seine Libretti für Petrella, Ponchielli (*I lituani*, 1874), Gomes (*Salvator Rosa*, 1874) und Catalani (*Edmea*, 1886).

PERSONEN: Der Marchese von Calatrava (Baß) – Donna Leonora, seine Tochter (Sopran) – Don Carlos di Vargas, sein Sohn (Bariton) – Don Alvaro (Tenor) – Preziosilla, eine junge Zigeunerin

(Mezzosopran) – Il Padre Guardiano, Prior eines Franziskanerklosters (Baß) – Fra Melitone, Franziskanermönch (Bariton) – Curra, Leonoras Zofe (Mezzosopran) – Ein Alkalde (Baß) – Mastro Trabuco, Maultiertreiber (Tenor) – Ein Chirurg (Baß) – Maultiertreiber, spanische und italienische Landleute, spanische und italienische Soldaten, italienische Rekruten, Franziskanermönche, Marketenderinnen u. a.

ORT UND ZEIT: Spanien und Italien, um die Mitte des 18. Jahrhunderts.

1. Akt. Im Palast der Calatrava in Sevilla. Vor dem Zubettgehen wünscht der Marchese seiner verwirrt wirkenden Tochter eine gute Nacht, ohne alle ihre sonstigen Gedanken an den fremden Mann, der ihrer nicht wert sei. Dieser Fremde ist Alvaro, Abkömmling eines edlen Inka-Stammes, mit dem sie für diese Nacht die Flucht und heimliche Trauung verabredet hat. Leonora zweifelt und zögert, weil sie doch noch einmal den Vater sehen möchte, weiß sich aber ihrer Liebe zu Alvaro, der zum Gehen drängt (*Ah, per sempre / Dein bin ich*) ganz sicher (Duett *Seguirti fino agli ultimi / Mit dir geh ich*). Man hat sie gehört: Mit gezogenem Degen stürzt der Marchese ins Zimmer, seine Tochter verfluchend und Alvaro beleidigend. Alvaro nimmt alle Schuld auf sich. Zum Zeichen seiner Unterwerfung schleudert er seine Pistole von sich, dabei löst sich ein Schuß und tötet den Marchese.

2. Akt. Schenke im Dorf Hornachuelos. Leonora und Alvaro, die sich seit dem Unglück nicht mehr gesehen haben, sind auf der Flucht vor Leonoras Bruder Don Carlos di Vargas. Als Leonora, die in Männerkleidern reist, in Begleitung Trabucos in die Dorfschenke tritt, erkennt sie zu ihrem Entsetzen Carlos unter den tafelnden Gästen. Sie kann unbemerkt bleiben, weil eine leidenschaftlich für den Krieg in Italien werbende Zigeunerin gerade alle Aufmerksamkeit auf sich zieht (Kanzone *Al suon del tamburo / Beim Schalle der Trommeln*). Dann zieht eine Pilgerschar vorbei, und alle Anwesenden knien auf Geheiß des Alkalden zum Gebet nieder. Trabuco, den Carlos ständig über seinen Begleiter ausfragt – »ist er Hahn oder Hühnchen?« –, wird es zu bunt;

er geht. Auf Wunsch des Alkalden gibt Carlos Auskunft über sich. Er behauptet, Student zu sein, und erzählt in einer Ballade (*Son Pereda, son ricco d'onore / Ein Student bin ich*) von einem Mitstudenten Vargas, dem er geholfen habe, den Mörder seines Vaters und Entführer seiner Schwester zu verfolgen. Damit beeindruckt er alle, nur Preziosilla glaubt ihm kein Wort. – Leonora ist an die Pforten eines Klosters geflohen, wo sie Frieden zu finden hofft (*Madre, pietosa Vergine / Mutter der reinen Gnade*). Auf ihr Läuten hin erscheint Fra Melitone, der den Vater Superior, Pater Guardian, herbeiholt. Ihm gibt sich Leonora zu erkennen und erhält darauf seine Erlaubnis, ihr Leben in einer Einsiedelei büßend verbringen zu dürfen. Als Einsiedler stellt er sie dann seinen Mitbrüdern vor, die den Mitbruder mit Gebeten in die Einsamkeit verabschieden, wo keiner ihn je besuchen darf außer dem Prior (*La Vergine degli Angeli / Die Himmelsjungfrau gnadenvoll*).
3. Akt. In Italien kämpft Don Alvaro unter dem Namen Herreros bei den spanisch-italienischen Truppen gegen die Österreicher, immer begleitet von der Erinnerung an Leonora, die er tot glaubt (*Oh, tu che in seno agli angeli / Du stiegst empor zur Seligkeit*). Er kommt einem vom Feind bedrängten Mitoffizier zu Hilfe und rettet ihm das Leben – dieser Offizier ist Carlos, der, ebenfalls unter falschem Namen, in der gleichen Armee kämpft. Beide schwören sich Freundschaft (Duett *Amici in vita, in morte / Zwei Freunde auf Leben und Tod*). – In der Schlacht ist Alvaro schwer verwundet worden. Im Feldlazarett bittet er Carlos, ein Päckchen Briefe in seiner Tasche ungelesen zu verbrennen, falls er sterben sollte (Duett *Solenne in quest'ora / Die Stunde ist heilig*). Weil Alvaro eine Auszeichnung, den Orden von Calatrava, recht heftig zurückwies, ist Carlos mißtrauisch geworden, doch er widersteht der Versuchung, das versiegelte Päckchen zu öffnen (*Urna fatale del mio destino / Was ihr auch berget*). Da entdeckt er in der Tasche das Bildnis seiner Schwester Leonora: Er hat seinen Todfeind gefunden. Und als ihm der Arzt die Rettung Alvaros mitteilt, bricht er in Jubelrufe aus; Alvaro solle leben, um durch ihn zu sterben!

– Wochen später ist Alvaro wiederhergestellt. Carlos gibt sich zu erkennen und fordert Alvaro als den Mörder seines Vaters zum Duell. Vergeblich beteuert Alvaro seine Unschuld. Erst als Carlos schwört, Leonora, die noch am Leben sei, ebenfalls zu töten, greift auch Alvaro zum Degen. Die wachhabenden Soldaten trennen die Kämpfenden und schleppen Carlos fort. Tief niedergeschlagen wendet sich Alvaro ab; er sucht sich ein Kloster für den Rest des Lebens. Trommeln und Trompeten wecken das Feldlager mit seinen Soldaten, willigen Marketenderinnen und gerissenen Händlern, darunter Trabuco, zu wildem Treiben. Mitten dabei ist Preziosilla, die Wahrsagerin. Fra Melitone kommt mit seiner Buß- und Strafpredigt (*Toh! Toh! Poffare il mondo! / Ho! Ho! Hier geht's ja hoch her*) nicht gegen das sündige Tun an, ja, Preziosilla muß ihn vor den Fäusten einiger Soldaten retten; sie reißt alle mit zu einem lautstarken Rataplan-Soldatenchor.
4. Akt. Im Kloster, in dessen Schutz Leonora Zuflucht fand, verteilt der bärbeißige Fra Melitone Suppe an die Armen, die ihm alle die Sanftmut und Güte des Bruders Raffaelo vorhalten. Doch Fra Melitone kommt dieser neue Bruder – es ist kein anderer als Alvaro – sonderbar vor, wofür ihn Pater Guardian tadelt. Da erscheint ein Fremder, der Pater Raffaelo zu sehen wünscht. Dieser Unbekannte erweist sich als Carlos, der seinen Todfeind aufgespürt hat und jetzt seine Rache vollenden will. Er reizt Alvaro, verhöhnt ihn als minderwertigen Mulatten, bis dieser nicht mehr an sich halten kann und zu der dargebotenen Waffe greift (Duett *Col sangue / Dein Blut allein*). – Vor ihrer Felsengrotte betet Leonora um den inneren Frieden, den die Liebe zu Alvaro sie noch nicht hat finden lassen (*Pace, pace, mio dio / Frieden! Frieden*). Als sie Waffenlärm hört, zieht sie sich zurück. Die Stimme von Carlos ist zu hören; dann tritt Alvaro vor die Klause, bittet, einem Sterbenden beizustehen, und erkennt die Geliebte. Alvaro zeigt auf ihren tödlich verwundeten Bruder. Sie eilt zu ihm. Ein Aufschrei läßt Alvaro ahnen, daß Carlos sie unversöhnlich niedergestochen hat. Voll Verzweiflung flucht er dem Himmel, nun selbst unversöhn-

lich mit Gott und den Ermahnungen des Paters Guardian verschlossen, der die sterbende Leonore heranführt. Erst ihre Bitten brechen seinen Stolz. So geht sie ihm freudig im Tod voran.

1860 hatte Verdi den ehrenvollen und lukrativen Auftrag einer Komposition für die Kaiserliche Oper in St. Petersburg erhalten. Nachdem Victor Hugos *Ruy Blas*, Verdis Vorschlag, wegen der aufrührerischen Tendenzen des Stücks als Sujet verworfen wurde, schlug Verdi das Drama von Angel de Saavedra vor, einen wirr-romantischen Stoff, nicht anders als in den beiden Werken von Saavedras Landsmann García Gutiérrez, die Verdi vertont hatte (*Troubadour* und *Simon Boccanegra*). Die Predigt des Fra Melitone entnahm er *Wallensteins Lager* von Schiller. Als Librettisten entschied sich Verdi wieder für Piave. Die Arbeit ging zügig voran, und im November 1861 reiste das Ehepaar Verdi nach Rußland, um die Premiere, die allerdings wegen Erkrankung der Primadonna auf 1862 verschoben werden mußte, vorzubereiten.
Die sog. Petersburger Fassung weicht in mehreren gravierenden Punkten von der Version ab, die Verdi für die italienische Erstaufführung 1867 in Mailand gemeinsam mit Ghislanzoni herstellte und die sich seither durchgesetzt hat. Für Mailand komponierte Verdi die umfangreiche Ouvertüre, die sogar Eingang in das Konzertrepertoire fand, nahm die turbulenten Kriegsszenen mit Preziosilla und die Predigt des Fra Melitone neu in den 3. Akt auf und ersetzte am Ende der Oper den Selbstmord Alvaros (der sich von einem Felsen stürzt) durch das vom Pater Guardian angestimmte versöhnliche Terzett *Non imprecare, umiliati / Nein, nicht fluchen.* Eliminiert wurde im 3. Akt Alvaros Romanze und Cabaletta *Qual sangue sparsi / Dieses Blut wird fließen*, quasi eine Entsprechung zu Manricos *Di quella pira* im *Troubadour.*
Im Sinne seines Begriffs der »varietà« ist *La forza del destino* Verdis revuehaftestes Werk: Kriegslärm und Mönchsgesänge, Ernst und Anzüglichkeit stehen nebeneinander. In dieser shakespearehaften Buntheit der Charaktere gelingt es

Verdi, die kleinen Partien wie Preziosilla, Trabuco und Fra Melitone aufzuwerten und ihnen eine Hintergründigkeit zu geben, die sie wesentlich von den üblichen Typen der Opera buffa unterscheidet. Aus den Arien Leonoras und Alvaros ist eine zunehmende Verinnerlichung herauszuhören. Nach nur einem Duett zu Beginn der Oper (*Seguirti fino agli ultimi*) kommen die Liebenden erst am Ende der Oper nochmals zusammen – musikalisch in dem Terzett mit Guardian. Eine mögliche dramaturgische Schwäche, das Fehlen eines großen Liebesduetts, wird durch Leonoras beide Arien und Alvaros Romanze, die alle den gleichen Stimmungsgehalt leitmotivisch umkreisen, kompensiert. Neben der Ouvertüre ist das von allen Tenören und Baritonen aufgenommene Duett Alvaro / Carlos *Solenne in quest'ora* im 3. Akt bis heute das bekannteste Solostück der Oper. Zu Verdis großen Chormomenten gehören der bewegende Mönchschor bei Leonoras Einweisung in das Kloster und die charakteristischen Lagerszenen, deren scharfe Realistik neu in der italienischen Oper war. Dennoch – all das entschädigt nicht für die fehlende innere Geschlossenheit und dramatische Stringenz der Oper. *La forza del destino* wirkt deshalb wie ein unübersichtlicher Flickenteppich mit schönen Details und bleibt damit innerhalb von Verdis Spätwerken der einzige Problemfall.
Spieldauer: ca. 3 Stunden (1. Akt: ca. 25 min.; 2. Akt: ca. 55 min.; 3. Akt: ca. 60 min.; 4. Akt: ca. 40 min.).

Don Carlos

Oper in 5 Akten. Text von Joseph Méry und Camille du Locle nach Friedrich Schillers *Don Carlos* (1787). Uraufführung am 11. März 1867 in Paris, Théâtre de l'Opéra. Erstaufführung der Neufassung in 4 Akten mit der italienischen Übersetzung von Achille de Lauzières und Angelo Zanardini am 10. Januar 1884 in Mailand, Teatro alla Scala. Erstaufführung der letzten Fassung in 5 Akten am 26. Dezember 1886 in Modena, Teatro Comunale.

François-Joseph Méry (21. 1. 1797 Marseille – 17. 6. 1865 Paris), Verfasser mehrerer Napoleon-Dramen, starb über der Arbeit am *Don Carlos*-Libretto. Er ist auch der Autor von *La bataille de Toulouse*, der Vorlage zu Cammaranos Libretto *La battaglia di Legnano* für Verdi. – Camille du Locle (1832–1903), der Schwiegersohn Émile Perrins, welcher u. a. 1862–73 die Opéra leitete und Verdi den Auftrag zu *Don Carlos* gab, war Librettist und 1870–75 Direktor der Opéra-Comique. Mit Charles-Louis-Étienne Nuitter (1828–1899) übersetzte er *La forza del destino* und *Aida*.

PERSONEN: Philippe II / Filippo II / Philipp II., König von Spanien (Baß) – Don Carlos, Infant von Spanien (Tenor) – Rodrigue / Rodrigo, Marquis von Posa (Bariton) – Der Großinquisitor (Baß) – Ein Mönch (Baß) – Elisabeth de Valois (Sopran) – Prinzessin Eboli (Mezzosopran) – Thibault / Tebaldo, Page Elisabeths (Sopran) – Gräfin von Aremberg (stumme Rolle) – Graf von Lerma (Tenor) – Ein königlicher Herold (Tenor) – Eine Stimme vom Himmel (Sopran) – Granden von Spanien, flämische Deputierte, Inquisitoren, Herren und Damen des spanischen Hofes, Holzfäller, Pagen, Wachen Heinrichs II. und Philipps II., Deputierte der spanischen Provinzen, Jägerchor u. a.

ORT UND ZEIT: Frankreich und Spanien, um 1560.

Fassung von 1886. – 1. Akt. Elisabeth von Valois, mit ihrem Gefolge durch den Wald von Fontainebleau reitend, wird heimlich – und mit wachsendem Entzücken – von Don Carlos beobachtet. Er ist nach Frankreich gekommen, um Elisabeth, die ihm als Braut zugedacht ist, kennenzulernen (*Fontainebleau! Foresta immensa / Fontainebleau! Dies ist der Wald*). Rasch findet er Gelegenheit, sie seiner Liebe zu versichern und sich ihr erkennen zu geben. Er erhält auch ihr Liebesgeständnis. Beider Glück wird jäh zerstört durch Tebaldos Meldung, der König wünsche Elisabeth nicht mit dem Infanten, sondern mit Philipp II. selbst zu verheiraten, um zwischen Frankreich und Spanien ein festes Friedensbündnis zu schließen. Unter Qualen gibt sie dem mit großem Gefolge nahenden Herzog von Lerma ihre Zustimmung, auch zur ganzen Verzweiflung des Prinzen Carlos.
2. Akt. Vor dem Grab Karls V. im Kloster San Yuste, in der geistigen Nähe zu seinem Großvater also, sucht Carlos den

inneren Frieden, den Karl V. hier erlangt hatte. Dort findet ihn sein Freund Posa, den Carlos ins Vertrauen zieht. Voll Mitgefühl rät Posa ihm, Spanien zu verlassen und in Flandern, wo man große Hoffnungen auf ihn setze, den Schmerz um Elisabeth zu verwinden. Der Infant nimmt den Rat dankbar an, und beide versichern sich ihrer unverbrüchlichen Freundschaft (Duett *Dio, che nell'alma infondere / Gott, der die Seelen entflammte*). Beim Gesang der Mönche kommen Elisabeth und Philipp auf dem Weg zum Gebet vorüber. Ihr Anblick vertieft erneut die Verzweiflung von Carlos. Vor dem Kloster vertreiben sich die Hofdamen die Zeit bis zur Rückkehr der Königin mit Gesang. Die Prinzessin Eboli singt das »Lied vom Schleier«: von einem König, der seiner Gattin überdrüssig wurde, sich in eine verschleierte Fremde verliebte und in ihr schließlich seine eigene Frau erkannte (*Nei giardin' del bello / In dem Park der Feen*). Als die Königin aus dem Kloster tritt, überreicht ihr Posa mit einem Brief ihrer Mutter aus Frankreich heimlich ein Billett des Infanten, in dem Carlos seinen Freund als vertrauenswürdigen Vermittler empfiehlt. Und Posa bittet sie um eine Audienz mit Carlos. Zeugin dieses Gesprächs ist die Eboli, die selbst Don Carlos für sich zu gewinnen hofft. Die Damen ziehen sich zurück, Elisabeth steht plötzlich allein dem Infanten gegenüber. Carlos bittet sie, sich beim König für seine Entsendung nach Flandern zu verwenden, und stürzt sich, von seinen Gefühlen überwältigt, in ihre Arme. Die Königin bewahrt mit Mühe ihre Haltung. Als kurz darauf Philipp erscheint, findet er sie allein – die Königin ohne eine Dame, das ist ein Verstoß gegen das Zeremoniell: die Verantwortliche, Gräfin Aremberg, wird sofort entlassen. Elisabeth tröstet sie (*Non pianger, mia compagna / Meine Freundin, weine nicht*). Während die anderen abgehen, wagt Posa ein offenes Wort vor dem König: Er bittet um den Frieden in den von Spanien verwüsteten Niederlanden und um Religionsfreiheit für die Protestanten dort. Philipp erkennt bewegt die selbstlose Aufrichtigkeit Posas und seine Ergebenheit. So sieht er ihm die Kühnheit seiner Bitte nach, die er vor der Inquisition nie äußern dürfte, und vertraut ihm an, daß ihn das Mißtrauen quäle, Elisabeth

sei ihm untreu. Posa möge die Königin und Don Carlos prüfen, »ihre Herzen erforschen«.
3. Akt. Im Garten der Königin erwartet Carlos um Mitternacht Elisabeth. Das Billett zu diesem Rendezvous ist indessen nicht von ihr, sondern von der Eboli, die tief verschleiert erscheint und glücklich seine verliebten Worte aufnimmt – bis der Schleier fällt. Das Geheimnis seiner wahren Liebe ist entdeckt. Posa tritt hinzu und droht der Prinzessin mit dem Dolch, als sie in ihrer wütenden Enttäuschung die Königin als heuchlerische Ehebrecherin bezeichnet und Rache schwört (Terzett *Ed io, che tremava al suo aspetto / Und ich soll in Demut mich beugen vor dieser Frau*). Er läßt sie gehen, und von Carlos, dessen Verhaftung zu erwarten ist, übernimmt er einige geheime Dokumente in Verwahrung. – Vor der Kathedrale von Valladolid wird ein Autodafé, eine öffentliche Ketzerverbrennung, vorbereitet. Als der König aus der Kirche kommt, werfen sich ihm Deputierte Flanderns, um Frieden bittend, zu Füßen. Philipp befiehlt, sie aus dem Weg zu schaffen, doch da tritt ihm Carlos entgegen. Er fordert die Befehlsgewalt in Flandern und zieht, weil der König ablehnt, den Degen – eine Majestätsbeleidigung. Posa gelingt es, ihm die Waffe abzunehmen. Er überreicht sie dem König. Das Autodafé beginnt, die Flammen der Scheiterhaufen lodern auf.
4. Akt. In seinem schlichten Arbeitszimmer die Nacht durchwachend, quält den König die Gewißheit, daß Elisabeth ihn nie geliebt hat (*Ella giammai m'amò*). Der Großinquisitor wird gemeldet, ein blinder Greis, dessen Rat Philipp erbittet: Ob er seinen Sohn opfern dürfe. Die Antwort ist Ja. Der alte Priester fordert mehr: Um der Erhaltung des Glaubens willen habe sich auch Posa zu verantworten, und zwar vor der Inquisition, der sich der König selbst zu stellen habe, wenn er nicht der Kirche gehorche. Aufgeregt erscheint die Königin; sie beklagt den Raub ihres Schmuckkästchens. Der König legt ihr die Schatulle vor und bezichtigt sie des Ehebruchs, da er darin ein Porträt des Infanten findet. Die Königin sinkt ohnmächtig zu Boden. Posa wird herbeigerufen und die Gräfin Eboli, die der wieder erwachten Königin un-

ter vier Augen gesteht, daß sie aus enttäuschter Liebe zu Don Carlos dem König das Kästchen, dessen Inhalt sie kannte, zugespielt hat, ja, daß sie Philipps Geliebte war. Empört stellt Elisabeth sie vor die Wahl: Exil oder Kloster. Die zerknirschte Gräfin verflucht ihre Schönheit, die sie ins Verhängnis stieß; im Kloster werde sie für ihre Vergehen Buße tun, zuvor aber das Leben von Carlos zu retten versuchen (*O don fatale / Verfluchte Gabe*). – Posa sucht Carlos im Gefängnis auf, um Abschied zu nehmen. Aber nicht der Infant, sondern er, Rodrigo, stehe vor dem Tod: Man hat die gefährlichen Papiere bei ihm gefunden, und er hat allen Verdacht auf sich selbst gelenkt. Er kann den Infanten an seine politische Aufgabe für den Frieden Flanderns noch erinnern, dann trifft ihn ein Schuß, die Kugel der Heiligen Inquisition (*Per me giunto è il dì supremo / Für mich ist schon der Letzte Tag gekommen*). Der König tritt ein, um Carlos zum Zeichen seiner Rehabilitation den Degen zurückzugeben. Voll Trauer und Verachtung weist dieser ihn zurück. Da stürmt das von der Gräfin Eboli aufgewiegelte Volk heran, um Don Carlos zu befreien. Aber mit unerbittlicher Autorität zwingt der Großinquisitor die Anstürmenden auf die Knie zur Huldigung für Gott und den König.
5. Akt. Wie einst Don Carlos steht Elisabeth am Grab Karls V. im Kloster San Yuste und betet um inneren Frieden (*Tu che le vanità / Du erfuhrst, wie vergänglich*). Carlos ist zu ihr getreten, um Abschied von ihr zu nehmen. Statt seiner Liebesträume wünscht er die Hoffnung der Menschen in Flandern zu erfüllen. Beide erwarten das Wiederfinden in einer anderen Welt. Großinquisitor und König stehen plötzlich vor ihnen. Philipp hat sich der Kirche gebeugt, die Inquisition will Don Carlos greifen. Er wehrt sich, weicht zurück, da erscheint ein Mönch im Ornat Karls V. und entführt Carlos in den Schutz des Klosters.

Mit dieser für die Weltausstellung 1867 komponierten Oper wollte Verdi in Paris endlich jenen Triumph erzielen, den man ihm bei den *Vêpres siciliennes* verwehrt hatte. *Don Carlos* ist Verdis ehrgeizigstes und umfangreichstes Werk. Zum

letzten Mal zollte er der Gattung der Grand opéra Tribut und schuf damit die später international erfolgreichste Große Oper überhaupt.
Anregungen zum 1., dem sog. Fontainebleau-Akt, zu der Erscheinung Karls V. sowie zu dem vom Großinquisitor niedergeschmetterten Volksaufstand fanden die Librettisten in Stücken von André Chenier (*Philippe II*, 1801), Alexandre Soumet (*Elisabeth de France*, 1828) und Eugène Cormon (*Philippe II, Roi d'Espagne*, 1846).
Verdi unterzeichnete im Dezember 1865 seinen Vertrag und komponierte das Werk im folgenden Jahr in Paris, Busseto und dem Pyrenäen-Badeort Cauterets. Im Sommer 1866 begannen die 8 Monate andauernden 270 Proben, die aber bei der Premiere Verdis Ehrgeiz nicht belohnten.
Die verblüfften Zuhörer und Kritiker warfen Verdi, vielleicht ausgehend von dem »leitmotivisch« ausziselierten Konversationston, der in vielen Szenen vorherrscht, Einfluß von Wagner vor, obwohl er sich bis dahin mit der Musik seines deutschen Konkurrenten noch gar nicht auseinandergesetzt hatte. Verdi selbst war mit der Aufführung, die er »blutlos und kalt« nannte, unzufrieden. Erst im Laufe von 20 Jahren fand die Oper dann zu einer endgültigen Form. Die Forschungen von U. Günther und L. Petazzoni haben nicht weniger als 7 Fassungen gesichert. Eine verbindliche Anweisung, wie die Oper aufzuführen sei, kann es nicht geben, deshalb erschien sie auf den Bühnen »in der Fassung von 1867, mit den vor der Premiere gestrichenen Stücken oder ohne sie, in der 4aktigen Version von 1884, in der Kraut-und-Rüben-Fassung von 1886, oder gar in einer neuen Kombination aller drei Möglichkeiten« (J. Budden), doch haben sich nun die Fassungen von 1883 und 1886 durchgesetzt.
Obwohl Elisabeth und Eboli je zwei, Philipp und Posa je eine eindrucksvolle Arie haben, ist *Don Carlos* eine Oper der Duette und Ensembles, einschließlich des Autodafés, eines von Verdis grandiosen Concertati. Dafür haben Elisabeth und der mit seiner Romanze zu Beginn der Oper relativ stiefmütterlich behandelte Carlos gleich drei Duette von ganz unterschiedlicher Farbe, die von der Leidenschaft jun-

ger Liebe bis zum resignativ verhangenen Abschied reicht; feurig ist das Duett Carlos / Posa, beklemmende Konversationen sind das Duett Philipps mit Posa sowie – eine der eindrucksvollsten musikdramatischen Konfrontationen der Opernbühne – seine Szene mit dem Großinquisitor. Sowohl in dem Terzett Eboli / Carlos / Posa im 3. Akt wie in dem Quartett im 4. Akt. *Ah! sii maledetto, sospetto fatale / Verflucht sei der schändliche Argwohn* entschlüsselt sich Verdis Kunst der charaktervollen Situationsbeschreibung. Obwohl *Don Carlos* selbst in seiner gekürzten Version eine sehr lange Oper ist, gelang es Verdi durch seine subtile Orchestersprache, die leitmotivische Verwendung bestimmter Instrumente und Klangfarben eine spannungsvolle Klangdramaturgie zu entwerfen, die jede Szene plastisch ausleuchtet und ihr eine unverwechselbar dichte Atmosphäre verleiht: Im Autodafé werden z. B. die Gegensätze zwischen dem Festchor und dem Trauermarsch durch ein dunkel intoniertes *Dies irae* unterstrichen; später nehmen die Klarinetten das Freundschaftsmotiv auf, nachdem Carlos von den Wachen abgeführt wird. Weitere Kennzeichen dieser meisterhaft strukturierten Partitur sind u. a. das Hörnervorspiel für die erste Szene im Kloster, das Cello-Solo im Vorspiel zu Philipps großer Szene im 4. Akt, das gellende, dem König zugeordnete Bläser-Fortissimo in seiner Auseinandersetzung mit dem Großinquisitor oder die von den Holzbläsern aufgenommenen Erinnerungen der Königin im Vorspiel ihrer Arie im letzten Akt. »Die besten Szenen im *Don Carlos* hat weder Verdi noch sonst jemand je übertroffen; viele halten diese Oper für die schönste im Verdi-Kanon. Sie greift am weitesten aus, was die Auslotung der Gefühle und den Reichtum einprägsam gezeichneter Charaktere anlangt; die vollkommenste ist sie freilich nicht« (J. Budden).
Spieldauer: ca. 3½ Stunden (1. Akt: ca. 25 min.; 2. Akt: ca. 55 min.; 3. Akt: ca. 35 min.; 4. Akt: ca. 50 min.; 5. Akt: ca. 30 min.). – Version in 4 Akten: ca. 2¾ Stunden.

Aida

Oper in 4 Akten. Text von Antonio Ghislanzoni und Camille du Locle nach der Erzählung *La fiancée du Nil* von Auguste Mariette. Uraufführung am 24. Dezember 1871 in Kairo, Opernhaus. Erstaufführung in Italien am 8. Februar 1872 in Mailand, Teatro alla Scala.

Antonio Ghislanzoni s. *Die Macht des Schicksals*, S. 372. – Camille du Locle s. *Don Carlos*, S. 378.

Personen: Der König von Ägypten (Baß) – Amneris, seine Tochter (Mezzosopran) – Aida, äthiopische Sklavin (Sopran) – Radames, Hauptmann der Palastwache (Tenor) – Ramphis, Oberpriester (Baß) – Amonasro, König von Äthiopien, Aidas Vater (Bariton) – Ein Bote (Tenor) – Priesterin (Sopran) – Priester, Priesterinnen, Minister, Krieger, Hauptleute, Sklaven, äthiopische Gefangene, Volk u. a.

Ort und Zeit: Memphis und Theben, zur Zeit der Pharaonen.

1. Akt. In einem Saal des Königspalasts von Memphis läßt Ramphis den jungen Radames wissen, daß ein Angriff der Äthiopier auf Theben bevorstehe und die Göttin Isis dafür den Heerführer schon bestimmt habe. Radames hofft, der vom Orakel Bestimmte zu sein (*Celeste Aida / Holde Aida*), um Aida, seine Geliebte, dann als Sieger in ihre Heimat führen zu dürfen. Die Königstochter Amneris, die Radames ihre Zuneigung spüren läßt, beginnt in Aida die Rivalin zu wittern, obgleich beide, Radames wie Aida, bemüht sind, sich ihre Gefühle nicht anmerken zu lassen (Terzett *Vieni, o diletta, appresati / Komm, o Geliebte*). Als ein Bote den Einfall der Äthiopier unter ihrem König Amonasro bestätigt, nennt der König den Namen des von Isis bestimmten Feldherrn: Radames. Der versammelte Hofstaat jubelt ihm zu. Für Aida bedeutet diese Situation einen qualvollen Konflikt zwischen ihrer Liebe zu Radames, dem sie den Sieg wünscht, und der Verbundenheit mit ihrem Vater und seinem Schicksal (*Ritorna vincitor / Als Sieger kehre heim*). – Im Tempel des Gottes Phtà wird Radames mit den siegbringenden heiligen Waffen gerüstet.

Giuseppe Verdi: La Traviata
Staatstheater Stuttgart

Giuseppe Verdi: Don Carlos
Opernhaus Zürich

2. Akt. In Erwartung des siegreich heimkehrenden Radames läßt sich Amneris von ihren Sklavinnen einkleiden und schmücken. Mitleid vortäuschend, sucht sie Aidas Gefühle für Radames herauszufinden; mit der Behauptung, er sei gefallen, entlockt sie ihr das Geheimnis ihrer Liebe. Dann gibt sie sich als ihre Rivalin zu erkennen (Szene und Duett *Fu la sorte dell'armi / Wohl war das Los der Waffen*). – Vor den Toren Thebens empfangen der Hofstaat, die Priester und das Volk die siegreiche ägyptische Armee (Triumphmarsch). Amneris legt Radames den Siegerkranz um die Stirn, und der König stellt dem Feldherrn feierlich einen Wunsch frei. Unter den mitgeführten Gefangenen erkennt Aida ihren Vater Amonasro, der ihr zuraunt, sie dürfe ihn nicht verraten. Er gibt vor, der äthiopische König sei getötet worden, und bittet mit seinen Kriegern und Aida, sogar mit dem ägyptischen Volk, um Gnade, doch nicht für sich selbst (*Anch'io pugnai / Ich hab gekämpft*). Und wie sehr auch die Priester und Ramphis den König bestürmen, die Gefangenen niederzumachen – Radames selbst spricht den Wunsch um Freilassung aller Äthiopier aus, nur Aida und ihr Vater sollen als Geiseln am ägyptischen Hof bleiben. So geschieht es. Der König bestimmt Radames zum Thronfolger und gibt ihm die Hand seiner Tochter.

3. Akt. Am Ufer des Nils empfängt der Oberpriester Amneris, die im Tempel diese Nacht vor der Hochzeit betend verbringen muß. Dann erscheint Aida; Radames hat sie hergebeten (*Qui Radames verrà / Bald kommt Radames*). Zuvor aber taucht ihr Vater auf. Er macht ihr Hoffnung auf Rückkehr in die Heimat und eine Zukunft mit Radames, wenn man die Ägypter besiege, und dazu könne sie beitragen, indem sie Radames den künftigen Aufmarschplan der Ägypter entlocke – ein weiterer schwerer Gewissenskonflikt für seine Tochter (Duett *Rivedrai le foreste imbalsamate / Wiedersehen wirst du die duftigen Wälder*). Radames kommt und beteuert seine Liebe. Er will nach einem neuerlichen Sieg über die Feinde die Hand Aidas als Siegespreis verlangen. Aida drängt ihn aber, mit ihr zu fliehen, wozu Radames schließlich bereit ist. Arglos verrät er dabei die

Stellung der ägyptischen Truppen, die sie zu umgehen hätten auf der Flucht. Da tritt Amonasro aus dem Hintergrund und gibt sich als König der Äthiopier zu erkennen – Radames wird mit Entsetzen klar, was er getan hat. Schon kommen Amneris und Ramphis aus dem Tempel. Aida und Amonasro gelingt zwar die Flucht, aber Radames, eine Attacke Amonasros auf Amneris noch abwehrend, stellt sich dem Oberpriester und den Wachen.
4. Akt. Amneris ist verzweifelt: Ihre Rivalin ist entflohen, der Geliebte wurde des Hochverrats angeklagt (*L'aborrita rivale a me sfuggia / Entflohn ist die Rivalin*). Sie verspricht Radames, seine Freiheit zu erwirken, wenn er Aida entsagt. Doch Radames weigert sich, lieber geht er für Aida in den Tod (Duett *Già i Sacerdoti adunansi / Schon sind die Priester all vereint*). So verurteilt ihn das Gericht der Priester zum Tode: Unter dem Tempel des Phtà soll er lebendig eingemauert werden. Amneris verflucht die Grausamkeit der Richter. – In der Grabkammer eingeschlossen (*La fatal pietra sovra me si chiuse / Es hat der Stein sich über mir geschlossen*), erwartet Radames das Ende. Seine letzten Gedanken gelten Aida – die plötzlich aus dem Dunkel erscheint. Sie hat sich heimlich eingeschlichen, um mit ihm zu sterben. Er schließt sie in seine Arme, und gemeinsam erwarten sie glücklich den Frieden des Jenseits (Duett *Morir per te d'amore / Zu sterben! So rein und schön*). Amneris betet für die Seele ihres Geliebten.

Im November 1869 – es war das Jahr der Eröffnung des Suezkanals – ist das Opernhaus in Kairo mit *Rigoletto* eingeweiht worden. Der Khedive von Ägypten, Ismael Pascha, ein Bewunderer Verdis, wünschte für das folgende Jahr ein eigenes Werk von ihm für sein Opernhaus. Sein archäologischer Berater, der französische Ägyptologe Auguste-Édouard Mariette (1821–1881), vermittelte über du Locle eine Anfrage bei Verdi, der eine Handlungsskizze nach Mariettes Erzählung *La fiancée du Nil* zugrunde lag. Im Juni 1870 willigte der Komponist nach einigem Zögern ein. Du Locle machte einen szenischen Entwurf in französischer Prosa,

Ghislanzoni brachte ihn in italienische Verse. Verdi kümmerte sich intensiv um das Libretto und schließlich um jedes Detail der Aufführung (Besetzung, Dekorationen, Kostüme usw.); er ließ für den Triumphmarsch eigens die sog. Aida-Trompeten anfertigen. Anfang 1871 war die Oper vollendet. Doch die für Januar vorgesehene Uraufführung verzögerte sich, da die in Paris gefertigten Dekorationen wegen des Deutsch-Französischen Krieges nicht versandt werden konnten. Die Premiere war ein großer Erfolg; die zahlreichen geladenen Journalisten sicherten dem Ereignis internationale Resonanz. Und die Mailänder Aufführung bescherte dem Werk einen Triumph, der ihm bis heute treu blieb.
Im Vergleich mit dem vorangegangenen *Don Carlos* »stufen wir heute *Aida* etwas niedriger ein – wegen der martialischen Aufmärsche und kriegerischen Emotionen oder auch wegen stillschweigender Duldung der geschlossenen Gesellschaft. Dagegen übt der jugendliche Idealismus, der sich gegen die Tyrannei der Alten auflehnt [. . .], eine viel größere Faszination aus« (J. Budden). Im Grunde ist *Aida* trotz der Aufmärsche, wie sie ein Inszenierungsstil in der Tradition der Arena von Verona kultivierte (1912 wurde *Aida* bei Gizeh, 1987 vor dem Tempel in Luxor gespielt), ein intimes, kammermusikalisches Werk, in dem die gebrochenen Farben und elegischen Töne des *Don Carlos* dominieren. »Akzeptiert man jedoch erst einmal die dramatischen Voraussetzungen, so ist *Aida* sicherlich das vollkommenere der beiden Werke. Hier sind die Probleme von Länge und Proportion, mit denen Verdi in den beiden vorausgehenden Opern nicht fertig geworden war, in triumphaler Weise gelöst« (J. Budden).
Neu in Verdis Partitur ist das Interesse an der »Lokalfarbe«, d. h. am authentischen Klang und Kolorit. Ausgestattet mit dem gesamten verfügbaren Wissen über die ägyptische Kultur, hatte Mariette ein Szenarium geschaffen, das ägyptische Topoi mit den Schemata der Grand opéra verknüpft. Verdi versuchte durch den Einsatz von Harfe, Flöten und Trompeten, melismatischen Melodien sowie chromatischen Tonschritten musikalisch ein afrikanisch-exotisches Ambiente zu suggerieren. Die prägnantesten Szenen, die Waffenweihe,

der Empfang der Sieger vor Theben, der Triumphmarsch, dessen Concertato das im *Don Carlos* vergleichsweise blaß erscheinen läßt, und die nächtliche Nil-Szene, erhalten ihre Wirkung aus der delikaten Verwendung von »tonmalerischen« Instrumenten (»sechs Trompeten, gerade, nach antiker ägyptischer Form«) und einem Orchestersatz von zwingender chromatischer Knappheit und Stringenz.
Aida ist mit ihren zwei Arien, dem Terzett mit Radames / Amneris, den Duetten mit Amneris, Amonasro und Radames und dem abschließenden verklärten Sterbegesang die zentrale Figur. Sie zeigt sich liebend, leidenschaftlich, selbstbewußt: eine veritable Primadonnenrolle, die zudem die Herausforderung des tückischen hohen C in der Nil-Arie (*Qui Radames verrà*) birgt. Mit der Amneris schuf Verdi in der Nachfolge der Eboli eine der faszinierendsten Mezzo-Partien der Opernliteratur; ihre Ausbrüche im 4. Akt sind wie unter Eis verborgene Lava. Es zeugt von Verdis reifem Können, mit welcher Selbstverständlichkeit sich Radames, als Charakter im Libretto sicherlich nicht vollkommen profiliert, musikalisch zwischen diesen beiden Polen bewegt: vom schwärmerischen Einstieg seiner Romanze über die feurig-martialische Attacke im Nil-Akt bis zu den selbstbewußten Antworten auf Amneris' verzweifeltes Ringen im 4. Akt werden alle Möglichkeiten eines jugendlichen Heldentenors mit lyrischem Schmelz verlangt.
Spieldauer: ca. 2½ Stunden (1. Akt: ca. 40 min.; 2. Akt: ca. 45 min.; 3. Akt: ca. 35 min.; 4. Akt: ca. 30 min.).

Othello

Otello

Dramma lirico in 4 Akten. Text von Arrigo Boito nach Shakespeares *Othello* (1604). Uraufführung am 5. Februar 1887 in Mailand, Teatro alla Scala.

Arrigo Boito (24. 2. 1842 Padua – 10. 6. 1918 Mailand), Schriftsteller und Komponist (s. S. 467), lernte Verdi in Paris kennen. Er war einer der führenden Repräsentanten der »Scapigliatura«, einer vornehmlich literarischen Bewegung, die sich die Neubelebung der Künste zur Aufgabe machte. Seine Oper *Mefistofele* kam 1868 an der Scala zur Uraufführung, dort auch, unter Toscanini, sein unvollendet gebliebener *Nerone* (1924). Die Zusammenarbeit mit Verdi, zu dessen engsten Freunden er seinerzeit zählte, begann um 1879 zunächst mit der Umgestaltung des *Simon Boccanegra* (1881) und fand ihren Höhepunkt in *Otello* (1887) und *Falstaff* (1893). Boito schrieb u. a. auch das Libretto zu Ponchiellis *La Gioconda* (1876). Sein *Briefwechsel* mit Verdi bietet interessante Einblicke in die intensive Auseinandersetzung von Textdichter und Komponist bei der Formulierung des Librettos und in musikalischen Fragen.

PERSONEN: Otello / Othello, ein Mohr, Befehlshaber der venezianischen Flotte (Tenor) – Jago, Fähnrich (Bariton) – Cassio, Hauptmann (Tenor) – Rodrigo, venezianischer Edelmann (Tenor) – Lodovico, Gesandter der Republik Venedig (Baß) – Montano, Othellos Vorgänger als Gouverneur von Zypern (Baß) – Ein Herold (Baß) – Desdemona, Othellos Gattin (Sopran) – Emilia, Jagos Gattin (Mezzosopran) – Soldaten und Seeleute der Republik Venedig, venezianische Damen und Herren, zypriotische Bevölkerung, griechische, dalmatinische und albanische Krieger, Schenkwirt und Gehilfen, Schiffsvolk u. a.

ORT UND ZEIT: Eine Hafenstadt der Insel Zypern, Ende des 15. Jahrhunderts.

1. Akt. Die Handlung setzt unvermittelt, ohne Ouvertüre, ein: Beim Toben eines heftigen Sturms mit Donner und Blitzen verfolgen die Zyprioten vom Hafen aus, wie sich ihre heimkehrende Flotte durch das Unwetter kämpft. Die Galeere Othellos legt am Kai an, und der schwarze Flottenchef verkündet seinen Sieg über die Türken (*Esultate / Freut euch alle!*). Im Freudentrubel wirkt nur Rodrigo bedrückt; ihn quält die unerfüllbare Liebe zu Desdemona. Das weiß sich Jago zunutze zu machen, der Othello haßt, weil er Cassio und nicht ihn zum Hauptmann befördert hat. Behutsam fädelt er eine Intrige ein. Er verleitet Cassio, der ebenfalls von Desdemona schwärmt, zum Trinken und hetzt Rodrigo auf ihn, bis die beiden Männer im Streit liegen. Montano, der in die Auseinandersetzung eingreift, wird von dem betrunkenen Cassio verwundet. Man läutet die Sturmglocke, um

Hilfe zu holen. Othello, aus der Festung aufgeschreckt, tritt dazwischen. Er degradiert Cassio als den Urheber des Streites. Dann kehrt Ruhe ein, die Leute verlaufen sich. Der Abendhimmel klart auf, die Sterne treten hervor. Othello und Desdemona rufen sich die ersten Tage ihrer Liebe in Erinnerung und genießen ihr Glück in inniger Umarmung und mit zärtlichen Küssen (Duett *Già nella notte densa / Wie in dem dichten Dunkel*).

2. Akt. Jago rät dem deprimierten Cassio, in Desdemonas Garten zu gehen, um sie dort beim Spaziergang um Fürsprache bei Othello zu bitten, und schickt ihm ein zynisches Bekenntnis seiner Verbundenheit mit allem gottlos Bösen nach (*Credo in un Dio / Ich glaub an einen Gott*). Den auf ihn zutretenden Othello versteht er durch zweideutige Anspielungen auf Cassio eifersüchtig zu machen und Desdemonas Treue als immerhin der Prüfung nötig hinzustellen. Ist so Othellos Argwohn geweckt, wird er anscheinend gleich dadurch bestätigt, daß sich Desdemona bei ihm für Cassio verwendet. Gereizt wendet sich Othello, Kopfschmerzen vorschützend, ab. Das Taschentuch, das ihm Desdemona mitfühlend auf die Stirn legt, wirft er wütend zu Boden. Emilia hebt es auf, doch Jago entwendet es ihr sofort, um es als Beweisstück in seine Intrige einzufügen. Nachdem die Damen gegangen sind, fordert Othello von Jago Beweise für die Untreue Desdemonas – die Gelegenheit für Jago, ihm zuzuflüstern, er habe Cassio im Schlaf von heimlicher Liebe zu Desdemona sprechen gehört und öfter ein bestimmtes Taschentuch von ihr in seinen Händen gesehen (*Era la notte, Cassio dormia / Es war zur Nachtzeit*). Blind und rasend vor Eifersucht schwört Othello Rache. Jago stimmt triumphierend in den Racheschwur ein (*Si, pel ciel marmoreo giuro! / Ja, beim Himmel will ich schwören!*).

3. Akt. Um Othello weitere Beweise für Cassios Schuld zu liefern, bietet Jago sich an, den Ex-Hauptmann in ein dekuvrierendes Gespräch zu verwickeln, das Othello belauschen könne. Unglücklicherweise kommt Desdemona gleich darauf wieder auf Cassio zu sprechen. Othello verlangt das Taschentuch zu sehen, und als sie es nicht vorzeigen kann,

steigert er sich in höchste Wut; trotz aller Beteuerungen ihrer Unschuld schleudert er ihr das Wort »Dirne« ins Gesicht und weist sie davon. Zurück bleibt er allein in tiefer Niedergeschlagenheit (*Dio mi potevi scagliar / Gott! Wären auf mich gehäuft alle Qualen*). Jago tritt ein: Das arrangierte Gespräch mit Cassio kann beginnen. Es geht um Cassios Geliebte Bianca, deren Name nur ganz leise fällt; was der lauschende Othello hört, muß er folglich ganz auf Desdemona beziehen, da ja auch in Cassios Händen das bewußte Taschentuch (das ihm Jago zugespielt hat) zu sehen ist. Othello hat nur noch einen Gedanken: »Wie bringe ich sie um?« Jago rät ihm, sie dort zu töten, wo sie gesündigt habe: im Bett; er selbst werde sich um Cassio kümmern. Fanfaren verkünden die Ankunft einer venezianischen Delegation. Lodovico überreicht Othello ein Schreiben des Dogen: Er wird nach Venedig zurückbeordert, Cassio seine Nachfolge antreten. Als Desdemona in diesem größeren Kreis erneut um Begnadigung Cassios bittet, beleidigt Othello sie auf rüde, alle Anwesenden empörende Weise, ja er schleudert sie sogar zu Boden. Jago versichert sich indessen der Mithilfe Rodrigos bei der Ermordung Cassios. Othello weist alle aus dem Saal, verflucht Desdemona und bricht ohnmächtig zusammen. Jago triumphiert über dem gefallenen »Löwen von Venedig«.

4. Akt. In ihrem Schlafgemach bereitet sich Desdemona mit Emilias Hilfe zur Nachtruhe vor. Voll banger Vorahnungen erinnert sie sich an ein trauriges Lied, das die Magd ihrer Mutter immer sang, das Lied vom Weidenbaum (*Mia madre aveva una povera ancella / Meine Mutter hatte eine arme Magd*). Desdemona entläßt Emilia, dann kniet sie nieder zum Gebet (*Ave Maria, piena di grazia / Ave Maria, du bist voller Gnaden*) und geht zu Bett. Othello tritt ein und küßt sie wach: Ob sie zur Nacht gebetet und ihre Sünden bereut habe, bald werde es zu spät dafür sein. »Meine Sünde ist die Liebe«, beteuert Desdemona. Ja, zu Cassio, lautet Othellos Antwort. Sie bittet, Cassio holen zu lassen, er werde ihre Unschuld bezeugen. Cassio sei tot – nun hilft nichts mehr, Othello erwürgt sie. Emilia klopft an, um Othello zu berich-

ten, daß Cassio den Anschlag überlebt und Rodrigo getötet hat. Entsetzt ruft sie nach Hilfe für die Sterbende, die jetzt noch die Größe hat, mit ihren letzten Worten sich als Selbstmörderin auszugeben. Lodovico, Cassio, Jago und Montano eilen herbei. Vor allen Anwesenden entlarven Emilia und Montano, dem Rodrigo das Komplott gestanden hat, Jago als den Urheber der tödlichen Intrige. Jago flieht. Othello aber ersticht sich vor dem Bett Desdemonas (*Niun mi tema / Keiner fürchtet den bewaffneten Feldherrn*).

Längst schon hatte sich Verdi vom Theaterbetrieb verabschiedet, *Aida* sollte sein letztes Werk für die Opernbühne sein. Doch das von Giulio Ricordi sorgfältig vorbereitete Zusammentreffen mit Arrigo Boito brachte den erhofften Anstoß zu einer neuen Aufgabe. Aus der Zusammenarbeit beider Künstler – die nur im Zusammenwirken von Mozart und da Ponte, Strauss und Hofmannsthal Entsprechungen von gleichem Niveau hat – ging eines der bedeutendsten und perfektesten Werke des Musiktheaters hervor.
Boito war kein Librettist im üblichen Sinn. Vielmehr hatte er ein komplettes Programm zur Reformierung des Operntextes entworfen. Sein Textbuch ist eine eigenschöpferische Leistung. Durch die Straffung und Kürzung des Shakespeare-Dramas (u. a. strich er fast den gesamten 1. Akt) erzielt Boito eine Konzentration und Stringenz der Handlung, deren Dichte durch den Verzicht auf die üblichen Solostücke noch unterstrichen wird. Boitos Zutaten sind Jagos *Credo* im 2. Akt, das der Figur eine weitere Dimension verleiht, und die Chorpassagen, denen er eine fast symbolische Bedeutung zumaß: sowohl das Freudenfeuer des 1. Aktes wie Desdemonas Begleitung im 2. Akt deuten auf die Vergänglichkeit von Liebe und Welt hin. Desdemona ist bei Boito der Unschuldsengel schlechthin, die personifizierte Reinheit. Zwischen diesen Polen des vollkommen Bösen und des selbstlos Guten entwickelt sich Othellos Drama. Daß Jago am Ende entfliehen kann und sich so das Böse, der »ewige Wurm«, in der Welt fortsetzt, entspricht einer Grundüberzeugung Boitos.

Er hat Verdi beflügelt. Bereits die Sturm-Szene zu Beginn der Oper scheint alles bisher in der Musik Bekannte wegzufegen. Sein Bemühen um klangmalerische Effekte im Orchester – das reich besetzt ist mit 4 Fagotten, 3 Flöten, je 2 Cornets, Trompeten, Harfen, Mandolinen, Gitarren, einer Sackpfeife – setzt Verdi im Feuerchor, in Jagos *Credo*, in den Monologen des Othello, im Vorspiel zum 4. Akt (mit Englischhorn, Hörnern und Holzbläsern) bis zu den Szenen in Desdemonas Schlafzimmer fort. Das Orchester wütet, schreit, schmachtet, es macht sich aber auch lustig, wenn Othello Cassios Liebesgeständnis zu belauschen glaubt (3. Akt); nirgends überdeckt handwerkliche Glätte die Kanten des Dramas. Die Oper ist in ganzen Akten konzipiert, und alle Szenen, Ensembles und Solopassagen ordnen sich den Forderungen der Handlung unter; alte Grundformen sind nur gelegentlich zu ahnen, so im Schluß des Duetts Othello / Jago *Si, pel ciel marmoreo* als versteckte Cabaletta. Kein Dekor, keine äußerliche Prachtentfaltung. Nach einer Phase, in der Verdi dem Ideal der Grand opéra nachgeeifert hatte, steht *Otello* außerhalb aller Vergleiche.
Die Uraufführung unter Franco Faccio mit Francesco Tamagno in der Titelrolle war ein triumphaler Erfolg. Bereits am 31. 1. 1888 erfolgte die deutschsprachige Erstaufführung in Hamburg. Für eine 1894 in Paris gespielte französische Fassung komponierte Verdi ein Ballett nach.
Spieldauer: ca. 2¼ Stunden (1. Akt: ca. 30 min.; 2. Akt: ca. 35 min.; 3. Akt: ca. 40 min.; 4. Akt: ca. 30 min.).

Falstaff

Commedia lirica in 3 Akten. Text von Arrigo Boito nach Shakespeares *Die lustigen Weiber von Windsor* (1599?) und Motiven aus *König Heinrich IV.* (1598?). Uraufführung am 9. Februar 1893 in Mailand, Teatro alla Scala.

Arrigo Boito s. *Othello*, S. 388, und S. 467.

PERSONEN: Sir John Falstaff (Bariton) – Ford, Alices Gatte (Bariton) – Fenton (Tenor) – Dr. Cajus (Tenor) – Bardolfo und Pistola, in Falstaffs Diensten (Tenor, Baß) – Mrs. Alice Ford (Sopran) – Nannetta, ihre Tochter (Sopran) – Mrs. Quickly (Mezzosopran) – Mrs. Meg Page (Mezzosopran) – Der Wirt des Gasthofs »Zum Hosenbande« (stumme Rolle) – Robin, Falstaffs Page (stumme Rolle) – Ein kleiner Page bei Ford (stumme Rolle) – Bürger von Windsor, Diener Fords, Maskierte (Kobolde, Feen, Hexen) u. a.

Ort und Zeit: Windsor, zur Zeit Heinrichs IV. (1399–1413).

1. Akt. Den im Gasthof »Zum Hosenbande« zechenden dicken, alten Ritter John Falstaff stellt Dr. Cajus zur Rede: Er habe Cajus' Diener geschlagen, seine Stute zuschanden geritten und sei sogar in sein Haus eingebrochen. Bardolfo und Pistola, Falstaffs Diener, hätten ihn, Cajus, überdies bestohlen. Falstaff läßt die Klagen ungerührt über sich ergehen, und als Cajus unverrichteter Dinge abgezogen ist, beschimpft er nur seine Diener als Stümper. Um sich neue Geldquellen zu erschließen, hat der sehr von der Anziehungskraft seiner Männlichkeit überzeugte Falstaff zwei wohlhabenden Bürgersgattinnen, Alice Ford und Meg Page, Liebesbriefe geschrieben und sie zu einem Rendezvous gebeten. Diese Briefe zuzustellen weigern sich Bardolfo und Pistola; das gehe gegen ihre Ehre. Ein Page muß die Aufgabe übernehmen. Seinen beiden Dienern aber hält Falstaff eine Standpauke über die Ehre, den »faulen Zauber« (*L'onore! ladri / Die Ehre! Diebe!*), und jagt sie zum Teufel. – Alice und Meg amüsieren sich mit Nannetta und Mrs. Quickly über die gleichlautenden Liebespostillen des dicken Säufers und hecken einen Plan aus, wie sie ihn zum Narren halten könnten. Auf ihrem Weg nach Hause wird Ford und Dr. Cajus von den geschaßten Bardolfo und Pistola reiner Wein eingeschenkt über die Absichten ihres ehemaligen Herrn; sie bieten ihre Dienste an. So entwikkeln auch die Herren einen Plan. Diese eifrigen Gespräche geben Nannetta und Fenton Gelegenheit zu zwei raschen Küssen – sie müssen heimlichtun, denn Ford hat Dr. Cajus, nicht Fenton, als Gatten für seine Tochter vorgesehen.

2. Akt. Scheinbar reumütig kehren Bardolfo und Pistola zu Falstaff zurück und melden ihm Mrs. Quickly (*Reverenza*),

die, mit übertriebener Schmeichelei, Alices freudiges Einverständnis übermittelt; zwischen zwei und drei Uhr sei ihr eifersüchtiger Mann nicht im Haus ... Meg allerdings bedaure tief, mitteilen zu müssen, daß ihr Gatte fast nie außer Haus gehe. Falstaff glaubt also guten Grund zu haben, sich seiner immer noch enormen Anziehungskraft bei den Frauen brüsten zu müssen (*Va, vecchio John / Geh, alter John*). Kurz darauf stellt sich ihm Ford als »Signor Fontana« vor. Er habe von Falstaffs Verführungskünsten gehört und bitte ihn, gegen entsprechende Bezahlung, versteht sich, bei der von ihm geliebten, aber sehr spröde sich gebenden Frau Alice Ford gewisse amouröse Vorarbeiten zu leisten. Darauf geht Falstaff ohne Umstände ein, ja er prahlt gleich los, noch heute, zwischen zwei und drei, wenn der Gatte nicht da sei, werde er Alice in den Armen halten – Ford tobt vor Eifersucht (*E sogno? o realtà / So träum ich, oder ist's wahr?*), während Falstaff sich zum Umkleiden zurückgezogen hat. – Im Hause Ford schildert Quickly den Damen höchst lebendig ihre Begegnung mit Falstaff. Die vergnügten Frauen müssen aber erst einmal Nannetta trösten wegen Dr.Cajus: mit dem Pedanten werde sie es schon nicht zu tun kriegen. Alles wird für den Spaß vorbereitet. Dann tritt Falstaff ein und als gewaltig balzender Draufgänger vor Alice auf (*Quand'ero paggio / Einstens als Page*). Alice spielt einigermaßen mit, bis sie unterbrochen werden von der hereinplatzenden Mrs. Quickly, eine atemlose Meg ankündigend, die, wie abgemacht, die Rückkehr Fords meldet. O Schreck, er kommt wirklich, und er tobt, wie Quickly jetzt noch anzukündigen hat. Falstaff versteckt sich hinter einem Wandschirm, und augenblicklich kommt Ford mit einer Menge Leute hereingestürzt. Man jagt durch alle Räume auf der Suche nach Sir John. So finden die Frauen Gelegenheit, ihn in einem Korb mit Schmutzwäsche zu verstecken. Der Wandschirm ist frei – frei für Nannetta und Fenton zum verborgenen Tête-à-tête. Ford, der Alice und Falstaff hinter diesem Versteck vermutet, rüstet mit allen Männern zum Angriff. Der Schirm fällt – und gibt nicht das gesuchte Sünderpaar frei, doch ein anderes; Fenton wird aus dem Haus

geworfen. Den Wäschekorb aber lassen die Frauen unter großem Gelächter zum Fenster hinausleeren. Alice zeigt ihrem Ford, was dabei alles herausfällt.
3. Akt. Übelgelaunt läßt sich der frierende Falstaff im Gasthaus einen Glühwein bringen und sinniert über die Bosheit der Welt (*Mondo ladro / Welt voll Undank*). Unter dem Einfluß des Weines weicht sein Zorn, und er hört trotz des Geschehenen Mrs. Quickly an, die ihm eine neuerliche Einladung Alices bringt: Um Mitternacht möge sich Falstaff bei Hernes Eiche im Wald von Windsor, wo die Geister schwärmen, einfinden, verkleidet als »Schwarzer Ritter«, mit dessen Geweih auf dem Kopf. Der dicke Alte fängt sogleich wieder Feuer, wie Alice, Nannetta, Meg, Ford und Dr. Cajus amüsiert aus dem Hinterhalt beobachten (Alice: *Quando il rintocco della mezzanotte / Kaum daß die Glocke Mitternacht geschlagen*). Beim Auseinandergehen fängt Mrs. Quickly einen vertraulichen Hinweis Fords an Cajus auf: Der Doktor solle als Mönch zur Geisterstunde zur Eiche kommen, dann werde er ihn unverzüglich mit Nannetta trauen lassen. Sie gibt das Gehörte sofort an Nannetta weiter. – Bei Mondlicht fühlt sich Fenton zu einem zarten Liebeslied animiert (*Dal labbro il canto / Dem Mund entflieht ein Lied*), aber Alice und die als Feenkönigin gekleidete Nannetta zwängen ihn in eine Mönchskutte. Nach und nach beziehen alle Masken ihre Posten. Und um Mitternacht erscheint Falstaff, das Geweih auf dem Kopf und höchst zudringlich sich Alice nähernd, die ihm bald entwischt. Ein zauberhafter Geisterreigen hebt an, von der Feenkönigin (*Sul fil d'un soffio etesio / Auf sanften Zephyrs Wellen*) angeführt und jäh unterbrochen durch die Entdeckung, daß hier ein Mensch ist. Alle machen sich über Falstaff her, zwikkend, zwackend und stechend. Falstaff wird demaskiert, verhöhnt, verlacht und zum Bereuen aller Missetaten gezwungen. Doch das Spiel ist noch nicht zu Ende: Mrs. Quickly stülpt Bardolfo das Kostüm der Feenkönigin über, und als Ford zur Krönung der Maskerade die Hochzeit der Feenkönigin und eines weiteren Paares vollzieht, dann die Masken abgenommen werden, stellt sich heraus, daß Nannetta mit

Fenton und Dr. Cajus mit Bardolfo vermählt wurde ... Wer denn nun der Betrogene sei, ist Falstaffs süffisante Frage. Man einigt sich: alle sind es, und »alles ist Spaß auf Erden«.

Verdis letztes Wort als Opernkomponist also eine Komödie, mehr als 50 Jahre nach *Un giorno di regno*, seiner bis dahin einzigen komischen Oper. Boito war es mit Bedacht und Klugheit gelungen, den zögernden Komponisten zu überreden: »Es gibt nur einen Weg, noch besser als mit *Otello* zu enden: den glorreichen Abschluß mit *Falstaff*! Nachdem wir die Schreie und Klagen des menschlichen Herzens erweckt haben, nun mit berstender Heiterkeit schließen! Das wird alle umwerfen.« Außer in *The Merry Wives of Windsor* fand Boito Vorlagen in Shakespeares *Henry IV.* für die genaue Beschreibung des dicken Ritters, für das »Pagenlied« und Falstaffs Vortrag über die Ehre, in *The Comedy of Errors* für die komische Konstellation zwischen Falstaff und Ford und in der Sentenz »Die ganze Welt ist Bühne« aus *As You Like It* das Motto zur Schlußfuge. Im März 1890 hielt Verdi das gesamte Libretto in Händen; wenige Tage darauf hatte er, zum ersten Mal nach jahrzehntelangen mühseligen Kämpfen mit allen Textdichtern, den 1. Akt »ohne irgendeine Änderung am Text« vertont. Nach längerem Stocken lag die Komposition, die Verdi streng geheim behandelte, im Oktober 1892 fertig vor. Am 9. 2. 1893 erzielte das Werk nur einen »succès d'estime«. So ist es geblieben, vor allem in Deutschland, wo der *Falstaff* in der Konkurrenz zu Nicolais *Lustigen Weibern von Windsor* unterlag. Auf deutsch war er erstmals 1894 in Berlin herausgekommen.
Der *Falstaff*, den Strawinsky mit dem Bonmot bedachte (das er später zurücknahm), »das beste Werk Wagners, keineswegs die beste Oper Verdis« zu sein, wurde zu einem Lekkerbissen für Kenner. Aufführungen unter großen Dirigenten gehören zu den Kostbarkeiten der Operngeschichte: Arturo Toscanini (u. a. Salzburg 1935–37), Leonard Bernstein (Wien 1966, in einer Inszenierung Luchino Viscontis), Her-

bert von Karajan (u. a. Salzburg 1980), Carlo Maria Giulini (Los Angeles 1982).

Verdis Musik ist ein funkensprühender Jungbrunnen. Frische und Erfindungskraft werden nie durch die überlegene Technik und die handwerkliche Souveränität verdrängt. Mit wenigen Tönen zeichnet Verdi Situationen, und das ganze Geschehen ist in 3 äußerst knappen Akten gebündelt. Toscanini stellte einen Vergleich zwischen Wagners *Meistersingern* und dem *Falstaff* an: »[...] wie viele musikalische Mittel – wunderschöne natürlich – Wagner benötigt, um die Nacht in Nürnberg zu schildern. Und dann beachten Sie, wie Verdi einen ähnlich deskriptiven Effekt in einem theatralisch ähnlichen Moment erzielt – mit drei Noten.« Zum einen knüpfte Verdi an die Tradition der italienischen Buffa an, die mit Donizettis *Don Pasquale* (1843) abgerissen schien, zum anderen begründete er eine Tradition der musikalischen Komödie, die über Wolf-Ferraris Komödien bis zu Puccinis *Gianni Schicchi* reicht. Alle musikalischen Äußerungen entspringen unmittelbar dem Wort, und trotz der Vielzahl an Ensembleszenen (Quartetten, Quintetten, dem Oktett im 2. Akt, das sich zur Zwölfstimmigkeit erweitert) erstarren diese niemals in Formelhaftigkeit; die Solopassagen sind dementsprechend nur kurze Floskeln. Der mit kammermusikalischer Delikatesse gesetzte Orchestersatz schmiegt sich den Konversationen auf das engste an; die Instrumente schmunzeln, kichern, poltern, sie brechen in Lachen aus, und sie ergründen die Tragik Falstaffs. Immer bleibt Verdis Musik geistvoll, durchsichtig, elegant, spritzig, ironisch, gar selbstironisch. Krönung der an musikalischem Witz überreichen Partitur ist die »fuga buffa«, die komische Schlußfuge, welche die komplizierte Ensembletechnik des Werkes nun in eine strenge Form gibt.

Spieldauer: ca. 2 Stunden (1. Akt: ca. 30 min.; 2. Akt: ca. 45 min.; 3. Akt: ca. 45 min.).

Charles Gounod

* 17. Juni 1818 in Paris
† 18. Oktober 1893 in Saint-Cloud (Dép. Hauts-de-Seine)

Der Sohn eines Malers und einer Gesangspädagogin, die auch Pianistin war, hatte Unterricht bei Anton Reicha, studierte am Pariser Conservatoire bei Halévy, Paër und Le Sueur und gewann 1839 den Prix de Rome. Durch die Bekanntschaft mit Fanny Hensel, der Schwester Felix Mendelssohn Bartholdys, lernte er die Musik Bachs und Beethovens kennen. In der Sängerin Pauline Viardot erwarb er sich eine einflußreiche Gönnerin und vorzügliche Interpretin seiner Musik, die ihn zu seiner ersten Oper *Sapho* (1851) anregte; das Werk fand allerdings wenig Anklang. Auch *La nonne sanglante* (1854) wurde ein Mißerfolg. Größere Aufmerksamkeit fand Gounod, der sich durch Aufenthalt in Wien, Berlin und Leipzig auf diesem Gebiet gebildet hatte, mit seinen geistlichen Werken, darunter dem sentimental-empfindungsvollen *Ave Maria* auf Bachs C-Dur-Präludium aus dem 1. Teil des *Wohltemperierten Klaviers*. In der Verbindung mit dem Pariser Théâtre-Lyrique und dessen Direktor Léon Carvalho entstanden dann Gounods bedeutendste und anerkannte Opern: *Le médecin malgré lui* (1858), *Faust* (1859), *Philémon et Baucis* (1860; umgearbeitet 1876), *Mireille* (1864) und *Roméo et Juliette* (1867). Während des Französisch-Preußischen Krieges und danach (1870–1875) hielt sich Gounod in England auf; seine bis zur Süßlichkeit lyrischen Oratorien kamen dem englischen Geschmack entgegen, doch mit seinen Opern konnte Gounod dort nicht reüssieren.
Auf dem Gebiet der Opéra-lyrique folgte Massenet Gounods Spuren, aber auch Bizet und Fauré verdanken ihm viel; spätere Musiker wie Poulenc, Ravel, Auric und Satie entdeckten in ihrer expliziten Abkehr von Wagner die Werke Gounods neu; z. B. schufen 1924 Satie Rezitative zu *Le médecin malgré lui*, Poulenc zu *La colombe*.

Faust
(Margarete)

Oper in 5 Akten (9 Bilder). Text von Jules Barbier und Michel Carré nach Goethes *Faust* (1. Teil, 1806). Uraufführung am 19. März 1859 in Paris, Théâtre-Lyrique. Erstaufführung der Neufassung am 3. März 1869 in Paris, Opéra (Salle Rue Le Peletier).

Jules-Paul Barbier und Michel-Florentin Carré s. Thomas, *Mignon*, S. 271.

PERSONEN: Doktor Faust (Tenor) – Mephistopheles (Baß) – Valentin (Bariton) – Marguerite / Margarete, Valentins Schwester (Sopran) – Wagner (Bariton; bzw. Brander [Baß]) – Siebel, ein junger Verehrer Margaretes (Sopran) – Marthe Schwerdtlein, Nachbarin Margaretes (Mezzosopran) – Studenten, Soldaten, Bürger, Hexen, Irrlichter, Dämonen, Engel u. a.

ORT UND ZEIT: Deutschland, im 16. Jahrhundert.

1. Akt. Nach ruheloser Nacht ist Faust der Verzweiflung nahe, weil sein Streben nach tiefster Erkenntnis niemals zu einem Ziel führt. Er greift zum Giftbecher, um seinem Leben ein Ende zu setzen. Doch der Morgengesang junger, zur Arbeit ziehender Mädchen und Burschen läßt ihn zögern. Gott und seine Schöpfung verfluchend, ruft er den Teufel herbei: Mephisto erscheint. Faust wünscht seine Jugend zurück und Liebe; dafür verschreibt er dem Teufel seine Seele. Ein Zaubertrank macht ihn dann sogleich zum Jüngling und läßt ihn das Bild einer jungen Frau erblicken, das ihn entzückt. Noch heute werde er mehr als ihr Bild sehen, verspricht ihm Mephisto.
2. Akt. Vor der Stadt wird in einer Schenke ausgelassen Kirmes gefeiert. Valentin, der in den Krieg ziehen muß, bittet Siebel, Wagner und die anderen lustig zechenden Freunde, seine Schwester Margarete zu beschützen (*Avant de quitter ces lieux / Da ich nun verlassen soll*). Mephisto mischt sich unter das singende Volk und gibt auch ein Lied zum besten, ein Rondo auf das Goldene Kalb (*Le veau d'or / Um das Gold dreht sich alle Welt*), vor dem alle Welt, von Satan an-

geführt, den Reigen tanzt. Er liest Wagner aus der Hand und prophezeit ihm den nahen Tod, ebenso Valentin. Und Siebel würden alle Blumen, die er für Margarete sammle, in der Hand verwelken. Als der unheimliche Fremde dann den Zechern besten Wein aus einem minderwertigen Faß einschenkt und dabei höhnisch auf Margarete anstößt, greifen Valentin und seine Freunde zum Degen. Mephisto aber zieht einen magischen Kreis um sich, vor dem alle zurückprallen. Die Freunde können den Spuk nur mit dem Kreuzzeichen brechen – Mephisto weicht zurück. – Faust nähert sich den Walzer tanzenden Studenten und Mädchen und erkennt Margarete, sein Traumbild. Er spricht sie an, wird aber abgewiesen. Mephisto rät zu Geduld; er werde schon noch an das Ziel seiner Wünsche gelangen.

3. Akt. Mephistos Zauber wirkt: Die Blumen, die Siebel für Margarete pflückt, verdorren in seiner Hand. Erst als er die Hand in Weihwasser taucht, bleiben sie frisch. Vor Margaretes Haus läßt Faust den Zauber Margaretes und ihres Heims auf sich wirken (*Salut! Demeure chaste et pure / Gegrüßt sei mir, o traute Stätte*). Mit einem Schmuckkästchen kehrt Mephisto zurück; er legt es vor Margaretes Tür, an der noch Siebels Blumen hängen. Margarete, in Gedanken an den schönen jungen Herrn versunken, der sie heute ansprach, singt leise am Spinnrad vor sich hin (*Il était un roi de Thule / Es war ein König in Thule*). Sie entdeckt den Schmuck und legt ihn entzückt an (Arie *Ah! je ris / Ah, welch Glück*), zur Verwunderung der eintretenden Nachbarin Marthe Schwerdtlein. Faust und Mephisto kommen jetzt hinzu. Während Mephisto Frau Marthe galant mit Komplimenten traktiert, findet Faust Gelegenheit, Margarete seine Liebe zu gestehen. Und zu seinem größten Entzücken erwidert sie seine Gefühle, vertröstet ihn aber auf morgen. Gerührt von ihrer Unschuld zieht sich Faust zurück. Mephisto hält ihn auf. Unter Margaretes offenem Fenster belauschen sie das sehnsuchtsvolle Liebesgeständnis, das sie der Nacht anvertraut. Nichts kann Faust mehr halten, er stürzt in ihre Arme. Mephisto triumphiert.

4. Akt. Von Faust verlassen, von den anderen Mädchen ver-

höhnt, beklagt Margarete ihr Schicksal. Siebels Beistand gibt ihr wenig Trost. Den sucht sie in der Kirche, wo sie »für ihn« und das Kind, das sie erwartet, betet. Die Stimme ihres Gewissens, das *»Dies irae«* des Kirchenchors und Mephistos Einflüsterungen mischen und steigern sich zu einem beklemmenden Tribunal, unter dem sie ohnmächtig zusammenbricht. – Siegreich kehrt Valentin mit den Soldaten aus dem Feld zurück (Chor *Déposons les armes ... Gloire immortelle à nos aïeux / Legt die Waffen nieder ... Hoch Ruhm und Ehre!*) und begrüßt seinen Freund Siebel, dessen Verhalten ihm sonderbar erscheint. Seine Untreue bereuend, kommt Faust vor Margaretes Haus. Um sie herauszulocken, singt Mephisto eine anzügliche Serenade. Statt ihr erscheint aber Valentin, fordert Faust zum Duell und wird dabei durch Mephistos Zauber tödlich verwundet. Neben dem Sterbenden, der sie verflucht, kniet Margarete in Verzweiflung und Schande vor den herbeigelaufenen Nachbarn.
5. Akt. Mephisto hat Faust in den Harz geführt und verwandelt die Berglandschaft vor dessen Augen in einen prunkvollen Höllensaal zur Feier der Walpurgisnacht. Während des berauschenden Bacchanals mit Königinnen und Kurtisanen reicht Mephisto Faust einen Trank des Vergessens. Der Becher fällt Faust aus der Hand, und plötzlich hat er Margaretes Bild mit einem blutroten Mal um den Hals vor sich; es drängt ihn unverzüglich zu ihr zurück. – Margarete liegt in Kerkerhaft. Im Wahnsinn hat sie ihr Kind getötet. An der Stimme erkennt sie Faust. Sie erinnert ihn an ihre erste Begegnung und bittet, sie in seinen Armen zu halten. Er und Mephisto drängen aber zur Flucht. Margarete schaudert vor der teuflischen Erscheinung Mephistos zurück und bittet Gott um Hilfe. Sie stößt Faust von sich und sinkt tot zusammen. Stimmen aus der Höhe verkünden ihre Erlösung und begrüßen den Anbruch des Ostermorgens.

Gounod hatte Goethes *Faust* (1. Teil) bereits als Zwanzigjähriger in der Übersetzung Gérard de Nervals von 1828, die auch Berlioz zu seiner *Damnation de Faust* inspirierte, kennengelernt. Während seines Rom-Aufenthalts mag er bereits genauere Pläne zur Walpurgisnacht gefaßt haben. Doch erst um 1850 begegnete Gounod erneut dem Stoff, als er Michel Carrés Stück *Faust et Marguerite* im Théâtre du Gymnase sah. Wenige Jahre später konkretisierte sich in der Zusammenarbeit mit Barbier der Plan einer Oper nach Carrés Schauspiel. Das von der Opéra abgelehnte Textbuch nahm Léon Carvalho 1856 für sein Théâtre-Lyrique an. Die rasch fortschreitende Arbeit wurde auf Wunsch Carvalhos unterbrochen zugunsten der Oper *Le médecin malgré lui* (1858) nach Molière. Im April 1858 nahm Gounod die Arbeit am *Faust* wieder auf und schloß sie im September des gleichen Jahres ab.

Faust war eines der ersten Werke, das die Mischgattung des Drame-lyrique, einer Annäherung der Opéra-comique an die Grand opéra, zum Erfolg führte. Der Tradition der Opéra-comique entstammen die musikalisch unprofilierten Partien des Siebel, Valentins und der Marthe, die nur aus dramaturgischen Gründen von Wichtigkeit sind, und die wie eingestreut wirkenden Couplets Mephistos. Mit dem 3. Akt, der konzentrierten Abfolge von Fausts Kavatine über Margaretes Ballade vom König von Thule, ihre Arie, das Quartett *Prenez mon bras / Nehmt meinen Arm* bis zum Duett Faust/Margarete, entwickelt Gounod eine musikdramatische Einheit, die, ebenso wie die Walpurgisnacht, bisher in der französischen Oper in dieser Form unbekannt war. Mag Gounods dramatischer Zugriff manchmal etwas matt wirken, sein Sinn für eingängige Melodik und sein handwerkliches Geschick in Fragen der Instrumentation sicherten dem *Faust* seine stete Beliebtheit: Fausts Romanze, Margaretes Ballade, die Arie des Valentin, das Rondo Mephistos und der Chor der Soldaten verfehlen nie ihre Wirkung.

Die Oper wurde als Opéra-comique, d. h. mit gesprochenen Dialogen, aufgeführt. Allein die am Théâtre-Lyrique folgenden 300 Aufführungen innerhalb der nächsten 10 Jahre bezeugen ihren Erfolg. (Die Opéra spielte den *Faust* mehr als 3000mal!) Gounod nahm mehrere Änderungen vor: Wahrscheinlich für Straßburg wurden 1860 die Sprechtexte erstmals durch Rezitative ersetzt; für Londoner Aufführungen

schrieb er 1863 Siebels Romanze zu Beginn des 4. Aktes *Si le bonheur / Wenn das Glück*, 1864 Valentins Arie *Avant de quitter ces lieux*. Diese Änderungen, einschließlich der Ballettmusik für die Walpurgisnacht und Mephistos Serenade im 4. Akt, wurden Bestandteil der 2., 1869 an der Opéra uraufgeführten und heute üblichen Fassung. 1861 wurde die Oper erstmals deutsch (in Darmstadt, Dresden und Stuttgart), 1862 in Italien gespielt; in ihrer italienischen Form wurde sie ein Welterfolg und eröffnete 1883 die Metropolitan Opera in New York, die neben Paris und Londons Covent Garden die eigentliche Pflegestätte von Gounods Meisterwerk wurde. 1976 legte Fritz Oeser seine kritische Edition vor.
Spieldauer: ca. 3 Stunden (1. Akt: ca. 25 min.; 2. Akt: ca. 30 min.; 3. Akt: ca. 50 min.; 4. Akt: ca. 45 min.; 5. Akt: ca. 30 min.).

Jacques Offenbach

* 20. Juni 1819 in Köln
† 5. Oktober 1880 in Paris

Offenbach, Sohn eines Kantors, lernte zuerst das Geigendann das Cellospiel und trat damit schon als Kind in Gasthäusern auf. 1833 schickte der Vater ihn – mit seinem Bruder Julius – zur besseren Ausbildung nach Paris. Jakob, nun Jacques, absolvierte das Conservatoire, spielte mit 15 Jahren als Cellist im Orchester der Opéra-Comique und wurde durch Friedrich von Flotow in die Salons eingeführt. Man rühmte ihn als »Liszt des Violoncellos«. Das Studium bei Halévy förderte Offenbachs Begabung für die Komposition kleiner Unterhaltungsstücke und Bühnenmusiken. 1839 entstand sein erstes Vaudeville. 1850–1855 leitete er das Théâtre Français, dann eröffnete er am 5. 7. 1855 die Bouffes-Parisiens als sein eigenes Theater, wo er mit brillanten Einaktern, sog. Musiquettes, seine ersten Erfolge feierte. Zum musikalischen Repräsentanten des Zweiten Kaiserreichs wurde er dank seiner Opéras bouffes, in denen er die Gesellschaft der Zeit Napoleons II. ironisch glossierte: *La belle Hélène* (1864), *Barbe-bleu* (1864), *La vie parisienne* (1866), *La Grande-Duchesse de Gérolstein* (1867), *La Périchole* (1868). Mit seiner großen Oper *Die Rheinnixen* (Wien 1864) und mit der Opéra-comique *Les contes d'Hoffmann* (1881) stieß er in den für ihn neuen musikalischen Bereich der Oper vor. Rossini ehrte ihn mit dem Beinamen »Mozart der Champs-Elysées«; Johann Strauß wurde durch Offenbach zum eigenen Bühnenschaffen angeregt. Mit dem Erfolg seiner Stücke legte Offenbach den Grundstein für die Gattung Operette. (Siehe Reclams Operettenführer.)

Hoffmanns Erzählungen

Les contes d'Hoffmann

Fantastische Oper in 5 Akten. Text von Jules Barbier nach dem gleichnamigen Stück von Jules Barbier und Michel Carré (1851). Uraufführung am 10. Februar 1881 in Paris, Opéra-Comique.

Jules-Paul Barbier und Michel-Florentin Carré s. Thomas, *Mignon*, S. 271.

PERSONEN: Hoffmann (Tenor) – La Muse / Die Muse, Nicklausse / Niklaus (Mezzosopran) – Lindorf, Coppélius, Dr. Miracle / Dr. Mirakel, Kapitän Dapertutto (Baß oder Bariton) – Andrès / Andreas, Cochenille, Frantz / Franz, Pitichinaccio (Tenor) – Olympia, Antonia, Giulietta, Stella, (Sopran) – Die Stimme von Antonias Mutter (Alt) – Nathanaël, ein Student (Tenor) – Hermann, ein Student (Bariton) – Spalanzani (Tenor) – Schlémil / Schlemihl (Bariton) – Crespel (Baß) – Luther (Baß) – Kellner, Studenten, Diener, Gäste Spalanzanis, Gäste Giuliettas u. a.

ORT UND ZEIT: Berlin, München, Venedig, um 1820.

1. Akt. Die Muse Hoffmanns bekennt ihre Eifersucht auf Hoffmanns Geliebte, die Sängerin Stella, die an diesem

Abend als Donna Anna in Mozarts *Don Giovanni* auftritt. Um ihre Hand schützend über Hoffmann zu halten, nimmt die Muse die Gestalt seines Freundes Niklaus an. Lindorf, Hoffmanns Rivale um die Gunst Stellas, kauft Stellas Diener Andreas einen an Hoffmann gerichteten Brief ab, in dem sich der Schlüssel zu ihrer Garderobe befindet. Während der Opernpause strömen die Studenten in Luthers Weinkeller, darunter auch, in melancholischer Stimmung, Hoffmann. Selbst die Ballade vom Zwerg Kleinzack, die er auf Wunsch seiner Freunde vorträgt, kann ihn nicht aufheitern (*Il était une fois à la cour d'Eisenach! / Es war einmal am Hofe zu Eisenack*). Vor den Augen des verhaßten Lindorf verfällt er in schwärmerische Erinnerungen an die drei Frauen, die er geliebt hat. Er beginnt zu erzählen:
2. Akt. Der Name der ersten Geliebten war Olympia. So nannte Spalanzani eine von ihm erfundene automatische Puppe, die er als seine Tochter ausgab. Mit ihren Vorführungen hoffte Spalanzani den Verlust von 500 Dukaten beim Bankrott des Bankhauses Elias wettzumachen. Hoffmann wurde Spalanzanis Schüler, um Olympia nahe zu sein. In seiner Liebe zu ihr läßt er sich durch Niklaus' Spott nicht beirren. Von Coppelius kauft Hoffmann eine Brille, durch die er Olympia in zauberisch verklärter Schönheit erblickt. Coppelius hat einigen Anteil an der »Konstruktion« der Olympia und fordert dafür das vereinbarte Honorar. Spalanzani speist ihn mit einem Scheck auf die Bank von Elias ab ... Neugierig versammeln sich Spalanzanis Gäste und folgen entzückt Olympias Vortrag einer Arie (*Les oiseaux dans la chamille / Phöbus stolz im Sonnenwagen*). Dann begeben sich alle zur Tafel. Hoffmann kann Olympia unter vier Augen seine Liebe gestehen, worauf sich die Puppe vollkommen verwirrt gebärdet, und beim Tanz mit ihm kommt ihr Mechanismus derart in Unordnung und rasendes Tempo, daß Hoffmann die Brille verliert und erschöpft niedersinkt. Gleich darauf stürzt Coppelius auf Spalanzani: er weiß, daß er geprellt wurde, und schlägt aus Rache die Puppe in Stücke. Hoffmann, der seinen Wahn erkennt, muß allen Spott der Gäste über sich ergehen lassen.

3. Akt. In Erinnerung an Hoffmann, ihren Geliebten, singt Antonia, die kranke Tochter Crespels, einsam ein sehnsuchtsvolles Lied (*Elle a fui, la tourterelle / Sie entfloh, die Taube*). Ihr Vater mahnt sie, das Singen zu lassen; er fürchtet, daß sie, wie ihre Mutter, durch Überanstrengung beim Gesang den Tod findet. Den Diener Franz weist er an, niemanden ins Haus zu lassen; Hoffmann wird dennoch eingelassen. Er sinkt glücklich in Antonias Arme und fällt in das von ihr angestimmte Liebeslied ein (Duett *C'est une chanson d'amour / Es ist ein Lied von Liebe*). Als Crespel zurückkommt, versteckt sich Hoffmann. So wird er Zeuge einer Auseinandersetzung zwischen diesem und Dr. Mirakel, den Crespel für den Tod von Antonias Mutter verantwortlich macht. Der unheimlich wirkende Arzt fühlt Antonia den Puls und verlangt, daß sie zur Prüfung ihrer Gesundheit singe. Er preist seine Künste an, bis Crespel ihn aus dem Hause jagt. Bevor Hoffmann geht, beschwört auch er Antonia, vom Singen abzulassen und den Ruhm einer Sängerkarriere gegen das Glück mit ihm zu tauschen. Kaum ist Antonia allein, erscheint Dr. Mirakel erneut, um ihr in verführerischen Bildern das Leben einer Künstlerin auszumalen, gegen das die flüchtige Liebe Hoffmanns ein trügerischer Traum sei. Leise beginnt die Stimme ihrer Mutter zu ertönen, und als Mirakel den Gesang mit der Geige zu ekstatischer Entrückung treibt, fällt Antonia ein. Zu spät eilen Crespel und Hoffmann herbei; Mirakel konstatiert Antonias Tod – den in Crespels Augen nur Hoffmann verschuldet haben kann.

4. Akt. Niklaus und die venezianische Kurtisane Giulietta besingen im Kreis ihrer Gäste die Schönheit einer Liebesnacht (*Belle nuit, o nuit d'amour / Schöne Nacht, du Liebesnacht*). Hoffmann hat der Liebe entsagt, er preist den flüchtigen Genuß der sinnlichen Lust (*Amis! L'amour tendre et rêveur, erreur! / Ihr Freunde! die Liebe ist ein Traum*). Dann folgt er Giuliettas Einladung an den Spieltisch, obwohl ihn Niklaus warnt. Aus dem Hintergrund tritt der dämonische Dapertutto, der Giulietta ganz in seiner Hand hat (Arie *Scintille, diamant / Leuchte, heller Spiegel, mir*). Er verlangt

von ihr für den Preis eines Diamanten das Spiegelbild Hoffmanns, so wie sie ihm einst den Schatten Schlemihls als Preis für ihre Gunst verschafft hatte. Sie gehorcht. Es gelingt ihr, Hoffmann, der alles Geld verspielt hat, zu verführen. Im Liebestaumel überläßt er ihr zuletzt sein Spiegelbild. Jetzt hetzt Dapertutto die Rivalen Schlemihl und Hoffmann im Duell aufeinander. Hoffmann tötet Schlemihl – und sieht Giulietta hohnlachend in einer Gondel mit Pitichinaccio entschwinden.
5. Akt. Nach diesen Erzählungen von seinen drei Geliebten ist Hoffmann vollkommen betrunken. Niklaus erklärt: Die drei Frauen sind für Hoffmann in einer einzigen vereint: in Stella. Lindorf hat leichtes Spiel, ebendiese Stella, die nach erfolgreicher Aufführung gefeierte Primadonna, von Hoffmann weg und mit sich hinauszuführen. Nach einer letzten Strophe des Liedes vom Kleinzack verwandelt sich Niklaus zurück in die Muse, die von nun an die einzige Geliebte des Dichters sein wird.

Les contes d'Hoffmann sind nicht der Versuch einer – von Offenbach etwa autobiographisch durchfärbten – Schilderung des Lebens oder der geistigen Physiognomie von E. T. A. Hoffmann (1776–1822), sondern die Adaption von Stoffen der deutschen Romantik, wie sie auf Pariser Bühnen durch Bearbeitungen von Goethes *Faust* oder durch Webers *Freischütz* bekannt waren. Offenbach wurde nicht unmittelbar von Hoffmanns Schriften, sondern von Barbiers und Carrés am 21. 3. 1851 im Pariser Odéon aufgeführtem Schauspiel angeregt. Darin sind Motive folgender Erzählungen Hoffmanns verwendet und in Form einer Rückblende miteinander verbunden: *Der Sandmann* (1816: Olympia), *Rat Crespel* (1818: Antonia) und *Die Abenteuer der Silvester-Nacht* (1815: Giulietta); die Figur des Lindorf findet sich in *Der goldne Topf*, Kleinzack in *Klein-Zaches*.
Mit dem Zweiten Kaiserreich war auch Offenbachs musikalische Welt zusammengebrochen. Obwohl er eine große Oper zu komponieren beabsichtigte, verteidigte er noch die kleinen Formen, durch die er berühmt geworden war. Seine

ariosen Grundmuster sind die ursprünglich von singenden Schauspielern mit leichtem Ton vorgetragenen Couplets: Recitative et Couplet, Recitative et Chanson. Demzufolge sind nahezu alle Arien strophisch angelegt, so Hoffmanns *Lied vom Kleinzack* und Dapertuttos *Spiegel-Arie* (die eigentlich »Diamant-Arie« heißen müßte). Zu wirklichen großen Duetten Hoffmanns mit seinen Geliebten kommt es nur im Antonia- und im Giulietta-Akt: In den Duo-Szenen *C'est une chanson d'amour* (3. Akt) und *Malheureux, tu ne comprends donc pas / Unglückseliger, du ahnst gewiß es nicht* (4. Akt) dringt Offenbach, wie auch in den Ensembles, in die Sphäre der großen Oper vor. Innerhalb dieser Formen gelingen ihm pointierte Porträts: Für Olympia schrieb Offenbach ein steifes Koloratur-Couplet mit anschließenden gespreizten Vokalisen; Antonia erhält eine verhaltene Romanze und singt sich mit den dramatisch gesteigerten Erinnerungen an die Mutter in den Tod; Giulietta intoniert einen aus dem Venezianischen stammenden strophischen Abendgesang, die berühmte *Barkarole*. Das musikalische Kolorit zaubert Offenbach durch seine funkelnde Rhythmik, den Glanz und Zauber seiner Melodien und die mitreißende Eleganz, mit der er die zur Meisterschaft kultivierten Kleinformen zu einer Großform verbindet.
Der konkrete Plan zu *Hoffmanns Erzählungen* mag um 1876 entstanden sein, da das Théâtre-Lyrique bereits für 1877 *Les contes d'Hoffmann* ankündigte. Nachdem der Direktor des Theaters, Albert Vizentini, bankrott gemacht hatte, trug Offenbach das Werk der Opéra-Comique an, deren Leiter, Léon Carvalho, eine Umarbeitung entsprechend der Konventionen der Opéra-comique forderte: Aus der Rezitativ-Oper wurde eine Oper mit Dialogen; außerdem wurde die Bariton-Partie des Hoffmann für Tenor umgeschrieben. Doch Offenbach konnte sein 102. Bühnenwerk nicht mehr fertigstellen. Er starb während der Probenzeit und hinterließ nur die ersten 3 Akte vollständig. Auf Wunsch der Familie instrumentierte und vervollständigte Ernest Guiraud (23. 6. 1837 New Orleans – 6. 5. 1892 Paris) die fehlenden Teile und schuf 1881 im Auftrag der Wiener Hofoper nach-

komponierte Rezitative. Doch bei der Uraufführung kam es zu krassen Eingriffen: Die Rolle der Muse wurde gravierend gekürzt, der Venedig-Akt entfiel, einzig die aus den *Rheinnixen* stammende *Barkarole* wurde dem Antonia-Akt vorangestellt. Dapertuttos *Scintille diamant* und das Septett (eigentlich Sextett mit Chor) aus dem Giulietta-Akt entstanden für eine Aufführung 1904 in Monte Carlo und werden dem Guiraud-Schüler André Bloch (14. 6. 1873 Wissembourg – 7. 8. 1960 Viry-Châtillon) zugeschrieben. Auch die Bühnengeschichte der Oper kennt dramatisch-unglückliche Momente: Am Tag nach der deutschsprachigen Erstaufführung in Wien in der Übersetzung von Julius Hopp (7. 12. 1881) brannte das vollbesetzte Theaterhaus am Ring nieder.

Die Aufführungsgeschichte von Offenbachs Oper ist die Geschichte einer unüberschaubaren Reihe von Eingriffen und Bearbeitungen. Bis zum Erscheinen von Fritz Oesers kritischer Ausgabe 1977 war die Fassung von Choudens aus dem Jahre 1907 verbindlich. Oeser versuchte, eine Offenbachs Absichten entsprechende Fassung wiederherzustellen, und führte u. a. die Rolle der Muse in ganzem Umfang ein. Durch eine Neuausgabe von Michael Kaye und die Entdekkung des Libretto-Manuskripts wird die Bedeutung von Oesers teilweise als zu willkürlich eingestufter Fassung relativiert. Walter Felsenstein schuf 1958 eine Inszenierung, bei der er sich stark auf das Schauspiel von Barbier / Carré stützte und neue Sprechtexte benutzte.

Spieldauer: ca. 3¼ Stunden (1. Akt: ca. 40 min.; 2. Akt: ca. 40 min.; 3. Akt: ca. 55 min.; 4. Akt: ca. 45 min.; 5. Akt: ca. 15 min.).

Bedřich (Friedrich) Smetana

* 2. März 1824 in Leitomischl (Litomyšl; Böhmen)
† 12. Mai 1884 in Prag

Der böhmische Komponist setzte in seiner Kammermusik, in Opern, Sinfonischen Dichtungen und Liedern seiner Heimat ein inniges musikalisches Denkmal, er gilt als Begründer einer eigenständigen, nationalromantischen tschechischen Kunstmusik. *Mein Vaterland*, ein Zyklus von sinfonischen Dichtungen, wurde zum Synonym für tschechische Musik schlechthin. Was für den Polen Moniuszko die Mazurka und der Krakowiak, für den Russen Glinka die russisch-orientalischen Tanzformen, waren für Smetana Polka und Furiant; er führte böhmische Tanz- und Volksmelodien in die Kunstmusik ein. Sohn eines Braumeisters, erhielt Smetana von seinem Vater ersten Musikunterricht und trat früh in Prag und Pilsen, wo er das Gymnasium besuchte, mit Kompositionen und vor allem als Pianist hervor. 1848 eröffnete er eine eigene Musikschule in Prag. 1856–1861 leitete er in Göteborg den Verein für klassische Musik. Zurück in Prag, wurde er Vorsitzender einer tschechischen Kunstvereinigung, Musikkritiker und Dirigent am Nationaltheater. Der Erfolg seines ersten Bühnenwerks *Die Brandenburger in Böhmen* 1866 war gleichzeitig ein Triumph der nationalen Oper. Es folgte noch im gleichen Jahr *Die verkaufte Braut*; 1868 kam *Dalibor*, 1881 *Libussa* heraus – drei Opern mit Themen aus der tschechischen Folklore und Geschichte. Zu seinen weiteren, in Taubheit, mit der er seit 1874 geschlagen war, geschriebenen Opern gehören die dem Geiste Mozarts verpflichteten *Zwei Witwen* (1874), die liebenswert unbeschwerten Volksopern *Der Kuß* (1876) und *Das Geheimnis* (1878), die komisch-romantische Legende der *Teufelswand* (1882), die Fragment gebliebene Shakespeare-Vertonung *Viola*, schließlich auch die ergreifende »Selbstbiographie« im Streichquartett *Aus meinem Leben* (1876). Zur Taubheit kam um 1882 eine Geisteskrankheit, die zu Smetanas Tod führte.

Die verkaufte Braut

Prodaná nevěsta

Komische Oper in 3 Akten. Text von Karel Sabina. Uraufführung der Dialogfassung am 30. Mai 1866 in Prag, Interimstheater. Erstaufführung der Rezitativfassung am 11. Januar 1871 in St. Petersburg.

Karel Sabina (29. 12. 1813 Prag – 9. 11. 1877 Prag), der dem Prager Kleinbürgertum entstammende revolutionäre Dichter des tschechischen Vormärz, wurde 1849 von den Österreichern verhaftet, zum Tode verurteilt, doch begnadigt und 1857 amnestiert. Weiterhin als Journalist und Schriftsteller tätig, wurde er später als Spitzel der Österreicher verdächtigt (man entfernte seinen Namen von den Plakaten der *Verkauften Braut*) und starb geächtet in Armut. Für Smetana hat er auch den Text zu den *Brandenburgern in Böhmen* geschrieben.

PERSONEN: Kruschina / Krušina, ein Bauer (Bariton) – Ludmila, seine Frau (Mezzosopran) – Marie / Mařenka, beider Tochter (Sopran) – Micha, Grundbesitzer (Baß) – Háta, seine Frau (Alt) – Wenzel / Vašek, beider Sohn (Tenor) – Hans / Jenik, Michas Sohn aus erster Ehe (Tenor) – Kezal / Kečal, Heiratsvermittler (Baß) – Springer, Direktor einer Wandertruppe von Komödianten (Tenor oder Bariton) – Esmeralda, Tänzerin (Sopran) – Muff, ein als Indianer auftretender Komödiant (Baß) – Bauern, Bäuerinnen, Mitglieder der Zirkustruppe.

ORT UND ZEIT: Ein Dorf in Böhmen, um die Mitte des 19. Jahrhunderts.

1. Akt. Auf dem Dorfplatz wird fröhlich Kirchweih gefeiert (Chor *Seht am Strauch die Knospen springen*). Nur Marie ist nicht nach Tanzen zumute, denn sie soll heute den von ihren Eltern bestimmten Bräutigam Wenzel, den einfältigen Sohn des reichen Bauern Micha, kennenlernen. Doch Marie liebt den als Knecht ins Dorf gekommenen Hans, von dem sie aber gar nicht weiß, woher er kommt (Arie *Wenn ich das einmal erfahre*, ältere Übersetzung: *Gerne will ich dir vertrauen*). Er sagt ihr nur, daß er ein reicher Bauernsohn sei, den nach dem Tod der leiblichen Mutter eine Stiefmutter aus dem Hause getrieben habe (Duett *Muttersegen schafft*

dir Heimat, ältere Übersetzung: *Mit der Mutter sank zu Grabe*). Bei Ludmila und Kruschina streicht der Heiratsvermittler Kezal die Vorzüge des Bräutigams Wenzel hervor (Terzett *Er ist richtig, grade richtig*), der Maries Eltern auch recht ist. Marie aber widersetzt sich. Sie bleibe Hans treu; der von Kezal präsentierte Vertrag, worin sich Kruschina verpflichtet hat, seine Tochter dem Sohn des Micha zur Frau zu geben, gehe sie nichts an.

2. Akt. Im Wirtshaus ist Hans in froher Runde beim Bier, und man tanzt einen feurigen Furiant. Der stotternde Wenzel, als Bräutigam herausgeputzt, tritt ein, seiner selbst und der neuen Rolle nicht sicher (*Ma-mein Mü-Mütterlein ha-hat zu mir gesagt*). Marie macht sich an ihn heran, und da nur sie ihn, er nicht sie erkennt, schildert sie ihm seine Braut in den schrecklichsten Farben und kriegt ihn herum, daß er schwört, auf diese Marie zu verzichten (Arie *Ich würd' Euch zärtlich lieben*). Indessen versucht Kezal, Hans gegen Geld zum Verzicht auf Marie zu bewegen und für eine andere zu interessieren (*Ich weiß ein Mädchen, das hat Dukaten*). Belustigt steigert Hans den Preis auf 300 Gulden, dann schlägt er ein, allerdings unter der Bedingung, daß nur der Sohn Michas Marie heiraten darf (*Wart nur, wart, bis die Augen dir aufgehen ... Wie wär's denn möglich*). Kezal zeigt triumphierend den Vertrag mit Hans reihum und löst allgemein Entrüstung aus über einen, der seine Braut verschachert.

3. Akt. Auf dem Dorfplatz gastiert ein Wanderzirkus. Wenzel, ganz zappelig aus Angst vor seiner zukünftigen Frau, gefällt die Tänzerin Esmeralda, und so können sie und der Direktor ihn leicht dazu überreden, anstelle des betrunkenen Muff in der Abendvorstellung den Bären zu spielen. Seinen Eltern will er keinesfalls zur gefährlichen Braut folgen. – Marie ist fassungslos, als sie hört, daß Hans sie verkauft hat. Sie bittet, ihr ein wenig Zeit zum Nachdenken zu lassen (Sextett *Überleg dir's, Marie* – Arie *Mein Liebestraum, wie war er schön!*). Die Worte von Hans, der ihr alles erklären will, klingen ihr wie Hohn, zumal ihn ihre trotzige Antwort, sie werde jetzt eben doch Michas Sohn nehmen, nur zum Lachen reizt (*Ein Dickkopf bist du*). Ja, vor allen Anwesen-

den rät er ihr dazu, und so unterschreibt sie den Ehevertrag: Da endlich gibt sich Hans als Michas (anderer) Sohn zu erkennen: Marie strahlt, Kezal ist blamiert. Ein Bär tapst über den Dorfplatz, auch er ein Anlaß zu Gelächter, denn es ist ja nur der Wenzel, und zu guter Letzt erhält das glückliche Paar auch von Micha den väterlichen Segen.

Nach dem Erfolg seiner *Brandenburger in Böhmen* 1866, mit denen Smetana auch einen vom Grafen Harrach ausgelobten Wettbewerb für eine »wahrhaft nationale« Oper gewonnen hatte, wurde die *Verkaufte Braut* nur wenige Monate später und vor halbleerem Haus ein Mißerfolg. Es ist oft geäußert worden, Smetana habe mit dieser komischen Oper dem Vorwurf des Wagnerismus, der ihm nach den *Brandenburgern* gemacht wurde, begegnen wollen. Tatsächlich war *Die verkaufte Braut* aber bereits in den Jahren nach 1863, noch vor der ersten Aufführung der *Brandenburger*, entstanden. Das anfangs als Operette bezeichnete Werk basiert auf Sabinas Erzählung *Der ewige Bräutigam*, einer idealen Vorlage zu einer amüsanten, volkstümlich-realistischen Dorfgeschichte.
Seine musikalischen Vorbilder fand Smetana nicht bei den Buffo-Opern der Italiener oder den französischen Opéras-comiques, sondern im gemütvollen Ton eines Nicolai und Lortzing sowie bei Mozart. Ein erster musikalischer Höhepunkt ist die unabhängig von der Oper entstandene Ouvertüre, eine sinfonisch empfundene brillante Verbindung von kontrapunktischem Fugato und folkloristisch entworfenen Tanzmelodien. Alle volksliedhaft wirkenden Melodien sind übrigens Smetanas Erfindung, keine Übernahmen von Volksmusikweisen. Wann wurden in einer Buffo-Oper je alle Figuren so hinreißend erfaßt: der geschwätzige und bramabasierende Heiratsvermittler Kezal, der einfältige, stotternd-plappernde Wenzel, die schlaue und tief empfindende Marie und der unkomplizierte, überlegen handelnde Hans. Neben den Arien, deren Ausdrucksvielfalt von Wenzels kunstvoll auskomponiertem Stottern bis zu Maries elegisch-schmerzvoller Liebesenttäuschung (*Mein Liebestraum*) rei-

chen, den Duetten, von Marie / Wenzels rührendem *Ich würd' Euch zärtlich lieben* bis zu dem durch den Polkarhythmus aufgeladenen Zank-Duett Marie / Hans (*Ein Dickkopf bist du*), stehen die Ensembles und Chöre im Vordergrund: das Terzett *Er ist richtig*, das Sextett des 3. Aktes, eines der gelungensten Beispiele der gesamten Literatur, der Hymnus auf das Bier oder die schiere Lebensfreude zum Beginn der Oper.

Die ursprünglich als 2aktige Oper mit Sprechtexten geschriebene *Braut* fand in ihrer Umformung in 3 Akte mit Rezitativen ihre endgültige Form. Die erste Aufführung in deutscher Sprache fand am 2. 4. 1893 im Wiener Theater an der Wien statt (Übersetzung von Max Kalbeck).

Spieldauer: ca. 2¼ Stunden (1. Akt: ca. 50 min.; 2. Akt: ca. 35 min.; 3. Akt: ca. 55 min.).

Dalibor

Oper in 3 Akten. Text von Josef Wenzig, ins Tschechische übertragen von Ervín Špindler. Uraufführung am 16. Mai 1868 in Prag, Neustädter Theater.

Josef Wenzig (1807–1876) war ein deutschböhmischer Schulrat, Schriftsteller und Übersetzer, der für die Gleichberechtigung von deutscher und tschechischer Sprache eintrat. Er wurde Direktor einer tschechischen Realschule und verfaßte in deutscher Sprache die Texte zu Smetanas beiden großen tschechischen Nationalopern *Dalibor* (1868) und *Libussa* (1881). Beide Libretti wurden von dem Politiker und Dichter Ervín Špindler ins Tschechische übertragen.

Personen: Wladislaw, König von Böhmen (Baßbariton) – Dalibor, ein Ritter (Tenor) – Budivoj, Befehlshaber der Wache (Bariton) – Benesch, Kerkermeister (Baß) – Vitek, Dalibors Knappe (Tenor) – Milada, Schwester des ermordeten Burggrafen (Sopran) – Jitka, eine Waise auf Dalibors Landgütern (Sopran) – Ein Richter (Baß) – Vasallen des Königs, Hofdamen, Soldaten, Wachen, Diener, Volk.

Ort und Zeit: Prag, Ende des 15. Jahrhunderts.

1. Akt. Auf der Prager Burg, dem Hradschin, steht der vom Volk verehrte Ritter Dalibor vor dem Gericht des Königs. Milada klagt ihn der Brandschatzung und der Ermordung des Burggrafen von Ploskovic, ihres Bruders, an. Dalibor rechtfertigt seine Tat als Rache für seinen Freund Zdenko, den der Burggraf wegen einer Geringfügigkeit hatte hinrichten lassen. Stolz erklärt er, jeden töten zu wollen, der ein solches Unrecht dulde, und jeden Fürsten zu verachten, der so das Recht breche. Damit hat er seine Freiheit verwirkt; der König verurteilt ihn zu lebenslänglicher Haft. Milada wird gegen ihren Willen von Dalibors Rede tief berührt; sie bittet um Gnade für ihn. Vergebens. Entschlossen verbündet sie sich mit Jitka, um Dalibor zu befreien.
2. Akt. Ihrem Geliebten Vitek und Dalibors Gefährten vertraut Jitka den Plan zu Dalibors Befreiung an: Milada wird sich als Mann verkleidet in den Dienst des Kerkermeisters begeben und versuchen, sein Vertrauen zu gewinnen. – Budivoj, Befehlshaber der Wache, schärft dem Kerkermeister Benesch ein, Dalibor besonders streng zu bewachen. Benesch hat den jungen Gehilfen, die als Mann verkleidete Milada, wirklich angenommen, und überläßt ihm vertrauensvoll die Aufgabe, Dalibor eine Fidel zu bringen, um die der Gefangene gebeten hatte. Aus einem Traum erwachend, in dem der tote Freund Zdenko ihm auf der Fidel eine vertraute Melodie spielte (*War es ein Traumbild*), sieht Dalibor Milada vor sich. Sie gibt sich als Vertraute, ja Liebende zu erkennen und eröffnet ihm, daß seine Freunde bereitständen, ihn zu befreien. Das Zeichen zum Losschlagen solle er mit dem Spiel auf der Fidel geben. Dalibor schließt sie in seine Arme. Beide überlassen sich ganz dem Glück ihrer Liebe.
3. Akt. Benesch meldet dem König, daß sein neuer Gehilfe verschwunden sei, nachdem er alle Türen zu Dalibors Kerker offen zurückgelassen habe. Und Budivoj berichtet, Dalibors Anhänger seien versammelt, und es drohe ein Aufruhr zu seiner Befreiung. Sofort ordnet der König die Hinrichtung des Ritters an. – Im gleichen Augenblick, da Dalibor das Zeichen zu seiner Befreiung geben will, tritt Budivoj in

Giuseppe Verdi: Othello
Bayerische Staatsoper München

Giuseppe Verdi: Falstaff
Staatsoper Wien

sein Verlies und verkündet ihm das Todesurteil. Vergebens warten Dalibors Freunde auf das verabredete Zeichen: Statt der Geige erklingt plötzlich das Totenglöckchen. Unter der Führung Miladas stürmen die Verbündeten die Burg und entreißen Dalibor dem Henker. Im Kampf wird Milada tödlich verwundet; sie stirbt in den Armen ihres Geliebten, der sich nun den Feinden entgegenwirft und von ihren Schwertern durchbohren läßt.

Der historische Ritter Dalibor von Kozejedy war im ausgehenden 15. Jahrhundert ein berüchtigter Raufbold, der die Bauern gegen die Obrigkeit aufwiegelte und 1498 hingerichtet wurde. Seine letzten Tage verbrachte er, angeblich Geige spielend, in der »Daliborka«, dem dicken Turm auf dem Hradschin. Wenzigs Libretto ist eine von vielen romantischen Legenden, die den Ritter zum Freiheitskämpfer verklärten. Smetana wählte sich dieses Freiheitslied – die Parallelen zum *Fidelio* sind unverkennbar – als tragisches Gegenstück zu seiner *Verkauften Braut* und arbeitete seit 1865, also bereits während der Komposition der *Verkauften Braut*, an *Dalibor*. Am Tag der Grundsteinlegung für das tschechische Nationaltheater wurde *Dalibor* im Neustädter Theater, dem Vorgängerbau des heutigen Smetana-Theaters, uraufgeführt. Das Werk erzielte einen dem Festtag angemessenen Erfolg, verschwand aber ziemlich bald von den Bühnen. Die Oper, die er von allen seinen Werken am meisten liebte, blieb Smetanas Schmerzenskind. Erst ihre »Wiederentdekkung« 1886 leitete jene Renaissance ein, die *Dalibor* neben der *Libussa*, die als ein Gleichnis nationaler Geschichtstragik verstanden wurde, zur tschechischen Festoper schlechthin werden ließ.
Zu Smetanas Bemühen um eine volkstümlich wirkende Musik tritt in *Dalibor* ein stark ausgeprägtes patriotisches Gefühl; lyrisch innige Momente erhalten eine zusätzliche tragische Dimension. Die 20 geschlossenen, von Melodien überquellenden Musiknummern erscheinen durch die Rezitative wie miteinander verwoben und sind durch leitmotivische Strukturen verklammert. Wagners »unendliche Melodie«

lehnte Smetana aber entschieden ab: »Wir Tschechen sind ein singendes Volk und können diese Methode nicht akzeptieren.« Die beiden Hauptfiguren treten plastisch hervor: der eher passiv dargestellte Dalibor z. B. in seiner höchst populären As-Dur-Arie des 1. Aktes, in der er, begleitet von der Solovioline, das Schicksal seines toten Freundes Zdenko schildert, sowie in seiner Vision im 3. Akt (*War es ein Traumbild*); Milada in ihrer vor Rachedurst lodernden Anklage im 1. Akt, ihrem rührenden Liebesbekenntnis im 2. Akt und dem anschließenden Liebesduett, das zu den schönsten der Operngeschichte gehört.
Die deutsche Erstaufführung (Text von Max Kalbeck) fand am 28. 11. 1894 in München statt. 1924 stellte Otakar Ostrčil die originale Version des nach Smetanas Tod verfälschten Werkes her, und 1958 legte Kurt Honolka eine entsprechende deutsche Neufassung vor.
Spieldauer: ca. 2¾ Stunden (1. Akt: ca. 50 min.; 2. Akt: ca. 60 min.; 3. Akt: ca. 50 min.).

Peter Cornelius

* 24. Dezember 1824 in Mainz
† 26. Oktober 1874 in Mainz

Der Sohn eines Schauspielerehepaars begann 1840 als Geiger im Mainzer Stadttheater und versuchte sich zwei Jahre später als Schauspieler in Wiesbaden. 1844 begann er das Kompositionsstudium bei Siegfried Dehn in Berlin, wo er, auch dank der Vermittlung seines Onkels, des einflußreichen Malers Peter von Cornelius, im Kreis der Romantiker Aufnahme fand. Seit 1852 war er in Weimar und dort durch seine Beiträge für die *»Neue Zeitschrift für Musik«* literarisch, durch seine Kompositionen musikalisch ein prominenter Parteigänger von Franz Liszt und dessen »Neudeutscher

Schule«. In Weimar entstand 1855–1858 seine Oper *Der Barbier von Bagdad*, die von Liszt uraufgeführt wurde; auch seine zweite Oper, *Der Cid* (1865), erlebte ihre Uraufführung in Weimar. 1859–1865 lebte er in Wien, wo er sich, wie danach als Kompositionslehrer in München, eng an Richard Wagner anschloß, der den jüngeren Musiker künstlerisch und menschlich in seinen Bann zog. Dennoch hielt sich Cornelius, wie wenige deutsche Komponisten des ausgehenden 19. Jahrhunderts, in seinem Werk frei von Wagner-Einflüssen; in seiner unfertig hinterlassenen, von Eduard Lassen (1830–1904) vollendeten Oper *Gunlöd* (Weimar 1891) griff er allerdings wie Wagner auf den Sagenkreis der Edda zurück (auch von Waldemar von Bausznern [1866–1931] vollendet [Köln 1906]). Außer dem *Barbier von Bagdad* werden seine Lieder noch geschätzt.

Der Barbier von Bagdad

Komische Oper in 2 Akten. Text von Peter Cornelius nach einer Erzählung aus *Tausendundeiner Nacht*. Uraufführung am 15. Dezember 1858 in Weimar, Hoftheater.

PERSONEN: Der Kalif (Bariton) – Baba Mustapha, ein Kadi (Tenor) – Margiana, dessen Tochter (Sopran) – Bostana, eine Verwandte des Kadi (Mezzosopran) – Nureddin (Tenor) – Abul Hassan Ali Ebn Bekar, Barbier (Baß) – Drei Muezzine (zwei Tenöre, Baß) – Ein Sklave (Tenor) – Diener Nureddins, Freunde des Kadi, Volk, Klagefrauen, Gefolge des Kalifen u. a.

ORT UND ZEIT: Bagdad, zur Zeit von *Tausendundeiner Nacht*.

1. Akt. Nureddin verzehrt sich in derart leidenschaftlicher Liebe nach Margiana, daß seine Diener sein traumhaftes Phantasieren bereits für ein Anzeichen des nahenden Todes halten. Doch Nureddin erwacht und ist selbst erstaunt darüber, noch zu leben. Da erscheint Bostana und verheißt ihm Heilung: Um Mittag, wenn der Kalif zur Moschee geht, erwartet ihn Margiana. Trotz aller ungeduldigen Erwartung vertraut sich Nureddin zuvor noch den Künsten eines Bar-

biers an, eines gewissen Abul Hassan, der ihm von Bostana empfohlen wird und sich als enervierender Viel- und Schönredner und Sterndeuter voll eitlen Selbstlobs herausstellt (*Bin Akademiker, Doktor und Chemiker*). Schließlich wird es Nureddin zu bunt, und er läßt ihn durch seine Diener mehr oder weniger sanft zum Gehen bewegen. Doch so leicht wird er den Schwätzer nicht los, und so fügt sich Nureddin in sein Schicksal. Während er eingeseift wird, gerät Nureddin ins Träumen, ein Seufzer »Margiana, o Margiana«, schließlich ein volles Geständnis seiner Liebe zur Tochter des Kadi verraten Abul Hassan das Geheimnis seines Kunden. Er will ihn sogleich begleiten – als Beschützer vor dem gefährlichen Kadi. Um diese Klette nun endlich abzuschütteln, erklärt Nureddin den Barbier für schwer fieberkrank und befiehlt seinen Dienern, ihn zu packen und ins Bett zu stecken.

2. Akt. Margiana erwartet Nureddin voll Vorfreude, und Bostana teilt die Ungeduld ihrer Herrin (*Er kommt! Er kommt*), doch wer kommt ist erst einmal der Kadi, der seiner Tochter eröffnet, daß sein Freund Selim um ihre Hand angehalten und bereits märchenhaft reiche Brautgeschenke geschickt hat. Margiana bestätigt, sie seien wirklich wunderschön, ist aber in Gedanken nur bei Nureddin. Der kommt auch pünktlich, sobald der Kadi zum Gebet gegangen ist, und die Liebenden geben sich ganz ihren schwärmerischen Gefühlen hin. Unterdessen ist der schlaue Abul Hassan Nureddins Dienern entwischt, und nun singt er ein störendes Ständchen vor Margianas Fenster. Auch ist der Kadi zurückgekehrt, um einem ungeschickten Sklaven eigenhändig die Bastonade zu geben. Dessen Wehgeschrei hält der Barbier für die Hilferufe Nureddins und ruft alle Leute zu Hilfe. Die beiden Frauen verstecken Nureddin eilends in einer Truhe und übergeben diese dem hereinstürzenden Abul Hassan, der sich weinend über sie stürzt, weil er Nureddin tot glaubt. Als er sie aus dem Haus transportieren will, tritt ihm der Kadi in den Weg. Er hält Abul für einen Dieb, dieser ihn für Nureddins Mörder – es kommt zu einer lautstarken Auseinandersetzung, die eine Menge Leute herbeilockt. Zu guter

Letzt erscheint der Kalif. Vor ihm beschuldigt der Kadi den Barbier, den Schatz seiner Tochter rauben zu wollen, wogegen Abul seine Mordanklage wiederholt. Der Kalif läßt die Truhe öffnen, und rasch wird klar, was oder wer wirklich Margianas »Schatz« ist. So lautet der Richtspruch des Kalifen, daß der Kadi Margiana und Nureddin zusammengibt. Den Barbier wünscht der Kalif in seinem Palast zu sehen, wo er ihm seine ganzen Künste und »seines Lebens Märchen« erzählen könne, Abul dankt mit einem begeisterten *Salamaleikum*, in das alle einstimmen.

Die Geschichte des Schneiders aus der 34. Nacht von *Tausendundeiner Nacht*, die u. a. bereits einem Singspiel von Johann André (1783) zugrunde lag, bildet den Ausgangspunkt des von Cornelius selbst verfaßten Librettos zu seiner komischen Oper. Ursprünglich, 1855, als Einakter geplant, wurde sie auf Anraten Liszts zu einem abendfüllenden Zweiakter umgearbeitet. Die im Februar 1858 abgeschlossene Partitur erfuhr im Lauf der Probenarbeit noch einige Umformungen (und Liszt instrumentierte die D-Dur-Ouvertüre, die ursprünglich in h-Moll stand), dennoch wurde die Uraufführung unter Leitung Liszts zu einem eklatanten Mißerfolg; der Protest richtete sich zwar gegen Liszt, traf jedoch den *Barbier*. Auch die »wagnerischen« Neuinstrumentierungen und Bearbeitungen der Dirigenten Felix Mottl (Karlsruhe 1884) und Hermann Levi (München 1885) konnten der Oper nicht zum Erfolg verhelfen. Erst eine Aufführung in der Urfassung (Weimar 1904) leitete die Durchsetzung des Werkes ein. Als ein auch für kleinere Häuser praktikables Stück kann sich der *Barbier von Bagdad* auch heute noch als eines der wenigen musikalischen Lustspiele eines deutschen Komponisten behaupten.
In dieser durchkomponierten Oper fließen Arien, Duette und Ensembles ineinander, ohne daß die in der Potpourri-Ouvertüre eingeführten Leitmotive zum Stilprinzip erhoben sind. Es herrschen melodische Fülle und arioser Überschwang vor; die einzelnen Szenen und die bündig-kauzigen Reime strotzen auch musikalisch vor Ironie und Witz. Der

Barbier von Bagdad vereint eine simple Handlung mit größter Volkstümlichkeit und musikalischer Delikatesse. Die zentrale Figur ist der bramarbasierende Barbier mit seiner Selbstbeschreibung *Bin Akademiker, Doktor und Chemiker* und der pompös drolligen Schlußansprache *Heil diesem Haus . . . Salamaleikum.* Daneben entfaltet sich in den Szenen und Duetten mit Margiana und Nureddin eine schwelgerische Lyrik von eigenem Reiz.
Spieldauer: ca. 1¾ Stunden (1. Akt: ca. 60 min.; 2. Akt: ca. 50 min.).

Alexander Porfirjewitsch Borodin

* 12. November (31. Oktober) 1833 in St. Petersburg
† 27. (15.) Februar 1887 in St. Petersburg

Der illegitime Sohn des Fürsten Gedianow wurde als Sohn eines Dieners seines Vaters, Porfirij Borodin, geführt. Er wuchs bei der Mutter Awdotja Konstantinowa Antonowa auf, erhielt neben einer umfassenden Allgemeinbildung Musikunterricht und lernte Klavier und Cello. Borodin studierte Medizin und Chemie an der St. Petersburger Militärärztlichen Akademie, wurde Militärarzt und reiste, zur Weiterbildung, zwischen 1858 und 1862 durch Deutschland, die Schweiz und Italien. Von 1862 an unterrichtete er an seiner früheren Hochschule, wurde hier 1864 Professor und erwarb sich hohen Ruf als Mediziner und Chemiker. Die musikalischen Studien gingen nebenher; er nahm seit 1862 Unterricht bei Balakirew und Mussorgskij, komponierte aber bereits selbständig »dilettierend«. Er gehörte zum »Mächtigen Häuflein«, dem Kreis um seine Freunde Balakirew, Cui, Mussorgskij und Rimskij-Korsakow. 1865 unterzeichnete auch er das Manifest, in dem sie eine russische Kunstmusik aus dem Geist der Volksmusik forderten. Nach dem Vorbild Glinkas komponierte er von 1869 bis zu seinem Tode an der

Oper *Fürst Igor*, seinem Hauptwerk, das Rimskij-Korsakow und Glasunow vollendeten. Neben Rimskij-Korsakow, Cui und Mussorgskij lieferte er einen Akt zu der Ballett-Oper *Mlada* (1872); aus seinem schmalen Œuvre seien die beiden erfolgreichen Sinfonien, die *Steppenskizze aus Mittelasien* für Orchester (1880) und die 2 Quartette hervorgehoben. Seine Vorliebe für fernöstliche, exotische Klänge, eine interessante Harmonik und archaische Rhythmik, beispielhaft in den *Polowetzer Tänzen* aus *Fürst Igor*, brachte eine kräftige Farbe in die russische Musik und übte Einfluß auf die französischen Musiker der Jahrhundertwende aus.

Fürst Igor

Knjas Igor

Oper in einem Prolog und 4 Akten. Text von Alexander Borodin nach dem russischen Epos *Das Lied von der Heerfahrt Igors* (um 1185–87). Uraufführung am 16. November 1890 in St. Petersburg, Mariinskij-Theater.

Personen: Igor Swjatoslawitsch, Fürst von Sewersk (Bariton) – Jaroslawna, seine zweite Frau (Sopran) – Wladimir Igorjewitsch, sein Sohn aus erster Ehe (Tenor) – Wladimir Jaroslawitsch, Fürst Galitzkij, Bruder der Fürstin Jaroslawna (Bariton) – Kontschak, Polowetzer Khan (Baß) – Kontschakowna, seine Tochter (Alt) – Owlur, getaufter Polowetzer (Tenor) – Skula und Jeroschka, zwei Gudokspieler (Bariton und Tenor) – Ein Polowetzer Mädchen (Sopran) – Gsak, Polowetzer Khan (Baß) – Die Amme der Fürstin (Sopran) – Russische Fürsten und Fürstinnen, Bojaren und Bojarinnen, Älteste, Krieger, Mädchen, Volk, Polowetzer Khane, Gefährtinnen der Kontschakowna, Sklaven, Gefangene, Wachen u. a.

Ort und Zeit: Die Stadt Putiwl und das Lager der Polowetzer, 1185.

Prolog. Auf dem Platz vor der Kathedrale von Putiwl hat Fürst Igor sein Heer zum Feldzug gegen die mehrfach im Süden des Landes eingedrungenen Polowetzer versammelt. Eine plötzliche Sonnenfinsternis, die seine Frau und das ganze Volk als böses Vorzeichen für seinen Feldzug deuten, weshalb sie ihn davon abzulassen bitten, erschüttert ihn nicht: Er sucht Feldherrnruhm. Seinen Sohn Wladimir zur Seite, setzt er sich an die Spitze seiner Krieger. Zwei seiner Leute, die Bänkelsänger Skula und Jeroschka, machen sich indes heimlich davon. Für die Zeit seiner Abwesenheit gibt Igor die Regierungsgeschäfte in die Hände seines Schwagers, des Fürsten Galitzkij, in dessen Schutz er auch Jaroslawna zurückläßt.

1. Akt. Mehrere Monate sind verstrichen, ohne daß eine Nachricht von Igor nach Putiwl gelangt wäre; Galitzkij würde die Macht am liebsten ganz an sich reißen. Im Hof seines Hauses feiert er ausschweifende Saufgelage, bei denen Skula und Jeroschka aufspielen. Eine Schar junger Mädchen, die um die Freilassung einer im Haus festgehaltenen Freundin bitten, weist Galitzkij höhnisch ab. Selbst die Vorhaltungen der um ihren Mann besorgten, von den Mädchen um Hilfe gebetenen Fürstin lassen ihn kalt, ja reizen nur seinen Zorn. Die Situation spitzt sich zu, als einige Bojaren die Nachricht bringen, Igor sei geschlagen und samt seinem Sohn in die Gefangenschaft der Polowetzer geraten. Schon seien die Polowetzer im Anmarsch auf die Stadt.

2. Akt. Mit Tanz und Gesang unterhalten abends in Kontschaks Lager Polowetzer Mädchen die Krieger. Khan Kontschak behandelt seine Gefangenen mit Großmut, wie Gastfreunde; Igor und Wladimir können sich frei bewegen. So kommt es, daß Kontschakowna und Wladimir sich ineinander verlieben und daß Igor ein Angebot Owlurs, ihm zur Flucht zu verhelfen, als Mann von Ehre ausschlägt. Allerdings lehnt Igor auch Kontschaks Vorschlag eines Waffenbündnisses ab. Durch seine Haltung erwirbt er sich die Hochachtung des Khans, der ihm zu Ehren die Mädchen Tänze der Polowetzer Heimat vorführen und die Krieger ihre Waffenkünste zeigen läßt.

3. Akt. Khan Gsak hat Putiwl erobert und geplündert. Mit seinen Kriegern und vielen Gefangenen kehrt er in das Lager der Polowetzer zurück. Igor ist entsetzt über das von ihm verschuldete Schicksal seiner Stadt und entschließt sich, wie ihm geraten wird, zur Flucht, um Putiwl zu befreien. Sie

gelingt dank Owlurs Hilfe. Die Flucht Wladimirs aber, der sich schweren Herzens von Kontschakowna losreißt, verhindert die Tochter des Khans. Und wieder zeigt sich Kontschak überaus großmütig: Er verschont Wladimir und gewährt ihm sogar Kontschakownas Hand, in der Absicht allerdings, so doch noch ein Band zu Fürst Igor zu schlagen.
4. Akt. Jaroslawna beklagt das von den Polowetzern zerstörte Putiwl und das Schicksal Igors – der plötzlich vor ihr steht. Überglücklich schließt sie ihn in die Arme. Skula und Jeroschka, die beiden Sänger, singen noch ein Spottlied auf den gefangenen Fürsten, nicht ahnend, daß er heimgekehrt ist. Als sie es bemerken, läuten sie die Glocken und rufen alles Volk zusammen, das Igor als seinem wiedergewonnenen Fürsten huldigt.

1869 hatte der befreundete Kritiker Wladimir Stassow dem Komponisten ein Szenarium nach dem *Igorlied* vorgelegt. Für Borodin, den Bewunderer Glinkas und dessen nationalrussischer Opernthemen, war das ein Text ganz nach seiner Vorstellung. Der Stoff vereint nationale und exotische Motive, epische Breite und genrehafte Charakterdarstellung, wenngleich die Vielzahl der Motive und die lose Handlungsführung dramaturgisch kaum zu bewältigen waren.
Die Komposition des von Borodin selbst verfaßten Librettos ging, trotz der uneigennützig kollegialen Unterstützung von Rimskij-Korsakow, wegen Borodins starker beruflicher Inanspruchnahme sehr langsam voran; während der letzten Lebensjahre stagnierte sie gänzlich. Bei seinem Tod lagen nur 10 der 29 Nummern als Partitur vor. Alexander Glasunow hat dann den 3. Akt nach Themen Borodins ergänzt und die Potpourri-Ouvertüre komponiert, Nikolaj Rimskij-Korsakow die Instrumentierung übernommen.
Die bildhafte Schilderung der einzelnen Szenen, die Gegenüberstellung von Christlich (Russen) und Heidnisch (Polowetzer), Russisch und Tatarisch, dominiert in Borodins Darstellung eindeutig. Die Schilderung der Einzelpersönlichkeit tritt zurück. Seiner traditionellen Auffassung der Oper entsprechend steht die geschlossene Musiknummer im Vorder-

grund. Dabei verwendete Borodin russische Kirchen- und Volksmusik, setzte Glocken – als Festtagsgeläute und Warnung vor dem Feind – und Klagegesänge differenziert ein und orientierte sich an jahrhundertealten musikalischen Gattungen, die er im Stil der westeuropäischen Musik nachahmte. In den Chören setzte Borodin changierende Farben; er hob das Volksdrama von den orgiastischen Gelagen des Galitzkij ab und stellte die auch als separates Konzert- und Ballettstück beliebten *Polowetzer Tänze* mit effektvollen Orientalismen als vitales, mitreißend koloriertes Tanzgemälde am Schluß des 2. Aktes heraus. In den beiden Arien Jaroslawnas im 1. (*Viel Zeit ist schon vergangen*) und 4. Akt (*Ach, ich weine*) und der Kavatine Wladimirs im 2. Akt (*Langsam erlosch der Tag*) sind italienische und französische Einflüsse spürbar, während die schlichten Baß-Arien Igors der Tradition des altrussischen Volksgesangs entstammen, z. B. seine große Arie im 2. Akt (*O gebt mir meine Freiheit wieder*) mit ihrer leitmotivisch eingesetzten Melodik.
Nach der Uraufführung wurde *Fürst Igor* 1898 am Moskauer Bolschoj Theater gespielt, 1914 in London, 1915 in Paris und New York. 1947 legte Pawel Lamm eine Ausgabe vor, die sich an die von Borodin intendierte, bis dahin nicht bekannte Szenenfolge hält und eine Fülle originalen Materials, das die Bearbeiter nicht berücksichtigt hatten, enthält. Auf dieser Arbeit basiert die Fassung von Jurij Fortunatow und Jewgenij Lewaschow (Wilna 1974; Berlin [Deutsche Staatsoper] 1978, deutsch von Sigrid Neef), die erstmals nahezu die gesamte von Borodin komponierte Musik bietet. In Deutschland war *Fürst Igor* am 15. 3. 1925 in Mannheim erstmals zur Aufführung gelangt.
Spieldauer: ca. 3¼ Stunden (Prolog [und Ouvertüre]: ca. 30 min.; 1. Akt: ca. 45 min.; 2. Akt: ca. 60 min.; 3. Akt: ca. 30 min.; 4. Akt: ca. 30 min.).

Amilcare Ponchielli

* 31. August 1834 in Paderno Fasolare
(heute: Paderno Ponchielli; Prov. Cremona)
† 17. Januar 1886 in Mailand

Ponchielli erhielt den ersten Musikunterricht von seinem Vater, begann aber schon als Neunjähriger 1843 am Mailänder Konservatorium zu studieren. 1854 ließ er sich als Organist in Cremona nieder. Dort wurde er 1855 stellvertretender Leiter des Theaters und debütierte er im Jahr darauf mit seiner ersten Oper *I promessi sposi* (*Die Verlobten*) nach Alessandro Manzonis Erfolgsroman. Nach dem lokalen Erfolg der *Verlobten* wurden der noch während der Proben abgesetzte *Bertrando dal Bormio*, *La savoiarda* (Cremona 1861) und *Roderico, Re dei goti* (Piacenza 1863) grobe Reinfälle. Ponchielli wirkte dann als Kapellmeister in Piacenza, kehrte 1865 in der gleichen Funktion nach Cremona zurück, blieb aber als Dirigent wie Opernkomponist eine provinzielle Erscheinung. Erst die 1872 am Mailänder Theater Dal Verme aufgeführte Zweitfassung der *Promessi sposi* brachte die Wende. Für die Scala komponierte Ponchielli daraufhin das Ballett *Le due gemelle* (1873) und die Oper *I lituani* (1874), zu der Verdis Librettist Ghislanzoni das Textbuch nach Adam Mickiewiczs Roman *Konrad Wallenrod* schrieb. Sein Triumph kam 1876 mit *La Gioconda*, die ihn zum führenden Repräsentanten der italienischen Oper zwischen Verdi und der »Giovane Schuola Italiana« machte. Nach dem Mißerfolg von *Il figliuol prodigo* (1880) konnte er mit *Marion Delorme* (1885) nochmals einen Erfolg verzeichnen. Durch *La Gioconda* war Ponchielli zu einer nationalen Größe geworden. Er lehrte seit 1880 am Mailänder Konservatorium (wo man 1870 seine Ernennung hintertrieben hatte); Puccini und Mascagni gehörten zeitweise zu seinen Schülern. 1861–1886 war er Kapellmeister an S. Maria Maggiore in Bergamo, für die er auch viele geistliche Werke verfaßte.

La Gioconda

Dramma lirico in 4 Akten. Text von Arrigo Boito (unter dem Pseudonym Tobia Gorrio) nach Victor Hugos Drama *Angelo, tyran de Padoue* (1835). Uraufführung am 8. April 1876 in Mailand, Teatro alla Scala.

Arrigo Boito s. S. 467 und Verdi, *Othello*, S. 388.

Personen: La Gioconda, eine Straßensängerin (Sopran) – La Cieca, ihre blinde Mutter (Alt) – Alvise Badoero, Staatsinquisitor (Baß) – Laura Adorno, eine Genueserin, seine Frau (Mezzosopran) – Enzo Grimaldo, genuesischer Fürst (Tenor) – Barnaba, ein Straßensänger und Spitzel (Bariton) – Zuàne, ein Gondoliere (Baß) – Isèpo, ein Schreiber (Tenor) – Ein Lotse (Baß) – Ein Sänger (Baß) – Zwei Stimmen aus der Ferne (Tenor, Baß) – Ein Mönch (Baß) – Barnabiten-Mönche, Schiffszimmerleute, Senatoren, Edelleute, Masken, Matrosen, Straßensänger, Volk u. a.

Ort und Zeit: Venedig, 17. Jahrhundert.

1. Akt. *Das Löwenmaul.* Im lebhaften Karnevalstreiben auf dem Markusplatz nähert sich Barnaba im Kostüm eines Straßensängers Gioconda. Ihre Zurückweisung weckt seine Rachlust, und er bedient sich des eben in der Festregatta vor den Augen ganz Venedigs unterlegenen Zuàne: Der Gondoliere habe nur verloren, weil Giocondas blinde Mutter ihn verhext habe. Die Volksmenge ergreift Partei für Zuàne und will die alte Frau auf dem Scheiterhaufen als Hexe brennen sehen. Da tritt Gioconda mit ihrem Geliebten Enzo Grimaldo dazwischen. Der genuesische Edelmann wurde einst auf Weisung Alvises aus Venedig vertrieben und kehrte in der Verkleidung eines dalmatinischen Seemanns heimlich in die Stadt zurück. Auch Laura, maskiert, tritt hinzu und bittet ihren Mann, Alvise Badoero, um Gnade für die Blinde, deren fromme Gesinnung ja an ihrem Rosenkranz kenntlich sei. Diesen Rosenkranz schenkt ihr La Cieca zum Dank (*Voce di donna / Die Stimme einer edlen Dame*), als der Inquisitor sie freiläßt. Barnaba hat Enzo erkannt und sagt ihm seinen Namen frech ins Gesicht. Er gibt sich als einflußreicher Diener des Hohen Rates aus und sagt ihm, daß er für

ihn ein Treffen mit seiner Jugendliebe Laura (die zur Ehe mit Alvise Badoero gezwungen wurde) auf einem bestimmten Schiff arrangieren könne – so hofft er, Gioconda, die Enzo liebt, tief verletzen zu können. Kaum hat sich Enzo, mit einem Fluch auf Barnaba, entfernt, diktiert dieser dem Schreiber Isèpo einen Brief, in dieser Nacht werde, auf einem bestimmten dalmatinischen Schiff . . ., und steckt ihn in das berüchtigte »Löwenmaul« im Hof des Dogenpalasts, in dem alle anonymen Anschuldigungen an die Inquisition hinterlegt werden (*O monumento! / O hoher Bau*). Barnabas Intrige geht auf: Gioconda ist tief getroffen, daß sich Enzo einer anderen zuwendet, denn sie hat alles mit angehört.

2. Akt. *Der Rosenkranz*. Enzos Schiff wird von den Matrosen zum Auslaufen fertiggemacht, unter den Augen Barnabas, der sich als Schiffer verkleidet hat (Arie und Chor *Pescator, affonda l'esca / Fischer, wirf den Köder aus*). Enzo, der Kapitän, tritt aus der Kajüte. Im Anblick des nächtlichen Firmaments gibt er seiner Liebeserwartung Ausdruck (*Cielo e mar / Himmel und Meer*). Auf ein Zeichen Barnabas aus dem Hintergrund kann er Laura auf das Schiff helfen und sie in seine Arme schließen (Duett *Laggiù fra le nebbie remote / Dort, im fernen Nebel*). Plötzlich, während Laura die Madonna um Beistand für ihrer beider Flucht erbittet und Enzo das Schiff überprüft, erscheint Gioconda. Sie gibt sich Laura leidenschaftlich als Rivalin um Enzos Liebe zu erkennen und dringt mit einem Dolch auf sie ein. Doch im Zustechen erkennt sie den Rosenkranz ihrer Mutter in Lauras Händen. Das ist Lauras Rettung. Gioconda vergilt ihr die Wohltat an der Mutter, indem sie ihr vor dem herannahenden Boot Alvises zur Flucht verhilft. Enzo gegenüber behauptet Gioconda aber, Laura sei verschwunden, weil sie ihn nicht mehr liebe. Giocondas Liebesschwüre hält Enzo dennoch für blanken Haß, er glaubt ihr nicht. Worauf sie ihm sagt, daß er dem Tode nahe sei, Barnaba habe ihn denunziert. Enzo ergreift eine Fackel, setzt damit sein Schiff in Brand und rettet sich, den Namen Lauras auf den Lippen, durch einen Sprung ins Wasser vor Alvise und seinen Helfershelfern.

3. Akt. *Ca' d'oro.* Der vor Wut rasende Alvise (*Si, morir ella de'! / Ja, sie soll sterben!*) zwingt Laura in eine vorbereitete Sterbekammer in seinem Palast, der Ca' d'oro am Canal Grande, und läßt sie mit einem Gifttrank zum Selbstmord allein. Doch die heimlich in den Palast eingedrungene Gioconda rettet Laura aus Liebe zu Enzo; sie verabreicht ihr ein Mittel, welches Laura nur in einen todesähnlichen Schlaf versetzt. – Im Festsaal daneben begrüßt Alvise hochgestellte Gäste und unterhält sie mit der Aufführung des Balletts *Der Tanz der Stunden*. Da schleppt Barnaba die Cieca herein, die er im Palast aufgespürt hat. Sie gebe vor, nur für eine Sterbende gebetet zu haben – »für Laura«, flüstert Barnaba dem ebenfalls anwesenden Enzo zu. Das ist für Enzo der Moment, sich Alvise als Grimaldo erkennen zu geben und von ihm Genugtuung zu fordern für den »Raub meiner Heimat und meiner Geliebten«. Hochmütig öffnet Alvise die Tür zur Sterbekammer und bekennt, die dort wie tot auf dem Katafalk ruhende Laura für die Beschmutzung seiner Ehre gestraft zu haben. Die Wachen nehmen Enzo fest. Im Handgemenge verspricht Gioconda, sich Barnaba hinzugeben, wenn er Enzo rette.

4. Akt. *Der Kanal Orfano.* Zwei Freunde Giocondas bringen die scheintote Laura in den verfallenen Palast auf der Insel Giudecca, der Gioconda als Behausung dient. Gioconda hält das Gift, das Alvise seiner Frau aufzwang, in Händen, verzweifelt und schwankend, ob sie sich töten oder Laura, die nun ganz in ihrer Hand ist, in den Kanal Orfano stoßen solle – doch weist sie diesen Gedanken aus Liebe zu Enzo zurück (*Suicidio! / Selbstmord!*). Der freigelassene Enzo tritt ein, von Gioconda erst leidenschaftlich, dann, da er nur an Laura denkt, ironisch begrüßt mit der Mitteilung, sie habe die Tote geraubt. So hofft sie, von seiner Hand den Tod zu erhalten. Aber Laura erwacht und schildert ihm Giocondas großherzige Hilfe. Gioconda ermöglicht beiden die Flucht mit einem Boot und stößt sich, als Barnaba erscheint und seine Bezahlung fordert, den Dolch in das Herz. Seinen teuflischen Schrei, daß er ihre Mutter getötet habe, hört sie nicht mehr.

Das Drama um das Liebesopfer einer ungeliebten Frau, Victor Hugos Schauspiel, hat Boito auf Wunsch des Musikverlegers Giulio Ricordi zum Libretto gestaltet, wobei er mit Hugos Stück sehr frei umging. Die glutvoll gezeichneten Charaktere, die spektakulären Schauplätze, blutige Intrige und aufopfernde Liebe lassen *La Gioconda* noch heute als wesentliches Beispiel einer italienischen Variante der französischen Grand opéra erscheinen. Ähnlich wie sich Boitos Handlung der archetypischen Versatzstücke der romantischen Oper bediente, griff Ponchielli zu den musikalischen Mustern der von Wagner beeinflußten italienischen Moderne, Verdis und der Veristen, ohne sich einer strikten Einordnung zu beugen. *La Gioconda* ist Endpunkt einer Entwicklung der italienischen Oper und Vorgriff auf neue Tendenzen: Die Figur des Barnaba antizipiert in jeder Hinsicht Verdis Jago, und das musikalische Ambiente im 3. Bild von Puccinis *Manon Lescaut* ist im 4. Akt der *Gioconda* vorgezeichnet. Neben der dramatischen Schlagkraft und Farbigkeit der Musik hat die melodische Eindringlichkeit vieler Arien der Oper ihre Präsenz im Repertoire gesichert: Ciecas *Voce di donna*, Enzos Romanze *Cielo e mar*, sein Duett mit Barnaba *Enzo Grimaldo*, die Szene der Primadonna *Suicidio!*, schließlich die Balletteinlage des *Tanzes der Stunden*.
Spieldauer: ca. 2¾ Stunden (1. Akt: ca. 50 min.; 2. Akt: ca. 40 min.; 3. Akt: ca. 35 min.; 4. Akt: ca. 30 min.).

Camille Saint-Saëns

* 9. Oktober 1835 in Paris
† 16. Dezember 1921 in Algier

Mit einer ersten Komposition kurz nach seinem 3. Geburtstag zeigte Saint-Saëns alle Anzeichen eines Wunderkindes; er erhielt Klavier- und Kompositionsunterricht und gab als 10jähriger Pianist sein offizielles Debüt in der Pariser Salle

Pleyel. Am Conservatoire war er u. a. Schüler Halévys. Er gewann die Bewunderung der Sängerin Pauline Viardot, auch Liszts, und war zwischen 1853 und 1877 ein gefeierter Organist. Konzertreisen führten ihn u. a. nach Skandinavien, Rußland und Ägypten; vor allem in England und in den USA feierte man ihn als den bedeutendsten Repräsentanten der französischen Musik. Saint-Saëns, der mit einer nahezu beispiellosen Leichtigkeit Musik aller Gattungen schrieb, war auf dem Gebiet der Oper, mit Ausnahme von *Samson und Dalila* (1877), relativ wenig Erfolg beschieden. Sein Debüt als Opernkomponist erfolgte 1872 mit der Opéra-comique *La princesse jaune*; an der Grand Opéra schlossen sich u. a. *Henry VIII* (1883), *Ascanio* (1890), und *Les barbares* (1901) an. Seine letzten 3 Opern entstanden dann für Monte Carlo.

Samson und Dalila

Samson et Dalila

Oper in 3 Akten. Text von Ferdinand Lemaire nach dem *Alten Testament*. Uraufführung am 2. Dezember 1877 in Weimar, Großherzogliches Theater.

Ferdinand Lemaire (1832–1879), ein kreolischer Gelegenheitsdichter und Gatte einer Kusine von Saint-Saëns (dieser hatte bereits dessen Dichtung *Tristesse* vertont), verfaßte den Text zu *Samson und Dalila* auf Wunsch des Komponisten nach dem 14.–16. Kapitel im *Buch der Richter.*

Personen: Dalila (Mezzosopran) – Samson (Tenor) – Der Oberpriester des Dagon (Baß) – Abimelech, Satrap von Gaza (Baß) – Ein alter Hebräer (Baß) – Ein Bote der Philister (Tenor) – Erster Philister (Tenor) – Zweiter Philister (Bariton) – Hebräer, Philister.

Ort und Zeit: Gaza in Palästina, zu vorchristlicher Zeit.

1. Akt. Vor dem Tempel Dagons in Gaza ruft Samson die verzagten Israeliten zum Widerstand gegen die Philister auf. Als der Satrap Abimelech die Israeliten verspottet und die Überlegenheit des heidnischen Gottes Dagon preist, tritt ihm Samson entgegen; es kommt zu einer Auseinanderset-

zung, die für den Satrapen tödlich endet. Daraufhin verflucht der Oberpriester des Dagon die Israeliten und prophezeit Samson, ihn werde ein Weib schmählich zu Fall bringen. – Zur Gebetszeit erscheinen die Frauen der Philister bei den Israeliten, darunter Dalila, die Samson, an dem sie Gefallen gefunden hat, wie sie ihm sagt, in ihr Haus einlädt (*Printemps qui commence / Beginnender Frühling*). Zwar warnt ihn ein alter Hebräer vor Dalilas verführerischem Zauber, doch eben dem kann Samson nicht widerstehen.
2. Akt. Dalila beabsichtigt nichts anderes als Samsons Vernichtung, aus Rache, weil er sie bisher verschmäht hatte (*Amour! viens aider ma faiblesse / Komm, Liebe, und hilf meiner Schwachheit*). Diese Rache gehöre ihr allein, bedeutet sie dem Oberpriester, der sie mit Gold zu bestechen sucht, damit sie Samson den Philistern ausliefert. Samson kommt. Er will Dalila nur den Abschied geben, um zu seinem Volk als Kämpfer für die Freiheit zurückzukehren, erliegt aber trotz allen Widerstrebens (Dalila: *Mon cœur s'ouvre à ta voix / Mein Herz öffnet sich dir*). Auf ein Zeichen Dalilas wird Samson von den vor dem Haus verborgenen Philistern überwältigt.
3. Akt. Samson liegt im Gefängnis von Gaza, des Geheimnisses seiner Kraft beraubt: der Haare und des Augenlichts. Seiner Schuld bewußt, bittet er Gott um Erbarmen mit dem ganzen Volk der Israeliten, das ebenfalls in Gefangenschaft geriet. Indessen feiern die Philister ihren Sieg im Tempel Dagons mit einem Bacchanal, zu dem Samson herbeigeführt wird, um den Hohn seiner Feinde, auch Dalilas, über sich ergehen zu lassen. Schließlich zwingen sie ihn, Dagon anzubeten. Samson läßt sich in die Mitte der Halle zwischen zwei Marmorsäulen führen und bittet Gott, ihm für einen Augenblick seine einstige Kraft zurückzugeben. Sein Gebet wird erhört: Er reißt die Säulen mit bloßen Händen nieder und bringt den Tempel zum Einsturz. Die Trümmer erschlagen Samson und mit ihm alle Philister.

Saint-Saëns' schon 1859 gefaßter und ursprünglicher Entschluß, ein Oratorium nach der Legende von Samson und

Dalila zu schreiben, hatte zu tun mit seiner Bewunderung für Händel und Mendelssohn Bartholdy sowie der aus England herüberschwappenden Welle der Begeisterung für den geistlichen Chorgesang. Es war erst Lemaire, der ihn davon abbrachte und ihn zur Oper überredete. Der Eingangschor entstand noch 1859; danach nahm Saint-Saëns die Komposition erst 1867 mit Dalilas Arie *Mon cœur s'ouvre à ta voix* wieder auf. 1874 kam es zu einer privaten Aufführung des 2. Aktes mit der von ihm so sehr bewunderten Pauline Viardot als Dalila, 1875 erlebte der Akt eine konzertante Aufführung, und 1876 war die Partitur vollendet. Bereits 1870 hatte sich Liszt an dem Werk interessiert gezeigt; er vermittelte die Uraufführung in Weimar, in der deutschen Übersetzung von Richard Pohl. Die Oper fand in Deutschland eine ausgezeichnete Resonanz. Sie erlebte 1890 in Rouen ihre erste Aufführung in französischer Sprache und gelangte erst 1892 ins Repertoire der Pariser Opéra.
Stilistisch ist dem Werk an den weitläufigen Chorszenen und der dramaturgisch nicht sehr spannend entwickelten Handlung seine oratorische Konzeption anzumerken; nur im Mittelakt tritt das persönliche Liebesdrama opernhaft in den Vordergrund. Der lyrische Melodiker Saint-Saëns entlockte dem Orchester feinste Valeurs und stimmungsprächtige Reize, um es, wie er selbst formulierte, »aus seiner einfachen Rolle als Begleitung, auf die man es ehemals beschränkt hatte«, zu lösen. Dabei achtete er auf die Transparenz des Klanges. Er baute das Drama innerhalb großer Szenen auf und verwendete melodische Leitmotive. Die Figur des Samson besitzt in der Verbindung von priesterhafter Strenge und nobler Deklamation heldentenorales Pathos, während Dalila in einer Aura von sinnlich-lasziver Klangmagie zu einer der großen Verführerinnen auf der französischen Opernbühne des 19. Jahrhunderts wurde. Ihre 3 Arien zählen zum unabdingbaren Repertoire der großen Mezzosopranistinnen.
Spieldauer: ca. 2¼ Stunden (1. Akt: ca. 45 min.; 2. Akt: ca. 42 min.; 3. Akt: ca. 40 min.).

Georges Bizet

* 25. Oktober 1838 in Paris
† 3. Juni 1875 in Bougival (Dép. Yvelines)

Bizet wuchs mit Musik auf: seine Mutter war Pianistin, der Vater Gesangslehrer. Bereits als Zehnjähriger wurde er zum Pariser Konservatorium zugelassen. Bald betraute ihn sein Lehrer Gounod mit den Arrangements seiner Werke, als Schüler Marmontels entwickelte er sich zu einem brillanten Pianisten, und Halévy, dessen Tochter Geneviève er 1869 heiratete, nahm ihn in seine Kompositionsklasse auf. Früh entstand ein erstes Bühnenwerk, die 1aktige Opéra-comique *La maison du docteur*, 1855 folgte die Sinfonie C-Dur. 1857 gewann Bizet einen von Offenbach ausgeschriebenen Wettbewerb mit *Le Docteur Miracle* und errang mit der Kantate *Clovis et Clotilde* den Rom-Preis. In Rom schrieb er 1858/59 die erst 1906 aufgeführte Opera buffa *Don Procopio*. Zurück in Paris, erhielt er durch Léon Carvalho das Libretto zu *Les pêcheurs de perles*, die 1863 ohne nachhaltigen Erfolg an dessen Théâtre-Lyrique aufgeführt wurden. Carvalho bot ihm immerhin *Ivan IV* an, eine Grand opéra im Stil Meyerbeers, die Bizet zurückzog, nachdem Carvalho die Aufführung mehrmals verschoben hatte. 1867 kam an Carvalhos Théâtre-Lyrique *La jolie fille de Perth*, Bizets einziger einhelliger Erfolg bei Presse und Publikum, heraus, und im gleichen Jahr steuerte er einen Akt zu der Gemeinschafts-Operette *Marlborough s'en va-t-en guerre* bei. Eine schöpferische Krise führte 1868 zu einer Beschäftigung mit mehreren Opernstoffen, von denen *Djamileh* vollendet und 1872 an der Opéra-Comique aufgeführt wurde. Trotz des totalen Mißerfolgs war Bizet bereit, seinen Versuch einer Reform der Opéra-comique mit einem von ihm ausgewählten Stoff, Mérimées *Carmen*, fortzusetzen. Zunächst aber entstand die Musik zu Daudets Schauspiel *L'Arlésienne* (1872); dann erlitt Bizets Arbeitselan durch die Ablehnung seiner Oper *Don Rodrigue* eine schwere Lähmung. *Carmen* wurde schließlich im Sommer 1874 vollendet – und löste geradezu feindliche Reaktionen aus. Der Komponist verließ Paris, körperlich und seelisch krank, und starb wenig später nach zwei Herzanfällen.

Carmen

Oper in 4 Akten. Text von Henri Meilhac und Ludovic Halévy nach der gleichnamigen Novelle von Prosper Mérimée (1845). Uraufführung am 3. März 1875 in Paris, Opéra-Comique (Salle Favart).

Ludovic Halévy (31. 12. 1833 Paris – 7. 5. 1908 Paris), Neffe des Komponisten Fromental Halévy (s. S. 222), war Staatsbeamter, der besonders wegen seiner satirischen, in der Zusammenarbeit mit Meilhac verfaßten Texte für einige große Operetten Offenbachs Ansehen als Schriftsteller genoß. – Henri Meilhac (21. 2. 1831 Paris bis 6. 7. 1897 Paris) begann als Karikaturist. Er schrieb, meist gemeinsam mit Halévy, mehr als 100 Bühnenstücke des heiteren Genres.

PERSONEN: Carmen, Zigeunerin (Mezzosopran) – Don José, Sergeant (Tenor) – Escamillo, Stierkämpfer (Baß oder Bariton) – Micaëla, Bauernmädchen (Sopran) – Frasquita und Mercédès, Zigeunerinnen (Sopran und Mezzosopran) – Zuniga, Leutnant (Baß) – Moralès, Sergeant (Bariton) – Dancaïro und Remendado, Schmuggler (Tenöre) – Andres, Sergeant (Tenor) – Lillas Pastia, Schankwirt (Sprechrolle) – Ein Bergführer (Sprechrolle) – Eine Orangenverkäuferin (Alt) – Soldaten, junge Männer, Zigarettenarbeiterinnen, Zigeuner, Schmuggler, Polizisten, Stierkämpfer, Volk, Gassenjungen u. a.

ORT UND ZEIT: Sevilla und Umgebung, um 1820.

1. Akt. Auf einem Platz in Sevilla beobachten die Soldaten der Wache, an ihrer Spitze Moralès, das Kommen und Gehen der Leute. Zögernd nähert sich Micaëla den Soldaten, um sich nach dem Sergeanten José zu erkundigen. Von Moralès erfährt sie, daß José zur nächsten Wache gehört. Bis zur Ablösung bei den Soldaten zu warten, wie sie ihr galant vorschlagen, möchte sie nicht, sie geht. Ein Trompetensignal gibt wenig später schon das Zeichen zur Wachablösung. Den

Aufzug der neuen und den Abmarsch der alten Abteilung begleiten lärmende Gassenjungen (*Avec la garde montante / Mit der Wache anzutreten sind wir Buben immer da*). Der erst vor kurzem nach Sevilla versetzte Leutnant Zuniga interessiert sich, im Gegensatz zu José, lebhaft für die jungen Arbeiterinnen der Zigarrenfabrik gegenüber, die kurz darauf zur Mittagspause ins Freie kommen (Chor *Dans l'air, nous suivons des yeux la fumée / Leichter Rauch steigt von uns auf*) und sofort von Männern umschwärmt werden. Zuletzt zeigt sich, ihre Verehrer kurz abfertigend und eine Habanera anstimmend, Carmen (*L'amour est un oiseau rébelle / Liebe ist wie ein wilder Vogel – Die Liebe gleicht Zigeunerart . . . und lieb ich dich, nimm dich in acht!*). Dem einzigen, den ihr aggressiver, verführerischer Charme kaltläßt, José, wirft sie eine Blume ins Gesicht. Dem herausgeforderten und vom Duft der Blume berauschten José überbringt Micaëla einen Brief, Geld – und einen Kuß von seiner Mutter, durch den er sich vom bösen Zauber Carmens befreit fühlt (Duett *Parle-moi de ma mère / Du kommst von meiner Mutter? – Die Mutter steht vor mir*). Als Micaëla gegangen ist, gelobt er heimlich, dem Wunsch der Mutter zu folgen: nach Hause zurückzukehren und Micaëla zu heiraten. Da schallen Hilferufe aus der Fabrik, und aufgeregt stürzen die Arbeiterinnen auf den Platz: Carmen hat eine Kollegin im Streit mit einem Messer verletzt. Die Soldaten treiben die raufenden Frauen auseinander, und José holt Carmen auf Befehl des Leutnants aus der Fabrik. Weil Zunigas Versuch eines Verhörs nur ihre Spottlust weckt, bindet ihr José die Hände zum Abtransport ins Gefängnis. Nun spielt Carmen in einem Seguidilla-Tanzlied ihre ganze Verführungskunst aus, José die schönste Liebeserfüllung in Lillas Pastias Kneipe *près des remparts de Séville / draußen am Wall von Sevilla* verheißend, wenn er sie laufen läßt. Er kann ihr nicht widerstehen; Carmen kommt frei und an ihrer Stelle der Sergeant in Haft.

2\. Akt. In der Kneipe von Lillas Pastia geht es hoch her. Carmen, Frasquita und Mercédès feuern mit ihrem Gesang (*Les triangles des sistres tintaient / Es läßt der Instrumente Chor*) die Gäste, Zigeunerinnen und Soldaten, zum Tanz an. Der mit Freunden vorbeigehende Stierkämpfer Escamillo wird hereingebeten und gefeiert (*Vivat! vivat le toréro! / Ein Hoch, ein Hoch dem Torero*, in der älteren Fassung: *Auf in den Kampf, Torero!*). Carmen bezaubert ihn auf den ersten Blick; sie reagiert zunächst noch spöttisch, sieht ihm aber mit einem langen Blick nach, als Pastia schließt. Frasquita, Mercédès und Carmen hat der Wirt zurückgehalten für ein Geschäft mit den plötzlich auftauchenden Schmugglern. Ihnen sollen sie in der gleichen Nacht noch die Zöllner vom Leib halten (Quintett *Nous avons en tête une affaire! / Hier in meinem Kopf spukt ein Plänchen*), was sie auch zusagen, Carmen ausgenommen; sie gesteht, daß sie José erwartet, der seine Strafe abgesessen hat. Als er kommt und die anderen weg sind, tanzt sie allein für ihn. Doch zu ihrer größten, wütenden Enttäuschung packt José seine Montur beim ersten Erklingen des Zapfenstreichs aus der Ferne. Sie verhöhnt ihn trotz aller Beteuerungen seiner Liebe (Arie *La fleur que tu m'a jetée / Sieh nur, wie ich seit jenem Tage die Blume hier am Herzen trage*, in der alten Fassung: *Hier an dem Herzen treu geborgen*). Wenn er sie wirklich liebe, ginge er mit ihr auf und davon, nicht in die Kaserne zurück. Schon reißt er sich von ihr los, da wird die Tür gewaltsam geöffnet von Zuniga, der sich voll Eifersucht auf José stürzt. Carmens Hilferufe bringen die Schmuggler und Zigeuner zurück; sie entwaffnen Zuniga. José bleibt keine andere Wahl, als sich der Bande anzuschließen.

3. Akt. In dunkler Nacht steigen die Schmuggler durch das Gebirge (Sextett *Notre métier est bon / Unser Metier rentiert sich allemal*). Bei der Rast, am Lagerfeuer, reizt Carmen José weiter, ob er sie wohl töten werde, wenn sie sich von ihm abwende? Es sei ihr übrigens gleichgültig, in den Karten habe sie oft schon ihren gewaltsamen Tod gelesen. Sie beginnt mit Frasquita und Mercédès, die Karten neu zu legen (Terzett *Mêlons! Coupons! / Mische! Mische!*). Frasquita wird ein reicher Alter, den sie bald beerbt, verheißen, Mercédès ein liebesstarker Bandenhäuptling, Carmen wieder der Tod. Die Schmuggler brechen auf; José muß zur Be-

wachung des Warenlagers bleiben. Auf der Suche nach ihm kommt Micaëla durch das Gebirge. Sie will ihn zu seiner im Sterben liegenden Mutter führen (Arie *Je dis que rien m'épouvante / Ich tat, als ob mich nichts berühre*). Da erkennt sie ihn beim Schuß auf einen Mann, den er nur knapp verfehlt – Escamillo. Die Liebe zu Carmen hat auch ihn hierher getrieben, wie er José gesteht. Der Sergeant gibt sich ebenfalls zu erkennen; es kommt zum Kampf mit den Messern, den die hinzustürzenden Schmuggler eben noch in dem Augenblick beenden können, da José zum tödlichen Stich ausholt. Dankbar lädt Escamillo alle zu seinem nächsten Stierkampf nach Sevilla ein. José folgt Micaëla, nicht ohne Carmen seine Rückkehr anzudrohen.

4. Akt. Vor den Toren der Arena von Sevilla begrüßen Zuschauer, Händler und Verkäufer lebhaft den Aufzug der Stierkämpfer, der mit dem Erscheinen von Escamillo und an seiner Seite Carmen den Höhepunkt erreicht. Frasquita und Mercédès drängen sich zu Carmen durch, um sie zu warnen: José soll in der Nähe gesehen worden sein. Wirklich stellt sich José Carmen in den Weg, nachdem die Zuschauer in der Arena Platz genommen haben. Er droht ihr nicht, sondern beschwört sie verzweifelt, mit ihm ein neues Leben zu wagen. Umsonst. Furchtlos und aufrichtig erklärt ihm Carmen, daß es aus sei zwischen ihnen (Duett *C'est toi! ... Je ne menace pas! / José! ... Ich will dich nicht bedrohen!*); sie wolle frei leben und frei sterben. In diesem Moment wird Beifall laut für den siegreichen Escamillo; Carmen reagiert mit einem freudigen Ruf und wendet sich dem Eingang der Arena zu. Dem erbitterten José, der sich ihr in den Weg stellt, schreit sie ins Gesicht, daß sie Escamillo gehöre, und wirft ihm einen Ring, sein Liebespfand, vor die Füße. Da sticht er zu. Über ihrer Leiche bekennt er sich vor den in Massen die Arena verlassenden Zuschauern als ihr unglücklicher Mörder.

Den Auftrag für seine letzte Oper erhielt Bizet von der Opéra-Comique; die Textwahl traf er selbst. Die Novelle Mérimées enthält eine Rahmenerzählung, die Halévy und

Meilhac in ihrem ausgezeichneten Libretto beiseite ließen; auch schwächten sie das allzu Krasse der Handlung ab. Dennoch zählt ihr Text zu den wesentlichen Beispielen einer Librettogattung, die dazu beitrug, dem Realismus auf der Opernbühne zum Durchbruch zu verhelfen. Den Text der Habanera schrieb Bizet selbst.

Carmen ist stilgeschichtlich eine Opéra-comique mit gesprochenen Dialogen (die Bizets Freund Ernest Guiraud für Wien 1875 durch Rezitative ersetzte). Bizet erweiterte aber inhaltlich wie musikalisch den Radius dieser Formgattung. Vor allem die Figur der Carmen, eine alle Fesseln der Konventionen sprengende Frau, die bis auf die *Lulu* von Wedekind und Alban Berg vorausweist, und die teilweise aus niederstem Milieu stammenden Randfiguren wirkten ungewöhnlich und daher provokativ; ganz gegen die Konvention der Opéra-comique ist auch der tragische Schluß. Der Geist der Opéra-comique ist am deutlichsten noch in den chansonhaften, sehr flexibel gehaltenen Nummern zu spüren: Carmens strophische Habanera, ihre Seguidilla, Escamillos Chanson, Carmens Tanzlied, ihre Karten-Arie – immer handelt es sich um dialogische Szenen, in die ein Partner oder der Chor eingreifen. Eine geschlossene Nummer ist einzig Micaëlas Arie im 3. Akt; selbst Josés Blumen-Arie ist Bestandteil seiner Szene mit Carmen. Traditionelle Duette sind die Begegnungen Josés mit Micaëla im 1. sowie mit Escamillo im 3. Akt. Eigenständigkeit haben teilweise die Vorspiele zu den einzelnen Akten erreicht: Die Potpourri-Ouvertüre stellt die Stierkampfatmosphäre, Escamillos Lied und Carmens Schicksalsmotiv nebeneinander. Das Vorspiel zum 2. Akt bezieht sich auf Josés Auftrittslied; der Entreakt vor dem 3. Akt ist mit Holzbläsern, Hörnern und Harfe Naturbeschreibung wie Schilderung von Micaëlas Seelenlage. Und das Vorspiel zum 4. Akt präludiert in Form einer Malagueña die aufgeregte Stimmung vor der Arena. Die Uraufführung war einer der durch die Neuerungen Bizets zwar erklärbaren, doch durch die Geschichte grandios korrigierten Mißerfolge der Opernliteratur.

Bizet begann die Arbeit an *Carmen* im Winter 1872/73; im

Sommer 1874 war sie beendet, und im Herbst des Jahres begann die aufreibende Probenarbeit, in deren Verlauf Bizet Striche und Kürzungen anbrachte und bis zuletzt Korrekturen in der Partitur vornahm.
Für die Wiener Aufführung am 23. 10. 1875, die endlich den Siegeszug der Oper einleitete, nahm Guiraud auch Veränderungen an der Titelpartie (Varianten für Sopran) vor, im 4. Akt fügte er die »Danse bohèmienne« aus *La jolie fille de Perth* und die Farandole aus *L'Arlesienne* ein. In der Fassung mit gesungenen Rezitativen setzte sich die Oper zunächst durch (deutsch von Julius Hopp). Von den Versuchen, zu einer Fassung mit Sprechtexten zurückzukehren, gehört Walther Felsensteins Einrichtung 1949 an der Komischen Oper Berlin zu den geglückten. 1964 erarbeitete Fritz Oeser eine nicht unwidersprochene Neuausgabe, die sich zur Aufgabe machte, eine *Carmen* zu rekonstruieren, wie sie vor der Uraufführung geplant war (erstmals szenisch 1964 in Lübeck erprobt); parallel dazu legte Oeser seine Fassung mit den Rezitativen Guirauds vor (Mannheim 1964).
Spieldauer: ca. 2¾ Stunden (1. Akt: ca. 55 min.; 2. Akt: ca. 45 min.; 3. Akt: ca. 30 min.; 4. Akt: ca. 30 min.).

Modest Petrowitsch Mussorgskij

* 21. (9.) März 1839 in Karewo (Gouv. Pskow)
† 28. (16.) März 1881 in St. Petersburg

Schon als Zehnjähriger begann der Sohn eines Gutsbesitzers als hervorragender Pianist mit ersten Kompositionsversuchen eine Musikerkarriere, schlug aber 1856 die militärische Laufbahn ein. Durch den Komponisten Dargomyschskij wurde er auf die Musik Glinkas hingewiesen und machte er die Bekanntschaft von Cesar Cui und von Milij Balakirew, dessen Einfluß ausschlaggebend wurde für Mussorgskijs

Entscheidung, den Offiziersdienst 1858 zu quittieren und sich autodidaktisch zum Komponisten weiterzubilden. Da die väterliche Familie mittellos geworden war, verdiente Mussorgskij seinen Lebensunterhalt 1863–1879 als Beamter in St. Petersburg. Mit seinen Freunden führte er aber das Leben eines Bohemiens. Es entstanden erste Lieder sowie die Oper *Boris Godunow*, die in ihrer Urfassung 1870 abgelehnt und erst vier Jahre später verändert uraufgeführt wurde. Zunehmende Trunksucht wirkte sich schon seit den 1860er Jahren lähmend auf sein Schaffen aus; nach 1872 hatte er keinen festen Wohnsitz mehr. 1872 nahm er *Chowanschtschina*, 1874 den *Jahrmarkt von Sorotschinzy* (nach Gogol) in Angriff, die beide ebenso unvollendet blieben wie die vorangegangenen Opern *Die Heirat* und *Salammbo* (nach Flaubert). Eine Konzertreise mit der Sängerin Darha Leonowa bildete 1879 nochmals einen künstlerischen Ruhe- und Höhepunkt, bevor Mussorgskij im März 1881 an einem Schlaganfall im Landhaus der Sängerin starb.

»Die feinsten Züge der Menschennatur und der Masse Mensch, das unentwegte Beackern dieses noch wenig erforschten Bodens und seine Eroberung, das ist die wahre Sendung des Künstlers«, mit diesem Credo ging Mussorgskij, der dem »Mächtigen Häuflein«, einer Komponistengruppe um Balakirew, angehörte, sich aber in keine ästhetische oder stilistische Gruppierung einordnen wollte und konnte, vor allem mit Dargomyschskij einig. In seinem Schaffen schritt er über die in seinen Opernsujets vorgegebene Darstellung von folkloristischer und patriotischer Musikhandlung hinaus und schuf mittels einer höchst eigenwillig gegen die Konventionen formulierten Tonsprache Werke, die zu den wahrhaftigsten und genialsten Momenten der Musikbühne gehören. Diese Modernität wirkte allerdings eher bei Debussy und Ravel nach als in seiner Heimat.

Zu seinem weiteren Schaffen gehören u. a. die Liederzyklen *Kinderstube* (1868–72), *Ohne Sonne* (1874), *Lieder und Tänze des Todes* (1874–77), die Orchesterfantasie *Eine Nacht auf dem kahlen Berge* (1867) und der Klavierzyklus

Bilder einer Ausstellung (1874). Nach den verdienstvollen Bearbeitungen vieler seiner Konzert- und Bühnenwerke durch Rimskij-Korsakow, Ravel, Strawinsky, Cui, Tscherepnin und andere hat erst das späte 20. Jahrhundert erkannt, daß man Mussorgskijs Kühnheit nur mit einer möglichst dem Original nahekommenden Fassung gerecht werden kann.

Boris Godunow

Musikalisches Volksdrama in 4 Akten und einem Prolog (9 Bilder). Text von Modest Mussorgskij nach dem gleichnamigen Drama von Alexander Puschkin (1831). Uraufführung der 1872 revidierten ersten Fassung am 8. Februar 1874 in St. Petersburg, Mariinskij-Theater (hier behandelt). – Erstaufführung der 1. Bearbeitung von Rimskij-Korsakow am 10. Dezember 1896 in St. Petersburg, Großer Saal des Konservatoriums. – Erstaufführung der 2. Bearbeitung Rimskij-Korsakows am 19. Mai 1908 in Paris, Opéra. – Erstaufführung des sog. *»Ur-Boris«*, der Fassung von 1869, am 5. März 1929 in Moskau, Staatliches Operntheater K. S. Stanislawski. – Erstaufführung der Fassung von Dmitrij Schostakowitsch am 4. November 1959 in Leningrad, Kirow-Theater.

Personen: Boris Godunow (Bariton oder Baß) – Fjodor und Xenia, seine Kinder (Mezzosopran, Sopran) – Xenias Amme (Mezzosopran) – Fürst Wassilij Iwanowitsch Schuiskij (Tenor) – Andrej Schtschelkalow, Geheimschreiber (Bariton) – Pimen, Mönch, Chronist (Baß) – Grigorij Otrepjew, ein Novize, der falsche Dimitrij (Tenor) – Marina Mnischek, Tochter des Wojewoden von Sandomir (Mezzosopran) – Rangoni, Jesuit (Baß) – Warlaam und Missail, entlaufene, vagabundierende Mönche (Baß, Tenor) – Eine Schankwirtin (Mezzosopran) – Ein Schwachsinniger (Tenor) – Nikititsch, ein Polizeioffizier (Baß) – Mitjuscha, ein Bauer (Baß) – Ein Leibbojar (Tenor) – Bojar Chruschtschow (Tenor) – Lawitzki und Tschernikowski, Jesuiten (Bässe) – Bojaren, Bojarenkinder, Strelitzen (d. h. Schützen), Wachen, Aufseher, Magnaten und polnische Damen, Mädchen aus Sandomir, Pilger, Moskauer Volk, Landstreicher u. a.

Ort und Zeit: Rußland und Polen, 1598–1605.

Handlung nach der Fassung von 1872. – Durch den Tod des Zarewitsch (Kronprinzen) Dimitrij, der 1591 ermordet wurde – auf Veranlassung des Fürsten Boris Godunow, wie man allgemein glaubte – , kam Godunow an die Macht. Gewissensbisse wegen dieses Mordes und politische Intrigen führen zu seinem Fall. Das Volk läuft zu einem falschen Demetrius-Dimitri über, der sich als der legitime, dem Mord entkommene Zarewitsch ausgibt.

Prolog. Boris hat sich nach seinem Mord am Thronfolger Dimitrij, dem minderjährigen Sohn Iwans IV., »des Schrecklichen«, in das Kloster Nowodewitschij (»Jungfrauenkloster«) zurückgezogen. Im Klosterhof zwingt Nikititsch mit Peitschenhieben eine Volksmenge aufs Knie, damit sie den noch, wie Schtschelkalow meldet, (und nur zum Schein) widerstrebenden Boris zur Annahme der Zarenkrone anfleht. Ein Pilgerzug naht, verteilt Amulette und ruft das Volk auf, dem Zaren, der dem Land Frieden bringen werde, mit dem Bild des heiligen Wladimir in den Kreml entgegenzuziehen. – Boris hat dem Wunsch des Volkes nachgegeben, unter Glockengeläut zeigt er sich ihm an der Spitze der Bojaren im Kreml als Zar. Mit dem Fürsten Schuiskij, der seine wahren Absichten zu verbergen weiß, an der Spitze, huldigt die Menge dem neuen Herrscher, der zu einer großen Krönungsfeier einlädt.

1. Akt. Im Tschudow-Kloster schreibt der alten Pimen an der Chronik Rußlands, die mit der Ermordung des Zarewitsch durch die Handlanger Godunows schließen soll. Der junge Grigorij, dem ein Traumbild immer wieder die Ersteigung des höchsten Moskauer Turms und den jähen Sturz aus dieser Höhe vorgaukelt, macht Pimens Bericht von Dimitrij, der jetzt im gleichen Alter von 20 Jahren wie Grigorij selbst wäre, tiefen Eindruck. In ihm erwacht der Plan, in der Rolle dieses Dimitrij den Mörder seiner Strafe zuzuführen. – In einer Schenke an der litauischen Grenze, kehren – unter dem Gesang der Wirtin beim Rupfen eines Enterichs – die beiden entlaufenen Mönche Warlaam und Missail ein. Grigorij hat sich ihnen angeschlossen. Die Mönche sprechen dem Wein kräftig zu, der ebenfalls sangesfrohe Warlaam gibt ein

Lied von der Stadt Kazan zum besten, dann übermannt sie der Schlaf. Von der Wirtin erfährt Grigorij einen Fluchtweg nach Litauen. Doch die von seinem Kloster alarmierte Streife ist schon im Haus. Mit geschickten Worten fälscht er, da sonst niemand den Haftbefehl lesen kann, die Personenbeschreibung auf Warlaam um und entkommt mit einem Sprung aus dem Fenster.

2. Akt. Im Kreml, in dem Boris seit 6 Jahren regiert, klagt Xenia noch immer um den Zarewitsch, ihren toten Bräutigam. Fjodor und die Amme versuchen sie zu trösten. Der von politischen Sorgen und Gewissensbissen wegen des Mordes gequälte Boris freut sich über die zunehmend heitere Stimmung seiner Familie, doch plötzlich übermannen ihn die Gedanken an seine Schuld, an das Unglück seiner Familie und die Not des Volkes, die er nicht lindern konnte. Der hinzukommende Fürst Schuiskij weist in kalter Berechnung auf die Gefahr hin, die Rußland von einem durch den polnischen König und den Papst als rechtmäßig anerkannten Thronprätendenten namens Dimitrij drohen. Als Boris von ihm, dem einzigen Mitwisser des Mordes am Zarewitsch, hören will, ob das Kind wirklich tot sei, foltert Schuiskij den Zaren mit vieldeutigen Ausreden und der Bemerkung, der Zarewitsch sei die einzige von mehreren im Dom von Uglitsch begrabenen Leichen, die nicht verwese. Alles das bringt Boris zur Verzweiflung, ja an den Rand des Wahnsinns. Die Schläge des Glockenspiels klingen wie Hammerschläge in seinen Ohren, die Vision des Ermordeten steigt vor ihm auf. Um Gottes Erbarmen bittend, sinkt er zusammen.

3. Akt. (Dieses 6. und das folgende Bild fehlen in der Urfassung von 1869.) Die ehrgeizige Polin Marina Mnischek, im Schloß Sandomir von Mädchen umschmeichelt, wird von dem Gedanken beherrscht, Dimitrij, den fremden Abenteurer, zu ihrem Mann zu machen und an seiner Seite zur Zarin aufzusteigen. Rangoni bestärkt sie darin, ja er fordert geradezu, daß sie selbst um den Preis ihrer Ehre sich das Ziel der Kirche zu eigen mache, dann ganz Rußland dem rechten katholischen Glauben zu unterwerfen. – Im Garten des Schlos-

ses erwartet Dimitrij Marina. Doch zunächst erscheint Rangoni, der ihm mitteilt, daß seine Liebe von Marina erwidert werde. Zum Dank für diese gute Nachricht erbittet Rangoni sich vom künftigen Zaren, ihm als Berater dienen zu dürfen. Bei den Klängen einer Polonaise, die von einem Fest des Wojewoden aus dem Schloß dringen, kommt Marina in den Garten. Sie und der falsche Dimitrij gestehen sich ihre »Liebe«: Sie giert dabei allein nach der Macht, er sieht in ihr nur die Frau. Mit mephistophelischer Genugtuung beobachtet Rangoni die Szene.
4. Akt. (Nur in der Fassung von 1869.) Vor der Basilius-Kathedrale ist viel hungerndes Volk zusammengelaufen. Es hat sich die Nachricht herumgesprochen, der Zarewitsch Dimitrij nähere sich Moskau. Ein Schwachsinniger balgt sich mit Kindern, die ihm eine Kopeke stibitzen. Der Zar tritt aus der Kathedrale und wird von dem Blöden angesprochen: Er solle die Kinder, die ihn bestohlen haben, töten, so wie er einst den Zarewitsch getötet habe. Boris betrachtet diese Frechheit als Worte eines Gottesnarren und läßt ihn ungeschoren; er bittet ihn nur, für den Zaren zu beten. Der Narr lehnt ab. Er könne nicht für den König Herodes beten. – Im großen Saal des Kreml debattieren die versammelten Bojaren über die Verfolgung des falschen Dimitrij und seiner Anhänger. Schuiskij unterrichtet sie über den schlechten Gesundheitszustand des Zaren, der dennoch erscheint. Mühsam schleppt sich Boris zum Thron, als Schuiskij einen neuerlichen Schlag vorbereitet. Er hat Pimen herbeiholen lassen, damit dieser von einem Wunder, einer Blindenheilung am Grabe des ermordeten Zarewitschs, berichte. Der Zar bricht zusammen; er schickt nach seinem Sohn, gibt ihm letzte Instruktionen zur Übernahme der Regierungsgewalt und stirbt. – In einer Waldlichtung bei Kromy hat das aufständische Volk den Bojaren Chruschtschow ergriffen, um sein Mütchen an ihm, anstelle des Zaren, zu kühlen. Warlaam und Missail treten singend und für Dimitrij als den legitimen Zaren werbend auf. Die Mordgier des aufgepeitschten Volkes richtet sich nun gegen zwei polnische Jesuiten, Lawitzki und Tschernikowski. Da erscheint Dimitrij. Er

kann die Jesuiten retten und fordert die ihm zujubelnde Menge auf, ihm zum Kreml zu folgen. Der Narr bleibt allein zurück; er weint um sein Volk: ». . . denn der Feind kommt bald, und die Finsternis sinket dann herab auf das Vaterland.«

Eine Mitschuld am Tod des Zarewitsch Dimitrij, der 1591 in Uglitsch entweder ermordet wurde oder während eines epileptischen Anfalls sich selbst verletzte, kann dem historischen Boris Godunow nicht nachgewiesen werden. Nach dem Tod Fjodors I., Dimitrijs schwachsinnigem Bruder, kam der Bojar Boris Godunow, ein Schwager Fjodors, 1598 an die Macht. Gegen Ende seiner siebenjährigen Regierungszeit rückte ein Unbekannter, »Demetrius«, der den Thron beanspruchte, mit einer Armee in Rußland ein, und zwei Monate vor seinem Einzug in Moskau starb Boris. Den Godunow-Sohn Fjodor II. ließ dieser falsche Demetrius ermorden, aber schon ein Jahr später verlor er durch eine Verschwörung des Fürsten Schuiskij die Krone und wurde getötet; sein Nachfolger hieß Schuiskij.
Der 1591 angefertigte Bericht, der die Unschuld des Boris bewies, wurde erst 1819 veröffentlicht. Doch auch Nikolaj Karamsin wiederholte in seiner *Geschichte des russischen Reiches* (1824) noch die Legende von der Ermordung des Zarewitsch durch Boris. Diese Deutung übernahm Alexander Puschkin (1799–1837) in seiner 1825 geschriebenen, 1831 in Druck erschienenen, 1866 endlich von der Zensur freigegebenen und erst 1870 aufgeführten Tragödie *Boris Godunow.*
Um 1866 hatte sich Mussorgskij von dem Historiker Wladimir Nikolskij für diesen Stoff begeistern lassen und ihn für ein Opernsujet ins Auge gefaßt. Im Herbst 1868 begann Mussorgskij, den Text in 7 Szenen selbst zu verfassen: 1. Vor dem Nowodewitschi-Kloster; 2. Krönung; 3. Pimens Zelle; 4. Schenke an der litauischen Grenze; 5. Im Zarengemach; 6. Vor der Basilius-Kathedrale; 7. Tod des Boris. Im Dezember 1869 schloß Mussorgskij die Partitur ab. Diese Fassung, den sog. »*Ur-Boris*«, bot Mussorgskij 1870 dem kaiserlichen

Theater in St. Petersburg an; ein Jahr später wurde das Werk abgelehnt.
Da er mehrfach darauf hingewiesen wurde, daß es der Oper an einer weiblichen Hauptrolle fehle, fügte Mussorgskij 1871 den sog. Polen-Akt mit der Figur der Marina hinzu, nahm aber gleichzeitig Änderungen an anderen Szenen vor und konzipierte das Revolutionsbild bei Kromy (in das er die Szene des Narren vor der Basilius-Kathedrale einarbeitete, wodurch allerdings dessen Begegnung mit Boris, wie sie ursprünglich in der Szene vor der Kirche angelegt war, wegfiel). Im Juni 1872 beendete Mussorgskij die Instrumentation dieser neuen, erweiterten Fassung; die Polenbilder und die Schenkenszene gelangten im Februar 1873 am Petersburger Mariinskij-Theater zur Aufführung. Die Uraufführung der gesamten Oper, des »*Original-Boris*«, fand als Benefiz für die Sängerin der Marina (Julia Platonowa) 1874 statt.
Ab 1888 nahm Rimskij-Korsakow eine Bearbeitung (ohne das Revolutionsbild) vor, die u. a. »die ungeschickte Stimmführung, die schroffen Harmonien und Modulationen« ausglich. 1908 schloß Rimskij-Korsakow eine zweite Fassung ab, in der er sieben zuvor gemachte Striche auflöste und die Instrumentation korrigierte; mit Fjodor Schaljapin erlebte die Oper in Paris ihren internationalen Durchbruch.
Der Herausgeber der Werke Mussorgskijs, Pawel Lamm, rekonstruierte dann Mussorgskijs gesamten Originaltext, die Form des »*Ur-*« wie des »*Original-Boris*«, wobei die Beantwortung der Frage, welche dieser beiden Fassungen zur Aufführung gebracht werden soll, den Interpreten überlassen wird: die 7 Bilder von 1869 – eventuell erweitert durch das Revolutionsbild – oder die 9 Bilder von 1872, eventuell erweitert durch das Bild vor der Basilius-Kathedrale.
Nach der musikalischen Fassung Rimskij-Korsakows erprobte 1939/40 Dmitrij Schostakowitsch eine Annäherung an die Originalorchestrierung, die sich, erstmals 1959 in Leningrad gespielt, nicht durchsetzen konnte, so wenig übrigens wie Orchestrierungen von Emils Melmgailis und Karol Rathaus.

Jacques Offenbach: Hoffmanns Erzählungen
Bregenzer Festspiele 1987

Camille Saint-Saëns: Samson und Dalila
Bregenzer Festspiele 1988

Boris Godunow ist das definitive musikalische Volksdrama Rußlands. In seinem Bemühen, das Volk wie ein Maler darzustellen (»das Volk allein ist unverfälscht, groß und ohne Tünche und Flitter«), gelangen Mussorgskij teils ergreifende, teils skurrile Miniaturen: die Wirtin mit ihrem *Lied vom Enterich*, der stotternd lesende Warlaam, die *Papageien-Erzählung*, das Lied der Amme oder der Gesang des Schwachsinnigen. Daneben hat er das Volk ebenso detailliert geschildert, in geschwätzigen Gruppen, als geprügelte Masse, jubelnde Menge, jammernde Individuen oder rohe, fanatisierte Revolutionäre: ein drastisch-realistischer Bilderbogen, der nichts mit den blockhaften Massenszenen der traditionellen Volksopern gemein hat. Der eigentliche Antagonist dazu ist der Zar Boris, den Mussorgskij von Beginn an als zaudernden, zweifelnden Monarchen darstellt, der mit der Geste des Herrschers nur innere Zerrissenheit überdeckt. Die Darstellung des allmählichen geistigen Zerfalls des Zaren gehört zu den Schlüsselszenen eines psychologisch verfeinert argumentierenden modernen Musiktheaters. Archaik und Moderne stehen einander gegenüber. Schließt Mussorgskij auch mit einer wehmütigen Prophezeiung, so zieht er sich doch auf die Position eines objektiven Chronisten zurück; selbst dort, wo die Musik »falsch«, nämlich konventionell opernhaft und üppig wird, im Liebesduett Marina / Dimitrij, ist sie der Situation vollkommen angemessen.
Spieldauer der Fassung von 1874: ca. 3½ Stunden (Prolog: ca. 25 min.; 1. Akt: ca. 45 min.; 2. Akt: ca. 40 min.; 3. Akt: ca. 40 min.; 4. Akt: ca. 60 min.). – Spieldauer der Fassung von 1869 (»*Ur-Boris*«): ca. 2 Stunden.

Chowanschtschina

(Die Fürsten Chowanskij)

Musikalisches Volksdrama in 5 Akten. Text von Modest Mussorgskij. Uraufführung am 21. Februar 1886 in St. Petersburg, Privat-Theater Komonow.

Personen: Fürst Iwan Chowanskij, Führer der Strelitzen d. h. Schützen (Baß) – Fürst Andrej Chowanskij, sein Sohn (Tenor) – Fürst Wassilij Golitzyn (Tenor) – Schaklowitij, ein Bojar (Bariton) – Dosifej, Haupt der Raskolniki d. h. Altgläubigen (Baß) – Marfa, eine Altgläubige (Alt) – Susanna, eine Altgläubige (Sopran) – Ein Schreiber (Tenor) – Emma, ein Mädchen aus dem deutschen Stadtviertel von Moskau (Sopran) – Pastor (Baß) – Warsonofjew, Vertrauter Golitzyns (Baß) – Kuska, ein Strelitze (Tenor) – Streschnjew, ein Bojar (Tenor) – Zwei Strelitzen (Bässe) – Moskauer, Strelitzen, Raskolniki, persische Sklavinnen des Iwan Chowanskij, Petrowzen u. a.

Ort und Zeit: Moskau und Umgebung, 1682–89.

Im 17. Jahrhundert gärte ein Streit zwischen den Strelitzen, einem von Iwan IV. (1533–84) gegründeten stehenden Heer, das mittlerweile zu einer eigenen Staatsmacht herangewachsen war, und den Bojaren, d. h. dem Adel. Er wurde manifest, als es nach 1676 zum Kampf zwischen den beiden Familienzweigen der Romanows kam, der Partei des späteren Peter I. auf der einen und den Anhängern des schwachsinnigen Iwan, für den seine Schwester Sofia die Regentschaft übernahm (1682–89), auf der anderen Seite. Den Sieg für Sofia hatten die Strelitzen unter Führung des Fürsten Chowanskij errungen, dessen sich die Zarin nun entledigen wollte. Ihr Favorit war der Fürst Golitzyn, der indessen nach dem Sturz Sofias 1689 durch Peter I. verbannt wurde. Als es deshalb im gleichen Jahr zu einem Aufstand der Strelitzen kam (Mussorgskij zieht die verschiedenen politischen Ereignisse zeitlich zusammen), ergriffen die Raskolniki, d. h. die Sekte der Altgläubigen (bei Mussorgskij vertreten durch Dosifej), Partei für die Strelitzen. Die deutschstämmigen Lutheraner verhielten sich dagegen zarentreu.

1. Akt. Auf dem Roten Platz brüsten sich die Strelitzen mit ihren Untaten gegen den Adel. Der entmachtete Bojar Schaklowitij diktiert einem öffentlichen Schreiber einen Brief an den Zaren, in dem er die Strelitzen und die Chowanskij der Planung eines Staatsstreiches beschuldigt. Das Volk läßt sich von dem Schreiber die ausgehängten Anschläge vorlesen und freut sich, daß die Strelitzen wieder ei-

nige der verhaßten Bojaren, ihre Unterdrücker, hingerichtet haben. Iwan Chowanskij wird mit dementsprechend großem Jubel begrüßt. Unterdessen stellt Iwans Sohn Andrej dem deutschen Mädchen Emma nach, was ihm seine von ihm verlassene Geliebte Marfa heftig vorwirft. Es kommt überdies zum Streit zwischen Vater und Sohn, da auch der Vater Chowanskij ein Auge auf Emma geworfen hat. Dosifej kann eine heftigere Auseinandersetzung verhindern; er schickt Marfa mit Emma fort.

2. Akt. Ein lutherischer Pfarrer beklagt sich bei Fürst Golitzyn über das Benehmen der Chowanskij gegenüber Emma und bittet den Fürsten einzugreifen. Doch der Fürst, ein Anhänger der Regentin und damit der Strelitzen, läßt sich auf keine Zugeständnisse ein. Bezeichnend auch für den Fürsten, daß er Marfa, die ihm die Zukunft weissagt und ihm dabei das Exil prophezeit, durch Warsonowjew beseitigen läßt. Als ihn Iwan Chowanskij besucht, kommt es zum Streit zwischen den beiden, den Dosifej mit Ermahnungen zur Gottesfurcht zu schlichten versucht. Marfa tritt unversehens dazwischen: sie ist knapp und nur dank des Eingreifens der Petrowzen, des Leibregiments des Thronanwärters, einem Mordanschlag entkommen. Und Schaklowitij platzt herein mit der Nachricht seiner erfolgreichen Denunziation: Peter I. habe die Untersuchung einer Verschwörung der Chowanschtschij und die Verfolgung der Strelitzen angeordnet.

3. Akt. Susanna, eine bigotte Alte, belauscht die ihre unerwiderte Leidenschaft für Andrej Chowanskij beklagende Marfa und hinterbringt Dosifej, welch ungehörige Gedanken die junge Frau hege, doch Dosifej tadelt Marfa nicht, sondern spricht tröstend mit ihr. Die Stimmung gegenüber den Strelitzen ist umgeschlagen: Ein Schreiber berichtet von einem Massaker, das die Soldaten Peters I. unter ihnen angerichtet hätten. Iwan Chowanskij sucht vergeblich die Strelitzen zu beruhigen und ihnen Mut zuzusprechen.

4. Akt. In seinem Schloß läßt sich Iwan Chowanskij von persischen Tänzerinnen unterhalten. Warsonofjew unterbricht das Gelage und überbringt ihm eine Warnung Golitzyns,

doch Chowanskij glaubt sich dadurch nur verhöhnt und läßt den Boten mit Prügeln strafen. Schaklowitij erscheint; die Regentin Sofia erwarte ihn – eine Finte: an der Schwelle seines Hauses wird Chowanskij von Schaklowitij und seinen Leuten niedergestochen. – Peter I. hat die Regentin entmachtet und die Zarenherrschaft an sich gerissen; Fürst Golitzyn wird ins Exil geschickt. Doch auch gegen die Altgläubigen will der Zar vorgehen. Marfa berichtet Dosifej, daß sie alle ermordet werden sollen. Andrej Chowanskij fordert von den Altgläubigen die Herausgabe Emmas; er ist wie von Sinnen, scheint den Tod des Vaters nicht erfaßt zu haben und droht, Marfa verbrennen zu lassen. Doch ihn verläßt sein Mut, als er sieht, wie die Strelitzen zu ihrer Hinrichtung geführt werden. In letzter Minute wird ihnen die Begnadigung durch den Zaren in Aussicht gestellt, wenn sie auf ihn den Treueid leisteten.
5. Akt. Die Altgläubigen mußten fliehen. Umzingelt von den Petrowzen bereiten sie in einer Einsiedelei in den Wäldern vor Moskau ihre Selbstverbrennung vor. Andrej, immer noch geistig verwirrt und auf der Suche nach Emma, stößt zu ihnen; Marfa beschwört die Stunden ihrer Liebe. Er, Marfa und Dosifej schreiten als erste in die Flammen.

Den Anstoß zu einer Oper über den Fürsten Iwan Chowanskij erhielt Mussorgskij von Wladimir Stassow, der schon Borodin auf den *Fürsten Igor* aufmerksam gemacht hatte. Bereits im Sommer 1872, als er mit der Neufassung des *Boris* beschäftigt war, begann Mussorgskij mit den Skizzen zu *Chowanschtschina*. Die schwierige Bewältigung der alles überwuchernden Fülle von historischen Fakten und die Beschäftigung mit dem *Jahrmarkt von Sorotschinzy* zudem noch ließen die Arbeit nur langsam vorangehen. So kam es, daß die Oper erst im letzten Lebensjahr des Komponisten vollendet wurde, allerdings fast durchweg noch ohne Instrumentation. Wie für den *Boris Godunow* übernahm Rimskij-Korsakow 1883 diese Aufgabe; seine Fassung lag der Uraufführung 1886 – durch eine private Operngesellschaft – zugrunde. Nach dem Pariser Erfolg des *Boris Godunow* gab

Diaghilew bei Ravel und Strawinsky eine Neuinstrumentierung in Auftrag, die 1913 am Théâtre du Champs-Élysées (mit Schaljapin als Dosifej) herauskam. Eine weitere, weitgehend dem Original folgende Fassung erarbeitete Dmitrij Schostakowitsch (Leningrad, Kirow-Theater 1960). In einer Aufführung 1989 an der Wiener Staatsoper stützte sich Claudio Abbado auf die Instrumentation Mussorgskijs, Schostakowitschs und – für das Finale – Strawinskys.
Mussorgskij verwendete wieder Trompeten- und Hornsignale sowie Glockengeläut, altertümlich wirkende A-cappella-Gesänge, volksliedhafte Chöre. Weiterentwickelt hat er das Prinzip eines »melodischen Rezitativs«, d. h. eines aus der Sprache sich entwickelnden Gesangs, so daß sich aus *Chowanschtschina* kaum geschlossene Einzelnummern herausheben lassen, ausgenommen die persischen Tänze im 4. Akt. Die Oper durchzieht ein zarter, feierlicher Ton, der bereits in dem Vorspiel *Morgendämmerung über der Moskwa* anklingt. Keine der handelnden Personen ist nur positiv gezeichnet, in ihrem Streben nach Macht treten ihre dunklen Seiten hervor. Mussorgskij stellt dies dar, kommentiert es aber nicht. Eine traditionell erscheinende Figur wie die der Marfa zeigt in ihrer chromatisch wild zugespitzten Weissagung (2. Akt) musikalisch nicht weniger moderne Züge als die Protagonisten. Iwan Chowanskij und Dosifej wirken wie Monolithe, jeder auf seine Art unerschütterlich in seinem Glauben, unbeeindruckt auch durch alles tragische Geschehen. Das Volk ist letztlich der Überlebende, doch anders als im *Boris Godunow* ist da kein Funke, der es zur Revolution entzündet: es ist in die Rolle des ohnmächtigen Spielballs getrieben.
Spieldauer: ca. 3 Stunden (1. Akt: ca. 45 min.; 2. Akt: ca. 35 min.; 3. Akt: ca. 35 min.; 4. Akt: ca. 40 min.; 5. Akt: ca. 30 min.).

Pjotr Iljitsch Tschaikowskij

* 7. Mai (25. April) 1840 in Wotkinsk
† 6. November (25. Oktober) 1893 in St. Petersburg

Schon als Vierjähriger soll Tschaikowskij versucht haben, zu komponieren; mit 8 Jahren jedenfalls erhielt er seinen Klavierunterricht nicht mehr auf dem Gut seines Vaters, eines Hüttendirektors, sondern in St. Petersburg. Er besuchte dann eine Rechtsschule und trat 1859 als Beamter in das Justizministerium ein. Erst 1861 begann er bei Anton Rubinstein und Nikolaj Zaremba ein Kompositionsstudium, nach dessen Beendigung ihn Rubinstein 1866 als Lehrer an das von ihm gegründete Moskauer Konservatorium berief. Hier lehrte Tschaikowskij bis 1878, einige Jahre lang auch als Musikkritiker in die Öffentlichkeit wirkend, vor allem jetzt aber als Komponist hervortretend. Seit 1867 arbeitete er an seiner ersten, später von ihm vernichteten Oper *Der Wojewode*, ab 1869 entstand seine zweite, ebenfalls vernichtete Oper *Undine*, es folgten u. a. *Wakula der Schmied* (nach Gogol, umgearbeitet als *Die Pantöffelchen*, 1887). Nach 1878 widmete er sich fast ausschließlich seinem kompositorischen Schaffen, jahrelang in Westeuropa reisend, vor allem in Italien. 1879 entstand *Eugen Onegin*, 1880 *Die Jungfrau von Orléans* (nach Schiller), 1883 *Mazeppa* (nach Puschkin), 1890 *Pique Dame* (nach Puschkin), 1892 *Jolanthe* (nach Henrik Hertz).
1877 hatte eine übereilte, bald aufgelöste Heirat Tschaikowskij in eine tiefe persönliche Krise gestürzt; die im Jahr darauf geschlossene und fast 13 Jahre dauernde, nur in Briefen aufrechterhaltene Freundschaft mit Nadeschda von Meck bedeutete danach das größte Glück seines Lebens. Frau von Meck unterstützte ihn auch finanziell. Seit den 80er Jahren gehörte er zu den anerkannten Musikgrößen Europas, trat 1883 in Rußland, später auch in den USA als Dirigent auf. Sein Œuvre umfaßt neben den Opern insgesamt 7 Sinfonien, mehrere Instrumentalkonzerte, Sinfonische Dichtungen, Kammermusik und Lieder.

Im Gegensatz zu den zeitgenössischen russischen Komponisten und den Mitgliedern des »Mächtigen Häufleins« setzte sich Tschaikowskij intensiv mit der westeuropäischen Musik auseinander und schuf eine national inspirierte, stark persönlich gefärbte Musik, die ihn zu dem im Westen meistgespielten russischen Komponisten machte. Von seinen Opern sind nur *Eugen Onegin* und *Pique Dame* Bestandteil der internationalen Spielpläne, dagegen gehören seine drei Ballette *Der Nußknacker, Dornröschen* und *Schwanensee* zum festen Repertoire der Ballettkompagnien.

Eugen Onegin
Jewgenij Onegin

Lyrische Szenen in 3 Akten (7 Bilder). Text vom Komponisten und Konstantin Schilowskij nach dem gleichnamigen Roman in Versen von Alexander Puschkin (1833). Uraufführung am 29. (17.) März 1879 in Moskau, Malij Theater (Kleines Theater).

Konstantin Stepanowitsch Schilowskij (1849–1893) gehörte mit seinem Bruder Wladimir zu Tschaikowskijs Schülern am Moskauer Konservatorium. Konstantin half Tschaikowskij beim Entwurf seines Textes zu *Eugen Onegin*; die Oper entstand im Mai und Juni 1877 größtenteils in Glebowo, dem Landgut Schilowskijs.

Personen: Larina, Gutsbesitzerin (Mezzosopran) – Tatjana, ihre ältere Tochter (Sopran) – Olga, ihre jüngere Tochter (Mezzosopran) – Filipjewna, Kinderfrau (Mezzosopran) – Eugen Onegin (Bariton) – Lenskij, ein Dichter (Tenor) – Fürst Gremin (Baß) – Ein Hauptmann (Baß) – Saretzkij (Baß) – Triquet, ein Franzose (Tenor) – Bauern, Bäuerinnen, Ballgäste, Gutsbesitzer und Gutsbesitzerinnen, Offiziere.

Ort und Zeit: Larinas Landgut und St. Petersburg, um 1820.

1. Akt. Im Garten ihres Gutshauses sitzt Larina und lauscht dem Gesang ihrer Töchter, der ernsten, verträumten Tatjana, der munteren, lebenszugewandten Olga. In Erinnerungen versinkend, erzählt Larina der Amme Filipjewna von ih-

ren Jugendjahren sowie von der Ernüchterung, welche die Gewohnheit in der Ehe mit einem zwar nicht sonderlich geliebten, jedoch ihr ergebenen Gatten gebracht habe. Von der Ernte zurückkehrend, überreichen Bauern der Gutsherrin unter Gesang und Tanz eine geschmückte Garbe. Nachdem sich der Schwarm verloren hat, meldet Filipjewna die Ankunft von Olgas Verlobtem, dem Dichter Lenskij. Als Begleiter hat er seinen Freund und Gutsnachbarn Onegin mitgebracht. Onegins Erscheinung macht auf Tatjana tiefen Eindruck. Die beiden Paare, Olga und Lenskij, Tatjana und Onegin, promenieren unter wechselseitigen Gesprächen im Garten, bis die Amme zum Abendessen ins Haus bittet. – In ihrem Schlafzimmer sitzt Tatjana vor dem Spiegel, Filipjewna steht neben ihr. Das junge Mädchen vermag noch keinen Schlummer zu finden und bittet die Amme, aus ihrem Leben zu erzählen. Allein Filipjewna weiß nichts von dem zu berichten, was Tatjana gerne hören möchte, von Liebe und Leidenschaft. Als sie sich entfernt hat, setzt sich Tatjana an den Schreibtisch und schreibt in fliegender Hast einen Brief an Onegin, in dem sie rückhaltlos ihre Gefühle offenbart (Brief-Szene: *Und wär's mein Untergang, erfahren will ich zuvor*). Der Klang der Hirtenflöte verkündet den heraufdämmernden Morgen. Filipjewna kommt ins Zimmer und verspricht, den Brief an Onegin zu besorgen. – In einem entlegenen Teil des Gutsgartens singen junge Mädchen beim Beerenpflücken ein fröhliches Liebeslied. Bangen Herzens erwartet Tatjana Onegin. Endlich erscheint dieser, dankt dem Mädchen für das bewiesene Vertrauen, glaubt sich jedoch bei der Unrast seines Wesens nicht zum Gatten einer liebenden Frau, höchstens zum brüderlichen Freund geschaffen (Arie *Sie schrieben mir*). Beschämt sieht Tatjana ihr Herz verschmäht, ihre Träume zerstört.

2. Akt. An Tatjanas Namenstag gibt Larina in ihrem Hause einen Ball. Als Onegin mit Tatjana tanzt, fallen einige taktlose Bemerkungen älterer Damen, die Onegin ärgern. Um es Lenskij, der ihn zum Besuch dieses Festes ermuntert hat, heimzuzahlen, fordert Onegin Olga mehrfach zum Tanz auf, und diese geht kokett darauf ein, um dem zur Eifersucht

neigenden Verlobten eine Lektion zu erteilen. In der Tanzpause wendet sich die Aufmerksamkeit Triquet zu, der Tatjana zu Ehren ein galantes Couplet zum besten gibt. Der Ball geht weiter, Lenskijs Eifersucht ist nicht mehr zu unterdrücken. Es kommt zu einer heftigen Auseinandersetzung zwischen den Freunden, die zur Bestürzung der Gäste mit einer Duellforderung Lenskijs an Onegin endet (Ensemble *Hier im Hause*). – Im Dämmer eines grauen Wintermorgens erwarten Lenskij und sein Sekundant Saretzkij den Gegner Onegin. Der von trüben Ahnungen heimgesuchte Lenskij sieht noch einmal das Bild seines Lebens, seiner Liebe vorüberziehen (Arie *Wohin seid ihr entschwunden*). Als Onegin kommt, scheint für einen Augenblick die alte Freundschaft beide Kontrahenten zur Besinnung zu bringen, dann aber hebt Onegin als der Geforderte zuerst die Pistole und streckt Lenskij nieder.

3. Akt. Jahre später. Eine rauschende Polonaise eröffnet den Ball im Petersburger Palais des Fürsten Gremin. Hier trifft Onegin, nach langen Wanderjahren in sein Vaterland zurückgekehrt, Tatjana als Gattin des Fürsten wieder. Gremin preist strahlend das Glück, das ihm, dem älteren Mann, eine jugendlich schöne Gemahlin geschenkt hat (Arie *Ein jeder kennt die Lieb' auf Erden*). Während die Fürstin, der Onegin von dem ahnungslosen Gatten vorgestellt wird, ihre Gefühle unter der Maske kühler Konversation zu verbergen sucht, bricht jetzt in Onegin jäh die heftigste Leidenschaft für sie auf (Arie *Ist dies denn wirklich die Tatjana*). – Am nächsten Morgen bestürmt Onegin sie, und Tatjana entschlüpft gegen ihren Willen das Geständnis, daß sie ihn immer noch liebe. Aber weil sie sich ihrem Gatten zur Treue verpflichtet fühlt, reißt sie sich los und läßt Onegin in völliger Verzweiflung zurück.

Als ihn die Sängerin Jelisaweta Lawrowskaja im April 1877 auf *Eugen Onegin* als Opernsujet hinwies, wurde Tschaikowskij sogleich gefesselt von Puschkins Versen, die ihm selbst schon Musik zu sein schienen. Schon im Mai begann er mit der Vertonung des von seinem Schüler Konstantin Schilowskij eingerichteten Librettos. Eine merkwürdige Koinzidenz

von Kunst und Leben ergab sich gerade zu dieser Zeit: Wie Tatjana an Onegin, schrieb eine Studentin des Konservatoriums, Antonina Miljukowa, einen Liebesbrief an den überraschten Tschaikowskij. Um nicht kaltherzig wie Puschkins Onegin zu handeln, ließ er sich zu einer überstürzten, unglücklichen Ehe hinreißen, die nach nur drei Monaten aufgelöst werden mußte.
Im Februar 1878 lag bereits die *Onegin*-Partitur vor, mit dem Untertitel »Lyrische Szenen«. Weil Tschaikowskij glaubte, ein außerhalb der Aufführungskonventionen stehendes Bühnenwerk (»nur für bescheidene Mittel und eine kleine Bühne«) geschaffen zu haben, überließ er die Uraufführung den Studenten des Moskauer Konservatoriums (unter Leitung von Nikolaj Rubinstein). Zwei Jahre später erschien die Oper am Bolschoj-Theater, 1884 am St. Petersburger Mariinskij-Theater unter dem exzellenten Eduard Naprawnik. Am 19. 1. 1892 dirigierte Gustav Mahler in Hamburg die deutschsprachige Erstaufführung. Noch vor *Boris Godunow* ist der *Eugen Onegin* heute die international meistgespielte russische Oper.
Während das in St. Petersburg beheimatete »Mächtige Häuflein« Balakirew, Cui, Borodin, Rimskij-Korsakow und Mussorgskij sich an der nationalrussischen Musik orientierte, waren die Moskauer Musiker den westlichen Einflüssen gegenüber offener, voran Tschaikowskij, der im übrigen die Kunsttheorie dieser Fünf ablehnte: »Mir ist nie etwas Unsympathischeres [. . .] begegnet als dieser erfolglose Versuch, in die Musik den Begriff der Wahrheit einzuführen, die doch in allem auf einer Täuschung aufbaut und mit der ›Wahrheit‹ im alltäglichen Sinne gar nichts zu tun hat.« Auf seine Weise ist auch Tschaikowskij ein wahrhaftiger, feinfühliger Schilderer der russischen Seele in den Empfindungen und der geistigen Haltung von Tatjana, Lenskij und Onegin, die jeweils einen Akt der Oper bezeichnen. Einen Höhepunkt stellt Tatjanas Monolog (Brief-Szene) im 2. Bild dar, die überaus einfühlsame Beschreibung einer bei aller pubertären Schwärmerei gefühlsmächtigen Frauenseele – für Dostojewskij »die Apotheose der russischen Frau«; sie ist in-

dessen keine Anna Karenina, keine Madame Bovary, die ihre Fesseln sprengt. Nicht minder subtil entschlüsselte Tschaikowskij die unterschwellige Todessehnsucht Lenskijs, während die aus autobiographischem Verständnis heraus gegenüber dem Roman positiver gezeichnete Titelgestalt fast zur Randfigur wird, wenngleich Onegins Ausbruch der Leidenschaft und sein Anprangern hohler Konventionen desto stärker wirken.

Russischer Folklore bedarf es für Tschaikowskij nicht zur Darstellung des Russisch-Volkstümlichen; die Lieder der Bauern nach der Ernte und der Mägde beim Beerensammeln sind nur Episoden, und beim ländlichen Ball Larinas werden genauso wie auf dem Fest Gremins die Modetänze der Zeit, Walzer, Polonaise und Mazurka, getanzt.

Spieldauer: ca. 2½ Stunden (1. Akt: ca. 80 min.; 2. Akt: ca. 45 min.; 3. Akt: ca. 30 min.).

Pique Dame

Pikowaja dama

Oper in 3 Akten (7 Bilder). Text von Modest Tschaikowskij nach der gleichnamigen Erzählung von Alexander Puschkin (1834). Uraufführung am 31. (19.) Dezember 1890 in St. Petersburg, Mariinskij-Theater.

Modest Tschaikowskij (1850–1916), der jüngere Bruder des Komponisten, war Schriftsteller und Dramatiker. Er verfaßte auch das Libretto zu *Jolanthe*, ferner Opernbücher für Arenskij, Rachmaninow und Naprawnik.

Personen: Hermann (Tenor) – Graf Tomskij (Bariton) – Fürst Jelezkij (Bariton) – Tschekalinskij (Tenor) – Surin (Baß) – Tschaplizkij (Tenor) – Namurow (Baß) – Festordner (Tenor) – Die Gräfin (Mezzosopran) – Lisa (Sopran) – Polina (Alt) – Gouvernante (Alt) – Mascha, Stubenmädchen (Sopran). – Personen des Zwischenspiels: Chloe / Priljepa (Sopran) – Daphnis / Milowsor (Polina, Alt) – Plutus / Slatogor (Tomskij, Bariton). – Wärterinnen, Gouvernanten, Ammen, Kinder, Spaziergänger, Zofen, Gäste, Spieler u. a.

Ort und Zeit: St. Petersburg, Ende des 18. Jahrhunderts.

1. Akt. Gouvernanten, Kinder und Spaziergänger tummeln sich im St. Petersburger »Sommergarten«. Die Offiziere Tschekalinskij und Surin unterhalten sich über Hermann, der ihnen abends im Kasino immer interessiert beim Spiel zuschaue, selbst aber nie eine Karte anfasse. Seinem Freund, dem Grafen Tomskij, gesteht Hermann seine Liebe zu einer Unbekannten. Fürst Jelezkij gesellt sich hinzu und erzählt von seiner bevorstehenden Verlobung. Seine Braut Lisa erscheint als Begleiterin ihrer Großmutter, der alten Gräfin. Bestürzt erkennt Hermann in Jelezkijs Braut seine unbekannte Geliebte. Nach dieser Begegnung erzählt Tomskij von dem Geheimnis der alten Gräfin, die in ihrer Jugend als »Vénus moscovite« in Paris Furore gemacht und sich durch ihre Spielleidenschaft an den Rand des Ruins gebracht hat. Um den Preis einer Liebesnacht verriet ihr der Graf von St. Germain das Geheimnis dreier gewinnbringender Karten. Nur ihrem Gatten und ihrem Geliebten habe sie das Geheimnis weitergesagt. Durch den dritten, der dies Geheimnis erfahre, werde sie sterben (*Einmal in Versailles*). Hermann ist fasziniert. Mit dem Geheimnis der Gräfin will er Reichtum und damit Lisa gewinnen. – Lisa hängt melancholischen Gedanken nach; sie hat sich in den jungen Offizier Hermann verliebt. Nachdem sie ihre Freundinnen weggeschickt hat, erscheint Hermann und droht, sich zu töten, falls sie ihn nicht erhöre. Die Gräfin, die Stimmen in Lisas Zimmer vernommen hat, will den Grund wissen; Lisa gibt vor, Gedichte deklamiert zu haben – Hermann hält sich versteckt. Danach gesteht auch Lisa ihm ihre Liebe.

2. Akt. Während eines Maskenballs wird Hermann, in dem, für alle offen sichtbar, eine tiefe Veränderung vorgegangen ist, von seinen Freunden geneckt. Auch Lisa wirkt wie verwandelt; sie kann sich ihrem Verlobten nicht offenbaren, so sehr er um ihr Vertrauen wirbt. Nach der Aufführung des Schäferspiels »Daphnis und Chloe« gibt Lisa Hermann einen Schlüssel, mit dem er heimlich durch das Zimmer der Gräfin zu ihr gelangen kann. Man erwartet die Ankunft der Zarin. – Im Schlafzimmer der Gräfin hält sich Hermann hinter einem Vorhang versteckt; er erwartet ihre Heimkehr.

Der Ball, von dem sie bald zurückgeleitet wird, hat bei ihr nostalgische Erinnerungen an glanzvolle eigene Auftritte in Paris geweckt. Im Lehnstuhl sitzend, singt die Gräfin halblaut ein wehmütiges französisches Lied aus vergangener Zeit vor sich hin (*Je crains de lui parler la nuit*) und schläft dabei ein. Plötzlich steht Hermann vor ihr. Er verlangt das Geheimnis der drei Karten zu erfahren. Die Gräfin schweigt. Hermann gerät in Erregung und bedroht sie mit der Pistole – ein Schreck, der die Gräfin tot zusammensinken läßt. Für Lisa, die herbeieilt, ist er der Mörder, dem die Karten mehr bedeuten als ihr Herz.

3. Akt. In der Kaserne erhält Hermann einen Brief Lisas, in dem sie ihn um Vergebung bittet und um ein Treffen am Ufer der Newa. Der Tod der Gräfin hat Hermann dem Wahnsinn nahe gebracht. In seinen Halluzinationen erscheint ihm die Gräfin und nennt drei Karten: Drei, Sieben und As werden ihm Glück bringen, falls er Lisa glücklich macht. – Gegen Mitternacht erwartet Lisa ihren Geliebten an der Newa. Sie ist bereit, mit ihm zu fliehen (*Bald ist Mitternacht*). Doch Hermann ist nur noch von dem Gedanken an das Spiel besessen. Lisa kann ihn nicht aufhalten; er stößt sie zurück und jagt zu den Spieltischen. In ihrer Verzweiflung stürzt sich Lisa in den Fluß. – Im Kasino erscheint Jelezkij. Er hat auf Lisas Wunsch die Verlobung gelöst und sucht hier den Urheber seines Unglücks. Hermann tritt ein und beteiligt sich zum ersten Mal am Spiel, vom Fürsten scharf beobachtet. Er gewinnt mit Drei und verdoppelt bei Sieben; niemand außer dem Fürsten Jelezkij hält jetzt noch mit. Hermann setzt alles auf die dritte Karte – und verliert. Statt des As hat er die Pique Dame aufgedeckt. Es bleibt ihm nur der Tod, den er sich selbst gibt.

An Puschkins Erzählung faszinierten Tschaikowskij der gespenstisch-phantastische Hintergrund sowie die psychologisch-realistische Darstellung des Offiziers Hermann. Modest Tschaikowskij, der den Text ursprünglich im Auftrag des Petersburger Theaterdirektors Wsewoloschskij für den Komponisten Nikolaj Klenowskij geschrieben hatte, ver-

legte das Geschehen vom frühen 19. Jahrhundert in die Spätzeit Katharinas der Großen und fügte die Szene an der Newa hinzu, deren Verse der Komponist größtenteils selbst verfaßte. Neu ist die Figur des Fürsten Jelezkij. Geändert ist auch der Schluß: Bei Puschkin endet Hermann im Irrenhaus, und Lisa heiratet einen »netten jungen Mann«.
Die Oper entstand im Frühjahr 1890 in Florenz innerhalb der unglaublich kurzen Zeit von nur 44 Tagen. Die Instrumentation schloß Tschaikowskij im Juni im ukrainischen Frolowskoje ab. Bereits ein halbes Jahr später fand die Uraufführung statt, die unter Eduard Naprawnik mit dem berühmten Sängerehepaar Nikolaj Figner und Medea Mei-Figner in den Hauptrollen zu Tschaikowskijs größtem Opernerfolg wurde. Die deutschsprachige Erstaufführung fand 1900 in Darmstadt statt. 1989 inszenierte Juri Ljubimow in Karlsruhe eine Fassung Alfred Schnittkes, die vorgibt, sich enger an Puschkins Erzählung anzulehnen.
Mehr noch als die drei Protagonisten – Hermann, die sein Schicksal symbolisierende alte Gräfin und Lisa – nimmt das Spiel, genauer: nehmen jene magischen drei Karten, die der Gräfin Glück brachten und es auch Hermann bringen sollen, die zentrale Rolle ein. Das Quart-Intervall des Kartenmotivs durchzieht die Oper leitmotivisch wie das Schicksalsmotiv die von Tschaikowskij sehr bewunderte *Carmen* (die Konfrontation mit einem übermächtigen Schicksal ist auch Thema von Tschaikowskijs letzten 3 Sinfonien). Dabei ist das Bemühen um eine historisch getreue Darstellung des Milieus offenkundig: Mit dem Zwiegesang Lisas und ihrer Freundinnen im 2. Bild griff Tschaikowskij volkstümliche Musizierpraktiken auf, in den Maskenball integrierte er musikalisch eine Szene aus der 1787 uraufgeführten Oper *Le fils rival* von Dmitrij Bortnjanskij, vor der Ankunft der Zarin im gleichen Bild läßt er eine 1791 geschriebene Polonaise von Józef Kozłowski spielen, und das Chanson der Gräfin im 4. Bild *Je crains de lui parler la nuit* entnahm er Grétrys Oper *Richard Cœur de Lion* von 1784. Tschaikowskij hat auch Verse des 18. Jahrhunderts einbezogen, so für das pastorale Zwischenspiel (2. Akt) Texte von Gawriil Derscha-

win; dagegen wirken das Duett zwischen Lisa und Polina und Polinas Romanze anachronistisch: sie stammen von Wassili Schukowskij und Konstantin Batjuschkow, Zeitgenossen Puschkins aus dem 19. Jahrhundert.
Spieldauer: ca. 2¾ Stunden (1. Akt: ca. 60 min.; 2. Akt: ca. 55 min.; 3. Akt: ca. 45 min.).

Antonín Dvořák

* 8. September 1841 in Nelahozeves bei Prag
† 1. Mai 1904 in Prag

Der »einfache tschechische Musikant«, als den sich Dvořák selbst bezeichnete, war Sohn eines Fleischers und lernte beim Dorfschulmeister das Geigenspiel. 1857–1859 besuchte er die Prager Orgelschule. 1862 wurde er Bratscher am Interimstheater, dem Vorläufer des Tschechischen Nationaltheaters, wo er 1866–1871 unter Smetana spielte. 1874–1877 war er Organist an der Adalbert-Kirche. Mit der Veröffentlichung seiner *Slawischen Tänze* 1878 fand er erstmals größere Aufmerksamkeit als Komponist; es waren dann vor allem Brahms, der Kritiker Eduard Hanslick, der Geiger Joseph Joachim und der Dirigent Hans von Bülow, die sich für die Aufführung und Verbreitung der Werke Dvořáks einsetzten. 1891 wurde er zum Kompositionslehrer am Prager Konservatorium ernannt, 1892–1895 zum Direktor des New Yorker National-Konservatoriums – eine ehrenvolle Berufung, für die der Komponist mit der 1893 in New York uraufgeführten Sinfonie *Aus der Neuen Welt* gewissermaßen den USA dankte.
Als Nachfolger Smetanas verhalf Dvořák der tschechischen Musik zu breiter Anerkennung und Popularität, stilistisch zwischen dem nationalgebundenen Idiom Smetanas und der Tonsprache des jüngeren Janáček vermittelnd. Neben seinen 9 Sinfonien, dem Cellokonzert und der reichen Kammer-

musik stehen die Opern, die sich außerhalb seiner Heimat allerdings kaum behaupten konnten, im Vordergrund seines Gesamtwerks. Nach dem Wagner nahen heroisch-romantischen *Alfred* (1870, Uraufführung 1938) und der mehrfach revidierten komischen Oper *Der König und der Köhler* (1871) hatte er mit der böhmischen Dorfgeschichte *Die Dickschädel* (1874), der mythologischen Oper *Wanda* (1875) und der *Figaro*-Fortsetzung *Der Bauer ein Schelm* (1877) nur wenig Erfolg. Sein ehrgeizigstes, für das Prager Nationaltheater bestimmte Werk, *Dimitri* nach Schillers *Demetrius* (1882), war der erste uneingeschränkte Opernerfolg Dvořáks; es wurde Smetanas *Dalibor* an die Seite gestellt. Doch erst die späteren Opern haben überlebt: die heitere Oper *Der Jakobiner* (1888), die volkstümliche Märchenoper *Die Teufelskäthe* (1899) und vor allem seine auch auf internationalen Bühnen nicht mehr seltene *Rusalka* (1900). *Armida* (1903) errang nur noch einen Achtungserfolg.

Rusalka

Lyrisches Märchen in 3 Akten. Text von Jaroslav Kvapil. Uraufführung am 31. März 1901 in Prag, Tschechisches Nationaltheater.

Jaroslav Kvapil (25. 9. 1868 Chudenice – 10. 1. 1950 Prag), Dramatiker und Librettist, machte sich am Tschechischen Nationaltheater, 1912–1918 als Dramaturg und Regisseur, dann bis 1928 als Schauspieldirektor, um eine moderne, ganzheitliche Theaterregie verdient. Sein *Rusalka*-Libretto hatte er zuerst Josef Suk, Josef Foerster und Oskar Nedbal angeboten; seine Andersen-Studien fanden ihren Niederschlag in dem von Nedbal vertonten Ballett-Szenarium *Andersen* (1914).

Personen: Der Prinz (Tenor) – Die fremde Fürstin (Sopran) – Rusalka, die Nixe (Sopran) – Der Wassermann (Baß) – Jezibaba, die Hexe (Alt) – Der Heger (Tenor) – Der Küchenjunge (Sopran) – Ein Jäger (Tenor) – Erste Elfe (Sopran) – Zweite Elfe (Mezzosopran) – Dritte Elfe (Alt) – Gefolge des Prinzen, Hochzeitsgesellschaft, Elfen, Nixen u. a.

Ort und Zeit: Märchenland und Märchenzeit.

1. Akt. Im Mondlicht tanzen die Nixen um den See und nekken den Wassermann. Nur Rusalka sitzt abseits, traurig in Gedanken an einen jungen Mann versunken, der häufig zum See kommt und hier badet. Dem Wassermann gesteht sie, sich in diesen Mann – es ist der Prinz – verliebt zu haben und sich danach zu sehnen, eine Menschenseele zu besitzen, um mit ihm vereint zu werden. Daß er sie erschrocken von diesen gefährlichen Wünschen abzubringen sucht, macht sie nicht irre; gutmütig wie er ist, verweist er sie an die Jezibaba, die ihr helfen könne. Die Hexe aber erklärt ihr erst einmal die harten Bedingungen: Den Preis für Menschengestalt und Menschenseele habe Rusalka damit zu bezahlen, daß sie für die Menschen stumm bleibe, und höre der von ihr Erwählte je auf, sie zu lieben, müsse sie ihn töten und in das Wasserreich zurückkehren. Rusalka schreckt das alles nicht. Sie vertraut der Kraft ihrer Liebe. Als sich im Morgengrauen der Prinz wieder dem See nähert, erblickt er Rusalka als schöne junge Frau, die ihn trotz ihrer Stummheit entzückt. Er entführt sie auf sein Schloß. Ahnungsvolle Wehrufe der Wassergeister klagen der Entschwundenen nach.
2. Akt. Im Park des Schlosses tuscheln der Heger und der Küchenjunge über die blasse, stumme, sonderbare Braut, die der Prinz heute heiratet. Das Hochzeitspaar kommt in den Park; der Prinz selbst ist irritiert über das Schweigen, das sie auf alle Äußerungen seiner Liebe bewahrt. Ein Hochzeitsgast, eine attraktive, sich spöttisch äußernde fremde Fürstin, erregt deshalb seine besondere Aufmerksamkeit; er erliegt ihrer Faszination und geleitet sie zum Schloß. Aus dem Schloßteich taucht der Wassermann auf, während die Feierlichkeiten beginnen. Rusalka klagt ihm ihr Leid, denn der Prinz ist jetzt voll Kälte gegen sie. Ja, er nähert sich nun mit der Fürstin, der er Liebeserklärungen macht, und stößt Rusalka, die sich verzweifelt in seine Arme wirft, von sich. Da erhebt sich der Wassermann und verkündet dem Prinzen sein drohendes Schicksal; dann nehmen ihn und Rusalka die Wasserfluten wieder auf. Betroffen und geängstigt sinkt der Prinz der Fürstin zu Füßen, um ihre Hilfe bittend, doch sie wendet sich voll Hohn von ihm ab.

3. Akt. Von den Menschen verstoßen und aus dem Kreis der Nixen verbannt, sitzt Rusalka tieftraurig allein am See. Den Rat der Hexe, den treulosen Geliebten niederzustechen und so wieder ganz ein Wassergeist zu werden, kann sie nicht befolgen, zu sehr liebt sie den Prinzen. Der Heger und der Küchenjunge nähern sich. Sie wünschen von der Hexe ein Heilmittel für ihren Herrn, der an Schwermut erkrankt ist, doch der Wassermann jagt sie davon. Wieder versammeln sich die Nixen beim Mondschein am See und tauchen ebenso flüchtig ins Dunkel zurück, nachdem der Wassermann ihnen teilnahmsvoll vom tragischen Schicksal Rusalkas erzählt hat. Indessen hat es den umherirrenden Prinzen zum See gezogen; hier erkennt er den Ort wieder, wo er einst seine Geliebte fand. Ein Irrlicht zeigt ihm Rusalka im See, und flehend bittet er um ihre Vergebung und ihren Kuß. Ihre Warnung, dieser Kuß werde seinen Tod bedeuten, schreckt ihn nicht, denn er will seine Schuld büßen. So stirbt er in der letzten Umarmung, die sie, die aus Liebe Unerlöste, ihm gewährt.

Ausschlaggebend für Kvapils Libretto waren die Eindrücke durch eine Reise auf die Insel Bornholm im Herbst 1899; als Vorlage für den Rusalka-Text dienten mehrere Quellen: Hans Christian Andersens Märchen von der *Kleinen Seejungfrau*, Gerhart Hauptmanns Märchendrama *Die versunkene Glocke* (1896), daneben auch de la Motte Fouqués Erzählung *Undine* (1811) und die tschechischen Märchensammlungen von Karel Jaromír Erben und Božena Němcová. Auf dieses mehrfach von Komponisten abgelehnte, ihm aber vom Direktor des Nationaltheaters empfohlene Textbuch schrieb Dvořák seine Musik. Diese vorletzte seiner Opern ist nie aus dem Repertoire des Prager Nationaltheaters verschwunden (1400 Aufführungen bis 1981)! Ihre deutschsprachige Erstaufführung erlebte *Rusalka* erst am 5. 10. 1929 in Stuttgart.
Die Naturstimmungen, das Helldunkel des Waldes, das Schillern des Sees, den Silberglanz des Mondes fing Dvořák mit einer impressionistisch wirkenden, harmonisch raffiniert

gestalteten und instrumentierten Partitur ein. Melodische Kraft und bezeichnende Motiverfindungen, liedhafte Beweglichkeit und spätromantischer Klangzauber verbinden sich zu einer Musik, aus der Melancholie und die Sehnsucht nach Liebe spricht. Unter den geschlossenen Nummern, den Arien Rusalkas, des Prinzen und des Wassermanns, hat es Rusalkas Lied an den Mond im 1. Akt (*Silberner Mond du am Himmelszelt*) zu volkstümlicher Bekanntheit gebracht.
Spieldauer: ca. 2¾ Stunden (1. Akt: ca. 55 min.; 2. Akt: ca. 45 min.; 3. Akt: ca. 55 min.).

Arrigo Boito

* 24. Februar 1842 in Padua
† 10. Juni 1918 in Mailand

Schon 1853, mit 11 Jahren, begann Boito, Sohn eines italienischen Malers und einer polnischen Gräfin, am Mailänder Konservatorium zu studieren und schloß das Studium 1861 ab mit 2 Kantaten, zu denen er die Texte verfaßt und, zusammen mit Franco Faccio (1840–1891), die Musik komponiert hatte. Während seiner Reisen durch Frankreich, Polen und Deutschland entstand sein Text zur Kantate *Inno delle nazioni*, die Verdi für die Pariser Weltausstellung 1862 vertonte. Vielseitig auch als Schriftsteller tätig, beschäftigte er sich damals bereits mit Plänen zu einer Faust-Oper, dem späteren *Mefistofele*, und einer *Nero*-Oper. Für Faccio schrieb er das Textbuch zu *Amleto* (*Hamlet*). Stark von der literarischen Romantik Frankreichs und der deutschen Musik, besonders von Richard Wagner, angezogen, gehörte Boito in Mailand dem fortschrittlichen Dichterkreis der »Scapigliatura« an. Während er Opern-Übersetzungen und Musik-Editionen vorbereitete, u. a. von Webers *Freischütz* sowie Wagners *Rienzi* und *Tristan*, arbeitete er an einer Revision seines *Mefistofele*. Boito hat immer auch Libretti für andere Komponisten, teilweise unter dem Anagramm Tobia Gorrio, verfaßt, u. a. *La Gioconda* für Ponchielli (1876). Für Eleanora Duse, mit der ihn eine lange Freundschaft verband, schuf er eine italienische Version von Shakespeares *Antony and Cleopatra* (1888). Als Höhepunkt seines künstlerischen Lebens betrachtete Boito seine Zusammenarbeit mit Verdi, für den er die Revision des *Simon Boccanegra* (1881) sowie die meisterhaften Shakespeare-Adaptionen *Otello* (1887) und *Falstaff* (1893) schrieb. Die Arbeit an seiner eigenen *Nero*-Oper, deren 1901 veröffentlichtes Textbuch großes Aufsehen machte, hat Boito nie abgeschlossen – die Uraufführung des von Toscanini, Smareglia und Tommasini vollendeten Werkes fand erst 1924 statt.

Mefistofele

Oper in einem Prolog, 4 Akten und einem Epilog. Text von Arrigo Boito nach Goethes *Faust I* und *II* (1808, 1832). Uraufführung am 5. März 1868 in Mailand, Teatro alla Scala. Erstaufführung der revidierten Fassung am 4. Oktober 1875 in Bologna, Teatro Comunale.

PERSONEN: Mefistofele / Mephisto (Baß) – Faust (Tenor) – Margherita / Margarete (Sopran) – Marta (Mezzosopran) – Wagner (Tenor) – Elena / Helena (Sopran) – Pantalis (Alt) – Nereo / Nereus (Tenor) – Chorus mysticus, himmlische Heerscharen, Büßer, Büßerinnen, Spaziergänger, Armbrustschützen, Jäger, Landleute, Studenten, Volk, Hexen, Choretiden, Sirenen, Doriden, Koryphäen, Griechen, Krieger, Cherubim u. a.

ORT UND ZEIT: Paradies; Deutschland, im Spätmittelalter; das antike Griechenland.

Prolog. Im Paradies preisen die himmlischen Heerscharen Gott; Mefistofele hat sich unter die Engel gemischt, er äfft ihren Gesang nach und spottet über die verkommene Menschheit und Gottes miserable Schöpfung. Durch die Stimmen des mystischen Chores hält ihm der Herr das Beispiel des Gelehrten Faust entgegen, doch Mefistofele wettet um Fausts Seele, daß sich dieser, wie alle, von seiner Suche nach Wahrheit und Erkenntnis abbringen lassen und weltlichen Verführungen erliegen werde.

1. Akt. Am Ostersonntag herrscht vor den Toren Frankfurts ein buntes Treiben. Auch Faust und sein Famulus Wagner sind unter den Spaziergängern, um die Wiederkehr des Frühlings zu begrüßen. Fausts Aufmerksamkeit fällt auf einen seltsamen Franziskanermönch, aus dessen Spuren er sogar Flammen aufsteigen zu sehen glaubt. Doch Wagner erblickt nichts Ungewöhnliches. – Als sich Faust in seiner Studierstube wieder dem Bibelstudium zuwenden will (*Dai campi, dai prati / Verlassen hab ich Feld und Auen*), macht sich der Mönch, der ihm heimlich gefolgt war, durch sonderbares Heulen bemerkbar. Mit einer Zauberformel zwingt ihn Faust, sich zu erkennen zu geben: Es ist Mefistofele, der sich als »Geist, der stets verneint« vorstellt: *Son lo spirito che nega tutto*, und Faust anbietet, für den Preis von Fausts Seele ihm als sein Diener lebenslang jeden Wunsch zu erfüllen. Faust unterschreibt den Pakt unter der Bedingung, daß Mefistofele ihm dafür wenigstens eine kurze Zeit vollkommenen Glücks verschaffe, einen Augenblick zu dem er sagen könne: »Verweile doch, du bist so schön.«

2. Akt. In einem ländlichen Garten macht der verjüngte Faust dem Dorfmädchen Margherita den Hof, derweil Mefistofele die Nachbarin Marta becirct. Ihre Frage, ob er an Gott glaube, beantwortet Faust mit einem nichtssagenden, aber gelehrt klingenden Redeschwall. Er gewinnt Margheritas Zuneigung, und sie läßt sich schließlich einen Schlaftrunk für ihre Mutter in die Hand drücken, damit er Margherita in der Nacht ungestört besuchen kann. – Mefistofele treibt Faust voran beim Aufstieg zum Brocken, wo der Hexensabbat stattfinden wird. Irrlichter weisen ihnen den Weg. Hexen und Hexenmeister tanzen um Mefistofele, ihren angebeteten Herrn, für den die Welt nur eine leere Kugel ist, die er gleichsam am Boden zerschellen lassen kann (*Ecco il mondo / Sieh hier die Welt*). Die Erscheinung eines bleichen gefesselten Mädchens mahnt Faust an Margherita, seine verlassene Geliebte.

3. Akt. Margherita, die ihre Mutter durch Fausts Schlafmittel unwissentlich vergiftet und das von Faust empfangene Kind ertränkt hat, erwartet im Kerker, durch Angstvisionen gepeinigt wie von Sinnen, ihre Hinrichtung (*L'altra notte / In jener Nacht*). Als Faust und Mefistofele zu ihr vordringen, um sie zu befreien, gibt sie sich mit Faust ein letztes Mal ihrem Traum vom Glück hin (Duett *Lontano, lontano, lontano / Weit in der Ferne*), stößt aber in einem Augenblick kurz aufblitzender Erkenntnis den Geliebten, der ihr nur Verderben brachte, und den Teufel von sich. Sie ruft den Himmel um Verzeihung an; Engelstimmen verkünden ihre Rettung.
4. Akt. Mefistofele versetzt Faust ins antike Griechenland. Vor Fausts Augen besingen Helena, die seine Sehnsucht weckt, und ihre Gefährtin Pantalis in einem Nachen auf dem Peneios die Schönheit der Mondnacht. Die Choretiden inszenieren einen Triumphzug für Helena. In der Gestalt eines Ritters nähert sich Faust Helena, die sein glühendes Liebesgeständnis bald erwidert. Beide überlassen sich in den arkadischen Gefilden ihrem Glück.
Epilog. Fausts Ende naht; er zieht die Bilanz seines Lebens und gibt dem beunruhigten Mefistofele zu verstehen, daß er nie den Augenblick reinsten Glücks, die Bedingung ihres Pakts, genossen habe. Mefistofele hat keinen Zugriff mehr auf ihn. In einer Vision sieht Faust sich als Wohltäter eines glücklichen Volkes. Es naht sich ihm die Erscheinung himmlischer Heerscharen, ihr ruft er endlich das »Verweile doch, du bist so schön« zu und singt, auf die Bibel gestützt, das Lob Gottes und des Himmels. Erlöst stirbt Faust, von den Cherubim mit Rosen übergossen.

Mefistofele sollte, ausgehend von einem literarisch anspruchsvollen Libretto und dem philosophisch gedachten Kampf zwischen Gut und Böse, die Reform der italienischen Musik, die Erneuerung der Oper wie des Dramas, beispielhaft darstellen. Auch nach dem lärmenden Fiasko der von Boito selbst dirigierten Uraufführung verlor er sein Ziel nie aus den Augen und suchte sich als Aufführungsort der revidierten, radikal gekürzten Zweitfassung das Teatro Comunale in Bologna aus, das sich gegenüber Wagners Opern und ihren Neuerungen besonders aufgeschlossen gezeigt hatte. In der Fassung von 1875 setzte sich die Oper auch durch, allerdings ohne jemals im Ausland einen ähnlichen Stellenwert wie in Italien zu erlangen. Es folgten 1880 London und New York, 1881 Prag, Hamburg und Köln.

Mefistofele ist stärker der Tradition verhaftet, als Boito wahrhaben mochte. Innerhalb der durchkomponierten Formen, die das Vorbild Meyerbeers wie Wagners hochhalten, gliedern Arien, Duette, Szenen und Ensembles, also die herkömmlichen Formen der italienischen Oper, das Werk. Vor allem Fausts *Dai campi, dai prati* und Margheritas *L'altra notte* setzten sich als Solonummern durch; an musikalischer Qualität sind ihnen die Duette von Faust und Margherita (*Lontano, lontano, lontano*), Helena und Pantalis (*La luna immobile / Ruhig fließt das Mondlicht*) sowie Faust und Helena (*Ah! Amore! misterio celeste / O Liebe, du himmlisches Geheimnis*) nicht unterlegen. Im Mittelpunkt steht Mefistofele mit seiner von Pfiffen begleiteten Arie *Son lo spirito che nega* und dem an Verdis Jago und Ponchiellis Barnaba gemahnenden Monolog *Ecco il mondo*. Bei allem Ernst seiner Kunstauffassung konnte Boito, z. B. im Epilog, nicht die Nähe zum Kitsch vermeiden; die Musik wirkt gelegentlich etwas leer und bemüht, doch sind der rhythmische Impetus der Walpurgisnacht und der Auftritt des Teufels im Prolog von hoher theatralischer Wirkung.

Spieldauer: ca. 2½ Stunden (Prolog: ca. 25 min.; 1. Akt: ca. 30 min.; 2. Akt: ca. 35 min.; 3. Akt: ca. 20 min.; 4. Akt: ca. 25 min.; Epilog: ca. 12 min.).

Jules Massenet

* 12. Mai 1842 in Montaud (Dép. Isère)
† 13. August 1912 in Paris

Nach erstem Klavierunterricht bei seiner Mutter studierte Massenet 1853–1859 am Pariser Konservatorium u. a. bei Ambroise Thomas, dessen gefühlvollem Lyrismus er in seinen Opern teilweise nacheiferte, und sammelte anschließend erste Theatererfahrungen als Pauker im Orchester des Théâtre-Lyrique. Mit 21 Jahren errang er den begehrten Rom-Preis, lernte bei seinem damit verbundenen Italien-Aufenthalt Liszt kennen und entwarf eine Reihe von ersten Orchesterwerken. Zurück in Paris fand er durch seine Orchesterstücke Aufmerksamkeit, und 1867 gab er mit dem Einakter *La grand' tante* sein Debüt als Opernkomponist. Erst 1872 knüpfte er mit *Don César de Bazan* wieder an diesen Versuch an, dann aber mit der von der Sängerin Pauline Viardot angeregten Reihe biblischer Frauenporträts, beginnend mit *Marie-Magdeleine* (1873); es folgten u. a. *Eve* (1875) und *La vierge* (1880). Der *Roi de Lahore* (1878) markiert Massenets eigentlichen Durchbruch; er erhielt nun eine Kompositionsklasse am Konservatorium. Als Pädagoge wie Komponist beeinflußte Massenet eine ganze Generation von Opernkomponisten. Tschaikowskij wurde durch Massenets Vorbild inspiriert, in weit stärkerem Maß auch Puccini. Nachdem er sich zu Beginn seiner Karriere Gounods Opernauffassung, einer Verschmelzung von Grand opéra und Opéra-comique, verschrieben hatte, adaptierte er ab den 1880er Jahren Wagners Techniken für sein zwischen Verismo-Nachfolge und Märchenstück stilistisch breit angesiedeltes Œuvre. *Manon* (1884) sicherte ihm für die nächsten zwei Jahrzehnte die Vorrangstellung unter den französischen Opernkomponisten, die er durch eine konkurrenzlose Vielzahl von Werken, darunter *Le Cid* (1885), *Werther* (1892), *Thais* (1894), *Grisélidis* (1901), *Le jongleur de Notre-Dame* (1902) und *Don Quichotte* (1910) ausbaute.

Manon

Opéra-comique in 5 Akten (6 Bildern). Text von Henri Meilhac und Philippe Gille nach dem Roman *Histoire de Manon Lescaut et du Chevalier Des Grieux* (1731) des Abbé Prevost. Uraufführung am 19. Januar 1884 in Paris, Opéra-Comique (Salle Favart).

Henri Meilhac s. Bizet, *Carmen*, S. 436. – Philippe-Émile-François Gille (18. 12. 1831 Paris – 1901 Paris) war Journalist und Schriftsteller; er schrieb u. a. auch Texte für Delibes (*Lakmé*).

Personen: Manon Lescaut (Sopran) – Chevalier Des Grieux (Tenor) – Comte des Grieux, sein Vater (Baß) – Lescaut, ein Leibgardist, Manons Vetter (Bariton) – Guillot-Marfontaine, ein reicher Pächter (Tenor) – M. de Brétigny (Bariton) – Manons Freundinnen: Pousette (Sopran), Javotte (Sopran) und Rosette (Mezzosopran) – Wirt (Baß) – Zwei Wachen (Tenöre) – Dienerin (Mezzosopran) – Pförtner des Seminars, Sergeant, Bogenschütze (Sprechrollen) – Damen und Herren, Bürger von Amiens und Paris, Reisende, Träger, Postillione, Kaufleute, Kirchgänger, Spieler, Schwindler u. a.

Ort und Zeit: Frankreich, erste Hälfte des 18. Jahrhunderts.

1. Akt. Vor dem Gasthof einer Poststation bei Amiens lassen sich die beiden alten Lebemänner Brétigny und Guillot-Marfontaine zusammen mit ihren Freundinnen Pousette, Javotte und Rosette zum Tafeln nieder. Unter vielen anderen erwartet Lescaut indessen die Postkutsche mit seiner – ihm noch unbekannten – Kusine Manon, die er auf Wunsch ihrer Eltern in ein Kloster bringen soll. Die überraschend schöne Manon zieht alle Aufmerksamkeit auf sich. Guillot-Marfontaine versucht sogleich, sie mit verführerischen Komplimenten einzufangen, doch Lescaut verscheucht den alten Galan. Manon hat kaum Zeit, Guillots Vorspiegelungen eines luxuriösen Lebens mit ihm in Paris nachzutrauern, als sie, nachdem Lescaut auf ein Spielchen mit zwei Kameraden ins Wirtshaus gegangen ist, vom jungen Des Grieux angesprochen wird. Eine solche Schönheit dürfe nicht hinter Klostermauern verwelken, schmeichelt er ihr – Manon kann nicht widerstehen. Kurzerhand machen sie sich davon, und zwar

in Guillot-Marfontaines Wagen, so daß Lescaut wütend diesen als Entführer beschimpft.
2. Akt. In einer ärmlichen Pariser Behausung, die er, vollkommen glücklich, mit Manon teilt, schreibt Des Grieux an seinen Vater, um dessen Zustimmung zur Heirat mit Manon zu erbitten. Lescaut tritt ein mit Brétigny, an den er seine Kusine verkuppeln möchte, und verlangt die Wiederherstellung der Familienehre. Brétigny nimmt unterdessen Manon beiseite: Der Graf Des Grieux werde seinen Sohn mit Gewalt auf Nimmerwiedersehen zurückholen, das sei abgemacht; er Brétigny, biete ihr an seiner Seite ein Leben in Luxus. Manon kann dieser Verlockung keinen Widerstand entgegensetzen (*Adieu, notre petite table / Mein Tischchen, ich muß von dir nun scheiden*). Nichtsahnend erzählt ihr Des Grieux von einem stillen Zufluchtsort für sie beide, von dem er geträumt habe (*En fermant les yeux / Ich schloß die Augen*) – da überwältigen ihn schon die Häscher des Grafen.
3. Akt. Auf der Promenade Cours-la-Reine begegnen Pousette, Javotte und Rosette ihrem alten Geliebten Guillot-Marfontaine. Auch Lescaut, Brétigny mit der heiter zum Genuß all dessen, was das Leben bietet, auffordernden Manon (Gavotte *Obéissons quand leur voix appelle / Folget dem Ruf*) und der alte Graf Des Grieux tauchen auf. Beiläufig erzählt der Graf Brétigny, daß sein Sohn demnächst zum Priester geweiht werde und diesen Abend in St-Sulpice predige. Manon verlangt sogleich nach ihrem Wagen, um zur Kirche zu fahren, Guillot-Marfontaine sitzenlassend, der, um ihr zu schmeicheln, das Ballett der Oper für eine Privataufführung verpflichtet hat. – Die Damen der Gesellschaft sind hingerissen von der ersten Predigt Des Grieux'. Weil sein Entschluß, Priester zu werden, unumstößlich scheint, verspricht ihm sein Vater die Auszahlung des mütterlichen Erbes, einer riesigen Summe. Da steht die Geliebte überraschend vor ihm. Erneut erliegt er ihrem Reiz und ihren Liebesbeteuerungen.
4. Akt. Im Spielsaal des Hotels »Transsylvanie« erscheinen Manon und Des Grieux, der hofft, durch einen Gewinn die

Ausgaben für Manons verschwenderischen Lebensstil ausgleichen zu können. Tatsächlich gewinnt er eine hohe Summe gegen Guillot-Marfontaine, worauf dieser ihn aber des Falschspiels beschuldigt und heimlich die Polizei und den alten Grafen rufen läßt. Des Grieux und Manon als seine Komplizin werden festgenommen.
5. Akt. Landstraße nach Le Havre. Während Des Grieux dank des Einflusses seines Vaters bald freigelassen wurde, soll Manon nach Amerika deportiert werden. Nachdem ein erster Befreiungsversuch mit gedungenen Helfern gescheitert ist, bestechen Lescaut und Des Grieux den Aufseher des vorbeiziehenden Gefangenentransports, damit Des Grieux noch einmal mit Manon sprechen kann. Die völlig entkräftete Manon stirbt in den Armen ihres Geliebten.

Obwohl er sich an Formelementen der Grand opéra orientierte (5 Akte, integrierte Balletteinlage), benutzte Massenet, entsprechend der Tradition der Opéra-comique, gesprochene Dialoge zwischen den Gesangspassagen, differenzierte sie aber als Melodram, als Prosodie, als Übergang zum Rezitativ oder als melodisch unterlegte Sprache. Massenet erreichte dadurch eine musikalische Flexibilität in der Sprachbehandlung, die seiner Absicht, ein Kulturbild des 18. Jahrhunderts zu schaffen, in allen Facetten der so komödiantischen wie tragisch-ironischen Handlungsführung in idealer Weise entgegenkam. Die melodische Linie wird dadurch vielfältig durchbrochen, und der häufige Wechsel zwischen Arioso und Parlando ergibt ein raffiniertes Ausleuchten emotionaler wie atmosphärischer Stimmungen. Diese subtile rhythmische, melodische, motivische und orchestrale Quecksilbrigkeit ergibt das wie in Pastelltönen gezeichnete Bild einer Rokokowelt à la Watteau und Boucher. Höhepunkte von Massenets liebevoll ausgezierten Miniaturen ist Manons *Adieu, notre petite table*, eine leidenschaftliche und tragische Episode, ganz dem Lebensgefühl des 18. Jahrhunderts entsprechend, hier als zierliches Genrebild gezeichnet.
Die Oper fand rasch Verbreitung: 1891 London, 1885 New

York, 1890 Wien (deutsch von Ferdinand Gumbert), 1893 Mailand (die italienische Fassung von Angelo Zanardini wurde auch an internationalen Bühnen nachgespielt). Spieldauer: ca. 2¾ Stunden (1. Akt: ca. 38 min.; 2. Akt: ca. 28 min.; 3. Akt: ca. 55 min.; 4. Akt: ca. 22 min.; 5. Akt: ca. 15 min.).

Werther

Drame-lyrique in 4 Akten (5 Bilder). Text von Edouard Blau, Paul Milliet und Georges Hartmann nach Goethes Roman *Die Leiden des jungen Werther* (1774, 1787). Uraufführung (in der deutschen Übersetzung von Max Kalbeck) am 16. Februar 1892 in Wien, Hofoper.

Édouard Blau, eigtl. Stanislas Viateur (1836 Blois – 1906 Paris), schrieb – allein oder in Zusammenarbeit mit anderen – die Libretti zu einigen der wichtigsten Opern des französischen Repertoires, neben *Le Cid* und *Werther* für Massenet auch Texte für Lalo (*Le roi d'Ys*), Godard, Reyer u. a.

Personen: Werther (Tenor) – Albert (Bariton) – Der Amtmann (Baß oder Bariton) – Schmidt (Tenor) und Johann (Bariton), Freunde des Amtmanns – Brühlmann, ein junger Mann (Tenor) – Charlotte, Tochter des Amtmanns (Mezzosopran) – Sophie, ihre Schwester (Sopran) – Käthchen, ein junges Mädchen (Sopran) – Fritz, Max, Hans, Karl, Gretel, Clara, sechs jüngere Geschwister von Charlotte und Sophie (Kindersoprane) – Ein Bauer (stumme Rolle) – Ein Diener (stumme Rolle) – Einwohner von Wetzlar, Gäste, Musikanten.

Ort und Zeit: Wetzlar und Umgebung, Juli bis Dezember 178 . . .

1. Akt. Vor seinem Haus übt der Amtmann seinen sechs kleinen Kindern an einem schönen Sommertag bereits Weihnachtslieder ein. Johann und Schmidt schauen vorbei, erzählen von einem großen Fest im Nachbarort und erinnern daran, daß sie sich später auf ein Glas Wein im Wirtshaus treffen wollen. Werther kommt hinzu und ist hingerissen von der ländlichen Idylle und Schönheit (*O nature pleine / O Natur*). Er wird abends Charlotte auf einen Ball begleiten, da deren Verlobter Albert auf Reisen ist. Nachdem

Charlotte ihren Geschwistern das Abendbrot zubereitet hat, geht sie mit Werther zu dem Fest. Albert, der früher als erwartet von seiner Reise zurückkehrt, trifft nur Sophie an, spricht mit ihr ein paar Worte über die baldige Heirat mit Charlotte und geht wieder. Bei ihrer Heimkehr vom Ball gesteht Werther Charlotte im Mondlicht seine Liebe. Doch als der Amtmann Charlotte vom Hause her zuruft, Albert sei wieder zurück, bekennt Charlotte, daß sie ihrer Mutter auf dem Sterbebett versprach, Albert zu heiraten. »Das wird mein Tod«, spürt Werther.

2. Akt. An einem Sonntag im September singen Johann und Schmidt, vor der Weinstube sitzend, das Hohelied des Bacchus und beobachten den Zug der Festgäste in die Kirche, zur Feier der goldenen Hochzeit der Pfarrersleute, darunter die seit drei Monaten verheirateten Charlotte und Albert. Auch Werther sieht sie, vom Schmerz über den Verlust der Geliebten überwältigt. Albert versucht ihn zu trösten, und Werther versichert ihn seiner Freundschaft; mit dem Hinweis auf den Frühling, der dem Verliebten Trost sein wird, möchte auch Sophie Werther aufheitern. Doch als Charlotte ihm gegenübersteht, spricht Werther erneut von seiner Liebe zu ihr, bis sie ihn heftig zurückweist und ihm das Versprechen abnimmt, nicht vor Weihnachten wiederzukommen. Ja, antwortet Werther, er werde auf eine Reise gehen, von der er nie mehr zurückkomme.

3. Akt. Charlotte konnte Werther nicht vergessen. Immer wieder, auch heute, am Weihnachtstag, liest sie seine Briefe; sie ist sich bewußt, daß auch sie ihn liebt (*Ces lettres ... / Diese Briefe ...*). Als Sophie kommt, um sie zum Weihnachtsfest in das Elternhaus einzuladen, vergrößert dies nur ihre Schwermut (*Laisse couler mes larmes / Laß meine Tränen fließen*). Und da tritt Werther ein, den es doch zu ihr zurückgezogen hat. Beiden geben sich ihren Erinnerungen hin, und in den Dichtungen Ossians lesend, sinkt Charlotte in seine Arme, weiß sich aber rasch wieder zu fassen (*Pourquoi me reveiller / Warum erwachen*) und geht – ihre stumme Antwort auf Werthers Drängen, Albert zu verlassen. In allen Hoffnungen gescheitert, verläßt Werther das Haus. Al-

bert hat von Werthers Rückkehr erfahren; er erwartet von seiner Frau eine Erklärung. Da bringt ihm ein Dienstbote einen Brief Werthers mit der Bitte, ihm für eine Reise seine Pistolen zu leihen. Albert gibt Anweisung, dem Boten die Waffen auszuhändigen. Charlotte ahnt die Absicht Werthers und eilt voll Angst dem Boten nach.
4. Akt. In Werthers Wohnung findet sie Werther tödlich verwundet. Mit dem Geständnis, ihn stets geliebt zu haben, geleitet sie ihn in einen leichten Tod; Werther stirbt in ihren Armen. Vom Haus des Amtmanns klingt das Weihnachtslied der Kinder herüber.

Die anspruchsvolle, aber nicht mehr neue Idee, Goethes Roman zu vertonen, stammt von Massenets Verleger Georges Hartmann. Der Komponist war ohnehin ein begeisterter *Werther*-Leser; beide nutzten einen Bayreuth-Aufenthalt 1885 zum Besuch von Wetzlar, wo der junge Rechtsreferendar Goethe die Begegnung mit Lotte Buff und ihrem Verlobten Kestner, die den autobiographischen Hintergrund des Romans darstellt, hatte. Die Oper entstand zwischen 1885 und 1887. Allerdings fand sie nicht den Gefallen Léon Carvalhos, und da seine Opéra-Comique im Mai 1887 abbrannte, blieb der *Werther* liegen, bis sich Ernest van Dyck dafür interessierte und die Wiener Hofoper dem Wunsch ihres belgischen Startenors nachgab und sie in deutscher Sprache uraufführte. Im gleichen Jahr folgte in Genf die französischsprachige Erstaufführung, 1893 die Aufführung an der Opéra-Comique. Zu den großen Interpreten des Werther gehörte Mattia Battistini; ihm zuliebe schrieb Massenet die Rolle für Bariton um. Ausgehend von der »Clair de lune«-Stimmung bei Charlottes und Werthers Rückkehr vom Ball entwickelte Massenet die Oper als großes, 4teiliges Liebesduett mit der Mondschein-Melodie als einem musikalischen Leitmotiv. Neben einer raffinierten Technik der Reminiszenzen und Erinnerungsmotive enthält die Partitur eine subtile Instrumentation und sinnlich ausgereizte Orchesterfarben, die Massenets psychologisches Gespür und Charakterisierungsvermögen, auch die Delikatesse seiner elegisch-

wehmütigen Liebesschilderungen vorzüglich zur Geltung bringen.
Spieldauer: ca. 2¼ Stunden (1. Akt: ca. 40 min.; 2. Akt: ca. 30 min.; 3. Akt: ca. 35 min.; 4. Akt: ca. 20 min.).

Nikolaj Andrejewitsch Rimskij-Korsakow

* 18. (6.) März 1844 in Tichwin (Gouv. Nowgorod)
† 21. (8.) Juni 1908 auf Gut Ljubensk (Gouv. St. Petersburg)

Rimskij-Korsakow hat mit seinen 15 meist auf Märchen und Legenden basierenden Opernwerken – für die er die Texte fast immer selbst schrieb – nachdrücklich das russische Opernschaffen angeregt und beeinflußt. Außerdem hat er eine nicht geringe Zahl von Orchester- und Bühnenwerken ihm nahestehender Kollegen vollendet oder instrumentiert, darunter Dargomyschskijs *Der Steinerne Gast*, Borodins *Fürst Igor*, Mussorgskijs *Boris Godunow* und *Chowanschtschina*.
Zunächst Marineoffizier und 1862–1865 auf Schiffsreise um die halbe Welt, schloß er sich danach dem Komponistenkreis des »Mächtigen Häufleins« um Balakirew an und absolvierte als einziger des Kreises eine akademische Musikausbildung. 1871 übernahm er die Stelle eines Professors für Komposition am St. Petersburger Konservatorium, blieb aber bis 1873 noch im Offiziersdienst. 1874 wurde er Dirigent und Direktor an einer Musikschule, wirkte 1883–1894 als Lehrer an der Hofsänger-Kapelle und leitete 1886–1890 die »Russischen Sinfoniekonzerte« in St. Petersburg.
Rimskij-Korsakows Ruhm sind seine glänzenden Instrumentationen (nicht nur der Werke anderer); er verband seine Kenntnisse von Berlioz, Liszt und Wagner auf brillante Weise mit den russischen Traditionen, besonders eindrucksvoll in der Suite *Scheherazade* (1888). Glasunow, Prokofjew,

Strawinsky und Resphighi gehörten zu seinen Schülern. Von Rimskij-Korsakows Opern, denen es lediglich an dramatischer Stringenz und kompakter Personenschilderung mangelt, werden heute außerhalb seiner Heimat gelegentlich *Der goldene Hahn* (1909) und *Das Märchen vom Zaren Saltan* (1900) gespielt. In Rußland gehören daneben außerdem *Die Legende von der unsichtbaren Stadt Kitesch* (1907) und *Die Zarenbraut* (1899) zum Standardrepertoire.
Eine besondere Stellung innerhalb seines Opernschaffens nimmt der Einakter *Mozart und Salieri* (1898, nach Puschkin) ein, weil Rimskij-Korsakow hier nach dem Beispiel Dargomyschskijs und Mussorgskijs die Technik des »melodischen Rezitativs« einsetzte. Sein Ziel hat der Komponist deutlich genannt: »Ich bin stolz darauf, daß ich nie an die Existenz nur einer einzigen Opernform geglaubt habe und in meiner Musik eine ganze Reihe von Lösungen dieses komplizierten Problems gegeben habe.«

Das Märchen vom Zaren Saltan

Skaska o zare Saltane

Oper in einem Prolog und 4 Akten (7 Bilder). Text von Wladimir Bjelskij nach Alexander Puschkins gleichnamiger Verserzählung. Uraufführung am 3. November 1900 in Moskau, Solodownikow-Theater.

Wladimir Iwanowitsch Bjelskij (1866–1946), Jurist und Schriftsteller, arbeitete bei mehreren Opern mit Rimskij-Korsakow zusammen. Er schrieb auch das Libretto zu *Die Legende von der unsichtbaren Stadt Kitesch und der Jungfrau Fewronija.*

Personen: Zar Saltan (Baß) – Zarin Militrissa, jüngste Schwester (Sopran) – Zarewitsch Gwidon, beider Sohn (Tenor) – Tkatschicha, mittlere Schwester (Mezzosopran) und Powaricha, älteste Schwester (Sopran) – Barbaricha, Schwiegermutter des Zaren (Alt) – Der Schwan (Sopran) – Alter Mann (Tenor) – Skomoroche, der Hofnarr (Baß) – Drei Seeleute, Zauberer und Geister, Bojaren, Höflinge, 33 Meeresritter u. a.

Ort und Zeit: Rußland, in märchenhafter Zeit.

Georges Bizet: Carmen
Bayerische Staatsoper München

Modest Mussorgskij: Boris Godunow
Oper Leipzig

Prolog. An einem Winterabend sitzen die drei Schwestern in ihrer Wohnstube und spinnen. Angestachelt von Babaricha wälzen die beiden älteren Schwestern alle Arbeiten auf die jüngste Schwester ab und geben sich Gedanken darüber hin, was sie täten, wenn der Zar sie zur Frau nähme. Inzwischen lauscht der Zar versteckt vor der Tür: die Älteste würde die ganze Welt bewirten, die Mittlere Linnen weben und die Schätze des Zaren vermehren – doch die Jüngste ihm einen Heldensohn schenken. Zar Saltan tritt ein und nimmt die jüngste Tochter zu seiner Zarin.
1. Akt. Während der Zar im Krieg ist, hat Militrissa einen Sohn geboren. Aus Eifersucht teilen ihre Schwestern dem Zaren mit, sein Sohn sei eine Mißgeburt, worauf Zar Saltan die Mutter und das Kind im Meer aussetzen läßt.
2. Akt. Militrissa und ihr Sohn Gwidon wurden ans Ufer der Insel Bujan angeschwemmt. Gwidon, inzwischen ein junger Mann, rettet einen Schwan vor dem Angriff eines Geiers. Der Schwan bedankt sich mit menschlicher Stimme und läßt die Stadt Ledenez aus dem Meer aufsteigen; Gwidon wird ihr Fürst.
3. Akt. Gwidon begibt sich auf die Suche nach seinem Vater. Der Schwan verwandelt ihn in eine Hummel. – Dem Zaren, der inzwischen von Reue geplagt ist, wird von der Insel Bujan und ihrer prächtigen Stadt erzählt; das weckt seinen Entschluß, dorthin zu reisen. Babaricha und die Schwestern Militrissas wollen den Zaren mit wunderlich-schreckhaften Schilderungen der Stadt davon abhalten, deshalb werden sie von der Hummel gestochen.
4. Akt. Weil Gwidon sich eine Frau wünscht, verwandelt sich der Schwan in eine schöne Schwanen-Prinzessin und wird seine Zarewna, seine Zarin. Saltan erlebt in Ledenez die Wunder, von denen ihm Barbaricha und ihre Töchter erzählten – ein goldene Nüsse knackendes Eichhörnchen, 33 aus dem Meer aufsteigende Krieger und eine Zarin, deren Schönheit die Sonne verdunkelt –, und findet schließlich Militrissa und seinen Sohn wieder. Saltan verzeiht den bösen Frauen; alle huldigen dem Schwan.

Wladimir Bjelskij flocht in das Märchen Puschkins *Erzählung vom Krieg des Bären gegen die Vögel* ein, indem er sie dem Alten in den Mund legte. Die als altrussisch empfundene, buntscheckige Märchenvielfalt realisierte Rimskij-Korsakow durch eine originelle, glitzernde Instrumentation; die Verwandlung des Schwans in die Zarin wird durch den Übergang einer virtuos-kühlen Gesangslinie in gefühlvolle lyrische Momente musikalisch nachvollzogen. Jedes Bild eröffnet eine Trompetenfanfare wie ein Signal. Die Vorspiele zum 2., 3. und 7. Bild hat der Komponist noch vor der Uraufführung zu einer Suite *Zar Saltan* zusammengefaßt. Das Vorspiel zum 5. Bild ist der berühmte *Hummelflug*.
Spieldauer: ca. 2½ Stunden.

Der goldene Hahn
Solotoj petuschok

Oper in 3 Akten. Text von Wladimir Bjelskij nach Alexander Puschkins gleichnamiger Verserzählung (1834). Uraufführung am 7. Oktober 1909 in Moskau, Solodownikow-Theater.

Wladimir Bjelskij s. *Das Märchen vom Zaren Saltan*, S. 480.

PERSONEN: Zar Dodon (Baß) – Zarewitsch Gwidon (Tenor) – Zarewitsch Afron (Bariton) – General Polkan (Baß) – Amelfa, Aufseherin (Alt) – Der Astrologe (Tenor) – Die Zarin von Schemacha (Sopran) – Der goldene Hahn (Sopran) – Hofgesinde, Soldaten, Volk, Sklaven.

ORT UND ZEIT: Rußland, in märchenhafter Zeit.

Prolog. Der Astrologe stellt sich als Leiter des Spiels vor und fordert das Publikum auf, sich selbst eine Antwort auf das folgende märchenhafte Gleichnis zu geben.
1. Akt. Der alte Zar Dodon ist müd und träge, er hat genug vom Kämpfen gegen die vielen Feinde seines Reiches. Darum beruft er den Rat der Bojaren ein, doch sie alle wissen eben keinen Rat, wie er seine Ruhe haben und zugleich das Land geschützt werden könne. Da überreicht ihm der

Astrologe einen goldenen Hahn, der ihn vor jedem feindlichen Angriff aus seinem Schlummer wecken und warnen werde. Seinen Lohn will der Astrologe später fordern. Zweimal kräht der Hahn, und jedesmal schickt Dodon einen seiner Söhne ins Feld. Als der Hahn zum drittenmal kräht, muß Dodon selbst in den Kampf ziehen.
2. Akt. Auf dem Schlachtfeld haben sich die Heere der in Streit geratenen Zarensöhne gegenseitig vernichtet, ein Feind ist nicht zu sehen. Dodon klagt über den Leichen von Gwidon und Afron, als er plötzlich die Königin von Schemacha erblickt. Er bietet dieser schönen Frau, die sich als »Tochter der Königin der Luft« vorstellt, seine Hand und sein Reich.
3. Akt. Unter dem Jubel des Volkes kehrt Dodon mit der Königin von Schemacha aus dem Kampf zurück. Nun fordert der Astrologe seinen Lohn: die Königin von Schemacha. Aus Wut über dieses dreiste Verlangen erschlägt der Zar den Astrologen mit seinem Zepter, worauf der goldene Hahn Dodon tothackt. Finsternis breitet sich aus. Die Königin verschwindet insgeheim mit dem Hahn – das Volk bleibt ratlos und herrscherlos – ohnmächtig zurück.
Epilog. Der Astrologe erscheint wieder und verlangt für sich und die Königin wirkliches Leben; die anderen sollen bleiben, was sie sind: Märchenfiguren und Schemen.

Sein Engagement für die revolutionären Studenten hatte Rimskij-Korsakows Tätigkeit am Konservatorium ein abruptes Ende gesetzt. Die Märchenwelt, die er in der Mehrzahl seiner Opern besungen hatte, brach für ihn zusammen. Bei seiner letzten Oper griff er 1906/07 nicht mehr auf eine unverstellte Märchen- oder Legendenüberlieferung zurück, sondern bediente sich Alexander Puschkins satirischen Gleichnisses von den Mächtigen dieser Welt, die durch ihre eigene Begehrlichkeit fallen und deren tyrannische Willkürherrschaft die Völker ins Verderben stürzt.
Bjelskij faßte den vieldeutigen, schwer enträtselbaren Text (Untertitel: »Eine unglaubliche Geschichte«), der sich durch

die distanzierende Sicht der Rahmenhandlung wesentlich von den vorhergegangenen Opern unterscheidet, in ein Libretto: »Der unerschöpflich reiche Inhalt des Märchens vom ›Goldenen Hahn‹ ist trotz seiner scheinbaren Einfachheit durch und durch von einer eigenartigen Rätselhaftigkeit« (W. Bjelskij). Natürlich gab es Schwierigkeiten mit der Zensur; Rimskij-Korsakow erlebte die Uraufführung nicht mehr. 1914 führte Diaghilew das Werk als Ballett-Oper in Paris auf; 1923 folgte die deutsche Erstaufführung in Berlin (deutsch von Heinrich Möller). Seither tritt *Der goldene Hahn* als effektvolle Satire und unterhaltsame Märchenparabel, gewissermaßen als Vorläufer von Schostakowitschs Opern, wenigstens als gelegentlicher Gast auf den außerrussischen Bühnen auf.

Für den *Goldenen Hahn* entwarf Rimskij-Korsakow eine mechanisch-überdreht wirkende Musik mit zahlreichen signalartigen Märschen, Hymnen und Chören sowie ebenso sprechenden Motiven und Zitaten (Wiegenlied, Slawa-Chöre) für die Puppenwelt des Zaren Dodon einerseits, die orientalisch schwülstige, schemenhafte Gegenwelt der Königin von Schemacha, musikalisch illustriert durch die Verwendung von Celesta und Harfe, Streichertremoli und eines solistisch durchsetzten flirrenden Klangbildes, und des Astrologen andererseits. Die Welt des Astrologen und des goldenen Hahns nähern sich durch den Einsatz eines signalhaft hellen Trompetentons an. So werden die Phantasiewelten der Königin, des Astrologen und des Hahns durch eine phantastische, orientalisch anmutende Musik zueinander in Beziehung gesetzt. Die Sopranbravour in der Rolle der Königin gehört zu den großen Herausforderungen für eine versierte Koloratursopranistin; ebenfalls in stimmliche Stratosphären weist die hohe Tenorpartie des Astrologen. *Der goldene Hahn* ist Höhepunkt und Vollendung von Rimskij-Korsakows Theater- und Opernkunst, er »vereint die Ökonomie der Mittel mit Fülle, die Durchsichtigkeit mit alles durchdringender Klangpracht, das strenge klassische Relief mit impressionistisch-schöner Freizügigkeit. Bei alledem ist die erstaunliche Partitur,

von der ein direkter Weg zu den farbigen Partituren Strawinskys führt, voll Dynamik« (Boris Assafjew, russischer Komponist und Musikwissenschaftler).
Spieldauer: ca. 2 Stunden.

Leoš Janáček

* 3. Juli 1854 in Hukvaldy / Hochwald (Mähren)
† 12. August 1928 in Ostrava / [Mährisch-]Ostrau

Mit Smetana und Dvořák gehört Janáček zu den bedeutendsten tschechischen Komponisten, seine 9 Bühnenwerke weisen ihn überdies als einen der eigenständigsten Opernkomponisten des 20. Jahrhunderts aus. Zehntes von 14 Kindern eines Dorfschulmeisters (5 Kinder wurden entweder tot geboren oder starben im Säuglingsalter), wurde der Elfjährige Chorsänger an der Schule des Augustinerklosters in Brünn, wo er, wie Vater und Großvater, eine Lehrerausbildung absolvierte. Nach zweijähriger Tätigkeit als Aushilfslehrer besuchte er ab 1874 die Prager Orgelschule, wirkte dann in Brünn als Lehrer und Chorleiter und setzte das Studium 1879/80 in Leipzig und Wien fort. 1881 wurde er Direktor der neugegründeten mährischen Orgelschule in Brünn, war als Dirigent, Chorleiter und Kritiker, schließlich 1919–1925 als Kompositionslehrer am Prager Konservatorium tätig. In den 1890er Jahren beschäftigte er sich intensiv mit den Volksliedern seiner Heimat, die er (wie später Bartók und Kodály im ungarischen Sprachgebiet) in Mähren gesammelt und notiert hatte. Aus solchen Quellen leitete Janáček wesentliche Elemente seiner Tonsprache ab. Genaue Deklamation, ein enges Wort-Ton-Verhältnis, eine dem Tonfall der Umgangssprache abgewonnene Gesangslinie und rhythmische Akzentuierung bestimmten die »Sprachmelodie« seiner Opern. Dieser musikalische Stil trat in *Jenufa* deutlich hervor, mit der 1916 die allgemeine Wertschätzung seiner

Werke einsetzte. Im hohen Alter schuf er die dichte Reihe der Meisteropern *Katja Kabanowa* (1921), *Das schlaue Füchslein* (1924), *Die Sache Makropulos* (1926) und *Aus einem Totenhaus* (1930). »Janáčeks tragische Opern berühren den Zuschauer mit ihrer einzigartigen Kombination emotionaler und intellektueller Kräfte. Da Janáček die Wurzeln tragischen Handelns unmittelbar bloßlegt, wird es uns möglich, seine Gestalten [. . .] nicht nur mitleidend zu betrachten, sondern als Geschöpfe zu erkennen, die ein gewisser Adel auszeichnet. [. . .] Das Fehlen einer systematischen Mythologie oder eines religiösen Wertsystems in den Opern wird von der Musik wettgemacht«, schrieb der englische Theaterwissenschaftler Michael Ewans zu ihrer Charakterisierung. Janáčeks weitere Opern sind *Šárka* (begonnen 1887, Uraufführung Brünn 1925), *Der Anfang eines Romans* (begonnen 1891, Uraufführung Brünn 1894), *Osud* (entstanden 1903–07, Uraufführung Brünn 1958) und *Die Ausflüge des Herrn Brouček* (entstanden 1908–17, Uraufführung Prag 1920).

Jenufa

Její pastorkyňa
(Ihre Ziehtochter)

Oper aus dem mährischen Bauernleben in 3 Akten. Text von Gabriela Preissová. Uraufführung am 21. Januar 1904 in Brünn, Nationaltheater.

Gabriela Preissová, geb. Sekerová (23. 3. 1862 Kuttenberg bis 27. 3. 1946 Prag), gebürtige Böhmin, lebte viele Jahre in Mähren und erregte mit ihrem auf wirklichen Vorgängen basierenden Drama *Její pastorkyňa* (*Ihre Ziehtochter*), das 1890 am Prager Nationaltheater uraufgeführt wurde, heftige Kontroversen. Mit Ladislav Stroupežnický, Alois Jirásek und den Brüdern Mrštík gehört Gabriela Preissová zu den Hauptvertretern eines ländlichen Realismus in der tschechischen Literatur.

PERSONEN: Stařenka Buryjovká / Die alte Buryja, Ausgedingerin und Hausfrau in der Mühle (Alt) – Laca Klemeň, ihr Stiefenkel

(Tenor) – Stewa Buryja, ihr Enkel (Tenor) – Kostelnička Buryjovká / Die Küsterin Buryja, Witwe, Schwiegertochter der alten Buryja (Sopran) – Jenufa, ihre Ziehtochter (Sopran) – Altgesell (Bariton) – Dorfrichter (Baß) – Seine Frau (Mezzosopran) – Karolka, ihre Tochter (Mezzosopran) – Eine Magd (Mezzosopran) – Barena, Dienstmagd in der Mühle (Sopran) – Jano, Schäferjunge (Sopran) – Tante (Alt) – Rekruten, Müllerburschen, Musikanten, Gesinde, Dorfleute.

ORT UND ZEIT: Mähren, zweite Hälfte des 19. Jahrhunderts.

1. Akt. Vor der Wassermühle, in der sie mit ihrer Stiefmutter, der Küsterin, und ihrer Großmutter, der alten Buryja, lebt, wartet Jenufa bangen Herzens auf Stewas Rückkehr von der Musterung. Beide Söhne der alten Buryja sind gestorben; beide waren zweimal verheiratet. Die Stiefbrüder Stewa Buryja und Laca Klemeň sind die Nachkommen des älteren Sohnes, Jenufa ist die Tochter aus erster Ehe des jüngeren Sohnes. Stewa, der heutige Besitzer der Mühle, hat Jenufa verführt; sie erwartet ein Kind von ihm. Wenn Stewa nicht zum Militär muß, kann er, wie sie hofft, Jenufa heiraten, deren Schande auf diese Weise nicht offenbar würde. Laca, der Jenufa selbstlos liebt, und die Großmutter bemerken Jenufas innere Unruhe. Gegenüber dem Altgesellen offenbart Laca seine Gefühle für Jenufa; er wünscht sehr, daß sein Stiefbruder zu den Soldaten muß. Doch der Altgesell weiß bereits, daß Stewa nicht eingezogen wird. Und wirklich kehrt kurz darauf der freigekommene Stewa in Begleitung der Rekruten und einiger Musikanten zur Mühle zurück. Er hat sich betrunken vor Freude und beginnt grolend ein ausgelassenes Tanzlied. Mit dem Erscheinen der Küsterin bricht das übermütige Treiben ab. Sie verbietet strikt Stewas Heirat mit Jenufa. Erst wenn er ein Jahr lang keinen Alkohol mehr angerührt habe, soll er ihre Stieftochter zur Frau bekommen. Jenufa ist verzweifelt. Inständig bittet sie Stewa, sie nicht zu verlassen. Und Laca steigert sich, sobald er mit Jenufa allein ist, in höchste Eifersucht – die schönen Wangen, die Stewa so gut gefallen, schlitzt er ihr mit einem Messer auf.

2. Akt. Ein halbes Jahr später, im Winter, hat Jenufa heim-

lich ihr Kind zur Welt gebracht. Während Jenufa im Haus der Küsterin, betäubt von einem Schlaftrunk, tief schläft, fleht diese Stewa, den sie herbestellt hat, vergeblich an, Jenufa vor Gott und der Welt die Ehre zurückzugeben, sie zu heiraten. Nachdem Stewa sich davongemacht hat, tritt Laca ein. Er versichert der Küsterin, Jenufa nach wie vor zu lieben, schrickt allerdings zurück, als er erfährt, daß Jenufa ein Kind von Stewa geboren hat. In ihrer Bedrängnis greift die Küsterin zu einer Lüge: das Kind sei bei der Geburt gestorben. Sie schickt Laca ins Dorf zurück, dann eilt sie mit dem Kind in die eisige Nacht. Jenufa erwacht. Sie findet weder Stewa noch ihr Kind vor. Völlig aufgelöst kniet sie zum Gebet nieder. Bei ihrer Rückkehr redet die Küsterin Jenufa ein, daß sie zwei Tage in schwerem Fieber gelegen habe und das Kind inzwischen gestorben sei. Laca kommt zurück. Jenufa fügt sich in die Ehe mit ihm. Die Küsterin aber, die das Kind getötet hat, um Jenufas Ehre zu retten, wird jetzt, wo ihr Ziel erreicht ist, von schweren Gewissensbissen gepeinigt. Sie segnet das Paar und spricht einen Fluch über Stewa aus.

3. Akt. Zwei Monate später. In der Hütte der Küsterin wird Jenufa als Braut geschmückt; die Hochzeit mit Laca soll nach den Wünschen der von Seelenqualen gezeichneten Küsterin ein schlichtes, aber unbeschwertes Fest werden. Zu den Gästen gehören der Dorfrichter, seine Frau und ihre Tochter Karolka, auch Stewa, der mit ihr verlobt ist. Wie das Brautpaar vor dem Kirchgang den Segen der Großmutter, dann der Küsterin erbittet, wird es plötzlich laut vor dem Haus, »Mörderin«-Rufe sind zu hören: Eishauer einer Brauerei haben im gefrorenen Gewässer die Leiche eines Säuglings gefunden. Jenufa erkennt entsetzt ihr Kind. Die Leute aus dem Dorf brüllen schon, man solle sie steinigen. Laca jedoch stellt sich schützend vor seine Braut. Jetzt bekennt die Küsterin: »Ich selbst tat es, sühn's auch selber!« Karolka erkennt als erste, daß eigentlich Stewa der Schuldige ist, und flieht vor ihm davon. Jenufa aber wendet sich voll Mitleid der Küsterin zu, die aus Liebe zu ihr gemordet hat und nun vom Richter weggeführt wird. Sie will Laca

Lebwohl sagen, wird aber überwältigt vom Ausdruck seiner Zuneigung zu ihr. Nun endlich empfindet Jenufa Liebe für ihn.

Den 1. Akt der *Jenufa* schrieb Janáček 1895–1897, die beiden restlichen erst 1901–1903. Vollendet war die Oper drei Wochen nach dem Tod seiner Tochter Olga; ihr ist das Werk gewidmet. Aus der Zeit der frühen Arbeiten, von 1894, stammt eine thematisch eng mit der Gefühlswelt der *Jenufa* verbundene erste, verworfene Ouvertüre, die als Konzertouvertüre unter dem Titel *Eifersucht* weiterlebt.
Janáček hielt sich recht genau an den Text des Schauspiels *Její pastorkyňa* von Gabriela Preissová und nahm, neben geringen Änderungen, nur geschickte, wenn auch umfangreiche Kürzungen vor, wodurch die eigentliche Hauptfigur des Dramas, die Küsterin, in eine Reihe mit Jenufa und Laca zurückgerückt wurde. Max Brods (ziemlich freie) deutsche Übersetzung der Oper unter dem Titel *Jenufa* setzte den Bedeutungsakzent dann folgerichtig auf die Ziehtochter als eigentliche Hauptfigur, dem Originaltitel weitgehend entsprechend.
Mit dieser Oper fand der 50jährige Komponist zu seinem eigensten Stil. In einem zweiten Arbeitsgang revidierte er 1908 noch radikal: Anhand des Klavierauszugs (das Autograph war verschollen) unterdrückte er die geschlossenen Arientypen, die »Nummern«, und kürzte sämtliche Duette, Terzette und Ensembles. So hat sich Janáček während der 10jährigen Entstehungszeit des Werkes von der Nummernoper, wie sie noch in den Solos von Jenufa und Laca am Anfang des 1. Aktes sowie im Dialog der Küsterin mit Jenufa zu Beginn des 2. Aktes durchschimmert, abgewandt, um einen durchgehenden realistischen Gesangsduktus zu erreichen. Neben Jenufas Gebet im 2. Akt ist der hymnische Schlußgesang Jenufas und Lacas der einzige wirklich ariose Teil der Oper. – Die Entstehung der *Jenufa* fiel in die Periode der intensiven Beschäftigung mit der Volksmusik Mährens, doch sind die volkstümlich-opernhaften Passagen, die Rekruten- und Mädchenchöre, keine Zitate von Volksweisen, sondern kunstvolle Umarbeitungen volkstümlichen Ma-

terials. Weil Janáčeks Musizierhaltung melodische und harmonische Wendungen der Volksmusik geradezu aufgesogen hat, ergibt sich gleichwohl der Eindruck eines folkloristischen Hintergrunds. *Jenufa* enthält wenige Themen, lediglich einige ständig wiederkehrende Klänge und Motivverkettungen; so in der Illustrierung des Mühlradklapperns durch das Xylophon.
Ein Jahr nach ihrer Vollendung kam *Jenufa* mit ihrer Musik »voll wilder Ironie« (M. Ewans) in Brünn heraus, nicht etwa am Prager Nationaltheater, da dessen Chefdirigent Karel Kovařovic das Werk nicht schätzte. Das änderte sich erst 1916; Janáček mußte allerdings in Kovařovics Retuschen an der Instrumentierung und Veränderungen der Rollen einwilligen. Durchgesetzt hat sich *Jenufa* nach der Wiener Aufführung 1918 mit Maria Jeritza und Lucie Weidt.
Spieldauer: ca. 2 Stunden (1. Akt: ca. 40 min.; 2. Akt: ca. 50 min.; 3. Akt: ca. 30 min.).

Katja Kabanowa
Kát'a Kabanová

Oper in 3 Akten. Text vom Komponisten nach Alexander Ostrowskijs Schauspiel *Das Gewitter* (1859) in der Übersetzung von Vincenc Červinka (1918). Uraufführung am 23. November 1921 in Brünn, Nationaltheater.

Alexander Ostrowskij (12. 4. 1823 Moskau – 14. 6. 1886 Schtschelykowo [Gouv. Kostroma]), einer der bedeutendsten russischen Dramatiker, war in seinen Bühnenstücken, z. B. *Das Gewitter* (1859), *Der Wald* (1871) und *Wölfe und Schafe* (1875), ein genauer, realistisch schildernder Beobachter der Gesellschaft seiner Zeit. Sein »Schneeflöckchen« (1872) nahm Rimskij-Korsakow als Operngrundlage.

Personen: Sawjol Prokofjewitsch Dikoj, Kaufmann (Baß) – Boris Grigorjewitsch, sein Neffe (Tenor) – Marfa Ignatjewna Kabanowa, genannt Kabanicha, eine reiche Kaufmannswitwe (Alt) – Tichon Iwanytsch Kabanow, ihr Sohn (Tenor) – Katharina, genannt Katja, seine Frau (Sopran) – Wanja Kudrjasch, Lehrer, Chemiker, Mechaniker (Tenor) – Warwara / Barbara, Pflegetochter im Hause Kabanow (Mezzosopran) – Kuligin, Kudrjaschs Freund (Bariton) – Glascha und Fekluscha, Mägde (Mezzosoprane) – Ein Vorbeigehender (Tenor) – Eine Frau aus dem Volk (Alt) – Bürger, Bürgerinnen.

Ort und Zeit: Die fiktive Kleinstadt Kalinow am Ufer der Wolga, in den sechziger Jahren des 19. Jahrhunderts.

1. Akt. Auf einer Bank im Park am Steilufer der Wolga sitzt Kudrjasch und versucht Glascha die Schönheit des Stroms nahezubringen, als Dikoj, heftig seinen Neffen Boris scheltend, vorbeikommt. Nachdem Dikoj zur Kabanicha weitergegangen ist, fragt Kudrjasch seinen Freund Boris, weshalb er sich diese Behandlung von seinem Onkel gefallen lasse. Boris erzählt, daß er und seine mit ihm verwaiste Schwester laut Testament ihrer Großmutter ihr Erbe nur erhalten, wenn sie bis zur Großjährigkeit ihrem Onkel gehorchen. Und er gesteht seine Liebe zu Katja, der Frau des Tichon Kabanow, die eben mit der bigotten Kabanicha und der Pflegetochter Barbara auf dem Gang von der Kirche vorbeikommt. Die alte Kabanowa wirft Tichon vor, sie seit seiner Heirat zu vernachlässigen. Katja versichert die Schwiegermutter ihrer und Tichons Liebe, wird aber von der Kabanicha zurechtgewiesen, sie habe zu schweigen. Der willensschwache Tichon schlägt sich zur Seite, um sich zu betrinken. – Zu Hause angekommen, erzählt Katja der teilnahmsvollen Barbara von ihrer sorglosen, frohen Jugendzeit mit ihren Träumen und gesteht ihr die heimliche, als Unrecht empfundene Liebe zu einem anderen Mann. Als Tichon sich von ihr verabschiedet, um auf Wunsch der Mutter für zwei Wochen nach Kasan zu reisen, umarmt sie ihn stürmisch und bittet ihn, sie mitzunehmen. Tichon, der in »diesem Sklavenkerker selbst neben dem schönsten Weib« das Leben zum Davonlaufen findet, erwidert, das sei nicht möglich, worauf sie ihn beschwört, ihr einen Eid abzufordern, daß sie nie ein Wort oder einen Blick mit einem andern wechsle, während er fort ist; »meine Seele braucht das«. Tichon weicht aus, verabschiedet sich auf Geheiß der Mutter mit demütigenden Befehlen und Verhaltensregeln von ihr.

2. Akt. Am Spätnachmittag sitzen Katja, die Kabanicha und Barbara nähend in der Arbeitsstube. Die Kabanowa wirft Katja vor, sie liebe Tichon nicht, sonst hätte sie lauter und länger über seine Abreise geklagt. Kaum ist die Alte verschwunden, steckt Barbara der anfangs heftig abwehrenden Katja den Schlüssel zum Gartentor zu, den sie der Kabanowa entwendet hat. Sie werde Katjas Geliebten dort hinbestellen, Boris. Unter Gewissensqualen entscheidet sich Katja, zu Boris zu gehen. – Vor der Gartenpforte treffen in der Dunkelheit Kudrjasch und Boris aufeinander. Kudrjasch warnt seinen Freund nochmals vor der Liebe zu Katja. Während Kudrjasch mit Barbara zum Fluß geht, kommt Katja aus dem Garten. Boris gesteht ihr seine Liebe und sie erwidert, nach kurzem Zögern, mit dem gleichen Geständnis. Sie ist bereit, die Konsequenzen des Ehebruchs zu tragen. Im Morgengrauen rufen Kudrjasch und Barbara das Liebespaar zurück.

3. Akt. Zwei Wochen später. Vor einem aufkommenden Gewitter suchen Kudrjasch und sein Freund Kuligin Unterschlupf in einem verfallenen Gewölbe an der Wolga. Zu ihnen gesellt sich Dikoj, der das Gewitter für ein göttliches Zeichen der Strafe hält. Barbara klärt Boris über Katjas besorgniserregende Verwirrung seit Tichons Rückkehr auf; die Kabanicha habe bereits Verdacht geschöpft. Auch Katja, vom Blitz und Donner geängstigt, sucht in dem Gewölbe Zuflucht. Als ihr Tichon und die Kabanicha folgen, kann sie nicht mehr an sich halten. Sie fällt nieder, bekennt ihren Ehebruch und stürzt hinaus in den Regen. – In der Dämmerung des Abends sucht Tichon, der seine Frau liebt und ihr vergibt, mit Glascha nach Katja. Barbara und Kudrjasch wollen weg, sie möchten gemeinsam nach Moskau fliehen. Katja taucht auf. Die Geräusche in der Ferne deutet sie als Lockungen des Flusses. Sie sehnt sich nach dem Tod. So nimmt sie Abschied von Boris, den sein Onkel auf eine Geschäftsreise nach Sibirien schickt. Nachdem er sich von ihr losgerissen hat, stürzt sie sich in den Fluß. Kuligin, der die Tat beobachtet hat, ruft Hilfe herbei. Tichon findet in seiner Verzweiflung den Mut, seine Mutter als Mörderin Katjas an-

zuklagen. Ungerührt dankt die Alte den Leuten, die die Leiche geborgen haben, für ihre Hilfe.

Nach dem *Brouček* schwankte Janáček zwischen mehreren Stoffen für eine neue Oper. Eine Aufführung von Ostrowskis *Gewitter* in der tschechischen Übersetzung von Vincenc Červinka 1919 in Brünn gab dann den Ausschlag für dieses Sujet. Die Komposition – zwischen November 1919 und März 1921 niedergeschrieben – ist eine Huldigung an Kamila Stösslová und die Verklärung seiner Liebe zu dieser 38 Jahre jüngeren Frau. *Katja Kabanowa* steht am Beginn einer persönlich wie künstlerisch besonders glücklichen Periode in Janáčeks Leben. Für den 65jährigen begann die Zeit der überregionalen Erfolge, während der er in den ihm verbleibenden Jahren in dichter Folge noch 4 Opern schrieb.
Durch seine geschickten Kürzungen und dramaturgisch fundierten Umstellungen bei der Einrichtung des Textbuches gab Janáček der Handlung eine drängende Stringenz und Spannung, die sich mit klassischer Ökonomie entlädt. Gegenüber der Vorlage wurde Katja zu einer nur demütigen Frau, der jegliche rebellische Kraft fehlt, und die Kabanicha zu einer nur eigensüchtigen, brutal harten Alten. Dennoch steht die psychologische Entwicklung Katjas im Mittelpunkt und ihr Tod wird zur stummen Anklage gegen Kabanichas Heuchelei. »Janáček hat keine grausamere Tragödie geschrieben, und es zeugt von finsterer Ironie, daß sein pessimistischstes Drama in bezug auf Klangschönheit und lyrischen Einfallsreichtum sein reichstes ist« (Michael Ewans). Bereits die Ouvertüre nimmt mit ihren Themen, die in der Oper neuerlich auftauchen, den Widerstreit der Gefühle vorweg. Die Instrumentierung, die u. a. Katjas fast schon verrückten Geisteszustand ebenso ausdrückt wie ihre zwischen Verlangen und religiöser Inbrunst schwankende Hingabe, ist ein Beispiel für die von Janáček verfolgte musikalische Wandlungsfähigkeit; »nicht daß er besonders ›fortschrittlich‹ in seiner Kompositionstechnik gewesen wäre, aber er verstand es, völlig neue Ideen mit augenscheinlich konventionellen Mitteln vorzubringen« (Charles Mackerras).

Katja Kabanowa wurde, wie alle Opern Janáčeks mit Ausnahme des *Brouček*, in Brünn uraufgeführt. Ein Jahr später folgte die Premiere in Prag, und bereits 1923 dirigierte Otto Klemperer die deutschsprachige Erstaufführung in Köln (Übersetzung von Max Brod). 1951 initiierte der Václav-Talich-Schüler Charles Mackerras eine zunächst von Rafael Kubelik dirigierte Aufführung in London, die Signalwirkung besaß. Mackerras besorgte später die kritische Ausgabe der Oper. Spieldauer: ca. 1¾ Stunden (1. Akt: ca. 40 min.; 2. Akt: ca. 30 min.; 3. Akt: ca. 30 min.).

Das schlaue Füchslein
(Die Abenteuer der Füchsin Bystrouschka)
Příhody lišky Bystroušky

Oper in 3 Akten. Text vom Komponisten nach der gleichnamigen Novelle von Rudolf Těsnohlídek. Uraufführung am 6. November 1924 in Brünn, Nationaltheater.

Rudolf Těsnohlídek (1882–1928), ein Feuilleton-Redakteur der Brünner Tageszeitung *»Lidové noviny«*, war der Autor der Erzählung vom Füchslein Schlaukopf, die, zu einer Folge von rund 200 Federzeichnungen des Malers Stanislav Lolek über das Leben der Füchse verfaßt, sein Blatt im Sommer 1920 in Fortsetzungen druckte. Noch heute erfreut sie sich, 1921 erstmals in Buchform erschienen, in Tschechien großer Bekanntheit.

Personen: Der Förster (Baß) – Seine Frau (Alt) – Der Schulmeister (Tenor) – Der Pfarrer (Baß) – Háraschta, ein Landstreicher (Baß) – Pásek, ein Gastwirt (Tenor) – Pasková, seine Frau (Sopran) – Die Füchsin Schlaukopf / Bystrouschka (Sopran) – Der Fuchs (Sopran) – Das junge Füchslein Schlaukopf / Bystrouschka (Kindersopran) – Frantik und Pepík, zwei Knaben (Kindersoprane) – Lapák, ein Hund (Mezzosopran) – Der Hahn (Sopran) – Chocholka, eine Henne (Sopran) – Eine Grille, eine Heuschrecke, ein kleiner Frosch (Kindersoprane) – Der Specht (Alt) – Die Mücke (Tenor) – Der Dachs (Tenor) – Die Eule (Sopran) – Der Eichelhäher (Sopran) – Libelle, Igel, Eichhörnchen und andere Waldtiere, Stimmen der Natur.

Ort: Im Wald, bei dem Förster, in der Wirtschaft.

1. Akt. Das Summen und Zirpen im schwül-heißen Sommerwald wird unterbrochen von dem Förster, der sich schwitzend und müde unter einem Strauch zu einem Schläfchen niederlegt. Grille und Heuschrecke nehmen ihr Konzert gleich wieder auf, die Mücke tanzt im Walzertakt um den Förster, verfolgt von einem Frosch, dem sich das kleine Füchslein neugierig nähert. Der Frosch springt erschrocken zur Seite – und dem Förster direkt auf die Nase. Dieser erwacht fluchend und packt mit einem Griff das kleine Fuchsmädchen. Er nimmt es mit, für seine Kinder. – Es ist Herbst geworden. Vor der Hundehütte beim Forsthaus liegt das Füchslein neben dem Hund und jammert vor sich hin, kaum von der Milch schleckend, die ihm die brummige Försterin hinstellt. Es muß sich gegen die anzüglichen Reden und Annäherungsversuche des verliebten Hundes wehren und gegen Pepík und Frantik, die es quälen. Zur Strafe für Pepíks zerrissene Hose und einen Fluchtversuch wird das Füchslein angebunden. Es weint sich in den Schlaf, und verwandelt sich im Traum in ein wunderschönes Zigeunermädchen. Am nächsten Morgen erwacht in ihm beim Anblick der dummen Hennen, ihres despotischen Hahns und allen Viehs, das die Menschen nur zu ihrem Nutzen halten, der Zorn. Es stachelt die Hennen auf: »Beseitigt die alte Ordnung, schafft eine neue Welt!« Aber die Hennen kichern nur blöd, und der Hahn behauptet, das Füchslein wolle die Menschen nur weghaben, um ungestraft sie alle fressen zu können. Enttäuscht scharrt sich das Schlauköpfchen in ein Sandloch ein und stellt sich tot. Als der Hahn nachsehen will, ob die kleine Füchsin tatsächlich tot ist, schnappt sie ihn und dann der Reihe nach alle Hennen. Unter dem Geschrei der Försterin und den Prügeln des Försters beißt sie den Strick durch, wirft den Förster um und flieht in den Wald.

2. Akt. Zurück im Wald sucht das Füchslein eine Höhle. Es bricht mit dem Dachs einen Streit vom Zaun und zeigt ihm, als er mit einer Anzeige beim Staatsanwalt droht, zum Hallo aller Waldtiere sein Hinterteil. Geknickt, aber würdevoll räumt der Dachs seine Höhle. – Der Förster, der Schulmeister und der wegen Unbeliebtheit vor einem Ortswechsel

stehende Pfarrer (»dem Dachs ähnlich«) sitzen in Páseks Wirtshaus beim Kartenspiel, wobei sich Förster und Schulmeister gegenseitig sticheln, dem einen komme die Geliebte aus, dem andern die offenbar liebeshungrige kleine Füchsin. Man geht wütend auseinander. – Auf seinem Heimweg durch den Wald hält der benebelte Schulmeister im Dunkel der Nacht eine Sonnenblume, hinter der das Füchslein hervorschaut, für das Gesicht Terynkas, seiner Geliebten, und wie er darauf zustürzt, fällt er längelang zu Boden. Jetzt taucht der Pfarrer auf, voll unseliger Gedanken an eine Studentenliebe, die seine Tugend gefährdet, aber nicht zu Fall gebracht hat. Und doch hat man ihn – statt eines Metzgergesellen! – beschuldigt, sie verführt zu haben! Als letzter ist der Förster zu vernehmen, der ein paar Fehlschüsse auf Füchslein Schlaukopf abfeuert und damit Schulmeister und Pfarrer erschrocken davontorkeln läßt. – In heller Mondnacht macht sich Fuchs Zlatohřívek (»Goldstreif«) an die junge Füchsin heran. Der galante Charmeur gefällt ihr; sie erzählt ihm von ihren Erlebnissen beim Förster und gewinnt seine ganze Bewunderung: »Die moderne Frau, ein Idealtyp.« Sie kann seinem Liebeswerben zuletzt nicht widerstehen, zumal er ihr schmeichelt, über sie und ihre schöne Seele werde man noch ganze Opern schreiben. Als das Paar lange danach seine Höhle verläßt, flüstert sie ihm etwas ins Ohr, worauf er ihr um den Hals fällt und mit fester Stimme erklärt: »Dann gehen wir gleich zum Pfarrer!« Bei einem großen Ballett der Waldtiere nimmt der Specht die Trauung vor.

3. Akt. Háraschta zieht durch den Wald auf Beutejagd. Als er einen toten Hasen aufheben will, bemerkt er gerade noch den Förster. Vertraulich erzählt er ihm, daß er bald Terynka heiraten werde, sehr zum Ärger des Försters, der ihm gern nachweisen würde, daß er den Hasen gewildert hat. Aber der ist offensichtlich ein Opfer der Füchse. Bei dem Hasen stellt der Förster eine Falle auf. Als die Füchsin Schlaukopf und ihr Gemahl mit den Kindern, die den Hasen neugierig beschnuppern, vorbeikommen, warnt sie die Kleinen; sie ist nicht so dumm, auf den Trick des Försters hereinzufallen.

Während sich das Paar zärtlich umkost, tollen die jungen Füchse herum. Als Háraschta, einen Korb voll Hühner auf dem Rücken, wieder in Sicht kommt, stellt Füchsin Schlaukopf sich humpelnd und lockt so den Wilddieb, der sie für eine leichte Beute für sein Gewehr hält, in den Wald. Er setzt den Korb ab, folgt ihr, stolpert, fällt hin – und als er mit blutender Nase zum Korb zurückkommt, haben sich die Füchse über seine Hühner hergemacht. Háraschta schießt blindwütig auf sie ein, alle stieben davon, allein die Füchsin, die Schlaue, bleibt getroffen liegen. – In Páseks Gartenwirtschaft erzählt der Förster dem Schulmeister, daß er den Fuchsbau leer vorgefunden habe. Die Wirtsfrau weiß nun allerdings, daß Háraschtas Terynka, die er heute heiratet, einen neuen Fuchs-Muff trage. Na ja, besser so, als daß man selbst an diesem Weibsstück hängengeblieben wäre, meint der Förster, aber beide Männer kommen sich jetzt ziemlich alt vor. – In dieser Stimmung läßt sich der Förster im Wald nieder, er erinnert sich seiner Jugend und seines Liebesglücks mit der Frau, aus der sein zänkisches Eheweib geworden ist. Doch die Natur, der Gedanke an die Erneuerung allen Lebens hier im Jahreslauf, stimmt ihn heiter; lächelnd schlummert er ein. Da erscheint ihm im Traum eine junge Füchsin, das Ebenbild ihrer Mutter. Er möchte auch sie fangen, aber besser behandeln als die Mutter. Wieder ist da auch ein junger Frosch. So tritt ihm das Bild des ewigen Kreislaufs der Natur vor Augen; dem Schlafenden sinkt das Gewehr aus der Hand.

Janáček schrieb das Libretto nach Těsnohlídeks Geschichte selbst; Těsnohlídek steuert einzig das Lied des Försters im 2. Akt bei. Die entweder im Februar oder im August 1922 begonnene Partitur schloß Janáček am 17. 3. 1923 ab, vor der Uraufführung, die ein großer künstlerischer Erfolg wurde, nur wenig ändernd. 1925 übernahm das Prager Nationaltheater das Stück; 1937 kam es dort zu einer zweiten Inszenierung in der neuinstrumentierten Fassung von Václav Talich. Am 13. 2. 1927 erfolgte in Mainz die deutschsprachige Erstaufführung in der – wie immer eigenwilligen – Überset-

zung von Max Brod. Geschichte machte Walter Felsensteins legendäre Inszenierung 1956 an der Komischen Oper Berlin, die das Werk auf den internationalen Bühnen durchsetzte.
Die zentralen Themen der Oper sind der ewige Zyklus der Natur, das »Stirb und werde«, Vergehen und Erneuern in der Folge der Jahreszeiten, sind Jugend und Alter, ihre Verbindung mit Liebe und Glück, »die Melancholie des Altwerdens« (Janáček). Der Tod der Füchsin ist für Janáček nicht tragischer Höhepunkt der Oper, sondern eine traurige Episode, die mit der Vision des jungen Füchsleins eine positive Wendung erfährt. Diese Oper sei »ein heiteres Stück mit einem traurigen Ende«, schrieb der Komponist an seine Freundin Kamila Stösslová. So wird in der Betrachtung der ohne Mystifikation geschilderten Natur der Förster zur eigentlichen Hauptfigur, die sich am Ende mit dem ständig sich erneuernden Leben, mit Gut und Böse und dem Gedanken an den Tod aussöhnt. Die Parallelen zwischen der Füchsin und Terynka unterstrich vor allem Brods deutsche Übersetzung, die einer Bearbeitung nahekommt. Janáček war sich des Problems, daß man die Füchsin als Symbol für Terynka, die Frau, die der Schulmeister und der Förster liebten und die schließlich den Wilddieb heiratet, deuten würde, zwar bewußt, wollte aber dennoch nicht den Übergang von der Vision zur Wirklichkeit in platter Deutlichkeit darstellen. Das gilt auch für die Entsprechungen Dachs–Pfarrer, Schulmeister–Mücke und andere.
Auffallend im *Schlauen Füchslein* ist die Dominanz der die einzelnen Bilder rahmenden Instrumentalstücke als Stimmungsträger, auch der illustrierenden Passagen (Ballettszenen mit Polka und Walzer, der stumme Chor im 2. Teil des 2. Aktes). Janáček, der in unendlich vielen Skizzen die »Sprache« der Tiere und die vielfältigen Laute der unbelebten Natur notiert hat, verwendete im *Füchslein* sehr häufig die Ganztonleiter, eine Erweiterung der in der mährischen Volksmusik bekannten lydischen Tonleiter. In der durchsichtigen, zauberischen Instrumentation wirkt der Einfluß Debussys und der Eindruck der Prager Erstaufführung von dessen *Pelléas et Mélisande* 1921 nach. Janáček hatte großen

Wert darauf gelegt, daß die meisten seiner Tierrollen von Kindern (Grille, Heuschrecke, Frosch, junges Füchslein) und Frauenstimmen (Fuchs, Hahn, Hund, Schopfhenne) gesungen werden; insofern war Felsensteins Besetzung dieser Rollen mit Männern ein Mißverständnis.
Spieldauer: ca. 1½ Stunden (1. Akt: ca. 25 min.; 2. Akt: ca. 35 min.; 3. Akt: ca. 30 min.).

Die Sache Makropulos
Več Makropulos

Oper in 3 Akten. Text vom Komponisten nach der gleichnamigen Komödie von Karel Čapek (1922). Uraufführung am 18. Dezember 1926 in Brünn, Nationaltheater.

Karel Čapek (9. 1. 1890 Malé Svatoňovice / Kleinschwadonitz bis 25. 12. 1938 Prag) war Dramatiker (*R.U.R.*, 1920; *Aus dem Leben der Insekten*, 1921) und Erzähler (*Krakatit*, 1924; *Der Krieg mit den Molchen*, 1936), Journalist und Übersetzer, der nach dem Studium in Prag, Berlin und Paris auch als ironischer Verfasser von Reisebildern aus Italien, England und Skandinavien geschätzt wurde.

Personen: Emilia Marty, Opernsängerin (Sopran) – Albert Gregor (Tenor) – Vítek, Anwaltsgehilfe (Tenor) – Kristina / Christa, junge Sängerin, Víteks Tochter (Mezzosopran) – Jaroslav Prus (Bariton) – Janek, sein Sohn (Tenor) – Dr. Kolenatý, Rechtsanwalt (Baßbariton) – Ein Bühnenmaschinist (Baß) – Eine Aufräumefrau (Alt) – Hauk-Schendorf, ein alter Diplomat (Tenor) – Emilia Martys Kammerzofe (Alt) – Männerchor (hinter der Bühne).

Ort und Zeit: Prag, 1906.

1. Akt. In der Kanzlei des Dr. Kolenatý räumt Vítek die Akten für den seit 100 Jahren sich hinziehenden Erbschaftsfall Gregor gegen Prus beiseite, dessen Abschluß kurz bevorsteht, weshalb Albert Gregor ungeduldig die Rückkehr Dr. Kolenatýs vom Gericht erwartet. Christa stürmt in die Kanzlei, um ihrem Vater von der Kunst und Schönheit der berühmten Emilia Marty vorzuschwärmen, die kurz danach, ganz überraschend, mit Dr. Kolenatý die Kanzlei betritt. Sie

wünscht Genaueres über den in allen Blättern genannten Fall Gregor–Prus zu erfahren. Kolenatý referiert im Geschäftston: Bei dem Prozeß geht es um das Millionenvermögen des Barons Prus, der 1827 kinderlos starb; um einen ansehnlichen Teil davon, sein Landgut, stritten sein Vetter Emmerich Prus sowie ein junger Mann namens Ferdinand Gregor, der seinen Anspruch aus einer mündlichen Verfügung, wonach ein Herr MacGregor erben solle, ableitete. Albert, der letzte Gregor, kann den von Generation zu Generation verschleppten Prozeß nur gewinnen, wenn er ein schriftliches Testament vorlegt. Die Marty, die seltsamerweise genaue Personenkenntnisse schon verriet, beschreibt dem verblüfften Kolenatý auf einmal ganz genau, wo das Testament zu finden ist: im Stammhaus der Prus, in einem Ablageschrank. Ja, sie weiß sogar seinen Inhalt: Daß der Baron Prus sein Gut einem unehelichen Sohn, dem Ferdinand Gregor vermacht habe; seine Mutter sei eine schottische Sängerin namens Elian MacGregor gewesen. Der Rechtsanwalt hält alles für einen Aprilscherz, aber Gregor zwingt ihn, der Sache nachzugehen. Gregor vertraut unerklärlicherweise der Sängerin. Er ist fasziniert von ihrer irritierenden Schönheit und Rätselhaftigkeit. Er fragt weiter, dringt in sie, macht ihr heftige Avancen, obwohl sie ihm auch unheimlich und erschreckend erscheint. Emilia Marty sagt ihm, was er für sie tun könne: ein griechisches Dokument, das er vom alten Prus geerbt habe, möchte sie haben, unbedingt. Kolenatý kehrt mit Jaroslav Prus zurück. Die Dokumente wurden am genannten Ort gefunden! Noch ist damit aber nicht geklärt, ob jener Ferdinand Gregor wirklich der Sohn des Barons Prus war. Emilia Marty will den Beweis dafür beibringen.

2. Akt. Auf der kahlen Bühne des Opernhauses wartet Prus auf Emilia Marty, die am Vorabend hier einen großen Erfolg gefeiert hat. Sein Sohn und Christa, die ihrem Janek hier klarzumachen versucht, daß es aus sei zwischen ihnen, weil die Kunst alles von ihr fordere, werden im gleichen Moment von ihm überrascht, als die Marty die Bühne betritt und gleich darauf, als weitere Verehrer, Gregor und Vítek. Die

Diva begegnet allen Komplimenten kalt oder mit Grobheiten. Nur dem verrückten, ihr auf Knien huldigenden Hauk-Schendorf gewährt sie einen Kuß: Die Liebe zu einer Zigeunerin, Eugenia Montez, die er in Emilia wiederzuerkennen glaubt, hat ihn vor fünfzig Jahren um den Verstand gebracht. Sobald sich der Verehrerschwarm verlaufen hat, auch der mehr und mehr von ihr faszinierte Janek gegangen ist, stellt ihr Jaroslav Prus einige Fragen. Man habe auch Briefe bei Prus gefunden, feurige Liebesbriefe, alle E. M. gezeichnet; könnte das außer Elian MacGregor nicht auch Emilia Marty, Eugenia Montez oder am ehesten Elina Makropulos heißen, alles Namen, die er in den Papieren fand? Und ein Makropulos sei als eigentlicher Name des wahren Erben genannt. So habe Gregor keine Chance, als Erbberechtigter anerkannt zu werden. Und alle Dokumente blieben in seinem, Prus' Besitz, auch ein weiteres, versiegeltes griechisches Dokument, das sich fand. »Das Dokument kaufe ich«, ruft Emilia schnell, aber Prus wendet sich schweigend ab. Nun sucht sie Janek, dann Prus selbst um den Preis einer Liebesnacht dazu zu bringen, ihr das Dokument zu verschaffen. Prus verspricht es schließlich.

3. Akt. Prus und Emilia haben die Nacht zusammen verbracht, für Prus eine Nacht mit einer eisigen Frau. Angeekelt wirft er ihr das versiegelte Dokument hin. Man bringt ihm einen Brief mit den letzten Worten seines Sohnes: Janek hat sich aus unerfüllter Liebe zu Emilia Marty getötet. Die Sängerin reagiert mit größter Kälte. Prus stürzt mit einer Verwünschung aus ihrem Haus. Noch einmal taucht Hauk-Schendorf auf; Emilia soll mit ihm nach Spanien fliehen, was sie spontan zusagt. Die Abreise wird aber durch das Erscheinen von Dr. Kolenatý, Gregor, Prus, Vítek und Christa verhindert. Man beschuldigt Emilia der Urkundenfälschung: Ihr Autogramm für Christa und die Unterschrift auf dem hundertjährigen Schriftstück seien gleich. Und sie habe Janek auf dem Gewissen. Die Durchsuchung ihres Gepäcks fördert weiteres Belastungsmaterial zutage, so daß Emilia Marty schließlich ihr entsetzliches Geheimnis preisgeben muß: Sie ist seit dreihundertdreißig Jahren Elina Makropu-

los, 1576 geboren. Ihr Vater Hieronymus Makropulos, Alchimist in Prag, war Leibarzt Kaiser Rudolfs II. und hat an ihr ein Elixier zur Lebensverlängerung um dreihundert Jahre erproben müssen. Das ist die »Sache Makropulos«. Sie ist auch Elian MacGregor und Emilia Montez und trug viele Namen mehr. Ferdinand Prus war der einzige Mann, den sie jemals geliebt hat, ihm überließ sie deshalb auch das Dokument ihres Vaters, welches Prus, in der Hoffnung auf ihre Rückkehr, stets aufbewahrt hatte. Nun läuft ihre Lebensspanne ab, aber sie möchte sie nicht mehr mit Hilfe des Elixiers, nach dem sie so gierig gesucht hat, verlängern. Zusehends verfallend, entsagt sie dem Leben, dessen Dauer ihr den Glauben an die Menschheit, an die Liebe genommen hat und die Seele sterben ließ. Sie drängt Christa die Formel des Elixiers auf, die sie nimmt und verbrennt. Emilia Marty bricht tot zusammen.

Ende des Jahres 1923 hatte Janáček Čapeks Komödie, die wie eine satirische Antwort auf Shaws *Back to Methusalem* anmutet, kennengelernt. Im Gegensatz zu Shaw behauptet Čapek nämlich, daß ein utopisch langes Leben eben nicht zu mehr Weisheit und Glück führt. Die kaum nacherzählbare, komplizierte Geschichte um den Prozeß Gregor–Prus zwängte Janáček in einen knappen Dialog, der oft wie ein schneller Schlagabtausch wirkt, mit dramaturgisch äußerst umsichtig vorgenommenen Strichen, wie immer. Er milderte Čapeks menschenverachtende Kühle und suchte nach Mitleid für Emilia Martys Schicksal. Aus der Komödie wird in der Oper eine Tragödie. Er schrieb keine Arien, vielleicht mit Ausnahme von Emilias Abschiedsszene, in der sich zum einzigen Mal in der Oper die ariose Deklamation mit dem Orchesterfluß zu einer dramatischen Einheit verknüpft, und keine Solopassagen. Statt dessen Erzählungen, Monologe, Dialoge, gelegentlich wiederholte Orchestermelodien. Neben der Ouvertüre – Janáčeks längster – und dem Orchesterzwischenspiel am Ende des 1. Aktes gibt es keine rein instrumentalen Partien. Für *Die Sache Makropulos* entwarf Janáček seine bis dahin schroffste, stark dissonante Partitur,

die eine Atmosphäre von schrecklichen Leiden, Müdigkeit und Leere erzeugt, im 3. Akt auch von einer leidenschaftlichen Spannung ist, die dem Kriminalsujet entspricht und Janáčeks Sympathie für Emilia Marty widerspiegelt.
Die Komposition entstand zwischen November 1923 und November 1925. Nach der Uraufführung (in der Ausstattung von Čapeks Bruder Josef) und der Prager Einstudierung 1928 kam es 1929 unter Josef Krips in Frankfurt a. M. zur deutschen Erstaufführung (Übersetzung von Max Brod). Durchgesetzt hat sich das Werk allerdings erst seit den 1970er Jahren.
Spieldauer: ca. 1¾ Stunden (1. Akt: ca. 38 min.; 2. Akt: ca. 30 min.; 3. Akt: ca. 30 min.).

Aus einem Totenhaus

Z mrtvého domu

Oper in 3 Akten. Text vom Komponisten nach Fjodor Michailowitsch Dostojewskijs Roman *Aufzeichnungen aus einem Totenhaus* (1860–1862). Uraufführung am 12. April 1930 in Brünn, Nationaltheater.

Personen: Alexander Petrowitsch Gorjantschikow (Bariton) – Aljeja, ein junger Tatar (Sopran oder Tenor) – Filka Morosow, im Gefängnis unter dem Namen Luka Kusmitsch (Tenor) – Der große Sträfling (Tenor) – Der kleine Sträfling (Bariton) – Der Platzkommandant (Baß) – Der ganz alte Sträfling (Tenor) – Skuratow (Tenor) – Tschekunow (Bariton) – Der betrunkene Sträfling (Tenor) – Der Koch (Bariton) – Der Schmied (Bariton) – Der Pope (Bariton) – Der junge Sträfling (Tenor) – Dirne (Mezzosopran) – Ein Sträfling in der Rolle Don Juans und des Brahminen (Baß) – Kedril (Tenor) – Schapkin (Tenor) – Schischkow (Baß) – Tscherewin (Tenor) – Zwei Wachen (Tenor, Bariton) – Stimme hinter der Szene (Tenor) – Sträflinge.

Ort und Zeit: Eine russische Gefangenenstation am Irtysch in Sibirien, Mitte des 19. Jahrhunderts.

1. Akt. Früher Morgen. Die Häftlinge kommen aus den Unterkünften, waschen sich, essen, der große und der kleine

Sträfling geraten in Streit. Ein Neuankömmling wird eingeliefert: Alexander Petrowitsch, ein politischer Häftling, dessen vornehme Erscheinung den Kommandanten reizt. Er verhängt hundert Hiebe über ihn. Die Häftlinge quälen einen Adler, den »Zaren der Wälder«, der sich trotz eines gebrochenen Flügels nicht unterkriegen läßt. Dann geht es an die Arbeit; die meisten marschieren hinaus aufs Feld. Bei einer Arbeitsgruppe von Schneidern ist Skuratow zurückgeblieben; wehmütig spricht er von Moskau und beklagt sein mißlungenes Leben. Dabei steigert er sich in einen wilden Tanz, bis er ohnmächtig zusammenbricht. Dann schildert Luka Kusmitsch, wie er dem Kommandanten einer Kaserne, einem Leuteschinder, das Messer in den Hals gesetzt hat und dafür fast zu Tode gepeitscht wurde. Drei Wachen bringen den halbtot geprügelten Alexander Petrowitsch.

2. Akt. Ein Jahr später. Bei der Arbeit der Sträflinge am Ufer des Irtysch bietet Alexander Petrowitsch dem freundlichen Aljeja an, ihm Schreiben und Lesen beizubringen. Als Glocken das Ende der Arbeit und einen Feiertag ankündigen, entbietet ein Pope allen den Friedensgruß und segnet die Speisen und den Fluß. Beim Essen erzählt Skuratow, weshalb er hier ist: Er hat einen reichen Verwandten seiner Geliebten, mit dem man sie verheiraten wollte, niedergeschossen. Nach dem Essen spielen einige Sträflinge Theater, zuerst »Kedril und Don Juan«, die vielbelachte Geschichte von Don Juans Diener Kedril, der seines Herrn Liebchen, eine Popenfrau, kriegt, weil der Teufel Don Juan holt, dann die Pantomime von der schönen, nach Männern verrückten Müllerin, die ein Opfer des als Brahmine verkleideten Don Juan wird. Als die Dämmerung hereinbricht, verdrückt sich der junge Sträfling mit einer Dirne ins Dunkel, springt dann aber plötzlich auf Alexander Petrowitsch und Aljeja los, die friedlich beim Tee sitzen, weil die sich wohl was Besseres zu sein dünken, und schlägt Aljeja nieder. Die Szene endet im »Totschläger!«-Geschrei der Häftlinge.

3. Akt. Auf der Krankenstation pflegen Alexander Petrowitsch und Tschekunow den fiebernden Aljeja, der sich daran begeistert, schreiben und lesen zu können, zum Bei-

spiel das schöne Wort, daß man seine Feinde lieben solle. Neben ihm liegt Luka Kusmitsch im Sterben, und im Hintergrund ist Schapkin zu hören, der einigen Mitgefangenen erzählt, wie ihm ein Polizist beim Verhör fast ein Ohr abgerissen hätte. Dazwischen schreit der wahnsinnig gewordene Skuratow nach Luise, seiner Geliebten, und der alte Sträfling wimmert nach seinen Kindern. Schischkow vertraut Tscherewin die lange Geschichte seiner unglücklichen Liebe zu der reichen Gutsbesitzerstochter Akulina an, die er selbst dann noch geheiratet hat, als sie von einem gewissen Filka Morosow entehrt worden war. Aber als sie ihm sagte, sie liebe Filka dennoch, erdolchte er sie. In diesem Augenblick stirbt Luka. Die Gefangenen scharen sich um ihn – und Schischkow erkennt in ihm seinen Rivalen Filka Morosow! Während die Leiche fortgebracht wird, holt man Alexander Petrowitsch. In Gegenwart aller Sträflinge bittet der halbbetrunkene Kommandant ihn um Entschuldigung für die Peitschenhiebe und teilt ihm seine Freilassung mit. Aljeja nimmt von Alexander Petrowitsch Abschied wie von einem Vater. Die Männer lassen den Adler, dessen Flügel wieder geheilt sind, frei. Auch für den Vogel ist es der Tag der Freiheit, den alle ersehnen.

Janáček hegte eine große Bewunderung für alles Russische; er gründete in Brünn einen russischen Zirkel (der als Folge des 1. Weltkriegs aufgelöst wurde) und gab seinen Kindern die russischen Vornamen Olga und Wladimir. Mit *Katja Kabanowa* hatte er bereits ein russisches Stück vertont, und einigen seiner Instrumentalwerke lagen Sujets von Tolstoi, Gogol und Schukowskij zugrunde. Nachdem sich Pläne zur Vertonung von Tolstois *Anna Karenina* und *Der lebende Leichnam* zerschlagen hatten, verfiel Janáček auf Dostojewskijs 1860–1862 in Fortsetzungen erschienene *Aufzeichnungen aus einem Totenhaus*, in denen der Autor eigene Erlebnisse der Jahre 1850–1854 widerspiegelte; er war wegen politischer Verschwörung zur Zwangsarbeit in einem sibirischen Straflager verurteilt worden. *Aus einem Totenhaus*, zwischen Jahresbeginn 1927 und Juli 1928 entstanden, bietet einen

nicht minder ungewöhnlichen Stoff als *Das schlaue Füchslein* und *Die Sache Makropulos*. Mit Ausnahme der wenigen Takte der Dirne gibt es keine Frauenrolle; der Geschichte fehlt jegliche äußere Handlung, und den Inhalt bilden, als konsequente Weiterführung der Monologe in *Jenufa*, nur die Erzählungen der Häftlinge. *Katja*, *Füchslein* und *Makropulos* waren um Janáčeks Liebe zu Kamila Stösslová gekreist; hier kommt das Thema Liebe nur noch als tragische Verstrickung in den Monologen der Häftlinge vor. Dennoch sind sowohl Akulka in der Erzählung Schischkows als auch der von einem Sopran gesungene Tatarenknabe Aljeja künstlerische Transpositionen Kamilas. Entgegen dem durch und durch tristen Handlungsverlauf war für Janáček, der auf das Titelblatt das Motto »In jeder Kreatur ein Funken Gottes« geschrieben hat, seine letzte Oper kein hoffnungsloser Abgesang. Über seinen inneren Anteil am Werk äußerte er: »Und diese düstere Oper macht mir reichlich zu schaffen. Ich habe das Gefühl, als stiege ich immer tiefer hinab, bis in die Tiefen der Menschheit, zu den Allerelendsten. [. . .] Was ich jetzt vollende, ist vielleicht mein größtes Werk – diese neue Oper. Ich bin so aufgeregt, mir ist, als ob mein Blut hervorströmen wolle.«
Janáček bereitete dieses Mal kein fertiges Libretto vor. Statt dessen stellte er sich nur eine Liste der Ereignisse auf und richtete sich erst während der Komposition den von ihm selbst aus dem Russischen übersetzten Text ein. Wieder komprimierte er den vorgegebenen Text äußerst umsichtig, faßte mehrere Figuren zusammen, baute die Rolle des Aljeja aus und gab schließlich der Handlung durch Ankunft und Abreise des Alexander Petrowitsch sowie die Adler-Episoden einen Rahmen. Die einzelnen Akte sind spannend angelegt und enden stets mit einer dramatischen Pointe. Vorlage für den melancholischen Schluß und den monotonen Kreislauf durch den Marsch der Häftlinge mag Bergs von Janáček hoch bewunderter *Wozzeck* gewesen sein.
Im Mittelpunkt stehen die mit allen Mitteln eindringlicher Gesangscharakterisierung gestalteten Erzählungen Lukas (1. Akt), Skuratows (2. Akt) und vor allem die umfangreiche

Schilderung Schischkows (3. Akt). Janáček nahm Dostojewskijs Anregung auf, der im Zusammenhang mit den Erzählungen der Häftlinge vom besonderen Ton jedes Wortes spricht, und modulierte seine Sprechmotive entsprechend den psychologischen Anlagen der Figuren. Die scheinbar monotonen Erzählungen sind somit durch eine Innenspannung aufgeladen, welche der Oper ihre ergreifende Intensität gibt.
Da man die Oper nach Janáčeks Tod für unvollendet hielt, retuschierten und ergänzten Břetislav Bakala und Osvald Chlubna sie für die Uraufführung und klebten ihr einen Freiheitschor an. Die deutsche Erstaufführung (Übersetzung: Max Brod) fand 1930 in Mannheim statt. Erst 1961 stellte Rafael Kubelik – konzertant – die Originalfassung vor. Alle authentischen Korrekturen berücksichtigte erstmals die Fassung, die Charles Mackerras 1979 einspielte.
Spieldauer: ca. 1½ Stunden (1. Akt: ca. 28 min.; 2. Akt: ca. 30 min.; 3. Akt: ca. 35 min.).

Engelbert Humperdinck

* 1. September 1854 in Siegburg
† 27. September 1921 in Neustrelitz

Nach dem Studium 1872–1876 am Kölner Konservatorium, u. a. bei Ferdinand Hiller, erhielt Humperdinck den Mozart-Preis der Stadt Frankfurt und wurde daraufhin Stipendiat an der Münchner Musikschule; er studierte dort weiter unter Joseph Rheinberger und privat bei Franz Lachner. Das Mendelssohn-Reisestipendium der Stadt Berlin erlaubte ihm ein Studienjahr in Italien, wo er Wagner kennenlernte, der ihn 1880 zu seinem Assistenten in Bayreuth für die Uraufführung des *Parsifal* (1882) berief und ihm später die Unterrichtung seines Sohnes Siegfried im Tonsatz anvertraute.

Nach längeren Reisen lehrte Humperdinck Komposition an den Hochschulen in Barcelona, Köln und Frankfurt a. M., schließlich 1900–1920 in Berlin. Humperdinck, der auch als Musikkritiker hervortrat und als Lektor im Mainzer Musikverlag Schott sich für die Lieder Hugo Wolfs einsetzte, lebt musikalisch weiter durch die einzige deutsche Märchenoper auf den Spielplänen: *Hänsel und Gretel*. Der Welterfolg dieses in der direkten Wagner-Nachfolge entstandenen »Kinderstuben-Weihfestspiels« brachte ihm den Auftrag zu den *Königskindern* (1911) ein, die an der New Yorker Met uraufgeführt wurden. Vergessen sind dagegen seine Märchenopern *Die sieben Geißlein* (1895) und *Dornröschen* (1902), das Krippenspiel *Bübchens Weihnachtstraum*, die komische Oper *Die Heirat wider Willen* (1905) und die beiden Spielopern *Die Marketenderin* (1914) und *Gaudeamus* (1919). Zu vielen Berliner Schauspiel-Inszenierungen Max Reinhardts, vor allem Shakespeare-Aufführungen, hat Humperdinck die Bühnenmusiken komponiert.

Hänsel und Gretel

Märchenspiel in 3 Bildern. Text von Adelheid Wette. Uraufführung am 23. Dezember 1893 in Weimar, Hoftheater.

Adelheid Wette (1858–1916), die Schwester des Komponisten und Frau des Kölner Arztes Dr. Hermann Wette, schrieb das Märchenspiel ursprünglich für eine Aufführung im Familienkreis. Sie legte ihm die Fassungen des Märchens in den Sammlungen der Brüder Grimm und Ludwig Bechsteins zugrunde.

PERSONEN: Peter, Besenbinder (Bariton) – Gertrud, sein Weib (Sopran) – Hänsel (Mezzosopran) und Gretel (Sopran), ihre Kinder – Die Knusperhexe (Mezzosopran oder Buffotenor) – Sandmännchen (Sopran) – Taumännchen (Sopran) – Kinder, vierzehn Engel.

ORT UND ZEIT: In der Stube des Besenbinders, im Wald und beim Knusperhäuschen, in märchenhafter Zeit.

1. Bild. Im ärmlichen Häuschen des Besenbinders ist Hänsel mit Besenbinden und Gretel mit Strümpfestopfen beschäf-

tigt (Lied *Suse, liebe Suse, was raschelt im Stroh?*). Doch weil der Hunger sie gar zu sehr plagt, legen sie ihre Arbeit bald zur Seite. Den laut klagenden Hänsel versucht seine Schwester aufzuheitern, aber Hänsels Laune bessert sich erst, als Gretel ihm einen Topf voll Milch zeigt, den die Nachbarin für einen Reisbrei am Abend brachte. Vergnügt tanzen die beiden durch die Stube (Duett *Brüderchen, komm, tanz mit mir*). Sie tanzen und drehen sich immer wilder und merken dabei nicht, wie die Mutter in die Tür tritt. Die Mutter schimpft die Kinder als Faulpelze aus und jagt ihnen hinterher, dabei stößt sie den Milchtopf vom Tisch – es gibt keinen Brei. Zornig schickt sie die Kinder in den Wald zum Beerensuchen. In ganz anderer Stimmung, nämlich lustig und ein wenig von Schnaps angeheitert, kehrt der Besenbinder nach Hause (*Rallalala, rallalala, heisa Mutter, ich bin da!*). Er hat gut verkauft und kramt die üppigsten Eßsachen aus dem Korb. Doch als er hört, was die Kinder angerichtet haben und daß sie draußen im Wald, vielleicht am Ilsenstein, sind, wo eine Hexe haust, die Kinder anlockt, zu Lebkuchen bäckt und dann verspeist, packt ihn erst der Zorn, dann die Angst. Beide stürzen hinaus zur Suche nach ihren Kindern.

2. Bild. Im tiefen Wald hat Gretel vergnügt einen Kranz aus Hagebutten gebunden (Lied *Ein Männlein steht im Walde*) und Hänsel sein Körbchen mit Erdbeeren gefüllt. Übermütig spielend essen sie alle Erdbeeren auf. Als sie ihr Körbchen wieder füllen wollen, merken sie erst, daß es inzwischen dunkel geworden ist. Hänsel weiß den Heimweg nicht mehr. Ängstlich drückt sich Gretel an ihn. Nebel steigt auf, und es erscheint das Sandmännchen, das den Kindern zum Schlaf Sandkörnchen in die Augen streut. Hänsel und Gretel knien zum Abendgebet nieder (Duett *Abends, will ich schlafen gehn*); nachdem sie eingeschlummert sind, schreiten die vierzehn Engel des Gebets eine Wolkentreppe herab und schließen einen schützenden Kreis um die schlafenden Kinder.

3. Bild. Am nächsten Morgen weckt das Taumännchen die Geschwister, die beide von den vierzehn Engeln geträumt haben. Nun erscheint im Licht der aufgehenden Sonne das Knusperhäuschen vor ihnen. Sie fassen Mut und nähern sich

dem Haus; Hänsel bricht etwas von dem Lebkuchen ab – da meldet sich die Hexe von drinnen: »Knusper, knusper Knäuschen, wer knuspert mir am Häuschen?« Unerschrokken rufen die Kinder zurück: »Der Wind! Der Wind! Das himmlische Kind!« und essen munter weiter. So merken sie nicht, daß die Hexe sich heranschleicht, bis sie Hänsel einen Strick um den Hals wirft. Sie bannt die Kinder mit dem Zauberstab und sperrt Hänsel in einen Stall zum Mästen, dann reitet sie zu einem wilden Freudentanz auf ihrem Besen. Zuerst soll Gretel zu einem Lebkuchen gebacken werden. Heimtückisch fordert die Hexe sie auf, in den Ofen zu kriechen, um nach den Lebkuchen drinnen zu schauen, aber Gretel stellt sich dumm; so muß ihr die Hexe vormachen, wie es geht – und schwupp! stößt Gretel die Hexe selbst ins Feuer. Hänsel und Gretel tanzen jubelnd um den Ofen (Duett *Juchhei! Nun ist die Hexe tot*). Plötzlich explodiert der Hexenofen, und alle Lebkuchen werden wieder die Kinder, die sie vor der Verzauberung waren, sobald Hänsel und Gretel sie berühren. Die Eltern von Hänsel und Gretel kommen glücklich hinzu, und alle tanzen befreit und glücklich um die Hexe, die sie als Riesenlebkuchen aus den Ofentrümmern gezogen haben.

Noch immer ist *Hänsel und Gretel* für viele Kinder das erste musikalische Theatererlebnis, meist in der Weihnachtszeit. Und es irritiert sie wohl selten, daß Humperdincks Märchenspiel eine veritable Oper mit dem vollen Instrumentarium des spätromantischen Orchestersatzes ist. Denn zu den echten Volksliedern (*Suse, liebe Suse, was raschelt im Stroh?*, *Ein Männlein steht im Walde*) erfand Humperdinck volksliednahe Melodien wie *Brüderchen, komm, tanz mit mir*, *Der kleine Sandmann bin ich* oder das leitmotivisch verwendete *Abends, will ich schlafen gehn.* Sie halten in den Szenen der beiden Kinder einen rührend naiven und ungekünstelten Ton, während in der Ouvertüre, den Vorspielen, der Traumpantomime und im Hexenritt das Wagner-Orchester mit seiner sprechenden Natur- und Waldschilderung dominiert. Richard Strauss, der Dirigent der Weimarer Uraufführung (seine spätere Frau Pauline de Ahna sang den Hänsel), hat das in einem Brief an den Komponisten voll begeisterter Zustimmung beschrieben: »Welch herzerfrischender Humor, welch köstliche naive Melodik, welche Kunst und Feinheit in der Behandlung des Orchesters, welche Vollendung in der Gestaltung des Ganzen.«

Ausgangspunkt der Märchenoper war ein Liederspiel, das die Schwester des Komponisten Anfang 1890 für ihre Kinder in Versen verfaßt hatte. Humperdinck steuerte, wie zwei Jahre zuvor schon einmal für ihre *Schneewittchen*-Dichtung, 4 Lieder und Duette für das Stück bei. Als er sich dann mit Plänen zu einer Oper beschäftigte – es wurde u. a. an Grillparzers *Der Traum ein Leben* und Gozzis *Der Rabe* gedacht –, schlug ihm sein Schwager Wette die Umarbeitung dieses Liederspiels zu einem Singspiel vor. Ende 1890 war das Singspiel, in dem die einzelnen Nummern noch durch Sprechtexte verbunden waren, fertig. 1891 tauchte dann, als dritter Schritt, der auf Hugo Wolf zurückgehende Gedanke an die endgültige, durchkomponierte Oper auf, die auch nicht mehr für Kinderstimmen konzipiert war. Diese Partitur schloß Humperdinck im September 1893 ab. Nach der Uraufführung ging die Oper, der sich Dirigenten wie Mahler, Weingartner, Pfitzner, Max von Schillings und Leo Blech annahmen, schnell über andere Bühnen und drang auch rasch ins Ausland vor. 1927 schuf Ludwig Andersen eine Singspieleinrichtung. Die häufig anzutreffende Besetzung der Hexe mit einem Charakter- oder Buffotenor hat Humperdinck nicht gutgeheißen.

Spieldauer: ca. 1¾ Stunden (1. Bild: ca. 35 min.; 2. Bild: ca. 30 min.; 3. Bild: ca. 40 min.).

Ruggero Leoncavallo

* 23. April 1857 in Neapel
† 9. August 1919 in Montecatini
(heute: Montecatini Terme; Prov. Pistoia)

Seinen musikalischen Lehrjahren 1866–1876 am Konservatorium in Neapel hatte Leoncavallo 1876 ein Literaturstudium in Bologna angeschlossen, das 1878 mit dem Plan schloß, nach dem Vorbild Richard Wagners eine Trilogie (*Crepusculum*) zu schreiben und zu komponieren. Davon wurde der erste Teil, *I Medici*, fertig und 1893 in Mailand auch aufgeführt. Zunächst aber zwangen ihn die betrügerischen Machenschaften eines Impresarios als Konzert- und Kaffeehauspianist durch Europa zu ziehen. Trotz Vermittlung des Mailänder Musikverlegers Ricordi gelang es ihm nicht, als Komponist oder Librettist Fuß zu fassen, bis ihm 1892, nach Bruch mit Ricordi, dessen Konkurrent Sonzogno zur Uraufführung der *Pagliacci* verhalf, einem Erfolg, der Leoncavallo über Nacht zum umjubelten und umbuhlten Opernkomponisten machte. Von den folgenden Opern litt seine *La Bohème* (1897) unter dem Vergleich mit Puccinis Oper, doch *Zazà* (1900), wie die *Pagliacci* von Toscanini uraufgeführt, behauptete sich in gebührendem Abstand hinter den *Pagliacci* im Repertoire. Der Eindruck, den *I Medici* 1894 auf den deutschen Kaiser gemacht hatten, führte zu dem Auftrag für *Der Roland von Berlin*, eine deutsche Novelle von Willibald Alexis, deren italienische Dramatisierung Leoncavallo vertonte und die in ihrer deutschen Rückübersetzung einen mageren Erfolg in Berlin (1904) verzeichnete. Weitere – ebenfalls nicht enthusiastisch aufgenommene – Werke waren u. a. *Maia* (Rom 1910), die Operetten *La jeunesse de Figaro* (1906), *Malbrouck* (Rom 1910) und *Are you there?* (London 1913), *I zingari* (London 1912) und der postum aufgeführte *Edipo Re* (*König Ödipus*) nach Sophokles (Chicago 1920). So hat bis auf *Pagliacci* mit ihrem unsterblichen Tenor-Hit *Vesti la giubba* und dem von Caruso kreierten *Mattinata* von Leoncavallos Musik nichts überlebt.

Leoš Janáček: Jenufa
Oper der Stadt Köln

Ruggero Leoncavallo: Der Bajazzo
Bayerische Staatsoper München

Der Bajazzo
Pagliacci

Drama in 2 Akten und einem Prolog. Text vom Komponisten. Uraufführung am 21. Mai 1892 in Mailand, Teatro dal Verme.

PERSONEN: Nedda, Jahrmarktskomödiantin, Frau von Canio, in der Komödie Colombina (Sopran) – Canio, Prinzipal einer Komödiantentruppe, in der Komödie Pagliaccio / Bajazzo (Tenor) – Tonio, »der Tölpel«, Komödiant, in der Komödie Taddeo (Bariton) – Beppo, Komödiant, in der Komödie Arlecchino / Harlekin (Tenor) – Silvio, ein Bauer (Bariton) – Zwei Bauern (Baß, Tenor) – Bauern, Bäuerinnen, Kinder.

ORT UND ZEIT: Bei Montalto in Kalabrien, am 15. August (Mariä Himmelfahrt), zwischen 1865 und 1870.

Prolog. Im Kostüm Taddeos tritt Tonio kurz vor den Vorhang und umreißt die Absichten des Dichters (*Si può? Si può? / Seht her! Ich bin's!*), dessen nun folgende Komödie nicht wie sonst ein Phantasiegebilde sei, sondern das Bild des wirklichen Lebens ausmale, mit allen Gefühlen und Leidenschaften der Menschen.

1. Akt. Mit Geschrei und Lärmen begrüßen die Dorfbewohner den Einzug der Komödianten. Im Kostüm des Bajazzo lädt Canio sein Publikum zur abendlichen Aufführung ein (*Un grande spettacolo / Ein großes Spektakulum*). Der bucklige Tonio will Nedda beim Herabsteigen vom Wagen helfen, erhält dabei aber von dem eifersüchtigen Canio eine solche Ohrfeige, daß er schwört, es ihm heimzuzahlen. Die Lust, mit Canio, Beppo und den Bauern ein Glas zu trinken, ist ihm vergangen. Als einer der Bauern scherzend meint, Tonio täte nur deshalb nicht mit, weil er Nedda den Hof machen wolle, fährt Canio wütend auf, diese Scherze sollten sie lassen; wenn Nedda so ein Techtelmechtel, mit dem man auf der Bühne die Leute unterhalte, in Wirklichkeit anzettle, gehe es böse aus für sie. Bald ist Aufbruch zur Vesper in der Kirche. Nedda bleibt allein zurück. Geängstigt durch Canios Ausbruch seiner Eifersucht, aber dennoch unbefangen, singt

sie ein kleines Lied ihrer Mutter vom ungebundenen, freien Flug der Vögel (*Qual fiamma / Die Glut in seinen Augen! – Stridono lassù / Zwitschern in der Höh'*). Im Hintergrund hat Tonio ihr zugehört. Jetzt tritt er auf sie zu, gesteht ihr seine Liebe und versucht sie zu küssen – sie zieht ihm mit der Peitsche eins über, so daß er wütend und Rache schwörend davontaumelt. Kurz danach erscheint Neddas wirklicher Geliebter, es ist Silvio. Er drängt sie, mit ihm wegzugehen (Duett *Non mi tentar! / Versuch mich nicht!*), und beide sind sich einig: Heute abend fliehen wir. Diese Worte hört der von Tonio herbeigerufene Canio, der Silvio nachsetzt, zum Glück ohne ihn noch zu erreichen. Auf seine wütende Frage nach dem Namen ihres Geliebten gibt Nedda nichts preis. Schon will sich Canio mit dem Dolch auf sie stürzen, doch Beppo kann ihn zurückhalten und zur Bühne drängen, denn in Kürze beginnt die Vorstellung; das Publikum kommt bereits in Scharen. Voll Zorn und Schmerz beginnt Canio, sich zu schminken und das Bajazzo-Kostüm anzuziehen (*Recitar! . . . Vesti la giubba / Jetzt spielen! . . . Zieh dein Gewand an*).

2. Akt. Drängelnd und schiebend nimmt das Publikum mit viel Lärm die Plätze ein. Im Kostüm Colombinas geht Nedda zum Kassieren durch die Reihen. Noch einmal flüstert ihr Silvio zu, daß er sie nach der Vorstellung erwarte. Dann hebt sich der Vorhang, das Spiel beginnt, eine Komödie, in der sich all das wiederholt, was das Leben der Komödianten miteinander ausmacht: Während der Abwesenheit ihres Mannes, des Bajazzo (Canio), erwartet Colombina (Nedda) ihren geliebten Harlekin (Beppo). Auch in der Komödie spielt Tonio den Tölpel Taddeo, den Colombina mit einem Tritt aus dem Haus befördert, um mit Harlekin in vergnügter Zweisamkeit tafeln zu können. Als der Bajazzo überraschend zurückkehrt, wirft Colombina dem durchs Fenster verschwindenden Harlekin die gleichen Worte zu wie Nedda zuvor Silvio. Der erregte Canio vermischt Wirklichkeit und Spiel, die Eifersucht des Bajazzo ist die seine, er will den Namen ihres Geliebten, nicht Harlekins, wissen. Während Nedda weiterzuspielen, vom Ernst in die Komödie

zurückzuleiten versucht, bricht Canio ab; er fordert Rache für seine betrogene Liebe (*No! Pagliaccio non son / Bin Bajazzo nicht mehr*). Hingerissen applaudieren die nichtsahnenden Zuschauer, erleben aber mit um so größerem Entsetzen, wie der Bajazzo sich mit gezücktem Dolch auf Colombina wirft und zustößt. Ihr letzter Hilferuf gilt Silvio, der auf die Bühne stürzt – direkt in Canios Messer. Wie versteinert wendet sich Canio an das Publikum: »Das Spiel ist aus.«

Zusammen mit der zwei Jahre zuvor aufgeführten *Cavalleria rusticana* gehört *Der Bajazzo* zu den wenigen Opern, welche die Forderungen des Verismo, der musikalischen Entsprechung zum Naturalismus in der Literatur, in ihrer ursprünglichen Bedeutung noch heute beispielhaft veranschaulichen. Als gebildeter Literat hat Leoncavallo die künstlerische Zielrichtung in seinem auf Wunsch Victor Maurels, des ersten Tonio, nachkomponierten Prolog thematisiert: wirkliches Leben, schaurige Wahrheit, Liebe, Haß, Neid, das Stöhnen des Schmerzes, die Schreie der Wut, das heisere Lachen der menschlichen Kreatur. Ergänzend zu dieser realistischen Sicht gebündelter elementarer Triebhaftigkeit tritt das veränderte soziale Milieu hinzu, das Leben einfacher, bäuerlicher Menschen, statt Göttern und Helden, entsprechend dem Vorbild der französischen Naturalisten. Auf *Andrea Chenier* oder *Adriana Lecouvreur* trifft diese enge Definition nicht mehr zu; hier hat sie volle Gültigkeit.
Daß Leoncavallo eine Kindheitserinnerung an einen Mordfall in Montalto Uffago in Kalabrien als Vorlage gedient habe, ist eine Mystifikation. Als Quellen nachgewiesen worden sind das Schauspiel *La femme de Tabarin* (1887) von Catulle Mendès, der denn auch den Vorwurf des Plagiats erhob, und *Un drama nuevo* (1867) des Spaniers Estebañez (Manuel Tamayo y Baus) – Lebens- und Bühnenwirklichkeit gingen nicht so weit ineinander über.
Der Erfolg der von Arturo Toscanini dirigierten Uraufführung blieb den *Pagliacci* bis heute treu. Seit sich Caruso mit dem Canio identifiziert hatte, gehört die Rolle zum Reper-

toire aller großen italienischen Tenöre. Die deutschsprachige Erstaufführung (Übersetzung von Ludwig Hartmann) fand bereits am 5. 12. 1892 an der Berliner Hofoper statt.
In ihrer Mischung aus durchkomponierter Oper und Nummernstück, aus Bauerndrama und artifizieller Commedia dell'arte, welche durch Menuett, Sarabande und Gavotte charakterisiert ist, finden die *Pagliacci* zu grellen und schroffen Wirkungen, so durch Canios ariose Passagen *Un grande spettacolo* oder *Un tal gioco / Dieses Scherzen* sowie sein Arioso *Vesti la giubba*; hingegen sind die Chorszenen, darunter der populäre »Glockenchor«, vergleichsweise konventionell gearbeitet, und in der Liebesszene Nedda – Silvio und in Neddas »Vogellied« wird das Triviale und Sentimentale gestreift. Raffiniert durchsetzt sind in der Commedia, dem Schauspiel der Komödianten, die stilisierte Musik der kunstvollen Typenkomödie mit der blutvollen Leidenschaft Canios, bis sich Wirklichkeit und Spiel im letzten Moment nochmals auf einer Ebene finden.
Spieldauer: ca. 1¼ Stunden.

Giacomo Puccini

* 22. Dezember 1858 in Lucca
† 29. November 1924 in Brüssel

Der bedeutendste italienische Opernkomponist in der Nachfolge Verdis entstammt einer Musikerfamilie von Organisten und Chorleitern, deren Tradition auch Giacomo folgen sollte. So war er schon mit 14 Jahren Organist an verschiedenen Kirchen in der Umgebung Luccas und mit 17 verfaßte er erste Kompositionen für die Orgel. Doch der gewaltige Eindruck einer *Aida*-Aufführung 1876 in Pisa veranlaßte ihn, sich der Opernbühne zuzuwenden. 1880–1883 studierte Puccini am Konservatorium in Mailand, u. a. bei Antonio Bazzini und Amilcare Ponchielli, und beteiligte sich 1884 mit *Le villi* am Opernwettbewerb des Verlages Sonzogno, dem gleichen, bei dem später Mascagnis *Cavalleria rusticana* siegte. Obwohl von der Jury abgewiesen, kam es dank des Engagements einiger Musikfreunde zu einer Aufführung am Mailänder Teatro dal Verme, die den Beifall des Publikums fand. Von Ricordi erhielt Puccini daraufhin, als Auftakt zu einer lebenslangen engen Bindung, den Auftrag zur Oper *Edgar* (nach Alfred de Musset), die indessen 1889 ein Mißerfolg wurde. *Manon Lescaut* 1893 in Turin brachte dann dem jungen Komponisten einen gewaltigen Triumph. In Zusammenarbeit mit den Textdichtern Luigi Illica und Giuseppe Giacosa entstanden die drei Opern Puccinis, deren Popularität sie Verdis *Rigoletto*, *La traviata* und *Il trovatore* an die Seite stellt: *La Bohème* (1896), *Tosca* (1900) und *Madame Butterfly* (1904). Mit der Uraufführung von *La fanciulla del West / Das Mädchen aus dem Goldenen Westen* 1910 an der New Yorker Met bestätigte Puccini seinen internationalen Ruf.

Eine vorübergehende Trübung des Verhältnisses zu Ricordi führte dazu, daß Puccini für Sonzogno *La rondine* (Monte Carlo 1917) schrieb, ein der Operette – die Puccini schätzte – nahes Werk. Zu dieser Zeit begann er die Arbeit an *Il tabarro*, den er später mit *Suor Angelica* und *Gianni Schicchi* nach der Art des Pariser Grand Guignol zu einem Dreiteiler zusammenschloß; er wurde unter dem Titel *Il trittico* 1918 ebenfalls an der Met uraufgeführt. Seine letzte Oper *Turandot* konnte Puccini nicht mehr vollenden; er starb in Brüssel, wo er sich zu einer Behandlung seines Krebsleidens aufhielt.

Die Kennzeichen von Puccinis Opernschaffen, seine konzise, oft mit Überraschungseffekten und sicherem Theaterinstinkt entwickelte Darstellungsweise, mit den in vielen Facetten leidenschaftlicher Hingabe gezeichneten Heldinnen, packenden, unmittelbar emotional ansprechenden Arien und einer stimmungsvollen Atmosphäre durch den in fast impressionistischen Farben schillernden Orchesterklang, auch sein emphatischer, oft sentimentaler Lyrismus bieten – ähnlich wie Strauss in Deutschland – den letzten ganzheitlichen Entwurf einer italienischen Oper.

Manon Lescaut

Dramma lirico in 4 Akten. Text von Ruggero Leoncavallo, Marco Praga, Domenico Oliva, Giulio Ricordi, Luigi Illica und Giuseppe Giacosa nach dem Roman *Histoire de Manon Lescaut et du Chevalier Des Grieux* des Abbé Prévost (1731). Uraufführung am 1. Februar 1893 in Turin, Teatro Regio.

Ruggero Leoncavallo s. S. 512. – Marco Praga (6. 11. 1862 Mailand bis 31. 1. 1929 Como) war mit veristischen Gesellschaftsstücken erfolgreich. – Domenico Oliva (1. 6. 1860 Turin – 28. 4. 1917 Genua), Jurist, Politiker, Kritiker, Dramatiker, leitete in Mailand zeitweilig den *»Corriere della sera«*. Seine Mitarbeit an *Manon Lescaut* war offenbar seine einzige Arbeit für das Musiktheater. – Giulio Ricordi (19. 12. 1840 Mailand – 6. 6. 1912 Mailand), Musikverleger, war auch als Komponist und Schriftsteller tätig. – Luigi Illica (9. 5. 1857 Castell'Arquato – 16. 12. 1919 Colombarone [Piacenza]), Librettist, Dramatiker und Journalist, verließ vorzeitig die Schule, fuhr zur See, kämpfte 1876 gegen die Türken und begann seine literarische Karriere 1879 in Mailand als Mitarbeiter des *»Corriere della sera«*. In Bologna schloß er sich dem Kreis um den radikalen Lyriker Giosuè Carducci an und veröffentlichte 1883 sein erstes Stück, das in Zusammenarbeit mit Ferdinando Fontana entstand, der auch den Text zu Puccinis *Le villi* verfaßt hatte. Ab 1889 schrieb er Libretti für Smareglia, Catalani (*La Wally*, 1892), Spiro Samara, schloß sich mit Giacosa zusammen für Puccinis *La Bohème*, *Tosca*, *Madame Butterfly*; doch daneben arbeitete er für Giordano (*Andrea Chénier*, 1896), Mascagni (*Iris*, 1898, *Isabeau*, 1911). Sein Gespür für historische Stoffe und deren detaillierte Umsetzung machte Illicas Texte zur idealen Grundlage für die Opern des Verismo. – Giuseppe Giacosa (21. 10. 1847 Colleretto Parella [heute: C. Giacosa] – 2. 9. 1906 ebd.), ein Jurist, widmete sich ab 1872 dem Theater, unterrichtete ab 1877 an der Kunsthochschule in Turin, ab 1888 in Mailand. Er verfaßte sowohl historische wie auch naturalistische Stücke, darunter *Tristi amori* (1888) für Eleonora Duse. In der Zusammenarbeit mit Illica entwarf er vor allem das dramaturgische Gerüst, während Illica die Verse ausfeilte.

PERSONEN: Manon Lescaut (Sopran) – Lescaut, ihr Bruder, Sergeant der Königlichen Garde (Bariton) – Chevalier Renato Des

Grieux, Student (Tenor) – Geronte de Ravoir, Königlicher Steuerpächter (Baß) – Edmondo, Student (Tenor) – Der Wirt (Baß) – Ein Musiker (Mezzosopran) – Ein Tanzmeister (Tenor) – Ein Laternenanzünder (Tenor) – Ein Sergeant der Bogenschützen (Baß) – Ein Schiffskapitän (Baß) – Ein Perückenmacher (stumme Rolle) – Mädchen, Bürger, Volk, Studenten, Musikanten, alte Herren und Äbte, Kurtisanen, Bogenschützen, Marinesoldaten, Matrosen u. a.

Ort und Zeit: Frankreich und Nordamerika, in der zweiten Hälfte des 18. Jahrhunderts.

1. Akt. Auf einem Platz am Stadtrand von Amiens herrscht buntes Treiben. Im Kreis seiner Kommilitonen gibt der Student Edmondo als ironische Huldigung an die Frauen ein Lied von der Liebe zum besten; auch Des Grieux, von den Studenten mit frechen Sprüchen herausgefordert, bringt den Mädchen eine schwärmerische Serenade dar (*Tra voi, belle, brune e bionde / Versteckt sich unter euch, ihr Schönen, Brünetten und Blonden*). Die Postkutsche aus Arras trifft ein; ihr entsteigen Manon Lescaut und ihr Bruder sowie der alte Steuerpächter Ravoir. Für Des Grieux bedeutet der Anblick der schönen Manon Liebe auf den ersten Blick. Er spricht sie an, während ihre Begleiter ins Wirtshaus gehen, und erfährt, daß ihr Bruder sie auf Geheiß des Vaters in ein Kloster bringe. So viel Schönheit hinter Klostermauern, das könne ihr Schicksal nicht sein, entgegnet er und erhält ihr Versprechen zu einem Wiedersehen am Abend (*Donna non vidi mai / Nie sah ich eine Frau*). Indessen plant der lange schon in Manon verliebte Ravoir, sie heimlich des Nachts zu entführen. Edmondo wird Zeuge, wie Ravoir dem Wirt aufträgt, ihm eine Kutsche und Pferde bereitzuhalten, und berichtet Des Grieux davon. Bei der vereinbarten Wiederbegegnung warnt Manon Des Grieux vor der geplanten Entführung (*Vedete? Io son fedel / Seht Ihr? Ich halte mein Wort*); statt von Ravoir läßt sie sich in dessen Kutsche von Des Grieux nach Paris entführen. Den übertölpelten Ravoir beruhigt Lescaut, mit der Verfolgung habe es keine Eile; ein mittelloser Student werde seine anspruchsvolle Schwester nicht lange halten können.

2. Akt. Es kam, wie vorausgesagt: Manon hat Des Grieux

verlassen und ist die Geliebte des alten Steuerpächters geworden. Sie führt ein luxuriöses Leben in dessen Pariser Palast. Bei der Morgentoilette gesteht sie aber ihrem Bruder, wie oft sie in diesem goldenen, aber kalten Käfig an die bescheidene Unterkunft denke, die sie mit Des Grieux bewohnte (*In quelle trine morbide / In den kalten Spitzen hier*). Lescaut berichtet ihr, daß ihr einstiger Geliebter noch immer um sie traure; er hoffe, beim Spiel so viel zu gewinnen, daß er sie zurückerobern könne. Musiker treten ein; sie spielen ein Madrigal zu ihren Ehren, und ein Tanzmeister beginnt mit ihr eine Menuett-Lektion; dann tanzt sie mit Ravoir unter den Komplimenten der Gäste eine Gavotte. Durch Lescaut hat Des Grieux mittlerweile von Manons unveränderter Liebe zu ihm erfahren; er steht plötzlich in der Tür, als sie wieder allein ist, und leidenschaftlich fallen sich die Liebenden in die Arme (*Tu, tu, amore? / Du, Geliebter? Du?*). So überrascht sie Ravoir. Als er ihr Vorwürfe machen will, hält ihm Manon höhnisch einen Spiegel vor: Er solle sich betrachten und mit Des Grieux vergleichen. Mit einem drohenden »Wir sprechen uns noch« verschwindet der Alte. Den beiden bleibt nur die Flucht; Lescaut kommt, um sie zu warnen. Doch Manon verliert kostbare Zeit beim Zusammenraffen von Schmuck, schon kehrt Ravoir mit den Wachen zurück. Manon wird festgenommen, Des Grieux entwaffnet.

3. Akt. Am Hafen von Le Havre. Des Grieux ist es nicht gelungen, die Freilassung seiner Geliebten zu erwirken. Er und Lescaut sind dem Gefangenentransport bis nach Le Havre gefolgt, von wo Manon mit Dirnen und Kurtisanen in eine Strafkolonie nach Amerika deportiert werden soll. Zwar konnte Lescaut einen Soldaten bestechen, der die beiden Liebenden kurz sich sehen und sprechen läßt, während der Laternenanzünder mit einem kleinen Liedchen vorbeizieht, doch ein von Lescaut geplanter Befreiungsversuch mißglückt. Im Morgengrauen werden die Frauen einzeln aufgerufen und auf das Schiff gebracht. Des Grieux fleht den Kapitän des Schiffes an, ihn mitzunehmen (*No! pazzo son! / Nein! Ich bin wahnsinnig!*), und teilnahmsvoll bewegt,

aber in rauhem Seemannston gibt der Kapitän seine Erlaubnis.
4. Akt. Manon und Des Grieux sind aus der Gefangenschaft geflohen. Sie schleppen sich erschöpft durch einen ausgetrockneten, dürren Landstrich bei New Orleans. Fiebernd und halb ohnmächtig fällt Manon zu Boden. Des Grieux rafft sich auf, um Wasser für die Geliebte zu suchen, die sich der Trostlosigkeit ihrer Lage nun ganz bewußt wird (*Sola, perduta, abbandonata / Allein, verloren, verlassen*). Des Grieux kehrt mit leeren Händen zurück; er schließt Manon ein letztes Mal in seine Arme. Über den Worten »Meine Schuld fällt ins Vergessen, aber meine Liebe stirbt nicht« sinkt sie zusammen. Des Grieux fällt, in wahnsinnigem Schmerz bewußtlos geworden, über ihren Leichnam.

Daß Jules Massenet bereits 1884 den Roman des Abbé Prévost vertont hatte, hielt Puccini fünf Jahre später nicht davon ab, diesen Stoff, den er als ideales Opernsujet ansah, ebenfalls aufzugreifen: »Massenet empfindet als Franzose, mit Puder und Menuetts. Ich als Italiener spüre die rasende Leidenschaft darin.«
Der erste in der langen Reihe der Librettisten war Ruggero Leoncavallo, den Ricordi als Librettisten favorisierte und der selbst noch nicht zu seiner musikalischen Bestimmung gefunden hatte. Puccini war von Leoncavallos Libretto enttäuscht und zog den Dramatiker Marco Praga sowie den Journalisten und Politiker Domenico Oliva hinzu. Nach gravierenden Änderungswünschen seitens Puccinis zog sich Praga zurück, und Oliva arbeitete im Frühjahr 1890 allein weiter. Nachdem Puccini auch an Olivas Arbeit Zweifel angemeldet hatte, gelang es Ricordi, den renommierten Bühnenschriftsteller Giuseppe Giacosa als Berater und den vielseitigen Luigi Illica als Librettisten zu gewinnen. Der letzte Schritt erwies sich schließlich als die beste Lösung. Giulio Ricordi, der Verleger, steuerte schließlich noch einen Teil des 3. Aktes bei. So kam ein Flickwerk zustande, bei dessen Uraufführung schließlich gar kein Textverfasser genannt wurde. Der größte Teil der Komposition entstand 1891 und

1892 in Lucca, Puccinis Wohnort Torre del Lago und in Mailand; den 3. Akt schrieb er in dem Schweizer Dorf Vacallo.
Die Uraufführung in Turin wurde zum wahrscheinlich größten Premierenerfolg, den Puccini je erlebte. Die deutschsprachige Erstaufführung erfolgte am 22. 1. 1908 in Wien.
Manon Lescaut leidet unter der sprunghaften, wenig zwingenden Handlungsführung, die sich ergab, weil die Librettisten peinlich darauf bedacht waren, alle Parallelen zu Massenet zu vermeiden. Doch die stürmische Flut der Musik, ihre jugendlich ungestüme Kraft und die leidenschaftlichen Melodien haben Puccinis Oper den Sieg über Massenets atmosphärisch und inhaltlich subtilere und genauere Darstellung eingetragen. Puccini hat mehrere bereits zuvor komponierte Musikstücke einmontiert: ein *Agnus Dei* aus der *Messa di gloria* des Jahres 1880 erklingt im 2. Akt, Anklänge aus dem Streichquartett *I crisantemi* finden sich im Intermezzo des 3. Aktes, und Des Grieux' *Donna non vidi mai* verarbeitet eine auf einem Text Felice Romanis basierende Konservatoriums-Abschlußarbeit Puccinis. Auf den Einfluß Wagners (dessen *Meistersinger* er 1889 mit großer Begeisterung in Bayreuth erlebte) in der Orchesterfarbe und der *Tristan*-artigen Chromatik des 2. Aktes wurde immer wieder hingewiesen. Doch der große emotionale Impetus Puccinis bindet alle divergierenden Momente der Oper zu einer Musik von glühender Hingabe zusammen, wie er sie später nie mehr schrieb: vom galanten *Tra voi, belle* bis zum leidenschaftlichen *Nell'occhio tuo profondo / In der Tiefe deiner Augen* in dem großen Liebesduett im 2. Akt über Des Grieux' *No! pazzo son!* bis zu Manons herzzerreißendem Abschied vom Leben *Sola, perduta, abbandonata.*
Spieldauer: ca. 2 Stunden (1. Akt: ca. 35 min.; 2. Akt: ca. 40 min.; 3. Akt: ca. 25 min.; 4. Akt: ca. 20 min.).

La Bohème

Szenen aus Henri Murgers *La vie de Bohème* in 4 Bildern. Text von Giuseppe Giacosa und Luigi Illica nach Murgers Roman *Scènes de la vie de bohème* (1851). Uraufführung am 1. Februar 1896 in Turin, Teatro Regio.

Giuseppe Giacosa und Luigi Illica s. *Manon Lescaut*, S. 518.

Personen: Rodolfo, Dichter (Tenor) – Marcello, Maler (Bariton) – Schaunard, Musiker (Bariton) – Colline, Philosoph (Baß) – Mimi (Sopran) – Musette (Sopran) – Benoît, Hauswirt (Baß) – Alcindoro, Staatsrat (Baß) – Parpignol, ein fliegender Händler (Tenor) – Sergeant der Zollwache (Baß) – Ein Zöllner (Baß) – Studenten, Bürger, Verkäufer, Straßenhändler, Näherinnen, Soldaten, Kellner, Knaben, Mädchen u. a.
Ort und Zeit: Paris, um 1830.

1. Bild. Es ist Weihnachtsabend; Rodolfo und Marcello arbeiten noch in ihrer eiskalten Dachkammer im Pariser Künstlerviertel Quartier Latin. Mit Galgenhumor helfen sie sich über ihre sehr dürftige Lage hinweg, und um die Kälte wenigstens etwas zu vertreiben, läßt Rodolfo das Manuskript eines Dramas Akt für Akt und mit ironischem Kommentar in Flammen aufgehen. Colline, der versucht hat, seine Bücher zu versetzen, kehrt erfolglos zurück, kurz darauf auch Schaunard, dieser aber, zur größten Überraschung seiner Freunde, in Begleitung zweier Boten, die Speisen, Wein, Zigarren und Brennholz in die armselige Künstlerbude schaffen – er hat drei Tage lang für einen spleenigen Lord Musik gemacht und prächtig dabei verdient. Jedoch, unterbricht er seine gierig zufassenden Freunde, das alles sei ein Vorrat für künftige Not, heute lade er sie zu einem Festessen im Quartier ein. In diese Runde von bester Laune tritt der Hauswirt Benoît mit der Mietrechnung. Man begrüßt ihn höchst zuvorkommend und bietet ihm mehr und mehr Wein an, bis man den Alten so weit hat, daß er selbstgefällig über seine Ausflüge »auf die Pfade der Sünde« prahlt. Das gibt den Anlaß, sich moralisch gewaltig zu entrüsten und ein so verkommenes Subjekt hinauszuwerfen, ohne Miete, ver-

steht sich. Dann stürmen Marcello, Schaunard und Colline voraus ins Café Momus; Rodolfo muß erst noch einen Artikel für die Zeitung zu Ende bringen. Kurz danach klopft es leise an der Tür. Eine reizende, ihm noch unbekannte Hausbewohnerin bittet um Kerzenfeuer. Der vom Treppensteigen Erschöpften und offensichtlich Kranken bietet Rodolfo ein Glas Wein an. Kaum daß sie daran genippt hat, geht sie schon, muß aber gleich zurückkehren, weil sie ihren Schlüssel vergaß. Ein Windzug bläst ihre Kerze aus, auch Rodolfos Licht erlischt. Im Dunkeln nach dem Schlüssel suchend, den Rodolfo findet, aber schnell versteckt, und auf dem Boden tastend, berühren sich ihre Hände (*Che gelida manina / Wie eiskalt ist dies Händchen*). Verwirrt wirft sich die bezaubernde Unbekannte in einen Sessel. Jetzt stellt sich Rodolfo ihr vor (*Chi son? Sono poeta / Wer ich bin? Ich bin ein Dichter*) und nennt sie ihm ihren Namen (*Mi chiamano Mimi / Sie nennen mich Mimi*). Von unten rufen die Freunde ungeduldig nach Rodolfo. Er verspricht, gleich und in Begleitung nachzukommen. Mimis in Mondlicht getauchte Erscheinung reißt ihn hin, er schließt sie in die Arme (*O soave fanciulla / Du entzückendes Mädchen*).
2. Bild. Der kleine Platz vor dem Café Momus ist übervoll. Um die Weihnachtsstände mit schreienden Verkäufern drängen sich Passanten aller Art und viele Kinder. Rodolfo ersteht auf dem Markt ein rosa Häubchen für Mimi, Schaunard kauft ein altes Horninstrument und Colline ein seltenes Buch. Kaum haben sich alle an einem Tisch vor dem Café niedergelassen, taucht die kokette Musette in Begleitung ihres ältlichen, aber begüterten Galans Alcindoro auf. Musette läßt sich mit ihm am Nebentisch nieder und versucht mit allen Mitteln, die Eifersucht Marcellos, der, wie er verärgert preisgibt, einmal ein Opfer ihrer Verführungskünste war, zu schüren. Er gibt sich alle Mühe, gleichgültig zu scheinen. Doch als Musette ein an ihn gerichtetes Walzerlied zum besten gibt (*Quando men vo / Geh ich allein*), vor Liebe zu Marcello fast vergehend, wie Mimi beobachtet, beginnt er, ihren Reizen aufs neue zu erliegen. Unter dem Vorwand, die Schuhe drückten sie, er solle ihr ein Paar neue kaufen,

schickt sie Alcindoro davon. Kaum ist er weg, stürzen sich Musette und Marcello vor den amüsierten Blicken der Freunde in die Arme. Im Trubel der Passanten beim Aufmarsch der Zapfenstreich-Patrouille machen sich alle sechs davon, Alcindor die Begleichung aller Rechnungen hinterlassend.

3. Bild. In frostiger Morgenkälte passieren Milchfrauen und Bäuerinnen den Stadtzoll an der Barrière d'Enfer. Aus einem nahen Cabaretlokal dringt der Lärm spät-früher Gäste. Suchend erscheint Mimi, von Husten geplagt, und bittet, daß man Marcello aus dem Lokal, das er gerade neu ausmalt und in dem Musette als Sängerin auftritt, herausholt. Sie braucht Rat und Hilfe, denn Rodolfo quält sie mit grundloser Eifersucht. Er liebe sie wohl nicht mehr; in der letzten Nacht habe er sie verlassen. Rodolfo ist bei Marcello untergeschlupft. Er tritt in diesem Augenblick aus der Schenke; Mimi kann sich gerade noch hinter einem Baum verstecken. Was ihn quält, ist nicht die Eifersucht. Die gibt er nur vor. In Wahrheit liebt er Mimi nach wie vor, wie er dem Freund anvertraut, aber ihn schrecken Mimis schwere Krankheit und ihr naher Tod, weil er ihr mit seinen Mitteln nicht helfen könne, sein Elend alles nur beschleunige. Mimi bricht in Tränen aus, von alledem wußte sie nichts. Ihr Schluchzen verrät sie. Während Marcello schnell in die Kneipe läuft, weil ein freches Lachen Musettes seine Eifersucht weckt, nimmt Rodolfo die nun selbst zum Abschied bereite Mimi in seine Arme (*Donde lieta usci / Woher froh sie einst kam*). Trennen, so versprechen sie sich zuletzt doch, werden sie sich nicht eher, als bis »rings die Blumen blühn«. In häßlichem Kontrast zu ihrem zärtlichen Einverständnis gehen Marcello und Musette wütend aufeinander los und unter Beschimpfungen auseinander.

4. Bild. In ihrer Kammer versuchen Marcello und Rodolfo, nun beide wieder allein, mit ihrer Arbeit über die schmerzlichen Erfahrungen der jüngsten Zeit hinwegzukommen. Es gelingt nicht, einer macht dem andern nur vor, daß die Gedanken an die Geliebte ihn nicht mehr berühren. Rodolfo hat Musette im Wagen eines reichen Gönners, Marcello

Mimi in einer prächtigen Kutsche gesehen. Colline und Schaunard bringen etwas Brot und einen Hering. Gemeinsam zelebrieren sie ein scheinbar üppiges Mahl und flüchten sich in ihr übliches albern-ironisches Zeremonienspiel der reichen und feinen Gesellschaft. Ihre ausgelassene Komödie wird von Musette unterbrochen: Mimi fühlt sich dem Ende nah. Sie ist ins Haus gekommen, um Rodolfo noch einmal zu sehen, ist aber schon zu schwach, die letzten Stufen hinaufzugehen. Man trägt sie herein. Musette nimmt den eigenen Schmuck ab und bittet Marcello, dafür Medizin für Mimi zu kaufen und einen Arzt kommen zu lassen. Dann geht sie mit Marcello, um der Kranken ihren warmen Muff zu holen. Colline bringt seinen Mantel ins Leihhaus (*Vecchia zimarra, senti / Höre, du alter Mantel*). So bleiben Rodolfo und Mimi allein, Gelegenheit für Mimi, ihn ein letztes Mal ihrer Liebe zu versichern (*Sono andati? Fingevo di dormire / Sind sie fort nun? Ich tat, als ob ich schliefe*). Beide durchleben wieder die glücklichen Augenblicke ihrer ersten Begegnung am Weihnachtsabend, doch ein Hustenanfall zwingt Mimi zum Schweigen. Allmählich kehren die Freunde zurück; Musette reicht Mimi den Muff, er sei ein Geschenk von Rodolfo. Glücklich und erschöpft schläft Mimi ein. Rodolfo wendet sich, Trost und Hoffnung erwartend, zu seinen Freunden um. Er blickt in vor Schmerz stumm gewordene Gesichter: Mimi ist tot. In höchster Verzweiflung wirft sich Rodolfo über den Leichnam der Geliebten.

In dem autobiographischen, seinerzeit überaus erfolgreichen *Bohème*-Roman von Henri Murger (1822–1861) – es gab auch eine Bühnenfassung – hat Puccini sicherlich viele Details und vor allem manchen Tropfen vergossenes Herzblut aus seiner eigenen Bohemienvergangenheit 1880–1883 in Mailand wiedergefunden; die Wahl des Stoffes lag nahe. Nun stellte sich aber bei einem Treffen mit Leoncavallo im März 1893, nach dem *Manon Lescaut*-Triumph, zur äußersten Beunruhigung der Komponisten heraus, daß sie beide an dem gleichen Stoff arbeiteten. Es begann ein Wettlauf: Am 19. März teilte die Zeitung von Leoncavallos Verleger Sonzogno offiziell mit, daß Leoncavallo an einer Oper nach Murgers Roman arbeite; gleichzeitig ließ der »*Corriere della sera*« verlautbaren, daß Puccini diesen Stoff ebenfalls bearbeite. Leoncavallo verlor doppelt: Sein Werk kam erst am 6. 5. 1897 (in Venedig) heraus, und überlebt hat einzig Puccinis Oper.

Bereits Ende 1892 hatte Illica mit dem Szenarium zur *Bohème* begonnen, es im März 1893 an Giacosa zur Ausarbeitung geschickt. Probleme ergaben sich ebenso aus Puccinis nörgelnden Änderungswünschen wie seinem Verlangen, möglichst schnell den Wettlauf mit Leoncavallo aufzunehmen, und Giacosas selbstkritisch-bedächtiger Arbeitsweise. Zwischendurch schien es sogar, als würde Puccini die Lust an dem Sujet verlieren und sich Giovanni Vergas *La lupa* zuwenden. Anfang 1895 lag das Libretto, nach einer Zeit hitzig-temperamentvoller Auseinandersetzungen, vollständig vor, und am 10. Dezember schloß Puccini, nicht ohne ständig weitere Textänderungen gefordert zu haben, die Komposition ab.

Die Uraufführung unter Toscanini ging mit allen äußeren Zeichen eines teuren Galaabends vor einem exklusiven Publikum aus Kunst und Politik vonstatten, aber der Erfolg war matt; die Zeitungen brachten Verrisse. Nach einer nicht minder matten Inszenierung in Rom brachte erst die Aufführung in Palermo den Durchbruch. 1897 wurde *La Bohème* an der Berliner Hofoper gegeben, ebenfalls in London und Wien, 1898 in New York, Barcelona und Paris. Heute rangiert *La Bohème* an der Spitze der meistgespielten Opern auf allen Bühnen der Welt. Das *Bohème*-Bild geprägt hat für Jahrzehnte die seit 1963 in Mailand, Wien, Salzburg und Moskau gespielte Inszenierung Franco Zeffirellis unter Herbert von Karajan, in der Mirella Freni die Mimi und Gianni Raimondi oder Luciano Pavarotti den Rodolfo sangen.

In *La Bohème* erweist sich Puccini erstmals als prägnanter Musiker in der Darstellung scheinbar nebensächlicher Dinge. Szenische wie dramaturgische Details sind mit einer Subtilität und liebevollen Behutsamkeit gezeichnet, die der Partitur unvergleichlich plastische Konturen verleihen.

Auch den scheinbar nebensächlichen Momenten schenkte Puccini eine Wärme des Ausdrucks, die der ganzen Oper Wahrhaftigkeit geben und sie vor Sentimentalität bewahren; Debussy meinte angesichts dieser Tatsache: »Wenn man sich nicht fest in der Gewalt hat, wird man allein vom Feuer dieser Musik fortgerissen.« Es ist eine Musik, deren Lyrik an Massenet gemahnt, deren impressionistische Delikatesse (nicht nur im Bild an der Barrière d'Enfer) Debussy vorwegzunehmen scheint. Im *Tabarro* später in noch stärkerem Maß mit diesen Komponenten wiederkehrend, umschmeichelt sie hier schon die Welt Mimis mit fragiler Behutsamkeit, stellt sie andererseits die komödiantischen Albereien der vier Bohemiens mit berstender Vitalität auf die Bühne. Die Arien, empfindsame Ruhepunkte, bestechen durch ihre lyrischen wie melodischen Qualitäten. *Che gelida manina*, *Mi chiamano Mimi*, *Donde lieta usci* – diese Gesangsstücke besitzen zu größten Teilen einen verklärend rückblickenden Charakter voll morbider Faszination, wie überdies der gesamte, in seinen Motiven auch musikalisch als wehmütige Reminiszenz konzipierte 4. Akt. Während Rodolfo stellvertretend für den Liebhaber-Typ in Puccinis Opern steht, ist Mimi eine Facette der liebend-leidenden Frauengestalten, wie sie bei Puccini in Cio-Cio-San (*Madama Butterfly*), Angelica (*Suor Angelica*) und Liu (*Turandot*) dargestellt sind. »In *La Bohème* scheint sich alles natürlich am richtigen Platz einzuordnen: Atmosphäre, Stimmung, Charakter und Musik. Diejenigen, die diese Oper als Puccinis beste Schöpfung betrachten, haben vermutlich gar nicht so unrecht« (Mosco Carner, ein Dirigent, Musikforscher und Kritiker).
Spieldauer: ca. 2 Stunden (1. Bild: ca. 35 min.; 2. Bild: ca. 20 min.; 3. Bild: ca. 30 min; 4. Bild: ca. 30 min.).

Tosca

Melodramma in 3 Akten. Text von Giuseppe Giacosa und Luigi Illica nach dem Drama *La Tosca* von Victorien Sardou (1887). Uraufführung am 14. Januar 1900 in Rom, Teatro Costanzi.

Giuseppe Giacosa und Luigi Illica s. *Manon Lescaut*, S. 518.

PERSONEN: Floria Tosca, eine berühmte Sängerin (Sopran) – Mario Cavaradossi, Maler (Tenor) – Baron Scarpia, Polizeichef (Bariton) – Cesare Angelotti, ein entflohener politischer Gefangener (Baß) – Der Mesner (Baß) – Spoletta, Polizeiagent (Tenor) – Sciarrone, ein Gendarm (Baß) – Ein Schließer (Baß) – Ein Hirt (Knabenstimme oder Alt) – Ein Kardinal, der Staatsprokurator, der Henker Roberti, ein Schreiber, ein Offizier, ein Sergeant (stumme Rollen) – Soldaten, Sbirren, Damen und Herren, Bürger, Volk, Geistliche u. a.

ORT UND ZEIT: Rom, Mittwoch, 17. Juni 1800, und im Morgengrauen des folgenden Tages.

Nach 1798 kämpfte das französische Revolutionsheer unter Napoleon gegen eine monarchistische Allianz aus England, Österreich und Rußland. Die Franzosen haben Rom eingenommen und Cesare Angelotti zu einem der Konsuln der »Römischen Republik« ernannt. Die bourbonisch-habsburgischen Herrscher Ferdinand IV. und seine Frau Maria Carolina, eine Schwester der hingerichteten Marie Antoinette, hatten aus Neapel fliehen müssen; von Sizilien aus organisieren sie den Widerstand. Ihre Truppen nehmen Rom ein, wo Baron Vitellio Scarpia und seine Geheimpolizei die Interessen der Monarchie durchsetzten, und stürzen die Republik. Angelotti wird eingekerkert. Im Juni 1800 kommt es in der Nähe des Dorfes Marengo zur entscheidenden Schlacht zwischen den französischen und österreichischen Truppen, in der Napoleon siegt. Das ist der historische Hintergrund des Operngeschehens.

1. Akt. Angelotti, der von Scarpia in der Engelsburg eingekerkerte Konsul der ehemaligen römischen Republik, konnte aus dem Gefängnis fliehen und sich in die Kirche

Sant'Andrea della Valle retten. In der Familienkapelle seiner Schwester, der Marchesa Attavanti, sucht er die für ihn hinterlegte Fluchtkleidung; hier verbirgt er sich. Auf der Suche nach dem Maler Cavaradossi, der an einem Altargemälde mit dem Bild der nur von ihren Haaren bekleideten heiligen Büßerin Maria Magdalena arbeitet, nähert sich der Mesner dem Malgerüst. Er erkennt auf dem Gemälde das Porträt einer Dame, die in der letzten Zeit häufig zum Beten in die Kirche kam. Es ist die Marchesa Attavanti. Cavaradossi vergleicht das Bild mit dem Miniaturporträt seiner Geliebten, der Sängerin Floria Tosca, das er immer bei sich trägt (*Recondita harmonia / Wie sich die Bilder gleichen*). Der brummige Mesner sieht in ihm einen Freigeist und »Feind unserer heiligen Regierung«, er bleibt nicht lange in so ketzerischer Gesellschaft. Deshalb kann sich Angelotti bald aus seinem Versteck hervorwagen und den Maler, der ihn wiedererkennt, um Hilfe bitten. Cavaradossi drückt ihm einen Eßkorb in die Hand und drängt ihn in die Kapelle zurück, denn draußen klopft Tosca an die Tür, um sich mit ihm für den Abend in seiner Villa zu verabreden. Argwöhnisch, weil die sonst offene Kirchentür geschlossen war, unterstellt die zur Eifersucht neigende Sängerin dem Maler, er verstecke eine Frau in der Kirche. Auch erkennt sie die Ähnlichkeit des Magdalenenbildes mit der Gräfin Attavanti und ihren blauen Augen. Doch Cavaradossi kann seine Geliebte beruhigen, es gebe für ihn nur Tosca und ihre schwarzen Augen. Sie geht einigermaßen beschwichtigt. Cavaradossi bietet nun Angelotti ein Versteck im Garten seiner Villa an. Ein Kanonenschuß von der Engelsburg, dem Gefängnis Angelottis, zeigt an, daß seine Flucht entdeckt wurde. Aufgeregt kommt der Mesner zurück, zugleich enttäuscht, dem Maler nicht mehr seinen Triumph verkünden zu können: Napoleon ist geschlagen worden. Zur Feier des Sieges werde die berühmte Floria Tosca im Palazzo Farnese eine Kantate singen und in der Kirche ein Tedeum zelebriert werden, ruft er den von allen Seiten herbeilaufenden Geistlichen und Meßdienern zu. Das allgemeine Jubelgeschrei erstirbt mit einem Schlag, weil Scarpia und seine Häscher in der Kirchentür erscheinen. Der Polizeichef hat Angelottis Spur aufgenommen; rasch wird ihm die Verbindung zwischen Angelotti und dem Maler des Porträts von Angelottis Schwester klar, zumal in der Kapelle der Attavanti Cavaradossis Eßkorb leer gefunden wird. Tosca kehrt zurück, um Cavaradossi zu sagen, daß sie am Abend nicht kommen könne, weil sie beim Festakt im Palazzo Farnese auftreten müsse. Scarpia gibt sich verbindlich, reizt aber Toscas Eifersucht, indem er ihr einen in der Kirche gefundenen, ihr fremden Fächer zeigt. Vor Wut weinend verläßt sie die Kirche. Sie hofft, Cavaradossi in seiner Villa in flagranti zu überraschen. So wollte es Scarpia, höhnisch lächelnd schickt er ihr drei Geheimagenten nach. Die Kirche füllt sich, und zu den Klängen des Tedeums der Gläubigen stimmt Scarpia in wilder Gier sein eigenes Triumphlied an. Er werde Cavaradossi vernichten und Tosca dann zu seiner Beute machen.

2. Akt. In seinem Zimmer im Palazzo Farnese sinnt Scarpia beim Abendessen über seinen Plan nach, Angelotti und Cavaradossi an den Galgen zu bringen (*Tosca e un buon falco / Tosca ist ein guter Falke*). Für Tosca schreibt er ein Billet, er erwarte sie nach der Kantate. Spoletta erstattet Bericht: Angelotti konnte nicht gefunden werden, aber Cavaradossi. Ihn läßt Scarpia vorführen und unterzieht ihn einem scharfen Verhör. Doch der Maler leugnet, Angelottis Versteck zu kennen. Während des Verhörs klingt die von Tosca und dem Chor intonierte Festkantate in den Raum. Nach dem Ende der Kantate erscheint Tosca. Scarpia läßt Cavaradossi in ein Folterkabinett nebenan bringen. Auf beiläufige Fragen in Scarpias galanter Konversation erwidert auch sie, den Aufenthaltsort Angelottis nicht zu kennen. Doch die immer drängenderen Fragen Scarpias und die Schmerzensschreie ihres Geliebten brechen ihren Widerstand. Sie verrät das Versteck, einen Brunnen in Cavaradossis Garten. Der halb bewußtlos Gefolterte wird in den Raum getragen; als Sciarrone bestürzt meldet, die Nachricht von der Niederlage der Franzosen bei Marengo sei eine Falschmeldung, Napoleon habe gesiegt, bricht Cavaradossi in ein hymnisches Freiheitslied aus und schleudert dem Henkersknecht Scarpia seine

Verachtung ins Gesicht (*Vittoria! Vittoria!*). Das bedeutet sein Todesurteil. Scarpia läßt ihn abführen, hält aber Tosca zurück. Voll Verachtung fragt sie nach dem Preis für Cavaradossis Leben. Scarpia erklärt lachend, er sei zwar für Geld zu kaufen, aber nicht von einer Frau, und sucht ihr klarzumachen, welchen Preis er von ihr verlange (*Già mi dicon venal / Ja, man sagt mir wohl nach*). Toscas Flehen (*Vissi d'arte / Nur der Schönheit weiht' ich mein Leben*) rührt ihn nicht, steigert nur seine Begierde. Als gemeldet wird, Angelotti habe sich bei seiner Festnahme das Leben genommen und alles sei bereit zu Cavaradossis Exekution, ist Tosca am Ende. Auf Scarpias »Also?« nickt sie stumm. Der Polizeichef befiehlt Spoletta, Cavaradossi nicht erhängen, sondern erschießen zu lassen und das nur zum Schein, »ganz genau wie beim Grafen Palmieri«. Spoletta versteht. Scarpia stellt Tosca einen Passierschein aus, damit sie Rom mit ihrem Geliebten verlassen kann. Als er aufsteht, um ihn ihr zu übergeben und mit ausgebreiteten Armen den vereinbarten Preis einzufordern, stößt sie ihm einen Dolch in die Brust. Aus seiner im Tod verkrampften Hand nimmt sie den Passierschein, stellt brennende Leuchterkerzen neben seine Leiche, legt ein Kruzifix auf seine Brust und eilt zu Cavaradossi in die Engelsburg.

3\. Akt. Auf der Plattform der Engelsburg. Im Morgengrauen hört man aus der Ferne den Gesang eines Hirtenjungen, Kirchenglocken läuten zum Frühgottesdienst. Cavaradossi wird dem Schließer übergeben. Er bittet ihn, um den Preis seines Rings einen Brief weiterzuleiten, und nimmt verzweifelt Abschied vom Leben (*E lucevan le stelle / Und es blitzen die Sterne*). So überrascht ihn Tosca. Was sie ihm zu berichten hat, überwältigt ihn, tief gerührt ergreift er ihre Hand. Und beide begrüßen glücklich den heraufziehenden Tag ihrer Freiheit (*O dolci mani mansuete e pure / Die süßen Hände*). Das Erschießungskommando tritt an. Cavaradossi wird sich totstellen, bis nach den Schüssen mit entschärften Patronen die Soldaten abgezogen sind. Die Gewehrsalve kracht. Tosca sieht ihren Geliebten wie auf der Bühne zusammensinken. Sie läuft zu ihm, er könne sich jetzt erheben – ein entsetzlicher Irrtum, er ist wirklich tot, Opfer eines teuflischen Betrugs. Inzwischen ist Scarpias Ermordung entdeckt worden. Spoletta stürmt mit seinen Leuten herauf, um Tosca zu verhaften. Tosca stürzt sich über die Brüstungsmauer in den Tod.

Puccini erlebte die große Sarah Bernhardt zweimal in ihrer Paraderolle der *Tosca* – Victorien Sardou (1831–1908) hatte sein Stück eigens für sie geschrieben –, 1890 in Mailand und 1895 in Florenz. Nach der zweiten Aufführung entschloß er sich zu der ihm bereits einmal vorgeschlagenen Vertonung. Ricordi hatte die Rechtsfrage zu klären, denn die Kompositionsrechte waren schon an Alberto Franchetti vergeben und für ihn war Luigi Illica bereits tätig geworden; Franchetti fand sich schließlich, wie schon einmal im Fall des *Andrea Chenier*, dazu bereit, den Stoff einem Konkurrenten zu überlassen. Wie bei *La Bohème* wurde Giuseppe Giacosa als Ko-Autor herangezogen.
La Tosca ist ein Paradebeispiel für Sardous meisterhaft konstruierte Dramen, die dank ihrer Mischung aus Kunst und Sex, Politik und Krimi, auch dank effektvoll berechneter Grand-Guignol-Szenen – wie hier die Folterung Cavaradossis und die Beinahe-Vergewaltigung Toscas, die offen dargestellten Morde und der Selbstmord Toscas –, zu den erklärten Favoriten des Publikums gehörten.
Illica und Giacosa gingen abermals durch die Hölle der unentwegten Änderungswünsche Puccinis. Drastisch mußte das 23 Charaktere umfassende Personal von Sardous Stück zusammengestrichen werden, ebenso entfielen viele Nebenhandlungen und unzählige Details. Unter diesen Vorzeichen entstand die Oper größtenteils 1898 und 1899 in der Villa des Grafen Mansi in Monsagrati und in Torre del Lago. Puccinis Sorgfalt äußerte sich in der Abstimmung von realistischen Details; so ließ er sich in liturgischen Fragen von einem Dominikanerpater beraten und eigens die Tonhöhe der Glocken des Petersdoms klären. Für den Gesang der Hirten erbat er von Luigi Zanazzo einen im römischen Dialekt geschriebenen Text. Am 29. 9. 1899 war die Oper beendet. Die

Uraufführung verzeichnete einen freundlichen Erfolg. Noch im gleichen Jahr erklang die Oper in London und Paris; am 21. 10. 1902 folgte die deutschsprachige Erstaufführung in Dresden.
Tosca ist nicht nur ein Stück rekonstruierte Wirklichkeit, sondern nachprüfbare, sich im Rahmen von 24 Stunden abspielende Historie. Das war der Grund, weshalb Puccini größten Wert auf die musikalische Genauigkeit seiner Musik und die Stimmigkeit der Details legte. Noch einmal komponierte er, mittlerweile 40 Jahre alt, mit seinem fünften Bühnenwerk eine Oper voll jugendlich kraftvollen Draufgängertums. Beispiele für Puccinis geradlinig-schwungvolle Schreibweise sind Cavaradossis erste Arie *Recondita harmonia* und die nervös gebrochene Liebesszene auf der Engelsburg. Das prunkvolle Tedeum, eine der effektvollsten Szenen der gesamten Opernliteratur, ist eine spektakuläre Reminiszenz an den Typus der Grand opéra. Die das Publikum damals wie heute verstörende Perversion der Handlung steigerte Puccini durch ein aggressiv klingendes Orchester, das allerdings mit großer dynamischer Raffinesse, beispielsweise in dem atmosphärisch dichten Vorspiel des 3. Aktes, eingesetzt wird. Doch darüber hinaus finden sich auch in der *Tosca* Passagen von ausgesuchter Lyrik und emotionaler Eindringlichkeit wie Toscas *Vissi d'arte* und Cavaradossis von der Soloklarinette untermaltes *E lucevan le stelle*. Es dominiert ein knapper, spannungsgeladener musikalischer Dialog, der Puccini später den Vorwurf der Filmmusik einbrachte. Indessen stellt das ganze, vom Orchester getragene und vorangetriebene Kontinuum, das rund 60 Motive und melodische Verweise gliedern, ein genau und fein konstruiertes Gewebe dar, Sardous perfekt funktionierendem Thriller durchaus kongenial.
Spieldauer: ca. 2 Stunden (1. Akt: ca. 45 min.; 2. Akt: ca. 40 min.; 3. Akt: ca. 25 min.).

Madame Butterfly
Madama Butterfly

Japanische Tragödie in 3 Akten. Text von Luigi Illica und Giuseppe Giacosa nach dem Drama *Madame Butterfly* von David Belasco (1900). Uraufführung am 17. Februar 1904 in Mailand, Teatro alla Scala.

Luigi Illica und Giuseppe Giacosa s. *Manon Lescaut*, S. 518.

PERSONEN: Cio-Cio-San / Cho-Cho-San, genannt Butterfly (Sopran) – Suzuki, Cho-Cho-Sans Dienerin (Mezzosopran) – Benjamin Franklin Pinkerton (im deutschen Text: Linkerton), Leutnant in der amerikanischen Marine (Tenor) – Sharpless, Konsul der Vereinigten Staaten in Nagasaki (Bariton) – Goro, Heiratsvermittler (Tenor) – Kate Pinkerton (Linkerton; Mezzosopran) – Onkel Bonze (Baß) – Fürst Yamadori (Tenor) – Der kaiserliche Kommissar (Baß) – Der Standesbeamte (Baß) – Yakusidé (Baß) – Die Mutter Cho-Cho-Sans (Mezzosopran) – Die Tante (Sopran) – Die Kusine (Sopran) – Das Kind (stumme Rolle) – Verwandte, Freunde und Freundinnen Cho-Cho-Sans, Diener.

ORT UND ZEIT: Nagasaki, um 1900.

1. Akt. Linkerton läßt sich von Goro durch das Haus führen, das der Marineoffizier eben auf einem Hügel oberhalb Nagasakis samt Dienerschaft erworben hat. Hier wird er Cho-Cho-San, eine junge Geisha aus hochstehender, aber verarmter Familie, heiraten und mit ihr wohnen. Als erster Hochzeitsgast betritt Sharpless das Haus. Im Small-talk gibt ihm Linkerton leichthin zu verstehen, daß er seine Ehe nicht anders als den Hauskauf betrachte; wenn ihm das eine wie das andere nicht mehr gefalle, gebe er es eben auf. Der Konsul aber warnt ihn, die Verbindung leichtfertig zu behandeln; Cho-Cho-San meine es zweifellos ganz ernst. Das fröhliche Geplauder Butterflys und ihrer Freundinnen, die den Hügel heraufkommen, wird laut, dann erscheinen sie im Haus, die beiden Amerikaner ehrfurchtsvoll begrüßend. Cho-Cho-San stellt sich vor. Es folgen ihre Verwandten, die Linkerton amüsiert zur Kenntnis nimmt. Seine Braut holt aus den Ärmeln ihres Kimonos einen um den anderen Gegenstand, der ihr teuer ist, um ihn Linkerton zu zei-

gen. Darunter ist »etwas Heiliges«, von dem Goro Linkerton zuflüstert, es sei das Messer, mit dem ihr Vater auf Geheiß des Mikado Harakiri, Selbstmord also, verübt habe. Cho-Cho-San vertraut Linkerton an, daß sie aus Liebe zu ihm Christin werden wolle; den ersten Schritt dazu habe sie im Missionshaus schon getan. Nach vollzogener Trauung stoßen das Paar und die Verwandten zu einem Toast mit Reiswein an. Die Glückwünsche werden unterbrochen vom Auftritt des wütenden Onkel Bonze, eines Priesters, der Cho-Cho-San verflucht, weil sie die Religion ihrer Väter verraten habe; er weiß, daß sie im Missionshaus war. Freunde und Verwandte sagen sich augenblicklich von ihr los. Wütend wirft Linkerton den ganzen Klüngel hinaus und beruhigt die weinende Cho-Cho-San. Zärtlich und verliebt erwarten sie die Nacht, er von ihrer zarten Erscheinung bezaubert und sie leidenschaftlich begehrend, sie voll Vertrauen ihn bittend, sie, die Butterfly, nicht wie jene Schmetterlinge zu behandeln, die, wie sie gehört hat, jenseits des Meeres mit Nadeln durchbohrt und auf ein Brett gespießt werden. (Duett *Bimba, dagli occhi pieni di malia / Mädchen, in deinen Augen*). Linkerton führt sie aus dem Garten ins Haus.
2. Akt. Drei Jahre sind vergangen, seit Linkerton Nagasaki verließ. Cho-Cho-San hofft zuversichtlich auf seine Rückkehr, trotz der skeptischen Einwände Suzukis (*Un bel dì vedremo / Eines Tages sehen wir*). Goro führt Sharpless ins Haus, den Cho-Cho-San zuvorkommend begrüßt. Er hat die Pflicht, ihr den Inhalt eines Briefes von Linkerton mitzuteilen, kommt aber über Butterflys Fragen und Erzählen nicht dazu. Schließlich werden sie gestört durch Yamadori, einen reichen Fürsten, mit dem Goro die mittellose, von ihren Angehörigen verstoßene Butterfly verkuppeln möchte. Auf seine würdevolle Werbung antwortet sie, noch immer sei sie Linkertons Frau und somit Amerikanerin, die nur durch Scheidung, nicht wie in Japan durch Trennung allein, ihren Stand verliere. Sharpless bemüht sich wieder, Cho-Cho-San zu sagen, daß Linkerton nach Japan zurückkehrt, aber mit einer amerikanischen Ehefrau. Zuletzt fragt er sie geradezu, was sie tun würde, wenn ihr Gatte nicht mehr zu ihr zurück-

käme. Butterfly wird tief getroffen von dieser Frage. Sie verläßt den Raum und kehrt mit einem blonden kleinen Sohn zurück – ob Linkerton dann dieses Kind je vergesse? Bewegt bricht der Konsul ab; er verspricht, Linkerton eine kleine Botschaft des Kindes auszurichten, und geht. Butterfly wendet sich zornig gegen Goro, der immer wieder behauptet, das Kind sei vaterlos. Ein Kanonenschuß verkündet die Ankunft eines Kriegsschiffes im Hafen. Mit einem Fernglas entziffert Butterfly den Namen des Schiffes: es ist die »Abraham Lincoln«, Linkertons Schiff! Jubelnd schmückt sie mit Suzuki das Haus (Duett *Scuoti quella fronda di ciliegio / Schüttle alle Zweige unsres Kirschbaums*). Dann zieht sie ihr Hochzeitskleid an und erwartet mit der Dienerin und ihrem Sohn in der anbrechenden Nacht die Rückkehr des geliebten Mannes. (Orchesterzwischenspiel.)

3\. Akt. Noch im Morgengrauen sitzt Cho-Cho-San bewegungslos wach, während Suzuki und das Kind tief schlafen. Als Suzuki erwacht, geht Butterfly, das Kind im Arm, in den Nebenraum, um sich hinzulegen. Es klopft: Leise treten Sharpless und Linkerton ein, im Garten steht eine Frau – Suzuki ahnt, daß dies Linkertons amerikanische Ehefrau ist. Linkerton erkennt tiefbewegt den Ausdruck der Liebe in Butterflys Ausharren während langer Jahre; von Reue gepackt, stürzt er aus dem Haus (*Addio fiorito asil / Leb wohl denn, mein Blütenreich!*). Cho-Cho-San tritt ins Zimmer, fragt, ob Linkerton nun gekommen sei. Suzukis Tränen und das verstörte Gesicht von Sharpless geben ihr eine beredte Antwort. Sie sieht Kate und begreift. Schüchtern geht Kate auf sie zu, bittet um Vergebung. Cho-Cho-San ist bereit, das Kind ihr und seinem Vater zu überlassen, aber er selbst müsse kommen und es holen. Dann wünscht sie, allein zu sein. Sie zieht den Dolch ihres Vaters hervor und setzt ihn sich an die Kehle. Da läuft das Kind mit erhobenen Armen auf sie zu; sie umarmt es und nimmt leidenschaftlich Abschied von ihm (*Tu? tu? Piccolo Iddio / Du? Du? Kleiner Abgott*). Hinter einem Wandschirm verborgen, ersticht sie sich.

Die Vorlage zu *Madama Butterfly* entdeckte Puccini in London, wohin er zur Erstaufführung seiner *Tosca* im Juni 1900 gereist war. Im Duke of York's Theatre sah er an einem Abend zwei Stücke des amerikanischen Autors David Belasco (1859–1931), die Posse *Naughty Anthony* und den tragischen Einakter *Madame Butterfly*, dessen rührenden Effekt Puccini bei der Aufführung sofort erkannte. Das Stück basiert auf einem 1898 im *»Century Magazine«* erschienenen Fortsetzungsroman von John Luther Long; Long wiederum fand die Geschichte in Pierre Lotis (1850–1923) Roman *Madame Chrysanthème* (1887), der bereits 1893 André Messager als Opernsujet gedient hatte. Zurück in Torre del Lago wälzte Puccini zwar noch andere Themen; so dachte er an Opern über Marie Antoinette, nach Daudets *Tartarin de Tarascon*, Hauptmanns *Die Weber*, Hugos *Les Misérables*, Rostands *Cyrano de Bergerac*. Doch gegen Ende des Jahres 1900 hatte er sich für *Madame Butterfly* entschieden, und im September 1901 wurde der Vertrag mit Belasco abgeschlossen. Es begann das Ringen um die endgültige Form des Operntextes. Die Librettisten zogen eine Einteilung in 3 Akte vor, Puccini aber setzte sich durch mit seiner Vorstellung eines Zweiakters, dessen zweiter Teil durch die stumme Wachszene nochmals unterteilt war. Ein Autounfall im Februar 1903 hielt den Komponisten für längere Zeit von der Arbeit ab, doch am 28. Dezember konnte er die Beendigung der *Butterfly* notieren. Die Uraufführung an der Scala knapp zwei Monate später gehört in die Reihe der großen Uraufführungsskandale der Operngeschichte. Pucchini war geschlagen. Er zog das Werk zurück und machte sich an eine Umarbeitung, die hauptsächlich in der Unterteilung in 3 Akte bestand (aus dem Zwischenspiel, welches das nächtliche Warten Butterflys illustriert, wurde das Vorspiel zum 3. Akt), der Zufügung der Tenorarie (*Addio fiorito asil*) im 3. Akt und insgesamt in der Kürzung um rund 300 Takte. Am 28. Mai des gleichen Jahres errang diese Version am Teatro Grande in Brescia einen großen Erfolg. Die Endfassung in der heutigen Form ergab sich anläßlich der Pariser Erstaufführung 1906 an der Opéra-Comique; gegenüber der

in Brescia gespielten Fassung war sie abermals um mehr als 450 Takte gekürzt. Am 27. 9. 1907 erfolgte die deutschsprachige Erstaufführung an der Berliner Hofoper (deutsch von Alfred Brüggemann). Joachim Herz hat 1978 an der Komischen Oper Berlin für seine Inszenierung nochmals die Fassung aus Brescia rekonstruiert.
Madame Butterfly steht gewissermaßen in der Tradition einer Reihe von Opern, die sich an exotischen, orientalischen Stoffen berauschten: Meyerbeers *L'africaine*, Bizets *Les pêcheurs de perles*, Verdis *Aida*, Massenets *Thaïs* und Delibes' *Lakmé*; direkter Vorläufer und Auslöser war Mascagnis 1898 uraufgeführte *Iris*, von der Puccini teilweise das Instrumentarium, darunter die japanischen Glöckchen während der Hochzeitszeremonie, übernahm. Ferner bezog Puccini, um ein möglichst typisches Lokalkolorit zu erzielen, japanische Nationalmelodien in seine Partitur mit ein. Authentische japanische Musik wurde ihm durch die Gattin des japanischen Botschafters in Italien, durch ihre Schallplatten, Notensammlungen und ihr Koto-Spiel (jap. Saiteninstrument) zugänglich. Aufgrund dieser akribischen Vorarbeiten wurde *Madame Butterfly*, im Gegensatz zu anderen Opern mit exotischen Themen, eine dramaturgisch sinnvolle Verschmelzung von charakteristisch japanischem und europäischem Kolorit. Mehr als seine anderen Opern hat die *Butterfly* Puccini den Vorwurf der Operettennähe und des Kitsches eingebracht. Doch bei sorgfältiger Interpretation behauptet sich auch in dieser Musik Puccinis Streben nach emotionaler Wahrhaftigkeit, das in Butterflys *Un bel dì vedremo*, ihrem Abschied *Tu? tu? Piccolo Iddio* und dem überwältigenden Blumen-Duett mit Suzuki bezwingend zum Ausdruck kommt. Dagegen klingt das Duett am Ende des 1. Aktes, eines der umfangreichsten und effektvoll gesteigertsten in Puccinis Werk, zu schön, um den Widerstreit der Gefühle zwischen Linkertons Begierde und Butterflys tiefer Liebesempfindung auszudrücken.
Spieldauer: ca. 2½ Stunden (1. Akt: ca. 60 min.; 2. Akt: ca. 55 min.; 3. Akt: ca. 40 min.).

Das Mädchen aus dem Goldenen Westen

La fanciulla del West

Oper in 3 Akten. Text von Guelfo Civinini und Carlo Zangarini nach dem Schauspiel *The Girl of the Golden West* von David Belasco (1905). Uraufführung am 10. Dezember 1910 in New York, Metropolitan Opera.

Guelfo Civinini (1873–1954) aus Livorno und der Bolognese Carlo Zangarini (1874–1943) waren theatererfahrene Schriftsteller und Journalisten.

Personen: Minnie (Sopran) – Jack Rance, Sheriff (Bariton) – Dick Johnson, unter dem Namen Ramerrez (Tenor) – Nick, Kellner in der »Polka« (Tenor) – Ashby, Agent der Transportgesellschaft Wells Fargo (Baß) – Die Goldgräber Sonora (Bariton), Trin (Tenor), Sid (Bariton), Bello (Bariton), Harry (Tenor), Joe (Tenor), Happy (Bariton) und Larkens (Baß) – Billy Jackrabbit, ein Indianer (Baß) – Wowkle, Billys indianische Frau (Mezzosopran) – Jake Wallace, Bänkelsänger (Bariton) – José Castro, Mestize aus Ramerrez' Bande (Baß) – Ein Postreiter (Tenor) – Männer aus dem Goldgräberlager.

Ort und Zeit: Ein Goldgräberlager in Kalifornien, 1849/50.

1. Akt. Im Dämmerlicht des Abends kommen nach und nach die Goldgräber zu Whisky und Glücksspiel in der »Polka-Bar« zusammen. Es geht laut, rauh und nicht immer friedlich zu, aber ein nostalgisches Lied von Jake Wallace bringt die Männer einen Augenblick zur Ruhe: Das Heimweh überwältigt sie, ganz besonders Larkens, der krank vor Sehnsucht nach der Heimat geworden ist. Die Männer sammeln ein Paar Dollar, damit er heimkehren kann. Dann geht es weiter mit Whisky und Kartenspiel. Ashby kommt von der Arbeit zurück und warnt den Sheriff vor dem Banditen Ramerrez und seiner gefährlichen Bande, welche die Gegend unsicher mache. Plötzlich kriegen sich Sonora und Rance wegen Minnie in die Wolle, Sonora zieht den Colt. Durch ihr Auf- und Dazwischentreten entschärft aber Minnie die Situation, Sonoras Schuß geht in die Luft. Minnie, die Besitzerin der Bar, hat Autorität. Sie sorgt nicht nur für

das leibliche Wohl ihrer Gäste, sondern oft auch für das seelische, schreibt für die Analphabeten Briefe nach Hause und pflegt die Kranken; ihr vertrauen die Männer sogar das Gold zur Aufbewahrung an. Sie verehren sie alle. Jetzt aber gibt sie den Männern erst einmal eine Bibelstunde, bis die Postkutsche mit Briefen eintrifft. Rance benutzt eine Gelegenheit, sich an Minnie heranzumachen – 1000 Dollar, wenn sie ihn küsse und seine Frau werde. Er solle das lassen, wehrt sie ab, sie wolle nur einen Mann, den sie so lieben könne, wie ihre Eltern sich liebten (*Laggiù nel Soledad / Daheim in Soledad*). Da tritt ein Fremder ein, Dick Johnson alias Ramerrez. Minnie ist ihm schon einmal begegnet, und er hatte ihr gefallen. Als der eifersüchtige Rance Johnson provozieren will, greift Minnie schlichtend ein; dann tanzt sie mit Johnson einen Walzer. Inzwischen hat Ashby mit ein paar Leuten einen von Johnsons Bande, Castro, festgenommen. Castro verspricht, die Männer zum Versteck von Ramerrez zu führen, kann aber heimlich seinem Chef zuflüstern, daß die Bande bereitstehe, auf ein Zeichen von ihm die Bar zu überfallen. Der Sheriff bricht mit allen Männern auf. Minnie und Johnson bleiben allein zurück. Im Gespräch kommen sie sich nahe. Ein Pfiff von draußen zwingt ihn aber zum Gehen. Bewegt bittet ihn Minnie, wiederzukommen. Er verspricht es.

2. Akt. In ihrer Hütte hat sich Minnie für Johnsons abendlichen Besuch schön gemacht, wie er beim Eintreten mit einem Kompliment bemerkt. Entzückt hört er ihr zu, als sie ihm von dem Leben erzählt, das sie hier führt (*Oh, si sapeste / O wenn Ihr wüßtet*). Mehr und mehr wird aus der Konversation ein Geständnis; endlich fallen sich beide selbstvergessen in die Arme. Weil dichtes Schneetreiben eingesetzt hat, überredet Minnie ihn zum Bleiben und richtet ihm ein Nachtlager. Da klopft es: Rance und einige Männer sind um Minnies Schutz besorgt, denn sie haben von einer Geliebten Johnsons erfahren, daß er Ramerrez ist. Und daß er einen Überfall auf das Gold in Minnies Bar geplant habe. Minnie ist fassungslos, weist aber jede Hilfe ab. Die Männer gehen. Johnson kommt aus seinem schnell gewählten Versteck her-

vor und gesteht ihr die Wahrheit: Er ist aus Not zum Räuber geworden und hatte gehofft, mit ihr ein neues Leben beginnen zu können (*Una parola sola / Ein Wort nur*). Dann stürzt er davon, wird aber unmittelbar vor der Tür von einer Kugel niedergestreckt. Minnie zieht den Verletzten zurück in die Hütte und versteckt ihn, rechtzeitig bevor der Sheriff eintritt, auf dem Dachboden. Wütend durchsucht Rance die Hütte, auf Minnie nicht weniger gierig als auf den Banditen. Da tropft Blut von der Decke ... In ihrer Verzweiflung schlägt Minnie dem Sheriff, der ein leidenschaftlicher Spieler ist, eine Partie Poker um Johnsons Leben und sich selbst vor – und gewinnt durch einen Trick. Der Sheriff zieht geschlagen ab.
3. Akt. Ashby und seine Leute haben Johnson, der dank Minnies Pflege gesund wurde und wieder in der Sierra lebt, umzingelt. Sie nehmen ihn fest und übergeben ihn dem Sheriff und der Meute der Goldgräber, die kurzen Prozeß mit ihm machen wollen. Den Strick um den Hals, bittet Johnson die Männer, Minnie nichts von seinem Tod zu sagen (*Ch'ella mi creda / Sie soll glauben, ich sei frei*). Doch von Nick alarmiert, stürzt Minnie herbei und stellt sich mit ihrem Revolver schützend vor ihren Geliebten. Drohend und bittend zugleich erinnert sie die Goldgräber, daß sie ihr ganzes bisheriges Leben mit ihnen geteilt hat. Dieser Mann aber gehöre ihr; der Räuber, der er war, sei unter ihrem Dach gestorben, niemand brauche ihn mehr zu töten. Gerührt schenken die Männer, einer nach dem andern von Minnie angesprochen und zur Entscheidung über Johnsons Leben gezwungen, ihr den Gefangenen. Minnie und Johnson nehmen Abschied, um gemeinsam ein neues Leben zu beginnen.

Puccini hatte 1907 in New York, wo er die Premierenvorbereitung seiner *Butterfly* an der Met überwachte, David Belascos *The Girl of the Golden West* gesehen und Carlo Zangarini, der perfekte Englischkenntnisse besaß, als Librettisten gewonnen, später, da er nicht recht zufrieden mit ihm war, Guelfo Civinini zugezogen. Der Schluß – das Eingreifen der zur Rettung ihres Geliebten heranstürmenden Minnie sowie ihr rührender Abschied von den Goldgräbern – weicht von Belasco ab; er stammt von Puccini selbst. Im Herbst 1908 lag das komplette Libretto vor, im Juli 1910 war die Oper beendet.

Die Uraufführung wurde selbstverständlich an der Met vorbereitet. Belasco inszenierte, Toscanini dirigierte, Emmy Destinn war die Minnie, Enrico Caruso der Johnson und Pasquale Amato der Jack Rance. Der Erfolg war aufgrund einer gigantischen Werbekampagne außerordentlich. 1911 folgten London und Rom, am 27. 9. 1913 Berlin, im gleichen Jahr Wien (mit Maria Jeritza und Alfred Piccaver).

Lange Zeit hat *La fanciulla del West* ein Schattendasein geführt; erst heute erkennt man darin eine neuartige Musiksprache Puccinis, dem nach der *Butterfly* vorgeworfen wurde, ständig sich selbst zu wiederholen. Minnie unterscheidet sich wesentlich von Manon, Mimi und Butterfly; ihre musikalische Bühnenerscheinung läßt sich am ehesten als eine Weiterentwicklung der Tosca deuten. Auch ist das Milieu, die rauhe Männerwelt der Goldgräber, ein völlig anderes als in seinen vorangegangenen Opern; dementsprechend hat Puccini es mit ganz anderen musikalischen Mitteln beschrieben. Oberstes Gebot der Musik ist jetzt dramatische Wahrhaftigkeit vor purer Schönheit. In dieser Oper fallen bis auf Johnsons *Ch'ella mi creda* beim ersten Hören keine Solonummern mehr auf; dieses Stück besitzt den extremen Ausdruck, den Puccini sonst seinen geknechteten, in höchster psychischer Not befindlichen Heldinnen vorbehielt; hier singt es ein Tenor.

Das Drama entwickelt sich aus dem Orchester, dem umfangreichsten in Puccinis Œuvre, in das die »Arien« als deklamatorische Ariosi eingebettet sind. Die Musik der *Fanciulla* gilt wegen ihrer raffinierten Klangmixtur (Piccoloflöte, Celesta und Glockenspiel in der Bibelszene, Flöte, Baßklarinette, Trompete, Harfe und Streicher in Wowkles Wiegenlied) und der harmonischen Weitläufigkeit als Puccinis avancierteste Partitur.

Für das amerikanische Flair sorgt die Übernahme so volkstümlicher Melodien wie *Old Dog Tray* in Jake Wallaces

wehmütigen Gesängen von der Heimat, *Camptown Races* und *The Old House*; zu hören sind Fetzen eines Ragtime, eines Cakewalk, ja eines Bolero. Anton Webern erkannte die Modernität und Vielgestaltigkeit des Werkes: »Eine Partitur von durchaus ganz originellem Klang. Prachtvoll. Jeder Takt überraschend. Ganz besondere Klänge. Keine Spur von Kitsch!«
Spieldauer: ca. 2¼ Stunden (1. Akt: ca. 60 min.; 2. Akt: ca. 50 min.; 3. Akt: ca. 25 min.).

Das Triptychon
Il trittico

Der Mantel / Il tabarro – Schwester Angelica / Suor Angelica – Gianni Schicchi. Uraufführung der drei Einakter am 14. Dezember 1918 in New York, Metropolitan Opera.

Der Mantel
Il tabarro

Musikalisches Drama in 1 Akt. Text von Giuseppe Adami nach dem Bühnenstück *La Houppelande* von Didier Gold (1910). Uraufführung am 14. Dezember 1918 in New York, Metropolitan Opera.

Durch die Vermittlung Giulio Ricordis kam es zu der Zusammenarbeit des erfolgreichen Komödienautors Giuseppe Adami (4. 2. 1878 Verona – 12. 10. 1946 Mailand) mit Puccini. Adami verfaßte die Libretti zu *La rondine*, *Il tabarro* und – gemeinsam mit Renato Simoni – zu *Turandot*. Nach Puccinis Tod gab er eine Sammlung von dessen Briefen heraus. Schrieb auch Operntexte für Riccardo Zandonai (*La via della finestra*) und Franco Vittadini.

PERSONEN: Michele / Marcel, Besitzer eines Schleppkahns, 50 Jahre alt (Bariton) – Luigi / Henri, Löscher, 20 Jahre alt (Tenor) – »Tinca«, der »Stockfisch«, Löscher, 35 Jahre alt (Tenor) – »Talpa«, der »Maulwurf«, Löscher, 55 Jahre alt (Baß) – Giorgetta / Geor-

Giacomo Puccini: La Bohème
Staatsoper Wien

Giacomo Puccini: Madame Butterfly
Oper Hamburg

gette, Micheles Frau, 25 Jahre alt (Sopran) – »Frettchen« / »Frugola«, Frau des »Maulwurfs«, 50 Jahre alt (Mezzosopran) – Ein Liederverkäufer (Tenor) – Ein Liebespaar (Sopran, Tenor) – Ein Drehorgelspieler (stumme Rolle) – Löscher, Midinetten.

Ort und Zeit: Paris, zu Beginn des 20. Jahrhunderts.

Ein Winkel der Seine, wo Marcels Schleppkahn vor Anker liegt. Nachdenklich blickt Marcel in die untergehende Sonne. Aus dem Schiffsraum dringt der Gesang der Löscher. Georgette, die den Zärtlichkeiten ihres Mannes ausweicht, meint, man solle die Arbeiter für ihren Fleiß belohnen, worauf den Heraufsteigenden, Henri, dem Stockfisch und dem Maulwurf, Wein gereicht wird. Eine fröhliche Stimmung kommt auf, ein Orgeldreher spielt zum Tanz auf, Henri dreht sich mit Georgette im Walzer. Als Marcel erscheint, fahren alle auseinander. Georgette sucht aus ihrem wortkargen Mann herauszubringen, ob er Henri auch für eine weitere Fahrt verpflichten werde. Ein Liederverkäufer singt am Ufer eine zärtliche Romanze von »Mimi« und bietet diese den Mädchen zum Kauf. Über den Laufsteg kommt das Frettchen getrippelt, um ihren Mann, den Maulwurf, von der Arbeit abzuholen. Die Alte erzählt Georgette von ihrem Kater Korporal, von ihrer Sehnsucht nach einem bescheidenen eigenen Heim. Die Löscher gesellen sich hinzu; man philosophiert über die Elendigkeit des Lebens, Georgette über ihr Schicksal, das sie, das lebenslustige Kind der Pariser Vorstadt, auf diesen landauf, landab gleitenden Lastkahn gebannt habe. Am leidenschaftlichsten hadert Henri mit seinem Los, das ihn zwinge, sogar die Stunden seiner Liebe zu stehlen. Als der Stockfisch rät, gleich ihm seinen Kummer zu vertrinken, schleudert ihm Georgette ein wildes »Schweig!« entgegen. Die anderen entfernen sich, nur Henri zögert noch, um mit Georgette für die Nacht, wenn Marcel schlafe, ein Stelldichein auszumachen. Mit einem brennenden Streichholz will Georgette dem Geliebten ein Zeichen geben, sobald die Bahn frei ist. Unterdessen hat Marcel die Positionslampen an seinem Schiff gesetzt. Zurückgekehrt, erinnert der alternde Mann die junge Frau an die Stunden, da sie beide sich und ihr Kind, das damals noch am Leben war, liebevoll unter seinem großen Schiffermantel umfangen hielten. Georgette sucht abzulenken und verschwindet in der Kabine, während der Mann erklärt, noch an Deck bleiben zu wollen. Vom Ufer her ertönen die Stimmen zweier Liebender, während Marcel, auf das Steuer gestützt, gedankenvoll ins dunkel gleitende Wasser starrt (Arioso *Nulla!... Silenzio! / Nichts!... Stille!*). Als er sich mit dem Streichholz die Pfeife ansteckt, nimmt Henri vom Ufer aus den Lichtschein für Georgettes Zeichen. Sobald er auf Bastsohlen an Bord gekommen ist, wird er von dem Schiffer gepackt, zum Eingeständnis seiner Liebe gezwungen und gnadenlos mit bloßen Händen erwürgt. Dann birgt Marcel den Toten unter seinem Mantel und erwartet Georgette. Als diese ängstlich fragend sich ihm nähert, öffnet er den Mantel, und Henris Leichnam rollt Georgette vor die Füße.

Wie fast immer ließ sich Puccini auch im Falle des *Tabarro* von einer Bühnenaufführung anregen: 1912 sah er im Pariser Théatre Marigny Golds *La Houppelande*, einen Bühnen-Thriller in der Tradition der aufklärerischen sozialkritischen Stoffe Zolas. Im Libretto werden allerdings Golds Figuren sympathischer und menschlich anrührender dargestellt. Von Anfang an war klar, daß *Il tabarro* Bestandteil eines Dreiteilers sein sollte, nach dessen beiden anderen Opern Puccini dann noch jahrelang auf der Suche war. Die Idee zu einem *Trittico* soll Puccini Dantes *Göttlicher Komödie* mit ihren Untertiteln *Inferno*, *Purgatorio* und *Paradiso* entnommen haben; möglich ist auch die Anregung durch das Pariser Theater des »Grand Guignol« mit drei an einem Abend gespielten kontrastierenden Einaktern.

Am 25. 11. 1916 war die Komposition abgeschlossen. Nach mehreren Überlegungen, den Einakter entweder mit *Le villi* oder *La rondine* aufzuführen, kam es erst zwei Jahre später zu der Uraufführung des gesamten *Trittico*. 1919 spielte man den Dreiteiler in Rom, 1920 in Wien (mit Maria Jeritza als Georgette) und Hamburg.

Mit beklemmender Eindringlichkeit realisiert Puccini das

trost- und hoffnungslose Leben der Seine-Schiffer; der Gedanke, daß er Dostojewskijs *Aus einem Totenhaus* vertonen wollte, wirkt in diesem Zusammenhang gar nicht mehr so überraschend. Henris »Alles uns genommen!« in der einzigen »Arie« der Oper (*Hai ben ragione / Du hast ganz recht*) ist der gequälte Aufschrei einer geschundenen Kreatur und beschreibt in der Nachfolge von Gustave Charpentiers *Louise* (1900) proletarische Außenseiter auf ungeschönte Weise. Es ist eine Welt aus Flußrauschen, Schiffssirenen, Hupen, Glocken, aber auch Kuckucksrufen und Katzenlauten, eine gebrochene Naturidylle, deren düstere Farben das Drama eher verhalten-stimmungshaft als plakativ zeigen.
Spieldauer: ca. 55 Minuten.

Schwester Angelica
Suor Angelica

Oper in 1 Akt. Text von Giovacchino Forzano. Uraufführung am 14. Dezember 1918 in New York, Metropolitan Opera.

Giovacchino Forzano (19. 11. 1883 Borgo San Lorenzo [Florenz] bis 18. 10. 1970 Rom) war Bariton und Opernregisseur, auch Journalist. Er verfaßte außer den Libretti zu Puccinis *Suor Angelica* und *Gianni Schicchi* die Operntextbücher zu Mascagnis *Lodoletta* und *Il piccolo Marat*, zu Wolf-Ferraris *Sly* und *Gli amanti sposi* sowie Leoncavallos *Edipo re*. Er inszenierte u. a. die Uraufführungen von Boitos *Nerone*, Puccinis *Turandot*, Giordanos *La cena delle beffe* und arbeitete als Regisseur in London, Rom und Neapel.

PERSONEN: Schwester Angelica (Sopran) – Die Fürstin, Angelicas Tante (Alt) – Die Äbtissin (Mezzosopran) – Die Schwester Eifrerin (Mezzosopran) – Die Lehrmeisterin der Novizen (Mezzosopran) – Schwester Genoveva (Sopran) – Schwester Osmina (Sopran) – Schwester Dolcina (Sopran) – Die Schwester Pflegerin (Mezzosopran) – Almosensucherinnen, zwei Laienschwestern, Pförtnerinnen, Novizen, Nonnen.

ORT UND ZEIT: In einem italienischen Kloster, gegen 1700.

Nach der Abendandacht und der Auferlegung geringer Bußen an einige Mitschwestern durch die Eifrerin genießen die Nonnen eine Rekreationsstunde im Klosterhof, sich gegenseitig wegen ihrer kleinen Sünden und irdischen Wünsche neckend. Nur Angelica hält sich abseits. Und als die Schwestern das Grab einer verstorbenen Mitschwester pflegen, preist Angelica den Tod als ein schöneres weil wunschloses Leben. Sie, die seit sieben Jahren im Kloster lebt, ist tief darüber bekümmert, von ihren Angehörigen ganz vergessen worden zu sein. Da erscheint die Äbtissin, um Angelica den Besuch ihrer Tante, der Fürstin, mitzuteilen. Die Fürstin, eine kalte herrische Frau, verlangt von Angelica den Verzicht auf ihr Erbe zugunsten ihrer jüngeren Schwester, deren Heirat bevorsteht. Sie erinnert Angelica an die Schande, welche sie durch die Geburt eines unehelichen Kindes über die Familie gebracht habe. Doch Angelica lebt nur der Erinnerung an ihr geliebtes Kind und fordert Auskunft über sein Schicksal. Als die Fürstin ihr sagt, daß das Kind bereits vor zwei Jahren starb, bricht Angelica zusammen. Mit zitternder Hand unterschreibt sie die Verzichtserklärung (*Senza mamma / Ohne Mutter*). In Trauer und Verzweiflung bereitet sie sich aus giftigen Kräutern einen Trank. Sich der Todsünde bewußt werdend, die sie mit ihrem Selbstmord begeht, fleht sie sterbend die Heilige Jungfrau um ein Zeichen der Gnade an. Wirklich erscheint ihr die Madonna und gibt Angelica als Zeichen der Gnade ihr Kind zurück. Engelstimmen verkünden die Vergebung, die der Sterbenden zuteil wurde.

Selten war Puccini von einem Sujet so begeistert wie von *Suor Angelica*, das ihm Giovacchino Forzano im Winter 1916/17 präsentierte. Eine gewisse Vorstellung vom Leben in einem Nonnenkloster besaß er durch seine älteste Schwester Igina, die Superiorin im Kloster Viscopelago bei Lucca war. Ende Februar 1917 war Forzano mit dem Libretto fertig, am 14. 9. 1917 hatte Puccini die Partitur vollendet; nie war die Zusammenarbeit mit einem seiner Textautoren so reibungslos und harmonisch verlaufen.

Suor Angelica ist als reine Frauenoper ein Vorläufer der ungleich dramatischer aufgefächerten *Dialogues de Carmelites* von Poulenc und bildet ein Gegenstück zu dem in einem Männerkloster spielenden *Jongleur de Notre-Dame* von Massenet. Das Larmoyante und Entrückte der Handlung haben *Suor Angelica* innerhalb des Triptychons in eine Außenseiterposition gerückt, weshalb *Il tabarro* und *Gianni Schicchi* oft ohne *Suor Angelica* aufgeführt werden.
Mit der Kirchenmusik dank seiner Ausbildung und einer langen Familientradition vertraut, durchwob Puccini die zarte Idyllik des geschilderten Konvents mit einer Reihe geistlicher Pastoralszenen. Ein diskret gehandhabtes Instrumentarium aus Harfe, Klavier, Orgel, Celesta, Glocken und Glöckchen, dazu Fernchören geben der Oper ein eigenartiges Klangrelief zwischen religiöser Askese und opernhaft-theatralischer Sensualität. Die Apotheose Angelicas, beginnend mit ihrem Monolog *Senza mamma*, gehört zu den lyrisch reich abschattierten Schlüsselszenen in Puccinis Gesamtwerk. Herber Kontrast dazu ist der markante Auftritt der Fürstin, Puccinis einziger dramatischer Altpartie.
Spieldauer: ca. 60 Minuten.

Gianni Schicchi

Oper in 1 Akt. Text von Giovacchino Forzano. Uraufführung am 14. Dezember 1918 in New York, Metropolitan Opera.

Giovacchino Forzano s. *Suor Angelica*, S. 547.

PERSONEN: Gianni Schicchi, 50 Jahre alt (Bariton) – Lauretta, seine Tochter, 21 Jahre alt (Sopran) – Die Verwandten des Buoso Donati: Zita, genannt die Alte, Buosos Kusine, 60 Jahre alt (Alt); Rinuccio, Zitas Neffe, 24 Jahre alt (Tenor); Gherardo, Buosos Neffe, 40 Jahre alt (Tenor); Nella, seine Frau, 34 Jahre alt (Sopran); Gherardino, beider Sohn, 7 Jahre alt (Alt); Betto aus Signa, Buosos Schwager, arm und schlecht gekleidet, von undefinierbarem Alter (Baß); Simone, Buosos Vetter, 70 Jahre alt (Baß); Marco, sein

Sohn, 45 Jahre alt (Bariton); die Ciesca, Marcos Frau, 38 Jahre alt (Mezzosopran) – Magister Spinelloccio, Arzt (Baß) – Messer Amantio aus Nicolao, Notar (Bariton) – Pinellino, Schuster (Baß) – Guccio, ein Färber (Baß).

Ort und Zeit: Florenz, 1299.

Der reiche Buoso Donati ist gestorben. Um das Totenbett versammelt, erfüllt seine Sippschaft das Haus mit lautem Gejammer und geheuchelten Klagen. Dabei gibt Betto die Flüsterbotschaft durch, es gehe das Gerücht, der Onkel habe alles einem Kloster vermacht. Das bringt Leben in die Trauergemeinde: Fieberhaft wird das Zimmer nach dem Testament durchstöbert. Und Rinuccio findet es – aber, erklärt er, er gebe es nur heraus, wenn man ihn endlich seine geliebte, aber arme Lauretta heiraten lasse. Und als ihm das sofort zugestanden wird, läßt er gleich nach ihrem Vater, Gianni Schicchi, schicken. Die schlimmsten Befürchtungen erfüllen sich: Ein Kloster soll Buosos ganzes Vermögen erhalten. Die scheinheilige Trauer steigert sich zum Wutgeheul. Nur einer, Rinuccio, behält kühlen Kopf und rät, Gianni Schicchi zu konsultieren, der sei schlau und kenne sich in allen Rechtshändeln aus. Er werde schon wissen, was jetzt zur Rettung des Erbes zu tun sei. Da tritt Gianni Schicchi auch schon ein, zusammen mit Lauretta. Zwar gibt es gleich einige Verstimmung, weil Zita erklärt, sie gebe ihren Neffen doch nicht der Tochter eines Habenichts wie Gianni Schicchi, aber auf Laurettas Bitte, ihr zum Glück mit Rinuccio durch ein gutes Stück vom Erbe Donatis zu verhelfen (*O mio babbino caro / Väterchen, teures, höre*), schaut sich Gianni das Testament an. Nach einigem bedenklichem Kopfschütteln kommt ihm tatsächlich die rettende Idee. Ob sonst schon jemand von Buosos Tod wisse? Nein, lautet die Antwort. Gut, dann solle man den Toten ins Nebenzimmer bringen und sein Bett frisch herrichten. Klopfen an der Tür stört diese Vorbereitungen: Der Arzt will nach dem Kranken sehen. Gianni ahmt die Stimme des Toten nach; er wolle gerade etwas ruhen, der Doktor möge am Abend nochmals hereinschauen. Dann erklärt Gianni seinen Plan: Er werde den kranken Buoso spielen und einem Notar ein neues Testament diktieren. Die scheinheilige Gesellschaft ist überwältigt. Jeder beschwatzt Schicchi, ihm den größten Teil des Vermögens zu überschreiben; Nella, Zita und Ciesca machen ihm die schönsten Komplimente und preisen ihn als ihren Retter, während sie ihn ins Bett stecken und ihm Buosos Nachtmütze überstülpen. Jetzt erscheint der Notar mit den Zeugen Pinellino und Guccio im abgedunkelten Zimmer. Zunächst erklärt Schicchi, er sei gelähmt, könne deshalb nicht schreiben. Er diktiere also: Alle bisherigen Testamente seien null und nichtig. Für die Begräbniskosten setze er den kleinsten Betrag an, und für die Kirche seien 5 Lire gerade genug. Was die Verwandtschaft angeht, bekommt dieser da ein wenig, etwas jener dort – man gibt sich gerührt und lobt die Güte des lieben Buoso. Die Spannung steigt, als die größeren Werte, das wertvolle Maultier, das Haus in Florenz und die Mühlen von Signa, an die Reihe kommen: Stück für Stück vermacht der edle Messer Buoso – seinem treu ergebenen Freund Gianni Schicchi! Kaum ist der Notar verschwunden, explodiert die Gesellschaft; wütend fallen sie über Gianni her und reißen an sich, was sie nur greifen können. Endlich wirft sie Schicchi aus dem Haus: es ist jetzt sein eigenes. Allein Lauretta und Rinuccio bleiben; das in der Sonne leuchtende Florenz vor Augen, genießen sie ihr Liebesglück. Schicchi wendet sich an das Publikum mit der Frage, ob Buosos Vermögen wohl besser verteilt hätte werden können? Für seinen Schelmenstreich habe ihn der große Dante in seiner *Göttlichen Komödie* zwar in die Hölle gesteckt, doch mit seiner Erlaubnis bitte er, wenn alle heute abend an dem Spiel Vergnügen gefunden hätten, ihm mildernde Umstände zu gewähren.

Wieder war es Forzano, der Puccini auf das Sujet aufmerksam machte, eine Komödie, basierend auf einigen Zeilen des XXV. und XXX. Gesangs aus dem *Inferno* von Dantes *Divina Commedia*:
»Gianni Schicchi heißt jener Kobold, / der so herumtobt und die andern schindet. / [. . .] / verkleidet in fremder Gestalt, / und ähnlich treibt's der Irrgeist, der dort flieht, / daß er die

schönste Stute in der Pferdeherde gewinne / und sich verkleide als Buoso Donati, / sein Testament dann mache und ihm Rechtskraft verleihe.«
Donati und Schicchi waren historische Gestalten, und Dante dürfte mit dem Betrug des Bauern Schicchi nicht ebenso sympathisiert haben wie später Puccini und Forzano, da seine Gattin aus der Familie der betrogenen Donati stammte.
Puccini war entzückt. Forzanos gereimtes Libretto ist ein besonders geglückter Wiederbelebungsversuch der Buffo-Oper; sein Text nährt sich aus dem Komödienfundus, in den schon Ben Jonson, Boccaccio und Molière gegriffen hatten, und läßt nochmals Figuren der Commedia dell'arte – den mit Bologneser Akzent sprechenden Maestro Spinelloccio und die »jungen Liebenden« Lauretta und Rinuccio – in der Oper zu Wort kommen. Im Juni 1917 hatte Forzano sein Libretto fertiggestellt, am 18. 4. 1918 schloß Puccini die Komposition ab. Nach der ersten europäischen Aufführung 1919 in Rom folgte am 20. 10. 1920 in Wien die erste Aufführung in deutscher Sprache.
Nach der Uraufführung stellte W. J. Henderson die drei Opern des *Trittico* in Beziehung zueinander: »[...] wie die Sätze einer Symphonie. Der erste ein leidenschaftliches, stürmisches Allegro, der zweite ein bleiches, schwermütiges Andante, der dritte ein Feuerwerk von Finale.«
Diese Buffa, eine geistreich plappernde, vital virtuose Musik, nimmt durch ihre toskanische Helligkeit und Leichtigkeit gefangen, von den tragikomischen Klagegesängen des Beginns an, dem hysterischen Suchen nach dem Erbe, über alle Raffinessen feingliedriger Ensemblestrukturen und den lyrischen Überschwang Rinuccios und Laurettas bis hin zum moralisierenden Schlußmonolog Schicchis. Der schwarzen Komödie hat Puccini neben allen treffsicheren musikalischen Pointen – das kleine Terzett von Nella, Zita und Ciesca parodiert Wagners Rheintöchter, und die Schlußprügelei erinnert an die von Puccini einst so bewunderten *Meistersinger* – durch Rinuccios Hymnus *Firenze è come / Florenz ist einem Baume zu vergleichen* und Giannis Lobgesang

auf die Heimat *Addio, Firenze* auch nostalgisch verklärende Züge verliehen; Laurettas *O mio babbino caro*, eine Lieblingszugabenummer aller großen Diven, ist weit mehr als eine kleine Lustspiel-Kavatine, fast ein Beben um Leben und Tod.
Spieldauer: ca. 55 Minuten.

Turandot

Dramma lirico in 3 Akten (5 Bilder). Text von Giuseppe Adami und Renato Simoni. Uraufführung am 25. April 1926 in Mailand, Teatro alla Scala.

Giuseppe Adami s. *Der Mantel*, S. 544. – Renato Simoni (5. 9. 1875 Verona – 5. 7. 1952 Mailand) begann in seiner Heimatstadt als Journalist und Kritiker, schrieb seit 1903 für den »*Corriere della sera*« und war als Herausgeber der Zeitschrift »*Lettura*« Nachfolger Giacosas. Er war Autor von Bühnenstücken, darunter Komödien im venezianischen Dialekt (u. a. *Carlo Gozzi*, 1903), und verfaßte z. B. auch für Umberto Giordano (*Madame Sans-Gêne*) und Lodovico Rocca (*Il Dibuk*) Libretti.

Personen: Prinzessin Turandot (Sopran) – Altoum, Kaiser von China, ihr Vater (Tenor) – Timur, entthronter König der Tataren (Baß) – Der unbekannte Prinz (Kalaf), sein Sohn (Tenor) – Liu, eine junge Sklavin (Sopran) – Ping, Großkanzler (Bariton) – Pang, Großmarschall (Tenor) – Pong, Oberküchenmeister (Tenor) – Ein Mandarin (Bariton) – Der Prinz von Persien (stumme Rolle) – Der Scharfrichter (stumme Rolle) – Kaiserliche Wachen, Gehilfen des Henkers, Knaben, Priester, Mandarine, Würdenträger, acht Weise, Turandots Kammerfrauen, Soldaten, Bannerträger, Musikanten, Schatten der Verstorbenen, geheimnisvolle Stimmen und Volk.

Ort und Zeit: Peking, in sagenhafter Vorzeit.

1. Akt. Vor den Mauern des kaiserlichen Palastes verkündet der Mandarin, daß Prinzessin Turandot nur einen Freier aus königlichem Blut heiraten werde, der drei von ihr gestellte Rätsel zu lösen vermag. Wer die Rätsel nicht löse, werde durch das Schwert des Henkers sterben. Das letzte Opfer dieser grausamen Bedingung ist der Prinz von Persien, der

beim Mondaufgang hingerichtet werden soll. In der Menge, die dem rohen Schauspiel der Hinrichtung entgegenfiebert, wird ein schwacher, von der Sklavin Liu geführter Greis niedergestoßen, Timur, der entthronte König der Tataren. Kalaf hilft ihm auf und erkennt in ihm seinen totgeglaubten Vater. Unterdessen ziehen die Henkersknechte auf, vorbei an dem sensationslüsternen Mob, dessen Blutgier aber beim Anblick des jugendlich schönen Prinzen von Persien in Mitleid umschlägt. Turandot erscheint im Licht des aufgehenden Mondes auf ihrem Balkon und gibt, ungerührt durch das Bitten des Volkes, das Zeichen zur Hinrichtung. Kalaf ist durch die überirdisch schöne Erscheinung der Prinzessin wie gebannt, und sofort erwacht in ihm der Wunsch, um sie zu werben. Sein entsetzter Vater und drei hinzutretende Minister der Prinzessin, Ping, Pang und Pong, können ihn nicht von seinem selbstmörderischen Wunsch abhalten, nicht einmal die sanften Bitten Lius, die ihn heimlich liebt (*Signore, ascolta / Hört mich an, o Herr*); Kalaf bittet sie, seinem Vater treu zu bleiben, wenn er sterbe (*Non piangere, Liu / Weine nicht, Liu*), dann greift er zum Gong, um mit drei Schlägen seine Bewerbung anzuzeigen.

2. Akt. Ping, Pang und Pong sind das ständige Blutvergießen leid. Durch ihren Erlaß, der bereits zahllose Todesopfer forderte, hat Turandot den jahrtausendelangen Frieden des Landes gebrochen. Die drei Würdenträger des Kaisers hoffen sehnlichst, daß in Turandot bald die Liebe zu einem Prinzen erwacht und sie, statt als »Minister des Henkers« dienen zu müssen, auf ihre Landsitze heimkehren dürfen (*Ho una casa nell' Honan / Fern in Honan schaut mein Haus*). Trommelschlag ruft sie in die blutige Wirklichkeit zurück: Erneut müssen sie der Zeremonie des Rätselratens beiwohnen. – Das Volk hat sich auf dem Platz vor dem Kaiserpalast eingefunden. Die acht Weisen, welche die Lösungen in ihren Schriftrollen bereithalten, haben Platz genommen. Kalaf wiederholt mit fester Stimme seine Werbung, ungeachtet aller Warnungen des greisen Kaisers Altoum. Turandot erscheint. Nach feierlichem Schweigen beginnt sie zu sprechen: In ihrem Herzen halle noch der Schrei

der Prinzessin Lo-u-ling, die, vor tausenden von Jahren, sich den Tod gab, weil ein feindlicher Prinz sie vergewaltigt hatte. Diese Ahnin räche sie mit dem Tod all der Prinzen, die sich um ihre Hand bewerben (*In questa reggia / In diesem Palast*). Dann stellt sie voll kalten Stolzes das erste Rätsel. Kalaf löst es, löst auch das zweite und endlich das dritte: »Hoffnung« ... »Blut« ... und »Turandot« sind die Lösungsworte. Das Volk feiert den Sieg des Prinzen vor der erstarrten Turandot, die ihren Vater anfleht, sie nicht diesem Fremden auszuliefern. Doch Altoum beharrt auf der Erfüllung des Spruches. Kühn antwortet Kalaf, er wolle Turandot nicht wie eine Beute, vielmehr erst, wenn sie ihn liebe. Und er setzt nochmals sein Leben ein, indem er ihr nun ein Rätsel stellt, ein einziges: Wenn sie vor Morgengrauen seinen Namen nennen könne, sei er bereit, zu sterben.

3\. Akt. Unter Androhung der Todesstrafe wird dem Volk von Peking verboten, in dieser Nacht zu schlafen. Allen ist aufgetragen, den Namen des fremden Prinzen herauszufinden. *Nessun dorma! / Keiner schlafe!* – diese Befehlsworte greift Kalaf auf in seinen zuversichtlichen Gedanken an den kommenden Tag. Ping, Pang und Pong, die um ihr Leben fürchten, bieten ihm vergebens die verführerischsten Mädchen, Gold und Edelsteine an, damit er seinen Namen preisgibt und flieht, doch Kalaf will nur eine: Turandot. Indessen haben Turandots Schergen Timur und Liu aufgegriffen, die tags zuvor in der Nähe des Fremden gesehen worden sind. Um den alten Mann zu schützen, behauptet Liu, daß nur sie den gesuchten Namen kenne. Doch Liu schweigt auch unter Pings Folter, aus Liebe zu dem Prinzen. Turandot prophezeiend, daß auch sie noch von der Liebe überwältigt werde (*Tu, che di gel sei cinta / Du, die du von Eis umgürtet*), reißt sie einem Soldaten den Dolch aus dem Gürtel und tötet sich, ihr damit ihre gefühllose Unmenschlichkeit vor Augen führend. Die ergriffene Menge löst sich auf. Kalaf und die ein wenig innere Bewegung verratende Turandot bleiben allein zurück. Er tritt auf sie zu, reißt die stolz auf ihrer Unnahbarkeit beharrende Prinzessin in seine Arme und küßt sie leidenschaftlich (*Principessa di morte / Prinzessin des Todes*).

Unter seiner Berührung vollzieht sich ihre Wandlung, sie ist bezwungen. Von Anfang an, gesteht sie, habe sie das gefürchtet (*Del primo pianto / Der ersten Tränen*). Er möge sie nicht weiter demütigen und als Unbekannter gehen. Doch Kalaf legt sein Leben in ihre Hände, indem er seinen Namen nennt. – Im Morgengrauen versammelt sich wieder das Volk vor dem Kaiserpalast. In das angespannte Schweigen verkündet Turandot, den Namen des Fremdlings zu wissen, er heiße »Amore«. Kalaf stürzt in ihre Arme. Die Menge jubelt: »Das Licht der Welt ist die Liebe!«

Puccini kannte das Sujet seiner Oper mindestens aus einer Max-Reinhardt-Inszenierung von Schillers *Turandot* (mit der Musik Ferruccio Busonis) 1911 in Berlin, dann in der italienischen Schiller-Übersetzung Andrea Maffeis, auch aus Carlo Gozzis gleichnamiger »tragikomischer chinesischer Fabel für das Theater« (1762). Das aus dem Persischen stammende Märchen erschien in allerlei Vorformen in der Romanze *Haft Paikar* des Elyas ebn-e Yusof Nezami (ca. 1200), in den Märchen der 844. und 904. Nacht aus *Tausendundeine Nacht* und in der Oper *La princesse de la Chine* (1729) von Lesage und d'Orneval. Nach Schiller (1802) bemächtigten sich die deutschen Romantiker der chinesischen Prinzessin: Carl Maria von Weber schrieb 1809 eine Bühnenmusik, und E. T. A. Hoffmann zitiert das Stück in seinen *Seltenen Leiden eines Theaterdirektors* (1818) und in der *Prinzessin Blandina* (1814).

Ende 1920 hielt Puccini, der sich bereits im Sommer des Jahres mit japanischen Musikinstrumenten vertraut gemacht hatte, den Text zum 1. Akt der *Turandot* in Händen; nach einigen Textkorrekturen vollendete er dessen Komposition im Sommer 1921. Am 25. 3. 1924 teilte Puccini Simoni mit, daß er – bis auf das Schlußduett – mit der Instrumentierung der gesamten Oper fertig sei. Die Vollendung des Schlusses, das Geschehen nach Lius Selbsttötung, verhinderte Puccinis Tod; es blieben dazu nur 36 Skizzenblätter. Vom Verlag und sogar vom Ministerpräsidenten gebeten, willigte der Puccini-Schüler Franco Alfano (1876–1954), Komponist u. a. der

Opern *Risurrezione* (1898, nach Tolstoj) und *La leggenda di Sakuntala*, ein, die Oper auf der Grundlage der Skizzen fertigzustellen.
Bei der Uraufführung brach Toscanini nach Lius Tod ab mit den Worten: »An dieser Stelle starb der Maestro.« Erst bei der zweiten Aufführung wurde, in einer gekürzten Fassung, Alfanos Ergänzung des Schlußduetts und des Finales gespielt. Der komplette Schluß erklang erst 1982 in London in einer konzertanten, 1983 in New York in einer szenischen Aufführung. Die deutschsprachige Erstaufführung erfolgte am 4. 7. 1926 unter Fritz Busch in Dresden.
Musikalisch setzte Puccini mit einem monumentalen Kräftemessen bezüglich der Anforderungen an den Orchesterapparat, die Chormassen und die Sängerin der Titelrolle den in *Madama Butterfly* begonnenen Orientalismus fort, verstärkt durch einen Zug ins Pathetisch-Heroische. In der *Turandot* bündelte er nochmals die Tradition der Exotik-Opern von Meyerbeer bis Mascagni mit der Grand opéra des 19. Jahrhunderts. Auffallend ist neben der Verwendung von chinesischen Originalmusiken der reiche Einsatz von Schlaginstrumenten, welche den vielfach pentatonischen und polyrhythmischen »ostasiatischen« Klangverflechtungen das exotische Flair geben: Tamtam, 12 chinesische Gongs, Xylophon, Baßxylophon, Röhrenglocken, Celesta, Holztrommel. Die Partitur ist überdies ohne die Beschäftigung mit Strawinskys *Sacre du printemps* und der *Salome* von Strauss, aber auch mit Werken Bartóks, Debussys, Mascagnis (*Iris*) und der italienischen Neo-Klassizisten wie Casella und Malipiero nicht denkbar. In diesem Werk, in dem alle Kräfte um eine prunkend-glitzernde Kraftentfaltung bemüht sind, setzte Puccini einen ergreifenden Kontrapunkt zu Turandot mit der innig lyrischen Figur der Liu; ihre beiden Arien reihen sie ganz in die Tradition der fragilen Frauenporträts Puccinis ein, während Turandot selbst, eine ins übermenschliche gesteigerte Tosca oder Minnie, das Novum einer italienischen Sopranpartie mit wagnerschen Anforderungen an Umfang und fanfarenhafte Tonsprünge sowie blitzende Spitzentöne darstellt. Kalaf ist als Charakter ähnlich unentwickelt wie die

meisten von Puccinis Tenor-Helden. Immerhin versah ihn der Komponist mit zweien seiner schönsten Tenor-Arien (*Non piangere, Liu* und *Nessun dorma!*).
Spieldauer: ca. 1¾ Stunden (1. Akt: ca. 30 min.; 2. Akt: ca. 40 min.; 3. Akt: ca. 35 min.).

Claude Debussy

* 22. August 1862 in Saint-Germain-en-Laye
† 25. März 1918 in Paris

Trotz unruhiger Jugendjahre, verursacht durch einen Vater, der vielerlei Berufen nachging (und in den Tagen der Commune inhaftiert wurde), erhielt Debussy, der im übrigen keinen geregelten Schulunterricht hatte, regelmäßig Klavierstunden bei einer Madame Maute, die sein Talent erspürte. Ab 1872 studierte er am Pariser Konservatorium, doch die sich abzeichnende Virtuosenlaufbahn als Pianist mußte er aufgeben, nachdem er in allen Prüfungen durchgefallen war. Als Kompositionsschüler von Ernest Guiraud, kurze Zeit auch von César Franck, gewann er aber 1884 den Rom-Preis, der ihm einen dreijährigen Italien-Aufenthalt verschaffte. Bereits um 1880 war Debussy als Hauspianist von Tschaikowskijs Gönnerin Frau von Meck durch die Schweiz, Italien, Südfrankreich gereist. Zwei Bayreuth-Besuche 1888 und 1889 prägten Debussys Auffassung der Oper als Reaktion und Gegenentwurf zu Wagners Schaffen. Mehrere Opernsujets hatten ihn bis dahin beschäftigt: *Diane au bois* (1881–86) und *Hymnis* (1882), beide nach Théodore de Banville, *Salammbô* (1886) nach Flaubert und *Axel* nach Villiers de l'Isle-Adam (1888), später auch eine Version des *Cid* (*Rodrigue et Chimène*, 1890–92). 1893 sah er Maeterlincks Bühnenstück *Pelléas et Mélisande* und erkannte in ihm sofort seinen idealen Opernstoff. 1889 war seine Aufmerksamkeit schon einmal auf ein Stück Maeterlincks gefallen, *La princesse Maleine*, das der Dichter allerdings Vincent d'Indy zur Komposition überließ. Zu den späteren Opernplänen gehören die Fragment gebliebenen Versuche nach Edgar Allan Poe *Le diable dans le beffroi* (1902–11) und *La chute de la maison Usher* (1908–17). Ein ähnlicher Stoff, der von einem lebendig eingemauerten Mann handelt, Balzacs *La grande Bréteche*, wurde nicht ausgeführt. Als eine Synthese aus Tanz, Musik und Gesang entstand Debussys letztes Bühnenwerk, das »mystère« *Le martyre de Saint Sébastien* (1911) auf einen Text Gabriele d'Annunzios.

Pelleas und Melisande

Pelléas et Mélisande

Drame-lyrique in 5 Akten (13 Bilder). Text von Maurice Maeterlinck. Uraufführung am 30. April 1902 in Paris, Opéra-Comique (Salle Favart).

Der belgische Schriftsteller Maurice Maeterlinck (29. 8. 1862 Gent bis 6. 5. 1949 Nizza) war mit seinen Stücken zum Wortführer des Symbolismus auf der Sprechbühne geworden. Seit seinem ersten Drama *La princesse Maleine* (1889) gingen von diesen Sprachkunstwerken immer wieder Anregungen für Komponisten aus: Debussy vertonte *Pelléas et Mélisande*, ebenfalls Schönberg, Dukas *Ariane et Barbe-Bleue*, Honegger *Aglavaine*, Février *Monna Vanna*, Humperdinck *L'oiseau bleu*.

Personen: Arkel, König von Allemonde (Baß) – Pelléas, Enkel Arkels (Tenor) – Golaud, Halbbruder von Pelléas (Bariton) – Der kleine Yniold, Golauds Sohn aus erster Ehe (Sopran) – Mélisande (Sopran) – Geneviève, Mutter von Pelléas und Golaud (Alt) – Ein Arzt (Baß) – Stimme des Hirten (Baß) – Mägde, Bettler (stumme Rollen) – Matrosen.

Ort und Zeit: Schloß Allemonde und Umgebung, in sagenhafter Zeit.

1. Akt. Die Spur eines angeschossenen Wildes verfolgend, findet Golaud im Wald am Rand einer Quelle ein weinendes

Mädchen, das sich Mélisande nennt. Es ist vor den Menschen geflohen, will aber den Grund seines Kummers nicht nennen. Eine Krone, die Mélisande in das Wasser gefallen ist, möchte sie nicht wieder von Golaud herausgeholt haben. Doch folgt sie ihm, weil die Nacht hereinbricht und sie zu frieren beginnt. – Sechs Monate später auf Schloß Allemonde. Geneviève liest dem greisen Arkel einen Brief Golauds an Pelléas vor, in dem Golaud von der Begegnung und seiner Heirat mit Mélisande berichtet. Er wende sich mit dieser Nachricht an ihn, weil er fürchte, Arkel werde seine Wahl nicht billigen. Wenn Mélisande dem König aber willkommen sei, solle man das durch ein Licht auf der Spitze des Schloßturms anzeigen. In weiser Einsicht will Arkel nicht mehr, wie bei Golauds erster Heirat, dem Lauf der Dinge entgegenwirken. So bittet Geneviève ihren Sohn Pelléas, die Leuchte anzuzünden. – Geneviève begleitet Mélisande durch den Schloßpark hoch über dem Meer. Furcht vor der Düsternis des Gartens und der Wälder um Allemonde habe sie anfangs genauso wie Mélisande empfunden, tröstet sie. Pelléas tritt hinzu, und gemeinsam dem ausfahrenden Schiff, das Mélisande zum Schloß gebracht hatte, nachschauend, fassen Mélisande und Pelléas eine scheue Zuneigung zueinander.

2. Akt. Im Park gelangen Pelléas und Mélisande zum »Brunnen der Blinden«. Pelléas fragt nach der ersten Begegnung mit Golaud, Mélisande aber lenkt ab. In den Brunnen schauend spielt sie mit ihrem Ehering, der ihr beim Mittagsschlag der Schloßuhr in das Wasser fällt. Auf ihre erschrokkene Frage, was sie Golaud sagen solle, wenn er nach dem Ring frage, antwortet Pelléas einfach: »Die Wahrheit.« – Genau zur Mittagszeit ist Golaud vom Pferd gestürzt, wie er, auf seinem Bette liegend, Mélisande berichtet. Sie pflegt ihn aufmerksam, bricht aber plötzlich in Tränen aus: auch sie sei krank, fühle sich hier im Schloß ganz unglücklich. Ihre Hände fassend, versucht Golaud sie zu trösten, und bemerkt dabei den Verlust des Ringes. Verlegen behauptet Mélisande, ihn in einer Grotte am Strand beim Muschelnsuchen für Yniold verloren zu haben. Golaud besteht darauf, daß

sie ihn sofort sucht, der Ring bedeute ihm mehr, als sie ahnen könne. Da es bereits dunkel ist, solle Pelléas sie begleiten. Eine Ausrede suchend, sind Pelléas und Mélisande zur Grotte gegangen. Im Mondlicht erscheinen dort im Innern vor ihren Augen die Gestalten von drei schlafenden alten Bettlern. »Im Land herrscht Hungersnot«, erklärt Pelléas. Leise ziehen sich beide zurück.
3. Akt. Am offenen Fenster des Schloßturms stehend und leise vor sich hin singend kämmt Mélisande ihr langes Haar. Pelléas, der am nächsten Tag abreisen will, bemerkt sie und bittet sie, sich zu ihm hinaus- und herunterzubeugen, damit er ihr Haar berühren und liebkosen kann. Er streichelt es und knüpft es an den Ast einer Weide, um sie für diese Nacht zu seiner Gefangenen zu machen. So findet sie Golaud. »Spielt nicht so, ihr Kinder«, ist seine ein wenig gezwungen wirkende Mahnung. – In den Gewölben unter dem Schloß führt Golaud seinen Bruder an eine abgrundtiefe Zisterne, deren Fäulnisgeruch auf beide wie der Hauch des Todes wirkt, der in den Rissen der Mauern lauert und das ganze Schloß bedroht. – Am Ausgang aus den Gewölben ermahnt Golaud seinen Bruder noch einmal, das Spiel der gestrigen Nacht nicht zu wiederholen; Mélisande verdiene Rücksicht, zumal sie schwanger sei. Pelléas möge sie meiden, unauffällig zwar, aber so oft wie möglich. – Von Eifersucht geplagt, horcht Golaud den kleinen Yniold über alles aus, was Mélisande und Pelléas während seiner Abwesenheit tun, und hört aus den unschuldigen Antworten des Kindes viel heraus, was seine Zweifel bestätigt. Da sie vor dem Schloß sitzen, hebt Golaud seinen Sohn schließlich hoch, damit er ihm berichte, was er in Mélisandes Zimmer sieht: Pelléas ist bei ihr, doch beide stehen voneinander entfernt und blicken stumm in das Licht – ein Anblick, der Yniold Angst macht.
4. Akt. Pelléas verabredet sich mit Mélisande am »Brunnen der Blinden«, um Abschied von ihr zu nehmen. Sein Vater, ein stummer kranker Bewohner des Schlosses, um dessentwillen er bisher geblieben ist, sei genesen und habe ihn aufgefordert zu reisen. Arkel freut sich, auch für Mélisande,

daß nun, nach der Gesundung von Pelléas' Vater, wieder Fröhlichkeit in das Schloß einkehren wird: »Laß dich nahe anschauen. Man bedarf der Schönheit so sehr, wenn der Tod neben einem steht.« Bei diesen Worten tritt Golaud ein, Blut an der Stirn. Mélisande, die es ihm wegwischen will, stößt er zurück, packt sie bei den Haaren und demütigt sie wie von Sinnen. – Beim Spiel ist Yniold ein goldener Ball zwischen Felssteine gerollt. Vergeblich müht er sich, einen Stein wegzuräumen. Eine in der Ferne vorüberziehende Schafherde, offensichtlich auf dem falschen Weg, erfüllt ihn mit unerklärlicher Furcht. – Am Brunnen im Park gestehen sich Pelléas und Mélisande ihre Liebe. Leidenschaftlich sich umarmend, werden sie von Golaud überrascht. Er erschlägt Pelléas mit seinem Schwert und verfolgt die in den Wald fliehende Mélisande.
5. Akt. Arkel, Golaud und ein Arzt wachen am Bett der sterbenden Mélisande, die eine Tochter geboren hat. Erwachend verlangt Mélisande, das Fenster zu öffnen, damit sie das Meer sehe. Golaud tritt an ihr Bett, um ihre Vergebung bittend, aber auch drängend und flehend, ihm die Wahrheit zu sagen: »Hast du ihn mit verbotener Liebe geliebt?« Mélisande scheint ihn nicht mehr zu verstehen. Sie stirbt. Arkel trägt Mélisandes Tochter aus dem Sterbezimmer, »das Kind darf nicht in diesem Zimmer bleiben ... Es muß jetzt leben an ihrer Statt. Jetzt ist die arme Kleine an der Reihe.«

Im Mai 1893 erlebte Debussy am Théâtre des Bouffes-Parisiens eine Aufführung von Maeterlincks 1892 erschienenem Drama, und drei Monate später hatte er die Erlaubnis des Dichters, sein Stück zu vertonen. Beginnend mit der Liebesszene des 12. Bildes entstand die Komposition von September 1893 bis August 1895. Debussy nahm nur einige Kürzungen des Textes vor, strich Nebenfiguren und schuf damit eines der frühen Beispiele der im 20. Jahrhundert dann bestimmenden »Literaturoper«. *Pelléas et Mélisande* war wie eine Negation der erfolgreichen und populären Grand opéra konzipiert: »Die Musik herrscht in der Oper viel zu sehr vor ... Die Stimme sollte sich nur dann zum echten Gesang erheben, wenn es angebracht ist ... Keine musikalische Durchführung nur um der Durchführung willen ... Ich stelle mir ein kurzes Libretto vor, mit austauschbaren Szenen« (Debussy). Die Oper fand bei Darbietung im privaten Kreis die Bewunderung von Debussys Freunden, doch an eine Aufführung war nicht zu denken. 1895–1897 stellte er eine zweite Fassung her. Durch den Einsatz des Komponisten und Dirigenten André Messager ließ sich Albert Carré dazu bewegen, die Oper 1902 an der Opéra-Comique herauszubringen. Die Proben begannen bereits im Januar. Zunächst zog Maeterlinck, dessen Frau man, sehr zum Leidwesen des Dichters, nicht die Rolle der Mélisande übertragen hatte, seine Genehmigung zur Vertonung zurück. Doch Debussy gewann in einem Schiedsverfahren. Während der Proben stellte man außerdem fest, daß zur Überbrückung der Umbauten ausführlichere Zwischenspiele benötigt würden; Debussy lieferte sie in größter Eile.

Die Uraufführung fand eine zwiespältige Reaktion. Doch rasch wurde die spezifische Kunst von *Pelléas und Mélisande* erkannt. Für die Schottin Mary Garden bedeutete die Rolle der Mélisande, die sie später auf der ganzen Welt sang, den Durchbruch in ihrer Karriere. Die deutschsprachige Erstaufführung fand am 19. 4. 1907 in Frankfurt a. M. statt; 1908 folgten New York und Mailand, 1909 London.

Während der Arbeit an der 2. Fassung von *Pelléas und Mélisande* hatte Debussy *Boris Godunow* im Klavierauszug kennengelernt; Mussorgskijs minuziöse Sprachbehandlung findet sich in Debussys psychologisch verfeinerter Prosodie wieder. Dem Geheimnisvollen, Traumhaften, Alptraumhaften des Dramas, eines Meisterwerks des Fin de siècle, in dem so vieles unausgesprochen und angedeutet bleibt und die Handlung, wie im *Tristan*, in das Innere der Figuren verlegt ist, entspricht Debussy mit einem »unendlichen Rezitativ«, das bis zum Flüstern reduziert ist; das Orchester hat die Aufgabe, das Unsagbare anzudeuten. Sehr subtil gesponnene Motive verzahnen die im Sprachtext anklingenden und in der Handlung angedeuteten Beziehungen. Bemerkenswerterweise verändert sich das Mélisande begleitende

Thema im Verlauf der Oper nicht, wie um das Fehlen jeglicher Entwicklung zu dokumentieren. Debussy arbeitete gleichsam als musikalischer Pointillist, übernahm den an Zwischentönen und sublimen Farben reichen Sprachduktus Maeterlincks, ohne sein Stilprinzip größter stilistischer Klarheit aufzugeben. Bei aller Transparenz löst die Musik nicht die Geheimnisse des Dramas.
Spieldauer: ca. 2½ Stunden (1. Akt: ca. 30 min.; 2. Akt: ca. 28 min.; 3. Akt: ca. 32 min.; 4. Akt: ca. 38 min.; 5. Akt: ca. 25 min.).

Pietro Mascagni

* 7. Dezember 1863 in Livorno
† 2. August 1945 in Rom

Schon mit 13 Jahren hatte sich Mascagni an einer Oper versucht, ehe er in Livorno und, 1881–1884, am Mailänder Konservatorium bei Ponchielli und Alfredo Saladino studierte. Nachdem man ihn (mangels Fleißes) vom Konservatorium geworfen hatte, spielte er Kontrabaß am Teatro dal Verme, reiste als Dirigent mit Operettenensembles und ließ sich dann als Musiklehrer in Cerignola in Apulien nieder. Seine Frau Lina soll es gewesen sein, die zu einem Wettbewerb des Mailänder Verlegers Sonzogno für Operneinakter 1888 die eben vollendete *Cavalleria rusticana* einsandte. Mascagnis weiteres Leben liest sich wie ein Märchen: *Cavalleria rusticana* war eine der drei ausgezeichneten Opern und wurde 1890 mit überwältigendem Erfolg in Rom uraufgeführt. Von einem Tag auf den anderen war Mascagni *der* neue Opernkomponist. Im Vergleich mit *Cavalleria rusticana*, der prototypischen Oper des Verismo, mußten der folgende, lyrisch-idyllische *L'amico Fritz* (Rom 1891) und weitere Opern dieser Art das Publikum enttäuschen. Auch mit dem veristischen *Silvano* (1895) und dem stimmungsvollen Einakter

Zanetto (1896) ließ sich dieser Welterfolg nicht wiederholen, selbst nicht mit *Iris*, einer wirkungsvollen Mischung aus japanischer Exotik und aus Grausamkeit (Mailand 1899), die Puccini zu seiner *Madama Butterfly* anregte. Der dennoch einzigartige Stellenwert Mascagnis im italienischen Opernleben zeigt sich daran, daß seine – gleichwohl schlecht aufgenommene – Commedia-dell'arte-Oper *Le maschere* (1901) gleichzeitig an sieben Häusern uraufgeführt wurde. Mascagnis spätere Opernwerke zeigen eine Spannweite vom Renaissance-Thriller über die Operette bis zur schauerlichen Liebesgeschichte zu Zeiten der Französischen Revolution oder der ersten Christen. Ihn einzig als Komponist des Verismo festzulegen, dessen Hauptvertreter er mit der *Cavalleria* ist, wäre verfehlt, denn sein in Italien noch gespielter *Amico Fritz*, sein reizvoller Einakter *Zanetto* und die unterschätzte *Iris* zeigen die schillernde Palette eines versierten, wenngleich qualitativ sehr schwankenden Komponisten. Er trat weltweit als Dirigent (nicht nur eigener Werke) auf, arrangierte sich nach dem Weggang Toscaninis 1929 an der Scala mit dem Regime Mussolinis und endete als floskelhafter Staatskomponist.

Cavalleria rusticana

Melodrama in 1 Akt. Text von Giovanni Targioni-Tozzetti und Guido Menasci. Uraufführung am 17. Mai 1890 in Rom, Teatro Costanzi.

Giovanni Targioni-Tozzetti (1859–1934) und Guido Menasci (1867–1925) verfaßten für Mascagni nach *Cavalleria rusticana* später noch gemeinsam die Libretti zu *I Rantzau* und *Zanetto*; Targioni-Tozzetti arbeitete an *Silvano*, *Il piccolo Marat* und *Nerone* mit.

Personen: Santuzza, eine junge Bäuerin (Sopran) – Turiddu, ein junger Bauer (Tenor) – Lucia, seine Mutter (Alt) – Alfio, ein Fuhrmann (Bariton) – Lola, seine Frau (Mezzosopran) – Landleute.

Ort und Zeit: Ein Dorfplatz in Sizilien, um 1880.

Bevor er in Norditalien seinen Militärdienst ableistete, versprach Turiddu seiner Geliebten Lola die Ehe, doch während seiner Abwesenheit heiratete Lola den Fuhrmann Alfio. Turiddu wandte sich nach seiner Rückkehr Santuzza zu, trifft sich während Alfios häufigen Reisen aber wieder heimlich mit Lola. Nun ist Ostersonntag, und noch vor Tagesanbruch bringt Turiddu Lola ein Ständchen, eine Siciliana (*O Lola, ch'hai di latti la cammisa / O Lola, rosengleich blühn deine Wangen*). Am Morgen sucht Santuzza ihren Geliebten in der Taverne seiner Mutter Lucia. Sie gesteht ihre Liebe zu Turiddu, ahnt aber, daß er sie verlassen hat, da ihn seine Mutter in Francofonte glaubt, wo er Wein kaufen sollte, er aber in der Nähe von Lolas Haus gesehen wurde. Alfio kehrt mit seinem Gespann von einer Reise zurück, vom Erfolg seiner Arbeit und der Liebe zu seiner treuen Frau Lola erfüllt (*Il cavallo scalpita / Rossestampfen, Peitschenknall*). Ohne Argwohn bestätigt er Lucia, Turiddu in der Nähe seines Hauses gesehen zu haben. Während die Dorfbewohner die Ostermesse begehen, schüttet Santuzza der Mutter Lucia ihr Herz aus: Turiddu sei wieder Lola verfallen (*Voi lo sapete / Als euer Sohn einst fortzog*). Da kommt Turiddu von seiner Liebesnacht bei Lola über den Dorfplatz. Santuzza stellt ihn zur Rede, doch er weicht aus, ja er droht ihr mit Konsequenzen, wenn sie ihn noch länger mit ihrer Eifersucht verfolge. In diesem Moment nähert sich auch Lola auf dem Weg in die Kirche, ein Lied vor sich hinträllernd (*Fior di giaggiolo / O süße Lilie*) und so scheinheilig wie frech Santuzza brüskierend. Turiddu will ihr folgen, doch Santuzza hält ihn zurück und fleht ein letztes Mal um seine Liebe (*No, no, Turiddu, rimani, rimani ancora / Nein, Turiddu, du kannst mich nicht treulos verlassen*). Turiddu läßt sich aber auch nicht durch ihre Tränen erweichen, er stößt sie von sich. Das ist zuviel für Santuzza: Sie schleudert ihm einen Fluch nach und rächt sich an ihm, indem sie Alfio hinterbringt, was Lola hinter seinem Rücken treibt. Alfio schwört blutige Rache, und Santuzza, ihre Tat schon bereuend, stürzt mit ihm davon. Ein sinfonisches Intermezzo leitet über zur österlichen Feiertagsstimmung, in der die Dorfleute ihre Kirche nach dem Gottesdienst verlassen. Die Männer zieht es zu Lucias Taverne, wo Turiddu sie mit einem Trinklied (*Viva il vino spumeggiante / Schäumt der süße Wein im Becher*) einlädt. Auch Alfio bietet er ein Glas an, doch der weist es ab und schüttet den Wein aus. Turiddu weiß Bescheid. Als Beleidigter akzeptiert er die Herausforderung zum Kampf auf Leben und Tod mit einer Umarmung und einem Biß in des Gegners Ohr. Er nimmt Abschied von seiner Mutter und bittet sie, sich um Santuzza zu kümmern, wenn er nicht zurückkomme (*Mamma, quel vino e generoso / Mutter, der Rote war allzu feurig*). Dann folgt er Alfio. Lucia und Santuzza suchen Trost beieinander. Aus der Ferne gellt der entsetzte Schrei einer Frau: »Turiddu ist tot.«

Giovanni Vergas (1840–1922) Novelle *Cavalleria rusticana*, die übrigens auf eine von Berthold Auerbachs *Schwarzwälder Dorfgeschichten* zurückgeht, war 1880 in einer Wochenschrift erschienen; vier Jahre später arbeitete Verga, der bedeutendste Vertreter des literarischen Naturalismus in Italien, den Text für Eleonora Duse zu einem 1aktigen Bühnenstück um. Bei dem »schicksalhaften« Aufruf zum Opernwettbewerb der Casa Sonzogno 1888 erinnerte sich Mascagni wieder dieses Stückes, das ihm während seiner Mailänder Studienjahre schon als idealer Opernstoff erschienen war. Als Librettist fiel die Wahl auf seinen Schulfreund Giovanni Targioni-Tozzetti, der später Guido Menasci als Mitarbeiter heranzog. Turiddus Siciliana-Text in sizilianischem Dialekt stammt von Giovannino De Zerbi. Anfang Februar 1889 hielt Mascagni den kompletten Text in Händen, am 26. Mai des gleichen Jahres schloß er die Partitur ab. Obwohl zu spät in Mailand eingetroffen, gewann das Stück unter 70 Bewerbungen im Februar 1890 einen der drei 1. Preise (die anderen gingen an Niccolò Spinellis *Labilia* und Vincenzo Ferraris *Rudello*). Die damit garantierte Uraufführung wurde zum Triumph. Seit der nicht minder erfolgreichen Aufführung von Leoncavallos *Pagliacci* zwei Jahre später in Mailand bilden diese beiden Opern, nahezu untrennbar wie siamesische Zwillinge verbunden, bis heute den künstlerisch überzeugenden Beweis für den musikalischen Naturalismus, den Verismo. *Cavalleria rusticana* eroberte sofort die großen Bühnen; am 3.1.1891 fand in Hamburg die deutschsprachige Erstaufführung statt.

Das Neuartige an Mascagnis Oper war neben der unter Bauern spielenden, realistisch unverbrämt gezeichneten Handlung die Direktheit, mit der die Figuren zur Sache kommen. Lyrische Gefühlsäußerungen, reflektierende Momente und Liebesarien fehlen vollkommen; das Äußerste an lyrischer Ausformung ist Turiddus hinter der Bühne gesungene, harfenbegleitete Siciliana zu Beginn der Handlung. Statt dessen dominieren Haß, Eifersucht, enttäuschte Liebe, Rache; die Handlung ergibt sich – dramaturgisch sehr pointiert – aus einer Folge dramatisch zugespitzter Wortgefechte: In den 3 Duetten Santuzzas mit Lucia, Turiddu und Alfio vollzieht sich die eigentliche Tragödie. Dem hochgespannten Handlungsverlauf haben sich auch die knappen Soloszenen – Alfios stampfendes *Il cavallo scalpita*, Santuzzas hektische Beichte *Voi lo sapete*, Lolas volksliedhaftes *Fior di giaggiolo*, Turiddus Trinklied und sein kurzer Abschied von der Mutter – einzufügen. Nur die Chorszenen entfalten sich stimmungsvoll und mit blühender Melodik. Die 9 Nummern der Oper haben das alte »scena ed aria«-Schema aufgegeben und lassen eine Trennung in rezitativische und ariose Passagen, in Lied, Parlando und Arie, kaum noch erkennen. Die knallende Melodik und der bewußt ungeschliffen und primitiv belassene Orchesterklang suggerieren die Nachahmung echten, bäuerlichen Lebens. Mascagnis Musik reißt stets durch ihre ursprüngliche und spontane Erfindungskraft mit, ohne jedoch in musikalisches Neuland zu weisen.

Spieldauer: ca. 1¼ Stunden.

Eugen d’Albert

* 10. April 1864 in Glasgow
† 3. März 1932 in Riga

D’Albert, französisch-italienischer Abstammung, wurde von seinem Vater, der einige Zeit Ballettmeister an Covent Garden in London war, musikalisch unterrichtet, studierte dann u. a. bei dem Pianisten Ernst Pauer in London, bildete sich aber weitgehend autodidaktisch aus. Begegnungen mit Anton Rubinstein, Hans Richter und Liszt bestimmten ihn zur pianistischen Karriere. Vor allem als Beethoven-, Liszt- und Brahms-Interpret erwarb er sich Ruhm und Ansehen. Meist in den deutschsprachigen Ländern lebend, komponierte er Lieder und Instrumentalwerke, doch blieb er nur durch *Tiefland* bekannt, die siebte seiner ab 1893 entstandenen 21 Opern. Das einzige überlebende Beispiel eines deutschen Verismo ist nicht repräsentativ für d’Alberts Bühnenschaffen, das primär dem theatralisch-gruselig und spannend aufbereiteten Effekt verpflichtet war, aber auch dem modischen Konversationsstück und der Satire galt. Zu seinen Opern gehören u. a. der heitere Einakter *Die Abreise* (1898), die am Hofe Friedrichs des Großen spielende Komödie *Flauto solo* (1905), die komische Oper *Die verschenkte Frau* (1912), aber auch der Hintertreppenroman einer durch Jesus wieder sehend gewordenen Frau in *Die toten Augen* (1916), das blutige Drama einer erzwungenen Ehe in *Der Stier von Olivera* (1919), die altjüdische Sage von dem zu gefährlichem Leben erwachten Lehmmenschen *Der Golem* (1926) oder der Krimi *Die schwarze Orchidee* (1929). Stets wählte d’Albert spannende Handlungen und komplizierte Liebesintrigen vor einem schillernden historischen Hintergrund, dabei mit Elementen des Symbolismus und des Expressionismus experimentierend, ohne die musikdramatische Raffinesse seiner Zeitgenossen Schreker oder Zemlinsky zu erreichen.

Tiefland

Musikdrama in einem Vorspiel und 2 Akten. Text von Rudolf Lothar nach dem Schauspiel *Terra baixa* von Angel Guimerà (1896). Uraufführung am 15. November 1905 in Prag, Deutsches Theater.

Rudolf Lothar, eigtl. Rudolf Spitzer (23. 2. 1865 Budapest bis 2. 10. 1943 Budapest), war Journalist und schrieb Erzählungen und erfolgreiche Bühnenstücke.

Personen: Sebastiano, ein reicher Grundbesitzer (Bariton) – Tommaso, Gemeindeältester, 90jährig (Baß) – Moruccio, Mühlknecht (Bariton) – Marta, Magd (Sopran) – Pepa (Sopran), Antonia (Mezzosopran), Rosalia (Alt), Mägde – Nuri (Sopran) – Pedro (Tenor) und Nando (Tenor), zwei Hirten im Dienst Sebastianos – Eine Stimme (Baß) – Der Pfarrer, Bauern, Bäuerinnen.

Ort und Zeit: Auf einer Hochalpe der Pyrenäen und im spanischen Tiefland von Katalonien, um 1900.

Vorspiel. Abgeschnitten von den Menschen hütet Pedro auf der Hochalpe die Tiere Sebastianos. Sein einziger Gesprächspartner ist gelegentlich Nando. Ihm erzählt Pedro auch von seiner Sehnsucht nach einer Frau. Da tauchen überraschend Sebastiano, Tommaso und Marta auf. Sebastiano hat die Absicht, Marta, die er als Bettelkind aufnahm, später zu seiner Geliebten und zur Mühlenbesitzerin machte, mit Pedro zu verheiraten, allerdings ohne auf sein Gewohnheitsrecht an ihr zu verzichten. Der unbeholfene, treuherzige Pedro ist überaus glücklich, eine schöne Frau und dazu auch noch die Mühle im Tiefland zu bekommen; er nimmt frohen Herzens Abschied von seinen Bergen.
1. Akt. Pepa, Antonia und Rosalia zerreißen sich das Maul über Martas bevorstehende Heirat. Die junge Nuri klärt die anderen darüber auf, wer Martas Mann werden soll: ein Hirte aus dem Hochland. Die Frauen verspotten Marta, die nur Nuri ihre wahren Gefühle zeigt: Seit ihrer Jugend gehört sie Sebastiano, der sie nun ungefragt einem unbekannten Mann zur Frau geben will. Auch Moruccio klärt den alten Tommaso über den wahren Hintergrund dieser Heirat auf:

Der hoch verschuldete Sebastiano will endlich dem Gerede über seine Beziehung zu Marta ein Ende setzen, weil er eine gute, ihn sanierende Partie ansteuert. Tommaso ist entsetzt darüber, wie Marta an den naiven Pedro verschachert wird, und stellt Sebastiano zur Rede, der nur Hohn für ihn übrig hat. Marta läßt die Trauung über sich ergehen, verhält sich gegenüber Pedro aber abweisend. Er schenkt ihr einen Taler, den er von Sebastiano erhielt, als er unter Einsatz seines Lebens einen Wolf erwürgte. Doch Marta, die glaubt, daß die Heirat ein abgekartetes Spiel zwischen Pedro und Sebastiano ist, verachtet ihren Bräutigam. Als sie jedoch erkennen muß, daß Pedro nichts von ihrer Vergangenheit ahnt, beginnt sie sich selbst zu hassen. Derweil leuchtet ein Licht in Martas Zimmer auf: Sebastiano will sie sogar in ihrer Hochzeitsnacht besitzen.

2. Akt. Pedro vertraut sich Nuri an. Da er inzwischen begriffen hat, daß etwas hinter seinem Rücken vorgeht und die Leute über ihn lachen, will er auf seine Berge zurückgehen. Dem greisen Tommaso erzählt Marta ihre Lebensgeschichte, zuletzt auch, daß ihr bewußt wurde, wie sehr sie inzwischen Pedro liebt und daß sie ihn nie wieder verlieren will. Obwohl sie nicht den Mut dazu hat, rät ihr Tommaso dazu, Pedro die Wahrheit zu sagen. Sie tut es. Auch Pedro liebt sie und vergibt ihr, nur als sie ihm vorwirft, sie für Geld gekauft zu haben, gerät er in Zorn und verletzt sie mit dem Messer. Gemeinsam wollen sie in die Berge fliehen, aber Sebastiano stellt sich ihnen in den Weg, und um seine Besitzansprüche herauszukehren, verlangt er, daß Marta vor ihm zu tanzen beginnt. Pedro, der sich auf ihn stürzt, wird geschlagen und vom Hof geworfen. Da bringt Tommaso die Nachricht, daß er Sebastianos Geldheirat verhindern konnte, indem er dem Brautvater reinen Wein über Sebastiano eingeschenkt habe. Mit Gewalt versucht Sebastiano nun wenigstens Marta zu behalten, die sich sträubt und wehrt. Ihre Hilferufe hört Pedro. Er kehrt zurück. Es kommt zum Zweikampf, und wie er den Wolf mit bloßer Hand tötete, erwürgt Pedro den wölfischen Sebastiano. Mit Marta zieht er zurück, hinauf in die Freiheit der Berge.

In der Übersetzung des Wiener Literaten Rudolf Lothar hatte der Dirigent Ernst von Schuch das Schauspiel *Terra baixa* von Angel Guimerà (1849–1924) gelesen und es d'Albert vorgeschlagen. Außer geringfügigen Änderungen ließ sich d'Albert von Lothar das Vorspiel hinzuschreiben und wählte den Titel *Tiefland.* Mit seiner ungeschminkten Darstellung bäuerlich-harten Lebens und wild auflodernder Leidenschaften entsprach der Stoff den Forderungen des Verismo. Im Gegensatz des moralischen Morasts im zivilisiert-städtischen Tiefland zu den unverdorbenen Gefühlen der aufrechten Naturmenschen äußert sich der Kulturpessimismus der Jahrhundertwende. Die konzentrierte Handlung, die drei blutvollen Hauptgestalten und d'Alberts plakativ-theatralische Musik verbanden sich zu einem Opernerfolg, der bis zum 2. Weltkrieg anhielt. D'Alberts Musik zeigt allenthalben seine virtuose Beherrschung des Metiers, in der illustrativen Schilderung der Hochebene im Vorspiel, der glutvollen Leidenschaft Martas, der brutalen Hörigkeit Sebastianos und in der erschütternden Unschuld und dem Ernst Pedros in seiner »Wolfserzählung« (*Schau her, das ist ein Taler*), der einzigen arienhaft herauslösbaren Nummer der durchkomponierten, durch Leitmotive strukturierten Partitur.

Die 1902 begonnene Komposition, in der d'Albert spanische Folklore und Alpenrufe verarbeitete, war im Juli 1903 abgeschlossen. Die Uraufführung im Herbst des gleichen Jahres unter Leo Blech war ein nur mäßiger Erfolg. Erst die (von ursprünglich 3) auf 2 Akte gekürzte 2. Fassung, am 16. 1. 1905 in Magdeburg erstmals gespielt, verhalf der Oper nach der Produktion an der Berliner Komischen Oper 1907 zu einem wahren Siegeszug. Heute steht man dieser zu effektvoll zupackenden Dreiecksgeschichte skeptisch gegenüber; auch der kräftige Naturalismus der Musik hat etwas von seiner einstigen Faszination verloren.

Spieldauer: ca. 2¼ Stunden.

Richard Strauss

* 11. Juni 1864 in München
† 8. September 1949 in Garmisch-Partenkirchen

Der Sohn des Solohornisten im Münchner Hoforchester Franz Strauss und seiner Frau Josephine aus dem Brauergeschlecht Pschorr erhielt bereits mit 4 Jahren Klavier- und mit 8 Jahren Geigenunterricht; ab seinem 11. Lebensjahr unterwies ihn der Hofkapellmeister Friedrich Wilhelm Meyer, Assistent des Dirigenten Hermann Levi, in Musiktheorie. Bereits während seiner Gymnasialzeit wurde sein Streichquartett aufgeführt, und 1881 dirigierte Hermann Levi die Sinfonie in d von Strauss. Einen prägenden Eindruck hinterließen die Aufführungen der Opern Wagners, und so war es folgerichtig, daß sich der junge Dirigent 1889 (erfolgreich) um eine Assistentenstelle in Bayreuth bewarb, wo er in engen Kontakt zu Cosima Wagner trat. Die erste Oper von Strauss, der ohne Erfolg 1894 in Weimar uraufgeführte *Guntram*, steht denn auch uneingeschränkt in der Wagner-Tradition. Doch davor hatte sich der Dirigent seine ersten Sporen als Stellvertreter Hans von Bülows in Meiningen (1885/86) und als 3. Kapellmeister in München verdient und war seit 1889 Hofkapellmeister in Weimar, wo er die Uraufführung von Humperdincks *Hänsel und Gretel* dirigiert hatte. In *Guntram* sang Pauline de Ahna, die 1894 seine Gattin wurde. 1894 kehrte Strauss nochmals an die Münchner Hofoper zurück, wechselte 1898 an die Berliner Hofoper, wo er 1908 zum Generalmusikdirektor und Leiter der Konzerte der Hofkapelle ernannt wurde. Strauss hatte sich bereits einen ausgezeichneten Ruf als Dirigent des klassischen Repertoires wie seiner eigenen Werke geschaffen und gastierte häufig im Ausland. In den Münchner Jahren entstanden die meisten seiner Lieder und die Sinfonischen Dichtungen *Till Eulenspiegels lustige Streiche*, *Also sprach Zarathustra*, *Don Quixote* und *Ein Heldenleben*. 1901 kam seine zweite Oper, *Feuersnot*, heraus, doch erst mit *Salome*

(1905) und *Elektra* (1909) wurde er zum gefeierten Enfant terrible der Opernszene; die beiden schockierenden Einakter gingen innerhalb weniger Jahre über alle Bühnen.
Die mit dem österreichischen Dichter Hugo von Hofmannsthal mit *Elektra* begonnene Zusammenarbeit setzte sich als eine der ergiebigsten und glücklichsten Kooperationen zwischen einem bedeutenden Komponisten und einem nicht geringeren Literaten mit *Der Rosenkavalier* (1911), *Ariadne auf Naxos* (1916), *Die Frau ohne Schatten* (1919), *Die ägyptische Helena* (1933) und *Arabella* (1933) fort. Mit dem *Rosenkavalier* gewann der souveräne Erfolgsmusiker eine Breitenwirkung wie kaum ein Musiker seiner Zeit sonst. Strauss blieb der Berliner Hofoper (heute Staatsoper unter den Linden), bis 1919, zuletzt als interimistischer Leiter, verbunden. Gemeinsam mit Franz Schalk leitete er 1919–1924 die Wiener Staatsoper. Nach dem Tod Hofmannsthals fand Strauss in Stefan Zweig nochmals seinen literarischen Partner. 1933–1935 hatte Strauss als Präsident der Reichsmusikkammer fungiert; nach der Uraufführung der mit Zweig geschaffenen *Schweigsamen Frau* kam es 1935 zum Bruch mit dem Nazi-Regime. Den von Zweig noch initiierten *Friedenstag* (1938) schrieb Strauss, wie *Daphne* (1938) und *Die Liebe der Danae* (1952), auf Libretti von Joseph Gregor; zu einer hoch befriedigenden Zusammenarbeit kam es anläßlich von *Capriccio* (1942) mit dem Dirigenten Clemens Krauss als Librettisten.
Nach dem *Salome*-Erfolg hatte sich Strauss in Garmisch niedergelassen; daneben besaß er seit 1924 ein Palais in Wien. 1944 – die Stätten seiner Triumphe, die Theater in München, Dresden und Wien, lagen in Asche, und Strauss selbst war dem Regime suspekt geworden – feierte ihn Wien anläßlich seines 80. Geburtstags mit Aufführungen seiner Werke. 1945 entstanden als Reflexion über das zerstörte Deutschland die *Metamorphosen* für Orchester und 1948 die postum veröffentlichten *Vier letzten Lieder* für Sopran und Orchester.

Salome

Musikdrama in 1 Aufzug. Text nach Oscar Wildes gleichnamigem Schauspiel in der vom Komponisten gekürzten Übersetzung von Hedwig Lachmann. Uraufführung am 9. Dezember 1905 in Dresden, Hofoper.

Oscar Wilde (16. 10. 1854 Dublin – 30. 11. 1900 Paris). Der englische Schriftsteller vertrat in seinen Werken ein der Décadence und dem L'art pour l'art nahestehendes Ästhetentum; seine Komödien sind bissige Beobachtungen der Gesellschaft seiner Zeit. Die 1893 in französischer Sprache entstandene, 1901 erstmals auf deutsche Bühnen gelangte *Salomé* bildete die Textgrundlage, in der Übersetzung von Hedwig Lachmann (1865–1918).

Personen: Herodes (Tenor) – Herodias (Mezzosopran) – Salome (Sopran) – Jochanaan (Bariton) – Narraboth (Tenor) – Ein Page der Herodias (Alt) – Fünf Juden (vier Tenöre, ein Baß) – Zwei Nazarener (Baß, Tenor) – Zwei Soldaten (Bässe) – Ein Kappadozier (Baß) – Ein Sklave (Sopran oder Tenor) – Der Henker (stumme Rolle) – Gefolge des Herodes.

Ort und Zeit: Palast des Herodes, um 30 n. Chr.

Von der Terrasse des königlichen Palastes starrt Narraboth, ein junger Syrer und Hauptmann der Garde, gebannt auf die schöne, im hellen Mondlicht blaß leuchtende Erscheinung der Prinzessin Salome, die im Innern des Palastes an einem Bankett des Herodes teilnimmt. Der Page der Herodias warnt ihn, die Prinzessin zuviel anzusehen: »Schreckliches kann geschehen.« Plötzlich ertönt aus einer Zisterne die Stimme von Jochanaan, das ist Johannes der Täufer, den Herodes wegen seiner Schmähreden auf ihn und Herodias dort gefangensetzte; Jochanaan verheißt die Ankunft des Messias. Um den lüsternen Blicken ihres Stiefvaters zu entgehen, verläßt Salome den Saal und tritt an die süß duftende Luft auf der Terrasse. Die Stimme aus der Zisterne läßt sie aufhorchen, sie möchte den unbekannten Propheten trotz Verbots des Herodes sehen und erreicht mit verführerischen Schmeicheleien, daß Narraboth Befehl gibt, Jochanaan aus der Zisterne heraufzuführen.

Die abgezehrte Gestalt ruft mit unheimlich drohendem Blick nach dem König und seiner der Unzucht und Blutschande schuldigen Frau Herodias, zur wachsenden Faszination Salomes, die sein »kühles Fleisch« berühren möchte und in gieriger Erregung schließlich seinen Mund zu küssen verlangt. »Niemals! Tochter Babylons!«, schleudert ihr der Prophet entgegen, sie mit keinem Blick wahrnehmend. Die Szene ist unerträglich für Narraboth; vor zehrender Eifersucht wie von Sinnen, stürzt er sich in sein Schwert. Salome beachtet ihn nicht, wiederholt immer nur ihr »Laß mich deinen Mund küssen, Jochanaan«. Mit einem »Du bist verflucht, Salome« wendet sich der Prophet ab und steigt in sein Gefängnis zurück. Ein Orchesterzwischenspiel schildert ihr dumpfes Brüten und das Aufkommen ihrer Rachlust.
Herodes und Herodias treten mit ihrem Gefolge auf die Terrasse hinaus, dabei gleitet Herodes im Blut des Narraboth aus. Er sieht darin ein böses Vorzeichen, auch beunruhigen ihn der seltsame Mond und das Rauschen des Windes. Sich der blassen Salome zuwendend, lockt er sie mit Wein und Früchten, aber sie will nichts von ihm, nicht einmal auf dem Thron ihrer Mutter neben ihm sitzen. Wieder verkündet Jochanaan das Nahen des Erlösers; seine Worte lösen einen heftigen Disput unter den Juden aus. Herodes weigert sich, ihnen den heiligen Mann, »der Gott geschaut hat«, auszuliefern, trotz des wütenden Einspruchs von Herodias. Als aber die beiden Nazarener ihn aufklären, daß der von Jochanaan angekündigte Messias schon da sei, Wunder tue und Tote zum Leben erwecke, zeigt sich der Tetrarch entsetzt. Um von den düsteren Prophezeiungen Jochanaans abzulenken, befiehlt er Salome, für ihn zu tanzen. Doch sie weigert sich so lange, bis er ihr alles zu geben verspricht, was sie begehrt. Salome tanzt den »Tanz der sieben Schleier« unter dem blutrot sich färbenden Mond. Dann nennt sie ihren Preis: Auf einer Silberschüssel – der Kopf des Jochanaan. Herodias triumphiert, Herodes ist bestürzt über diese grausame Forderung. Er weigert sich, will Salome alles andere bieten, Edelsteine, seine kostbaren weißen Pfauen, Juwelen, ja sogar den Mantel des Hohenpriesters oder den Vorhang des

Giacomo Puccini: Turandot
Staatsoper Wien

Richard Strauss: Salome
Staatsoper Unter den Linden, Berlin

Allerheiligsten. Umsonst, sie bleibt dabei: der Kopf des Jochanaan. Erschöpft gibt Herodes nach, von bösen Ahnungen erfüllt. Herodias zieht ihm den Ring vom Finger und läßt ihn dem Henker zum Zeichen der Hinrichtung überreichen. Grausige Stille herrscht, nachdem der Henker mit dem Schwert zu Jochanaan in die Zisterne hinabgestiegen ist. Sein Arm streckt das Haupt des Propheten hervor; auf einer Silberschüssel wird es Salome gereicht. Sie kann ihr Verlangen befriedigen und den Mund des Toten küssen. In leidenschaftlicher Zwiesprache mit dem toten Haupt genießt sie ihre befriedigte Rache und preist ihre perverse Liebe: »Hättest du mich angesehen, du hättest mich geliebt ... Das Geheimnis der Liebe ist größer als das Geheimnis des Todes.« Voll Abscheu befiehlt Herodes: »Man töte dieses Weib!« Unter den Schilden der Soldaten zermalmt, stirbt Salome.

Salome ist die brillanteste und avantgardistisch kühnste Partitur von Strauss. Seine Musik treibt die grauenhafte Perversion der Handlung noch schärfer hervor als Wildes Stück. Strauss selbst setzte aber den von ihm in *Salome* eingeschlagenen Weg einer teilweise aufgehobenen Tonalität nicht fort: »Ich hatte schon lange an den Orient- und Judenopern auszusetzen, daß ihnen wirklich östliches Kolorit und glühende Sonne fehlt. Das Bedürfnis gab mir wirklich exotische Harmonik ein, die besonders in fremdartigen Kadenzen schillert, wie Changeant-Seide. Der Wunsch nach schärfster Personencharakteristik brachte mich auf die Bitonalität ... Man kann es als ein einmaliges Experiment an einem besonderen Stoff gelten lassen, aber zur Nachahmung nicht empfehlen.« Von Strauss soll auch die griffige Kennzeichnung des Werks als »ein Scherzo mit tödlichem Ausgang« stammen. Dabei war sich Strauss der ungeheuerlichen Neuartigkeit seiner Musik bewußt: »Nur mein so fein differenziertes Orchester mit seiner subtilen ›Nervenkontrapunktik‹ konnte in der Schlußszene der *Salome* [...] sich in Gebiete vorwagen, die nur der Musik zu erschließen vergönnt waren.« Neben der genannten Bitonalität sind Leitmotivtech-

nik und eine Orchestrierung, die alle Farbmöglichkeiten des 106-Mann-Orchesters ausreizt, Kennzeichen dieser stimmungsmächtig leuchtenden, von schwülem Kolorit erfüllten Partitur; dank seiner souveränen Beherrschung der künstlerischen Mittel gelangen Strauss in der Tat Momente von atemloser Spannung, rein aus der Musik; mittels tonmalerischer Raffinesse und harmonischer Reibungen entschlüsselte er auf das Intimste die psychische Verfassung der Personen.
Im September 1904 war die im Jahr zuvor begonnene Komposition, im Juni 1905 die Instrumentation abgeschlossen. Strauss hatte den Text um etwa ein Drittel gekürzt. Die Uraufführung in Dresden dirigierte Ernst von Schuch; Marie Wittich war Salome, Karl Burian der Herodes. Innerhalb von zwei Jahren spielten 50 Bühnen das Stück. In Berlin mußte aber 1907 als Triumph des Christentums der Stern von Bethlehem leuchten; in Wien konnte *Salome* erst 1918, nach dem Ende der Monarchie, aufgeführt werden. Die von Strauss selbst erstellte französische Fassung, auf Wildes Original basierend, wurde 1906 veröffentlicht; sie geriet in Vergessenheit und wurde erst 1989 in Montpellier (konzertant) und 1990 in Lyon (szenisch) neuerlich erprobt.
Spieldauer: ca. 1 Stunde 40 Minuten.

Elektra

Tragödie in 1 Aufzug. Text von Hugo von Hofmannsthal.
Uraufführung am 25. Januar 1909 in Dresden, Hofoper.

Die 23 Jahre, bis zum Tod des österreichischen Dichters, währende einzigartige und 6 gemeinsame Opernwerke umfassende Zusammenarbeit von Strauss und Hugo von Hofmannsthal (1. 2. 1874 Wien – 15. 7. 1929 Wien) ist in dem bis auf das Jahr 1900 zurückreichenden Briefwechsel reich dokumentiert. Gemeinsam mit Harry Graf Kessler entwarf Hofmannsthal außerdem das Szenarium zu dem Ballett *Josephslegende* (1914). Werke Hofmannsthals wurden u. a. auch von Zemlinsky, Wagner-Régeny und Wellesz vertont. Seine Lustspiele *Der Schwierige* und *Der Unbestechliche* gehören zum klassischen Repertoire österreichischer Bühnen.

Personen: Klytämnestra (Mezzosopran) – Ihre Töchter Elektra (Sopran) und Chrysothemis (Sopran) – Aegisth (Tenor) – Orest (Bariton) – Der Pfleger des Orest (Bariton) – Die Vertraute (Sopran) – Die Schleppenträgerin (Sopran) – Ein junger Diener (Tenor) – Ein alter Diener (Baß) – Die Aufseherin (Sopran) – Erste Magd (Alt) – Zweite und Dritte Magd (Mezzosoprane) – Vierte und Fünfte Magd (Soprane) – Diener, Dienerinnen.

Ort und Zeit: Mykene, nach dem Trojanischen Krieg.

Vorgeschichte. Nach seiner siegreichen Rückkehr aus Troja wurde Agamemnon von seiner Frau Klytämnestra und ihrem Geliebten Aegisth getötet. Elektra brachte ihren Bruder Orest in Sicherheit bei einem Pfleger, der ihn zum künftigen Rächer seines Vaters erzieht.

Im Hof des Palastes lassen sich die Mägde beim Wasserschöpfen über die von allen im Hause gedemütigte Elektra aus. Nur die jüngste Magd fühlt Mitleid mit dem »Königskind«. Dafür wird sie mit Schlägen zurechtgewiesen. Sobald alle weg sind, wagt sich Elektra in den Hof. Sie beklagt jeden Tag den Tod ihres Vaters Agamemnon und malt sich den Tag der Rache als ein Opferfest aus (*Allein! Weh, ganz allein*). Chrysothemis reißt sie aus ihren ekstatischen Vorstellungen mit der Warnung, Klytämnestra und Aegisth hätten die Absicht, sie aus Furcht vor ihrer Rache in einen Turm zu sperren. Im Gegensatz zu Elektra will Chrysothemis nicht länger auf die Rückkehr Orests warten; sie wünscht sich Kinder- und Familienglück. Elektra schickt sie höhnisch in den Palast zurück, aus dem jetzt Lärm zu hören ist: Klytämnestra, in schweren Träumen vom Anblick Orests gequält, will zur Versöhnung der rächenden Götter ein Schlachtopfer darbringen. Von der ihr entgegentretenden Elektra hofft Klytämnestra ein Mittel gegen ihre bösen Träume zu erfahren. Es müsse nur das geeignete Blutopfer gefunden werden, antwortet Elektra. Aus ihren Andeutungen wird Klytämnestra allmählich deutlich, wen sie damit meint: sie selbst, ihre Mutter. Klytämnestra windet sich vor Entsetzen, da erscheint ihre Vertraute und flüstert ihr eine Nachricht zu, welche die Königin unter kreischendem Triumphgelächter in das Haus zurückeilen läßt. Chrysothemis kommt gelaufen und erklärt, weshalb sich die Mutter so hemmungslos freut: Orest ist tot. Ein Diener bricht gerade auf, um auch Aegisth, der sich außerhalb des Hauses aufhält, davon zu unterrichten. Nun gibt es für Elektra kein Zögern: Sie selbst und Chrysothemis müssen die Rache an Klytämnestra und Aegisth vollziehen. Geradezu demütig bittet sie um die Mithilfe ihrer Schwester, denn Chrysothemis ist stark, sie selbst schwach, doch Chrysothemis weigert sich und geht. Elektra muß allein das Beil ausgraben, mit dem ihr Vater getötet wurde. Plötzlich tritt ein Fremder mit seinem Begleiter in den Hof. Er sei ein Gefährte Orests und habe die Nachricht von Orests Tod zu überbringen. Als Elektra ihm sagt, wer sie ist, flüstert er ihr voll Rührung zu, die Nachricht sei falsch, ihr Bruder lebe. Und als einige Diener vor dem Fremden niederzuknien beginnen, ahnt Elektra, daß dies Orest selbst ist. Sie begrüßt ihn jubelnd. Ihre Schilderung des Opfers ihrer Jugend und Schönheit für den Gedanken der Rache erinnert Orest an seine furchtbare Aufgabe, an die ihn auch der begleitende Pfleger mahnt. Mit ihm betritt er das Haus, noch ehe ihm Elektra das Beil geben konnte. Nach einer quälenden Zeit des Wartens dringen Klytämnestras Todesschreie gellend aus dem Palast. Den zur Hilfe eilenden Mägden verwehrt Elektra den Zutritt ins Haus. Als Aegisth kommt, leuchtet sie ihm mit geheuchelter Freundlichkeit den Weg in den Palast – sehr bald ist auch sein Todesschrei zu hören. Die Frauen und Chrysothemis kommen gelaufen, um Orest zu begrüßen. Chrysothemis schildert den Sieg des Orest, doch Elektra scheint wie entrückt ihre Rache zu genießen. Sie beginnt einen ekstatischen Tanz, auf dessen Höhepunkt sie plötzlich tot zusammenbricht.

Strauss war 1903 Zeuge der Berliner Uraufführung von Hofmannsthals Tragödie *Elektra*, die Max Reinhardt mit Gertrud Eysoldt in der Hauptrolle inszeniert hatte, genau wie ein Jahr zuvor bei einer Aufführung von Wildes *Salome* mit der gleichen Darstellerin.

Im Juni 1906 begann Strauss mit der Arbeit an *Elektra*; ein ihm bewilligter einjähriger Urlaub von seinen Pflichten als Generalmusikdirektor in Berlin ermöglichte die Vollendung der Oper im Herbst 1908. Die Uraufführung leitete selbstverständlich wieder Schuch.

Zunächst fürchtete Strauss, daß sich die beiden Stoffe »Salome« und »Elektra« zu ähnlich seien. Hofmannsthal schwächte die Einwände ab: »Denn die Farbenmischung scheint mir in beiden Stoffen eine so wesentlich verschiedene zu sein: bei der *Salome* so viel Purpur und Violett gleichsam, in einer schwülen Luft, bei der *Elektra* dagegen ein Gemenge aus Nacht und Licht, schwarz und hell.« Später resümierte Strauss: »Jedoch der Wunsch, dieses dämonische, ekstatische Griechentum des 6. Jahrhunderts Winckelmann'schen Römerkopien und Goethe'scher Humanität gegenüberzustellen, gewann das Übergewicht [. . .] und so ist *Elektra* sogar noch eine Steigerung geworden in der Geschlossenheit des Aufbaus, in der Gewalt der Steigerungen. Beide Opern stehen in meinem Lebenswerk vereinzelt da: ich bin in ihnen bis an die äußersten Grenzen der Harmonik, psychischer Polyphonie (Klytämnestras Traum) und Aufnahmefähigkeit heutiger Ohren gegangen.«

Obwohl mit der »Lichtgestalt« der Chrysothemis eine Gegenfigur zu Elektra auftritt, bleibt die vorherrschende Atmosphäre des Werks düster und dunkel. Von Beginn an steht der Rachegedanke im Zentrum der Oper. Wo es in *Salome* noch zu Schilderungen eines farbigen Exotismus kommt und der Mond anfangs einen verklärenden Schimmer auf die Handlung legt, ist in *Elektra* die Musik bizarr, bisweilen kreischend und brodelnd. Sie steigert wie dort die szenischen Vorgänge, aber lyrische Zwischengesänge, wie in der Szene Elektras mit Chrysothemis, lassen die angeregte Spannung niemals erschlaffen. Der Musikschriftsteller Julius Korngold gab den Effekt dieser Musik bildhaft wieder: »Wie aus einem Hexenkessel steigen aus dem *Elektra*-Orchester nachtschwarze, zähnefletschende, blutrünstige, stöhnende, heulende, wut- und angstverzerrte Klänge, und wie ein Zauberspiegel zeigt es auch feierlich fremdartige, berauschende Gesichte. Diese Malkraft kennt in ihrer Virtuosität keine

Grenzen mehr. Glitschern im Blute, dessen Fließen und Dampfen, katzenartiges Fauchen, klatschende Peitschenhiebe, Knarren rostiger Angeln, Stöhnen und Trampeln der Opfertiere, Schleifen und Schlürfen, das Scharren nach dem Beile, sausende Todeshiebe und röchelnde Schreie – das alles wird mit erschreckender Deutlichkeit nachgezeichnet.«
Spieldauer: ca. 1¾ Stunden.

Der Rosenkavalier

Komödie für Musik in 3 Aufzügen. Text von Hugo von Hofmannsthal. Uraufführung am 26. Januar 1911 in Dresden, Hofoper.

Hugo von Hofmannsthal s. *Elektra*, S. 578.

PERSONEN: Die Feldmarschallin Fürstin Werdenberg (Sopran) – Baron Ochs auf Lerchenau (Baß) – Octavian, genannt Quinquin, ein junger Herr aus großem Haus (Mezzosopran) – Herr von Faninal, ein reicher Neugeadelter (Bariton) – Sophie, seine Tochter (Sopran) – Jungfer Marianne Leitmetzerin, die Duenna (Sopran) – Valzacchi, ein Intrigant (Tenor) – Annina, seine Begleiterin (Alt) – Ein Polizeikommissar (Baß) – Der Haushofmeister bei der Feldmarschallin (Tenor) – Der Haushofmeister bei Faninal (Tenor) – Ein Notar (Baß) – Ein Wirt (Tenor) – Ein Sänger (Tenor) – Drei adelige Waisen (Sopran, Mezzosopran, Alt) – Eine Modistin (Sopran) – Ein Tierhändler (Tenor) – Vier Lakaien der Marschallin (zwei Tenöre, zwei Bässe) – Vier Kellner (ein Tenor, drei Bässe) – Ein Flötist – Ein Friseur und sein Gehilfe – Eine adelige Witwe – Ein kleiner Neger – Lakaien, Lauffer, Haiducken, Küchenpersonal, Gäste, Musikanten, zwei Wächter, vier kleine Kinder, verschiedene verdächtige Gestalten u. a.

ORT UND ZEIT: Wien, in den ersten Jahren der Regierung (1740 bis 1780) Maria Theresias.

1. Aufzug. In Abwesenheit des Feldmarschalls, ihres Mannes, hat die Fürstin Werdenberg eine Nacht mit ihrem Liebhaber, dem siebzehnjährigen Octavian Graf Rofrano, verbracht. Im Schlafzimmer der Fürstin serviert ein kleiner Ne-

gerpage den beiden zärtlich Verliebten das Frühstück. Lärm im Hof läßt die Fürstin zusammenschrecken; erleichtert stellt sie fest, daß ein Besucher gekommen ist und nicht, wie befürchtet, ihr Gatte. Rasch verkleidet sich Octavian als Zofe »Mariandel«, um so, vorbei an dem Ankommenden und den zahlreichen Bittstellern im Vorzimmer, unbemerkt zu entschlüpfen, prallt dabei aber auf den derb hereinpolternden Baron Ochs auf Lerchenau, einen Vetter der Fürstin, der das niedliche Kammerkätzchen nicht entkommen läßt. Der ziemlich heruntergekommene Landjunker ist in Wien eingetroffen, um Sophie, die Tochter des neugeadelten reichen Herrn von Faninal, zur Frau zu nehmen; er bittet seine Kusine, ihm einen jungen Herrn zu empfehlen, der geeignet ist, nach altem Brauch die Brautwerbung durch Überreichung einer silbernen Rose vorzunehmen. Da der Ochs dabei ganz ungeniert mit der »Zofe« anzubandeln versucht, verfällt die Fürstin auf die Idee, ihm einen Grafen Octavian Rofrano als Rosenkavalier vorzuschlagen. Ochs ist erstaunt über die Ähnlichkeit dieses Grafen, von dem sie ihm ein Medaillonbild zeigt, mit der »Zofe«. Während nun aus dem Vorzimmer eine kunterbunte Schar von Bediensteten, Händlern und Bittstellern zum Lever der Fürstin hereinströmt, entwischt das »Mariandel«. Ein Friseur nimmt sich der fürstlichen Haarpracht an, unterdessen präsentiert sich ein italienischer Tenor (Arie *Di rigori armato il seno*) und bespricht der Baron ganz ungeniert seinen Heiratskontrakt mit dem Notar, und zwar immer lauter und so wütend widersprechend, daß dem Tenor der Ton im Halse steckenbleibt. Damit ist das Lever zu Ende. Die Feldmarschallin bleibt allein (*Da geht er hin, der aufgeblasene, schlechte Kerl*) und versinkt tief in Gedanken an die zarte junge Braut des groben alten Ochs, der das gleiche Schicksal zu widerfahren droht, wie sie selbst es erlebt hat. Überwältigt vom Gefühl des Älterwerdens, kann sie sich auch durch den Zuspruch des in Männerkleidung offiziell zurückgekehrten Octavian nicht von ihren melancholischen Empfindungen lösen. Sie verstimmt ihn mit ihrer Bemerkung, daß er sie gewiß einst für eine jüngere Frau verlassen werde (*Die Zeit, die ist ein sonderbar Ding*). Sie heißt ihn gehen. Zu spät fällt ihr ein, daß sie ihren geliebten Quinquin, wie sie ihn nennt, ohne Abschiedskuß entlassen hat. Der kleine Neger wird beauftragt, ihm die ebenfalls vergessene silberne Rose zu bringen.

2. Aufzug. Im Palais Faninals fiebern alle dem Erscheinen des Rosenkavaliers entgegen, nur der Hausherr muß es verlassen, wie es die Tradition verlangt. Sophie, frisch aus dem Kloster gekommen, ist bereit, sich in Demut und Gehorsam dem Baron antrauen zu lassen. Octavian schreitet durch das Spalier der von seiner Erscheinung bezauberten Lakaien auf sie zu und überreicht ihr die silberne Rose (*Mir ist die Ehre widerfahren*) – und auf den ersten Blick werden beide von einer starken Neigung zueinander erfaßt. Es folgt Faninal mit dem Baron Ochs, der höchst unmanierlich einen herablassenden und zugleich plump-jovialen Ton anschlägt und Sophie damit erschreckt. Während Faninal und der Baron den Ehevertrag aufsetzen und die Leitmetzerin nach den randalierenden Lakaien des Barons schaut, schmiegt sich Sophie an Octavian und bittet um seinen Beistand; sie wolle diesen Ochs nicht heiraten. Verzückt und verzaubert blicken sie sich in die Augen. Valzacchi und Annina, die beiden Intriganten, erheben deswegen sogleich ein großes Geschrei; sie rufen den Baron hinzu, der die Sache aber als harmlos abtut. Erst als ihm Octavian erklärt, Sophie werde ihn nicht heiraten, und ihn als Mitgiftjäger beschimpft, fühlt er sich herausgefordert. Die Degen werden gezogen. Beim ersten ungeschickten Stoß erhält der Baron einen Stich in den Arm, worauf er in ein fürchterliches Schmerzgebrüll ausbricht. Faninal stürzt entsetzt in den Saal und erklärt Sophie wütend, sie werde den Baron auf jeden Fall heiraten. Octavian verabschiedet sich, um heimlich mit Valzacchis und Anninas Künsten eine feine Intrige gegen Ochs zu spinnen. Der hat sich niedergelegt und etwas beruhigt. So überreicht ihm Annina einen Brief mit der Einladung »Mariandels« zu einem Stelldichein. Sehr entzückt über sein »lerchenauisch Glück«, findet Ochs unverzüglich zu seiner alten Laune zurück und stimmt im Vorgefühl eines zärtlichen Tête-à-tête

seinen Lieblingswalzer an (*Mit mir keine Nacht dir zu lang*).

3. Aufzug. Im Separée eines Vorstadt-Beisels haben Octavian und seine Helfer alles für den gebührenden Empfang und die Entlarvung des Barons vorbereitet. Als »Mariandel«, die Unschuld vom Lande mimend, soupiert Octavian mit dem dicken Schwerenöter, dem bei Wein und Musik immer wohler und zärtlicher zumute wird, obwohl ihn die Ähnlichkeit des Madls mit dem Grafen Octavian schon sehr verwirrt. Dann plötzlich, auf ein Zeichen Octavians, beginnt ein wilder Spuk – Falltüren und blinde Fenster öffnen sich und überall tauchen gespenstische Gestalten auf, die einen Mordskrawall machen. Eine »Papa, Papa!« brüllende Kinderschar raubt Ochs gänzlich die Fassung. Völlig perplex ruft er nach der Polizei, die prompt erscheint, nun aber ihm zu Leibe rückt. Im hochnotpeinlichen Verhör des Kommissars gibt der Baron das »Mariandel« als seine Braut aus. Exakt auf dieses Stichwort tritt der – natürlich von Octavian herbeizitierte – Faninal ein, der empört die degoutante Situation zur Kenntnis nimmt und sich derart erregt, daß er, einer Ohnmacht nahe, ins Nebenzimmer gebracht werden muß. Sophie muß kommen, um den Fall zu klären. Octavian aber flüstert dem Kommissar etwas zu, schlüpft hinter den Vorhang des Alkovens, in dem das Bett steht, und entledigt sich seiner Verkleidung. Auf dem Höhepunkt der Verwicklung erscheint, von einem Lakaien ihres Vetters gerufen, die Feldmarschallin. Sie erklärt dem Kommissar das Geschehene als eine Farce, worauf der sich zurückzieht. Dem Baron, dem das ganze Quiproquo und das Platzen seiner Geldheirat allmählich dämmert, bedeutet sie, er solle sich wenigstens einen würdigen Abgang sichern. Ochs stürzt davon, verfolgt von einem Musiker- und Kellnerschwarm, der lauthals seinen Lohn fordert. Die Marschallin, Octavian und Sophie bleiben allein zurück. Die von der Marschallin vorausgesehene Situation ist eingetreten: Octavians ganze Neigung gehört jetzt der jungen Sophie. Großmütig resignierend gibt die Fürstin Werdenberg ihren Geliebten frei (Terzett *Hab mir's gelobt*) und begibt sich ins Nebenzimmer, um Faninal

zur Heimfahrt in ihrer Kutsche einzuladen. Sophie und Octavian halten sich selig in den Armen (*Ist ein Traum, kann nicht wirklich sein*). Im Hinausgehen verliert Sophie ihr Taschentuch, es bleibt einsam auf der leeren Bühne liegen. Der kleine Neger der Marschallin kommt suchend herein, findet es und trippelt, fröhlich das Tuch schwingend, hinaus.

Der Rosenkavalier ist eine höchst kunstvolle, stilistisch geschlossene Verbindung verschiedenster Anregungen aus Musik, Literatur und Kunstgeschichte. Die Welt, die Strauss und Hofmannsthal daraus imaginiert haben, kann durchaus Anspruch auf menschliche wie historische Gültigkeit erheben. Das von ihnen entworfene Bild eines Wien um 1740 wirkt so authentisch, daß man die Überreichung der silbernen Rose durch die frei erfundene Figur des Rosenkavaliers für einen echten alten Brauch halten möchte. Ob es die Figuren von Mozarts *Figaro* sind oder die getreuliche Abbildung eines historischen Milieus, wie in den *Meistersingern*, die italienische Buffo-Oper, das Wiener Volksstück und die französische Komödie, speziell *L'ingénu libertin ou La Marquise et le Marmiton*, das Harry Graf Kessler in Paris gesehen und aus dem er mit Hofmannsthal im Februar 1909 ein Szenarium für eine heitere Oper gefiltert hatte – alles das und noch mehr spielt in den Entstehungsprozeß hinein. Man erkennt Vorfahren des *Rosenkavalier*-Ensembles überdies in Molières *Monsieur de Pourceaugnac* und *Les fourberies de Scapin*, auch in Louvet de Couvrays Roman *Les amours du Chevalier de Faublas*, und weiß, daß beiden Autoren die Kupferstichfolge *»The Marriage à la mode«* (1745) von William Hogarth vor Augen stand.
Die Marschallin ist »eine junge, schöne Frau von höchstens 32 Jahren, die sich bei schlechter Laune einmal dem 17jährigen Octavian gegenüber als ›alte Frau‹ vorkommt« (Strauss). Octavian ist nicht ihr erster und nicht ihr letzter Liebhaber. Sophie dagegen ist, nach den Worten Hofmannsthals, ein »recht hübsches gutes Dutzendmädchen«, und »der wahre Charme der Ausdrucksweise, ebenso wie der stärkere Charme der Persönlichkeit ist bei der Marschallin

zu suchen. Eben daß Quinquin bei diesem verkreuzten Doppelabenteuer an die erste beste Junge gerät, das ist ja der Witz, der das Ganze zu einer Einheit macht, die beiden Handlungen zusammenhält.« Auch von Ochs hatten beide Autoren genaue Vorstellungen: »Ochs muß eine ländliche Don-Juan-Schönheit von etwa 35 Jahren sein, immerhin Edelmann (wenn auch etwas verbauert), der sich im Salon der Marschallin soweit anständig benehmen kann [...] innerlich ein Schmutzian, aber äußerlich immer noch so präsentabel.«

Mit dem nostalgischen Rückblick auf ein historisches Milieu, das Maria-Theresianische Wien, verbindet Strauss auch eine Musik, aus der die grellen Dissonanzen und die Schwüle von *Elektra* und *Salome* getilgt sind. In der Partitur mischen sich barocke Anklänge (überdeutlich in der Seria-Arie des Sängers) mit vielen mal zärtlich eleganten, mal derben anachronistischen »Wiener« Walzern, mit tonmalerischen Beschreibungen der Volkstümlichkeit einer Beisel-Maskerade ebenso wie des hochherrschaftlichen Ambientes beim Lever der Marschallin und der kalten Pracht im Palais Faninals. Das durchgehende Parlando mit seinen ariosen Entfaltungen schmiegt sich ganz der Konversation an und verweist subtil, mit leitmotivischen Fußnoten, auf die raffinierte und geistvolle Komödie Hofmannsthals, die auch ohne Musik auf der Bühne bestanden hat.

Bereits im Mai 1909, ihm lagen noch nicht die Rohfassungen des 2. und 3. Aufzugs vor, der Komponist hatte den 1. Aufzug aber schon innerhalb von drei Wochen konzipiert, schrieb Strauss die bekannten Zeilen: »Meine Arbeit fließt wie die Loisach ... ich komponiere alles mit Haut und Haar.« Im Herbst 1909 war der 2. Aufzug beendet, am 26. September 1910 – nach längeren Unterbrechungen – auch der 3. Aufzug; jetzt wurde auch erst der endgültige Titel gewählt. Mit dem *Rosenkavalier* wurde die Tradition der Dresdner Strauss-Uraufführungen unter Ernst von Schuch mit der wahrscheinlich glanzvollsten Premiere fortgesetzt; Max Reinhardt inszenierte, und Alfred Roller, mit dem sich Hofmannsthal bereits frühzeitig wegen der Ausstattung be-

sprochen hatte, schuf die lange beispielhaft bleibenden Bühnenbilder.
Spieldauer: ca. 3½ Stunden (1. Aufzug: ca. 75 min.; 2. Aufzug: ca. 60 min.; 3. Aufzug: ca. 65 min.).

Ariadne auf Naxos

Oper in 1 Aufzug nebst einem Vorspiel. Text von Hugo von Hofmannsthal. Uraufführung der Erstfassung am 25. Oktober 1912 in Stuttgart, Kleines Haus des Hoftheaters, der Neufassung am 4. Oktober 1916 in Wien, Hofoper.

Hugo von Hofmannsthal s. *Elektra*, S. 578.

Personen des Vorspiels: Der Haushofmeister (Sprechrolle) – Ein Musiklehrer (Bariton) – Der Komponist (Sopran) – Der Tenor / Bacchus (Tenor) – Ein Offizier (Tenor) – Ein Tanzmeister (Tenor) – Ein Perückenmacher (Baß) – Ein Lakai (Baß) – Zerbinetta (Sopran) – Primadonna / Ariadne (Sopran) – Harlekin (Bariton) – Scaramuccio (Tenor) – Truffaldin (Baß) – Brighella (Tenor).

Personen der Oper: Ariadne (Sopran) – Bacchus (Tenor) – Najade (Sopran) – Dryade (Alt) – Echo (Sopran) – Zerbinetta (Sopran) – Harlekin (Bariton) – Scaramuccio (Tenor) – Truffaldin (Baß) – Brighella (Tenor).

Ort und Zeit: Wien, im Hause eines großen Herrn, Ende des 17. Jahrhunderts.

Vorspiel. Im Hause des »reichsten Mannes von Wien« treffen das Personal und die anwesenden Künstler die letzten Vorbereitungen zu einem Fest: Nach dem Diner ist die Aufführung der heroischen Oper »Ariadne auf Naxos« vorgesehen, eines eigens für diesen Anlaß in Auftrag gegebenen ersten Werkes von einem jungen Komponisten. Im Anschluß daran wünscht der Hausherr eine Darbietung der Komödianten, betitelt »Die ungetreue Zerbinetta und ihre vier Liebhaber«, wie dem Musiklehrer zu seiner Verblüffung mitgeteilt wird. Die Einwände, die er gegen eine solche Abwertung der Oper seines Schützlings, des Komponisten, erhebt, sind vergeblich: mit der Bezahlung des Honorars hat ein Komponist alle weiteren künstlerischen Ansprüche, auch die auf eine angemessene Präsentation seines Opus, verloren. Entsprechend aufgebracht nimmt der Komponist selbst diese Entehrung seiner hohen Kunst durch eine nachfolgende Posse zur Kenntnis. Sein Ärger steigt, als ihm ein Lakai mitteilt, daß das Orchester statt die Oper zu proben bei der Tafel aufspielen müsse. Doch nicht nur er ist nervös erregt: Der Tenor glaubt, den Perückenmacher ohrfeigen zu müssen, und die Primadonna läßt die Komödianten hochnäsig ihre Verachtung spüren, worauf der Tanzmeister und die Buffotruppe es ihr heimzahlen mit spöttischen Bemerkungen über die erhabene Oper und im voraus den Triumph Zerbinettas, ihrer Prinzipalin, feiern. Mitten hinein platzt der Haushofmeister, der den neuerlichen Befehl seines Herrn verkündet, aus Gründen der Zeitersparnis hätten beide Theatergruppen ihre Künste nicht nacheinander, sondern gleichzeitig zu präsentieren, denn »für Punkt neun Uhr« ist ein Feuerwerk als Schluß und Höhepunkt des Festes angesetzt. Der Komponist, der Verzweiflung nahe, will sein Werk zurückziehen, doch der Tanzmeister rettet die Situation mit dem Vorschlag, die Oper zu kürzen und die Komödianten an geeigneten Stellen mit Einlagen auftreten zu lassen. Zerbinetta greift den Plan begeistert auf und findet sich samt ihrer Truppe unverzüglich mit spielerischer Routine in die Ariadne-Handlung hinein. Ihre Spiellust und ihr koketter Charme wirken auf den Komponisten unwiderstehlich. Er fühlt sich auf einmal mit ihr seelenverwandt und zu einem Hymnus auf die Musik animiert. Aus seiner verliebten Betäubung weckt ihn ein greller Pfiff Zerbinettas, die ihre Leute auf die Bühne ruft; wieder ergreift ihn Verzweiflung über den Ruin seiner Oper.

Die Oper. Das Stück behandelt einen der beliebtesten Bühnenstoffe, den Mythos der von Theseus auf der Insel Naxos zurückgelassenen kretischen Königstochter Ariadne. Den drei Nymphen Najade, Dryade und Echo gelang es, sie in den Schlaf zu singen, doch kaum erwacht, gibt sich Ariadne erneut klagend ihrem Schmerz hin (*Ach! Wo war ich?*), voll Wehmut ihres einstigen Glücks mit Theseus gedenkend (*Ein*

Schönes war, hieß Theseus-Ariadne). Harlekins Auftreten und sein heiteres Lied (*Lieben, Hassen, Hoffen, Zagen*) trösten sie nicht, sie kennt nur noch eine Sehnsucht: im Totenreich Vergessen zu finden (*Es gibt ein Reich*). So erwartet sie Hermes, den Todesgeleiter, ohne das Spielen und Tanzen der Komödianten zu beachten. Zerbinetta spricht sie schließlich an, um sie mit ihrer eigenen, leichteren Auffassung von Liebe und Treue zu trösten (*Großmächtige Prinzessin . . . Sind wir nicht Frauen unter uns*). Auch sie hat Enttäuschungen erlebt, aber in jedem neuen Liebhaber immer wieder den gleichen Gott der Liebe gesehen. Entrüstet zieht sich Ariadne zurück. Dafür erscheinen die Komödianten wieder, mit grotesker Werbung Zerbinetta umschmeichelnd, die sich schließlich Harlekin erwählt und ihm hingibt. Die Nymphen verkünden die Ankunft des Bacchus. Ariadne nähert sich ihm ohne Scheu, da sie in ihm den erwünschten Todesgott vermutet. Bacchus dagegen, der sich eben aus dem Liebesbann der Zauberin Circe gelöst hat, hält sie für eine neue Zauberin. Ariadne sinkt in seine Arme, um zu sterben, aber sein Kuß führt nicht zum Tode, sondern zu neuem Leben und neuer Liebe. Durch Ariadnes Wandlung von Todessehnsucht in Liebesbereitschaft wird sich Bacchus, Sohn einer Sterblichen und eines Gottes, erstmals seiner ganzen Göttlichkeit bewußt. Für Zerbinetta verbirgt sich hinter solchem Mysterium ihre schlichte Lebensphilosophie: *Kommt der neue Gott gegangen, hingegeben sind wir stumm.*

Von *Elektra* bis *Daphne* hat Strauss immer wieder Themen des antiken Mythos als Opernstoffe ausgesucht, um so dem »Genius des griechischen Volkes« ein Denkmal zu setzen. Der Plan zur *Ariadne auf Naxos* entsprang dem Wunsch beider Autoren, Max Reinhardt für seine Regiearbeit beim *Rosenkavalier* zu danken; das Werk sollte eine Comédie-ballet-Einlage von 30 Minuten in Molières Komödie *Der Bürger als Edelmann* werden: »Das kann etwas sehr Reizendes werden, ein neues Genre, das scheinbar auf ein älteres wieder zurückgreift« (Hofmannsthal). Doch das kleine Gelegenheitsstück entwickelte sich zu einer größeren dramaturgi-

schen und künstlerischen Herausforderung um die Darstellung des ironisch gebrochenen »Geheimnisses der Verwandlung« Ariadnes. Bei dem Versuch, zwei stilistisch gegensätzliche Formtraditionen, Opera seria und Opera buffa, zu verschmelzen, entwickelte Hofmannsthal seine Philosophie der Treue: »An dem Verlorenen festhalten, ewig beharren bis in den Tod – oder leben, weiterleben, hinwegkommen, sich verwandeln, die Einheit der Seele preisgeben, und dennoch in der Verwandlung sich bewahren.«
Der von Max Reinhardt inszenierten, von Strauss selbst dirigierten Uraufführung dieses »allerheikelsten Gebildes«, das weit über die Halbstundendauer angewachsen war, anläßlich der Eröffnung des Kleinen Hauses der Hofoper in Stuttgart war kein großer Erfolg beschieden. Die Spieldauer beider Stücke zusammen strapazierte das Publikum, die Forderung nach einem Opern- und einem Schauspielensemble stellte besondere aufführungstechnische Probleme. Die *Ariadne auf Naxos* wurde deshalb zur selbständigen Oper umgearbeitet. Das hieß Verzicht auf die Rahmenhandlung und dafür Ausformung einer bereits konzipierten Überleitungsszene zum heutigen Vorspiel, dessen Hauptfigur der Komponist wurde – eine der schönsten Hosenrollen der Opernliteratur – sowie die Verlegung der Handlung nach Wien. Diese fortan maßgebliche »Wiener Fassung« kam 1916 auch in Wien heraus, unter Franz Schalk und mit Maria Jeritza, die schon in der Stuttgarter Premiere gesungen hatte, Selma Kurz und Lotte Lehmann. Die Zwischenspiele aus der ursprünglichen Komödie hat Strauss später zu der Orchestersuite *Der Bürger als Edelmann* zusammengefaßt.
Mit der Reduzierung des Orchesters auf 36 Spieler (je 2 Flöten, Oboen, Klarinetten, Fagotte, Hörner, Harfen, eine Trompete, Posaune, Klavier, Celesta, Harmonium, Pauken, Schlagzeug, 6 Geigen, je 4 Bratschen und Celli, 2 Kontrabässe), mit der flüssigen Diktion im Vorspiel und dem üppigen, doch ironisch kontrapunktierten Melos der Oper in der Oper schuf Strauss einen bleibenden Beitrag zur Kammeroper des 20. Jahrhunderts. Der spielerische Umgang mit äl-

teren Musikformen und das funkelnde, differenziert abgestimmte Instrumentarium zeichnen eine der geistvollsten, kostbarsten und am feinsten gewobenen Partituren dieses Genres aus.
Spieldauer: ca. 2 Stunden (Vorspiel: ca. 40 min.; Oper: ca. 85 min.).

Die Frau ohne Schatten

Oper in 3 Aufzügen. Text von Hugo von Hofmannsthal. Uraufführung am 19. Oktober 1919 in Wien, Staatsoper.

Hugo von Hofmannsthal s. *Elektra*, S. 578.

PERSONEN: Der Kaiser (Tenor) – Die Kaiserin (Sopran) – Die Amme (Mezzosopran) – Der Geisterbote (Bariton) – Ein Hüter der Schwelle des Tempels (Sopran) – Erscheinung eines Jünglings (Tenor) – Die Stimme des Falken (Sopran) – Eine Stimme von oben (Alt) – Barak, der Färber (Baßbariton) – Sein Weib (Sopran) – Der Einäugige (Baß), der Einarmige (Baß), der Bucklige (Tenor), des Färbers Brüder – Sechs Kinderstimmen (drei Soprane, drei Alt) – Die Stimmen der Wächter der Stadt (drei Bässe) – Kaiserliche Diener, fremde Kinder, dienende Geister, Geisterstimmen.
ORT UND ZEIT: Kaiserliche Gärten, Färberhaus, Geistertempel, alle im Märchenland, zur Märchenzeit.

Die Vorgeschichte, mit den Worten Hofmannsthals selbst: »Der Kaiser der südöstlichen Inseln ist mit einer Feentochter vermählt, die er sich auf der Jagd gewonnen hat. Da sprang aus einer weißen Gazelle, die sein Pfeil am Hals verwundet hat, ein junges, schönes Weib, die Tochter des Geisterkönigs, ihm entgegen. Seit sie vermählt ist, ist die zauberische Gabe, sich in ein Tier verwandeln zu können, ihr verloren, aber völlig zu den Menschen gehört sie auch noch nicht, denn sie wirft keinen Schatten, und sie fühlt sich nicht als Mutter: dies ist ein und dasselbe.«
1. Aufzug. Die Amme, die den Kaiser, wie alle Menschen, haßt, bewacht den Schlaf der Kaiserin (*Licht überm See*). Aus der Dunkelheit erscheint ein Bote des Geisterkönigs Keikobad, um zu fragen, ob die Kaiserin einen Schatten

werfe. Es ist der zwölfte Bote mit dieser Frage, seit die Kaiserin dem Kaiser angehört, und er verkündet, daß ihre Frist in drei Tagen abgelaufen sei: Hat sie bis dahin keinen Schatten erlangt, muß sie ins Geisterreich zurückkehren und wird der Kaiser in Stein verwandelt. Der Kaiser tritt aus dem Schlafgemach und teilt der Amme mit, daß er für drei Tage auf die Jagd gehen werde. Die Stimme des Falken ruft der Kaiserin in Erinnerung, daß sie einen Schatten gewinnen müsse. Auf ihre Bitte hin findet sich die Amme bereit, mit der Kaiserin zu den Menschen zu gehen, um einen Schatten zu suchen. – In der Hütte des Färbers Barak streiten sich dessen drei mißgestaltete Brüder, zum Ärger von Baraks Frau, die von ihrem Mann verlangt, daß er die drei aus dem Haus weist. Barak sehnt sich nach eigenen Kindern, doch seine Frau ist in der ihr aufgezwungenen Ehe absichtlich kinderlos geblieben. Während Barak seine Waren zum Markt bringt, bieten die Kaiserin und die Amme, als Mägde verkleidet, der Färberin ihre Dienste an. Mit betörenden Versprechungen und Zauberbildern – Sklavinnen mit Juwelenschätzen und ein liebevoller Jüngling umtänzeln sie plötzlich – schwatzen sie der Färberin ab, was sie ohnehin nicht haben will: »Abzutun Mutterschaft auf ewige Zeiten von deinem Leib.« Nach drei Tagen Dienst soll der Schatten der Kaiserin gehören, so wird der Pakt geschlossen. Für den zurückkehrenden Barak hat die Amme ein paar Fische in die Pfanne gezaubert; die Färberin vernimmt jetzt aus ihnen die Stimmen ihrer ungeborenen Kinder. Beim Ruf der Wächter, welche die Heiligkeit des nächtlichen Liebeswerks der Ehegatten preisen, legt sich der Färber seufzend auf das ihm zugewiesene einsame Lager.
2. Aufzug. »Die Prüfungen gehen an; denn es müssen alle vier gereinigt werden, der Färber und sein Weib, der Kaiser und die Feentochter, zu trübe irdisch das eine Paar, zu stolz und fern der Erde das andere« (Hofmannsthal). Mit ihren Zauberkünsten führt die Amme der Färberin einen Jüngling zu, um sie zum Ehebruch zu verführen, doch die bringt es nicht übers Herz, ihren Mann zu hintergehen. Barak hat gute Geschäfte gemacht und bereitet nach der Rückkehr

vom Markt ein Festessen mit seinen Brüdern und einer Schar Bettelkinder vor, die für seine Freigebigkeit mit lautem Lob danken. Die Färberin dagegen verwahrt sich mit bitteren Worten gegen sein Tun. – Der Falke führt den Kaiser zum Falknerhaus, wo sich die Kaiserin, wie sie ihrem Gatten schrieb, während seiner Abwesenheit mit der Amme aufhalten wollte (*Falke, Falke, du wiedergefundener*). Doch die Hütte ist leer. Da schweben die Kaiserin und Amme herbei, und in dem Kaiser, der fühlt, daß sie bei den Menschen waren und er betrogen wurde, erwacht das Verlangen, seine Frau zu töten. Aber er bringt es nicht über sich, dem Drang zu folgen, und flieht in die Einsamkeit. – Erneut versucht die Amme, die Färberin mit dem Phantom des Jünglings in tiefer Nacht zu verführen. Die Färberin weckt ihren Mann, dem die Amme ein Schlafmittel eingab, und macht ihm Vorhaltungen; er soll sie und sein Haus vor Dieben besser schützen. Barak versteht nicht gleich, merkt aber, daß geheimnisvolle Mächte in ihr Leben eingegriffen haben. Höhnisch wendet sie sich von ihm ab und verläßt mit der Amme das Haus. Von der Güte und Demut des Färbers bewegt, bleibt die Kaiserin als seine Magd zurück. – Im Falknerhaus quälen die Kaiserin Schuld- und Angstträume, sie sieht ihren Gatten in einer Grabhöhle verschwinden, hört wieder den Warnruf des Falken und ist erfüllt von dem schmerzlichen Bewußtsein des Leids, das sie über ihn und Barak gebracht hat. – Nun sind die drei Tage fast vorbei. Um die Mittagszeit wird es dunkel in der Färberhütte. Blitze leuchten auf, ein Sturm wütet. Die Amme spürt die Übermacht von Keikobads Kräften. In der allgemeinen Unruhe und Angst gesteht die Färberin ihrem Mann, daß sie der Mutterschaft abgeschworen und ihren Schatten verkauft hat. Barak läßt seine Brüder ein Feuer entfachen und muß erkennen, daß sie wirklich den Schatten verloren hat. Sein Gleichmut wandelt sich in Zorn: Mit einem von der Amme herbeigezauberten Schwert droht er seiner Frau, sie zu töten. Die Kaiserin reißt sich von der Amme, die ihr nach dem Schatten zu greifen befiehlt, los und bittet für die Frau um Gnade; auf den Schatten verzichtet sie. Baraks Frau erkennt die Stärke seiner Liebe zu ihr und ist bereit, zur Sühne durch seine Hand zu sterben. Da bricht die Erde auf, eine Wasserflut strömt ins Haus und verschlingt das Färberpaar. Kaiserin und Amme retten sich in einem Zauberkahn.

3. Aufzug. »Die Geisterwelt hat sich aufgetan und umschließt die Geprüften: aber die letzte höchste Prüfung steht noch bevor« (Hofmannsthal). Die Färbersleute finden sich getrennt in zwei Kammern wieder. Der Färberin klingen die Stimmen der ungeborenen Kinder ins Ohr. Sehnsucht nach Barak erfüllt sie. Der Färber wünscht, seine Frau einmal noch zu sehen, um sie zu trösten (*Mir anvertraut, daß ich sie hege*). Eine Geisterstimme befiehlt beiden, sich gegenseitig zu suchen. – Der Kahn mit der Kaiserin und der Amme strandet am höchsten Mondberg vor einem Tempel. Die Kaiserin ist bereit, sich dem Gericht Keikobads zu stellen, aber die Amme rät zur Flucht. Die Kaiserin sagt sich von ihr los, die nun auf ewig bei den Menschen bleiben muß, nachdem sie als letzte Bosheit den einander suchenden Färbersleuten falsche Wege gewiesen hat. – Im Tempel muß die Kaiserin eine weitere Probe bestehen. Wenn sie von dem Wasser des Lebens trinkt verheißt ihr eine Stimme, wird sie den Schatten der Färberin erhalten. Von draußen sind die klagenden Rufe Baraks und seiner Frau zu hören; die Kaiserin kann nicht trinken, sie will ihre Schuld sühnen. Der Quell versiegt, vor ihren Augen erscheint der Kaiser, bis auf ein angstvoll blickendes Auge schon ganz zu Stein geworden. Dennoch – sie will nicht das Glück zweier Menschen für ihr eigenes opfern. Qualvoll entringt sich ihr der Schrei: »Ich – will nicht!« Sogleich erhellt sich der Raum, die Versteinerung ist vom Kaiser genommen, und die Kaiserin, die durch Selbstüberwindung zu wahrer Menschlichkeit gefunden hat, wirft einen Schatten (*Wenn das Herz aus Kristall*). – Der Färber und seine Frau eilen sich entgegen, einzig ein Abgrund trennt sie noch. Als sie Barak erblickt, fällt ihr Schatten als Brücke darüber, auf der er in ihre Arme eilt. Unter dem Jubel der ungeborenen Kinder preisen die beiden Paare ihr eheliches Glück.

Die einzige »Märchenoper« von Strauss bedeutete eine Abkehr vom bisherigen Schaffen; sie ist ein während des 1. Weltkriegs entstandenes Gleichnis von Humanität und Menschlichkeit, eine »Parabel vom Überleben der Menschheit« (Hans Mayer). Hofmannsthal faßte seine ersten Überlegungen, die er unmittelbar nach Vollendung des *Rosenkavaliers* anstellte, folgendermaßen zusammen: »Es ist ein Zaubermärchen, worin zwei Männer und zwei Frauen einander gegenüberstehen, die eine ein Feenwesen, die andere eine irdische, eine bizarre Frau mit einer sehr guten Seele im Grunde, unbegreiflich, launisch, herrisch, und dabei doch sympathisch, sie wäre sogar die Hauptfigur [. . .]. Das Ganze verhielte sich, beiläufig gesagt, zur *Zauberflöte* so wie der *Rosenkavalier* zum *Figaro*.«
Vor diesem operngeschichtlichen Hintergrund bezog sich Hofmannsthal auf sein eigenes *Märchen der 672. Nacht* (1894), sein lyrisches Drama *Der Kaiser und die Hexe* (1897) sowie die Märchen von *Tausendundeiner Nacht*, Chamissos *Peter Schlemihl* und die Märchensammlungen der Brüder Grimm. Lektüreeindrücke aus Werken von Novalis, Lenau, Rückert, aus Goethes *Märchen* und *Faust* sowie Gozzis *La donna serpente* flossen mit hinein, auch Reminiszenzen an das Wiener Volkstheater und die italienische Commedia dell'arte spielen mit. Die Entstehung zog sich wegen des Kriegsausbruchs ungewöhnlich lange hin; im September 1916 vollendete Strauss die Komposition, im Juni 1917 die Instrumentation der Oper.
Die Uraufführung 1919 in Wien unter Franz Schalk mit Lotte Lehmann und Richard Mayr als Färberpaar war kein durchschlagender Erfolg, vor allem waren die szenischen Lösungen, trotz Alfred Rollers Bühnenbildern, keinesfalls bestechend. Durchgesetzt hat sich *Die Frau ohne Schatten* auf den internationalen Bühnen erst nach dem 2. Weltkrieg. Vor allem Karl Böhm erwies sich als vehementer Anwalt für dieses Werk (Wien, Salzburg, New York, Paris). Die inszenatorischen Probleme werden meist durch märchenhafte Phantastik kaschiert. Götz Friedrich ließ das Werk (1987 in Stuttgart) vor dem Hintergrund des 1. Weltkriegs spielen,

und John Dew transponierte es in die Gegenwart (Bielefeld 1986).
Das Werk wird belebt von den starken Gegensätzen der beiden Welten, der Sphäre der Geister, also dem Reich des Kaisers (Kammerorchester), und dem Menschendasein des Färberpaars (großes Orchester). Strauss schuf dafür eine Partitur voll koloristisch raffinierter Gegensätze und von einer dynamischen Palette, die in den Zwischenspielen zu opulenter Fülle und monumentaler Klangpracht ausgereizt wird. Entsprechend sind auch die Figuren gezeichnet: die Amme schrill, gleich einer Verdammten zwischen beiden Welten umherirrend; kapriziös, vielfach gebrochen und kompliziert die rätselhafte Figur der Färberin; Barak dagegen – die einzige Person, die einen Namen trägt! – ist warmherzig, voll Empfindung, und seine Szene im 3. Akt gehört zu den schönsten melodischen Erfindungen in dieser Oper; die Kaiserin schildern schimmernde Brillanz und eine ätherische Klangwelt als Geisterwesen; als ein Jäger und als passiv Liebender tritt der mit einer steifen, prächtig-glanzvollen Musik ausgestattete Kaiser in Erscheinung. Doch Strauss erprobt seine Virtuosität auch in einer Reihe suggestiver Szenen von tonmalerischer Finesse, so in der Schilderung des klagenden Falken, der ungeborenen Kinder, der davonschnellenden Gazelle, in dem Gesang der Wächter, im Gerangel der Brüder, in den trügerischen Zaubergebilden der Amme und im Aufruhr der Naturmächte.
Spieldauer: ca. 3¼ Stunden (1. Aufzug: ca. 65 min.; 2. Aufzug: ca. 60 min.; 3. Aufzug: ca. 65 min.).

Intermezzo

Bürgerliche Komödie mit sinfonischen Zwischenspielen in 2 Aufzügen. Text vom Komponisten. Uraufführung am 4. November 1924 in Dresden, Kleines Haus.

PERSONEN: Christine (Sopran) – Der kleine Franzl, ihr Sohn (Sprechrolle) – Hofkapellmeister Robert Storch, ihr Mann (Bariton) – Anna, ihre Kammerjungfer (Sopran) – Baron Lummer (Tenor) – Der Notar (Bariton) – Seine Frau (Sopran) – Roberts Skatpartner: Kapellmeister Stroh (Tenor); ein Kommerzienrat (Bariton); ein Justizrat (Bariton); ein Kammersänger (Baß) – Ein junges Mädchen (Sprechrolle) – Stubenmädchen, Hausmädchen, Köchin bei Storch (Sprechrollen) – Rodler, Wirtshausgäste.

ORT UND ZEIT: Am Grundlsee und in Wien, um 1900.

1. Aufzug. Früh 7 Uhr. In seinem Grundlseer Landhaus rüstet Hofkapellmeister Storch zur Abreise nach Wien, um dort seinen Dirigentenverpflichtungen nachzukommen. Zwischen ihm und seiner temperamentvollen Frau Christine kommt es zu einem ehelichen Wortgeplänkel, in dem Storch heitere Fassung und Überlegenheit bewahrt. Nachdem er endlich aus dem Haus ist, schildert Christine beim Frisieren der Kammerjungfer Anna in elegischen Tönen das Los der Künstlergattin. Die kluge Zofe nimmt die Dinge weniger tragisch. Die melancholische Stimmung der Gnädigen weicht sofort, als eine Bekannte sie telefonisch zum Schlittschuhlauf auffordert. – Beim Überqueren der Rodelbahn wird der junge Baron Lummer, der zur Erholung in Grundlsee weilt, von Christine über den Haufen gerodelt. Als er sich vorstellt, konstatiert Christine freundschaftliche Beziehungen zu den Eltern und lädt den jungen Mann ein, sie zu besuchen. – Ball beim Grundlseewirt. Christine wiegt sich mit dem Baron im leidenschaftlich geliebten Walzertanz. – Christine hat die Notarin aufgesucht, um bei ihr den Schützling einzumieten. Angelegentlichste Empfehlung des jungen Mannes, der an Migräne leide. – In ihrem Zimmer schreibt Christine einen Brief an den Gatten. Sie rühmt den Baron als angenehmen Gesellschafter für »die arme, verlassene, stets so vernachlässigte Frau«. Dann vertieft sie sich, durch das Erscheinen der Köchin veranlaßt, in das Küchenbuch, über dem der Baron sie rechnend antrifft. Stockend nur kommt eine Unterhaltung in Gang, da Christine Zeitungslektüre amüsanter findet. Endlich rückt der junge Mann, dem das Jurastudium verhaßt ist und der Beruf des Naturforschers lieber wäre, mit diesbezüglichen Wünschen heraus. Christine verspricht die Protektion ihres Mannes, worauf Lummer sich empfiehlt. Die Frau, alleingeblieben, ver-

sinkt träumerisch in Gedanken an ihren fernen, trotz allem inniggeliebten Mann. – Der Baron, der ergebnislosen Besuche im Hause Storch überdrüssig, überlegt sich, ob er Christine eine Liebeserklärung machen oder sie anpumpen will. Als seine kleine Freundin ihn zu einem Bummel abholt, beschließt er das letztere. – Christine hat einen Brief Lummers erhalten, worin er ein Darlehen von tausend Mark erbittet. Energisch erklärt sie dem Jüngling, der erst noch einmal hinaus muß, um sich am Stiefelabstreifer die Schuhe abzuputzen, daß Geldleihen keinesfalls in Frage komme, da es die beste Freundschaft verderbe. Das Hausmädchen bringt einen an Kapellmeister Storch gerichteten Brief. Christine öffnet ihn und liest: »Lieber Schatz! Schicke mir doch wieder zwei Billete morgen zur Oper. Nachher in der Bar wie immer. Deine Mieze Maier.« Augenblicks ergreift sie ein Telegrammformular und schreibt: »Du kennst Mieze Maier! Deine Untreue erwiesen! Wir sind für immer geschieden!« Anna, die zugleich Befehl empfängt, die Koffer zu packen, muß die Depesche zur Post bringen. – Im Kinderschlafzimmer sagt Christine dem kleinen Franzl, daß sein Papa ganz furchtbar schlecht und böse sei. Franzl verteidigt den Vater; er möchte nicht weg von ihm. Sie beruhigt das Kind und sinkt betend am Bette nieder.

2. Aufzug. Im Hause des Kommerzienrats in Wien sitzen Storch, der Kapellmeister Stroh, der Justizrat, der Kammersänger und der Hausherr bei einer Skatpartie. Dabei muß Robert manche Stichelei auf seine Frau hören. Mit warmen Worten tritt er für sie ein: »Ich habe ein Talent zum Verdösen, Verbummeln; was aus mir geworden, danke ich ihr, besonders die Gesundheit. Sie hat mich aufgepulvert.« Da trifft Christines Telegramm ein. Entgeistert liest es Robert der Gesellschaft vor und stürzt davon. – Christine erscheint, den Scheidungsantrag zu stellen, beim Notar. Dieser vermutet zunächst den Baron als Grund, wird aber über den wahren Sachverhalt unterrichtet. Vorsichtig, wie er ist, will er auf einen bloßen Brief hin den Fall nicht übernehmen. Christine grüßt kurz und meint: »Es gibt noch andere Notare.« – Verzweifelt durchirrt Storch den nächtlichen Prater; auf

keine seiner Depeschen hat Christine geantwortet. Atemlos kommt Stroh gelaufen mit dem Geständnis, Mieze Maiers Brief sei – eine Verwechslung der ähnlich klingenden Namen – an ihn gerichtet gewesen. Wütend und erleichtert zugleich meint Storch, der Schuldige müsse das Unglück auch wiedergutmachen. Stroh bleibt nichts anderes übrig, als nach Grundlsee zu reisen und Christine aufzuklären. – Unter Christines Aufsicht packt Anna die Koffer. Der Baron ist nach Wien geschickt worden, um Erkundigungen über Mieze Maier einzuziehen. Ein neues Telegramm Roberts trifft ein. Auf Annas Zureden öffnet es Christine. Sie erfährt von der »unseligen Verwechslung mit Kollegen Stroh«. Schon wird dieser gemeldet. »Also herein mit dem Schubiak!« – Im festlich geschmückten Eßzimmer erwartet Christine ihren Mann. Ihm entgegenzueilen kann sie sich allerdings nicht entschließen, und als der freudig Hereinstürmende sie umarmen will, wehrt sie ab. Auf Roberts Andeutung, besonneneres Handeln hätte manches ersparen können, sprudelt Christines Temperament über. Sie behauptet, sich nun erst recht scheiden lassen zu wollen, während Storch wütend ins Nebenzimmer läuft. Inzwischen ist der in Wien wenig erfolgreiche Baron zurückgekehrt. Höhnisch bestätigt ihm Christine sein Ungeschick, worauf er verschwindet. Nunmehr erfolgt die klärende Aussprache mit dem ruhiger gewordenen Robert, und der häusliche Friede einer *wahrhaft glücklichen Ehe* ist wiederhergestellt.

Nach der *Frau ohne Schatten* suchte Strauss einen modernen Komödienstoff. Hofmannsthal, der daran kein Interesse hatte – »machen wir mythologische Opern, es ist die wahrste aller Formen« –, verwies Strauss an den erfolgreichen Literaten und Dramatiker Hermann Bahr (1863–1934), Gatte der hochberühmten Sängerin Anna Bahr-Mildenburg, die am Ende ihrer Karriere auch als Klytämnestra gefeiert wurde. Strauss und Bahr trafen sich im Sommer 1916 in Salzburg; im Oktober erhielt Strauss eine vorläufige Skizze. Nachdem Bahr das auf einer tatsächlichen Begebenheit basierende Libretto nicht zur vollen Zufriedenheit von Strauss anfertigen konnte, übernahm der Komponist selbst diese Aufgabe. Die Arbeit an *Intermezzo* ging langsam voran, da Strauss zwischen 1919 und 1924 Direktor der Wiener Staatsoper war; sie wurde im August 1923 abgeschlossen. Die Uraufführung fand im Rahmen der Feiern zum 60. Geburtstag von Strauss – nach der Unterbrechung mit *Ariadne auf Naxos* und *Die Frau ohne Schatten* – traditionsgemäß wieder in Dresden statt. Fritz Busch leitete die Aufführung, Adolf Mahlke gestaltete das Bühnenbild nach dem Vorbild der Strauss-Villa in Garmisch, und Lotte Lehmann sang die Christine.

Wesentlich ist in *Intermezzo* die musikalische Behandlung des Textes, in allen Zwischenformen vom Sprechen bis zum Arioso, der immer den Eindruck des Natürlichen machen und dabei deutlich verstanden werden soll; in dieser Hinsicht ist *Intermezzo* ein Vorläufer zu *Capriccio*: »Im ersten Aufzug der *Ariadne* ist bei abwechselnder Anwendung von reiner Prosa, Secco- und pathetischem Rezitativ mit voller Sicherheit der Gesangsstil angeschlagen, der nunmehr im *Intermezzo* bis zur äußersten Konsequenz durchgeführt wurde« (Strauss). Das sinfonische Schwergewicht liegt gänzlich auf den 12 die Handlung kommentierenden, oft glossierenden Zwischenspielen. Im Mittelpunkt steht Christine, deren kapriziös-komplizierte, ein wenig zänkische, aber im Grunde ihres Herzens liebevoll ihrem Mann zugewandte Art sie zu einer modernen, im komödiantischen Milieu beheimateten Schwester der Färberin in der *Frau ohne Schatten* macht.

Spieldauer: ca. 2¼ Stunden (1. Aufzug: ca. 80 min.; 2. Aufzug: ca. 60 min.).

Arabella

Lyrische Komödie in 3 Aufzügen. Text von Hugo von Hofmannsthal. Uraufführung am 1. Juli 1933 in Dresden, Staatsoper.

Hugo von Hofmannsthal s. *Elektra*, S. 578.

Personen: Graf Waldner, Rittmeister a. D. (Baß) – Adelaide, seine Frau (Mezzosopran) – Arabella (Sopran) und Zdenka (Sopran), ihre Töchter – Mandryka (Bariton) – Matteo, Jägeroffizier (Tenor) – Graf Elemer (Tenor), Graf Dominik (Bariton) und Graf Lamoral (Baß), Verehrer der Arabella – Die Fiakermilli (Koloratursopran) – Eine Kartenaufschlägerin (Sopran) – Welko, Mandrykas Leibhusar (Sprechrolle) – Djura und Jankel, Mandrykas Diener (Sprechrollen) – Ein Zimmerkellner (Sprechrolle) – Begleiterin der Arabella, drei Spieler, ein Groom, Fiaker, Ballgäste, Hotelgäste, Kellner.

Ort und Zeit: Wien, 1860.

1. Aufzug. Durch seine Spielschulden ist Rittmeister Graf Waldner vollkommen verarmt und lebt mit seiner Familie in einem billigen Hotel. Da keine Mittel zur Verfügung stehen, beide Töchter standesgemäß zu erziehen, wird die jüngere, Zdenka, als Junge namens Zdenko ausgegeben, während man sehnlichst darauf hofft, daß eine gute Partie Arabellas die Familie sanieren wird. In ihrer Notlage wendet sich Adelaide an eine Kartenlegerin, die ihr die Zukunft voraussagen soll. Zdenka, in Bubenkleidern, ordnet indessen Papiere und nimmt die Rechnungen entgegen, welche die Zimmerkellner bringen. Durch die Karten erfährt Adelaide, daß Arabella einen Gatten finden werde; es wird allerdings nicht der von der Mutter favorisierte Graf Elemer sein, sondern ein Fremder, doch zuvor wird es durch Arabellas Schwester noch zu Komplikationen kommen. Nun ist Adelaide genötigt, die Kartenaufschlägerin über Zdenkas wahre Identität aufzuklären und zieht sich mit ihr ins Nebenzimmer zurück. Zdenka hätte gerne, daß Arabella Matteo erhört, der sie leidenschaftlich liebt, dem indessen auch Zdenka insgeheim zugetan ist. Matteo erscheint, breitet seinen ganzen Liebeskummer vertrauensvoll vor seinem Freund Zdenko aus und erfleht sich einen Brief von Arabella, da er sich sonst in die Provinz versetzen lasse oder Selbstmord begehe. Doch neben den drei Grafen, die Arabella ständig kometenhaft umkreisen, hat Matteo die geringsten Chancen bei Arabella. Unachtsam legt sie bei ihrer Rückkehr auch die Rosen Matteos beiseite. Zdenka macht ihr deshalb Vorwürfe, Arabella

aber ist sich sicher, daß er nicht »der Richtige« ist (Duett *Aber der Richtige*). Unterwegs hat sie einen fremden Mann gesehen, dessen Blick sie nicht mehr vergessen kann. Graf Elemer kommt, um Arabella zu einer Schlittenfahrt auszuführen; Zdenko, ihr Bruder, soll aber mitkommen, wünscht Arabella. Sie ziehen sich zum Umkleiden zurück. Graf Waldner kehrt niedergeschlagen vom Spieltisch zurück; die Lage ist aussichtslos, kein Glück im Spiel, der Schmuck ist versetzt, das Hotel gewährt keinen Kredit mehr, und die Gläubiger verlangen ihr Geld. In diesem Moment meldet der Kellner einen Gast. Waldner will ablehnen, doch nach einem Blick auf dessen Karte erwartet er mit Freuden seinen Regimentskameraden Mandryka, einen steinreichen Grundbesitzer, dem er geschrieben und ein Foto Arabellas geschickt hat, in der Hoffnung, er werde das Mädchen heiraten. Es erscheint ein stattlicher, eleganter, junger Mann, nicht der alte Kamerad, aber dessen Neffe und Erbe. Dieser Mandryka kommt sehr schnell zum Grund seines Kommens; er hat Arabellas Foto gesehen, ist ihr auf der Straße begegnet und hält nun um ihre Hand an. Der ebenso großzügige wie gutmütige Freier beschreibt Waldner seinen Besitz und seinen Reichtum und bietet ihm aus seiner Brieftasche Tausendguldennoten an. Er solle sich bedienen, wenn er gerade nicht flüssig sei. Waldner läßt sich nicht lange bitten, er stimmt allem hocherfreut zu und kehrt an den Spieltisch zurück. Der Fremde von heute morgen will Arabella nicht aus dem Sinn, und doch wenden sich ihre Gedanken erstmal noch dem Fiakerball am heutigen Abend zu (*Mein Elemer*). Die Schwestern verlassen das Haus zur Schlittenfahrt.
2. Aufzug. Auf dem Fiakerball stellt Waldner den jungen Mandryka seiner Frau und Arabella vor. Arabella erkennt in ihm »den Fremden«. Sie ist von ihm ebenso entzückt wie er von ihr und hört gern seinen Erzählungen zu von seiner Heimat, seiner gestorbenen Frau, schließlich dem Geständnis seiner Liebe zu ihr. Es gebe bei ihnen einen Brauch, bei dem das Mädchen ihrem Erwählten einen Becher klaren Wassers als Zeichen ewiger Treue überreiche. Arabella nimmt den Gedanken auf, und beide geloben sich Liebe und

Treue (*Und du sollst mein Gebieter sein*). Dann bittet Arabella, sie zu verlassen; sie wolle an diesem Abend Abschied nehmen von ihrer Mädchenzeit. Die Fiakermilli krönt Arabella zur Königin des Festes und hält eine perlende Rede auf die Herren der Stadt (*Die Wiener Herren*). Nachdem sie sich von den drei Grafen mit einem letzten Tanz verabschiedet hat, kehrt Arabella heimlich ins Hotel zurück, nicht ohne noch ein kleines Billett für Mandryka zu schreiben. Dem verzweifelten Matteo übergibt Zdenka einen Brief, der angeblich den Schlüssel zu Arabellas Zimmer, tatsächlich aber den zu ihrem eigenen enthält. Mandryka hat dieses Gespräch unfreiwillig belauscht, fühlt sich betrogen und verhöhnt Arabellas Billett, das ihm sein Diener in diesem Moment überbringt. Wütend und eifersüchtig stürzt sich Mandryka in das Ballgetümmel. Sich zu einer aufgezwungenen Munterkeit zwingend, flirtet er mit der Fiakermilli und beleidigt die Gräfin Adelaide, die nach ihrer Tochter fragt. Waldners Antwort ist eine Forderung zum Duell.

3. Aufzug. Arabella betritt das Hotel, zur Verblüffung Matteos, der von oben kommt und glaubt, eben noch in ihrem dunklen Zimmer ihre Liebe genossen zu haben. Ob sie noch einmal ausgehen wolle. Weshalb, sie komme doch gerade vom Ball, ist ihre Antwort. Matteo ist fassungslos über so viel kaltherzige Verstellung. Nun trifft das Grafenpaar ein, mit Mandryka, der in Matteo den Empfänger des Schlüssels erkennt. Es kommt zu einer heftigen Szene. Arabella versteht begreiflicherweise nichts von dem, was um sie herum geschieht. Im Moment höchster Aufregung kommt Zdenka, im Negligé, die Treppe heruntergelaufen, ebenfalls fassungslos: Sie war es, die Matteo empfangen und sich ihm hingegeben hatte. Mandryka bittet nun selbst in Matteos Namen um Zdenkas Hand. Alle ziehen sich zurück, teils glücklich, teils beruhigt. Nur Mandryka verharrt allein und unglücklich in der Halle. Da geht das Licht noch einmal an, und Arabella kehrt mit einem Glas Wasser zurück, um es nach dem alten bräutlichen Brauch seiner Heimat Mandryka zu überreichen. Mandryka ist überwältigt; er trinkt und schmettert das leere Glas auf den Boden: »Und so sind wir Verlobte

und Verbundene auf Leid und Freud und Wehtun und Verzeihen!«

Im September 1927, die *Ägyptische Helena* war fast abgeschlossen, schrieb Strauss an Hofmannsthal: »Aber jetzt habe ich nichts mehr zum arbeiten: total abgebrannt! Also bitte: dichten Sie! Es darf sogar ein zweiter Rosenkavalier sein«, damit auf einen älteren Plan eines »zweiten *Rosenkavaliers*«, von 1922, anspielend. Hofmannsthal wollte zunächst seinen Lustspielentwurf *Der Fiaker als Graf* (1925) verwenden, verband diesen dann aber mit einem unausgeführten Komodienplan aus dem Jahr 1910, *Lucidor*, der auf der im gleichen Jahr veröffentlichten Novelle *Lucidor, Figuren zu einer ungeschriebenen Komödie* basiert; dies sollte »fast eine Operette« geben, »die dem *Rosenkavalier* an Lustigkeit so wenig nachstehen würde wie der *Fledermaus*«. Im Dezember 1927 stimmten die Autoren den Plan und das Szenarium zu *Arabella* ab, im Dezember 1928 schloß Hofmannsthal das Libretto ab. Umarbeitungen und Änderungen folgten im Frühjahr des kommenden Jahres (nachdem auch noch Franz Werfel, Max Mell und Jakob Wassermann zur Beratung herangezogen wurden), und am 10. 7. 1929 sandte Hofmannsthal Strauss den Monolog Arabellas für den Schluß des 1. Aufzugs. Es war sein letzter Brief an Strauss, fünf Tage vor seinem Tod. Strauss vertonte Hofmannsthals Text in der ihm zuletzt vorliegenden Fassung, mit geringfügigen Veränderungen. Im Oktober 1932 war die Partitur vollendet. 1939 stellte Clemens Krauss, der Dirigent der Uraufführung, eine »Münchner Fassung« her, in der das verkürzte Finale des 2. Aufzugs unmittelbar in den 3. Akt überleitet, ohne das Problem der Längen im 3. Aufzug zu korrigieren.
Früh hatte Strauss Hofmannsthal mitgeteilt, daß er eine Sammlung südslawischer Weisen für Arabella studiere. Solche Reminiszenzen an kroatische Volksweisen sind aber nicht, wie Hofmannsthal anfänglich befürchtete, in ein großes Ballett eingeflossen, sondern bilden lediglich eine feine leitmotivische Grundierung, gerade in den beiden anrühren-

den Duetten *Aber der Richtige* und *Und du sollst mein Gebieter sein*. Die Wirkung dieser sublimen Momente wird nur durch den Schluß des 3. Aufzugs übertroffen. Man hat der *Arabella*, in der Hofmannsthal nochmals der – hier schon maroden – Atmosphäre des alten Österreich nachspüren wollte und in der Hans Mayer die »Romantik in einer untergehenden Welt« erblickte, die von den Autoren selbst benannte Nähe zum Operettenhaften vorgeworfen. In Wahrheit hat Strauss eine süß-singbare, schwelgerische Musik voll lyrischer Momente geschaffen, die sich doch mit ironischen Seitenblicken von aller Operettennähe, beispielsweise des 2. Aufzugs, distanziert. Es mag am Stoff liegen, an der schwerblütigen Verklärung des biedermeierlichen Wien, daß trotz aller technischen Meisterschaft *Arabella* immer wie ein Werk aus zweiter Hand wirkt.
Spieldauer: ca. 2½ Stunden (1. Aufzug: ca. 60 min.; 2. Aufzug: ca. 45 min.; 3. Aufzug: ca. 45 min.).

Die schweigsame Frau

Komische Oper in 3 Aufzügen. Text frei nach Ben Jonson von Stefan Zweig. Uraufführung am 24. Juni 1935 in Dresden, Staatsoper.

Stefan Zweig (28. 11. 1881 Wien – 22. 2. 1941 Petropolis/Brasilien), der Wiener Schriftsteller und Essayist, hat in seinen kulturhistorischen Betrachtungen, u. a. in *Begegnungen mit Menschen, Büchern, Städten* (1937), *Die Welt von gestern* (1942) und *Sternstunden der Menschheit* (1927), vielfach über Musik und Musiker geschrieben, so über Toscanini, Bruno Walter, Busoni, Händel, Mahler und Strauss. Zweigs Zusammenarbeit mit Strauss begann 1931 und fand noch vor Zweigs Emigration, nämlich gleich nach der *Schweigsamen Frau*, infolge seiner Ächtung als Jude bereits ihr Ende, obwohl sich Strauss lange geweigert hatte, die Verbindung mit ihm aufzugeben. Der Plan zu einem *Rattenfänger von Hameln* zerschlug sich, und Zweigs *Friedenstag* führte der von ihm vorgeschlagene Joseph Gregor (s. *Daphne*, S. 610) aus. Aber noch die Idee zu *Capriccio* geht auf Zweig zurück.

Personen: Sir Morosus (Baß) – Seine Haushälterin (Alt) – Der Barbier (Bariton) – Henry Morosus (Tenor) – Komödianten: Aminta, Henrys Frau (Koloratursopran); Isotta (Sopran); Carlotta (Mezzosopran); Morbio (Bariton); Vanuzzi (Baß); Farfallo (Baß) – Weitere Komödianten und Nachbarn.
Ort und Zeit: Haus des Morosus in einem Vorort Londons, um 1780.

1. Aufzug. Seit vor Jahren bei einer Explosion sein Gehör zu Schaden gekommen ist, lebt Kapitän Morosus als höchst lärmempfindlicher Pensionär zurückgezogen mit seiner Haushälterin. Ihr Geschwätz geht ihm allerdings sehr auf die Nerven, weshalb ihm der Barbier rät, die Alte vor die Tür zu setzen und sich eine junge, ruhige Frau zu nehmen. Bis zur Verzweiflung steigert sich seine Stimmung, als sein verschollen geglaubter und deshalb anfangs freudig begrüßter Neffe Henry mit einer lauten Gesellschaft ins Haus fällt, die sich als Operntruppe entpuppt. Ein Morosus, der singt, ist für den alten Herrn kein Morosus mehr, und da Henry nicht von seiner Frau Aminta, der Primadonna der Truppe, und der Oper überhaupt lassen will, enterbt ihn Morosus und wirft alle hinaus. Er will selbst für einen Erben sorgen, der Barbier kann ihm also eine Frau suchen. Der Barbier ist schlau; es erscheint ihm lukrativer, Henry zu raten, nicht so schnell auf den Reichtum seines Onkels zu verzichten, und er hat auch schon eine Idee: Man führt dem Onkel eine stille, schweigsame Frau zu, die sich nach der Heirat zur Furie entwickelt und dem Alten so lange das Leben zur Hölle macht, bis er aufgibt.
2. Aufzug. Die Operntruppe beginnt das Komödienspiel: Am nächsten Tag bereits führt der Barbier dem Kapitän drei Heiratskandidatinnen vor: Carlotta spielt einen Bauerntrampel, Isotta ein affektiertes, gebildetes Fräulein, während Aminta als bescheidene, schüchterne »Timidia« sofort das Herz des Morosus erobert. Sogleich hat der Barbier den Pfarrer und den Notar, dargestellt von Vanuzzi und Morbio, zu holen, während der bärbeißige Morosus in der Konversation mit seiner Braut merklich auftaut. Nach der Trauungszeremonie machen sich aber schon ungebetene und derb-

laute Gäste im Hause breit, angebliche Seeleute und Nachbarn, die zum Gratulieren kamen. Erschöpft sinkt Morosus zusammen. Seine Zuneigung rührt Aminta zwar, dennoch spielt sie nun ihre Rolle und verwandelt sich in ein eigensinniges, kratzbürstiges, polterndes und schreiendes Eheweib. Als Retter in der Not taucht Henry auf. Er beruhigt »Timidia« und verspricht dem Onkel, ihn alsbald von dieser Furie zu befreien, rechtmäßig, durch Scheidung. Onkel und Neffe söhnen sich aus. Morosus begibt sich erleichtert zur Ruhe und Henry schließt Aminta, die doch ein wenig Mitleid für den Alten empfindet, zufrieden in die Arme.
3. Aufzug. Anderntags treibt es Aminta noch toller. Aus- und eingehende Handwerker machen Lärm, dazu üben ein Pianist und ein Gesangslehrer, natürlich die verkleideten Farfallo und Henry, mit ihr – Morosus ist völlig fassungslos. Endlich kommen der »Lord-Oberrichter« und zwei »Advokaten«, um die Scheidung zu verhandeln. Die Komödianten setzen dem gequälten Morosus sehr zu, indem sie einen Scheidungsgrund nach dem andern verwerfen. So tritt ein Zeuge – es ist Henry – auf, der sich als ihr Geliebter ausgibt, doch winkt der Richter ab: Timidias Unschuld sei nicht Bedingung für die Ehe gewesen. Morosus ist einem Zusammenbruch nahe. Jetzt scheint es Henry und Aminta geboten, das grausame Spiel zu beenden. Alle lassen die Masken fallen; Aminta bittet den Kapitän um Verzeihung. Und wirklich, nachdem er sich kurz Luft gemacht hat, findet Morosus zu einem befreienden Lachen; die Komödianten haben ihn belehrt und verwandelt. Glücklich erklärt er sich einverstanden mit Henrys und Amintas Verbindung und setzt sie zu seinen Erben ein. Er ist zufrieden, die ersehnte Ruhe gefunden zu haben – in seinem Inneren.

Nach dem Tod Hofmannsthals sah Strauss sein Opernschaffen als beendet an. Er glaubte nicht, noch einmal einen Textdichter gleichen Niveaus zu finden, war selbst dann skeptisch, als sich eine Verbindung zu Stefan Zweig ergab. Strauss freundete sich aber im Oktober 1931 spontan mit Zweigs Vorschlag an, Ben Jonsons Komödie *Epicoene, or*

Richard Strauss: Der Rosenkavalier
Bayerische Staatsoper München

Richard Strauss: Ariadne auf Naxos
Stadttheater Luzern

The silent Woman (1609) nach Ludwig Tiecks Übersetzung (1800) zur Grundlage eines Operntextes zu machen. Zweig, der mit seiner Jonson-Adaption des *Volpone* bereits großen Erfolg hatte, konnte Strauss im Januar 1933 den letzten Teil seines Librettos überreichen, das Strauss als »das beste Libretto für eine opéra comique seit *Figaro*« bezeichnete und an dem er kein Wort änderte. Im Oktober 1934 hatte Strauss die Komposition vollendet, im Januar 1935 stellte er ihr noch eine kleine Potpourri-Ouvertüre voran.
Die Uraufführung der *Schweigsamen Frau* (unter Karl Böhm und mit Maria Cebotari) setzte Strauss trotz aller Verbotsversuche, die sich gegen den »Nichtarier« Zweig richteten, durch. Er sorgte auch dafür, daß Zweigs Name auf den Theaterzetteln nicht unterschlagen wurde. Dennoch verschwand die Oper nach nur drei Reprisen von der Bühne. Strauss reagierte darauf mit dem Rücktritt von der Präsidentschaft der Reichsmusikkammer.
In der Tradition der italienischen Opera buffa stehend, kann die *Schweigsame Frau* als spätgeborene Schwester des *Don Pasquale* oder des *Falstaff* aufgefaßt werden. Strauss bereitete es keine Mühe, Jonsons Figuren mit Leben zu erfüllen und der Typenkomödie auch musikalisch die menschliche Tiefe zu verleihen, wie sie sich im abschließenden, friedvollen Seelenglück des Morosus äußert. In den historischen Rahmen montierte Strauss Musik des englischen Komponisten Martin Peerson, Monteverdis und Legrenzis, ließ Opernmotive von Mozart und Weber anklingen und hielt nach der witzig-wirbeligen Lustspielouvertüre die schnurrenden, kunstvoll gesteigerten Ensembles in typischer Buffa-Manier: das Septett vor dem Stretta-Finale des 1. Aufzugs (*Nicht an mich, Geliebter, denke*), das Sextett *Wunderbar, sie anzuschauen* aus dem 2. und das Nonett *Alles Frohe, alles Schöne, Sir Morosus, immerdar* aus dem 3. Aufzug. Den gesprochenen, musikalisch gestützten Dialog weitete Strauss in den lyrischen Passagen in gewohnt arioser Weise aus, wenn auch nicht mehr mit dem melodischen Schwung der früheren Jahre. Die heitere Melancholie des Morosus dominiert vor dem Glück der jungen Liebenden.

Spieldauer: ca. 3 Stunden (1. Aufzug: ca. 55 min.; 2. Aufzug: ca. 70 min.; 3. Aufzug: ca. 50 min.).

Daphne

Bukolische Tragödie in 1 Aufzug. Text von Joseph Gregor. Uraufführung am 15. Oktober 1938 in Dresden, Staatsoper.

Der Theaterwissenschaftler Joseph Gregor (26. 10. 1888 Czernowitz – 12. 10. 1960 Wien) war der Autor zahlreicher Standardwerke seines Faches – *Weltgeschichte des Theaters* (1933), *Kulturgeschichte der Oper* (1941), *Richard Strauss* (1939), *Perikles, Griechenlands Größe und Tragik* (1938) – und schrieb für Strauss die Texte zu *Friedenstag* (1938, nach einem Entwurf von Stefan Zweig), *Daphne* (1938) und *Die Liebe der Danae* (1944, nach einem Entwurf von Hofmannsthal). 1955 erschien sein *Briefwechsel mit Strauss*.

Personen: Peneios (Baß) – Gaea (Alt) – Daphne (Sopran) – Leukippos (Tenor) – Apollo (Tenor) – Erster Schäfer (Bariton) – Zweiter Schäfer (Tenor) – Dritter Schäfer (Baß) – Vierter Schäfer (Baß) – Erste Magd (Sopran) – Zweite Magd (Sopran) – Schäfer, Mägde, Maskierte des bacchantischen Aufzugs.

Ort und Zeit: Bei der Hütte des Peneios, in mythischer Zeit.

Am Fuße des Olymp treiben die Hirten ihre Herden zusammen und bereiten sich auf das jährliche Fest der blühenden Rebe vor. Daphne, die Tochter der Gaea und des Peneios, gibt sich ganz ihren Gedanken an die Natur hin, der sie sich wie eine Schwester zugehörig fühlt. Anstatt sich wie die anderen zu freuen, fürchtet sie die nächtliche Dionysos-Feier, und stößt ihren Jugendgefährten Leukippos, der sie mit seiner Liebe verfolgt, von sich. Deswegen macht ihr Gaea Vorwürfe, auch weil sie sich nicht für die Feier schmücken will. Dem durch Daphnes Zurückweisung verärgerten Leukippos bieten die Mägde Frauengewänder an, damit er sich in dieser Verkleidung während des Festes Daphne nähern kann. Die Hirten versammeln sich um Peneios und Gaea. Unerkannt mischt sich Apoll als Hirte unter die Anwesenden. Schnell ist er von Daphne, die ihn an seine Schwester Artemis erinnert, bezaubert. Auch Daphnes anfängliches Mißtrauen gegen ihn schwindet, doch als der Gott sie leidenschaftlich umarmen will, flieht sie. Das dionysisch wilde Fest beginnt. Leukippos, der sich in der Mädchenkleidung unter die Tanzenden gemischt hat, nähert sich Daphne. Doch Apoll durchschaut seine Verkleidung und läßt eifersüchtig ein Donnergrollen hören, das alle Hirten schleunigst zu ihren Herden zurücktreibt. Leukippos legt die Frauenkleider ab und verlangt die Vereinigung mit Daphne im Namen des Dionysos. Seinen Rivalen fordert er auf, sich ebenfalls zu offenbaren, was dieser, auch auf Daphnes Wunsch, tut; er gibt sich als Gott zu erkennen und tötet Leukippos, der ihn verspottet, mit einem Pfeilschuß. Daphne wirft sich über den Sterbenden, sie glaubt sich mitschuldig an seinem Tod. Für Apoll führt Daphnes reine Unschuld zur Erkenntnis seiner Schuld. Er bittet seinen Bruder Dionysos, Leukippos in die Schar seiner Gefährten aufzunehmen, und ihren gemeinsamen Vater Zeus, ihm Daphne in Gestalt eines immergrünenden Baumes zu schenken. So wird Daphne langsam der Natur als Lorbeerbaum anverwandelt; aus ihren Zweigen, die Sieger und Helden kränzen werden, tönt ihre Stimme wie eine ferne Erinnerung weiter.

Als Gegenstück zum *Friedenstag*, der die Versöhnung der Menschen feiert, wollte Gregor in der *Daphne* der Aussöhnung des Menschen mit der Natur huldigen. Strauss, der Berninis berühmte Apollo-und-Daphne-Statue in der Villa Borghese in Rom vor Augen hatte – während Gregor durch eine Lithographie von Théodore Chassériau (1819–1856) zu dem Sujet angeregt worden war –, zollte hier (und in der zeitlich folgenden *Liebe der Danae*) ein letztes Mal seiner Liebe zur griechischen Antike Tribut. Zugleich bedeutete die Wahl des Stoffes eine Anknüpfung an den Ursprung der ganzen Gattung, an Jacopo Peris *Dafne* (1597/98), die erste Oper überhaupt.

Nach langen Textarbeiten, in die auch der Regisseur Lothar Wallerstein einbezogen worden war, fand im Sommer 1936 Gregors dritte Fassung endlich die Billigung von Strauss.

Die Gestaltung des Schlusses besprach Strauss im Mai 1937 mit Clemens Krauss: »Wir sind übereingekommen, daß nach Apollos Abgang außer Daphne kein menschliches Wesen mehr auf der Bühne erscheinen darf . . . alles wäre eine Abschwächung. Bei den letzten Gesängen Apollos erhebt sich Daphne, ihn staunend anblickend . . . und nun vollzieht sich – im Mondlicht, aber vollkommen sichtbar – an ihr langsam das Wunder der Verwandlung: nur im Orchester allein!«
Das Wunder der Verwandlung ist einer der musikalischen Höhepunkte im Spätwerk von Strauss. Über weitgreifenden melodischen Bögen entfaltet sich in der *Daphne*, intoniert von aparten Holzbläserkonfigurationen, ein Naturhymnus von sublimer Idyllik. Hell, durchsichtig, zart leuchtend, besitzt *Daphne* alle Züge eines Spätwerks, das die melodischen Erfindungen auf sinfonisch meisterhafte Weise verklärt. Die beiden Arien der Daphne, *O bleib, geliebter Tag* und *Unheilvolle Daphne*, gehören im Œuvre von Strauss zu den großen Szenen für einen lyrischen-dramatischen Sopran mit Koloraturbegabung.
Spieldauer: ca. 1¾ Stunden.

Capriccio

Ein Konversationsstück für Musik in 1 Aufzug. Text von Clemens Krauss und Richard Strauss. Uraufführung am 28. Oktober 1942 in München, Staatsoper.

Clemens Krauss (31. 3. 1893 Wien – 16. 5. 1954 Mexico City) begann seine Dirigentenlaufbahn 1913 in Brünn, gelangte 1922 an die Wiener Staatsoper, leitete 1924–1929 die Frankfurter Oper, war 1929–1935 Direktor der Wiener Staatsoper, wirkte dann an der Berliner Staatsoper und ab 1937 als Operndirektor und Intendant in München. Er dirigierte die Uraufführungen von *Arabella* (1933), *Friedenstag* (1938), *Capriccio* (1942) und *Die Liebe der Danae* (1952). War mit der bedeutenden Strauss-Sängerin Viorica Ursuleac (1894–1985) verheiratet.

PERSONEN: Die Gräfin (Sopran) – Der Graf, ihr Bruder (Bariton) – Flamand, Musiker (Tenor) – Olivier, Dichter (Bariton) – La

Roche, Theaterdirektor (Baß) – Clairon, Schauspielerin (Alt) – Monsieur Taupe (Tenor) – Eine italienische Sängerin (Sopran) – Ein italienischer Tenor (Tenor) – Der Haushofmeister (Baß) – Acht Diener (vier Tenöre, vier Bässe) – Eine junge Tänzerin – Drei Musiker.

Ort und Zeit: Ein Schloß in der Nähe von Paris, in den Jahren, als Gluck dort sein Reformwerk der Oper begann, etwa um 1775.

Noch ehe der Vorhang aufgeht, erklingt ein Streichsextett, das Flamand für Gräfin Madeleine komponiert hat. Wie der Dichter Olivier und der Theaterdirektor La Roche ist Flamand an den Vorbereitungen zum Geburtstag der Gräfin beteiligt; mit Olivier rivalisiert er um die Gunst der jung verwitweten, kunstinteressierten Dame. Wem wird sie ihre Gunst schenken, Flamand oder Olivier, wie wird sie die Frage entscheiden, ob der Musik der Vorrang in der Kunst gebührt oder dem Wort – darum geht es in ihrem Disput. »Prima le parole – dopo la musica« oder »Prima la musica – dopo le parole«? – darauf antwortet La Roche den beiden erst einmal aus der Erfahrung des Theaterpraktikers. Den Bruder der Gräfin, der in die Schauspielerin Clairon verliebt ist, hat die Musik kalt gelassen, dagegen wirkt die Gräfin noch wie verzaubert durch sie. Während sie miteinander sprachen, haben sich La Roche und die beiden Künstler zurückgezogen, um das Festtagsprogramm festzulegen: Zuerst gibt es eine Sinfonie Flamands, dann folgt ein Schauspiel Oliviers und zuletzt eine von La Roche arrangierte »Azione teatrale«. Wobei Flamand und Olivier befürchten, daß La Roches üppiges Spektakel ihre Kunst überdecken könnte. Bevor ein Streit ausbrechen kann, erscheint, von den Anwesenden mit Komplimenten überschüttet, die Schauspielerin Clairon. Mit dem Grafen probt sie eine Liebesszene des Schauspiels, die mit einem feurigen Sonett endet. Olivier wiederholt sein Sonett, zur Gräfin gewendet, während Flamand ins Nebenzimmer eilt, um sie zu vertonen. Seine Komposition entzückt die Gräfin nicht weniger als Oliviers Verse; für sie sind Text und Musik untrennbar – und ebenso Dichter und Komponist ihr gleichermaßen lieb. Zu einer Entscheidung zwischen ihren beiden Verehrern gedrängt, bestellt Madeleine den Komponisten für »morgen mittag um elf«, um ihm ihre Entscheidung mitzuteilen. Ihrem Bruder schildert sie ihre schwierige Situation zwischen Dichter und Musiker. Und Wort oder Ton – sollte die Lösung vielleicht eine Oper sein? Während Schokolade serviert wird, präsentiert La Roche eine junge Tänzerin. Doch die eine große Frage beschäftigt alle weiterhin. Für Flamand ist die Musik »eine erhabene Kunst«, die nur »unwillig dem Trug des Theaters« diene. Für die Gräfin enthüllt das Theater dagegen »das Geheimnis der Wirklichkeit«. Das bringt La Roche dazu, über den Niedergang der Gesangskunst zu lamentieren; als rühmliche Ausnahme hat er ein italienisches Sängerpaar mitgebracht, das jetzt seine Kunst demonstriert. Auf Drängen der Gräfin verrät La Roche sein Festtagsprogramm, eine mythologische Handlung, die er zur Heiterkeit aller unter dem monströsen Titel »Die Geburt der Pallas Athene gefolgt vom Untergang Karthagos« ankündigt. La Roche läßt sich nicht beirren, er redet sich in Feuer und hält ein leidenschaftliches Plädoyer für ein Theater, das keine dürren Philosophien mit blassen Schemen, sondern vitale Unterhaltung und Erbauung mit »Menschen, die uns gleichen« bringt. Seine flammende Rede macht tiefe Wirkung. Die attackierten Flamand und Olivier werden von der Gräfin gebeten, gemeinsam ein Werk für das Fest zu verfassen. Als Thema schlägt der Graf die Ereignisse des heutigen Tages mit den beteiligten Personen vor und findet damit allgemeine Zustimmung. Die Gesellschaft löst sich befriedigt auf. Einen Nachhall der Gespräche bildet der Spott der Diener, die den Salon aufräumen. Für sie ist alles Tun der Herrschaften ohnehin nur Theater, und ihnen kann man dabei nichts vormachen. Ein Letzter ist noch da: Es taucht Monsieur Taupe, der Souffleur, aus seinem Kasten auf, der sich als eigentlicher Herrscher der theatralischen Welt fühlt. Der Haushofmeister läßt den kauzigen Herrn mit einer Kutsche nach Paris heimbringen. (Orchesterzwischenspiel.) In Abendtoilette erscheint die Gräfin zum Souper. Der Haushofmeister teilt ihr mit, daß Olivier morgen um elf Uhr in der Bibliothek sein werde, um von ihr den Schluß der Oper zu erfahren. Etwas irritiert fällt der Gräfin ein, daß sie für die gleiche Zeit Flamand dorthin bestellt hat – untrennbar scheinen Dichter und Musiker miteinander verbunden. Die Gräfin fühlt sich außerstande, sich zu entscheiden. »Sind es die Worte, die mein Herz bewegen, oder sind es die Töne, die stärker sprechen?« Flamand – Olivier? »Wählst du den einen, verlierst du den andern.« Der Haushofmeister bittet zur Tafel: »Das Souper ist serviert.«

Mit seiner letzten Oper, der fünfzehnten, hat Richard Strauss nicht nur den alten Streit über die Vorherrschaft von Musik oder Text in einem interessanten Konversationston noch einmal vorgetragen, sondern seiner eigenen Kunst auch den Spiegel vorgehalten. *Capriccio* ist eine Oper über die Oper, basierend auf dem Operntext des Abbé Giovanni Battista Casti *Prima la musica e poi le parole* für Antonio Salieri (1786). Die Handlung der uns vorgeführten Oper ist die Voraussetzung für eine noch zu schreibende Oper der beiden Hauptfiguren: ein dramaturgischer Kunstgriff, der dem Verfremdungseffekt eines Brecht wie dem Changieren zwischen Spiel und Wirklichkeit eines Pirandello würdig ist.
Im Januar 1934 hatte Stefan Zweig den Komponisten auf den Stoff aufmerksam gemacht, den dieser sofort begeistert akzeptierte. Weil Zweig aus politischen Gründen als Librettist nicht mehr in Frage kam, schlug er Joseph Gregor dafür vor, dessen Text aber nicht die Billigung von Strauss fand. So knüpfte – inzwischen waren *Friedenstag*, *Daphne* und *Danae* entstanden – Strauss 1939 an Gespräche mit Clemens Krauss an, welche die beiden Musiker und intimen Theaterkenner während der Vorbereitung zu *Arabella* geführt hatten, und bat um seine Mithilfe. Auch der Regisseur Rudolf Hartmann wurde zu Rate gezogen; der Dirigent Hans Swarowsky suchte den Text für das Sonett heraus, Verse Pierre de Ronsards (1525–1585). Von Strauss stammt die Idee, daß die Ereignisse des Tages den Inhalt von Flamands und Oliviers Oper bilden sollten (nachdem man zuvor die *Daphne* ins Auge gefaßt hatte), Krauss spürte den Metastasio-Text der italienischen Sänger auf und schlug den Titel vor.

Im August 1941 hatte Strauss die Partitur vollendet. Über eine weitere Oper wollte er nicht mehr nachdenken: »Glauben Sie wirklich«, schrieb er Krauss, »daß nach dem *Capriccio* noch etwas Besseres oder wenigstens gleich Gutes folgen kann? Ist nicht dieses Des-Dur der beste Abschluß meines theatralischen Lebenswerkes? Man kann doch nur *ein* Testament hinterlassen!« Die Uraufführung von Straussens künstlerischem Testament fand unter Leitung von Krauss mit Viorica Ursuleac, Horst Taubmann (Flamand), Hans Hotter (Olivier) und Georg Hann (La Roche) statt. 1944 folgten Dresden, Wien und Zürich, 1950 die Salzburger Festspiele; Joseph Keilberth und Hartmann führten anläßlich der Hamburger Erstaufführung 1957 eine Teilung des Einakters in 2 Akte ein. Das »Diskussionsöperchen«, wie Strauss *Capriccio* nannte, hat sich »als Leckerbissen für kulturelle Feinschmecker« im Repertoire behauptet.
Entsprechend der Anlage der Oper auf zwei Ebenen erlaubte sich Strauss musikalische Querverweise auf Gluck, Couperin, Rameau, ebenso viele Zitate aus eigenen Werken und Reminiszenzen an historische Musizierformen. Daneben gestaltete er ein »Konversationsstück für Musik«, in dem eine flexibel funkelnde Orchesterführung jede Pointe des Textes und jede Nuance der Handlung zu ihrem Recht kommen läßt. Das durchkomponierte Stück besitzt in der Sonett-Szene von Flamand und Olivier (*Kein Andres, das mir so im Herzen loht*), dem Duett der italienischen Sänger (*Addio, mia vita, addio*), der Ansprache des La Roche (*Hola, ihr Streiter in Apoll*), dem Auftritt der Diener und des Souffleurs, der »Mondscheinmusik« (deren Melodie Strauss seinem Liederzyklus *Krämerspiegel* entnahm) wie dem Schlußmonolog der Gräfin seine musikalischen Glanzlichter.
Spieldauer: ca. 2¼ Stunden.

Ferruccio Benvenuto Busoni

* 1. April 1866 in Empoli
† 27. Juli 1924 in Berlin

Busoni, Sohn des Klarinetten-Virtuosen Ferdinando B. und der deutschstämmigen Pianistin Anna Weiss-B., trat bereits mit acht Jahren in Triest als Pianist auf. 1876 übersiedelte die Familie nach Graz, wo der Junge bei Wilhelm Mayer eine solide Musikausbildung erhielt. Mit zwölf Jahren dirigierte er sein eigenes *Stabat mater*, und drei Jahre später nahm ihn die Reale Accademia Filarmonica in Bologna auf. Als Klaviervirtuose errang Busoni erste große Erfolge in Wien. 1886 zog er nach Leipzig und machte die Bekanntschaft von Tschaikowskij, Grieg, Sinding, Mahler und Delius. Ab 1888 lehrte er am Konservatorium in Helsinki, dann in Moskau, wo er die Schwedin Gerda Sjöstrand heiratete. 1894 ließ er sich endgültig in Berlin nieder. Busoni, eine der interessantesten Figuren im Musikleben zu Beginn des 20. Jahrhunderts, war als Interpret, Pädagoge (Weill gehörte zu seinen Schülern) und Vordenker von ungleich größerer Wichtigkeit denn als Komponist. Der große Bach-Spieler setzte sich als Pianist und Dirigent (u. a. der Werke von Liszt, Bartók, Delius, Debussy, Franck, d'Indy) sowie als Theoretiker (*Entwurf einer neuen Ästhetik der Tonkunst*, 1907) für die Musik seiner Zeit ein. Unter dem Begriff einer »Neuen Klassizität« propagierte er eine absolute Musik im Sinne Bachs und Mozarts, wandte sich gegen die Programmmusik des 19. Jahrhunderts und initiierte eine Abkehr vom Musikdrama Wagnerscher Prägung.

Nach einem ersten unveröffentlichten Versuch, *Sigune* (1889), wirkten *Die Brautwahl* (nach E. T. A. Hoffmann, 1912) und die beiden Commedia dell'arte-Opern *Arlecchino* (1917) und *Turandot* (nach Carlo Gozzi, 1917) stimulierend auf die Opernentwicklung der Zeit. Mit dem auf das ursprüngliche Puppenspiel zurückgehenden *Doktor Faust* schuf Busoni – neben Hindemiths *Mathis der Maler* und

Pfitzners *Palestrina* – eines der bleibenden Künstlerdramen, das brennspiegelartig die Tendenzen der Zeit erfaßt.

Doktor Faust

Dichtung für Musik in 2 Vorspielen, einem Zwischenspiel und 3 Hauptbildern. Text vom Komponisten. Uraufführung am 21. Mai 1925 in Dresden, Sächsische Staatsoper.

Personen: Doktor Faut (Bariton) – Wagner, sein Famulus, später Rector magnificus (Bariton) – Mephistopheles, als schwarzgekleideter Mann, Mönch, Herold, Hofkaplan, Kurier, Nachtwächter (Tenor) – Der Herzog von Parma (Tenor) – Die Herzogin von Parma (Sopran) – Der Zeremonienmeister (Baß) – Des Mädchens Bruder, Soldat (Bariton) – Ein Leutnant (Tenor) – Drei Studenten aus Krakau (Tenor, 2 Bässe) – Theologe (Baß) – Jurist (Baß) – Naturgelehrter (Bariton) – Sechs Studenten in Wittenberg (4 Tenöre, 2 Baritone) – Fünf Geisterstimmen, Drei Frauenstimmen, Erscheinungen, Kirchgänger, Soldaten, Hofleute, Jäger, katholische und lutherische Studenten, Landleute.

Ort und Zeit: Wittenberg und Parma, ausgehendes Mittelalter.

Vorspiel I. Wagner meldet dem experimentierenden Faust drei Studenten aus Krakau, die ihm ein Zauberbuch mit dem Titel »Clavis Astartis Magica« überbringen. Durch das geheimnisvolle Verschwinden der drei Männer ahnt Faust, daß sie Boten einer höheren Macht waren.

Vorspiel II. Mit Hilfe des Zauberbuches beschwört Faust um Mitternacht Luzifer. Fünf Boten der Hölle erscheinen, doch Faust wünscht sich einen, der so schnell ist wie des Menschen Gedanken, worauf Mephistopheles auftaucht, der Faust einen Pakt vorschlägt: Er werde ihm auf Erden alle Wünsche erfüllen, wenn Faust dafür im Jenseits sein Diener sei. Faust schreckt vor dieser Forderung zurück, doch nachdem Mephistopheles auf Fausts Bitten dessen Gläubiger vor der Tür getötet hat, unterschreibt Faust den Vertrag mit seinem Blut. Draußen erklingen Ostergesänge.

Zwischenspiel. Im Münster von Wittenberg betet ein Soldat, der Bruder des von Faust verführten Gretchens. Er will Rache üben für seine geschändete Schwester, die aus Verzweiflung in den Tod ging. Faust wünscht den Tod des Mannes. Als Mönch verkleidet nähert sich Mephistopheles dem Soldaten und sagt ihm seinen Tod voraus. Soldaten dringen in die Kirche und bringen den Betenden als vermeintlichen Mörder ihres Hauptmanns um.

1. Bild. Im Park des herzoglichen Schlosses von Parma wird die Hochzeit des Herzogs gefeiert. Als Höhepunkt des Festes kündigt der Zeremonienmeister das Erscheinen des Zauberers Faust an. Faust macht den Tag zur Nacht und führt der Gesellschaft auf Wunsch der Herzogin berühmte Liebespaare der Geschichte vor: König Salomon und die Königin von Saba, Samson und Dalila, Johannes und Salome, die sein Werben um die Herzogin unterstützen sollen. Auch die Herzogin fühlt sich zu Faust hingezogen. Der Herzog bereitet dem Spiel ein abruptes Ende. Faust flieht. Von ihm magisch angezogen, folgt ihm die Herzogin. In Gestalt eines Hofkaplans rät Mephistopheles dem Herzog, die Schwester des Herzogs von Ferrara zu heiraten, um einen Krieg zwischen Parma und Ferrara zu verhindern.

2. Bild. In einem Wirtshaus in Wittenberg kommt ein philosophisches und theologisches Streitgespräch zwischen Protestanten und Katholiken auf. Nach dem Weggang der Protestanten wird Faust nach seinen Erfahrungen mit den Frauen gefragt und erinnert sich wehmütig der Herzogin. In diesem Moment überbringt Mephistopheles, diesmal als Kurier verkleidet, einen letzten Gruß der Herzogin: ein totes Kind. Doch das Kind ist nur eine Strohpuppe, die Mephistopheles verbrennen läßt; aus den Flammen zaubert er Helena hervor. Dieses Phantombild löst sich auf, als Faust es berühren möchte. Die drei Studenten aus Krakau erscheinen und fordern das Zauberbuch zurück. Sie verkünden ihm den Tod, der für Faust inzwischen jeglichen Schrecken verloren hat.

3. Bild. Auf einer verschneiten Straße in Wittenberg singt der Nachtwächter – Mephistopheles – sein Lied. Die Studenten geleiten den zum Rektor ernannten Wagner zu Fausts ehemaligem Haus. Faust nähert sich dem Haus, auf dessen Stufen eine Bettlerin kauert; in ihr erkennt er die

Herzogin, die ihm ihr totes Kind entgegenhält. Faust sucht mit dem Kind Zuflucht in der Kirche; der ermordete Soldat erscheint und will ihn daran hindern. Doch Faust schleppt sich bis zum Kruzifix, wo sich der Gekreuzigte unter dem Licht von Mephistopheles' Zauber in Helena verwandelt: Die christliche Gnade bleibt Faust verwehrt. Er vermacht dem Kind sein Leben. Sein Wille und sein Wesen werden in ihm, das sich in einen Jüngling verwandelt, weiterleben. Der Nachtwächter-Mephistopheles leuchtet über den toten Faust: »Sollte dieser Mann etwa verunglückt sein?«

Schon um 1910 beschäftigte sich Busoni mit dem *Faust*-Stoff in Karl Simrocks Veröffentlichung des alten Puppenspiels *Doktor Johannes Faust* (1846). Die endgültige Entscheidung fiel 1914, nachdem Busoni Themen wie das Leben des Leonardo da Vinci oder Wedekinds *Faust*-Parodie *Franziska* verworfen hatte. Im Dezember 1914 verfaßte er innerhalb weniger Tage den Text, der 1918 in René Schickeles Publikation *Die weißen Blätter* erstmals abgedruckt wurde. Die Komposition, inklusive der Texterweiterungen, zog sich von 1916 bis 1924 hin; unvollendet hinterließ Busoni die Erscheinung Helenas sowie den zentralen Schlußmonolog des Faust. Aus den vorliegenden Skizzen ergänzte sein Schüler Philipp Jarnach die Oper. Die Uraufführung fand unter Fritz Busch – mit Robert Burg als Faust und Meta Seinemeyer als Herzogin – 1925 in Dresden statt. Weitere wichtige Produktionen waren 1954 eine von Caspar Neher ausgestattete Aufführung mit Dietrich Fischer-Dieskau in der Titelrolle an der Städtischen Oper Berlin und 1980 die Inszenierung von Hans Neuenfels in Frankfurt a. M. 1984 legte Anthony Beaumont eine Fassung vor, die auf bisher unberücksichtigte Skizzen basiert und Busonis Intentionen verwirklicht. Diese Ergänzungen kamen erstmals 1985 in Bologna unter Zoltan Pesko mit zur Aufführung (Inszenierung: Werner Herzog), ohne Jarnachs Version in der Folge völlig zu verdrängen. Eine bemerkenswerte Aufführung kam 1991 in Leipzig (Inszenierung: Willi Decker) heraus.

Busoni, der postulierte, daß »eine Handlung, in welcher Per-

sonen singend agieren, von Anfang an auf das Unglaubhafte, Unwahre, Unwahrscheinliche gestellt« sei, strebte keine Verbindung von Text und Musik im Sinne des Verismo an. Er hielt den Text »absichtlich lückenhaft, scheinbar fragmentarisch«, damit sich die Musik frei entfalten könne. Er benutzte eine Reihe geschlossener musikalischer Nummern, darunter auch mehrere seiner früheren Kompositionen wie die *Sonatina seconda*, das *Nocturne symphonique* und die *Zwei Studien zu »Doktor Faust«* (Sarabande, Cortège), dazu Choral und Variationsreihe (Vorspiel II), Marsch (Krakauer Studenten), Rondo (Intermezzo), eine Tanzsuite (Hof von Parma), das katholische Te Deum und das protestantische *Eine feste Burg* (Wirtshaus in Wittenberg) sowie traditionelle Gesangsformen wie die Arie der Herzogin (*Er ruft mich* . . .), die Ballade des Mephistopheles im 2. Bild (*Dort war ein dummer Herzog*) und die Serenade der Studenten im 3. Bild.
Spieldauer: ca. 2¾ Stunden (Sinfonia und Vorspiel I: ca. 20 min.; Vorspiel II: ca. 35 min.; Zwischenspiel: ca. 15 min.; 1. Bild: ca. 40 min.; 2. Bild: ca. 35 min.; 3. Bild: ca. 25 min.).

Francesco Cilèa

* 23. Juli 1866 in Palmi (Prov. Reggio di Calabria)
† 20. November 1950 in Varazze (Prov. Savona)

Gegen den Wunsch seines Vaters, wie er selbst Jurist zu werden, konnte sich Francesco Cilèa unschwer durchsetzen, denn schon Kompositionen des Neunjährigen hatten den Pädagogen und Musikwissenschaftler Francesco Florimo dermaßen beeindruckt, daß er zum Studium am Konservatorium in Neapel riet. Noch während seiner Studienzeit (1881–1889) schrieb Cilèa seine erste Oper *Gina*. Der dadurch mit dem Verleger Sonzogno geknüpfte Kontakt führte zu dem Auftragswerk *La Tilda*, das 1892 in Florenz ohne anhaltenden Erfolg herauskam. Cilèa zog es deshalb vor, Lehrer zu werden. Er unterrichtete dann 1894–1896 am Konservatorium in Neapel, 1896–1904 in Florenz. Die 1897 in Mailand mit Caruso uraufgeführte *L'Arlesiana* nach Daudets gleichnamigem Schauspiel bedeutete für ihn – und für Caruso – einen Wendepunkt in der Karriere; das Lamento des Federico (*E la solita storia*) gehört seither zum Standardrepertoire italienischer Tenöre. Caruso war auch bei Cilèas nächster Uraufführung, der *Adriana Lecouvreur* (1902), beteiligt. Obwohl Cilèa 1913–1916 und 1916–1935 die Leitung der Konservatorien in Palermo bzw. in Neapel innehatte, blieb er in den Augen des Publikums der von seinem Nachruhm lebende Komponist der *Adriana Lecouvreur*. Seine von Toscanini 1907 an der Scala uraufgeführte *Gloria* änderte daran nichts.

Adriana Lecouvreur

Oper in 4 Akten. Text von Arturo Colautti nach dem gleichnamigen Schauspiel von Eugène Scribe und Ernest Legouvé (1849). Uraufführung am 6. November 1902 in Mailand, Teatro Lirico.

Arturo Colautti (1851 Zara – 9. 11. 1914 Rom), Journalist, Dramatiker und Librettist, schrieb u. a. die Texte zu Giordanos *Fedora* (1898, nach Sardou), Cilèas *Adriana Lecouvreur* und *Gloria* sowie Mancinellis *Paolo e Francesca* (1907). – Eugène Scribe s. Boieldieu, *Die weiße Dame*, S. 150.

Personen: Adriana/Adrienne Lecouvreur, Schauspielerin an der Comédie-Française (Sopran) – Maurizio, Conte di Sassonia / Moritz, Graf von Sachsen (Tenor) – Der Fürst von Bouillon (Baß) – Die Fürstin von Bouillon (Mezzosopran) – Michonnet, Regisseur an der Comédie-Française (Bariton) – Der Abbé von Chazeuil (Tenor) – Mademoiselles Jouvenot (Sopran) und Dangeville (Mezzosopran), Messieurs Quinault (Baß) und Poisson (Tenor), Mitglieder der Comédie-Française – Damen und Herren der Gesellschaft, Statisten, Bühnenarbeiter, Diener u. a.

Ort und Zeit: Paris, 1730.

1. Akt. In einer Garderobe der Comédie-Française bereiten sich die Damen Jouvenot und Dangeville sowie die Herren Quinault und Poisson auf ihre abendlichen Auftritte in Stücken von Racine und Régnard vor. Der Fürst von Bouillon und der Abbé erscheinen; der Fürst sucht seine Mätresse, die Duclos, die heute Abend gemeinsam mit der Lecouvreur auftreten wird. Der gefeierte Bühnenstar Adriana Lecouvreur tritt ein, bescheiden die Komplimente ihrer Verehrer abwehrend (*Io son l'umile ancella / Ich bin die demütige Magd*) und versichernd, ihre Kunst verdanke sie allein Michonnet. Seit Jahren ist dieser heimlich in Adriana verliebt. Sobald er allein mit ihr ist, möchte er ihr seine Liebe gestehen; da er eine Erbschaft gemacht hat, hofft er um so mehr, sie heiraten zu können. Doch es kommt nicht dazu, denn Adriana eröffnet ihm, daß sie in einen Fähnrich des Grafen von Sachsen verliebt ist. Adrianas Geliebter, es ist der Graf von Sachsen selbst, sucht sie in der Garderobe auf (*La dolcissima effigie / In dir sehe ich das süße, lachende Bild*), und sie verabreden ein Rendez-vous nach der Vorstellung. Adriana schenkt ihm einen Strauß Veilchen und eilt auf die Bühne. Der Fürst ließ einen Brief der Duclos an den Grafen abfangen. Nicht ahnend, daß die eigentliche Verfasserin seine eigene Frau ist, eine heimliche Geliebte des Moritz von Sachsen, entschließt er sich schnell, das Paar zu einem rasch arrangierten Fest noch am gleichen Abend in die Villa seiner Mätresse einzuladen und dabei zu überführen. Dann erst leitet er den Brief weiter an den Grafen. Während er Adriana auf der Bühne beobachtet (*Ecco il monologo / Jetzt kommt der Monolog*), fällt Michonnet ein, daß er vergaß, ein Requisit, einen Brief, für sie bereitzuhalten. Das gibt dem verärgerten Grafen Gelegenheit, auf diesem nachgereichten Requisit Adriana mitzuteilen, daß sie wegen der Einladung des Fürsten sich nicht allein treffen könnten. Die Empfindungen, die sie beim Lesen des Briefes auf offener Bühne äußert, sind für alle Zuschauer ein weiterer Beweis ihrer großen Schauspielkunst.

2. Akt. In der kleinen Villa der Schauspielerin Duclos in Grange Batelière erwartet die Fürstin von Bouillon den

Grafen von Sachsen (*Acerba volutta / Herber Genuß*). An seinen merkwürdig kühlen Äußerungen und einem Veilchenstrauß, den er an seinem Rock trägt, merkt sie, daß sie ihn an eine andere verloren hat. Moritz beschwichtigt sie (*L'anima ho stanca / Mein Herz ist müde*); er schenkt ihr die Veilchen und versteckt sie vor dem eben eintreffenden Fürsten und dem Abbé. Adriana folgt und ist freudig erstaunt, im Grafen ihren Geliebten, den sächsischen Offizier, zu erkennen. Moritz versichert sich der Mithilfe Adrianas, um der Fürstin die Flucht zu ermöglichen, ohne Adriana zu verraten, um wen es sich bei der Unbekannten handelt. So überreicht Adriana der Fürstin im stockfinsteren Nebenzimmer einen Schlüssel, mit dem sie heimlich die Villa verlassen kann. Indessen erkennen sich die beiden Frauen aus wenigen Worten, die sie dabei wechseln, als Rivalinnen um Moritz von Sachsen.

3. Akt. Auf einem Fest im Palais Bouillon gelingt es der Fürstin, Gewißheit darüber zu erhalten, wem neben ihr die Gunst des Grafen von Sachsen gehört: Sie erzählt, Moritz komme nicht, er sei in einem Duell verwundet worden, worauf Adriana ohnmächtig niedersinkt. Unmittelbar darauf erscheint der Graf, unverwundet, und löst ein giftiges Wortgefecht zwischen den beiden Damen aus, während gleichzeitig das Ballett »Das Urteil des Paris« gegeben wird. Danach aufgefordert, eine Kostprobe ihrer Kunst zu bieten, rezitiert Adriana einen Monolog aus Racines *Phädra*. Dabei betont sie die letzten Zeilen so, daß sie als deutliche Anspielung auf die verkommene Moral der Fürstin zu verstehen sind – ein Grund mehr für diese, Rachepläne gegen Adriana zu schmieden.

4. Akt. Ohne eine Nachricht von Moritz und deshalb krank vor Liebeskummer begeht Adriana ihren Geburtstag. Seine Liebe zu ihr nur zart andeutend, bewährt sich Michonnet als väterlicher Freund. Unter den Geschenken, die man ihr bringt, ist ein Kästchen mit den Veilchen, die sie Moritz an jenem Abend im Theater schenkte. Sie hält sie für einen Abschiedsgruß des Geliebten, während sie tatsächlich von der Fürstin stammen, die sie mit Gift beträufelte, um die Ri-

valin zu töten. Gerührt atmet Adriana den tödlichen Duft der Blumen ein (*Poveri fiori / Arme Blumen*). Da überrascht sie, herbeigeholt von Michonnet, Moritz. Er fleht sie um Verzeihung an, gesteht ihr erneut seine Liebe und bittet sie, seine Frau zu werden. Doch zu spät, das Gift tut bereits seine Wirkung, Adriana stirbt.

Wie Giordanos *Andrea Chénier* ist Cilèas *Adriana Lecouvreur* eine historische Figur. Adrienne Lecouvreur galt als Frankreichs größte Schauspielerin. Als sie 1730 erst 38jährig starb, kam das Gerücht auf, sie sei vergiftet worden. Adrienne hatte tatsächlich eine Liebesaffäre mit Moritz von Sachsen (1696–1750), dem später zum Generalmarschall Ludwigs XV. aufgestiegenen natürlichen Sohn Augusts des Starken. Dabei war es zu einem Skandel mit der Duchesse de Bouillon gekommen. Die Duclos (1668–1748) war ebenfalls ein mit der jüngeren Lecouvreur noch rivalisierender Bühnenstar. Gut hundert Jahre danach machte Eugène Scribe, in Zusammenarbeit mit Ernest-Wilfried Legouvé, diese Vorgänge zur Grundlage seines Schauspiels *Adrienne Lecouvreur*, in dem später Sarah Bernhardt, Ellen Terry und die Duse Triumphe feierten. Das mit zahllosen historischen Anspielungen gespickte Textbuch von Arturo Colautti existiert in drei Fassungen, wobei sich die ausführlichste genau an Scribe hält und Adrianas Vergiftung erklärt: Die Fürstin habe unwissentlich beinahe ihre Puderquaste in ein Gift getaucht, das ihr Mann, ein renommierter Chemiker, für einen Mordprozeß analysieren sollte. Von ihrem Mann aufgeklärt, wußte sie nun gut, womit die Blumen präpariert werden könnten.
Seit der Mailänder Uraufführung mit Angelica Pandolfini, Caruso und Giuseppe de Luca gehört die gesanglich nicht sehr anspruchsvolle Titelpartie zu den Schlachtrössern der berühmten Primadonnen; sie verlangt vor allem große darstellerische Versiertheit. Die deutschsprachige Erstaufführung fand am 15. 11. 1903 in Hamburg statt.
Aus der durchkomponierten Partitur ragen einige Arien als Nummern heraus, darunter Adrianas leitmotivisch erarbeitete Auftrittsarie *Io son l'umile ancella*. Neben den großen

Solopassagen sorgen breite Konversationsszenen, Michonnets reizvoll rezitativische Arie *Ecco il monologo* sowie Adrianas melodramatische *Phädra*-Rezitation für atmosphärische Vielfalt. Eindringliche, schlichte Melodik kennzeichnet die zentralen Arien und Liebesduette, in denen Cilèas Musik einen ganz individuellen, schmelzend leidenschaftlichen Ton annimmt: Moritz' *La dolcissima effigie*, *L'anima ho stanca* und *Il Russo Mencikoff* (3. Akt), Adrianas *Poveri fiori* und das *Acerba volutta* der Fürstin.
Spieldauer: ca. 2¼ Stunden (1. Akt: ca. 35 min.; 2. Akt: ca. 35 min.; 3. Akt: ca. 25 min., 4. Akt: ca. 40 min.).

Umberto Giordano

* 28. August 1867 in Foggia
† 12. November 1948 in Mailand

Giordano studierte 1880–1890 am Konservatorium in Neapel. Einer seiner Kommilitonen war Francesco Cilèa. Noch als Student beteiligte er sich mit seinem Einakter *Marina* beim berühmten Sonzogno-Wettbewerb von 1888 (vgl. Mascagni). Die Plazierung als Sechster brachte ihm den Auftrag zu der Oper *Mala vita* (Rom 1892), die sich durch ihren grausamen, drittklassigen Stoff eine kurze, anrüchige Popularität sicherte. Nach *Regina Diaz* (Neapel 1894) schuf Giordano mit *Andrea Chénier* seinen bleibenden Beitrag zum internationalen Opernrepertoire. Im Gegensatz zu seinen meisten Kollegen gelang ihm mit *Fedora* (Mailand 1898) noch ein zweiter, zwar schwächerer, aber in seiner Heimat dauerhafter Erfolg, der den Tenören den kürzesten Schlager der Opernliteratur bescherte: *Amor ti vieta.* »Villa Fedora« hieß denn auch sein Wohnsitz bei Baveno, wo er seit 1899 lebte. *Siberia* (Mailand 1903), *Marcella* (Mailand 1907) und *Mese mariano* (Palermo 1910) blieben Randwerke. Mit der an der New Yorker Met 1915 unter Toscanini uraufgeführten *Madame*

Sans-Gêne begab sich Giordano nochmals in die Zeit der Französischen Revolution. Es folgten die in Zusammenarbeit mit Alberto Franchetti verfaßte Operette *Giove a Pompei* (1921), das im Florenz der Renaissance spielende *La cena delle beffe* (Mailand 1924) und die einaktige Komödie *Il re* (Mailand 1929), deren virtuose Herausforderung in den 1930er Jahren die Koloraturprimadonnen gerne aufnahmen.

André Chénier

Andrea Chénier

Drama mit historischem Hintergrund in 4 Akten. Text von Luigi Illica. Uraufführung am 28. März 1896 in Mailand, Teatro alla Scala.

Luigi Illica s. Puccini, *Manon Lescaut*, S. 518.

Personen: Andrea / André Chénier, ein Dichter (Tenor) – Carlo/ Charles Gérard (Bariton) – Maddalena / Madeleine de Coigny (Sopran) – Bersi, eine Mulattin (Mezzosopran) – Gräfin von Coigny, Maddalenas Mutter (Mezzosopran) – Die alte Madelon (Mezzosopran) – Roucher, ein Freund Chéniers (Baß) – Pietro / Pierre Fléville, Romancier (Bariton) – Fouquier-Tinville, öffentlicher Ankläger (Baß) – Mathieu, gen. Populus, ein Sansculotte (Bariton) – Der Abate / Abbé (Tenor) – Ein Incroyable, Spion der Revolution (Tenor) – Ein Haushofmeister (Baß) – Dumas, Präsident des Wohlfahrtsausschusses (Baß) – Schmidt, Schließer des Gefängnisses von St-Lazare (Baß) – Damen, Herren, Pagen, Schäfer, Schäferinnen, Bürger, Soldaten, Marktweiber, Händler, Volksvertreter, Richter, Geschworene, Gefangene, Gassenbuben, Flando Fiorinelli, ein Musikmeister, Albert Roger, Horatius Cocles u. a.

Ort und Zeit: Frankreich, während der Französischen Revolution 1789–1794.

1. Akt. Es ist Sommer 1789; im Schloß Coigny werden die letzten Vorbereitungen für ein Fest getroffen. Dabei muß der Diener Charles Gérard mitansehen, wie sich sein alter Vater mit einem schweren Möbelstück abplagt; sein Zorn auf die

Aristokratie entlädt sich in der Prophezeiung ihres baldigen Endes. Als die Gräfin, ihre Tochter und das Dienstmädchen Bersi den Raum inspizieren, bezaubert Madeleine, wie immer, Gérard; er ist heimlich in sie verliebt. Unter den ankommenden Gästen finden der Abbé, der Schriftsteller Fléville, der Musiker Fiorinelli und der Dichter Chénier bald zu angeregter Konversation, bis Fléville die Aufmerksamkeit von politischen Gesprächsthemen auf die Darbietung einer von ihm geschriebenen Schäferspielszene lenkt. Die Gräfin bittet auch Chénier um eine Kostprobe seiner Kunst. Nachdem er zunächst ablehnt, reizt ihn eine spöttische Bemerkung Madeleines über die Liebe, doch einige Verse aus dem Stegreif zu rezitieren. Chénier beginnt mit einem Hymnus auf die Natur, doch bald gerät sein Gedicht zu einer harschen Anklage gegen Kirche und Adel (*Un dì all'azzurro spazio / Einst blickt' ich auf zum Himmel*). Die Gesellschaft reagiert natürlich höchst indigniert; lediglich Gérard teilt Chéniers Ansichten. Nicht genug mit dieser einen Störung: Bei der anschließenden Gavotte dringt eine Gruppe von hungernden Bauern in den Saal, angeführt von Gérard, der sich trotzig die Livrée vom Leib reißt. Die Diener werfen alle hinaus, und nachdem sich die in Ohnmacht gefallene Gräfin erholt hat, läßt sie die Musik wieder aufspielen, als sei nichts geschehen.
2. Akt. Juni 1794. Nach dem Sturm auf die Bastille hat die Schreckensherrschaft des Revolutionstribunals begonnen. Im Café Hottot wartet Bersi, die sich gegenüber dem Spion »Incroyable« als Anhängerin der Revolution ausgibt, auf eine Gelegenheit, unbemerkt mit Chénier zu sprechen, dem ein paar Schritte weiter gerade von seinem Freund Roucher geraten wird, Paris zu verlassen. Der Dichter zögert: er hat in den letzten Tagen Briefe einer Unbekannten erhalten, die ihn auf eine große Liebe hoffen lassen. Aber Rouchers Einwand, diese Briefe könnten nur die Falle einer Kurtisane sein, überzeugt ihn schließlich. – In einer großen Menge, die auf die Ankunft Robespierres wartet, trifft Gérard, jetzt Mitglied des Revolutionsrats, den Spitzel »Incroyable« und gibt ihm die Beschreibung einer Frau, die dieser für ihn suchen soll. Jetzt hat Bersi Gelegenheit, Chénier mitzuteilen,

daß ihn eine Frau »am Altar Marats« zu treffen wünsche. Der »Incroyable« hat das Gespräch belauscht und beobachtet auch das nächtliche Treffen zwischen Chénier und der Unbekannten, einer Näherin, die sich ihm als Madeleine zu erkennen gibt. Der Spitzel ist sicher: das ist die von Gérard gesuchte Frau, und macht sich davon, um ihn zu informieren. Madeleine bittet Chénier um Hilfe, es geht ihr schlecht, sie muß sich verborgen halten. Chéniers Antwort ist ein Liebesgeständnis, das Madeleine erwidert (*Ora soave / Herrliche Stunde*). Da tauchen schon der Spitzel und Gérard auf. Roucher, der seinem Freund gefolgt ist, bringt Madeleine in Sicherheit. Zwischen Gérard und Chénier aber kommt es zum Zweikampf, in dessen Verlauf Gérard, leicht verletzt, Chénier erkennt. Er rät ihm, zu fliehen, denn sein Name steht auf der Liste des Anklägers Fouquier-Tinville.

3. Akt. Im Saal des Revolutionstribunals bemüht sich Mathieu ohne rechten Erfolg, zu Spenden für die Finanzierung der Revolution aufzurufen. Erst Gérards Erscheinen und sein flammendes Plädoyer veranlassen die Bürger, in die Taschen zu greifen. Die blinde Madelon bringt der Revolution sogar ihren Enkel dar, indem sie um seine Aufnahme in die Armee bittet (*Son la vecchia Madelon / Ich bin die alte Madelon*). Nachdem sich die Menge zerstreut hat, berichtet der »Incroyable« Gérard, Chénier sei verhaftet, die gesuchte Frau habe man allerdings noch nicht aufgespürt. Auf Drängen des Spitzels unterschreibt Gérard eine Anklageschrift gegen Chénier, allerdings im klaren Bewußtsein, daß er die Ideale der Revolution verrät, nur um seinen Rivalen in der Gunst Madeleines auszuschalten (*Nemico della patria / Feind des Vaterlandes?*). Kurz darauf erhält er den Besuch Madeleines. Sie bittet um Chéniers Freilassung. Dafür ist sie bereit, sich Gérard hinzugeben (*La mamma morta / Die Mutter starb*). Dieser äußerste Beweis ihrer Liebe zu dem Dichter bewegt Gérard tief, er verspricht ihr, alles zur Rettung Chéniers zu unternehmen. Die Verhandlung beginnt. In Anwesenheit des Volkes und vor Fouquier-Tinville und Dumas verteidigt sich Chénier und weist darauf hin, daß er seinem Land mit der Feder wie dem Schwert loyal gedient

habe (*Si, fu soldato / Ja, ich war Soldat*). Und Gérard räumt ein, daß die Anklage eine haltlose Intrige ist, womit er sich den Haß des Pöbels zuzieht. Als sich die Richter zur Beratung zurückziehen, geht Gérard auf Chénier zu und verrät ihm in einer Umarmung, daß Madeleine anwesend ist. Der Blick zur Geliebten ist für Chénier ein letzter Trost, denn das Urteil lautet auf Tod durch die Guillotine.
4. Akt. Im Hof des Gefängnisses von St-Lazare liest Chénier Roucher sein letztes Gedicht vor (*Come un bel dì di maggio / Gleich einem Frühlingstage*). Dann nehmen die Freunde voneinander Abschied. Vor dem Gefängnis erscheinen Gérard und Madeleine. Sie besticht einen Wärter und kann so den Platz einer zum Tode Verurteilten einnehmen und zu Chénier gelangen, mit dem sie sterben will (*Vicino a te / In deiner Nähe*). Gérard ist davongeeilt, um von Robespierre einen Gnadenerlaß zu erbitten. Vergebens. Als nach der Liebesnacht der Morgen graut, werden Madeleine und Chénier zur Hinrichtung aufgerufen. Gemeinsam besteigen sie den Karren zum Schafott.

1894 begann Giordano die Komposition des Librettos, das ihm der erfolgreich in der Musik dilettierende Graf Alberto Franchetti (1860–1942), Komponist von *Asrael*, *Cristoforo Colombo* und *Germania*, großzügig überlassen hatte. Wegen eines Streits zwischen dem Komponisten und Illica verzögerte sich der Abschluß bis in den Januar 1896. Die Uraufführung wurde zu einem grandiosen Erfolg für den Komponisten. Noch im gleichen Jahr spielte man *André Chénier* in New York, und am 28. 1. 1897 bereits in Breslau.
Dieses Paradestück des Verismo – ein Beweis, daß Verismo nicht nur unter Bauern und im Gegenwartsmilieu spielen muß –, dem immer wieder das Drastisch-Theatralische seines musikalischen Stils vorgeworfen wird, enthält einige der wirkungsvollsten Gesangsnummern dieser Epoche: Chéniers sog. »Improvviso« (*Un dì all'azzurro spazio*), sein *Si, fu soldato* und *Come un bel dì di maggio* sowie Gérards *Nemico della patria*, Madeleines *La mamma morta* und das hymnische Liebes- und Todesduett Madeleine/Chénier *Vi-*

cino a te. Innerhalb der durchkomponierten Partitur verlieh Giordano durch Einsprengsel wie den Schäferchor und die Gavotte im 1. Akt sowie die Revolutionslieder (*Carmagnole, Ça ira, Marseillaise*) in den drei anderen Bildern dem historischen Milieu authentischen musikalischen Hintergrund. Vorbild für die Titelgestalt ist der 1762 in Konstantinopel geborene französische Dichter André Chénier, der als Anhänger einer gemäßigten Partei und Kritiker Robespierres am 25. Juli 1794 durch die Guillotine hingerichtet wurde. Illicas Text zu *Come un bel dì di maggio* basiert auf Chéniers Gedicht *Comme un dernier rayon.* Obwohl Chéniers Familie Beziehungen zur Familie Coigny unterhielt, ist seine Liebe zur Tochter, die in Wirklichkeit Aimée hieß, eine Fiktion.
Spieldauer: ca. 2 Stunden (1. Akt: ca. 30 min.; 2. Akt: ca. 30 min.; 3. Akt: ca. 40 min.; 4. Akt: ca. 20 min.).

Hans Pfitzner

* 5. Mai 1869 in Moskau
† 22. Mai 1949 in Salzburg

Pfitzners Großvater war Musikdirektor im sächsischen Frohburg, sein Vater Geiger u. a. in Würzburg und Moskau, dann Musikdirektor in Frankfurt am Main. In Frankfurt besuchte Pfitzner auch das Konservatorium, außerdem studierte er bei Hugo Riemann in Wiesbaden. Pfitzner unterrichtete am Konservatorium in Koblenz und freundete sich mit James Grun an, der die Texte zu seinen thematisch wie musikalisch ganz im Schatten Wagners stehenden Opern *Der arme Heinrich* (Mainz 1895) und *Die Rose vom Liebesgarten* (Elberfeld 1901) schrieb. Es folgten Positionen als Kapellmeister in Mainz (1894–1896) und am Berliner Theater des Westens (1903–1907). In Berlin lehrte er aber auch schon seit 1897 Komposition am Sternschen Konservato-

rium. Über München, wo Felix Mottl 1906 seine weihnachtliche Spieloper *Das Christelflein* zur Uraufführung brachte, kam Pfitzner 1908 nach Straßburg, wo er zum Operndirektor und Leiter des Konservatoriums ernannt wurde und sich neben dem Dirigieren auch mit Opernregie beschäftigte. Hier entstand auch seine 1917 in München uraufgeführte bekenntnishafte Künstleroper *Palestrina*. 1920–1929 leitete Pfitzner eine Meisterklasse in Berlin, 1929–1934 desgleichen in München. Sein letztes Opernwerk, *Das Herz*, wurde 1931 in Berlin und München aufgeführt.
Pfitzner fühlte sich der Romantik verpflichtet, den Traditionen von Schumann, Brahms und Wagner sowie Eichendorff, dessen Lyrik ihn zu einer Reihe herrlicher Lieder inspirierte. Leidenschaftlich attackierte er das von Schönberg aufgestellte System der Zwölftonmusik und polemisierte in *Futuristengefahr* gegen Busonis *Entwurf einer neuen Ästhetik der Tonkunst*.

Palestrina

Musikalische Legende in 3 Akten. Text vom Komponisten. Uraufführung am 12. Juni 1917 in München, Prinzregententheater.

PERSONEN: Papst Pius IV. (Baß) – Giovanni Morone (Bariton) und Bernardo Novagerio (Tenor), Kardinallegaten des Papstes – Kardinal Christoph Madruscht, Fürstbischof von Trient (Baß) – Carlo Borromeo, römischer Kardinal (Bariton) – Kardinal von Lothringen (Baß) – Abdisu, Patriarch von Assyrien (Tenor) – Anton Brus von Müglitz, Erzbischof von Prag (Baß) – Graf Luna, Orator des Königs von Spanien (Bariton) – Bischof von Budoja (Tenor) – Theophilus, Bischof von Imola (Tenor) – Avosmediano, Bischof von Cadix (Baß) – Giovanni Pierluigi Palestrina, Kapellmeister von Santa Maria Maggiore in Rom (Tenor) – Ighino, sein Sohn, 15 Jahre alt (Sopran) – Silla, Palestrinas Schüler, 17 Jahre alt (Mezzosopran) – Bischof Ercole Severolus, Zeremonienmeister des Konzils von Trient (Bariton) – Dandini von Grosseto (Tenor) – Bischof von Fiesole (Tenor) – Bischof von Feltre (Baß) – Ein spanischer Bischof (Baß) – Ein junger Doktor (Alt) – Fünf Kapellsänger von

Santa Maria Maggiore (2 Tenöre, 3 Bässe) – Die Erscheinung der Lukrezia, Palestrinas verstorbener Frau (Alt) – Die Erscheinungen von neun verstorbenen Meistern der Tonkunst (3 Tenöre, 3 Baritone, 3 Bässe) – Drei Engelstimmen (2 Soprane, Alt) – Bischöfe, Gesandte, Volk, Diener, Soldaten u. a.

Ort und Zeit: Rom und Trient, im November und Dezember 1563.

1. Akt. Im Hause Palestrinas in Rom übt sich sein Schüler Silla an einer eigenen Komposition und gibt sich dabei schwärmerisch, des Kontrapunkts Palestrinas überdrüssig, dem monodischen Stil der neuen Florentiner Schule hin. Ighino sorgt sich um seinen Vater, der seit dem Tod der Mutter alle Lebens- und Arbeitsfreude verloren hat. Palestrina tritt mit Kardinal Borromeo ein, der überrascht ist, im Hause des Meisters derart moderne Musik zu hören. Borromeo ist heimlich gekommen; er berichtet Palestrina von dem seit 18 Jahren tagenden Trienter Konzil, bei dessen bevorstehendem Abschluß der Papst die Rückkehr der Kirchenmusik zum Gregorianischen Choral verkünden will. Der Kardinal, ein Verfechter der Vokalpolyphonie, bittet nun den Komponisten, eine Messe zu schreiben, die dem Papst beispielhaft die Kraft des traditionellen figuralen Kirchenmusikstils vorführen und das Konzil zu einer anderen Meinung bewegen könne. Aber Palestrina erwidert, dafür nicht mehr der rechte Mann zu sein, seine Kraft und Inspiration hätten nachgelassen. Der Kardinal, sein letzter Freund, kann das nicht fassen, enttäuscht, ja empört verläßt er ihn. Vor dem Bild seiner verstorbenen Frau erscheinen dem einsamen Palestrina neun tote Meister der Tonkunst, die ihn bedrängen, seine Aufgabe zu vollenden und ihren Weg weiterzuführen. Palestrinas Resignation weicht; er fühlt sich wieder inspiriert, und Stimmen von Engeln diktieren ihm die Messe in die Feder, bis er erschöpft in Schlaf sinkt.

2. Akt. Im Palast des Fürstbischofs Madruscht von Trient sind die Vorbereitungen für die nächste Zusammenkunft des Konzils im Gange. Borromeo teilt Novagerio mit, daß er Palestrina nicht zum Schreiben einer Messe überreden konnte und ihn deshalb ins Gefängnis habe bringen lassen, um sei-

nen Widerstand zu brechen. Severolus eröffnet die Sitzung. Morone, Kardinallegat des Papstes, erbittet Gottes Weisheit und Segen auf die Versammlung herab. Zwischen den geistlichen und weltlichen Vertretern der verschiedenen Länder kommt es indessen zu heftigen Auseinandersetzungen; die Spanier dringen auf eingehende Klärung aller Probleme, die Italiener, Anhänger des Papstes, streben eine baldige Beendigung des Konzils an. Auf die beiläufige Frage nach der Probemesse antwortet Borromeo mit Bestimmtheit, daß sie geliefert würde. Die Diskussion über die Form, in welcher das Abendmahl gereicht werden solle, erregt die Gemüter weit mehr. Im Tumult vertagt Morone die Sitzung auf den Nachmittag. Nachdem die geistlichen Würdenträger gegangen sind, setzen ihre Diener die Auseinandersetzung handgreiflich fort; Madruscht macht dem ein Ende mit einer blutigen Gewehrsalve seiner Soldaten.
3. Akt. Im Hause Palestrinas. Der Komponist, aus dem Gefängnis entlassen, ruht erschöpft in seinem Lehnstuhl, umgeben von fünf Sängern seiner Kapelle und seinem Sohn. Es ist die Stunde, in der seine Messe in Santa Maria Maggiore aufgeführt wird; Ighino hatte die Notenblätter dem Kardinal Borromeo übergeben und damit als erstes Palestrinas Freilassung erreicht. Da dringen Eviva-Rufe von der Straße herauf, und der Papst persönlich tritt ins Haus, um Palestrina zu seiner Messe zu gratulieren und ihn zum Komponisten der Sixtinischen Kapelle zu ernennen. In seinem Gefolge befindet sich Borromeo, der dem Komponisten schuldbewußt zu Füßen fällt; Palestrina entläßt ihn versöhnt. Palestrina nimmt auch ganz ohne Verstimmung Ighinos Mitteilung auf, daß Silla nach Florenz gegangen ist.

Pfitzner hat der Oper ein bezeichnendes Schopenhauer-Zitat vorangestellt: ». . . neben der Weltgeschichte geht schuldlos und nicht blutbefleckt die Geschichte der Philosophie, der Wissenschaft und der Künste.« Die Legende, daß die *Missa Papae Marcelli* (die Forschung datiert ihr Entstehen auf einen Zeitraum zwischen 1555 und 1567) des Giovanni Pierluigi da Palestrina (um 1525–1594) die polyphone Kirchenmusik gerettet habe, taugte Pfitzner zu einem musikdramatischen Selbstbildnis und Pamphlet gegen die von ihm in seiner gleichnamigen Schrift beschworenen *Futuristengefahr.* Die Messe ist weder zur Zeit des Trientiner Konzils entstanden, noch verdankt ihr die Kirchenmusik die Beibehaltung der Figuralmusik. *Palestrina* ist eines der großen Künstlerdramen und stellt den romantisch stilisierten, geniehaften Schöpfungsakt in den Mittelpunkt; die Darstellung des Palestrina, der »am Ende einer großen Zeit« steht, entspricht Pfitzners Einschätzung seiner eigenen musikgeschichtlichen Stellung.

Das von Pfitzner selbst geschriebene Libretto geht auf erste Eindrücke des jungen Musikers durch die *Geschichte der Musik* (Bd. 3, 1868) von August Wilhelm Ambros zurück und entstand ab Ende 1909 bis August 1911; als Quellen zum Konzil von Trient dienten ihm Chroniken von Paolo Sarpi (1619) und Pietro Pallavicino (1664). Pfitzner komponierte die Oper zwischen Juni 1912 und Juni 1915 und gab sie, entgegen seiner ursprünglichen Absicht, auf Drängen Bruno Walters zur Uraufführung im Kriegsjahr 1917 frei; die Titelrolle sang Karl Erb. Die Wirkung der Oper blieb auf den deutschen Sprachkreis beschränkt; in München und Wien verschwand sie nie ganz aus dem Repertoire.

Die Diskrepanz zwischen dem intimen Rahmen des 1. und 3. Aktes einerseits, dem weitläufigen, weltlichen Gepränge des Konzil-Aktes andererseits spiegelt die Verhältnismäßigkeit der Kunst wider, die auf der politischen Weltbühne nur einer von vielen Faktoren ist. Der Sphäre des schöpferischen Menschen steht das Treiben der Welt gegenüber; beide finden im 3. Akt zur Synthese. Musikalisch realisierte Pfitzner diese Unterschiede durch eine fast keusche, trotz ihrer Sprödigkeit hymnische Musik, die den Schöpfungsakt der Messe durch schwelgerische Züge verklärt, und demgegenüber in einem pointierten, bündigen Stil, der die Vielzahl der Würdenträger im 2. Akt treffend charakterisiert. Die harmonischen Anleihen an frühe Polyphonie und die Verwendung von Kirchentonarten, auch von drei Motiven aus

der *Missa Papae Marcelli*, sind in Pfitzners individuellen spätromantischen Stil völlig integriert. Die Anlage des *Palestrina* mit einem 1. Akt von ähnlichem Umfang wie der des *Parsifal* und einem Personal, wie es in dieser Zahl nur größte Bühnen aufbieten können, bringt große aufführungstechnische Probleme. Pfitzners hoher Anspruch muß für dramaturgische Schwächen entschädigen, wobei die politische Plattform des 2. Aktes durch die ausgefeilten Charakterporträts bei guter Aufführung wirkungsvoller sein kann als ihr Ruf.
Spieldauer: ca. 3½ Stunden (1. Akt: ca. 100 min.; 2. Akt: ca. 75 min.; 3. Akt: ca. 35 min.).

Alexander von Zemlinsky

* 14. Oktober 1871 in Wien
† 15. März 1942 in Larchmont (N.Y.)

Der am Wiener Konservatorium ausgebildete Zemlinsky erregte früh die Aufmerksamkeit von Johannes Brahms und lernte 1895 Arnold Schönberg kennen, dessen Lehrer, künstlerischer Ratgeber und lebenslanger Freund er wurde. Aus Dankbarkeit hat ihm Schönberg sein op. 1 gewidmet; später heiratete er Zemlinskys Schwester. In den späten 1890er Jahren konnte sich Zemlinsky mit Aufführungen seines Trios op. 3 und seiner Oper *Sarema* (München 1897) auch selbst als profilierter Komponist Gehör verschaffen. Mahler führte 1900 an der Wiener Hofoper die Märchenoper *Es war einmal* auf, und die Uraufführung des *Traumgörge* am gleichen Ort wurde nur durch Mahlers Demission zunichte – erst 1980 machte Nürnberg diese Unterlassungssünde wieder gut. Ab 1899 wirkte Zemlinsky als Dirigent am Wiener Carl-Theater, ab 1904 an der Volksoper, wo 1910 *Kleider machen Leute* Premiere hatte, 1908 an der Wiener Hofoper, 1909 in Mannheim und 1911–1927 als Opernchef

am Deutschen Landestheater in Prag, wo er u. a. die Uraufführung von Schönbergs *Erwartung* dirigierte. Ab 1920 leitete er eine Meisterklasse an der deutschen Musikakademie Prag, und 1927 wechselte er nach Berlin an die von Klemperer geleitete Kroll-Oper und die dortige Musikhochschule. 1933 kehrte er nach Wien zurück. 1938 mußte er über Prag in die USA emigrieren. Seine beiden Wilde-Einakter *Eine florentinische Tragödie* und *Der Geburtstag der Infantin* wurden 1917 in Stuttgart bzw. 1922 in Köln uraufgeführt; 1933 stellte Zürich den *Kreidekreis* (Text nach Klabund) vor; *Der König Kandaules* blieb Fragment.
Der von den Wiener Musikern sehr geschätzte Komponist und geachtete Pädagoge entwickelte einen hochpersönlichen eklektizistischen Stil, der sich musikalisch zwischen Spätromantik und Wiener Schule bewegt, die Harmonik bis an ihre Grenzen ausreizt, doch stets an den Gesetzen der Tonalität festhält. Schönberg sagte von ihm: »Ich kenne keinen nachwagnerischen Komponisten, der das, was das Theater verlangt, mit edlerer musikalischer Substanz erfüllen konnte als er. Seine Ideen, seine Form, sein Klang und jede Wendung entsprang direkt aus der Handlung, aus der Szene und aus der Stimme des Sängers mit einer Deutlichkeit und Präzision von allerhöchster Qualität.« Seit Mitte der 1970er Jahre erlebte Zemlinsky eine bedächtige, aber stete Renaissance, wovon auch seine Lieder, seine Kammermusik und die *Lyrische Symphonie* (1923) profitieren.

Eine florentinische Tragödie

Oper in 1 Akt. Text von Oscar Wilde in der deutschen Übersetzung Max Meyerfelds. Uraufführung am 30. Januar 1917 in Stuttgart, Hoftheater.

Oscar Wilde s. Strauss, *Salome*, S. 575.

Personen: Guido Bardi, Prinz von Florenz (Tenor) – Simone, ein Kaufmann (Bariton) – Bianca, seine Frau (Sopran).

Ort und Zeit: Das Haus Simones in Florenz, 16. Jahrhundert.

Bei der Rückkehr von einer Geschäftsreise überrascht Simone seine Frau in einer eindeutigen Situation mit dem Prinzen Bardi, sieht aber darüber hinweg und behandelt den Prinzen als Kunden. Er legt ihm teure Ware vor und läßt sich nicht von den arroganten Anspielungen Bardis provozieren. Als der Prinz aber unverhohlen Bianca fordert, nimmt er das Duell mit versteckten Anspielungen auf. Das Wortgeplänkel wird zuletzt ernst: Simone fordert Guido zum Duell mit Schwertern. Zuerst scheint Simone zu unterliegen, doch dann, nachdem Bianca auf sein Geheiß alle Lichter gelöscht hat, gewinnt er die Oberhand. Er erwürgt Guido im Dunkeln. Bianca, die ihren Liebhaber eben noch angefeuert hat, den verachteten Mann zu töten, ist hingerissen von Simone, und er erkennt sie als seine schöne Beute wieder, die ihm in die Arme sinkt.

Die *Florentinische Tragödie* mußte den Vergleich mit der ebenfalls auf einem Stück Oscar Wildes basierenden *Salome* von Richard Strauss herausfordern, doch in der Wahl des Textes erschöpft sich die Gemeinsamkeit beider Einakter. Während Strauss die psychologisierenden Komponenten und die perverse Verderbtheit der Personen bis ins Extrem musikalisch aufpeitschte, zeichnet Zemlinsky in seiner 1914 begonnenen Oper die literarische Vorlage mit einer feinnervig und subtil reagierenden Musik nach, die sich nie den Text unterjocht. Die Wahl des Stoffes entsprach einer Vorliebe deutscher Opernkomponisten zur Zeit des 1. Weltkriegs und in den Jahren danach für Stoffe der italienischen Renaissance: Schillings' *Mona Lisa*, Schrekers *Die Gezeichneten* und Korngolds *Violanta* bezeugen das; übrigens gehört auch Prokofjews *Maddalena* in diese Reihe.

Wildes Einakter *A Florentine Tragedy* hatte in der Übersetzung Meyerfelds, welche unverändert Zemlinskys Oper zugrunde liegt, 1906 am Deutschen Theater in Berlin Premiere. Von dem Manuskript, das 1895, als Wilde unter der Anklage der Homosexualität im Untersuchungsgefängnis saß, aus seinem Haus gestohlen wurde, fehlt die nie wieder aufgetauchte Eingangsszene zwischen Bianca und dem Prinzen, die sich Zemlinsky von Meyerfeld rekonstruieren lassen

wollte. Da der Übersetzer ablehnte, schrieb Zemlinsky eine umfangreiche Einleitung, welche die Liebesszene illustriert.
Die von Max von Schillings dirigierte Uraufführung wurde zu einem großen Erfolg für den Komponisten. Nach ihrer Wiederaufnahme 1977 in Kiel wurde *Eine florentinische Tragödie* mit dem *Zwerg (Der Geburtstag der Infantin)* zu einem nicht mehr ganz selten gespielten Doppelprogramm zusammengestellt, erstmals 1981 in Hamburg in einer maßstabsetzenden Aufführung unter Gerd Albrecht, inszeniert von Adolf Dresen.
Spieldauer: ca. 55 Minuten.

Der Zwerg

(Der Geburtstag der Infantin)

Ein tragisches Märchen für Musik in 1 Akt. Text von Georg C. Klaren nach Oscar Wildes Märchen *The Birthday of the Infanta.* Uraufführung am 28. Mai 1922 in Köln, Oper.

Oscar Wilde s. Strauss, *Salome*, S. 575.

PERSONEN: Donna Clara, Infantin von Spanien (Sopran) – Ghita, ihre Lieblingszofe (Sopran) – Der Zwerg (Tenor) – Don Estoban, Haushofmeister (Baß) – Drei Zofen (Soprane) – Damen im Gefolge der Infantin.

ORT UND ZEIT: Spanien, im 16. Jahrhundert.

Bei den Vorbereitungen des Festes zum 18. Geburtstag der Infantin beschreibt Don Estoban den Zofen am spanischen Hof die kostbaren Geschenke, die aus aller Welt eingetroffen sind, unter ihnen als seltsamstes das des Sultans: ein verwachsener Zwerg, der jedoch nichts von seiner Häßlichkeit ahnt, da er sich noch nie in einem Spiegel gesehen hat. Nach Eröffnung des Festes nimmt die Infantin die Glückwünsche der an ihr vorbeipromenierenden Menschen entgegen; dann enthüllt Don Estoban den Käfig, in dem sich der Zwerg befindet. Mit ausgesuchter Höflichkeit stellt er ihn der Prinzessin vor. Geblendet von der Schönheit der Infantin überschüttet der Zwerg sie mit Komplimenten, sehr zur Erheiterung der Anwesenden, besonders der drei Zofen; allein Ghita fühlt sich von dem seltsamen Wesen berührt. Auf Wunsch der Prinzessin trägt der Zwerg ein wehmütiges Liebeslied vor und darf sich zur Belohnung eine der drei Zofen als Frau auswählen. Der Zwerg durchschaut das grausame Spiel nicht, er wählt – die Prinzessin. Nach Auflösung der Festgesellschaft erzählt der Zwerg ihr von seiner Jugend und phantasiert sich in die Rolle eines Helden, der die Prinzessin beschützen und im ganzen Land für Frieden sorgen wird. Die Infantin geht darauf ein, spinnt den Faden fort und läßt sich sogar zu einer Liebeserklärung hinreißen, was ihn nach anfänglichem Zögern dazu ermutigt, sie zu küssen. Die Infantin weicht zurück, gewährt ihm aber noch einen Tanz und verabschiedet ihn mit einer weißen Rose als Geschenk. Ganz erfüllt von seinem Glück, versteht er nicht, was Ghita meint mit ihrem Rat, von der Infantin zu lassen. Durch Zufall erblickt er in einem Spiegel einen häßlichen Zwerg, den er erst allmählich als sein Ebenbild identifiziert. Mit einem Schrei bricht er zusammen. Donna Claras kalte Erklärung, ja, das sei seine wahre Gestalt und für sie sei er ein Tier und Spielzeug nur, ist sein Tod. Ein letztes Mal küßt er die weiße Rose, dann bricht sein Herz – das Geschenk des Sultans ist kaputt; zu ihrem nächsten Geburtstag wünscht sich die Infantin ein Spielzeug ohne Herz.

Es liegt nahe, Zemlinskys Neigung zum Thema des häßlichen Menschen aus seiner Autobiographie zu erklären; die für ihren boshaften Blick gefürchtete Alma Mahler hat ihn als »klein, kinnlos, zahnlos« beschrieben: Der Gnom war also Zemlinsky selbst. In vergleichbarer Weise hat Oscar Wilde sein eigenes Außenseitertum, wenngleich märchenhaft ästhetisiert und in weniger auf ihn selbst beziehbaren Bildern, in seinen Märchen zum Thema gemacht. *The Birthday of the Infanta* ist eines von vier Märchen in *A House of Pomegranates*, das 1891 erschien (deutsch 1904, *Granatapfelhaus*).

Franz Schreker hatte schon 1908 den *Geburtstag der Infantin*

Richard Strauss: Capriccio
Staatsoper Unter den Linden, Berlin

Franz Schreker: Der ferne Klang
Staatsoper Wien

als Vorlage zu einer Ballettpantomime benutzt. (Später erbat Zemlinsky von diesem befreundeten Komponistenkollegen das Libretto zu den *Gezeichneten*, das Schreker 1913 bis 1915 allerdings selbst vertonte.) Von Wildes Erzählung weicht Klarens Textbuch ab. Adolf Dresen, der Regisseur der Hamburger Wiederaufführung 1981, näherte in seiner Textfassung die Oper wieder Wildes Originaltext an. Erst seither bürgerte sich statt *Der Zwerg* Wildes Originaltitel *Der Geburtstag der Infantin* ein.
Zemlinsky hat die kalte gefühllose Welt der Infantin auch musikalisch von dem warmblütigen, anrührenden Melos des Zwergs abgesetzt; hier neoklassizistische Formeln, dort ein fast hymnisch sinnlicher Gesang, der stets durch Zemlinskys gezügelt konzisen, dennoch gefühlsbetonten Ausdruck relativiert wird; Alban Berg schwärmte von der »unendlich süßen und überströmenden Melodik«. Gegenüber der *Florentinischen Tragödie* sind die orchestrale Üppigkeit und das Oszillieren der Farben in der Chromatik reduziert, doch auch hier nutzt Zemlinsky die Möglichkeiten einer erweiterten Tonalität zu einem Klangbild von individueller Prägnanz und Poesie.
Spieldauer: ca. 1¼ Stunden.

Arnold Schönberg

* 13. September 1874 in Wien
† 13. Juli 1951 in Los Angeles (Calif.)

Der Sohn eines Kaufmanns erhielt seinen einzigen systematischen Musikunterricht durch Alexander von Zemlinsky, dessen Schwester er 1901 heiratete. Im gleichen Jahr siedelte er nach Berlin über, wo er als Dirigent an Ernst von Wolzogens Kabarett »Überbrettl« und als Lehrer am Sternschen Konservatorium wirkte. Von 1903 an wieder in Wien, schlug er sich als Komponist, Lehrer (von Alban Berg und

Anton von Webern, später auch von Hanns Eisler) und Dirigent durch, war einige Zeit auch intensiv der Malerei zugewandt. Nach einem weiteren Aufenthalt in Berlin (1911 bis 1917) gründete er 1918 in Wien den Verein für musikalische Privataufführungen, der durch seine experimentelle Probenarbeit und das avantgardistische Repertoire bahnbrechend für die moderne Musik wurde. Nach einer ersten, spätromantisch beeinflußten Periode innerhalb seines Schaffens, nach Versuchen, die Grenzen der Tonalität zu überschreiten, entwickelte Schönberg bis 1925 die von ihm in einem grundlegenden System ausgearbeitete »Methode der Komposition mit 12 nur aufeinander bezogenen Tönen«, die Zwölftontechnik. 1925 übernahm er, inzwischen mit Gertrud Kolisch verheiratet, eine Meisterklasse an der Berliner Akademie der Künste. 1933 emigrierte er in die USA und ließ sich in Los Angeles nieder. Er unterrichtete in Boston und 1936 bis 1944 an der südkalifornischen Staatsuniversität. Nach 1944 erteilte er nur noch Privatunterricht. Schönbergs Schaffen für das Musiktheater ist schmal; seine Opern sind, überspitzt formuliert, eher philosophische Traktate als traditionelle Bühnenwerke: das 1909 komponierte Monodram *Erwartung*, das 1aktige Drama mit Musik *Die glückliche Hand* von 1908/13 (Wien 1924) und die unvollendete Oper *Moses und Aron*; die satirisch gemeinte komische Oper *Von heute auf morgen* kann ihrem Anspruch wegen der hochkomplizierten Musiksprache nicht gerecht werden. Zu Schönbergs nicht verwirklichten Opernplänen gehörten Gerhart Hauptmanns *Und Pippa tanzt*, *Die Schildbürger* und *Der biblische Weg*.

Erwartung

Monodram in 1 Akt. Text von Marie Pappenheim. Uraufführung am 6. Juni 1924 in Prag, Neues Theater.

Marie Pappenheim (ein Pseudonym; ein zweites war Maria Heim), eigtl. Marie Frischauf (4. 11. 1882 Preßburg – 24. 7. 1966 Wien), war mit Gedichten und von Karl Kraus in seiner *»Fackel«* veröffentlichten Texten erstmals hervorgetreten. Nach ihrer Heirat mit einem Psychiater und als Frauenärztin in Wien blieb sie vor allem als Übersetzerin aus dem Französischen, u. a. von Bühnenwerken Iberts und Milhauds, literarisch tätig.

PERSON: Eine Frau (Sopran).

ORT UND ZEIT: Am Rande und im Dunkel eines Waldes, in der Gegenwart.

1. Szene. Eine Frau tritt am Waldrand auf. Sie ist offenbar auf der Suche nach jemand. Obgleich die Natur und die Dunkelheit ihr Angst machen, faßt sie Mut (*Ich will singen, dann hört er mich*) und wagt sich in den Wald hinein. – 2. Szene. Sie hört Stimmen und fühlt sich verfolgt. Es bedrängen sie Erinnerungen an ihren Garten und an den, den sie heute dort erwartete, der aber nicht kam. Sie beginnt zu laufen, fällt nieder, stößt an einen Körper – es ist nur ein Baumstamm. – 3. Szene. Die Frau gelangt auf eine Lichtung. Sie glaubt die Gestalt ihres Geliebten zu erblicken, seine Stimme zu vernehmen. Sie ruft nach ihm, der sie offenbar verlassen hat. – 4. Szene. Mit zerrissenem Gewand und wirrem Haar gelangt die Frau auf eine Straße in der Nähe eines Hauses. Sie fürchtet sich, zu der fremden Frau in dem Haus zu gehen. Erschöpft sinkt sie auf einer Bank nieder. Sie faßt in Blut und stößt an etwas. Sie will nicht wahrhaben, daß hier ein Körper liegt. Sie kann sich aber auch nicht abwenden und entdeckt schließlich den Leichnam ihres Geliebten. Sie schreit um Hilfe. Langsam scheinen ihre Erinnerungen klarer zu werden, sie rekonstruiert die letzten Monate: Offenbar hatte ihr Geliebter immer weniger Zeit für sie, war der Geliebte dieser anderen Frau, bei deren Haus sie ihn nun getötet fand. Der Morgen dämmert. Sie küßt den Toten noch einmal, dann scheint sich ihr Geist völlig zu verwirren.

1909 bat Schönberg Marie Pappenheim um einen Text, der die Inhalte einiger expressionistischer Bilder von seiner Hand thematisieren sollte. So entstand in enger Zusammenarbeit mit dem Komponisten ihr Monodrama, das Schönberg im August/September des gleichen Jahres innerhalb von 17 Tagen in einem Zug niederschrieb.

Die Uraufführung mußte 15 Jahre warten, bis Alexander von Zemlinsky sie anläßlich des 2. Festes der Internationalen Gesellschaft für Neue Musik in Prag wagte; die Sängerin war Marie Gutheil-Schoder. Das Monodrama wurde später gekoppelt mit weiteren Einaktern Schönbergs (1963 in Hannover und 1965 in Wien mit *Die glückliche Hand* und *Von heute auf morgen*) oder anderer Komponisten (1987 in Venedig mit *Il tabarro* von Puccini und *La vida breve* von de Falla), gern auch mit Bartóks *Herzog Blaubarts Burg*, so 1985 in Wien (und 1994 in Berlin), wo Götz Friedrich in seiner Inszenierung die Ansicht vertrat, die Frau habe ihren Gatten selbst ermordet.
»Dieses Protokoll eines Alptraums, oder, wie Adorno es formulierte, »die seismographische Aufzeichnung traumatischer Schocks« komponierte Schönberg in einer Tonsprache, welche die neue Klangwelt nach Aufgabe der Tonalität im Sinne psychoanalysierender Eindringlichkeit ausreizt und erforscht. *Erwartung* wirkt hier wie eine Fortsetzung der *Salome* und der *Elektra* von Strauss, und die jugendlich dramatische Sopranstimme hat (in Weiterführung des Schlußmonologs der Salome) alle Flexionen des hysterisch übersteigerten Seelendramas vom Sprechen bis zu dem – die Kundry in *Parsifal* zitierenden – Intervallsprung im Hilfeschrei darzustellen; innerhalb des explosiven Ausdrucksstils wechseln die dynamischen Bezeichnungen auf engstem Raum. Das Orchester, gewaltig besetzt mit 17 Holz-, 12 Blechbläsern, 30 Geigen, 10 Bratschen, 10 Celli und 8 Bässen, leuchtet in brillanten Mischfarben und ermöglicht bis dahin ungeahnte Reize im Bereich freier Atonalität.
Spieldauer: ca. 30 Minuten.

Moses und Aron

Oper in 3 Akten (unvollendet). Text vom Komponisten nach dem *2. und 3. Buch Mose*. Konzertante Uraufführung am 12. März 1954 im Nordwestdeutschen Rundfunk (NWDR) Hamburg. Szenische Uraufführung, ohne den

3. Akt, am 6. Juni 1957 in Zürich, Opernhaus. Erstaufführung mit dem Fragment des 3. Aktes am 4. Oktober 1959 in Berlin, Deutsche Oper.

PERSONEN: Moses (Sprechrolle) – Aron (Tenor) – Ein junges Mädchen (Sopran) – Eine Kranke (Alt) – Ein junger Mann (Tenor) – Der nackte Jüngling (Tenor) – Ein anderer Mann (Bariton) – Ephraimit (Bariton) – Ein Priester (Baß) – Vier nackte Jungfrauen (Sopran, Mezzosopran, 2 Alt) – Drei Älteste (Tenöre). – Sechs Solostimmen (Sopran, Mezzosopran, Alt, Tenor, Bariton, Baß) – Stimme aus dem Dornbusch (mehrfach besetzt, Knabensopran, Alt, Tenor, Bariton, Baß) – Die 70 Ältesten, 12 Stammesfürsten, Bettler, Greise u. a.

ORT UND ZEIT: In der Wüste und vor dem Berg Sinai, in alttestamentlicher Zeit.

1. Akt. *Moses' Berufung.* Aus einem brennenden Dornbusch vernimmt Moses die Stimme Gottes, die ihn auffordert, das auserwählte Volk der Hebräer aus der ägyptischen Gefangenschaft und zum Glauben an den einzigen, unsichtbaren und unvorstellbaren Gott zurückzuführen. Moses fürchtet, Gottes Gedanken zwar erfassen, doch nicht vermitteln zu können. Die Stimme verspricht, auch seinen Bruder Aron zu erleuchten, damit dieser Moses als Sprachrohr, als seine Zunge, diene, und schickt Moses in die Wüste zu Aron. – *Moses begegnet Aron in der Wüste.* Im Gespräch mit seinem Bruder beharrt Moses auf der Unvorstellbarkeit Gottes, der nicht in Bildern dargestellt werden könne. Aron zweifelt, daß das Volk an einen Gott glauben wird, der sich seiner sinnlichen Wahrnehmung entzieht. Doch auch er ist begeistert von der Idee, das Volk Israels aus der Gefangenschaft des Pharao zu führen. – *Moses und Aron verkünden dem Volk die Botschaft Gottes.* Die Vorstellung, Aron sei in die Wüste gegangen, um sich mit Moses zu treffen, der sich einem neuen Gott angeschlossen habe, ruft unter den Hebräern, die sich dem ägyptischen Götzendienst zugewandt haben, Skepsis hervor. Einzig ein junges Mädchen und ein junger Mann sind sofort bereit, sich dem neuen Gott zu unterwerfen. Aus der Ferne nähern sich langsam Moses und

Aron. – Die schwer verständliche Botschaft des Moses verändert sich in der gesungenen Auslegung des Aron. Das Volk lehnt einen unsichtbaren Gott ab. Moses resigniert, doch Aron greift zu sichtbaren Wundern, welche die Stärke des Gottes beweisen: Er verwandelt den Stab des Moses in eine Schlange, überzieht die Hand des Moses mit Aussatz und heilt sie wieder. So wird das Volk überzeugt und ist bereit zum Auszug ins Gelobte Land. Aron verweist nochmals auf die Macht Gottes und sagt den Untergang der Ägypter voraus; zum Zeichen dessen verwandelt er Nilwasser in Blut und wieder zurück in Wasser. Die Hebräer schließen sich Moses und Aron an.

Zwischenspiel. Unsichtbare Stimmen aus dem Volk fragen nach Moses, den lange keiner mehr gesehen hat, und nach seinem Gott.

2. Akt. *Aron und die 70 Ältesten vor dem Berg der Offenbarung.* Seit 40 Tagen verharren Aron und das Volk vor dem Berg Sinai, auf dessen Gipfel Moses die Gesetze für sein Volk erwartet. Im Volk brodeln Unruhe und Aufstand; es droht Anarchie. – Das Volk verlangt nach seinen alten Göttern, damit sie wieder Ordnung schaffen. Für die Zeit von Moses' Abwesenheit will Aron nachgeben und den Götzendienst wieder einsetzen. Unter dem Jubel des Volkes schafft er aus Gold das Bild einer Gottheit, das Goldene Kalb. – *Das Goldene Kalb und der Altar.* Vor dem Götzenbild findet ein Fest statt. Das Volk bringt Opfergaben dar, Tiere werden geschlachtet, eine Kranke wird wieder gesund, Bettler und Bettlerinnen opfern ihre letzten Bissen, Greise hauchen ihr Leben vor dem Goldenen Kalb aus, Stammesfürsten knien nieder und töten einen Jüngling, der die Vernichtung des Götzenbildes fordert. Das Fest weitet sich zu einer *Orgie der Trunkenheit und des Tanzes* aus. Die Opferung von vier Jungfrauen gibt das Zeichen zu einem wüst erregten, ausschweifenden, selbstmörderischen Treiben, einer *Orgie der Vernichtung und des Selbstmords*, die in einer *Erotischen Orgie* gipfelt. – Moses kehrt vom Berg der Offenbarung zurück. Auf sein Wort hin vergeht das Goldene Kalb. – Moses stellt Aron zur Rede, der beteuert, die Gedanken des Moses

nur in ein Bild gefaßt zu haben, wie es das Volk zur Anschauung brauche. Zornig zerbricht Moses die Gesetzestafeln, da auch sie nur abstrakte Gedanken darstellen. Das Volk folgt einer Feuersäule, die sich im Morgengrauen in eine Wolkensäule verwandelt. Aron deutet dies als ein Zeichen Gottes, der sie in das Land, »wo Milch und Honig fließt«, führt. Moses verzweifelt über dieser Auslegung: »Unaussprechlicher, vieldeutiger Gedanke! Läßt du diese Auslegung zu?« Vernichtet sinkt er nieder: »O Wort, du Wort, das mir fehlt!«
3. Akt (Dialog). Moses läßt Aron in Fesseln vorführen. Er wirft ihm vor, das Volk Israels seinem Glauben an Gott entfremdet und dem Götzendienst zugeführt zu haben, indem er den Gedanken an die Bilder und Gott an die Götter verriet. Aus Arons Bildern sprach nicht Gottes Wort, sondern Arons Machthunger. Moses läßt ihn frei: »Wenn er es vermag, so lebe er!« Im Machtwahn befangen, kann Aron die Luft der Freiheit nicht atmen, er sinkt tot um.

Moses und Aron schließt thematisch an Schönbergs ebenfalls unvollendet gebliebenes Oratorium *Die Jakobsleiter* (1917–1922) an. Mit dem Judentum hat er sich musikalisch – politisch ohnehin als engagierter Zionist – außerdem in den *Vier Stücken für gemischten Chor* op. 27 (1925), in den *Stücken für Männerchor* op. 35 (1929/30), deren erstes mit dem leitmotivischen Motto »Wie schwer ist es, einen Gedanken zu sagen!« beginnt, und in dem Drama *Der biblische Weg* (1926) befaßt. Keimzelle der Oper war 1926 der Wunsch, eine Kantate *Moses am brennenden Dornbusch* zu schreiben, aus der sich dann die Idee eines 3teiligen Oratoriums, bestehend aus »Die Berufung«, »Das Goldene Kalb« und »Arons Tod«, kristallisierte. Schönberg verfaßte das Libretto 1928. Als Vorlage aus dem Alten Testament dienten Schönberg das 2. und 3. Buch Mose. Darüber hinaus dürften Strindbergs *Moses* und Alfred Kubins *Die andere Seite*, vielleicht auch Schillers *Die Sendung Moses* einen Einfluß ausgeübt haben. Die Vertonung der beiden ersten Akte fällt in die Zeit von Juli 1930 (Lugano) bis März 1932 (Barcelona);

damals entschloß sich Schönberg offenbar erst, das Oratorium in eine Oper umzuwandeln. Während der Arbeit an *Moses und Aron* fand in Paris als äußerlicher Akt seiner inneren Rückkehr zur Religion seiner Väter Schönbergs Rekonversion statt.
Der 3. Akt, dessen Text entschieden vom Alten Testament abweicht, wurde nicht mehr komponiert. Neben kurzen, im amerikanischen Exil entstandenen Entwürfen aus den Jahren 1937 und 1949 hat er dazu keine Musik hinterlassen.
Es liegt nahe, Moses als Selbstporträt Schönbergs aufzufassen, der im August 1930 Berg mitteilte, »alles was ich geschrieben habe, hat eine gewisse innere Ähnlichkeit mit mir«. Doch Schönberg versuchte im gleichen Maße der Aron-Figur gerecht zu werden. Durch die selbstkritische Auseinandersetzung mit seiner kompositorischen Arbeit als einer Kunst, in der das Geistige, der Gedanke, oberstes Prinzip ist, als Ausdruck abstrakter Ideen, stieß Schönberg an Grenzen, die eine Lösung im 3. Akt unmöglich machten.
Ungewöhnlich ist die Besetzung. Schönberg verlangt nebst einem groß besetzten klassischen Orchester, mit vierfachen Bläsern, Klavier, Harfe, Celesta, Mandolinen und reichem Schlagzeug, große Chormassen für Sing- und Sprechchöre, mehrere Solisten und einen Sprecher für die Rolle des Moses. Für Moses verwendet Schönberg den Sprechgesang, wie er ihn in den *Gurreliedern*, im *Pierrot lunaire* und in der *Glücklichen Hand* erprobte und in der *Ode an Napoleon* und *Ein Überlebender aus Warschau* wieder aufgriff; Aron ist ein gleisnerisch und verführerisch singender Tenor. Die Stimme Gottes stellte Schönberg durch die Verbindung von sechs Solostimmen und Sprechchor dar. Musikalisch von einer einzigen Zwölftonreihe abgeleitet, entwickelt die Oper ein Kompendium an flirrenden, orgiastischen Farben. Vor allem der opernhafte *Tanz um das Goldene Kalb*, formal eine Vokalsinfonie in 5 Sätzen, prunkt mit üppiger Klangsättigung, mit orgiastisch rauschhafter Sinnlichkeit und greller Rhythmik.
Nachdem die geplante Uraufführung 1950 beim Maggio Mu

sicale in Florenz nicht zustande kam, dirigierte Hermann Scherchen 1951 in Darmstadt den *Tanz um das Goldene Kalb*. Die konzertante Uraufführung 1954 beim NWDR in Hamburg leitete Hans Rosbaud, der auch die erste szenische Aufführung 1957 in Zürich dirigierte (beide Aufführungen fanden ohne das Fragment des 3. Aktes statt). Bahnbrechend wirkte Gustav Rudolf Sellners Inszenierung 1959 an der Deutschen Oper in Berlin (unter Hermann Scherchen), in der der Text des 3. Aktes zu der Musik der Verkündigungs-Szene des 1. Aktes gesprochen wurde.
Spieldauer: ca. 2 Stunden (1. Akt ca. 50 min.; 2. Akt: ca. 55 min.; 3. Akt [Fragment]: ca. 10 min.).

Maurice Ravel

* 7. März 1875 in Ciboure (Dép. Pyrénées-Atlantiques)
† 28. Dezember 1937 in Paris

Als Siebenjähriger erhielt Ravel erste Klavierstunden, dazu Unterricht in Harmonielehre und Komposition. 1889 trat er in das Pariser Konservatorium ein. Begeistert für asiatische Musik, die er durch die Pariser Weltausstellung 1889 kennenlernte, aber ebenso für Borodin und Rimskij-Korsakow, Liszt und Wagner, Chabrier und Satie, studierte er 1897 bis 1900 intensiv Komposition bei Gabriel Fauré und André Gédalge. Erste Kompositionen, vor allem Klavierstücke und Lieder, machten ihn einem kleineren Kreis bekannt. An Opern vollendete er 1909 den Einakter *L'heure espagnole*, und nach mehreren unausgeführten Projekten (u. a. Hauptmanns *Versunkene Glocke*, Maeterlincks *Interieur* und E.T.A. Hoffmanns *Der Sandmann*) schrieb er zwischen 1918 und 1925 *L'enfant et les sortilèges* als sein zweites und letztes Bühnenwerk, von den Ballettmusiken *Valses nobles et sentimentales* (bearbeitet als *Adelaïde ou le langage des fleurs*, 1912) und *Daphnis et Chloé* (1910–1912) abgesehen.

Ravel, der Mussorgskijs *Die Heirat* als perfekte Vertonung eines Schauspieltextes schätzte, schuf mit Strawinsky 1913 lediglich noch eine Revision von Mussorgskijs *Chowanschtschina*, die allerdings verlorenging. Von seinen anderen Kompositionen haben die Klavier- und Kammermusik sowie seine meisterhaft instrumentierten Orchesterstücke und Konzerte bis heute nichts von ihrer Anziehungskraft verloren.

Die spanische Stunde

L'heure espagnole

Comédie musicale in 1 Akt. Text von Franc-Nohain. Uraufführung am 19. Mai 1911 in Paris, Opéra-Comique.

Franc-Nohain, eigtl. Maurice-Étienne Legrand (25. 10. 1873 Corbigny [Nièvre] – 18. 10. 1934 Paris), ein Pariser Journalist, Kritiker und Dramatiker, der selbst seine Verse im Kabarett »Chat noir« vortrug, hatte vor allem mit seinen raffiniert entworfenen Farsen Erfolg, darunter gerade mit *L'heure espagnole* (1904). Weitere Stücke von ihm vertonte der Operettenkomponist Claude Terrasse.

Personen: Torquemada, ein Uhrmacher (Tenor) – Concepcion, seine Frau (Mezzosopran) – Ramiro, ein Maultiertreiber (Bariton) – Gonzalve, ein Student (Tenor) – Don Inigo Gomez, ein Bankier (Baß).

Ort und Zeit: Toledo, im 18. Jahrhundert.

Jeden Donnerstag zur Mittagszeit muß der Uhrmacher Torquemada im Auftrag der Stadt sämtliche Uhren des Ortes aufziehen. Bevor er diesmal aufbricht, bringt ihm der Maultiertreiber Ramiro eine kostbare alte Uhr zur Reparatur in die Werkstatt, die erfüllt ist vom Geticke und Schlagen unzähliger Uhren. Concepcion, die ungeduldig ein mittägliches Schäferstündchen mit dem Studenten Gonzalve erwartet treibt ihren Mann zur Eile an. Daß Torquemada den jungen Ramiro auffordert, bis zu seiner Rückkehr in der Werkstatt zu warten, paßt ihr gar nicht; um ihn loszuwerden, läßt sie den kräftigen Burschen eine schwere Standuhr in das Schlafzimmer im oberen Stockwerk transportieren. Kaum ist Ra miro oben, erscheint auch schon Gonzalve, ein rechter Geck. Und ebenso rasch ist Ramiro wieder unten. Concepcion muß ihren Galan schleunigst in einer anderen großen Standuhr verstecken. Jetzt muß der Maultiertreiber diese Standuhr in das Schlafzimmer hinauftragen und die andere wieder herunterbringen. Concepcion folgt ihm, um endlich bei ihrem Verehrer zu sein. Unterdessen betritt der Bankier, ein ebenso korpulenter wie eitler Herr, die Werkstatt, um sich Torquemadas Abwesenheit bei dessen Frau zunutze zu machen. Um Concepcion zu überraschen, zwängt er seine Leibesfülle in die leere Standuhr. Etwas enttäuscht vom mangelnden Feuer des Senors Gonzalve kommt Concepcion zurück in die Werkstatt. Die Uhr oben funktioniere nicht, der Maultiertreiber solle sie wieder herabholen. Gutmütig steigt Ramiro abermals die Treppen hinauf. Jetzt entdeckt Concepcion den dicken Bankier. Ramiro darf also, nachdem er die Uhr mit dem Studenten heruntergebracht hat, jene mit dem Bankier nach oben schaffen. Doch auch mit Don Inigo erlebt Concepcion eine herbe Enttäuschung – er kommt nicht mehr aus dem Gehäuse heraus. Also – wieder hinunter in die Werkstatt mit dieser Uhr. Concepcion hatte so genügend Gelegenheit, die Kraft Ramiros zu bewundern. Sie gibt ihm einen Wink, jetzt ohne Uhr ihr in das Schlafzimmer vorauszugehen. Im Laden entdeckt der heimkehrende Torquemada die beiden Herren in den Uhren, die, um keinen Verdacht zu erregen, sich sofort bereit erklären, sie zu kaufen. Concepcion, die nun doch noch zu ihrer »spanischen Stunde« kam, braucht künftig keine Standuhr mehr in ihrem Schlafzimmer, denn, so verkündet sie, sichtlich zufrieden, Ramiro werde von nun an jeden Morgen pünktlich bei ihr vorbeikommen, um sie zu wecken. Die fünf finden zu einem gemeinsamen spöttischen Schlußgesang: *Das ist die Moral des Boccaccio: Von allen Liebhabern zählt nur der erfolgreiche.*

Franc-Nohains Einakter hatte Ravel 1904 im Théâtre de l'Odéon gesehen und sofort an die Komposition des Stückes gedacht. Von Mai bis Oktober 1907 arbeitete er dann ohne Unterbrechung daran. Trotz Einwänden gegen die frivole

Handlung nahm Albert Carré die Oper 1908 zur Uraufführung an der Opéra-Comique an; nach vielen Verzögerungen fand sie dann 1911 (gekoppelt mit Massenets *Thérèse* von 1907) statt. Die Reaktionen waren extrem zwiespältig; es kam nur zu 10 Aufführungen. Erst Jahre später erlebte diese »pornographische Operette« eine Art Wiedergeburt: 1919 in London, 1920 in New York. 1924 kam es am Deutschen Theater in Prag zur deutschsprachigen Erstaufführung unter dem Titel *Eine Stunde Spanien.*
In einem Brief an *»Le Figaro«*, der zwei Tage vor der Uraufführung veröffentlicht wurde, legte Ravel seine künstlerischen Vorstellungen von einer »Konversation in Musik« dar: »Was ich versucht habe, ist ziemlich ehrgeizig: die italienische Opera buffa wiederzubeleben, aber nur das Prinzip. Dies Werk ist nicht in der traditionellen Form konzipiert. [...] Einzig das Finalquintett könnte durch seinen Zuschnitt, seine Stimmführung, seine vokalen Effekte an die herkömmlichen Ensembles des Spielplans erinnern. Von diesem Quintett abgesehen, gibt es keinen Gesang im üblichen Sinne. [...] Ich wollte Ironie ausdrücken, vor allem durch Musik, durch Harmonie, Rhythmus, Orchestrierung.« Mehrere Stilmerkmale von Franc-Nohains Stück gehören auch zu den wiederkehrenden Elementen in Ravels Œuvre: die Atmosphäre Spaniens (1907 entstanden ebenfalls die *Rapsodie espagnole* für Orchester und das Klavierlied *Vocalise-Etude en forme de Habanera*), das 18. Jahrhundert, der Tanz und das Märchenhafte. Tänzerische Formen sind in der *Spanischen Stunde* allgegenwärtig: Habanera, Bolero, Malagueña, Walzer (bei Don Inigo). Die Habanera klingt nochmals in dem finalen Vokalquintett auf, in dem sich anstelle des sonst vorherrschenden Parlandos ein schwärmerisch-arioser Gesangsstil durchsetzt. Ravels kompositorische Perfektion, sein Bemühen um uhrwerkhafte Präzision und Genauigkeit zeigt sich bereits im Vorspiel, das in 36 Takten eine Vielstimmigkeit aus Automatengesurre und Uhrenticktack erzeugt. Die geölte Mechanik der Automaten überträgt Ravel auf die Menschen: Die Uhren werden beseelt, die Menschen werden zu Spielwerken. Innerhalb der 21 durchkomponierten Szenen erzielt

Ravel durch sein reich variiertes Spektrum der Orchesterfarben zahllose spielerisch-charakteristische Klangeffekte.
Spieldauer: ca. 50 Minuten.

Ermanno Wolf-Ferrari

* 12. Januar 1876 in Venedig
† 21. Januar 1948 in Venedig

Der Sohn des deutschen Malers August Wolf bildete seinen Doppelnamen mit dem Mädchennamen seiner venezianischen Mutter, Emilia Ferrari. Trotz seiner früh erkannten musikalischen Begabung studierte er 1891 an der Kunsthochschule in Rom und erst nach der Übersiedlung nach München 1892 bei Joseph Rheinberger an der Akademie für Tonkunst. In Venedig kam 1900 seine erste Oper *La Cenerentola* heraus. Dort und in Mailand lebend, wurde ihm bald bewußt, daß er als Komponist in Deutschland erfolgreicher als in seinem Heimatland sein würde. Bis auf die Jahre 1902–1909 als Direktor des Liceo Musicale Benedetto Marcello in Venedig und eine Professur am Salzburger Mozarteum, die er 1939 annahm, lebte er ausschließlich als freier Komponist. Den Höhepunkt seines Schaffens bilden seine 3 komischen Opern der Jahre 1903 bis 1909: *Le donne curiose / Die neugierigen Frauen* (1903), *I quattro rusteghi / Die vier Grobiane* (1906) und *Il segreto di Susanna / Susannas Geheimnis* (1909). Es folgten die postveristischen Opern *I gioielli della Madonna / Der Schmuck der Madonna* (Berlin 1911) und *Sly* (Mailand 1927), außerdem *L'amore medico / Der Liebhaber als Arzt*, nach Molière (Dresden 1913), *Gli amanti sposi / Das Liebesband der Marquesa*, nach Goldoni (Venedig 1925), die Märchenoper *Das Himmelskleid*, nach Perrault (1927), *La vedova scaltra / Die schalkhafte Witwe*, nach Goldoni (Rom 1931), *Il campiello / Der kleine Platz*, nach Goldoni (1936), *La dama boba / Das dumme Mädchen*, nach Lope de Vega (Mailand 1939) und *Gli dei al Tebe / Der Kuk-*

kuck von Theben (Hannover 1943). Als eine ironisch verklärte Reminiszenz auf das Venedig des 18. Jahrhunderts garantieren *Le donne curiose*, *I quattro rusteghi* und *Il Campiello* durch ihre alerte Buffo-Manier noch heute einen unterhaltsamen, musikalisch witzigen Opernabend.

Die vier Grobiane

I quattro rusteghi

Musikalisches Lustspiel in 3 Akten. Text von Giuseppe Pizzolato nach Carlo Goldonis *I rusteghi* (1757). Uraufführung am 19. März 1906 in München, Nationaltheater.

Carlo Goldoni s. Haydn, *Der Apotheker*, S. 73.

PERSONEN: Lunardo, Antiquitätenhändler (Baß) – Margarita, seine zweite Frau (Alt) – Lucieta, Lunardos Tochter (Sopran) – Maurizio, Kaufmann (Bariton) – Filipeto, sein Sohn (Tenor) – Marina, Filipetos Tante (Sopran) – Simon, Kaufmann, ihr Mann (Baß) – Cancian, ein reicher Bürger (Baß) – Felice, seine Frau (Sopran) – Conte Riccardo, ein fremder Edelmann (Tenor) – Eine junge Magd Marinas (Mezzosopran).

ORT UND ZEIT: Venedig, im Jahre 1800.

1. Akt. Lunardo ist ein rechter Tyrann, ein Grobian. Seiner Frau Margarita und seiner Tochter Lucieta verbietet er alle Vergnügungen, er hält sie nur zur Hausarbeit an. Nun läßt er sie wissen, daß er zum Abendessen Freunde eingeladen hat: Maurizio, Simon und dessen Frau Marina sowie Cancian mit seiner Frau Felice. Und Margarita gibt er seine Entscheidung bekannt, Lucieta mit Maurizios Sohn Filipeto zu verloben. Doch dürfe Lucieta ihren Bräutigam erst am Tag der Hochzeit kennenlernen. Margarita protestiert, aber Lunardo und Maurizio, ebenfalls ein rechthaberischer Grobian, sind sich schon einig; die Kinder werden gar nicht erst gefragt. – Auch Filipeto hat von dem Vorhaben seines Vaters erfahren und klagt seiner Tante Marina sein Leid. Sie verspricht, ihm zu helfen. Als ihr bärbeißig-grober Mann Simon, der nicht gern Verwandtenbesuch sieht, nach Hause kommt, muß Fili-

peto schnell verschwinden. Simon teilt Marina die Einladung Lunardos mit, sie erhalten aber erst noch Besuch von Felice, die nebst ihrem Gatten Cancian auch gleich ihren Verehrer Graf Riccardo im Schlepptau hat, wieder zum Mißvergnügen Simons. Felice ist ganz auf Marinas Seite, was die beiden jungen Leute angeht; man müsse ihnen helfen.
2. Akt. Im Hause Lunardos schmücken sich Lucieta und Margarita für den Abend. Lunardo, dem das nicht paßt, fängt einen Streit wegen ihres Schmucks an, in dem ihm Simon, der soeben mit Marina eintrifft, natürlich zur Seite steht. Nun kommen Felice und Cancian; Felice sind die Männer allerdings nicht gewachsen, sie fliehen ins Nebenzimmer. Die Frauen weihen Lucieta in ihren Plan ein, den Felice ausgeheckt hat: Graf Riccardo schleust Filipeto in einer Verkleidung als junge Dame ein. So können sich Lucieta und Filipeto vor der Heirat doch kennenlernen. Und siehe da: sie finden Gefallen aneinander. Als die Männer zurückkommen, müssen der Graf und Filipeto versteckt werden. Lunardo teilt Lucieta nun ihre Verlobung mit Filipeto offiziell mit. Doch wo ist der? Maurizio kann seinen Sohn nirgends auftreiben; er ist anscheinend mit dem Grafen verschwunden. Cancians grobe Schimpfkanonade auf den Verehrer seiner Frau treibt Riccardo wütend aus seinem Versteck, samt Filipeto. Die Szene löst sich in allgemeinem Tohuwabohu auf.
3. Akt. Die Männer beratschlagen, wie sie ihre Frauen bestrafen und die Verlobung verhindern können. Aber Felice tritt vor sie und predigt ihnen furios ins Gewissen; die Grobiane müssen klein beigeben. Den Frauen wird verziehen, und Lucieta bekommt ihren Filipeto.

Im Gegensatz zu Goldonis *Donne curiose* ist *I rusteghi* eine seiner brillantesten Charakterkomödien. Es geht um einige typische Situationen der venezianischen Dialektkomödie: um den Streit zwischen den gewitzten Frauen und den polternden, auf ihre patriarchalischen Rechte pochenden Männern sowie um das Problem eines jungen Paares, das heiraten soll, ohne daß einer den andern kennt.
Das Libretto verfaßte 1904 Giuseppe Pizzolato in Zusam-

menarbeit mit dem Komponisten. Wie schon bei den *Neugierigen Frauen* besorgte der Musikschriftsteller und -historiker Hermann Teibler (1865–1906) die deutsche Übersetzung. *I quattro rusteghi*, deren italienische Uraufführung 1914 in Mailand folgte, wurde bald zu der meistgespielten Oper Wolf-Ferraris.

Das Geschehen im bereits den einstigen Glanz verlierenden Venedig von 1800 überzog Wolf-Ferrari mit einer alles verklärenden, durchsichtigen Musik von ausgesuchter Schönheit und lyrischer Melodik. Nie ist sie satirisch verzerrt, nie sucht sie groteske Wirkungen, erweist sich dagegen als virtuos und voll quecksilbriger Gestik, als wohltuend antiromantisch, wenngleich gelegentlich sentimental. Die Arien sind bei aller Knappheit voll des buffonesken Witzes eines nachgeborenen Rossini und besitzen tänzerische Rhythmik und Beweglichkeit. Zu den Kabinettstücken gehören die Auftrittsarien Lucietas und Felices, die köstlichen Finali des 1. und 2. Aktes sowie das Terzett der drei Bässe zu Beginn des 3. Aktes.

Spieldauer: ca. 2 Stunden.

Susannas Geheimnis

Il segreto di Susanna

Intermezzo in 1 Akt. Text von Enrico Golisciani. Uraufführung am 4. Dezember 1909 in München, Nationaltheater.

Enrico Golisciani (1848–1918) war auch am Text von Wolf-Ferraris nächster Oper *Der Schmuck der Madonna* beteiligt und schrieb das Libretto für *Der Liebhaber als Arzt*.

Personen: Graf Gil, 30 Jahre alt (Bariton) – Gräfin Susanna, seine Gemahlin, 20 Jahre alt (Sopran) – Sante, Diener, 50 Jahre alt (stumme Rolle).

Ort und Zeit: Piemont, um 1900.

Der jungverheiratete und eifersüchtige Graf Gil betritt einigermaßen verwirrt seine Wohnung, da er auf der Straße eine Dame erblickte, die seiner Frau ausgesprochen ähnlich sah. Hatte er doch der Gräfin untersagt, allein auszugehen. Tatsächlich kehrt Gräfin Susanna von einem Einkauf zurück. Gil bemerkt in der Wohnung und in Susannas Kleidern den Geruch von Zigarettenrauch und vermutet, daß seine Frau einen Liebhaber hat. Er stellt sie zur Rede. Susanna streitet alles ab. Wütend geht der Graf in seinen Club. Susanna sinkt in einen Sessel und zündet sich eine der heimlich gekauften Zigaretten an. Überraschend kommt Gil, der angeblich etwas vergessen hat, zurück. Der stärker gewordene Zigarettenrauch bestärkt ihn in seinem Verdacht, doch selbst gründliches Suchen fördert keinen Liebhaber zutage. Der Graf geht wieder; erneut zündet sich Susanna eine Zigarette an. Doch dieses Mal kehrt der Graf durch das Fenster zurück, um seine Frau in flagranti zu erwischen. Er ist erleichtert, daß ihn Susanna nur mit Zigaretten betrügt, und will sich künftig gemeinsam mit ihr diesem Vergnügen hingeben.

Wie seine bisherigen Opern Neubelebungen der Opera buffa waren, ist *Susannas Geheimnis* ein in die Gegenwart transponiertes Intermezzo, ein heiteres Dreipersonenstück, wie es die italienische Oper im 18. Jahrhundert gerne in ihre ernsten Opern einlegte. Als Direktor des Konservatoriums in Venedig hatte Wolf-Ferrari 1907 auch Pergolesis *La serva padrona* aufgeführt, das zentrale Werk dieser Gattung. Im Gewand eines zeitgenössischen Konversationsstücks ließ Wolf-Ferrari in *Susannas Geheimnis* nochmals das typische Intermezzo mit seinen meist zwei Gesangspartien und einer stummen Rolle aufleben. Das durchkomponierte Stückchen verbindet rezitativisches Parlando mit geschlossenen Formen – wie das Duett *Il dolce idillio / Gedenkst du, Geliebte* und Susannas Arie *Oh gioia, la nube leggiera / Von kosenden Lüften umsäuselt.* Gleich die »Mini-Ouvertüre« mit ihren vier kontrapunktisch verknüpften Themen bietet eine musikalische Quintessenz der eklektizistisch angehauchten Partitur. Wie die Eifersuchtskomödie das heitere Pendant zu Verdis *Otello* ist, parodiert Gils und Susannas Schlußzeile *Tutto e fumo a questo mondo / Alles ist Rauch auf dieser Welt* Verdis *Falstaff*-Schluß (*Tutto nel mondo e burla / Alles ist Spaß auf Erden*).
Spieldauer: ca. 50 Minuten.

Manuel de Falla

* 23. November 1876 in Cádiz
† 14. November 1946 in Alta Gracia bei Córdoba (Argentinien)

Am Madrider Konservatorium bereits errang de Falla 1898 und 1899 mehrere Auszeichnungen. Zwischen 1901 und 1903 wandte er sich der erfolgversprechenden Zarzuela zu und komponierte einige dieser spanischen Operetten, setzte aber dann sein Studium bei Felipe Pedrell, dem Lehrer der bedeutendsten spanischen Komponisten, Isaac Albéniz und Enrique Granados, fort. Die Hinwendung zu einer national geprägten Musiksprache zeigte sich erstmals deutlich in seiner 1904/05 entstandenen Oper *La vida breve*. Von 1907 bis zum Ausbruch des 1. Weltkriegs lebte de Falla meist in Paris, in freundschaftlicher Verbindung zu Debussy, Ravel, Dukas und Albéniz. 1914 kehrte er in seine Heimat zurück, nach Granada, und trat vornehmlich als Pianist hervor. Nach einer Konzertreise 1939 blieb er für immer in Argentinien.
Im Auftrag der Prinzessin de Polignac verfaßte de Falla 1919 bis 1922 die Puppenoper *El retablo de Maese Pedro* (*Meister Pedros Puppenspiel*) nach Cervantes. Die Komposition des bereits 1926 begonnenen szenischen Oratoriums *Atlántida* konnte de Falla nicht mehr abschließen. Weitere Bühnenwerke sind u. a. das Ballett *El amor brujo* (1915), die Pantomime *El corregidor y la molinera* (1917) und das Ballett *El sombrero de tres picos* (*Der Dreispitz*; 1919). Wie Janáček und Bartók schuf de Falla, ausgehend von der Volksmusik seiner Heimat, eine zwar nicht avantgardistische, doch moderne Musik, die impressionistische Stimmung und expressionistische Klanglichkeit mit den nationalen Farben seiner Heimat verbindet.

Das kurze Leben
La vida breve

Lyrisches Drama in 2 Akten. Text von Carlos Fernández Shaw. Uraufführung am 1. April 1913 in Nizza, Théatre du Casino.

Carlos Fernández Shaw (1865–1911), wie de Falla aus Cádiz stammend, war zu Beginn des 20. Jahrhunderts ein erfolgreicher Zarzuela-Librettist.

PERSONEN: Salud (Sopran) – La Abuela, Saluds Großmutter (Mezzosopran) – Paco (Tenor) – El Tio Sarvaor, Saluds Onkel (Baß oder Bariton) – Carmela (Mezzosopran) – Manuel, Carmelas Bruder (Bariton) – Ein Sänger (Bariton) – Vier Straßenhändlerinnen (3 Soprane, Mezzosopran) – Stimme eines Schmieds (Tenor) – Stimme eines Verkäufers (Tenor) – Stimme in der Ferne (Tenor) – Männer und Frauen Granadas, Hochzeitsgäste.

ORT UND ZEIT: Granada, um 1900.

1. Akt. Das Haus der Großmutter im Albaicín, einem Zigeunerviertel von Granada. Aus der nahen Schmiede hört man das Hämmern und den melancholisch-fatalistischen Gesang der Arbeiter über die ungleiche Verteilung von Glück und Unglück, Reichtum und Armut; aus der Ferne dringen die Rufe der Straßenverkäufer herüber. Die Abuela sorgt sich um einen ihrer Vögel im Käfig. Wie dieser Vogel, der matt seine Flügel hängen läßt, kommt ihr die traurigen Stimmungen nachhängende Salud vor, die sich in den wohlhabenden Burschen Paco verliebt hat und ihn sehnsüchtig erwartet. Saluds Traurigkeit schwindet sofort, als Paco, wenn auch verspätet, zum Stelldichein erscheint und ihr seine Liebe schwört. Von beiden nicht bemerkt, kommt Onkel Sarvaor angelaufen, sehr aufgebracht und Paco drohend. Die Großmutter hält ihn zurück. Sie bekommt zu hören, was sie schon geahnt hatte: Paco hat für den folgenden Tag das Hochzeitsaufgebot zur Trauung mit Carmela, einem Mädchen seines Standes, bestellt. Unterdessen nehmen Salud und Paco unter innigen Liebesschwüren Abschied voneinander – »bis morgen«. – Die Nacht bricht herein. Langsam verklingen die Stimmen der Stadt.

2. Akt. Im Hause Carmelas feiert man die Hochzeit Pacos und Carmelas. Während zum Tanz aufgespielt wird und die schönen Augen der Braut besungen werden, nähert sich Salud dem Haus. Ein Blick durch das Fenster zeigt ihr die schreckliche Wahrheit. Ihr ist zum Sterben zumute, sie wünscht den Tod durch Pacos Hand. Aber zuvor will sie dem Geliebten einmal noch Aug in Auge gegenüberstehen. Sie stimmt den traurigen Gesang der Schmiede an. Da kommen die Großmutter und der böse Verwünschungen ausstoßende Onkel, mit dem Salud entschlossen das Haus betritt. Der durch Saluds Lied schon auffallend beunruhigte Paco versucht, ihren vor allen Hochzeitsgästen ausgesprochenen Vorwurf, daß er sie entehrt habe, durch Leugnen abzuwehren – ein für Salud tödlicher Verrat. Sterbend sinkt sie zu Boden.

Für die Teilnahme an einem Wettbewerb um ein spanisches Musikdrama, den die Madrider Akademie der Schönen Künste für das Jahr 1905 ausgeschrieben hatte, wählte de Falla das Thema einer Erzählung von Carlos Fernández Shaw, der sich bereit fand, das Textbuch zu verfassen. De Fallas Oper errang zwar den Preis, gelangte aber erst 1914 in Madrid zur spanischen Erstaufführung. Zunächst fand das Werk in Paris die Bewunderung von Komponisten wie Dukas, Debussy und Albéniz, auch von Albert Carré, dem Direktor der Opéra-Comique, der die Uraufführung (als *La vie brève*, französisch von Paul Milliet) ins Auge faßte. Doch durch Vermittlung André Messagers kam ihm Nizza um knapp 9 Monate zuvor. Für die Uraufführung überarbeitete de Falla die Instrumentation, teilte das Stück in 2 Akte auf und führte die Tänze im 2. Akt ein.
La vida breve mag die Hoffnung auf eine international verbreitete spanische Nationaloper nicht erfüllt haben, gleichwohl hat de Falla ursprüngliche spanische Musikformen wirkungsvoll und atmosphärisch dicht verarbeitet: spanische Tänze, den dem Flamenco ähnlichen, ursprünglich andalusischen »cante jondo«, den Kastagnettenklang, verbunden mit »Olé«-Rufen. Anstelle geschlossener Gesangformen dominiert ein feingewobenes Netz aus chorischen Einwürfen (meist aus der Ferne)

und rezitativischen Liedern. Eine meisterhafte Klangstudie des nächtlichen Granada bietet das 2. Bild des 1. Aktes. Spieldauer: ca. 1¼ Stunden.

Franz Schreker

* 23. März 1878 in Monaco
† 21. März 1934 in Berlin

Der 1892–1900 am Wiener Konservatorium in Geige und Komposition unterrichtete Schreker brachte 1902 eine erste Oper, *Flammen*, zur (konzertanten) Aufführung. Im gleichen Jahr errang er mit einer Komposition für Streichorchester den 1. Preis der *»Neuen Musikalischen Presse«*. Den Durchbruch als Komponist erzielte Schreker 1908 mit dem auf Oscar Wildes gleichnamigem Märchen basierenden Ballett *Der Geburtstag der Infantin*; im gleichen Jahr gründete er den Philharmonischen Chor Wien, den er bis 1920 leitete. 1912 machte die Uraufführung der bereits 1901 begonnenen Oper *Der ferne Klang* Schreker zum führenden Repräsentanten des zeitgenössischen Musiktheaters. Es folgten, immer mit eigenen Texten, 1913 an der Wiener Hofoper und am gleichen Abend in Frankfurt a. M. *Das Spielwerk und die Prinzessin*, *Die Gezeichneten* (Frankfurt a. M. 1918), *Der Schatzgräber* (Frankfurt a. M. 1920), *Irrelohe* (Köln 1924), *Christophorus* (Freiburg 1978), *Der singende Teufel* (Berlin, Staatsoper, 1928) und *Der Schmied von Gent* (Berlin, Deutsche Oper, 1932). 1920 wurde Schreker Direktor der Hochschule für Musik in Berlin, wo er in den 1930er Jahren dank seiner Opern den Gipfel seiner Berühmtheit erreichte. Durch den Einfluß der Nazis mußte er 1932 dieses Amt niederlegen und 1933 seine Meisterklasse an der Akademie der Künste aufgeben; diese Schritte lösten eine Herzattacke aus, der Schreker 1934 erlag.

Der ferne Klang

Oper in 3 Akten. Text vom Komponisten. Uraufführung am 18. August 1912 in Frankfurt am Main, Opernhaus.

Personen: Grete Graumann, später unter dem Namen Tini (Sopran) – Fritz, ein junger Künstler (Tenor) – Der alte Graumann, Gretes Vater (Baß) – Frau Graumann (Mezzosopran) – Der Wirt des Gasthauses »Zum Schwan« (Baß) – Altes Weib (Mezzosopran) – Ein Schauspieler (Bariton) – Dr. Vigelius (Bariton) – Milli (Mezzosopran) – Mizzi (Sopran) – Mary (Sopran) – Eine Spanierin (Mezzosopran) – Erster Chorist (Tenor) – Zweiter Chorist (Baß) – Ein Individuum (Tenor) – Der Graf (Baß) – Der Chevalier (Tenor) – Der Baron (Baß) – Der Polizist (Baß) – Rudolf, Fritzens Freund und Arzt (Baß) – Die Kellnerin (Mezzosopran) – Ein Diener (Sprechrolle) – Gäste, Kellner, Gesinde des Gasthauses »Zum Schwan«, Mädchen, Tänzerinnen, Maskierte, Theaterpersonal, Theaterbesucher, Wagenausrufer u. a.

Ort und Zeit: Eine kleine Stadt, »La casa di maschere«, ein Tanzetablissement am Lido von Venedig, eine große Stadt; Anfang des 20. Jahrhunderts. Zwischen dem 1. und dem 2. Akt liegen zehn, zwischen dem 2. und dem 3. Akt nochmals fünf Jahre.

1. Akt. Auf der Suche nach dem imaginären »fernen Klang« treibt es den jungen Musiker Fritz aus der Enge seiner Vaterstadt in die große Welt hinaus. Seine Freundin Grete kann und will er nicht mitnehmen. Einst, wenn er als berühmter Mann zurückkehrt, werde er ihr Reichtum und Ruhm zu Füßen legen. Eine sonderbare Alte taucht auf; sie bemitleidet Grete, da Fritz nichts Besseres zu tun hat, als sich im »Schwan« einer Säuferrunde um den alten Graumann anzuschließen, der zum Kummer von Gretes Mutter sein Geld vertrinkt und im Spiel verliert. Lärmend kommt Graumann mit seinen Kumpanen, dem Schauspieler und dem Winkeladvokaten Dr. Vigelius, nach Hause. Er hat alles verspielt, sogar seine eigene Tochter, und zwar an den Wirt. Gretes entsetzter Protest nützt nichts, selbst die Mutter redet ihr zu, diese »gute Partie« nicht auszuschlagen. Zum Schein stimmt Grete ein, flieht aber zu Fritz. – Grete konnte Fritz nicht finden, sie ist erschöpft und wünscht sich den

Tod. Doch im Licht des Mondes und angesichts einer verzauberten nächtlichen Natur siegt in ihr der Wunsch nach Lebens- und Liebesgenuß. Wieder erscheint die Alte. Sie ist ein Kuppelweib, das Grete eine luxuriöse Zukunft verspricht. Grete folgt ihr.

2. Akt. In der »Casa di maschere« erwarten Tänzerinnen und Freudenmädchen die venezianische Halbwelt. Grete ist der funkelnde Star des Etablissements, innerlich aber müde und überdrüssig des zehnjährigen Wartens auf die Erfüllung ihrer eigentlichen Sehnsucht. Um von solchen Gedanken loszukommen, regt sie einen Wettbewerb unter den Freiern an: Den Preis, eine Liebesnacht mit ihr, erhält der, dessen Liederzählung die Mädchen am meisten zu rühren vermag. Der Graf, Gretes leidenschaftlichster Verehrer, singt eine Ballade von einem König, dessen Krone zu glühen und ihm den Kopf zu verbrennen beginnt, wenn ihn Liebe ergreift; als er die Krone in den See wirft, wird er von einer bleichen Meerjungfrau in die Tiefe gezogen. Der Chevalier trägt ein heiteres Couplet von einem Blumenmädchen aus Sorrent vor, das seine Frau wurde. Grete zögert mit ihrer Entscheidung. Da nähert sich ein Segelboot, und in ihm ein neuer Gast. Es ist Fritz. Der »ferne Klang« hat ihn zu Grete geführt. Mit bewegenden Worten versichert er sie seiner unveränderten Liebe und bittet sie, seine Frau zu werden. Damit löst er die größte Teilnahme der Frauen aus; er erhält den Preis zugesprochen. Doch erschüttert erkennt er, was hier gespielt wird und daß Grete nicht mehr das unschuldige Mädchen seiner Jugendjahre ist. Er stößt sie voll Verachtung von sich. Vom Grafen deshalb zum Duell gefordert, entgegnet Fritz, er schlage sich nicht wegen einer Dirne, und legt mit seinem Boot von der Insel ab. Grete, die nun »das Eine – das Letzte« verloren hat, überläßt sich dem Grafen, der sie entführt.

3. Akt. Fünf Jahre später. Im Garten eines Theatercafés erinnern sich während der Uraufführung eines neuen Stücks der Schauspieler und Dr. Vigelius der alten Zeiten und des Streichs, den man der Tochter vom alten Graumann gespielt hat. Der Schauspieler hat seinen Vertrag am Hoftheater ge-

kündigt, da er in dem neuen Stück einen Schmierenkomödianten darstellen sollte. Ein Chorist schaut während der Theaterpause herein; er ist sicher, daß das Stück, es heißt »Die Harfe« und stammt von Fritz, ein großer Erfolg wird; bisher ist die Zustimmung groß. Dann führt ein Polizist Grete herein. Auch sie war im Theater, aber, bewegt und von Erinnerungen an Fritz überwältigt, haben sie die Kräfte verlassen. Ein zweifelhaftes Individuum, das in Grete die bekannte Großstadtdirne Tini erkennt, setzt sich an ihren Tisch. Grete leugnet, Tini zu sein. Als der Fremde Grete bedrängt, schreitet Vigelius ein, der Grete erkannt hat und im Grunde seine damalige Tat bereut; er wirft ihn hinaus. Das Publikum strömt aus dem Theater. Das Stück wurde zuletzt ein Mißerfolg, Fritz ausgepfiffen. Als Grete den Reden der Leute entnimmt, daß der Komponist todkrank sei, bricht sie ohnmächtig zusammen. Vigelius nimmt sich ihrer an. – Gebrochen und schwer leidend sitzt Fritz an seinem Schreibtisch. Doch zum ersten Mal hört er die Stimmen der Natur, denen er sich bisher verweigert hat. Er erinnert sich an Grete, die er verließ, weil ihn sein Ehrgeiz trieb. Mit ihr, das weiß er jetzt, verlor er die Fähigkeit, die Liebe, nicht nur das Leid der Welt, das die beiden erfolgreichen ersten Akte seiner Oper schildern, in Tönen zu beschreiben. Sein Freund Rudolf rät ihm, den letzten Akt des heute durchgefallenen Werkes umzuarbeiten, doch Fritz fühlt sich dazu außerstande. Da vernimmt er den »fernen Klang« – Dr. Vigelius erscheint und schildert ihm die Geschichte Gretes. Der Sehnsuchtston schwillt an: Grete tritt vor ihn, sie fallen sich in die Arme. Leidenschaftlich huldigen sie ihrer Liebe; Fritz faßt Mut, sein Werk doch zur Vollendung zu führen, doch zu spät. Er stirbt in Gretes Armen.

Der ferne Klang, in dem ein eigenes Erlebnis mitschwingt, brachte Schreker einen Sensationserfolg. Mit den literarischen Mitteln des sozialkritischen naturalistischen Dramas hatte er zwischen 1901 und 1910 die Tragik eigenen Kunstsuchens in der Nachfolge der *Meistersinger*, verwandt auch der Künstlerproblematik in Pfitzners *Palestrina* und Kre-

neks *Jonny spielt auf*, dargestellt. Dieser »ferne Klang«, der das Denken der Hauptfigur als Idée fixe beherrscht, wurde dann in Schrekers Opern zum zentralen Thema; ob vom Spielwerk (*Das Spielwerk und die Prinzessin*) oder der Wünschelrute (*Der Schatzgräber*), von der Violine (*Irrelohe*) oder der Weltenorgel (*Der singende Teufel*), immer schrieb Schreker dem Klang der Instrumente eine visionäre, reinigende, aber auch unbeherrscht zerstörende Kraft zu.
In der durchkomponierten Partitur, deren stilistischer Vielfalt sich noch Berg im *Wozzeck* verpflichtet fühlte, gleitet Schreker zwischen Polychromatik, Tonalität und Bitonalität kunstvoll hin und her. Geschaffen wird eine Sphäre voll glitzernd changierender Farben, die im 3. Akt eine Sogkraft von faszinierender Sinnlichkeit entwickeln. Der rauschhafte, leidenschaftliche Impetus gerät zur Annäherung an den »fernen Klang«. Greifbar nahe ist der Klang in Gretes Szene am Ende des 1. Aktes, wo sich Natur und erotisches Fühlen stimmungsgleich durchdringen, übermächtig wird er schließlich im Klang der Harfe (als E. T. A. Hoffmanns Äolsharfe ein Symbol der deutschen Romantik), die das frühlingshafte Rauschen des 3. Aktes versinnbildlicht. In der Ballade des Grafen erfährt die Tragödie durch das Kunstmärchen von der glühenden Krone ihre symbolische Deutung. Die Verwendung von Zigeunermusik (Csárdás bei Gretes Flucht am Ende des 2. Aktes) und venezianischen Motiven entspricht den Collageeinblendungen, wie sie in der Oper der 1920er Jahre üblich wurden.
Nach der Frankfurter Uraufführung ging der *Ferne Klang* über alle großen Bühnen und wurde 1925 sogar in Leningrad gespielt; Fritz Reiner dirigierte die Bruno Walter gewidmete Oper 1917 in Dresden, Alexander von Zemlinsky 1919 in Prag, Otto Klemperer 1919 in Köln, Erich Kleiber 1925 in Berlin.
Spieldauer: ca. 2½ Stunden (1. Akt: ca. 45 min.; 2. Akt: ca. 45 min.; 3. Akt: ca. 50 min.).

Die Gezeichneten

Oper in 3 Akten. Text vom Komponisten. Uraufführumg am 25. April 1918 in Frankfurt am Main, Opernhaus.

PERSONEN: Herzog Antoniotto Adorno (Baß) – Graf Andrea Vitelozzo Tamare (Bariton) – Lodovico Nardi, Podestà der Stadt Genua (Baß) – Carlotta Nardi, seine Tochter (Sopran) – Alviano Salvago, ein genuesischer Edelmann (Tenor) – Sechs genuesische Edle: Guidobaldo Usodimare (Tenor), Menaldo Negroni (Tenor), Michelotto Cibo (Bariton), Gonsalvo Fieschi (Bariton), Julian Pinelli (Baß), Paolo Calvi (Baß) – Der Capitano di giustizia (Baß) – Ginevra Scotti (Sopran) – Martuccia, Haushälterin bei Salvago (Alt) – Pietro, ein Bravo (Tenor) – Ein Jüngling (Tenor) – Dessen Freund (Baß) – Ein Mädchen (Sopran) – Erster Senator (Tenor) – Zweiter Senator (Bariton) – Dritter Senator (Baß) – Diener, drei Bürger, Vater, Mutter, Kind, drei junge Leute, ein riesiger Bürger, die Frau des Podestà, acht Vermummte, Edle, Bürger, Soldaten, Diener, Frauen, Kinder u. a.

ORT UND ZEIT: Genua und die Insel Elysium in der Nähe Genuas, im 16. Jahrhundert.

1. Akt. Der verkrüppelte, häßliche Edelmann Alviano Salvago hat im Streben nach vollkommener Schönheit vor der Küste Genuas eine paradiesische Insel geschaffen und sie seinen Freunden, einem Kreis junger Adliger, überlassen, die sich dort allen Ausschweifungen hingeben. Mittlerweile stoßen ihn die perversen Spiele und Verbrechen, die dort geschehen, ab; er möchte die Insel den Bürgern von Genua zum Geschenk machen. Im Auftrag der entsetzten Freunde soll Graf Tamare den Herzog zu einem Verbot der Schenkung bewegen, doch interessiert das Tamare nur noch wenig: Ihn fesselt eine unbekannte schöne Frau. Er ist vollauf damit beschäftigt, ihr nachzuspüren. Als Lodovico Nardi mit drei Senatoren und seiner Tochter Carlotta eintritt, um Alviano für seine großzügige Schenkung zu danken, erkennt Tamare in Carlotta die schöne Unbekannte. Die Gesellschaft begibt sich zur Tafel. Unterdessen flüchtet sich Pietro in Alvianos Palast; der junge Bravo, der dem »Elysium«-Clan junge Frauen für ihre sexuellen Spiele beischafft,

glaubt sich verfolgt und bringt die gerade entführte Ginevra Scotti hier, bei seiner Geliebten Martuccia, in Sicherheit. – Carlotta nimmt Alviano beiseite, um ihn zu bitten, ihr Modell zu sitzen. Sie ist Malerin und hat heimlich sein Porträt begonnen. Nach anfänglichem Schwanken sagt Alviano zu, in ihr Atelier zu kommen.

2. Akt. Herzog Adorno zögert, Alvianos Schenkung zuzustimmen, sehr zum Ärger des Stadtoberhaupts Lodovico Nardi. Tamare, des Herzogs Freund, vertraut Adorno seine Liebe zu Carlotta an: Er bittet um seine Vermittlung und verrät ihm dafür das Geheimnis von Alvianos Insel der Lüste. Der Herzog zeigt sich höchst überrascht, ja entsetzt über die Eröffnung. – Während sie Alviano porträtiert, erzählt Carlotta, immer vertrauter und offener mit ihm sprechend, von einer Freundin, ebenfalls einer Malerin, der ein Herzleiden jegliche leidenschaftliche Liebe verbiete. Unversehens gibt sie dem Gespräch eine überraschende Wendung – Alviano sieht sich erstmals in seinem Leben geliebt. Von höchstem Glück erfüllt, wendet er sich Carlotta zu, die nach Vollendung des Bildes im Augenblick größter Erregung und Erschöpfung ohnmächtig umsinkt: Sie selbst ist jene herzkranke Malerin. Um sie nicht zu gefährden, hält Alviano seine stürmischen Gefühle zurück und genießt ein sanftes Liebesglück.

3. Akt. Auf Alvianos Insel bestaunen die Bürger Genuas die Wunder des Zauberreiches, das ihnen geschenkt worden ist. Ginevra Scotti ist entflohen, muß Martuccia ihrem Pietro mitteilen. Weil sie ihm droht, ihrem Herrn alles zu gestehen, läßt Pietro sie umbringen. Carlottas Liebe zu Alviano ist in jenem Moment erloschen, als sie sein Bildnis vollendete. Obwohl der Herzog vergeblich für Tamare wirbt, läßt sich Carlotta, auf die der sinnliche Zauber des Ortes stark wirkt, von Tamare in die Liebesgrotte führen, während Alviano sehnsüchtig nach ihr sucht. Plötzlich tritt der Capitano di giustizia auf und klagt Alviano an, die Mädchen für die Exzesse seiner Freunde geraubt zu haben. Doch schützend stellen sich die Genuesen vor ihren Wohltäter, sie verlangen Beweise. Die liefert Ginevra Scotti; sie bezeugt, in Alvianos Palast gefangengehalten worden zu sein. Alviano erkennt

allmählich die Zusammenhänge; Carlottas Rufen folgend, führt er alle zur Grotte. Dort verhöhnt ihn Tamare, die – wie tot daliegende – Carlotta habe sich ihm, seiner Stärke und Schönheit, aus Lust und freiem Willen hingegeben. Blind vor Verzweiflung sticht Alviano den Rivalen nieder. Durch seinen Todesschrei hochgeschreckt, stößt Carlotta voll Abscheu Alviano von sich, im Sterben nach Tamare rufend. Alvianos Entsetzen wird zum düstersten Wahnsinn.

Um eine »Tragödie des häßlichen Mannes« als Opernlibretto für eine eigene Komposition hatte Alexander von Zemlinsky seinen Freund Schreker gebeten. Nachdem er den Text im Juni 1911 fertig hatte, wollte Schreker ihn selbst vertonen: »es war mir, als gäbe ich dem anderen mit der Dichtung zugleich mein musikalisches Selbst.« Von März 1913 bis Juni 1915 arbeitete er an der Vertonung, die überaus erfolgreich wurde. Ihren Triumphzug über die Bühnen brachen dann die Nazis ab. Erst 1979 wurde das Werk von Michael Gielen in Frankfurt für die Öffentlichkeit wiederentdeckt.

Der Konflikt zwischen Leben und Kunst bestimmt das Leben von Carlotta und Alviano. Beide suchen eine Sublimierung der Wirklichkeit und einen Ersatz für entgangene Sexualität, sie in der Malerei, er in seinem künstlichen Paradies. Als Gegenpol dazu erscheint der kraftstrotzende, seine Triebe auslebende Tamare, der den brüchigen Schutzwall aus narzißtischer Kunstwelt und esoterischem Triebverzicht brutal durchbricht. Dieser Konstellation entspricht Schrekers rauschhafte Klangsinnlichkeit, hinter der sich eine der wagemutigsten Partituren der Zeit verbirgt, nicht weniger vollkommen als in den beiden vorangegangenen Opern.

Spieldauer: ca. 2½ Stunden (1. Akt: ca. 50 min.; 2. Akt: ca. 45 min.; 3. Akt: ca. 55 min.).

Béla Bartók

* 25. März 1881 in Nagyszentmiklós (ehem. Südungarn)
† 26. September 1945 in New York

Bartók wurde in einer vielsprachigen Region geboren, in der neben ungarisch auch rumänisch, deutsch und serbisch gesprochen und die entsprechende Volksmusik gepflegt wurde. Gemeinsam mit Zoltán Kodály entwickelte er später, ausgehend von der musikwissenschaftlichen Sammlung und Analyse der heimischen Folklore, eine nationalgeprägte, neuschöpferische Kunstmusik. Bartók erhielt seinen ersten Klavierunterricht von seiner Mutter und wurde in Bratislava, wohin die Familie nach dem Tod des Vaters 1892 gezogen war, u. a. von László Erkel, einem Sohn des Komponisten Ferenc Erkel, unterwiesen. Nach dem Abitur besuchte Bartók die Budapester Musikhochschule und wurde dort 1907 zum Professor für Klavierspiel ernannt. Seinen ersten Erfolg als Komponist erlebte er mit dem Ballett *Der holzgeschnitzte Prinz* (Budapest 1917). Ein Jahr später gelangte ebenfalls in Budapest der bereits 1911 entstandene Einakter *Herzog Blaubarts Burg* zur Aufführung, und 1926 (Köln) folgte als drittes Bühnenwerk das Ballett *Der wunderbare Mandarin*. Bartók selbst bezeichnete seine kühnen Werke der Periode bis 1924 als radikal und homophon, die späteren als kontrapunktisch und einfacher. 1924 gab er sein grundlegendes Werk *Das ungarische Volkslied* heraus, bereiste 1928 als Pianist erstmals Amerika, wohin er 1940 als überzeugter Pazifist und Gegner des Faschismus emigrierte und wo u. a. das vielgespielte *Konzert für Orchester* entstand.

Herzog Blaubarts Burg

A kékszakállú herceg vára

Oper in 1 Akt. Text von Béla Balázs. Uraufführung am 24. Mai 1918 in Budapest, Königliches Opernhaus.

Der vielseitige Schriftsteller Béla Balázs, eigtl. Herbert Bauer (4. 8. 1884 Szeged – 17. 5. 1949 Budapest), lebte 1919–1945 in Wien, Berlin und Moskau und machte sich auch als Filmautor und Filmtheoretiker (*Der Geist des Films*, 1930) einen Namen. Für Bartók verfaßte er die Libretti zur Oper *Herzog Blaubarts Burg* und zur Pantomime *Der holzgeschnitzte Prinz*. *Herzog Blaubarts Burg* basiert auf seinem gleichnamigen Drama, das als Auftakt der Trilogie *Mysterien* gedacht war.

Personen: Herzog Blaubart (Bariton) – Judit/Judith (Sopran oder Mezzosopran) – Blaubarts frühere Frauen (stumme Rollen). – Prolog: Sprecher.

Ort und Zeit: »Dies begab sich einst, Ihr müßt nicht wissen wann, auch nicht den Ort, da es geschah« (Prolog).

Nach einem gesprochenen Prolog, der die symbolhafte Bedeutung der Vorgänge unterstreicht (und der häufig weggelassen wird), betreten Blaubart und seine Geliebte Judith durch eine schmale Tür am Ende einer steilen Treppe seine Burg. In der düsteren Halle seines Schlosses befinden sich neben diesem Eingangstor noch sieben weitere Türen. Judith hat ihre Familie und ihren Bräutigam aufgegeben, um dem geheimnisumwitterten Mann zu folgen und mit ihm in Einsamkeit zu leben. Weder Finsternis noch Kälte und Feuchtigkeit halten sie davon ab. Durch die Kraft ihres Mitleids und ihrer Liebe will sie Sonne in Blaubarts Burg bringen. Der Herzog widersetzt sich diesen Wünschen. Doch als Judith die Öffnung der sieben Türen verlangt und an die erste Tür pocht, gibt er ihrem Drängen nach und reicht ihr den Schlüssel. Die Tür öffnet sich. Judith erblickt eine Folterkammer mit gräßlichen Marterwerkzeugen und blutdurchtränkten Wänden. Das Gesehene bestürzt sie zunächst, bestärkt sie aber in ihrem Wunsch, Licht und Wärme in diese Burg zu bringen. Judith verlangt den zweiten Schlüssel – ein gelb-roter Lichtstrahl blendet sie: Judith tritt in Blaubarts Waffenkammer. Blaubart selbst öffnet sich nun Judiths Wunsch, sein Inneres zu erforschen, und läßt sie weitere Türen öffnen. In goldenem Licht bestaunt Judith einen ungeheuren Goldschatz, sieht hinter der vierten Tür einen blaugrünlich schimmernden Zaubergarten und schaut, nachdem sich die fünfte Tür geöffnet hat, Blaubarts gesamtes Reich. Doch Glanz und Reichtum werden durch die Blutspuren getrübt, die Judith auf dem Schmuck, den Blüten und im Schatten der Wolken entdeckt. Hinter der sechsten Tür entdeckt Judith einen Tränensee. Die letzte Tür will Blaubart verschlossen halten, doch Judith, bereits von eifersüchtigen Ahnungen erfaßt, fragt ihn nach anderen Frauen und schließt die siebte Tür auf: Die drei früheren Frauen Blaubarts treten heraus. Die erste, so erklärt Blaubart, traf er am Morgen, die zweite mittags, die dritte abends. Judith, die er in der Nacht erblickte, wird von nun an die Nacht verkörpern. Behängt mit dem königlichen Schmuck aus der dritten Kammer folgt sie den drei Frauen durch die siebte Tür, die sich hinter ihnen schließt. Die anderen Türen haben sich bereits geschlossen. Der Herzog bleibt allein im Dunkel zurück. »Nacht bleibt es nun ewig, immer«, sind seine letzten Worte.

Bartók lernte das von Balázs 1910 im Geiste Maeterlincks geschriebene »Mysterium in einem Akt« bei einer Lesung kennen und entschloß sich spontan zur Vertonung, nachdem Kodály, für den der Stoff ursprünglich bestimmt war, sein Desinteresse signalisiert hatte. Bartók verwendete das Stück mit nur geringen textlichen Veränderungen und reichte den fertigen Einakter 1911 beim Opernwettbewerb des Leopoldstädter Kasinos ein, dessen Jury *Herzog Blaubarts Burg* als unspielbar ablehnte. Erst nachdem 1917 das Ballett *Der holzgeschnitzte Prinz* erfolgreich aufgeführt worden war, wagte sich die Budapester Oper an die Uraufführung. Die deutsche Erstaufführung erfolgte am 13. 5. 1922 in Frankfurt a. M. Der Einakter gehört, wenn auch selten aufgeführt, seither zum Weltrepertoire; er wird gelegentlich in Ver-

bindung mit Strawinskys *Oedipus Rex* oder mit Schönbergs *Erwartung* aufgeführt.
Der Kern der Blaubart-Legende zieht sich von Charles Perraults früher Märchensammlung (1697) über das Märchen von Ludwig Tieck (1797) und den Opern von Grétry (1789) und Offenbach (1866) bis zu Maeterlincks Fassung als *Ariane et Barbe-Bleue* (1899), das Paul Dukas 1907 vertont hatte, durch die gesamte europäische Kunstgeschichte. In der Darstellung durch Balázs, der sich an einer Sage aus dem Székely-Gebiet orientierte, und Bartók, der »das Bild einer modernen Seele mit den Grundfarben des Volksliedes malen« wollte, wird das äußere Grauen in das Innere der Figuren verlegt, erfährt das Märchenmotiv eine Veränderung zum symbolischen Drama. Die ungarische Musikwissenschaft deutete den Blaubart als »Lohengrin des 20. Jahrhunderts [. . .], dem nicht einmal die Möglichkeit verbleibt, nach der Enttäuschung zum heiligen Gral zurückzukehren« (G. Kroo).
Bartóks Vertonung ist hinsichtlich der Sprachbehandlung und seiner dem Sprechrhythmus angelehnten Gesangslinie stark an Debussys *Pelléas et Mélisande* und am französischen Impressionismus orientiert. Seine Musik zieht, wie in der Folklore des Balkans, häufig pentatonische Grundlagen vor, sie arbeitet mit kleinsten Intervallen (z. B. mit der kleinen Sekunde als Motiv des Blutes), die leitmotivisch dicht die Handlung durchweben, und dem – an Richard Strauss geschulten – effektvoll illustrierenden Einsatz der Soloinstrumente. Gleichzeitig mit Schönberg und Alexander Skrjabin setzte Bartók dabei Farb- und Lichteffekte in musikdramaturgischer wie psychologisierender Weise ein; jeder der sieben Türen und dem daraus scheinenden Licht entspricht im Orchester ein spezifischer Klangfarbenteppich.
Spieldauer: ca. 65 Minuten.

Igor Strawinsky: The Rake's Progress
Deutsche Oper Berlin

Sergej Prokofjew: Die Liebe zu den drei Orangen
Bayerische Staatsoper München

Igor Strawinsky

* 17. (5.) Juni 1882 in Oranienbaum bei St. Petersburg
† 6. April 1971 in New York

Der Vater Fjodor Ignatjewitsch Strawinskij, 1. Bassist am Mariinskij-Theater, der zaristischen Hofoper von St. Petersburg, bemühte sich um eine frühzeitige musikalische Ausbildung (Klavier, Komposition) seines dritten Sohnes Igor. Dennoch folgte dieser einer Familientradition und wurde Jurist. Während des Studiums, 1902–1905, hatte er Privatunterricht in Komposition bei Rimskij-Korsakow. Sein Lehrer kümmerte sich auch um die ersten Aufführungen von Kammermusik und Liedern Strawinskys in St. Petersburg. Hier lernte dieser auch die Musik der westlichen Moderne, Debussy, Ravel, Strauss, kennen, traf Glasunow und Skrjabin und seine späteren Verleger Beljajew, Jurgenson und Kussewitzky. Von entscheidendem Einfluß für seine Karriere wurde die Begegnung mit Sergej Diaghilew, seit 1907 Leiter der Pariser Saisons Russes, auf dessen Initiative Strawinsky seine Ballette *Der Feuervogel* (1910), *Petruschka* (1911) und *Le sacre du printemps* (1913) schrieb. Diese frühen Triumphe brachten ihn ins Zentrum des Pariser Geisteslebens, wo er Freundschaft mit Debussy, Ravel, Erik Satie, de Falla, Alfredo Casella und Puccini schloß, die Literaten Cocteau, Gide, d'Annunzio, Claudel kennenlernte sowie die Maler Picasso, Chagall, Léger, die Tänzer Waslaw Nijinsky, Michail Fokine, Léonide Massine und Ida Rubinstein und die Dirigenten Pierre Monteux, Sir Thomas Beecham und Ernest Ansermet, die alle engstens mit seinem Werk verbunden bleiben sollten.

Ab 1910 lebte Strawinsky mit seiner Familie in der Schweiz. 1918 erfolgte die Uraufführung der *Histoire du soldat*. Eine neoklassizistische Periode in den Jahren 1920–1939 bezeugen u. a. *Pulcinella* und die *Sinfonie in C*. Für die Bühne schrieb er ferner miniaturhafte Frühwerke, so die erste Oper *Le rossignol* (1914, nach Andersen), die Tiergeschichte *Re-*

nard (1916) und das Ballett *Les noces* (1917). Auf *Pulcinella* folgte der russisch-burleske Einakter *Mavra* (1922) und das neoklassizistische Oratorium *Oedipus Rex* (1927). Für George Balanchine schuf Strawinsky nach 1925 seine abstrakten Ballette, mit denen er das amerikanische Tanztheater bereicherte, u. a. *Apollon musagète*, *Le baiser de la fée*, *Perséphone*, *Scènes de ballet*. 1951 wurde in Venedig seine einzige abendfüllende Oper *The Rake's Progress* uraufgeführt. 1962 folgte als letztes szenisches Werk *The Flood* (*Die Sintflut*), das von CBS als Funkoper ausgestrahlt wurde und ein Jahr später in Hamburg seine szenische Uraufführung erlebte. Strawinsky erhielt 1934 die französische, 1945 die US-amerikanische Staatsbürgerschaft und lebte seit 1942 in Beverly Hills. Er starb in New York und wurde am 15. 4. 1971 auf San Michele, der Friedhofsinsel von Venedig, beigesetzt.

Die Geschichte vom Soldaten

L'histoire du soldat

Zu lesen, zu spielen, zu tanzen, in 2 Teilen. Text von Charles Ferdinand Ramuz. Uraufführung am 28. September 1918 in Lausanne, Théâtre Municipal.

Charles Ferdinand Ramuz (24. 9. 1878 Cully-sur-Lausanne – 23. 5. 1947 Pully bei Lausanne) entstammte einer Bauern- und Winzerfamilie und machte nach seinem Studium in Lausanne und Paris das Leben der waadtländischen Bauern zum Thema seiner Romane und Dichtungen. Er schloß 1915 Bekanntschaft mit Strawinsky und stellte mehrere französische Übersetzungen von dessen russischen Lieder-Zyklen her. Ramuz arbeitete bei *Renard*, *Les noces* und *L'histoire du soldat* mit Strawinsky zusammen.

Personen: Der Erzähler – Der Teufel (Sprecher, Pantomime) – Der Soldat (Sprecher, Pantomime) – Die Prinzessin (Tänzerin).

Ort: Eine Jahrmarktbühne.

1. Teil. Auf dem Weg in sein Heimatdorf rastet der Soldat am Bach. In der Gestalt eines alten Mannes nähert sich ihm

der Teufel und bietet ihm ein altes Buch im Tausch gegen seine Geige an. Der Soldat geht auf das Angebot ein, denn der Besitz des Zauberbuches verspricht Reichtum. Nach drei Tagen, in denen ihm der Teufel das Lesen und er diesem das Geigenspiel beigebracht hat, setzt der Soldat die Wanderung in sein Heimatdorf fort. Es stellt sich aber heraus, daß inzwischen nicht drei Tage, sondern drei Jahre verstrichen sind: Seine Mutter erkennt ihn nicht mehr, und seine Braut hat einen anderen geheiratet. In Gestalt eines Viehhändlers verspricht der Teufel dem Soldaten neuerlich Reichtum. Allerdings darf er nicht mehr in seine Heimat zurückkehren. Der Soldat wird reich. Er fühlt sich aber einsam und entwendet dem als Bettlerin verkleideten Teufel seine Geige. Doch die Geige klingt nicht mehr. Der Soldat zerreißt das Zauberbuch und wirft die Geige fort.
2. Teil. Der Soldat begibt sich wieder auf Wanderschaft. Er erfährt von der Krankheit einer Prinzessin, die derjenige, der sie heilen kann, zur Frau bekommen wird. Auf dem Schloß nimmt er dem als Geigenvirtuosen verkleideten Teufel die Geige weg und heilt durch sein Spiel die Prinzessin. Als sich der Teufel seinem Glück entgegenstellen will, spielt der Soldat so wild auf, daß sein Widersacher bis zur totalen Erschöpfung tanzen muß und kraftlos zusammenbricht. Die Prinzessin und der Soldat fallen sich in die Arme. Gemeinsam machen sie sich auf den Weg in die Heimat des Soldaten. Doch an der Grenze zu dem Dorf erwartet sie bereits der Teufel, der den Soldaten mit seinem satanischen Geigenspiel vor sich her in die Hölle treibt.

»Die Idee zur *Geschichte des Soldaten* kam mir im Frühjahr 1917, aber ich konnte sie damals nicht entwickeln. Der Gedanke, ein dramatisches Spektakel für ein ›théâtre ambulante‹, eine Wanderbühne, zu schreiben, hatte sich mir aber schon des öfteren seit Kriegsanfang aufgedrängt. [...] Ich fand mein Thema in einer von Afanasjews Erzählungen vom Soldaten und dem Teufel«, hat Strawinsky zu diesem Stück erläutert. Es entstand im Sommer 1918 in Morges am Genfer See, Strawinskys Schweizer Aufenthaltsort. Gemeinsam mit Ramuz griff Strawinsky auf die Sammlung des Märchenforschers Alexander N. Afanasjew (1826–1871) zurück. Ramuz verlegte die Handlung in der französischen Urfassung in die Schweiz zwischen Denges und Denezy, während sie in der deutschen Fassung des Schweizer Schriftstellers und Übersetzers Hans Reinhart (1880–1963) zwischen Chur und Walenstadt spielt.

In seinem Bemühen um eine antiillusionistische, schlichte und knappe Theaterform fand sich Strawinsky in Übereinstimmung mit den Strömungen der Zeit auf der Suche nach einem allgemein verständlichen, neuen Stil des Musiktheaters. *L'histoire du soldat* ist von hoher stilgeschichtlicher Bedeutung durch ihren Einfluß auf die französischen Komponisten wie Milhaud, Honegger und Auric sowie die Zeitopern eines Hindemith, Weill und Egk. Neben den vier Akteuren wirken sieben Instrumentalisten (Geige, Klarinette, Fagott, Trompete, Posaune, Kontrabaß und Schlagzeug) mit. Das Stück umfaßt 11 ebenso raffiniert wie holzschnitthaft primitiv entworfene Musiknummern, darunter drei Tänze der Prinzessin, einen argentinischen Tango, einen English-Waltz und einen Ragtime, einen Militärmarsch und den Großen Choral, der in den Triumphmarsch des Teufels mündet. 1920 (in London unter Ansermet uraufgeführt) faßte der Komponist die Musik zu einer *Konzertsuite* zusammen.

Die Uraufführung fand unter Leitung von Ernest Ansermet statt. 1922 folgte die deutsche Erstaufführung unter Scherchen in Frankfurt a. M. Als Vorläufer eines multimedialen Theaters wurde *L'histoire du soldat* zu einem Schulbeispiel für vielfältige Interpretationen. 1978 inszenierte der italienische Autor Dario Fo das Stück z. B. als aufklärerisch agierendes Volkstheater.

Spieldauer: ca. 55 Minuten.

Oedipus Rex

Opern-Oratorium in 2 Akten. Text nach Sophokles vom Komponisten und Jean Cocteau. Lateinische Übersetzung von Jean Daniélou. Uraufführung konzertant am 30. Mai 1927 in Paris, Théâtre Sarah Bernhardt, szenisch am 23. Februar 1928 in Wien, Staatsoper.

Die Tragödie *König Ödipus* des Sophokles (496–406 v. Chr.) wurde 425 v. Chr. zum ersten Mal in Athen dargestellt. Als ein frühes Musterbeispiel analytischer Technik hat sie nachhaltigsten Einfluß auf künftige Entwicklungen des dramatischen Schaffens geübt. – Jean Cocteau (5. 7. 1889 Maisons-Lafitte – 11. 10. 1963 Milly-la-Forêt), als Lyriker, Erzähler und Dramatiker, zugleich als Autor kritisch-ästhetischer Schriften eine der vielseitigsten, verwandlungsreichsten Persönlichkeiten der französischen Literatur in der 1. Hälfte des 20. Jahrhunderts. Enge Beziehungen verknüpften ihn mit der Musik, insbesondere mit der Komponistengruppe *Les Six*, deren nach dem 1. Weltkrieg veröffentlichtes Programm er formulierte. Sein *Oedipus Rex* vereinfacht das Sophokleische Original in einschneidender, die psychologischen Begründungen des antiken Dichters ignorierender Weise. – Die Übertragung des Textes ins Lateinische durch den Theologen und späteren Kardinal Jean Danielou (14. 5. 1905 Neuilly-sur-Seine – 20. 5. 1974 Paris) entsprach einem Wunsch des Komponisten, der ein wörtliches Verständnis des Textes beim Hörer nicht voraussetzt.

Personen: Oedipus (Tenor) – Jokaste (Mezzosopran) – Kreon (Bariton) – Teiresias (Baß) – Der Bote (Baßbariton) – Der Hirte (Tenor) – Der Sprecher – Männerchor.

Ort und Zeit: Theben, in mythischer Zeit.

1. Akt. Der Sprecher kündigt eine lateinische Fassung des *König Oedipus* an. Er wird in dieses szenische Oratorium, das nur die dramatischen Hauptereignisse des Mythos darstellt, immer wieder erklärend eingreifen. – Weil Oedipus die Rätsel der Theben bedrohenden Sphinx gelöst und die Stadt damit von ihr befreit hatte, haben ihn die dankbaren Thebaner zum König gewählt. Nun droht neue Gefahr: Die Pest wütet in der Stadt. Die Männer von Theben flehen den König um erneute Hilfe an. Oedipus verspricht Rettung.

Kreon, der Bruder seiner Gattin Jokaste, den er bereits ausgeschickt hat, das Orakel in Delphi um Rat zu befragen, kehrt zurück mit einem Orakelspruch, den der Sprecher verkündet: Die Seuche werde erst weichen, wenn der Mord an König Laios, dem Vorgänger des Oedipus und ersten Mann der Jokaste, gesühnt sei. Den unbekannten Mörder hofft Oedipus aufzuspüren. Er ruft dazu den Seher Teiresias. Doch der prophetische Alte hüllt sich in Schweigen, bis Oedipus ihn beschuldigt, selbst der Mörder zu sein. »Des Königs Mörder ist ein König«, lautet der dunkle Spruch, mit dem Teiresias den König in Wut versetzt, denn Oedipus glaubt, daß Kreon und Teiresias ein Komplott zu seinem Sturz vorbereiten. Jokaste erscheint, von den Thebanern freudig begrüßt.

2. Akt. Der Sprecher zeigt das folgende Geschehen an: Jokaste versucht die Aufregung mit der Äußerung ihrer Zweifel an der Glaubwürdigkeit von Prophezeiungen zu dämpfen; das Orakel habe immer gelogen. Angeblich solle ja auch ihr eigener Sohn den König Laios ermordet haben, doch Laios wurde von Unbekannten an einem Kreuzweg getötet. Oedipus horcht erschreckt auf: An einem Kreuzweg zwischen Korinth und Theben hatte er selbst einen Greis erschlagen, der sich ihm in den Weg stellte. Höchst beunruhigt will er nachforschen lassen. Jokaste dagegen versucht ihn davon abzubringen. Ein Bote erscheint, um Oedipus den Tod seines Vaters, des Königs Polybos von Korinth, mitzuteilen; er entdeckt ihm, daß er nicht der leibliche Sohn des Polybos, sondern ein angenommenes Kind ist, im Gebirge ausgesetzt und von ihm, dem Boten, einem Hirten übergeben. Der Hirte bestätigt das. Jokaste zieht sich zurück – wie Oedipus glaubt, aus Scham, Gattin eines Emporkömmlings zu sein. Bote und Hirte decken das ganze Geheimnis auf: Oedipus ist der Sohn des Laios und der Jokaste. Er wurde ausgesetzt, weil dem Königspaar offenbart worden war, ihr Sohn werde den Vater töten und die Mutter zur Frau nehmen. Nun weiß Oedipus, wer den Fluch der Pest über Theben zu verantworten hat; er geht. Abwechselnd schildern Bote und Chor das Ende der Tragödie: Jokaste erhängte

sich in ihrem Zimmer, und Oedipus stach sich mit ihrer goldenen Spange die Augen aus. Der Chor beklagt das Schicksal des geblendeten Oedipus, des Königsmörders und Gatten seiner eigenen Mutter, der als Bettler Theben verläßt, um zu sühnen.

»Ich datiere die Anfänge meines *Oedipus Rex* auf den September 1925 zurück, aber mindestens fünf Jahre früher war ich mir schon des Bedürfnisses bewußt, ein großangelegtes dramatisches Werk zu verfassen«, schrieb Strawinsky. Als Mitarbeiter wählte er sich Jean Cocteau, den er 1913 anläßlich der Uraufführung von *Le sacre du printemps* kennengelernt und mit dem er eine gemeinsame musikdramatische Arbeit vereinbart hatte. Eine erste von Cocteau vorgebrachte Idee, ein *David*-Ballett zu schreiben, hat der Komponist verworfen, aber als er 1922 in Paris Cocteaus Fassung der *Antigone* des Sophokles auf der Bühne erlebte, den »Versuch, Griechenland aus dem Flugzeug zu fotografieren« (Cocteau) – das Stück wurde dann von Honegger vertont –, riet er zu *Oedipus*. Strawinsky schwebte von Anfang an eine Fassung in lateinischer Sprache vor, da »eine ältere Sprache, selbst wenn man sich nur unvollkommen an sie erinnert, ein beschwörendes Element enthalten müsse, das musikalisch ausgewertet werden könne«. Die dramatische Essenz der Tragödie beabsichtigte Strawinsky in Blöcke von archaischer Wucht zu packen, »kein Handlungsdrama [. . .], sondern ein Stilleben«. Man einigte sich darauf, die zum Verständnis der stark abstrahierten Handlung nötigen Informationen einem Sprecher zu übertragen, der als Conferencier aus dem Blickwinkel des 20. Jahrhunderts spricht, jeweils in der Landessprache. Die verfremdende Distanz von *L'histoire du soldat* wurde so auf aparte Weise weitergeführt.

Das Werk entstand zwischen Januar 1926 und Mai 1927 in Nizza. 1928 fand unter Franz Schalk und in der Inszenierung von Lothar Wallerstein die szenische Uraufführung in Wien statt, der nur vier Tage später die Berliner Erstaufführung unter Otto Klemperer in der Kroll-Oper folgte. Ähnlich wie der Vaganten-Stil der *Histoire du soldat* übte auch das

Opern-Oratorium *Oedipus Rex* starken Einfluß auf das zeitgenössische Opernschaffen von Hindemith, Honegger, später Orff (*Oedipus, der Tyrann*), Malipiero, Dallapiccola aus. 1948 legte Strawinsky eine revidierte Fassung vor.
Strawinskys Musik strebt bei größter Klarheit und Transparenz eine Übertragung von Händels Opernstil und der klassisch-romantischen Gesangsemphase in das frühe 20. Jahrhundert an. Antike Größe und übernational zeitloser Humanismus dokumentieren sich in archaisch empfundenen, rhythmischen Stereotypen, in der Verbindung von hellenischer Tragödie, lateinischer Sprachkultur, expressiver Gesangsgebärde und modern jazzigen Assoziationen. Strawinskys klassizistischem Formwillen entspricht auch die konsequente Trennung in Arien, Duette und Chöre.
Spieldauer: ca. 50 min.

The Rake's Progress
(Der Wüstling)

Oper in 3 Akten und einem Epilog. Text von Wystan Hugh Auden und Chester Kallman nach William Hogarth. Uraufführung am 11. September 1951 in Venedig, Teatro La Fenice.

Der englische Dichter Wystan Hugh Auden (21. 2. 1907 York bis 29. 9. 1973 Wien) lebte 1928/29 in Berlin, seit 1938 in den USA. 1956 bis 1971 hatte er einen Lehrstuhl für Dichtkunst in Oxford Nachdem er für Britten den Text zu *Paul Bunyan* (1941) verfaßt hatte, erhielt er von vielen Komponisten Angebote. Mit Chester Kallman schrieb er die Libretti zu Strawinskys *The Rake's Progress* Henzes *Elegy for Young Lovers* (1961) und *The Bassarides* (1966) sowie für Nicolas Nabokovs *Love's Labour's Lost* (1973). – Der amerikanische Schriftsteller Chester Kallman (7. 1. 1921 Brooklyn bis 17. 1. 1975 Athen) hatte allein das Libretto zu *Panfilo and Lau-retta* (1957) von Carlos Chávez Ramirez geschrieben. Er ist auch als Übersetzer von Operntexten ins Englische hervorgetreten.

PERSONEN: Trulove (Tenor) – Anne, seine Tochter (Sopran) – Tom Rakewell, ihr Verlobter (Tenor) – Nick Shadow (Bariton) – Mutter

Goose, Besitzerin eines Freudenhauses (Mezzosopran) – Baba, genannt Türkenbab (Mezzosopran) – Sellem, Auktionator (Tenor) – Ein Wärter des Irrenhauses (Baß) – Diener, Dirnen, grölende Burschen, Bürger, Irre.

ORT UND ZEIT: England, 18. Jahrhundert.

Basierend auf einer Folge von 8 satirisch moralisierenden Kupferstichen des englischen Malers und Kupferstechers William Hogarth (1697–1764), die er unter dem Titel *»The Rake's Progress«* (1735) zusammenfaßte, entwarfen die Autoren eine ironische Opernmoritat im Geiste Mozarts und da Pontes, die den Aufstieg und Fall des »Wüstlings« Tom Rakewell zum Inhalt hat.

1. Akt. Frühling. Im Garten von Truloves Haus besingen Anne und Tom Rakewell ihr Liebesglück (Duett *The woods are green / Die Wälder sind grün*). Der alte Trulove mißtraut der ungetrübten Atmosphäre und will seinen künftigen Schwiegersohn zu einer festen Stellung überreden. Tom lehnt ab. Doch wieder allein, verspottet Tom den Alten: Statt einer festen bürgerlichen Tätigkeit will er lieber ungebunden bleiben und auf sein Glück vertrauen (*Since it is not by merit / Da mir nicht durch unseren Verdienst*). Genau in diesem Moment, als er von Geld und Reichtum träumt, erscheint ein Fremder, der sich als Nick Shadow vorstellt. In Gegenwart von Anne und Trulove überbringt er Tom die Nachricht vom Tod seines Onkels und einer großen Erbschaft (Quartett *I wished but once / Ich wünschte nur einmal*). Tom, der nie von diesem Onkel hörte, nimmt diese glückliche Wendung freudig auf und stellt Nick als seinen Diener ein. Nick drängt seinen Herrn, sich zur Regelung seiner Angelegenheiten schnellstens nach London zu begeben; seinen Lohn will Nick dagegen erst nach Ablauf eines Jahres fordern. Rasch verabschiedet sich Tom von Anne und verspricht ihr, sie bald nachkommen zu lassen. Nick Shadow weiß: Jetzt beginnt »die Laufbahn eines Wüstlings« (*The Progress of a Rake begins!*). – Nick führt Tom in das Freudenhaus der Mutter Goose ein. Als Tom bereits aufbrechen möchte, dreht Nick kurzerhand die Zeit zurück. Tom singt

ein melancholisches Lied über die betrogene Liebe (*Love, too frequently betrayed / Liebe, allzuoft verraten*). Die Damen des Etablissements sind von dem neuen Gast bezaubert, und zum Abschluß des Abends begeben sich Mutter Goose und Tom gemeinsam ins Schlafzimmer. – Sommer. Da Anne immer noch keine Nachricht von Tom erhalten hat, will sie sich selbst auf die Suche nach ihm machen (*I go, I go to him / Ich gehe zu ihm*).

2. Akt. In seinem Londoner Haus ist sich Tom seines Lebens voll Überdruß und Leere bewußt (*Vary the song / Sing ein neues Lied*). Um das gesuchte Glück zu erlangen, soll Tom, so schlägt Nick seinem Schüler vor, eine Ehe aus nüchterner Vernunft und Gleichgültigkeit eingehen. Die von Shadow erwählte Braut wird die Türkin Baba, eine bekannte Jahrmarktsattraktion, sein. Aus reiner Sensationslust willigt Tom ein (Duett *My tale shall be told / Meine Geschichte wird erzählt werden*). – Herbst. Anne ist vor Toms Haus angelangt, wo zur gleichen Zeit Tom und Baba erscheinen. Tom weist Anne ab, da er ihrer nicht mehr wert sei, und stellt ihr die Türkin als seine Gattin vor. Von Tom geleitet betritt Baba ihr neues Heim. Auf Drängen der versammelten Menge entschleiert sie sich zuvor und zeigt etwas Besonderes – einen langen Vollbart. – Tom ist der ständig plappernden Baba (*As I was saying / Wie gesagt*) längst überdrüssig und stopft ihr nach einer morgendlichen Auseinandersetzung mit einer Perücke den Mund. Shadow erscheint und präsentiert Tom eine Maschine, die angeblich Steine in Brot verwandeln kann. Tom ist bereit, die Reste seiner Erbschaft in das dubiose Unternehmen zu investieren, da er glaubt, damit Anne zurückgewinnen zu können.

3. Akt. Der Schwindel ist geplatzt. In Toms Haus kommt es zur Versteigerung seines Besitzes zur Befriedigung seiner Gläubiger. Auf der Suche nach Tom trifft Anne hier auf Baba. Die beiden Frauen schließen Freundschaft, und Baba rät Anne, Tom vom unguten Einfluß seines angeblichen Dieners Shadow loszureißen. Als sie Toms Stimme auf der Straße hört, eilt Anne sofort davon, während sich Baba mit einer Kutsche zum Jahrmarkt bringen läßt. – Friedhof. Sha

dow führt Tom an ein offenes Grab und fordert seinen Lohn: Toms Seele. Zu spät erkennt Tom, daß er einen Bund mit dem Teufel eingegangen ist. Schlag Mitternacht wird Shadow ihn töten. Doch im letzten Moment gibt Shadow Tom noch die Chance, sein Leben durch ein Kartenspiel zu retten. Tom gewinnt, da ihm im entscheidenden Moment der Gedanke an Annes aus der Ferne erklingende Stimme die richtige Stichkarte, Herz-Königin, eingibt. Shadow versinkt im offenen Grab, Tom verfluchend und mit Wahnsinn schlagend. – Tom lebt im Irrenhaus von Bedlam. Er hält sich für Adonis und fordert seine Mitinsassen auf, sich für den Empfang der Venus vorzubereiten. Ein Wärter läßt Anne eintreten. Tom hält sie für die Göttin der Liebe (Duett *I have waited for thee so long / Ich habe gewartet auf dich so lange*), und Anne singt ihn in den Schlaf (*Gently, little boat / Kleines Boot, treib*). Nachdem Trulove seine Tochter nach Hause zurückgebracht hat, erwacht Tom: Seine Venus ist nicht mehr da – er bricht tot zusammen.
Epilog. Vor dem Vorhang verkünden die Protagonisten die Moral der Geschichte.

Bei einem Besuch im Chicago Art Institute stieß Strawinsky 1947 selbst auf Hogarths Stiche. Auf Empfehlung seines Nachbarn Aldous Huxley wandte er sich darauf an Wystan Hugh Auden mit der Bitte, ihm das Libretto zu schreiben. Im November 1947 entwarfen Strawinsky und Auden ein erstes Szenarium. Bereits im Dezember, ohne Teile des Librettos zu kennen, zu dem Auden später Chester Kallman als Mitautor heranzog, begann Strawinsky mit der Komposition. Ende Februar 1948 lag das Textbuch vor; im Januar 1949 hatte Strawinsky den 1. Akt fertig, im Februar 1950 den 2., im April 1951 schließlich den 3. Akt.
Die Uraufführung fand als *Una carriera d'un libertino* unter Leitung Strawinskys, in der Inszenierung von Carl Ebert, 1951 in Venedig statt; Elisabeth Schwarzkopf sang die Anne. Am 4. November des gleichen Jahres dirigierte Ferdinand Leitner, der bereits die Einstudierung in Venedig geleitet

hatte, die deutsche Erstaufführung (Übersetzung von Fritz Schröder) in Stuttgart.
Vielerlei Anregungen flossen während der Entstehung in die Oper mit ein. Strawinsky beschäftigte sich für seine erste abendfüllende Oper intensiv mit den Opern Händels (er beabsichtigte, die Epoche Hogarths aufleben zu lassen), begeisterte sich für Verdi und Mozart, insbesondere für *Così fan tutte*, an deren Orchesterbesetzung er sich anlehnte (wichtige Ergänzung ist das Cembalo); nicht nur der Epilog assoziiert den *Don Giovanni*. Das Verhältnis zwischen Tom und Nick Shadow nimmt das Motiv des Teufelsbundes in sonderbaren Spiegelungen auf: Faust und Peer Gynt, Tragödie und Opera buffa, Groteske und Realismus durchdringen sich. Der Form nach ist *The Rake's Progress* eine Nummernoper mit Rezitativen (Secco- und Accompagnato-Rezitativ) und Arien (u. a. Cabaletta, Kavatine, Duette, Final-Ensembles), die sich im Kolorit mal an Händel, mal an Rossini und Donizetti orientieren. Die pastorale Idylle Monteverdis, barocke Punktierung, Mozarts Arientypen und Verdis Rhythmus durchdringen sich zu einer farbigen, scheinbar neoklassizistischen Opernmontage. Während der Komposition überarbeitete Strawinsky bezeichnenderweise seine Werke der letzten Jahrzehnte, darunter *Le sacre du printemps*, *Oedipus Rex*, *Apollon musagète*, *Perséphone*. Aber Strawinskys Musik ist nicht nur intelligentes, kühl kalkuliertes und höchst artifizielles Stilzitat; sie erspürt hinter Floskeln und Schablonen vielmehr den Reichtum der Gefühle und erreicht in der Friedhof-Szene wie im Irrenhaus Momente von fahler Stimmung und wild-eindringlicher Leidensgröße.
Spieldauer: ca. 2½ Stunden (1. Akt: ca. 45 min.; 2. Akt: ca. 40 min.; 3. Akt/Epilog: ca. 60 min.).

Zoltán Kodály

* 16. Dezember 1882 in Kecskemét
† 6. März 1967 in Budapest

Der Sohn eines ungarischen Eisenbahnbeamten nahm im Jahr 1900 in Budapest sowohl an der Universität wie an der Musikhochschule das Studium auf und promovierte 1906 mit einer Arbeit über ungarische Volkslieder. Wie sein Freund und Kollege Béla Bartók unternahm Kodály (ab 1905) unzählige Reisen durch die ländlichen Gegenden des ungarischen Sprachgebiets und sammelte Volkslieder und -melodien, die er zum Ausgangspunkt einer neuen ungarischen Kunstmusik machte. Dieses lebenslange Bemühen verband sich mit Kodálys pädagogischem Anliegen und seinem auf folkloristischen Studien basierenden Lehrwerk, das den Lied- und Chorgesang in den Vordergrund stellte. Kodály schloß sich weniger als Bartók der europäischen Moderne an und besann sich stärker auf volkstümliche Traditionen. Durch längere Aufenthalte in Berlin und Paris 1906/1907 gewann er eine hohe Wertschätzung der Musik Debussys. Ab 1907 lehrte Kodály an der Budapester Musikhochschule, betätigte sich daneben als Kritiker, war 1946–1949 Präsident der Akademie der Wissenschaften und bis zu seinem Tode Chefredakteur der Zeitschrift *»Studia musicologia«*.
Zu den großen Erfolgen Kodálys gehören die Chor- und Vokalwerke, darunter der *Psalmus hungaricus* (1923), die Orchesterstücke *Marosszéker Tänze* (1930) und die *Tänze aus Galánta* (1933). Ungebrochener Beliebtheit erfreuen sich in seiner Heimat bis heute die beiden Singspiele *Háry János* (1926) und *Die Spinnstube* (*Székely fonó*, d. h. *Székler Spinnstube*; 1932).

Háry János

Seine Abenteuer von Nagyabony bis zur Wiener Hofburg

Singspiel in 4 Bildern mit einem Vor- und einem Nachspiel. Text von Béla Paulini und Zsolt Harsányi nach János Garay. Uraufführung am 16. Oktober 1926 in Budapest, Königliches Opernhaus.

Béla Paulini (1881–1945) war ein namhafter Journalist und Karikaturist. – Zsolt Harsányi (27. 1. 1887 Korompa – 29. 11. 1943 Budapest), gleichfalls Journalist, 1938 auch Leiter eines Theaters, schrieb biographische Romane, Erzählungen, Dramen.

PERSONEN: Háry János (Bariton) – Örzse, seine Braut (Mezzosopran) – Die Kaiserin (Sopran) – Napoleon (Bariton) – Marie-Louise, seine Gattin (Mezzosopran) – Marci, Kutscher bei Marie-Louise (Baß) – Ebelastin, Ritter (Tenor). – Sprechrollen: Kaiser Franz I., Gräfin Melusine, Baronin Estrella, ungarische Schildwache, russische Schildwache, General Kruzifix, General Dufla, Dorfrichter, Student. – Husaren, Bauern, Wachen, Artilleristen, ungarische und französische Soldaten, Hofdamen, Herzöge, Prinzen, ungarische Bauern.

ORT UND ZEIT: Nagyabony, russisch-ungarische Grenze, Wiener Hofburg und ein Schlachtfeld vor Mailand; zur Zeit der Napoleonischen Kriege, um 1810.

Vorspiel. Im Wirtshaus seines Heimatortes Nagyabony erzählt Háry János, ein Schelm und Aufschneider, von seinen Abenteuern als Soldat. Beim Dämmerschoppen lauschen die Bauern gern seinen nicht einmal halbwahren Heldentaten:

1. Abenteuer. Háry János tut als Husar Dienst an der ungarisch-russischen Grenze. Während sein Kollege auf der russischen Seite unter der eisigen Kälte leidet, steht Háry János im herrlichsten Sonnenschein. Da trifft Marie-Louise, Tochter des österreichischen Kaisers Franz I. und Gattin Napoleons, ein und will die Grenze überschreiten. Als sie die russische Schildwache nicht passieren lassen will, schiebt Háry das Wachhäuschen kurzerhand auf die österreichische Seite. Marie-Louise kann nun ungehindert weiterreisen und

gewährt ihrem Retter die Erfüllung dreier Wünsche. Mit seiner Braut Örzse darf Háry im Gefolge der Kaisertochter in Wien einziehen.
2. Abenteuer. In Wien avanciert Háry, an dem Marie-Louise starken Gefallen gefunden hat, rasch zum Wachtmeister. Um den vermeintlichen Konkurrenten bei Marie-Louise außer Gefecht zu setzen, veranlaßt Graf Ebelastin den Husaren dazu, den wildesten Hengst aus dem Stall des Kaisers zu besteigen. Doch zu aller Überraschung zähmt Háry das gefährliche Tier. Háry János ist nun ein hochberühmter Mann, den auch die Kaiserin einlädt. Bei einem Glas Tokajer verrät ihr Háry ein wirksames Hausmittel gegen die Gicht des Kaisers. Zur Mittagszeit füttert Örzse indessen den zweiköpfigen Adler des kaiserlichen Wappens. Als letzten Trumpf zieht der abgeblitzte Graf die Kriegserklärung Napoleons an den österreichischen Kaiser aus der Tasche: Háry muß Österreich retten und zieht als Oberst in die Schlacht.
3. Abenteuer. Die Soldaten lagern vor Mailand. Wehmütig erinnern sie sich ihrer Heimat. Dann beginnt die Schlacht, in der Napoleon vernichtend geschlagen wird. Auf den Knien bittet er den unbesiegbaren Háry János um Gnade. Háry entwirft den Friedensvertrag, General Kruzifix übergibt ihm seinen Generalstab, und die von ihrem jammernden Gatten enttäuschte Marie-Louise entflammt neuerlich für den Helden. Auf der rauschenden Siegesfeier, die sie für ihn ausrichtet, bittet auch Graf Ebelastin um Gnade. Nur Örzse ist traurig, weil die Tochter des Kaisers sich den zum Herzog ernannten Háry zum Gatten erkoren hat. In Wien will Háry die Dinge wieder ins Lot bringen.
4. Abenteuer. Im kaiserlichen Palast treffen die Kaiserin und Marie-Louise Vorbereitungen für die Hochzeit und bereiten Hárys Empfang vor. Beim anschließenden Festessen ernennt der Kaiser ihn zum Erzherzog und verkündet die Heirat mit seiner Tochter Marie-Louise. Doch Háry János verzichtet auf das halbe Königreich und Marie-Louise und will einzig in seine Heimat zurückkehren, um Örzse zu heiraten. Der Kaiser erfüllt ihm den Wunsch.
Nachspiel. Háry János hat die Erzählung seiner Abenteuer

beendet. »In seiner Armut scheint er glücklich zu sein: ein König im Reich seiner Träume« (Kodály).

Die Figur des Abenteurers und Geschichtenerzählers Háry János, eines ungarischen Barons Münchhausen und Nachfahren des antiken *Miles gloriosus*, bot für Kodály die idealen Voraussetzungen zu einem patriotischen Singspiel, das nach den heroischen Opern von Ferenc Erkel alle Qualitäten für eine populäre ungarische Volksoper mitbringt. Háry János selbst war für Kodály »der Spiegel Ungarns«, denn »in jedem Ungarn ist etwas von diesem Háry, von seinem Wohlwollen, seiner selbstlosen Hilfsbereitschaft und Treue, seiner Heldenhaftigkeit und Menschenliebe«. Ausgehend von der 1843 erschienenen Verserzählung *Der Veteran* (*Az obsitos*) von János Garay (1812–1853) schufen Béla Paulini und Zsolt Harsányi einen märchenhaften Text, für den Kodály fast ausschließlich originale ungarische Lied- und Tanzformen verwendete, die er seiner 1905 begonnenen Sammlung volkstümlicher Melodien entnahm.
Kodály gelang mit seinem *Háry János* die Verschmelzung von Kunstmusik und Folklore: »Meines Wissens erklingen jetzt zum erstenmal die Lieder des ungarischen Volks auf der Bühne des Opernhauses.« Seit seiner Uraufführung 1926 an der Königlichen Oper gehört der *Háry János* zum Budapester Standardrepertoire. 1928 zog Kodály die ursprünglichen 5 Abenteuer auf 4 zusammen; in dieser Fassung erlebte die Oper auch 1931 in Köln unter Eugen Szenkar ihre deutschsprachige Erstaufführung (Übersetzung von R. S. Hoffmann).
Spieldauer: ca. 2½ Stunden.

Alban Berg

* 9. Februar 1885 in Wien
† 24. Dezember 1935 in Wien

Bergs Begabung für die Musik wurde früh erkannt und gefördert. Mit 15 Jahren komponierte er bereits erste Lieder. Dennoch arbeitete er nach Abschluß der Schule 1904–1906 zunächst als Rechnungsbeamter. Daneben begann er 1904 bei Arnold Schönberg, der zu einem Mentor und väterlichen Freund wurde, Kompositionsunterricht zu nehmen. 1910 hat er sich mit dem Streichquartett op. 3 als Komponist von eigener, starker Individualität geäußert. Er heiratete 1911 Helene Nahowski und lebte als freier Komponist, im Winter in Wien, im Sommer in der Steiermark und in Kärnten. Mit Schönberg und Anton von Webern, der etwa zur gleichen Zeit wie Berg Schüler Schönbergs war, bildete er die sog. »Zweite Wiener Schule«. Seine beiden Opern, der 1925 in Berlin uraufgeführte *Wozzeck* und die unvollendet hinterlassene *Lulu*, gehören wegen ihrer kompositorischen Vollendung und engen Bindung an bedeutende literarische Vorlagen zu den herausragenden Zeugnissen des Musiktheaters im 20. Jahrhundert. Aus Bergs schmalem Œuvre ragen das Violinkonzert (1935), die *Lyrische Suite* (1925/26), die *Drei Orchesterstücke* (1914) und die Konzertarie *Der Wein* (1929) heraus. Berg konnte im Dezember 1935 in Wien noch die Aufführung seiner *Lulu-Suite* erleben; er starb am Weihnachtsmorgen an einer Blutvergiftung.

Wozzeck

Oper in 3 Akten. Text vom Komponisten nach dem Drama *Woyzeck* von Georg Büchner (1837). Uraufführung am 14. Dezember 1925 in Berlin, Staatsoper Unter den Linden.

Die Bühnenstücke des jung verstorbenen Dramatikers Georg Büchner (17. 10. 1813 Goddelau b. Darmstadt – 19. 2. 1837 Zürich) gehören zu den wirkungsvollsten literarischen Werken des 19. Jahrhunderts, haben auch mehrfach die Komponisten angeregt. *Dantons Tod* (1835) wurde 1947 von Gottfried von Einem vertont. Der als Fragment hinterlassene *Woyzeck* diente außer Berg auch Manfred Gurlitt (1926) als Opernvorlage. Büchners Victor-Hugo-Übersetzung *Der Günstling* hat Rudolf Wagner-Régeny 1935, seine Erzählung *Lenz* (1839) Wolfgang Rihm 1979 vertont.

PERSONEN: Wozzeck (Bariton) – Tambourmajor (Tenor) – Andres (Tenor) – Hauptmann (Tenor) – Doktor (Baß) – 1. Handwerksbursche (Baß) – 2. Handwerksbursche (Bariton) – Der Narr (Tenor) – Marie (Sopran) – Margret (Alt) – Maries Knabe (Sopran) – Ein Soldat (Tenor) – Soldaten, Burschen, Mägde, Dirnen, Kinder.

ORT UND ZEIT: Eine deutsche Stadt, um 1820.

1. Akt. Der Soldat Wozzeck rasiert seinen Hauptmann. Dieser, ein Mann, der sich nicht gern aus der Ruhe bringen läßt, mahnt seinen Untergebenen, nicht immer so zu hetzen, vor allem aber nicht allzuviel zu denken. Wozzeck macht sich indessen seine eigenen Gedanken, vor allem über das Schicksal der Armen in der Welt. Als ihm der Hauptmann das uneheliche Kind vorwirft, das Wozzeck mit Marie hat, meint dieser: »Wir arme Leut'! Da setz einmal einer seinesgleichen auf die moralische Art in die Welt! Man hat auch sein Fleisch und Blut!« – Auf einem freien Felde vor der Stadt sind Wozzeck und sein Kamerad Andres damit beschäftigt, Weidenstöcke zu schneiden. Wozzeck hält den Platz für nicht geheuer. Als die Sonne blutrot untergeht und dann tiefes Dunkel die Landschaft deckt, beschleicht ihn eine Ahnung drohenden Unheils. – Am Fenster ihrer Stube steht Marie. Mit klingendem Spiel zieht die Militärkapelle vorbei, der Tambourmajor grüßt herein. Marie nickt freundlich zurück, was der »Frau Jungfer« von der Nachbarin Margret übel vermerkt wird. Marie schlägt das Fenster zu und singt ihren Buben in den Schlaf. Wie von einer finstern Macht verfolgt, erscheint Wozzeck. Marie sucht ihn zu beruhigen und weist auf das schlummernde Kind. Ohne dieses zu beachten, entfernt sich Wozzeck. – Um sein Menagegeld Marie zuwenden zu können, läßt Wozzeck sich vom Doktor zu wissenschaftlichen Experimenten mißbrauchen. Eine Woche

lang darf er sich nur von Hülsenfrüchten, die nächste Woche nur von Schöpsenfleisch nähren; der Arzt prüft die Reaktionen. Als der Soldat von dem Erlebnis bei den Weidenbüschen berichtet, freut sich der Doktor, eine schöne fixe Idee entdeckt zu haben, und das Versuchsobjekt wird noch interessanter. – In der Abenddämmerung begegnet Marie auf der Gasse dem Tambourmajor. Mit bewundernden Blicken mißt sie seine stramme Statur. In wilder Gier umfaßt sie der Tambourmajor, vergeblich sucht sie sich seinen Griffen zu entwinden. Mit dem Ausruf »Meinetwegen, es ist alles eins!« verschwindet sie mit ihm in der offenen Haustüre.

2. Akt. Im Spiegel beschaut Marie das Geschenk des Tambourmajors, ein Paar Ohrringe. Dem Kind hält sie dabei die Augen zu. Als der unversehens hinzutretende Wozzeck nach der Herkunft des Schmuckes fragt, gibt sie vor, ihn gefunden zu haben. Seinem Zweifel begegnet sie mit der Frage: »Bin ich ein schlecht Mensch?« Beschwichtigend reicht er ihr seine Löhnung und geht. »Ich bin doch ein schlecht Mensch!« stöhnt Marie. – Auf ihren Dienstgängen treffen Hauptmann und Doktor zusammen. Ersterer spöttelt über die Eile, letzterer über das Phlegma des anderen. Als Wozzeck vorübergeht, ergehen sich beide in Anspielungen über Marie und den Tambourmajor. Kreideweiß stürzt Wozzeck davon. – Wozzeck stellt Marie auf der Straße. Prüfend blickt der Soldat in ihr Gesicht. Seinen Fragen weicht sie aus. In die Enge getrieben, gesteht Marie in wildem Trotz. Wozzeck hebt die Hand zum Schlag, aber das Mädchen schreit auf: »Lieber ein Messer in den Leib als eine Hand auf mich!« Von Schwindel erfaßt, als starre er in einen Abgrund, bleibt Wozzeck zurück. – In einem Wirtsgarten sind Burschen, Soldaten und Mägde zum Tanz versammelt. Marie wiegt sich im Walzer mit dem Tambourmajor. Wozzeck hört Maries ausgelassenes Lachen und setzt sich in dumpfem Brüten nieder. Andres gesellt sich zu ihm und lauscht staunend den dunklen Reden des Kameraden. Ein betrunkener Handwerksbursche hält eine ironische Predigt über die Wohlgeordnetheit des Daseins. Ein Irrsinniger drängt sich an Wozzeck heran und meint, in seiner Nähe rieche es nach Blut. Der Tanz be-

ginnt von neuem, Marie liegt im Arm des Tambourmajors. Wozzeck steigt es rot vor den Augen auf. – In der Kaserne liegen die Soldaten schlafend auf ihren Pritschen. Nur Wozzeck und Andres wachen noch. Mit einem »Führe uns nicht in Versuchung, Amen!« sucht Wozzeck den Aufruhr in seinem Innern zu dämpfen. Stark angeheitert poltert der Tambourmajor herein und brüstet sich mit seiner neuesten Eroberung. Auf Andres' Frage, wer sie sei, zeigt der Betrunkene auf Wozzeck, dem er zugleich seine Schnapsflasche reicht. Wozzeck blickt weg und pfeift. Wütend stürzt sich der Tambourmajor auf ihn, sie ringen, Wozzeck unterliegt. Triumphierend entfernt sich der Tambourmajor: »Jetzt soll der Kerl pfeifen. Dunkelblau soll er sich pfeifen. Was bin ich für ein Mann!« Die Soldaten, durch den Lärm aus dem Schlaf geschreckt, legen sich wieder zur Ruhe. Wozzeck hat sich vom Boden erhoben, auf die Pritsche gesetzt und brütet wortlos vor sich hin.

3. Akt. Marie, von Wozzeck seit zwei Tagen gemieden, liest bei Kerzenschein die Geschichte von Jesus und der Ehebrecherin. Das schlafende Kind erwacht, sie stößt es erst zurück, zieht es aber dann an sich heran und sucht es durch ein Märchen wieder zum Einschlummern zu bringen. Dann liest sie erneut von Magdalena: »Heiland, du hast dich ihrer erbarmt, erbarme dich auch meiner!« – Wozzeck und Marie gehen in der Dämmerung über den Waldweg am Teich. Er fordert Marie zum Niedersitzen auf, sie fröstelt, Wozzeck aber meint: »Wer kalt ist, den friert nicht mehr!« Rot geht der Mond hinter den Stämmen auf. Marie will fliehen, aber Wozzeck stößt ihr sein Messer in den Hals. – In einer Schenke trinkt und tanzt man. Wozzeck, vom Wein glühend, ruft Margret zu sich; diese bemerkt Blut an seiner Hand. Verlegen stammelt er, er habe sich geschnitten; allein niemand glaubt ihm. »Da stinkt's nach Menschenblut!« Angstgehetzt entflieht der Mörder. – Wozzeck, zur Mordstelle zurückgekehrt, sucht am Boden das Messer, das ihn verraten könnte, und wirft es in den Teich. Da er argwöhnt, es liege nicht tief genug, watet er ins Wasser und versinkt. Doktor und Hauptmann, des Wegs kommend, vernehmen ein gur-

gelndes Geräusch. Während der Doktor lauscht: »Das stöhnt, als stürbe ein Mensch«, zieht ihn der Hauptmann, von Grausen gepackt, mit sich fort. – Kinder, unter ihnen Maries Knabe, spielen auf der Gasse. Weitere Kinder stürmen herein und berichten von dem grausigen Fund im Waldteich. Die ganze Schar läuft davon – anschaun! Maries Kind, auf einem Steckenpferd reitend, stutzt einen Augenblick und schließt sich dann den anderen an.

Im April 1914 erlebte Berg die Wiener Erstaufführung von Büchners erst im November des Vorjahres in München uraufgeführtem *Woyzeck*. Berg begann fast unmittelbar danach mit der Komposition, die er im Oktober 1921 beendete und deren Instrumentation er im April 1922 abschloß.
Büchner hatte die Vorlage zu seinem Stück in Abhandlungen des sächsischen Hofrats Clarus zu einem Mordfall gefunden: 1824 wurde in Leipzig der Perückenmacher, ehemalige Soldat und Gelegenheitsarbeiter Johann Christian Woyzeck wegen Mordes an seiner Geliebten hingerichtet. Das Urteil löste Kontroversen aus über die Zurechnungsfähigkeit des Mörders, der an Verfolgungswahn und Halluzinationen litt, und die Probleme einer methodischen Beweisführung in einem solchen Fall.
Berg lag die später viel kritisierte, 1879 von Karl Emil Franzos edierte Ausgabe von Büchners Fragment vor, die sich dem Stück ganz aus der Sehweise des 19. Jahrhunderts näherte. Als Berg Georg Witkowskis kritische Ausgabe (1920) kennenlernte, war seine Komposition bereits zu weit fortgeschritten, um seinen Text noch gänzlich darauf umstellen zu können. Die 26 von Büchner hinterlassenen Szenen teilte Berg in 3 Akte mit je 5 Szenen ein; mehrere Szenen fielen weg, einige wurden zusammengefaßt; Hinzufügungen und Änderungen sind die Ausnahme. Berg gab Büchners offenen Szenen die Form eines geschlossenen, nach dramatischen Gesichtspunkten (Exposition, Peripetie, Katastrophe) konzipierten Dramas; zugleich revolutionierte er mit der ersten atonalen Oper die Konventionen des Musiktheaters, indem er mit Menschen der untersten sozialen Schicht ein auf

der Opernbühne bisher noch unbekanntes Milieu einführte.
Der dramaturgischen Anlage der einzelnen, textlich ausgefeilten und dramatisch verdichteten Szenen entspricht ihre Vertonung in streng architektonischen Formen. Die Schemata der Instrumentalmusik erwiesen innerhalb der Atonalität eine Flexibilität und dramatische Suggestion von ungeahnten Möglichkeiten. Inhalt und Form durchdringen sich auf musikdramatisch ingeniöse Weise. Die Formen geben einen Zusammenhalt, ohne als solche aufzufallen. So ist der 1.Akt, der die fünf Figuren einführt, eine Folge von fünf Charakterstücken: einer Suite (bestehend aus Präludium, Sarabande, Kadenz, Gigue, Kadenz, Gavotte, Air und Postludium [rückläufigem Präludium]), einer Rhapsodie über drei Akkorde und Jägerlied, einem Marsch und dem Wiegenlied in Maries Stube, einer Passacaglia mit 21 Variationen und einem Andante affettuoso. Im 2. Akt entwickelt sich das Drama in den Formen einer Sinfonie in 5 Sätzen, bestehend aus 1. Sonate, 2. Fantasie (Invention) und Fuge über 3 Themen, 3. Largo für Kammerorchester, 4. Scherzo und 5. Introduktion und Rondo marziale. Den 3. Akt bestimmen 6 Inventionen, 1. über ein Thema, 2. über einen Ton, 3. über einen Rhythmus (Polka), 4. über einen Sechsklang, über eine Tonart (im Orchester-Epilog zur letzten Szene) und 5. über eine Achtelbewegung. Der Orchesterklang, oft spätromantisch üppig, wie bei Strauss, ist impressionistisch durchsichtig gehalten; einzelne Instrumente gliederte Berg gelegentlich als Kammerensemble aus dem Orchester aus. Die Oper ist durchkomponiert; anstelle von Sprache und Rezitativ verwendete Berg das rhythmische Sprechen auf fixierten Tonhöhen.
1924 wurden die *Drei Bruchstücke aus Wozzeck* unter Hermann Scherchen in Frankfurt a. M. uraufgeführt; im Jahr darauf dirigiert Erich Kleiber die Uraufführung der Oper. Wichtig wurde die Oldenburger Aufführung 1929 (unter Johannes Schüler), da sie die Spielbarkeit der Oper, auch für kleinere Bühnen, belegte. Berühmt wurde die 1951 erstmals bei den Salzburger Festspielen (unter Karl Böhm) und dann

bis in die 80er Jahre an der Wiener Staatsoper gespielte Inszenierung von Oscar Fritz Schuh in den Bühnenbildern Caspar Nehers.
Spieldauer: ca. 1½ Stunden (1. Akt: ca. 35 min.; 2. Akt: ca. 35 min.; 3. Akt: ca. 25 min.).

Lulu

Oper in 3 Akten. Text vom Komponisten nach den Tragödien *Erdgeist* (1898) und *Die Büchse der Pandora* (1904) von Frank Wedekind. Uraufführung der unvollendeten Fassung am 2. Juni 1937 in Zürich, Stadttheater; der von Friedrich Cerha komplettierten Fassung am 24. Februar 1979 in Paris, Opéra (Salle Garnier).

Frank Wedekind (24. 7. 1864 Hannover – 9. 3. 1918 München), Schriftsteller, Dramatiker, Schauspieler, war Mitarbeiter am *»Simplicissimus«*, trat als Kabarettsänger auf, erhielt wegen Majestätsbeleidigung 1899/1900 Festungshaft. In seinen Stücken (u. a. *Frühlings Erwachen*, 1891, *Der Marquis von Keith*, 1901, *Musik*, 1908) entlarvte er die heuchlerische bürgerliche Moral seiner Zeit und forderte eine lebens- und sexbejahende Moral.

Personen: Lulu (Sopran) – Gräfin Geschwitz (Mezzosopran) – Eine Theatergarderobiere, später der Gymnasiast und der Groom (Alt) – Der Medizinalrat, später der Professor (Bariton / Sprechrolle) – Der Maler, später ein Neger (Tenor) – Dr. Schön, Chefredakteur, später Jack the Ripper (Bariton) – Alwa, Dr. Schöns Sohn, Komponist (Tenor) – Schigolch, ein Greis (Baß) – Ein Tierbändiger, später Rodrigo, ein Athlet (Baß) – Der Prinz, ein Afrikareisender, später der Kammerdiener und der Marquis, ein Zuhälter (Tenor) – Der Theaterdirektor, der Bankier (Baß) – Der Polizeikommissär (Sprechrolle) – Eine Fünfzehnjährige (Sopran) – Ihre Mutter (Alt) – Eine Kunstgewerblerin (Mezzosopran) – Ein Journalist (Bariton) – Ein Diener (Bariton) – Clown – Ein Bühnenarbeiter.

Ort und Zeit: Eine deutsche Großstadt, Paris und London, in den 20er Jahren des 20. Jahrhunderts.

Prolog. In einer Zirkusarena führt der Tierbändiger seine Tiere vor (»Hereinspaziert in die Menagerie«): Dr. Schön als Tiger, den Athleten als Bären, den Prinzen als kleinen Affen, den Maler als Kamel, Schigolch als Gewürm, den Medizinalrat als Molch, die Gräfin als Krokodil und schließlich – die größte Attraktion – »die Urgestalt des Weibes«, Lulu als Schlange; »sie ward geschaffen, Unheil anzustiften, zu locken, zu verführen, zu vergiften – und zu morden, ohne daß es einer spürt.«

1. Akt. Dr. Schön hat Lulu einst aus der Gosse geholt und sie mit dem alten Medizinalrat Dr. Goll verheiratet. Dr. Schön und sein Sohn Alwa sind im Atelier des Malers anwesend, während dieser Lulu porträtiert. Nachdem sie gegangen sind, steigert sich der Maler in einen Zustand rauschhafter Bewunderung und versucht, sich Lulu zu nähern. Unerwartet klopft der Medizinalrat an der Tür. Da man ihm nicht öffnet, bricht er gewaltsam ein und sinkt, vom Schlag getroffen, tot nieder. – Dr. Schön hat Lulus Ehe mit dem Maler eingefädelt, der als Künstler nun bedeutende Erfolge verzeichnen kann. In ihrem Salon empfängt Lulu Schigolch, einen heruntergekommenen Greis, mit dem sie aus ihrer Vergangenheit auf geheimnisvolle Weise verbunden ist. Während er Geld von ihr erbettelt, erzählt Lulu von ihrem Ehrgeiz, die Frau des Dr. Schön zu werden. Als nächster Besucher erscheint Dr. Schön, dessen Verlobungsanzeige Lulu erhalten hat. Lulu setzt alle Mittel ein, um Dr. Schön wieder in ihren Bann zu ziehen. Als sie von ihren Erpressungsversuchen nicht abläßt, klärt Dr. Schön den Maler über Lulus Vergangenheit und seine Beziehung zu ihr auf. Der Maler bringt sich um. Ungerührt prophezeit Lulu Dr. Schön, daß er sie nun heiraten werde. – Lulu tritt als Tänzerin in einem Theater auf; Alwa hat die Musik dazu geschrieben. Zu Lulus Verehrern gehört ein Prinz, der sie mit nach Afrika nehmen will. Lulu stürzt in ihre Garderobe und will die Vorstellung abbrechen, nachdem sie unter den Zuschauern Dr. Schön und seine Verlobte erblickt hat. Dr. Schön kommt in die Garderobe. Er ist Lulu vollkommen hörig, und sie zwingt ihn, seiner Braut einen Abschiedsbrief zu schreiben.

2. Akt. Lulu ist Dr. Schöns Frau. Er ist eifersüchtig auf Lulus Besucher, darunter die lesbische Gräfin Geschwitz. Obwohl sie ihn bittet, bei ihr zu bleiben, geht Dr. Schön zur Börse. Während seiner Abwesenheit erscheinen Lulus Verehrer, sein Sohn Alwa, ein Athlet, ein Gymnasiast, Schigolch. Vorzeitig kehrt Dr. Schön zurück. Von der Empore aus beobachtet er das Treiben. Als Alwa Lulu seine Liebe gesteht, greift Schön ein und drückt Lulu einen Revolver in die Hand, damit sie sich erschieße. Doch Lulu tötet ihren Gatten; sie wird ins Gefängnis gebracht. – Lulus Verbündete haben sich im Haus des Dr. Schön eingenistet und bereiten ihre Flucht aus dem Gefängnis vor. Die Geschwitz läßt sich inhaftieren, infiziert ihre Geliebte mit Cholera und tauscht mit ihr in der Isolierabteilung die Kleider. An Lulus Stelle verbüßt die Geschwitz die Strafe, während Lulu in ihre Wohnung zurückkehrt. Der Athlet, der ursprünglich mit Lulu auftreten wollte, wendet sich entsetzt von der geschwächten Kranken ab. Alwa verfällt Lulu und flieht mit ihr nach Paris.

3. Akt. Lulu und Alwa, eleganter Mittelpunkt der Pariser Gesellschaft, befinden sich in einer Spielhölle. Die Gespräche drehen sich um die sog. Jungfrau-Aktien, von denen man sich große Gewinne erhofft. Alwa hat sein Geld an den Marquis verloren. Der Mädchenhändler (der Marquis) und der Athlet erpressen Lulu und wollen sie der Polizei ausliefern, wenn sie sich nicht an ein Bordell in Kairo verkaufen läßt. Mit der Unterstützung Schigolchs plant Lulu die Ermordung des Athleten. Da dieser die Geschwitz begehrt, soll sie sich dem Athleten hingeben und Schigolch den Erpresser umbringen. In ihrer Liebe zu Lulu ist die Geschwitz zu dem Opfer bereit. Der Plan gelingt. Doch der Marquis bleibt ihnen auf den Fersen. Plötzlich kommt die Meldung vom Sturz der begehrten Eisenbahn-Aktien. Die Gesellschaft ist paralysiert. Im Durcheinander tauscht Lulu mit einem Groom ihre Kleider und flieht mit Alwa und Schigolch nach London, um der Polizei und dem Marquis zu entkommen. – Als Straßendirne in London bringt Lulu Alwa und Schigolch durch. Die Geschwitz ist ihnen aus Paris gefolgt.

Sie hat überflüssigerweise Lulus Porträt aus ihrer Glanzzeit gerettet. Lulus erster Kunde, ein verrückter Professor, erscheint wie eine Wiedergeburt des Medizinalrats. Der Nächste, ein Neger, erschlägt Alwa, als sich ihm dieser in den Weg stellt. Lulu geht ein drittes Mal hinunter auf die Straße. Schigolch folgt ihr. Die Geschwitz überwindet ihre Selbstmordgedanken und beschließt, ihrem Leben eine Wendung zu geben, indem sie sich der Frauenbewegung anschließt. Lulu schleppt ihren letzten Kunden an, Jack the Ripper, die Wiederkehr Dr. Schöns. Jack tötet Lulu und sticht im Weggehen auch die Geschwitz nieder, die noch im Sterben ihrer Liebe zu Lulu gedenkt: »Ich bin dir nah! Bleibe dir nah! in Ewigkeit!«

Rund zwei Jahre nach dem *Wozzeck* suchte Berg zwischen Hauptmanns *Und Pippa tanzt* und Wedekinds *Lulu* eine Entscheidung für seine nächste Oper. Lähmende Rechtsfragen im Falle Hauptmann gaben den Ausschlag für Wedekind, dessen *Büchse der Pandora* Berg durch eine Privataufführung von Karl Kraus 1905 kennengelernt hatte. Berg folgte auch weitgehend der Interpretation von Kraus, der von einem »Weib« sprach, »das zur Allzerstörerin wurde, weil es von allen zerstört ward« und *Lulu* als die »Tragödie von der gehetzten, ewig mißverstandenen Frauenanmut« bezeichnete. Wedekinds 1895 veröffentlichte Tragödie in 4 Aufzügen *Erdgeist* und der 1902 erschienene Dreiakter *Die Büchse der Pandora* wurden in einer Ausgabe von 1913 erstmals zur *Lulu* zusammengefaßt. Berg konzentrierte und kürzte den Text derart geschickt auf 3 Akte, daß er vom dramaturgischen Aufbau her – mit der Gefangenschaft Lulus als Dreh- und Angelpunkt der Oper (Filmmusik zwischen dem 1. und dem 2. Bild des 2. Aktes) – genau der musikalischen Symmetrie entsprach. Dazu gehört auch die bei Wedekind nicht vorgegebene Identifikation von Lulus drei Londoner Freiern mit ihren drei Gatten, die durch ihre Schuld starben. Diese Entsprechung, die ebenfalls musikalisch dargestellt wird, intensiviert das moritatenhaft moralisierende Moment der Tragödie: Auf- und Abstieg Lulus. Ein

relativ bescheidener Eingriff Bergs ist Alwas berufliche Veränderung vom Schriftsteller zu dem – mit autobiographischen Zügen versehenen – Komponisten.
Bereits 1928 begann Berg mit der Komposition der *Lulu*; abgeschlossen war sie erst im Frühjahr 1934. Da die Aussichten auf eine szenische Aufführung schwanden, instrumentierte Berg zunächst 5 *Sinfonische Stücke aus der Oper »Lulu«*, die sog. »Lulu-Suite«, die Erich Kleiber im November 1934 in Berlin uraufführte. Im nächsten Jahr mußte *Lulu* hinter dem Violinkonzert zurückstehen. Als Berg starb, blieb der 3. Akt Fragment; nur 268 Takte sowie jene beiden im Adagio der *Sinfonischen Stücke* verwendeten Teile waren instrumentiert. Mit der Zürcher Uraufführung 1937 unter Robert F. Denzler bürgerte sich eine Aufführungspraxis ein, wonach sich an die beiden vollendeten Akte eine Pantomime mit dem Schluß der Oper aus den *Sinfonischen Stükken* anschloß. Nachdem Schönberg, Webern und Zemlinsky eine Vervollständigung abgelehnt hatten, verbot Bergs Witwe Helene später jeden Eingriff in den Torso. 1963–1974 arbeitete der Wiener Komponist und Musikwissenschaftler Friedrich Cerha (* 1926) an der »Herstellung« des 3. Aktes, der 1979 seine Uraufführung an der Pariser Opéra erlebte; Pierre Boulez dirigierte die von Patrice Chéreau inszenierte Aufführung, Teresa Stratas sang die Titelrolle. Trotz gelegentlicher Einwände hat sich die Komplettierung seither durchgesetzt, »der dritte Akt existiert jetzt nicht mehr als Mythos, er ist Realität geworden, und in dieser vollständigen Fassung wird man Lulu künftig spielen müssen« (Boulez). *Lulu* wurde zur Herausforderung an das moderne Musiktheater.
Auf der Basis von Schönbergs Zwölftontechnik schuf Berg eine einzige Tonreihe, aus der er »durch besondere Verfahren alle wichtigen musikalischen Gestalten abgeleitet« (W. Reich), d. h. weitere, einzelnen Figuren individuell zugeordnete Reihen abgesplittet hat. In noch stärkerem Maß und größerem Rahmen als in *Wozzeck* hat Berg in *Lulu* die musikalischen und szenischen Formeln in dichteste Beziehung gesetzt, in vielfältigste Formen und Systeme gegossen und

organisiert (ganze Szenen werden von den Gesetzen der Sonatenform diktiert). Außerordentlich sind die Anforderungen an die Gesangsstimmen. Dramaturgisch überzeugend wirken die Zuordnungen bestimmter Instrumente an einzelne Figuren (das Saxophon Alwa, das Klavier dem Athleten, die Geige dem Marquis), werden historische Musizierformen (Canzonetta, Gavotte) und zeitgenössische Musikformen (Jazz, Ragtime, English-Waltz) eingesetzt. Frappierend ist die Vielzahl strenger Formen, durch welche die einzelnen Szenen strukturiert werden, die aber auch eine Tendenz zu traditionell opernhaften Formen beweisen. Es finden sich z. B. Kanon, Duett, Choral, Sextett, Kavatine, Arie, Lied, Melodram, Ensemble, ein Nonett für Holzbläser und mehrere Verwandlungsmusiken.
Spieldauer: ca. 3 Stunden (1. Akt: ca. 65 min.; 2. Akt: ca. 55 min.; 3. Akt: ca. 55 min.). – Fassung in 2 Akten: ca. 2½ Stunden.

Sergej Sergejewitsch Prokofjew

* 23. (11.) April 1891 auf Gut Sonzowka
(Gouv. Jekaterinoslaw)
† 5. März 1953 in Moskau

Nachdem er seinen ersten Klavierunterricht von seiner Mutter erhalten hatte, wurde Prokofjew 1902/03 von Reinhold Glière unterrichtet und studierte 1904–1914 am Konservatorium von St. Petersburg u. a. Komposition bei Alexander Ljadow und Nikolaj Rimskij-Korsakow, Klavier bei Anna Jessipowa und Dirigieren bei Nikolaj Tscherepnin. Mit eigenen Kompositionen stellte er sich 1908 erstmals öffentlich als Pianist vor. Er machte sich einen Namen als Klaviervirtuose, trat 1915 erstmals im Ausland auf. Ab 1918 lebte er in den USA, in Paris und in Ettal (Oberbayern). 1932 kehrte er wieder in die Sowjetunion zurück und widmete sich nach 1945 ganz dem Komponieren.

Prokofjews Opernschaffen ist qualitativ unterschiedlich. Als seine Meisterwerke werden der noch dem europäischen Expressionismus entstammende *Feurige Engel* (1955) und das späte Al-fresco-Stück *Krieg und Frieden* gewertet. Daneben verdient die satirisch gebrochene Auseinandersetzung mit der Oper als Theaterform in *Die Liebe zu den drei Orangen* (1921) Aufmerksamkeit, ebenso der gleichfalls der Opera buffa verpflichtete nostalgische Rückgriff auf das 18. Jahrhundert in *Die Verlobung im Kloster* (1946). Nach vier unveröffentlichten und unvollendeten Opern ab 1900 entstand 1911–13 der Einakter *Maddalena* (1981 Graz). *Der Spieler* nach Dostojewskij (1915/16) wurde erst in einer 2. Fassung (1927/28) vollendet und uraufgeführt (1929 Brüssel). Es folgten u. a. die revidierte Fassung von *Krieg und Frieden* (Leningrad 1955), *Die Geschichte eines wahren Menschen* nach einer Erzählung von Boris Polewoj (Moskau 1960) und *Semjon Kotko* nach einer Erzählung von Walentin Katajew (Moskau 1940). Neben seinen Sinfonien und mehreren Balletten erfreut sich das Märchen für Kinder *Peter und der Wolf* (1936) größter Beliebtheit.

Die Liebe zu den drei Orangen

L'amour des trois oranges / Ljubow k trjom apelsinam

Oper in 4 Akten (10 Bildern) und einem Prolog. Text vom Komponisten und Vera Janacopoulos nach *L'amore delle tre melarance* von Carlo Gozzi (1761). Uraufführung am 30. Dezember 1921 im Chicago Auditorium durch die Chicago Grand Opera Company in französischer Sprache.

Der Dramatiker Carlo Gozzi (13. 12. 1720 Venedig – 4. 4. 1806 Venedig) ließ in seinen Stücken besonders das märchenhaft-phantastische Element hervortreten; mehrere von ihnen dienten – wie die Stücke seines zeitweise befehdeten Zeitgenossen Goldoni – als Opernvorlagen.

Personen: Treff, König eines erdachten Landes (Baß) – Der Prinz, sein Sohn (Tenor) – Prinzessin Clarice, seine Nichte (Mezzosopran) – Leander, Erster Minister, als Pik-König gekleidet (Bariton) – Truffaldino (Tenor) – Pantalone, Vertrauter des Königs (Bariton)

– Celio, Zauberer, beschützt den König (Baß) – Fata Morgana, eine Hexe, beschützt Leander (Sopran) – Linetta, Nicoletta, Ninetta, die Prinzessinnen in den Orangen (Alt, Mezzosopran, Sopran) – Die Köchin (Baß) – Farfarello, ein Teufel (Baß) – Smeraldina, eine Araberin (Mezzosopran) – Zeremonienmeister (Tenor) – Herold (Baß) – Zehn Sonderlinge, Tragödienverfechter, Komödienverfechter, Lyrikanhänger, Hohlköpfe, die kleinen Teufel, die Ärzte, Hofgesellschaft u. a.

ORT UND ZEIT: Spielkartenland, zur Märchenzeit.

Prolog. Die Liebhaber der Tragödie, der Komödie und der Lyrik, dazu die Hohlköpfe streiten darüber, was für ein Stück gespielt werden soll. Als die Sonderlinge *Die Liebe zu den drei Orangen* vorschlagen, sind alle einverstanden, behalten sich aber vor, in die Handlung einzugreifen, wenn sie nicht nach ihren Wünschen verläuft.

1. Akt. Der König ist traurig, denn sein Sohn leidet an einer tödlichen Gemütskrankheit. Pantalone glaubt, die Melancholie des Prinzen könne durch Lachen geheilt werden. Truffaldino, ein Spezialist in diesen Fragen, schlägt, zur Begeisterung der Sonderlinge, ausgelassene Hoffeste vor. Leander wird mit der Durchführung der Feste beauftragt. – Die Melancholie hat ihren Grund darin, daß das Leben des Prinzen der bösen Fee Fata Morgana gehört, die es dem Magier Celio im Kartenspiel abgewonnen hat. Leander fürchtet um seine Zukunft als Minister, wenn der Prinz geheilt wird. Clarice bietet ihm durch die Heirat mit ihr die Chance, König zu werden. Leander ist bereit, den Prinzen durch schlechte Verse zu vergiften. Die Tragödienanhänger wittern eine tragische Wendung. Während des Festes versichert Smeraldina Leander und Clarice des Beistandes der Fata Morgana.

2. Akt. Der Prinz läßt sich zur Teilnahme am Fest überreden. Aber nichts kann ihn heiter stimmen, bis Fata Morgana im Streit mit Truffaldino stolpert und hinfällt. Da schüttelt er sich vor Lachen und ist augenblicklich geheilt. Fata Morgana belegt den Prinzen mit einem Fluch: Er muß sich in drei Orangen verlieben. Sofort will der Prinz in das Land Kreontas ziehen, um die Orangen zu erobern. Truffaldino

begleitet ihn. Der Teufel Farfarello bläst die beiden in die Fremde. Die Hohlköpfe fordern geistlose Unterhaltung statt seelischer Verwicklungen.
3. Akt. Farfarello will nicht mehr länger Celio dienen. Also muß Celio selbst Truffaldino und den Prinzen beschützen. – Die beiden Abenteurer gelangen ins Schloß der Zauberin Kreonta, wo eine Köchin über die Orangen wacht. Mit einem Zaubergürtel, den er von Celio erhalten hat, kann der Prinz die kräftige Köchin ablenken und sich dadurch in den Besitz der drei Orangen bringen. – Auf ihrem Heimweg geraten Truffaldino und der Prinz in die Wüste. Während der Prinz schlaft, öffnet Truffaldino, von Durst übermannt, eine Orange. Dieser entsteigt eine Prinzessin, die sofort um Wasser fleht. Truffaldino öffnet die zweite Orange, in der sich ebenfalls eine durstige Prinzessin befindet. Beide Prinzessinnen sterben vor Durst. Truffaldino macht sich davon. Der Prinz erwacht, öffnet die dritte Orange, und ihm sinkt Prinzessin Ninetta entgegen. Die Sonderlinge greifen ein und verabreichen das rettende Wasser. Ninetta und der Prinz sind sofort in Liebe zueinander entflammt. Während Ninetta den Prinzen zum Schloß vorausschickt, verwandelt Smeraldina sie in eine Ratte, nimmt Ninettas Stelle ein und gibt sich vor dem widerstrebenden Prinzen als seine Braut aus.
4. Akt. Fata Morgana kostet ihren Sieg über Celio aus. Erneut greifen die Sonderlinge ein, setzen die Hexe gefangen und geben Celio den Auftrag, für ein gutes Ende zu sorgen. – Die Hochzeit ist vorbereitet. Zum Entsetzen der Gäste springt eine Ratte auf den Thron der Braut. Celio hebt den Zauber auf, und Ninetta kommt zum Vorschein. Der König erkennt nun die Zusammenhänge und gibt Befehl, Leander, Smeraldina und Clarice zu hängen. Doch die entflohene Fata Morgana reißt die Komplizen mit sich fort in die Tiefe. Jubelnd wird die Hochzeit des Prinzen mit Ninetta begrüßt.

Im September 1917 mußte Prokofjew das von den deutschen Truppen bedrohte Petrograd verlassen. Er führte die von dem Schauspieler und Regisseur Wsewolod Meyerhold

(1874–1940) herausgegebene und nach Gozzis Märchendrama benannte Zeitschrift *»Die Liebe zu den drei Orangen«* mit sich. Wie sich Gozzi mit seinen Märchenstücken gegen die Realismusbestrebungen seines Konkurrenten Carlo Goldoni wandte, begriff Meyerhold seine Zeitschrift als Manifest gegen den von Konstantin Stanislawskij (1863 bis 1938) verfochtenen Naturalismus auf der Bühne. Im Mai 1918 reiste Prokofjew über Japan in die USA. In seinem Gepäck fand sich wieder die Bearbeitung von Gozzis *Liebe zu den drei Orangen*, die Meyerhold in der ersten Nummer seiner Zeitschrift abgedruckt hatte. In Chicago gewann Prokofjew den dortigen Chefdirigenten am Theater, Cleofonte Campanini, für dieses Sujet als Opernstoff. Der Komponist lieferte die Partitur am 1. 10. 1919 ab. Nach New York und der deutschen Erstaufführung (Übersetzung von Vera Müller) 1925 in Köln nahmen auch Leningrad 1926 und Moskau 1927 die Oper an.

Der Komponist wählte drei Spielebenen, die er musikalisch durch eine sinnfällige Schreibweise charakterisierte: »die der Personen aus dem Märchen (Prinz, Truffaldino usw.), die der unterirdischen Mächte, von denen die ersten abhängen (der Zauberer Celio, die Fata Morgana), und schließlich die der Sonderlinge, der Vertreter der Direktion, die alle Vorgänge kommentieren.« Prokofjew, der sich gegen Interpretationsversuche wehrte mit dem Hinweis, »nur ein amüsantes Werk« geschrieben zu haben, ist eine theatralisch treffend differenzierte, gestisch vitale Musik gelungen, die mitreißende Verse besitzt, witzig und skurril ist und die geschliffene klassizistische Eleganz seiner *Sinfonie Classique* durchhält. Ein geistreich bizarrer Spaß mit alten Formen, denen Prokofjew immer wieder die Masken herunterreißt.

Das ironische, provokativ funkelnde Stück war immer eine Herausforderung für die Regisseure. Durchgesetzt hat sich sehr schnell die von Prokofjew aus der Oper herausdestillierte 6teilige *Suite* (1922).

Spielzeit: ca. 1¾ Stunden (Prolog: ca. 5 min.; 1. Akt: ca. 25 min.; 2. Akt: ca. 22 min.; 3. Akt: ca. 40 min.; 4. Akt: ca. 12 min.).

Paul Hindemith: Mathis der Maler
Württembergische Staatsoper Stuttgart

Dmitrij Schostakowitsch: Lady Macbeth von Mzensk
Münchener Opernfestspiele 1993

Arthur Honegger

* 10. März 1892 in Le Havre
† 27. November 1955 in Paris

Nachdem er bereits 1909/10 das Konservatorium in Zürich, woher seine Eltern stammten, besucht hatte, studierte Honegger ab 1911 in Paris u. a. bei Charles-Marie Widor und Vincent d'Indy. Um 1920 schloß er sich einer um Jean Cocteau entstandenen Komponistengruppe, der »Groupe des Six«, an. 1926 heiratete er die Pianistin Andrée Vaurabourg. Als Dirigent und Pianist eigener Werke hervortretend und kurze Zeit auch als Kritiker und Kompositionslehrer tätig, wurde der Komponist Mitglied des Institut de France. Im Gegensatz zu seinen Mitstreitern der »Six« – Georges Auric, Louis Durey, Darius Milhaud, Francis Poulenc und Germaine Tailleferre – ging Honegger bei seinem Erneuerungsversuch des Musiktheaters nicht von den populären, kabarettistischen Formen des Unterhaltungstheaters aus, sondern verschmolz »deutsche« Polyphonie und mittelalterliches Mysterienspiel zu einer neuen Form des szenischen Oratoriums. Sein bedeutendstes Beispiel auf diesem Gebiet bleibt neben dem dramatischen Psalm *Le roi David* (1921), dem biblischen Drama *Judith* (1926, Zweitfassung als Oper 1935) und der Tragédie musicale *Antigone* (1927) das Oratorio dramatique *Jeanne d'Arc au bûcher.* Weitere Bühnenwerke sind u. a. die beiden Operetten *Les aventures du roi Pausole* (1930) und *La belle de Moudon* (1933), die dramatische Legende *Nicolas de Flue* (1941), die Oper *Charles le Téméraire* (1944). Gemeinsam mit Jacques Ibert (1890 bis 1962) entstanden die Oper *L'aiglon* (nach Edmond Rostand, 1937) und die Operette *Les petits Cardinal* (1938).

Johanna auf dem Scheiterhaufen

Jeanne d'Arc au bûcher

Dramatisches Oratorium in 10 Szenen. Text von Paul Claudel. Konzertante Uraufführung am 12. Mai 1938 in Basel, Großer Musiksaal. Szenische Uraufführung als *Johanna auf dem Scheiterhaufen* in der deutschen Übertragung von Hans Reinhart am 13. Juni 1942 in Zürich, Stadttheater.

Zwei Schauspielstücke des bedeutenden Dramatikers, Schriftstellers und Lyrikers Paul Claudel (6. 8. 1868 Villeneuve-sur-Fère – 23. 2. 1955 Paris), *L'annonce faite à Marie* (1910) und *Tête d'or* (1891), haben noch Renzo Rossellini (1969) und Henry Barraud (1985) als Opernvorlagen entdeckt, nachdem der Dichter selbst mit den Textbüchern für Darius Milhauds *Christophe Colomb* (1930), *Saint Louis Roi de France* (1970) sowie *Orestiade* (1963) und für Arthur Honegger *Jeanne d'Arc au bûcher* seine Neigung zum Musiktheater bezeugt hatte. Im Gegensatz zu Schiller und Shaw faßte Claudel den Johanna-Stoff in die Form eines mittelalterlichen Mysterienspiels.

Personen: Sprechrollen: Die heilige Johanna – Bruder Dominik – 3. Herold – Der Herzog von Bedford – Johann von Luxemburg – Regnault de Chartres – Guillaume de Flavy – Heurtebise/Mühlenwind – Ein Priester – La mère aux tonnaux / Mutter Weinfaß – Der Zeremonienmeister – Der Esel – Ein Schaf.
Gesangspartien: Die Heilige Jungfrau (Sopran) – Die heilige Margarete (Sopran) – Die heilige Katharina (Alt) – Eine Stimme (Tenor) – Das Schwein (Tenor) – 1. Herold (Tenor) – 2. Herold (Baß) – Der Geistliche (Tenor) – Kinderstimmen, Beisitzer des Gerichts, Volk, Stimmen, der König von Frankreich, der König von England, der Herzog von Burgund, der Tod, der Hochmut, der Geiz, die Torheit, die Wollust u. a.

Ort und Zeit: Rouen, 30. Mai 1431.

Prolog. Leise raunt ein Chor in der Dunkelheit. Die Finsternis im Frankreich des Jahres 1940 wird mit der Finsternis während der Kriegsjahre um 1430 gleichgesetzt. Der Herr erhört die Rufe nach Rettung und sendet eine Jungfrau namens Johanna. Dreimal rufen die Stimmen des Himmels Johannas Namen.

Johanna steht in Ketten vor dem Scheiterhaufen. Bruder Dominik liest, zum Auftakt des Ketzerprozesses, der ihr bevorsteht, aus einem Buch vor, das die Stationen ihres Lebens enthält. – Johannas Ankläger fordern ihren Tod. Blanker Haß schlägt ihr entgegen von dem Volk, das sie geliebt hat. Der Mönch erklärt der entsetzten Johanna, daß sie keinem Gericht von Menschen, sondern einem von Tieren ausgesetzt sei. – Vorsitzender des Gerichts wird, da Tiger, Fuchs und die Schlange sich verweigern, auf eigenen Antrag das Schwein; Schafe sind die Beisitzer, der Esel macht den Schreiber. Das Schwein verliest die Anklage und zugleich das Urteil. Johanna bekennt, die Engländer nicht durch eigene Kräfte besiegt zu haben, verneint aber die Mithilfe des Teufels. Sie ist zum Tod durch das Feuer verurteilt. – Das unfaßbare Geschehen erklärt ihr Dominik: Sie sei das Opfer im Kartenspiel eines närrischen Königs. – Vor Johannas Augen entwickelt sich die pantomimische Darbietung dieses grotesken Kartenspiels. Es treten auf: der König von Frankreich, begleitet von der Torheit, der König von England mit der Hoffart, der Herzog von Burgund mit der Habsucht und – der Tod mit der Wollust. Die Könige wechseln ihre Plätze, die Laster, also die Damen, behalten sie, aber entschieden wird das Spiel durch die Buben, den Herzog von Bedford, Johann von Luxemburg, Regnault de Chartres und Guillaume de Flavy: Johanna wird an England ausgeliefert. – Johannas Schutzpatroninnen, die heiligen Margarete und Katharina, beten für sie. – Johanna erlebt noch einmal die Krönung des Königs in Reims. Durch die Krönung werden Norden und Süden, symbolisiert durch die Windmühle und das Weinfaß, wieder zu einem Land vereint. Johanna ist stolz: »Ich bin's, die Frankreich rettete, die Frankreich wiedervereinte!« Bruder Dominik korrigiert: »Es ist Gott, der das getan hat!« Währenddessen werden neuerlich die anklagenden Stimmen laut. – Als Bruder Dominik Johanna nach dem Schwert fragt, das sie im Kampf gegen die Engländer führte, verwandelt sie sich in das kleine Mädchen aus Domrémy zurück. Sie hört wieder die Stimmen der Heiligen und erklärt, daß ihr Erzengel Michael das Schwert verlieh; sein Name war »Liebe«. – Johanna versucht, das »Trimazo«, ein lothringisches Lied ihrer Kindheit, zu singen. Haßausbrüche der Volksmenge und tröstende Stimmen von Heiligen fallen ein. – Das Buch ist zu Ende. Johannas Tod auf dem Scheiterhaufen steht bevor. Die Heilige Jungfrau spricht der von Angst und Verlassenheit Gequälten Trost zu, während ein Priester sie zum Unterschreiben eines Widerrufs, der sie retten würde, zu bewegen versucht. Johanna streift ihre Ketten ab und übergibt sich im Glauben an die überirdische Liebe dem Feuer. Die Heilige Jungfrau und die heiligen Katharina und Margarete empfangen sie im Himmel: »Niemand hat eine größere Liebe gekannt denn der, der sein Leben hingibt für die Seinen.«

Den Auftrag zu diesem Mysterienspiel erteilte 1934 die russische Tänzerin und Schauspielerin Ida Rubinstein, dieselbe, die mit Debussys *Le martyre de Saint Sébastien* (1911) schon einmal eine neue Bühnenform aus Musik, Schauspiel und Pantomime angeregt hatte. Exemplarisch vorgegeben hatte diese Form der oratorischen Oper dann vor allem Strawinskys *Oedipus Rex* (1927). Innerhalb kürzester Zeit schrieb Claudel, in enger Zusammenarbeit mit Honegger, das Libretto, dessen Vertonung der Komponist am 30. 8. 1935 abschloß. Der Prolog entstand erst 1944 nach der Befreiung Frankreichs.
Nach Claudels von fernöstlichem Theater beeinflußter Auffassung sollte die Musik nur als untergeordnetes Medium eingesetzt werden. Für ihn spielte außerdem eine »filmische« Dramaturgie bei der Abfolge der Szenen eine Rolle. Sein Text schließt Bibelzitate und Vulgärlatein ein. Honegger gelang es, die Sprechstimmen auf vielfältigste Weise, u. a. durch rhythmisches Sprechen und Sprechen auf fixierten Tonhöhen, in die Musik zu integrieren. Selbst die gesungenen Passagen nähern sich durch ihre syllabische Rhythmik der Sprache und Deklamation an. Rein musikalisch setzt Honegger einfache, tonale Flächen und atonale oder polytonale Passagen gegeneinander. Auch er gebot über eine große Stilvielfalt von der Gregorianik über barocke Tanzfor

men bis hin zur volksliedhaften Melodik und zu Jazz-Anklängen. Im Orchester fällt die Verwendung von 3 Saxophonen, 3 verschiedenen Klarinetten, 2 Klavieren, Celesta und Ondes Martenot auf.
Spieldauer: ca. 1¼ Stunden.

Carl Orff

* 10. Juli 1895 in München
† 29. März 1982 in München

Orff studierte an der Münchner Akademie der Tonkunst und schrieb während dieser Zeit eine noch unter dem Einfluß Debussys stehende Oper *Gisei*. 1915–1917 war er Kapellmeiser an den Münchner Kammerspielen, 1917–1919 in Mannheim und Darmstadt. Nach 1919 widmete er sich vornehmlich dem Komponieren und Unterrichten; zu seinen Schülern zählen u. a. Karl Marx, Werner Egk und Heinrich Sutermeister. Nach weiterem Kompositionsunterricht bei Heinrich Kaminski und der Auseinandersetzung mit der Musik von Schönberg, Richard Strauss, Pfitzner und Monteverdi fand Orff zu einem eigenen Stil. 1924 gründete er mit Dorothee Günther die Günther-Schule für Gymnastik, Musik und Tanz und entwickelte die Grundlagen zu seinem späteren *Schulwerk* (1930–1954), für das er mit Karl Macndler neue Instrumente erfand. Mit den *Carmina Burana* (1937) stellte er musikalisch und dramaturgisch einen Standard vor, der, nur geringfügig verändert, seine weitere Auffassung des »totalen Theaters« bestimmte. Orff leitete 1950–1960 eine Meisterklasse für Komposition an der Münchner Musikhochschule und übernahm dann die Leitung des Orff-Instituts am Salzburger Mozarteum.
Orffs Bühnenwerke entstammen einem antiken und christlichen Humanismus und dem Rückgriff auf archaische und kultische Theaterformen (»In allem geht es mir nicht um

musikalische, sondern um geistige Auseinandersetzungen«): gleichnishaftes Märchen, Mythos, griechische Tragödie, Volksstück, mittelalterlicher Triumphzug, Shakespeare, das christliche Weihnachts- und Osterspiel, auch grobianisch deftiges Volkstheater. Orffs Bühnenwerke, seine szenischen Kantaten und Opern sind einzigartig in ihrem künstlerischen Anspruch und ohne Parallele in ihrem originären Klangbild; sie lassen sich nicht problemlos einordnen: die Monteverdi-Bearbeitungen *Klage der Ariadne*, *Tanz der Spröden* (beide Karlsruhe 1925), *Orpheus* (Mannheim 1925) und *Carmina Burana** (1937), *Der Mond* (1939), *Die Kluge* (1943), *Catulli Carmina** (1943), *Die Bernauerin* (Stuttgart 1947), *Antigonae* (1949), *Astutuli* (München 1953); *Trionfo di Afrodite** (1953), *Comoedia de Christi resurrectione* (Stuttgart 1957), *Oedipus der Tyrann* (1959), *Ludus de nato Infante mirificus* (Stuttgart 1960), *Ein Sommernachtstraum* (Stuttgart 1964), *Prometheus* (Stuttgart 1968), *De temporum fine comoedia* (Salzburg 1973).

Der Mond

Ein kleines Welttheater. Text vom Komponisten nach dem gleichnamigen Märchen der Brüder Grimm. Uraufführung am 5. Februar 1939 in München, Bayerische Staatsoper.

PERSONEN: Der Erzähler (Tenor) – Vier Burschen, die den Mond stehlen (2 Baritone, Tenor, Baß) – Ein Bauer (Bariton) – Ein Schultheiß, ein Wirt, ein kleines Kind, das den Mond am Himmel entdeckt (Sprechrollen) – Ein alter Mann, der Petrus heißt und den Himmel in Ordnung hält (Baß) – Leute, die in der Schenke zechen und sich den Mond stehlen lassen – Leichen, die der Mond aufweckt (Soli, gemischter Chor).

ORT UND ZEIT: Irgendwo, vor langer, langer Zeit.

»Vorzeiten gab es ein Land«, so berichtet der Erzähler, »wo die Nacht immer dunkel und der Himmel wie ein schwarzes

* Die Trilogie *Trionfi* (aus *Carmina Burana*, *Catulli Carmina* und *Trionfo di Afrodite*) wird in Reclams Chormusik- und Oratorienführer, besprochen.

Tuch darüber gebreitet war; denn es ging dort niemals der Mond auf.« Aus diesem Land gelangen vier Burschen in ein anderes Land, wo des Nachts eine Kugel leuchtet. Das sei, so erfahren sie von einem Bauern, der Mond, den einst der Schultheiß gekauft und in einer Eiche aufgehängt habe. Während die Bauern in der Schenke zechen, stehlen die Burschen den Mond und bringen ihn in ihre Heimat, wo sie zu Wächtern des Mondes bestellt werden. Die Jahre vergehen; einer nach dem anderen sterben die Burschen, und jedem wird ein Viertel des Mondes mit ins Grab gegeben. Im Land herrscht wieder Finsternis. Doch in der Totengruft erwachen die Burschen zu neuem Leben und setzen den Mond wieder zu einem Ganzen zusammen. Dadurch wecken sie auch die übrigen Toten auf, und in der Unterwelt hebt ein wüstes Saufgelage an. Der Lärm dringt bis zu Petrus. Er steigt hinunter zu den aufgewachten Toten, und weil ihm das lebenspendende Licht des Mondes gefällt, hält er beim Zechen mit. Aber bald wird ihm klar, daß die Weltordnung ins Lot, die Toten wieder zur Ruhe kommen müssen. So trinkt er alle unter den Tisch und läßt die Zecher todmüde in ihre Gräber zurücksinken. Dann nimmt er den Mond und heftet ihn an den Himmel. Ein kleines Kind entdeckt als erster das Gestirn, das die Erde freundlich bescheint.

In seinem 1937/38 komponierten, 1941, 1947, 1957, 1960 und 1970 in Neufassungen vorgelegten »Kleinen Welttheater« erhob Orff die Montage aus Märchen, bajuwarischem Volksstück, Singspiel und moritatenhaftem Lehrstück zum Konstruktionsprinzip; musikalisch umspannt er die Stilvielfalt durch Puccini- und Verdi-Zitate, durch Anklänge an volkstümliche Trinklieder und Vagantengesänge, durch Rückgriffe auf seine eigene Musik und ein an der Sprache orientiertes rhythmisiertes Singen, dem auch der rezitativische Ton des Erzählers, eines Nachfolgers des Evangelisten aus Bachs Passionen, verpflichtet ist. Zum großen Instrumentarium gehören Ziehharmonika, Donner- und Windmaschine, Orgel und – im Finale – eine Zither.

Das ursprünglich für ein Marionettentheater gedachte Werk wurde 1939 in München von Clemens Krauss uraufgeführt. Spieldauer: ca. 80 Minuten.

Die Kluge

Die Geschichte von dem König und seiner klugen Frau. Text vom Komponisten nach den Brüdern Grimm. Uraufführung am 20. Februar 1943 in Frankfurt am Main, Opernhaus.

PERSONEN: Der König (Bariton) – Der Bauer (Baß) – Des Bauern Tochter (Sopran) – Der Kerkermeister (Baß) – Der Mann mit dem Esel (Tenor) – Der Mann mit dem Maulesel (Bariton) – Erster Strolch (Tenor) – Zweiter Strolch (Bariton) – Dritter Strolch (Baß).

ORT UND ZEIT: Irgendwo, irgendwann in einem Königreich.

Im Kerker ärgert sich der Bauer: *Oh hätt' ich meiner Tochter nur geglaubt!*, denn sie hatte ihm vorausgesagt, daß ihm der König, wenn er den im Acker gefundenen goldenen Mörser abliefert, vorwerfen werde, den zugehörigen Stößel unterschlagen zu haben. Und genauso ist es geschehen. Das Lamentieren des Bauern macht den König neugierig; er will des Bauern Tochter kennenlernen. Der Bauer und der Kerkermeister führen sie vor den König, der ihr drei Rätsel aufgibt, welche sie sogleich löst. Der König ist bezaubert von ihrer Klugheit und Schönheit; er schenkt dem Bauern die Freiheit und macht »Die Kluge« zu seiner Frau. Schon bald erhält des Königs Frau die Möglichkeit, ihre Klugheit unter Beweis zu stellen: Der Mann mit dem Maulesel erhebt Anspruch auf das in der Nacht geborene Eselfüllen, das dem Mann mit dem Esel gehört, mit dem Argument, beide Tiere hätten im gleichen Stall übernachtet, und des Morgens habe das Füllen näher bei dem Maulesel gelegen. Drei vom Besitzer des Maulesels bestochene Strolche liefern eine falsche Zeugenaussage, und so gibt der König dem Mauleselmann recht. Die Kluge tröstet den Besitzer des Esels, sie werde ihm schon noch zu seinem Recht verhelfen, während sich die

Strolche mit ihrem frisch erworbenen Geld einen Rausch antrinken und ein Spottlied auf Treu' und Redlichkeit anstimmen (*Als die Treue ward geborn*). Auf ihrem Heimweg treffen sie den Mann mit dem Esel, der ein Fischernetz auf dem Boden auswirft. Auf Fragen des Königs erklärt er, daß es möglich sein müsse, auf dem Trockenen Fische zu fangen, da ja auch Maulesel Junge bekommen könnten. Der König ahnt, daß sich hinter dieser aufmüpfigen Antwort seine Frau verbirgt; er wirft den Mann in den Kerker und weist die »Kluge« aus dem Schloß. In einer Truhe darf sie mitnehmen, woran ihr Herz am meisten hängt. Beim Abschiedsessen verabreicht sie dem König einen Schlaftrunk (*Schuh-schuhu, es fallen dem König die Augen zu*), schleppt ihn in der Truhe fort und setzt den Besitzer des Esels frei. Als der König erwacht, ist er gerührt von der Klugheit seiner Frau, doch sie wehrt ab: »Ich hab mich nur verstellt. Klug sein *und* lieben kann kein Mensch auf dieser Welt!« Der Bauer stellt lakonisch fest: »Am End' hat sie den Stößel doch gefunden.«

Als eines der Vorbilder für den Text seiner *Klugen* diente Orff eine Geschichte der Brüder Grimm, *Die kluge Bauerntochter.* Parallel zu der Haupthandlung von der klugen Frau, die den König überlistet, spielen, quasi als eingeblendetes Intermezzo, die Szenen der drei Strolche, welche – 1941/42, in den Jahren des Nationalsozialismus – auf der Ebene des Rüpelspiels eine pervertierte Welt hochleben lassen; »Fides ist geschlagen, Justitia lebt in großer Not ... betteln geht die Frömmigkeit, Tyrannis führt das Zepter.« Als Ideal schwebte Orff wieder die von prägnanten Sinnsprüchen strotzende Moritat vor – 4 der insgesamt 12 Bilder sind reine Sprechszenen –, deren Figuren im Vergleich zu den holzschnittartigen Typen in *Der Mond* zum Teil als Individuen gezeichnet sind.
Die gleiche elementare Theaterlust, die seine Stoffwahl bestimmt, kennzeichnet auch Orffs Musik; prägnante Sprachrhythmik, naive, volkstümliche Lieder mit sinnfälliger Melodik, zarteste Klangpoesie (Schlummerlied der Klugen) und ein umfangreich kompliziertes, doch eindringlich und durch-

sichtig klingendes Orchester (u. a. mit Ratsche, Sandrasseln, Steinspiel).
Spieldauer: ca. 80 Minuten.

Paul Hindemith

* 16. November 1895 in Hanau
† 28. Dezember 1963 in Frankfurt am Main

Von seinem 9. Lebensjahr an erhielt Hindemith Violinunterricht, und schon mit 14 Jahren trat er in das Hochsche Konservatorium in Frankfurt ein, wo er Violine bei Adolf Rebner, Komposition bei Arnold Mendelssohn und Bernard Sekles studierte. 1915 wurde Hindemith 1. Konzertmeister an der Frankfurter Oper, wirkte als Mitglied des Rebner-Quartetts und 1921–1929 als Bratschist im Amar-Quartett. Daneben trat er als Solist und Dirigent auf, oft bei den Festen zeitgenössischer Musik in Donaueschingen und Baden-Baden. 1924 heiratete er Gertrud Rottenberg, die Tochter eines Frankfurter Kapellmeisters. Ab 1927 unterrichtete Hindemith an der Berliner Musikhochschule Komposition. Nach dem Boykott seiner Werke durch die Nazis konzentrierte er sich ab 1935 verstärkt auf Tätigkeiten im Ausland, so in der Türkei. 1937–1939 reiste er durch die USA, wo er sich, nach 2 Jahren in der Schweiz, 1940 niederließ. 1940 bis 1953 unterrichtete Hindemith an der Yale University. Seit 1953 lebte er in Blonay bei Vevey und unterrichtete bis 1957 an der Zürcher Universität.
Durch seine drei Einakter *Mörder, Hoffnung der Frauen* (Text: Oskar Kokoschka), *Das Nusch-Nuschi* (Text: Franz Blei; beide Stuttgart 1921) und *Sancta Susanna* (Text: August Stramm; Frankfurt a. M. 1922) wurde Hindemith über Nacht zum berühmt-berüchtigten Fackelträger des musikalischen Expressionismus. Eine Konzentration seiner musikalischen Bestrebungen während der 1920er Jahre ist die Oper

Cardillac (1926). In Baden-Baden wurde 1927 der musikalische Sketch *Hin und zurück* aufgeführt; an der Kroll-Oper Berlin folgte 1929 – mit einem Text vom gleichen Librettisten, Marcellus Schiffer – die satirische Zeitoper *Neues vom Tage*. Die im *Cardillac* angesprochene Künstlerproblematik nahm Hindemith in *Mathis der Maler* (Zürich 1938) und nochmals in der späten Johannes-Kepler-Oper *Die Harmonie der Welt* (München 1957) auf. 1961 kam in Mannheim als letztes Bühnenwerk der Einakter *Das lange Weihnachtsmahl* nach einem 1931 erschienenen Stück von Thornton Wilder heraus.

Cardillac

Oper in 3 Akten. Text von Ferdinand Lion nach der Novelle *Das Fräulein von Scuderi* von E. T. A. Hoffmann (1819). Uraufführung am 9. November 1926 in Dresden, Staatsoper. Uraufführung der Neufassung, mit einer Textrevision des Komponisten, als Oper in 4 Akten am 20. Juni 1952 in Zürich, Stadttheater.

Der Schriftsteller Ferdinand Lion (11. 6. 1883 Mülhausen/Elsaß bis 21. 1. 1965 Kilchberg/Schweiz) schrieb außer dem *Cardillac* für Hindemith u. a. die Libretti zu Volkmar Andreaes *Abenteuer des Casanova* (1924) und Ernst Tochs *Der Fächer* (1930). Er ist der Verfasser einer Thomas-Mann-Biographie und mehrerer kulturgeschichtlicher Schriften.

Personen (Fassung von 1926): Der Goldschmied Cardillac (Bariton) – Die Tochter (Sopran) – Der Offizier (Tenor) – Der Goldhändler (Baß) – Der Kavalier (Tenor) – Die Dame (Sopran) – Der Führer der Prévôté (Baß) – Der König, Kavaliere und Damen des Hofes, die Prévôté (stumme Rollen) – Volk.

Ort und Zeit: Paris, 17. Jahrhundert.

1. Akt. Die Pariser Bevölkerung ist durch eine Reihe von geheimnisvollen Morden aufgeschreckt. Es gärt im Volk. Der Chef der Prévôté gibt deshalb bekannt, daß der König eine spezielle Kommission, die sog. »Brennende Kammer«, mit der Aufklärung dieser Fälle betraut hat. In der Menge

macht der Kavalier die Dame auf Cardillac, einen großartigen, allseits geachteten Künstler, aufmerksam, um sich bei ihr einzuschmeicheln. Die Dame hat schon bei Hof das Lob dieses Cardillac gehört. Ihre Aufmerksamkeit wächst, als sie vernimmt, jedes der Opfer des geheimnisvollen Mörders habe ein Schmuckstück Cardillacs getragen. Spontan gibt die Dame dem Einfall nach, ihrem Kavalier eine Liebesnacht um den Preis von Cardillacs schönstem Schmuckstück zu gewähren. Liebestrunken eilt der Kavalier davon. – In der Nacht bringt der Kavalier den Schmuck in das Schlafzimmer der Dame und umarmt sie voll Verlangen. Da huscht ein Unbekannter in das Zimmer, ersticht den Kavalier und flieht mit dem Geschmeide.

2. Akt. In Cardillacs Werkstatt kommt der Goldhändler. Er bekreuzigt sich beim Eintreten, denn vor diesem Haus, dessen Kunden einem Mörder zum Opfer fallen, ist ihm bange. Insgeheim nimmt er sich vor, es nachts zu beobachten. Cardillac verläßt mit ihm das Haus und überläßt den Laden der Aufsicht seiner Tochter. Sie hat sich in der vergangenen Nacht ihrem Geliebten, einem Offizier, hingegeben und ihm zu folgen versprochen. Nun beginnt sie zu zweifeln, ob sie nicht bei ihrem Vater bleiben müsse, der nach seiner Rückkehr ihre Absicht, ihn zu verlassen, jedoch seltsam gleichgültig hinnimmt. Offensichtlich trennt er sich sehr viel schwerer von seinen Kunstwerken als von ihr. Denn den König, der mit seinem Hofstaat Cardillacs Schätze zu bewundern kommt und einiges zu kaufen wünscht, wehrt er ab; für ihn müsse er weit schönere Schmuckstücke erst noch schaffen. Und auf die Bitte des Offiziers um die Hand der Tochter überläßt Cardillac sie ihm gern, sträubt sich aber, dem jungen Soldaten eine Kette zu verkaufen. Doch dieser setzt sich mit seinem Wunsch durch. Nachdem der Offizier gegangen ist, läßt der Gedanke an die Kette Cardillac nicht mehr los. Er zieht sich eine Maske über das Gesicht und stürzt davon, um sie sich zurückzuholen.

3. Akt. Auf der Straße überfällt Cardillac den Offizier, wird aber von diesem abgewehrt und erkannt. Der Goldhändler hat den Anschlag beobachtet, er ruft Nachbarn und Polizei

zusammen und bezeichnet den Goldschmied als Täter. Der Offizier stellt sich jedoch schützend vor Cardillac und bezeichnet den Goldhändler selbst als Schuldigen, worauf dieser abgeführt wird. Das Volk feiert Cardillac und zieht mit ihm in eine Taverne. Cardillacs Tochter, vom Offizier über den wahren Vorgang ins Bild gesetzt, sagt sich von ihrem Vater los und folgt dem Geliebten. Cardillac stürzt aus der Kneipe; die Verehrung, die man ihm entgegenbringt, widert ihn an. Der Goldhändler sei unschuldig, er wisse den Namen des Mörders und Räubers, ruft er in die Menge; von dem aufgebrachten Volk dazu gezwungen, gibt er sich selbst als der gesuchte Unbekannte zu erkennen. Er habe sich nicht von seinen Schöpfungen trennen können. Reue empfindet er nicht, er hält seine Taten für gut. Das erregt den Zorn der Leute, die auf ihn eindringen und ihn töten. Der Offizier versucht, das Volk von dem Sterbenden zurückzudrängen. Lächelnd fällt Cardillacs letzter Blick auf die Kette am Halse des Offiziers.

Mehrere Jahre hatte sich Hindemith vergeblich nach einem brauchbaren Operntext umgesehen. »Meinethalben könnte eine Oper getrost in einer Fabrik, auf einer Großstadtstraße von heute, in der Eisenbahn oder sonst irgendwo spielen.« Das Textbuch, das Ferdinand Lion im September 1925 für Hindemiths vierte, jedoch erste abendfüllende Oper lieferte, erhielt die endgültige Form unter Mithilfe des Komponisten. Die Grundlage bildeten E. T. A. Hoffmanns Erzählung *Das Fräulein von Scuderi* und *Die Geschichte von dem venetianischen Schuster* in Hoffmanns *Serapions-Brüdern.* Das tugendhafte Fräulein von Scuderi ist aus dem Libretto allerdings gänzlich verschwunden und Cardillac ins Zentrum der Handlung gerückt. Unter dem »Leuchtglas« des Expressionismus wurden aus Hoffmanns Figuren Typen, aus Madelon und dem Offizier de Miossens schlicht »die Tochter« und »der Offizier«.
Noch während der Proben zur Uraufführung gestaltete Hindemith die Bühnenmusik des 3. Aktes um. Nach der Aufführung unter Fritz Busch (der bereits *Mörder, Hoffnung der*

Frauen und *Das Nusch-Nuschi* uraufgeführt hatte), ging *Cardillac* über 14 weitere Bühnen, bis die Nationalsozialisten das Werk verboten.

Die Neufassung unterscheidet sich von der Urfassung im wesentlichen durch einen zusätzlichen Akt und die Einführung von Cardillacs Gesellen: Während einer Aufführung von Lullys *Phaëton* an der Pariser Oper eilt der Geselle hinter die Bühne, um die Dame, hier die 1. Sängerin der Oper, zu warnen. Die von Cardillac faszinierte Künstlerin überreicht dem Goldschmied sein Schmuckstück. Der Offizier entwendet den Schmuck. – Trotz Hindemiths Verbot (1953) von Inszenierungen seiner Urfassung wird bei Aufführungen heute die Fassung von 1926 vorgezogen.

In den 18 Nummern des *Cardillac* bekennt sich Hindemith zu den blockhaften Typen der Oper des 18. und 19. Jahrhunderts: Chor, Szene, Arie, Duett, Quartett oder Wechselgesang, wobei er der Arie mit konzertierenden Soloinstrumenten den Vorrang einräumt (als Umkehrung dazu nehmen im zweiten Teil des 1. Aktes die beiden Violinen die Position des obligaten Duetts zwischen Dame und Kavalier ein); die großen Chorballungen der ersten und der letzten Szene bilden den äußeren Rahmen. Als barockes Zitat (u. a. Fuge, Passacaglia) erscheint Hindemiths stilisierte, doch dramatisch aufgeladene, leidenschaftlich strenge Musik; »neobarock« erscheint auch die instrumentale Stimmführung, die zum Teil auch aus der Tatsache resultiert, daß Hindemith Musik komponierte, bevor ihm der Text dazu vorlag. Bei stets transparenter Polyphonie fällt die differenzierte Besetzung besonders der Holzbläser auf, der Einsatz des Klaviers, das reiche Schlagzeug.

Spieldauer: ca. 1½ Stunden (1. Akt: ca. 30 min.; 2. Akt: ca. 35 min.; 3. Akt: ca. 30 min.).

Mathis der Maler

Oper in 7 Bildern. Text vom Komponisten. Uraufführung am 28. April 1938 in Zürich, Stadttheater.

PERSONEN: Albrecht von Brandenburg, Kardinal-Erzbischof von Mainz (Tenor) – Mathis, Maler in seinen Diensten (Bariton) – Lorenz von Pommersfelden, Domdechant von Mainz (Baß) – Wolfgang Capito, Rat des Kardinals (Tenor) – Riedinger, ein reicher Mainzer Bürger (Baß) – Hans Schwalb, Führer der aufständischen Bauern (Tenor) – Truchseß von Waldburg, Befehlshaber des Bundesheeres (Baß) – Sylvester von Schaumberg, einer seiner Offiziere (Tenor) – Der Graf von Helfenstein (stumm) – Der Pfeifer des Grafen (Tenor) – Ursula, Riedingers Tochter (Sopran) – Regina, Schwalbs Tochter (Sopran) – Gräfin Helfenstein (Alt) – Antoniterbrüder, päpstliche und lutherische Bürger, Studenten, Bauern, Landsknechte, Offiziere und Truppen des Bundesheeres, Dämonen.

ORT UND ZEIT: Mainz und Umgebung, zur Zeit der Bauernkriege, in den 20er Jahren des 16. Jahrhunderts.

1. Bild. Bei der Arbeit an einem großen Wandbild im Mainzer Antoniterkloster gerät Mathis ins Nachdenken. Er fragt sich, ob er die ihm von Gott gestellte Aufgabe erfülle, wenn er lediglich Künstler ist und abseits des politischen Geschehens bleibt, während die unterdrückten Bauern zum Aufstand rufen. In diesem Moment stürzen der von Sylvester von Schaumberg und seinen Soldaten verfolgte Bauernführer Schwalb und seine Tochter Regina herein, um im Kloster Unterschlupf zu suchen. Während sich die Mönche um den verwundeten Schwalb kümmern, spricht Mathis mit Regina. Ihre Reinheit berührt ihn, und er schenkt ihr ein Band, das er einst als Liebespfand erhalten hatte. Schwalb hält Mathis die Sinnlosigkeit seines stillen Schaffens vor, wo jetzt Handeln gefordert sei. Mathis schenkt den beiden sein Pferd zur Flucht und bekennt dem zornig auftretenden Sylvester von Schaumberg diese Fluchthilfe.
2. Bild. Nach einer langen Reise findet Kardinal Albrecht bei seiner Rückkehr nach Mainz die Anhänger der lutherischen und die der päpstlichen Partei in heftigem Streit an, während die Studenten einen aufgeklärten, toleranten Humanismus propagieren. Albrecht hat Mathis gerufen, damit er ihm für eine kostbare Reliquie einen Schrein schaffe. Auch Riedinger und seine Tochter Ursula sind zugegen.

Riedinger setzt sich beim Kardinal dafür ein, daß eine auf dem Marktplatz anberaumte Verbrennung angeblich ketzerischer Schriften verboten wird. Als Gegenleistung bietet Riedinger dem von schweren Geldnöten geplagten Kardinal finanzielle Unterstützung an. Aber Albrecht muß dem Druck des Domdechanten Pommersfelden nachgeben, der sich auf eine Order aus Rom beruft, und die Verbrennung erlauben. Auf Verlangen des Truchsessen Waldburg muß Albrecht auch die Bundesheere im Kampf gegen die Bauern unterstützen. Mathis, dessen Bestrafung wegen Fluchthilfe Sylvester von Schaumberg vergeblich von Albrecht fordert, will sich vorerst nicht mehr der Kunst, sondern der Sache der Bauern widmen; er bittet um seine Entlassung, die ihm der Kardinal schweren Herzens gewährt.
3. Bild. Während die Bücherverbrennung schon eingeleitet wird, bringen die Protestanten ihre Bücher bei Riedinger in Sicherheit. Doch Capito entdeckt das Versteck und konfisziert die Schriften. Um die aufgebrachten Bürger zu besänftigen, liest ihnen Capito einen Brief Luthers vor, worin dieser den Kardinal zur Umwandlung des Bistums in ein reformiertes weltliches Fürstentum auffordert. Capito selbst sieht in diesem Vorschlag, der eine reiche Heirat Albrechts einschließt, die einzige Möglichkeit für den Kardinal, sich finanziell zu sanieren. Dabei hat er die Tochter Riedingers im Auge. Ursula liebt aber Mathis. Erst als Mathis aus Scheu, die junge Frau an ihn, den sehr viel Älteren, zu binden, und weil er zu den kämpfenden Bauern will, sich von ihr löst, willigt sie in die Ehe mit Albrecht ein.
4. Bild. In Königshofen bringen die Bauern den Grafen Helfenstein um. Mathis, der sich schützend vor die Gräfin stellt, wird von den plündernden und randalierenden Bauern niedergeschlagen. Schwalb und Regina kommen ihm zu Hilfe. Das heranziehende Bundesheer schlägt die Bauern vernichtend; Schwalb fällt im Kampf. Mathis wird gefangengenommen, jedoch auf Fürsprache der Gräfin freigelassen. Er zieht mit der völlig gebrochenen Regina von dannen.
5. Bild. Der Versuch Capitos, den Kardinal von den Vorzügen einer ergiebigen Heirat zu überzeugen, schlägt fehl.

Und Ursulas Werben für den lutherischen Glauben und die Sache des Volkes rührt ihn zwar, bringt Albrecht aber nicht ab von seinem Entschluß, künftig als Eremit dem alten Glauben weiter zu dienen und ehelos zu bleiben.
6. Bild. Im Odenwald rasten Mathis und Regina. Der erschöpften und verstörten Regina schildert Mathis ein Konzert von Engeln, bis sie ruhig in Schlaf sinkt. Mathis selbst wird bedrängt von Visionen, in denen er sich in der Rolle des heiligen Antonius den Versuchungen von Reichtum, Macht, Wissen und Sinnenlust ausgesetzt sieht. Schließlich erscheint ihm Albrecht in der Gestalt des Eremiten Paulus und mahnt ihn, seiner Aufgabe als Künstler zu folgen: „Gehe hin und bilde!"
7. Bild. Mathis hat diese Visionen des Engelskonzerts, der Versuchung des hl. Antonius und des Gesprächs der beiden Eremiten Antonius und Paulus in Bildern für den Isenheimer Altar festgehalten; das Werk ist vollendet, die Kraft des Künstlers bis zur Erschöpfung aufgezehrt. Regina liegt im Sterben. Sie schenkt der sie umsorgenden Ursula das Band, das ihr einst Mathis geschenkt hatte – es war ursprünglich ein Geschenk Ursulas an den Maler gewesen. Albrecht tritt ein, um den Altar zu bewundern und Mathis zu bitten, bei ihm in seinem Haus zu leben. Doch Mathis weiß, daß seine Aufgabe beendet ist. Er bereitet sich auf den Tod vor, ordnet seinen kargen, an Erinnerungen aber reichen Besitz: eine Papierrolle, sein Werkzeug, die Bücher – und das Band Reginas und Ursulas.

Um 1930 hatte Hindemith den Dichter Gottfried Benn für ein Opernlibretto über den Maler Matthias Grünewald (um 1480–1528) oder Johannes Gutenberg, den Erfinder des Buchdrucks von beweglichen Lettern, zu gewinnen versucht, nach dessen Absage das Textbuch um 1933 dann selbst zu schreiben begonnen. Im November 1933 setzte die Komposition der Vor- und Zwischenspiele ein, die als *Sinfonie »Mathis der Maler«* (mit den Satzbezeichnungen *Engelskonzert, Grablegung, Versuchung des heiligen Antonius*) im März 1934 von Wilhelm Furtwängler in Berlin zur Uraufführung

gebracht wurden. Im Juli 1935 war die Partitur der Oper fertig, doch die in Frankfurt vorbereitete Uraufführung mußte nach Einspruch der Nationalsozialisten abgesetzt werden. So kam es erst 1946 (in Stuttgart) zur Erstaufführung in Deutschland. Kern der Handlung sind die kargen – und deshalb frei ausgeschmückten – Lebensdaten Grünewalds, der Hofmaler des Mainzer Erzbischofs Albrecht von Brandenburg war, und sein für das Antoniterkloster von Isenheim im Elsaß geschaffener Altar, heute in Colmar, der zu den größten Schöpfungen der Weltkunst gezählt wird.
Ausgehend von den 3 Teilen der *»Mathis«-Sinfonie* entfaltet Hindemiths Musik im *Mathis* entsprechend dem geistigen Anspruch der Oper eine archaisierende Sphäre, in der geschlossene Formen, mehrfach barocken Ursprungs, prägende Funktion haben. Das 3. Bild entwickelt sich motivisch aus dem Choral *Lobt Gott, ihr frommen Christen*; das mittelalterliche Lied *Es sungen drei Engel* schwebt leitmotivisch über den Szenen Reginas. Die Musik ist auf Durchsichtigkeit des Klanges angelegt, auf eine schlichte Gesanglichkeit und gleichwohl massive Chorballungen. Höhepunkte sind die intimen Duette, die Szene Mathis/Ursula im 3. Bild, das Gespräch Albrecht/Ursula im 5. Bild. Opernhafter Höhepunkt in einer Oper, die sich jeglicher illustrativer Effekte enthält, ist die Antoniusklage des 6. Bildes, die in einen Schlußhymnus (*Lauda Sion Salvatorem*) und in das von den Blechbläsern gesteigerte gregorianische *Halleluja* mündet.
Spieldauer: ca. 3 Stunden.

Erich Wolfgang Korngold

* 29. Mai 1897 in Brünn
† 29. November 1957 in Hollywood

Dank seinem Vater, dem Wiener Musikkritiker Julius Korngold, wuchs das Wunderkind in einer Atmosphäre musikalischer Hochspannung auf und wurde von Robert Fuchs, Alexander von Zemlinsky und Hermann Grädener unterrichtet. Bereits 1910 führte die Hofoper die 1908 komponierte – und von Zemlinsky instrumentierte – Ballett-Pantomime *Der Schneemann* auf; Arthur Schnabel spielte die Klaviermusik Korngolds, Strauss zeigte sich von seinem jüngeren Kollegen angetan, und Puccini bewunderte ihn. Mit den beiden Einaktern *Der Ring des Polykrates* und *Violanta* (beide München 1916) fand Korngold auch als Opernkomponist Aufmerksamkeit, und dem Zwanzigjährigen gelang mit *Die tote Stadt* einer der Sensationserfolge der 20er Jahre. 1927 wurde in Hamburg, wo Korngold Kapellmeister war, *Das Wunder der Heliane* uraufgeführt. Später unterrichtete Korngold kurzzeitig an der Wiener Musikakademie. Durch Max Reinhardt, für den er musikalische Einrichtungen der *Fledermaus* und *Schönen Helena* geschaffen hatte, kam er 1934 nach Hollywood. Als – zweimal mit dem Oscar ausgezeichneter – Filmkomponist konnte der Emigrant an seinen europäischen Vorkriegsruhm anknüpfen. Dagegen waren die Opern *Die Kathrin* (Stockholm 1939) und die musikalische Komödie *Die stumme Serenade* (Dortmund 1954) nur noch blasse Geschöpfe eines einst gefeierten Komponisten.

Die tote Stadt

Oper in 3 Bildern. Text von Paul Schott (alias Julius Korngold) und Hans Müller nach dem Roman *Bruges-la-Morte* (1892) von Georges Rodenbach. Uraufführung am 4. Dezember 1920 in Hamburg, Stadttheater, und in Köln, Opernhaus.

Julius Korngold (24. 12. 1860 Brünn – 25. 9. 1945 Hollywood), der Vater des Komponisten, war von 1904 bis zu seiner Emigration 1934 Musikkritiker der Wiener »*Neuen Freien Presse*«. – Hans Müller (Müller-Einigen; 25. 10. 1882 Brünn – 9. 3. 1950 Einigen/Schweiz) schrieb vor allem für Bühne und Film, Libretti u.a. zu Korngolds *Violanta* und *Das Wunder der Heliane*, auch zu Benatzkys *Im weißen Rößl*. Auch als Dramaturg tätig.

PERSONEN: Paul (Tenor) – Marietta, Tänzerin, auch Erscheinung Maries, Pauls verstorbener Gattin (Sopran) – Frank, Pauls Freund (Bariton) – Brigitta, Pauls Haushälterin (Alt) – Juliette, Tänzerin (Sopran) – Lucienne, Tänzerin (Mezzosopran) – Gaston, Tänzer (stumme Rolle) – Victorin, der Regisseur (Tenor) – Fritz, der Pierrot (Bariton) – Graf Albert (Tenor) – Tänzer, Beginen, Kinder und Teilnehmer der Prozession.

ORT UND ZEIT: Brügge, Ende des 19. Jahrhunderts.

1. Bild. Brügge ist für Paul, der den Tod seiner jungen Frau Marie betrauert, das Sinnbild für Tod und Vergänglichkeit. In einem Zimmer seines Hauses bewahrt er alle Dinge auf, die ihn an Marie erinnern. Pauls Freund Frank erfährt durch Brigitta von Pauls zurückgezogenem, nur noch der Erinnerung geweihtem Leben. Doch erlebt er Paul ganz anders, nämlich freudig hochgestimmt: Er hat eine Frau getroffen, die Marie völlig gleicht und von der er hofft, daß sie die toten Dinge Maries wieder zu Leben erweckt: Marietta, eine Tänzerin auf Tournee. Sie folgt Pauls Einladung, nimmt seinen Rosenstrauß entgegen und singt, sich selbst auf Maries Laute begleitend, ein Lied (*Glück, das mir verblieb*), das für Paul eine weitere Erinnerung an Marie bedeutet. Immer stärker fließen die Bilder der toten Marie mit denen Mariettas vor seinem Blick ineinander, sie werden eins. Er erliegt der Verzauberung und versucht, Marietta-Marie in seine Arme zu schließen, wird aber jäh durch Mariettas Zurückweisung ernüchtert. Und nachdem sie gegangen ist, nicht ohne ihn zu einem Besuch im Theater ermuntert zu haben, tritt in einem Traumbild Marie aus ihrem Porträt, an ihrer beider Liebe erinnernd und zur Treue mahnend.

2. Bild. Trotz quälender Gewissensbisse ist Paul Marietta völlig verfallen. In tiefer Nacht vor ihrem Haus wartend, erblickt er erst Brigitta, die ihn wegen seiner treulosen Leidenschaft zu Marietta verlassen hat und in ein Kloster eintrat, dann Frank, der ebenfalls in Marietta verliebt ist und einen Schlüssel zu ihrer Wohnung besitzt. Paul kämpft mit ihm um diesen Schlüssel und entwendet ihn. Als Marietta und ihre Theatertruppe von der Vorstellung heimkehren und zu Ehren des Grafen Albert auf dem Platz ein improvisiertes Spiel

beginnen, beobachtet Paul sie aus dem Verborgenen. Man spielt Meyerbeers Oper *Robert der Teufel*, und Marietta stellt die von den Toten auferstehende Helene dar. Da stürzt Paul hervor und klagt Marietta der Blasphemie heiliger Gefühle an. Marietta bietet ihre ganze Verführungskunst auf und zieht Paul erneut in ihren Bann. In seinem Haus will sie ihm angehören; sie nimmt den Kampf mit der toten Rivalin auf.
3. Bild. Marietta glaubt, gesiegt zu haben. Vor dem Porträt Maries stehend und die Tote herausfordernd, sieht Marietta spöttisch einer Prozession vor den Fenstern des Hauses zu und verhöhnt Paul, dessen Erinnerung an die Tote angesichts der betenden Menschen übermächtig wird, wegen seiner Frömmigkeit. Nun ist es genug. In seinen tiefsten Gefühlen verletzt, weist Paul sie aus dem Haus. Daß Marietta eine Haarsträhne Maries entdeckt hat und sich herausfordernd um den Hals legt, raubt ihm alle Besinnung. Er wirft sie nieder und erwürgt sie. – Die Traumbilder sind verschwunden, die Realität ist wiederhergestellt: Brigitta meldet die Rückkehr der fremden Dame, die den Rosenstrauß vergessen habe. Marietta trifft im Hinausgehen auf Frank, der Paul bittet, mit ihm eine Reise zu unternehmen. Paul wird mit ihm die »Stadt des Todes« verlassen.

Der Übersetzer Siegfried Trebitsch selbst hatte Korngold seine deutsche Übertragung des Romans *Bruges-la-Morte* von Georges Rodenbach (1855–1898) als Opernstoff angeboten. Danach entwarf der Komponist das Szenarium und verfaßte Hans Müller das Libretto, welches Korngolds Vater nach Müllers Ausscheiden fertigstellte.
Im Gegensatz zum Roman wird in der Oper die Begegnung Pauls mit der Tänzerin Marietta als Vision geschildert, und ihre Ermordung löst demzufolge einen Reinigungsprozeß aus: Paul flieht den Schatten der toten Marie und ist am Ende psychisch geheilt. Diese psychoanalytische Deutung entzaubert die stimmungsvolle Atmosphäre von Brügge, verstärkt aber, durch die Trennung zwischen Wirklichkeit und Vision, den phantastischen Eindruck der Handlung; ge-

schickt hat Korngold die Szene der Nonnenerweckung aus Meyerbeers *Robert der Teufel* in das Geschehen montiert. Korngolds Musik ist spätromantisch-sinfonisch geprägt, besitzt expressionistische Dichte und fasziniert in den arios ausgestalteten lyrischen Momenten durch eine »schlagerähnliche« Insistenz der Melodien, z.B. Mariettas *Glück, das mir verblieb* (das musikalische Leitmotiv der Oper), die Romanze von Fritz *Sein Sehnen, mein Wähnen* und Victorins *Ja, bei Fest und Tanz*. Als Marietta fesselte einst Maria Jeritza das Publikum in Wien und bei der amerikanischen Erstaufführung in New York; der berühmteste Interpret des Paul war Richard Tauber.
Spieldauer: ca. 2¼ Stunden (1. Akt: ca. 45 min.; 2. Akt: ca. 50 min.; 3. Akt: ca. 40 min.).

George Gershwin

* 26. September 1898 in Brooklyn / New York City
† 11. Juli 1937 in Beverly Hills (Calif.)

Der Sohn einfacher russischer Einwanderer, er hieß eigentlich Jacob Gershwin, lernte ab 1910 Klavierspiel und schloß eine unvollständig gebliebene Musikausbildung an. Bereits mit 16 Jahren wurde er Pianist und Song-Korrepetitor (»Song Plugger«) eines New Yorker Verlages. Doch schon 1916 veröffentlichte er seine ersten eigenen Songs, steuerte Musik für Broadway-Shows bei, schuf 1919 mit *La, La Lucille* sein erstes Musical und mit *Swanee* seinen ersten großen Song-Erfolg. 1922 entstand die einaktige Jazz-Oper *Blue Monday Blues*, 1924 die *Rhapsody in Blue* für Orchester, einer der größten Klassik-Hits des 20. Jahrhunderts. Gershwin ließ sich auf einer Europareise von Kálmán und Ravel, Poulenc und Strawinsky inspirieren und verband auf ingeniöse Weise sinfonischen Jazz mit der E-Musik seiner Zeit. Weitere Erfolge waren das *Concerto in F* für Klavier und Orchester (1925) und *An American in Paris* (1928). In Zusammenarbeit mit seinem älteren Bruder Ira, der ab 1924 nahezu alle Texte für George schrieb, wurde Gershwin zu einem der erfolgreichsten Musiklieferanten für den Broadway neben Cole Porter, Jerome Kern, Irving Berlin oder Richard Rodgers. Für *Of Thee I Sing* erhielt er 1932 den Pulitzer-Preis; andere Erfolge waren *Lady Be Good* (1924), *Show Girl* (1929) und *Girl Crazy* (1930). Als er auf Du Bose Heywards *Porgy* stieß, erfüllte sich Gershwins Wunsch, eine abendfüllende Neger-Oper zu schreiben: *Porgy and Bess* (1935) wurde zur ersten populären amerikanischen Oper. Gershwin, der außerdem Filmmusiken schrieb und häufig seine eigenen Werke dirigierte, starb, erst 38 Jahre alt, an einem Gehirntumor.

Porgy und Bess

Porgy and Bess

American Folk Opera in 3 Akten. Text von Du Bose Heyward, Lyrics (Gesangstexte) von Du Bose Heyward und Ira Gershwin, nach dem Schauspiel *Porgy* (1927) von Dorothy Hartzell Heyward und Du Bose Heyward. Uraufführung am 10. Oktober 1935 in New York, Alvin Theatre.

Du Bose Heyward (31. 8. 1885 Charleston [South Carolina] – 16. 6. 1940 Tryon [North Carolina]), ein zum Schriftsteller avancierter ehemaliger Aufseher einer Baumwollplantage, schrieb 1923 den in seiner amerikanischen Heimatstadt spielenden Roman *Porgy* (1925), den er 1927 mit seiner Frau Dorothy (1890–1961) zu dem gleichnamigen, mit dem Pulitzer-Preis ausgezeichneten Schauspiel umformte. – Ira (eigtl. Israel) Gershwin (6. 12. 1896 Brooklyn bis 17. 8. 1983 Beverly Hills) war Zeitungsreporter, dann Song-Texter, meist für seinen Bruder George. Für Kurt Weill schrieb er das Musical *Lady in the Dark* (1941).

Personen: Porgy, ein verkrüppelter Neger (Baßbariton) – Bess, eine junge Negerin (Sopran) – Sporting Life, Rauschgifthändler (Tenor) – Crown, ein gutverdienender, brutaler Neger (Bariton) – Jake, Fischer (Bariton) – Clara, seine Frau (Sopran) – Robbins, ein junger Fischer (Tenor) – Serena, seine Frau (Sopran) – Peter, ein alter Neger (Tenor) – Maria, seine Frau (Alt) – Jim (Bariton) – Mingo (Tenor) – Lily (Mezzosopran) – Annie (Mezzosopran) – Krabbenverkäufer (Tenor) – Mr. Archdale, weißer Rechtsanwalt (Sprechrolle) – Simon Frazier, Negeradvokat (Bariton) – Detektiv, Polizist und Leichenbeschauer (Sprechrollen) – Bewohner der Catfish Row, Fischer, Kinder, Hafenarbeiter.

Ort und Zeit: Charleston (South Carolina), um 1870, nach dem Bürgerkrieg.

1. Akt. In der zum Hafen führenden Catfish Row, einer ehemals vornehmen Straße, in der jetzt Schwarze, Bettler und kriminelle Figuren wohnen, tanzen die Bewohner an diesem Sommerabend zu den Klängen eines Klaviers. Clara singt ein Wiegenlied für ihr Kind (*Summertime*); der Plantagenarbeiter Jim läßt sich von Jake als Fischer anheuern. Sein immer noch schreiendes Baby versucht Jake mit einem spöttischen Gesang zu beruhigen (*A woman is a something thing*). Mit dem Honighändler Peter erscheint auch der bei allen beliebte Bettler Porgy, der verkrüppelt ist und sich deshalb auf einem kleinen Karren fortbewegt. Er fragt nach Bess. Sie erscheint an der Seite Crowns, der von Sporting Life eine Flasche Whisky erwirbt und sich dann am Würfelspiel der Männer beteiligt. Es kommt zu einem Streit, bei dem der betrunkene Crown Robbins ersticht. Serena bricht über dem leblosen Körper ihres Mannes zusammen. Crown flüchtet. Sporting Life bietet der nun alleingelassenen Bess Kokain an, Porgy ihr aber als einziger einen Unterschlupf vor der nahenden Polizei. – In Serenas Wohnung stimmen die Trauernden einen Gesang zu Ehren des Toten an (*Where is brudder Robbins?*) und sammeln Geld für seine Beerdigung. Bess wird in die Gemeinschaft aufgenommen, da sie inzwischen mit Porgy zusammenlebt. Ein Kriminalbeamter und ein Polizist erscheinen. Als die Beamten Peter willkürlich des Mordes beschuldigen, verrät er Crown. Das gesammelte Geld reicht nicht aus für die Beisetzung von Robbins, doch der Bestatter läßt sich erweichen. Bess stimmt ein Spiritual an (*Headin' for the promise' land*).
2. Akt. Einen Monat später. Die Fischer planen ein Picknick

auf Kittiwah Island. Angesichts des stürmischen Wetters warnt Clara ihren Mann, zu weit hinauszufahren. Doch Jake braucht Geld und will das Wagnis eingehen. Porgy kennt dagegen keine finanziellen Sorgen (*Oh, I got plenty o' nuttin'*); er ist glücklich, weil Bess bei ihm wohnt. Er ist sogar bereit, den Winkeladvokaten Frazier für ein gefälschtes Dokument zu bezahlen, das angeblich die Scheidung zwischen Bess und Crown besiegelt. Der Anwalt Archdale verhindert das dubiose Geschäft. Sporting Life bietet Bess an, sie nach New York zu bringen, wo ein besseres Leben auf sie warte. Bess lehnt ab und verspricht Porgy, für immer bei ihm zu bleiben (*Bess, you is my woman now*). Maria bittet Bess, sie zum Picknick auf die Insel zu begleiten. Porgy bleibt allein zurück. – Alle vergnügen sich auf der Insel mit Essen, Trinken und Scherzen; Sporting Life unterhält die Gruppe mit einer ironischen Bibelauslegung (*It ain't necessarily so*). Vom Dampfer ertönt das Signal zur Rückfahrt. Einzig Bess bleibt zurück, da sie von Crown, der sich seit dem Mord versteckt hält, gerufen wird. Es gelingt ihrem ehemaligen Geliebten, sie erneut zu erobern. Gemeinsam verschwinden sie in den Wald. – Bess ist schwer erkrankt. Nach dem Ausflug kehrte sie erst zwei Tage später fiebernd zurück. Sie gesteht Porgy, daß sie bei Crown war und diesem nicht widerstehen könnte, falls er erneut auftauchen sollte. Porgy verspricht, sie zu beschützen. – Während draußen der Hurrikan tobt, beten die Bewohner des Ghettos in Serenas Zimmer. Plötzlich taucht Crown auf, der durch den Sturm gekommen ist, um Bess zu holen. Er verhöhnt die Gebete der anderen (*A red-headed woman makes a choo-choo jump its track*). Plötzlich ein gellender Schrei von Clara: Sie hat Jakes gekentertes Boot erblickt und rennt hinaus. Crown will Clara zurückholen.

3. Akt. Der Sturm hat sich gelegt. Clara, Jake und Crown sind nicht mehr zurückgekehrt. Doch Crown hat überlebt. In der Nacht schleicht er sich zu Porgys Fenster, um Bess, die sich inzwischen um Claras Baby gekümmert hat, herbeizulocken. Porgy ersticht den Rivalen von hinten. – Die Kriminalpolizei verdächtigt Serena des Mordes an Crown, doch Annie und Lily beteuern Serenas Unschuld. Porgy, der auf

der Wache Crowns Leiche identifizieren soll, fürchtet, daß er sich beim Anblick seines Opfers verraten könne. Sporting Life, der Bess einreden will, daß Porgy nicht mehr zurückkehrt, schildert ihr nochmals das luxuriöse Leben in New York. Obwohl Bess hartnäckig bleibt, läßt ihr der Dealer ein Päckchen Kokain zurück. – Da er sich weigerte, Crowns Leiche anzuschauen, wurde Porgy wegen Mißachtung des Gesetzes eine Woche von der Polizei festgehalten. Nun kehrt er vergnügt in die Catfish Row zurück und bringt für alle kleine Geschenke mit. Vergeblich sucht er nach Bess. Sie ist rückfällig geworden und folgte Sporting Life nach New York. Claras Baby ist bei Serena in Sicherheit. Porgy macht sich auf, Bess zu suchen (*I'm on my way*).

Gershwin kannte den Roman *Porgy* seit 1926, begann aber erst 1933, den ihn von Anfang an faszinierenden Stoff zu komponieren, als ein Auftrag der Theatre Guild vorlag. Weite Teile der Musik schrieb Gershwin 1934 in Charleston, wo er sich auf die Spuren der ursprünglichen Musik der aus Westafrika stammenden Schwarzen begab (»Die Spirituals und Songs sind Volksmusik, auch wenn ich sie selbst komponiert habe«); insgesamt benötigte er 20 Monate für *Porgy and Bess*.
Die Oper erlebte in einer ausschließlich schwarzen Besetzung und in stark gekürzter Fassung der ursprünglich rund vierstündigen Musik eine sehr erfolgreiche Voraufführung in Boston. Dagegen war die Reaktion auf die New Yorker Uraufführung zwei Wochen später wesentlich zurückhaltender. Der Mißerfolg am Broadway läßt sich durch die anfänglichen Schwierigkeiten, dem Werk stilistisch gerecht zu werden, erklären. Musical, Broadway-Revue, Oper, Operette, Singspiel – was davon war dieses Stück? Eine zweite New Yorker Aufführung 1942, die europäische Erstaufführung 1943 in Kopenhagen und die Welt-Tournee 1952–55 mit Leontyne Price und William Warfield – Höhepunkte waren die Gastspiele in Wien und an der Mailänder Scala – bereiteten den bis heute andauernden Welterfolg vor; 1959 folgte die Verfilmung mit den Schauspielern Dorothy Dandridge und

Sidney Poitier. 1945 und 1950 spielte Zürich die Oper (deutsch von Ralph Benatzky).
Gershwin machte sich in *Porgy and Bess* die originalen folkloristischen Vorlagen zu eigen und schrieb eine durchkomponierte Oper mit Rezitativen und wenigen, dramaturgisch wirkungsvoll gesetzten Sprechpassagen. Stilistisch lehnt sich Gerswhin dem Vorbild der veristischen Oper an, doch läßt er dem Schwarzen-Milieu durch seine originelle, unverkitschte Aneignung von dessen Musik, des Jazz, des Blues, des Ragtime und des Spirituals, Gerechtigkeit widerfahren. Diese Musik, deren Einfluß allenthalben auch in der europäischen Kunstmusik der Zeit durchschimmert, wurde von Gershwin erstmals außerhalb der angestammten Theaterformen der Schwarzamerikaner auf der Bühne thematisiert. Die Hauptfiguren, einschließlich Serena, Maria, Clara und Jake, sind prägnant und lebendig gezeichnet, die Straßenszenen bersten von blutvollem Realismus und stimmungsvoller, auch lyrisch-sentimentaler Dramatik, und mehrere der Arien gehören zu den unangefochtenen Evergreens des Musiktheaters: Claras *Summertime*, Porgys *Oh, I got plenty o' nuttin'*, das Duett Porgy / Bess *Bess, you is my woman now*, Jakes spöttisches *A woman is a something thing* und Sporting Lifes ätzende Songs, dazu die ergreifenden Spirituals (u. a. *Where is brudder Robbins?*, *Oh, Doctor Jesus*).
Spieldauer: ca. 3 Stunden (1. Akt: ca. 60 min.; 2. Akt: ca. 85 min.; 3. Akt: ca. 40 min.).

Francis Poulenc

* 7. Januar 1899 in Paris
† 30. Januar 1963 in Paris

Der Sohn eines wohlhabenden Pharmazeuten wurde von seiner Mutter frühzeitig am Klavier unterrichtet und in die Welt des Theaters eingeführt. Als er 1917 Auric, Honegger,

Milhaud und Satie kennenlernte, genügte sein Klavierspiel professionellen Ansprüchen. Außerdem lagen erste Kompositionen vor. Als Mitglied der »Groupe des Six« erkannte er bald seine mangelhaften handwerklichen Kenntnisse und nahm 1921–1924 Kompositionsunterricht bei Charles Koechlin. Die Reihe seiner Bühnenwerke eröffnete er 1921 mit der Schauspielmusik zu *Le gendarme incompris* und dem Ballett *Les mariés de la Tour Eiffel.* Poulenc lernte Schönberg und die Wiener Schule kennen und begegnete Casella. Nach der Musik zu Diaghilews Ballett *Les biches* (*Die Hirschkühe*, Monte Carlo 1924) legte er fast zehn Jahre keine umfangreicheren Werke vor. In seiner ersten Oper, der auf einen Text von Guillaume Apollinaire basierenden Opéra bouffe *Les mamelles de Tirésias* (*Die Brüste des Tiresias*, Paris 1947), weht noch ganz der frech-satirische, aufrührerische Geist der »Six«, während sich Poulenc seinen sofort ungewöhnlich erfolgreichen *Dialogues des Carmélites* (Mailand 1957), trotz eines psychologisch verfeinerten Lyrismus, als Traditionalist erweist. Dies trifft auch auf die Tragédie lyrique *La voix humaine* (*Die geliebte Stimme*, Paris 1959) zu, der das ähnlich timbrierte Monodram *La dame de Monte Carlo* (*Die Dame aus Monte Carlo*, 1961) folgte. Wie schon das »Pièce en un acte« *Le bel indifferent* (Paris 1940) basieren diese beiden Stücke auf einem Text von Jean Cocteau. Poulencs Liebe zur menschlichen Stimme dokumentiert sich in seinen 145 *Mélodies*, wovon die meisten für seine Auftritte mit Bariton Pierre Bernac entstanden: »Im Grunde bin ich ein Mann des Liedes in all seinen Formen.«

Die Gespräche der Karmeliterinnen

Les Dialogues des Carmélites

Oper in 3 Akten (12 Bilder). Text vom Komponisten, nach dem Bühnenstück *Dialogues des Carmélites* (1951) von Georges Bernanos, einem Szenarium (1947) von Philippe Agostini und Raymond Léopold Jean Joachim Bruckberger sowie Gertrud von Le Forts Erzählung *Die Letzte am Schafott* (1931); mit Genehmigung des Textes durch Emmet Lavery. Uraufführung am 26. Januar 1957 in Mailand, Teatro alla Scala.

Personen: Blanche de la Force, genannt Schwester Blanche von der Todesangst Christi (Sopran) – Madame Lidoine, genannt Mutter Maria vom hl. Augustin, die neue Priorin (Sopran) – Madame de Croissy, genannt Mutter Henriette von der Kindheit Jesu, Priorin des Karmel (Alt) – Sœur Constance, Schwester Konstanze vom hl. Dionysius, eine junge Novizin (Sopran) – Mère Marie, Mutter Maria von der Menschwerdung Christi, stellvertretende Priorin (Alt) – Le Marquis de la Force, Vater von Blanche (Bariton) – Le Chevalier de la Force, Bruder von Blanche (Tenor) – Mère Jeanne, Mutter Johanna vom Kinde Jesu, Älteste der Schwestern (Alt) – Sœur Mathilde (Mezzosopran) – Der Beichtvater des Klosters (Tenor) – Erster Zivilbeamter (Bariton) – Erster Kommissar (Tenor) – Zweiter Kommissar (Bariton) – Kerkermeister (Bariton) – Thierry, Diener bei de la Force (Bariton) – Javelinot, Arzt (Bariton) – Schwestern, Gemeindeabgeordnete, Zivilbeamte, Kommissare, Gefangene, Wachen, Frauen und Männer des Volkes.

Ort und Zeit: Karmeliterinnenkloster von Compiègne und Paris, während der Französischen Revolution (April 1789 – Sommer 1794).

1. Akt. April 1789. In der Bibliothek ihres Schlosses erwarten der Marquis de la Force und sein Sohn die Rückkehr von Blanche. Doch Blanches Kutsche wurde von aufständischen Bürgern aufgehalten, und die sensible und nervöse junge Frau kehrt völlig aufgelöst vom Gottesdienst nach Hause. Voll Sorge erinnert sich der Marquis, wie er einst am Krönungstag des Dauphin mit seiner Frau durch Paris fuhr und sie von der rebellierenden Menge angegriffen wurden. Die Marquise kam dadurch vorzeitig nieder und starb bei der Geburt ihrer Tochter. Blanches Verfassung ist durch die eskalierenden politischen Ereignisse vollkommen zerrüttet, und sie bittet ihren Vater, bei den Karmeliterinnen Ruhe suchen zu dürfen. – Im Kloster befragt die Priorin Blanche über ihre Gründe, in das Kloster einzutreten. Als sich Blanche den Klosternamen »Schwester Blanche von der To-

desangst Christi« gibt, fühlt sich Madame de Croissy, die einst selbst diesen Namen wählte, an ihre Jugend erinnert. – Blanche schließt Freundschaft mit Schwester Konstanze. Als die Priorin schwerkrank darniederliegt, will Konstanze ihrer beider Leben für das der Priorin opfern. Doch Blanche fürchtet sich vor diesem Gedanken. Konstanze träumt, daß sie beide gemeinsam sterben werden. – Auf ihrem Sterbebett vertraut die Priorin Blanche der besonderen Obhut von Mutter Maria an. Während ihrer Todesqualen durchleidet die Priorin Schreckensvisionen eines entweihten Gotteshauses. Mutter Maria verhindert, daß die Schwestern die anklagenden Worte der Sterbenden miterleben. Als sich die Priorin von Blanche verabschieden will, sinkt sie tot zusammen.

2. Akt. Konstanze und Blanche vermuten, daß die Priorin stellvertretend für einen anderen ihre fürchterlichen Todesqualen auf sich nahm. – Blanches und Konstanzes Hoffnung, daß Mutter Maria als neue Priorin dem Kloster vorstehen möge, erfüllt sich nicht. Die neue Priorin ist Madame Lidoine, welche die Schwestern an ihre unerschütterliche Pflicht, das Gebet, erinnert. Der Chevalier de la Force erscheint, um sich vor seiner Flucht ins Ausland von Blanche zu verabschieden. – Der Chevalier beschuldigt seine Schwester, sich nicht den Realitäten der Revolution zu stellen. Blanche sieht ihre Aufgabe darin, im Kloster zu bleiben. – Die Klöster werden aufgehoben. Zum letzten Mal hält der Beichtvater des Klosters den Gottesdienst ab. Das Volk stürmt das Kloster, und zwei Kommissare verkünden die Vertreibung der Nonnen.

3. Akt. Die Schwestern haben sich in der zerstörten Klosterkapelle zusammengefunden. Während der Abwesenheit von Madame Lidoine wollen sie unter Führung von Mutter Maria den Eid der Märtyrer leisten. Auch Blanche legt das Gelübde ab, mit ihrem Tod den Glauben zu bezeugen, flieht aber in der allgemeinen Verwirrung aus Angst, den Schwur nicht halten zu können. – Im elterlichen Palast sucht Blanche, deren Vater inzwischen auf dem Schafott hingerichtet wurde, Zuflucht. Hier spürt Mutter Maria sie auf, um sie in

die Gemeinschaft der Schwestern zurückzuholen. Blanche zögert, Mutter Maria gibt ihr eine Bedenkzeit. Inzwischen wurden alle Karmeliterinnen inhaftiert und zum Tode verurteilt. – Nachträglich schließt sich die Priorin dem Schwur der Schwestern an und bereitet sich auf den Märtyrertod vor. Schwester Konstanze ist sicher, daß Blanche zurückkommen und sich ihnen anschließen wird. – Mutter Maria erfährt von dem Todesurteil ihrer Schwestern und will in der Conciergerie mit ihnen sterben. Ihr Beichtvater bedeutet ihr aber, es sei nicht Gottes Wille, daß sie sterbe. – Angeführt von der Priorin besteigen die Karmeliterinnen, das »Salve Regina« singend, die Guillotine. Konstanze erblickt in der Zuschauermenge Blanche; voll erstarkter Zuversicht schreitet sie daraufhin als letzte zum Schafott. Blanche nimmt den Gesang der Schwestern auf, überwindet ihre Todesangst und schließt sich ihnen an.

1953 erhielt Poulenc den Auftrag des Ricordi-Verlages zu einem Ballett für die Mailänder Scala. Nachdem ihm das Sujet, das Leben der Hl. Margarethe von Cortona, nicht zusagte, kam Georges Bernanos' Stück *Dialogues des Carmélites* zum Vorschlag. Poulenc hielt sich überaus getreu an diese Vorlage und gestaltete es zu einem Libretto um. Die Vertonung schloß er im September 1955, die Orchestrierung im Juni 1956 ab.
Die Durchsichtigkeit von Poulencs Werk gibt die Nuancen des Textes wieder, Rezitativ und Arioso gehen bruchlos ineinander über, die kleinformatigen melodischen Schwingungen entsprechen der Subtilität des Textes. Poulenc hat sich jede veristische Grellheit versagt und hält sich an die chansonhaften Formen von Massenet, Fauré oder Debussy. Die drei mal vier Szenen (inklusive fünf szenische Zwischenspiele) gliedern sich in intime Duoszenen, in musikalische Miniaturen von teils bitter-süßer Melancholie und teils unverhohlenen Puccini-Anklängen. Poulencs vornehm gleichförmiger Gestus entspricht nur selten, etwa in den Visionen der sterbenden Priorin oder in der Schlußszene, dem dramatischen Impetus des Stückes. Die zentrale Figur ist Blanche,

in der der homosexuelle Komponist sein Alter ego erblickte: »Blanche, das war ich und bin ich nach wie vor.«
Spieldauer: ca. 2½ Stunden (1. Akt: ca. 55 min.; 2. Akt: ca. 45 min.; 3. Akt: ca. 45 min.).

Kurt Weill

* 2. März 1900 in Dessau
† 3. April 1950 in New York

Nachdem er in Berlin Schüler u. a. von Engelbert Humperdinck gewesen war, wurde Kurt Weill, Sohn eines Kantors, zunächst Korrepetitor in Weimar und 1919/20 Kapellmeister in Lüdenscheid. 1921–1924 setzte er sein Studium bei Ferruccio Busoni fort und gehörte fortan schon mit den ersten Opernwerken *Der Protagonist* (Dresden 1926), *Der Zar läßt sich photographieren* (Leipzig 1928), beide auf Texte von Georg Kaiser, und *Royal Palace* (Berlin 1927) auf den Text von Yvan Goll zu den Propagandisten eines neuen Musiktheaters. In Zusammenarbeit mit Bertolt Brecht entstand aus dem Songspiel *Mahagonny* (Baden-Baden 1927) die Oper *Aufstieg und Fall der Stadt Mahagonny* (1930) als eine der folgenreichsten Auseinandersetzungen mit den Formen der konventionellen Oper (die indessen zur Entzweiung der Autoren führte). In der zuvor komponierten *Dreigroschenoper* (1928) und in *Happy End* (Berlin 1929) überwiegen noch die kulinarisch-dekorativen Züge. In den Jahren eines herben Stilwandels führte Weill in die Oper die Themen und die Musik des Alltags ein, rüttelte durch soziale Thematik wach und ließ durch eine vitale, handwerklich virtuose Verschmelzung modernster Musikstile mit traditionellen Formen aufhorchen. Seine Songs, zu den zupackend knappen Texten Brechts, bilden wahrscheinlich den einzigen Beitrag der Oper der 1920er Jahre, der Volkstümlichkeit errang.
Zu dem faszinierenden, stilistisch avancierten Œuvre Weills

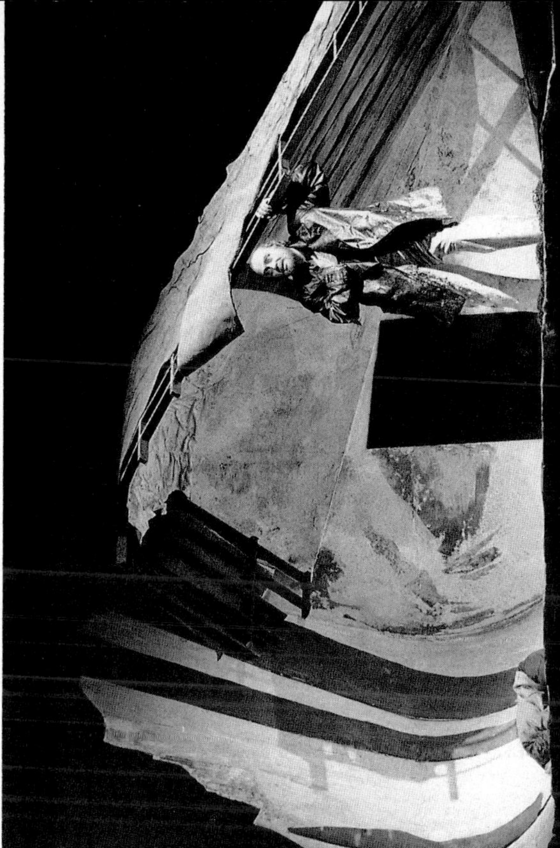

Benjamin Britten: Peter Grimes
Bayerische Staatsoper München

Bernd Alois Zimmermann: Die Soldaten
Staatstheater Stuttgart

für die Musikbühnen gehören Pantomimen, Ballette, Schulstücke, musikalische Komödien und kabarettistische Szenen, später Versuche um das Musical und, in Zusammenarbeit mit dem Dramatiker Maxwell Anderson (1938), eine amerikanische Volksoper: *Der Jasager* (Radiooper; 1930), *Die Bürgschaft* (Text von Caspar Neher; Berlin 1932), *Der Silbersee* (Text von Georg Kaiser; Leipzig 1933), *Die sieben Todsünden* (Paris 1933), *Der Kuhhandel* (London 1935), *Der Weg der Verheißung* (als *The Eternal Road*, New York 1937), *Johnny Johnson* (New York 1936), *Knickerbocker Holiday* (New York 1938), *Railroads on Parade* (New York 1939), *Lady in the Dark* (New York 1941), *One Touch of Venus* (New York 1943), *The Firebrand of Florence* (1944), *Street Scene* (New York 1947), *Down in the Valley* (Bloomington 1948), *Lost in the Stars* (New York 1949).
Weill, seit 1926 mit Lotte Lenya, der ingeniösen Interpretin seiner Songs, verheiratet, emigrierte 1933 und kam über Paris und London 1935 nach New York. In den USA wandelte sich der sozialkritische, aufklärerische Komponist zu einem Gebrauchsmusiker, der jedoch nie seinen Theaterinstinkt verlor und sich seinen unverkennbaren musikalischen Duktus bewahrte.

Die Dreigroschenoper

Ein Stück mit Musik in einem Vorspiel und 3 Akten (8 Bilder) nach John Gays *The Beggar's Opera* (1728). Deutsche Bearbeitung von Bertolt Brecht. Uraufführung am 31. August 1928 in Berlin, Theater am Schiffbauerdamm.

Bertolt Brecht (10. 2. 1898 Augsburg – 14. 8. 1956 Berlin), der Dichter und Dramatiker, entwickelte, aus der Tradition des expressionistischen Theaters kommend, mit seinen zentralen Stücken *Mutter Courage und ihre Kinder* (1939), *Leben des Galilei* (1939), *Der gute Mensch von Sezuan* (1942) seine Theorie des epischen Theaters, die wesentlich die Entwicklung des modernen Dramas bestimmte. Schon in seinen frühen Werken teilte er der Musik einen die Aussage intensivierenden Effekt zu. Zusammen mit Kurt

Weill entstanden *Die Dreigroschenoper* (1928), *Happy End* (1929), *Aufstieg und Fall der Stadt Mahagonny* (1930) und *Die sieben Todsünden* (1933). Musik zu Brechts Lehrstücken komponierten Kurt Schwaen, Paul Hindemith, Paul Dessau und Hanns Eisler; nach Texten Brechts schrieb Dessau die Opern *Die Verurteilung des Lukullus* (1951) und *Puntila* (1966); zu den wichtigsten Vertonungen von Brechts weiteren Stücken gehört *Baal* (1981) von Friedrich Cerha. – John Gay s. Pepusch, *Die Bettleroper*, S. 29.

PERSONEN: Macheath, genannt Mackie Messer, Chef einer Bande von Straßenbanditen – Jonathan Jeremiah Peachum, Chef einer Bettlerbande – Celia Peachum, seine Frau – Polly Peachum, beider Tochter – Brown, genannt Tiger-Brown, Polizeichef von London – Lucy, seine Tochter – Die Spelunken-Jenny – Smith – Pastor Kimbal – Filch – Ein Ausrufer – Trauerweidenwalter, Hakenfingerjakob, Münzmatthias, Sägerobert, Ede, Jimmy, Banditen – Bettler, Huren, Konstabler, Volk.

ORT UND ZEIT: London, Anfang des 18. Jahrhunderts.

Vorspiel. Der Ausrufer verkündet das Motto des Abends: »Sie werden heute abend eine Oper für Bettler sehen. Weil diese Oper so prunkvoll gedacht war, wie nur Bettler sie erträumen, und weil sie doch so billig sein sollte, daß Bettler sie bezahlen können, heißt sie ›*Die Dreigroschenoper*‹.« Auf dem Jahrmarkt von Soho trägt der Ausrufer anschließend die Moritat von Mackie Messer vor (*Und der Haifisch, der hat Zähne*).

1. Akt. Peachum, Besitzer der Agentur »Bettlers Freund«, die die Lizenzen an alle Bettler Londons vergibt, erläutert sein zynisches Geschäftsgebaren; er stattet die Bettler typengerecht aus, damit sie möglichst großes Mitleid erzielen, und kassiert dafür einen Teil der erbettelten Einnahmen. An diesem Morgen muß Peachum feststellen, daß seine Tochter Polly sich mit dem Bandenchef Mackie Messer eingelassen hat und die Nacht außer Haus verbrachte. – Im Herzen Sohos feiern Mackie und Polly in einem leeren Pferdestall ihre Hochzeit. Zur allgemeinen Unterhaltung tragen vier von Mackies Bandenmitgliedern durch ein Hochzeitslied bei, und die Braut singt das Lied der Seeräuber-Jenny (*Meine Herren, heute sehen Sie mich*). Als einziger Gast erscheint

Mackies alter Freund Brown; gemeinsam geben sie sich ihren Erinnerungen an alte Kriegszeiten hin (Kanonensong: *John war darunter und Jim war dabei*). Mackie kann zufrieden sein. Bei der Polizei liegt nichts gegen ihn vor. – Voll Entsetzen hört Peachum von der Heirat seiner Tochter. Polly läßt die Strafpredigt ungerührt über sich ergehen (Barbara-Song: *Einst glaubte ich*). Peachum und seine Frau wollen Mackie an den Galgen liefern. Doch Polly ist sicher, daß sie unter den Huren von Turnbridge keine finden, die bereit wäre, Mackie zu verpfeifen. Mit der Bibel in der Hand klagt Peachum: »Wer möchte nicht in Fried und Eintracht leben? Doch die Verhältnisse, sie sind nicht so!«
2. Akt. Polly verrät Mackie den Plan ihres Vaters, worauf ihr Mackie die Leitung seiner Geschäfte übergibt und angeblich in das Moor von Highgate flieht. Frau Peachum sucht die Huren in Turnbridge auf und besticht sie, damit sie Mackie bei der Polizei anzeigen (*Ballade von der sexuellen Hörigkeit*). Wie von Frau Peachum prophezeit, treibt Mackie die »sexuelle Hörigkeit« in das Bordell. Dort schwelgt er in Erinnerungen an sein früheres Zusammenleben mit Jenny (*In einer Zeit*). Die Huren verraten Mackie; er wird verhaftet. Im Gefängnis singt Macheath die *Ballade vom angenehmen Leben*. Zornig erscheint Lucy, Browns Tochter und eine frühere Geliebte von Macheath, da sie von seiner Heirat erfahren hat. Zu allem Überfluß taucht auch Polly auf. Die beiden Damen kriegen sich in die Haare (Eifersuchts-Duett: *Komm heraus, du Schönheit von Soho*). Polly wird von ihrer Mutter fortgezerrt und Macheath gelingt es, Lucy zu beruhigen. Brown, der untröstlich war, daß einer seiner Mitarbeiter seinen alten Freund einkerkerte, ermöglicht Mackie die Flucht. Die Krönung der Königin steht bevor. Peachum erpreßt den Polizeichef: Wenn Mackie nicht verhaftet wird, wollen Peachums Bettlerscharen dafür sorgen, daß der Krönungszug zum Fiasko wird. Macheath stimmt das Finale an: *Denn wovon lebt der Mensch?* Frau Peachum weiß: »Erst kommt das Fressen, dann kommt die Moral«, und der Chor resümiert: »Der Mensch lebt nur durch Missetat allein.«
3. Akt. Peachum unterstreicht seine Drohung gegenüber

dem Polizeichef mit dem Lied von der Unzulänglichkeit menschlichen Strebens (*Der Mensch lebt durch den Kopf*). Brown kann sich keine Demonstration der Ärmsten der Armen leisten. Mackie, der abermals zu den Huren ging, wird ein zweites Mal verraten. Jenny singt den Salomon-Song (*Ihr saht den weisen Salomon*). Mackie hat kein Geld mehr, um seine Wächter zu bestechen. Sein Ende am Galgen steht bevor. Seine Freunde kommen und verabschieden sich von ihm. Mackie leistet jedermann Abbitte (*Ihr Menschenbrüder, die ihr nach uns lebt*). Als Mackie unter dem Galgen steht, verkündet Peachum ein anderes Finale, »damit ihr wenigstens in der Oper seht, wie einmal Gnade vor Recht ergeht«. Hoch zu Roß erscheint Brown als reitender Bote des Königs und verkündet, daß die Königin anläßlich ihrer Krönung Macheath freiläßt und in den Adelsstand erhebt. Neben einem Schloß erhält Mackie darüber hinaus eine Leibrente. Alle stimmen in den Choral der Ärmsten der Armen ein, »denn die reitenden Boten des Köngis kommen sehr selten«. »Verfolgt das Unrecht nicht zu sehr, in Bälde erfriert es schon von selbst, denn es ist kalt. Bedenkt das Dunkel und die große Kälte in diesem Tale, das von Jammer schallt.«

Im Sommer 1928 wurde Brecht von seiner Mitarbeiterin Elisabeth Hauptmann auf den großen Erfolg hingewiesen, den 1927 in London die wieder ausgegrabene, zweihundert Jahre alte *Beggar's Opera* von Gay und Pepusch errungen hatte. Die unter Bettlern, Zuhältern, Dirnen und Banditen spielende Satire auf die italienische Oper der Oberschicht entsprach Brechts eigener kritisch distanzierter Auffassung der Oper als bürgerlicher Kunstform. Elisabeth Hauptmann übersetzte das englische Original, Brecht schuf eine eigene Fassung unter dem Titel *Gesindel*, und der Berliner Schauspieler Ernst Josef Aufricht fand sich bereit, mit diesem Stück sein neues Theater am Schiffbauerdamm im Herbst 1928 zu eröffnen.

Die Zeit drängte. Während eines achtwöchigen Aufenthalts an der Riviera vollendeten Weill und Brecht das Stück nahezu. Brecht nahm Texte von François Villon und Rudyard Kipling hinzu; von Pepuschs Musik übernahm Weill nur den ›*Morgenchoral*‹. Auf Vorschlag von Lion Feuchtwanger erhielt das am 31. 8. 1928 mit sensationellem Erfolg aufgeführte Stück den Titel *Die Dreigroschenoper*. Unter der Leitung von Theo Mackeben sangen und spielten Rosa Valetti und Erich Ponto die Peachums, Roma Bahn die Polly, Harald Paulsen den Macheath und Lotte Lenya die Jenny. Der *Seeräubersong*, die *Moritat von Mackie Messer* und der *Kanonensong* wurden zu Schlagern, die über Nacht die Theater und den Musikmarkt eroberten. Der Erfolg ist bis heute ungebrochen. 1929 führte Otto Klemperer die von Weill bearbeitete *Kleine Dreigroschenmusik für Blasorchester* auf.

Zum Erfolgsrezept der *Dreigroschenoper* gehörte der durchaus kulinarisch aufbereitete Kitzel mit dem Verbotenen, dem antibürgerlichen Milieu; mit ihm formulierte Brecht seine Kritik an der Bourgeoisie. Die kurze Zusammenarbeit Weills mit Brecht kann als ebenso exemplarisch angesehen werden wie die singuläre Zusammenarbeit von Mozart und da Ponte oder die von Strauss und Hofmannsthal. Weills ästhetischer Ansatz enthält eine fundamentale Theorie der Oper: »Was wir machen wollten, war die Urform der Oper. [...] Ich hatte eine realistische Handlung, mußte also die Musik dagegensetzen, da ich ihr jede Möglichkeit einer realistischen Wirkung abspreche. So wurde also die Handlung entweder unterbrochen, um Musik zu machen, oder sie wurde bewußt zu einem Punkt geführt, wo einfach gesungen werden mußte.«

Weills Musik, für 8 Musiker mit 21 verschiedenen Instrumenten geschrieben, fängt das weltstädtische Flair des Berlin der 1920er Jahre kongenial ein; sie besitzt kompositorische Raffinesse, theatralische Schlagkraft, Schmiß und jene Qualität, die Evergreens auszeichnet. Aus der Mischung von Parodie, Satire, Operette und großer Oper kreierte Weill neues Musiktheater. Leerhülsen und Formeln (u. a. Fuge) verschmelzen mit barocken Zitaten, Blues, Tango und Jahrmarktsmusik zu bündig-bissigen, teils sentimental kitschi-

gen, teils aggressiv skandierten Songs, die weniger gesungen als scharf akzentuierend deklamiert werden sollten.
Spieldauer: ca. 2½ Stunden.

Aufstieg und Fall der Stadt Mahagonny

Oper in 3 Akten. Text von Bertolt Brecht. Uraufführung am 9. März 1930 in Leipzig, Neues Theater.

Bertolt Brecht s. *Die Dreigroschenoper*, S. 737.

PERSONEN: Leokadja Begbick (Alt oder Mezzosopran) – Fatty, der »Prokurist« (Tenor) – Dreieinigkeitsmoses (Bariton) – Jenny Smith (Sopran) – Jim Mahoney oder Paul Ackermann (Tenor) – Jack O'Brien oder Jakob Schmidt (Tenor) – Bill, genannt Sparbüchsenbill, oder Heinrich Merg (Bariton) – Joe, genannt Alaskawolf-Joe, oder Josef Lettner (Baß) – Tobby Higgins (Tenor) – Sechs Mädchen von Mahagonny – Die Männer von Mahagonny.

ORT UND ZEIT: Mahagonny, Gegenwart.

1. Akt. Leokadja Begbick, Fatty und Dreieinigkeitsmoses, wegen mehrfacher Gaunereien steckbrieflich gesucht, haben auf ihrer Flucht eine Autopanne. Die Begbick kommt auf die Idee, an Ort und Stelle eine Stadt zu gründen, der sie den Phantasienamen Mahagonny gibt. Der einzige Vorteil, den die Ödnis bietet, ist die Nähe zu den Goldgräberstätten. Den Goldgräbern wollen die Begbick und ihre Helfer auch das Geld aus den Taschen ziehen. – Die Stadt, in der alles erlaubt ist, wächst schnell; »die ersten Haifische siedeln sich an«, darunter Jenny und ihre sechs Mädchen. Sie verlangen nach Whisky und singen den Alabama-Song (*Oh show us the way to the next whisky bar*). Moses und Fatty werben bei den Unzufriedenen der großen Städte für Mahagonny. Zu den zahlreichen Zuzüglern gehören auch Jim, Jack, Bill und Joe, Holzfäller aus Alaska. Begbick setzt den Neuankömmlingen zuliebe die Preise herunter und führt ihnen ihre Mädchen vor. Jim und Jenny werden handelseinig. – Die Begbick, Fatty und Moses klagen, »dieses Mahagonny ist kein Geschäft geworden«. Doch es bleibt ihnen kein Ausweg. Sie

müssen in Mahagonny bleiben, da die Begbick überall gesucht wird. Auch Jim will die Stadt wieder verlassen, er langweilt sich, und die zahlreichen Verbote reizen ihn zum Aufruhr. Plötzlich gehen alle Lichter in der Stadt aus: Ein Hurrikan wird über Mahagonny hereinbrechen. Während die anderen ihrem Untergang entgegensehen, findet Jim »die Gesetze der menschlichen Glückseligkeit«. Er fordert alle auf, zu tun, was verboten ist, »denn wie man sich bettet, so liegt man«.
2. Akt. Der Hurrikan hat einen Bogen um Mahagonny gemacht. Die von Jim ausgerufene Losung »du darfst« hat sich durchgesetzt. Fressen, Huren, Boxen und Saufen bestimmen den Tagesablauf der Männer in Mahagonny. Beim Preisboxen schlägt Moses Jims Freund Joe tot, doch keiner kümmert sich darum. Jim, der alles auf ihn verwettet hat, lädt die Anwesenden zum Saufen ein. Nach dem Fest präsentiert die Begbick ihm die Rechnung, doch Jim ist total abgebrannt. Da keiner bereit ist, ihm auszuhelfen, wird er eingesperrt.
3. Akt. Jim hat Angst vor dem kommenden Tag, der seine Verhandlung bringen wird. Die Gerichtsverhandlung ufert in ein volkstümliches Spektakel aus. Nachdem sich zuvor ein Mörder durch Geld freikaufen konnte, wird Jim Mahoney zum Tode verurteilt, »wegen Mangel an Geld, was das größte Verbrechen ist, das auf dem Erdenrund vorkommt«. – Jim verabschiedet sich von Jenny und nimmt auf dem elektrischen Stuhl Platz. Dort läßt ihm die Begbick das »Spiel vom Gott in Mahagonny« mit Moses als Gott vorspielen; die Männer von Mahagonny verhöhnen Gott, der sie in die Hölle jagen will: »An den Haaren kannst du uns nicht in die Hölle ziehen, weil wir immer in der Hölle waren.« Jim stirbt. Die »zunehmende Verwirrung, Teuerung und Feindschaft aller gegen alle« leitet die letzte Phase des Niedergangs von Mahagonny ein; die Bewohner resümieren: »Können uns und euch und niemand helfen!«

Um 1923 benutzte Brecht erstmals den fiktiven Begriff Mahagonny als Synonym für spießiges, gefährlich kleinkariertes Denken und setzte ihn auch mit Berlin gleich. 1927 verabredeten Weill und Brecht eine Oper mit dem Titel *Mahagonny.* Als Weill im gleichen Sommer für das Musikfest in Baden-Baden den Auftrag zu einem Operneinakter erhielt (wie Hindemith, Milhaud und Toch), stellte er aus den in Brechts *Hauspostille* (1927) enthaltenen Mahagonny-Gesängen eine Art szenische Kantate zusammen: *Mahagonny. Ein Songspiel* wurde am 17. 7. 1927 unter großem Beifall aufgeführt. Bald nach der Uraufführung machten sich die Autoren daran, das Songspiel zu der abendfüllenden Oper *Aufstieg und Fall der Stadt Mahagonny* zu erweitern; daneben entstand *Die Dreigroschenoper*, wurden *Das Berliner Requiem*, *Der Lindberghflug* und *Happy End* aufgeführt. Weill, der das Songspiel als eine Stilstudie zur Oper auffaßte, instrumentierte sämtliche Nummern des Songspiels neu. Die Lieder basieren auf naiven Melodien, und die Musik orientiert sich am Jazz, an modernen zeitgenössischen Formen wie Foxtrott und Blues. Die Musik der 21 Nummern verdichtet sich in den Finali des 1. und 3. Aktes zu kunstvolleren Strukturen (Orchesterfuge beim Nahen des Hurrikans); daneben stehen geschlossene Opernformen, Zitate und Parodien (u. a. auf Bach, Mozart, Weber, das *Gebet einer Jungfrau*); zu Schlagern wurden *O moon of Alabama* und *Denn wie man sich bettet, so liegt man*; zu den schönsten poetischen Momenten gehört das Duett Jim/Jenny *Sieh jene Kraniche*.

Bei der Uraufführung kam es zu einem gewaltigen Skandal, und die Oper erlebte nur 6 Reprisen. Trotz immer wilderer Nazi-Demonstrationen fanden noch Aufführungen in Braunschweig, Kassel, Prag, Frankfurt a. M. und 1931 in Berlin (hier mit über 50 Aufführungen einer der größten Erfolge einer zeitgenössischen Oper!) statt. 1969 erschien bei der Universal Edition der von David Drew revidierte Klavierauszug mit allen von Weill vorgenommenen Änderungen, Kürzungen und Alternativen.

Spieldauer: ca. 2½ Stunden.

Ernst Krenek

* 23. August 1900 in Wien
† 22. Dezember 1991 in Palm Springs (Calif.)

Krenek begann mit 16 Jahren in Wien bei Franz Schreker zu studieren und folgte diesem 1920 nach Berlin, wo er auch in Berührung mit Ferruccio Busoni und dessen Kreis kam. Doch löste er sich bald von den stilistischen Idealen seines Lehrers und verband in seiner komischen Oper *Der Sprung über den Schatten* (Frankfurt a. M. 1924) atonale Strukturen mit Jazz-Elementen. Vorausgegangen war als erstes Bühnenwerk die szenische Kantate *Die Zwingburg* (Berlin 1924). Nach Aufenthalten in der Schweiz und in Paris, wo er dem Einfluß Strawinskys erlag, wurde er 1925–1927 künstlerischer Berater am Theater in Kassel; dort kam 1926 seine neoklassizistische Version von *Orpheus und Euridike*, ein Schauspiel, zur Uraufführung. Während dieser Zeit entstand auch *Jonny spielt auf* (Leipzig 1927), eine der skandalumwitterten, doch höchst erfolgreichen Zeitopern jener Jahre. Der Erfolg des *Jonny* ermöglichte Krenek eine Tätigkeit als freier Komponist, 1928–1937 in Wien lebend. Es entstanden die stilistisch unterschiedlichen Einakter *Der Diktator*, *Das geheime Königreich*, *Schwergewicht oder Die Ehre der Nation* (alle Wiesbaden 1928), die Grand opéra *Leben des Orest* (Leipzig 1930). Nach der Phase einer ironischen Neoromantik in dem *Reisetagebuch aus den österreichischen Alpen* kam Krenek in engen Kontakt mit Berg und Webern und folgte, besonders in dem 1930–1933 im Auftrag von Clemens Krauss für die Wiener Staatsoper geschriebenen *Karl V.*, der von Schönberg dargelegten Zwölftontechnik. Die Uraufführung dieser Oper kam unter dem Druck der Nationalsozialisten nicht in Deutschland, sondern erst 1938 in Prag zustande. (Eine Neufassung der Oper datiert von 1954.) Nach einem ersten Amerika-Aufenthalt 1937 emigrierte Krenek 1938 in die USA, wo er seit 1939 an verschiedenen Universitäten lehrte. Von 1966 bis zu seinem Tode

lebte er in Palm Springs. Nach dem 2. Weltkrieg kehrte Krenek regelmäßig, u. a. als Dirigent eigener Werke, nach Europa zurück. Jetzt unter Verwendung serieller Techniken knüpfte er mit einigen Auftragswerken an seine Vorkriegserfolge an: *Pallas Athene weint* (Hamburg 1955), *Der goldene Bock* (Hamburg 1964). Weitere Bühnenstücke sind *Cefalo e Procri* (Venedig 1934), *Tarquin* (Köln 1950), *What Price Confidence?* (Saarbrücken 1962), *Dark Waters* (Los Angeles 1950), *The Bell Tower* (Urbana [Illinois], 1957), die beiden Fernsehopern *Ausgerechnet und verspielt* (Wien 1962) und *Der Zauberspiegel* (München 1966) sowie *Sardakai* (Hamburg 1970).
Neben den Texten zu seinen Opern verfaßte Krenek zahlreiche viel beachtete Essays und musiktheoretische Schriften.

Jonny spielt auf

Oper in 2 Teilen. Text vom Komponisten. Uraufführung am 10. Februar 1927 in Leipzig, Stadttheater.

PERSONEN: Der Komponist Max (Tenor) – Die Sängerin Anita (Sopran) – Der Neger Jonny, Jazzband-Geiger (Bariton) – Der Violinvirtuose Daniello (Bariton) – Das Stubenmädchen Yvonne (Sopran) – Der Manager (Baß) – Der Hoteldirektor (Tenor) – Ein Bahnangestellter (Tenor) – Drei Polizisten (Tenor, Bariton, Baß) – Stumme Rollen: Stubenmädchen, ein Groom, ein Nachtwächter im Hotel, ein Polizeibeamter, zwei Chauffeure, ein Ladenmädchen, ein Gepäckträger – Hotelgäste, Reisende, Publikum, Stimmen des Gletschers.

ORT UND ZEIT: Eine mitteleuropäische Großstadt, Paris, an einem Gletscher, um 1920.

1. Teil. Am Fuß eines Gletschers in den Hochalpen lernen sich der Komponist Max und die Sängerin Anita, die bereits in einer seiner Opern mitwirkte, kennen. Die Sängerin schenkt ihm seinen verlorenen Lebensmut wieder. Bei einem Gastspiel in Paris erliegt Anita den Verführungskünsten des blendenden Geigenvirtuosen Daniello, des Gegen-

bilds zum grüblerischen Max; Anita erkennt aber, daß sie zu Max zurückkehren muß. Jonny stiehlt die wertvolle Amati-Geige Daniellos und versteckt sie in Anitas Banjo-Futteral. Als Anita am nächsten Morgen aufbrechen will, erbittet Daniello von ihr zum Andenken einen Ring, den sie zuvor von Max erhalten hatte. Mittlerweile hat Daniello den Raub seiner Geige entdeckt und schaltet die Polizei ein. Zuerst fällt der Verdacht auf das Stubenmädchen Yvonne, Jonnys ehemalige Freundin. Der Hotelmanager entläßt sie auf der Stelle, und Anita engagiert sie als Zofe. Um sich an Anita für ihre Rückkehr zu Max zu rächen, überläßt Daniello Yvonne den Ring; sie soll ihn Max zurückbringen. Und Jonny, um die Geige ganz in seinen Besitz zu bringen, folgt der nichtsahnend mit dem kostbaren Instrument abreisenden Anita.

2. Teil. Max erwartet Anitas Rückkehr. Das Wiedersehen der beiden Liebenden fällt kühl aus. Yvonne führt Daniellos Racheplan aus und überreicht Max den Ring, dem sofort die Zusammenhänge klarwerden. Unterdessen bringt Jonny heimlich die von Anita unbewußt geschmuggelte Geige an sich. In seiner Verzweiflung hat sich Max in die Hochalpen geflüchtet. Doch die Stimmen des Gletschers halten ihn vom Selbstmord ab und schicken ihn zurück zu den Menschen. Im Lautsprecher des Hotels vernimmt er Anitas Stimme, die seine Musik singt; voll neu aufbrechender Leidenschaft eilt er zu ihr. Auch Daniello, der sich im Hotel aufhält, erkennt im Radio den Klang seiner von Jonny gespielten Geige. Er verständigt die Polizei. Aber am Bahnhof wird fälschlicherweise Max, der Anita nach Amerika folgen will, verhaftet, denn Jonny hat die Geige jetzt im Gepäck des Komponisten versteckt. Triumphierend erzählt der eifersüchtige Daniello der zu ihrem Zug hetzenden Anita, daß Max verhaftet wurde. Yvonne will die Mißverständnisse aufklären, wird aber von Daniello daran gehindert. Kurz danach gerät Daniello unter einen einfahrenden Zug und wird getötet. Jetzt erwacht in Max der Lebenswille. Er will Anita zurückerobern. Weil Yvonne von Jonny verlangt hatte, daß er Max befreit, düpiert der Schwarze die Polizisten mit einer List. Max gelingt es im letzten Moment, auf den Zug zu springen,

in dem Anita abfährt. Jonny schwingt sich auf die Bahnhofsuhr, die sich in eine Weltkugel verwandelt, und spielt auf Daniellos Geige. Das große Bahnhofspublikum findet Gefallen an seinem Spiel, den ungewohnten Klängen aus der Neuen Welt, und beginnt nach ihnen zu tanzen.

Jonny war erfolgreich, weil die Oper exemplarisch den Begriff der Zeitoper verkörperte. Sie stellte die kulturellen Fragen der Zeit zur Diskussion und verband stilistische wie inhaltliche Aktualität in der Verwendung von modernen Tänzen und Rhythmen (Tango, Blues, Jazz; Saxophone, Sirene, Klingel, Pfeife im Orchester) einerseits, von modernem Technikgerät (Telefon, Lautsprecher, Automobil, Schnellzug) andererseits; ganz abgesehen vom Glamour der Luxushotels. Krenek verlieh seinem Künstlerdrama durch die Rasanz und Spannung der Handlung und durch die musikalisch glänzende Mischung aus sinnlicher Arienkunst, spielerischer Operettennähe und rhythmisch-tänzerischer Animiertheit die ironische Zwischenlage einer Hollywood-Komödie. Er hütete sich, seiner Oper eine eindeutige Interpretation zu unterlegen: »Jonny und sein Amerika waren Symbole für die Fülle des Lebens, optimistische Bejahung, Freiheit von nutzloser Grübelei und Hingegebenheit an das Glück des Augenblicks. Jonny war die Erfüllung eines Wunschtraums . . . Daniello, der glatte, ölige Virtuose, war eine hämische Karikatur des Wunschbildes. Der Komponist Max war das Gegenteil beider und eine stark autobiographische Figur. Er war der verlegene, gehemmte, grübelnde Intellektuelle Mitteleuropas, als solcher entgegengesetzt den glücklicheren, unmittelbaren Typen der westlichen Welt.«
Nach der Uraufführung schickte sich *Jonny*, getragen vom skandalträchtigen Flair der anrüchigen Jazzoper, zu einem Triumphzug über die deutschen Bühnen an, wie ihn kaum eine andere moderne Oper im 20. Jahrhundert wiederholt haben dürfte. Bis 1930 griffen 70 europäische Bühnen zu *Jonny spielt auf*; es entstanden Bearbeitungen für Salonorchester, und die Arien erklangen als Schlager aus den Musikautomaten. Die Abstempelung als Zeitoper erschwerte diesem Werk nach 1945 die Rückkehr ins Reper-

toire, nachdem Krenek 1938 zu den »entarteten Künstlern« geschlagen und seine Opern aus den Spielplänen verbannt worden waren.
Spieldauer: ca. 2 Stunden.

Werner Egk

* 17. Mai 1901 in Auchsesheim
† 10. Juli 1983 in Inning am Ammersee

Der in der Nähe Augsburgs geborene Werner Joseph Mayer (der seit 1937 offiziell den Künstler- und Familiennamen Egk trug) studierte in Frankfurt und bei Carl Orff in München Komposition. 1925–1927 lebte er in Italien, ging dann ein Engagement am Münchner Marionettentheater ein und arbeitete für den Berliner Rundfunk. Im Auftrag des Bayerischen Rundfunks schrieb er 1932 die Funkoper *Columbus*, die er später für eine Bühnenproduktion umarbeitete: *Columbus. Bericht und Bildnis* (Frankfurt a. M. 1942). Seinen Durchbruch als Bühnenkomponist erlebte Egk mit der volkstümlichen Märchenoper *Die Zaubergeige* (Frankfurt a. M. 1935, Neufassung Stuttgart 1954). Nach der von ihm dirigierten Berliner Erstaufführung 1936 wurde er als Kapellmeister an die Staatsoper Unter den Linden verpflichtet. Im Auftrag der Staatsoper schrieb er den 1938 unter seiner Leitung uraufgeführten *Peer Gynt*. Sein künstlerisches Credo zeichnete ihm das Tätigkeitsfeld vor: »Die schönste, die zauberischste Ungeheuerlichkeit, unwahrscheinlicher als das geflügelte Pferd und verführerischer als die fischleibigen Sirenen, das ist die Oper.« Nach seinen beiden Balletten *Joan von Zarissa* (Berlin 1940) und dem vom bayerischen Kultusminister wegen »Unzüchtigkeit« abgesetzten Faust-Ballett *Abraxas* (München 1948) entstanden in dichter Folge die bei den Salzburger Festspielen 1955 uraufgeführte *Irische Legende* (nach William B. Yeats), der für die Schwet-

zinger Festspiele bestimmte *Revisor* (1957) und für die Wiedereröffnung des Münchner Nationaltheaters 1963 *Die Verlobung in San Domingo*. Weitere Bühnenwerke sind die Calderón-Adaption *Circe* (Berlin 1948), die Egk später zu der Opera semibuffa *Siebzehn Tage und vier Minuten* (Stuttgart 1966) umarbeitete, sowie u. a. die Ballette *Die chinesische Nachtigall* und *Casanova in London*. In seinen auf eigene Libretti komponierten Opern erweisen sich Egks untrügliches Theatergespür und seine Fähigkeit, eine durch die französische Musik und Strawinsky inspirierte, farbige, auch bildhaft volkstümliche Musik zu schreiben, die sich an den Vorgaben der traditionellen Opernformen orientiert.
Egk war 1950–1953 Direktor der Berliner Musikhochschule, 1968–1971 Präsident des Deutschen Musikrats.

Die Zaubergeige

Spieloper in 3 Akten. Text vom Komponisten und Ludwig Andersen (eigtl. Ludwig Strecker) nach Franz von Poccis Märchendrama (1868). Uraufführung am 22. Mai 1935 in Frankfurt am Main. Uraufführung der Neufassung am 2. Mai 1954 in Stuttgart, Staatstheater.

Ludwig Strecker (13. 1. 1883 Mainz – 15. 9. 1978 Wiesbaden), Mitinhaber des Musikverlags B. Schott's Söhne in Mainz, schrieb unter dem Namen Ludwig Andersen Operntexte, u. a. zu *Tobias Wunderlich* (1937) von Joseph Haas. – Franz Graf von Pocci (7. 3. 1807 München – 7. 5. 1876 München), Jurist, 1830 Hofzeremonienmeister König Ludwigs I., künstlerisch vielseitig talentiert, wurde mit seinen Stücken für das Marionettentheater dessen Klassiker.

PERSONEN: Kaspar (Bariton) – Gretl (Sopran) – Der Bauer (Baß) – Ninabella (Sopran) – Amandus (Tenor) – Guldensack (Baß) – Cuperus (Baß) – Fangauf (Tenor) – Schnapper (Baß) – Der Bürgermeister (Tenor) – Der Richter (Tenor) – Zwei Lakaien (Tenor, Baß) – Ein Offizier (Tenor) – Lakaien, Elementargeister, Dienerschaft Ninabellas, Gäste, Gerichtspersonen, Stadtwache, Volk u. a.

ORT UND ZEIT: Im Märchenland, zur Märchenzeit.

1. Akt. Der Knecht Kaspar will mit seiner Gretl hinaus in die Welt ziehen. Doch der Bauer will ihn nicht gehen lassen, bevor er ihm nicht für kaputtgegangenes Arbeitsgerät Schadenersatz geleistet hat. Da bleibt Gretl beim Bauern zurück, um Kaspars Schulden abzuarbeiten. – An einer Wegkreuzung stößt Kaspar auf einen Bettler, dem er sein letztes Geld schenkt. Doch der Bettler ist kein anderer als Cuperus, der mächtige Herrscher der Erdgeister, der zum Dank Kaspar einen Wunsch freigibt und ihm eine Zaubergeige schenkt. Der Klang der Geige zwingt jeden zum Tanzen und verhilft Kaspar zu Ansehen und Reichtum, sofern er der Liebe schweigend entsagt. Zum ersten Mal erprobt Kaspar seine Geige bei dem vorbeikommenden Wucherer Guldensack, den er so lange tanzen läßt, bis Guldensack ohnmächtig niedersinkt. Diese Situation nutzen die Diebe Fangauf und Schnapper aus, indem sie den Wucherer ausrauben. Als Guldensack wieder erwacht, hält er Kaspar für den Räuber und schwört Rache.
2. Akt. Mit seiner Zaubergeige machte Kaspar inzwischen Karriere als Wundergeiger Spagatini. Aus Gretl wurde die Kammerzofe der schönen Ninabella. Um ihn für ein Abendfest zu verpflichten, schickt Ninabella Gretl und ihren Hofmarschall Guldensack zu dem in der Stadt weilenden Spagatini. Ninabella würde gerne den Wundergeiger, der angeblich alle Frauen verschmäht, erobern. – Guldensack erkennt in Spagatini sofort den Fremden, den er für den Räuber seines Vermögens hält, und sieht sich seiner Rache einen Schritt näher. Auch Gretl und Kaspar erkennen einander wieder. Doch Kaspar muß, dem Spruch des Cuperus folgend, seine Liebe zu ihr unterdrücken, ohne der tiefbetrübten Gretl den Grund dafür nennen zu dürfen. Im Kreis einiger Zechbrüder überreicht der Bürgermeister Kaspar die goldene Ehrenkette der Stadt.
3. Akt. Auf Ninabellas Fest verzaubert Kaspar die Anwesenden durch sein Spiel. Ninabella läßt ihre Verführungskünste spielen, bis Kaspar schließlich ihren Reizen erliegt. Seiner Geige kann er danach keinen Ton mehr entlocken. Inzwischen haben sich Guldensack und Ninabellas eifer-

süchtiger Liebhaber Amandus verbündet und lassen Kaspar festnehmen. Cuperus nimmt die Geige wieder an sich. – Vor der Stadt wird Kaspars Exekution vorbereitet. Als er bereits unter dem Galgen steht, reicht ihm Cuperus noch einmal die Zaubergeige. Bei ihren Klängen bekennen die beiden Gauner Schnapper und Fangauf den Raub an Guldensack. Cuperus ist bereit, Kaspar die Geige, unter den gleichen Bedingungen, wieder zu schenken. Dieses Mal lehnt Kaspar wohlweislich ab; seine Liebe zu Gretl gilt ihm weit mehr.

Die Zaubergeige geht auf ein bayerisches Märchenschauspiel des Grafen Pocci zurück, das Egk um 1928, bei seiner Tätigkeit an der Münchner Marionettenbühne, kennengelernt hatte. Gemeinsam mit Dr. Ludwig Strecker verlieh er dem naiven Märchenspiel die Züge einer menschlich anrührenden, romantisch veredelten Volksoper, in der die Sentenz »Der Reichtum, die Ehren, die können vergehn, die Lieb' und die Treue muß ewig bestehn« triumphiert.
Die beiden Sphären der *Zaubergeige*, die höfische Welt der Ninabella und die schlichte, bäuerliche Umgebung von Kaspar und Gretl, werden durch Verwendung konventioneller Belcanto-Formeln und eine virtuos gebrochene, bajuwarisch gefärbte, rhythmisch flexible Musik mit typischen Tänzen (Ländler, Zwiefacher, Hupfauf, Walzer u. a.) charakterisiert. Egks ironisch distanzierter, bisweilen parodierender Ton bewahrt die durchkomponierte, doch als Nummernoper erkennbare *Zaubergeige* vor biederer Trivialität.
1954 legte Egk eine Neufassung vor, die sich seither durchgesetzt hat.
Spieldauer der Neufassung: ca. 2 Stunden.

Der Revisor

Komische Oper in 5 Akten. Text von Werner Egk nach Nikolaj W. Gogols gleichnamiger Komödie. Uraufführung am 9. Mai 1957 in Schwetzingen, Schloßtheater (durch das Ensemble des Staatstheaters Stuttgart).

Der Erzähler und Dramatiker Nikolaj Wassiljewitsch Gogol (1. 4. 1809 Sorotschinzij [Gouv. Poltawa] – 4. 3. 1852 Moskau), kritischer Beobachter seiner Zeitgenossen, schöpfte aus den Quellen ukrainischer und russischer Volkstradition. Seine satirische Komödie *Der Revisor* (1836) und der Roman *Die toten Seelen* (1842) zählen zur Weltliteratur. Viele seiner Texte wurden (zum Teil mehrfach) zu Opernbüchern, u. a. auch bei Mussorgskij (*Der Jahrmarkt von Sorotschinzy*) und Schostakowitsch (*Die Nase*).

Personen: Chlestakow, Beamter aus Petersburg (Tenor) – Ossip, sein Diener (Baß) – Stadthauptmann (Baß) – Anna, seine Frau (Alt) – Marja, seine Tochter (Sopran) – Mischka, sein Diener (Tenor) – Postmeister (Tenor) – Kurator des Krankenhauses (Baß) – Richter (Baß) – Bobtschinskij (Tenor) und Dobtschinskij (Bariton), Privatiers – Eine junge Witwe (Sopran) – Die Frau des Schlossers (Mezzosopran) – Ein Kellner (stumme Rolle).

Ort und Zeit: In der russischen Provinz, um 1840.

1. Akt. Die Nachricht »Es kommt ein Revisor« löst im Hause des Stadthauptmanns einer kleinen russischen Provinzstadt größte Bestürzung aus. Gemeinsam mit dem Kurator, dem Richter und dem Postmeister berät er, wie man dem Revisor die durch Korruption und Mißwirtschaft heruntergekommene Lage der Stadt verbergen könne. Da platzen die beiden klatschsüchtigen Privatiers Dobtschinskij und Bobtschinskij mit der Mitteilung herein, daß sie im Gasthof einen Fremden gesehen haben, der niemand anders als der gefürchtete Revisor sein könne. Der Stadthauptmann bricht zur Begrüßung dieses Mannes auf.
2. Akt. Chlestakow, ein junger Beamter aus Petersburg, hat auf der Reise sein letztes Geld verspielt. Sehnsüchtig wartet er im Gasthof auf eine Überweisung seines Vaters, da der Wirt nicht länger gewillt ist, ihm die geschuldeten Beträge anzuschreiben. Als ihm gesagt wird, der Stadthauptmann wolle ihn aufsuchen, ist Chlestakows erster Gedanke, daß man ihn verhaften werde. Er flüchtet sich in die dreiste Drohung, den Minister einzuschalten. Doch zu seiner Überraschung ist der Stadthauptmann voll Entgegenkommen; er hilft ihm mit 400 Gulden aus und bittet ihn, Gast in seinem Haus zu sein.

3. Akt. Im Haus des Stadthauptmanns treffen die Frauen alle Vorbereitungen für den Besuch des hohen Gastes. Zusammen mit dem Richter, dem Kurator, dem Postmeister und dem Stadthauptmann kommt Chlestakow von einem Besuch des Armenheims. Das dort eingenommene üppige Frühstück und der nun kredenzte Wein sind die Ursachen der übermäßig guten Laune Chlestakows, den der Stadthauptmann persönlich zu Bett bringt. Marja, die sich schon als Braut des Revisors sieht, hofft, daß er ihr musikalisches Talent entdeckt; sie treibt eifrig Gesangsstudien.
4. Akt. Um den Revisor gewogen zu stimmen, bestechen ihn die Stadtväter. Augenblicklich hat Chlestakow 1000 Gulden zusammen. Die Schlossersfrau, die junge Witwe und die weiteren Bittsteller beschweren sich daher vergeblich über den Stadthauptmann. Vergnügt schildert Chlestakow einem Petersburger Freund in einem Brief seine amüsanten Abenteuer in der Provinz. Während Ossip den Brief zur Post bringt, umwirbt Chlestakow Marja und Anna und läßt sich schließlich zu einem Antrag um Marjas Hand hinreißen. Der Stadthauptmann ist überwältigt. Chlestakow packt die Angst; um der drohenden Heirat zu entkommen, schützt er eine kurze Reise zu seinem Onkel vor und macht sich aus dem Staube.
5. Akt. Alle gratulieren Marja zur Verlobung mit dem Revisor. Da kommt der Postmeister mit dem Brief Chlestakows an seinen Freund. Er hat ihn »zur Vorsicht« geöffnet. Die jähe Erkenntnis, daß sie einem Betrüger aufgesessen sind, und seine boshafte Beschreibung aller Honoratioren samt Damen lassen die feine Gesellschaft in ohnmächtigem Zorn erzittern. Ihr Ärger entlädt sich auf die Hiobsbotschafter Bobtschinskij und Dobtschinskij. Mitten hinein in das größte Durcheinander kommt Mischka mit der Nachricht, soeben sei der richtige Revisor eingetroffen.

Der Revisor entstand 1956/57 im Auftrag des Süddeutschen Rundfunks für die Schwetzinger Festspiele. Bis auf Kürzungen übernahm Egk Gogols Komödie fast unverändert. Dadurch aber, daß er umfangreiche Dialogpassagen nebeneinander ablaufen ließ, entstand als Charakteristikum dieser

Kammeroper ein dichter Ensemblesatz, der im A-cappella-Gratulationsnonett des 5. Aktes gipfelt. Das durchkomponierte Werk ist in 22 einzelne, durch Rezitative verbundene Nummern gegliedert. Starke Einschnitte markieren die Pantomimen der Stadtväter, die Chlestakow bestechen (4. Akt) sowie Annas und Marjas Traumvorstellungen in Form von zwei Ballettszenen (3. Akt). Der buffoneske Parlandostil, in den ebenso russische Folklore (das Lied *Stand ein Birkenbaum*) wie das Raffinement des französischen Couplets (Charles-Simon Favarts Chanson *Toutes les mères*) eingegangen sind, erlaubt einen satirisch geschliffenen Umgang mit den verschiedensten, grotesk zulaufenden Situationen. Das 38-Mann-Orchester illustriert die Handlung dieses seltenen Beispiels einer deutschen volkstümlichen Buffo-Oper durch eine knapp skizzierte, pointensichere, teils rhythmisch formelhafte, teils lyrisch besinnliche, aber auch ernste Musik.
Spieldauer: ca. 1¾ Stunden.

Dmitrij Dmitrijewitsch Schostakowitsch

* 25. (12.) September 1906 in St. Petersburg
† 9. August 1975 in Moskau

Der Sohn eines Ingenieurs und einer Pianistin erhielt seinen ersten Klavierunterricht von der Mutter, studierte 1919 bis 1925 am Konservatorium seiner Heimatstadt bei Leonid Nikolajew und Maximilian Steinberg und wurde vor allem von Alexander Glasunow unterstützt. Bereits während seiner Studienzeit arbeitete Schostakowitsch als Pianist in Kinos, doch mit seiner 1. Sinfonie, 1925 als Abschlußstück für das Konservatorium geschrieben, war sein Weg als Komponist vorgezeichnet. Das 1926 in Leningrad uraufgeführte, bald von Bruno Walter und Leopold Stokowski gespielte Werk bildete den Auftakt zu seinem umfangreichen sinfonischen Schaffen, zu dem neben den 15 Sinfonien, in denen Schostakowitsch auch marxistische Ideologie vermitteln wollte, Konzerte, Kammermusik und Vokalwerke gehören. 1927 errang er als Pianist einen Ehrenpreis beim ersten Warschauer Chopin-Wettbewerb. Schostakowitsch wirkte als musikalischer Mitarbeiter an Moskauer und Leningrader Bühnen, schrieb Schauspiel- und Filmmusiken. Einen großen Erfolg hatte 1934 sein bis dahin ambitioniertestes Werk, die Oper *Lady Macbeth von Mzensk*, die zunächst enthusiastisch gewürdigt wurde, aber 1936 einem Verdikt der *»Prawda«* zum Opfer fiel. Die gezielten Angriffe auf seinen »Modernismus« trieben den Komponisten in die Einsamkeit. Erst 1940 wurde er mit Ehren (Stalin-Preis) wieder in die Riege der staatskonformen Komponisten aufgenommen. Er unterrichtete 1937–1941 und 1945–1948 am Leningrader und 1943 bis 1948 am Moskauer Konservatorium. Auch nach dem 2. Weltkrieg hatte sich Schostakowitsch dem Vorwurf der Partei, »formalistischen Perversionen« nachzugeben, zu stellen. Er entwickelte eine offiziöse Schreibweise und komponierte daneben anspruchsvolle Konzertstücke und Kammermusik. Als Komponist der Sowjet-Ära fühlte sich Schostakowitsch dennoch den russischen Traditionen eines Mussorgskij und Borodin verbunden und bewunderte Zeitgenossen wie Strawinsky, Prokofjew, Hindemith, Krenek. Seine beiden weiteren Opern – *Die Nase* (1930) und der unvollendete *Spieler* (Leningrad 1978) – verarbeiten Stoffe Gogols. Die Musik zu dem Märchenfilm *Das Märchen vom Popen und seinem Knecht Balda* (1933–35, nach Puschkin) wurde 1980 in Leningrad szenisch aufgeführt.

Die Nase

Nos

Oper in 3 Akten und einem Epilog (10 Bilder). Text vom Komponisten und Georgij Jonin, Arkadij Preiss, Jewgenij Samjatin nach Nikolaj Gogols gleichnamiger Erzählung (1834). Uraufführung am 18. Januar 1930 in Leningrad, Malij Theater.

Nikolaj Gogol s. Egk, *Der Revisor*, S. 753. – Der russische Dramatiker Arkadij Germanowitsch Preiss war auch Mitverfasser des Librettos von Schostakowitschs *Lady Macbeth*. – Jewgenij Iwanowitsch Samjatin (1. 2. 1884 Lebedjan [Gouv. Tambow] – 10. 3. 1937 Paris) war zunächst Marineingenieur. Sein wichtigstes schriftstellerisches Werk ist der utopische Roman *Wir* (1924).

Personen: Platon Kusmitsch Kowaljow, Kollegienassessor (Bariton) – Iwan Jakowlewitsch, Barbier (Baß) – Praskowja Ossipowna, dessen Frau (Sopran) – Ein Wachtmeister (Tenor) – Iwan, Kowaljows Diener (Tenor) – Die Nase in Gestalt eines Staatsrates (Tenor) – Pelageja Grigorjewna Podtotschina, Stabsoffiziersfrau (Mezzosopran) – Deren Tochter (Sopran) – Angestellter der Annoncenredaktion (Baß) – Ein Arzt (Baß) – Jarischkin, Freund des Kowaljow (Tenor) – Eine alte Gutsherrin (Alt) – Eine Brezelverkäuferin (Sopran) – Ein Straßenkehrer (Baß) – Portier (Tenor) – Kutscher (Baß) – Spekulant (Baß) – Oberst (Tenor) – Mutter (Sopran) – Vater (Baß) – Hausknechte, Polizisten, Herren der Regierung, vier arme Verwandte der Gräfin, Söhne, Studenten, Besucher der Kathedrale, Eunuchen, Abreisende u. a.

Ort und Zeit: St. Petersburg, Mitte des 19. Jahrhunderts.

1. Akt. Einleitung. Der Kollegienassessor Kowaljow, unentwegt mit den Gedanken an seine Beförderung beschäftigt, läßt sich von Iwan Jakowlewitsch rasieren. – Tags darauf findet der Barbier beim Frühstück im frisch gebackenen Brot eine Nase. Seine Frau wirft ihm vor, die Nase einem seiner Kunden abgeschnitten zu haben; er solle sie schleunigst loswerden. – Iwan Jakowlewitsch will die Nase fortwerfen, fühlt sich jedoch ständig von Passanten beobachtet. Und prompt, als er sie schließlich in die Newa wirft, sieht das ein Wachtmeister und nimmt ihn mit auf das Revier. – Kowaljow erwacht und stellt mit Schrecken fest, daß ihm seine Nase fehlt. Er stürzt davon, um sie zu suchen. – Schließlich findet Kowaljow seine Nase in der Kasaner Kathedrale, wo sie in der Uniform eines Staatsrates betet. Kowaljow spricht seine Nase an, wird aber von ihr ungnädig abgewiesen; schließlich bestünden eklatante Rangunterschiede zwischen ihr und ihm.

2. Akt. Vorspiel. Da Kowaljow auch bei der Polizei keine

Hilfe findet, geht er zu einer Zeitung. – Auf der Annoncenredaktion zeigt sich der zuständige Redakteur durch Kowaljows Ansinnen irritiert. Er verweigert die Annahme der Suchanzeige. – Mit seinem Schicksal hadernd, kehrt Kowaljow nach Hause zurück, wo es sich Iwan unterdessen, völlig teilnahmslos, gutgehen ließ.
3. Akt. Ein Polizeitrupp hat die Verfolgung der Nase aufgenommen. Bei einer Poststation am Rande von St. Petersburg wird sie schließlich gestellt und auf ihre ursprüngliche Größe zurechtgeprügelt. – Der Wachtmeister bringt Kowaljow seine Nase zurück. Doch die Nase läßt sich nicht mehr befestigen. Kowaljows Freund Jarischkin verdächtigt die Podtotschina, Kowaljow diesen Streich gespielt zu haben, da er ihre Tochter abwies. Kowaljow schreibt der Podtotschina einen diesbezüglichen Brief. Die Stabsoffiziersfrau ist entrüstet, hält aber ihr Angebot betreffs ihrer Tochter aufrecht. – Inzwischen hat sich herumgesprochen, daß man Kowaljows Nase beim Spazierengehen bewundern kann. Es kommt zu einem Volksauflauf, die Polizei muß eingreifen.
Epilog. Über Nacht ist die Nase in Kowaljows Gesicht zurückgekehrt. Der Kollegienassessor nimmt sein früheres Leben vorsichtig wieder auf. Iwan Jakowlewitsch, gerade aus dem Gefängnis entlassen, erscheint bei ihm zur Rasur. – Glücklich kann sich Kowaljow auf dem Newskij-Prospekt wieder sehen lassen.

Für seine erste Oper griff Schostakowitsch in bewußter Abwendung von den avantgardistischen Sujets der westlichen Moderne zu einem klassischen russischen Autor. Das Libretto richtete er sich zwischen Herbst 1927 und Sommer 1928 weitgehend selbst ein, zog aber Jonin und Preiss für den 3. Akt und Samjatin für das 3. Bild des 1. Aktes zu Rate. Einige Motive sind anderen Werken Gogols entnommen, u. a. der *Heirat*, dem *Jahrmarkt von Sorotschinzi*, *Taras Bulba*, *Mainacht*, *Aufzeichnungen eines Wahnsinnigen* und den *Toten Seelen*. Iwans Romanze ist das Lied Smerdjakows aus Dostojewskijs *Die Brüder Karamasow*.
In der russischen Tradition der satirischen, ihre Sujets und

Personen grotesk überzeichnenden Opern von Mussorgskijs *Jahrmarkt von Sorotschinzi*, Rimskij-Korsakows *Der goldene Hahn* bis zu Prokofjews *Die Liebe zu den drei Orangen* und Strawinskys *Mawra* stehend, schuf Schostakowitsch eine Partitur, die alle Register gesanglicher Textartikulation und klanglicher Geräuschkulissen zieht. Neben den rund 70 Gesangspartien kommt dem virtuos gehandhabten und solistisch geforderten Kammerorchester die tragende Rolle zu. Verblüffende und neue Einfälle vermischen sich mit brillanten Konstruktionen traditioneller Formen: das Schlagzeugsolo zwischen dem 2. und 3. Bild, das Oktett der Hausknechte auf der Anzeigenredaktion, der zehnstimmige Chor der Polizisten auf der Poststation, die Gleichzeitigkeit verschiedener Ereignisse (die Podtotschina liest im 8. Bild einen Brief, den Kowaljow gerade aufsetzt). »Für die damalige Zeit war das Werk in hohem Maß experimentell. Fast auf jeder Seite finden sich viele überaus einfallsreiche und avantgardistische Klangeffekte. Die Musik ist eng mit der Handlung auf der Bühne verbunden. Die koloristisch reiche Orchestrierung ist voll humoristischer Effekte. [...] Der Effekt von Pferdegetrappel wird durch eine Kombination der Celesta und des Schlagwerks erreicht, das Rülpsen der Betrunkenen imitieren die Harfe, das Geigensolo und eine Gruppe Holzinstrumente, die Rasur des Majors Kowaljow geben die Flageolett-Töne der Kontrabässe wieder« (Krzysztof Meyer).

Zwei Jahre nach ihrer Beendigung kam die Uraufführung der *Nase* 1930 schon zu spät, denn die Epoche der experimentellen Erneuerung in den Künsten war vorbei, es wurde der Boden bereitet für eine neue propagandistisch-proletarische Musik im Sinne eines doktrinären Realismus. *Die Nase*, wegen ihres »Formalismus« bis 1974 von sowjetischen Bühnen verbannt, hatte 1957 in Düsseldorf ihre deutsche Erstaufführung.

Spieldauer: ca. 1¾ Stunden.

Lady Macbeth von Mzensk
(Katerina Ismailowa)

Oper in 4 Akten (9 Bilder). Text von Arkadij Preiss und dem Komponisten nach der gleichnamigen Erzählung von Nikolaj Leskow (1865). Uraufführung am 22. Januar 1934 in Leningrad, Malij Theater. Uraufführung der 2. Fassung unter dem Titel *Katerina Ismailowa* am 8. Januar 1963 in Moskau, Stanislawskij-Nemirowitsch-Dantschenko-Theater.

Der Erzählung des großen russischen Dichters Nikolaj Semjonowitsch Leskow (16. 2. 1831 Gorochowo [Gouv. Orel] – 5. 3. 1895 St. Petersburg), der vor allem durch seine Legenden, seine Romanchronik *Die Klerisei* und den Roman *Ohne Ausweg* weiterlebt, zitiert beziehungsreich Shakespeare im Titel. Ihr liegt ein wahres Geschehen zugrunde. – Arkadij Preiss s. *Die Nase*, S. 757.

Personen: Boris Timofejewitsch Ismailow, Kaufmann (Baß) – Sinowij Borissowitsch Ismailow, sein Sohn (Tenor) – Katerina Lwowna Ismailowa, dessen Frau (Sopran) – Sergej, ein Arbeiter (Tenor) – Aksinja, Köchin bei den Ismailows (Sopran) – Der Schäbige (Tenor) – Verwalter (Baß) – Hausknecht (Baß) – Zwei Arbeiter (Tenöre) – Arbeiter aus der Mühle (Bariton) – Kutscher (Tenor) – Pope (Baß) – Polizeichef (Baß) – Gendarm (Baß) – Ein Nihilist (Tenor) – Alter Zwangsarbeiter (Baß) – Sonjetka, Zwangsarbeiterin (Mezzosopran) – Betrunkener Gast (Tenor) – Zwangsarbeiterin – Wachposten – Sergeant – Arbeiter und Arbeiterinnen bei den Ismailows, Geist des Boris, Gendarmen, Hochzeitsgäste, Zwangsarbeiter und -arbeiterinnen u. a.

Ort und Zeit: Die Kreisstadt Mzensk, in der zweiten Hälfte des 19. Jahrhunderts.

1. Akt. Katerina Ismailowa langweilt sich an der Seite ihres ungeliebten älteren Ehemannes Sinowij. Ihr Schwiegervater Boris macht ihr Vorhaltungen, weil ihre Ehe noch kinderlos und damit kein Nachkomme für das respektable Erbe vorhanden ist. Als Sinowij gezwungen ist, eine längere Reise anzutreten, verlangt der despotische Boris, daß Katerina vor ihrem Mann kniefällig einen Treueschwur ablegt. – Im Hof des Ismailowschen Hauses treiben die Arbeiter derbe sexuelle Späße mit der Köchin Aksinja. Katerina tritt heftig

dazwischen und warnt die rohen Männer, alle Frauen für schwache Wesen zu halten, die man kujonieren könne. Sergej fordert Katerina frech heraus, zu zeigen, wie stark sie sei, er wolle mit ihr einen Ringkampf machen. Von Sergejs aufreizender Kraft und Männlichkeit verführt, läßt sich Katerina darauf ein, doch trennt der zornig hinzugelaufene Boris sie sofort. – Katerina kann nicht schlafen; sie sehnt sich nach der Leidenschaft eines Mannes. Unter dem Vorwand, sich von ihr Bücher ausleihen zu wollen, verschafft sich Sergej Zutritt zu Katerinas Schlafzimmer. Katerina fühlt sich von Sergej verstanden und geht auf Gespräche ein. Bald bricht er ihren Widerstand und überredet sie, sich ihm hinzugeben.
2. Akt. Boris, der selbst Lust auf Katerina hat, beobachtet, wie Sergej aus dem Schlafzimmer seiner Schwiegertochter schleicht. Er ergreift den Rivalen und Verführer, peitscht ihn in Gegenwart des Gesindes halbtot und läßt ihn im Keller einschließen. Dann verlangt er von Katerina, die den Vorgang beobachten mußte, etwas zu essen. Sie bereitet ihm ein Pilzgericht und gibt Gift hinein, das ihn qualvoll tötet. In Anwesenheit der Arbeiter und des Popen beklagt sie scheinheilig den Tod ihres Schwiegervaters. – In ihrem Schlafzimmer pflegt Katerina den zerschlagenen Sergej und schmiedet Pläne für eine gemeinsame Zukunft. Doch erscheint ihr immer wieder der Geist des toten Boris, der ihr Gewissen quält. Auf die Nachricht vom Tod seines Vaters und weil ihm Gerüchte über die Liebschaft seiner Frau zu Ohren gekommen sind, kehrt Sinowij mitten in der Nacht überraschend zurück. Als er auf Katerina einzuschlagen beginnt, stürzt Sergej aus einem Versteck hervor. Beide ermorden gemeinsam Sinowij und verstecken seine Leiche.
3. Akt. Während der Hochzeitsfeier von Katerina und Sergej torkelt der Schäbige betrunken im Hof herum. Auf der Suche nach Schnaps stößt er im Keller auf Sinowijs Leiche. Kreischend läuft er zur Polizei. – Auf der Polizeistation lungern der Polizeichef und seine Leute untätig herum; er ist beleidigt, weil er nicht zur Hochzeit geladen wurde. Etwas Aufregung entsteht durch die Verhaftung eines Nihilisten und seine gotteslästerlichen Äußerungen, aber erst die

Nachricht des Schäbigen reißt die Polizisten hoch. – Die Hochzeitsfeier geht dem Ende entgegen, als Katerina, ständig voll Unruhe, plötzlich den aufgebrochenen Keller entdeckt. Sofort ist sie zur Flucht mit Sergej entschlossen. Zu spät: Das Mörderpaar wird festgenommen.

4. Akt. Im Zug der Gefangenen trotten Sergej und Katerina ins sibirische Lager zur Zwangsarbeit. Katerina besticht einen Aufseher, um bei der abendlichen Rast mit Sergej allein zu sein. Doch für ihn hat sie längst alle Faszination eingebüßt, seine Wahl ist inzwischen auf Sonjetka gefallen. Jeder weiß, daß die sich ihre Liebe mit den Wollstrümpfen bezahlen läßt, die Sergej von Katerina erbettelt hat. So wird Katerina von den Mitgefangenen erbarmungslos verhöhnt. Als sie Gelegenheit findet, stößt Katerina die Rivalin in einen See und springt selbst in das Wasser.

Die Stellung der Frau in der nachrevolutionären Gesellschaft, nach Ablösung der patriarchalischen Systeme der Zarenzeit, war ein Thema, das auch die russischen Künstler seit den 1920er Jahren bewegte. So plante Schostakowitsch seine auf Leskows Novelle basierende Oper als Auftakt zu einer Trilogie über die Befreiung der Frau. Von Anfang an standen sein Bemühen, Katerina Ismailowa als nahezu heldisches Opfer darzustellen, und Leskows Intentionen gegeneinander: »Ich habe mich bemüht, Katerina Lwowna als positive, das Mitgefühl des Zuschauers verdienende Person zu behandeln«, sagte der Komponist 1935. Und: »Dieses Mitgefühl hervorzurufen ist nicht so einfach: Katerina verübt eine Reihe von Verbrechen, die mit Moral und Ethik nicht zu vereinbaren sind. [. . .] Leskow zeichnet Katerina Lwowna als ein sehr wildes Weib, das, weil es ›der Hafer sticht‹, den Mord, nach der Meinung Leskows, an unschuldigen Menschen begeht. Ich aber möchte die Begebenheiten nicht auf diese Art erklären: Katerina Lwowna ist eine kluge, begabte und schöne Frau. Durch die schweren, bedrückenden Bedingungen, denen das Leben sie unterworfen hat, durch die Einkreisungen im barbarischen, habgierigen und kleinlichen Kaufmannsmilieu wird ihr Leben freudlos, uninteressant,

düster.« Das Libretto folgt aber Leskow, »ausgenommen den 3. Akt, der sich zugunsten eines stärker ausgeprägten sozialen Gehalts ein wenig von Leskow unterscheidet. Eingefügt wurde eine Szene auf der Polizei, weggelassen die Ermordung des Neffen der Katerina.«
Schostakowitsch hatte großen Erfolg mit diesem Werk. Bereits 1935 wurde *Lady Macbeth von Mzensk* am Moskauer Bolschoj Theater, 1936 in Cleveland, New York, Prag und Zürich gespielt. Nachdem Josef Stalin sein Mißfallen über die Oper geäußert hatte, begann eine Hetzkampagne gegen Schostakowitsch. Sie gipfelte in einem »Chaos statt Musik« überschriebenen Artikel in der *»Prawda«* vom 28. 1. 1936; hier wurde seine Musik als »Getöse, Geknirsch, Gekreisch« und »Kakophonie« abgeurteilt.
1958 entschloß sich Schostakowitsch zu einer Revision, die 1963 in Moskau als *Katerina Ismailowa* uraufgeführt wurde. Durch Eingriffe in den Text milderte er die Schilderung der sexuellen Besessenheit Katerinas, drastische Anspielungen und Frivolitäten; außerdem wurden die harschesten Harmonien und Dissonanzen geglättet. 1959 fand in Düsseldorf die deutsche Erstaufführung der Erstfassung statt, die sich, nach Vorlegen einer revidierten Ausgabe (1979) zumal, weitgehend durchgesetzt hat.
In seiner durch und durch unromantischen, nichts beschönigenden Schilderung des öden Lebens in der russischen Provinz gelang Schostakowitsch eine unerbittlich realistische Darstellung von sexueller Begierde (z. B. die 124 später gestrichenen Takte der Liebesszene im 3. Bild), von physischer Gewalt (brutal ausgeleuchtete Mordsequenzen, Schlägereien und das Auspeitschen Sergejs) und psychischer Gefangenschaft. Schostakowitsch erhob hier die Collage aus verschiedensten musikalischen Strukturen, aus klassizistischen Formen wie der Passacaglia, aus Tänzen wie Walzer, Marsch, Polka, Galopp, aus sentimentalen Romanzen und knappen Songs oder grell dissonanten Orchesterkommentaren zum Stilprinzip. Aus solchen Elementen wurde *Lady Macbeth von Mzensk* zu einem der aufregendsten Werke des Musiktheaters im 20. Jahrhundert.

Spieldauer (Fassung *Lady Macbeth von Mzensk*): ca. 2¾ Stunden (1. Akt: ca. 50 min.; 2. Akt: ca. 50 min.; 3. Akt: ca. 25 min.; 4. Akt: ca. 30 min.).

Wolfgang Fortner

* 12. Oktober 1907 in Leipzig
† 5. September 1987 in Heidelberg

Fortner studierte am Konservatorium seiner Heimatstadt, u. a. bei Hermann Grabner und dem Thomaskantor Karl Straube, und unterrichtete ab 1931 in Heidelberg, ab 1954 in Detmold und ab 1957 in Freiburg. Er rief 1935 das Heidelberger Kammerorchester ins Leben, gehörte zu den Mitbegründern der Darmstädter Ferienkurse und war seit 1964 einer der Leiter der Münchner Musica-Viva-Konzerte. Als Komponist und Lehrer (u. a. von Henze) nahm Fortner eine zentrale Rolle im deutschen Musikleben nach dem 2. Weltkrieg ein. Nach der Beschäftigung mit barocken und vorbarocken Stilen fand er über eine erweiterte Tonalität zu neoklassizistischen Formen, angeregt von Hindemith, Strawinsky, Reger, und beschäftigte sich nach 1945 mit Zwölftontechnik, mit seriellen und aleatorischen Kompositionsprinzipien. Nach seiner ersten Begegnung mit der Bühne (Ballett *Die weiße Rose*, 1951) gelang ihm mit *Die Bluthochzeit* 1957 eine der wichtigsten Opern der Zeit. Als zweite Lorca-Vertonung folgte *In seinem Garten liebt Don Perlimplin Belisa* (Schwetzingen 1962). In *Elisabeth Tudor* (1972) versuchte er den politischen Aspekt des historischen Geschehens in der offenen Dramaturgie eines Shakespeare-Dramas herauszustellen. Weitere Bühnenwerke Fortners sind die Schulstücke *Cress ertrinkt* (1930) und *Undine* (1960), die Buffo-Oper *Corinna* nach Gérard de Nerval (Berlin 1958) und die Beckett-Vertonung *That Time* (Baden-Baden 1977).

Bluthochzeit

Lyrische Tragödie in 2 Akten (7 Bilder). Text von Federico García Lorca (*Bodas se sangre*, 1933) in der Übertragung von Enrique Beck. Uraufführung am 8. Juni 1957 in Köln, Städtische Oper.

Mehrere Stücke des spanischen Dichters Federico García Lorca (5. 6. 1898 Fuentevaqueros – 19. 8. 1936 Viznar), der in seinen lyrischen Dramen den Konflikt zwischen Autorität und Freiheit und die mystische Beziehung von Liebe und Tod behandelt, wurden vertont: *Die wundersame Schustersfrau* (1930) von Udo Zimmermann (1982), *In seinem Garten liebt Don Perlimplin Belisa* (1931) von Fortner (1962), *Bluthochzeit* von Fortner (1933), Juan José Castro (1956), Sándor Szokolay (1964) und Sverker Magnusson (1988). – Enrique Beck, eigtl. Heinrich Beck (1904–1974), floh 1933 vor dem Nazi-Regime nach Spanien. Später in Basel ansässig, übersetzte er, neben eigener schriftstellerischer Tätigkeit, u. a. das Gesamtwerk García Lorcas.

PERSONEN: Die Mutter (Sopran) – Die Braut (Sopran) – Die Magd (Mezzosopran) – Die Frau Leonardos (Alt) – Die Schwiegermutter Leonardos (Alt) – Die Bettlerin / Der Tod (Alt) – Das Kind (Sopran) – Ein Mädchen im 2. Bild (Sopran) – Drei Mädchen im 4. Bild (Soprane, Alt) – Zwei Mädchen im 7. Bild (Alt) – Ein junger Mann als Mond (Tenor) – Leonardo (Bariton) – Zwei Burschen (Tenöre) – Drei Gäste (Baritone) – Die Nachbarin (Sprechrolle) – Der Bräutigam (Sprechrolle) – Der Vater der Braut (Sprechrolle) – Drei Holzfäller (Sprechrollen) – Gäste, Burschen, Mädchen, Nachbarinnen, Stimmen hinter der Szene u. a.

ORT UND ZEIT: Südspanien, Gegenwart.

1. Akt. Der Bräutigam ist auf dem Weg in seinen Weinberg und bittet seine Mutter um ein Messer. Das Wort »Messer« ruft bei der Mutter jäh die schmerzhafte Erinnerung an ihren Mann und ihren zweiten Sohn wach, die beide von der feindlichen Sippe Felix erstochen wurden. Um abzulenken, bringt ihr Sohn das Gespräch auf seine Heiratspläne. Die Mutter willigt ein, für ihn die Werbung auszusprechen. Von einer Nachbarin erfährt sie indessen, daß das von ihrem Sohn gewählte Mädchen, die Braut, bereits einmal mit ei-

nem Leonardo Felix verlobt war – ein böses Zeichen. Dieser Leonardo hat eine Kusine der Braut geheiratet. – Leonardos Frau und die Schwiegermutter singen das Kind in den Schlaf. Bei seiner Heimkehr fragen ihn die Frauen, weshalb er in letzter Zeit das Pferd so antreibe, daß es rasch die Hufeisen verliere, und was er im Ödland suche, wo er gesehen worden sei. Leonardo reagiert barsch, besonders, als ihm seine Frau die Heirat ihrer Kusine ankündigt. – Im Ödland haben sich der Bräutigam und seine Mutter bei der Braut und ihrer Familie eingefunden. Die Brautgeschenke werden überreicht und der Hochzeitstermin festgelegt. Die Braut wird gefragt, ob sie nicht den Reiter in der Nacht unter ihrem Fenster gesehen habe; es sei Leonardo, nicht der Bräutigam gewesen, behauptet die Magd. Auch jetzt jagt Leonardo wieder am Haus vorbei. – Während die Braut am Hochzeitsmorgen von der Magd geschmückt wird, erscheint Leonardo, um ihr zu sagen, daß er sie nach wie vor liebe und begehre. Sie hatte ihn seinerzeit ja auch nur wegen seiner Armut abgewiesen. Nach und nach treffen die anderen Hochzeitsgäste ein, die Braut drängt zum Aufbruch in die Kirche.

2. Akt. Man feiert vor dem Haus der Braut. Nur schwer kann die Mutter den Anblick der feindlichen Felix-Sippe ertragen, doch der Brautvater beschwichtigt sie. Nun soll das Brautpaar den Reigen der Tanzenden eröffnen, doch die Braut ist verschwunden, auch Leonardo ist nicht aufzufinden – jemand sah die beiden auf einem Pferd davonjagen. Sofort setzt der Bräutigam ihnen nach. – Des Nachts im Wald kommentieren drei Holzfäller die Ereignisse der Hochzeitsfeier. Der Mond, ein junger, weiß geschminkter Mann, wirft sein Licht in das Waldesdunkel, und der Tod in Gestalt einer Bettlerin weist dem Bräutigam den Weg. Die Fliehenden rasten kurz; die Braut verlassen die Kräfte, sie wird von Gewissensbissen gequält. Sie bittet Leonardo, sie zu lassen und sich zu retten. Er drängt aber nur weiter. Dann sind Schreie zu hören: Der Bräutigam hat sie erreicht; es sind die Todesschreie beider vom Messer des anderen getroffenen Männer. – Die Bettlerin berichtet den Zurückgebliebenen von dem unheilvollen Ge-

schehen. Als sich die Braut dem Zorn der Mutter stellt mit den Worten: »Dein Sohn war mein Wunsch, ich habe ihn nicht betrogen, aber der Arm des andern riß mich zu sich wie Meeresbrandung« und von ihr den Tod verlangt, erwidert die Mutter ruhig: »Sie hat keine Schuld. Ich habe keine Schuld.« Sie verflucht das Messer.

Ausgangspunkt war für Fortner eine Schauspielmusik, die er 1948 für eine Hamburger Inszenierung von Lorcas Stück geschrieben hatte, sowie 1953 die Szene *Der Wald*, der Versuch einer musikalischen Konkretisierung jener ungewiß-unheilvollen Stimmung, die Lorca in der Allegorie seines Wald-Bildes andeutet. Die unerbittliche, archaische Konsequenz der Handlung und das strenge, karge Milieu realisierte Fortner, ausgehend von einer Zwölftonreihe, u. a. durch die fein stilisierte und sehr sparsame Verwendung folkloristischer Motive (Bolero, Springtanz) und den signalhaften Einsatz einzelner Soloinstrumente: zwei Violinen und kleine Schlagzeugbegleitung suggerieren die Waldstimmung, zwei Schreie und ein Schlagzeugwirbel illustrieren den Tod der beiden Rivalen.
Fortners erfolgreichste Oper bietet mit der Partie der Mutter eine der interessantesten Rollen des modernen Musiktheaters. *Bluthochzeit* wurde 1957 unter Günter Wand zur Eröffnung der neuen Kölner Oper uraufgeführt.
Spieldauer: ca. 2½ Stunden.

Olivier Messiaen

* 10. Dezember 1908 in Avignon
† 28. April 1992 in Paris

Messiaen begann schon mit sieben Jahren zu komponieren, und seine Entdeckung Debussys bestätigte ihn darin, Komponist zu werden. Bereits als Elfjähriger trat er in das Pariser Conservatoire ein, wo u. a. Marcel Dupré und Paul Du-

kas zu seinen Lehrern zählten. Messiaen verließ das Konservatorium mit mehreren Auszeichnungen, wurde 1930 Organist an der Pariser Kirche Saint Trinité. Diese Tätigkeit übte er mehr als 40 Jahre aus, daneben unterrichtete er an der École Normale de Musique und an der Schola Cantorum sowie 1950/53 bei den Ferienkursen in Darmstadt. Seit 1947 lehrte er am Pariser Conservatoire, wo er 1966 Professor für Komposition und 1967 Mitglied wurde. Zu seinen Schülern gehörten u. a. Pierre Boulez, Messiaens spätere Frau, die Pianistin Yvonne Loriod, Karlheinz Stockhausen und Iannis Xenakis.
Das während seiner Kriegsgefangenschaft entstandene *Quatuor pour la fin du temps* stellt bereits einen Höhepunkt seines Schaffens dar. Auf völlig eigenständige Weise hat Messiaen darin u. a. griechische Metren, eine Vielzahl indischer Ragas und rhythmische Strukturen der westlichen Musik (Strawinsky, Debussy, Skrijabin u. a.) zu einem rhythmisch wie harmonisch komplexen System verarbeitet. Sein umfangreicher *Catalogue d'oiseaux* (1956–1958) für Klavier enthält seine in die Klaviernotation übertragene Sammlung von Vogelstimmen. Seine lebenslange Beschäftigung mit den Vogelstimmen fand auch in seiner einzigen Oper *Saint François d'Assise* (1983) ihren Niederschlag.

Der heilige Franziskus von Assisi

Saint François d'Assise

Oper (Scènes Franciscaines) in 3 Akten (8 Bildern). Text vom Komponisten. Uraufführung am 28. November 1983 in Paris, Opéra, Salle Garnier.

PERSONEN: L'Ange / Der Engel (Sopran) – Saint François / Der heilige Franziskus (Bariton) – Le Lépreux / Der Aussätzige (Tenor) – Frère Léon / Bruder Léon (Bariton) – Frère Massée (Tenor) – Frère Elie (Tenor) – Frère Bernard (Baß) – Frère Sylvestre (Baß) – Frère Rufin (Baß) – Chor der Brüder und der Stimme Christi.

ORT UND ZEIT: Italien, 13. Jahrhundert.

Hans Werner Henze: Die Bassariden
Oper Hamburg

Aribert Reimann: Lear
Bayerische Staatsoper München

1. Akt. *Das Kreuz.* Im Hintergrund eine Stiege, die in die Höhe führt; ein schwarzes Kreuz hebt sich vom Himmel ab. Der heilige Franziskus erläutert Bruder Léon beim Wandern auf einer Straße, daß nur das Erdulden aller Leiden im Gedenken an die Leiden Christi vollkommene Freude bereite. – *Die Laudes.* In einer kleinen Klosterkirche. Nach der Messe preist Franziskus den Herrn. Er bittet Gott um die Begegnung mit einem Aussätzigen und um die Kraft, den eigenen Ekel zu überwinden und den Entstellten zu lieben. – *Der heilige Franziskus küßt den Aussätzigen.* Im Hospital San Salvatore bei Assisi klagt der Aussätzige wegen seiner ekelerregenden Krankheit. Franziskus verweist ihn auf die Leiden Christi, doch der Aussätzige will erst Buße tun, wenn er geheilt ist. Da erklingt die Stimme des Engels: »Aussätziger, dein Herz klagt dich an.« Der Aussätzige bereut seine Reden; Franziskus erkennt, daß er den Kranken nicht genug geliebt hat und küßt ihn. Es geschieht ein Wunder, und der Kranke ist geheilt. Tanzend springt er auf: »Ich bin nicht würdig, geheilt zu sein.«

2. Akt. *Der wandernde Engel.* Auf dem Monte Alverno. Der Engel, der nur dem Publikum als solcher erkennbar ist, klopft mit dröhnenden Schlägen an die Pforte des Klosters. Bruder Elie weist ihn ab. Der Engel klopft abermals an das Tor; dieses Mal tritt Bruder Bernard heraus, der ihm auf die Frage »was denkst Du über die Vorsehung«, die sich Bruder Elie zu beantworten geweigert hatte, eine Antwort gibt. Dann entschwindet der Fremde, »vielleicht war es ein Engel ...«. – *Der musizierende Engel.* Franziskus lobt den Herrn und preist die Sonne, den Mond und die Gestirne. Da erscheint der Engel, spielt auf einer Fiedel und verkündigt, daß Gott durch die Musik zu ihm sprechen werde. Die übermächtige Schönheit der Musik überwältigt Franziskus auf lebensbedrohende Weise. – *Die Vogelpredigt.* Assisi, im Garten der Einsiedelei Carceri. Massée und Franziskus unterhalten sich mit ihren Brüdern, den Vögeln. Franziskus predigt den Vögeln und segnet sie. Nach einem großen Vogelkonzert fliegen die Vögel in die vier Himmelsrichtungen davon.

3. Akt. *Die Stigmata.* In seiner Grotte erbittet Franziskus vor seinem Tod von Christus jenen Schmerz und jene Liebe, die dieser in der Passion erfuhr. Als Symbol seiner Heiligkeit zeichnet ihn dieser, dessen Stimme durch den Chor wiedergegeben wird, mit den fünf Wundmalen seiner Leiden. – *Der Tod und das neue Leben.* Der Heilige verabschiedet sich vom Leben und von seinen Brüdern, die um den Sterbenden versammelt sind. Der Engel und der Aussätzige werden Franziskus in das Paradies geleiten. Er stirbt. Die Glocken läuten. Es erklingt das *Resurrexit.*

1975 bat Rolf Liebermann, Intendant der Pariser Opéra, Messiaen um eine Oper. Nach langem Insistieren entschloß sich Messiaen endlich, ein Bühnenwerk zu schreiben, das er mit Bedacht als »Franziskus-Szenen« und nicht als Oper bezeichnete: »ich wollte kein Drama mit Liebe und Verbrechen schreiben, sondern einfach Szenen, die die verschiedenen Aspekte der Gnade im Leben des heiligen Franziskus zeigen. Dennoch ist mein Werk weit mehr als nur ein symphonisches Stück. Die Ausstattung, die Gestalten, die Kostüme: alles ist unentbehrlich.«
Als Grundlage zu seiner Oper über den heiligen Franziskus (1181/82 Assisi – 3.10.1226 Assisi) zog Messiaen mehrere seiner Schriften – *Laudes, Il cantico di frate Sole* – sowie historische Zeugnisse über den Heiligen – *Fioretti di San Francesco* aus dem 14. Jahrhundert – heran und schrieb das Textbuch selbst. Zwischen 1975 und 1979 komponierte er die Musik, 1979–1983 arbeitete Messiaen an der Instrumentation.
Die Uraufführung an der Pariser Opéra wurde ehrfürchtig aufgenommen. Seiji Ozawa dirigierte, Sandro Sequi inszenierte in den nach Messiaens Vorgaben an Fra Angelico und Giotto orientierten Bühnenbildern, José van Dam und Christiane Eda-Pierre sangen die Hauptrollen. Angesichts des enormen Aufwands kam es seitdem nur zu wenigen, hauptsächlich konzertanten Aufführungen einzelner Passagen. 1992 schließlich wurde *Saint François d'Assise* in voller Länge bei den Salzburger Festspielen aufgeführt (Dirigent: Esa-Pekka Salonen, Inszenierung: Peter Sellars). Abweichend von Messiaens Vorgaben reduzierte Gottfried Pilz bei

der deutschen Erstaufführung 1998 in Leipzig (Dirigent: Jiří Kout) das szenische Geschehen radikal.
Das Operngeschehen beansprucht das Auffassungsvermögen der Zuhörer durch seine naiv-bildhafte Sprache, das endlose Repetieren von Gebetzeilen, Preisungen, Vogelnamen und den Verzicht auf eine äußere Handlung ungewöhnlich stark (der 2. Akt ist so lang wie die längsten Akte bei Wagner, die gesamte Oper dauert so lange wie z. B. der *Parsifal*). Dagegen gehört die Musik, eine Steigerung und Sammlung von Messiaens Techniken, zu den originärsten Schöpfungen des neuen Musiktheaters. Messiaen öffnet einen üppig oszillierenden Klanggarten, in den er die Vogelstimmen mehrerer Dutzend von ihm genau bestimmter und musikalisch charakterisierter Vogelarten verschiedenster Kontinente klangmalerisch abstrahiert hineinsetzt. Außereuropäische und mittelalterliche Techniken verbindet er zu einer inbrünstig gesteigerten, großorchestralen Hymne, deren Höhepunkte die Szene mit dem Aussätzigen im 3. Akt, der musizierende Engel im 5. Bild und die Vogelpredigt im 6. Bild darstellen. 150 Choristen, ein großbesetztes Orchester inklusive vieler Schlag- und Tasteninstrumente sowie dreier außerhalb des Orchestergrabens postierter Ondes Martenot führen in eine Klangwelt, in der religiöse Inbrunst mit prophetischer Ekstase verschmelzen.
Spieldauer: ca. 4 Stunden (1. Akt: ca. 70 min.; 2. Akt: ca. 105 min.; 3. Akt: ca. 60 min.).

Gian Carlo Menotti

* 7. Juli 1911 in Cadegliano (Lombardei)

Der in der Nähe von Varese am Luganer See geborene Menotti hatte sich bereits an zwei Opern versucht, bevor er mit 13 Jahren ins Mailänder Konservatorium aufgenommen wurde. Er setzte seine Ausbildung 1928 am Curtis Institute of Music in Philadelphia fort. Dort unterrichtete Menotti auch 1933–1955. Gleich seine erste vollendete Oper *Amelia al ballo* (*Amelia Goes to the Ball*, 1937) erregte solche Aufmerksamkeit, daß sie bald darauf an der Met herauskam und NBC ihm den Auftrag für eine Radiooper gab (*The Old Maid and the Thief*, 1939). Mit dem theatralisch wirkungsvollen, musikalisch trotz aller Bizarrerien konventionellen *The Medium* (*Das Medium*, 1946) begann die Serie seiner Erfolgsopern, die Menotti zu einem der international meistgespielten jüngeren Komponisten seiner Zeit machte. In der Nachfolge der Veristen zeigte er unfehlbares Gespür für effektvolle Stoffe; seine oft filmisch diskret konzipierte, im Fahrwasser einer süßlichen Puccini- oder Léhar-Nachfolge sich bewegende Melodik erwies Treffsicherheit beim Publikum. Weitere Werke sind u. a. *The Island God* (New York 1942), *The Telephone* (New York 1947), *The Consul* (Philadelphia 1950), *Amahl and the Night Visitors* (NBC-Fernsehen 1951, Bühnenfassung Bloomington 1952), *The Saint of Bleecker Street* (New York 1954), *Maria Golovin* (Brüssel 1958), *Le dernier sauvage* (Paris 1963), *Help! Help! The Globolinks!* (Hamburg 1968), *La Loca* (San Diego 1979) und *Goya* (Washington 1986). 1958 gründete er im italienischen Spoleto das »Festival dei due Mondi«, das in der Folge zu einem wichtigen Podium für die Entdeckung vergessener Opern und neuere Tendenzen, nicht nur des Musiktheaters, wurde; später ergänzte er das Festival um einen amerikanischen und 1985 um einen australischen Ableger.

Das Medium

The Medium

Tragische Oper in 2 Akten. Text vom Komponisten. Voraufführung am 8. Mai 1946 an der Columbia University New York (Brander Matthews Theatre). Uraufführung am 18. Februar 1947 in New York, Ethel Barrymore Theatre.

PERSONEN: Madame Flora, genannt Baba (Alt) – Monica, ihre Tochter (Sopran) – Toby, ein stummer Junge (Pantomime) – Frau

Gobineau (Sopran) – Herr Gobineau (Bariton) – Frau Nolan (Mezzosopran).

Ort und Zeit: New York, Gegenwart.

1. Akt. Madame Flora macht einträgliche Geschäfte mit spiritistischen Sitzungen, die sie mit Unterstützung ihrer Tochter Monica und des stummen Toby in ihrem Haus für leichtgläubige Anhänger des Okkultismus veranstaltet. An diesem Abend kommen die Gobineaus, regelmäßige Besucher der Séancen, denen Madame Flora die Erscheinung Verstorbener vorgaukelt; die Gobineaus werden erstmals von Frau Nolan begleitet. Wie üblich wird das Licht gelöscht, bedient Toby den geheimen Mechanismus, der den Tisch bewegt, und erscheint Monica in einem Lichtschein als Medium einer toten Tochter von Frau Nolan. Plötzlich schreit Madame Flora hysterisch auf: eine eiskalte Hand habe sie berührt. Man wünscht eine neue Sitzung. Da erklärt die Hellseherin selbst das Ganze für Schwindel. Aber man glaubt ihr nicht; ihre Sinne seien wohl verwirrt. Flora fragt sich, ob etwa Toby sie zum Narren gehalten hat. Er verbirgt sich hinter einem Puppentheater. Madame Flora stürzt auf ihn los, doch Monica, die eine tiefe Zuneigung zu dem Jungen gefaßt hat, stellt sich schützend vor ihn.
2. Akt. Wenige Tage später. Seit dem mysteriösen Vorfall spricht Madame Flora noch stärker dem Alkohol zu als vorher. Ihre Versuche, Toby ein Geständnis zu entlocken, schlagen fehl. Wieder erscheinen Herr und Frau Gobineau samt Frau Nolan zu einer Sitzung, wieder erklärt Madame Flora, alles sei Schwindel, und abermals glaubt man ihr nicht. Wütend scheucht sie alle aus dem Haus und betrinkt sich vollends, bis sie einschläft. Toby sucht Monica, weckt aber versehentlich Madame Flora und versteckt sich deshalb rasch hinter einem Vorhang. Die leisen Bewegungen des Vorhanges versetzen Madame Flora in Panik. Sie nimmt ihren Revolver und schießt: Der Vorhang zeigt einen blutroten Fleck, Toby stürzt tot zu Boden. Kreischend ruft die Hellseherin nach Monica: sie habe einen Geist getötet.

Menotti war 1936 im Salzkammergut Teilnehmer einer Séance gewesen, er hatte also sein Thema, als ihm 1945 der Alice M. Ditson Fund einen Opernauftrag erteilte. *The Medium* für 5 Sänger, einen Pantomimen und 14 Instrumentalisten, Menottis erster und anhaltender Erfolg, erlebte nach einer Voraufführung an der Columbia University 1946 im folgenden Jahr seine höchst erfolgreiche Broadway-Präsentation, die zu über 200 Aufführungen führte. Nach der Voraufführung schrieb Menotti den heiteren Einakter *The Telephone*, der dem *Medium* bei seiner New Yorker Aufführung vorangestellt wurde; 1955 gingen beide Opern auf Europa-Tournee. 1953 kam es in Wien zur deutschsprachigen Erstaufführung (Übersetzung von Werner Gallusser), und 1951 entstand eine Verfilmung von *The Medium.*
Spieldauer: ca. 1¼ Stunden.

Der Konsul

The Consul

Musikalisches Drama in 3 Akten. Text vom Komponisten. Voraufführung am 1. März 1950 in Philadelphia, Schubert Theatre. Uraufführung am 15. März 1950 in New York, Ethel Barrymore Theatre.

PERSONEN: John Sorel (Bariton) – Magda Sorel, seine Frau (Sopran) – Die Mutter (Alt) – Agent der Geheimpolizei (Baß) – Zwei Detektive (stumme Rollen) – Die Sekretärin (Mezzosopran) – Herr Kofner (Baß) – Die Italienerin (Sopran) – Anna Gomez (Sopran) – Vera Boronel (Alt) – Der Zauberer Nika Magadoff (Tenor) – Assan, ein Freund von John Sorel (Bariton) – Stimme auf der Schallplatte (Sopran).

ORT UND ZEIT: Irgendwo in Europa, nach dem 2. Weltkrieg.

1. Akt. Der Freiheitskämpfer John Sorel wurde bei einer Razzia angeschossen und wird nun von seiner Frau und seiner Mutter gepflegt. Vor dem nachspürenden Geheimpolizisten verstecken sie ihn gerade noch rechtzeitig. Sorel trifft Vorbereitungen zur Flucht in ein Nachbarland. Er

bittet Magda, auf dem Konsulat dieses Landes für sie und das Kind ein Einreisevisum zu beantragen; sie sollen später nachkommen. Dann bricht er auf. – Im Konsulat gerät Magda in das Räderwerk der Bürokratie. Hier werden die wartenden Antragsteller von der Sekretärin schikaniert. Der geduldige Herr Kofner, ohne Papiere, die alte Italienerin, die nur ihre Muttersprache spricht, Anna Gomez, Vera Boronel und Magda – alle haben nur zu warten. Der Konsul ist nicht zu sprechen.

2. Akt. Nach Monaten hat auch Magda die Visa immer noch nicht. Mit erpresserischen Mitteln versucht der Geheimagent, von Magda Johns Aufenthaltsort zu erfahren, vergeblich. Assan teilt ihr mit, daß John sich versteckt halte und erst dann über die Grenze gehen wolle, wenn sie nachkommen kann. Das Kind ist inzwischen schwer erkrankt, es stirbt. – Wieder reiht sich Magda unter die Wartenden auf dem Konsulat ein. Der Zauberer Magadoff versetzt die willenlosen Antragsteller in eine Art Trance: Wie Marionetten bewegen sie sich hypnotisiert im Kreis. Als Magda neue Anweisungen erhält, verliert sie die Fassung und schreit die Sekretärin an, sie wolle endlich zum Konsul vorgelassen werden. Da tritt der Geheimagent aus dem Zimmer des Konsuls. Magda bricht zusammen.

3. Akt. Tage später. Wieder wartet Magda im Konsulat, wo Vera Boronel glückstrahlend ihr Visum erhält. Assan erzählt Magda, daß John vom Tod des Kindes und seiner ebenfalls gestorbenen Mutter wisse und zurückkommen werde. Kurz danach stürzt John, verfolgt von der Polizei, in das von den Besuchern verlassene Konsulat. John will der Polizei freiwillig folgen, wenn er zuvor Magda anrufen darf. Es wird ihm erlaubt. – In Magdas Wohnung klingelt das Telefon. Magda kommt nach Hause und öffnet den Gashahn. Noch einmal sieht sie alle Menschen der letzten Wochen in einem gespenstischen Reigen, angeführt von der Sekretärin, um sie herumtanzen. Wieder läutet das Telefon. Doch die Sterbende kann den Hörer nicht mehr abnehmen.

Der Konsul ist Menottis bedeutendstes Werk. In dieser seiner ersten abendfüllenden Oper verbinden sich humanitäres Engagement und eine postveristische, ausdrucksgeballte Musik zu einem Opernthriller, der in der Zeit des Kalten Krieges Brisanz hatte. Der politische Hintergrund bildet nur die Folie für ein Drama menschlicher Verzweiflung und eine Anklage der unmenschlichen Polizeiapparate, die den Einzelnen zu einer bloßen Nummer degradieren. Ohne das Land zu benennen, setzt Menotti die Diktatur im Stück mit dem Deutschland des »Dritten Reiches« gleich. Wie im *Medium* bildete eine persönliche Erfahrung, eine leider fast alltägliche Geschichte, den Ausgangspunkt für die Oper: 1947 hatte Menotti miterlebt, wie eine alte italienische Frau von den Einwanderungsbehörden der USA schikaniert wurde. Konsequent entwickelt Menotti hier seine musikalische Sprache zu einer stets sangbaren, effektvollen und dementsprechend fesselnden Musik, in der die Dissonanzen genau mit den brutalen Höhepunkten der Handlung zusammenfallen. Ausgehend vom kantabel behandelten Rezitativ gelang Menotti im *Konsul* eine straffe Einheit von Musik und Text. Ariose, geschlossene Formen – das Wiegenlied der Großmutter, die große Arie Magdas im 2. Akt – stehen neben Ensemble-Sätzen, wie dem großen Quintett der Wartenden. Das Orchester ist kammermusikalisch besetzt. Die 1949 mit dem Pulitzer-Preis und 1950 mit dem Preis der New Yorker Theaterkritik ausgezeichnete moderne Schrekkensoper eroberte sich schnell die internationalen Bühnen. Am 3. 1. 1951 war im Baseler Stadttheater die deutschsprachige Erstaufführung (deutsch von Werner Gallusser) mit Inge Borkh.
Spieldauer: ca. 2½ Stunden.

Benjamin Britten

* 22. November 1913 in Lowestoft (Suffolk)
† 4. Dezember 1976 in Aldeburgh (Suffolk)

Britten, Englands einziger Opernkomponist von Weltgeltung nach Purcell, hatte schon seit 1926 Unterricht bei Frank Bridge; er studierte dann am Royal College of Music in London und trat 1932 mit seinem op. 1, der *Sinfonietta für Kammerorchester*, als Komponist hervor. Nachdem sein Wunsch, das Studium bei Alban Berg fortzusetzen, am Widerstand der Eltern gescheitert war, wandte er sich 1935 der Filmmusik zu. Dabei ergab sich eine Zusammenarbeit mit dem Dichter Wystan Hugh Auden. Wie Auden emigrierten Britten und sein Lebensgefährte, der Tenor Peter Pears, 1939 nach Amerika. In den USA entstand 1940 Brittens erstes Bühnenwerk, die erst 1976 wiederbelebte Operette *Paul Bunyan* auf einen Text von Auden. 1942 kehrten Britten und Pears nach England zurück. Pears sang an der Sadler's Wells Opera, wo der zur Wiedereröffnung des Theaters 1945 uraufgeführte *Peter Grimes* den Beginn von Brittens Opernkarriere markiert. Es folgten 1946 *The Rape of Lucretia* und 1947 *Albert Herring*. Britten gehörte zu den Gründern der English Opera Group zur Aufführung von Bühnenwerken in Kammermusik-Besetzung (1946) und eines Festivals in Brittens Wohnort Aldeburgh (1948). 1951 kam in Covent Garden die Oper *Billy Budd* heraus, 1953 zur Thronbesteigung von Elizabeth II. *Gloriana*, 1954 *The Turn of the Screw*, 1960 *A Midsummer Night's Dream*. Der Einfluß asiatischer Theaterformen, besonders des No-Theaters, schlug sich in den »Parabeln zur Aufführung in einer Kirche« *Curlew River* (1964), *The Burning Fiery Furnace* (1966) und *The Prodigal Son* (1968) nieder. Mit *Let's Make an Opera* (1949) und *Noye's Fludde* (1958) schuf Britten bedeutende Kinderopern. Im Auftrag der BBC schrieb er *Owen Wingrave* (1970). Als Höhepunkt seiner künstlerischen Zusammenarbeit mit Pears entstand seine letzte Oper *Death in Venice* (1973). Britten war der erste englische Musiker, der mit dem Adelstitel eines Peer geehrt wurde.

Peter Grimes

Oper in 3 Akten und einem Prolog. Text von Montagu Slater nach George Crabbes Verserzählung *The Borough* (1810). Uraufführung am 7. Juni 1945 in London, Sadler's Wells Theatre.

Britten wählte den britischen Journalisten und Literaten Montagu Slater (1902–1956), den er bei der Mitarbeit an Dokumentarfilmen kennengelernt hatte, als Librettisten, nachdem Christopher Isherwood ablehnte. Weil Slaters Text nicht seine vollkommene Zufriedenheit fand, zog Britten noch den Regisseur Eric Crozier (s. *Albert Herring*, S. 784) zu Rate. – George Crabbe (24. 12. 1754 Aldeburgh – 3. 2. 1832 Trowbridge), englischer Dichter und Pfarrer, bot in seinen Romanen und Verserzählungen realistische Darstellungen des dörflich-kleinstädtischen Lebens, so in *The Village* (1783) und *The Parish Register* (1807). Seine Verserzählung *The Borough* (*Der Wahlkreis*) schildert den Alltag in seinem Geburtsort Aldeburgh. Britten war 1941 in den USA auf einen Artikel über den ihm unbekannten Autor gestoßen. Sein Entschluß, sich in Aldeburgh niederzulassen, korrespondierte mit dem Wunsch, eine Oper auf einen Text Crabbes zu komponieren.

Personen: Peter Grimes, ein Fischer (Tenor) – John, sein Lehrling (stumme Rolle) – Ellen Orford, Witwe, Lehrerin des Ortes (Sopran) – Kapitän Balstrode, früher bei der Handelsmarine (Baß) – Auntie, Wirtin der Schenke »Zum Eber« (Alt) – 1. und 2. Nichte, Hauptattraktionen des »Ebers« (Soprane) – Bob Boles, Fischer und Methodist (Tenor) – Swallow, Rechtsanwalt und Bürgermeister des Borough (Baß) – Mrs. Sedley, Witwe eines Vertreters der Ostindischen Handelskompanie (Mezzosopran) – Reverend Horace Adams, Pfarrer (Tenor) – Ned Keene, Apotheker (Tenor) – Hobson, Fuhrmann und Konstabler des Borough (Baß) – Dr. Crabbe (stumme Rolle) – Bewohner der Stadt, Fischer.

Ort und Zeit: Aldeburgh, ein Borough in Suffolk, um 1830.

Prolog. Im Stadthaus findet eine gerichtliche Untersuchung statt, die den Tod eines Waisenjungen aufklären soll, der bei dem Fischer Peter Grimes, einem finsteren Sonderling, Dienst tat. Swallow befindet, daß der überanstrengte Junge eines zufälligen Todes gestorben sei, rät Grimes aber, nicht noch einmal einen Jungen zu beschäftigen und dabei zu überfordern. Grimes weiß, daß ihn wohl der Richter, nicht aber die Gesellschaft von Schuld freispricht.

1. Akt. Straße am Meer. Die Fischer bringen ihren Fang an Land, die Frauen kommen vom Netzeflicken; später gehen sie in Aunties Gasthaus »Zum Eber«. Peter Grimes muß sich allein mit seiner Arbeit abquälen, doch der Apotheker Ned Keene hat im Waisenhaus einen neuen Gehilfen, wieder ein halbes Kind noch, für ihn gefunden. Der Fuhrmann Hobson weigert sich zunächst, diesen Jungen abzuholen, aber gegen den Widerstand der ganzen Gemeinde erklärt sich die Lehrerin Ellen Orford bereit mitzukommen, um den Jungen herzubringen und zu betreuen. Aufkommender Sturm treibt die Leute in ihre Häuser, nur Balstrode und Grimes bleiben. Der Ex-Kapitän ist Grimes zugetan, er meint, Peter solle in einen anderen Ort ziehen oder die Lehrerin, die ihn liebt, heiraten. Grimes will aber weder weg noch aus Mitleid für einen Sonderling geheiratet werden. – Im Gasthaus »Zum Eber« wird berichtet, daß der Sturm an der Küste vor Grimes' Haus einen Erdrutsch verursacht habe. Als Grimes eintritt, verstummen die Gespräche. Grimes spricht vor sich hin, doch seinen Deutungen der Gestirne kann keiner folgen. Man hält ihn für betrunken. Fast kommt es zu einer handgreiflichen Auseinandersetzung, da tritt Ellen Orford mit dem neuen Lehrjungen ein. Peter bricht sofort mit dem Jungen auf.

2. Akt. Sonntagmorgen, eine Woche später. Ellen Orford entdeckt an dem Jungen eine offene Wunde. Als Grimes kommt, um den Jungen zum Fischfang zu holen, und sie ihm vorhält, daß heute Sonntag sei und der Junge seinen freien Tag brauche, kommt es zum Streit. Grimes schlägt Ellen – was empört von einigen Kirchgängern beobachtet wird. Die Männer der Gemeinde ziehen drohend vor Grimes' Hütte.

– Dort bereitet Peter alles für den Fang vor. Den schluchzenden Jungen, dem er sich zu erklären versucht, kann er kaum beruhigen. Als Grimes die Leute näherkommen sieht, treibt er den Jungen zu Eile an. Sowie die Männer anklopfen, springt aber der Junge durch die Klifftür den Steilhang hinunter, man hört ihn nur noch aufschreien. Peter stürzt über die Klippen davon. Die Männer finden eine leere, ordentlich aufgeräumte und saubere Hütte vor.
3. Akt. Straße am Strand, wenige Tage später. Grimes und der Junge sind nicht wieder aufgetaucht. Beim Tanzabend in der Gemeindehalle, während Swallow mit den Nichten von Auntie schäkert, tuschelt Mrs. Sedley mit Ned Keene; sie verdächtigt Grimes, den Jungen getötet zu haben. Ellen Orford und Balstrode machen sich Sorgen um Peter; sie wollen ihm helfen, was immer er getan haben mag. Mrs. Sedley meldet, daß sie Grimes' Boot gesehen habe. Sofort sammelt Swallow die Leute zur Jagd nach dem Fischer. – Einige Stunden später. Gequält bei seinem Boot hockend, wird Grimes von Ellen und Balstrode gefunden. Der Junge ist tot. Balstrode gibt dem Fischer einen letzten freundschaftlichen Rat: »Fahr aus, und dann versenk das Boot.« Nur so könne er sich noch der Lynchlust der Leute entziehen. Tags darauf wird ein sinkendes Boot auf See beobachtet, aber keiner kümmert sich darum. Das Leben geht weiter.

Im Frühjahr 1942 erhielt Slater den Auftrag für das Textbuch; Britten vertonte es zwischen Januar 1944 und Februar 1945. Die Textgrundlage, Crabbes Novelle, besteht aus einer Sammlung fiktiver Briefe in Versform. Einer der Briefe enthält die Geschichte des Fischers Grimes. Ihn wünschte Britten nicht als Bösewicht und Verbrecher, wie bei Crabbe, sondern als unverstandenen Außenseiter. Britten, der seine und Pears' Situation nach ihrer Rückkehr in die englische Gesellschaft (1942) mit der des gejagten Grimes identifizierte, mied allerdings jede homoerotische Komponente.
In der realistischen Gestaltung des Arbeiterlebens der Fischer und der detaillierten Schilderung der zahlreichen Nebenfiguren klingen noch die Einflüsse der veristischen Oper

nach. Britten berief sich zwar auf das große britische Vorbild Purcell, bewegte sich aber bei der dramaturgischen Anlage seiner Oper in der Nähe von Bergs bewundertem *Wozzeck*. Innerhalb der durchkomponierten Oper lassen sich ariose Schlüsselszenen herauslösen, wozu neben den dominierenden, archaisch wirkenden Chor-Ensembles auch Peters Selbstgespräche (z. B. *Now the Great Bear and Pleiades* im 1. Akt) gehören, die aber nicht ausreichen, seinen komplizierten Charakter befriedigend zu erklären. Große Bedeutung und Wirkung haben die 6 tonmalerisch die Charaktere beschreibenden, sozusagen psychoanalysierenden Zwischenspiele.
Mit der Uraufführung des von Reginald Goodall dirigierten *Peter Grimes* (mit Peter Pears in der Titelrolle) nahm das Londoner Sadler's Wells Theatre nach Kriegsende seinen Spielbetrieb wieder auf. Der Erfolg seines »Erstlings« begründete Brittens Ruf als Opernkomponist. Die deutschsprachige Erstaufführung fand am 22. 3. 1947 in Hamburg statt (Übersetzung von Herberth E. Herlitschka).
Spieldauer: ca. 2½ Stunden (1. Akt: ca. 55 min.; 2. Akt: ca. 50 min.; 3. Akt: ca. 40 min.).

Der Raub der Lukretia

The Rape of Lucretia

Oper in 2 Akten. Text von Ronald Duncan nach dem Bühnenstück *Le viol de Lucrèce* von André Obey (1931). Uraufführung am 12. Juli 1946 in Glyndebourne, Festspielhaus.

Der englische Literat Ronald Duncan (6. 8. 1914 Salisbury [Rhod.] bis 3. 6. 1982 Barnstable), Absolvent von Cambridge, gab 1938 bis 1946 den »*Townsman*« heraus und trat besonders als Cocteau-Übersetzer hervor. Britten hatte vor *Peter Grimes* bereits Musik zu Duncans Reimspiel *This Way to the Tomb* komponiert. – André Obey (8. 5. 1892 Douai – 11. 4. 1975 Montsoreau [M. et L.]), französischer Dramatiker, wandte sich nach seinem Musikstudium der Literatur zu. Er war Kritiker in Paris, Novellist und Dramatiker. Als Hausautor von Jacques Copeau und seiner »Compagnie de Quinze« zählte er zu den Erneuerern des französischen Theaters.

PERSONEN: Männlicher Chor (Tenor) – Weiblicher Chor (Sopran) – Collatinus, römischer General (Baß) – Junius, römischer General (Bariton) – Tarquinius, Sohn des etruskischen Tyrannen Tarquinius Superbus (Bariton) – Lukretia, Gattin des Collatinus (Alt) – Bianca, Lukretias alte Amme (Mezzosopran) – Lucia, Lukretias Dienerin (Sopran).

ORT UND ZEIT: In einem Feldlager vor Rom, Haus des Collatinus in Rom, 509 v. Chr.

1. Akt. Der Chor wird von zwei Sängern, Tenor und Sopran, dargestellt. Sie kommentieren das Geschehen, greifen mitunter auch in die Handlung ein: Herrscher von Rom ist der etruskische Tyrann Tarquinius Superbus, dessen Sohn Tarquinius Sextus an der Spitze der römischen Krieger kämpft. Im Feldlager wird das Gespräch zwischen Tarquinius und den Generälen Collatinus und Junius von den Erlebnissen am Vorabend beherrscht. Um die Treue ihrer Frauen zu prüfen, waren mehrere Offiziere überraschend nach Rom geritten – und hatten alle ihre Frauen mit Liebhabern ertappt. Nur Lukretia, die Gattin des Collatinus, hatte sich als treu erwiesen. Der betrogene Junius ist sehr ärgerlich; außer der Blamage fürchtet er Nachteile gegenüber seinem politischen Konkurrenten Collatinus. So bringt er den Junggesellen Tarquinius auf den Gedanken, Lukretias Standhaftigkeit auf die Probe zu stellen. – Der Tenor-Chor schildert den Ritt des Tarquinius nach Rom. – In ihrem Haus ist Lukretia am Nähen, Bianca und Lucia sitzen an den Spinnrädern. Gegen Abend tritt Tarquinius ein und bittet um ihre Gastfreundschaft, weil sein Pferd lahme. Lukretia weist ihm ein Zimmer für die Nacht zu.

2. Akt. Tenor-Chor und Sopran-Chor beschreiben den wachsenden römischen Widerstand gegen die etruskischen Tyrannen. In der Nacht betritt Tarquinius das Schlafzimmer Lukretias und nimmt sie gewaltsam trotz ihrer heftigen Gegenwehr. Der Chor beklagt die Verletzlichkeit christlicher Tugend. – Am nächsten Morgen, als Bianca und Lucia einen herrlichen Tag begrüßen, läßt Lukretia nach ihrem Mann schicken, der allerdings schon von Tarquinius' Rückkehr nach Rom erfahren hat und ihrem Boten zuvorkommt. Lu-

kretia tritt Collatinus in einem Trauergewand entgegen. Auf das, was sie ihm vom Geschehen in der Nacht zu sagen hat, begegnet ihr Collatinus voll Liebe und Verständnis. Dennoch, Lucretia kann diese Schande nicht ertragen. Sie gibt sich mit einem Dolch den Tod. Junius ruft die Römer zur Rebellion auf. Der Chor verweist auf die Erlösungskraft der Leiden Christi.

Nach dem aufwendigen *Peter Grimes* wollte Britten die »Wiedergeburt« der britischen Oper auch auf andere Weise fördern, nämlich durch kleinere Formen des Musiktheaters. Sich stets Purcells Vorbild verpflichtet fühlend, knüpfte er mit dieser Kammeroper für 8 Sänger und 12 Instrumentalisten (2 Violinen, Bratsche, Cello, Kontrabaß, Flöte, Klarinette, Fagott, Horn, Pauke, Harfe und Klavier) direkt an dessen *Dido and Aeneas* an. Duncans streng artifizielle Verse und die vom Chor vertretene christliche Moral stießen teilweise auf Ablehnung und erschweren den Zugang zu einem Werk, in dem Britten seine Meisterschaft psychologischer Schilderungen vertieft und zu einer sparsamen, kammermusikalisch prägnanten Illustration gefunden hat: Die Schlaginstrumente schildern den Ritt des Tarquinius nach Rom, die Holzbläser stehen für Frieden und Beschaulichkeit im Hause Lukretias, und die Pauke beschreibt, wie sich Tarquinius der schlafenden Lukretia nähert. – *The Rape of Lucretia* wurde in Glyndebourne durch die danach formell gegründete English Opera Group unter Ernest Ansermet uraufgeführt. Die deutschsprachige Erstaufführung erfolgte am 9. 11. 1948 in Köln (Übersetzung von Elisabeth Mayer). Spieldauer: ca. 1¾ Stunden.

Albert Herring

Komische Oper in 2 Akten. Text von Eric John Crozier nach Guy de Maupassants Novelle *Le rosier de Madame Husson* (1888). Uraufführung am 20. Juni 1947 in Glyndebourne, Festspielhaus.

Der englische Schriftsteller und Regisseur Eric John Crozier (* 14. 11. 1914 London) war Brittens Werk eng verbunden; er inszenierte die Uraufführungen von *Peter Grimes* und *The Rape of Lucretia* und schrieb die Libretti zu *Albert Herring*, *Let's Make an Opera* (1949) und *Billy Budd* (1951). Mit Britten und John Piper gehörte er 1946 zu den Mitbegründern der English Opera Group. – Die Novellen von Guy de Maupassant (5. 8. 1850 Schloß Miromesnil bis 7. 7. 1893 Paris), er schrieb mehr als 250, stehen in der Nachfolge Flauberts und fallen durch ihre sozialkritischen Komponenten auf.

PERSONEN: Lady Billows, eine autokratische ältere Dame (Sopran) – Florence Pike, ihre Haushälterin (Alt) – Miß Wordsworth, Vorsteherin der Kirchenschule (Sopran) – Mr. Gedge, Pfarrer der St.-Mary's-Kirche (Bariton) – Mr. Upfold, Bürgermeister von Loxford und Besitzer der örtlichen Metzgerei (Tenor) – Mr. Budd, Chef der Ortspolizei (Baß) – Sid, Metzgerbursche bei Upfold (Bariton) – Nancy Waters, Bäckerstochter (Sopran) – Mrs. Herring, Besitzerin des Gemüseladens (Mezzosopran) – Albert Herring, ihr Sohn (Tenor) – Emmie, Siss und Harry, Schulkinder aus Loxford, 15, 13 und 12 Jahre alt (Soprane).

ORT UND ZEIT: Loxford, ein fiktives Marktstädtchen in East Suffolk, April und Mai 1900.

1. Akt. Lady Billows bestimmt durch ihre sanfte Tyrannei und ihre absolut unbestechliche moralische Integrität das öffentliche Leben von Loxford. Höhepunkt ihrer energisch verfochtenen Kampagne, die sinkende Moral des Städtchens zu heben, soll, als Wiederbelebung einer alten Tradition, die Krönung einer Maikönigin sein. Um dieses besonders tugendhafte Wesen auszuwählen, hat Lady Billows die maßgeblichen Herrschaften von Loxford zu sich bestellt: die Schulvorsteherin Miss Wordsworth, den Pfarrer Gedge, den Bürgermeister und den Polizeichef. Man macht Vorschläge. Doch jedesmal scheitert die Wahl am Veto von Miss Pike, die mit penibler Kleinkariertheit alle Verfehlungen der möglichen Anwärterinnen notiert hat. Kurzum, man findet kein Mädchen, das würdig wäre, Maikönigin zu werden. Als das Vorhaben bereits zu scheitern droht, schlägt Mr. Budd vor, statt dessen einen Maikönig zu wählen. In Albert, dem etwas naiven, aber sehr anständigen und fleißigen Sohn der

Gemüsehändlerin Herring, glaubt man den richtigen Kandidaten gefunden zu haben. – Sid und einige Kinder machen sich über den artigen Albert lustig, der im Laden seiner Mutter hilft, der, weil seine Mutter es so will, nie mitspielt, nie einen Tropfen Alkohol genossen, nie getanzt oder mit einem Mädchen angebändelt hat: Dementsprechend verwirrt es Albert, daß Sid mit seiner Freundin Nancy heftig zu turteln beginnt und ein Rendezvous am Abend ausmacht. Albert überlegt, ob er sich nicht ein wenig aus der Strenge seiner Mutter lösen sollte. Mrs. Pike erscheint, sodann Lady Billows mit dem Festkomitee, um Alberts Wahl zum Maikönig offiziell mitzuteilen. Mrs. Herring ist entzückt, Albert dagegen gar nicht, doch fügt er sich seiner Mutter.
2. Akt. Im Festzelt werden die letzten Vorbereitungen für das Maifest getroffen. Heimlich schüttet Sid in die für den Maikönig bestimmte Limonade Rum. Nach dem Aufmarsch des Festkomitees und der musizierenden Kinder wird Albert mit einem Tugendkranz und einer Reihe von Ansprachen geehrt, auf die er nur mit einem verlegenen Gestammel antwortet. Schließlich trinkt er sein Glas in einem Zug leer und beginnt das Fest mit einem Schluckauf. – Wieder in seinem Laden, beobachtet der ungewohnt ausgelassene und heitere Albert, wie sich Nancy und Sid zu ihrem Stelldichein aufmachen. Das geht ihm durch Kopf und Glieder: Jetzt will auch er mal etwas erleben. Mit 25 Pfund in der Tasche, seinem Preis als Maikönig, macht er sich auf in die Stadt. Die heimkehrende Mrs. Herring nimmt an, daß er bereits zu Bett gegangen ist.
3. Akt. Am Nachmittag des nächsten Tages ist der Maikönig immer noch nicht zurückgekehrt. Bei der Suche nach ihm wird seine ramponierte und verschmutzte Maikrone gefunden; man hält Albert für tot. Mitten in das große Lamento hinein taucht Albert auf. Er hat, wie er freiweg erzählt, sein Geld in Bars versoffen und den Rausch im Rinnstein ausgeschlafen. Empört rauscht Lady Billows mit ihrer ehrenwerten Gesellschaft davon. Sid und Nancy gratulieren Albert: endlich hat er die Tyrannei seiner Mutter abgeschüttelt. Er lädt alle Kinder ein, sich an dem Obst im Laden zu bedienen.

Nachdem er im Oktober 1946 mit Unterstützung seiner Freunde eine eigene Operntruppe, die English Opera Group, gegründet hatte, mußte Britten innerhalb kürzester Zeit eine neue Oper komponieren, mit der das Unternehmen, ein Tourneetheater, im folgenden Sommer starten konnte. Er schlug Eric Crozier als heiteres Gegenstück zur *Lucretia* Maupassants Novelle *Der Rosenstock der Madame Husson* vor, deren Handlung ohne Schwierigkeiten nach England verlegt werden konnte. Obwohl die tragischen Züge bei Maupassant – die Hauptperson, Isidore, beendet nach der durchzechten Nacht sein Leben als Säufer – im Opernlibretto ausgespart blieben, handelt es sich bei *Albert Herring* um eine Charakterkomödie: Der unverdientermaßen zum Helden gestempelte Albert muß sich erst gegen die Gesellschaft auflehnen, bevor er Achtung gewinnt. Unter anderen Vorzeichen ist auch *Albert Herring* eine Außenseitergeschichte wie *Peter Grimes*. Vor allem die Erwachsenen, Mrs. Herring sowie Lady Billows und ihr Festkomitee, sind liebevoll karikierend gezeichnet. Die Oper besitzt den größten Reiz im Aufeinanderprallen skurriler Typen, die durch Text und Musik prägnant und individuell charakterisiert werden. Im musikalischen Duktus herrscht der Konversationsstil vor. Sein rezitativischer Gestus verdichtet sich gelegentlich zu ariosen Ensembles vom Duett bis zum Nonett. Höhepunkt dieser feinziselierten Ensembletechnik ist der neunstimmige Klagechor im 3. Akt. Der Orchestersatz ist immer durchsichtig und gelegentlich mit ironischen Wagner-Zitaten gewürzt; so erklingt z. B. das »*Tristan*-Motiv«, wenn Albert von seiner Rum-Limonade trinkt.

Albert Herring wurde von der English Opera Group in Glyndebourne uraufgeführt; Frederick Ashton führte Regie, Britten dirigierte, Peter Pears sang die Titelrolle. Am 11. 1. 1950 war die deutschsprachige Erstaufführung in Hannover-Herrenhausen (deutsch von Fritz Schröder).

Spieldauer: ca. 2¼ Stunden (1. Akt: ca. 50 min.; 2. Akt: ca. 55 min.; 3. Akt: ca. 30 min.).

Bernd Alois Zimmermann

* 20. März 1918 Bliesheim bei Köln
† 10. August 1970 Großkönigsdorf (Gemeinde Lövenich) bei Köln

Zimmermann studierte an den Hochschulen in Bonn, Köln und Berlin Musikwissenschaft, Germanistik, Philosophie und Psychologie. Zu seinen Kompositionslehrern gehörten in Köln Philipp Jarnach und Heinrich Lemacher sowie bei den Darmstädter Ferienkursen (1948–1950) Wolfgang Fortner und René Leibowitz. 1950–1952 unterrichtete Zimmermann an der Kölner Universität und als Nachfolger Frank Martins von 1957 bis zu seinem Tod an der dortigen Musikhochschule, wo er sich u. a. mit Hörspielen und Filmmusik beschäftigte. In den 1950er Jahren war Zimmermann auch Mitarbeiter des Westdeutschen Rundfunks; er komponierte mehrere Hörspiel- und Bühnenmusiken, darunter Ballette. Das Bekenntnis zu einem Pluralismus der Stile, zur Zitat- und Collagetechnik in Verbindung mit dem formstrengen Einsatz der Zwölftontechnik zeichnet Zimmermanns Schaffen aus. Mit den *Soldaten* schuf er eines der wagemutigsten Werke des zeitgenössischen Musiktheaters. Die Oper *Medea* nach Hans Henny Jahnn blieb Fragment. Zimmermann starb durch Selbstmord.

Die Soldaten

Oper in 4 Akten. Text vom Komponisten nach dem gleichnamigen Schauspiel von Jakob Michael Reinhold Lenz (1776). Uraufführung am 15. Februar 1965 in Köln, Städtische Bühnen.

Mit seinen sozialkritischen Dramen *Der Hofmeister* (1774) und *Die Soldaten* gehörte Jakob Michael Reinhold Lenz (12. 1. 1751 Seßwegen – 24. 5. 1792 Moskau) zu den Wegbereitern des »Sturm und Drang«. Das Schicksal des in geistiger Umnachtung gestorbenen

Dichters machte Georg Büchner zum Thema seiner Novelle *Lenz* (1839; vgl. auch Rihm, *Jakob Lenz*, S. 823).

Personen: Wesener, ein Galanteriehändler in Lille (Baß) – Marie (Sopran) und Charlotte (Mezzosopran), seine Töchter – Weseners alte Mutter (Alt) – Stolzius, Tuchhändler in Armentières (Bariton) – Stolzius' Mutter (Alt) – Obrist Graf von Spannheim (Baß) – Desportes, ein Edelmann aus dem Hennegau, in französischen Diensten (Tenor) – Ein junger Jäger (Sprechrolle) – Pirzel, ein Hauptmann (Tenor) – Eisenhardt, ein Feldprediger (Baß) – Haudy und Mary, Hauptleute (Baritone) – Drei junge Offiziere (Tenöre) – Gräfin de la Roche (Sopran) – Der junge Graf, ihr Sohn (Tenor) – Andalusierin und 3 Fähnriche (Tänzer) – Madame Roux, Inhaberin eines Kaffeehauses (stumm) – Bedienstete, Offiziere, Hauptleute, Fähnriche.

Ort und Zeit: Lille, Armentières, gestern, heute und morgen.

1. Akt. 1. Szene (Strofe). Marie, die mit ihrem Vater, dem Galanteriehändler Wesener, von Armentières nach Lille übergesiedelt ist, schreibt einen Brief an die Mutter ihres Verlobten Stolzius, eines jungen Tuchhändlers in Armentières. Es kommt zum Streit mit Charlotte, die über Maries Liebe zu Stolzius spottet. – 2. Szene (Ciacona I). Stolzius, der an Liebeskummer leidet, seit Marie in Lille ist, erhält beglückt von seiner Mutter den Brief der Geliebten. – 3. Szene (Ricercari I). Desportes, ein Kunde Weseners, macht dem Bürgermädchen Marie den Hof und gewinnt dessen Sympathie. Mit ihm ins Theater zu gehen verbietet aber ihr Vater – ein Bürgermädchen dort in Begleitung eines Offiziers, da kann es schnell seinen guten Ruf verlieren. – 4. Szene (Toccata I). Auf dem Stadtgraben in Armentières diskutieren die Offiziere mit dem Feldprediger Eisenhardt über Wert und Unwert der Komödie, die, wie Haudy behauptet, nützlicher sei als eine Predigt. Eisenhardt entgegnet, die Komödie untergrabe die Moral der Soldaten, die mit ihren lockeren Sitten viele junge Frauen ins Unglück stürzten. Haudy hält ihm entgegen, eine Hure werde immer eine Hure. Nein, eine Hure werde niemals eine Hure, wenn sie nicht dazu gemacht werde, ist des Feldpredigers Antwort. – 5. Szene (Nocturno I). Wesener rät seiner Tochter,

Desportes gegenüber vorsichtig zu sein, nährt aber auf der anderen Seite in ihr leise Hoffnung auf eine Ehe mit dem jungen Aristokraten. Stolzius solle sie indessen nicht ganz aufgeben. Während ein Gewitter aufzieht, wird Marie im Zwiespalt ihrer Gefühle bange vor dem, was auf sie zukommt.

2. Akt. 1. Szene (Toccata II). Im Kaffeehaus der Madame Roux in Armentières amüsieren sich die Offiziere. Sie laden den arglosen Stolzius zu sich, um ihn anzüglich über die Beziehungen Maries zu Desportes aufzuklären. – 2. Szene (Capriccio, Corale e Ciacona II). Marie hat einen vorwurfsvollen Brief von Stolzius erhalten. Weinend liest sie ihn, als Desportes eintritt. Höhnisch diktiert er ihr ein brüskierendes Antwortschreiben. Seine Schmeicheleien machen ihr Eindruck – jetzt hat er gewonnenes Spiel bei Marie. Im Nebenzimmer singt Weseners alte Mutter das Lied vom *Rösel aus Hennegau* mit der prophetischen Zeile »Dein Kreuz wird dir schon kommen«. Auf der geteilten Bühne erscheint das Paar Marie-Desportes im Liebesspiel sowie Stolzius' Mutter, die ihren Sohn zu überzeugen sucht, daß die »Soldatenhure« Marie, die die Verlobung gelöst hat, seiner nicht wert sei. Doch Stolzius verteidigt sie und schwört Desportes Rache.

3. Akt. 1. Szene (Rondino). Aus einem Gespräch zwischen dem Feldprediger und dem in der Eintönigkeit des Militärdienstes wunderlich gewordenen Pirzel ist zu erfahren, daß Mary, ein Freund Desportes', von Armentières nach Lille versetzt wird. – 2. Szene (Rappresentazione). Um Marie nahe zu sein, bietet sich Stolzius dem Herrn von Mary als Bursche an. – 3. Szene (Ricercari II). Desportes hat Marie sitzengelassen. Charlotte beschimpft sie als »Soldatenmensch«, weil sie von Mary Geschenke annehme. Marie behauptet, das nur zu tun, um auf diesem Wege Nachrichten von Desportes zu erhalten. Mary lädt die Schwestern zu einer Spazierfahrt ein; dabei erkennen sie Stolzius als Marys Burschen nicht. – 4. Szene (Nocturno II). Die Gräfin de la Roche macht ihrem Sohn Vorhaltungen wegen seines Umgangs mit Marie. Sie rät ihm, die Stadt zu verlassen, und um

Marie vor den Nachstellungen der Offiziere zu beschützen, erklärt sie sich bereit, das Mädchen als Gesellschafterin in ihr Haus aufzunehmen. – 5. Szene (Tropi). Die Gräfin sucht Marie in ihrem Vaterhaus auf und macht ihr in Charlottes Gegenwart das Angebot, ihr auf ihren Besitz zu folgen, der einzige Weg, der zur Rettung und Wiederherstellung ihrer Ehre führen könne.

4. Akt. 1. Szene (Toccata III). Das künftige Geschehen erlebt Marie wie in einem Alptraum. Sie hat das Angebot der Gräfin ausgeschlagen und neue Verbindung mit Desportes gesucht. Desportes spielt das Mädchen seinem Jäger in die Hände, der Marie brutal vergewaltigt. Entehrt und geschändet irrt Marie umher, während die Gräfin, der junge Graf, Wesener, Charlotte, Pirzel und der Feldprediger nach ihr suchen. – 2. Szene (Ciacona III). Mary und Desportes sitzen beim Abendessen, Stolzius bedient sie und erfährt aus ihrem Gespräch das Schicksal Maries. Er reicht Desportes eine vergiftete Suppe. Dem Sterbenden gibt er sich triumphierend zu erkennen, dann nimmt auch er das Gift. – 3. Szene (Nocturno III). Marie, zur Straßenbettlerin herabgesunken, begegnet ihrem Vater und geht ihn um ein Almosen an, das ihr der alte Mann, der sie nicht erkennt, beim Gedanken an seine Tochter gibt. Dann gliedert er sich ein in einen unaufhörlichen Zug von geknechteten und gefallenen Soldaten, dem auch die betrunkenen Offiziere folgen. Die Vorgänge gestalten sich im Schlußbild zum Inferno, das die Vergewaltigung des Menschen durch den Menschen, des einzelnen durch das Kollektiv, in diesem Falle durch die brutale Macht des Militärs, zum Inhalt hat.

Die 1774/75 entstandenen *Soldaten* des J. M. R. Lenz sind nach ihrer Wiener Uraufführung 1863 am Burgtheater erst im 20. Jahrhundert für die Bühne zurückgewonnen worden. B. A. Zimmermanns Oper entstand 1958–1960 im Auftrag der Stadt Köln. Er überarbeitete das als unspielbar geltende Werk 1963/64 während eines Studienaufenthaltes in der Villa Massimo in Rom. Der Westdeutsche Rundfunk sendete 1963 drei Szenen aus den *Soldaten*; die szenische Uraufführung leitete Michael Gielen. Bis heute stellt eine Bühnenaufführung der *Soldaten* höchste Ansprüche an den Opernbetrieb (zu den 16 Gesangs- und den 10 Sprechrollen kommt ein 100-Mann-Orchester mit Schlagzeug, Röhrenglocken, Marimbaphon, Vibraphon, Klavier, Cembalo, Celesta, Orgel).

Durch ihre offene Dramaturgie, teilweise simultan sich überschneidende Szenenkomplexe (2. Akt, 2. Szene, und 4. Akt), die multimediale Struktur (Einbeziehung von Filmleinwänden, Projektoren, Tonbändern und Lautsprechern) und die Verwendung realistischer Geräusche (Marschtritte, Motoren, Schreie) gehören die streng nach den Gesetzen der Zwölftonmusik komponierten, aufführungstechnisch hochkomplizierten *Soldaten* zu den herausragenden Beispielen der Kunstform Oper im 20. Jahrhundert und bieten eine Annäherung an den Begriff des totalen Theaters. In der Verarbeitung des Schauspiels ging Zimmermann durch die teilweise Verflechtung der Dialoge über das bürgerliche Drama von Lenz hinaus und entwarf ein »gestern, heute und morgen« spielendes Antikriegsstück, das in einem apokalyptischen Zug der Gefallenen endet. Die drei Zeitebenen hängen auch mit seiner Auffassung von der »Kugelgestalt der Zeit« zusammen, die Zimmermann so umschrieb: »Es gibt drei Zeiten, die Gegenwart vom Vergangenen, die Gegenwart vom Gegenwärtigen und die Gegenwart vom Zukünftigen. Denn diese drei sind in der Seele, und anderswo sehe ich sie nicht. Die Gegenwart des Gegenwärtigen ist die Anschauung, und die Gegenwart des Zukünftigen ist die Erwartung.«

Ähnlich wie Zimmermann die Zeitebenen ineinanderfließen läßt, bedient er sich bei den musikalischen Stilen mehrerer Epochen und verbindet traditionelle und zeitgenössische Formen in der Art einer Collage. Wie in Bergs *Wozzeck* oder *Lulu* sind den einzelnen Szenen strenge musikalische Formen zugrunde gelegt (Strofe, Ciacona, Ricercare, Toccata usw.), Jazz-Rhythmen (in der Kaffeehausszene), Bach-Choräle, ein Volkslied (*Rösel aus Hennegau*) und die *Dies-irae*-Sequenz aus dem gregorianischen *Requiem* sind zu einer spannungsvollen, ja explosiven Partitur zusammenmontiert.

Auf diese Weise kann ein szenischer Vorgang musikalisch auf verschiedenen zeitlichen Ebenen illustriert werden, wodurch die Handlung an inhaltlicher Brisanz und Deutlichkeit gewinnt; z. B. singt Weseners alte Mutter, während sich Desportes Marie gefügig macht, ein altes Volkslied von der Verführung eines Mädchens; der Bach-Choral *Ich bin's, ich sollte büßen* aus der *Matthäus-Passion* hebt den Vorgang auf eine sozusagen zeitlos moralisierende Ebene, und die auf einer weiteren Spielfläche ablaufende Handlung zwischen Stolzius und seiner Mutter fügt den drei musikalischen Ebenen auch eine dritte szenische Komponente hinzu.
Spieldauer: ca. 2 Stunden (1. Akt: ca. 35 min.; 2. Akt: ca. 25 min.; 3. Akt: ca. 35 min.; 4. Akt: ca. 20 min.).

György Ligeti

* 25. Mai 1923 in Dicsöszentmárton
(heute Tîrnăveni, Siebenbürgen)

Der Sohn ungarisch-jüdischer Eltern studierte 1941–1943 im siebenbürgischen Klausenburg und an der Budapester Musikakademie, wo er 1949 sein Studium abschloß und 1950–1956 als Professor für Harmonielehre lehrte. Erste Kompositionen entstanden in stilistischer Anlehnung an Bartók und Strawinsky. Nach dem Aufstand von 1956 verließ Ligeti Ungarn, arbeitete als freier Mitarbeiter des WDR in Köln und machte mit seinen Werken, zunächst *Artikulation* und dem Streichquartett Nr. 1, bald auf sich aufmerksam. Seinen internationalen Durchbruch erzielte er mit der Aufführung des Orchesterstücks *Apparitions* 1960 in Köln. Es folgten 1961 *Atmosphères* und 1962 das Orgelstück *Volumina.* In seinen Kompositionen geht Ligeti vom Prinzip der Cluster, feinstorganisierter Klangflächen und der »Mikropolyphonie« aus. Er unterrichtete ab 1959 in Darmstadt, ab 1961 in Stockholm und war von 1973 bis 1989 Professor für

Komposition an der Hamburger Musikhochschule. Seine frühen Bühnenwerke sind die auf einen eigenen Text geschriebenen Vokalstücke *Aventures* (1962) und *Nouvelles Aventures* (1962–1965), zusammengefaßt als *Aventures & Nouvelles Aventures* (Stuttgart 1966) für 3 Sänger und 7 Instrumentalisten. Außerdem komponierte er u. a. ein Requiem (1963–1965), *Ramifications* für zwei Streichensembles (1969), ein Konzert für Flöte und Oboe (1972) und ein Klavierkonzert (1985–1987). Seine Oper *Le grand macabre* (Stockholm 1978) fand auch Eingang in das Repertoire mittelgroßer Bühnen.

Der große Makabre

Le Grand macabre

Oper in 2 Akten (4 Bildern). Text von Michael Meschke und vom Komponisten nach Michel de Ghelderodes (eigtl. Adémar Adolphe Louis Martens) Farce *La ballade du grand macabre* (1934). Uraufführung am 12. April 1978 in Stockholm, Königliches Theater.

Michael Kurt Johannes Alfons Meschke (* 14. 7. 1931 Danzig), schwedischer Regisseur deutscher Herkunft. Leiter des Stockholmer Marionettentheaters. Gestaltete Ghelderodes Stück zu einem Libretto um und inszenierte auch die Uraufführung der Oper.

Personen: Chef der Gepopo, der Geheimen Politischen Polizei (Koloratursopran) – Venus (Sopran) – Clitoria (Sopran) – Spermando (Mezzosopran) – Fürst Go-Go (Sopran oder Countertenor) – Mescalina (Mezzosopran) – Piet vom Faß (Tenor) – Nekrotzar (Bariton) – Astradamors (Baß) – Ruffiak (Bariton) – Schobiak (Bariton) – Schabernak (Bariton) – Weißer Minister (Sprechrolle) – Schwarzer Minister (Sprechrolle) – Geheimpolizisten, Henker, Zeremonienmeister des Fürsten Go-Go, Pagen und Diener am Hofe des Fürsten, Höllisches Gefolge des Nekrotzar beim Einzug am Hofe des Fürsten (stumme Rollen), Volk von Breughelland, Knabenchor.

Ort und Zeit: Im Fürstentum Breughelland, im soundsovielten Jahrhundert.

1. Akt. Breughelland. Zwischen verfallenen Gräbern lallt der ständig angeheiterte Totengräber Piet vom Faß das »Dies irae« und blickt lüstern nach dem Botticelli-schönen Liebespaar Clitoria und Spermando, das in dieser phantastischen Szenerie nach einem einsamen Platz sucht. Da erhebt sich aus einem Grab die warnende Stimme Nekrotzars, der daraufhin selbst erscheint, sich als der Tod zu erkennen gibt und für Mitternacht den Untergang von Breughelland voraussagt. Piet läßt sich von Nekrotzar als Gehilfe anwerben und holt ihm aus seinem Grab die Insignien Sense und Trompete. In der leeren Grabkammer läßt sich nun das Liebespaar nieder. Nekrotzar macht sich daran, seine Mission, »das Ende der Zeiten!«, zu vollbringen. Auf Piet als seinem Roß reitet Nekrotzar in die Stadt: »Platz für den großen Makabren!« – Im Haus des Hofastrologen Astradamors stürzt sich dessen Frau, die lüsterne, fette Mescalina, gerade mit der Peitsche auf ihren in Frauendessous gekleideten Gatten. Der dermaßen unterjochte und malträtierte Astradamors bricht zusammen. Doch seine unerbittliche Gattin duldet keine Schwäche und schickt ihn an das Fernglas, damit er seiner Arbeit nachkomme. Astradamors entdeckt Zeichen, die eine Katastrophe andeuten. Ihm wäre jedes Ungeschick willkommen, würde er dadurch nur seine Frau loswerden. Mescalina schläft ein. Sie träumt von Venus und verlangt von dieser einen kräftigen Mann. Der Wunsch erfüllt sich. Venus führt ihr Nekrotzar zu, der sie brutal nimmt und schließlich durch einen Biß in den Hals tötet. Piet und Astradamors beseitigen Mescalinas Leiche und warten mit Nekrotzar auf die Ankunft des Kometen. Astradamors teilt Piets und Nekrotzars Begeisterung für ihr Werk der Vernichtung und begleitet sie zum Palast.

2. Akt. Nach einer slapstickhaften Beschimpfungsszene versöhnen sich der Weiße und Schwarze Minister und schieben dem kindischen Fürsten Go-Go beim Essen ihre Dekrete über Steuererhöhung zur Unterzeichnung zu. Gackernd bricht der als Raubvogel maskierte Chef der Geheimpolizei in den Thronsaal ein und berichtet von Anzeichen eines Volksaufstandes. Vergeblich versuchen die Minister, das aufgeregte Volk zu beruhigen. Mittlerweile weiß der Polizeichef

von der nahenden Ankunft des Großen Makabren. Seine Minister fliehen samt Gefolge. Doch zunächst erscheint der glücklich verwitwete Astradamors, und auch Go-Go ist froh, seine Minister los zu sein. Nekrotzar verkündet die finstere Vision einer verglühenden Welt. Zuvor aber wollen sich Piet und Astradamors nochmals zu einem üppigen Gelage niederlassen. Sie prosten Nekrotzar zu. Und dieser spricht dem Wein, im Glauben, es sei das Blut geopferter Menschen, tüchtig zu. Um Mitternacht liegt Nekrotzar betrunken danieder und kann seine Sense und Trompete nicht finden. Von Go-Gos Schaukelpferd aus befiehlt er den Untergang der Welt. – Piet und Astradamors halten sich für tot. Nekrotzar stößt auf den Fürsten und entdeckt, daß er die Welt nicht vernichtet hat. Kreischend bricht Mescalina aus dem Grab hervor und stürzt sich auf Nekrotzar, den sie als ihren ersten Gatten erkennt. Es kommt zu rabiaten Auseinandersetzungen zwischen ihr, den Ministern und drei Soldaten. Freudig konstatieren Go-Go, Piet und Astradamors, daß sie nicht tot sind, »Wir haben Durst: ergo wir leben«. Nekrotzar ist verschwunden, »War er der Tod? Oder schier nur ein Sterblicher, wie wir?«. Clitoria und Spermando treten aus der Grabkammer und beginnen einen eleganten Tanz, dem sich die übrigen anschließen. Gemeinsam stimmen sie dann in den Schlußgesang ein: »Fürchtet den Tod nicht, gute Leut! Irgendwann kommt er, doch nicht heut. Und wenn er kommt, dann ist's soweit. Lebt wohl so lang in Heiterkeit!«

Den Anstoß zu einer abendfüllenden Oper erhielt Ligeti 1965 vom Stockholmer Opernchef Göran Gentele. Die ursprünglich ohne verständlichen Text und konsequente Handlung konzipierte Oper *Kylwiria*, die später durch eine »Ödipus«-Handlung abgelöst wurde, erhielt erst nach Genteles Tod 1972 ihre endgültige Prägung: 1973 stieß Ligeti auf den flämischen Dramatiker Michel de Ghelderode und dessen Stück *Ballade du grand macabre*, aus dem Michael Meschke, Direktor des Stockholmer Marionetten-Theaters, ein Libretto erstellte. Auch während der Komposition 1974 bis 1977 legte Ligeti selbst noch Hand an den Text und schrieb eigene Verse und Reime.

Ghelderodes antibürgerliche *Ballade vom Großen Makabren*, quasi ein Nachtrag zu Alfred Jarrys *Ubu roi* (1896), dem Pamphlet des surrealistischen Theaters, verkehrt das Thema des Weltuntergangs ins Groteske und Absurde. Ligeti und Meschke verstärken diese Züge noch, indem sie scheinbar nichts ernst nehmen, dem besoffenen Piet das »Dies irae« des Requiem-Textes in den Mund legen und offen lassen, ob es sich bei Nekrotzar um einen Schwindler oder doch um den Tod selbst handelt. In diesem sinnenfreudigen Breughelland liegen Puppenspiel, Orffs holzschnittartige Moritaten, Farce, Mysterienspiel, Slapstick und Videoclip eng beieinander. Trotzdem lassen sich in dieser, laut Ligeti, »Anti-anti-Oper« sowohl musikalisch wie dramaturgisch typische Opernkonventionen ausmachen, angefangen von dem mit Frauenstimmen besetzten Liebespaar über das Finalterzett des 1. Aktes bis zum moralisierenden Schluß mit *Don Giovanni*- und *Falstaff*-Assoziationen. Dazu benutzt Ligeti die gesamte Klaviatur des Opernschaffens und setzt sie im Sinne der Pop-art zu einer eigenen Collage zusammen: Eine Ouvertüre mit 12 Autohupen nach dem Muster einer barocken Toccata (im Orchester werden daneben Pfeifen, Uhren, eine Ratsche, Mundharmonikas und Schlaginstrumente aller Art eingesetzt), ironisierend eingebrachte Zwölftontechnik, eine Bourée, während Nekrotzar Mescalina vergewaltigt belcanteske Koloraturketten für den Geheimdienstchef, ein direktes Schubert-Zitat, dazu die für Ligeti typischen Clusterwirkungen. »Schließlich spielt die Musik höchst vergnüglich und souverän mit Haltungen, Gesten und Ausdrucksweisen, Anklängen, Parodien oder Halbzitaten aus den verschiedensten Epochen der Musikgeschichte – von Urformen psalmodierender Einstimmigkeit bis zu komplizierter polymerischer Mehrdimensionalität vom Ende des 20. Jahrhunderts, von Monteverdi, Mozart, Beethoven, Rossini, Verdi, Offenbach bis zu Ligeti selbst« (U. Dibelius).

Kurz nach der sehr erfolgreichen, von Meschke inszenierten Stockholmer Uraufführung (in schwedischer Sprache) erlebte *Le grand macabre* im Oktober 1978 in Hamburg seine

deutsche Erstaufführung. Es folgten u. a. Aufführungen 1979 in Bologna, 1981 in Paris, 1982 in Graz und London. Daß Ligetis Oper nicht nur kurzfristig als schockierend-skurriles Stück faszinierte, beweist die anhaltende Zahl der Aufführungen in der Provinz wie in den Metropolen: 1991 in Leipzig (Inszenierung: Joachim Herz), 1992 in Zürich (Inszenierung: Marco Arturo Marelli), 1998 in Innsbruck und Budapest, Peter Sellars aufsehenerregende Salzburger Aufführung von 1997 gastierte 1998 auch in Paris; die Hannoveraner Produktion von 1998 (Inszenierung: Ernst-Theo Richter) wurde 1999 in Lissabon wiederholt.
Spieldauer: ca. 2 Stunden (1. Akt: ca. 55 min.; 2. Akt: ca. 65 min.).

Hans Werner Henze

* 1. Juli 1926 in Gütersloh

Der vielseitig begabte Sohn eines Lehrers begann seine Musikkarriere 1945 als Korrepetitor in Bielefeld. 1946–1948 studierte er bei Wolfgang Fortner in Heidelberg Kirchenmusik, besuchte die Darmstädter Ferienkurse, hatte Unterricht bei René Leibowitz, lernte Milhaud kennen, leitete 1948/49 die Bühnenmusik am Theater in Konstanz und 1950–1953 die Ballettmusik in Wiesbaden. Seine vielfachen künstlerischen Interessen äußerten sich in *Boulevard Solitude* (1952), Henzes erstem Opernerfolg nach der 1949 in Heidelberg uraufgeführten Oper für Schauspieler *Das Wundertheater* (nach Cervantes). Für seine Radiooper *Ein Landarzt* (nach Kafka) erhielt er 1953 den Prix Italia. Im gleichen Jahr ließ sich Henze in Italien nieder. Hier entstanden zunächst, 1952–1955, *König Hirsch*, als Rundfunkoper *Das Ende einer Welt* (1953), dann *Der Prinz von Homburg* (Text von Ingeborg Bachmann nach Kleist, Hamburg 1960), *Elegie für junge Liebende* (1961), *Der junge Lord* (Ingeborg Bachmann nach einem Märchen von Wilhelm Hauff) und *Die Bassariden* (1966), mit denen Henze zum herausragenden Vertreter der zeitgenössischen Musik wurde. Nach der szenischen Kantate *Moralities* (Text von W. H. Auden nach Aesop, Cincinnati 1968), verliehen das Che Guevara gewidmete *Floß der Medusa* (Hamburg 1968), der *Versuch über Schweine* (Nürnberg 1972), die Biographie des geflohenen Sklaven Esteban Montejo *El Cimarrón*, die Show *Der langwierige Weg in die Wohnung der Natascha Ungeheuer* (Rom, Italienisches Fernsehen RAI 1971) und das Vaudeville *La cubana* (Text von Hans Magnus Enzensberger, New York 1974) Henzes sozialistischem Engagement Ausdruck; in diesen Werken versuchte er eine »Identität von Kunst und Leben« zu erreichen. Zu seinen späteren Werken für das Musiktheater gehören *We Come to the River* (Text von Edward Bond, London 1976), *Don Chisciotte della Mancia* (Montepulciano 1976) nach Paisiello und Lorenzi, die erfolgreiche Kinderoper *Pollicino* (Montepulciano 1980), *Die englische Katze* (Schwetzingen 1983) und die Monteverdi-Bearbeitung *Il ritorno d'Ulisse in patria* für die Salzburger Festspiele 1982. Henze unterrichtete u. a. am Salzburger Mozarteum und an der Kölner Musikhochschule, war 1969/70 Gast des Nationalrats für Kultur in Kuba, leitete 1976–1980 das von ihm im toskanischen Montepulciano gegründete Festival, setzte diese Kulturarbeit später in Deutschland und Österreich fort und trat mehrfach als Dirigent wie Regisseur und Ausstatter eigener Werke hervor. Zu den weiteren Werken für das Musiktheater gehören seine Ballette (u. a. *Der Idiot* 1952, *Ondine* 1958). Außerdem schrieb er 7 Sinfonien, 5 Streichquartette, Solokonzerte, ein Oratorium, Kantaten.

Boulevard Solitude

Lyrisches Drama in 7 Bildern. Text von Grete Weil und Walter Jockisch nach dem Roman *Manon Lescaut* des Abbé Prévost (1731). Uraufführung am 17. Februar 1952 in Hannover, Opernhaus.

Grete Weil (* 18. 7. 1906 Rottach-Egern), Schriftstellerin und Frau des Regisseurs und Intendanten Walter Jockisch (* 20. 2. 1907), verfaßte das Libretto nach einem Szenarium ihres Mannes. Die Handlung verlegte sie in die Gegenwart.

PERSONEN: Manon Lescaut (Sopran) – Armand des Grieux, Student (Tenor) – Lescaut, Manons Bruder (Bariton) – Francis, Armands Freund (Bariton) – Lilaque père, ein reicher Kavalier (Tenor) – Lilaque fils, sein Sohn (Bariton) – Ein Diener bei Lilaque (stumme Rolle) – Eine Dirne (Tänzerin) – Blumenmädchen, Kokainisten, Studenten, Polizisten, Zigaretten- und Zeitungsverkäufer.

ORT UND ZEIT: Eine französische Großstadt, Gegenwart.

1. Bild. In einer Bahnhofshalle warten Armand und Francis lesend an einem Tisch auf die Abfahrt von Francis' Zug. Nachdem Francis abgereist ist, setzen sich Manon und ihr Bruder Lescaut, der sie in ein Pensionat begleiten soll, zu Armand. Während Lescaut an die Bar geht, kommen Armand und Manon ins Gespräch. Sie finden Gefallen aneinander und brechen gemeinsam auf. – 2. Bild. Manon und Armand leben zusammen in einer bescheidenen Mansarde. Weil sie Geld brauchen, macht sich Armand zu Francis auf. Kaum ist er gegangen, tritt Lescaut ein. Er versucht, seine Schwester zu einer Liaison mit dem reichen alten Lilaque zu überreden. Nach einigem Zögern willigt Manon ein. – 3. Bild. Manon schreibt Armand, daß sie wohl die Geliebte von Lilaque père geworden ist, ihn aber sehen möchte. Lescaut mißfällt dieser Brief, er ist darauf bedacht, daß Manon Lilaque zufriedenstellt, da auch er von dessen Geld lebt. Jetzt braucht er von Manon welches, und weil sie ihm nichts geben will, bricht er Lilaques Tresor auf. Lilaque entdeckt den Raub und wirft beide hinaus. – 4. Bild. In der Universitätsbibliothek über seinen Büchern sitzend, träumt Armand von Manon. Unbekümmert erzählt ihm Francis, daß er Manon kürzlich in Begleitung eines Unbekannten getroffen habe. Er weiß auch, daß Lilaque sie vor die Tür gesetzt hat, was Armand nicht glauben will. Überraschend erscheint Manon. Sie setzt sich neben Armand, als sei nichts geschehen. Und gemeinsam verlassen sie die Bibliothek. – 5. Bild.

Enttäuscht von Manon ist Armand dem Kokain verfallen; in seinen Halluzinationen sieht er sich als Orpheus, Manon als Eurydike. Manon versichert ihn ihrer Liebe, gibt sich allerdings schon mit ihrem nächsten Liebhaber, Lilaques Sohn, ab. Durch einen Brief läßt sie Armand wissen, daß anderntags der junge Lilaque verreist sein werde, er solle kommen. – 6. Bild. In der Wohnung von Lilaque fils haben Manon und Armand eine Liebesnacht verbracht. Lescaut kommt, um zum Aufbruch zu mahnen. En passant nimmt er ein Bild von der Wand und schneidet das Gemälde aus dem Rahmen, um es zu Geld zu machen. Doch da kommt, von seinem Diener alarmiert, der alte Lilaque dazwischen. Armand und Lescaut verstecken sich. Lilaque père hat immer noch das gleiche Interesse an Manon, er drängt sie ins Schlafzimmer. Dabei entdeckt er die beiden Männer und den leeren Bilderrahmen. Lescaut drückt Manon eine Pistole in die Hand. Ein Schuß fällt, der Alte bricht zusammen. Manon wird verhaftet, die beiden Männer fliehen. – 7. Bild. Vor Manons Gefängnis wartet Armand auf die immer noch Geliebte, die in eine andere Strafanstalt verlegt werden soll. Wie in einer Vision sieht er sie im Zug der gefangenen Frauen an sich vorüberziehen. So ist sein Leben von ihm gegangen, er bleibt einsam auf dem Boulevard Solitude.

In Henzes erster abendfüllender Oper spiegeln sich vielerlei Eindrücke und Erlebnisse des Komponisten: die Begeisterung für das klassische Ballett, wie es die »Ballets de Paris« auf ihrer Deutschland-Tournee 1949 vorführten, »auch der Einfluß von Filmen, Graphiken und Literarischem Jean Cocteaus, vom Jazz, von der modernen Oper von Weill bis Milhaud, kurz, von all den schönen und interessanten Dingen, die man uns während des faschistischen Regimes vorenthalten hatte« (Henze). Die Idee, ein Stück für Sänger, Schauspieler und Tänzer, eine Ballettoper im Sinne des französischen Barocks, zu schaffen, nahm im Sommer 1950 am Tegernsee, wo sich Henze bei Walter Jockisch und seiner Frau Grete Weil aufhielt, konkrete Formen an. Henze be-

gann die Komposition im Sommer 1950 und schloß sie im folgenden Jahr ab.
Henze benutzte traditionelle Arien und Duette, Rezitative und Ensembles, verarbeitete ein französisches Volkslied sowie Bach- und Offenbach-Assoziationen; »auch die Dodekaphonie wurde von uns wie eine Befreiung und wie eine Hoffnung empfunden und schien uns die Möglichkeit zu geben, menschliche Affekte neu und vertieft darzustellen, weil wir fanden, daß die freie Tonalität sich zum Heute verhält wie andere Errungenschaften unseres Jahrhunderts auch. Daher ist es nicht verwunderlich, daß die Liebesszenen in *Boulevard Solitude* zwölftonig komponiert sind, weil meine Dodekaphonie damals eine freie unbürgerliche Welt bezeichnen wollte« (Henze). Zu den markanten Instrumentalpassagen gehören die 6 delikat instrumentierten Intermezzi, welche die Bilder verbinden. Das von einem lyrischen Sentiment und einem morbiden Flair aus Liebe und Verzweiflung durchzogene Werk hat nichts von seiner starken Wirkung eingebüßt.
Spieldauer: ca. 1½ Stunden.

König Hirsch

Il Re Cervo oder Die Irrfahrten der Wahrheit

Oper in 3 Akten. Text von Heinz von Cramer nach *Il re cervo* von Carlo Gozzi (1762). Uraufführung am 23. September 1956 in Berlin, Städtische Oper (heute Deutsche Oper). Uraufführung der 2. Fassung am 10. März 1963 in Kassel, Staatstheater.

Heinz von Cramer (* 12. 7. 1924 Stettin) studierte Komposition bei Boris Blacher in Berlin, ging dann aber zur Literatur über. Er schrieb für den Rundfunk und arbeitete als Journalist. Für Blacher verfaßte er die Libretti zu den Opern *Die Flut* (1947) und *Preußisches Märchen* (1952), mit Blacher den Text zu Gottfried von Einems *Der Prozeß* (1953). – Carlo Gozzi s. Prokofjew, *Die Liebe zu den drei Orangen*, S. 701.

PERSONEN: Der König (Tenor) – Das Mädchen (Sopran) – Der Statthalter (Bariton) – Scollatella, eine viermal teilbare Frauensperson (zwei Soprane, Mezzosopran, Alt) – Checco, ein verträumter Bursche (Tenor) – Coltellino, ein schüchterner Mörder (Tenor) – Eine Dame in Schwarz (Alt) – Die Erfinder, Clowns (Tenöre, Baritone, Bässe) – Zwei Statuen (Soprane) – Papagei (Tanzrolle) – Stimmen des Waldes (Sopran, Mezzosopran, Alt) – Der Hirsch (stumme Rolle) – Menschenstimmen, Jäger, Soldaten, Wachen, Volk, Tiere.

ORT UND ZEIT: Südliche Landschaft bei Venedig, Märchenzeit.

Urfassung. – 1. Akt. Der König, der einst im Wald ausgesetzt worden war und dort unter Tieren aufwuchs, kehrt in die Stadt zurück und lädt alle Mädchen des Landes an den Hof, um sich eine Braut zu erwählen. Mit der Hilfe von zwei Statuen, die jede Unwahrheit mit Gelächter quittieren, entlarvt er alle heuchlerischen Bewerberinnen, darunter die Dame in Schwarz und Scollatella, die sich in vier Frauen aufspalten kann. Seine Wahl fällt schließlich auf »das Mädchen«, das nur widerstrebend zur Brautschau geführt werden konnte. Die Statuen haben keine Einwände gegen die künftige Königin. Doch der Statthalter, der das Verderben des Königs plant, bezichtigt das Mädchen des geplanten Mords am König. Enttäuscht von den Menschen verzichtet der König auf seinen Thron, überläßt die Herrschaft dem Statthalter und zieht sich, begleitet von dem Papagei und Checco, in den Wald zurück. Der Statthalter schickt ihm den gedungenen Mörder Coltellino hinterher.
2. Akt. Der Wald ist von geheimnisvollen Stimmen durchwoben. Da Coltellino vor dem Mord am König zurückschreckt, schleudert der Statthalter selbst einen Dolch gegen den König, trifft aber den Papagei. Der König entfernt die Waffe aus dem Gefieder des Vogels, worauf ihm der dankbare Papagei ein Zauberwort verrät; damit könne sich der König in einen Hirsch verwandeln und vor seinen Verfolgern verstekken. Doch der Statthalter erfährt ebenfalls das Zauberwort, verwandelt sich in den König und erteilt den Jägern den Befehl, alle Hirsche zu erlegen. König Hirsch muß aus dem Wald fliehen und bei den Menschen Zuflucht suchen.

3. Akt. Das Volk leidet unter der tyrannischen Herrschaft des in der Gestalt des Königs das verfallene Land regierenden Statthalters. Der Statthalter versucht, das Mädchen an sich zu binden, doch es spürt, daß nicht der richtige König vor ihm steht. Als König Hirsch in der Stadt auftaucht und der Statthalter ihn niederstrecken lassen will, wird der Usurpator selbst von einem Schuß Coltellinos getötet. König Hirsch nimmt wieder seine wahre Gestalt an und besteigt, mit dem Mädchen als seiner Königin, den Thron, um seinem Volk Frieden und Glück zu sichern.

Die Wahl des Sujets, Carlo Gozzis venezianische Tragikomödie *Il re cervo*, geht auf Cramer zurück. Im Herbst 1953 war sein Libretto vollendet; Henze, der bereits einzelne Teile des Textes vertont hatte, schloß die Komposition Ende 1955 auf Ischia ab, wo er seit Frühjahr 1953 lebte.
Die Tradition des venezianischen Zauber- und Märchenstücks wahrend, schuf Henze eine Partitur von überquellender Phantasie und barockem Umfang. Für die Berliner Uraufführung (Leitung: Hermann Scherchen, Regie: Leonard Steckel, Bühnenbild: Jean-Pierre Ponnelle) wurde die gewaltige Oper deshalb um ein Drittel gekürzt, dauerte aber immer noch 3½ Stunden. Aus Angst vor ähnlichen Verstümmelungen sperrte der enttäuschte Komponist seine Oper zunächst für weitere Bühnen. 1962 legte er unter dem Titel *Il Re Cervo oder Die Irrfahrten der Wahrheit* eine Neufassung vor, in der Nebenhandlungen und umfangreiche Dialoge gestrichen oder beschnitten, ein Zauberer namens Cigolotti eingeführt, die Instrumentierung gelichtet und einige nachkomponierte Stücke hinzugefügt sind. Nach der Kasseler Erstaufführung der Zweitfassung 1963 wagte erst wieder Stuttgart 1985 (Leitung: Dennis Russell Davies, Regie: Hans Hollmann, Ausstattung: Hans Hoffer) die Rückkehr zur Urfassung.
In Henzes *König Hirsch*-Musik stehen zwölftönige, tonale und atonale Reihen nebeneinander; darüber bauen sich üppig ausgreifende, klanggesättigte sinfonische Formen auf. In der Besinnung auf Musikdramatiker wie Rossini, Verdi, Mo-

zart und Pergolesi scheute sich Henze nicht vor eingeführten Arien-Typen und schuf so die vertrackten Koloraturgesänge Scollatellas, die Haß-Arie des Statthalters, das Rondo der Clowns, die italienisch inspirierte, von der Gitarre begleitete Canzone des Checco, das volkstümliche Lied des schüchternen Coltellino. »Seine musikalische Erfindung schöpft aus dem vollen; ja, man hat immer wieder beim Hören dieser erstaunlichen Partitur den Eindruck einer überquellenden Phantasie, eines barocken Sich-Jagens der Einfälle. Im Vordergrund steht das Melodische. Es folgt dem Trieb zur Sangbarkeit, zu einer südlichen, schwärmerischen Lust am klingenden hohen Ton, an der Koloratur, am Triller und Mordent« (H. H. Stuckenschmidt). In den Naturschilderungen erreicht Henzes Musik eine atmosphärische Dichte, deren Höhepunkt, das Finale des 2. Aktes, er in seiner 4. Sinfonie (1963) wiederverwendete.
Spieldauer (gekürzte Fassung): ca. 3 Stunden.

Elegie für junge Liebende
Elegy for Young Lovers

Oper in 3 Akten. Text von Wystan Hugh Auden und Chester Kallman. Deutsche Fassung von Ludwig Landgraf, Werner Schachteli und dem Komponisten. Uraufführung am 20. Mai 1961 bei den Schwetzinger Festspielen durch die Bayerische Staatsoper München.

Wystan Hugh Auden und Chester Kallman s. Strawinsky, *The Rake's Progress*, S. 680f.

PERSONEN: Gregor Mittenhofer, ein Dichter (Bariton) – Dr. Wilhelm Reischmann, ein Arzt (Baß) – Toni Reischmann, sein Sohn (Tenor) – Elisabeth Zimmer (Sopran) – Carolina Gräfin von Kirchstetten (Alt) – Hilda Mack, eine Witwe (Sopran) – Josef Mauer, ein Bergführer (Sprechrolle) – Bedienstete im »Schwarzen Adler« (stumme Rollen).

ORT UND ZEIT: Das Berghotel »Zum Schwarzen Adler« in den österreichischen Alpen, 1910.

1. Akt. Der berühmte Dichter Gregor Mittenhofer logiert in einem Berghotel in den österreichischen Alpen. Zu seiner Hofhaltung gehören seine junge Geliebte Elisabeth Zimmer, die ihm völlig ergebene Gräfin von Kirchstetten, seine Mäzenin und Sekretärin, sowie der Arzt Dr. Reischmann. Im Hotel lebt auch Hilda Mack, deren Gatte vor 40 Jahren in den Bergen verschollen ist. Seither steht für sie die Zeit still; sie wartet, noch immer in den Kleidern ihrer Mädchenzeit, unerschütterlich auf die Rückkehr ihres Mannes. Ihre Halluzinationen und Visionen sind für den Dichter eine ständige Quelle der Inspiration. In diese Atmosphäre verehrungsvoller Bewunderung von allen Seiten platzt Dr. Reischmanns Sohn Toni herein, Mittenhofers Patensohn. Als der Dichter ihm stolz seine Geliebte vorstellt, fällt Hilda Mack unversehens in Trance. Ehrfurchtsvoll verlassen alle den Raum, damit Mittenhofer Hildas halluzinatorische Prophezeiung, Elisabeth und Toni würden einen gemeinsamen Tod im Eis finden, ungestört zu reiner Dichtkunst formen kann. Kurz darauf bringt der Bergführer Mauer die erschütternde Nachricht, daß die Leiche von Hildas Gatten aus dem Gletscher geborgen wurde. Nachdem Elisabeth der alten Dame diese Entdeckung behutsam beigebracht hat, beginnt Hilda sich allmählich wieder in der Wirklichkeit zurechtzufinden.

2. Akt. Toni und Elisabeth entdecken eine starke Zuneigung zueinander. In Verehrung für das Werk und die Person des Meisters wollen die Gräfin und Dr. Reischmann das Paar auseinanderbringen. Mittenhofer selbst aber, der alle Personen seiner Umgebung für sein Werk zu mißbrauchen versteht, gelingt es, auch aus dieser Situation als übermenschlich handelndes Genie hervorzugehen: großmütig gibt er seine Geliebte frei. Er beschwichtigt alle Gewissensbisse Elisabeths und behauptet, bereits an einem Gedicht »Die jungen Liebenden« zu arbeiten. Es ist allein die genesene Hilda Mack, die Mittenhofers scheinbar schöpferische Methoden zu entlarven versteht. Zu einem letzten Liebesdienst verpflichtet der Dichter allerdings das Paar: Zur Steigerung seiner Inspiration benötige er ein Edelweiß vom Gipfel des Berges. Dankbar versprechen Elisabeth und Toni diese Blume. Kaum

daß sie gegangen sind, bricht Mittenhofer in Haßtiraden gegen sie aus; er wünscht dem jungen Paar den Tod.
3. Akt. Elisabeth und Toni steigen anderntags zum Berg auf, Hilda Mack und Dr. Reischmann reisen ab. Mittenhofer bleibt mit der Gräfin allein zurück. Als plötzlich ein Sturm aufzieht, erkundigt sich Mauer, ob wohl jemand auf dem Berg sei, dem man eventuell zu Hilfe eilen müsse. Zum Entsetzen der nun komplizenhaft mit ihrem Idol vereinten Gräfin verneint Mittenhofer. So überrascht der Tod Elisabeth und Toni in Sturm und Eis. Mittenhofer wird dadurch zur Vollendung seiner »Elegie für junge Liebende« inspiriert, die er dem Gedächtnis des jungen Paares widmet. An seinem 60. Geburtstag trägt er das Gedicht einem begeisterten Publikum vor – es sind nur Fetzen und wortlose Töne zu hören: die Stimmen jener, die zum Entstehen des Kunstwerks beitrugen.

Henze selbst hatte Auden – am gemeinsamen Wohnort Forio – 1958 um ein Libretto gebeten; es entstand zwischen 1959 und 1961. Die im Sommer 1960 begonnene Komposition, ein Auftragswerk des Süddeutschen Rundfunks für die Schwetzinger Festspiele, schloß Henze erst ab, als bereits die Vorbereitungen für die Uraufführung liefen. Sie ist Hugo von Hofmannsthal gewidmet.
In ihrem Libretto ironisieren Auden und Kallman das Künstlergenie des 19. Jahrhunderts und legen den Personen einige boshafte Kommentare zur Literatur um 1900 in den Mund. Die Kammeroper, mit kleinem Orchester, nur 6 Sängern und einem Sprecher, ist in 34 Szenen unterteilt, welche wiederum durch Arien, Duette, Rezitative und Melodramen gegliedert sind. Den Klang des Orchesters dominiert ein exotisch klingendes Schlagwerk aus Xylophon, Vibraphon, Glocken, Glöckchen und Celestaplatten, wogegen Streicher und Bläser zurückgedrängt scheinen. In den Gesangsszenen verbindet Henze Sprechgesang und Koloratur mit dem Songstil Weills, z. B. in der Partie der Hilda Mack. Ein Couplet und die große, strettahaft gesteigerte Arie Mittenhofers am Ende des 2. Aktes gehören zu den Stilmitteln Henzes ebenso wie die virtuosen Ensembles, z. B. in der heftigen

Auseinandersetzung im 2. Akt, ferner die Vokalisen der Solisten und Mittenhofers Deklamation im Finale des 3. Aktes. Allen Protagonisten ist ein Soloinstrument zugeordnet (Mittenhofer Horn, Trompete, Posaune; Hilda Mack die Flöte; den beiden Liebenden Violine und Bratsche; Dr. Reischmann Fagott und Saxophon; der Gräfin das Englischhorn); das Schlagzeug ist der Naturschilderung vorbehalten. Darüber hinaus werden das junge Paar, Hilda und Mittenhofer durch verschiedene leitmotivische Reihen charakterisiert. Exemplarisch die Kennzeichnung Mittenhofers: der Dichter saugt förmlich das Material von Hildas Zwölftonreihe auf und reißt auch Tonis und Elisabeths Musik an sich.
Spieldauer: ca. 2½ Stunden.

Die Bassariden

The Bassarides

Opera seria in 1 Akt mit Intermezzo. Text von Wystan Hugh Auden und Chester Kallman nach den *Bakchen* des Euripides (um 410 v. Chr.). Deutsche Übersetzung aus dem Englischen von Maria Bosse-Sporleder. Uraufführung am 6. August 1966 bei den Salzburger Festspielen im Großen Festspielhaus.

Wystan Hugh Auden und Chester Kallman s. Strawinsky, *The Rake's Progress*, S. 680f.

PERSONEN: Dionysos, auch Stimme und Der Fremde (Tenor) – Pentheus, König von Theben (Bariton) – Kadmos, sein Großvater, Gründer und früherer König von Theben (Baß) – Teiresias, ein alter blinder Seher (Tenor) – Hauptmann der königlichen Wache (Bariton) – Agaue, Tochter des Kadmos und Mutter des Pentheus (Mezzosopran) – Autonoe, ihre Schwester (Sopran) – Beroe, eine alte Sklavin, vormals Amme der Semele und des Pentheus (Alt) – Diener, Musikanten, Bassariden (Mänaden und Bacchanten), Bürger von Theben, Wachen.

PERSONEN DES INTERMEZZOS: Venus (Mezzosopran) – Proserpina (Sopran) – Kalliope (Tenor) – Adonis (Bariton).

ORT UND ZEIT: Theben und der Berg Kytheron, in mythischer Zeit.

1. Satz. Kadmos, Vater der Semele, hat die Herrschaft über Theben seinem Enkel Pentheus übertragen. Pentheus ist ein Gegner der Vielgötterei seines Volkes und des Kultes um Dionysos, den Sohn der Semele und des Zeus. Die zur Begrüßung des neuen Königs erschienenen Thebaner vernehmen eine Stimme, die den Einzug des Dionysos in Böotien ankündigt. Ihn zu begrüßen eilen sie zum Berg Kytheron. Kadmos wirkt unschlüssig; er fühlt sich dem alten Hera-Kult verpflichtet. Teiresias fürchtet den Zorn Heras, die ihn mit Blindheit geschlagen hat, nicht; er setzt auf Dionysos, den jüngsten der Götter. Agaue verspottet den alten Seher als schlaffen, von Eros bedrängten Mann und Dionysos als leeren Weinschlauch. Ein junger Hauptmann verliest einen Befehl des Pentheus: Wer weiter die Lüge verbreite, Götter ließen sich lüstern mit Menschen ein und Semele habe von Zeus den Dionysos empfangen, den treffe Acht und Bann. Pentheus selbst löscht die Flamme im Semele-Tempel und droht allen, die sie wieder anzünden, mit der Todesstrafe, ganz zu Agaues Genugtuung. Da ertönt wieder die verführerische Stimme, die reines strafloses Entzücken im Tanz zu Ehren des Dionysos verspricht. Autonoe und selbst Agaue beginnen sich wie willenlos im Tanz zu drehen, sie folgen dem Ruf zum Berg Kytheron.
2. Satz. Pentheus, der seinen Vater verachtet, weil er jedem Gott Tempel baute, um es mit keinem zu verderben, läßt alle gefangennehmen, die am Dionysos-Kult auf dem Berg Kytheron teilnahmen. Er schwört, rein zu leben, zu verzichten »auf Wein und Fleisch und der Frauen Bett«. Unter den Verhafteten ist Dionysos selbst, in der Gestalt eines Fremden, den nur Beroe erkennt. Vergeblich forscht Pentheus, wo der Gott sei: Alle befinden sich in einer Art Trance und sind auch unter der Folter unfähig, dem König zu antworten. Pentheus verbannt Teiresias und stellt Agaue und Autonoe unter Arrest. Beroe warnt Pentheus vergeblich, dies sei der Gott, auf den er hören müsse: Pentheus droht auch dem Fremden mit dem Tod. Dieser aber gibt unbetroffen an, er sei aus Lydien, und berichtet, ein Kind von Chios nach Naxos geführt zu haben – er spricht von der berühmt gewordenen »wunderbaren Meerfahrt des Dionysos«.
3. Satz. Als man den Fremden zu foltern beginnt, verdunkelt

sich der Himmel, ein Erdbeben bringt das Gefängnis zum Einsturz. Die Gefangenen sind frei, sie eilen zurück zum Kytheron. Die Flamme im Semele-Tempel entzündet sich aufs neue. Pentheus ist nachdenklich geworden. Er läßt sich von dem Fremden in einem Spiegel die Vorgänge des Dionysos-Festes zeigen: Intermezzo. In einer Art Schäferspiel erblickt Pentheus Agaue und Autonoe, die als Venus und Proserpina um die Gunst des als Adonis verkleideten Hauptmanns buhlen, bis Teiresias als Muse Kalliope ein gerechtes Urteil spricht. Der entsetzte Pentheus will sich nun selbst ein Bild von dem obszönen Geschehen am Berg Kytheron machen. Er wirft sich zur Tarnung das Kleid seiner Mutter über. Umsonst bittet Beroe den Gott, Pentheus zu schonen. Im Wald am Kytheron beobachtet der König die im Bann des Gottes ekstatisch als Bassariden und Mänaden tanzenden Thebaner. Die Stimme des Gottes aber macht die orgiastisch Feiernden auf den Spion aufmerksam. Pentheus wird entdeckt und von den Bassariden in wildem Taumel zerrissen.
4. Satz. Im Triumphzug ziehen die Bassariden in Theben ein. Agaue schwingt den Kopf ihres Sohnes wie eine Jagdtrophäe. Kadmos reißt sie aus ihrer Trance; sie erkennt, wessen Haupt sie hält, und bricht wehklagend zusammen. Den düster Trauernden erscheint Dionysos in seiner Gottgestalt und übt seine Rache: Er schickt Kadmos, Autonoe, Agaue in die Verbannung und steckt den Palast in Brand. Agaue flucht den Göttern: »Spielt mit uns, solang ihr könnt: ein Tartaros wartet auch auf euch!« Dann ruft Dionysos seine Mutter Semele an, um mit ihr vom Totenreich hinauf in den Olymp zu steigen. Das Volk wirft sich vor zwei riesigen Fruchtbarkeitsgötzen an Semeles Grab zur Anbetung nieder.

Bedeutete für Henze der *Junge Lord* die Assimilierung der Opera buffa, so sind die späteren *Bassariden* eine Auseinandersetzung mit der Opera seria und ein Vorstoß auf das Gebiet des Musikdramas. Im August 1963 legten Auden und Kallman das Libretto vor, nachdem Auden Henze verpflichtet hatte, sich Wagners *Götterdämmerung* anzusehen. Die

Komposition, ein Auftragswerk der Salzburger Festspiele, war im Herbst 1965 abgeschlossen.
Die Oper, szenisch aus 4 »Sätzen« und einem Intermezzo bestehend, übernimmt die musikalischen Formen der klassischen Sinfonie in das Musikdrama. Henze gab die bisher von ihm favorisierte Nummernoper auf und reihte sich in eine von Wagner über Schönberg zu Mahler führende Tradition ein. Bereits im 1. Satz werden die beiden antagonistischen Welten von Pentheus und Dionysos durch eher diatonisch bzw. chromatisch geprägte Klangwelten, denen Zwölftonreihen zugrunde liegen, einander wie in einem Sonatenhauptsatz gegenübergestellt. Der 2. Satz mit einer Reihe stilisierter Tänze (die Arie des Dionysos ist eine Sarabande) entspricht dem traditionellen Scherzo, wobei die Verhör-Szene die Stelle des Trios einnimmt. Der 3. Satz ist ein breites Adagio mit Fuge, in dem die Mänadenjagd mit der Tötung des Pentheus die Funktion einer in den 4. Satz überleitenden Coda hat. Der 4. Satz entwickelt sich zu einer mächtigen Passacaglia mit abschließendem Trauermarsch. Das den 3. Satz teilende Intermezzo durchbricht den Seria-Charakter des Werkes durch einen leichten, kapriziös wirkenden Sprechgesang. In der Neufassung von 1992 (als Musikdrama in 1 Akt) fehlt das Intermezzo des 3. Satzes (Hamburg 1994).
Spieldauer: ca. 2½ Stunden.

Krzysztof Penderecki

* 23. November 1933 in Dębica (Polen)

Der Komponist studierte an der Musikhochschule in Krakau; seit 1958 unterrichtete er dort und wurde 1972 deren Rektor. Penderecki trat 1959 beim »Warschauer Herbst« erstmals als Komponist hervor und wurde bereits im folgenden Jahr bei den Donaueschinger Musiktagen mit dem Orchesterwerk *Anaklasis* als Entdeckung gefeiert. Internationale Aufmerksamkeit errang er mit der 1966 im Dom von Münster uraufgeführten *Lukas-Passion*. Penderecki unterrichtete 1966–1968 in Essen und begann 1972 mit dem Dirigieren, zunächst seiner eigenen Werke. Für die Hamburgische Staatsoper schrieb er seine erste Oper, *Die Teufel von Loudun* (1969). Im Auftrag der Lyric Opera in Chicago entstand *Paradise Lost* (nach John Milton) anläßlich des 200. Jahrestages der Unabhängigkeitserklärung der USA (1978). In Salzburg gelangte 1986 *Die schwarze Maske* (nach Gerhart Hauptmann) und bei den Münchner Opernfestspielen 1991 *König Ubu* (nach Alfred Jarry) zur Uraufführung. In Werken wie der *Lukas-Passion*, *Utrenja* (1970/71) und dem *Polnischen Requiem* gelangen ihm in moderner, individueller Stilhaltung geistliche Werke von packender Intensität. Als repräsentativ für sein Œuvre sind auch die Streicherkomposition *Polymorphia* (1961), das Violinkonzert (1976/1977) und die 2. Sinfonie (1979/80) anzusehen.

Die Teufel von Loudun

Oper in 3 Akten. Text vom Komponisten nach *The Devils of Loudun* von Aldous Huxley in der Dramatisierung von John Whiting (*The Devils*, 1961). Unter Benutzung von Erich Frieds deutscher Übersetzung (1960). Uraufführung am 20. Juni 1969 in Hamburg, Staatsoper.

Der britische Romanautor, Essayist und Kritiker Aldous Huxley (26. 7. 1894 Godalming – 22. 11. 1963 Hollywood), der seit 1938 in Kalifornien lebte, wurde durch seine buddhistisch und spiritualistisch beeinflußten Werke als »Schriftsteller der Droge« bekannt. Berühmtheit erlangte er durch den Roman *Brave New World* (1932), eine kulturpessimistische Utopie. Weitere Romane waren u. a. *Point Counter Point* (1928) und *Time Must Have a Stop* (1945). *The Devils of Loudun* (1952) beruht auf den Dokumenten eines Prozesses aus den Jahren 1634/35. – John Robert Whiting (15. 11. 1917 Salisbury – 16. 6. 1963 London) verfaßte Bühnenstücke, Drehbücher und Erzählungen. – Der österreichische Dichter Erich Fried (6. 5. 1921 Wien – 22. 11. 1988 Baden-Baden) war vornehmlich Lyriker. Er mußte 1938 nach London emigrieren. Unter seinen Prosawerken haben, neben Erzählungen und Hörspielen, seine Übersetzungen von Shakespeare, T. S. Eliot und Dylan Thomas die meiste Anerkennung gefunden.

Personen: Jeanne, Priorin des Ursulinenordens (Sopran) – Claire (Mezzosopran), Gabrielle (Sopran), Louise (Alt), Ordensschwestern – Philippe, ein junges Mädchen (Sopran) – Ninon, eine junge Witwe (Alt) – Grandier, Pfarrer von St. Peter (Bariton) – Vater Barré, Vikar von Chinon (Baß) – Baron de Laubardemont, Kommissär des Königs (Tenor) – Vater Rangier (Baß) – Vater Mignon, Beichtvater der Ursulinen (Tenor) – Adam, Apotheker (Tenor) – Mannoury, Chirurg (Bariton) – d'Armagnac, Bürgermeister (Sprechrolle) – de Cerisay, Stadtrichter (Sprechrolle) – Prinz Henri de Condé, Gesandter des Königs (Bariton) – Vater Ambrose, ein alter Priester (Baß) – Bontemps, Kerkermeister (Bariton) – Gerichtsvorsteher (Sprechrolle). – Ursulinen, Karmeliter, Volk, Kinder, Wachen, Soldaten u. a.

Ort und Zeit: Die Stadt Loudun in Südfrankreich, 1634/35.

1. Akt. In einer Vision erscheint Jeanne, der buckligen Priorin der Ursulinen, der Pfarrer von St. Peter, Urbain Grandier, nach dem sie sich in verbotener Begierde verzehrt, unter entsetzlichen Marterqualen. Als ihr Schwester Claire mitteilt, Grandier meine, die ihm angebotene Stelle des geistlichen Beraters bei den Ursulinen ablehnen zu müssen, schafft sie sich in ihrer krankhaften Phantasie das Bild Grandiers in lustvoller Vereinigung mit der jungen Witwe Ninon. – Bei der Rückkehr von St. Peter begegnen Adam und Mannoury der lebenslustigen Ninon und machen anzügliche Witze über sie und Grandier. – Im Badezuber vergnügt sich Grandier mit Ninon. Auf dem Heimweg stößt er nun auf Adam und Mannoury, der den Leichnam eines Gehenkten zu Studienzwecken erworben hat. – Jeanne fällt es schwer zu beten. Als Grandier in vollem Ornat zur Messe erscheint, flieht sie verzweifelt. Im Beichtstuhl bekennt die junge Philippe Grandier ein sündiges Verlangen. Er zieht sie zu sich in den Beichtstuhl, um ihr zu helfen. – Der Baron de Laubardemont überbringt dem Bürgermeister den Befehl des Königs, die Befestigungsmauern zu schleifen. D'Armagnac weigert sich und findet die Unterstützung des hinzutre-

tenden Grandier. – Adam sammelt belastendes Material gegen Grandier, und Jeanne berichtet ihrem Beichtvater Mignon, Grandier erscheine ihr des Nachts in der Gestalt eines verstorbenen Kanonikus und belästige sie mit Obszönitäten. Mignon gibt das Gehörte an Adam und Mannoury weiter und läßt die Teufelsaustreiber Barré und Rangier holen. Mit ihnen verbündet sich Laubardemont gegen seinen Widersacher Grandier. Jeanne wird einem scharfen Verhör unterworfen; dabei spricht Asmodeus, der Teufel der Wollust, aus ihr und nennt Grandier als ihren Verführer.
2. Akt. Das Verhör wird fortgesetzt. D'Armagnac und de Cerisay raten Grandier, etwas gegen die Vorwürfe zu unternehmen. Grandier beteuert, Jeanne nie gesehen zu haben. Im Verhör sagt Jeanne aus, Grandier und sechs weitere Wesen hätten sie und ihre Schwestern zu obszönen Andachten verleitet. Drei andere Schwestern geben zu Protokoll, mit Dämonen Unzucht getrieben zu haben. De Cerisay bleibt skeptisch. – Durch seine Weigerung, die Befestigungsmauern zu schleifen, hat sich Grandier die Feindschaft Richelieus zugezogen; er bekommt Angst. Zudem gesteht ihm Philippe, daß sie schwanger ist. – Richelieu setzt die Schleifung der Mauern durch; Grandier wird beschuldigt, der Anführer des Widerstands zu sein. In Anwesenheit des königlichen Gesandten, des Prinzen de Condé, wird ein öffentlicher Exorzismus vorbereitet. Condé überreicht Barré ein Kästchen, das eine Phiole mit dem Blut Christi enthalte. Barré legt es Jeanne auf, dic plötzlich erklärt, von dem Teufel befreit zu sein. Doch das Kästchen erweist sich als leer und so Jeannes Besessenheit als Betrug. Dagegen scheinen die Teufel plötzlich in Mignon, Rangier und einige Frauen aus dem Volk zu fahren; Barré richtet sein Kruzifix auf sie. Grandier wird verhaftet.
3. Akt. Grandier sieht seiner Hinrichtung entgegen. Er beichtet dem Vater Ambrose, dann scheren ihn Adam und Mannoury kahl. In ihrer Zelle bittet Jeanne Vater Mignon, sie nachts vor Grandier zu schützen. – Öffentlich wird Grandier der Unzucht, Gotteslästerung und des Umgangs mit dem Teufel beschuldigt. Aber trotz schwerster Martern legt

Grandier kein Geständnis ab. In einer Prozession wird er um St. Peter und St. Ursula geführt, um Vergebung zu erflehen. Jeanne tritt aus der Klostertür. Grandier erbittet Gottes Vergebung für sie. Dann wird er auf den Scheiterhaufen gebunden. Barré gibt Grandier den Friedenskuß und entzündet das Feuer. Jeanne verharrt im Gebet.

1964 hatte Penderecki Whitings Drama *The Devils* kennengelernt und sich sofort zur Vertonung entschlossen. 1967 erhielt er vom Intendanten der Hamburgischen Staatsoper Rolf Liebermann einen Werkauftrag, den er damit verband. Die Uraufführung (mit Tatjana Troyanos als Jeanne) wurde zwei Tage später, am 22. 6. 1969, durch die Stuttgarter Inszenierung unter Janos Kulka und Günther Rennert (mit Colette Lorand als Jeanne) allerdings ausgestochen. Es folgte 1969 in Santa Fé die amerikanische, 1973 in London die englische und 1975 in Warschau die polnische Erstaufführung.
»Dem Teufel ist nicht zu glauben, und wenn er auch die Wahrheit spricht« – nach diesem der Oper vorangesetzten Motto des griechischen Kirchenvaters Johannes Chrysostomus stellte Penderecki den religionshistorischen Hintergrund mehr heraus als die sexualpathologischen und psychologischen Momente von Whitings Drama. In den 30 relativ kurzen Szenen (13 – 10 – 7) entrollt sich ein Strudel von politisch brisanten Ereignissen, in dem sowohl Grandier wie Jeanne eher als Opfer denn als Täter erscheinen. Penderecki umreißt diese Szenen mit einer atmosphärisch dichten Orchester- und Chorsprache: farbige Clusterwirkungen und Glissandi, illustrative Vokalfelder, weiterentwickelt aus der *Lukas-Passion* (1966), und orgiastische Klangexplosionen. Die Solopartien beziehen alle Möglichkeiten deklamatorischen und rezitativischen Singens vom psalmodierenden Gebet bis zum extremen Schrei ein. Die packend beschreibende Theatermusik verfehlt nie ihren Effekt, sie hat mitunter eine überrumpelnde Sogkraft.
Spieldauer: ca. 2 Stunden.

Aribert Reimann

*4. März 1936 in Berlin

Der Sohn des Kirchenmusikers Wolfgang Reimann studierte 1955–1959 an der Musikhochschule seiner Heimatstadt bei Boris Blacher und Ernst Pepping Komposition, Klavier bei Otto Rausch. Nach einem kurzen Studienaufenthalt in Wien kehrte Reimann als freischaffender Musiker nach Berlin zurück, wobei er sich vor allem als Begleiter von Dietrich Fischer-Dieskau am Klavier einen Namen machte. In seinen frühen Kompositionen, darunter *Ein Totentanz* für Bariton und Kammerorchester (1960), übernahm er die Muster der Zweiten Wiener Schule, überwand dann aber die seriellen Schreibweisen und begründete einen eigenständigen Stil, mit dem er die Themen seiner Opern, traumhafte, wahnumflorte Zwischenwelten, charakteristisch zu beschreiben verstand. Bereits mit seinem Opernerstling *Ein Traumspiel* (von Carla Henius nach Strindberg, Kiel 1965) demonstrierte Reimann seine Fähigkeit, die Singstimme im Zusammenhang musikdramatischer Aktionen zu sehen. *Melusine* (von Claus H. Henneberg nach Yvan Goll) wurde 1971 bei den Schwetzinger Festspielen vorgestellt. Seinen größten Erfolg als Opernkomponist errang Reimann 1978 in München mit dem *Lear*-Triumph. Ebenfalls an der Bayerischen Staatsoper folgte 1986 *Troades* (nach Euripides von Franz Werfel). Mit der *Gespenstersonate*, erneut nach Strindberg (Berlin 1984), schuf Reimann eine effektvolle Kammeroper.

Lear

Oper in 2 Teilen. Text von Claus H. Henneberg nach William Shakespeares *King Lear* (1606). Uraufführung am 9. Juli 1978 in München, Nationaltheater.

Claus H. Henneberg (* 16. 7. 1928 Hof a. d. Saale), Schriftsteller, Dramaturg und Intendant an bedeutenden Opernhäusern.

Personen: Lear, König von Britannien (Bariton) – Goneril (Sopran), Regan (Sopran) und Cordelia (Sopran), seine Töchter – König von Frankreich, mit Cordelia vermählt (Baßbariton) – Herzog von Cornwall, mit Regan vermählt (Tenor) – Herzog von Albany, mit Goneril vermählt (Bariton) – Graf von Kent (Tenor) – Graf von Gloster (Bariton) – Edgar, Glosters Sohn (Countertenor) – Edmund, Bastard Glosters (Tenor) – Narr (Sprechrolle) – Bedienter (Tenor) – Ritter (Sprechrolle) – Wachen, Soldaten, Diener, Gefolge König Lears und des Grafen von Gloster.

Ort und Zeit: Britannien, in mythischer Zeit.

1. Teil. Der greise König Lear will sein Reich unter seinen drei Töchtern aufteilen. Diejenige, die den Vater am meisten liebt, soll den größten Anteil erhalten. Goneril und Regan überbieten sich an wortreichen Darlegungen ihrer Liebe, während Cordelia schweigt. Lear gerät darüber in Zorn und verstößt seine jüngste Tochter. Als der Graf von Kent darüber seine Mißbilligung äußert, wird auch er verbannt. Cordelia wird in aller Eile mit dem König von Frankreich verheiratet und verläßt Britannien. Goneril und Regan teilen sich das Land, zusammen mit ihren Männern, den Herzögen von Albany und Cornwall. Des alten Lear wollen sie sich so schnell wie möglich entledigen. – Glosters unehelicher Sohn Edmund hinterbringt dem Vater einen angeblichen Mordplan seines Sohnes Edgar, worauf der Graf seinen ehelichen Sohn verstößt. – Als Diener verkleidet schließt sich Kent, dem König noch immer treu ergeben, dem Gefolge von Lear an. Goneril und Regan weisen ihrem Vater die Tür. – Lear ist in die Heide geflohen. Dem Wahnsinn nahe wird er während eines Sturms von Kent und dem Narren in einer Hütte geborgen. – In diese Hütte ist auch der von seinem Vater verfolgte Edgar, im Kleid eines Bettlers Wahnsinn vortäuschend, geflohen. Sein Vater Gloster, der Lear in Dover in Sicherheit bringen will, erkennt ihn so nicht.

2. Teil. Cornwall nimmt Gloster gefangen. Zusammen mit Regan sticht er ihm die Augen aus, denn Edmund hat ihnen verraten, daß Gloster ein Parteigänger Lears ist. Ein Bedienter erdolcht daraufhin Cornwall. – Goneril bietet Edmund die Krone an, falls er ihr helfe, ihren schwachen Mann

zu beseitigen. – Schmerzerfüllt klagt Cordelia um ihren verwirrten Vater; sie läßt nach ihm suchen. – Der blinde Gloster bittet Edgar, den er immer noch nicht als seinen Sohn erkannt hat, ihn nach Dover zu führen, wo das französische Heer zu Lears Hilfe angekommen ist. – Gloster sucht den Tod durch Sturz von einer Klippe, aber Edgar täuscht ihn, der Selbstmordversuch mißlingt. Gloster trifft auf Lear und beneidet ihn um seine geistige Verwirrung. Soldaten führen Lear zu Cordelia ins französische Lager. Gloster stirbt. – Zwischenspiel. – Cordelia verspricht ihrem Vater, für ihn zu sorgen und dem Land Frieden zu schenken. – Edmund hat Lear und Cordelia in seine Gewalt gebracht und befiehlt, Cordelia zu töten. Albany stellt sich ihm entgegen. Goneril hat ihrer Schwester Regan, die Edmund zum Befehlshaber ihrer Truppen machen wollte, ein Gift eingegeben, an dem sie stirbt. Edgar fordert Edmund zum Zweikampf und rächt seinen Vater mit Edmunds Tod. Goneril gibt sich selbst den Tod. Die Leiche Cordelias auf den Armen tragend, bricht Lear klagend zusammen.

Nachdem Claus H. Henneberg zuerst Stoffe von Henry James und John Ford vorgeschlagen hatte, kam die von Reimann verwirklichte Anregung, den *King Lear* zu vertonen, von Dietrich Fischer-Dieskau. 1976 konnte Henneberg den an der Übersetzung Johann Joachim Eschenburgs orientierten Text vorlegen. Reimann begann im Sommer des gleichen Jahres mit der Komposition und schloß sie im Januar 1978 ab, doch alle seine vorausgegangenen Werke der späten 60er und der 70er Jahre waren bereits Hinführungen zum *Lear*: »Beim Wiederhören des ›Celan-Zyklus‹, den ich 1971 unmittelbar nach *Melusine* in Amsterdam für Dietrich Fischer-Dieskau geschrieben hatte, wird mir klar, daß ich bei diesem Stück ansetzen muß. Die dunkle Farbe, massive Ballungen im Blech, Flächen in den tiefen Streichern führen mich zur Person ›Lear‹. Von nun an sind alle Stücke, die ich in den folgenden Jahren schrieb – vor allem das *Wolkenlose Christfest*, die *Sylvia Plath Songs* und die *Variationen für Orchester* –, Wege zu *Lear.*«

Einer der erfolgreichsten Uraufführungen der neuen deutschen Oper (Dirigent: Gerd Albrecht; Inszenierung: Jean-Pierre Ponnelle; Lear: Dietrich Fischer-Dieskau) schlossen sich Inszenierungen u. a. in Düsseldorf, Mannheim, San Francisco, Nürnberg, Paris, Berlin (Ost), Zürich und London sowie ein Schallplattenmitschnitt und eine Fernsehübertragung an. »*Lear* war ein großes Werk aus der Gattung der ›Literatur-Oper‹ geworden, vielleicht sogar in eine Reihe zu stellen mit Bergs *Wozzeck* und Zimmermanns *Soldaten*«, schrieb *»Die Zeit«*.
Ausgehend vom spätromantischen Orchesterinstrumentarium entwickelte Reimann eine Klangschichtung und eine Charakterisierungskunst, die Lears wechselndem Geisteszustand (»Lears Wahnsinnsanzeichen beginnen eigentlich im Sonnengeflecht, von dort breitet sich das Ganze aus wie ein schmerzendes Geschwür, bis um ihn herum alles zu Wahnsinn wird und wieder auf ihn zurückschlägt«) und die Figuren seiner Umgebung ingeniös charakterisiert: eine in weiten Intervallen geführte Singstimme für Goneril, hysterische Koloraturen für Regan, lyrische Gesänge für Cordelia, artifiziell-wahnwitzige Koloraturen für Edgar, dessen Tonreihe als Umkehrung von Cordelias Reihe angelegt wurde. Die Brutalität der Handlung gibt Reimann durch gleisnerisch crescendierende Ausbrüche mit großen Schlagzeug- und Blech-Eruptionen wieder, während er die geheimnisvolle Sphäre der Heide durch tastende Glissandi und Clusterverflechtungen, durch rhythmische Akzente und instrumentale Vibrationen schildert. Die stark affektgeladene, psychologisch argumentierende Musik und die breite Palette der Farben voll Emotion machen, neben der handwerklichen Meisterschaft, den Ausnahmerang dieser Partitur aus.
Spieldauer: ca. 2½ Stunden.

Udo Zimmermann

* 6. Oktober 1943 in Dresden

Als Sänger im Dresdner Kreuzchor erhielt Udo Zimmermann eine 8jährige Ausbildung in den musikalischen Grundlagen. 1962–1968 studierte er Komposition, Dirigieren und Gesang an der Dresdner Musikhochschule, besuchte 1968–1970 eine Meisterklasse an der Ostberliner Deutschen Akademie der Künste und errang mit seiner *Dramatischen Impression auf den Tod von J. F Kennedy* (1963) einen ersten größeren Erfolg. Außer mit Kammermusik, Orchesterwerken und Gesangskompositionen profilierte er sich neben Siegfried Matthus und Rainer Kunad als führender Opernkomponist der DDR mit *Weiße Rose* (Dresden 1967; in einer überarbeiteten Fassung Hamburg 1986), *Die zweite Entscheidung* (von Ingo Zimmermann; Magdeburg und Dessau 1970), *Levins Mühle* (von I. Zimmermann nach Johannes Bobrowski; Dresden 1973) und *Der Schuhu und die fliegende Prinzessin* (nach Peter Hacks; Dresden 1976). Im Auftrag der Hamburgischen Staatsoper schrieb Zimmermann für die Schwetzinger Festspiele 1982 *Die wundersame Schustersfrau* (nach García Lorca). 1988 folgte *Die Sündflut* (nach Ernst Barlach).
Udo Zimmermann wurde 1970 Dramaturg an der Dresdner Staatsoper, 1978 Professor für Komposition in Dresden. Er leitete in den 1980er Jahren die Studiobühne der Bonner Oper und übernahm 1990 die Intendanz der Leipziger Oper.

Der Schuhu und die fliegende Prinzessin

Oper in 3 Abteilungen. Text von Peter Hacks, Einrichtung vom Komponisten und Eberhard Schmidt. Uraufführung am 30. Dezember 1976 in Dresden, Staatsoper.

Peter Hacks (* 21. 3. 1928 Breslau) übersiedelte nach dem Studium in München 1955 in die DDR, war 1960–1963 Dramaturg am

Deutschen Theater und wurde dann durch mehr als 20 Stücke zu einem der führenden Dramatiker der DDR. Für Siegfried Matthus schrieb er die Opernlibretti *Noch einen Löffel Gift, Liebling?* und *Omphale*. Zimmermanns Oper basiert auf einem Bühnenstück von Hacks, der sich in *Oper* (Berlin/Weimar 1975) auch satirisch mit der Gattung auseinandergesetzt hat. – Eberhard Schmidt (* 25. 8. 1934 Oberhof), Dramaturg und Hochschullehrer, übersetzte eine Anzahl älterer Operntexte neu und schrieb einige Libretti.

PERSONEN: Der Schuhu (Bariton) – Die fliegende Prinzessin (Sopran) – Mann im Frack (Dirigent) – Zwölf Sängerdarsteller: 1. Sopran und Schneidersfrau; 2. Sopran; 3. Sopran; 1. Alt und Nachbarin; 2. Alt; 3. Alt; 1. Tenor und Bürgermeister; 2. Tenor und Oberster Schneckenhirt und Schuhuloge; 3. Tenor und 1. Spinatgärtner; 1. Baß und Schneider und König von Tripolis; 2. Baß und Kaiser von Mesopotamien; 3. Baß und Großherzog von Coburg-Gotha und Starost von Holland – Außerdem Dorfleute, Wachposten, Schnecken, Spinatpflanzen, Krieger, 10 000 Gelehrte, Spatzen.

ORT UND ZEIT: Märchenland, in Märchenzeit.

1. Abteilung. Zu der bevorstehenden Geburt ihres zehnten Kindes bitten die armen Schneidersleute den Bürgermeister zum Paten. Doch als die Schustersfrau ein Ei gebiert, fühlt sich der Bürgermeister verhohnepipelt und sinnt auf Rache. Nachdem das Ei sieben Monate unbeachtet unter dem Schrank lag, findet die Schneidersfrau es beim Reinemachen und vernimmt aus seinem Inneren die Stimme des Schuhu, der ausschlüpfen will. Der Vater befreit seinen Sohn aus der Schale. Der Schuhu verspricht, sich versteckt zu halten. Um es dem Schneider heimzuzahlen, verlangt der Bürgermeister von ihm, aus einem winzigen Stück Stoff einen Mantel zu nähen. Wenn ihm das nicht gelinge, werde er hingerichtet. Mit der Hilfe des Schuhu schafft es der Schneider, den Mantel zu nähen. Der Bürgermeister entdeckt das Geheimnis des Schusters und wünscht den Schuhu zu kaufen. Der Handel wird perfekt, doch bereits auf dem Heimweg jagt der Bürgermeister den Schuhu, der ihm zu klug ist, davon. Als danach auch der Schneider sein Haus vor dem Schuhu verschließt, sinkt der Schuhu weinend nieder.

2. Abteilung. Der Schuhu begibt sich auf die Wanderschaft. Er sucht den Großherzog von Coburg-Gotha auf. Als er dort nicht in Dienst genommen wird, stellt er sich dem Kaiser von Mesopotamien vor. Der Kaiser prüft die Klugheit des Schuhu. Nachdem die 10000 kaiserlichen Gelehrten die Rätsel des Schuhu tatsächlich nicht lösen konnten, gibt ihm der Kaiser eine Stellung als Nachtwächter. Durch die Musik, die der Schuhu auf seinem Nachtwächter-Horn spielt, fühlt sich die fliegende Prinzessin von Tripolis unwiderstehlich angezogen. Während der Schuhu schläft, schwebt die Prinzessin singend über den kaiserlichen Gärten. Obwohl sie sich nicht sehen können, sind der Schuhu und die Prinzessin einander in Liebe zugetan.
3. Abteilung. Der Oberste Schneckenhirt und der Erste Spinatgärtner treten beim König von Tripolis als Brautwerber für ihre Herren, den Großherzog und den Kaiser, auf. Doch die Prinzessin gesteht, nur den Schuhu zu lieben. Die bisher verfeindeten Brüder, der Großherzog und der Kaiser, wollen nun gemeinsam gegen den Schuhu ziehen und ihren Rivalen beseitigen. Der Schuhu vernichtet die großherzogliche und die kaiserliche Armee und gelangt nach Tripolis, wo er die Prinzessin heiratet. Nach dem Tod des Königs von Tripolis besucht der Starost von Holland die Stadt, und die Prinzessin wird seine Frau. Der Schuhu verläßt die Stadt. Doch sein Horn-Echo und ihr Gesang führen den Schuhu und die Prinzessin wieder zusammen. Gemeinsam wollen sie auf die Kuppe eines hohen Berges ziehen, wo die Menschen in Frieden miteinander leben.

Peter Hacks' märchenhaft-phantastisches Stück, eine Parabel von der ewigen Suche der Menschen nach Glück und Frieden, verwandelte Udo Zimmermann in ein satirisches Stück modernen Musiktheaters voll Witz. Die offene Form des Märchens bot den Ausgangspunkt für eine unkonventionelle Dramaturgie und ein Spiel mit den Versatzstücken der Oper: Neben den Interpreten der Hauptrollen wirken 12 Sängerdarsteller mit, die abwechselnd in verschiedene Rollen schlüpfen und dabei sowohl die entsprechenden Figuren

spielen wie die Handlung interpretieren. Auch die 34 Instrumentalisten, die sich in zwei Orchester gliedern, greifen als Darsteller in die Opernhandlung ein. In der Nachfolge von Prokofjews *Liebe zu den drei Orangen* ergibt sich dadurch eine geistvolle Durchdringung von Märchenspiel und ironisch distanzierter Kommentierung.
Der collagehaften, vieldeutigen Anlage der Oper entspricht Zimmermanns unprätentiöser Einsatz verschiedenster Musikformen und Techniken von der Marsch- und Leierkastenmusik bis zu aleatorischen Kompositionsmethoden, Geräuschen und elektronischer Musik.
Spieldauer: ca. 2½ Stunden.

Wolfgang Rihm

* 13. März 1952 in Karlsruhe

Das Kompositionsstudium bei Eugen Velte an der Karlsruher Musikhochschule 1968–1972 ergänzte Wolfgang Rihm durch Studien bei Karlheinz Stockhausen in Köln (1972/73) sowie 1973–1976 in Freiburg bei Klaus Huber, Wolfgang Fortner und Humphrey Searle; dort studierte er auch Musikwissenschaft bei Hans Heinrich Eggebrecht. Rihm besuchte ab 1970 die Darmstädter Ferienkurse für Neue Musik, wo er seit 1978 auch selbst unterrichtet, außerdem lehrte er 1973–1978 an der Karlsruher Musikhochschule, 1981 in München. Seit 1985 ist er Professor in Karlsruhe.
Einem größeren Publikum bekanntgeworden ist Rihm bei den Donaueschinger Musiktagen 1974 durch *Morphonie*. Innerhalb weniger Jahre entstand dann ein umfangreiches kompositorisches Œuvre, das alle Gattungen von Orchester- und Kammermusik bis zur Oper einschließt und Rihm als einen der bedeutendsten deutschen Komponisten seiner Generation ausweist.
Rihm, der sich gelegentlich auf Romantiker und Spätroman-

tiker wie Schubert und Sibelius beruft, den Luigi Nono, Olivier Messiaen und Stockhausen inspiriert haben, empfängt starke Impulse auch aus Literatur und Philosophie. Zur Ästhetik des Musiktheaters stellte er die für seine Opernwerke bezeichnende Frage: »Wäre nicht auch ein Zustand ohne handlungs-dramaturgische Entwicklung denkbar, der die Musik, wie sie sich in der Zeit bewegt, als eigentliches Drama zum Sprechen bringt?« Als Kammeroper Nr. 1 bezeichnete er *Faust und Yorick* (nach Tardieu; Hannover 1977), als Nr. 2 *Jakob Lenz* (nach Georg Büchner; Hamburg 1979). Es folgten *Die Hamletmaschine* (Text von Heiner Müller; Mannheim 1987), *Oedipus* (nach Hölderlin, Sophokles, Nietzsche und Heiner Müller; Berlin 1987) und *Die Eroberung von Mexiko* (nach Artaud; Hamburg 1992).

Jakob Lenz

Kammeroper in 13 Bildern. Text von Michael Fröhling nach Georg Büchners Erzählung *Lenz* (1839). Uraufführung am 8. März 1979 in Hamburg, Staatsoper, Opera stabile.

Georg Büchner s. Berg, *Wozzeck*, S. 689.

Personen: Lenz (Bariton) – Oberlin (Baß) – Kaufmann (Tenor) – Sechs Stimmen (Sopran, Alt, Baß) – Kinderstimmen.

Ort und Zeit: Elsaß, Ende des 18. Jahrhunderts.

Entsprechend Büchners Erzählung gestaltet die Oper keine kontinuierliche, logische Handlung. Ausgehend von den Briefen des Jakob Michael Reinhold Lenz (1751–1792) und einem Tagebuch des Pfarrers Johann Friedrich Oberlin, bei dem Lenz 1778 kurze Zeit war, schildert Büchner den aufkeimenden Wahnsinn des Sturm-und-Drang-Dichters Lenz. (Vgl. auch B. A. Zimmermann, *Die Soldaten*, S. 765.) Die Geisteskrankheit äußert sich bei Lenz schubweise. Neben lichten Momenten, in denen er, wie bei dem Besuch des befreundeten Dichters und späteren Arztes Christoph Kaufmann, nochmals in die Wirklichkeit zurückfindet, dominieren Phasen, in denen ihn Halluzinationen, Angstträume, Schuldgefühle und Selbstmordgedanken heimsuchen. Raum und Zeit sind für Lenz aufgehoben, seine Umwelt nimmt er nur noch fragmentarisch wahr. Überall hört Lenz Stimmen; die sechs Solostimmen übernehmen diese Funktion von Lenz' inneren Stimmen, sind wechselweise Stimmen der Natur oder wirkliche Personen. Im Hause Oberlins findet Lenz eine fürsorgliche Umgebung und Menschen, die auf sein Leiden eingehen. Aber Lenz treibt zunehmend in die Isolation, er phantasiert von Friederike Brion, der Jugendfreundin Goethes, mit der er sich verlobt hatte. Oberlin ist gegenüber dem eskalierenden Wahnsinn ohnmächtig. Gemeinsam mit Kaufmann bringt er Lenz in eine Anstalt. Büchners Erzählung bricht ab: »So lebte er hin . . .« Die Oper endet mit der totalen geistigen Umnachtung des Dichters: Stammelnd wiederholt er die immergleichen Worte, dann bricht er zusammen.

Die psychische Zwangssituation, die schmerzenden Überfälle der Bilder und Visionen und die selbstquälerischen Leiden des Jakob Lenz vermittelt Rihm mit einer Musik, deren Klangfiguren ganz aus dem zerstörten Wahrnehmungsvermögen des Dichters entwickelt scheinen. Die zentrale Partie ist der Lenz, dessen Leidensgeschichte durch ariose Gesänge, Sprechgesang und Schreie (Rihm verwendet alte Formen wie Motette, Madrigal und Choral) sowie eine exzessiv bohrende und durch Schlagwerk und elektrisch verstärktes Cembalo aufgepeitschte Musik (in kammermusikalischer Besetzung) auf fast schmerzhaft ausweglose Weise nachvollzogen wird. Dem Wahnsinn und der Besessenheit bei Lenz entsprechen bizarre Klangbilder in der Nachfolge von Schönbergs *Erwartung*. Denn »Schönbergs Musiktheater [. . .] ist mein Ausgangspunkt. Dort sehe ich angelegt: Musiktheater als psychologische Klangdramatik, die in Gedankengänge eingreift, diese weitertreibt, weit über das Denkbare. Klanghandlung«, erläuterte Rihm selbst.
Spieldauer: ca. 1¼ Stunden.

Verzeichnis der Komponisten

Verzeichnis der Opern

(Deutsche Titel und Originaltitel)

Abbildungsnachweis

Inhalt

Reclams Operettenführer

Reclams Operettenführer

Von Anton Würz

22. Auflage
Mit 16 Bildtafeln

Philipp Reclam jun. Stuttgart

Gesamtherstellung: Reclam, Ditzingen. Printed in Germany 1997
RECLAM ist eine eingetragene Marke
der Philipp Reclam jun. GmbH & Co., Stuttgart
ISBN 3-15-010407-6

Vorwort zur 21. Auflage

Mehr als vierzig Jahre sind seit dem ersten Erscheinen von *Reclams Operettenführer* vergangen. In diesem langen Zeitraum hat neben der Operette als typischer europäischer Form des unterhaltenden Musiktheaters in wachsendem Maße das in Amerika entwickelte Musical auch im deutschen Sprachraum an Verbreitung und Beliebtheit gewonnen – der Reclam-Verlag hat dem neuen Genre inzwischen bereits einen eigenen Führer gewidmet –, jedoch nicht soviel, daß die älteren, in der Zeit zwischen 1860 und 1950 entstandenen Werke für den großen Kreis ihrer Liebhaber ganz uninteressant geworden wären. Viele dieser – in Wiedergaben auf den Bühnen, im Rundfunk und Fernsehen – immer wieder erfolgreichen Stücke sind dank ihrer musikalischen Reize, aber auch durch ihre Handlungsinhalte für Freunde der Gattung Operette immer noch so fesselnd und lebendig, daß genauere Informationen über die Werke und ihre Autoren zweifellos willkommen sind, was eine Neuauflage des vorliegenden Führers hinreichend rechtfertigt. Mit Ausnahme von einigen sachlichen, dem gegenwärtigen Wissensstand entsprechenden Ergänzungen erscheint er jetzt wieder in der erprobten Textgestalt, bietet also Inhaltserzählungen von 105 Werken, verbunden mit kurzen Würdigungen ihrer musikalischen Eigenart und Nennung der besonders charakteristischen Gesangsstücke sowie Kurzbiographien der behandelten (47) Komponisten. Dem aufmerksamen Leser präsentiert sich damit das Buch als eine besondere Art von Geschichte der sogenannten klassischen und neueren Operette. Eine Erhöhung der Zahl besprochener Werke durch Beispiele zeitgenössischer Produktion war allerdings nicht möglich, da es schon seit Jahrzehnten an Komponisten fehlt, die Eignung und Lust haben, Operetten zu schreiben. So wendet sich unser Führer primär weiterhin an den gewiß nicht kleinen Leserkreis von Bejahern der überkommenen Form der Operette und des Bestands an Werken, von denen nicht wenige noch lange Zeit ihr Ansehen bewahren werden.

Anton Würz

Josef Lanner

* 12. April 1801 in Wien
† 14. April 1843 in Oberdöbling

Gut eindreiviertel Jahrhunderte sind seit den Biedermeiertagen vergangen, da der Wiener Volksmusikant Josef Lanner, siebzehn Jahre alt und ein reiner Autodidakt als Geiger wie als Komponist, ein Quartett gründete und damit in den Vorstadtlokalen zum Tanz aufzuspielen begann. Etwas später konnte er sein winziges Unternehmen, in dem der ältere Johann Strauß die Bratsche spielte, zu einem Orchester erweitern. Sein Musizieren hat das Entzücken der Wiener erregt – auch Franz Schubert hatte seine Freude dran, wenn er ihn im Bierhaus »Zum Rebhändel« hören konnte. Unsterblich aber ist Lanner durch seine Walzer-Kompositionen geworden: in seinen lieblich-beschwingten und schelmisch-graziösen Tanzweisen wird zum erstenmal ganz reintönig das typisch Wienerische spürbar, das seitdem die Welt bezaubert. Auch hat er als erster mehrere Einzelwalzer zu stimmungsvollen Tanzfolgen zusammengeschlossen und ihnen freie Einleitungen und zusammenfassende Finali hinzugefügt. So darf man ihn wohl den Vater des Wiener Walzers nennen, des Tanzes, der in allen echten Wiener Operetten die führende Rolle spielt. Er selbst hat freilich kein Bühnenwerk geschrieben. Als er, allzufrüh, seine Geige für immer weglegen mußte, gab es das lustige Genre noch nicht, das man Operette nennt. Doch leben viele seiner Melodien in einem Stück fort, dessen Musik Emil Stern 1911 zusammengestellt hat: in *Alt-Wien*.

Alt-Wien

Operette in 3 Akten. Text von Gustav Kadelburg und Julius Wilhelm. Musik nach Motiven von Josef Lanner für die Bühne bearbeitet von Emil Stern. Uraufführung am 23. Dezember 1911 im Carl-Theater, Wien.

PERSONEN: Graf Leopold von Tutzing-Garatshausen – Gräfin Philomene, seine Schwester – Komtesse Felizitas, deren Tochter (Sängerin) – Baron v. Seespitz (Buffo) – Artur, sein Freund – Andreas Johann Nepomuk Stöckl, bürgerlicher Fragner [d. i. Kleinhändler] – Lini Stöckl (Soubr.) – Alois Nußberger (Kom.) – Natter, Wirt vom »Braunen Hirschen« im Prater – Franz Stelzer (Ten.) – Vincenz Prohaska, Polizeikommissär – Schauer, Hausbesitzer – Ignaz Kerndl und andere Verwandte und Nachbarn Stöckls – Frau Grinzinger, Lebkuchenverkäuferin – Dominik, Diener beim Grafen v. Tutzing – Diener. Kellner. Ein Invalide, ein Salami-Mann und andere Nebenfiguren.

ORT UND ZEIT: Wien, 1840.

1. Akt. Im Hof eines kleinen Wiener Vorstadthauses. Stöckl hat in seinem Häusel eine kleine Sonntagswirtschaft eröffnet, die seit einiger Zeit regen Zuspruch findet, nicht zuletzt wegen der echt wienerischen Volksmusik, die es da zu hören gibt, und ganz besonders wegen der Lini, die wie ein Schwalberl singt. Alle haben das frische Mädel gern. Der alte Nachbar Nußberger wacht, daß ihr ja niemand zu nahe tritt; erst letzthin hat er den beinahe zudringlich werdenden Baron v. Seespitz fortgewiesen, und heute geht's dem jungen verliebten Herrn nicht besser. Die Lini legt auch gar keinen Wert auf Verehrer, denn sie ist schon mit dem Stelzer Franz verlobt, der zur Zeit als Soldat dient. Schön ist's, daß er heute Ausgang hat und wieder einmal zu ihr kommen kann. Fröhlich wird das Wiedersehen gefeiert. Doch da taucht der Polizeikommissär Prohaska auf: die Lini soll mit ihm fort. Stöckl muß eingestehen, daß sie gar nicht seine Tochter, sondern ein Findelkind ist, das er fürsorglich wie sein eigenes aufgezogen hat. Jetzt aber will man herausgebracht haben, daß sie das Töchterl des Grafen von Tutzing sei: durch ein Geständnis der Amme, die das Kind einst mit ihrem eigenen vertauscht hatte, wurde das erst jetzt bekannt. So soll also das Mädchen auf einmal nicht mehr die Lini Stöckl, sondern die Komtesse Hortense sein. Überglücklich schließt sie der in der Wirtschaft erscheinende Graf als Vater in seine Arme. Franz Stelzer ist allerdings weniger glücklich, als er seine Lini zum gräfli-

chen Palais fortfahren sieht; sie aber spricht dem Verzagenden Mut zu.
2. Akt. Zimmer im Hause des Grafen. Lini hat sich als Komtesse ihre frische, schlichte Art bewahrt. Der Graf macht sich keine Sorgen wegen ihres noch nicht recht standesgemäßen Redens und Benehmens; um so mehr nimmt allerdings seine Schwester Philomene an ihrem Wesen und eigentlich an ihrer ganzen Existenz Anstoß. Mit deren Tochter Felizitas aber versteht sich die Lini sehr gut. Wenn das strenge Gebot nicht wäre, nie wieder in die Vorstadt zu ihren Bekannten zu gehen, und wenn der Franz zu ihr kommen und sie ihn heiraten dürfte – dann könnte sie sich schon eingewöhnen in der neuen Umgebung! So aber ist's ihr oft recht wehmütig ums Herz. Zu ihrer Freude kommen jedoch heute alle ihre Freunde, um ihr zum Namenstag zu gratulieren, und gegen alle Verbote empfängt sie die lieben vertrauten Leute und ist fröhlich mit ihnen. Der Stöckl-Vater ist da und der alte Nußberger und vor allem auch – der Franz! Die gräfliche Verwandtschaft freilich, die sich zur gleichen Stunde eingefunden hat, um die neue Komtesse kennenzulernen, sieht das muntere Treiben im Palais mit Befremden.
3. Akt. Garten des Wirtshauses »Zum Braunen Hirschen« im Prater. Stöckl spielt jetzt in diesem Gasthof mit seinen Vorstadtmusikanten zum Tanzen und Singen auf. Was für ein Aufstieg für die kleine Kapelle – wie schön wär' es erst, wenn die Lini dabei wäre! Doch der Franz kann nur erzählen, daß er alle Verbindung mit ihr verloren hat. Und nun kommt gar der Graf angefahren und macht ihm klar, daß er sich's aus dem Kopf schlagen müsse, sie jemals heiraten zu können. Gräfin Philomene hat überdies heute befohlen, Lini auf ein Schloß nach Böhmen zu bringen, um sie endgültig von ihren ehemaligen Bekannten zu trennen. Das war dem Mädel zu viel: heimlich ist sie aus der Kutsche gesprungen, mit der sie abreisen sollte, und in die Prater-Wirtschaft gelaufen. Nur dem Franz gibt sie sich einstweilen zu erkennen; vor den hohen Verwandten verbirgt sie sich in den Kleidern einer alten Lebzelterin. Nichts soll sie künftig von ihrem Geliebten trennen, und als der Franz nun voll Seligkeit das Lied an-

stimmt, bei dem sie immer die zweite Stimme gesungen hat, kann sie sich nicht mehr zurückhalten und singt mit wie in alter Zeit. Bestürzt erkennt der Graf seine Tochter; ehe es jedoch zu einer Auseinandersetzung kommt, erhält er durch den Polizeikommissär eine neue Botschaft, die ihn traurig, die Lini und den Franz aber unendlich glücklich stimmt: Man hat den Kammerdiener verhört, der seinerzeit bei der Vertauschung der Kinder beteiligt war, und da hat dieser gestanden, daß er, von Gewissensbissen gepeinigt, die Säuglinge noch am gleichen Tage wieder – zurückvertauscht habe. So ist also Lini doch nicht die Tochter des Grafen und darf künftig wieder unter den Menschen des einfachen Volkes leben, dem sie entstammt.

Die hübsch erdachte Handlung macht das biedermeierliche Wien der Lanner-Zeit in reizvoller Weise lebendig und bietet reiche Möglichkeiten zur Einfügung von Ländlern, Walzerliedern und Märschen. Da man heute kaum mehr nach Lannerschen Weisen tanzt, muß man dankbar sein, daß sie durch dieses immer wieder wirksame Singspiel vor dem Vergessenwerden bewahrt geblieben sind und in ihrer quellfrischen Fröhlichkeit und schlichten altösterreichischen Gemütlichkeit für uns neu lebendig werden können. Von den vielen einprägsamen Melodien des Stücks nennen wir nur das Lied *Schwalberl, mein alles, mein Schatz* und den Marsch *Aufg'schaut ihr Leute, laßt uns vorbei.*

Franz von Suppé

* 18. April 1819 in Split (Spalato; Dalmatien)
† 21. Mai 1895 in Wien

Mit den Werken Franz von Suppés beginnt die Geschichte der Wiener Operette. Er war der erste, den die seit 1858 in Wien bekanntgewordenen und mit Begeisterung aufgenommenen burlesken Singspiele Offenbachs zu eigenen Schöpfungen ähnlicher Art anregten; ihm glückte es auch, über eine bloße Nachahmung Offenbachscher Art zu eigenständigen Kompositionen zu gelangen und dem neuen Genre eine spezifisch wienerische Tönung zu geben. Neben der parodistischen französischen Operette und dem volkstümlichen Wiener Lokalsingspiel mit seinen heiteren und sentimentalen Elementen hat auch die italienische Musik (Donizetti) stark auf die Bildung seines persönlichen, durch Schwung und Grazie ausgezeichneten Stils eingewirkt. Suppé, dessen Name eigentlich Francesco Cavaliere Suppè Demelli lautete, entstammte einer ursprünglich belgischen, später in Dalmatien heimisch gewordenen Familie. Seine Mutter war Wienerin. Schon mit zehn Jahren begann er zu komponieren; als Dreizehnjähriger schrieb er bereits eine aufführbare Messe. Seiner Vollausbildung zum Musiker ging eine Zeit juristischer Studien in Padua voran, doch war er immerhin erst sechzehn Jahre alt, als er sich am Wiener Konservatorium bei Ignaz von Seyfried und Simon Sechter als Schüler anmelden konnte. 1840 wurde er Kapellmeister am Theater in der Josefstadt; 1845–62 wirkte er in gleicher Eigenschaft im Theater an der Wien, 1863–82 am Carltheater in der Leopoldstadt. Als Komponist entfaltete er seit seinem zwanzigsten Lebensjahr eine außerordentliche Produktivität: außer einer Anzahl von Instrumentalwerken ernster Richtung komponierte er eine Fülle von Begleitmusiken zu Possen und Volksstücken (z. B. zu Elmars *Dichter und Bauer*), bis er, 1860, mit seiner ersten einaktigen Operette *Das Pensionat* hervortrat. In den folgenden 15 Jahren glückten ihm viele solche kleinen heiteren Bühnenwerke, die lebhaften Beifall fanden, so *Zehn Mädchen und kein Mann*, *Flotte Bursche*, *Leichte Kavallerie*, *Banditenstreiche* und *Die schöne Galathee*. Dem großen Erfolg seiner ersten abendfüllenden Operette *Fatinitza* (1876) folgte 1879 der noch strahlendere des *Boccaccio*. Später schrieb er noch die beachtlichen, jedoch minder erfolgreichen Operetten *Donna Juanita* (1880), *Gascogner* (1881), *Die Afrikareise* (1883) und *Die Jagd nach dem Glücke* (1888) sowie die Oper *Des Matrosen Heimkehr* (Hamburg 1885). Im

Alter befaßte sich Suppé auch mit Kirchenmusik. Nach seinem Tode erschien noch die von anderer Hand fertiggestellte Operette »Das Modell«, die er selber nicht mehr hatte vollenden können. Einige seiner Bühnenwerke sind nach 1945 in Neubearbeitungen herausgekommen (vgl. die nachstehenden Beschreibungen von *Fatinitza* und *Banditenstreiche*); eine neue, abendfüllende Suppé-Operette, *Dichter und Bauer*, haben 1968 August Peter Waldenmaier und Ludwig Bender in Anlehnung an die Handlung und an die 1846 entstandene, durch ihre Ouvertüre weltbekannt gewordene Musik zum gleichnamigen Lustspiel von Karl Elmar geschaffen.

Die schöne Galathee

Komisch-mythologische Oper in 1 Akt. Text von Poly Henrion (Leopold Kohl von Kohlenegg). Uraufführung am 9. September 1865 im Carl-Theater, Wien.

Personen: Pygmalion, ein junger Bildhauer (Ten.) – Ganymed, sein Diener (Alt) – Mydas, Kunstenthusiast (Kom.) – Galathee, eine Statue (Sängerin).

Ort und Zeit: Cypern, im Atelier Pygmalions. Altertum.

Pygmalion hat eine Statue der Nymphe Galathee vollendet. Während er bei einer Feier im Tempel der Venus weilt, kommt der »Kunstenthusiast« Mydas in sein Atelier und bittet Pygmalions Diener Ganymed, ihm das bisher verborgen gehaltene Werk zu zeigen. Er erfährt, daß der Künstler seine Statue eifersüchtig bewache und sich mit ihr wie mit einem lebendigen Wesen zu unterhalten pflege. Schließlich läßt sich aber Ganymed doch bestechen, dem Mydas die von einem Vorhang Verhüllte zu zeigen. Der begeisterte Kunstsammler will das Werk erwerben, doch der zurückkehrende Pygmalion jagt ihn zornig davon. Der Bildhauer versenkt sich wieder in den Anblick seines Werks und fleht schließlich liebestrunken zu Venus, sie möge dem toten Marmor Leben einhauchen. Seine Bitte wird erhört – Galathee regt sich, lauscht entzückt dem Liebesgestammel Pygmalions und begrüßt beseligt das Leben. Bald aber erwacht in ihr weibliche Eitelkeit und Koketterie: Pygmalion, der ihr willenloser Sklave ist, wird fortgeschickt, um ihre Wünsche – zunächst nach einem guten Mahl – zu befriedigen. Sie selbst geht inzwischen im Garten spazieren, begegnet dem Ganymed und nähert sich ihm in verliebter Weise, denn er gefällt ihr viel besser als Pygmalion. Mydas stört diese zärtliche Begegnung und sucht nun, mit Geschenken, auf seine Art die Gunst Galathees zu gewinnen, erntet aber nur eine Ohrfeige. Bei Pygmalions Rückkehr verstecken sich die beiden Nebenbuhler des Künstlers. Galathee verlangt von ihm, daß Ganymed zum Essen eingeladen wird. Auch Mydas nimmt am Mahl teil, bei dem Galathee ein feuriges Trinklied anstimmt. Bald merkt Pygmalion, daß sie keineswegs die erträumte Idealgestalt ist. Auf seine sanfte Mahnung, nicht zuviel zu trinken, reagiert sie mit einem Wutanfall und läuft davon. Während er sie vergeblich sucht, kommt sie heimlich zu Ganymed zurück. Voll Zorn sieht Pygmalion das sich umarmende Paar. Ängstlich flieht Galathee vor dem Wütenden, der nun aufs neue Venus anruft, sie möge das Mädchen wieder in Stein zurückverwandeln. Unter Donner und Blitz wird ihm sein Wunsch gewährt. Jetzt zögert er nicht mehr, Mydas die Statue zu verkaufen.

Das amüsante kleine Werk, eine der besten Bühnenschöpfungen Suppés, ist noch heute lebendig. In der parodistischen Behandlung antiker Gestalten ist es nicht denkbar ohne das Vorbild Offenbachs, dessen *Schöne Helena* wenige Monate vor der *Schönen Galathee* in Wien zum erstenmal gegeben worden war. Als Melodienerfinder aber zeigt sich Suppé durchaus eigenwüchsig: Das Stückchen ist erstaunlich reich an reizenden Einfällen – man denke an das Trinklied, an das Auftrittslied des Mydas *Meinem Vater Gordias* oder an den köstlichen G-Dur-Walzer in der Ouvertüre.

Banditenstreiche

Komische Oper in 3 Akten. Text von Ludwig Bender nach B. Boutonnier. Musikbearbeitung und Neuinstrumentation von August Peter Waldenmaier (1954). Uraufführung am 27. April 1867 in Wien.

PERSONEN: Babbeo, Bürgermeister (Baßbuffo) – Lidia, seine Tochter (Sopr.) – Stella, ihre Freundin (Soubr.) – Gaetano, Lidias Bräutigam (Bar.) – Doktor Tondolo, Schulmeister (Ten.-Buffo) – Spaccamonti, Gemeindeschreiber (Kom.) – Lelio aus Aversa, ein reicher Freier (Ten.) – Malandrino, Banditenhauptmann (Ten.) – Hochzeitsgäste. Nachbarn. Gesinde. Banditen und Banditenbräute.

ORT: Ein Hafenstädtchen im Golf von Neapel.

1. bis 3. Akt. Lidia und Gaetano erwarten die Stunde ihrer Hochzeit. Aber Lidias Vater, der habgierige Bürgermeister Babbeo, weigert sich noch, den Ehekontrakt zu unterzeichnen. Ihm wäre der reiche Lelio ein weit willkommenerer Schwiegersohn. So unterbleibt die Hochzeit, als ein Brief die Ankunft Lelios ankündigt. Auf den Rat von Lidias Freundin Stella beschließt Gaetano, den Banditenhauptmann Malandrino um Hilfe zu bitten; denn dieser Edelräuber gilt als Beschützer bedrängter Liebespaare. Niemand ahnt, daß er sich in der harmlosen Maske eines alten Dieners bereits in das Städtchen eingeschlichen hat. Er plant hier einen ergiebigen Beutezug. Zufällig trifft er nachts mit Gaetano zusammen, erfährt von dessen Sorgen und verspricht ihm zu helfen. Babbeo hat inzwischen den Schulmeister Tondolo zum Hafen geschickt, um Lelio zu empfangen. Unterwegs wird er von Banditen ausgeplündert. Malandrino kommt hinzu, spielt den Retter in der Not und überredet dann Tondolo, mit ihm »spaßeshalber« den ankommenden Lelio auszurauben. Gesagt, getan: Lelio wird seinen Geldsack los, muß seinen Rock mit dem des Banditen tauschen und wird zuletzt ins Gefängnis abgeführt; denn Malandrino macht dem Gemeindediener Spaccamonti weis, er selbst sei Lelio, der Fremde aber niemand

anders als der Räuber Malandrino. Tondolo muß gute Miene zu dem bösen Spiel machen. So ist nun der unerwünschte Freier fürs erste beiseite geschafft! Malandrino, als Lelio auftretend, wird jetzt von Babbeo – dem er auch die ausgesetzte Kopfprämie für den Fang des Räubers abnimmt – freudig als Schwiegersohn empfangen. Lidia ist zum Schein mit dem neuen Bräutigam einverstanden, nachdem ihr Malandrino Hilfe in ihrer Liebesnot zugesagt hat. In den gefangenen Lelio aber verliebt sich Stella: sie glaubt, er sei der von ihr angeschwärmte Räuberhauptmann. Am nächsten Morgen führt Malandrino seinen Doppelplan: dem Liebespaar zu helfen und Beute zu machen, erfolgreich zu Ende. Schon rüstet man zum Hochzeitsfest. Als der Gemeindeschreiber mit Lelio auftaucht, der nun endlich sagen kann, wer er ist, gibt sich Malandrino zu erkennen: mit der Pistole zwingt er den eingeschüchterten Babbeo, der Heirat Lidias und Gaetanos zuzustimmen, schenkt dem Bräutigam großmütig die von Lelio und Babbeo erbeuteten Dukaten und sorgt auch für die Vereinigung Stellas und Lelios. Seine Kumpane aber nehmen den Gästen Geld und Schmuck ab.

Das lustige Banditenstück mit seinen Verkleidungs- und Verwechslungsspäßen steht in einer Reihe mit berühmten musikalischen Räuberkomödien wie Offenbachs *Banditen*, Aubers *Fra Diavolo* und Millöckers *Gasparone*. Die dreiaktige Neufassung gibt dem früher durch ein unzulängliches Libretto in der Wirkung behinderten Werk eine neue Erfolgschance. Die heiter beschwingte, von vielen hübschen Einfällen getragene Musik – echter Suppé in Melodik und Rhythmik – verdient es, der Vergessenheit entrissen zu werden. In den Liedern, Ensemblesätzen, Chören und Tänzen begegnen und durchdringen sich italienische und wienerische Elemente. Manche der gefälligen Melodien prägen sich rasch ein, so der Chorwalzer *Laß den Kopf nur nicht hängen* und die Lieder Malandrinos *Südliche Sonne, blauer Himmel* und *Süß lockt ihr Bild.*

Fatinitza

Operette in 3 Akten. Text von Ed. Rogati nach F. Zell (Camillo Walzel) und Richard Genée. Uraufführung am 5. Januar 1876 im Carl-Theater, Wien.

PERSONEN: Graf Timofey Kantschukoff, bulgarischer General – Fürstin Lydia, seine Nichte (Sopr.) – Izzet Pascha, Gouverneur der Festung Ipsala – Wladimir Michailoff, Leutnant (Ten.) – Julian v. Golz, Berichterstatter einer deutschen Zeitung (Buffo) – Manja, Marketenderin (Soubr.) – Offiziere. Soldaten. Haremsfrauen. Tänzerinnen. Volk.

ORT UND ZEIT: Türkei und Bulgarien, 1877.

1. bis 3. Akt. Die Bulgaren belagern die türkische Festung Ipsala. In die Öde ereignisloser Winterwochen bringt der Besuch des Journalisten Julian v. Golz erwünschte Abwechslung. Mit ihm kann Leutnant Wladimir endlich wieder über seine große Liebe sprechen: vor einem Jahr hat er die Fürstin Lydia in Tirnowo kennengelernt. Sie schien seine Neigung zu erwidern, doch machte ihm die Wachsamkeit ihres Onkels, des Generals Kantschukoff, jede Annäherung unmöglich. Auf Julians Rat bewarb er sich damals, als Türkenmädchen Fatinitza verkleidet, um die Stellung einer Gesellschafterin im Hause der Fürstin; der listige Plan scheiterte jedoch, weil sich der General in die vermeintliche Türkin verliebte. Diese amüsante Begebenheit hat Julian inzwischen dramatisiert. Nun schlägt er eine improvisierte Aufführung seiner Komödie vor. Bald ist alles dazu bereit und Wladimir schon als Türkin kostümiert, da kommt Kantschukoff zur Lagerinspektion, erblickt »Fatinitza« und entbrennt von neuem in Liebe. Zum Glück lenkt ihn die unerwartete Ankunft seiner Nichte Lydia ab, noch mehr aber der Überfall eines türkischen Spähtrupps, bei dem Lydia und Fatinitza entführt werden. Der Pascha, dem man die Gefangenen vorführt, findet sogleich Gefallen an Lydia und will sie zu seiner Favoritin machen. Wladimir gibt sich jetzt heimlich der Geliebten zu erkennen. Mit Hilfe der Marketenderin Manja und der eifersüchtigen Haremsdamen glückt es ihm

zu fliehen. Ehe der arglose Pascha die erhoffte zärtliche Dämmerstunde mit Lydia erlebt, dringen die Bulgaren unter Wladimirs Führung in die Festung ein. Der Türke muß kapitulieren. Kantschukoff sucht vergeblich nach seiner Fatinitza. – Einige Monate später kommt Wladimir mit Julian und Manja nach Tirnowo, um Lydia zu besuchen. Sie zu gewinnen scheint ihm auch jetzt versagt; denn der General hat seine Nichte einem alten Kriegskameraden als Frau versprochen. Doch Manja weiß eine List: Ein Brief meldet Kantschukoff die Ankunft Fatinitzas. Wladimir, der sich als Bruder des Türkenmädchens ausgibt, wird nun freudig von ihm empfangen; er verspricht ihm Lydia als Frau, wenn *ihm* Fatinitza die Hand reiche. Nun erscheint Wladimir noch einmal als Fatinitza, reicht dem General die Hand und gibt sich zugleich dem Verblüfften zu erkennen, der nun begreiflicherweise nichts mehr gegen die Wahl seiner Nichte einzuwenden hat.

Auch in ihrer schlichten Urgestalt könnte sich *Fatinitza* heute noch auf der Bühne behaupten. Durch Bearbeitungen, wie die Bruno Uhers (München 1950) oder Otto Schneidereits (Gera 1962), wird aber immer wieder versucht, dem Stück eine neue, zeitnahe Wirkungsmöglichkeit zu geben. Den Erfolg bestimmen jedoch wie einst Suppés originelle Melodien, von denen die Walzerweisen *Wie schade*, *Silberglöckchen klingt so helle* und *Reich mir die Hand* neben Lydias Auftrittslied und dem Marsch-Duett *Ich bin verrückt nach dir* genannt seien (Gesangstexte in der Fassung von Herbert Witt).

Boccaccio

Operette in 3 Akten. Text von F. Zell (Camillo Walzel) und Richard Genée. Uraufführung am 1. Februar 1879 im Carl-Theater, Wien.

Personen: Giovanni Boccaccio (Alt) – Pietro, Prinz von Palermo (Ten.) – Scalza, Barbier – Beatrice, sein Weib – Lotteringhi, Faßbinder (Bar.) – Isabella, sein Weib (Sopr.) – Lambertuccio, Gewürzkrämer (Bar.) – Peronella, sein Weib (Sopr.) – Fiametta, beider Ziehtochter (Sopr.) – Ein Unbekannter – Leonetto und andere Studenten, Freunde Boccaccios. Ein Kolporteur. Figuren der Stegreifkomödie.

ORT UND ZEIT: Florenz, 1331.

1. Akt. Freier Platz vor der Kirche Santa Maria Novella. Fröhlich feiert das Volk den Johannistag. Ein Kolporteur bietet die neuesten amüsanten Novellen Boccaccios an, sehr zum Verdruß der Männer, die an die Treue ihrer Frauen glauben und dem Verfasser all der beliebten, angeblich wahren Liebesgeschichten gern eine Tracht Prügel verpassen möchten. Besonders aufgebracht sind Scalza, Lotteringhi und Lambertuccio. Scalza kommt eben von einer Reise zurück; unterwegs hat er den Prinzen Pietro kennengelernt, der als Brautwerber um die natürliche Tochter des Herzogs von Florenz am Hof erwartet wird. Entsetzt sieht Scalzas Frau Beatrice ihren Gatten vorzeitig heimkommen; sind doch gerade zwei verliebte junge Leute, Leonetto und – Boccaccio, bei ihr zu Besuch! Sie hilft sich mit der Lüge aus der Klemme, daß zwei streitende Studenten ins Haus eingedrungen seien, und schon flüchtet der arglose Scalza ängstlich vor den nur zum Schein fechtenden und sich beschimpfenden Verehrern Beatrices, die er aus seinem Haus stürmen sieht. Boccaccio, der an derlei Streichen seinen Spaß hat, liebt in Wahrheit nur ein ihm noch unbekanntes Mädchen. Eben erblickt er sie wieder, die schöne Fiametta, als sie mit ihrer Ziehmutter, Frau Peronella Lambertuccio, zur Kirche geht. Sie ist ihrem Anbeter sehr gut gesinnt und will nichts von den Heiratsabsichten hören, mit denen sie Peronella bedrängt. Nun taucht auch Prinz Pietro auf, lernt seinen Lieblingsdichter Boccaccio kennen: er soll ihn, ehe er heiratet, mit den Liebesfreuden des leichtlebigen Florenz vertraut machen. Unter den vom Kirchgang zurückkehrenden Frauen schenkt die kokette Isabella Lotteringhi verliebten Reden des Prinzen willig Gehör. Auch Boccaccio findet, als Bettler verkleidet, Gelegenheit zu einer kleinen Aussprache

mit Fiametta. Inzwischen haben sich jedoch die Männer gesammelt, um endlich Boccaccio zu greifen, verwechseln ihn aber im Eifer mit dem ganz ähnlich gekleideten Pietro, der schließlich nur durch Scalza, der den Prinzen wiedererkennt, aus seiner peinlichen Lage befreit werden kann. Die enttäuschten Verfolger halten sich nun an den Büchern des Dichters schadlos, stürzen den Karren des Kolporteurs um und drängen den unerkannt bleibenden Boccaccio selbst dazu, seine Werke anzuzünden.

2. Akt. Platz vor den Häusern Lotteringhis und Lambertuccios. Nach durchschwärmter Nacht kommen Boccaccio und Pietro mit Leonetto hierher, um ihr Glück bei den geliebten Frauen zu versuchen. Mit Briefchen, die ihnen Boccaccio heimlich zuwirft, kündigen sie den abenteuerlustigen Schönen ihr Kommen an. Nachdem Lotteringhi und Lambertuccio zur Beschwichtigung ihrer Sorgen in eine Schenke abgezogen sind, gelingt es den jungen Streichmachern, sich den Frauen zu nähern: Boccaccio kommt mit Fiametta, Pietro mit Isabella ins Gespräch, Leonetto aber muß sich, den Freunden zuliebe, mit der schon ältlichen Peronella abgeben. Da kommt Lotteringhi unversehens zurück. Isabella versteckt Pietro in einem Faß und weiß ihn, als ihr Mann ihn dort entdeckt, schlau als Käufer dieses Fasses auszugeben. Während Lotteringhi auf ihr Geheiß dessen Tauglichkeit untersucht, kann sie ungestört ihre zärtliche Unterhaltung fortführen. Dem nun gleichfalls heimkommenden Lambertuccio bietet Boccaccio – als Bauernbursch verkleidet – seine Hilfe beim Olivenpflücken an. Dem Zaubergläubigen macht er dann weis, man sähe von dem Olivenbaum aus alle in der Nähe stehenden Paare sich küssen. Und staunend findet Lambertuccio das bestätigt: aus dem Gezweig schauend, erblickt er Fiametta mit Boccaccio, Isabella mit Pietro und Peronella mit Leonetto in verliebtem Tête-à-tête. Doch der aufgeregt herbeieilende Scalza macht dem »Zauber« jäh ein Ende: er hat in der Schenke die Studenten schon von diesem neuen Streich Boccaccios erzählen hören. Bei der jetzt einsetzenden Jagd der Genasführten auf die dreisten Eindringlinge wird aber wieder ein Unschuldiger das Opfer ihres Zorns – ein Abge-

sandter des Herzogs, der Fiametta in die Residenz bringen soll. Während sie Abschied nimmt, stürmen die Freunde, furchterregende Teufelsmasken vor dem Gesicht, davon.
3. Akt. Im Garten des herzoglichen Palasts. Fiametta hat nun erfahren, daß sie die natürliche Tochter des Herzogs ist und den Prinzen Pietro heiraten soll. Ihr Herz aber gehört dem Studenten, dessen Name ihr bisher unbekannt blieb – Boccaccio! Auch der Prinz ist wenig entzückt von der geplanten Verehelichung, denn er hat reizvollere Pläne mit Isabella. Lambertuccio lebt in großer Angst, seit er gehört hat, daß der übel behandelte Abgesandte, der seine Ziehtochter geholt hat, der Herzog selbst war. Doch wird er gut aufgenommen und weigert sich jetzt, gemeinsame Sache mit den anderen Bürgern zu machen, die beim Herzog Klage gegen Boccaccio erheben wollen. Als sie aber hören, in welchem Ansehen der von Pietro beim Herzog eingeführte Dichter jetzt steht, ziehen sie sich, von diesem selbst beschwichtigt, zurück. Zu seiner Freude erlebt Boccaccio nun seine Berufung an die Hochschule als Dante-Interpret. Durch die für Pietro unmißverständliche Wendung, die er einer – aus Anlaß des festlichen Tages – aufgeführten Stegreifkomödie zu geben weiß, bringt er den Prinzen zum endgültigen Verzicht auf Fiametta.

Als Sechzigjähriger erreichte Suppé hier den Gipfel seines Schaffens. Die heitere italienische Atmosphäre des Librettos, das Episoden aus Boccaccios *Decamerone* zu einer Handlung um den Dichter selbst verbindet, inspirierte ihn zu einer Musik voll Humor und drängender Lebenslust. Die feinen melodischen Qualitäten der Lied- und Tanzweisen, die prächtigen vokalen Ensemblesätze und die wirkungsvoll gefügten Finale zeigen *Boccaccio* weithin dem Rang einer komischen Oper nahegerückt. Einzelnes, wie den Terzett-Walzer *Wonnevolle Kunde*, Fiamettas Lied *Hab ich nur deine Liebe*, das berühmte *Immerzu undici, dodici, tredici* oder das Duett *Mia bella fiorentina* mit Vorrang zu nennen scheint fast ein Unrecht gegenüber anderen lebensvollen Melodien des Werks.

Jacques Offenbach

* 20. Juni 1819 in Köln
† 5. Oktober 1880 in Paris

Wenn es auch schon lange vor Offenbach lustige kleine Opern und Singspiele gegeben hat, die den Namen »Operette« tragen könnten, so kann man doch erst seit der – auf Offenbach zurückgehenden – Vorherrschaft des Drastisch-Witzigen, Satirischen und vor allem auch des Tänzerischen in musikalischen Bühnenwerken von »Operetten« im eigentlichen Sinne als einer eigenen künstlerischen Gattung sprechen. Der 1833 als Cello-Schüler an das Pariser Konservatorium gekommene, dann vom Orchestermitglied an der Opéra-Comique zum Kapellmeister am Théâtre Français aufgestiegene Offenbach besaß eine geniale Sonderbegabung für das Burleske, Komische und Parodistische, wie kein Musiker vor und nach ihm. Sein musikalischer Witz, entfacht an entsprechenden Stoffen und Texten, verschonte nichts, »was andren hehr«, seine Operetten entblößten erbarmungslos Schwächen der gesellschaftlichen Zustände seiner Zeit, der Epoche Napoleons III., gaben unantastbar scheinende Werte und Mächte dem Gelächter preis – und das alles gelang Offenbach mit den scheinbar kleinen Mitteln seiner amüsant-frechen »musiquette«, seiner aggressiv-kecken und zugleich graziösen Chanson-Melodik und seiner elanvoll-pikanten tänzerischen Rhythmik. Doch standen dem frivolen Spötter, wenn er wollte, auch Klänge einer feinen, anmutigen Lyrik zu Gebote. Den Reichtum und die Vielseitigkeit seiner außerordentlichen Begabung erweisen nicht zuletzt viele seiner köstlichen frühen einaktigen Singspiele, mit denen er seit 1855, seit der Eröffnung seines eigenen kleinen Theaters, der »Bouffes-Parisiens«, hervortrat. Diese reizenden, auch bezaubernd instrumentierten Stückchen, von denen hier nur *Le mariage aux lanternes*, 1857 (*Verlobung beim Laternenschein*), *Pépito*, 1858 (*Das Mädchen von Elizondo*), und *La Chanson de Fortunio*, 1861 (*Fortunios Liebeslied*), erwähnt seien, weckten auch in Wien, wo sie seit 1858 bekannt wurden, helle Begeisterung und veranlaßten den ersten Meister der »Wiener« Operette, Franz von Suppé, zu Versuchen in der gleichen Form. Das Jahr 1858 brachte das erste größere Werk Offenbachs in Paris, das zugleich sein stärkster Erfolg wurde: *Orphée aux enfers* (*Orpheus in der Unterwelt*). Hier wie in der 1864 erschienenen *La belle Hélène* (*Die schöne Helena*) war die antike Götter- und Heldenwelt Zielscheibe seines klingenden Spottes. In *Barbe-Bleue*, 1866 (*Blaubart*), wandte er sich auf seine Art einer satirischen Betrachtung des Mittelalters zu, und in *La vie parisienne* (*Pariser Leben*), gleichfalls 1866, nahm er ebenso wie in *La Grande-Duchesse de Gérolstein* (*Die Großherzogin von Gerolstein*) von 1867 deutlich Gestalten und Zustände der eigenen französischen Umwelt aufs Korn. Unter seinen späteren Operetten ragen *La Périchole* (1868), *Les brigands*, 1869 (*Die Banditen*), *La Créole*, 1875 (*Die Kreolin*), und *Madame Favart* (1878) als besonders reizvolle Werke hervor. Höhe- und Schlußpunkt seiner Kompositionen für die Bühne war die große Oper *Les contes d'Hoffmann* (siehe Reclams Opernführer).

Verlobung beim Laternenschein

Le mariage aux lanternes

Komisches Singspiel in 1 Akt. Text von Michel Carré und Léon Battu. Uraufführung am 10. Oktober 1857 in den Bouffes-Parisiens, Paris. Deutschsprachige Erstaufführung am 16. Oktober 1858 im Carl-Theater, Wien.

PERSONEN: Michel, ein junger Bauer (Ten.) – Liese, dessen Mündel (Mezzosopr.) – Hanne (Sopr.) und Katrine (Mezzosopr.), zwei junge Witwen – Arkadius, ein Nachtwächter.

Vor Michels Bauernhof. In der Mitte des Platzes ein großer Nußbaum. Liese lebt als Wirtschafterin bei ihrem Vetter und Vormund Michel. Trotz Fleiß und Sanftmut erntet sie nur barsche Worte von ihm. Hinter seinen rauhen Reden verbirgt sich jedoch nichts als Eifersucht; denn insgeheim ist er sehr verliebt in Liese. Daß sie jüngst heimlich einen Brief zur Post gebracht und – nach dem Bericht des Nachtwächters – letzthin im »Goldenen Ochsen« gleich zwölfmal mit einem gewissen Franz getanzt hat, erfüllt ihn mit großer Unruhe. Die beiden Witwen Hanne und Katrine haben zum Kummer Lieses, die ihrem Vormund von Herzen gut ist, verliebte Absichten auf Michel und geraten deshalb in heftigen Streit. Der von beiden Begehrte erzählt ihnen, daß er bald heiraten wolle und aus diesem Grund seinen Onkel Martin brieflich um Geld angegangen habe. Da kommt Liese mit dem sehnlich erwarteten Antwortschreiben. In Gegenwart der beiden Witwen liest er daraus vor, daß ihm der Onkel einen Schatz zugedacht habe, den er noch heute beim Vesperläuten unter seinem Nußbaum finden werde. Freudig feiert er die gute Nachricht bei einem Becher Wein, und traurig sieht Liese, wie er dabei Hanne und Katrine küßt. Kaum ist Michel ins Haus gegangen, fangen die eifernden Witwen wieder zu streiten an und geraten sich diesmal arg in die Haare. Liese aber hat auch einen Brief von Onkel Martin bekommen: »Ich weiß, was Dir fehlt, mein Kind«, schreibt er, »Du brauchst einen Mann. Setz Dich heute abend beim Vesperläuten unter den großen Nußbaum!« Schon beginnt die Glocke zu läuten. Nachdenklich setzt sie sich auf die Bank vor dem Nußbaum und schläft ein. Nun kommt Michel, um nach seinem Schatz zu graben. Eifersüchtig greift er nach dem Brief, den er auf dem Schoß der Schlummernden findet, liest ihn und versteht jetzt, welchen Schatz ihm der Onkel zugedacht hat; denn da steht ja geschrieben: »Indem ich Euch beide zusammenbringe, meine lieben Kinder, verhelfe ich jedem zu einem Schatz, wie er keinen besseren finden kann.« Sogleich bittet er die erwachende Liese, seine Frau zu werden. Die wundert sich zwar über seine Werbung – denn sie hatte ihren Brief noch nicht zu Ende gelesen –, willigt aber sogleich freudig ein; nur *eine* Bedingung stellt sie für ihr Jawort: »Respektsperson bin in Zukunft ich!« Der Nachtwächter beleuchtet die eigenartige Verlobungsszene mit seiner Laterne. Hanne und Katrine machen gute Miene zu der unerwarteten Wendung der Lage und stellen sich als erste Gratulanten ein.

Dieses liebenswürdige kleine Singspiel, hervorgegangen aus Offenbachs kurzem Einakter *Le Trésor à Mathurin* von 1853, verdient als besonders anziehendes Beispiel der halb lyrischen, halb humoristischen kleineren Werke Offenbachs dauernde Beachtung. Seine bis heute unverblaßte Wirkung gründet sich auf den hübschen Zusammenklang der harmlosen, aber recht drolligen Handlung mit einer ebenso anmutigen wie humorvollen Musik. Ihr Höhepunkt: das melodisch bezaubernde, kanonartig angelegte Quartett *Ja, ich hör die Vesper läuten* (*Voici l'angélus qui sonne*). Von köstlicher Drastik ist das Zankduett der Witwen *Ach, die böse, böse Sieben!* (*Ah! La fine, fine mouche*).

Orpheus in der Unterwelt

Orphée aux enfers

Opéra-bouffon in 2 Akten (4 Bildern). Text von Hector Crémieux und Ludovic Halévy. Deutsche Bearbeitung von Ludwig Kalisch. Uraufführung am 21. Oktober 1858 in den Bouffes Parisiens, Paris. Deutschsprachige Erstaufführung am 17. November 1859 im Stadttheater Breslau.

Personen: Aristeus-Pluto (Baß) – Jupiter (Bar.) – Orpheus (Ten.) – Hans Styx (Baß) – Merkur – Bacchus – Mars – Morpheus – Eurydice (Sopr.) – Diana – Juno – Venus – Cupido – Minerva – Hebe – Die Öffentliche Meinung.

Ort: Bei Theben, im Olymp, in der Unterwelt.

1. Akt. 1. Bild. *Der Tod der Eurydice.* Gefilde in der Nähe von Theben. – Eurydice windet eine Girlande, die sie an die Tür des Hauses ihres Geliebten Aristeus hängt. Orpheus, Direktor des Konservatoriums von Theben, hält sie von ferne für die von ihm verehrte Nymphe Chloe und stimmt auf seiner Geige deren Lieblingsweise an. Plötzlich erkennen sich die Gatten. Eurydice gibt Orpheus zu verstehen, daß sie von ihm enttäuscht sei und ganz zu Aristeus gehen wolle. Gemeinsam rufen sie die Götter um Trennung ihrer Ehebande an. Mit Rücksicht auf die Öffentliche Meinung

will Orpheus aber jeden Skandal vermeiden und droht daher Eurydice, er werde jedem ihrer Verehrer die Knochen brechen. Trotz seiner Warnung folgt sie jedoch dem Aristeus ins nahe Getreidefeld, wo dieser sich jäh in seine wahre Gestalt verwandelt und sie nun als Höllengott Pluto mit sich in die Unterwelt hinabzieht. Orpheus freut sich, daß sie »der Teufel geholt« hat, und will sofort zu seiner Chloe eilen. Aber die Öffentliche Meinung verlangt von ihm, im Hinblick auf seine gesellschaftliche Stellung und zur Erbauung der Nachwelt, daß er von Jupiter die verlorene Gattin zurückerbitte. Widerwillig folgt er ihr zum Olymp. – 2. Bild. *Der Olymp.* Die Götter liegen im Schlummer. Morpheus bestreut sie mit Mohn. Eine Jagdmusik, die das Kommen Dianas ankündigt, erweckt die Schlafenden. Jupiter, brummig gelaunt, ermahnt alle, künftig besser auf ihr Ansehen bei den Menschen bedacht zu sein. Eine beherzigenswerte, aber wohl vergebliche Mahnung! Denn schon berichtet Juno, daß ein Gott Eurydice von der Erde entführt habe, und sie vermutet sogar, daß Jupiter selbst der Übeltäter sei. Merkur aber bringt die Nachricht, Pluto sei soeben mit einer bildschönen Menschenfrau in der Unterwelt angekommen. Sogleich wird Pluto vorgeladen, der sich indes der Anklage durch Leugnen zu entziehen weiß und, von den anderen Göttern unterstützt, zum Gegenangriff übergeht, indem er Jupiters eigene Liebesaffären anprangert. Zu Jupiters Glück und Plutos Pech wird in diesem Augenblick Orpheus gemeldet, der seine Klage und Bitte vorbringt. Pluto wird verurteilt, Eurydice wieder herauszugeben. Um den Vollzug dieses Befehls zu kontrollieren, machen sich die Olympischen zur Fahrt in die Unterwelt auf.

2. Akt. 3. Bild. *Ein Prinz von Arkadien.* In Plutos Boudoir. Eurydice langweilt sich. Plutos Diener, der in sie verliebte Hans Styx, ist ihr als Gesellschafter herzlich unsympathisch. Als er Pluto mit Jupiter kommen hört, verbirgt er sie in einem Nebenraum. Während Pluto fürchtet, Eurydice könnte entdeckt werden, steckt der herumspürende, nach der schönen Frau schon lüsterne Jupiter seine Visitenkarte in das Schlüsselloch der Tür, hinter der er sie verborgen vermutet. Eurydice findet die Karte und hofft auf ihre Befreiung. Schon

kommt Jupiter in Gestalt einer Fliege wieder, umwirbt sie summend und verspricht ihr, sie zu entführen. Pluto, von Cupido gewarnt, sucht vergebens von dem schwer von Lethe berauschten Hans Styx etwas über Jupiters Anschlag zu erfahren. – 4. Bild. *Die Hölle*. Die Götter sitzen bei der Tafel; unter ihnen, als Bacchantin verkleidet, Eurydice. Jupiter glaubt, sie im Trubel des Festes entführen zu können, aber Pluto tritt ihm entgegen und mahnt ihn an sein Versprechen, sie ihrem Gatten zurückzugeben. Schon erscheint Orpheus, und nun kann Jupiter nur noch die Bedingung stellen, daß Orpheus beim Verlassen der Unterwelt sich nicht nach Eurydice umblicken dürfe, sonst entschwände sie ihm für immer. Orpheus gehorcht, die Öffentliche Meinung freut sich schon ihres Sieges – da versetzt ihm Jupiter mit seinem Blitzstrahl einen Schlag. Orpheus wendet sich unwillkürlich um, verletzt damit das Gebot und muß nun, was ihm nicht unangenehm ist, allein zur Oberwelt zurückkehren. Eurydice aber bleibt auf Jupiters Geheiß zu ihrer Freude als Bacchantin bei den Göttern.

In einer Zeit, da jedermann mit den Gestalten der griechischen Mythologie vertraut war, bereitete das Verstehen einer so frechen Parodie der Antike, wie sie Offenbach hier im Bund mit seinen Textdichtern bietet, keine Mühe. Für das heutige Publikum, das im allgemeinen mit diesem Stoffgebiet nur vage Vorstellungen verbindet, ist der hier gewagte Sprung vom Erhabenen zum Lächerlichen nicht mehr ohne weiteres verständlich und amüsant. Die Form der Aufführungen muß da helfend eingreifen, um den antik maskierten Spott auf zeitlose menschliche Schwächen und Verhältnisse vollwirksam fühlbar zu machen. Was aber heute wie einst jedermann ohne weiteres erfassen und mit Vergnügen erleben kann, ist der Erfindungsreichtum und der Witz der Offenbachschen Musik. Jede der vielen komischen Situationen auf der Bühne, jede Figur des Spiels ist mit glänzenden, originellen Einfällen ausgestattet. Offenbart sich die geniale Begabung des Komponisten auch am stärksten in Stücken wie in der Schlummerszene, im Cancan und im Höllengalopp der aller Würde entkleideten Olympischen, in den Spottcouplets auf Jupiters Abenteuer oder in dem Lied des dämlichen Hans Styx *Als ich einst Prinz war von Arkadien*, so doch nicht minder auch dort, wo der Stoff eine lyrisch-pastorale oder anmutige Tönung der Musik verlangt. Die Ouvertüre allerdings ist nur in den musikalischen Motiven Offenbachs eigenes Werk. Komponiert hat sie der Dirigent der Wiener Erstaufführung, Karl Binder.

Die schöne Helena

La belle Hélène

Opéra-bouffe in 3 Akten. Text von Henri Meilhac und Ludovic Halévy. Deutsche Bearbeitung von F. Zell und Julius Hopp. Uraufführung am 17. Dezember 1864 im Théâtre des Variétés, Paris. Deutschsprachige Erstaufführung 1865 im Friedrich-Wilhelmstädtischen Theater, Berlin.

PERSONEN: Paris, Sohn des Königs Priamus (Ten.) – Menelaus, König von Sparta (Kom.) – Helena, dessen Gemahlin (Sopr.) – Agamemnon, König der Könige – Klytämnestra, dessen Gemahlin – Orestes, beider Sohn – Pylades, dessen Freund – Achilles – Ajax I., König von Salamis – Ajax II., König von Lokris – Kalchas, Groß-Augur des Jupiter (Baß) – Philocomes, Diener im Tempel des Apoll – Eutykles, Schlosser – Bacchis, Helenas Vertraute – Gespielinnen des Orestes und Pylades. Wachen. Sklaven. Dienerinnen. Volk.

ORT UND ZEIT: Sparta und Nauplia. Vor dem Trojanischen Krieg.

1. Akt. *Das Orakel* (*L'oracle*). Man rüstet in Sparta zum Fest des Adonis. Das Volk kommt mit Opfergaben zum Tempel, die der Groß-Augur Kalchas allzu bescheiden findet. Helena, dic wenig Freude an ihrer Ehe mit dem alten König Menelaus hat, erkundigt sich bei Kalchas, ob es wahr sei, daß die Göttin Venus dem Schäfer Paris zum Dank für sein Urteil beim Schönheitswettstreit der Göttinnen das schönste Weib auf Erden versprochen habe. Sie, Helena, sei doch die Schönste, und darum hoffe sie ... Auch Paris, als Schäfer gekleidet, kommt zu Kalchas und bringt ihm einen Brief, in dem die

Göttin dem Groß-Augur befiehlt, Helena und Paris zusammenzuführen. Kalchas verspricht ihm, diesen Wunsch zu erfüllen, läßt sich aber nun von Paris Näheres über die Einzelheiten beim *Urteil des Paris* berichten. Als Helena und Paris sich von ferne erblicken, sind sie sogleich füreinander entflammt. Schon beginnt das Adonisfest, zu dem sich neben Menelaus und Helena auch Agamemnon und Klytämnestra, Achilles, die beiden Ajax, Orestes und Pylades als Gäste einfinden. Anstelle des schläfrigen Menelaus übernimmt Agamemnon die Leitung des Festakts und ruft die Versammelten zu einem geistigen Wettstreit auf. Er stellt drei Rätselfragen, die alle – zum Staunen und Verdruß der Könige – von dem »Schäfer« Paris gelöst werden, der sich nun als Sohn des Königs Priamus von Troja zu erkennen gibt. Helena bekränzt ihn. Jetzt läßt Kalchas donnern und verkündet, Menelaus müsse sofort – so wolle es die Gottheit – für vier Wochen nach Kreta verreisen. Paris bedankt sich für dieses Orakel bei ihm. Menelaus nimmt Abschied.

2. Akt. *Der Traum* (*Le jeu de l'oie*). Vier Wochen sind vergangen. Helena empfängt Paris in ihrem Gemach. Er beklagt sich, daß sie ihn noch immer nicht erhört habe, und droht mit einer List, um endlich in den Besitz der ihm versprochenen schönsten Frau zu gelangen. Von Kalchas erbittet Helena die Gunst, Paris wenigstens im Traume wiedersehen zu dürfen. Sie legt sich zur Ruhe, da naht sich ihr Paris: es ist ihr, als »träume« sie diese Begegnung nur, und so läßt sie den Geliebten nicht mehr vergebens schmachten. Menelaus, der wider Erwarten gerade von seiner Reise heimgekommen ist, trifft das Paar in unmißverständlicher Situation an, schlägt Lärm und ruft alle Fürsten herbei. Sie trösten ihn, finden aber, er sei auch selbst schuld an seinem Pech. Paris entflieht.

3. Akt. *Die Entführung* (*La galère de Vénus*). Helena hat sich an den Strand von Nauplia zurückgezogen, um vor den Vorwürfen ihres Gatten Ruhe zu haben. Doch Menelaus ist ihr auf den Fersen. Sie verteidigt sich mit der Ausrede, daß alles, was sie erlebt habe, nur ein Traum gewesen sei. Agamemnon

und Kalchas bemühen sich, die Sache einzurenken: Menelaus sollte doch bedenken, daß der Beziehung zwischen Paris und Helena immerhin ein Gebot der Göttin zugrunde liege. Menelaus will aber von dem Vorschlag, seine Frau herzugeben, nichts wissen; er hat den Groß-Augur der Göttin herbestellt, um dessen Rat zu hören. Schon bringt ein Schiff diesen fremden Wahrsager, der nun einen neuen Wunsch der Venus verkündet: Helena müsse nach Kythera, bekanntermaßen die der Liebesgöttin heilige Insel, reisen. Sogleich besteigt Helena das rasch vom Land abstoßende Schiff. Den Zurückbleibenden gibt sich der vermeintliche Groß-Augur der Venus als Paris zu erkennen. Empört beschließen die Fürsten Krieg gegen Troja.

Sechs Jahre nach *Orphée aux enfers* errang Offenbach mit *La belle Hélène* einen zweiten großen Dauererfolg als Parodist eines antiken Themas. Für seine Zeitgenossen war es ein Stück voll durchsichtiger Anspielungen auf spottwürdige Pariser Zustände und Sitten, nicht minder amüsant aber auch durch die Persiflage des hohlen Wesens der damaligen Großen Opern Meyerbeerscher Prägung. Anfangs war das Ganze sogar als Parodie auf Wagners *Tannhäuser* angelegt, dessen Pariser Erstaufführung 1861 in einem Skandal geendet hatte. Die Musik zeigt wieder in jedem Takt Offenbachs unverwechselbare witzige Eigenart in schlagkräftiger Melodik, tänzerischer Lebhaftigkeit und pikanter Rhythmik. Die Erzählung des Paris von seinem Urteil über die Göttinnen mit dem berühmten *Evoe, um zu gefallen*, das Couplet der Könige mit dem ersten Erklingen des Motivs *Bin Menelaus der Gute*, die Liebesszene zwischen Helena und Paris und der Walzer *Die Griechen in Wut* (in der Ouvertüre und im 2. Finale) gehören zu den unvergeßlichen Höhepunkten dieser Operette.

Blaubart

Barbe-Bleue

Opéra-bouffe in 3 Akten (4 Bildern). Text von Henri Meilhac und Ludovic Halévy. Uraufführung am 5. Februar 1866 im Théâtre des Variétés, Paris. Deutschsprachige Erstaufführung am 21. September 1866 im Theater an der Wien, Wien.

PERSONEN: König Bobèche (Bar.) – Clémentine, seine Gattin (Sopr.) – Hermia, Tochter des Königspaars (Soubr.) – Prinz Saphir (Ten.-Buffo) – Ritter Blaubart (Ten.) – Popolani, Alchimist (Baßbuffo) – Graf Oscar, Minister – Alvarez, ein Höfling – Boulotte und andere Bauernmädchen – Héloise, Eleonore, Isaure, Rosalinde, Blanche: die früheren Frauen Blaubarts – Herren und Damen des Hofes. Pagen. Leibwachen. Ritter. Bauern und Bäuerinnen.

ORT UND ZEIT: Südfrankreich, in einem Dorf und am Hofe des Königs, zur Zeit der Kreuzzüge.

1. bis 3. Akt. Ritter Blaubart hat zum fünften Mal nach kurzer Ehe die angeblich sehr geliebte Gattin verloren – allerdings nicht ohne sein Zutun: der in seinen Diensten stehende Alchimist Popolani muß nämlich jedesmal, wenn der Herr Ritter seiner Angetrauten überdrüssig ist, durch Gift für deren Verschwinden sorgen. Popolani bedient jedoch seinen Herrn nur mit scheinbaren Morden und läßt die unerwünschten Damen an heimlichem Ort vergnügt weiterleben. Jetzt veranstaltet er, um die geeignete sechste Frau für Blaubart zu finden, einen Wettbewerb unter den jungen Bäuerinnen des Dorfes. Die Wahl fällt auf die robuste Boulotte. Der Ritter beschließt, seine neue Gattin am Hof des Königs Bobèche einzuführen. So nebenbei interessiert er sich aber auch für die Schäferin Fleurette, die der königliche Minister Oscar gerade aus dem Dorf wegführt, weil er herausgebracht hat, daß sie die einst ausgesetzte, verschollene Prinzessin Hermia, die Tochter des Königspaares ist. – Am Hofe Bobèches rüstet man zur Hochzeit: Prinz Saphir soll mit Hermia vermählt werden. Da der König voll Eifersucht argwöhnt, einer der Hofherren könnte seiner – keineswegs an-

ziehenden – Gattin Clémentine nachstellen, befiehlt er seinem Minister, den Höfling Alvarez aus dem Weg zu räumen. Schon vier andere ihm verdächtige Kavaliere hat er so beseitigen lassen. Glücklicherweise verfuhr Oscar in diesen Fällen wie Popolani bei Blaubarts Frauen und vollzog die mörderischen Befehle nur zum Schein. – Das Auftreten Blaubarts mit seiner neuen Frau verursacht einigen Wirbel: Die bäuerliche Boulotte blamiert ihren Mann durch wenig höfisches Benehmen und Reden. Blaubart fühlt sich aber nicht nur dadurch in seiner Neigung für sie irritiert, sondern noch mehr durch den Anblick der Prinzessin. Ihre Ehe mit Prinz Saphir darf nicht zustande kommen, plant er; Hermia soll seine siebente Frau werden! Rasch entschlossen bringt er Boulotte in Popolanis Laboratorium und läßt sie nach gewohntem Brauch vergiften. Dann kehrt er an den Königshof zurück, beklagt heuchlerisch den plötzlichen Tod seines Weibes und fordert dann von Bobèche sogleich Hermia als Gattin. Da er bei Abweisung seiner Werbung mit Waffengewalt droht, wagt der König keinen Einspruch. Saphir allerdings läßt sich auf einen für ihn übel endenden Zweikampf mit dem Ritter ein. Nun wird Blaubart mit Hermia getraut, jedoch, dank Oscars Vorsorge, von einem falschen Priester. Inzwischen beschließen Popolani und Oscar, dem Wüten Blaubarts und Bobèches ein Ende zu machen. Zum Entsetzen der beiden führen sie die angeblich ermordeten Hofherren und früheren Blaubartfrauen aus ihren Verstecken herbei. Um alles Geschehene aus der Welt zu schaffen, rät nun Boulotte, die zurückgekehrten Damen und Herren miteinander zu vermählen. So endet schließlich das Spiel in siebenfacher Harmonie: Boulotte wird aufs neue die Frau des anscheinend bekehrten Blaubart, Saphir bekommt seine Hermia, und auch die fünf hinzugekommenen Hochzeitspaare sind glücklich über die gute Wendung der Dinge.

Zwischen der *Schönen Helena* und der Zeitsatire *La vie parisienne* glückte Offenbach mit dem *Blaubart* ein parodistisches Werk, das vor allem in Frankreich mit Bewunderung aufgenommen wurde. Mit der spaßhaft-spöttischen Behandlung des grausigen Märchenstoffes und der damit verbundenen Karikatur der mittelalterlichen höfischen Welt boten ihm seine Librettisten neue Gelegenheit zu grimmiger Persiflage. Der dämonische Frauenmörder aus Perraults *Contes du temps passé* wird hier zum lächerlich wirkenden Zerrbild eines Ritters, der sein mörderisches Verfahren ohne jede Spur von schlechtem Gewissen als probates Mittel bei seiner Frauenjägerei anwendet; wohl ergeht er sich in larmoyanten Gesängen über das traurige Schicksal seiner Opfer, findet aber aus solchen Stimmungen frivolen Selbstbetrugs blitzschnell zu seinem beutelüsternen »Frohsinn« zurück. Es ist Offenbach in unnachahmlicher Weise gelungen, dieses nahe Nebeneinander von heuchlerischer Klage und frecher Lebenslust mit dem Witz seiner eigenen musikalischen Sprache und mit den ironisch gebrauchten Ausdrucksmitteln der romantischen und Großen Oper zu gestalten. Treffend wie die Titelfigur sind auch die übrigen wichtigeren Personen des Spiels, vor allem Boulotte, gezeichnet. Eine Besonderheit des Werks sind die Auftritte im Mordkabinett bei Popolani (3. Akt) mit den schon dem Bereich »schwarzen Humors« zugehörigen Szenen der um ihr Leben bangenden Boulotte, des niederträchtig-übermütig auf ihr Ende wartenden Blaubarts und des entspannend-lustigen Ausgangs der Schauergeschichte durch Boulottes Wiedererwachen und die Fröhlichkeit der aus ihrem Versteck befreiten früheren Frauen des Ritters, die mit dem Gesang *Laß uns aus dem düstern Grabe aufwärts schweben* ihre Wiederkehr ins Leben feiern. *Blaubart* ist mehrfach für die deutsche Bühne bearbeitet worden; die Fassung Walter Felsensteins und Horst Seegers (1963) hat dem Werk neue Erfolge gebracht.

Pariser Leben

La vie parisienne

Operette in 5 Akten. Text von Henri Meilhac und Ludovic Halévy. Deutscher Text von Carl Treumann. Neue deutsche Bearbeitung von Walter Felsenstein (1945). Uraufführung

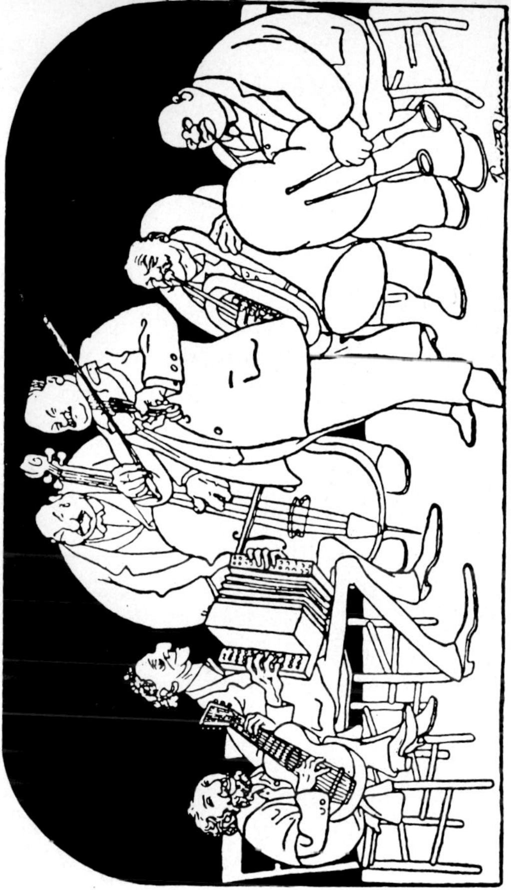

Die Wiener Operettenkomponisten Eysler, Oscar Straus, Nedbal, Lehár, Ziehrer und Fall (von links). Karikatur von Rudolf Hermann

Franz von Suppé: Die schöne Galathee
Bühnen der Hansestadt Lübeck

am 31. Oktober 1866 im Théâtre du Palais Royal, Paris. Deutschsprachige Erstaufführung am 31. Januar 1867 im Carl-Theater, Wien.

PERSONEN: Baron von Gondremark, ein reicher Gutsherr aus Schweden (Bar.) – Baronin Christine, seine Frau (Sängerin) – Raoul de Gardefeu (Ten.), Bobinet, Gontran: Lebemänner – Metella (Soubr.) – Jean Frick, Schuster (Kom.) – Gabriele, Handschuhmacherin (Soubr.) – Pompa di Matadores, ein Brasilianer (Kom.) – Madame Quimper-Karadec, Witwe und Hausbesitzerin – Madame Folle-Verdure, ihre Nichte – Joseph Partout, Fremdenführer – Urbain, Diener – Pauline, Stubenmädchen bei Mme. Quimper-Karadec – Clara, Leonie, Louise: Nichten des Portiers bei Mme. Quimper-Karadec – Alphonse, Diener bei Gardefeu – Eisenbahnbeamte. Reisende aller Nationen. Träger. Handwerker. Putzmacherinnen. Gäste. Kellner.

ORT UND ZEIT: Paris um 1866/67.

Die *Ouvertüre* ist mit einem von Metella und dem Chor gesungenen Prolog verbunden, der die Theaterbesucher ermuntert, im Sinne des Stücks den Frohsinn als Parole zu wählen.

1. Akt. Vorhalle des Straßburger Bahnhofs in Paris. Gardefeu und Bobinet erwarten die Ankunft Metellas – jeder für sich übrigens, denn sie haben sich vor einiger Zeit wegen eines Mädchens verkracht. Jetzt sind beide in Metella verliebt. Da kommt sie schon, aber am Arm eines Dritten, und tut, als kenne sie die zwei wartenden Verehrer gar nicht. Grund genug für diese, sich wieder zu versöhnen. Alleingeblieben trifft Gardefeu seinen früheren Diener Partout, der jetzt Hotel-Fremdenführer ist und eben den schwedischen Baron von Gondremark und dessen Gattin vom Zug abholt. Gardefeu möchte dieses Paar gerne kennenlernen, und gegen entsprechende Bezahlung überläßt ihm Partout seinen Posten. So empfängt der abenteuerlustige junge Lebemann als »Fremdenführer« das schwedische Paar, das sich schon sehr auf die Sehenswürdigkeiten von Paris freut: der Baron möchte gern allerlei Animierendes erleben, Baronin Christine wünscht sich, Adelina Patti, den berühmtesten Gesangsstar der Zeit,

in der Großen Oper zu hören, und will ihre Bekannten, Madame Folle-Verdure und deren Tante Madame Quimper-Karadec, aufsuchen. Unter den weiteren Ankömmlingen taucht nun auch der Brasilianer Pompa di Matadores auf, ein steinreicher Kerl, der gleich Gold unter die Menge wirft und Paris genießerisch als Königin aller Städte preist.
2. Akt. Bei Gardefeu. Der Diener Alphonse, der seinen Herrn erwartet, empfängt den Schuster Frick und die Handschuhmacherin Gabriele: sie sind gekommen, um Arbeiten abzuliefern. Bald erscheint auch Gardefeu mit den beiden Schweden, die er bei sich einquartiert, indem er ihnen vormacht, die Räume hier dienten dem Grandhotel als Dépendance. Er hat sich auf den ersten Blick in die schöne Baronin verliebt und erhofft sich bald Möglichkeiten zu einer intimeren Annäherung. Der Baron erkundigt sich heimlich nach der hübschen Metella, deren Bekanntschaft ihm ein früherer Freund des Mädchens brieflich empfohlen hat. Zunächst aber fragt er nach der Table d'hôte, und da es natürlich an echten Hotelgästen fehlt, veranlaßt Gardefeu Frick und Gabriele, mit einigen ihrer Freunde zum Mahl zu erscheinen und die feinen Gäste zu spielen. Einen ähnlichen Plan entwickelt der hinzukommende Bobinet für den nächsten Abend: in der Wohnung seiner zur Zeit verreisten Tante Mme. Quimper-Karadec will er mit Unterstützung Fricks und verschiedener Dienstboten ein dem Baron behagendes Fest improvisieren. Nun kommt auch Metella, die bisher hier, als Freundin Gardefeus, das jetzt der Baronin zugedachte Zimmer bewohnte. Eifersüchtig, durchschaut sie sogleich Gardefeus Neigung für die reizvolle Schwedin. Den von ihr entzückten Baron vertröstet sie auf spätere Tage. Dann beginnt die Table d'hôte, bei der sich Frick als Major, Gabriele als Oberstenwitwe und allerlei andere einfache, als »vornehm« aufgetakelte Leutchen einfinden. Bald herrscht eine sehr fröhliche Stimmung – die »trauernde Oberstenwitwe« Gabriele springt schließlich sogar auf den Tisch und singt eine Tyrolienne. Die ahnungslosen Schweden aber glauben, dieser ausgelassene Ton sei eben charakteristisch für die Pariser Gesellschaft.

3. Akt. Im Hause der Madame Quimper-Karadec. Bobinet bereitet, als »Admiral du Lac de Van« auftretend, den geplanten Empfang des Barons vor. Alle Beteiligten sind voll Spannung, wie die lustige Irreführung des Fremden klappen wird, und die Bediensteten freuen sich, heute einmal als »Herrschaften« auftreten zu können. Schon kommt der Schwede und läßt sich wieder weismachen, sein Gastgeber und alle Geladenen seien wirklich feine Leute, Adelige und hohe Würdenträger. Das Stubenmädchen Pauline, das die Gattin des »Admirals« mimt, bedrängt ihn gleich mit einem verführerischen Gespräch, er aber – schläft dabei ein. Doch bald erregt die vermeintlich illustre Gesellschaft mit den vielen hübschen »Damen« immer mehr sein Entzücken, und wenn der »Admiral« auch mit einem am Rücken geplatzten Uniformrock umhergeht, so stimmt ihn das doch nicht besonders bedenklich: er wundert sich nur. Beim großen Trinkgelage, das nun anhebt, genießt er höchst angeregt diesen pariserischen Taumel.
4. Akt. Wieder bei Gardefeu. Die Baronin hat den Abend in der Oper verbracht; voll verliebter Unruhe erwartet Gardefeu ihre Rückkehr. Endlich kommt die Ersehnte, aber gleich darauf läutet es wieder an der Wohnungstür: Besuch für Baronin Christine – Mme. Quimper-Karadec und ihre Nichte! Die beiden Damen, unerwartet früh von ihrer Reise zurückgekehrt, haben zu Hause empört die dort von Bobinet veranstaltete Orgie wahrgenommen und die Polizei alarmiert. Die Baronin wieder weiß den Besucherinnen zu erzählen, man habe ihr in der Oper ein Briefchen in die Hand gedrückt. Ein Liebesbriefchen? O nein – ein Schreiben der eifersüchtigen Metella ist es, das die Schwedin über den »Fremdenführer« Gardefeu und seinen Hotel-Schwindel aufklärt. Mme. Quimper-Karadec will nun dem Streichemacher einen Denkzettel geben: während Gardefeu das Gepäck der aufbrechenden Damen zum Wagen bringt, tauscht sie mit der Baronin die Kleider, um so den Missetäter zu empfangen. Dieser hält endlich den Augenblick für gekommen, sich der Baronin verliebt zu nähern; da sieht er erschreckt die sich plötzlich entschleiernde alte Frau vor sich. Ihre Angriffe aber versteht er schlau

abzuwehren. Mme. Quimper-Karadec zieht sich nun ins Zimmer der Baronin zurück, wo sie aber kurz darauf von dem schwer berauscht heimkommenden Baron im Nachtgewand überrascht wird. Beiderseitiges Entsetzen!
5. Akt. Im »Café Anglais«. Hier, im Zentrum der Lebewelt, gibt der reiche Brasilianer ein Fest. Auch der Baron, der jetzt weiß, welchen Schwindeleien er zum Opfer fiel, erscheint, um Metella zu treffen. Diese aber hat die Baronin mit ihren beiden Freundinnen herbestellt. Der Baron tritt den drei maskierten Damen ahnungslos gegenüber, die ihn mit spöttischen Bemerkungen verwirren. Schließlich bleibt Mme. Quimper-Karadec allein bei ihm zurück – betroffen erkennt er in ihr, als sie sich demaskiert, das »Nachtgespenst« vom vorigen Abend. Erbost über die Streiche, die ihm Gardefeu gespielt, will er jetzt mit ihm abrechnen. Ein Duell droht – da kriegt's der alte Schwede mit der Angst! Bobinet wendet das Unheil ab und hört sich mit dem Brasilianer die beweglichen Klagen des Barons an, der aber schließlich einräumen muß, daß ihn das Pariser Leben bisher doch ganz prächtig amüsiert habe.

Dieses ursprünglich bescheiden als *Stück mit Gesang* bezeichnete Opus gehört zu Offenbachs glänzendsten Leistungen – und Erfolgen: es brachte ihm 10 000 Francs für die Partitur ein. Hatte er in seinen berühmten Parodien antike oder mittelalterliche Masken benutzt, um seiner Zeit einen spottenden Zerrspiegel vorzuhalten, so gibt er hier, in eine komische Sphäre gerückt, die Pariser jener Tage der Weltausstellung von 1867 (zu der das Stück vom Théâtre Royal in Auftrag gegeben wurde) neben einigen fremdländischen Besuchern der Seinestadt unverhüllt dem Gelächter preis. Jahrzehntelang hat sich die Welt Paris so vorgestellt, wie es hier geschildert ist: als Stadt der Lebewelt und der tollen Amüsements. Die Musik, sehr reich an köstlichen Einfällen voll Witz und Laune, ist in ihrer originellen Melodik (Vorliebe für keck wirkende Septimensprünge!) und sprühenden tänzerischen Rhythmik in jedem Takt echtester Offenbach. Als Höhepunkt des Werkes darf neben dem Brief-Rondo der Metella (2. Akt) die musikalische Fassung der *Orgie* im Hause der Madame Quimper-Karadec gelten; die turbulente Rausch-Stimmung, die da mit wechselnden, sich steigernden Tanz-Rhythmen erreicht wird, hat als Muster auf viele spätere Schilderungen ähnlicher Trinkgelage fortgewirkt (z. B. auf das 2. *Fledermaus*-Finale). Daneben aber gibt es hier allerlei vergnügliche Couplets wie das des Barons mit dem im Bolerorhythmus gebrachten *Ich stürz mich in den Strudel 'nein* und Paulines *Frou-frou*-Liedchen, sowie sehr lustige Ensembles wie das opernparodistische Sextett zur Besingung des Lochs, das sich am Rock des »Admirals« zeigt, und das Walzerseptett bei der Vorbereitung des Festes im 3. Akt.

Die Großherzogin von Gerolstein

La Grande-Duchesse de Gérolstein

Opéra-bouffe in 3 Akten (4 Bildern). Text von Henri Meilhac und Ludovic Halévy. Uraufführung am 12. April 1867 im Théâtre des Variétés, Paris. Deutschsprachige Erstaufführung am 13. Mai 1867 im Theater an der Wien, Wien.

Personen: Die Großherzogin von Gerolstein (Sopr.) – Prinz Paul (Ten.) – General Bumm (Baß) – Baron Puck – Baron Grog – Fritz, ein Grenadier (Buffo) – Wanda, ein Bauernmädchen (Soubr.) – Ein Adjutant der Großherzogin – Hofgesellschaft – Soldaten – Bäuerinnen – Pagen – Bediente.

Ort und Zeit: Gerolstein (irgendwo in Deutschland), im zweiten Drittel des 19. Jahrhunderts.

1. bis 3. Akt. Die junge Großherzogin zeigt keine Lust, sich den Plänen und Beschlüssen der bisher tonangebenden Herren ihres Hofes zu fügen: sie will weder den ihr zum Gatten bestimmten Prinzen Paul heiraten, noch behagen ihr die kriegslüsternen Machenschaften der von General Bumm provozierend vertretenen Militaristen. Doch hat sie eine große Vorliebe für Soldaten. Bei einer Inspektion der Truppe erweckt der mit dem Bauernmädchen Wanda versprochene Grenadier Fritz ihre Begehrlichkeit. Als nun der tückisch an-

gezettelte Krieg mit dem Nachbarland plötzlich zum Abmarsch der winzigen »Armee« drängt, befördert sie ihren Günstling im Handumdrehen zum Korporal, Leutnant, Major und schließlich gar – anstelle Bumms – zum General. Wirklich glückt es dem Oberkommandierenden wider Willen, durch den schlauen Einfall, den Gegnern eine Masse Alkoholika zuzuspielen, ohne Blutvergießen einen Sieg über die schwer betrunkenen Feinde zu erringen. Nun wird der erfolgreiche Heimkehrer groß gefeiert, und die Großherzogin hofft, ihren »General« jetzt für sich gewinnen zu können. Doch Fritz hat kein Ohr für ihre versteckten Liebeserklärungen. Er denkt nur an seine Wanda und beeilt sich, sie zu heiraten. Die Hochzeitsnacht wird ihm aber gründlich verdorben, denn die mit Bumm verschworenen Höflinge haben seinen Untergang beschlossen und stören ihn aus seinem Tête-à-tête mit Wanda grausam auf. Die enttäuschte Großherzogin läßt das nicht ungern geschehen, Schlimmeres aber wendet sie ab: es genügt ihr, den »General« Fritz so schnell, wie sie ihn beförderte, wieder zum Grenadier zu degradieren. Mag er mit seiner Wanda in Glück und Frieden leben! Sie ist klüger geworden und reicht dem so lange vergeblich hoffenden Prinzen Paul ihre Hand.

Mit anderen Werken Offenbachs teilte auch *Die Großherzogin von Gerolstein* lange Zeit das unverdiente Schicksal, in Vergessenheit zu geraten. Das lag natürlich nicht an der Musik, die sich auf der Höhe der besten Schöpfungen des Komponisten hält, sondern am Libretto: die zeitsatirischen Anspielungen auf politische Situationen jenseits wie diesseits des Rheins, auf militaristische Manipulationen und auf Figuren der Zeit des zweiten französischen Kaiserreichs verloren mit ihren Anlässen bald ihre ursprüngliche witzige Wirkung und Allgemeinverständlichkeit. Ohne eine belebende Neugestaltung des Texts läßt sich das Stück heute kaum für die Bühne wiedergewinnen. Dem neu erwachten Interesse an Offenbachs Operetten und der Erkenntnis der Notwendigkeit eingreifender Textrevision im Fall der *Grande-Duchesse de Gérolstein* sind u. a. die erfolgreichen Bearbeitungen von Karlheinz Gutheim (1949), Ernst Poettgen (1967) und Otto Schneidereit (mit Herbert Kawan, 1968) zu verdanken. Unsere Inhaltserzählung beschränkt sich daher, unter Verzicht auf Einzelheiten der Bearbeitungsvarianten, auf eine Darstellung der wesentlichen Handlungszüge. Zu den besonders charakteristischen Stücken der einfallsstarken Partitur zählen neben einigen Couplets und anderen Solonummern der Hauptfiguren, unter denen das berühmt gewordene *Säbellied* der Großherzogin hervorragt, vor allem verschiedene amüsante Ensemblesätze: so die sehr komisch das Pathos der großen Opern parodierende und persiflierende Szene *Ich bin nervös – sie ist nervös* und der damit verbundene Rachegesang der verschworenen Gegner des neuen »Generals« im 1. Finale, so auch das Duett der Großherzogin mit Fritz im 2. Akt und das als scheinfreundlicher Gutenacht-Gruß dem Hochzeitspaar Fritz und Wanda zugesungene *Notturno*. Berühmte Darstellerinnen der Titelrolle waren die große Offenbach-Diva Hortense Schneider und – in Wien – Marie Geistinger.

La Périchole

Opéra-bouffe in 3 Akten. Text von Henri Meilhac und Ludovic Halévy. Deutscher Text von Richard Genée (1869). Neuer deutscher Text von Karl Kraus (1931). Uraufführung der 1. Fassung (in 2 Akten) am 6. Oktober 1868 im Théâtre des Variétés, Paris, erste Aufführung der 2. (dreiaktigen) Fassung 25. April 1874 ebenda. Deutschsprachige Erstaufführung am 9. Januar 1869 im Theater an der Wien, Wien.

PERSONEN: Don Andrès de Ribeira, Vizekönig von Peru (Baßbuffo) – Graf Panatellas, erster Kammerherr – Don Pedro de Hinoyosa, Gouverneur von Lima – Marquis von Tarapote – Ein alter Gefangener – Piquillo, Straßensänger (Ten.-Buffo) – Périchole, Straßensängerin (Soubr.) – Guadalena, Berginella, Mastrilla: drei Cousinen – Zwei Notare – Peruaner, Peruanerinnen, Indianer – Hofherren, Hofdamen, Pagen – Diener. Garden. Ein Schließer. Schreiber. Gäste. Gaukler. Volk.

ORT UND ZEIT: Lima in Peru, 18. Jahrhundert.

1. bis 3. Akt. Fröhlich feiert man den Namenstag des Vizekönigs Don Andrès, der heute alle Bürger freihält. Um die Meinung über sein Regime zu erkunden, mischt er sich, als Arzt verkleidet, unters Volk, doch ehrliche Worte bekommt er nicht zu hören, weil der Gouverneur Don Pedro und der Kammerherr Panatellas schlau für verlogene Huldigungen vorgesorgt haben. Vor der Schenke »Zu den drei Cousinen« erscheinen auch die wandernden Straßensänger Périchole und Piquillo. Trotz der guten Stimmung, die hier herrscht, haben sie mit ihren Vorträgen keinen Erfolg. Es geht ihnen zum Erbarmen schlecht. Liebe ist kein Heilmittel gegen Hunger. Piquillo zieht jetzt allein weiter, um doch noch etwas zu verdienen, während sich die erschöpfte Périchole ein wenig schlafen legt. So entdeckt sie der für Frauenanmut höchst empfängliche und zu amourösen Abenteuern stets aufgelegte Don Andrès. Sogleich beschließt er, die kleine Straßensängerin als »Ehrendame« an seinen Hof zu holen. Périchole hat nichts gegen eine Verbesserung ihrer Lage; rasch schreibt sie ihrem Piquillo einen Brief und folgt dann der fürstlichen Einladung. Den Wünschen des Vizekönigs steht allerdings nicht nur die ihm unbekannte Liebe des Mädchens zu Piquillo entgegen, sondern auch die gesetzliche Vorschrift, daß er nur eine verheiratete Frau mit ihrem Mann in den Palast aufnehmen darf. Nun heißt es also, schleunigst einen Ehepartner für Périchole zu finden. Dem Kammerherrn scheint der soeben von seinem vergeblichen Gang durch die Stadt zurückgekehrte Piquillo der rechte Mann für diese Rolle: es gelingt ihm auch, den über Périchole̵s Abschiedsbrief Verzweifelten, den er bei einem Selbstmordversuch antrifft, nach hinreichender Gemütsbeeinflussung durch Wein, zu dieser Eheschließung zu überreden. Doch nun weigert sich Périchole, auf das ihr zugemutete Spiel einzugehen – bis sie sieht, daß ja Piquillo der ihr zugedachte Bräutigam ist. Dieser freilich erkennt in seiner Trunkenheit die verschleierte Geliebte nicht, willigt aber in die Verbindung ein, weil er sich eine gute Belohnung für seine Gefälligkeit erhofft, und schwört bei der Trauung seiner »unbekannten« Braut, er werde stets nur eine andere lieben. –

Am Hof ist man bestürzt und entrüstet, daß der Vizekönig eine Straßensängerin als neue Freundin gewählt hat. Piquillo aber wird verhöhnt, weil er sich zu diesem unsauberen Handel hergegeben hat. Der Gedanke an den ihm winkenden Lohn und eine bessere Zukunft mit Périchole läßt ihn den Spott leicht verschmerzen. Bei der festlichen offiziellen Vorstellung seiner Gattin erkennt er jedoch endlich seine Périchole – voll Erbitterung hält er sie für eine Verräterin und tobt so aufrührerisch, daß man ihn festnimmt und fortschleppt. Im Kerker der »widerspenstigen Gatten«, wo ein anderer Rebell gegen die vizeköniglichen Bräuche schon seit zwölf Jahren eingelocht sitzt, findet sich Piquillo wieder. Doch bald naht Périchole als Retterin. Nachdem es ihr rasch gelungen ist, den Geliebten aufzuklären und zu versöhnen, versucht sie den Schließer zu bestechen, daß er ihnen zur Flucht helfe; dieser Schließer ist aber kein anderer als der verkleidete Don Andrès, der ihr eifersüchtig nachspürt. Voll Zorn läßt er nun beide an Ketten legen. Aber mit Hilfe des alten Gefangenen glückt es ihnen, sich zu befreien und den durch ein Lied Pér"choles wieder herbeigelockten Vizekönig selbst zu fesseln. Die Flucht des Paares wird natürlich rasch entdeckt, doch die ungeschickte Polizei hat bei der Verfolgung keinen Erfolg. Schließlich stellen sich die Ausreißer freiwillig. Don Andrès ist darüber gerührt, begreift, daß er sein Spiel verloren geben muß, verzichtet auf die Rückgabe der Périchole schon gemachten kostbaren Geschenke und läßt das beglückte Paar frei.

Das anregende Libretto – nach Mérimées Einakter *Le Carosse du Saint-Sacrement* (1829) – hat mit seiner an originellen dramatischen Situationen reichen Handlung, mit seinen prägnant und witzig gezeichneten Figuren und seiner ironischen Beleuchtung höfischer Zustände den Komponisten zu einer besonders reizvollen Musik inspiriert. »La Périchole« ist eine historische Figur, die Schauspielerin Micaela Villegas, deren abweisender Stolz den um sie werbenden Vizekönig von Peru zu der unflätigen Beschimpfung »Perra chola!« (Du Hündin von einer Eingeborenen) hinriß. Ihr Publikum machte daraus den Ehrennamen La Pericola. Zum Amüsantesten der einfallsreichen Partitur gehört die komische Trauungsszene im 1. Akt (mit den bezechten Notaren usw.), zum musikalisch Anziehendsten die innige *Liebesbrief-Arie* der Périchole. Andere Glanzstücke des köstlichen Werks sind die verschiedenen Ensemblesätze, z. B. die Terzette des Kerkerakts und der Walzer *Für Männer, die dagegen sind*, daneben aber auch die Lieder Piquillos und PérICholes Walzerweise *Und trotzdem lieb ich doch dich, du Lump*. Die Neufassung von Karl Kraus (1931) galt gleicherweise einer dramaturgischen Verbesserung des überlieferten französischen Librettos und einer musikalisch sinngemäßen Anpassung deutscher Verse an die Musik; wie diese »kunsttechnische« Arbeit glückte dem Bearbeiter auch eine Textprägung von stilistischer Eigenart, voll Witz und dramatischer Lebendigkeit.

Die Banditen

Les brigands

Opéra-bouffe in 3 Akten. Text von Henri Meilhac und Ludovic Halévy. Deutscher Text von Ernst Dohn. Neufassung von Gustaf Gründgens. Uraufführung am 10. Dezember 1869 im Théâtre des Variétés, Paris.

Personen: Falsacappa, Räuberhauptmann (Bar.) – Fiorella, seine Tochter (Soubr.) – Fragoletto, ein junger Pächter (Ten.-Buffo) – Pietro, Falsacappas Unterhauptmann und Vertrauter – Der Fürst von Braganza (Ten.) – Baron von Campotasso, Oberstallmeister des Fürsten – Antonio, Schatzmeister des Fürsten (Kom.) – Bramarbasso, Hauptmann der fürstlichen Polizei – Die Prinzessin von Granada (Sängerin) – Graf von Gloria-Cassis, Kammerherr der Prinzessin – Adolf von Valladolid, erster Page der Prinzessin – Pipo, Gastwirt – Pipa, seine Frau – Ein Kurier – Räuber. Polizisten. Bäuerinnen. Köche. Kavaliere. Hofdamen. Pagen.

Ort und Zeit: Portugal (ursprünglich: die Lombardei bei Mantua), im 18. Jahrhundert.

1. Akt. Wilde, felsige Gebirgsgegend. Falsacappa, der mit seiner Bande in einer Höhle haust, ist der Schrecken der

Gegend. Soeben führt er seinen Kumpanen einige junge Bäuerinnen zu, die er, als Eremit verkleidet, hierher gelockt hat. Er beherrscht seine Bande überlegen. Bisher waren auch alle mit seinen Unternehmungen zufrieden. Heute aber murren sie, denn das Geschäft geht schlecht. Der letzte Raubzug wurde gegen den Pächter Fragoletto geführt; dabei hat sich Falsacappas Tochter Fiorella in das Opfer verliebt und Gegenliebe gefunden. Sie ist eine würdige Tochter ihres Vaters – mit gestohlenen Brillanten hat sie einen Künstler bezahlt, der ihr Porträt gemalt hat, das sie nun zum Geburtstag ihrem Vater schenkt. Während der Beratung, wie die bevorstehende Hochzeit des Fürsten von Braganza mit der Prinzessin von Granada für einen neuen Beutezug ausgenützt werden könnte, wird Fragoletto als Gefangener gebracht; er war aber bereits freiwillig auf dem Weg zu Falsacappa, um bei ihm um die Hand seiner Tochter anzuhalten. Er will dafür selbst unter die Räuber gehen und wird auf Probe angenommen. Zufällig kommt der Fürst von Braganza, der sich verirrt hat, in die Gegend. Fiorella, die an ihm Gefallen findet, gibt ihm Gelegenheit zu entfliehen. Inzwischen hat sich Fragoletto schon bewährt und einen Kurier gefangen, dessen Gepäck für den fürstlichen Hof bestimmt ist; es enthält außer einem Bildnis der Prinzessin die Mitteilung, daß der Fürst den Hofbeamten, welche die Prinzessin auf ihrer Reise zur Hochzeit begleiten werden, drei Millionen Staatsschulden auszahlen lassen muß. Sofort faßt Falsacappa einen Plan, um in den Besitz dieses Geldes zu gelangen: Er vertauscht das Bildnis der Prinzessin mit dem seiner Tochter und läßt den Kurier laufen. Freudig wird das neue Vorhaben gefeiert, bei dem Fiorella die Rolle der Prinzessin zugedacht ist.

2. Akt. Ländliche Gegend mit Gasthaus. Hier wird die (echte) Prinzessin mit ihrem Gefolge erwartet. Statt der erhofften Gäste muß der Wirt Pipo jedoch das Erscheinen der Banditen in Kauf nehmen. Falsacappa läßt ihn und sein ganzes Personal in den Keller sperren. Die Räuber aber verkleiden sich recht und schlecht als Küchenpersonal und empfangen so die von dem dümmlichen Baron Campo-

tasso und dem Polizeihauptmann Bramarbasso geführte Gesandtschaft des Fürsten von Braganza. Trotz ihrem Mißtrauen gegen das eigentümliche Gasthauspersonal lassen sie sich, als die Räuber die Ankunft der Prinzessin sichten, »zum Frühstück« ins Haus drängen. Dort nehmen ihnen die Räuber ihre Kleider ab und empfangen nun, als Abgeordnete des Fürsten angetan, die in Begleitung des Pagen Adolf und des Kammerherrn Gloria-Cassis ankommende spanische Prinzessin. Sie staunt sehr über die »Herren«, die sie da empfangen, läßt sich aber doch bewegen, mit ihren Leuten in das Gasthaus einzutreten. Während Falsacappa den Seinen erklärt, wie er mit Fiorella und einigen bewährten Kumpanen nun in den Gewändern der Spanier an den Hof des Fürsten ziehen will, um dort die Millionen zu erbeuten, befreien sich die im Haus Eingeschlossenen wieder. Aber Falsacappa, der sich drohend zu erkennen gibt, hält sie in Schach, und da die fürstlichen Soldaten inzwischen schon zuviel getrunken haben, hat er leichtes Spiel.
3. Akt. Saal im Palast des Fürsten von Braganza. Während der Fürst in Erwartung seiner Braut betrübt von den ihm bisher zugetanen Hofdamen Abschied nimmt, überdenkt der Schatzmeister Antonio seine bedenkliche Lage: er hat nämlich die Millionen gar nicht, die der spanischen Abordnung ausgeliefert werden sollen. Das ganze Geld ist längst vertan. Schon kommen die vermeintlichen Spanier, voran Falsacappa und Fiorella als »Prinzessin«. So nah dem Ziel, muß der Räuberhauptmann nun erfahren, daß Antonio nichts zu bieten hat als 1000 Gulden! Er wütet gegen den Schatzmeister, aber da nun die echten Spanier eintreffen, ist ohnehin alles verloren. Fiorella rettet ihren Vater, indem sie den Fürsten daran erinnert, wie sie ihn im Gebirge vor den Räubern bewahrt habe. Nun wird Falsacappa nicht nur amnestiert, sondern sogar zum Polizeihauptmann ernannt. Fragoletto entsagt dem Räuberleben, da er Fiorella jetzt auch ohne diesen Liebesbeweis erringen kann.

Erst die sehr geschickt modernisierende Neufassung des Librettos durch Gustaf Gründgens – sie wurde am 31. Mai

1932 in der Städtischen Oper Berlin erstaufgeführt – hat das zu Unrecht vergessene Werk auf der deutschen Bühne wieder erfolgreich werden lassen. Die Handlung amüsiert nicht nur durch ihre spaßhafte Darstellung des Gangsterunwesens, sondern auch durch ihre zeitlos aktuellen spaßhaften Ausfälle gegen Betrüger- und Schiebertum im öffentlichen Leben. Der 50jährige Offenbach hat in dieser von charmanten Melodien und federnden Rhythmen blitzenden Partitur namentlich in den meisterlich aufgebauten, groß entwickelten, von dramatischem Leben erfüllten Finale einen neuen Höhepunkt seiner heiteren Kunst erreicht. Von seinen vielen köstlichen Einfallen seien nur der Bettler-Kanon der Banditen vor Pipos Gasthaus und der sehr komische *Stiefelmarsch* im ersten Finale besonders erwähnt.

Die Kreolin

La Créole

Operette (Opéra-comique) in 3 Akten. Text von Albert Millaud. Deutsche Textfassung von Ika Schafheitlein und Helmut Gauer. Musikalische Neueinrichtung von Hans Schindler. Uraufführung am 3. November 1875 im Théâtre des Bouffes-Parisiens, Paris. Deutschsprachige Erstaufführung am 8. Januar 1876 im Theater an der Wien, Wien.

Personen: Kapitän Immortelle (Baßbuffo) – René, sein Neffe (Ten.-Buffo) – Antoinette, seine Pflegetochter (Sopr.) – Aristide, Advokat (Ten.) – Cocua (Soubr.) – Chamas, Bootsmann – Mathieu, Steuermann – Der Admiral – Zwei Notare – Zwei Matrosen – Hochzeitsgäste. Matrosen.

Ort: 1. und 2. Akt in und bei La Rochelle, 3. Akt auf hoher See.

1. bis 3. Akt. Kapitän Immortelle will seine Pflegetochter Antoinette mit seinem Neffen René verheiraten. Daß das Mädchen den Advokaten Aristide liebt, kümmert ihn wenig, und dem Neffen, der diesem Eheplan gleichfalls abgeneigt ist, droht er wütend mit Enterbung. So erklärt sich René, um den alten Narren zu beschwichtigen, zum Schein doch be-

reit, seinem Wunsche zu willfahren. Er spricht sich mit Antoinette und Aristide aus und sinnt nach, wie er den beiden zu ihrem Glück helfen könnte. Er selbst denkt noch nicht ans Heiraten; »frei« aber ist er eigentlich nicht mehr, weil er vor nicht langer Zeit bei einem Aufenthalt in Guadeloupe einer Kreolin die Ehe versprochen hat. Als der Kapitän nun plötzlich auf sein Kriegsschiff beordert wird, veranlaßt René während seiner Abwesenheit die Trauung Antoinettes mit Aristide. Dann reisen die drei jungen Leute zum Landsitz Lamirande. Dort wird aber das Behagen der Neuvermählten jäh durch die unerwartete Rückkunft des Kapitäns gestört. Nun heißt's Komödie spielen und so tun, als seien doch René und Antoinette miteinander verheiratet. Ablenkend wirkt glücklicherweise ein junges Mädchen, das der Onkel aus Guadeloupe mitgebracht und adoptiert hat: die temperamentvolle Cocua, Tochter einer Kreolin und eines französischen Seemanns, der sich einst vor der Geburt dieses Kindes der Liebe aus dem Staub gemacht hat. Der stets zum Ehestiften aufgelegte Kapitän will jetzt die Mitgebrachte mit Aristide vermählen. Er ahnt nicht, daß ihr Herz seinem Neffen gehört, denn *sie* ist ja die Kreolin, der René Treue schwur. Nun muß Cocua freilich glauben, er habe sie treulos vergessen. Doch bald klärt sie René über die wirkliche Lage der Dinge auf. Immortelle aber hat beobachtet, wie sich Antoinette und Aristide küßten, und dringt nun, Schlimmes befürchtend, auf die rasche Verehelichung Cocuas mit Aristide. In dieser bedrohlichen Situation hilft die Findigkeit Cocuas weiter: Sie bringt einen für den Kapitän bestimmten Aufbruchsbefehl an sich und fälscht darin das Datum so, daß sich Immortelle zu sofortiger Abfahrt genötigt sieht. Trotzdem verfolgt er seinen privaten Plan trotzig weiter: die jungen Leute müssen samt einem Notar mit auf sein Schiff; auf hoher See soll die Trauung noch heute vollzogen werden. Ehe es jedoch dazu kommt, bewahrt ein unvorhergesehenes Geschehnis die Bedrängten vor neuen Peinlichkeiten. Das Schiff kollidiert mit der Fregatte des Admirals, und nun muß sich Immortelle von seinem Vorgesetzten sagen lassen, er sei einen Tag zu früh losgefahren und habe daher die Havarie verschuldet. Jetzt wird die Terminfälschung Cocuas ruchbar, bald darauf aber auch, daß der Herr Admiral ihr verschollener Vater ist. Die Fortführung des von René inszenierten, von Immortelles Eigensinn verursachten Eheschwindels ist endlich nicht mehr nötig, der Vereinigung der richtigen Paare steht nichts mehr im Weg. Nach gehörigen Seemannsflüchen muß sich der alte Seebär dreinfinden, daß die Jugend am Ziel ihrer Wünsche ist.

Die gewichtlos spaßhafte Handlung gewinnt erst durch die Musik die rechte Wirkung. Offenbach hat den Schwank zwar eilig und – da er gleichzeitig noch an zwei anderen Werken arbeitete – mit etwas flüchtigem Interesse vertont, keineswegs aber ohne musikantische Laune und buffonesken Humor. So gibt es auch hier genug amüsante Liedchen, köstliche Ensemblesätze und beschwingte Tänze neben feinen lyrischen Passagen von der Art des A-Dur-Duettinos Aristides und Antoinettes. Sehr hübsch und prägnant werden einzelne Figuren – Immortelle, René, Cocua – schon in ihren Auftrittsliedern charakterisiert. Als besonders lebendige Stücke prägen sich auch ein: das Duett *Die Liebe ohne Übergang* (Cocua / Aristide), das Walzerterzett *Hört auf jetzt mit den Schmeicheleien* und Cocuas *Heißes Kreolenblut brennt wie Feuer.*

Madame Favart

Opéra-comique in 3 Akten. Text von Alfred Duru und Henri Chivot. Textliche und dramaturgische Neufassung von Heinrich Voigt, musikalische Einrichtung von Conny Odd (1955). Uraufführung am 28. Dezember 1878 im Théâtre des Folies Dramatiques, Paris. Deutschsprachige Erstaufführung am 7. Februar 1879 im Theater an der Wien, Wien.

PERSONEN: Charles-Simon Favart, Dichter und Komponist (Baß) – Justine Favart, seine Frau (Sopr.) – Major Cotignac (Baß) – Suzanne, seine Tochter (Sopr.) – Gaston Prédault (Ten.) – Der Marquis v. Pontsablé (Ten.-Buffo) – Biscotin, Gastwirt – Ein Sergeant

– Ein Offizier – Reisende. Mägde. Offiziere und Soldaten. Marketenderinnen. Schauspieler und Schauspielerinnen. Volk.

Ort: 1. Akt in Arras, 2. Akt in Douai, 3. Akt im Feldlager des Marschalls von Sachsen. Zeit: Etwa 1750.

1. bis 3. Akt. Das Schauspieler-Ehepaar Charles-Simon und Justine Favart hat sich den Unwillen des Marschalls von Sachsen zugezogen: Frau Justine hat ihn abblitzen lassen, und er rächte sich, indem er sie in ein Kloster sperren ließ; ihr Gatte mußte flüchten. Jetzt hält sich Charles Favart im Keller eines Gasthofs in Arras versteckt. Unter den Gästen, die soeben hier angekommen sind, befindet sich der Major Cotignac mit seiner Tochter Suzanne; er will beim Gouverneur, dem Marquis v. Pontsablé, für seinen Neffen, den Suzanne heiraten soll, um einen Posten als Polizeileutnant nachsuchen. Seine Tochter interessiert sich allerdings für einen anderen Bewerber, für Gaston Prédault, der zum Ärger des Majors gleichfalls nach Arras gereist ist, um sich für die Leutnantsstelle zu melden. Während man in gespannter Stimmung bei Tische sitzt, kommt eine junge Straßensängerin in die Stube: in dieser Verkleidung verbirgt sich die aus dem Kloster entwichene Justine Favart. Bald findet sie heimliche Gelegenheit zu einem Wiedersehen mit ihrem Gatten. An gemeinsame Flucht ist indes nicht zu denken. Schon ist man ihnen auf der Spur. Doch hilft ein Zufall weiter: Gaston erkennt die bekannte Schauspielerin Favart in der Straßensängerin und möchte ihr gerne gefällig sein. Leider hatte seine Bewerbung beim Gouverneur keinen Erfolg. Im Vorzimmer des Herrn v. Pontsablé aber hatte man ihm gesagt, er könne den erstrebten Posten leicht bekommen, wenn er seine Frau schicke, denn der Gouverneur sei sehr empfänglich für weibliche Reize. Dieser Bericht bringt Justine auf einen guten Gedanken: in Suzannes Mantel und Haube geht sie heimlich als angebliche Madame Prédault zu Pontsablé, und im Nu erreicht sie von dem rasch für sie Entflammten die Ernennung »ihres Gatten« zum Polizeileutnant. Vor dem Anstellungsdekret, das der über die Wendung der Situation höchst erstaunte Gaston nun vorweisen

kann, kapituliert natürlich Suzannes Vater und verweigert dem Liebespaar seinen Segen nicht mehr. Mit den Favarts – als »Koch« und »Stubenmädchen« – reisen die glücklichen Brautleute nach Douai ab. – Bei einem Empfang, den sie bald darauf in ihrem Haus geben, erscheint überraschend auch Herr v. Pontsablé. Er hat den Auftrag, nach den Favarts zu forschen, deren Fluchtweg hierher zu weisen scheint. Selbstverständlich hält er auch jetzt Justine für Gastons Frau, so muß die Täuschung notgedrungen fortgesetzt werden. Das führt zu allerlei komischen Verwicklungen, zumal die neue Situation den vorübergehend ausgebooteten Ehepartnern Suzanne und Monsieur Favart vermeintliche Anlässe zur Eifersucht gibt. Schließlich kann Favart nicht länger verbergen, wer er ist, und folgerichtig hält Pontsablé nun Suzanne für Mme. Favart. Sogleich ordnet er die Abreise der Inkriminierten ins Feldlager des Marschalls von Sachsen an. Dort soll Favarts Schauspielertruppe eine Aufführung veranstalten; sogar der König hat sich zum Besuch der Vorstellung angesagt. Vergeblich bemüht sich Suzanne, Herrn v. Pontsablé aufzuklären, daß sie nicht Frau Favart sei. Justine aber, die inzwischen mit Gaston gleichfalls hier eingetroffen ist, erbittet sich jetzt eine Audienz beim König, erzählt ihm ihr unverschuldetes Mißgeschick und gewinnt rasch seine Gunst. Favart befindet sich indes in größter Verlegenheit: wie soll er ohne seine Frau eine gute Aufführung zustande bringen? Doch in letzter Minute erscheint sie als rettender Engel und betritt sogleich die Bühne. Entzückt genießt der König das Schauspiel und beruft das Künstlerpaar nach Paris. Der blamierte Pontsablé wird pensioniert.

Dieses Spätwerk Offenbachs wurde noch einmal ein Höhepunkt unter seinen Opéras-comiques. Das Libretto, mit historischen Ereignissen um den Dichterkomponisten Favart (1710–92) und seine Frau, die berühmte, geniale Sängerschauspielerin (1727–72), als Hintergrund, ist von großem Reiz durch seine Fülle wirkungsstarker heiterer Szenen mit allem Schabernack von lächerlichen Täuschungen und Verwechslungen, amüsant auch durch die Verspottung korrupten

Beamtentums. Für die Darstellerin der Titelrolle bietet das Stück besonders glänzende Entfaltungsmöglichkeiten; auch musikalisch ist die Partie sehr reizvoll ausgestattet. Französischer Volksliedton wird in dem Lied *Ich bin das kleine Leiermädchen* und im Weinberg-Chanson *Die Mutter sagte mir* spürbar. In ihrer Einfallsfrische, in der Feinheit der Figurenzeichnung, in der graziösen Rhythmik, in präzis geformten Couplets und interessant geprägten Rezitativen offenbart jede Szene die Eigenart und die Gestaltungskraft des Komponisten. – Mangels einer originalen Partitur mußte der musikalische Bearbeiter das Werk neu instrumentieren; es geschah mit Einfühlung in einer dem Klangstil Offenbachs gemäßen Form; auch die in der deutschen Neufassung gespielte Ouvertüre wurde von Conny Odd aus Melodien der Operette geformt.

Richard Genée

* 7. Februar 1823 in Danzig
† 15. Juni 1895 in Baden bei Wien

Der einzige norddeutsche Musiker im Bereich der älteren Wiener Operette ist vor allem als Librettist für andere Komponisten mit der Geschichte ihrer goldenen Ära verbunden. Vielfach in Gemeinschaft mit F. Zell (d. i. Camillo Walzel aus Magdeburg) hat er nicht nur für Suppé, Johann Strauß und Millöcker Textbücher geschrieben und damit verdienten Anteil am weltweiten Erfolg von Hauptwerken wie *Die Fledermaus*, *Boccaccio*, *Der Bettelstudent*, *Gasparone* u. a., sondern auch für C. M. Ziehrer, R. Dellinger, L. Roth, J. Hellmesberger, A. Czibulka, A. Müller und weitere damals mit Operetten hervortretende Komponisten. Auch trug er als Übersetzer zur Einbürgerung verschiedener Werke von Offenbach, Hervé, Lecocq, Audran und Sullivan bei. Doch hat Genée auch selbst Operetten komponiert und damit manchen ansehnlichen Erfolg errungen. Seit 1857 (*Der Geiger aus Tirol*) trat er mit Bühnenwerken hervor und erzielte später seine stärksten, dauerhaftesten Wirkungen mit *Der Seekadett* (1876) und *Nanon* (1877). Genée war der Sohn eines Sängers, der auch viele Jahre als Theaterdirektor in Danzig amtierte, studierte zuerst Medizin, dann – in Berlin – Musik und trat mit vierundzwanzig Jahren in seiner Heimatstadt die Kapellmeisterlaufbahn an, die ihn in den beiden folgenden Jahrzehnten nach Reval, Riga, Köln, Düsseldorf, Mainz, Schwerin, Amsterdam und Prag führte. Von Prag ging er schließlich 1868 nach Wien, wo er bis 1878 am Theater an der Wien wirkte; dann ließ er sich als Freischaffender in Preßbaum bei Wien nieder.

Nanon

(Die Wirtin zum »Goldenen Lamm«)

Operette in 3 Akten. Text von F. Zell (Camillo Walzel) und Richard Genée nach einem Lustspiel von Marie-Emmanuel-Guillaume Théaulon und Armand Dartois. Textliche und musikalische Bearbeitung von A. Treumann-Mette (1936). Uraufführung am 10. März 1877 im Theater an der Wien, Wien.

Personen: König Ludwig XIV. – Frau von Maintenon – Marquis d'Aubigné, ihr Neffe (Ten.) – Ninon de Lenclos (Alt) – Frau v. Frontenac – Gräfin Houlières – Marquis de Marsillac, Intendant des Kgl. Theaters (Ten.-Buffo) – Héctor, sein Neffe (Ten.-Buffo) – Nanon Patin, Wirtin zum »Goldenen Lamm« (Sopr.) – Abbé la Platre (Baß) – Fräulein v. Fulbert – Fräulein v. Armenoville – Gaston, Ninons Page – Mombardini, Tambourmajor – Pierre, ein Verwandter Nanons – Ein Kommissar – Ein Kutscher – Festgäste. Bediente. Soldaten.

Ort: In und bei Paris. 1. Akt: In Nanons Gasthof; 2. Akt: Bei Ninon de Lenclos; 3. Akt: Bei Frau v. Maintenon. Zeit: 1685.

1. bis 3. Akt. Die ländliche Gastwirtschaft der hübschen Nanon ist wegen des guten Weins, den man dort ausschenkt,

noch mehr aber durch den Charme der fröhlich-resoluten, tugendhaften jungen Wirtin berühmt. Heute, an ihrem Namenstag, finden sich viele Gäste ein, um sie zu feiern. Unter ihnen ist auch der Marquis de Marsillac mit seinem Neffen Héctor; der unerfahrene junge Mann soll sich hier ein wenig im Werben um Frauengunst üben. Natürlich benimmt sich Nanon abweisend, wie es ihre Art ist, auch fühlt sie sich ja gebunden: ihre Liebe gehört dem Tambour Grignon. Sie ahnt nicht, daß der in schlichter Tamboursuniform auftretende Mann in Wirklichkeit der Marquis d'Aubigné ist, ein mehr zu Liebeleien als zur Verschwendung tieferer Gefühle geneigter Herr. Halb entschlossen, die Verbindung mit Nanon, die ihm für sein leichtsinniges Trugspiel wohl doch zu schade ist, abzubrechen, erscheint d'Aubigné im Gasthof und bringt ihr mit einem selbsterdachten Minnelied ein besonders hübsches Ständchen. Die Freude darüber stärkt ihre Hoffnung, sich heute mit ihrem Erkorenen verloben zu können. D'Aubigné aber hält sich jetzt verborgen, denn er möchte von gewissen Leuten nicht erkannt werden – z. B. von Herrn v. Marsillac. Jetzt kommt gar noch eine ihm sehr bekannte und vertraute Dame: Ninon de Lenclos; sie will hier – inkognito – einmal mit dem Mädchen sprechen, das ihr den Freund d'Aubigné entfremdet hat. Ihr Gespräch mit Nanon endet für sie irreführend tröstlich, weil ihr die Wirtin von ihrer heute geplanten Verlobung mit einem Tambour erzählt. Zum Dank für diese Mitteilung verspricht sie Nanon Hilfe, falls sie einmal in Not sei. Nun wird das Verlobungsfest vorbereitet, und da kann sich der bedrängte d'Aubigné der unerwünschten Situation nur entziehen, indem er sich – nach heimlicher Verständigung mit einem ihm befreundeten Oberst – wegen angeblicher Übertretung des königlichen Duellverbots verhaften läßt. Die bestürzte Nanon beschließt, Ninon aufzusuchen und um Fürsprache für den »Tambour Grignon« zu bitten. – Am folgenden Abend zeigt sich d'Aubigné nach langem Fernsein wieder einmal bei einem festlichen Empfang im Salon Ninons. Auch ihr trägt er sein ursprünglich für Nanon bestimmtes Minnelied vor. Bald gerät er auch hier in eine unerwartet heikle Lage, denn plötzlich sieht er sich Nanon gegenüber, die inzwischen von Ninon das Versprechen erhielt, sich bei Frau v. Maintenon für den »Tambour« zu verwenden: die frappante Ähnlichkeit des höfischen Kavaliers mit ihrem »Verlobten« fällt ihr natürlich auf, doch d'Aubigné gibt sich nicht zu erkennen. Später provoziert er einen bedrohlichen Zusammenstoß mit Héctor de Marsillac, der sich, wie schon gestern im Gastof, seiner immer noch geliebten Nanon wieder verliebt genähert hat. Es kommt zu einem Duell, Héctor wird leicht verwundet; die herbeieilende Wache führt beide Kontrahenten ab. – Im Hause der frommen Frau v. Maintenon finden die Verwicklungen am nächsten Morgen ihre heiter-befriedigende Lösung. Zunächst streiten sich noch – ein komisches Intermezzo – die Herren d'Aubigné, Abbé La Platre und de Marsillac senior um die »Autorenrechte« an jenem Minnelied, das gestern schon der Marquis vor Ninon, heute der Abbé vor Frau v. Maintenon als eigenes Geistesprodukt hören ließ und ausgab. Bald erscheint Ninon mit Nanon, um wegen der Duellanten vorzusprechen. Alleingeblieben begegnet Nanon zuerst dem König, der ihr Gnade für ihren »Grignon« zusagt, dann dem Schwerenöter d'Aubigné, dessen Identität mit dem »Tambour« sie nun klar erkennt. So muß er Farbe bekennen und kann sich nur in kümmerliche Ausreden flüchten. Aber er denkt jetzt nicht mehr daran, die Geliebte aufzugeben: er will Nanon heiraten. Am Hof wird man schon dafür sorgen, daß sie Marquise und damit eine standesgemäße Braut wird.

Steht Genée als Komponist auch im Schatten bedeutenderer Operettenmeister seiner Zeit, so ist ihm mit *Nanon* doch ein Werk geglückt, das ihn als anziehend-begabten und fachkundigen Musiker ausweist. Den melodischen Hauptgedanken der auch sonst einfallsfrischen Operette um eine bezaubernde Landhofwirtin und, im Gegensatz zu ihr, zwei berühmte Maitressen der Zeit Ludwigs XIV. bildet das einst sehr populäre Minnelied *Anna, zu dir ist mein liebster Gang*, das auf charmante Art in verschiedenen Situationen humorvoll zur Geltung gebracht wird. Bemerkenswert ist der – nicht nur in den Finales des 1. und 2. Akts zutage tretende – Reichtum an vokalen Ensembles. Zu den besonders gelungenen Stücken gehören das Duett Nanon / Ninon im 1. Akt mit seinem Wechsel von Parlando und melodischem ausgeformtem Gesang, das anmutige Couplet Ninons *Treu blieb ich stets meiner Gewohnheit* und das kapriziöse Sextett in der Gesellschaftsszene des 2. Akts, *Überraschung zu verstecken, muß der Fächer alles decken.*

Hervé (Florimond Ronger)

* 30. Juni 1825 in Houdain bei Arras
† 3. November 1892 in Paris

Die Frühgeschichte der Operette ist aufs engste mit den Namen Offenbach und Hervé verbunden. Strenggenommen gebührt Hervé sogar vor dem genialen Offenbach der Titel des Begründers dieser witzigen, unterhaltlichen Kunstform, denn er begann als erster mit der Komposition kecker parodistischer Stückchen und ausgelassener Persiflagen der Effekte und inneren Schwächen des herrschenden Meyerbeerschen Opernstils. Hervé war zuerst Organist an der Kirche St-Eustache in Paris, wechselte aber früh zum Theater, anfangs als Sänger, dann auch als Kapellmeister, trat 1848 mit dem Intermezzo *Don Quichotte et Sancho Pansa* als Bühnenkomponist hervor und leitete 1854–56 ein eigenes Theaterchen am Boulevard du Temple, dem er den Namen »Les Folies Concertantes« (später »Les Folies Nouvelles«) gab. In den folgenden Jahren gastierte er u. a. in Marseille, Montpellier und Kairo. 1870/71 übernahm er Kapellmeisterposten an Londoner Theatern. Von seinen mehr als 80 burlesken Werken waren einst *Le petit Faust* (eine Parodie auf Gounods *Margarete*), *L'œil crevé*, *Le nouvel Aladin* und *König Chilperich* neben der aus seiner letzten Zeit stammenden *Mam'zelle Nitouche* berühmt und beliebt. Ende der 1880er Jahre schrieb er auch drei Ballette.

Mam'zelle Nitouche

Comédie-Opérette mit Gesang in 3 Akten. Text von Henri Meilhac und Albert Millaud. Deutscher Text von Richard Genée. Uraufführung am 26. Januar 1883 im Théâtre des Variétés, Paris. Deutschsprachige Erstaufführung am 19. April 1890 im Theater an der Wien, Wien.

PERSONEN: Major Graf v. Chateau-Gibus (Bar.) – Célestin (Buffo) – Fernand de Champlatreux (Ten.) – Loriot, Gustav, Robert, Offiziere – Denise de Flavigny (Soubr.) – Corinne – Die Oberin – Der Direktor – Schauspielerinnen. Soldaten. Pförtnerinnen. Regisseur.

ORT UND ZEIT: Eine französische Provinzstadt, Mitte des 19. Jahrhunderts.

1. Akt. Zimmer im »Schwalbenkloster«. Der junge Organist Célestin, Musiklehrer in diesem Institut für junge Mädchen, hat heimlich eine Operette geschrieben, die unter seinem Pseudonym Floridor heute abend zum ersten Male aufgeführt werden soll. Er hat auch eine heimliche Geliebte, die Sängerin Corinne. Wenn das alles die Frau Oberin wüßte! Erst gestern ist er bei Corinne mit knapper Not dem Zusammentreffen mit einem von deren Verehrern, dem Major Chateau-Gibus, einem Bruder der Oberin, ausgewichen. Ah, da kommt er gerade – er wird ihn doch nicht erkannt haben? Nein, er fragt ihn nur ahnungslos nach – Floridor. Im übrigen will er seine Schwester sprechen: Er berichtet ihr, daß ein Offizier seines Regiments, Fernand de Champlatreux, sich mit einem der ihr anvertrauten Mädchen, Denise de Flavigny, verheiraten soll. Die Oberin gibt die allerbeste Auskunft über diese Bravste und Frömmste unter den Zöglingen und entspricht auch der Bitte des Majors, den jungen Leuten eine Unterredung zu gewähren. Freilich nur unter einer Bedingung: sie dürfen sich dabei nicht sehen, und der künftige Bräutigam muß den Schein erwecken, ein alter Herr zu sein. Denise ist wirklich ein reizendes Geschöpf, aber ihre fromme Sanftmut ist nur Schein. Célestin erfährt während einer Musikstunde von ihr, daß sie von seiner Operette weiß, ja daß sie aus den heimlich entwendeten Partiturblättern bereits alle

Melodien der Hauptrolle auswendig gelernt hat. Zu gerne möchte sie bei der Uraufführung dabei sein. Ein Zufall kommt zu Hilfe. Nach der vereinbarten Unterredung zwischen Denise und Fernand erhält die Oberin einen Brief, in dem sie um die sofortige Heimsendung Denises ersucht wird. Scheinbar traurig nimmt sie Abschied. Célestin erhält den Auftrag, sie bei der Heimreise zu betreuen. Er hat Sorge, dadurch seine Premiere zu versäumen. Denise aber, die kleine *Nitouche* (d. i. Scheinheilige), freut sich, gerade heute dem Institut zu entkommen.

2. Akt. Im Foyer des Theaters. Soeben ist der 1. Akt von Célestin-Floridors Operette erfolgreich verklungen. Corinne, die Hauptdarstellerin, ist erregt über die Nachricht, man habe ihren Floridor mit einer jungen Dame in der Stadt gesehen. Célestin will sie besänftigen, da sieht ihn der Major voll Zorn zu ihren Füßen und läßt sich nur mühsam von Corinne beschwichtigen. Denise erscheint natürlich auch im Theater und begegnet hier Fernand, der von ihr entzückt ist und nicht ahnt, daß das Mädchen, das sich ihm als Mam'zelle Nitouche vorstellt, die ihm als Braut zugedachte Denise ist. Corinnes Eifersucht erwacht aufs neue, als sie, lauschend, hört, daß die junge Dame sich eine Schülerin Floridors nennt; nun weigert sie sich, ihre Rolle weiterzuspielen. Der verzweifelte Theaterdirektor folgt in der Not Fernands Rat, die Partie Mam'zelle Nitouche anzuvertrauen, und wirklich gelingt es ihr glänzend, die Aufführung zu retten. Nach der Vorstellung aber will sie eiligst mit Célestin die Heimreise antreten.

3. Akt. 1. Bild. In der Kaserne. Célestin und Denise, die das Theater fluchtartig durch ein Fenster verlassen haben, sind von einer Wache aufgegriffen und hierhergebracht worden. Von den Offizieren, die im Theater waren, erkannt, werden sie jedoch gleich zu einem festlichen Gelage eingeladen. Auch Fernand, der sich sterblich in Denise verliebt hat, kommt dazu, schließlich aber auch der Major, der wütend über die mißglückte Verfolgung Floridors ist. Um unerkannt zu bleiben, ziehen die beiden Flüchtigen Uniformen an. So glückt es ihnen, den Major irrezuführen, bis sie endlich aus der Kaserne verschwinden können. – 2. Bild. Wieder im

Schwalbenkloster. Denise ist mit Célestin zurückgekehrt. Durch geschickte Ausreden gelingt es ihr, die gutgläubige Oberin über den wahren Grund ihrer Rückkehr zu täuschen. Wieder taucht der Major auf, diesmal mit der Nachricht, daß Fernand von der Ehe mit Denise zurücktreten wolle, da er sich in eine Schauspielerin verliebt habe. Darauf bittet Denise, die nun begreift, wer der ihr bestimmte Bräutigam ist, um eine Unterredung mit Fernand, angeblich, um seine an eine Schauspielerin verlorene Seele zu retten. Wieder steht die spanische Wand zwischen ihr und dem Geliebten, dem sie sich jetzt durch die Beichte ihrer nächtlichen Streiche zu erkennen gibt. Gerührt, wie immer, sieht die Oberin das sich umarmende Paar. Auch Célestin und der Major, der schließlich alles durchschaut, lernen sich vertragen.

Von sehr guten Sänger-Schauspielern aufgeführt, vermag dieses amüsante Vaudeville auch heute noch zu bezaubern. Hervé verstand es, mit den einfachen, aber fein gebrauchten Kunstmitteln seiner immer graziösen, oft pikanten *Musiquette* die Figuren des Spiels treffend zu charakterisieren und die vielen lustigen Situationen wirksam zu steigern. Wie köstlich ist z. B. der Gegensatz zwischen Denises geheuchelter Frömmigkeit und ihrer wirklichen übermütigen Lebensstimmung musikalisch herausgearbeitet! Als besonders hübsche Nummern seien genannt: Denises *Alleluja*, ihr erstes Duett mit Célestin und ihr *Fanfaren-Liedchen.*

Johann Strauss

* 25. Oktober 1825 in Wien
† 3. Juni 1899 in Wien

An musikalischem Einfallsreichtum überragt der »Walzerkönig« zweifellos alle anderen Komponisten der Operettengeschichte. Mit seinen von blitzender Laune, hinreißendem

Temperament und liebenswürdigstem Charme erfüllten Tanzweisen hat dieser geniale Musiker dem durch Lanner volkstümlich gewordenen und von seinem Vater, Johann Strauß sen., schon erfolgreich über die Grenzen Österreichs hinausgetragenen Wiener Walzer Weltgeltung erobert. Als Operettenkomponist aber hat er in seinen vorzüglichsten Bühnenschöpfungen die wienerische Eigenform dieses Genres zum Siege geführt. Johann Strauß ist erst spät, nahe seinem 50. Lebensjahr, mit dem Theater in Berührung gekommen. Die ersten Jahrzehnte seines künstlerischen Wirkens gehörten, nachdem er sich gegen den Willen seines Vaters den Musikerberuf erkämpft und beim Wiener Domkapellmeister und Theaterkomponisten Joseph Drechsler Kompositionsunterricht genommen hatte, ausschließlich der reinen Tanzmusik. Am 13. Oktober 1844 erschien er zum ersten Male mit einer eigenen Kapelle vor dem Wiener Publikum. Fünf Jahre später übernahm er nach dem frühen Tod seines Vaters dessen berühmtes Ensemble, und in der nun folgenden Zeit machte er, überall stürmisch begrüßt, mit seinen Musikern viele ausgedehnte Konzertreisen, die ihn u. a. nach Berlin, Paris, Petersburg, London und auch in die Vereinigten Staaten führten. Trotz dieser anstrengenden Tätigkeit fand er Zeit zu reichstem eigenem Schaffen. Nahezu 500 Walzer, Polkas, Mazurken, Galopps und Quadrillen wies das Verzeichnis seiner Werke am Ende seines Lebens auf. 1871 begann er mit der Komposition von Operetten, fast widerwillig zuerst, aber angespornt von den Erfolgen Offenbachs und ermuntert von diesem selbst, von seiner Gattin, der Sängerin Jetty Treffz, und einigen Theaterleuten, die seine noch schlummernde Begabung für dieses Fach spürten. *Indigo und die vierzig Räuber* wurde der Erstling unter seinen Bühnenwerken. Daß dem hervorragend inspirierten Werk zu Strauß' Lebzeiten der Dauererfolg versagt blieb, lag einzig an dem unzulänglichen Libretto. Erst in der textlichen Neufassung von Stein und Lindau (1906) setzte sich die Operette unter dem Titel *1001 Nacht* durch. Das Jahr 1873 brachte als zweites Werk den *Karneval in Rom.* Absoluter Höhepunkt seines Schaffens für die Bühne wurde 1874 die

Fledermaus. Ihr folgten 1875 *Cagliostro in Wien*, 1877 *Prinz Methusalem* und 1878 *Blindekuh*. In den 1880er Jahren schrieb Strauß zunächst *Das Spitzentuch der Königin*, *Der lustige Krieg* und *Eine Nacht in Venedig*; dann erreichte er 1885 mit dem *Zigeunerbaron* den zweiten Gipfel seiner dramatischen Arbeiten. Die Operetten seiner letzten Lebensjahre waren *Simplicius* (1887), *Fürstin Ninetta* (1893), *Jabuka* (1894), *Waldmeister* (1895) und *Die Göttin der Vernunft* (1897). Mit geringerem Glück versuchte Strauß in jener Zeit, wie Offenbach am Ende seines Lebens, mit *Ritter Pazman* (1892) eine Oper zu schaffen. Sein letztes, nicht mehr von ihm selbst vollendetes Werk war *Wiener Blut*, das 1899 in Wien, wo alle seine Operetten uraufgeführt worden waren, herauskam. Von fremder Hand sind nach seinem Tod einige Operetten mit Strauß-Musik zusammengestellt worden, darunter *Casanova* (1928), *Die Tänzerin Fanny Elßler* (1934) und *Cleopatra* (1964).

Die Fledermaus

Operette in 3 Akten. Text von Carl Haffner und Richard Genée nach dem Vaudeville *Le Réveillon* von Henri Meilhac und Ludovic Halévy (1872), das auf die Komödie *Das Gefängnis* von Roderich Benedix (Berlin 1851) zurückgeht. Uraufführung am 5. April 1874 im Theater an der Wien, Wien.

Personen: Gabriel v. Eisenstein, Rentier (Ten.) – Rosalinde, seine Frau (Sopr.) – Frank, Gefängnisdirektor (Bar.) – Prinz Orlofsky (Mezzosopr.) – Alfred, Gesangslehrer (Ten.) – Dr. Falke, Notar (Bar.) – Dr. Blind, Advokat (Baß) – Adele, Kammermädchen Rosalindes (Sopr.) – Ida, ihre Schwester – Frosch, Gerichtsdiener (Kom.) – Gäste des Prinzen. Herren und Damen. Masken. Bediente.

Ort und Zeit: Ein Badeort in der Nähe einer großen Stadt, letztes Drittel des 19. Jahrhunderts.

1\. Akt. Zimmer im Hause Eisensteins. Vom Garten her hört man ein Liebeslied singen. Rosalinde erkennt den verführerischen Tenor ihres einstigen Gesangslehrers und Verehrers Alfred. Ihre Zofe Adele bittet um Ausgang, um eine kranke

Tante besuchen zu können – in Wirklichkeit will sie an einem Fest des Prinzen Orlofsky teilnehmen, zu dem sie von ihrer Schwester Ida brieflich eingeladen wurde. Rosalinde schlägt ihr aber die Bitte ab, denn sie will nicht allein bleiben; muß doch ihr Gatte heute eine Arreststrafe wegen Beleidigung einer Amtsperson antreten. Auch fürchtet sie für ihre Tugend, seit sie Alfred in der Nähe weiß. Da erscheint dieser schon selbst und nötigt ihr das Versprechen ab, ihn zu empfangen, sobald ihr Mann »brummt«. Wenige Minuten später kommt Eisenstein nach Hause, in zornigem Gespräch mit seinem Advokaten Blind, durch dessen Ungeschick die Strafe noch erhöht worden ist. Besser als Rosalinde gelingt es jetzt Eisensteins Freund Dr. Falke, den Verärgerten wieder aufzuheitern: er schlägt ihm heimlich vor, sich heute nacht noch mit ihm bei Orlofsky zu amüsieren und seine Strafe erst morgen früh anzutreten. Vergnügt erinnert sich Eisenstein eines anderen Ballfestes, bei dem er dem als Fledermaus maskierten Falke einen Streich gespielt hat, den dieser freilich nicht vergessen hat ... Mit Verwunderung sieht Rosalinde, wie sich ihr plötzlich heiter gestimmter Mann nun in Frack und Zylinder zu seinem Gang ins Gefängnis aufmacht. Mit heuchlerischer Rührung nehmen die Gatten voneinander Abschied. Adele hat inzwischen aus begreiflichen Gründen doch frei bekommen. Rosalinde empfängt nun den verliebten Alfred, der sich's sogleich in Eisensteins Schlafrock gemütlich macht und ihre Bedenken mit Wein und Gesang zerstreut. Mit der frohen Laune aber ist's vorbei, als plötzlich Gefängnisdirektor Frank erscheint, um Eisenstein persönlich abzuholen. Um Rosalindes Ehre zu retten, muß Alfred nun ganz anders, als er sich's gedacht, die Rolle ihres Gatten übernehmen und mit Frank ins Gefängnis abziehen.

2\. Akt. Gartensalon beim Prinzen Orlofsky. Dr. Falke verspricht dem blutjungen, aber schon recht blasierten Prinzen, daß er ihm heute noch viel Gelegenheit zum Lachen geben werde: *Rache einer Fledermaus* heiße das lustige Spiel, das er vorbereitet habe. Der »Held« dieses Scherzes ist Eisenstein, der hier als Marquis Renard auftritt. Die zweite

Hauptfigur ist Adele, die in einer Robe ihrer Gnädigen erscheint; sie ahnt nicht, daß sie Dr. Falke, nicht ihre Schwester Ida, herbestellt hat. Nun wird sie dem Prinzen als junge Künstlerin vorgestellt, und mit kecker Überlegenheit weist sie Eisensteins begründete Vermutung, sie sei ein Stubenmädchen, zurück. Als dritte Person in Falkes Rachespiel tritt Frank unter dem Namen Chevalier Chagrin in die Gesellschaft ein und freundet sich rasch mit dem vermeintlichen Marquis Renard an. Dr. Falke hat inzwischen Rosalinde wissen lassen, wo sich ihr angeblich im Gefängnis schmachtender Gatte in Wirklichkeit aufhält; nun kommt sie schon, mit einer Maske vor den Augen, und erregt bald die Aufmerksamkeit des abenteuerlustigen Eisenstein. In schlauer Weise versteht sie es, seine Taschenuhr, deren hübsches Läutwerk ihr Interesse zu wecken scheint, als Corpus delicti an sich zu bringen. Vor der Gesellschaft, die ungern ihre Maske respektiert, weist sie sich durch den Vortrag eines Csárdás als »ungarische Gräfin« aus. Als das allgemeine Gespräch auf das Thema *Fledermaus* kommt, erzählt Eisenstein, wie er damals den betrunkenen Dr. Falke in seinem Fledermauskostüm am Aschermittwochmorgen in einem Gehölz abgesetzt habe, so daß er unterm Gespött der Gassenjungen maskiert den Heimweg habe antreten müssen und seitdem überall als Dr. Fledermaus gehänselt worden sei. Über die Rache, die ihm Falke dafür androht, lacht er nur, nicht ahnend, daß er schon ihr Opfer ist. In seliger Champagnerstimmung verfliegen die Stunden des Festes, bis der Glockenschlag 6 Frank und Eisenstein zu eiligem Aufbruch mahnt.

3. Akt. Kanzlei des Gefängnisdirektors. Schwer bezecht landet Frank in seinem Amt, wo ihn der sliwowitzfrohe Gerichtsdiener Frosch empfängt. Er möchte gerne ein wenig ausruhen, aber schon melden sich Besuche: zuerst Adele, die ihm gesteht, wer sie wirklich ist, ihn bittet, sie für die Bühne ausbilden zu lassen, und sogleich Proben ihres Talents ablegt; dann Eisenstein, der zu seinem Staunen erfahren muß, daß der vermeintliche Chevalier Chagrin hier Gefängnisdirektor ist. Er möchte nun seinerseits beweisen, daß er nicht Marquis Renard, sondern Eisenstein sei, muß aber erfahren, daß

Frank selbst Herrn v. Eisenstein gestern hierhergebracht hat. Ein furchtbarer Verdacht regt sich in ihm. Um sich Gewißheit zu verschaffen, hüllt er sich in die Robe des inzwischen von Alfred herbestellten Advokaten Blind und beginnt seine gleichfalls hier eingetroffene Frau und Alfred zu verhören. In seiner Wut verrät er sich freilich bald, wird jedoch rasch kleinlaut, als ihm Rosalinde die Uhr vorweist, die sie ihm bei Orlofsky weggenommen hat. Er hat ihr also nichts vorzuwerfen. Immerhin möchte er gern, daß Alfred weiterhin an seiner Stelle die Arreststrafe absitzen soll, doch das geht natürlich nicht. Als sich schließlich die ganze Abendgesellschaft mit Orlofsky und Dr. Falke einfindet, lernt er endlich begreifen, daß er der *Rache der Fledermaus* zum Opfer fiel. Der Prinz, der sich köstlich amüsiert hat, verspricht Adele, sich als Kunstmäzen ihrer anzunehmen.

Gipfelpunkt der klassischen Operette; geniale Zusammenfassung aller bis dahin dieser Form dienstbar gemachten Ausdrucksmittel; sehr wienerisch, aber auch etwas pariserisch, vor allem aber Johann Straußisch vom ersten bis zum letzten Takt; verführerischer Ausgangs- und Anknüpfungspunkt für viele spätere Versuche, ein Ähnliches an Stimmungskraft und fröhlicher musikalisch-dramatischer Wirkung zu erreichen; ein Kunstwerk von hohen Graden dank der glänzenden, bruchlos gleichmäßigen Hochqualität der Erfindung und Gestaltung, aber auch im besten Sinne ein Unterhaltungsstück für jedermann: das alles ist *Die Fledermaus*! Schon die sprühende, schwungvolle Ouvertüre führt glücklichst in die von keiner Sentimentalität getrübte heitere Atmosphäre des ganzen Werks ein. Man müßte, um gerecht zu sein, eigentlich alle Stücke der Partitur hier anführen. Von Alfreds Lied *Täubchen, das entflattert ist* und Orlofskys Couplet mit dem Refrain *'s ist mal bei mir so Sitte*, von Rosalindes Csárdás und Adeles Ariette *Spiel ich die Unschuld vom Lande*, von dem komisch-ironischen Abschiedsterzett im ersten Akt (*O je, o je, wie rührt mich dies!*) und der köstlichen *Tik-Tak*-Schnellpolka des Duetts zwischen Rosalinde und Eisenstein (2. Akt), vom spöttisch-kecken Liedchen

Adeles *Mein Herr Marquis* und Alfreds Trinklied *Trinke, Liebchen, trinke schnell* mit dem Abgesang *Glücklich ist, wer vergißt* bis zu den hinreißenden Klängen des von Lebenslust überschäumenden 2. Akt-Finales mit dem Galopp *Im Feuerstrom der Reben*, mit dem feurigen großen Walzer und der *Brüderlein-und-Schwesterlein*-Weise – welche Fülle von köstlichen musikalischen Einfällen! Diese »wienerischste aller Wiener Operetten« fiel übrigens bei der von Strauß dirigierten Uraufführung im Theater an der Wien – mit der Prinzipalin des Hauses, Marie Geistinger, als Rosalinde – durch, und erst nach den Erfolgen des Stücks im »preußischen« Deutschland, in Berlin 1874, gewann es »zu Hause« die volle Gunst des Publikums.

Cagliostro in Wien

Operette in 3 Akten. Text von F. Zell (Camillo Walzel) und Richard Genée. Neue Textfassung von Gustav Quedenfeldt und musikalische Bearbeitung von Karl Tutein (1941). Uraufführung am 27. Februar 1875 in Wien.

Personen: Kaiserin Maria Theresia – Marie Luise, Infantin von Spanien – Baron Sebastian Schnucki, kaiserlicher Sittenkommissar – Graf Cagliostro – Lorenza, eine italienische Straßensängerin – Feri v. Lieven, Leutnant – Frau Adami – Annemarie, ihre Nichte – Teiglein, Konditor, Annemaries Vormund – Blasoni, Gehilfe des Grafen Cagliostro – Severin, Schaubudenbesitzer – Der Wirt der »Türkenschanze« – Der Hofmarschall – Beppo und Barberino, Gehilfen des Grafen Cagliostro – Hofherren und Hofdamen. Volk. Soldaten. Polizei.

Ort und Zeit: Wien, 1765.

1. bis 3. Akt. Das Gastspiel des Schwarzkünstlers Cagliostro in Wien erregt die Neugier aller Kreise. Vor seiner Schaubude beim Wirtshaus »Türkenschanze«, wo er allerlei »Wundertaten« sehen läßt, trifft man z. B. den kaiserlichen Sittenkommissar Baron Schnucki, der Cagliostros Auftreten mißtrauisch beobachtet, aber auch Bürgersleute wie Frau Adami und ihre Nichte Annemarie. Diese beiden sind aller-

dings vor allem mit ihren Eheplänen beschäftigt: die Tante will die Einlösung eines ihr vor Jahren von Baron Schnucki gegebenen Heiratsversprechens erreichen, die Nichte möchte bald die Frau des Leutnants Feri v. Lieven werden; doch diesem Liebesbund steht die Weigerung der Tante entgegen, für den jungen Offizier die erforderliche Kaution zu stellen. Während sich die Frauen mit Annemaries Vormund, dem Konditor Teiglein, besprechen, bemüht sich Cagliostro mit Hilfe seiner Geliebten Lorenza, den Baron Schnucki für sich zu stimmen. Schließlich glückt es ihm auch, sich durch ihn eine Audienz bei der Kaiserin zu erwirken. Dem Abenteurer ist es wichtig, sich bei Hof Eingang zu verschaffen, denn er hat den üblen geheimdiplomatischen Auftrag übernommen, im Interesse Frankreichs die bevorstehende Verlobung des Erzherzogs Leopold mit der spanischen Infantin Marie Luise zu hintertreiben. Wirklich gelingt es ihm, bei seinem Besuch im Schloß Schönbrunn, die Infantin zu sprechen und durch Hypnose so zu beeinflussen, daß sie an Maria Theresia schreibt, sie wolle von der geplanten Verlobung zurücktreten. Dieser Brief gelangt aber zunächst nicht zur Kaiserin, sondern in die Hände des Barons Schnucki und des Leutnants Feri, der sogleich eine Machenschaft Cagliostros wittert und den Übeltäter verhaften lassen will. Dem schlauen Grafen ist es jedoch inzwischen gelungen, die Kaiserin für sich zu interessieren. Er behauptet, den Stein der Weisen gefunden zu haben, kraft dessen er Gold in beliebiger Menge produzieren könne, und er veranlaßt sie, ihn in seinem »Laboratorium« aufzusuchen. Dort erweist sich gerade eine seiner Schwindeleien, ein Verjüngungstrank, als besonders lukrativ: Frau Adami zum Beispiel läßt sich da ihre erhoffte Entrunzelung 500 Golddukaten kosten. Dieses bare Geld ermöglicht es Cagliostro, die Kaiserin bei der Vorführung seines Experiments tatsächlich blankes Gold sehen zu lassen. Maria Theresia ist daraufhin so für ihn eingenommen, daß sie dem Leutnant Feri, der sie aufklären will, keinen Glauben schenkt und auch von der Vermutung, Cagliostro habe etwas mit dem Absagebrief der Infantin zu tun, nichts

Jacques Offenbach: Orpheus in der Unterwelt
Städtische Bühnen Nürnberg

Jacques Offenbach: Die schöne Helena
Brandenburger Theater

wissen will. Doch bald darauf findet sich der große Betrüger in die Enge getrieben: von Lorenza erfährt er, daß ihn sein Gehilfe Blasoni verlassen und die geheimen Aufzeichnungen über seine diplomatische Mission mitgenommen habe. Diese Dokumente hat sich Feri zu verschaffen gewußt; jetzt kann er der Kaiserin die Richtigkeit seines Verdachts beweisen. Sie läßt Cagliostro verhaften, verspricht ihm jedoch freien Abzug, wenn er die Infantin von dem noch immer auf ihr lastenden hypnotischen Bann befreie. Er gehorcht und nutzt die unerwartete gute Wendung seiner Lage schleunigst zur Abreise in einem Luftballon. Jetzt ist auch die Stunde glücklicher Entscheidungen für Feri, Annemarie und Frau Adami gekommen: Die Kaiserin hat von dem Eheversprechen Baron Schnuckis erfahren und dringt auf dessen Erfüllung; doch der Baron entgeht der Zwangsheirat, weil ein anderer, der Hofkonditor Teiglein, plötzlich Lust bekommen hat, die Adami zu nehmen; nun weigert sich die beglückte Tante nicht mehr, die Kaution für Feri zu stellen, so daß auch die jungen Leute den Bund fürs Leben schließen können.

Trotz eines rauschenden Premierenerfolgs – mit Alexander Girardi als Blasoni – hat *Cagliostro* in seiner Urgestalt keine dauernde Publikumsgunst gewinnen können. Schwächen des Textbuchs, aber auch die gegenüber anderen Straußschen Werken etwas blassere Musik trugen daran die Schuld. Dem ersteren Übel hat Quedenfeldt durch ein wirksames neues Libretto abgeholfen, das reich an dramatisch lebensvollen und auch an lustigen Szenen ist und viele dankbare Rollen enthält. Die Wirkung des musikalischen Gesamtbilds hat Karl Tutein, ein geschmackvoller, stilsicherer Bearbeiter, durch feine Anpassung der originalen Musik an diesen neuen Text gesteigert und, nicht zuletzt durch Einbeziehung von Melodien des *Kaiserwalzers*, um einige Glanzlichter bereichert.

Eine Nacht in Venedig

Operette in 3 Akten. Text von F. Zell (Camillo Walzel) und Richard Genée. Uraufführung am 3. Oktober 1883 im Neuen Friedrich-Wilhelmstädtischen Theater, Berlin. Erstaufführung am 9. Oktober 1883 in Wien.

Personen: Guido, Herzog von Urbino (Ten.) – Delacqua, Barbaruccio, Testaccio, Senatoren – Barbara, Delacquas Frau (Sängerin) – Agricola, Barbaruccios Frau – Constantia, Testaccios Frau – Annina, Fischerstochter, Barbaras Milchschwester (Soubr.) – Caramello, des Herzogs Leibbarbier (Buffo) – Pappacoda, Makkaronikoch – Ciboletta, Zofe bei Delacqua – Enrico Piselli, Seeoffizier, Delacquas Neffe – Centurio, Page des Herzogs – Kavaliere. Senatorenfrauen. Gäste. Musikanten. Diener. Gondolieri. Händler. Mädchen und Frauen aus dem Volk.

Ort und Zeit: Venedig, Mitte des 18. Jahrhunderts.

1. Akt. Platz am Canal Grande mit dem Hause Delacquas und dem Palazzo Urbino. Die bevorstehende Ankunft des Herzogs von Urbino versetzt die um ihre Frauen besorgten Senatoren in Aufregung. Sie beschließen, ihre Gattinnen nicht mit auf das Maskenfest zu nehmen, zu dem sie von dem als Frauenverführer bekannten Herzog eingeladen wurden. Delacqua plant sogar, seine Frau, Barbara, während der Faschingstage in ein Kloster nach Murano fortbringen zu lassen. Caramello aber, der Leibbarbier des Herzogs, der seinem Herrn schon oft die Wege zu Liebesabenteuern geebnet hat, spürt heute nach einer Gelegenheit, ihm Barbara zuzuführen. Dabei begegnet er nach langer Trennung seiner Geliebten Annina, die eine Milchschwester Barbaras ist, d. h. von der gleichen Amme genährt worden war. Als er von dem mit Delacquas Köchin vertrauten Makkaronikoch Pappacoda hört, daß Delacqua seine Frau mit einer Gondel nach Murano schicken will, plant er, selbst diese Gondel zu steuern, jedoch – zum Palast des Herzogs. Er ahnt nicht, daß Barbara längst etwas anderes vorhat: sie will mit ihrem Galan Enrico Piselli den Fasching genießen und beredet Annina, an ihrer Stelle die Gondel zu besteigen. Inzwischen begegnen die Senatoren

dem Herzog und erfahren, daß dieser die eben frei gewordene Stelle eines Verwalters seiner Güter dem geben werde, der sich seine Gunst zu gewinnen verstehe. Delacqua, dem dieser Posten sehr begehrenswert erscheint, beschließt, dem Herzog beim Maskenball seine Zofe Ciboletta an Stelle seiner Gattin vorzustellen. Im Glauben, seine Barbara in Sicherheit zu bringen, führt er dann selbst die verkleidete Annina zu der von Caramello gelenkten Gondel. Barbara aber entwischt dem Ahnungslosen am Arme Enricos.

2. Akt. Gemach im Palazzo Urbino. Zu spät erkennt Caramello, daß er statt Barbara seine Freundin Annina dem Herzog zugeführt hat. Nun muß sie ihre Rolle als Senatorsfrau schon weiterspielen! Sie tut es mit Geschick und weidet sich an der Eifersucht Caramellos, der sich immer wieder bemüht, ein Alleinsein des Paares zu verhindern. Delacqua stellt Ciboletta als seine Gattin vor. Von Annina aber erfährt der Herzog bald, daß dieses sich unmöglich benehmende Wesen nur Delacquas Zofe ist. Leider erfüllt Ciboletta Delacquas Hoffnungen in keiner Weise: statt den Herzog um den Verwalterposten zu bitten, ersucht sie ihn um eine Leibkoch-Stelle für ihren Pappacoda. Jetzt will Delacqua doch lieber seine wirkliche Frau aus Murano holen. Der Herzog soupiert nun mit Annina und Ciboletta. Caramello und Pappacoda servieren, um die Mädchen nicht aus den Augen zu verlieren. Enttäuscht, mit der vermeintlichen Barbara nicht allein sein zu können, bricht der Herzog schließlich mit der ganzen Festgesellschaft zum nächtlichen Karnevalstreiben am Markusplatz auf.

3. Akt. Auf dem Markusplatz. Argwöhnisch verfolgt Caramello den mit Annina lustwandelnden Herzog, hat aber doch auch Augen für die vielen schönen Frauen, die hier zu sehen sind. Jammernd drängt sich Delacqua durch das Gewühl auf der Suche nach Barbara. Diese, mit Enrico unterwegs, tauscht aus Angst vor Entdeckung mit Ciboletta den Domino und möchte nun, da sie erfährt, daß Annina sie gar nicht vertreten hat, doch selbst noch nach Murano fahren. Dann aber genügt ihr eine kecke Ausrede, um ihren Mann zu beruhigen: der Gondoliere habe sie falsch geführt und Enrico habe sie gerettet. Der Herzog, der inzwischen von Ciboletta und Pappacoda

darüber aufgeklärt worden ist, daß ihn Annina als Barbara getäuscht hat, erkennt, daß er diesmal Pech bei seinem erhofften Abenteuer gehabt hat. Da ihm jedoch Annina sehr gut gefällt, verzeiht er dem Schlingel Caramello und verleiht ihm sogar den Verwalterposten: denn so wird auch die hübsche Annina in seiner Nähe bleiben.

Das Libretto, als handlungsschwach und zu flach im Witz von jeher (aber allzuviel!) bemängelt, hat Strauß zu einer seiner einfallsreichsten Partituren inspiriert. Zweifellos wirkte das Atmosphärische des Buchs, die Vorstellungen: Italien, Sonne, Meer, venezianisches Volksleben usw., stark anregend auf seine Phantasie. Wenn auch Überarbeitungen des Buches (C. Hagemann 1918, E. W. Korngold 1931, G. Quedenfeldt und K. Tutein 1935, W. Felsenstein 1954) in verschiedener Weise die Lebensfähigkeit des Werks zu fördern trachteten, so hat es doch auch in seiner Originalgestalt genug erfolgssichere Eigenschaften – eben durch die unbeschwerte Heiterkeit seiner Grundstimmung und durch die damit in vollem Einklang stehende Musik, die in vielen Einzelheiten wahrhaft bezwingend ist und in den großen Ensemblesätzen (Verkäufertreiben im 1. Akt; Finale!) Opernform und -höhe erreicht. Zwei Melodien vor allem fallen den Musikfreunden ein, wenn sie an *Eine Nacht in Venedig* denken: das betörende, sehnsüchtige Lied Caramellos *Komm in die Gondel, mein Liebchen!* und der entzückende Lagunen-Walzer *Ach, wie so herrlich zu schaun sind all die reizenden Fraun.* Aber auch Stücke wie das Pappacoda-Couplet, das Walzerlied des Herzogs *Kommt, kommt, Ihr holden Frauen* oder die Quartette *Alle maskiert* und *Ninana, Ninana* gehören zu den Glanzpunkten des Werkes.

Der Zigeunerbaron

Operette in 3 Akten. Text von Ignaz Schnitzer nach der Erzählung *Saffi* von Mór Jókai. Uraufführung am 24. Oktober 1885 im Theater an der Wien, Wien.

Personen: Graf Peter Homonay (Bar.) – Conte Carnero, königlicher Kommissär – Sándor Barinkay, ein junger Emigrant (Ten.) – Kálmán Zsupán, ein reicher Schweinezüchter im Banat (Kom.) – Arsena, seine Tochter (Soubr.) – Mirabella, Erzieherin im Hause Zsupáns – Ottokar, ihr Sohn (Ten.-Buffo) – Czipra, Zigeunerin (Alt) – Saffi, Zigeunermädchen (Sopr.) – Der Bürgermeister von Wien – Zigeuner. Schiffsknechte. Soldaten. Pagen. Hofherren und Hofdamen. Ratsherren. Volk.

Ort und Zeit: Im Temeser Banat und in Wien, Mitte des 18. Jahrhunderts.

1. Akt. Moorige Flußlandschaft mit dem Wohnhaus Zsupáns und einer Zigeunerhütte. Im Hintergrund ein verfallenes Schloß. Hier, wo einst der alte Barinkay ein blühendes Besitztum hatte, hausen nun Zigeuner, und als Herr des Gebiets fühlt sich der reiche Schweinezüchter Zsupán. Nach dem letzten Türkenkrieg mußte der rechtmäßige Eigentümer wegen seines ihm nachgesagten Einverständnisses mit dem damals hier herrschenden Pascha ins Exil gehen. Heute aber wird dem Sohn des Verbannten, Sándor Barinkay, vom kgl. Kommissär Carnero im Zuge einer allgemeinen Amnestie sein ererbtes Eigentum zurückgegeben. Als Zeugen seiner Wiedereinsetzung zum Gutsherrn werden Zsupán und Czipra, eine alte Zigeunerin, die in ihm den Sohn des einstigen Gutsherrn erkennt, herbeigerufen. Zsupán ist wenig erfreut über die Neuigkeit, da er das Land ringsum schon als sein Eigentum empfand, beruhigt sich aber, als Barinkay ihn um die Hand seiner Tochter Arsena bittet: so können vielleicht alle Streitigkeiten vermieden werden. Arsena aber, die heimlich den Sohn ihrer Erzieherin Mirabella, Ottokar, liebt, weicht der raschen Werbung aus und verlangt hochmütig, ihr künftiger Gatte müsse mindestens Baron sein. Inzwischen hat Carnero in Mirabella seine seit der Schlacht von Belgrad im Jahre 1717 verschollene Gattin und in Ottokar den gemeinsamen Sohn erkannt. Barinkay weiß nicht recht, wo er sich nun aufhalten soll, und will in die Schloßruine gehen. Da hört er die schöne Saffi, die Ziehtochter der Czipra, ein Lied singen, das ihm noch von seiner Mutter her in Erinnerung ist. Saffi soll auf Czipras Geheiß Barinkay den Weg zeigen. Als sie

eben gehen wollen, wird er Zeuge eines abendlichen Stelldicheins zwischen Arsena und Ottokar. Zornig hört er, wie sie sich über ihn lustig machen. Da kommen gerade die Zigeuner vom Wochenmarkt zurück und huldigen ihm als ihrem Woiwoden. Barinkay klopft Zsupán und seine Leute noch einmal heraus, stellt sich ihnen als Baron der Zigeuner und Saffi als seine Braut vor und reizt mit dieser Verhöhnung alle zu großem Zorn.
2. Akt. Im Dorf der Zigeuner neben der Schloßruine. Barinkay hat hier die Nacht verbracht. Er versichert Saffi seiner herzlichen Liebe – es war ihm ernst, als er sie vor den Leuten gestern seine Braut nannte. Czipra mahnt ihn, nach dem alten Kriegsschatz zu suchen, der einst beim Heranrükken des Prinzen Eugen im Gemäuer versteckt worden sei. Von ihr und Saffi unterrichtet, findet er wirklich den Schatz, den sie nun entzückt bestaunen. Zsupán, der eine Wagenpanne gehabt hat, kommt mit Ottokar, Arsena und Carnero dazu; sie beneiden den glücklichen Finder. Carnero aber erinnert sich seines Amts als Sittenkommissär und macht Barinkay Vorhalte wegen seines Zusammenseins mit Saffi. Schelmisch bezeichnen die Liebenden Dompfaff, Nachtigall und Störche als ihre Trauungsbehörde. Neue Unruhe entsteht, als Graf Homonay erscheint und als Werber für den Kriegsdienst in Spanien an den Patriotismus der Männer appelliert. Wider Willen werden Zsupán und Ottokar durch versehentliches Trinken des Werbeweins verpflichtet. Barinkay opfert seinen gefundenen Schatz dem Vaterland. Als Saffi nochmals von Carnero wegen ihres Verstoßes gegen die Moral beschimpft wird, enthüllt Czipra durch ein Dokument das Geheimnis, daß Saffi kein Zigeunerkind ist, sondern die Tochter des letzten türkischen Paschas. Bestürzt glaubt Barinkay, er könne um dieses Fürstenkind nicht werben, und schließt sich trotz Saffis Klagen gleichfalls den Soldaten an.
3. Akt. Vor dem Kärntnertor in Wien. Der spanische Krieg ist glücklich beendet. Begeistert werden die heimkehrenden Truppen empfangen. Barinkay hat sich im Felde ausgezeichnet und empfängt als Lohn den Adelsbrief. Auch der Schatz

wird ihm zurückerstattet. Als köstlichste Gabe aber führt ihm Graf Homonay Saffi als Braut zu. Zsupán hat sich, so gut es gehen wollte, als Soldat vor allen gefährlichen Situationen gedrückt. Auf Barinkay, der ihm einmal das Leben rettete, ist er jetzt sehr gut zu sprechen. Darum willigt er auch ein, als dieser für Ottokar um die Hand Arsenas bittet. Unter so vielen Glücklichen bleibt nur der bisherige Sittenkommissär Carnero traurig: denn er wird pensioniert.

In zweijähriger Arbeit schuf der fast 60jährige Komponist das Werk, das nächst der *Fledermaus* sein größter Bühnenerfolg wurde. Seine heimliche Hoffnung, mit dem *Zigeunerbaron* den Weg zur Opernbühne zu finden, erfüllte sich nicht; erst 1910 öffneten die Operntheater in Dresden und Wien dem Stück ihre Pforten, das ja in der Tat den Charakter einer Spieloper trägt. Im übrigen hat es viele Bearbeitungen erfahren, zum Teil von Strauß selbst noch. Manche Peinlichkeit in der Glorifizierung habsburgisch-österreichischer Kriegssiege und einige allzu sentimentale »Drücker« oder musikdramatische Ungeschicklichkeiten wurden so ausgeschieden. Eine Neufassung von Otto Schneidereit (1952) versetzt das Geschehen in das 17. Jahrhundert, in die Zeit unmittelbar nach der Belagerung Wiens durch die Türken. Von der *nur* lustigen und witzigen Operette scheiden den *Zigeunerbaron* die stark gemütbetonten lyrischen Züge und die weithin romantisch-stimmungshafte Tönung der Musik. Dazu kommt eine eindrucksvolle, durch das Milieu der Handlung bedingte Betonung ungarischer Volksmusik-Elemente. Mit seinem ernsten, romantischen Einschlag, mit dem Motiv der *tragischen* Trennung des Liebespaares am Ende des 2. Akts vor allem, hat das Werk später stark auf manche – zur Sentimentalisierung des ganzen Genres neigende – Komponisten als Vorbild nachgewirkt. Daß es dem *Zigeunerbaron* übrigens keineswegs an jener erfrischenden Heiterkeit fehlt, die das Urelement Straußschen Wesens ist, davon zeugen Köstlichkeiten wie der Schatzwalzer *Ha, seht, es blinkt, es winkt, es klingt!*, das *Hochzeitskuchen-Tanzlied*, Barinkays Auftrittslied mit dem Walzerrefrain *Ja, das alles auf Ehr'* oder Zsupáns Couplet vom *Borstenvieh und Schweinespeck*. Von den lyrischen Stücken ist die schmelzende Weise *Wer uns getraut?* am bekanntesten geworden.

Wiener Blut

Operette in 3 Akten. Text von Victor Léon (Victor Hirschfeld) und Leo Stein (Leo Rosenstein). Nach den persönlichen Angaben von Johann Strauß für die Bühne bearbeitet von Adolf Müller jun. Uraufführung am 26. Oktober 1899 im Carl-Theater, Wien.

PERSONEN: Fürst Ypsheim-Gindelbach, Premierminister von Reuß-Schleiz-Greiz (Bar.) – Balduin, Graf Zedlau, Gesandter von Reuß-Schleiz-Greiz in Wien (Ten.) – Gabriele, seine Frau (Sopr.) – Graf Bitowski – Demoiselle Franziska Cagliari, Tänzerin am Kärntnertortheater (Soubr.) – Kagler, ihr Vater (Kom.) – Pepi Pleininger, Probiermamsell (Soubr.) – Josef, Kammerdiener des Grafen Zedlau (Buffo) – Ein Wirt. Ein Fiakerkutscher. Musikanten. Bediente. Wäschermädel. Soldaten.

ORT UND ZEIT: Wien, 1815.

1. Akt. Zimmer in der Villa des Grafen Zedlau. Der Graf hat seinen Sommersitz in Döbling seiner Geliebten, der Tänzerin Franziska Cagliari, eingeräumt. Obwohl jung verheiratet, lebt er von seiner Frau getrennt; bald nach der Hochzeit ist sie zu ihren Eltern zurückgekehrt; der flotten Wienerin behagte es wenig an der Seite ihres provinziell-steifen Gatten. Inzwischen ist aber aus dem Kleinstädter ein richtiger Lebemann geworden, der sich erst heute wieder in eine bildhübsche Probiermamsell verliebt hat. Seinem Kammerdiener Josef diktiert er ein Brieferl an die neue Flamme mit einer Einladung nach Hietzing. Josef ahnt nicht, daß es sich da um *seine* Braut Pepi handelt. Übrigens ist der Graf heute etwas in Unruhe: seine Frau ist nämlich wieder einmal in Wien, und er hatte schon die größte Mühe, sie von einem Besuch in der Villa abzuhalten. Nachdem er Franziska begrüßt und wegen seines Verweilens in der Stadt beruhigt hat,

eilt er gleich wieder fort. Pepi bringt ein neues Kostüm für die berühmte Tänzerin, die eigentlich gut bürgerlich Franzi Kagler heißt, und verabredet dann mit ihrem Josef ein Treffen in Hietzing. Überraschend erscheint jetzt Fürst Ypsheim, der Vorgesetzte des Grafen. Er begegnet zunächst Franzis Vater, dem Karussellbesitzer und Klarinettenbläser Kagler, der sich in der Meinung, der Graf werde seine Tochter heiraten, als Schwiegervater aufspielt und dem Fürsten durch seine Wiener Mundart manches Rätsel aufgibt. Franzi kommt hinzu; der Fürst glaubt, die Gräfin vor sich zu sehen, und macht sogleich unpassende Anspielungen auf das ihm bekannt gewordene Verhältnis des Grafen mit der Tänzerin. Empört verläßt Franzi das Zimmer. Jetzt erscheint die wirkliche Gräfin Zedlau: *sie* hält der Fürst nun für die Tänzerin und macht ihr Vorwürfe, daß sie es als Geliebte des Grafen wage, hierherzukommen. In diesem Augenblick kehrt der Graf zurück und findet sich in einer heillosen Situation. Heimlich bittet er den Fürsten, Franzi als seine eigene Gattin vorzustellen, worauf dieser, mißverstehend, sogleich die Gräfin als seine Frau ausgibt.

2. Akt. Festsaal im Palais des Grafen Bitowski. Aus den Wirrnissen am Morgen entstehen am Abend beim Ball des Grafen Bitowski neue Verwicklungen. Graf Zedlau versucht mit allerlei Ausreden, die beiden mißtrauischen Frauen zu besänftigen. Die Gräfin beginnt jetzt um ihren Gatten zu kämpfen, und auch Franzi möchte den Grafen nicht an eine neue Geliebte – denn dafür hält sie die Gräfin – verlieren. Er aber denkt nur an sein Rendezvous mit Pepi, die hier als Tänzerin im Ballett mitwirkt. Leider bittet ihn jedoch seine Frau und dann auch Franzi, sie nach Hietzing mitzunehmen. Mit Mühe entzieht er sich diesen Wünschen. Pepi zerkriegt sich mit ihrem Josef und beschließt aus Trotz, der Einladung des Grafen Folge zu leisten. Fürst Ypsheim trägt wieder sein Teil zu den Irrungen und Wirrungen des Abends bei: er hält Franzi weiterhin für die Gräfin und redet den alten Kagler auf, als »Schwiegervater« ein ernstes Wort mit der Geliebten des Grafen zu reden, worauf dieser der Gräfin grobe Vorhalte macht. Erst

von Pepi erfährt diese endlich, wer die Tänzerin Cagliari ist, und durch den Gastgeber hören nun die anderen, wer die echte Gräfin Zedlau ist.
3. Akt. Kasinogarten in Hietzing. Hier hofft der Graf auf ein verliebtes Zusammensein mit Pepi und führt sie in eine Laube. Aber aus der geplanten Liebelei wird nichts; bald erscheinen die von ihm »versetzten« Frauen: die Gräfin in Begleitung des Fürsten, Franzi mit Josef. Dieser möchte seinen Herrn warnen, findet aber seine Pepi in der Laube des Grafen! Großer Krach mit der vermeintlich Ungetreuen. Franzi hat den Grafen Zedlau innerlich schon aufgegeben und hilft jetzt der Gräfin, den ungetreuen Gatten wiederzugewinnen. Sie setzt sich in die Laube zu dem inzwischen eingeschlafenen Fürsten, während die Gräfin geschickt die Eifersucht ihres Gatten zu wecken weiß, der sehr erregt darüber ist, seine Frau hier, womöglich in Begleitung eines anderen Mannes, zu finden. Beschämt schwört er ihr, künftig treu zu sein. Auch Josef ist mit Pepi wieder gut, als ihm der Graf versichert, daß in der Laube nichts passiert sei. Den wieder erwachten Fürsten sehen sie vor Franzi knien, ihre Hände küssend. Und was war nun schuld an allem, was geschehen ist? – Das Wiener Blut!

Wenn auch kein Originalwerk mehr, so ist *Wiener Blut* doch, dank des geschickten Theaterpraktikers und Kapellmeisters Adolf Müller sehr glücklicher Bearbeiterhand, eine noch vollgültige, von fröhlichsten Wiener Tanzgeistern beschwingte Strauß-Operette. Die lustige Komödie der Irrungen, aus der besonders lebendig die Volkstypen Pepi, Josef und der alte Kagler hervortreten, erfreut bei jeder Aufführung aufs neue durch ihren Reichtum an herzhafter, zündender Musik. Wie köstlich die fesche Schnellpolka *Draust in Hietzing gibt's an Remasuri*, wie glänzend das 2. Finale mit seiner achtgliedrigen Walzerkette, wie bezaubernd all die anderen Dreivierteltakter *Du süßes Zuckertäuberl mein*, *Grüß dich Gott, du liebes Nesterl*, *Stoß an, stoß an, du Liebchen mein* und natürlich auch der Walzer *Wiener Blut, eigner Saft, voller Kraft, voller Glut.*

Die Tänzerin Fanny Elßler

Operette in 3 Akten. Text von Hans Adler. Musikalische Einrichtung von Bernard Grun und Oskar Stalla. Uraufführung am 22. Dezember 1934 in Berlin.

PERSONEN: Fürst Esterházy – Fanny Elßler (Sopr.) – Johann Elßler, ihr Vater – Baron Franz Fournier (Ten.) – Friedrich v. Gentz – Minna (Soubr.) – Dominik (Buffo) – Desirée – Der Herzog von Reichstadt – Aranka – Haushofmeister – Gäste und Diener bei Esterházy. Adelige Damen und Herren in Schönbrunn. Eine Zofe bei Fanny Elßler. Offiziere. Soldaten. Volk.

ORT UND ZEIT: Eisenstadt und Wien, Ende April und Mai 1831.

1. Akt. Halle im Schloß des Fürsten Esterházy. Zu Ehren der berühmten Tänzerin Fanny Elßler veranstaltet der Fürst ein glänzendes Fest. Vater Elßler, einst Josef Haydns treues Faktotum, kümmert sich hier um die Ordnung bei den auftretenden Musikern. Der junge Baron Fournier, ein Attaché des – gleichfalls anwesenden – Staatsmannes Friedrich v. Gentz, unterhält sich mit Elßler über Fanny: Er verehrt sie seit einer zufälligen kurzen Begegnung in der Kinderzeit. Von dem Kanzlisten Dominik, der mit Minna, der Berliner Zofe der Tänzerin, anbändelt, erfährt man einiges über die vielen Liebesabenteuer seines Chefs, des Herrn v. Gentz, der aus Berlin stammt. Endlich erscheint Fanny selbst, von allen umschwärmt. Auch der alte Fürst ist ganz entzückt von ihr und möchte ihr gerne helfen, Primaballerina in Wien zu werden. Das lockt sie sehr, doch sagt sie ihm auch, daß sie sich nie etwas vergeben würde, um vorwärtszukommen. Auch Gentz verspricht ihr, etwas für ihren Aufstieg zu tun – sollte er das aber ganz uneigennützig wollen? Fournier jedenfalls, dessen Annäherung sie mit besonderer Sympathie aufnimmt, warnt sie vor Gentz, der alle Menschen sich und seinen politischen Zielen dienstbar zu machen pflegt. Plötzlich verabschiedet sich Gentz von der Gesellschaft: Fanny verheißt er die baldige Ernennung zur Primaballerina, den alten Elßler ernennt er überraschenderweise zum Kaiserlichen Kammervirtuosen, den Baron Fournier zu Fannys Ehrenkavalier. Später kommt

Fournier noch einmal in ein vertrautes Gespräch mit Fanny: ihre Neigung füreinander wächst, ein Kuß besiegelt die Freundschaft.

2. Akt. Mittelhof des Schlosses Schönbrunn mit Durchblick auf den Park. Fanny fühlt sich überglücklich in Wien; Gentz hat ihr alle Wege geebnet, ein glänzender Vertrag bindet sie an die Hofoper. Fournier aber äußert neue Zweifel, daß man ihr ohne geheime Absichten so viel Gunst erweise. Da kommt Gentz selbst und erteilt Fournier den Auftrag, Fanny in unauffälliger Weise mit dem hier im Schlosse lebenden Sohn Napoleons, dem Herzog von Reichstadt, bekanntzumachen; denn dieser soll von seinen herrscherlichen Zukunftsträumen abgelenkt werden, und wer vermöchte das wohl besser als eine schöne junge Frau? Fournier ist bestürzt über die ihm zugedachte Aufgabe, veranlaßt aber Fanny doch zu einem Spaziergang in den Park, der die Begegnung mit dem Herzog herbeiführen soll. Ehe sie gehen, meldet sich aber die französische Patriotin Desirée bei Fanny, klärt sie auf, welche Rolle ihr – mit Fourniers Hilfe – beim Herzog zugedacht sei, und bittet sie, sich im Interesse Frankreichs nicht dazu herzugeben. Fanny glaubt sich von Fournier verraten und macht ihm erbitterte Vorwürfe. Erregt wendet sie sich an den hinzukommenden Gentz, der sie beruhigt, zugleich aber auch ihre Neugier auf den Sohn Napoleons zu reizen versteht. Bei dem nun beginnenden volkstümlichen Ballfest vor dem Schloß läßt sie sich dem Herzog vorstellen und fordert ihn freimütig zu einem Walzer mit ihr auf.

3. Akt. Kleiner Salon bei Fanny Elßler in Meidling bei Wien. Der Herzog hat Fanny einen Brief und Blumen geschickt. Vater Elßler ist die neue »Eroberung« seiner Tochter zu Kopf gestiegen: er schwelgt in unsinnigen Zukunftsträumen. Gentz meldet sich als Besucher. Fanny fühlt sich um eine Lebenserfahrung reicher: nun sieht sie ihr großes Ziel als Tänzerin wieder klar vor sich; an keinen Menschen will sie sich binden, der ganzen Welt will sie mit ihrer Kunst gehören! Im Gespräch mit ihr merkt Gentz bald, daß er als Diplomat diesmal verspielt hat; denn Fanny erzählt ihm, daß

sie den Herzog vor der gegen ihn gesponnenen Intrige gewarnt und ihm geraten habe, seinen höheren Zielen treu zu bleiben und sinnlose Liebesabenteuer zu meiden. Mit feinem fraulichem Ahnungsvermögen durchschaut sie jetzt das falsche Spiel des Herrn v. Gentz. Dieser verbirgt seine Enttäuschung, so gut es ihm gelingt; er sagt ihr nur noch, daß Fournier schon morgen als Attaché nach Petersburg abreisen werde. Fanny erbittet für den Geliebten, dessen Schuldlosigkeit sie erkennt, ein schöneres Reiseziel: Paris! Denn dahin wird sie selbst ja bald einmal kommen. Heute aber wird sie mit ihm in Sievering, beim Heurigen, Abschied feiern.

Die reizvollen Melodien des singspielhaft gestalteten Werks entstammen dem Nachlaß von Johann Strauß. Oskar Stalla hat sie im Auftrag der Familie des Komponisten geschickt und mit Geschmack dem wirkungsvollen Stück von Hans Adler eingeordnet und so der Nachwelt vertraut gemacht. Weltberühmt wurde aus der *Fanny-Elßler*-Musik das echt wienerische Walzerlied *Draußen in Sievering blüht schon der Flieder.* Aber auch Stücke wie der Duett-Walzer *Ja, mit der Liebe ist nicht zu spaßen* oder das – textstimmungsmäßig dem Hobellied in Raimunds *Verschwender* nahe – Couplet des alten Elßler *Ich spiel mein Stückel* gehören zu den besonders einprägsamen Nummern der Operette.

Josef Strauss

* 22. August 1827 in Wien
† 22. Juli 1870 in Wien

Josef Strauß hat selbst keine Operette komponiert. Daß es trotzdem Josef-Strauß-Operetten gibt, von denen sich allerdings nur *Frühlingsluft* behaupten konnte, ist das Werk von Bearbeitern, die mit diesen Arbeiten zweifellos berechtigte Publikumswünsche erfüllten. Was wir von Josef Strauß, der seinem Bruder Johann an ursprünglicher Begabung kaum nachstand, an eigenen Schöpfungen besitzen, sind 300 Tanzkompositionen, die er im Lauf von nur siebzehn Schaffensjahren schrieb. Er befaßte sich in der ersten Hälfte seines kurzen Lebens trotz seiner starken universellen künstlerischen Anlagen nur wenig mit Musik, wurde aus Neigung Techniker, wirkte erfolgreich als Chefingenieur einer Maschinenfabrik, als Baumeister und Architekturzeichner; nur widerwillig und notgedrungen fand er sich schließlich bereit, 1853 seinen Beruf zu wechseln, um seinen Bruder Johann als Dirigent der Straußschen Kapelle zu vertreten und zu unterstützen. Auch zum Komponieren entschloß er sich so schwer, daß er seine erst nach Überwindung großer Hemmungen komponierten ersten Walzer ironisch »Die Ersten und die Letzten« nannte. Dann aber begann mit einem Male der Quell der schöpferischen Phantasie zu strömen, und es entstanden neben köstlichen, oft auch »schubertisch schwermütigen« Mazurken und bezaubernden Polkas so hinreißende Walzerreihen wie *Dorfschwalben aus Österreich*, *Sphärenklänge*, *Delirienwalzer* und *Mein Lebenslauf ist Lieb und Lust*. In einem merkwürdigen Gegensatz zu der Heiterkeit und Weltfreudigkeit dieser Weisen stand das persönliche, verträumte und scheue Wesen ihres Schöpfers. Er war von zarter Gesundheit, und die übergroßen Anstrengungen, die das Leben als Konzertdirigent namentlich auf Reisen von ihm forderte, führten schließlich nach bedenklichen Krankheitsanfällen zu seinem überraschend frühen Tod.

Frühlingsluft

Operette in 3 Akten. Text von Karl Lindau und Julius Wilhelm. Textliche Neubearbeitung von Bruno Hardt-Warden. Musik nach Motiven von Josef Strauß zusammengestellt von Ernst Reiterer. Musikalische Neubearbeitung von August Pepöck (1942). Uraufführung am 9. Mai 1903 im Sommertheater »Venedig in Wien« im Prater, Wien.

PERSONEN: Dr. Gustav Landtmann (Ten.) – Emilie, seine Frau (Sängerin) – Vinzenz Knickebein, deren Vater (Kom.) – Apollonia, seine Frau (Alt) – Felix, Gymnasiast, Knickebeins Neffe – Berta, Backfisch, Apollonias Nichte – Baron v. Fallersee – Ida, seine Gattin (Soubr.) – Hanni, Dienstmädchen (Soubr.) – Fritz Hildebrandt (Buffo), Maier und Max, Schreiber bei Dr. Landtmann – Manuela Negrelli, Directrice einer Tanzgruppe – Dannhauser, der Wirt zum »Wilden Mann« – Wastl, Kellner.

ORT UND ZEIT: Wien, 1905.

1. Akt. In Dr. Landtmanns Kanzlei. Der elegante Wiener Anwalt Dr. Landtmann, Spezialist für Scheidungsfälle, hat seine besondere Freude am Heilen zerbrechender Ehen. Um dieses Ziel zu erreichen, spielt er oft bei seinen Klientinnen den Verliebten, um deren Männer eifersüchtig zu machen und so die Versöhnung der Gatten anzubahnen. Derlei kleine Liebeleien machen ihm Spaß, doch seiner hübschen Frau ist er treu. Heute muß er sich um den Fall des alten Barons v. Fallersee und seiner blutjungen Gattin Ida annehmen: Beide wünschen ihn als Rechtsbeistand. Landtmanns Frau, Emilie, die durch das etwas wechselvolle, bald kühle, bald zärtliche Benehmen ihres Mannes beunruhigt ist, hat ihre Eltern, Vinzenz und Apollonia Knickebein, nach Wien kommen lassen, um sich mit ihrer Mutter zu besprechen. Mama Apollonia verspricht ihr radikale Hilfe: hat sie doch auch schon ihrem eigenen Mann (so glaubt sie wenigstens!) durch ein besonderes Elixier alle Flausen vertrieben. Mit den Eltern, die ihre ineinander verliebten jungen Verwandten Berta und Felix mitgebracht haben, ist auch ein neues Dienstmädchen angekommen, die Hanni. Dieses muntere Geschöpf hofft in der Stadt sein Glück zu machen und probiert gleich heimlich Frau Landtmanns Pelzmantel und Hut, um sich auch einmal als richtige Dame zu fühlen. In dieser Verkleidung hält sie der Kanzleischreiber Hildebrandt für eine Klientin, die Gräfin Harbach, und sie läßt sich belustigt seine schmeichelnden Reden gefallen. Als sie aber später wieder als Dienstmädchen erscheint, zeigt er sich ebenso verliebt.
2. Akt. Salonartiger Gartenpavillon bei Landtmanns. Über Nacht ist es Frühling geworden. Kein Wunder, daß die milde

Lenzesluft die Männerherzen berauscht und verwirrt. Hildebrandt ist ganz vernarrt in Hanni, möchte aber auch gern seine Beziehung zu der vermeintlichen Gräfin Harbach weiterspinnen. Hanni, die ihm einen Denkzettel geben will, hat ihm als »Gräfin« eine Einladung zum Prater geschickt, und er läßt sich durch die orthographischen Fehler dieses Schreibens nicht in der Meinung beirren, er sei der Günstling dieser Dame. Frau Apollonia aber sammelt eifrig Verdachtsmomente gegen ihren Schwiegersohn: sehr bedenklich erscheint ihr seine allzu herzliche Besprechung mit der Baronin Ida Fallersee, die mit ihm ein Rendezvous vereinbart. Dr. Landtmann will aber nur wieder einmal in gewohnter Weise Liebe und Beruf verbinden! Nicht minder verdächtig dünkt der Schwiegermutter der Besuch der Tänzerin Manuela, die aber durch Landtmann nur eine Auftrittserlaubnis im Theater erwirken möchte. Am merkwürdigsten jedoch ist es, daß Landtmann seine Frau mit ihrer Mutter zur Erholung aufs Land schicken will! Hanni, von allen Männern umschwärmt, lernt das keineswegs erstorbene lebemännische Wesen des duckmäuserischen alten Knickebein kennen; sogar Manuela nähert er sich und versteht es, sie für einen Ausflug in den Prater zu gewinnen. Hildebrandt kommt durch seine Eifersucht und Hannis Fragen nach der »Gräfin« in arge Nöte.

3. Akt. Garten beim »Wilden Mann« im Prater. Hier treffen alle Beteiligten zusammen. Auch Baron Fallersee, schon eifersüchtig auf Landtmann, ist gekommen, um seine Frau zu beobachten. Hanni erscheint jetzt vor Hildebrandt wieder als Gräfin, belehrt ihn aber bald, indem sie sich zu erkennen gibt, handgreiflich über das Kapitel Treue. Apollonia hofft, Landtmann zu ertappen und ihm endlich ihr »nervenberuhigendes« Elixier eingeben zu können. Da wird sie durch den Anblick ihres um Manuela bemühten Mannes gründlich abgelenkt. Sogleich stellt sie die »Verführerin« zur Rede, die ihr jedoch ihre Unschuld beweist, indem sie Apollonia heimlich *ihren* Platz in der Laube neben Knickebein einnehmen läßt. Als Emilie ihren Gatten mit der Baronin tanzen sieht, sinkt sie ohnmächtig dem Baron in die Arme, und auch die

entsetzte Apollonia stürzt sich auf den alten Herrn. Diese Situation benützen Landtmann und Knickebein, um ihren Frauen Standpredigten zu halten und den Baron zu beschimpfen. Schließlich aber versöhnen sich alle, und Landtmann hat nun auch sein Berufsziel, die Versöhnung des Barons mit seiner Frau, erreicht.

Man sollte diese gelungene Nach-Josef-Strauß-Operette wegen ihrer Fülle reizvoller Tanz- und Gesangsweisen von eigenem Ton und Charakter immer wieder hervorholen, auch, um das Andenken an einen der ganz großen Meister der Wiener Musik wachzuhalten. Wir nennen als den vielleicht schönsten Melodiegedanken den prachtvoll weiträumigen, in einem Bogen von 16 Takten sich entfaltenden und aufschwingenden Walzer *Der Lenz ist nun erwacht.*

Charles Lecocq

* 3. Juni 1832 in Paris
† 24. Oktober 1918 in Paris

Alexandre Charles Lecocq, neben Offenbach, Hervé, Audran und André Messager der erfolgreichste französische Operettenkomponist, hat trotz großer Begabung, bedeutendem Können und außerordentlichem Fleiß lange auf den verdienten Erfolg warten müssen. Nach seiner Studienzeit am Conservatoire, wo er Preise für Orgelspiel und Fugenkomposition gewann, mußte er jahrelang als Klavierlehrer ein bescheidenes Dasein fristen. 1857 wurde er als Komponist durch die Operette *Le docteur Miracle*, die ihm einen von Offenbach gestifteten Preis (den zum andern Teil sein Mitschüler Georges Bizet gewann) eintrug, etwas bekannt. Den großen Erfolg errang er jedoch erst 1868 mit *La fleur de thé.* Von den fast 100 Operetten, die er geschrieben hat, gewannen weiterhin besonders *La fille de Madame Angot* (1872), *Gi-*

roflé-Girofla (1874), *Le petit duc* (1878), *Camargo* (1879) und *Le grand Casimir* (1879) die Gunst des Publikums. Lecocq war als Lehrer am Pariser Konservatorium tätig, besorgte u. a. die Neuausgabe von Rameaus Oper *Castor und Pollux* und bekannte stolz: »Auf meinem Klavier findet man stets Bach, Mendelssohn, Schumann und Wagner.«

Giroflé-Girofla

Operette in 3 Akten. Text von Albert Vanloo und Eugène Leterrier. Deutsche Neufassung von Erich Bormann. Uraufführung am 21. März 1874 im Théâtre Fantaisies-Parisiennes, Brüssel. Deutschsprachige Erstaufführung am 2. Januar 1875 im Carl-Theater, Wien.

PERSONEN: Don Boléro Alcarazas, Gouverneur einer kleinen französischen Kolonie – Aurora, seine Gattin – Giroflé und Girofla, ihre Töchter (gespielt und gesungen von *einer* Darstellerin) – Pedro und Paquita, in Boléros Diensten – Marasquin (Ten.) – Mourzouk (Ten.) – Ein Piratenhäuptling – Zwei Cousins der Familie Boléro – Admiral Matamoros – Dienerschaft. Hochzeitsgäste. Piraten. Araber im Gefolge Mourzouks.

ORT UND ZEIT: In einer kleinen französischen Kolonie in Afrika, Ende des 18. Jahrhunderts.

1. Akt. Offene Halle beim Gouverneur. Im Hause Don Boléros soll heute Doppelhochzeit gefeiert werden: der Gouverneur will seine Töchter, die einander täuschend ähnlichen Zwillingsschwestern Giroflé und Girofla, verehelichen. Marasquin, dem Sohn eines Bankiers, ist Giroflé zugedacht, Girofla aber soll den Araberhäuptling Mourzouk, der die Kolonie oft durch seine Einfälle bedroht, heiraten. Alles ist bereit – Boléro gibt seinen Töchtern nur noch, ungeschickt genug, gute Ratschläge für die Ehe. Schon erscheint Marasquin und fordert sofortigen Vollzug der Eheschließung, obwohl der zweite Bräutigam, Mourzouk, noch nicht da ist, ja voraussichtlich erst morgen kommen wird. Während nun Marasquin und Giroflé mit den Eltern zur Trauung

weggehen, schleicht sich eine Gruppe von Piraten ins Haus: diese unheimlichen Burschen rauben Girofla und den Diener Pedro, als die beiden eben der in die Kapelle vorausgegangenen Hochzeitsgesellschaft folgen wollen. Inzwischen ist Giroflé mit Marasquin vermählt worden. Entsetzt hören die zurückkommenden Eltern, was während ihrer Abwesenheit geschah. Don Boléro wendet sich sogleich an den Admiral Matamoros: er soll die Piraten verfolgen, bis Mourzouk eintrifft, wird Girofla hoffentlich wieder dasein! Aber nun kommt Mourzouk doch eher, als man ihn erwartet hat. Man verheimlicht ihm das Vorgefallene, sucht ihn zu vertrösten, doch der wilde Kerl läßt sich nicht beschwichtigen, sondern will augenblicklich Girofla heiraten. In der Not nutzt Mama Aurora die Ähnlichkeit ihrer Töchter: Giroflé bekommt statt ihrer eigenen blauen Kleidschleife die für Girofla bestimmte rosafarbene angeheftet und muß als Girofla dem Araber zur Trauung folgen.

2. Akt. Saal bei Boléro. Nur mit Mühe gelingt es beim Hochzeitsmahl, die vergeblich auf ihre Gattinnen wartenden jungen Ehemänner zu beruhigen. Um peinliche Situationen zu vermeiden, halten die Eltern Giroflé eingeschlossen. Bald muß ja Girofla befreit zurückkehren! Einstweilen erscheint aber nur Pedro wieder: er konnte den Seeräubern entfliehen, bringt jedoch die befremdliche Botschaft, daß Matamoros *vor* Aufnahme des Kampfes gegen die Piraten die hohe Belohnung haben wolle, die Don Boléro ihm für die Rettung Giroflas zugesagt hat. Was bleibt übrig, als dem geschäftstüchtigen Admiral nachzugeben! Giroflé wird es endlich zu dumm, ihren Hochzeitstag einsam in einer Kammer zu vertrauern. Sie wagt sich heimlich hervor, wird jedoch von zwei mutwilligen Vettern überrascht, die sich einen Spaß daraus machen, sie mit Wein zu berauschen. Angeheitert vergißt sie alle Vorsicht und steht schließlich Marasquin *und* Mourzouk gegenüber. Marasquin sieht in ihr mit Recht Giroflé, aber Mourzouk hält sie für seine Girofla. Noch einmal glückt es, die Entdeckung des Betrugs zu vermeiden. Die beiden Bräutigame gehen, in freudiger Erwartung ihrer Frauen, in ihre Zimmer. Giroflé folgt bald ihrem richtigen Gatten Marasquin, wäh-

rend Don Boléro den wilden Mourzouk in sein Gemach einschließt. Die Hoffnung auf eine Rückkehr Giroflas muß vorläufig begraben werden, denn der Admiral ist von den Piraten besiegt worden.
3. Akt. Offene Halle. Am nächsten Morgen. Mourzouk ist nachts natürlich aus seinem Zimmer ausgebrochen und hat das Haus zornig verlassen. Nun klären Boléro und Aurora den Schwiegersohn Marasquin über Giroflas Geschick auf und bitten ihn einzuwilligen, daß Giroflé noch einmal die Rolle ihrer Schwester spielt – es sei ja ganz unbedenklich, da Mourzouk noch diesen Morgen abreisen müsse. Ungern willigt das junge Paar ein, das Täuschungsspiel fortzusetzen. Schon taucht der gefürchtete Araber wieder auf. Er läßt sich einreden, daß seine Braut durch eine Unpäßlichkeit verhindert gewesen sei, am Hochzeitsabend zu ihm zu kommen, und ist gänzlich besänftigt, als ihm »Girofla« entgegentritt. Die Eile, mit der man ihn zur Abreise drängt, kommt ihm aber äußerst verdächtig vor. Er erzwingt sich ein Alleinsein mit »seiner Frau«. Marasquin bemüht sich, das Tête-à-tête zu stören, und Giroflé flüchtet vorübergehend in eine »Ohnmacht«. Schließlich hilft aber doch nur das Eingeständnis des wahren Sachverhalts, um Marasquins Ehe zu schützen. Der wütende Mourzouk gibt sich indes keineswegs zufrieden. Da erscheint im kritischsten Augenblick der nun doch noch siegreiche Admiral und mit ihm die befreite Girofla, die jetzt endlich ihrem Bräutigam vorgestellt werden kann.

Die gleichsam improvisatorische Leichtigkeit, mit der die feingliedrige, melodisch und rhythmisch charmante Musik gefügt ist, ist bezeichnend für die gefällige, echt französische Kunst Lecocqs. Im einzelnen liegt der Reiz des Werks in den vielen, abwechslungsreich erfundenen Couplets, z. B. Boléros *In mir sieht man den Vater* (*Pour un tendre père*) oder Giroflés *Banger als je naht Giroflé* (*Petit papa, c'est Girofla*), in Stücken wie dem spaßhaft-dramatischen Piratenchor und der Seeräuber-Ballade Paquitas, in den frischen, drängenden Ensembles (Trinklied!) und wirksam gebauten Finales des 1. und 2. Akts, in den graziösen Lyrismen der Duette zwischen Marasquin und Giroflé, nicht zuletzt aber auch in der prägnanten und amüsanten Charakterzeichnung der Hauptfiguren (Giroflé, Mourzouk).

Edmond Audran

* 12. April 1840 in Lyon
† 16. August 1901 in Bazincourt-sur-Epte (Eure)

Von den etwa vierzig Bühnenwerken Audrans ist heute nicht einmal mehr die zwei Jahre vor seinem Tod entstandene, reizvolle und deswegen früher vielgespielte Operette *La poupée* (*Die Puppe*) bekannt. Audran, der als Walzerkomponist für Paris das war, was Johann Strauß für Wien bedeutete, war der Sohn eines angesehenen Sängers und Gesangspädagogen, genoß seine Ausbildung an Louis Niedermeyers Kirchenmusik-Institut in Paris als Schüler von Camille Saint-Saëns und wirkte in seinen jüngeren Jahren als Kapellmeister und Organist an der Josephskirche in Marseille. Seine Laufbahn als Bühnenkomponist begann er 1877 mit *Le grand Mogol.* Von seinen späteren Schöpfungen errang er namentlich mit *La mascotte* (1880), *Gillette de Narbonne* (1882) und *Miss Helyett* (1890) starke, auch über die Grenzen Frankreichs hinausdringende Erfolge, die jedoch schließlich alle von dem seiner *Puppe* überstrahlt wurden. Außer Operetten komponierte Audran auch zwei komische Opern sowie – in seiner Frühzeit – verschiedene kirchliche Werke.

Die Puppe

La poupée

Operette in 3 Akten und einem Vorspiel. Text von Maurice Ordonneau und Albin Valabrègue. Deutsche Textfassung von Alfred Maria Willner (1899). Uraufführung am 21. Oktober 1896 im Théâtre de la Gaîté, Paris. Deutschsprachige Erstaufführung am 7. Januar 1895 im Central-Theater, Berlin.

PERSONEN: Maximius, Vorsteher eines Konvents (Baß) – Lancelot (Buffo), Aguelet, Balthasar, Benoist und Basilius, Mitglieder des Konvents – Baron Chanterelle – Loremois, sein Freund – Hilarius, Puppenfabrikant – Frau Hilarius, dessen Gattin – Alesia, beider Tochter (Soubr.) – Guduline, Gesellschafterin – Heinrich, Lehrling – Pierre und Jacques, Diener bei Chanterelle – Marie, Stubenmädchen.

ORT UND ZEIT: Eine französische Kleinstadt, 19. Jahrhundert.

Vorspiel. Hof eines alten, verfallenen Gebäudes. Die Klosterbrüder, die hier hausen, sind in arger wirtschaftlicher Bedrängnis: Die milden Gaben, die sie empfangen, reichen kaum mehr für ihren eigenen Unterhalt, geschweige denn für die Armen, die an die Pforte kommen. Bei den Konventualen lebt auch der junge, schüchterne Lancelot, ein Neffe des Barons Chanterelle. Er steht noch vor der Aufnahme in die klösterliche Gemeinschaft: Sein Onkel wird ihn enterben, wenn er ihr beitritt, will ihm aber 100 000 Francs schenken, falls er heiratet. In einer Zeitung, die als Einwikkelpapier für ein Almosen diente, findet einer der Brüder nun folgendes Inserat des Puppenfabrikanten Hilarius: »Glänzendes Anerbieten für Junggesellen, Witwer und Weiberfeinde. Weibliche Automaten, täuschend lebensähnlich, je nach Bestellung braun, blond oder schwarz, garantiert ohne Launen, jedes Alter vorrätig.« Diese Anzeige bringt den Vorsteher Maximius auf einen rettenden Gedanken: Lancelot soll eine solche Puppe erwerben, sie seinem Onkel als Braut vorstellen und heiraten. So wird er, ohne doch wirklich verheiratet zu sein, das Geld des Onkels bekommen und damit dem Konvent helfen können. Sogleich macht sich Lancelot in weltlicher Kleidung auf den Weg.
1. Akt. Im Atelier des Hilarius. Der genialische Puppenfabrikant hat soeben sein Meisterstück vollendet: eine Puppe, die seiner eigenen Tochter Alesia täuschend gleicht und, »aufgezogen«, wie ein lebendiges Mädchen sprechen, singen

und tanzen kann. Diesem Werk gilt die ganze Liebe des Hilarius, während er sich um seine wirkliche Tochter kaum mehr kümmert. Darüber ist Alesia so zornig, daß sie ihrer leblosen Doppelgängerin einen Arm ausreißt. Ehe der Vater den Schaden bemerkt, soll der kundige Lehrling Heinrich die Puppe reparieren. Nun erscheint Lancelot bei Hilarius, trägt seinen Wunsch vor, und bald wird es klar, daß für seine Absichten nur die Puppe »Alesia« in Frage kommen kann. Schon bringt sie der Lehrling. Weder der naive, ohnehin schon ganz verwirrte Lancelot noch Hilarius, dem man vorsichtshalber die Augengläser weggeräumt hat, merkt, daß es die wirkliche Alesia ist, die nun anstelle des defekten Automaten die Puppe vorstellt. Sie spielt ihre Rolle ausgezeichnet. Lancelot bedauert im stillen, daß das schöne Wesen, das da vor ihm tanzt und von Liebe singt, nicht lebendig ist. Nun läßt er sich die vermeintliche Puppe einpacken, um gleich damit vor seinem Onkel zu erscheinen. Frau Hilarius, die in das seltsame Betrugsspiel eingeweiht ist, läßt sich's nicht nehmen, als »Schwiegermutter« mitzugehen.

2. Akt. Salon in der Villa des Barons Chanterelle. Schon sind die Gäste zur Hochzeit versammelt. Auch Hilarius ist gekommen, um die täuschende Wirkung seiner »Puppe« mitzuerleben. Alesia aber, die in Gegenwart Lancelots und ihres Vaters treulich die Rolle der Puppe weiterspielt, weiß sich, als sie mit dem Baron und dessen Freund Loremois allein ist, rasch die Gunst der alten Herren zu erringen. Sie freut sich schon, Lancelot als Mann zu gewinnen, wenn sie auch besorgt darüber nachdenkt, wie er wohl die Nachricht über die »Puppe« aufnehmen wird. Bei der Trauung wundern sich alle, wie steif und geziert sich die eben noch so natürlich erscheinende Braut benimmt. Lancelot ahnt nicht, daß er nun tatsächlich verheiratet ist, und freut sich über das glücklich erlangte feudale Hochzeitsgeschenk seines Onkels. Der vor Erfinderstolz blinde und närrische Hilarius aber erfährt jetzt endlich von seiner Frau, daß er seine Tochter für eine Puppe gehalten hat.

3. Akt. Korridor im Haus des Konvents mit Blick in Lancelots Zimmer. Besorgt erwarten die Brüder Lancelots Rückkehr. Da kommt der schon verloren Geglaubte endlich heim

und übergibt dem Vorsteher das durch seine Verheiratung gewonnene Geld. Er hat aber auch die »Puppe« mitgebracht. Es glückt Alesia, auch die Konventualen über ihre wahre Natur zu täuschen, und trotz einiger Bedenken gestattet man Lancelot, die »Puppe« in seinem Zimmer aufzubewahren. Lancelot legt sich schlafen. Dem Eingeschlummerten gibt Alesia einen Kuß; dann setzt sie sich an den Tisch, um ihn durch einen Brief endlich aufzuklären. Da erwacht er und erkennt beglückt, daß seine Puppenfrau ein lebendiges Wesen ist. Der Vorsteher des Konvents muß sich jetzt allerdings damit abfinden, daß Lancelot für den Konvent verloren ist.

Anmut, liebenswürdige Gefälligkeit, drolliger Humor und ein wenig weiche Empfindsamkeit kennzeichnen das von einigen reizenden melodischen Gedanken getragene singspielhafte Werk. Der berühmte, einschmeichelnde Gesangswalzer in F-Dur *Ihm, nur ihm öffnet heiß sich die Seele* bildet den musikalischen Höhepunkt des 2. Akts. Kaum minder hübsch aber ist die tänzerische Musik zur ersten Puppenszene der Alesia: *Ich kann tanzen, singen, plaudern* – ein von anderen Tanzformen unterbrochener Walzer, dessen stockende, nur zögernd in laufende Bewegung kommende Melodie das automatenhafte Spiel der Puppe verdeutlicht. Ein beliebtes Stück aus dieser Operette ist auch das Lied des Maximius *Ja Zufriedenheit, fromme Heiterkeit sind die goldnen Sterne der Lebenszeit.*

Karl Millöcker

* 29. April 1842 in Wien
† 31. Dezember 1899 in Baden bei Wien

Karl Millöcker, der jüngste der drei Großmeister der klassischen Wiener Operette, sollte ursprünglich das von seinem Vater betriebene Goldschmiedehandwerk erlernen. In ihm regte sich aber schon in früher Jugendzeit eine starke musikalische Begabung. So bildete er sich am Wiener Konservatorium zunächst als Flötist aus, betrieb auch theoretische Studien und erlangte bereits als Sechzehnjähriger eine Stelle im Orchester des Theaters in der Josefstadt. Sein Talent erregte die Aufmerksamkeit Franz von Suppés; er nahm sich Millökkers an und vermittelte ihm 1864 seinen ersten Kapellmeisterposten am Grazer Landestheater. Damals schrieb Millökker bereits kleine eigene Kompositionen für die Bühne. Zwei Jahre später kam er an das Wiener »Harmonietheater«, wo er die Bekanntschaft des dort als Schauspieler wirkenden Dichters Ludwig Anzengruber machte und zu einigen von dessen volkstümlichen Stücken die Musik verfaßte. Auch entstand damals seine erste einaktige Operette *Die keusche Diana*. Wie hier folgte er auch in seinem nächsten Stück *Die Fraueninsel*, das 1868 am deutschen Theater in Budapest herauskam, wo er kurze Zeit Dirigent war, den Spuren Offenbachs. Von 1869 bis 1883 war Millöcker Kapellmeister des Theaters an der Wien. In diesem Zeitraum vollzog sich sein Aufstieg vom geschickten Verfasser liebenswürdiger Begleitmusiken für Volksstücke und Lokalpossen zum Meister der großen Operette. War er auch schon 1871 durch seine Musik zu dem Lebensbild *Drei Paar Schuhe* über die Grenzen seiner engeren Heimat hinaus bekannt geworden, so begann doch die Glanzzeit seines Schaffens und Ansehens erst 1878 mit dem *Verwunschenen Schloß*. Geringer war der Erfolg der drei nächsten Werke *Die Dubarry* (1879), *Apajune, der Wassermann* (1880) und *Die Jungfrau von Belleville*. Den Gipfel seines gesamten Lebenswerkes erreichte der Vierzigjährige 1882 mit der Meisteroperette *Der Bettelstudent*. In seinen beiden nächsten Werken, *Gasparone* und *Der Feldprediger* – sie erschienen 1884 –, wußte Millöcker die Höhe der gewonnenen Meisterschaft zu halten, dann aber machte sich allmählich ein Nachlassen der schöpferischen Kräfte bemerkbar. Außer den genannten schrieb er noch die Operetten *Der Vizeadmiral* (1886), *Die sieben Schwaben* (1887), *Der arme Jonathan* (1890), *Das Sonntagskind* (1892), *Der Probekuß* (1894) und *Das Nordlicht* (1896).

Das verwunschene Schloß

Operette in 5 Bildern. Text von Alois Berla. Uraufführung am 23. März 1878 im Theater an der Wien, Wien.

PERSONEN: Graf v. Geiersburg – Coralie (Sopr.) – Großlechner, ein reicher Bauer – Mirzl, seine Tochter (Sopr.) – Simon, Kreuzwirt – Seppl (Ten.) – Andredl (Buffo) – Die alte Traudel – Regerl, ihre Mahm [Enkelin] – Lamotte, Haushofmeister des Grafen – Freunde des Grafen. Freundinnen Coraliens. Bauern. Jäger.

ORT UND ZEIT: Tirol, Ende des 18. Jahrhunderts.

1. bis 5. Bild. Graf v. Geiersburg, vor vielen Jahren wegen eines Duells aus dem Land verwiesen, ist heimlich auf sein Schloß in Tirol zurückgekehrt und lebt dort mit seinen Freunden in Saus und Braus. Die Bauern des nahe gelegenen Dorfes aber meinen, es spuke in der Geiersburg, wenn sie hinter den beleuchteten Fenstern des Schlosses allerlei Gestalten sich bewegen sehen. Nur einer glaubt nicht an Gespenster: der Sepp, der beim Großlechner als Senne im Dienst steht und mit dessen Tochter Mirzl verlobt ist. Den Freunden des Grafen aber ist der Aberglaube der Bauern ganz recht, und der Haushofmeister Lamotte redet darum – aber auch, als abgeblitzter Verehrer der Mirzl, aus Eifersucht – den Großlechner gegen den »Freigeist« Sepp so auf, daß der Bauer den treuen Knecht aus dem Dienst jagt. Traurig-trotzig verläßt der Sepp das Dorf. Nur sein Geißbub, der Andredl, folgt ihm. – Mit ihrer Enkelin, dem Regerl, haust die alte Traudel im tiefen Wald. Sie gilt als Hexe, weil sie allerlei Wundertränke zu bereiten versteht. Heute muß sie noch zur Nachtzeit fort, und Regerl soll das Haus hüten. Kaum ist das Mädel allein, klopfen der Sepp und der Andredl an und bitten um Nachtquartier. Das Regerl aber weist die beiden fort und rät ihnen, auf dem Schloß zu übernachten. Da kriegt der Andredl gewaltig Angst, denn eben sieht man dort droben wieder tanzende Figuren hinter den Scheiben, und der Wind trägt Klänge einer »Geistermusik« zu ihnen her. Doch der Sepp entschließt sich beherzt zum Aufstieg auf den Geierstein, und da geht der Andredl halt

mit. – Droben feiert der Graf wieder einmal fröhlich mit seinen Gästen; ein Bacchanale soll den Abend krönen. Nur *ein* Wermutstropfen ist in seinem Freudenbecher: der dringliche Wunsch seiner Freundin, der Sängerin Coralie, von ihm geheiratet zu werden; denn er will frei bleiben. Während die Gesellschaft zum Souper geht, steigen Sepp und Andredl durch ein Fenster ins Schloß ein. Der erste Mensch, der den Staunenden begegnet, ist Coralie. Andredl hält sie für ein Gespenst; der Sepp aber verliebt sich gleich in die reizende junge Dame. Coralie findet es sehr amüsant, für einen Geist zu gelten, und erzählt den Burschen die Geschichte ihrer »Verwünschung«; nur durch Küsse könnten die Frauen im Schlosse erlöst werden! Jetzt faßt auch der Andredl Mut und küßt alle in den Saal zurückkommenden Damen, um sie zu »erlösen«. Nur durch Coraliens Dazwischentreten läßt sich der Graf abhalten, die unerwünschten bäuerlichen Gäste hinauszuwerfen. Bald beginnt das Bacchusfest, zu dem auch Sepp und Andredl mit einem Heimatlied eindrucksvoll beitragen. Um noch einen besonderen Spaß mit den beiden zu haben, läßt der Graf plötzlich die Lichter löschen. Das jähe Dunkel versetzt die schon vom Anblick und Gejohle der als Satyrn und Bacchantinnen verkleideten Festteilnehmer verwirrten Burschen in argen Schrecken. – Während der Sepp noch im Schlosse zurückgehalten wird, liegt Andredl, den man noch in der Nacht ohnmächtig zu Tal gebracht hat, jetzt am Morgen auf der Ofenbank in der Hütte der alten Traudel. Als er erwacht, sagt ihm Regerl, daß alles, was er erlebt habe, nur ein Traum gewesen sei. Zu dieser Lüge hat sie der Haushofmeister Lamotte angestiftet, der auch die alte Traudel dazu bestimmt, der Mirzl weiszumachen, ihr Sepp habe sich im Schlosse dem Teufel verschrieben. Mit Andredls Gespensterfurcht aber ist es jetzt bald vorbei: er belauscht das Gespräch der Traudel mit Lamotte und eine Unterhaltung des vorüberkommenden Grafen mit seinen Freunden. Nun durchschaut er den Schwindel mit dem »verwunschenen Schloß« und will der um den Sepp besorgten Mirzl gerne helfen, den Geliebten zu finden. – Über die Mauer des Schlosses steigt er mit ihr in den Garten ein und macht sich auf die

Suche. Vorläufig haben sie dabei kein Glück: Schon kommt Lamotte und will sie gewaltsam entfernen lassen – da stürmen die Bauern des Dorfes das Tor: sie wollen unter der Führung des Großlechner die Gespenster austreiben und die verschwundene Mirzl befreien. Der Graf, der sich ihnen jetzt zu erkennen gibt, sucht sie zu beschwichtigen, kommt aber plötzlich selbst in eine peinliche Lage: die Obrigkeit ist seiner unerlaubten Anwesenheit auf die Spur gekommen und droht mit Verhaftung. Davor rettet ihn nur die Bereitschaft zur Ehe mit Coralie, die seine Begnadigung erwirken kann. Mirzl schließt den wiedergefundenen Sepp beglückt in ihre Arme. Das Regerl wird Andredls Liebste.

Die Bindung Millöckers an das österreichische Volksstück wird in diesem Werk besonders deutlich. Für die lustig gezeichneten Tiroler Bauern hat er den bezeichnenden, bald drastisch-fröhlichen, bald gemütbetonten Stimmungsklang gefunden; besonders typisch dafür ist das einst populäre Lied Sepps und Andredls *O du himmelblauer See.* Geschickt kontrastiert der Komponist zu diesem ländlichen Volkston die städtische musikalische Sphäre der Schloßgesellschaft. Hübsch, wie im Finale des 2. Akts diese Gesellschaft sich auch musikalisch vom urwüchsigen, naiven Wesen der unverhofften bäuerlichen Gäste anstecken läßt. Gut ist Millökker auch die Zeichnung des Geisterhaften gelungen, z. B. in Mirzls Ballade vom verwunschenen Schloß, wo wirksam einige bewährte harmonische und instrumentale Ausdrucksmittel der romantischen Oper leicht parodistisch genutzt erscheinen. Zum Reizvollsten des gehaltreichen Werks, dessen sich die Bühnen doch manchmal erinnern sollten, gehört Andredls Traumszene im 3. Akt mit ihren dramatisch begründeten musikalischen Reminiszenzen aus der Musik der ersten Aufzüge sowie die Szene, in der sich Mirzl, der es bei der Ankunft auf dem Schloß so unheimlich zumute wird, durch das Erklingen des fernen Vesperglöckchens im Heimattal getröstet fühlt. Millöcker hat die Operette seinem ersten Darsteller des »dalkatn Buam« Andredl, Alexander Girardi, gewidmet.

Die Dubarry
(Die Gräfin Dubarry / Madame Dubarry)

Operette in 9 Bildern. Text von F. Zell (Camillo Walzel) und Richard Genée. Textliche Neufassung von Hans Martin Cremer nach P. Knepler und J. M. Welleminsky, musikalische Bearbeitung von Theo Mackeben (1938). Uraufführung am 31. Oktober 1879 im Theater an der Wien, Wien.

PERSONEN: König Ludwig XV. – Herzog v. Choiseul, Ministerpräsident – Prinz v. Soubise – Herzog v. Lauzun – Radix v. Saint Foix – Baron Chamard Marquis de Brissac (Buffo) – Die Marschallin von Luxembourg – Graf Dubarry – Marie Jeanne Beçu (Sängerin) – Margot (Soubr.) und Lucille, ihre Freundinnen – René Lavallery, Maler (Ten.) – Pierre, sein Freund – Die Schwestern Verrières – Madame Labille, Inhaberin eines Putzmachersalons – Lebell, Leibdiener des Königs – Damen und Herren. Zofen und Diener. Putzmacherinnen. Pariser Volk.

ORT UND ZEIT: Paris, unter der Regierung Ludwigs XV.

1. Bild. Im Putzmachersalon der Madame Labille. Marquis de Brissac erscheint als Kunde und findet Gefallen an der kleinen Margot, die er mit ihren Freundinnen zum Ausgehen einlädt. Marie Jeanne Beçu, die hier gleichfalls tätig ist, kommt sehr verspätet von einem geschäftlichen Ausgang zurück: sie hat unterwegs den Maler René Lavallery kennengelernt und sich bei dieser Begegnung die ihr anvertrauten neuen Hüte stehlen lassen. Nun soll sie nach Feierabend noch weiterarbeiten. Als aber alle fort sind, springt sie durchs Fenster davon.
2. Bild. Ein Vergnügungsplatz vor Paris. Unter den Spaziergängern tritt Graf Dubarry hervor, der dem Herzog v. Lauzun klarmacht, daß aus politischen Gründen nicht die Schwester des Ministerpräsidenten Choiseul, sondern eine andere Frau die Nachfolge der gealterten Pompadour als Maitresse des Königs antreten müsse. Jeanne findet hier René Lavallery wieder – stürmisch bekennen sie einander ihre Liebe. Dubarry erblickt Jeanne von ferne und ist von ihrer Anmut gefesselt.

3. Bild. Im Atelier Renés. René ist glücklich in seiner Liebe zu Jeanne und glaubt an die ewige Dauer seines Bundes mit ihr. Durch Jeannes Putzsucht sind die beiden aber in Geldverlegenheit geraten. Margot kommt zu Besuch; ihr geht es besser – sie ist jetzt die Geliebte des reichen Brissac. Während René eine Besorgung macht, erscheint Graf Dubarry im Atelier. Er will das eben vollendete Bildnis Jeannes kaufen und reizt raffiniert und unverfroren mit Geld die Genußsucht des Mädchens. Sie weist ihn zwar ab, verheimlicht jedoch René den Besuch des Fremden. Durch das Gefrage einer Nachbarin erfährt er aber davon, und als er die von Dubarry heimlich zurückgelassene Börse findet, weist er Jeanne entrüstet aus dem Haus.
4. Bild. Beim Grafen Dubarry erzählt Brissac den anwesenden Herren von der bezaubernden neuen Sängerin und Tänzerin Manon Rançon, die jetzt im Etablissement der reizenden Schwestern Verrières auftritt. Sogleich beschließen alle den Besuch einer Vorstellung.
5. Bild. Bei den Schwestern Verrières. Hier hat Jeanne unter dem Namen Manon Rançon eine Betätigung als aufreizend tanzende Stimmungssängerin gefunden. Dubarry erkennt sie sofort wieder. Sie wird viel umworben, bleibt aber kalt gegen alle. Das Glück, das sie sucht, kann ihr keiner schenken. Beim Glücksspiel, zu dem sie die Herren einladen, hat sie Pech: sie verspielt das Vermögen eines ihrer Anbeter, und dieser beschimpft sie, als sie ihn auslacht. Da kommt Dubarry für die Spielschuld auf und führt sie, Liebe heuchelnd, mit sich fort.
6. Bild. Zimmer bei Dubarry. Der Graf, der mit Jeanne seine politischen Ziele verfolgt, läßt Jeanne, die er pro forma mit seinem Bruder verheiratet hat, in seinem Hause zu einer wirklichen Dame erziehen. Sie verhöhnt ihn mit seinen ehrgeizigen Plänen. Eine Einladung bei der Marschallin von Luxembourg soll über ihr weiteres Schicksal entscheiden.
7. Bild. Prunksalon bei der Marschallin von Luxembourg. Der Herzog v. Choiseul, der hier zu einem Gesellschaftsabend geladen ist, glaubt fest, daß seine Schwester Nachfol-

gerin der Pompadour werden wird, obwohl er von dem Versuch seiner Gegner weiß, den König für Jeanne zu interessieren. Als er wahrnimmt, daß seine Schwester nicht eingeladen wurde, verläßt er verstimmt die Gesellschaft. Von der Marschallin, die als Gegnerin Choiseuls die gleichen Ziele wie Dubarry verfolgt, erfährt Jeanne, daß sie noch heute zu einem Souper nach Versailles abgeholt werde. Bewegt erkennt sie, daß sie das Opfer eines politischen Intrigenspiels werden soll. In diesem dunklen Augenblick begegnet sie René, der gleichfalls als Gast geladen ist: Noch lebt ihre Liebe zueinander, und gerne möchte sie mit ihm entfliehen. Als sie jedoch hört, daß der König im Besitz ihres Bildnisses sei, glaubt sie, René selbst habe ihm dies Bild ausgeliefert. Da erstirbt ihre Liebe, und sie folgt der Einladung des Königs.

8. Bild. Salon in Versailles. Der Leibdiener Lebell bereitet Jeanne auf die erste Begegnung mit Ludwig XV. vor. Im Gespräch mit dem König gewinnt sie vollkommen dessen Gunst. Von Choiseul läßt er sie nach ihrem neuen Wohnsitz, Schloß Trianon, führen.

9. Bild. Park des Schlosses Trianon. Als Gräfin Dubarry beherrscht Jeanne nun das Herz des Königs. Choiseul aber versucht, sie ihm zu entfremden: er erzählt ihm von den angeblichen geheimen Liebesbeziehungen Jeannes zu René, und als Ludwig Beweise fordert, läßt er ihn beim Gartenfest heimlich Zeuge einer Zusammenkunft der beiden sein. Jeanne hat René wirklich hergerufen, doch nur, um ihm abzubitten und ihm für immer Lebewohl zu sagen, denn ihre ganze Neigung gehört jetzt dem König. Ludwig, von diesem erlauschten Bekenntnis entzückt, verbannt Choiseul vom Hofe. Jeanne weiß sich auch des lästig werdenden Grafen Dubarry zu entledigen. Alle huldigen ihr, als der König bekennt: »Fortan ist *sie* unserm Thron die Nächste!«

Lange galt *Die Dubarry* als »schwacher« Millöcker. Jeder Erfolg blieb dem Werk um eine Mätresse Ludwigs XV. (die mit 52 Jahren 1793 unter der Guillotine starb) versagt, bis ihm die durchgreifende Bearbeitung von Theo Mackeben, auch von den neuen Textautoren, einen glänzenden neuen Start und

Dauererfolg brachte. Mackeben (1897–1953), in Liedern, Tanz-, Schlager- und vielen Film-Musiken (*Bel ami*, 1939) selbst ein erfolgreicher Komponist, der auch mit eigenen Operetten reüssierte, hat so das Melodiengut des alten Stücks gerettet und das Ganze auch durch harmonische, tanzrhythmische und instrumentale Modernisierungen seinerzeit dem Publikum nahegebracht. Was wir nun besitzen, ist ein in knappen, eindrucksvollen Szenen entwickeltes Spiel voll lebendiger Musik. Besonders bekannt wurde das Lied der Jeanne *Ich schenk mein Herz nur dem allein, dem ich das Höchste könnte sein*; nicht minder leicht aber haften im Ohr Stücke wie die Walzer *Es lockt die Nacht, die Liebe wacht* und *Ob man gefällt oder nicht gefällt, das ist die große Frage* oder Jeannes Chanson *Ja, so ist sie, die Dubarry* und das (als Leitmotiv die Operette durchziehende) Lied Renés *Wie schön ist alles, seit ich dich gefunden.*

Der Bettelstudent

Operette in 3 Akten. Text von F. Zell (Camillo Walzel) und Richard Genée. Uraufführung am 6. Dezember 1882 im Theater an der Wien, Wien.

PERSONEN: Palmatica Gräfin Nowalska – Laura (Sängerin) und Bronislawa (Soubr.), ihre Töchter – Oberst Ollendorf, Gouverneur von Krakau (Kom.) – Graf Bogumil Malachowski, Palmaticas Vetter – Eva, dessen Gattin – Jan Janicki (Ten.) und Symon Rymanowicz (Ten.), Studenten der jagellonischen Universität in Krakau – Enterich, sächsischer Invalide und Kerkermeister (Kom.) – Edelleute. Bürger. Offiziere. Soldaten. Bauern. Gefangene.

ORT UND ZEIT: Krakau 1704, unter der Regierung Augusts des Starken, Königs von Polen und Kurfürsten von Sachsen.

1. Akt. 1. Bild. Düsterer Gefängnishof. Der spaßige Kerkermeister Enterich gestattet einer Schar von polnischen Frauen eine Begegnung mit ihren Männern, die wegen ihres Widerstands gegen die sächsische Herrschaft inhaftiert wurden. Das Erscheinen des Gouverneurs, Oberst Ollendorfs,

Jacques Offenbach: Die Großherzogin von Gerolstein
Stadttheater Baden bei Wien

Johann Strauß: Die Fledermaus
Theater Basel

und seiner Offiziere macht diesem Wiedersehen ein jähes Ende. Ollendorf, ein gewaltiger Maulheld, kocht vor Wut: Die schöne, von ihm umworbene Laura hat ihn abblitzen lassen und sein Wagnis eines Kusses auf ihre Schulter mit einem Fächerschlag quittiert. Ihre adelsstolze Mutter, Gräfin Palmatica, will ihr Kind nur einem Fürsten zur Frau geben! Nun brütet er Rache: Laura soll einen Fürsten durch ihn kennenlernen, aber einen falschen! Aus den Gefangenen wählt er den jungen Symon Rymanowicz, der sich selbst einen »Bettelstudenten« nennt, für seinen Plan aus und verspricht ihm für seine Mitwirkung die Freiheit. Als Fürst Wybicki soll er der Gräfin und ihrer Tochter vorgestellt werden. Symon geht auf das Spiel ein, sein Kamerad Jan Janicki wird ihm als »Sekretär« beigegeben.
2. Bild. Auf dem Ringplatz in Krakau. Im Trubel der Frühjahrsmesse begegnet Ollendorf mit seinen Offizieren der Gräfin und ihren Töchtern. Sehr interessiert vernehmen die Damen die Erzählung von dem steinreichen, auf Brautschau nach Krakau gekommenen Fürsten Wybicki. Der verarmten Gräfin wäre ein solcher Schwiegersohn sehr erwünscht. Als nun Symon elegant und charmant werbend vor ihnen erscheint, erringt er auf den ersten Blick Lauras Gunst. Jubelnd wird sogleich Verlobung gefeiert. Lauras bescheidenere Schwester Bronislawa aber findet Gefallen am »fürstlichen Sekretär« Jan.
2. Akt. Salon im Palais der Gräfin. Laura freut sich auf ihre Hochzeit, durch die sie reich und mächtig zu werden hofft. Bronislawa und Jan finden sich in Liebe. Bei einer Aussprache mit Symon gibt sich Jan seinem Kameraden als Offizier des verdrängten polnischen Königs Stanislaus Leszcynski zu erkennen und ermuntert ihn, ebenfalls der Sache des Vaterlands zu dienen. Symon möchte Laura, die er wirklich liebt, gerne die Wahrheit über sich sagen, findet aber nicht recht den Mut dazu und will sie durch einen Brief aufklären. Dieser aufrichtige Brief gelangt jedoch nicht in Lauras Hände. Ollendorf, der das Gelingen seines Plans schon gefährdet sieht, als ihm Symon erklärt, er wolle die Komödie nicht weiterspielen, hat inzwischen erfahren, wer Jan ist, und Ordre bekom-

men, durch ihn den Aufenthaltsort des Herzogs Kasimir, der einen Aufstand gegen die Sachsen vorbereitet, zu erkunden. Nun sucht er Jan durch ein großes Geldangebot zum Verrat zu bewegen; Jan geht zum Schein darauf ein. Als die Hochzeitsfeierlichkeit beginnt, folgt Symon beglückt Laura zum Altar – im Glauben, sie wisse durch seinen Brief alles und liebe ihn dennoch. Da erscheinen, von Ollendorf gerufen, von Enterich angeführt, seine Mitgefangenen als Gratulanten im Saal. Der Betrug wird offenbar. Ollendorf genießt schadenfroh die für Laura und die Gräfin so blamable Situation.

3. Akt. Ein Garten neben dem Palais der Gräfin. Symon, den man empört aus dem Hause gewiesen, verbirgt sich hier, bestürzt über das Geschehene. Jan, einzig dem Plan der Befreiung Polens hingegeben, erzählt ihm von Ollendorfs Angebot und bittet ihn, sich zum Schein für den Herzog Kasimir auszugeben und ausliefern zu lassen. Ollendorf fällt auf diese Täuschung herein, gibt Jan das versprochene Geld und verhaftet Symon. Laura hat inzwischen erkannt, wie sehr sie Symon trotz alles Vorangegangenen liebt, und fleht für ihn um Gnade. Da ertönt Kanonendonner – ein Zeichen, daß die Burg in den Händen der Polen ist, und schon kommt mit dem jubelnd herbeiströmenden Volk die Nachricht, daß der echte Herzog Kasimir die siegreiche aufständische Truppe befehligt. Ollendorf und seine Offiziere werden entwaffnet. Symon erhält für seine opferbereite Beihilfe zur Befreiung die Grafenwürde. Nach allen Wirren vereinigen sich nun Laura und Bronislawa mit ihren Erkorenen.

Der Bettelstudent gehört zu den klassischen Meisterwerken der Wiener Operette – wenn anders man eine Bühnenschöpfung ein Meisterwerk nennen darf, in der sich eine wirkungsvoll und gut durchgeführte Handlung mit einer in allen Teilen hervorragend inspirierten Musik nahtlos zu einem künstlerischen Ganzen verbindet. Der Historiker der Operette, Otto Keller, konnte in einer seiner statistischen Tabellen den *Bettelstudenten* nicht nur an erster Stelle der Millöckerschen Erfolge (4940 deutschsprachige Aufführungen zwischen 1896 und 1921!), sondern auch als viertstärkstes Erfolgswerk der deutschen Operettenbühnen überhaupt – nächst *Fledermaus*, *Geisha* und *Zigeunerbaron* – innerhalb jener 25 Jahre verbuchen. Daran hat sich grundsätzlich bis heute wenig geändert. Wohl spielt die Operette – neben der Oper und dem Musical – nicht mehr die gleiche Rolle wie vor und zwischen den beiden Weltkriegen, aber noch in der Saison 1990/91 war *Der Bettelstudent* mit 12 Inszenierungen und schätzungsweise 180 000 Besuchern eines der meistgespielten Operettenwerke in Deutschland, Österreich und der Schweiz. Die ungemein wohllautende und heiter-beschwingte, manchmal auch von einem noblen Sentiment beherrschte Musik entzückt vor allem durch eine Fülle reizender melodischer Gedanken. Sehr glücklich ist Millöcker auch in der burlesken Zeichnung der einzelnen Figuren und des Milieus mit dem Gegensatz zwischen Sachsen und Polen. Viele Melodien aus diesem Werk sind volkstümlich geworden: Ollendorfs *Ach ich hab sie ja nur auf die Schulter geküßt!* und das Couplet *Schwamm drüber* ebenso wie Symons *Ich knüpfte manche zarte Bande*, die Hochzeitsmazurka, die *Ich setz den Fall*-Stellen des Duetts Symon / Laura und der aufstampfende Walzer der Offiziere *Bravo! Es geht ganz famos*. Aber auch weniger populäre Stücke wie die Terzette der adeligen Damen *Einkäufe machen sollten wir eigentlich* und *Einen Mann hab ich gefunden* zählen zu den Feinheiten des Werks.

Gasparone

Operette in 3 Akten. Text von F. Zell (Camillo Walzel) und Richard Genée. Bearbeitungen der Musik und des Textes von Ernst Steffan und Paul Knepler (1931) sowie von Paul Burkhard und Eduard Rogati (1938). Uraufführung am 26. Januar 1884 im Theater an der Wien, Wien.

Personen: Carlotta, verwitwete Gräfin von Santa Croce (Sopr.) – Nasoni, Podestà von Syrakus (Baßbuffo) – Sindulfo, sein Sohn – Conte Erminio (Ten.) – Luigi, sein Freund – Benozzo, Wirt (Ten.-Buffo) – Sora, seine Frau (Soubr.) – Zenobia, Carlottas Freundin

– Marietta, Kammerzofe – Massaccio, Schmuggler, Benozzos Onkel – Ein Leutnant der Carabinieri.

Ort und Zeit: Bei Syrakus auf Sizilien, zweite Hälfte des 19. Jahrhunderts.

1. bis 3. Akt. Um die Polizei von ihrem Treiben abzulenken, haben die von dem Wirt Benozzo unterstützten Schmuggler ausgestreut, der berüchtigte Räuber Gasparone treibe in der Gegend um Syrakus sein Unwesen. Jeder Anlaß, der die Existenz dieses Banditen glaubhaft machen kann, ist ihnen willkommen. So lassen sie sich heute gerne von dem zu Studienzwecken in Sizilien weilenden Conte Erminio für einen scheinbaren räuberischen Überfall auf die schöne Gräfin Carlotta dingen. Dieser alsbald durchgeführte Streich soll aber nur eine Trennung der Gräfin von ihrer Begleitung bewirken, denn der verliebte Erminio möchte sie einmal unter vier Augen sprechen. Das glückt auch, nachdem er die erschreckte Carlotta als kühner »Retter« aus der fingierten bedrohlichen Lage befreit hat. Doch auch der Podestà (Bürgermeister) Nasoni, der mit seinen Polizisten auf der Jagd nach Gasparone den Pinienwald durchstreift, kommt hinzu. Ihm scheint Erminio äußerst verdächtig – sollte das nicht der gesuchte Räuber sein? Vor allem aber paßt es ihm nicht, daß Carlotta für ihren »Retter« weit mehr Sympathien zeigt als für seinen Sohn Sindulfo; denn die Gräfin wäre ihm als Schwiegertochter sehr willkommen – ist sie doch durch den günstigen Ausgang eines Prozesses über ihr Vermögen Besitzerin eines Schlosses und einer Million Zechinen geworden. Von diesem Gerichtsurteil aber verrät er ihr noch nichts, vielmehr macht er ihr weis, daß nur er eine gute Entscheidung herbeiführen könne. Carlotta fühlt sich ihm daher sehr verpflichtet und erklärt sich – freilich ohne jede innere Neigung – zur Verlobung mit Sindulfo bereit. Erminio beschließt, ihr die Augen über die Machenschaften Nasonis zu öffnen. Er besucht sie auf ihrem Schlosse und warnt sie. Seine Gegenwart verwirrt sie – wem soll sie glauben, wie soll sie sich entscheiden? Da kommt der Podestà mit der Nachricht, daß Sindulfo von Gasparone gefangen worden sei und

nur gegen ein Lösegeld von 10 000 Zechinen wieder freigelassen werde. Sogleich stellt die Gräfin die geforderte Summe zur Verfügung. Noch einmal versucht Erminio vergeblich, sie aufzuklären. So muß er zu einem drastischeren Belehrungsmittel greifen. Am Abend dringt er heimlich durchs Fenster ins Schloß ein, läßt sich von Carlotta am Geldschrank manipulierend überraschen, nennt sich selbst einen Banditen und fordert die Herausgabe der Million. So wäre es also wahr, daß Erminio der gefürchtete Gasparone ist! Es bleibt ihr nichts übrig, als ihm den Schrankschlüssel und damit ihr Vermögen auszuliefern. Inzwischen hat Nasoni die 10 000 Zechinen an den schlauen Schmuggler Massaccio verloren, der sich ihm gegenüber als Beauftragter Gasparones ausgab. Enttäuscht meldet er sich wieder bei Carlotta, erfährt hier vom Raub der Million und hetzt nun seine Polizei auf die Spuren des Banditen. Bald werden allerlei Verdächtige verhaftet – doch Gasparone ist nicht dabei; vielmehr entpuppen sich die arretierten vermummten Gestalten als Benozzo, Massaccio und – Sindulfo, der zu aller Staunen plötzlich wieder frei ist. Niemand ahnt, daß Erminio sich die Schmuggler wieder dienstbar gemacht und zur Festnahme Sindulfos veranlaßt hat, um die geplante Verlobung zu verzögern. Schließlich erscheint aber auch der vermeintliche echte Gasparone – Erminio – im Schloß, doch jetzt verhindert Carlotta seine Verhaftung. Nasoni kann nur die Schmuggler Benozzo und Massaccio wegen des offensichtlichen Betrugs mit dem Lösegeld festnehmen lassen. Bald aber muß er sie freigeben, da ihm Benozzos Frau Sora deutlich zu verstehen gibt, sie wisse wohl, daß der jüngst ihrem Mann als Schmuggel-Strafe abgenommene Betrag nicht in die Amtskasse, sondern in die Tasche des Podestà geflossen sei. Dieses Gespräch belauscht Erminio und findet so seine Zweifel an der Ehrenhaftigkeit Nasonis endgültig bestätigt. Als der Podestà nun – in der Hoffnung, den Räuber der Million doch noch ausfindig zu machen – eine Zeugenvernehmung anordnet, tritt ihm plötzlich, ehe die Verhandlung beginnt, Erminio gegenüber, den er ja für Gasparone hält. Seine Hoffnung, den vermeintlichen Banditen endlich dingfest machen zu können, weicht aber bald einer argen Enttäuschung, denn nun stellt sich ihm Erminio als Conte Saluzzo vor: er ist also der Sohn des Ministerpräsidenten! Jetzt heißt es klein beigeben. Erminio aber macht ihm keine Schwierigkeiten; er verlangt von Nasoni nur, vorläufig seinen Namen nicht zu verraten und ihm bei einer Prüfung der wahren Gesinnung Carlottas behilflich zu sein. So wird die Gräfin nun bei der Zeugenvernehmung dem scheinbar Verhafteten gegenübergestellt, und dabei verrät sie ihre Neigung für den »Räuber«; denn auf Befragen gibt sie eine Beschreibung des Millionendiebes, die in keiner Weise zur Erscheinung Erminios paßt. Jetzt gibt er sich endlich zu erkennen und kann die beglückte, von allen Zweifeln befreite Carlotta in seine Arme schließen. Sein Freund Luigi überbringt ihr die vorsorglich »entwendete« Million. Die Schmuggler aber werden sich künftig nicht mehr auf die Umtriebe Gasparones berufen können: Erminio verliest nämlich einen angeblichen Brief des großen Banditen, in dem er mitteilt, daß er sich für immer vom Räuberhandwerk zurückgezogen habe.

Mit *Gasparone* errang Millöcker nach dem *Bettelstudenten* einen seiner stärksten Erfolge. Seine Erfinderkraft steht wie sein Können auch hier auf voller Höhe; das dankbare Libretto regte ihn zu einer Musik an, deren tänzerischer Schwung und deren Humor – in Ensembles und Couplets – bis heute frischester Wirkung sicher ist. Die neuen Textfassungen haben die heitere dramatische Entwicklung noch plausibler und unterhaltender gemacht. Von den bezaubernden Melodien des Werks nennen wir neben dem Walzer *Er soll dein Herr sein! Wie stolz das klingt!* die Romanze *O daß ich doch der Räuber wäre!*, die Tarantella *Anzoletto sang: Komm, mia bella!* und das Duett *Stockfinster war die Nacht.* Den Walzer *Dunkelrote Rosen bring ich, schöne Frau* haben Steffan und Knepler ihrer Bearbeitung eingefügt; die Melodie stammt aus Millöckers *Vizeadmiral*, der Text wurde neu geschrieben.

Der arme Jonathan

Operette in 3 Akten. Text von Hugo Wittmann und Julius Bauer. Neufassung von Walter Felsenstein (1959). Uraufführung am 4. Januar 1890 im Theater an der Wien, Wien.

PERSONEN: Jonathan Tripp (Ten.-Buffo) – Molly, seine Braut (Soubr.) – Vandergold, ein Millionär (Ten.) – Harriet, eine Sängerin (Sopr.) – Prof. Dryander, ihr Onkel – Quickly, Impresario (Kom.) – Cataluci, Big, Flirt, Brostolone: Sänger und Sängerinnen in Quicklys Truppe – Billy, Chefkoch bei Vandergold – Graf Nowalsky, ein Schmarotzer – Arabella, seine Schwester – Dr. Holmes, Vandergolds Rechtsanwalt – Direktor Hunt, Bürochef Vandergolds in New York – Granger, Band: Bürovorsteher – Der Sheriff – Garderobiere – Ein Polizist – Angestellte. Diener. Damen und Herren. Croupiers. Artisten. Tänzerinnen. Arbeiter und Arbeiterinnen.

ORT: Boston, New York, Monaco.

1. bis 3. Akt. Mit der Sänger- und Artistentruppe des Impresarios Quickly, der ein Programm für die Geburtstagsfeier des ihm befreundeten Millionärs Vandergold vorbereitet, ist auch der arme, zu nichts recht taugliche Jonathan Tripp im Hafen von Boston angekommen. Er hat schon wieder Pech, denn Quickly entläßt ihn zornig wegen seines Ungeschicks. Zu seinem Glück aber trifft er Molly, seine Freundin aus früher Jugendzeit, der er vor zehn Jahren die Ehe versprochen hat. Sie dient jetzt im Hause Vandergold, und es gelingt ihr, den schwarzen Chefkoch Billy zu überreden, Jonathan in der Küche zu beschäftigen. Schon beginnt die Geburtstagsfeier; alles huldigt dem Millionär – doch dieser reiche Mann verachtet seine Schätze, aber auch die Menschen, die er keiner uneigennützigen Freundschaft für fähig hält. Wohl sagt man ihm, daß ein großes Liebesgefühl ihn von seinem Lebensüberdruß heilen könne, er aber trägt sich mit dem Gedanken, sein großes Vermögen zu verschenken. Unter seinen Gästen sieht er auch die junge Sängerin Harriet, die ihm ihre Ausbildung verdankt. Die einstige Freundschaft zwischen ihnen blüht für einen Augenblick wieder auf, doch wendet sich Harriet deprimiert, ja empört von ihm ab, als sie seine pessimisti-

schen, ja zynischen Ansichten über die Menschen kennenlernt. Auch von ihr glaubt er ja, es gehe ihr beim Singen nur um Geldgewinn. Die enttäuschende Begegnung mit Vandergold veranlaßt sie zu dem jähen Entschluß, ein Kontraktangebot Quicklys für eine Operntournee durch Europa anzunehmen. Inzwischen hat Jonathan mit der Herstellung einer ungenießbaren Eisbombe bewiesen, daß er auch im Küchendienst versagt. Vandergold selbst jagt ihn fort. In seiner Verzweiflung will er Selbstmord begehen. Den gleichen Plan aber faßt zur gleichen Stunde der Millionär, dem sein Leben unerträglich erscheint. Im Garten, wo sie beide ihre schlimme Absicht verwirklichen wollen, stoßen sie aufeinander. Es kommt zu einem Gespräch, durch das Vandergold vom ständigen Mißgeschick Jonathans erfährt und auch hört, daß er seine Molly heiraten würde, wenn er Geld hätte. Nun beschließt er, diesem armen Kerl sein Vermögen zu schenken, und unterzeichnet sogleich einen Vertrag, der Jonathan zum Millionär, ihn selbst aber arm macht. Doch eine seltsame Bedingung ist an die Schenkung geknüpft: wenn einer von ihnen beiden das neue Leben im Reichtum bzw. in Armut nicht mehr ertragen kann, soll er dem anderen mit dem Anstimmen des Liedes, das Harriet beim Fest gesungen hat, ein Zeichen geben – einen Hinweis, der sie beide verpflichtet, freiwillig aus dem Leben zu scheiden. – Über Nacht reich geworden, gibt sich Jonathan mit Molly nun einem untätigen Wohlleben hin. In Monaco frönt er in wachsender Gewinnsucht seiner Spielleidenschaft. Als wohlhabender Mann hat er jetzt auch Chancen bei den Frauen, doch bleibt er seiner Molly ziemlich treu, wenngleich die einstige Liebesherzlichkeit zwischen ihnen einer bösen Zanksucht gewichen ist. Nur eine Angst quält Jonathan in seinem albernen Glückstaumel: daß Vandergold erscheinen und jenes Lied singen könne! Auch Harriet befindet sich gerade zu einem Gastspiel in Monaco, und ihretwegen auch Vandergold, denn seit jenem unglücklichen Abend in seinem Hause reist er ständig hinter ihr her; einer neuen Begegnung sind sie allerdings ausgewichen, doch ist es bekannt, daß sie nur auftritt, wenn sie weiß, daß Vandergold im Theater ist. Heute aber kommt es endlich zu einer Unterredung zwischen ihnen, die jedoch wieder in Zwist endet, denn Vandergold äußert die beleidigende Vermutung, sie sei wohl geneigt, den Werbungen des reichen Jonathan Gehör zu schenken. Nun fordert Vandergold von Jonathan die Erfüllung des in Amerika gemachten Vertrags – den gemeinsamen Tod. Glücklicherweise fällt ihm aber gerade jetzt die vereinbarte Melodie nicht ein. Als er hört, daß Harriet plötzlich abreist, folgt er ihr aufs Schiff; so darf sich Jonathan noch einmal sicher fühlen. Ihm drohen aber bald andere Gefahren: Bei seiner Rückkehr nach Amerika erfährt er, daß das vormals Vandergoldsche Unternehmen, das er rücksichtslos ausgebeutet hat, vor dem Zusammenbruch steht. Er sieht sich von Schulden, Forderungen, ja einem Haftbefehl bedrängt und wird sogar verdächtigt, sich das Vermögen des verschwundenen Millionärs zu Unrecht angeeignet zu haben. Wär' ich nur wieder der *arme* Jonathan! denkt er bei seiner Flucht vor der Polizei. Zum Glück ist auch Vandergold in die Heimat zurückgekehrt: er hat längst eingesehen, wie falsch er gehandelt hat, und fühlt, daß sein Leben wieder einen Sinn haben kann, wenn er Harriet für immer gewinnt. Ihre Anwesenheit zu einem Gastspiel in New York ermöglicht ihm die erhoffte entscheidende, klärende Aussprache mit ihr, doch sie weist ihn noch immer zurück. Er gibt aber seine Hoffnung nicht auf – doch da begegnet ihm der verzweifelte Jonathan und singt das Lied, das für sie beide den Tod bedeutet. Schon krachen die selbstmörderischen Schüsse – *da erwachen sie*; denn alle Erlebnisse waren nur Träume – Träume, durch die sie gründlich belehrt wurden! Veränderten Sinns kehren sie ins Haus zurück, wo man noch immer Vandergolds Geburtstag feiert. Jonathan will kein geschenktes Geld, sondern arbeiten. Vandergold zerreißt die schon vorbereitete törichte Schenkungsurkunde. Harriet ist wieder versöhnt und wird nicht mit Quickly nach Europa reisen.

Einem Erfolg dieser späten Millöckerschen Operette stand jahrzehntelang die unzulängliche Form des Textes im Wege. Erst durch Neufassungen, die dem fesselnden Stoff eine wirkungsvollere dramatische Gestalt gaben, wurde das musikalisch so reizvolle Stück für die Bühne lebendig – so namentlich in der (hier zugrunde gelegten) Bearbeitung von Felsenstein. Ohne die klassische Höhe des *Bettelstudenten* zu erreichen, nimmt das Werk doch durch den echt Millöckerschen Tonfall der Musik gefangen, vor allem in der schlichten Volkstümlichkeit der Melodik, in Lied- und Walzerprägungen bester Wiener Tradition. Zu den besonders einprägsamen Weisen zählen neben dem Leitlied *Ich bin der arme Jonathan* und der das ganze Stück durchziehenden Melodie *Willst du mein Liebster sein* Einfälle wie Harriets Walzer *Ach, wir armen Primadonnen* und Quicklys Auftrittslied *Ja nur ein Impresario wird immer seines Lebens froh* sowie die Zwiegesänge Mollys mit Jonathan und Vandergolds mit Harriet. In ihrer musikalischen Originalform kommt die Musik Millöckers zweifellos am schönsten zur Geltung, doch steht für Aufführungen der Felsensteinschen Fassung auch eine harmonisch und klangfarblich modernisierende musikalische Bearbeitung von Willy Mattes (1959) zur Verfügung.

Arthur Sullivan

* 13. Mai 1842 in London
† 22. November 1900 in London

Mit dem *Mikado* hat Sullivan ein kleines Meisterwerk geschaffen, das sich ebenbürtig neben den Leistungen der klassischen deutschen und französischen Operette behauptet. Sullivan war übrigens keineswegs ausschließlich Operettenkomponist, obwohl er, seit 1867, insgesamt 22 Werke dieser Gattung schrieb; das zwölfte wurde, 1885, *The Mikado*. Auch als Komponist von Oratorien (*The golden Legend*), Kammer- und Orchestermusik, Balletten und Bühnenmusiken zu mehreren Dramen Shakespeares leistete er Bedeutendes. Er entstammte der Ehe eines irischen Klarinettisten und einer Italienerin, wurde mit zwölf Jahren als Chorknabe in die Royal Chapel aufgenommen, besuchte dann die Königliche Musikakademie in London und ging zur weiteren Ausbildung für drei Jahre, 1858–61, an das Leipziger Konservatorium. 1866 berief man ihn als Professor für Kompositionslehre an die Royal Academy in London. Von 1876 bis 1881 war er Direktor der National Training School for Music. 1876 verlieh man ihm in Cambridge, 1879 in Oxford den Doktortitel ehrenhalber, 1883 wurde der vor allem durch seine geistlichen Chorwerke berühmt gewordene Komponist in den Adelsstand erhoben. Wesentlichen Anteil am Erfolg seiner Operetten hatte der Schriftsteller William Schwenck Gilbert (1836–1911). Mit ihm zusammen kreierte Sullivan den Typus der regelmäßig herauskommenden »Gilbert and Sullivan Comedy Operas«, die nach dem Londoner Uraufführungstheater auch »Savoy-Operas« hießen. Davon wurden u. a. *The Pirates of Penzance* (1880), *Patience* (1881), *The Yeomen of the Guard* (1888), *The Gondoliers* (1889), *The Chieftain* (1894) und *The Grand Duke* (1896) auch in den deutschsprachigen Ländern bekannt.

Der Mikado

oder Ein Tag in Titipu
The Mikado
or The Town of Titipu

Burleske Operette in 2 Akten. Text von William Schwenck Gilbert. Deutsch von F. Zell (Camillo Walzel) und Richard Genée. Uraufführung am 14. März 1885 im Savoy Theatre, London. Deutschsprachige Erstaufführung am 2. März 1888 im Theater an der Wien, Wien.

PERSONEN: Der Mikado von Japan – Nanki-Puh, sein Sohn, als wandernder Sänger verkleidet (Ten.) – Ko-Ko, Oberhofhenkersknecht von Titipu (Kom.) – Puh-Bah, Kollektivministerportefeuilletonist – Pish-Tush, ein Großer des Hofes – Yum-Yum (Sängerin), Pitti-

Sing und Piep-Bo, Schwestern, Mündel Ko-Kos – Katisha, eine Hofdame – Edle. Wachen. Pensionärinnen. Volk.

ORT UND ZEIT: Die Stadt Titipu in Japan, 15. Jahrhundert.

1. Akt. Prachthof im Palaste Ko-Kos. Auf der Suche nach seiner Liebsten Yum-Yum kommt Nanki-Puh, der Sohn des Mikado, als fahrender Musikant verkleidet, nach Titipu. Er weiß zwar, daß das Mädchen mit seinem Vormund, dem ehemaligen Schneider Ko-Ko, verlobt war, hat aber auch erfahren, daß dieser inzwischen zum Tode verurteilt wurde. Nun hört er, daß Ko-Ko begnadigt und zum Oberhenker von Titipu ernannt worden ist. In dieser Stellung soll er alle köpfen, die gegen das neue harte Sittengesetz des Mikado verstoßen, schon ein Flirt soll mit dem Tod bestraft werden. Bisher aber hat Ko-Ko die Ausübung seines Amtes umgangen. Nanki-Puh gelingt es, sein Mädchen zu sprechen. Er ist vom Hofe seines Vaters geflohen, weil man ihn zwingen wollte, die ältliche Hofdame Katisha zu heiraten. Wie aber soll er Yum-Yum gewinnen? Inzwischen hat Ko-Ko vom Mikado eine strenge Aufforderung erhalten, endlich in Titipu eine Hinrichtung zu vollziehen, sonst werde ihm das Amt des Oberhofhenkersknechts entzogen. Sorgenvoll berät sich Ko-Ko mit Puh-Bah und Pish-Tush, aber auch die wissen keinen Rat. Da kommt ihm ein rettender Einfall: er hört, daß Nanki-Puh sich aus Liebeskummer das Leben nehmen will, und schlägt ihm nun vor, auf seine Kosten noch vier Wochen gut zu leben und sich dann hinrichten zu lassen. Unter der Bedingung, während dieses Monats mit Yum-Yum verheiratet sein zu dürfen, geht Nanki-Puh darauf ein, und der bedrängte Ko-Ko genehmigt seinen Wunsch. Sogleich bereitet man die Hochzeit vor. Da erscheint die eifersüchtige Katisha und bemüht sich – allerdings vergeblich –, Nanki-Puhs Inkognito aufzudecken.

2. Akt. Im Garten Ko-Kos. Freudig schmückt sich Yum-Yum zur Hochzeit. Der zärtliche Nanki-Puh weiß ihre Sorgen um das zu erwartende düstere Ende des kurzen Liebesglücks zu verscheuchen. Da erscheint unerwartet der Mi-

kado selbst, in Begleitung Katishas, um den Vollzug seiner Befehle zu kontrollieren. Ko-Ko hilft sich mit einer Lüge und behauptet, die Hinrichtung sei bereits vollzogen! Nun will der Fürst aber seinen Sohn sehen, dessen Anwesenheit in der Stadt ihm Katisha verraten hat. Die Entdeckung, daß sein Sohn das Opfer des Henkers geworden sei, regt ihn wenig auf; Ko-Ko wird eben zur Strafe für die Ermordung des Thronfolgers in Öl oder Blei gesotten werden! Doch Nanki-Puh lebt ja glücklicherweise noch, gibt sich jedoch noch nicht zu erkennen, sondern rät Ko-Ko heimlich, sich durch seine Vermählung mit Katisha das Leben zu retten. Diesem Rat folgt Ko-Ko. Katisha widersteht seiner zärtlichen Werbung nicht lange und läßt sich sofort mit ihm trauen. Jetzt kann sich Nanki-Puh, seiner Verpflichtung gegen Katisha ledig, wieder sehen lassen und dem Mikado Yum-Yum als seine Frau vorstellen.

Von dem außerordentlichen Erfolg des *Mikado* kann man sich eine Vorstellung machen, wenn man hört, daß das Werk schon nahezu 9000mal in aller Welt gespielt worden war, als es, nur zwei Jahre nach der Londoner Uraufführung, 1888 in Wien erstmals erschien. Siebzehn reisende Operettengesellschaften waren in jenen Jahren mit dem *Mikado* unterwegs. – Unabhängig von Wiener Vorbildern, im Parodistischen aber Offenbach nahestehend, repräsentiert das grotesk mit dem Horror spielende Stück in besonderer Weise die eigene Art der englischen Operette. Der Reiz des sehr fein gearbeiteten Werks liegt gleicherweise in der leicht exotisierenden Zeichnung des launig gesehenen japanischen Milieus, in der oft bezaubernden Grazie der Musik und in ihrem Humor, dessen schalkhafte, englisch-trockene Eigenart sich in den verschiedenen Songs und Ensembles offenbart. Sehr charakteristisch-eigenartig ist auch die z. T. die Wirkung der Synkope nutzende Rhythmik in den überwiegend geradtaktig gehaltenen Stücken. Gelegentlich knüpft Sullivan auch an altenglische Schiffertänze an. Berühmt wurden aus dem Werk u. a. Ko-Kos Lied vom Bachstelzchen, die anmutige Weise der Yum-Yum *Die Sonne lacht in Strahlenpracht* und vor allem auch die

Melodie des Mikado *Ich kehre den Humor auf jeden Fall hervor; es sorgt die Hand der Gerechtigkeit für dauernde Heiterkeit.* Unter den mehrstimmigen Sätzen des sehr ensemblefreudigen Stücks ragt als Beispiel nobler Satzkunst das Hochzeitsmadrigal hervor.

Carl Zeller

* 19. Juni 1842 in St. Peter in der Au (Niederösterreich)
† 17. August 1898 in Baden bei Wien

Mit zwei Werken, dem *Vogelhändler* und dem *Obersteiger*, steht Zeller in einer Reihe neben den drei Großmeistern der klassischen Wiener Operette, Suppé, Millöcker und Johann Strauß. Er hat eigentlich nur nebenbei, aus Liebhaberei, komponiert, denn er war im Hauptberuf Staatsbeamter, seit 1873 Kunstreferent im österreichischen Unterrichtsministerium. Nach der Sängerknabenzeit in der kaiserlichen Hofkapelle war aber eine intensive musikalische Ausbildung neben seinem juristischen Studium verlaufen. Als Komponist ließ er sich zuerst mit Männerchören vernehmen, dann schrieb er die abendfüllende komische Oper *Joconde*, die 1876 erfolgreich uraufgeführt wurde. Erst spät befaßte er sich mit der Operette. Den Auftakt seines Schaffens auf diesem Gebiet bildeten die Stücke *Die Carbonari* (1880) und *Der Vagabund* (1886). In den Jahren 1891 und 1894 erschienen die beiden genannten Hauptwerke. Nach diesen Schöpfungen, die Welterfolge geworden sind, arbeitete Zeller noch an einer weiteren Operette, *Der Kellermeister*, die er indes nicht mehr vollenden konnte. Sie gelangte nach seinem Tode, von Johann Brandl fertiggestellt, im Jahre 1901 zur Aufführung, geriet aber bald wieder in Vergessenheit.

Der Vogelhändler

Operette in 3 Akten. Text von Moritz West (Moritz Nitzelberger) und Ludwig Held. Uraufführung am 10. Januar 1891 im Theater an der Wien, Wien.

PERSONEN: Kurfürstin Marie (Sängerin) – Adelaide, Hofdame – Baron Weps, kurfürstlicher Wald- und Wildmeister – Graf Stanislaus, sein Neffe (Ten.) – v. Scharrnagel, Kammerherr – Süffle und Würmchen, Professoren – Adam, Vogelhändler aus Tirol (Ten.-Buffo) – Die Briefchristel (Soubr.) – Schneck, Dorfschulze – Emmerenz, seine Tochter – Frau Nebel, Wirtin – Jette, Kellnerin – Quendel, Hoflakai – Zwei Tiroler.

ORT UND ZEIT: Rheinpfalz, Anfang des 18. Jahrhunderts.

1. Akt. Platz mit Waldschenke und Pavillon vor dem Eingang in das kurfürstliche Jagdrevier. Die Bauern rüsten sich gerade zu einer heimlichen Jagd im fürstlichen Wildpark, da hören sie vom Schulzen, daß sich der Kurfürst plötzlich zur Wildschweinjagd angesagt habe; schon kommt der Wildmeister Baron v. Weps und schimpft sie mörderisch wegen ihrer ständigen Wilddiebereien. Bald aber ist er versöhnlicher gestimmt und bereit, gegen entsprechende Bezahlung ein Auge zuzudrücken. Auch auf die Ehrenjungfrau zum Empfang des Kurfürsten kann gegen eine an ihn zu zahlende Kaution verzichtet werden: denn Weps braucht Geld, um die Schulden seines Neffen Stanislaus zu tilgen, der sich zu seinem Ärger nicht mit der ältlichen, aber reichen Hofdame Adelaide verheiraten will. Während er den Dorfschulzen wegen des Geldes aufsucht, erscheint der Vogelhändler Adam, der wieder einmal aus seiner Heimat Tirol hergekommen ist und sich auf seine Braut, die Briefchristel, freut. Leider kann er sie noch nicht heiraten, weil er keine einträgliche Stellung hat. Nun erfährt Weps, daß der Kurfürst nicht kommt und die Jagd abgeblasen sei. Damit ist seine Hoffnung auf das Geld aus der Gemeindekasse dahin, aber Stanislaus schlägt ihm vor, *er* wolle die Rolle des Kurfürsten, den hier kein Mensch kenne, spielen, um das Geld zu retten. Während sie den Schwindel besprechen, kommt – in Begleitung Adelaides – die Kurfürstin,

als Pfälzer Bauernmädchen gekleidet, um hier ihren gerne abenteuernden Gatten zu überraschen. Adam, der sie für ein einfaches Mädchen hält, macht ihr den Hof. Zum Glück erscheint jetzt die Briefchristel. Sie hat für ihren Adam gute Botschaft: Der Kurfürst sucht einen Menageriedirektor, und da möchte sie ihn selbst für Adam um diesen Posten bitten. Aber der will nichts davon wissen, daß sie sich in die für Mädchen so gefährliche Nähe des Kurfürsten wagen will. Sie geht aber doch in den Jagdpavillon, wo sich angeblich der Kurfürst – in Wirklichkeit Stanislaus – aufhält. Adam gerät darüber in Wut, wird verspottet und stößt Christel von sich, als sie, glücklich über den guten Bescheid, den Stanislaus leicht geben konnte, von der »Audienz« aus dem Pavillon zurückkommt. Entsetzt bemerkt Weps die Anwesenheit der Kurfürstin und weiß nicht aus noch ein. Glücklicherweise ist Stanislaus gleich nach der »Audienz« geflohen. Die Kurfürstin aber, die ihren Gatten im Pavillon vermutet, lenkt, als sie den Ärger Adams und der Bauern über den vermeintlichen Kurfürsten bemerkt, die Aufmerksamkeit auf sich ab, indem sie dem Adam eine Rose schenkt. Dieser sieht darin ein verheißungsvolles Zeichen ihrer Zuneigung.

2. Akt. Saal in der kurfürstlichen Sommerresidenz. Von der Kurfürstin protegiert, soll Adam nun Menageriedirektor werden. Bei der Prüfung, die seiner schon beschlossenen Ernennung vorausgeht, gibt er aber den Herren der Kommission – Weps, Süffle und Würmchen – absichtlich dumme Antworten, denn er will vom Kurfürsten, den er für den Verführer seiner Christel hält, kein Amt haben. Seine Absicht, durchzufallen, glückt ihm freilich nicht. Als er später der Kurfürstin begegnet, hält er sie immer noch für das einfache Mädchen, das er in der Waldschenke kennenlernte, bis ihm ein Zufall die Augen über seinen Irrtum öffnet. Die Kurfürstin muß nach Christels Bericht über das Erlebnis im Pavillon annehmen, daß wirklich ihr Gatte das Mädchen zu küssen versuchte. Bald aber wird es klar: Der echte Kurfürst, der ja verreist ist, war das nicht! Um der Sache ganz auf den Grund zu kommen und den Schwindler zu entlarven, vereinbart die Kurfürstin mit ihr, daß sie mit einem Glöckchen läuten soll, sobald der Betrüger bei der Hofge-

sellschaft vor ihr erscheint. Beim abendlichen Fest singt und musiziert Adam mit zwei Tiroler Landsleuten vor der Kurfürstin. Durch das Glockenzeichen Christels wird schließlich Stanislaus entdeckt. Adam darf ihm seine Strafe diktieren, und die heißt: Kassation als Offizier oder Ehe mit Christel! Zum Schrecken Adelaides, die sich schon als seine Braut fühlte, wählt Stanislaus das letztere.
3. Akt. Im kurfürstlichen Schloßpark. Schon bereitet man die Hochzeit vor. Christel will natürlich von einer Verbindung mit Stanislaus nichts wissen. Sie trauert wegen ihres Zerwürfnisses mit Adam und glaubt, er habe sie vielleicht wegen des Mädchens, das ihm die Rose schenkte, verlassen. Noch weiß sie ja nicht, daß jenes »Bauernmädchen« die Kurfürstin war. Weps sieht schon das Ende seiner Laufbahn kommen; jetzt macht er selbst der von Stanislaus versetzten Adelaide mit Erfolg einen Heiratsantrag. Adam will fort, um seine Blamage mit der Kurfürstin und seine keineswegs erloschene Liebe zu Christel in der Heimat zu vergessen. Endlich aber sieht er ein, daß er Christel Unrecht getan hat. Sie versöhnen sich und ziehen gemeinsam nach Tirol.

Was den *Vogelhändler* immer wieder hörens- und liebenswert macht, ist vor allem die Natürlichkeit und volkstümliche Frische der Zellerschen Musik, aber auch die Klangpracht der vokalen Ensembles und die besonders wirkungsvolle, von besten Einfällen getragene Durchformung der Finali. Reizvoll auch die Gegenüberstellung von pfälzischer Lebenslust und Tiroler Treuherzigkeit. Von den Melodien des Werks sind manche weltberühmt geworden, voran die Lieder des Adam *Schenkt man sich Rosen in Tirol* und *Wie mein Ahn'l zwanzig Jahr* (mit dem Kehrreim *No amal, no amal, no amal sing nur, sing, Nachtigall!*). Aber auch die Walzer *Fröhlich Pfalz, Gott erhalt's* und *Schau mir nur recht ins Gesicht*, Adams Auftrittsstrophe *Grüaß enk Gott, alle miteinander*, das lustige Lied *Ich bin die Christel von der Post*, der Chorsatz *Jekus, jekus, das ist schwer, wo nimmt man gleich Wildschwein' her?* und der flotte Marsch *Kämpfe nie mit Fraun!* gehören zum Schatz der unvergessenen *Vogelhändler*-Weisen.

Der Obersteiger

Operette in 3 Akten. Text von Moritz West (Moritz Nitzelberger) und Ludwig Held. Uraufführung am 5. Januar 1894 im Theater an der Wien, Wien.

PERSONEN: Fürst Roderich, Majoratsherr (Ten.) – Komtesse Fichtenau (Sängerin) – Bergdirektor Zwack (Kom.) – Elfriede, seine Frau – Tschida, Salinenadjunkt – Dusel, Materialienverwalter – Martin, Obersteiger (Buffo) – Nelly, Spitzenklöpplerin (Soubr.) – Strobl, Wirt – Bergknappen. Bergeleven. Bürger. Festgäste. Spitzenklöpplerinnen.

ORT UND ZEIT: Österreich, erste Hälfte des 19. Jahrhunderts.

1. Akt. Platz in einem Bergstädtchen mit dem Eingang zur »Marienzeche«, einem Gasthof und dem Wohnhaus der Spitzenklöpplerin Nelly. Der Bergwerksbetrieb hier rentiert sich nicht recht. Darum ist der Bergdirektor Zwack zur Inspektion hergereist. Inkognito bleibend, läßt er sich einiges über die hiesigen Verhältnisse erzählen, hört von dem tüchtigen, aber kecken Obersteiger Martin, der allen Mädchen die Köpfe verdreht, und erfährt auch von der Anwesenheit eines neuen, reichen und splendiden Volontärs. Dann macht er die Bekanntschaft Nellys, der Braut des Martin, und verliebt sich gleich in sie. Er erinnert sich auch seiner Jugendgeliebten, der Julie Fahnenschwinger, die er einst in dieser Gegend kennenlernte, und muß erfahren, daß sie schon vor vielen Jahren mit ihrer – und seiner? – kleinen Tochter fortgezogen ist. Martin, unternehmungslustig wie immer, fordert seine Arbeitskameraden zu einem Streik auf, um das Bergamt zu höheren Löhnen zu zwingen – der neue Volontär wird ihnen die Streiktage schon bezahlen! Aber der denkt gar nicht daran, denn er ist in Wirklichkeit der Majoratsherr Fürst Roderich, der hier unerkannt nach dem Rechten sehen will. Inzwischen ist die Komtesse Fichtenau zu einem Besuch bei Nelly, mit der sie seit ihren Kindertagen befreundet ist, angekommen: sie ist ihren Eltern davongelaufen, weil man ihr einen unerwüschten Freier aufdrängen wollte. Bei Nelly sucht sie nun Unterschlupf und gibt sich für deren

Kusine, Julie Fahnenschwinger, aus. Zum Ärger Nellys versucht Martin sogleich, mit der neuen Kusine anzubandeln. Überrascht erkennt jetzt Zwack in dem angeblichen Volontär seinen Fürsten, der ihn sogleich auffordert, in die verlotterten Verhältnisse einzugreifen. Aber Zwack kommt bei Martin übel an, denn der mahnt ihn an die Prämie, die er für die Entdeckung eines Silbergangs vom Bergamt zu erhalten wünscht. Als er gar zu frech wird, muß ihn der schon eingeschüchterte Zwack auf Roderichs Drängen entlassen. Bestürzt über diese Wendung, beschließt Martin, mit den Bergknappen eine Musikkapelle zu gründen und mit Nellys Kusine fortzuziehen. Vorher soll Roderich für ihn bei ihr vorfühlen, ob sie ihm gut sei. Roderich geht darauf ein, verliebt sich aber selbst in die Komtesse, die diese seltsame Werbung als eine ihr selbst geltende Liebeserklärung Roderichs auffaßt. Verärgert will ihn Martin nun von ihr fernhalten und läutet daher zu einer Einfahrt ins Bergwerk. Roderich kann sich dieser Besichtigungsfahrt nicht entziehen, veranlaßt aber auch Martin, mitzufahren, damit er den neuen Silbergang zeige, für den er ihm die gewünschte Prämie ausbezahlt.

2. Akt. Vorplatz vor der Festhalle in der Hauptstadt. Heute ist ein Festball zur Vorfeier des Berg- und Hüttenmännertags. Ein neuer Präsident soll gewählt werden, und die Bergbeamten Tschida und Dusel fürchten, der Ignorant Zwack könnte den Posten erhalten. Sie wollen daher verhindern, daß er die Festrede hält, und finden in Martin einen Bundesgenossen, der ihnen hilft, Zwack das Manuskript der Rede zu entwenden. Martin möchte mit seiner Knappenkapelle gerne bei dem Fest musizieren, die Genehmigung zum Auftreten der Musikanten kann aber nur die Festveranstalterin, Frau Elfriede Zwack, erteilen. Tschida und Dusel machen ihn daher mit ihr bekannt, und als er sich in die ältliche Dame verliebt stellt, erreicht er leicht sein Ziel. In Nellys Begleitung erscheint auch die Komtesse hier, die inzwischen erfahren hat, wer jener »Volontär« wirklich war. Auch Roderich kommt dahinter, wer Nellys »Kusine Julie« in Wahrheit ist, und gibt daher der nichtsahnenden Frau Zwack Anweisung, das fremde Fräulein mit besonderer Auszeichnung zu behandeln.

Diese fügt sich, wenn auch entrüstet, weil sie glaubt, die Fremde sei eine Geliebte des Fürsten. Beim Ball halten die Gäste jedoch Nelly für die vermeintliche Favoritin Roderichs. Der verdutzte Martin ist über Nelly empört, noch mehr aber über die Komtesse, die er für eine ausgemachte Schwindlerin hält. Mit einem vorwurfsvoll-beziehungsreichen Lied tritt er ihr gegenüber und sagt dann Zwack, daß diese angebliche Komtesse niemand anderes sei als die Julie Fahnenschwinger. Nun glaubt Zwack, in ihr seine natürliche Tochter entdeckt zu haben.
3. Akt. Park im Schloß der Komtesse. Roderich und die Komtesse haben sich gefunden und stehen vor der Hochzeit. Doch Zwacks Ehe ist am Zerbrechen, und in Urlaub hat man ihn auch geschickt. Martin zieht, seit er seine Kapelle wieder auflösen mußte, mit einer Drehorgel herum. Frau Zwack erinnert sich seines verliebten Benehmens und hofft, in ihm einen neuen Gatten zu finden. Zwack selbst aber umwirbt wieder Nelly. Darüber ärgert sich Martin sehr und bemüht sich jetzt erfolgreich, sein Mädchen wiederzugewinnen. Daß die Komtesse eine echte Gräfin ist, muß er nun doch glauben. Roderich sorgt dafür, daß Zwack sein Amt behält und das alte Ehepaar auf Trennung verzichtet. Martin aber wird bald wieder als Obersteiger tätig sein.

Strömt der Quell origineller Erfindung hier auch nicht *so* reich wie im *Vogelhändler*, so bezwingt das Werk doch von Anfang bis Ende durch viel Humor, blühende Gesanglichkeit, köstliche Ensembles und viele hübsche Walzer (z. B. *Trauet nie dem bloßen Schein!*) – dies ungeachtet eines krausen Librettos, mit dem seine Verfasser an den Erfolg des *Vogelhändler* unbedingt anzuknüpfen versuchten. Ein Meisterstück ist das sehr lebendig entwickelte und gesteigerte 1. Finale, das durch – dramatisch begründete – Wiederholungen des Bergwerks-Marsches und anderer Melodien auch formal reizvoll angelegt ist. Das bekannteste Stück aus dem *Obersteiger* wurde Martins Lied *Wo sie war, die Müllerin, zog es auch den Fischer hin* mit dem Refrain *Sei nicht bös, es kann nicht sein.*

Carl Michael Ziehrer

* 2. Mai 1843 in Wien
† 14. November 1922 in Wien

Ziehrer war der letzte namhafte Repräsentant der Wiener Tanzmusik im klassischen Zeitalter des Walzers. Der Sohn eines Hutmachers genoß eine gediegene musiktheoretische Ausbildung nach der Lehrmethode Simon Sechters. Von 1885 bis 1893 Kapellmeister des Hoch- und Deutschmeister-Regiments, gründete er dann ein eigenes Orchester, mit dem er viele Jahre hindurch erfolgreiche Konzertreisen bis nach Nord- und Südamerika veranstaltete, und wurde schließlich 1908 k. u. k. Hofballmusikdirektor. Als letzter Träger dieses Amts und Titels erlebte er das Ende des Ersten Weltkriegs und den Untergang der habsburgischen Monarchie. Die späten Lebensjahre des einst ungewöhnlich beliebten Künstlers waren von Armut verdüstert. Ziehrer hat ungefähr 600 Tänze (*Wiener Bürger*, *Weaner Madeln*, *Unsere Edelknaben* u. a.) und 22 Operetten komponiert. Sein erstes Bühnenwerk, *König Jerôme*, entstand 1878, sein bestes, *Die Landstreicher*, 1899; es war zugleich das einzige, mit dem er einen fortdauernden Erfolg erringen konnte. Vorübergehend fanden jedoch auch andere seiner Arbeiten, wie *Die drei Wünsche* (1901), *Der Liebeswalzer* (1908), *Ein tolles Mädel* (1908), *Ball bei Hof* (1910) und *Das dumme Herz* (1914), freundlichen Anklang.

Die Landstreicher

Operette in einem Vorspiel und 2 Akten. Text von Leopold Krenn und Karl Lindau. Uraufführung am 26. Juli 1899 im Sommertheater »Venedig in Wien« im Prater, Wien.

Personen: Fürst Adolar Gilka (Kom.) – Mucki v. Rodenstein, Premierleutnant – Rudi v. Muggenhein, Secondeleutnant – Mimi, Tänzerin (Sängerin) – Adi, Lori, Nicki und Fini, Tänzerinnen – August

Fliederbusch (Buffo) – Bertha, seine Frau (Soubr.) – Lajos v. Geletneky, Maler – Gratwohl, Wirt – Anna, seine Tochter – Resi, Stubenmädchen – Roland, Assessor (Ten.) – Kampel, Gerichtsdiener – Leitgeb, Hotelier – Stöber, Dirigent des Männergesangvereins – Ein Kellner – Badegäste. Prozeßzuhörer.

ZEIT: Süddeutschland (Bayern), um 1900.

Vorspiel. Zwei durch eine Wand getrennte Räume eines Gerichts: rechts der Verhandlungsraum, links die Arreststube. Dem Assessor Roland werden die Landstreicher August und Bertha Fliederbusch vorgeführt, die sich im Gasthaus durch einen 1000-Mark-Schein verdächtig machten, der schlecht zu ihrer abgerissenen Kleidung paßte. Er nimmt das Geld bis zur Klärung des Falls an sich und läßt das Paar ins Arrestlokal abführen. Nachdem er den Amtsraum verlassen hat, gelingt es den beiden, durch eine zweite Türe in das Verhandlungszimmer zurückzukehren. Hier durchwühlt Fliederbusch, ehe sie die Flucht fortsetzen, den Kleiderschrank und annektiert dabei u. a. den Amtsrock des Assessors, in dem er zu seiner Freude die 1000-Mark-Note wiederfindet. Er hat sie übrigens nicht gestohlen, sondern zusammen mit einem wertvollen Halsband auf der Landstraße gefunden. Nun eiligst fort! Doch da tritt Fürst Gilka in Begleitung der Tänzerin Mimi ins Zimmer. Er hält Fliederbusch für den Amtsrichter und will ihm sein Anliegen, den Verlust eines ihm anvertrauten kostbaren Schmuckstücks, vortragen. Der gerissene Bursche mimt auch sogleich die gewünschte Amtsperson und führt die beiden Besucher »zum Warten« in die Arrestkammer. Dann geht's mit Bertha auf und davon, aber nicht ohne Mitnahme der Mäntel und Hüte des Fürsten und der Tänzerin. Zu spät entdeckt der zurückkehrende Assessor, was sich während seiner Abwesenheit hier zugetragen.

1. Akt. An einem oberbayerischen See vor dem Hotel »Zum schwarzen Adler«. Fliederbuschs, die sich elegant ausstaffiert haben, wollen beim Bürgermeister den gefundenen Schmuck abgeben und den dafür ausgesetzten hohen Finderlohn kassieren. Halb zufällig fand das Landstreicher-

paar Gelegenheit zu einer neuen Hochstapelei: Um ein Zimmer im Hotel zu bekommen, hat sich Fliederbusch für den hier erwarteten Fürsten Gilka ausgegeben, und das wurde ihm auch prompt geglaubt. Allerdings bringt diese Rolle bald einige Unannehmlichkeiten mit sich: Zunächst muß er sich den aufgeregten Maler Lajos v. Geletneky vom Leib halten, der seine Braut Mimi sucht und den Fürsten als deren Verführer erschießen will. Dann erscheint der wirkliche Fürst Gilka, allerdings inkognito, und sagt ihm unter vier Augen, daß er ein Schwindler sei. Aber Fliederbusch entwindet sich, keck wie immer, auch dieser peinlichen Situation, bringt die Rede auf den Schmuck – und nun glaubt der Fürst, er sei der Juwelier, bei dem er eine billige Kopie des Halsbands als Geschenk für Mimi bestellte. Fliederbusch überreicht den Schmuck, den er gefunden, der Tänzerin. Erst als er seinen Finderlohn fordert, erkennt der bestürzte Fürst seinen Irrtum: jetzt hat also Mimi das echte, kostbare Halsband erhalten! Nun dünkt es den Fliederbuschs an der Zeit, zu verschwinden, um so mehr, als die plötzliche bedrohliche Anwesenheit des Assessors Roland leicht zu einer Verhaftung führen könnte. Aber der Gerichtsdiener Kampel, der mit der Arretierung beauftragt ist, läßt sich von ihnen leicht auf eine andere Spur leiten, so daß schließlich beinahe der Fürst selbst als Hochstapler verhaftet wird. Das dreiste Paar aber reitet auf und davon.

2. Akt. In einem romantisch-festlich beleuchteten Park. Fürst Gilka hofft, durch Fliederbuschs Schlauheit wieder in den Besitz des echten Schmucks zu gelangen. Das heutige Künstler-Maskenfest scheint Fliederbusch gerade recht für seinen Plan, Mimi das Halsband abzunehmen. Bertha muß als marokkanische Zauberkünstlerin auftreten, und bei der Vorführung einiger Taschenspielerstückchen gelingt es ihr auch, den Schmuck Mimis an sich zu bringen und verschwinden zu lassen. Durch »Zauberei« aber erhält die verblüffte Mimi in einem versiegelten Brief das Halsband zurück – allerdings nicht mehr das Original, sondern eine getreue Nachahmung. Fliederbuschs werden für diese Leistung vom Fürsten in Dienst genommen, auch sorgt er bei Assessor Roland

für die Niederschlagung des Gerichtsverfahrens gegen die beiden.

Hält die Musik Ziehrers auch, vor allem im Hinblick auf die Qualität der Melodik, einen Vergleich mit Werken der klassischen Operettenmeister nur episodisch aus, so zeigt sie doch die liebenswürdigen Züge echten Wiener Musikantentums. Was ihm an Einfällen beschieden war, wußte Ziehrer gewandt und wirkungsvoll auszuwerten. Den vielen lustigen Situationen des Buches entspricht seine launige Musik durchaus. Besonders hübsch die Zauberszene der Bertha Fliederbusch und vor allem das Finale des 1. Aktes mit der einprägsamsten Walzerweise des Stücks, *Sei gepriesen, du lauschige Nacht.*

Richard Heuberger

* 18. Juni 1850 in Graz
† 28. Oktober 1914 in Wien

Der Komponist des »Opernball« war Ingenieur, ehe er sich ganz der Musik zuwandte. Daß er mit diesem Berufswechsel einer wirklichen inneren Berufung folgte, zeigt die Reihe der angesehenen Positionen, die er seit seinem 26. Lebensjahr im Wiener Musikleben einnehmen konnte. Er begann als Leiter des Wiener akademischen Gesangsvereins, wurde 1878 Dirigent der Wiener Singakademie, trat 1896 als bereits versierter und anerkannter Journalist die Nachfolge Eduard Hanslicks als Musikkritiker der Neuen Freien Presse an, übernahm 1902 ein Lehramt am Konservatorium und wirkte von 1902 bis 1909 als Chormeister des Wiener Männergesangvereins. Als Komponist trat der mit Brahms befreundete Künstler zunächst mit zahlreichen seriösen Schöpfungen hervor, so mit vier Opern, zwei Balletten, mit Liedern und Chormusik, mit Orchestersuiten, Orchestervariationen über ein Thema von Schubert und einer Sinfonischen Rhapsodie aus Rückerts *Liebesfrühling*. Als Schriftsteller legte er u. a. eine Schubert-Biographie, als Kompositionslehrer eine Neuausgabe von Cherubinis »Theorie des Kontrapunkts und der Fuge« vor. Heuberger war fast fünfzig Jahre alt, als er sich auch der Operette zuwandte. *Der Opernball* (1898) war seine erste und zugleich erfolgreichste Arbeit auf diesem Gebiet. Keine seiner fünf weiteren Operetten konnte sich längere Zeit auf der Bühne behaupten; nur die zweite, *Ihre Exzellenz* (1899), erreichte noch über 100 Aufführungen.

Der Opernball

Operette in 3 Akten. Text von Victor Léon (Victor Hirschfeld) und Heinrich v. Waldberg nach dem Lustspiel *Les Dominos roses* von Alfred Delacour und Alfred Hennequin (1876). Uraufführung am 5. Januar 1898 im Theater an der Wien, Wien.

Personen: Beaubuisson, Rentier (Kom.) – Palmyra, seine Frau (Alt) – Henri, sein Neffe, Marinekadett (Mezzosopr.) – Paul Aubier (Ten.) – Angèle, seine Frau, Madame Beaubuissons Nichte (Sängerin) – Georges Duménil (Ten.-Buffo) – Marguérite, seine Frau (Sängerin) – Hortense, Stubenmädchen bei Duménil (Soubr.) – Féodora, Chansonette – Philipp, Oberkellner – Germain, Diener – Drei Kellner.

Ort und Zeit: Paris um 1900, an zwei Karnevalstagen.

1. Akt. Salon bei Duménil. Paul Aubier aus Orléans ist mit seiner Frau Angèle zu Besuch bei Georges und Marguérite Duménil. Er möchte das Pariser Leben in vollen Zügen genießen und ist daher seinem erfahrenen Pariser Freund Georges für gute Ratschläge dankbar. Um ihre Nichte Angèle zu begrüßen, kommt auch Madame Beaubuisson mit ihrem Mann auf einen Sprung zu Duménils. Die prüde alte Dame ist wenig erbaut, auch ihren Neffen Henri hier zu sehen, der sich dem Stubenmädchen Hortense zu nähern versucht. In diesem Hause scheint es ihr etwas zu locker zuzugehen. Marguérite Duménil, die sich über ihren Georges keinen Illusionen hin-

gibt, findet Angèles rückhaltloses Vertrauen zu Paul sehr naiv und überredet sie, die Ehemänner doch einmal auf die Probe zu stellen, und zwar noch heute, auf dem Opernball. Hortense wird ins Vertrauen gezogen: Auf Briefpapier mit adeligem Wappen muß sie nach Marguérites Diktat zwei gleichlautende Briefe schreiben, durch die Georges und Paul zu einem Stelldichein mit einer anonym bleibenden Dame von Adel in die Oper eingeladen werden. Kennzeichen: ein *rosa Domino-Kostüm*. Hortense, die auch auf den Ball möchte, schreibt heimlich noch einen dritten Brief gleichen Inhalts und beschließt, einen abgelegten rosa Domino ihrer Gnädigen anzuziehen. Dann stellt sie die drei Briefe Georges, Paul und Henri zu. Scheinbar betrübt, läßt Paul daraufhin seine Angèle wissen, er müsse auf Grund eines Geschäftstelegramms nach Orléans zurück. Auch der alte Beaubuisson hat allerlei Pläne für heute abend.
2. Akt. Foyer der Pariser Oper. Im festlichen Maskengedränge des Opernballs tauchen bald alle beteiligten Gestalten auf: Beaubuisson am Arm der Chansonette Féodora, dann Henri, der in Hortense seinen rosa Domino gefunden hat, und Georges, der in Angèle die adelige Briefschreiberin zu erkennen glaubt, endlich auch Paul, der am Platz des Stelldicheins Marguérite begegnet. Angèle und Marguérite, die vereinbarungsgemäß ihre Männer getauscht haben, um sie zu beobachten, geben vor dem Eintritt in die bestellten Séparées dem Ober Weisung, bei dreimaligem Klingeln ihre Begleiter herauszubitten: denn sie wollen die vermutlich zu Zärtlichkeiten geneigten Männer rechtzeitig in Schranken halten. Beaubuisson, den seine fesche Begleiterin bald im Stich läßt, schreibt seiner Frau einen Brief, daß er die Nacht bei einem kranken Freunde wachen wolle. Ein Schreiben mit derselben faulen Ausrede schickt aber auch Henri seiner Tante Beaubuisson, um sein Fernbleiben von zu Hause zu begründen. Bald ertönen in den Séparées Klingelzeichen; Paul und Georges werden herausgerufen und wundern sich sehr, hier einander zu treffen. Auch Henri und Beaubuisson sehen sich von ferne und wollen sich nun Masken besorgen, um voreinander unerkannt zu bleiben. Inzwi-

schen entfernen sich die drei Rosa-Domino-Trägerinnen von ihren Begleitern, und in der Folge kommt es jetzt durch die Gleichheit ihrer Masken zu tollen Verwechslungen: Georges hält Hortense für seine Dame, küßt sie und verbrennt dabei mit der Zigarette ihren Domino. Marguérite sieht es und glaubt, Angèle lasse sich von *ihrem* Mann küssen; auch Paul verwechselt Hortense mit seiner bisherigen Begleiterin und zerreißt ihr in verliebtem Übereifer den Mantel: Angèle, die diese Begegnung beobachtet, denkt, daß es Marguérite sei, die sich mit ihrem Paul zärtlich abgebe. Denn von Hortenses Anwesenheit wissen ja beide Ehefrauen nichts. Schließlich stoßen in all dem Trubel plötzlich die vier Herren aufeinander. Die rosa Dominos aber sind entwischt.
3. Akt. Wieder im Salon bei Duménil. Hortense erinnert sich vergnügt ihrer Ballerlebnisse. Beaubuisson und Henri ängstigen sich vor der Wiederbegegnung mit Madame Beaubuisson, die aber gar keinen Verdacht hegt, denn sie hat die Lügenbriefe der beiden Ausreißer noch nicht erhalten. Georges findet zufällig einen leeren Bogen jenes Briefpapiers mit dem Adelswappen und durchschaut nun die List der Frauen. Paul, von ihm darüber aufgeklärt, macht nun der erstaunten Angèle Vorwürfe über ihren Ballbesuch, ehe er selbst von ihr zur Rechenschaft gezogen werden kann. Im Hin und Her der Debatten über die gestrigen Vorfälle geraten Paul und Georges so in Hitze, daß sie sich duellieren wollen. Die Frauen können allerdings durch ihre unversehrten Dominos beweisen, daß keine von ihnen die Dame war, deren Maske bei jenen zärtlichen Begegnungen im Ballsaal angebrannt und zerrissen wurde. Also muß noch eine dritte Rosa-Domino-Trägerin im Spiel sein! Und diese wird schließlich auch, als durch Henri das Geheimnis des dritten Einladungsbriefes bekannt wird, in der Person Hortenses entdeckt.

Der Opernball ist wohl das vornehmste und liebenswürdigste Werk der ausklingenden ersten Blütezeit der Wiener Operette. Heubergers Musik, mit meisterlichem Können und noblem Geschmack gestaltet, vermag auch den heutigen Hörer durch ihren graziösen Charme, ihr feines Sentiment, ihre geschmeidige Melodik und ihr anziehendes klangliches Kolorit zu entzücken. Ein prächtiges Stück ist schon die Ouvertüre, Höhepunkt der zärtlich-kantable Walzer *Komm mit mir ins Chambre séparée!*, den große Gesangsdiven, wie Elisabeth Schwarzkopf, geschätzt und mit höchster, adäquater Künstlerschaft interpretiert haben.

Rudolf Dellinger

* 8. Juli 1857 in Graslitz (Kraslice; Böhmen)
† 24. September 1910 in Dresden

Mit einem einzigen Werk nur, dem melodienreichen *Don Cesar*, ist Dellinger in die Geschichte der Operette eingegangen. Nach Studienjahren in seiner Heimat und in Prag wurde der Sohn eines Blasinstrumentenmachers zuerst Klarinettist, dann, 1880, Kapellmeister des Brünner Stadtorchesters. Von 1883 bis 1893 wirkte er als Kapellmeister am Carl-Schultze-Theater in Hamburg, dann in gleicher Eigenschaft am Residenztheater in Dresden. Nach seinem ersten Bühnenwerk, dem *Don Cesar*, schrieb Dellinger noch sechs Operetten, denen aber – mit Ausnahme von *Jadwiga* (1901) – dauerhafter Erfolg versagt blieb.

Don Cesar

Operette in 3 Akten. Text von Oscar Walther (Oscar Kunel) nach dem Schauspiel *Don César de Bazano* von Philippe Dumanoir. Uraufführung am 28. März 1885 im Carl-Schultze-Theater, Hamburg.

Personen: Der König (Ten.) – Don Fernandez de Mirabillas, Minister – Don Ranudo Onofrio de Calibrados, Archivar – Donna Uraca, seine Gemahlin – Don Cesar (Ten.) – Pueblo Escudero, Page der Königin (Soubr.) – Maritana (Sängerin) – Hauptmann Martinez – Ein Alkalde – Bürger und Bürgerinnen. Landleute. Soldaten. Mönche. Fischer. Pagen. Jagdgefolge. Dienerschaft.

Ort: In und bei Madrid.

1. bis 3. Akt. Bei einem Volksfest in Madrid findet der abenteuernd herumstreichende, durch eine Maske unkenntliche König Gefallen an der hübschen Zigeunerin Maritana. Sein Archivar Don Ranudo vermittelt die Begegnung des Mädchens mit dem unbekannten Edelmann, dessen Liebesbeteuerungen sie sich gerne anhört, dem sie aber auch sagt, daß der Weg zu ihrem Herzen nur über den Traualtar führe. Der Minister Fernandez, willfähriger Helfer seines stets bedenkenlos zur Verführung von Frauen geneigten königlichen Herrn, rät ihm nun, die Kleine mit irgendeinem Edelmann trauen zu lassen und sie dabei über die Person des Gatten zu täuschen – dann stehe seinen Wünschen nichts mehr entgegen. Für die Rolle des Pro-forma-Bräutigams scheint ihm niemand besser geeignet als der leichtsinnige Don Cesar, Graf von Irun, der soeben bettelarm von einer Reise durch die weite Welt zurückgekommen ist. Mit geheuchelter Freundlichkeit lädt der Minister den über solche Bevorzugung höchst Erstaunten zu sich ein. Während Don Cesar noch über die unerwartete Liebenswürdigkeit nachsinnt, begegnet ihm der junge Pueblo, der gerade mit seinen Freunden der reizenden Nichte des Archivars ein Ständchen (»Komm herab, o Madonna Teresa«) bringen will. Don Cesar schließt sich der Gruppe an, doch das Vergnügen nimmt jäh ein böses Ende: soeben hat die Stille Woche begonnen, in der alles Lärmen streng bestraft wird; es kommt zu einem Gefecht mit den Wachsoldaten – Don Cesar und Pueblo werden verhaftet. Der Minister, der die Szene beobachtet hat, freut sich, den Grafen auf diese Weise ohne Mühe in seine Gewalt bekommen zu haben. Er besucht den Eingekerkerten, den man kurzerhand, weil er einen Hauptmann verwundete, zum Tode verurteilt hat, und stellt ihm einen königlichen Gnadenakt in Aussicht: wenn er sich vor seiner Hinrichtung verheirate, werde er nicht gehenkt, sondern wie ein Edelmann – erschossen. Gleichgültig gegen alles, willigt Don Cesar ein. Man bin-

det ihm eine Maske vors Gesicht, und schon erscheint Maritana, tief verschleiert, zur Trauung. Trotz der höchst merkwürdigen Umstände glaubt sie, den Mann vor sich zu haben, der ihr gestern seine Liebe erklärte. Nach der Eheschließung wird sie auf ein Schloß bei Madrid gebracht, während man den Verurteilten zur Richtstätte führt. Glücklicherweise konnte der treue Pueblo die todbringenden Kugeln aus den Gewehren entfernen, so daß Don Cesar nur eine Schein-Hinrichtung erdulden muß und fliehen kann. Auf seiner Flucht gelangt er mit Pueblo in das Schloß, in dem sich Maritana jetzt aufhält. Die Freude über ihren Aufstieg zur Gräfin von Irun ist einer großen Beunruhigung gewichen, denn für den König, der ihr hier als ihr angeblicher Gatte gegenübertritt, empfindet sie keine Neigung; kalt weist sie ihn fort. Don Cesar trifft mit dem Minister zusammen, erzählt ihm arglos von seiner Befreiung und verlangt, daß man ihn mit seiner Frau wirklich bekanntmache. Fernandez versucht ihn zuerst zu täuschen, indem er die häßliche Gattin des Archivars als seine Braut ausgibt, dann bietet er ihm Geld, wenn er das Land sofort verlasse – schließlich aber will er ihn aufs neue verhaften lassen, denn eine Aussprache Don Cesars mit Maritana möchte er unter allen Umständen vereiteln. So muß der Unglückliche wieder flüchten. Pueblo klärt Maritana jetzt über das schändliche Intrigenspiel auf. Don Cesar, der heimlich nochmals ins Schloß zurückkehrt, um sie zu suchen, begegnet plötzlich dem König, der, zur Rede gestellt, seine schmählichen Absichten nicht länger verbergen kann und, zur Besinnung kommend, zum Guten einlenkt. Er selbst vereinigt nun das Paar und ernennt Don Cesar zum Gouverneur von Valencia.

Unter den Werken, die im Anschluß an große Vorbilder der klassischen Wiener Operette geschaffen wurden, verdient *Don Cesar* als eines der erfolgreichsten besondere Erwähnung (1350 Aufführungen in den ersten 25 Jahren nach seiner Entstehung!). Dellingers Musik ist in ihren besten Teilen von einer erfrischend unbeschwerten Munterkeit. Das Geschick, mit dem er große Ensemblesätze und dramatische

Szenen gestaltet, verrät einen gediegenen Könner. Das Ganze ist reich an eingängigen Melodien, geniale Einfälle darf man freilich in diesem epigonalen Stück nicht erwarten. Im Lyrischen neigt die Sprache des Komponisten zu einer gewissen sentimentalen Weichheit. Sehr bekannt wurde das Ständchen *Komm herab, o Madonna Teresa.*

Heinrich Berté

* 8. Mai 1857 in Galgócz (Ungarn)
† 24. August 1924 in Perchtoldsdorf

Der Name des Komponisten Berté lebt durch ein Werk fort, das keine Melodie von ihm selbst enthält. Sein Leben lang hat er mit Operetten und Balletten vergeblich den großen Erfolg gesucht, bis er ihn, mit fast sechzig Jahren, endlich errang, als er *Das Dreimäderlhaus* herausbrachte, für das er Schubertsche Musik benutzte – oder, besser gesagt, auf ausdrücklichen Wunsch der Theaterdirektion verwenden mußte. So wurde Bertés Erfolg eigentlich zu einem späten, volkstümlichen Sieg Franz Schuberts, denn vielen ist dieser große Meister der Wiener Romantik damals erst durch *Das Dreimäderlhaus* wirklich bekannt und vertraut geworden. Für die Beliebtheit des Stücks zeugt die Tatsache, daß es schon in den ersten fünf Jahren nach seinem Erscheinen auf deutschen Bühnen 7788 Aufführungen erlebte. Es war der stärkste Operettenerfolg seit Lehárs *Lustiger Witwe.* – Die dem *Dreimäderlhaus* widerfahrene Publikumsgunst reizte in der Folge auch andere Musiker zu einer weiteren Auswertung Schubertscher Werke in der Fortsetzung des einmal bewährten Verfahrens (*Hannerl* von Lafite, 1917; *Annemarie* von Egger, 1917; *Der Musikus von Lichtenthal* von Heinrich Bertés Neffen Emil Berté), ganz zu schweigen von den gleichzeitigen Versuchen, auch die Musik anderer Meister (Mozart, Beethoven, Schumann, Liszt) für Operetten auszuwerten.

Das Dreimäderlhaus

Operette in 3 Akten. Text von Alfred Maria Willner und Heinz Reichert nach dem Roman *Schwammerl* von Rudolf Hans Bartsch (1912). Uraufführung am 15. Januar 1916 in Wien.

Personen: Franz Schubert (Ten.) – Baron Schober, Dichter (Ten.) – Moritz v. Schwind, Maler – Kupelwieser, Zeichner – Joh. Mich. Vogl, Hofopernsänger – Graf Scharntorff, dänischer Gesandter – Christian Tschöll, Hofglasermeister (Baß) – Maria Tschöll, seine Frau – Hederl, Haiderl und Hannerl, ihre Töchter (Sängerinnen) – Giuditta Grisi, Hoftheatersängerin (Soubr.) – Andreas Bruneder, Sattlermeister – Ferdinand Binder, Posthalter – Nowotny, ein Vertrauter – Frau Brametzberger, Hausbesorgerin – Ein Kellner – Schany, Piccolo – Rosl, Stubenmädchen der Grisi – Musikanten. Kinder. Mägde. Damen und Herren. Gendarmen.

Ort und Zeit: Wien, 1826.

1. Akt. Hof in Schuberts Wohnhaus. Schubert empfängt seine Freunde Vogl, Schwind, Kupelwieser und Schober zu einem lustigen Zechen und Schmausen. Dabei kommt die Rede auf die berühmte Sängerin Grisi, die eine Beziehung zu dem dänischen Gesandten Scharntorff unterhält, aber auch mit Baron Schober, dem heiteren Lebemann des Schubertschen Freundeskreises, zärtlich verbunden ist. Während man noch plaudernd beisammensitzt, kommt Hannerl Tschöll mit ihren Schwestern Haiderl und Hederl, die sich hier, unter Hannerls Aufsicht, mit ihren heimlichen Verlobten Bruneder und Binder treffen. Aber Vater Tschöll ist ihnen schon auf der Spur, und in der Angst, entdeckt zu werden, wendet sich Hannerl an Schober um einen guten Rat. Er rät ihr, dem Vater zu sagen, sie hätte mit ihren Schwestern den Meister Schubert aufgesucht, um Gesangsstunden mit ihm zu vereinbaren. Hannerl bespricht sich daraufhin ganz ernsthaft mit Schubert wegen des Unterrichts. Tschöll glaubt auch, was man ihm erzählt. Schober spricht nun mit ihm so geschickt über die Heiratsaussichten seiner Töchter, daß er schließlich nicht mehr nein sagt, als ihm Haiderl und Hederl ihre Verlobten vorstellen. Beim Ab-

Johann Strauß: Der Zigeunerbaron
Opernhaus Zürich

Karl Millöcker: Der Bettelstudent
Opernhaus Halle

schied von Hannerl fühlt Schubert, daß ihre innige Herzlichkeit wohl mehr seiner Musik als ihm selbst galt.
2. Akt. Bei Tschöll. Vogl trägt bei der Doppelhochzeitsfeier Haiderls und Hederls mit großem Erfolg Schuberts *Erlkönig* vor. Den Beifall lenkt er bescheiden auf den Komponisten, der von seinem Leben und Schaffen erzählt. Hannerl hat seit drei Monaten bei ihm Unterricht und ist ihm aufrichtig zugetan. Schubert aber ist zu schüchtern, um ihr von seinen Gefühlen zu sprechen. Unter den Gästen taucht plötzlich die Grisi auf, die eifersüchtig vermutet, daß Franz v. Schober dem Hannerl den Hof mache. Hinter ihr erscheint der Spitzel Nowotny, der im Auftrag des mißtrauischen Grafen Scharntorff die Grisi beobachten soll. Intrigant warnt diese nun das Hannerl vor dem Schwerenöter Franz. Damit meint sie natürlich Schober, doch das ahnungslose Mädchen mißversteht sie und glaubt, die Sängerin spreche von Franz Schubert; enttäuscht wendet sie sich daher innerlich von ihm ab. Später, als die Gäste und die jungen Paare das Haus verlassen haben und Schubert mit Schober den alleingebliebenen Eltern Gesellschaft leisten wollen, bittet Schubert seinen Freund, dem Hannerl das für sie komponierte Liebeslied *Ich schnitt es gern in alle Rinden ein* vorzusingen. Schober geht darauf ein, aber Hannerl faßt den Gesang als eine Liebeserklärung Schobers auf und erwidert die vermeintliche Werbung mit einem stürmischen Bekenntnis ihrer Neigung für den Sänger. Während Schubert trauernd verzichtet, freut sich Schober der unerwarteten Gunst des reizenden Mädchens.
3. Akt. In Hietzing. Schober und Hannerl haben sich verlobt. Schubert soll der Grisi beibringen, daß zwischen ihr und Schober alles zu Ende sein muß. Dem Hannerl zulieb will er es gerne tun. Er leidet unter der Enttäuschung; aber er hat ja seine geliebte Musik! Zu spät erfährt er von Hannerl selbst, daß eigentlich das Gerede der Grisi an allem schuld war.

Aus dem großen Schatz an wahrhaft volkstümlichen Melodien, der in Schuberts Liedern, Orchesterwerken, Klavierstücken, Tänzen und Märschen geborgen ist, hat Berté das musikalische Material für sein Singspiel genommen. Man darf ihm zubilligen, daß er dabei mit Geschick verfahren ist; auch haben die Textautoren die biedermeierliche Umwelt des Meisters treffend zu charakterisieren versucht. Dennoch bleibt es wenig erfreulich, den Menschen Schubert in sentimentaler Verkleinerung und einen kostbaren Teil seiner Musik, oft aus dem ursprünglichen Zusammenhang gerissen, für billige Theaterwirkungen verwendet zu sehen. Übrigens hat schon lange vor Berté, 1864, Franz von Suppé ein komisches Liederspiel *Franz Schubert* verfaßt, für das er gleichfalls Originalmelodien verwendete.

Sidney Jones

* 17. Juni 1861 in London
† 29. Januar 1946 in London

Sidney Jones begann seine Laufbahn als Militärkapellmeister, betätigte sich später als Dirigent einer reisenden Singspiel-Gesellschaft, die mit Sullivans »Mikado« überall in Europa Erfolge feierte, und wurde 1905 Leiter des Empire-Theaters in London. Die Folge seiner zehn Operetten eröffnete er 1893 mit *A Gaiety Girl*. Sein drittes Werk, *The Geisha*, wurde sein berühmtestes und war um die Jahrhundertwende einer der größten damaligen Operettenerfolge. Allein in Berlin wurde das hübsche Stück im Verlauf von knapp acht Jahren tausendmal gegeben. Alle anderen seiner Werke blieben wenig beachtet, selbst der Name des Komponisten ist lange vor seinem Tode in Vergessenheit geraten.

Die Geisha

The Geisha

Eine japanische Teehausgeschichte in 2 Akten von Owen Hall und Harry Greenbank. Deutsch von Curt Max Roehr und Julius Freund. Uraufführung im April 1896 in Daly's Theatre, London. Deutsche Erstaufführung am 1. Mai 1897 im Lessing-Theater, Berlin.

PERSONEN: O Mimosa San, Geisha, Sängerin im Teehaus (Sopr.) – Juliette, eine Französin, als Teemädchen im Teehaus angestellt (Soubr.) – Constance Wynne, eine englische Lady, die in ihrer Jacht die Welt bereist (Sopr.) – Miß Molly Seamore und andere Freundinnen der Lady – Reginald Fairfax (Ten.), Dick Cunningham, Arthur Cuddy und George Grimston, Offiziere des Schiffs »Schildkröte« – Tommy Stanley, Seekadett – Leutnant Katana von der kaiserlich japanischen Artillerie (Ten.) – Marquis Imari, Polizeipräfekt und Gouverneur einer Provinz – Wun-Hi, ein Chinese, Eigentümer des Teehauses »Zu den 10 000 Freuden« (Kom.) – Geishas. Dienerinnen. Kulis. Wachen. Eine japanische Brautjungfer.

ORT UND ZEIT: Japan, einige Jahre vor 1900.

1. Akt. Platz vor dem Teehaus. Wun-Hi, der Besitzer des beliebten Teehauses, freut sich seines Engagements der attraktiven Geisha O Mimosa San, deren süße Stimme alle bezaubert. Es wäre ihm peinlich, wenn er sie wieder verlieren müßte, aber der Polizeipräfekt Imari hat sich's in den Kopf gesetzt, sie zu heiraten. Lieber als ihn sieht Wun-Hi die freigebigen englischen Seeoffiziere, die gerade ankommen. Leutnant Fairfax hat seinen Kameraden von diesem Teehaus vorgeschwärmt und freut sich, Mimosa wiederzusehen. Sie widmet ihm alle Aufmerksamkeit, wie es ihr Beruf als Geisha verlangt, ihr Herz aber gehört dem japanischen Leutnant Katana. Zu seinem Ärger sieht sich Fairfax bei seinem Flirt mit Mimosa plötzlich von Lady Wynne gestört, die ihn entrüstet an seine Verlobung mit Molly Seamore erinnert. Unangenehmer wirkt sich das Erscheinen Imaris aus: erbittert über das Zusammensein Mimosas mit dem englischen Leutnant fordert er von Wun-Hi die sofortige Trennung des Paars, und als dieser Befehl nichts fruchtet, verfügt er die Schließung des Teehauses und die öffentliche Versteigerung der Geishas. Bei dieser Auktion hofft er Mimosa durch Kauf für sich zu gewinnen. Dazu kommt es jedoch nicht, denn Juliette, eine charmante Französin, die im Tee-

haus als Dolmetscherin beschäftigt ist, möchte selbst die Gunst Imaris erringen und rät daher Lady Wynne, Mimosa für sich zu erwerben. Auch Molly Seamore hat sich eingefunden. Von Fairfax wird sie zwar herzlich wie immer begrüßt, aber sie ist doch beunruhigt über seine Beziehung zu der kleinen Japanerin. Sie kommt mit Mimosa selbst ins Gespräch, und diese sagt ihr tröstlich, wie harmlos im Grunde die Flirts im Teehaus seien: sie könne sich selbst davon überzeugen, wenn sie sich ein paar Stunden, als Geisha verkleidet, dort aufhalte. Schon beginnt die Versteigerung. Es glückt Lady Wynne, die verängstigte Mimosa vor dem Zugriff des Polizeipräfekten zu bewahren. Juliette freut sich, weil sie nun den Weg zu Imari für sich frei sieht. Aber da entschließt dieser sich doch noch zum Kauf einer Geisha – allerdings einer falschen: der verkleideten Molly! Mimosa muß jetzt Lady Wynne folgen, traurig nimmt sie noch von ihrem Liebsten, Katana, Abschied.

2. Akt. Vor Imaris Palast. Imari hat die Absicht, die ersteigerte »Geisha« zu heiraten. Bestürzt erkennt Molly, in welche Lage sie ihr Abenteuer gebracht hat. Fairfax und Lady Wynne, die zum Chrysanthemenfest eingeladen sind, erfahren erst jetzt, was Molly droht. Da es für die Landfremden unmöglich ist, etwas für die Befreiung der im Palast verborgen Gehaltenen zu tun, nehmen sie gerne Juliettes und Wun-His Unterstützung an. Auch Mimosa zeigt sich hilfsbereit. Als Wahrsagerin verkleidet, beredet sie den über ihre unglücklichen Prophezeiungen erschreckten Imari, ihr den Eintritt in die Gemächer seiner Braut zu gestatten: sie will ihr durch einen Zaubertrank jene wahre Liebe einflößen, die Imari vor dunkler Zukunft bewahren kann. So gelangt sie in den Palast zu Molly, die nun von Wun-Hi europäische Kleider bekommt, während Juliette in das Brautgewand schlüpft. Erst nach der Trauung, als sich die Braut entschleiert, wird Imari gewahr, daß er getäuscht wurde, ist jetzt aber auch mit der hübschen Französin zufrieden. Mollys Flucht ist geglückt, und entzückt schließt Fairfax sie wieder in seine Arme. Mimosa erhält von Lady Wynne die Freiheit und kann nun ihrem treuen Katana ganz angehören.

Wie Sullivans *Mikado* spielt auch diese englische Operette im Fernen Osten, und auch Sidney Jones hat es auf seine Weise gut verstanden, mit den Mitteln einer burlesken und graziösen Musik das japanische Milieu, wie es der Europäer um 1900 sah und empfand, zu schildern. Das Werk fügt sich aus einer großen Zahl von kleinen Liedern, Ensemble- und Chorsätzen von durchweg frischer, gefälliger Erfindung zu einem wirklich lustigen, stilistisch und stimmungsmäßig einheitlichen Ganzen zusammen. Bemerkenswert und auf die moderne Entwicklung der Operette und Tanzmusik vorausweisend ist die häufige Verwendung der Synkope als eines belebenden rhythmischen Elements, die Bevorzugung geradtaktiger Rhythmen vor dem – allerdings nicht ganz verschmähten – Dreivierteltakt des Walzers und die Vorliebe für tänzerische Nachspiele zu einzelnen Stücken. Von den Melodien der *Geisha* waren einst der Walzer der Mimosa *O tanz, du kleine Geisha du* und Wun-His Song *Chin-Chin-Chinamann* sehr populär, bekannt aber auch das Kußduett (Mimosa / Fairfax) *Wenn im ganzen Inselreiche*, der schlagkräftige Marsch, der den 2. Akt einleitet, Mollys *Lied vom Kletteraffen* (das allerdings eine Komposition von Lionel Monckton ist) und ihr *Lied vom boshaften Papagei.*

Paul Lincke

* 7. November 1866 in Berlin
† 3. September 1946 in Clausthal-Zellerfeld (Harz)

Paul Lincke, »der Berlinerischste unter den Berliner Komponisten«, war der Sohn eines Magistratsbeamten. Seine musikalische Ausbildung erhielt er an der Musikschule in Wittenberge, wo er vor allem Violine und Fagott spielen lernte. Schon als 18jähriger begann er in Berlin seine Kapellmeisterlaufbahn, die ihn schließlich 1893 an das Apollo-Theater führte. Als Komponist errang er – nach einer Reihe von Einaktern und Possen – mit der Ausstattungs-Operette *Venus auf Erden* 1897 seinen ersten durchschlagenden Erfolg. Dann ging Lincke für zwei Jahre als Kapellmeister an das Varieté »Folies-Bergère« nach Paris, kehrte aber nach dieser Episode 1899 für immer nach Berlin zurück. Hier entstanden nun in rascher Folge seine beliebtesten Werke: 1899 *Frau Luna*, 1900 *Fräulein Loreley*, 1902 *Lysistrata* (mit dem *Glühwürmchen-Idyll* als Hauptschlager), im gleichen Jahr *Nakiris Hochzeit* (mit der *Siamesischen Wachtparade*), 1905 *Prinzessin Rosine*, 1908 die Revue *Donnerwetter – tadellos!*, 1909 *Hallo! die große Revue!*, 1911 *Grigri* und 1913 *Casanova*. Linckes letzte Operette *Ein Liebestraum* erschien 1940 im Hamburger »Theater an der Reeperbahn«. Sie bedeutete, nach einer Wiederbelebung seiner Werke während der Dreißiger Jahre und Jahrzehnten des Schweigens als Operettenkomponist, einen endgültigen Abschied Linckes von diesem Genre und eigentlich das Ende der Operette überhaupt. Nach wie vor beliebt sind seine zu Schlagern gewordenen, als »typisch berlinerisch« empfundenen Einzelnummern, wie *Das ist die Berliner Luft* und das *Glühwürmchen*.

Frau Luna

Operette in 2 Akten (11 Bildern) von Heinrich Bolten-Baeckers. Uraufführung am 1. Mai 1899 im Apollo-Theater, Berlin.

PERSONEN: Fritz Steppke (Ten.-Buffo) – Lämmermeier, Schneider – Pannecke, Rentier – Frau Pusebach – Marie, ihre Nichte (Soubr.) – Frau Luna (Sängerin) – Mars – Venus – Prinz Sternschnuppe – Stella, Lunas Zofe – Theophil – Mondgroom – Sterne. Mondschutzmänner.

ZEIT: Um 1900.

1. Akt. 1. Bild. In Steppkes Mansardenzimmer. Seit der Mechaniker Fritz Steppke zu etwas Geld gekommen ist, befaßt er sich mit der Konstruktion eines Ballons, der für eine Fahrt zum Mond taugt. In dem Schneider Lämmermeier und dem Ren-

tier Pannecke hat er begeisterte Freunde seines Unternehmens gefunden. Aber seine Hauswirtin Frau Pusebach will nichts von solchen Hirngespinsten wissen, ärgert sich, daß ihr Bräutigam Pannecke sich auf diese Sache einläßt, will auch ihre Nichte Marie dem Steppke nicht mehr zur Frau geben und kündigt ihm. Auch Marie selbst machen Steppkes Träumereien Sorge. Ihre mahnenden Worte stimmen ihn nachdenklich. Er legt sich schlafen. Ist es ein Traum, was er nun erlebt? . . . Zur Mondfahrt gerüstet, kommen seine beiden Kameraden ins Zimmer. Steppke ermuntert sich und macht sich mit ihnen auf. – 2. Bild. Entsetzt sieht die Pusebach die drei Männer über die Dächer davonklettern und eilt ihnen mit Marie nach. – 3. Bild. Im Flughafen besteigen die »Astronauten« den schon startbereiten Ballon. Vergebens will Frau Pusebach Pannecke aufhalten. Schon schwebt der Ballon hoch; sie kann sich gerade noch an der Gondel anklammern und fliegt mit. – 4. Bild. Zur Melodie des Walzers *Ach Frühling, wie bist du so schön* sieht man den Ballon durch die Wolken dem Mond zufliegen. – 5. Bild. Vorhof zum Mond. Mondelfen putzen das blinkende Felsgestein. Theophil, der hier als Ordnungsmann für das Auf- und Untergehen des Monds zu sorgen hat, erinnert sich eines kleinen Abenteuers, das er kürzlich während einer Mondfinsternis bei einem Ausflug auf die Erde im Berliner Tiergarten hatte. Hier oben aber gehört seine Neigung Stella, der Zofe Frau Lunas. Eben kommen die Mondfahrer an. Theophil empfängt sie nicht sehr freundlich: »In alles stekken die Berliner ihre Nasen!« Als er gar in Frau Pusebach seine Bekanntschaft vom Tiergarten wiedererkennt, bemüht er sich, aus Angst vor Stella, die Gesellschaft schleunigst loszuwerden, und läßt sie von Mondschutzmännern verhaften. Die Pusebach aber droht ihm mit einem Krach, falls er nicht dafür sorge, daß sie und Pannecke gleich wieder zur Erde zurückgebracht werden. Er verspricht Hilfe durch den Prinzen Sternschnuppe, der gerade in seinem Sphärenauto ankommt, um wieder einmal um die ihm bisher versagte Gunst Frau Lunas zu werben. Die Mondbesucher werden indes einem Verhör unterzogen und erinnern sich in dieser noch ungastlichen Gegend vergnügt ihrer »Berliner Luft«.

2. Akt. 6. Bild. Prunksaal Frau Lunas. Die Mondbeherrscherin, bei der gerade Venus und Mars zu Gast sind, freut sich sehr über die Besucher aus Berlin, die jetzt die Pracht ihres Hofes bestaunen und sich wundern, statt dem erwarteten »Mann im Mond« Frau Luna zu sehen. Diese faßt gleich eine besondere Zuneigung zu Steppke, zieht sich ihr schönstes Kleid an und führt ihn mit sich fort. – 7. Bild. Der wieder einmal abgeblitzte, verärgerte Prinz Sternschnuppe bespricht sich mit Theophil, wie er sich doch noch einmal Frau Luna nähern könnte. – 8. Bild. In Lunas Boudoir. Mit verführerischer Koketterie sucht Luna Steppke zu betören, er aber verliert sich in sehnsüchtigen Gedanken an seine Heimat und sein Mariechen. Mit geheimnisvoller Macht nötigt sie ihn jedoch, ihr in den Sternengarten zu folgen, (9. Bild) wo ihm die Tänze der Rosenelfen und des Luftballetts alle Sinne verwirren. – 10. Bild. Prinz Sternschnuppe erkennt, daß seine Bemühungen umsonst sind, und will abfahren. Da rät ihm Theophil, Mariechen heraufzubringen. Frau Pusebach sieht entrüstet ihren Pannecke mit einem Sternmädel herumspazieren. Auch Theophil bangt um die Treue seiner Stella, der sich Lämmermeier zu nähern versucht. Beinahe kommt es zum Krach, aber: »Dazu ist immer noch Zeit, wenn die Welt mal untergeht!« ruft Pannecke. – 11. Bild. Luna hat Steppke zu einem festlichen Sektgelage eingeladen. Schon glaubt sie ihn gewonnen zu haben, da kommt, gerade als er sie küssen will, Sternschnuppe mit Mariechen an, und Steppke eilt beglückt in ihre Arme. Frau Luna muß sich damit abfinden und erhört jetzt endlich den Prinzen. Die Berliner kehren zur Erde zurück, und zwar in Sternschnuppes Sphärenauto: denn der Ballon ist geplatzt.

Mit *Frau Luna* beginnt die Geschichte der eigenständigen Berliner Operette, deren Entwicklung in den folgenden Jahrzehnten vor allem mit den Namen Paul Lincke, Victor Holländer, Rudolf Nelson, Jean Gilbert, Walter Kollo, Leon Jessel, Walter Goetze, Hugo Hirsch und Robert Gilbert verknüpft erscheint. In seinem von Schwank- und Possenelementen durchsetzten Singspiel hat Lincke erstmals jenen im

Lustigen wie im Sentimentalen so bezeichnenden Berliner Ton kräftig angeschlagen, der seitdem als charakteristische Nuance lange zum Wesen deutscher »Schlager«-Musik gehörte. Erschienen im Todesjahr von Johann Strauß und damit zugleich nicht nur am Ende der von den Wiener Meistern bestimmten sogenannten klassischen Epoche der Operette, sondern auch in einem Zeitpunkt des Versiegens der ehedem unerschöpflich scheinenden Wiener Produktionsquelle, stand 1899 für ein Stück mit so ansprechender Musik wie *Frau Luna* der Weg zum großen Erfolg in jeder Hinsicht offen. Der Wert des Werkes liegt nicht in einer künstlerischen Form von bemerkenswertem Rang, sondern primär in den sehr einprägsamen, jedermann bekannten Melodien, von denen man sich nur die populärsten in Erinnerung zu rufen braucht, um eine Vorstellung von der Art dieses Singspiels und von der treffsicheren Erfindungsweise Paul Linckes zu bekommen – man denke an die Walzer *Schlösser, die im Monde liegen*, *O Theophil, o Theophil* und *Lose, muntre Lieder singt man voller Lust* oder an Stücke wie *Schenk mir doch ein kleines bißchen Liebe, Liebe*, *Laß den Kopf nicht hängen* und *Das macht die Berliner Luft.*

Georg Jarno

* 3. Juni 1868 in Ofen (Budapest)
† 20. Mai 1920 in Breslau

Georg Jarnos stärkste Erfolge waren seinerzeit *Die Förster-Christl* (1907) und *Das Musikantenmädel* (1910). Eine sehr freundliche Aufnahme fanden aber auch seine Operetten *Das Farmermädchen* (1913) und *Jungfer Sonnenschein* (1918), während die Stücke *Die Marine-Gustl* (1912), *Mein Annerl* (1916), *Der Goldfisch* (1909) und die im Jahr vor seinem Tode erschienene *Csikosbaroneß* nur vorübergehend

Interesse erregten. Viel zum Erfolg seiner Werke trug die ausgezeichnete Darstellung der Titelpartien durch seine Schwägerin, die berühmte Wiener Soubrette Hansi Niese, bei. Jarno liebte es, in seinen Operetten bekannte historische Persönlichkeiten handelnd einzuführen, so in der *Förster-Christl* Kaiser Joseph II., in *Jungfer Sonnenschein* den Prinzen Eugen, im *Musikantenmädel* Joseph Haydn. Seinem Schaffen im leichteren Genre ging die Komposition von drei Opern voraus, mit denen er sich allerdings nicht durchsetzen konnte (*Die schwarze Kaschka* [1895], *Der Richter von Zalamea*, nach Calderón [1899], und *Der zerbrochene Krug*, nach Kleist, [1903]). Sein Lebensweg führte ihn, ehe er sich in Wien als Freischaffender niederließ, nach Budapester Studienjahren als Theaterkapellmeister nach Bremen, Gera, Halle, Metz, Liegnitz, Chemnitz und Magdeburg sowie als Opernregisseur nach Bad Kissingen.

Die Förster-Christl

Operette in 3 Akten. Text von Bernhard Buchbinder. Uraufführung am 17. Dezember 1907 im Theater in der Josefstadt, Wien.

Personen: Kaiser Joseph II. – Graf Kolonitzky, Generaladjutant – Graf Gottfried v. Leoben, Obersthofmeister – v. Reutern, Kammerherr – Baronesse Agathe v. Othegraven, Hofdame – Graf Sternfeld, Hauptmann – Komtesse Josefine, seine Schwester (Sängerin) – Franz Földesy, Gutsverwalter bei Sternfeld (Ten.) – Hans Lange, Förster – Christine, seine Tochter (Soubr.) – Peter Walperl (Buffo) – Minka, Zigeunerin – Damen und Herren des Hofes. Gendarmen. Gardisten. Lakaien. Bürger und Bauern. Zigeunermusikanten.

Ort und Zeit: An der ungarischen Grenze und in Wien, 1764.

1. Akt. Waldlichtung vor dem Forsthaus. Der Förster Hans Lange feiert seinen 70. Geburtstag. Da finden sich viele Gäste ein. Graf Sternfeld begegnet auf dem Weg zur Försterei der Zigeunerin Minka, die ihm erzählt, daß die Försters-

tochter Christl seinen Gutsverwalter Földesy gern bei sich sähe, der sei aber wohl nicht mehr frei, da er sich der Gunst Komtesse Josefines, der Schwester des Grafen, erfreue. Empört über diese Mitteilung eilt der Graf fort. Auch der komische Schneidergesell Peter Walperl taucht heute hier auf: er möchte gern die Christl als Frau gewinnen und erzählt dem Förster aufschneiderisch von seinen Beziehungen zum kaiserlichen Hof in Wien. Die Christl, ein resolutes, aber zartfühlendes Mädchen, trifft beim Heimkommen einen fremden Jäger, der unbefugt im Revier geschossen hat. Sie ahnt nicht, daß es der junge Kaiser Joseph ist, schimpft ihn aus, nimmt seine Uhr als Pfand für eine fällige Strafe und sagt ihm frei ihre Meinung über den Kaiser und den Hof in Wien. Ihm gefällt das muntere, energische Mädchen. Von der koketten Komtesse Josefine verfolgt, kommt auch Földesy zum Forsthaus. Graf Sternfeld tritt erregt zwischen die beiden, und mit Mühe kann Christl Tätlichkeiten verhindern. Földesys Liebe gehört nur der Christl, die ihm jedoch bisher kein Gehör geschenkt hat. Als er aber jetzt beim Förster um ihre Hand anhält, will sie ihm doch ihr Jawort geben. Da stürzt der betrunkene, vor Eifersucht verwirrte Walperl herbei und schilt Földesy einen Deserteur. Und dieser muß gestehen, daß er vor Jahren einen Leutnant, den Verführer seiner Schwester, geschlagen habe und darum fahnenflüchtig wurde. Der Graf läßt ihn verhaften. Die erschütterte Christl will sofort zum Kaiser nach Wien, um Gnade für ihn zu erflehen. Walperl, der sein unbedachtes Schwätzen schon bereut, muß mit, denn sie glaubt, er könne ihr bei Hofe die Wege ebnen.

2. Akt. Saal in der Wiener Burg. Christl sucht ängstlich eine Möglichkeit, den Kaiser zu sprechen. Zufällig begegnet er ihr, läßt ihr den Glauben, er sei der Jäger, mit dem sie im Wald den Zusammenstoß hatte, und verspricht ihr, eine Audienz zu vermitteln. Die lauernden Hofschranzen meinen, sie sei eine Geliebte des Kaisers, behandeln sie daher sehr zuvorkommend und weihen sie in das Hofzeremoniell ein. Dann wird sie zur Audienz geführt und erkennt mit Schrecken, daß jener Jäger der Kaiser war. Er besiegt aber ihre Scheu und gewährt ihre Bitte um Gnade für Földesy, denn er hat eine Neigung

zu ihr gefaßt und will sie glücklich sehen. Als sie dann aber Földesy wieder gegenübersteht, verhält sie sich abweisend: sie hat ihr Herz an den Kaiser verloren und ist selig, als dieser sie beim Hofball zum Tanz auffordert.
3. Akt. Zimmer im Forsthaus. Ganz verzaubert von ihren Erlebnissen in Wien ist Christl nach Hause zurückgekehrt. Mehr denn je sträubt sie sich gegen die Ehe mit Földesy. Da kommt der Kaiser selbst noch einmal zu ihr. Seiner Neigung darf er ja nicht folgen, und den Tratsch, zu dem sein harmloses Herzens-Einverständnis mit Christl führte, muß er aus der Welt schaffen. Er rät ihr, Földesy, den er zum Oberförster ernannt hat, zu heiraten, und schenkt ihr zum Abschied einen Ring. Tapfer verwindet sie ihren Schmerz, nimmt ihr Erlebnis als einen schönen Traum in die Zukunft mit und reicht endlich Földesy die Hand fürs Leben.

Mit dem *Walzertraum* von Oscar Straus und den ersten Werken von Leo Fall – dem *Fidelen Bauern* und der *Dollarprinzessin* – gehört *Die Förster-Christl* zu den Erfolgsoperetten des Jahres 1907. Wie Edmund Eysler und Leo Ascher fühlt sich auch Jarno der Tradition der älteren Wiener Operette verbunden; in der Erfindung neigt er besonders zu der volkstümlichen Art Carl Zellers. Bemerkenswert gut ist ihm im 2. Akt die Charakterisierung der höfischen Gesellschaft und ihres Gegensatzes zum Wesen des frischen Volkskinds Christl gelungen. Das Marschlied *Herr Kaiser, Herr Kaiser, du liebe Majestät*, der Csárdás *Steht ein Mädel auf der Puszta* und vor allem die einprägsamen Walzer *Ich tu nur bös, bin sonst fidel*, *Will ich einen Liebsten haben*, *Ein Mädel ohne jeden Fehl* und *Gebt mir die Geigen der ganzen Welt* sind tanzmelodische Stimmungshöhepunkte des Werkes.

Oscar Straus

* 6. März 1870 in Wien
† 11. Januar 1954 in Bad Ischl

Im gleichen Jahr wie Franz Lehár geboren, hat sich Oscar Straus früh zu einem der feinsten und originellsten Meister seiner Generation entwickelt. Wie viele andere Operettenkomponisten, widmete auch er sich, ehe er zum leichten Genre überging, der ernsten Musik. Er machte seine Studien bei Adolf Prosniz und Hermann Graedener in Wien, dann – wie Künneke – bei Max Bruch in Berlin und schrieb vor der Jahrhundertwende u. a. eine Ouvertüre zu Grillparzers *Der Traum ein Leben*, eine Serenade für Streichorchester und eine Violinsonate. Zwischen 1895 und 1900 war er auch Theaterkapellmeister in Brünn, Teplitz, Mainz und Berlin. Dann aber wurde er 1901 musikalischer Leiter von Ernst v. Wolzogens »Überbrettl«, und hier offenbarte sich seine große Sonderbegabung in humorvollen Kabarettstücken wie *Der lustige Ehemann*, *Die Haselnuß* und, auf einen Text Detlev von Liliencrons, *Die Musik kommt*. 1927 ging er zurück nach Wien, 1938 nach Paris und emigrierte schließlich in die USA. 1948 ist er nach Europa zurückgekommen. Als Operettenkomponist führte er sich mit zwei Werken ein, in denen Offenbachs satirisch-parodistische Art in neuer Form auflebte, mit den *Lustigen Nibelungen* (1904) und *Hugdietrichs Brautfahrt* (1906). 1907 errang er den wohl größten Erfolg seines Lebens mit *Ein Walzertraum*. Aus der großen Zahl seiner späteren Werke, in denen zum Teil der ursprünglich bei ihm vorherrschende Walzerrhythmus von modernen Tanzformen verdrängt wurde, seien erwähnt *Der tapfere Soldat* (1908, nach George Bernard Shaws *Helden*; in Amerika unter dem Titel *The Chocolate Soldier* beliebt geworden), *Der letzte Walzer* (1920), *Teresina* (1925), *Eine Frau, die weiß, was sie will* (1932), *Drei Walzer* (1935), *Ihr erster Walzer* (1950) und *Bozena* (1952). Geschätzt und gerühmt wurde zuletzt seine Musik zu dem Film *Der Reigen* von Max Ophüls nach Arthur Schnitzler (1950).

Ein Walzertraum

Operette in 3 Akten. Text von Felix Dörmann und Leopold Jacobson nach der Novelle *Nur der Prinzgemahl* in Hans Müllers *Buch der Abenteuer* (1905). Uraufführung am 2. März 1907 im Carl-Theater, Wien. Erstaufführung der Neufassung am 29. Juni 1951 in der Bayerischen Staatsoperette, München.

Personen: Joachim XIII., regierender Fürst von Flausenthurn – Prinzessin Helene, seine Tochter (Sängerin) – Graf Lothar, Vetter des Fürsten (Buffo) – Leutnant Niki (Ten.) – Leutnant Montschi – Friederike v. Insterburg, Oberkammerfrau – Wendolin, Hausminister – Siegismund, Leiblakai – Franzi Steingruber, Dirigentin einer Damenkapelle (Soubr.) – Die Tschinellenfifi und die Geigerin Annerl, Mitglieder der Damenkapelle – Ein Kammerdiener – Hofstaat. Hofgesinde. Ehrenjungfrauen. Österreichische Offiziere. Volk. Mitglieder einer Damenkapelle.

Ort und Zeit: Das imaginäre Fürstentum Flausenthurn, kurz nach 1900.

1. Akt. Prunksaal im Schlosse des Fürsten. Prinzessin Helene hat sich in Wien in den feschen Leutnant Niki verliebt, und unversehens ist aus beiden ein Hochzeitspaar geworden. Heute war im Schloß Flausenthurn die Trauung, und Fürst Joachim gibt seiner Hoffnung Ausdruck, daß ihm seine Tochter bald einen Thronfolger schenken werde. Aber Niki ist nicht begeistert von dieser Ehe: An dem ihm zugefallenen Reichtum und an der Würde eines Prinzgemahls liegt ihm gar nichts, und seine junge Frau hat er, wie er seinem Freund und Regimentskameraden Montschi bekennt, eigentlich noch nicht richtig kennengelernt. Helene liebt ihn weit mehr als er sie, aber sie weiß auch, daß es schwer sein wird, aus einem solchen flotten, von den Frauen verwöhnten Offizier einen guten Ehemann zu machen. Bestürzt vernimmt der Fürst Nikis Bitte um ein separates Schlafzimmer und seine Erklärung, zur Ehe ungeeignet zu sein. Niki macht sich wenig aus den Meinungen des Hofs: er denkt an sein liebes Wien, und als er von einem nahen Restaurationsgarten Wiener Walzer spielen hört, beschließt er, heimlich den

Abend dort zu verbringen, wo die vertrauten Weisen erklangen. Als alles still im Schloß ist, schleicht er mit Montschi davon. Aber Graf Lothar, sein eifersüchtiger Gegner am Hofe, hat ihn belauscht und wird nicht schweigen.

2. Akt. Restaurationspark mit Musikpavillon. Das Spiel einer Wiener Damenkapelle war's also, das Niki so mächtig anlockte. Auf den ersten Blick verliebt er sich in die reizende Dirigentin Franzi – und die wäre kein echtes Wiener Mädel, wenn ihr der junge Offizier nicht gefiele. Aber dem Ausreißer sind jetzt der Fürst und Graf Lothar, bald auch Helene mit ihrer Oberkammerfrau Friederike v. Insterburg, auf der Spur. In den beiden Herren regen sich freilich bald eigene verliebte Wünsche angesichts der hübschen Musikantinnen: während der Fürst an der Tschinellenfifi Gefallen findet, bemüht sich Lothar, allerdings mit negativem Erfolg, um Franzi. Helene kommt gleichfalls mit Franzi ins Gespräch und sucht von ihr zu erfahren, was es denn mit dem gewissen »Wienerischen« auf sich habe, auf das die Männer so fliegen. Natürlich treffen die getrennt vom Schloß hierher Gekommenen plötzlich zusammen, und zu den Klängen der Walzertraum-Weise tanzt Niki nun mit Helene. Voll Schmerz muß die verliebte Franzi, die »ihren« Offizier der vermeintlichen Nebenbuhlerin streitig machen möchte, erfahren, wer das tanzende Paar ist; denn die Gäste haben die Fürstlichkeiten erkannt und huldigen ihnen.

3. Akt. Saal im Schloß. Helene weiß jetzt wohl, was Niki fehlt, um an ihrer Seite glücklich zu werden. Nun übernimmt es Fräulein v. Insterburg, mit Franzis selbstloser Hilfe dem Leben in Flausenthurn jenen Wiener Charme zu geben, den der widerspenstige Prinzgemahl so vermißte: das Mobiliar, die Kleidung, die Küche – alles bekommt nun eine wienerische Note, und auch ein neu engagierter, mit Wiener Gepflogenheiten vertrauter Kammerdiener soll helfen, Niki das Leben am Hofe anziehend zu machen. Die Veränderungen üben bald eine wohltätige Wirkung auf Niki aus, und schon naht die Stunde, da er, mit Helene bei einer gemütlichen Wiener Jause sitzend, ganz den Weg zu seiner reizenden Gattin findet. Wohl hängt sein Herz noch an der feschen Wiener Musi-

kantin – doch Franzi ist klug und versteht es, lächelnd zu entsagen. *Ihr* wird jetzt ein anderer Traum in Erfüllung gehen: kein Liebestraum, kein Walzertraum, aber ein längst gehegter Wunsch ihres Musikantenherzens – mit ihrer Damenkapelle ist sie zu einem Gastspiel in den »Roten Igel« nach Wien verpflichtet worden.

Nicht nur im Gesamtschaffen von Oscar Straus, auch in der Geschichte der neueren Wiener Operette wird dem *Walzertraum* stets ein Ehrenplatz gebühren. Originalität der Erfindung, Stimmungskraft und feine Gesanglichkeit der Melodik, reizvolle harmonische Wendungen, frischer, oft parodistischer Humor, treffende Zeichnung der Figuren und einprägsame Auswertung des motivischen Materials in den dramatischen Szenen: das sind die besonderen Vorzüge dieser Meisteroperette. Dem Wiener Walzer älterer Prägung hat Straus durch einen sehr bezeichnenden Beiklang süßen, sinnlich-verlockenden Sentiments eine eigene neue Stimmungsnote hinzugefügt. Unverwelkt ist der Zauber des Hauptwalzers *Da draußen im duftigen Garten* mit der – zu leitmelodischer Bedeutung gelangenden – Wendung *Leise, ganz leise klingt's durch den Raum, liebliche Weise, Walzertraum.* Fast noch bezwingender klingt die zärtlich-süße Walzermelodie zu Nikis Werbung um Franzi, *O du lieber, o du g'scheiter, o du ganz gehauter Fratz.* Nicht minder berühmt war einst Helenes Lied *Ich hab einen Mann, einen eigenen Mann* und das lustige Duett *Piccolo, Piccolo, tsin-tsin-tsin.*

Der tapfere Soldat

Operette in 3 Akten. Text von Rudolf Bernauer und Leopold Jacobson nach Motiven aus George Bernard Shaws *Helden.* Uraufführung am 14. November 1908 im Theater an der Wien, Wien.

Personen: Oberst Kasimir Popoff – Aurelia, seine Frau – Nadina, beider Tochter – Mascha, eine Verwandte im Hause Popoffs – Major

Alexius Spiridoff – Bumerli – Hauptmann Massakroff – Stephan, ein Diener – Soldaten. Volk.

Ort und Zeit: Bulgarien, um 1885.

1. Akt. Im Hause des Obersten Popoff. Nadinas Schlafgemach. Ein ganzes Jahr schon ist Oberst Popoff fort, im Krieg gegen die Serben – mit ihm auch Alexius Spiridoff, sein Schwiegersohn in spe. Das Leben ist für seine Frau Aurelia und seine Tochter Nadina inhaltsarm geworden. Wieder geht ein eintöniger Tag zur Neige. Nadina will gerade schlafen gehen, da sieht sie einen Mann in feindlicher Uniform über den Balkon in ihr Zimmer einsteigen. Ein flüchtiger Kriegsgefangener? Ja und nein! Es ist der junge Schweizer Bumerli, der bei seinen Bemühungen um Kriegslieferungen unversehens in eine serbische Uniform geriet, gefangengenommen wurde und nun auf der Flucht ist. Er bittet die erschreckte Nadina, ihn zu verstecken. Bald weckt er ihr Mitleid; zur Stärkung gibt sie ihm ein paar Pralinés. Etwas aufgebracht über sein ganz und gar unsoldatisches Benehmen, verweist sie ihn stolz auf den Heldenmut, den ihr Bräutigam im Felde zeige. Bumerli ernüchtert sie allerdings mit einem Bericht über den wahren Verlauf der jüngsten angeblichen Heldentat Spiridoffs: die Geschütze, welche dieser »so kühn« eroberte, waren gar nicht geladen! Nun fordert Nadina den Eindringling energisch auf, sich zu entfernen, aber da muß sie ihn plötzlich verstecken, denn eben kommt ihre Mutter mit der seit einiger Zeit im Hause Popoff dienenden jungen Verwandten Mascha aufgeregt ins Zimmer: Soldaten wollen das Haus durchsuchen! Schon rücken sie an, geführt von dem lächerlichen Hauptmann Massakroff, können aber den Verfolgten nicht finden. Mascha und Aurelia ahnen indessen etwas, erscheinen nach dem Abzug der Soldaten wieder bei Nadina, betrachten sich den Fremdling, bringen ihm zu essen und wollen ihm sogar mit Zivilkleidung aus dem Schrank des Obersten weiterhelfen. Sie genießen das romantische Erlebnis mit Freude, und Nadina gibt dem vor Müdigkeit eingeschlummerten Bumerli sogar einen Kuß, ehe sie sich zur Ruhe zurückzieht.

2. Akt. Im Garten zwischen den Villen Popoffs und Spiridoffs. Der Krieg ist aus, die »Helden« kehren heim. Popoff erwähnt gesprächsweise seine im Feld gemachte Bekanntschaft mit einem netten Schweizer Geschäftsmann, der ihm von seiner abenteuerlichen Fluchtgeschichte erzählt habe; er ahnt nicht, wie gut die Frauen in seinem eigenen Hause diese Geschichte kennen! Zur Freude Popoffs und zum Schrecken der Damen taucht gleich darauf Bumerli selbst hier auf: er will Nadina wiedersehen und auch den Hausrock Popoffs zurückbringen, den sie ihm bei seiner Flucht gegeben. Er hat gar nicht bemerkt, daß sie und Mascha ihm zum Andenken ihre Fotos in die Rocktasche steckten. Nun, als der ahnungslose Oberst seinen Rock schon wieder trägt, haben beide Mädchen viel List nötig, um wieder in den Besitz ihrer Bilder zu gelangen. In der Aufregung nimmt Nadina Maschas Foto an sich, von dessen Vorhandensein in der Rocktasche sie nichts wußte. Bumerli kommt mit ihr ins Gespräch, sie verhehlt ihre Sympathie für ihn nicht und will ihm ihr Bild wiederschenken – da merkt sie, daß sie Maschas Bild in Händen hat. Also, folgert sie eifersüchtig, hat er damals auch Mascha schöne Augen gemacht und darum von ihr ein Bild bekommen. Erbittert läßt sie ihn stehen. Mascha freilich hat sich inzwischen in Alexius verliebt und bemüht sich, ihn Nadina abspenstig zu machen. In ihre Hände ist das Bild Nadinas mit der Widmung »Dem süßen Pralinésoldaten« gekommen, und nun zeigt sie es bei der Verlobungsfeier dem Alexius, gerade, als Bumerli von dem als Gast erscheinenden Hauptmann Massakroff wiedererkannt wird, dem er seinerzeit entflohen war. Jetzt geraten Popoff und Spiridoff in Wut; Nadina wirft ihrem Bräutigam den Verlobungsring vor die Füße.

3. Akt. Wohnzimmer bei Popoff. Bumerli kann sich nicht von Nadina losreißen. Wie damals steigt er wieder über den Balkon ins Zimmer ein, um ihr zu sagen, wie unbegründet ihre Eifersucht auf Mascha sei. Ehe er sich aber ganz mit ihr aussprechen kann, überbringt ihm Massakroff eine Pistolenforderung des Alexius, die er zum Schrecken Nadinas annimmt. Sie will ja nicht, daß er sich ihretwegen in solche Ge-

fahr begibt. Aber Alexius denkt gar nicht ernstlich an ein Duell, er sitzt längst bei Mascha und zittert, als er hört, daß der »Feigling« Bumerli sich ihm stellen will. Vater Popoff aber will alles in Güte regeln. Er bittet Bumerli nur, die Konsequenzen aus der Kompromittierung Nadinas zu ziehen – und was täte Bumerli lieber! Nadina ist ihm ja von Herzen zugetan. Und ihre Eltern freuen sich zu hören, daß der Schwiegersohn ein steinreicher Schweizer Hoteliersohn ist.

Der Griff nach den Figuren und Handlungsmotiven von Shaws satirischer Komödie *Helden* (*Arms and the Man*) erschloß Oscar Straus neue Möglichkeiten zur Bewährung seiner Sonderbegabung für das Humoristische und Parodistische: Graziöse Leichtigkeit, witzige Charakterisierungskunst, frische, federnde Rhythmik, apart nuancierte Harmonik und reizvolle instrumentale Farben sind für die Musik ebenso kennzeichnend wie die einschmeichelnde, sehr persönliche, von wienerischem Sentiment überhauchte Gesangsmelodik. Stoffbedingt geben Marschrhythmen und stellenweise leicht slawische Tönungen dem Werk charakteristische Züge. Als ein amüsantes Effektstück von offenbachschem Wuchs prägt sich das Ensemble *Denn Barbaren, ja Barbaren sind im Kriege die Bulgaren* (1. Akt) besonders ein. Die Nähe der süßen Walzertraum-Melodik spürt man besonders in dem bei der Terzett-Romanze *Drei Frauen saßen am Feuerherd* erstmals aufklingenden Walzer *Tiralala, tiralala, verstehst du*. Die Note persönlicher Erfindung und Gestaltung trägt aber nicht minder das berühmte Walzerlied der Nadina *Komm, komm, Held meiner Träume*. Reizvoll und einprägsam u. a. auch das Duett *Weil's Leben süß und herzlich ist* und die Walzerweise *Pardon, pardon, pardon*. Ein netter Einfall ist das Kuhreigen-Motiv, mit dem sich Bumerli musikalisch als Schweizer ausweist.

Drei Walzer

Operette in 3 Teilen (12 Bildern). Text von Paul Knepler und Armin Robinson. Uraufführung am 5. Oktober 1935 in Zürich.

Personen des 1. Teils: Fanny Pichler, Tänzerin am Kärntnertortheater (Sängerin) – Beltramini, Ballettmeister – Kaliwoda, Bühneninspizient – Josef Brunner, Theateragent – Johann Brunner, sein Sohn – Die von Schwarzenegg: Gräfin Katharina Anastasia, Feldmarschalleutnant Graf Franz, Oberst Graf Felix, Major Graf Herbert, Graf Leopold und Oberleutnant Graf Rudolf (Ten.) – Frau Zörngruber – Difflinger, Maler – Sebastian, Diener – Ein Klavierspieler – Ballettmädchen.

Ort und Zeit: Wien, 1865.
Musik nach Johann Strauß Vater.

1. bis 3. Bild. Die auffallend begabte junge Tänzerin Fanny Pichler, die schon ein Engagement nach Paris in Aussicht hat, ist heute nicht pünktlich zur Probe erschienen. Sie hat wohl wieder ein Rendezvous mit dem Oberleutnant Rudi v. Schwarzenegg. Als sie dann doch noch, spät genug, erscheint, besiegt sie mit ihrer sonnigen Laune schnell den Zorn des Ballettmeisters. Von dem Plan, nach Paris zu gehen, will sie aber nichts mehr hören, obwohl der Theateragent Brunner und sein Sohn Johann zum Abschluß des Vertrags drängen. Sie fühlt sich als Rudis Braut und hat andere Zukunftspläne. – Die Verwandten Rudis wollen natürlich von seiner Verbindung mit der Bürgerlichen Fanny Pichler nichts wissen. Die Familie setzt ihm mit Vorwürfen zu, doch Rudi weist sie lächelnd zurück, spricht vom Liebesrecht der Jugend und entwindet sich rasch dem Verhör der erbosten Alten. – Auch Fanny hat Bedenken von Wohlmeinenden abzuwehren: ihre Hauswirtin warnt sie vor der Freundschaft mit dem adeligen Offizier, aber das verliebte Mädchen hört darauf so wenig wie auf Brunners neue Mahnung, den Pariser Vertrag zu unterzeichnen. Für Rudis Liebe will sie gerne ihre Karriere aufgeben. Alle Vorbehalte sind vergessen, als er zu ihr ins Zimmer tritt und sie umarmt. Auch die mit Güte vorgebrachten Einwände von Rudis

Tante Katharina scheinen das glückliche Paar nicht zu berühren. Bedeutet's denn so viel, wenn Rudi künftig seine Apanage verlieren wird und den bunten Rock ablegen muß? Ist es so schlimm, wenn dann Fanny mit ihrem Tanzen das nötige Geld verdienen muß? Als aber plötzlich unten auf der Straße Rudis Ulanenregiment vorbeizieht und Fanny sieht, wie er seine Kameraden mit der Begeisterung eines Mannes, der mit Leib und Seele Soldat ist, beobachtet – da erkennt sie, daß die Preisgabe der Offizierslaufbahn ein unerträgliches Opfer für ihn sein würde. Nun unterschreibt sie, ohne ihm etwas davon zu sagen, den Vertrag für Paris. Rudi ahnt nichts von ihrem stillen Verzicht, weiß nicht, daß der heutige innige Abschied ein Lebewohl für immer war.

Personen des 2. Teils: Charlotte Pichler, Operettensängerin (Sängerin) – Alexander Jensen, Schauspieler – Steffi Castelli, Soubrette – Johann Brunner (jetzt etwa 50jährig), Impresario – Otto Graf von Schwarzenegg (Ten.) – Fritz von Bodenheim, sein Freund – Baron Liebinger – Helene, seine Frau – Franz, Oberkellner – Der Theaterdirektor, der Regisseur, ein Journalist.

Ort und Zeit: Wien, 1900.
Musik nach Johann Strauß Sohn.

4. bis 9. Bild. Premiere im Theater an der Wien. Hinter der Bühne versammeln sich die Bewunderer der gefeierten Operetten-Diva Charlotte Pichler. Mehr als andere Huldigungen bedeuten ihr freilich die anerkennenden Worte ihres Kollegen Jensen und des Impresario Johann Brunner, der ihr sagt, sie singe so schön, wie ihre Mutter Fanny einst getanzt habe. Noch wichtiger aber wird ihr die Begegnung mit Otto v. Schwarzenegg: wie eigenartig, den Sohn jenes Rudi v. Schwarzenegg kennenzulernen, von dem ihr die Mutter so viel erzählte! Um mehr mit ihm sprechen zu können, nimmt sie die Einladung des Barons Liebinger zu einer kleinen Nachfeier der Premiere in seinem Hause an; denn schon ist sie von Otto so angetan, wie er von ihr fasziniert ist. Auf dem Weg zu Liebinger erzählt Otto einem Freund, daß er demnächst auf Wunsch seiner Familie heiraten werde und deshalb seine bisherige Liaison mit der Baronin Liebinger abge-

brochen habe. Während des festlichen Abends kommt es zu einer erregten Auseinandersetzung zwischen ihm und der Baronin, die unter der bevorstehenden Trennung leidet. Eifersüchtig sieht sie den stets leicht Entflammten die schöne Operettensängerin umschwärmen, und plötzlich ist er mit ihr, ohne Abschied zu nehmen, aus der Gesellschaft verschwunden. Trotz anfänglichem Widerstreben hat Charlotte eingewilligt, mit dem sie Bestürmenden den Abend allein bei Sacher zu beschließen. Dort ist Otto Stammgast und dem Oberkellner Franz seit langem als verliebter Abenteurer wohlbekannt. Heute kommt er also wieder mit einer neuen Eroberung! Eine Viertelstunde lang glückt es Charlotte noch, die Überlegene zu spielen, dann aber erliegt sie Ottos Leidenschaft. Glücklicherweise klopft nach dem ersten Kuß »Onkel« Brunner an der Tür des Séparées, um sie zur Heimfahrt abzuholen. Otto fühlt sich als Sieger. – Am nächsten Morgen ist Charlotte trotz ihrer Verliebtheit etwas ratlos – ist's nur ein Rausch, der über sie gekommen ist? Da erscheint die eifersüchtige Baronin Liebinger in ihrer Bühnengarderobe und schildert ihr Otto als bedenkenlosen Frauenverführer, der jeder sagt, sie sei »die Einzige«! Otto selbst unterbricht dieses peinliche Gespräch. Wohl merkt er, wovon da die Rede war, gibt jedoch sein Werben um Charlotte nicht auf. Aufrichtig gesteht er ihr seine Schwächen und Abenteuer – sie aber sei nun wirklich jene Einzige, von der er immer geträumt habe. Diese Phrase – war es aber diesmal wirklich nicht mehr? – ernüchtert Charlotte. Kühl verabschiedet sie ihn und stellt ihm den Kollegen Jensen als ihren Bräutigam vor. Ihre Kälte war indes nur Maske: während der Abendvorstellung wird sie beim Singen der Strophe *Denn du bist das Leben, denn du bist die Liebe* ohnmächtig. Das unerfüllte Erlebnis wirkte zu tief in ihr nach. Zum zweitenmal endet so die Begegnung zwischen einer Pichler und einem v. Schwarzenegg mit schmerzlichem Verzicht.

PERSONEN DES 3. TEILS: Franzi Jensen-Pichler (Sängerin) – Ferdinand Graf Schwarzenegg (Ten.) – Johann Brunner (nun ein hoher 80er) – Direktor Lindtheim von der Vienna-Film AG – Der Regisseur – Der Reklamechef – Ein Hilfsregisseur – Der Kapellmeister – Eine Sekretärin – Waldner, ein Schauspieler – Der Wirt zum »Grünen Hirschen« – Ein Kellner – Schauspieler. Girls. Operateure. Beleuchter. Arbeiter.

ORT UND ZEIT: Wien, 1935.
Musik von Oscar Straus.

10. bis 12. Bild. Als Liebesromanze aus längst verklungener Zeit ist Fanny Pichlers Erlebnis mit Rudi v. Schwarzenegg filmreif geworden. Der noch immer tätige Agent Johann Brunner hat als letzter Zeuge jener fernen Tage selbst die Handlung entworfen. Soeben probt man eine Szene des neuen Films, für den man Fannys Enkelin Franzi, die Tochter Charlottes und Jensens, als Hauptdarstellerin verpflichtet hat. Durch die Absage des Schauspielers, der den Rudi spielen sollte, ist man aber in arge Verlegenheit geraten. Da meldet sich Graf Ferdinand v. Schwarzenegg bei Direktor Lindtheim, um als letzter Sproß seiner verarmten Familie gegen die Nennung des Namens v. Schwarzenegg in dem Film zu protestieren. Die von einem unverkennbaren schauspielerischen Talent zeugende Art seines Auftretens bringt jedoch den Direktor auf den Gedanken, ihn für die Rolle des Rudi zu engagieren. Nach begreiflichem Zögern willigt Ferdinand ein, als er seine Partnerin Franzi kennenlernt, die sogleich tiefen Eindruck auf ihn macht. Sie erschrickt zwar, als sie sich einem Nachkommen der Männer gegenübersieht, durch die ihre Mutter und Großmutter so enttäuscht wurden – bald aber verstehen sich die beiden sehr gut, und schon die erste Probe verläuft überaus harmonisch. Als der alte Brunner von Ferdinands Engagement erfährt, ist er sehr bestürzt – soll er sich nicht Sorgen um Franzi machen, wenn sie mit einem v. Schwarzenegg zu tun hat? Aber als er den jungen Mann sieht, muß er einräumen, daß er schon wegen seiner Ähnlichkeit mit Rudi für die ihm zugedachte Rolle sehr geeignet ist. – Ein paar Wochen später, als er die Aufnahmen der letzten Szenen des Films als Zuschauer miterlebt, beunruhigt ihn etwas ganz anderes: die willkürlich vorgenommenen Änderungen seiner wahrheitsgetreuen Vorlage für die Handlung. Aber die Wirk-

lichkeit schaut ja auch anders aus als das Geschehen vor 70 Jahren: staunend und freudig sieht er, wie sich nach der Schlußaufnahme Franzi und Ferdinand als glücklich Liebende umarmen. Endlich meint es das Schicksal gut mit zwei jungen Menschen der Familien Pichler und Schwarzenegg.

Der Reiz dieses Spätwerks liegt nicht zuletzt in dem hübsch erdachten und wirksam gestalteten Libretto, dem sich die Musik singspielartig einfügt. Mit feiner Einfühlung in den Stil der älteren Meister hat der Komponist in den beiden ersten Teilen den Tonfall von Vater und Sohn Johann Strauß angeschlagen und so den Bildern aus dem Spätbiedermeier und aus der Jahrhundertwende eine zwingende musikalische Atmosphäre gegeben. Dem Titel entsprechend bilden drei Walzer die melodischen Höhepunkte: der schwärmerische *Wien ist ein Liebeslied* (für Fanny und Rudi), der geschmeidig-intensive *Ich liebe das Leben* (für Charlotte und Otto) und der von zärtlichem Sentiment erfüllte *Man sagt sich beim Abschied Adieu* (für Franzi und Ferdinand).

Bozena

Operette in 3 Akten (4 Bildern). Text von Julius Brammer und Alfred Grünwald. Uraufführung am 16. Mai 1952 in München.

PERSONEN: Bozena (Sängerin) – Karel (Ten.) – Koudjela, ein reicher Bauer (Kom.) – Nepomuk und Svatopluk, seine Söhne (Buffi) – Der Fremde – Klopotka, der Wirt – Cilka, seine Tochter (Sängerin) – Jan Burian, gräflicher Forstbeamter – Hladky, Bürgermeister – Dobromila, seine Frau – Liduschka, Magd bei Bozena (Soubr.) – Vaclav Plewny, der Hochzeitslader – Pavel Kralik, Dorfpolizist – Bauern. Burschen und Mädel. Mägde und Knechte. Budenbesitzer. Musikanten.

ORT UND ZEIT: In einem slowakischen Dorf, in den achtziger Jahren des 19. Jahrhunderts.

1. Akt. Dorfplatz. Die Bauern feiern Kirchweih. Vor der Schenke rufen die Burschen nach Cilka, der hübschen, ko-

ketten Wirtstochter. Ärgerlich sieht Jan Burian das Mädchen, das er als seine Braut betrachtet, mit ihnen tanzen. Neue Gäste finden sich ein: der reiche Koudjela kommt mit seinen Söhnen Nepomuk und Svatopluk. Er war gerade bei Bozena, um sie für einen der beiden als Braut zu gewinnen, aber das schöne, stolze Mädel hat davon nichts wissen wollen. Nun brütet der Alte Rache. Zur Freude aller läßt sich jetzt der Foltyn Karel auf dem Dorfplatz sehen, der drei Jahre bei den Dragonern gedient hat und nun in die Heimat zurückgekehrt ist. Alle begrüßen den strammen Burschen herzlich, der sich bald zu Cilka wendet: ihr hat er, ehe er fortzog, versprochen, sie zur Frau zu nehmen, und diesen Plan will er nun bald verwirklichen. Koudjela hat inzwischen die Leute gegen Bozena aufgebracht und für seinen Racheplan gewonnen: einer der Burschen solle sie recht verliebt machen und dann – sitzenlassen. Wer aber könnte dazu besser taugen als der schneidige Karel! Und der ist wirklich zu dem »Spaß« bereit. Da erscheint Bozena auch schon, begleitet von ihrer netten Magd Liduschka. Sie wundert sich über die auffallend freundliche Begrüßung der Leute, denn sie kennt ihre feindliche Gesinnung: sie ist ihnen zu stolz, zu tüchtig, zu schön, zu schlagfertig. Karel geht sogleich auf sein Ziel los. Sie tanzt mit ihm, wehrt aber seine Schmeicheleien trotzig ab. Während des Kirchgangs verstummt der Festtrubel. Karel kommt mit Bozena allein ins Gespräch. Angetan von dem edlen Wesen des schönen Mädchens, vergißt er seine üble Absicht und wirbt mit echter Leidenschaft um sie. Sie aber durchschaut die Büberei und wendet sich voll Verachtung von ihm ab.

2. Akt. 1. Teil. Stube in Bozenas Haus. Nach dem Gutenacht-Gruß der Dienstleute unterhält sich Bozena mit Liduschka über ihren Bruder Stojan, der vor fünfzehn Jahren vom Militär desertiert und seitdem verschwunden ist. Später, als sie eben ihr Nachtgebet spricht, tritt ein Fremder zur Tür herein, und bald erkennt sie in ihm den für immer verloren Geglaubten. Er erzählt ihr, wie es zu seiner Fahnenflucht gekommen ist: Ein Leutnant hatte ihm sein Mädel verführen wollen, und da hat er ihn niedergeschlagen. Vor der unvermeidlichen schweren Strafe floh er ins Ausland. Jetzt will er

nur kurz sein Elternhaus wiedersehen. Während sie noch reden, dringt von draußen Lärm und lustige Musik herein. Karel ist da mit einigen Burschen, um ihr ein Ständchen zu bringen und sie um Verzeihung zu bitten. Keck springt er durchs Fenster in die Stube, sieht den Fremden, und da ihn Bozena über die Person ihres immer noch vom Gesetz bedrohten Bruders nicht aufklären kann, glaubt er, der fremde Mensch sei ihr heimlicher Geliebter. Voll eifersüchtiger Wut gibt er Bozena dem Gespött der Bauern preis.

2. Teil. Garten vor Bozenas Haus. Schon spürt Bozena die Folgen des Dorfklatsches. Kinder, denen sie sonst Obst und Süßigkeiten schenkte, dürfen nichts mehr von ihr annehmen. Bald taucht auch der Bürgermeister mit dem hämischen Koudjela auf, um ihr Vorhalte wegen des Fremden in ihrem Haus zu machen. Und schließlich kommt gar das »Dorfgericht« über sie: einem wüsten Brauch zufolge will man ihr das Hausdach abdecken, damit die Eltern im Himmel ihre Schande sehen können. Da aber tritt Karel energisch dazwischen. Bozena ist ihm herzlich dankbar dafür. Als er sie aber jetzt aufs neue bittet, ihm den Namen des Fremden zu sagen, schweigt sie wieder und grämt sich, daß er ihrer Versicherung, sie habe ein reines Gewissen, so wenig Glauben schenkt. Schmerzlich bewegt muß sie erleben, daß er sich von ihr abkehrt und trotzig mit Cilka den Hochzeitstag verabredet.

3. Akt. Dorfplatz (wie im 1. Akt). Drei Wochen später. Heute soll Karel mit Cilka Hochzeit feiern. Den Brautleuten ist aber gar nicht froh zumute. Karel weilt in Gedanken immer bei Bozena, Cilka hat Gewissensbisse wegen Jan Burian, der sich aus Liebeskummer ihretwegen an einen andern Ort versetzen lassen will. Schon bereitet sich die Hochzeitsgesellschaft zum Kirchgang, da kommt Bozena in Stojans Begleitung angefahren. Sie wird übel aufgenommen, und der Bürgermeister droht sogar, daß alle fortgehen würden, wenn sie mit ihrem »Schatz« länger hierbliebe. Jetzt endlich greift Stojan ein, bekennt, wer er ist, und kann auch sagen, daß er wieder einen ehrlichen Namen habe: denn der Kaiser hat ihn begnadigt. Karel ist glücklich über diese

Nachricht, doch Bozena wäre ihm dennoch verloren, wenn nicht Cilka eine gute Wendung herbeiführen würde: sie gibt ihn frei und bekennt sich zu Jan Burian.

Das letzte Bühnenwerk von Oscar Straus trägt weithin die Züge einer Volksoper. Jedenfalls weist schon der Stoff, mehr aber noch die Art und Qualität der musikalischen Gestaltung über die Operette hinaus. Die lebensvolle Musik zeigt eine große, einheitliche Linie in Form und Ausdruck, ist reich an prächtigen Ensemble- und Chorsätzen, interessant in der wirkungsstarken leitmotivischen Auswertung besonders einprägsamer melodischer Gedanken und fesselt vor allem auch – im Heiteren wie im Lyrisch-Ernsten – durch ihr slawisches Kolorit. Die Hauptgestalten Bozena, Karel und Cilka sind in ihrer Eigenart eindringlich charakterisiert. Von den das Werk tragenden Melodien prägen sich besonders Bozenas Walzer *Will nicht mein Leben verträumen*, Karels Lied *Hast mich verzaubert schier*, Jan Burians Weise *Du hast mir am St. Anustag* und der keck aufspringende Chorländler *Kirmes ist heute* ein. Für die lustigen und komischen Szenen bevorzugt der Komponist vielfach den Polka-Rhythmus.

Franz Lehár

* 30. April 1870 in Komorn (Ungarn),
heute Komárno (Tschechien)
† 24. Oktober 1948 in Bad Ischl

Die besten Werke von Suppé, Johann Strauß, Millöcker, Zeller und Heuberger zeugen für das »goldene Zeitalter« der Wiener Operette. Dieser glänzenden Ära folgten magere Jahre, die einen Niedergang der Gattung erkennen, ja ihren gänzlichen Verfall befürchten ließen. Nach der Jahrhundertwende aber traten wieder neue starke Begabungen hervor, deren Leistungen solche Bedenken zerstreuten und der Operette neue Impulse gaben. Die reichste und zwingendste Persönlichkeit unter den Komponisten der nach 1900 beginnenden Epoche wurde Lehár. Reichtum und Ursprünglichkeit der melodischen Erfindung, sinnliche Temperamentfülle und dramatischer Elan, rhythmische Pikanterie, lyrischer Schmelz und mannigfache Reize des klanglichen und folkloristischen Kolorits sind die auszeichnenden Eigenschaften seiner besten, mit beachtlichem Können gestalteten Bühnenwerke, die mit Recht weltweiten Anklang gefunden haben. Lehár, der ungarische, deutsche und französische Vorfahren hatte, war der Sohn eines Militärkapellmeisters aus Mähren. Hochbegabt, kam er schon als Zwölfjähriger als Violinschüler an das Prager Konservatorium. Nach sechsjährigem Musikstudium nahm er einen Posten als Orchestermusiker in Barmen-Elberfeld an. 1890 entschloß er sich, Militärkapellmeister zu werden, und in dieser Stellung kam er in den folgenden Jahren nach Losoncz, Pola, Triest, Budapest und 1899 nach Wien. 1896 errang er mit der Aufführung seiner Oper *Kukuschka* in Leipzig den ersten Bühnenerfolg. Erst 1902 fand er den Weg zur Operette. *Wiener Frauen* und *Der Rastelbinder* wurden seine frühesten Beiträge zum Spielplan der Wiener Operettentheater. 1904 folgten *Der Göttergatte* und *Die Juxheirat*, und ein Jahr später brachte er das Werk heraus, das seinen Namen rasch berühmt machen sollte: *Die lustige Witwe*. Die nächsten Stationen seines Schaffens bildeten der Einakter *Mitislaw der Moderne* (1907), *Der Mann mit den drei Frauen* (1908), *Das Fürstenkind* (1909), *Der Graf von Luxemburg* (1909), *Zigeunerliebe* (1910), *Eva* (1911), *Die ideale Gattin* (1913), *Endlich allein* (1914), *Der Sterngucker* (1916), *Wo die Lerche singt* (1918), *Der blaue Mazur* (1920), *Die Tangokönigin* (1921), *Frasquita* (1922), *Libellentanz* (1922), *Die gelbe Jacke* (1923), aus der 1929 *Das Land des Lächelns* wurde, und *Cloclo* (1924). Nach einer so großen Zahl von Werken wäre ein Erlahmen der Schaffenskraft des inzwischen 55 Jahre alt gewordenen (und zu beträchtlichem Reichtum gelangten) Komponisten nicht verwunderlich gewesen. Lehár aber erlebte eine zweite schöpferische Jugend und schuf bis zu seinem 73. Lebensjahr noch eine Folge von stark inspirierten Werken neuer Art. Singspiel- und opernhafte Elemente bestimmen das Wesen dieser erfolgreichen, heute oft unterschätzten Spätwerke ebenso wie die – damit im Zusammenhang stehende – musikdramatische Intensivierung der behandelten Stoffe, eine schärfere Charakterisierung der Hauptgestalten, eine Neigung zu ernsten, in resignierter Stimmung verklingenden Handlungen und eine verfeinerte, an Puccini und Richard Strauss anknüpfende Harmonik und Orchestration. *Paganini* eröffnete im Oktober 1925 die Reihe dieser seiner letzten Operetten; 1927 folgte *Der Zarewitsch*, 1928 *Friederike*, 1929 *Das Land des Lächelns*, 1931 *Schön ist die Welt*. Den Ausklang seines Lebenswerks bildete die 1934 an der Wiener Staatsoper uraufgeführte musikalische Komödie *Giuditta*.

Die lustige Witwe

Operette in 3 Akten. Text von Victor Léon (Victor Hirschfeld) und Leo Stein (Leo Rosenstein) nach Henri Meilhacs Lustspiel *L'attaché d'ambassade* (1861). Uraufführung am 30. Dezember 1905 im Theater an der Wien, Wien.

PERSONEN: Baron Mirko Zeta, pontevedrinischer Gesandter in Paris (Bar.) – Valencienne, seine Frau (Soubr.) – Graf Danilo Danilowitsch, Gesandtschaftssekretär, Kavallerieleutnant i. R. (Ten.) – Hanna Glawari (Sängerin) – Camille de Rosillon (Buffo) – Vicomte Cascada – Raoul de St. Brioche – Bogdanowitsch, pontevedrinischer Konsul – Sylviane, seine Frau – Kromow, pontevedrinischer Gesandtschaftsrat – Olga, seine Frau – Pritschitsch, pontevedrinischer Oberst in Pension und Militärattaché – Praskowia, seine Frau – Njegus, Kanzlist bei der pontevedrinischen Gesandtschaft (Kom.) – Lolo, Dodo, Jou-Jou, Frou-Frou, Clo-Clo und Margot: Grisetten – Damen und Herren der Gesellschaft. Musikanten. Dienerschaft.

ORT UND ZEIT: Paris, 1905.

1. Akt. Salon im pontevedrinischen Gesandtschaftspalais. Fröhlich feiern die Herren der Gesandtschaft mit ihren Frauen und Pariser Freunden den Geburtstag ihres Fürsten. Doch Baron Zeta hat Sorgen. Er erwartet eine junge Lands-

männin, die schöne Hanna Glawari, die nach kurzer Ehe Witwe und auf diese Weise steinreich geworden ist. Wenn sie nun einen Pariser heiratet, ist ihr ganzes Geld für den finanzschwachen pontevedrinischen Staat verloren. Um das zu verhüten, will er seinen Attaché, den Grafen Danilo, veranlassen, die lustige Witwe zu heiraten. Aber wo steckt dieser lockere Vogel wieder? Natürlich im »Maxim« bei den reizenden Grisetten! Schon betritt Hanna Glawari den Saal. Wie doppelt reizvoll erscheint sie den anwesenden Junggesellen, seit sie so reich ist. Aber sie ist auf ihrer Hut und will nicht wegen ihrer Millionen geheiratet werden. Endlich taucht auch Danilo auf, todmüde vom Bummeln. Er kennt Hanna schon aus seiner Heimat, hätte sie vor Jahren gerne geheiratet, aber seine Familie war gegen die Ehe mit dem damals armen Mädel aus dem Volk. Noch liebt er sie, aber sie soll ja nicht glauben, daß ihn ihr Reichtum locke. Darum läßt er sich von ihr nicht ins Herz schauen und verhält sich auch ablehnend gegen Zetas Heiratsplan. Er verspricht nur, alle ausländischen Bewerber fernzuhalten, und das glückt ihm auch. Inzwischen ist Zetas junge Frau, Valencienne, in eine unangenehme Lage geraten. Sie hat ihren Fächer verloren, auf den ihr Rosillon, der sie umschwärmt, eine Liebeserklärung geschrieben hatte. Peinlicherweise gerät das kompromittierende Fundstück sogar in die Hände ihres Gatten – aber sie hat Glück: Zeta bleibt ahnungslos, daß der Fächer ihr gehört. Danilo aber gelingt es nun, Hannas Anbeter zu vertreiben. Er veranlaßt vor dem nächsten Tanz eine Damenwahl; Hanna wählt *ihn* als Tänzer, doch lehnt er ab und bietet den Walzer mit ihr für 10000 Francs den anderen Herren feil – worauf sich alle zurückziehen. Dann jedoch, allein mit Hanna, nötigt er die Erstaunte und noch Widerstrebende zu einem Tanz, der zum wortlosen Bekenntnis seiner Empfindung wird.

2. Akt. Garten mit Pavillon im Palais Hannas. Bei einem Fest, das die Gäste mit pontevedrinischen Liedern und Tänzen im Geist in die Heimat versetzt, singt Hanna selbst das Lied von Vilja, dem »Waldmägdelein«. In ihr ist die alte Neigung für Danilo längst wieder erwacht. Sie bemüht sich wer-

bend um ihn – aber er weicht ihr aus, spottet nur und reizt sie, statt sich zu erklären. Augenblicklich ist er übrigens beschäftigt, im Auftrag Zetas die Besitzerin jenes Fächers ausfindig zu machen – doch bald legt er das Fundstück achtlos beiseite. So gelangt der Fächer schließlich durch einen glücklichen Zufall doch wieder in den Besitz Valenciennes, die ihren Verehrer Rosillon nun bittet, um Hanna zu werben; denn sie selbst will »eine anständige Frau« bleiben. Rosillon ist bereit, ihr zu gehorchen, zieht sie jedoch zu einem Abschiedskuß mit sich fort »in den kleinen Pavillon«. Zeta hat das Paar beobachtet und läßt den Pavillon öffnen, aber heraus tritt Rosillon mit Hanna, die rasch Valenciennes Platz eingenommen hat, um ihr zu helfen. Jetzt erwacht Danilos Eifersucht, und als Hanna gar noch, das Spiel weitertreibend, ihre Verlobung mit Rosillon bekanntgibt, spürt sie aus seinem Benehmen, aus seinem Lied von den »zwei Königskindern« und aus seiner Absicht, wieder ins »Maxim« zu gehen, wie sehr er sie noch liebt.
3. Akt. Im Palais Hannas. Hier wartet auf die Gäste noch eine reizende Überraschung: Hanna hat mit Hilfe des Kanzlisten Njegus einen Saal in das Kabarett »Maxim« verwandeln lassen, und alle genießen die anregende Atmosphäre dieses berühmten Nachtlokals. Danilo erfährt, daß sie das alles seinetwegen arrangiert hat. Zeta ist voll Sorge um ihre Millionen – der Staatsbankrott droht, wenn sie Rosillon wirklich heiratet. Durch Danilo appelliert er an Hannas Patriotismus, und als gute Pontevedrinerin sieht sie den Grund ein. Doch sie denkt ja ohnehin nicht daran, den Franzosen zum Mann zu nehmen, und klärt Danilo auch über das Abenteuer im Pavillon auf. Zu einem Bekenntnis seiner Liebe kann er sich freilich immer noch nicht entschließen. Trotzig schweigend, verraten beide einander nur im Tanz, was sie empfinden. Für Valencienne wird aufs neue die leidige Fächergeschichte peinlich: Zeta ahnt alles, will sich scheiden lassen und macht nun selbst Hanna einen Heiratsantrag. Sie erklärt ihm aber, daß sie, laut Testament, im Falle ihrer Wiederverehelichung ihr ganzes Vermögen verliert. Jetzt endlich offenbart ihr Danilo seine Liebe – denn

wenn sie arm ist, kann sie ja nicht mehr argwöhnen, daß es ihr Reichtum ist, der ihn zu ihr zieht. Beglückt finden sie sich. Die Millionen sind aber doch nicht verloren: Hanna hatte nur verschwiegen, daß das ererbte Vermögen ihrem neuen Gatten zufallen müsse. Auch Zeta beruhigt sich wieder. Auf dem Fächer entdeckt er nämlich unter Rosillons »Ich liebe dich« Valenciennes eigenhändige Antwort: »Ich bin eine anständige Frau.«

Mit der *Lustigen Witwe* glückte dem 35jährigen Lehár der große Wurf – vielleicht der größte seines Lebens. Fragt man heute nach den Ursachen des in vieltausend Aufführungen immer wieder neu bestätigten Welterfolgs des Stücks und nach den künstlerischen Werten, welche dieses Urteil des Publikums rechtfertigen, so wird man vor allem die erstaunliche, blendende Fülle glänzender musikalischer Einfälle nennen müssen, die dem Werk Leben gibt. Jede Nummer der Partitur zeugt von diesem Einfallsreichtum des Komponisten, dessen Kraft sich aber keineswegs im Melodienerfinden erschöpft: denn nicht minder rühmenswert ist seine Kunst prägnanter Charakterisierung der Hauptgestalten, seine Gabe, den flotten und pikanten Pariser Lebewelt-Ton ebenso sicher zu treffen wie den romantischen slawischen Stimmungsklang der Heimat Hannas und Danilos, seine ganz neue Art, dem Tanz eine beredte innerdramatische Ausdrucksbedeutung zu geben (1. Finale!), und nicht zuletzt seine Fähigkeit, mit den Mitteln einer farbenreichen Instrumentation und einer – gegenüber allem Hergebrachten – reizvoll modernen Tönung der Harmonik die Wirkung seiner Melodien zu intensivieren. Von den vielen musikalischen Motiven, die in jedem aufklingen, wenn man *Die lustige Witwe* nennt, seien hier nur die berühmtesten genannt: die Walzer *Ballsirenen* und *Lippen schweigen*, Danilos *Da geh ich zu Maxim* und Valenciennes *Ich bin eine anständige Frau*, Hannas *Vilja-Lied* und ihre pikante Mazurka *Hab in Paris mich noch nicht ganz akklimatisiert*, Rosillons Romanze mit dem Höhepunkt *Komm in den kleinen Pavillon* und das Marsch-Septett der Männer

Carl Zeller: Der Vogelhändler
Theater der Stadt Cottbus

Paul Lincke: Frau Luna
Mecklenburgisches Staatstheater Schwerin

mit dem Trio *Ja, das Studium der Weiber ist schwer!*, die Lieder vom dummen Reiter und von den zwei Königskindern, schließlich das Chanson der Grisetten »von Pariser Kabaretten«.

Der Graf von Luxemburg

Operette in 3 Akten. Text von Alfred Maria Willner und Robert Bodanzky. Uraufführung am 12. November 1909 im Theater an der Wien, Wien.

PERSONEN: René, Graf von Luxemburg (Ten.) – Fürst Basil Basilowitsch (Kom.) – Gräfin Stasa Kokozeff (Alt) – Armand Brissard, Maler (Buffo) – Angèle Didier, Sängerin an der Großen Oper (Sängerin) – Juliette Vermont (Soubr.) – Mentschikoff, Notar – v. Pawlowitsch, russischer Botschaftsrat – Pélégrin, Munizipalbeamter – Der Manager des Grand Hotel – Jules, Oberkellner – Maler. Modelle. Diener.

ORT UND ZEIT: Paris, 1909.

1. Akt. Atelier des Malers Brissard. In vertrautem Gespräch mit seiner Freundin Juliette erinnert sich Brissard der Zeit, da ihm der Vater seines Freundes, des leichtlebigen, verschwenderischen Grafen René von Luxemburg, das Kunststudium ermöglichte. Voll froher Faschingslaune stürmen auf einmal andere Maler mit ihren Modellen in den Raum. Die Unterhaltung kommt bald auf die berühmte Sängerin Angèle Didier, für deren Ausbildung Fürst Basil Basilowitsch uneigennützig gesorgt hat. Nun munkelt man aber, er wolle sie heiraten. Während man so ein wenig klatscht, kommt, in glänzender Laune wie immer, René. Sein Vermögen besteht heute nur aus zwei Sous – doch das bringt ihn nicht aus der Stimmung. Interessant ist der Vorschlag aber schon, den ihm der unvermutet hier erscheinende Fürst Basil macht: Basil will also wirklich Angèle heiraten; ein bürgerliches Mädchen kann er jedoch nicht nehmen, darum soll sie vorher eine Scheinehe mit einem Adeligen schließen, und diesen Ehe-Strohmann soll René spielen. Ein paar Bedingungen sind dabei: René darf die Dame, die er heiraten soll, nicht sehen, er soll sich drei Monate lang nicht unter seinem Namen in Paris

zeigen, und nach dieser Frist muß er sich wieder scheiden lassen. Für diese »Leistung« bekommt er 500 000 Francs. René willigt ein. Schon wird die Trauung vorbereitet. Angèle, die sich halb aus Ehrgeiz, Fürstin zu werden, halb aus Dankbarkeit gegen Basil mit der Ehekomödie einverstanden erklärt, ist bereits angekommen. Getrennt durch eine als Wandschirm dienende Staffelei wird das Paar sogleich getraut. Nur die Hände berühren sich beim Ringwechsel. Aber natürlich wird lustig dabei geplaudert, René und Angèle spüren ahnungsvoll eine eigentümliche Sympathie füreinander. Wieder allein, fühlt sich René sogar richtig verliebt in seine unbekannte Frau.

2. Akt. Wintergarten im Palais Angèles. Die drei Monate sind vergangen. Angèle feiert heute ihren Abschied von der Bühne: morgen wird sie sich scheiden lassen und dann den Fürsten heiraten. René, der während der vergangenen Wochen mit Brissard verreist war, hat heute die Künstlerin auf der Bühne gesehen und sich dabei so in sie verliebt, daß er sie kennenlernen will. So führt er sich als »Baron v. Reval« in die Gesellschaft ein, tanzt mit Angèle, umwirbt sie stürmisch, erfährt aber von ihr, daß sie bereits verheiratet sei und bald eine zweite Ehe schließen wolle. Ihre Herzen glühen schon füreinander, aber noch versagt sich Angèle seinem Werben. Auch Brissard ist mit René hergekommen, um seine Juliette wiederzusehen, die jetzt Angèles Gesellschafterin ist. Fürst Basil sieht Renés Anwesenheit sehr ungern: wie leicht kann alles aufkommen! Eilig gibt er darum der Gesellschaft seine Verlobung mit Angèle bekannt. Brissards Einwand, die Dame sei doch schon verheiratet, sucht er abzutun, und spottend erklärt Angèle, in Erinnerung an jene Trauungsfarce, daß ihr ein Mann, der seinen Namen für Geld verkaufe wie der Graf von Luxemburg, nur verächtlich sei. Jetzt gibt sich René zu erkennen und sagt ihr bitter, daß er ihr immerhin den Weg bereitet habe, Fürstin zu werden. Betroffen erwidert sie: »Noch bin ich Ihre Frau! Wir gehören zusammen!« und läßt sich von ihm aus dem Saal geleiten.

3. Akt. Vestibül des »Grand Hotel«. Schon graut der Morgen, der die Entscheidung bringen muß. René, der hier im

Hotel wohnt, macht sich Sorgen wegen seines Vertrags mit dem Fürsten. Angèle stellt seine Absicht, das gegebene Wort zu halten, durch ihren Spott auf harte Proben, aber beim Sekt lindert sich die Spannung der Stunde, und beide finden sich im ersten leidenschaftlichen Kuß. Zufällig machen sie die Bekanntschaft der Fürstin Stasa Kokozeff, die eben aus Rußland kommt, wo sie vom Zaren einen Befehl zu ihrer Vermählung mit dem Fürsten Basil, ihrem früheren Geliebten, erwirkt hat. Wie freuen sich René und Angèle über diese Neuigkeit! Da erscheint Basil selbst; er hofft noch immer, Angèle zu gewinnen. Entsetzt sieht er nun Stasa vor sich, und, in die Enge getrieben, muß er René schleunigst aus seiner ehrenwörtlichen Verpflichtung entlassen. René gibt ihm auch die 500 000 Francs zurück, denn seine in Rußland konfiszierten Güter stehen ihm jetzt wieder zur Verfügung, und die Not hat ein Ende. Zu den beiden Paaren gesellt sich schließlich noch ein drittes: Brissard und Juliette; sie waren schon in aller Frühe auf dem Standesamt.

Mit seiner reizvollen erotischen Thematik, seinen bühnenwirksamen Szenen, seinen teils amüsanten, teils interessanten Figuren und all seinen lustigen und zärtlichen Stimmungen bot dieses pariserisch getönte Libretto dem Meister der – in mancher Hinsicht wesensverwandten – *Lustigen Witwe* reichen Anlaß zur Entfaltung seiner musikalisch-dramatischen Begabung. Wenn man hört, daß Lehár das Werk in nur drei Wochen komponiert und dann, wenngleich nicht öffentlich, mit den Worten »Eine schlampige Arbeit, gar nichts dran!« halbwegs abgetan hat, so muß man sich doppelt wundern, was ihm hier trotzdem, gleichsam *am Rande* geglückt ist. Jedenfalls steht, was Gedankenreichtum, originale Prägnanz der Einfälle, dramatische Charakterisierungskunst und aparte Haltung des harmonischen und instrumentalen Kolorits anlangt, *Der Graf von Luxemburg* ebenbürtig neben der *Lustigen Witwe*. Fast alle Walzermelodien der Operette sind seinerzeit populär geworden – wir erinnern nur an *Bist du's, lachendes Glück*, *Sie geht links, er geht rechts*, *Mädel klein, Mädel fein*, an

Angèles *Lieber Freund, man greift nicht nach den Sternen* und an die Mazurka *Unbekannt, darum nicht minder interessant.*

Zigeunerliebe

Romantische Operette in 3 Akten. Text von Alfred Maria Willner und Robert Bodanzky. Uraufführung am 8. Januar 1910 im Carl-Theater, Wien.

PERSONEN: Peter Dragotin – Jonel Boleska (Ten.) – Józsi, der Spielmann, ein Zigeuner (Ten.) – Zorika, Dragotins Tochter (Sängerin) – Jolán, dessen Nichte (Soubr.) – Dimitreanu, Bürgermeister – Kajetan, sein Sohn (Buffo) – Ilona v. Körösháza, Gutsbesitzerin – Mihály, Wirt – Moschu, Kammerdiener Dragotins – Julcsa, Zorikas Amme – Forescu, Offizier – Linbicz, Bojar – Frau v. Kerem – Pál, ein alter Zigeuner – Bojaren und Bojarinnen. Ungarische Offiziere. Damen. Rumänische und ungarische Burschen und Mädchen. Musizierende Zigeuner. Dorfjugend.

ORT UND ZEIT: Rumänien und Ungarn, Anfang des 19. Jahrhunderts.

1. Akt. Rumänische Gebirgsgegend an der Czerna mit dem Jagdschloß und Park des Bojaren Dragotin. Zorika, ein schwärmerisches Naturkind, begegnet dem Zigeuner Józsi. Er plaudert mit ihr über die Liebe, denn heute soll sie sich ja mit dem reichen Jonel Boleska verloben. Józsi gönnt ihm, seinem Halbbruder, das schöne Mädchen nicht. Zorika ist noch sehr unsicher in ihren Gefühlen, und ihr Vater, Peter Dragotin, hat Sorge, daß sie sich in letzter Stunde der Verlobung entziehen könnte. Schon finden sich mit dem Bräutigam die Gäste ein, unter ihnen die kokette Frau Ilona v. Körösháza und der Bürgermeister mit seinem allzu schüchternen Sohn Kajetan. Zorika begegnet Jonel trotzig und widerspenstig, aber Dragotin drängt zum Verlobungskuß. Ehe es dazu kommt, mischt sich Józsi ein und warnt vor einem solchen Kuß, ehe der Mond scheint. Während die Gesellschaft ins Haus geht, bemüht sich Jolán, die liebeslustige Nichte Dragotins, um den ängstlichen Kajetan, und Ilona

unterweist amüsiert den plötzlich überraschend Gelehrigen in der Kunst der Liebeserklärung. Zorika glaubt, an Jonels Seite niemals das erträumte Glück finden zu können, und bittet Józsi, ihr zur Flucht in die Freiheit zu helfen. Ihre Amme aber holt sie in den Saal zurück. Auch Józsi wird hineingerufen, um aufzuspielen, und Ilona beginnt mit dem kecken Zigeuner zu kokettieren. Nochmals weiß sich Zorika ihrem Bräutigam zu entziehen: sie setzt sich ans Ufer der Czerna, trinkt aus dem Wasser des Flusses, dessen Genuß nach alter Sage einer Braut die Zukunft entschleiern soll, und sinkt, von Nixengesang umtönt, in Schlaf und Traum.

2. Akt. Frühmorgens in einer festlich geschmückten Csárda (Pusztaschenke) auf dem Gute Ilonas. Zwei Jahre sind vergangen. Zorika ist mit Józsi fortgezogen. Sie hat trübe Erfahrungen gemacht: Unter den Zigeunern ist sie eine Fremde geblieben, und Józsis Liebe ist bald erkaltet. Alle Mädchen laufen ihm nach, er braucht nur zu wählen. Von einer wirklichen Ehe mit Zorika will er nichts wissen. Sie hofft aber noch immer, er werde sie zur Frau nehmen, und schlägt vor, beim heutigen Fest den Gästen eine echte Zigeunerhochzeit vorzuführen: sie und Józsi sollen dabei das Brautpaar sein. Ilona läßt Józsi deutlich ihre Zuneigung erkennen und verhöhnt ihn wegen seiner angekündigten Hochzeit. Mit den Gästen kommen auch Jolán und Kajetan, die längst ein mit Kindern gesegnetes glückliches Paar geworden sind. Traurig fühlt Zorika, daß Józsi sie höchstens aus Mitleid heiraten wird. Da beginnt schon die »Hochzeit«. Józsi aber weigert sich, als die Kirchenglocken läuten, zur Trauung zu gehen, da er nur nach Zigeunerart heiraten wollte. Erschüttert stürzt Zorika davon, während Józsi Ilona folgt.

3. Akt. Saal im Jagdschloß Dragotins. Alles, was Zorika erlebte, war zum Glück nur ein Traum. Noch sitzt Jonel bei der Verlobungsfeier und wartet auf die Rückkehr seiner Braut, die draußen am Flußufer schläft. Die kleine Jolán hat inzwischen die Einwilligung Dragotins zu ihrer Verlobung mit Kajetan erreicht. Endlich erscheint Zorika wieder. Im Traum ist ihr klargeworden, wohin sie ihre geplante Flucht mit Józsi führen würde. Nun schmiegt sie sich zärtlich an den glück-

lichen Jonel. Józsi sieht, daß er verspielt hat, und verschwindet.

Für die Dramatik und für die romantischen Stimmungen des eigenartigen Stoffes hat Lehár Klänge von bemerkenswerter Ausdruckskraft und leuchtkräftiger Farbigkeit gefunden. Erstaunlich auch seine Kunst der dramatisch beziehungsreichen Auswertung und Verarbeitung wichtiger musikalischer Gedanken. Für den Stil der Musik wurde der dem Komponisten als Heimatklang vertraute Tonfall der ungarischen Zigeunermusik bestimmend. Bezeichnend dafür sind nicht nur die Csárdásrhythmen oder die Einbeziehung des Zymbalklangs in die instrumentale Palette, sondern vor allem auch die vielfachen starken Moll-Eintrübungen der Melodik und Harmonik. Ein besonders eindrucksvolles Stück Musik ist gleich die einleitende Gewitterszene mit ihren Naturlautmalereien. Reizvoll sind wieder viele Gesangsmelodien des Werks, so neben Jonels Heckenröslein-Lied die Walzer *Gib mir dort vom Himmelszelt alle Sterne der Welt, Zorika, Zorika, kehre zurück* und *Nur die Liebe macht uns jung*. 1943 hat der 73jährige Lehár das Werk für Budapest als Oper (mit dem neuen Titel *Garaboncias*) bearbeitet.

Frasquita

Operette in 3 Akten. Text von Alfred Maria Willner und Heinz Reichert (Heinrich Blumenreich). Uraufführung am 12. Mai 1922 in Wien. Erstaufführung als Komische Oper (Neufassung) am 3. Mai 1933 in Paris.

Personen: Aristide Girot, Fabrikdirektor (Kom.) – Dolly, seine Tochter (Soubr.) – Armand Mirbeau, sein Neffe (Ten.) – Hippolyt Gallipot, Privatgelehrter (Buffo) – Frasquita (Sängerin) – Sebastiano, ein junger Zigeuner – Juan, Wirt – Ines und Lola, Sängerinnen – Philippe, Kammerdiener bei Armand – Louisa, ein Mädchen – Sancho und Pedro, Matrosen – Drei Freunde Armands – Kavaliere. Matrosen. Gendarmen. Burschen. Mädchen.

Ort und Zeit: Barcelona und Paris, um 1930.

1. Akt. Platz in der Nähe des Hafens von Barcelona mit Juans Gasthaus und Girots Wohnhaus. Während sich im Gasthof Matrosen zechend und spielend vergnügen, erwartet Herr Girot die Ankunft seines Neffen Armand, den er seit dessen Kindertagen nicht gesehen hat und nun mit seiner Tochter Dolly verheiraten will. Zigeuner halten auf dem Durchmarsch hier als wenig willkommene Gäste kurze Rast; gegen die Beschimpfung ihrer Freunde verwahrt sich die mit ihnen angekommene stolze Frasquita. Nun trifft Armand mit seinem etwas tolpatschigen Freund Hippolyt ein, den Dolly zunächst für Armand hält. Hippolyt findet sie reizend, und auch Dolly ist ihm gleich zugetan, während sie den ihr zugedachten Bräutigam mißtrauisch als Lebemann empfindet. Nach der allgemeinen Begrüßung wendet sich das Interesse den Zigeunern zu: Frasquita wird von allen Männern umschwärmt; sie soll tanzen. Als sie sich weigert, tanzt statt ihrer ein einheimisches Mädchen, das jedoch von Frasquita verspottet wird. Es kommt zu einem Handgemenge zwischen den beiden Mädchen. Armand trennt die Raufenden und windet der Zigeunerin das Messer aus der Hand. In dem entstehenden Tumult verschwindet Armands goldenes Zigarettenetui. Er beschuldigt Frasquita des Diebstahls. Empört schwört sie Rache für diese Verdächtigung. Später versucht Armand, sich bei dem Mädchen, dessen Reize ihn anziehen, zu entschuldigen. Sie begegnet ihm zuerst stolz, benützt aber dann sein spürbares Interesse für sie, um ihn verliebt zu machen, schenkt ihm eine Rose und küßt ihn sogar. Armand erliegt der Faszination – nicht ahnend, daß sie sich nur rächen, ihn verwirren und dann verhöhnen will.

2. Akt. Im Nachtlokal »Alhambra«. Frasquita ist hier als Tänzerin engagiert worden und hält die Lebewelt in Atem. Heute kommt Girot mit seiner Tochter und seinen beiden Gästen zu einer Vorstellung. So sieht Armand Frasquita wieder. Er bekennt ihr stürmisch seine Liebe, und sie weiß sein Begehren immer mehr zu reizen. Dolly fällt es auf, daß sich ihr Bräutigam allzu wenig um sie kümmert, aber Hippolyt ist für ihre Anmut um so empfänglicher. Armand denkt nur an das Zigeunermädchen. Bei einer peinlichen Begegnung zwi-

schen ihm, Dolly und Frasquita benimmt er sich verlegen und für Dolly kränkend. Bald bestürmt er Frasquita aufs neue und wird dabei von Herrn Girot überrascht, der ihn vergeblich mahnt, ihm zu folgen. So zerstört er seine Bindung an Dolly. Jetzt, da er sich frei fühlt, erhofft er Frasquitas volle Gunst. Sie aber vertröstet ihn auf später, widmet sich, voll Freude über ihre gelungene Rache, den übrigen Herren und bietet ihnen eine verführerische Sondervorstellung. Armand beschimpft sie zornig als Dirne und stürzt verzweifelt davon. Frasquita aber fühlt jetzt, daß sie ihr Rachegefühl überspannt und ihr Haß sich in Liebe gewandelt hat.

3. Akt. Herrenzimmer in Armands Pariser Wohnung. Armand hat Frasquita nicht vergessen können. Seine Freunde ermuntern ihn vergeblich, sich am Karnevalstreiben zu beteiligen. Hippolyt kommt zu Besuch, um ihm zu sagen, daß er sich inzwischen mit Dolly vermählt hat. Überraschend erscheint auch Frasquita bei Armand: Sie gesteht ihm ihre Liebe – *er* aber scheint kalt und weist ihr die Tür. Bald darauf kommt Girot zu ihm, der sich vorgenommen hat, das schwierige Paar zusammenzuführen. Es glückt ihm auch, den Plan, den er sich dazu ausgedacht, zu verwirklichen: Er bittet Armand, ihm seine Wohnung für ein Schäferstündchen zu überlassen, und bringt es dahin, daß Armand selbst ein Billet-doux an die angebliche Freundin Girots schreibt und seinen Wohnungsschlüssel beilegt. Dann sitzt Armand wieder allein und traurig in seinem Zimmer, versunken in Erinnerungen an Frasquita. Da tritt sie plötzlich wieder herein – Girot hatte ihr das Briefchen übermittelt, und sie durfte glauben, es sei von Armand an sie gerichtet. Nun löst sich sein Trotz, schwinden seine Zweifel, und beglückt schließt er die Geliebte in seine Arme.

Der Endphase der mittleren Schaffenszeit Lehárs angehörend, trägt *Frasquita* im allgemeinen mehr den Stempel der wirkungssicheren Arbeit eines erfahrenen Könners als den einer besonders zwingenden Ursprünglichkeit der Gedanken. Was den Komponisten an der zwischen Zigeuner- und

Lebeweltmilieu pendelnden Handlung reizen konnte, war wohl die »interessante« Gestalt der Titelfigur und die – musikalisch ergiebige – spanische Atmosphäre. Das Tenorlied vom blauen Himmelbett (*Schatz, ich bitt dich, komm heut Nacht*) ist die bekannteste Melodie aus dem Werk geworden, doch sind auch Walzer wie *Du siehst auf jedem kleinen Blatt*, *Weißt du nicht, was ein Herz voller Sehnsucht begehrt* oder *Wo du weilst, was du immer tust* echte Lehár-Einfälle.

Paganini

Operette in 3 Akten. Text von Paul Knepler und Béla Jenbach. Uraufführung am 30. Oktober 1925 im Johann-Strauß-Theater, Wien.

PERSONEN: Maria Anna Elisa, Fürstin von Lucca und Piombino (Sängerin) – Fürst Felice Bacciocchi, ihr Gemahl – Niccolò Paganini (Ten.) – Bartucci, sein Impresario – Graf Hédouville, General in Napoleons Diensten – Marchese Giacomo Pimpinelli, Kammervorsteher der Fürstin (Buffo) – Gräfin de Laplace, Hofdame – Bella Giretti, Primadonna an der fürstlichen Oper zu Lucca (Soubr.) – Ein Wirt – Corallina, Herbergswirtin – Herren und Damen des Hofes. Tänzerinnen. Landvolk. Soldaten. Diener. Schmuggler. Dirnen.

ORT UND ZEIT: Fürstentum Lucca, Anfang des 19. Jahrhunderts.

1. Akt. Idyllische Gegend in der Nähe des Dorfes Capannori bei Lucca. Paganini hat auf seiner Konzertreise nach Lucca hier Station gemacht. Staunend hören die Dorfbewohner den Geiger üben, dessen dämonische Virtuosität manchen von ihnen unheimlich ist. Zufällig kommt die Fürstin Elisa auf einem Jagdausflug hier vorbei und vernimmt das erregende Geigenspiel. Sie ist Napoleons Schwester, eine schöne, leidenschaftliche, Glanz und Genuß liebende junge Frau. An der Seite ihres Gatten, des Fürsten Felice, fühlt sie sich wenig glücklich; ihn fesseln stets andere Frauen. Auch heute ist er wohl wieder bei der Opernsängerin Bella Giretti. Mag er immerhin tun, was ihm beliebt – aber wie sehnt sie selbst sich nach einem rechten Mann »voll Mark und Seele«! Da kommt

eben Paganini aus seinem Zimmer, stimmt die aufgeregten Bauern durch seine Liebenswürdigkeit ganz zu seinen Gunsten und singt bei einem Becher Wein ein Loblied auf die Glückselemente seines Lebens: die Heimat, die Kunst, die Frauen! Er unterhält sich auch mit Elisa, die sich nicht zu erkennen gibt. Das Gespräch wird von Paganinis Impresario Bartucci unterbrochen, der die Nachricht bringt, daß der Künstler wegen des Verdachts, einen Mann im Zweikampf getötet zu haben, in Lucca nicht auftreten dürfe. Zornig lehnt es Paganini ab, sich zu rechtfertigen, und will sofort abreisen. Elisa, entzückt von seinem Temperamentsausbruch, hofft ihn zurückhalten zu können. Ihr Charme bezaubert ihn so, daß er sogleich stürmisch versucht, sie zu küssen. Da erfährt er durch Huldigungen des Landvolks, wer die fremde Dame ist. Auch Fürst Felice taucht nun auf und verbietet aufs neue das Auftreten des »Abenteurers«. Aber Elisa, die ihm ja seine Affäre mit Bella Giretti nachsehen muß, setzt ihren Willen durch: Paganini wird spielen!
2. Akt. Festsaal im Schloß zu Lucca. Elisas Liebe hält Paganini schon seit sechs Monaten in Lucca fest. Beim Glücksspiel hat er soeben seine kostbare Geige eingesetzt und verloren. Der Kammerherr Pimpinelli verschafft sie ihm wieder, erbittet jedoch dafür sein »Rezept«, schöne Frauen zu erobern. Aber Paganini weiß nur: *Gern hab ich die Fraun geküßt, hab nie gefragt, ob es gestattet ist.* Elisa lebt in Angst, Paganini wieder zu verlieren, er beschwichtigt sie aber mit einem soeben komponierten Liebeslied. Auch den Fürsten quält Eifersucht, da er Bellas Sympathien für Paganini bemerkt hat. Dem Impresario Bartucci gefällt es gar nicht, daß der Künstler, dem die ganze Welt zu Füßen liegen könnte, hier an dem kleinen Fürstenhof seine Zeit vergeudet. Auch fürchtet er einen Skandal, wenn Paganini jetzt dem Fürsten nach der Gattin womöglich noch die Geliebte wegnimmt. Paganini muß ihm recht geben, doch vermag er sich dem Zauber Elisas noch nicht zu entziehen. Da kommt von außen ein Anstoß zur Änderung der Verhältnisse: Graf Hédouville übermittelt Elisa den Befehl Napoleons, Paganini sofort zu entlassen, denn man klatscht bereits in Paris

über ihre Beziehung zu dem Geiger. Elisa wehrt sich gegen die Trennung – aber der Geliebte ist ihr ja schon entfremdet: zärtlich nähert er sich Bella und widmet ihr sogar das zuerst der Fürstin zugedachte Liebeslied. Eifersüchtig will Elisa die Sängerin zur Abreise nötigen, da zeigt ihr diese triumphierend Paganinis Geschenk. Jetzt will sich die Fürstin rächen und ihn sogar verhaften lassen. Als er sie jedoch am Abend durch sein Spiel aufs neue betört, stellt sie sich schützend zwischen ihn und die Schergen.
3. Akt. In einer Schmugglerschenke an der Grenze des Fürstentums. Paganini ist vom Hofe geflohen und will mit Hilfe der Schmuggler rasch über die Grenze. Bartucci hat ihn eingeholt und mahnt ihn, diesmal nicht vergeblich, von den Frauen zu lassen und nur seiner Kunst zu leben. So bleibt er, als die verliebte Bella, die ihm nachgereist ist, vor ihm erscheint, standhaft, und Bella tröstet sich bald mit ihrem Begleiter Pimpinelli. Als Straßensängerin verkleidet, kommt auch Elisa noch einmal zu Paganini, aber nur, um Abschied zu nehmen und ihn freizugeben.

Mit *Paganini*, seinem 25. Bühnenwerk, beginnt die eindrucksvolle Folge der spielopernhaften Spätwerke Lehárs. Souveräne Beherrschung der Kunstmittel und eine neu aufblühende Kraft der schöpferischen Phantasie ermöglichten ihm die Verwirklichung neuer künstlerischer Ziele. Der ungeheure Erfolg dieser Werke der Spätzeit hat seinen Bemühungen, dem Publikum nicht nur fröhliche Unterhaltung, sondern auch die Empfindungserlebnisse menschlich bewegender Geschehnisse auf der Bühne zu bieten, recht gegeben. Indessen war die Wiener Uraufführung des *Paganini* noch kein Erfolg. Wie im Falle der »Fledermaus« von Johann Strauß entschied das Berliner Publikum: Die Erstaufführung am 30. Januar 1926, für die Lehár auf seine Tantiemen, Richard Tauber, in der Hauptrolle, auf sein Sängerhonorar verzichtet hatten, nur um sie überhaupt zu ermöglichen, wurde zum Triumph für beide.
Die Erfindung steht in *Paganini* wieder auf voller Höhe: Jedes Stück trägt die Kennzeichen einer ganz persönlichen Dik-

tion. Wir erinnern nur an die Lieder *Liebe, du Himmel auf Erden*, *Töne, süßes Zauberlied* und *Niemand liebt dich so wie ich*, an das lustige Duett *Einmal möcht' ich was Närrisches tun* und vor allem an die – durch Lehárs Freund und hervorragenden Interpreten Richard Tauber – weltberühmt gewordene Melodie *Gern hab ich die Fraun geküßt.*

Der Zarewitsch

Operette in 3 Akten. Text von Béla Jenbach und Heinz Reichert (Heinrich Blumenreich) frei nach dem gleichnamigen Schauspiel von Gabriela Zapolska-Scharlitt (1917). Uraufführung am 21. Februar 1927 im Deutschen Künstlertheater, Berlin.

PERSONEN: Der Zarewitsch (Ten.) – Der Großfürst, sein Onkel – Der Ministerpräsident – Der Oberhofmeister – Sonja (Sängerin) – Iwan, der Leiblakai (Buffo) – Mascha, seine Frau (Soubr.) – Bordolo – Damen der Aristokratie. Offiziere. Tänzerinnen. Wachen. Lakaien.

ORT UND ZEIT: Petersburg und Neapel, Ende des 19. Jahrhunderts.

1. Akt. Zimmer im Palast des Zaren. Der junge Zarewitsch huldigt strengen soldatischen Idealen und hält sich von allen verweichlichenden Lebensgenüssen fern. Kein weibliches Wesen darf sein Zimmer betreten. Sogar der Leiblakai Iwan kann seine Mascha nur heimlich empfangen, denn niemals würde der Kronprinz einen verheirateten Diener um sich dulden. Dem Ministerpräsidenten bereitet jedoch das frauenfeindliche Leben des Zarewitsch einige Sorge: er soll ja in nächster Zeit heiraten. Darum scheint es dringend notwendig, den jungen Fürsten durch eine »Geliebte« auf die Ehe vorzubereiten. Für die Rolle dieser Verführerin wird das Ballettmädchen Sonja ausersehen, das in der Uniform eines tscherkessischen Soldaten bei einer Theateraufführung durch besondere turnerische Gewandtheit die Aufmerksamkeit des Zarewitsch erregt hat. Als Sonja nun in Uniform

vor ihm erscheint, fordert er den vermeintlichen Soldaten auf, seinen Rock abzulegen, um ihm vorzuturnen. Sie gehorcht, und zornbebend sieht der Prinz, daß der Tscherkesse ein Mädchen ist. Doch Sonja weiß ihn zu besänftigen, und schließlich gestattet er ihr sogar, ihn allabendlich zu besuchen: sie wollen künftig als gute Kameraden zusammenkommen. Vor den Hofleuten aber soll sie als seine Geliebte erscheinen.

2. Akt. Ein Saal im Kronprinzenpalais. Der Großfürst, ein Onkel des Kronprinzen, freut sich über die scheinbare Wandlung seines Neffen. Ein oberflächlicher Genußmensch, wie er ihn der Welt jetzt vorspielt, ist allerdings nicht aus dem Zarewitsch geworden – aber eine tiefgreifende Veränderung hat sich doch in ihm vollzogen: aus seiner kameradschaftlichen Zuneigung zu Sonja ist echte Liebe geworden. Mit der ganzen Kraft ihrer ersten Liebe erwidert sie sein Gefühl. Nun bringt der Ministerpräsident die Nachricht, daß stündlich die Ankunft der künftigen Braut des Zarewitsch zu erwarten sei, Sonja müsse also sofort für immer verschwinden. Der Großfürst beschließt, die Trennung des Paars selbst zu übernehmen. Um dieses Ziel zu erreichen, greift er zu einem bedenklichen Mittel: er verspricht der verängstigten Sonja, sie dürfe im Palast bleiben, wenn sie den Kronprinzen über ihr »Vorleben« aufkläre; dann sagt er dem Zarewitsch, als dieser sich weigert, die ihm zur Frau bestimmte Prinzessin zu empfangen, er solle sich wegen Sonja, dieser »kleinen Dirne«, nicht lächerlich machen. Sie habe ihm selbst eingestanden, daß sie schon durch viele Hände gegangen sei. Trotzdem erreicht der Großfürst nicht, was er wollte. Denn Sonja bekennt dem Geliebten, daß man sie fortgejagt hätte, wenn sie nicht zu einer solchen Lüge über ihr Vorleben bereit gewesen wäre. Bei der heiligen Mutter von Kasan beschwört sie ihre Unschuld. Leidenschaftlich schließt sie der Zarewitsch in seine Arme, keine höfische Intrige soll sie künftig von ihm trennen.

3. Akt. Park in einer Villa in Neapel. Die Liebenden sind in den Süden geflohen. Wochen des Glücks sind vergangen. Vor dem drohenden Schatten der eines Tages doch unvermeidlichen Trennung suchen sie die Augen zu schließen. Schon hat

man aber in Petersburg ihren heimlichen Aufenthalt ausfindig gemacht, und der Zarewitsch sieht sich plötzlich seinem Onkel gegenüber, der ihn vergeblich an seine Fürstenpflicht mahnt. Nun wendet sich der Großfürst an Sonja und bittet sie, ihrer Liebe zu entsagen und selbst den Kronprinzen zur Besinnung zu bringen. Sie versteht und opfert ihr Lebensglück dem Wohl des Vaterlandes. Eine Depesche mit der Nachricht vom Tode des Zaren führt die letzte Entscheidung herbei. Offiziere grüßen den Kronprinzen als neuen Herrscher Rußlands. Er muß sofort reisen. Wortlos umarmt er Sonja zum letztenmal.

Viel schwermütiges Sentiment beherrscht, stoffbedingt, dieses Werk des 57jährigen Lehár, dem die russische Atmosphäre des Buches willkommenen Anlaß zu einer intensiven slawischen Tönung der Musik bot. Zu diesen starken Stimmungselementen tritt das italienische Kolorit des Schlußakts in wirksamen Gegensatz. Besonders bezeichnend ist das melancholische Wolgalied des Zarewitsch *Es steht ein Soldat am Wolgastrand* mit dem liedhaften Abgesang *Hast du dort droben vergessen auf mich.* Neben dem Walzer begegnet man in diesem Werk auch den Tanzformen Onestep (*Heute abend komm ich zu dir*), Tango, Foxtrott (*Willst du?*) und Valse Boston. Die großen, von lyrischem Pathos erfüllten Gesangsnummern der Operette sind die Lieder Sonjas (*Einer wird kommen*) und des Zarewitsch (*Hab nur dich allein*).

Friederike

Singspiel in 3 Akten. Text von Ludwig Herzer (Ludwig Herzl) und Fritz Beda-Löhner. Uraufführung am 4. Oktober 1928 im Metropol-Theater, Berlin.

Personen: Karl August, Großherzog von Sachsen-Weimar – Johann Jakob Brion, Pfarrer von Sesenheim – Magdalena, seine Frau – Salomea (Soubr.) und Friederike (Sängerin), deren Töchter – Johann Wolfgang Goethe, stud. jur. (Ten.) – Friedrich Leopold Weyland, stud. med., Jakob Michael Reinhold Lenz, cand. theol.

(Buffo), Franz Lerse, stud. jur., Johann Heinrich Jung-Stilling, stud. med., und Georg Engelsbach, stud. jur., Goethes Freunde – Hauptmann Karl Ludwig v. Knebel, Prinzenerzieher am Hofe von Weimar – Madame Schöll – Hortense, ihre Tochter – Christel, Magd bei Pfarrer Brion – Herren und Damen der Gesellschaft. Bauern und Bäuerinnen. Freundinnen Friederikes. Ein Postillon. Buben und Mädchen.

ORT UND ZEIT: Sesenheim im Elsaß und Straßburg, 1771 und 1779.

1. Akt. Vor dem Pfarrhaus in Sesenheim – Pfingstsonntag 1771. Die Pfarrerseheleute erfreuen sich an der Gottesgabe eines herrlichen Frühlingstags. Sie kommen auf die Schwärmerei des Studiosus Goethe für ihre Tochter Friederike zu sprechen, und die Mutter glaubt schon Zukunftshoffnungen daran knüpfen zu dürfen. Gerade erhält Friederike wieder eine Nachricht von ihm, diesmal »mit einem gemalten Band«: Bald wird er sie mit seinen Freunden besuchen. Schon kommen einige der Studenten, unter ihnen Weyland, der Friederikes Schwester Salomea aufrichtig liebt; aber sie macht es ihm mit ihrer Koketterie nicht leicht. Ihrem Vorschlag folgend, gehen die eben Angekommenen dem noch fehlenden Theologiekandidaten Lenz entgegen. So findet Goethe, der auf einsamen Wegen hergewandert ist, Friederike allein. Freudig heißt sie ihn willkommen. Später klagt er der Geliebten, daß seine Arbeit ihn nun wohl lange von ihr fernhalten werde. Inzwischen sind die anderen mit Salomea zurückgekommen. Man tanzt und ist guter Dinge. Goethe und Friederike aber finden sich in herzlicher Liebe.
2. Akt. Salon bei Madame Schöll in Straßburg. Bei einem Tanzfest zu Ehren des jungen Dichters sind auch die Schwestern aus Sesenheim als Nichten der Madame Schöll zu Gast. Salomea hat sich mit Weyland verlobt. Friederike zweifelt, daß Goethe ihr treu sein kann, als sie ihn von allen jungen Mädchen umschwärmt sieht – doch er besiegelt seine Liebe zu ihr mit einem Ring. Der ernste Weyland warnt ihn, Friederike bloßzustellen, da er doch keineswegs schon in der Lage sei, ihr eine gesicherte Zukunft zu bieten. Goethe verweist ihn auf seine Berufung nach Weimar. Als er jedoch vom hinzutretenden Überbringer dieser auszeichnenden

Einladung erfährt, daß er nur unvermählt nach Weimar kommen könne, weist er das fürstliche Angebot schroff zurück. Weyland jedoch spürt, was für Goethe auf dem Spiel steht, und legt Friederike in zarter Weise nahe, ihn freizugeben. Tapfer kämpft sie sich zu dem bitteren Entschluß durch. Doch er soll ihren Verzicht nicht als Opfer empfinden. So spielt sie die Leichtblütige, tanzt und kokettiert ... Gekränkt verläßt Goethe sie ohne ein Wort des Abschieds.
3. Akt. Wieder in Sesenheim. Acht Jahre später. Ein Herbsttag. Bekümmert gedenkt die altgewordene Pfarrersfrau des Leids, das der Dichter einst über Friederike gebracht. Die Wunde ist noch nicht vernarbt. Wohl duldet Friederike den ewig verliebten Lenz um sich, jedoch nur, weil er ihr manchmal von Goethe erzählen kann. Einmal aber darf sie den Geliebten doch selbst für kurze Zeit wiedersehen: In Begleitung des Großherzogs kommt Goethe nach Sesenheim, um seinem Fürsten den Ort zu zeigen, wo er einst glücklich war. So begegnen sich die Liebenden noch einmal: Friederike tritt ihm gefaßt gegenüber, kann aber ihre innersten Empfindungen doch nicht verbergen. Jetzt erst erkennt Goethe, welches Opfer sie ihm gebracht. Wehmütig reißt er sich los.

Goethe als Singspielgestalt, als walzersingender Bühnenheld – ist das nicht recht merkwürdig, ja bedenklich? Nun, Lehár hat es gewagt. Wie er das Sesenheimer Liebeserlebnis des Dichters behandelt hat, wie er insbesondere die zahlreichen, in den Text eingebauten Goetheschen Verse in Musik gesetzt hat, das zeigt ihn zwar an der äußersten Grenze der ihm gegebenen Möglichkeiten, zugleich aber als einen Musiker von Takt und feiner Einfühlung. In den nobel erfundenen, oft volkstonhaft schlichten Gesangsmelodien wie in den frischen Tänzen, die den zeitlichen und landschaftlichen Hintergrund beleuchten (Menuett, Ländler, Rheinländer), lebt echter Singspielgeist. Aber auch als musikdramatischer Szenengestalter weiß der Komponist wieder zu fesseln (2. Finale!). Sein Bestes an Einfällen und ausdrucksvoller

Musik hat er der Gestalt der Friederike mitgegeben, in der Melodie *Warum hast du mich wachgeküßt?* erreicht die Rolle ihren musikalischen Höhepunkt. Die Figur des Goethe besitzt ihre wohl bezwingendsten Momente in dem langsamen Walzer *O wie schön, wie wunderschön.* Das Lied *O Mädchen, mein Mädchen* ist allerdings populärer geworden, auch die Vertonung der Verse *Sah ein Knab' ein Röslein stehn.* Sehr eindrucksvoll ist die Szene der ersten Begegnung zwischen Goethe und Friederike komponiert (Duett *Blicke ich auf deine Hände*).

Das Land des Lächelns

Romantische Operette in 3 Akten. Text von Ludwig Herzer (Ludwig Herzl) und Fritz Beda-Löhner nach der Erstfassung von Victor Léon (Victor Hirschfeld). Uraufführung am 10. Oktober 1929 im Metropol-Theater, Berlin. Uraufführung der Erstfassung unter dem Titel *Die gelbe Jacke* am 9. Februar 1923 im Theater an der Wien, Wien.

Personen: Graf Ferdinand Lichtenfels, Feldmarschalleutnant – Lisa, seine Tochter (Sängerin) – Lore, seine Nichte – Graf Gustav v. Pottenstein, Husarenoberleutnant (Buffo) – Exzellenz Hardegg, seine Tante – Prinz Sou-Chong (Ten.) – Mi, seine Schwester (Soubr.) – Tschang, sein Onkel – Fu-Li, Sekretär der chinesischen Gesandtschaft – Obereunuch – Offiziere. Herren und Damen der Gesellschaft. Junge Mädchen. Mandarine. Dienerinnen.

Ort und Zeit: Wien und Peking, 1912.

1. Akt. Salon bei Graf Lichtenfels in Wien. Heute feiert man die schöne Tochter des Grafen als Siegerin in einem Reitturnier. Lisas Gedanken jedoch, stets dem Spannend-Ungewöhnlichen im Leben zugewandt, schweifen in die Ferne: seit ihr Prinz Sou-Chong begegnet ist, hat sie ein leidenschaftliches Interesse für alles Chinesische. Das schmerzt ihren bisher ernstesten Bewerber, den Husarenoffizier Gustav v. Pottenstein. Auch bei ihrer heutigen Begegnung mit Sou-Chong erliegt Lisa wieder der Faszination dieses Mannes, der sie glühend verehrt, aber die vermeintliche Hoffnungslosigkeit sei-

ner Liebe beherrscht unter der Maske seines »Immer nur lächeln« zu verbergen weiß. »Bei einem Tee en deux« läßt ihn Lisa indes nicht im Zweifel über ihre Zuneigung, und als er sich unerwartet plötzlich zur Abreise gezwungen sieht, weil man ihn in seiner Heimat zum Ministerpräsidenten gewählt hat, erwidert sie sein Liebesbekenntnis in der Abschiedsstunde.

2. Akt. Halle in Palais des Prinzen in Peking. Lisa ist dem Prinzen als Gattin nach China gefolgt und glaubt, getragen von seiner Liebe, in der Fremde heimisch und glücklich werden zu können. Auch hat sie in Sou-Chongs Schwester Mi eine ihr herzlich zugetane Freundin gefunden. Sie ahnt noch nicht, daß der geliebte Mann sich nicht gegen gewisse starre Traditionen seines Landes auflehnen kann. Tschang, der Onkel des Prinzen, ein unerbittlicher Verteidiger der Landessitten, mahnt nicht nur den widerstrebenden Sou-Chong unablässig, pflichtgemäß die ihm zur Ehe bestimmten Mandschumädchen zu sich zu nehmen, sondern gibt auch Lisa sehr deutlich zu verstehen, daß eine Europäerin hier niemals den Platz einer ebenbürtigen Frau einnehmen könne. Wohl tröstet sie der Prinz und erklärt den erzwungenen Heiratsakt mit den Mandschumädchen als bloße Formalität. Doch ihre Ruhe ist dahin, sie fühlt sich verlassen in dem fremden Land. Wie gut, daß Gustl Pottenstein hier ist, der sich als Militärattaché nach Peking versetzen ließ und inzwischen mit der kleinen Mi ein wenig Freundschaft geschlossen hat. Er wird ihr helfen, wieder in die Heimat zu kommen. Aber der Prinz gibt sie nicht frei, in der Erregung sagt er ihr, daß er als Chinese Herr über Leib und Leben seiner Frau sei. Jäh spürt sie jetzt das Trennende zwischen seiner und ihrer Welt, ihre Liebe zu ihm schwindet.

3. Akt. Gemach im Frauenpalais des Prinzen. Noch wehrt sich der Prinz gegen die unabwendbare Trennung von Lisa. Seit Tagen hält er sie unter scharfer Bewachung im Palast gefangen. Doch Gustl gelingt es, zu ihr zu gelangen. Er hat alles zur Flucht vorbereitet. Auch Mi will den beiden helfen. Doch der Plan mißglückt: alle Ausgänge des Palasts sind von Wachen besetzt, und auf dem letzten möglichen Flucht-

weg, durch den Buddhatempel, tritt ihnen Sou-Chong entgegen. Doch widersetzt er sich Lisas Bitte um Freiheit nicht mehr. Traurig läßt er sie fortgehen und bleibt, maskenhaft lächelnd, einsam mit Mi zurück.

Unter den späten opernhaften Schöpfungen Lehárs wurde dieses Werk besonders erfolgreich. Es zeigt den einfallsreichen Komponisten aufs neue als überlegenen Beherrscher dramatischer Gestaltungsmittel und als feinen Psychologen. Vor allem aber erwies er sich hier als phantasievoller Maler der fernöstlichen Stimmungslandschaft. Mit den Mitteln farbiger Orchestration und exotisch getönter Harmonik, Melodik und Rhythmik findet er für das Schaurig-Hintergründige wie für das Groteske und Burlesk-Puppenhafte des chinesischen Milieus überzeugende Klänge. Einen packenden Kontrast dazu bildet der – nicht minder eindrucksvoll angeschlagene – Gemütston der Wiener Heimat Lisas. Die meisten liedhaften Melodien des Werks sind dem Musikfreund geläufig: Sou-Chongs berühmte Weisen *Immer nur lächeln*, *Von Apfelblüten einen Kranz* und *Dein ist mein ganzes Herz* ebenso wie die lyrischen Zwiegesänge *Bei einem Tee en deux*, *Es ist nicht das erste Mal* und *Wer hat die Liebe uns ins Herz gesenkt?*, das von einer zarten Melancholie beschattete lustige Duett *Meine Liebe, deine Liebe* nicht minder wie Lisas *Ich möcht' wieder einmal die Heimat sehn.*

Schön ist die Welt

Operette in 3 Akten. Text von Ludwig Herzer (Ludwig Herzl) und Fritz Beda-Löhner. Uraufführung am 3. Dezember 1930 im Metropol-Theater, Berlin. Uraufführung der Erstfassung unter dem Titel *Endlich allein* am 10. Februar 1914 im Theater an der Wien, Wien.

PERSONEN: Der König – Kronprinz Georg (Ten.) – Herzogin Maria Brankenhorst – Elisabeth Prinzessin von und zu Lichtenberg, ihre Nichte (Sängerin) – Graf Sascha Karlowitz, Flügeladjutant des Königs (Buffo) – Mercedes del Rossa, Primaballerina (Soubr.) – Direktor des »Hotel des Alpes« – Obersthofmeister der Herzogin – Ein Jazzsänger – Hotelgäste.

ORT UND ZEIT: Tirol, um 1930.

1. Akt. Halle im »Hotel des Alpes«. Der König sähe es gerne, wenn sein Sohn Georg die Prinzessin Elisabeth heiraten würde. Um diesen Plan zu fördern, ist er inkognito mit seinem Adjutanten Graf Sascha hierher nach Tirol gefahren, wo schon die Tante der Prinzessin, Herzogin Maria, seine und des Prinzen Ankunft erwartet. Aber es ist nicht einfach, solch ein Heiratsprojekt zu verwirklichen: junge Menschen widerstreben ja nur allzugern den gutgemeinten Absichten der Alten. Elisabeth jedenfalls will nur einen Mann heiraten, den sie wirklich lieben kann, und Prinz Georg läßt seinen Vater wissen, daß er gar nicht daran denke, die Prinzessin zu nehmen. Er ist schon einige Zeit vor seinem Vater nach Tirol gekommen, um seine Freude an Bergwanderungen voll auskosten zu können. Auf einer solchen Wanderung hat er vor ein paar Tagen ein reizendes Mädchen kennengelernt, und diese flüchtige, aber eindrucksvolle Begegnung ist wohl die Ursache seiner energischen Ablehnung des Heiratsplans. Voll Entzücken sieht er jetzt das charmante Mädchen wieder. Es ist – Elisabeth. Sie stellt sich ihm jedoch nicht vor, und auch er wahrt sein Inkognito und gibt sich als einfacher Jäger aus. Er erzählt ihr von einer Hochtour, die er für morgen geplant hat, und nach einigem Zögern entschließt sie sich, diese Hochgebirgswanderung heimlich mitzumachen und sich seiner Führung anzuvertrauen.

2. Akt. Wechselnde Szenerie: Felsplateau, dann Almwiese, dann Platz vor einer Blockhütte. In guter Wanderkameradschaft erleben Georg und Elisabeth die Herrlichkeit der einsamen Natur: Schön ist die Welt so hoch über allen Menschentälern! Vor der Hütte wird Rast gemacht. Sie hören auch ein wenig Radio; plötzlich wird aber die Musiksendung von einer Meldung aus dem Hotel unterbrochen: man bittet die Hörer um Unterstützung bei der Suche nach der Prinzessin, die seit dem Morgen verschwunden sei und zuletzt in

Begleitung eines unbekannten Bergführers gesehen wurde. So erfährt Georg, wer seine Begleiterin ist. Elisabeth will sogleich aufbrechen, aber ein Sturm und ein furchtbarer Lawinensturz verhindern den Abstieg. Die dankbare Freude über ihre Errettung aus höchster Lebensgefahr löst ihnen die Zungen: sie bekennen sich ihre Liebe. An eine Rückkehr ist freilich heute nicht mehr zu denken. Elisabeth nächtigt in der Hütte. Georg macht sich auf dem Vorplatz ein Lager zurecht.

3. Akt. Wieder in der Hotelhalle. Unter den Gästen herrscht große Aufregung. Ein Flieger hat jedoch das zu Tal steigende Paar bereits gesichtet. Nun gibt es natürlich allerhand zu tuscheln über das vermutlich sehr pikante Bergabenteuer der Prinzessin. Unbemerkt ist Elisabeth inzwischen mit Georg ins Hotel zurückgekehrt und teilt nun ihrer Tante mit, daß sie niemals den Kronprinzen, sondern nur den Mann ihrer Wahl, ihren Bergkameraden, heiraten werde. Der König und die Herzogin sehen ihren Plan endgültig scheitern – doch Georg klärt endlich alles auf und gibt sich Elisabeth als Kronprinz zu erkennen.

Dieses Werk stellt die völlige Umarbeitung der Operette *Endlich allein* aus dem Jahre 1914 dar. Es ist eine der wertvollsten und originellsten Arbeiten Lehárs, gehört aber leider nicht zu seinen besonders häufig aufgeführten Stücken. Ganz abgesehen von seinem Reichtum an reizvollen Liedern und Tänzen verdient es besonderes Interesse wegen der in einer Operette ungewöhnlichen, ja einmaligen dramatischen Situation des 2. Akts, in dem nur die beiden jungen Menschen auf der Bühne stehen, beglückt und bedroht von der elementaren Natur um sie, überwältigt von ihren Empfindungen füreinander. Lehár hat diese Szene großartig gemeistert. Von der Orchesterintroduktion an, die den Aufstieg auf den Berg schildert (Lehárs *Alpensinfonie* sozusagen!), entwickelt sich der 2. Akt mit seinen farbigen Naturmalereien, seinen dramatisch bewegten Gesprächen, seinen liedhaften Episoden und der beredten Sprache seiner plastischen Thematik in einem einzigen großen Crescendo des Ausdrucks und der Wirkung.

Wie eindrucksvoll kontrastiert die Stimmung dieser zentralen Szene zu der komischen Hotelsphäre der Außenakte! Georgs Lied *Liebste, glaub an mich* ist aus dieser Operette am bekanntesten geworden. Bemerkenswert ist aber auch der Walzer, der dem Werk als musikalischer Leitgedanke den Titel gegeben hat, ferner der Valse Boston *Ich bin verliebt*, das Marschduett *Frei und jung dabei*, das graziöse Walzerlied *Sag, armes Herzchen, sag* und der Tango der Mercedes *Rio de Janeiro*.

Giuditta

Musikalische Komödie in 5 Bildern. Text von Paul Knepler und Fritz Beda-Löhner. Uraufführung am 20. Januar 1934 in der Staatsoper, Wien.

PERSONEN: Manuele Biffi – Giuditta, seine Frau (Sängerin) – Octavio, Hauptmann (Ten.) – Antonio, Leutnant – Eduard Barrymore – Der Herzog von . . . – Der Adjutant des Herzogs – Ibrahim, Besitzer des Etablissements »Alcazar« – Professor Martini – Pierrino, Obsthändler (Buffo) – Anita, ein Fischermädchen (Soubr.) – Lolitta, Tänzerin – Offiziere. Soldaten. Bürger. Bürgerinnen. Tänzerinnen. Gäste. Musikanten. Straßensänger. Ein Wirt. Kellner.

ORT UND ZEIT: Südeuropa und Nordafrika, um 1930.

1. bis 5. Bild. In einer südlichen Hafenstadt lebt Giuditta als Frau des alternden Manuele. Sie ist die Tochter einer marokkanischen Tänzerin und hat deren wildes, ruheloses Temperament geerbt. Ihrem sehnsüchtigen Gesang lauscht der junge Offizier Octavio, der hier den Befehl zum Aufbruch nach Nordafrika erwartet. Hingerissen von der Schönheit Giudittas erklärt er ihr stürmisch seine Liebe und bittet sie, bei seiner Abreise die Stadt mit ihm zu verlassen. Sie vermag seinem verführerischen Elan nicht zu widerstehen und verläßt ohne Abschied den verzweifelnden Manuele. In Afrika erlebt das Paar rauschhaft glückliche Tage. Als Octavio aber nach zwei Wochen an die Front muß, bringt Giuditta kein Verständnis für sein Fortgehen auf; ihr Versuch, den Geliebten zur Fahnenflucht zu verleiten, scheitert am

mahnenden Einspruch seines besorgten Freundes Antonio. Sie glaubt sich verraten und verläßt, da sie in ihrer Lebensgier zu Treue und Entbehrung nicht taugt, alsbald das Haus Octavios. In einer nordafrikanischen Stadt verdingt sie sich als Tänzerin in einem Nachtlokal und verfällt einem Leben, das ihrer ungezügelten Natur entspricht. Octavio, der, von maßloser Sehnsucht getrieben, seine Offizierslaufbahn aufgegeben hat, um künftig Giuditta immer nahe sein zu können, findet sie in diesem Milieu und hofft, sie wieder für sich zu gewinnen, muß aber erleben, daß sie jedem reichen Verehrer zu Willen ist. Für ihn ist die zur Dirne abgesunkene Frau verloren. Was noch an Edlerem in ihr lebendig ist, erfahren zwei verarmte junge Leute, Pierrino und Anita, die einst als Auswanderer mit ihr die Heimat verlassen haben: ihnen ermöglicht sie durch ein beträchtliches Geldgeschenk die Rückreise und die Neugründung einer Existenz. Ihr ruheloses Wanderleben als Tänzerin führt Giuditta eines Tages in eine europäische Stadt, wo sie im Hotel noch einmal Octavio begegnet. Er schlägt sich hier, kümmerlich genug, als Barpianist durch. Das Wiedersehen entzündet in ihr die alte Leidenschaft für den einst Geliebten, doch in ihm ist alles tot – er ist ein innerlich gebrochener, von seiner Leidenschaft zerstörter Mensch.

Lehár hat dieses sein letztes Bühnenwerk als seine höchste Leistung empfunden. Mit allen ihm zu Gebote stehenden künstlerischen Mitteln hat er hier sein Ziel einer Steigerung der Operette zur Spieloper zu verwirklichen versucht. Die Quelle der Erfindung strömte noch einmal reich und stark. Das ihn ansprechende Libretto gab ihm neue, erwünschte Gelegenheit zur Entfaltung seiner Kunst treffsicherer Zeichnung der einzelnen Figuren, dramatisch schlagkräftiger Szenengestaltung und einprägsamer, atmosphärisch dichter Milieuschilderung. In der triolen- und synkopenreichen Melodik, in der häufig zwischen Dur und Moll schillernden Harmonik und in der farbigen, oft puccinesk und impressionistisch getönten Orchestration tritt die unverwechselbare Eigenart seiner Tonsprache ebenso zutage wie in den sentimentbefrachteten, sinnlich leidenschaftlichen ariosen Liedern, die zum Teil als Leitgedanken das Werk durchziehen und die Gesamtwirkung entscheidend mitbestimmen. Solche echte Lehár-Melodien sind vor allem die Lieder Octavios *Freunde, das Leben ist lebenswert*, *Schönste der Frauen* und *Du bist meine Sonne*, ferner Giudittas *Meine Lippen, sie küssen so heiß* und die Duett-Weise *Schön wie die blaue Sommernacht*. Trotz der Vorherrschaft des Lyrischen und Dramatischen ist aber das heitere Element in der Giuditta-Musik – dank den Nebenfiguren Pierrino und Anita und ihren Walzerliedern – nicht zu kurz gekommen.

Leon Jessel

* 22. Januar 1871 in Stettin
† 4. Januar 1942 in Berlin

Dem Talent Leon Jessels verdankt die deutsche Operettenbühne *ein* Werk, dessen Wirkung nicht zuletzt durch das hübsche Libretto und das unverbrauchte alemannische Kolorit bedingt ist: *Das Schwarzwaldmädel* (1917). Keiner seiner übrigen 18 Operetten, die er zwischen 1913 und 1936 komponierte, war ein ähnlicher Dauererfolg beschieden. Nur die einst vielgespielte *Parade der Zinnsoldaten* trug noch wesentlich zu seiner Popularität bei. Daß von seinen Bühnenwerken aber nicht nur *Das Schwarzwaldmädel* Beachtung verdient, zeigte der starke Neuerfolg von Wiederaufführungen seiner 1920 geschriebenen Operette *Die Postmeisterin*. Jessel studierte nach dem Besuch des Gymnasiums in seiner Heimatstadt Musik und war dann als Theaterkapellmeister u. a. in Stettin, Kiel und Chemnitz tätig. Da Jessel der Sohn eines jüdischen Kaufmanns aus Polen war, durften seine Werke nach 1933 in Deutschland nicht mehr aufgeführt werden. So fand die Uraufführung seiner letzten

Operette *Die goldene Mühle* 1936 in der Schweiz statt. Gestorben ist der Komponist an den Folgen von Mißhandlungen durch die Gestapo.

Das Schwarzwaldmädel

Operette in 3 Akten. Text von August Neidhart. Uraufführung am 25. August 1917 in der Komischen Oper, Berlin.

PERSONEN: Blasius Römer, Domkapellmeister (Bar.) – Hannele, seine Tochter (Soubr.) – Bärbele, bei Römer bedienstet (Soubr.) – Jürgen, der Wirt vom »Blauen Ochsen« – Lorle, seine Tochter – Malwine v. Hainau (Sängerin) – Hans (Ten.) – Richard (Buffo) – Die alte Traudel – Schmußheim, ein Berliner (Kom.) – Theobald – Musikanten. Bauern. Bäuerinnen.

ORT UND ZEIT: St. Christoph im Schwarzwald, vor dem 1. Weltkrieg.

1. Akt. Im Musikstübchen des Domkapellmeisters. Der alternde, verwitwete Musiker Blasius Römer lebt bescheiden in dem stillen Schwarzwalddorf. Niemand ist bei ihm als seine Tochter Hannele und das arme Bärbele, das er in Dienst genommen hat. Sein Glück findet er in der Musik, eine kleine Nebenfreude im Sammeln alter Volkstrachten. Morgen ist Cäcilienfest – ein großer Tag für ihn und den Ort! Hannele bringt Gäste ins Haus, zwei fremde junge Männer, die sich ihm als »Wandermusikanten« vorstellen. Aber er merkt bald, daß es in Wirklichkeit zwei Herren aus Berlin sind; der Stadt überdrüssig, wandern sie zur Erholung durch die schönsten deutschen Landschaften. Der Grund dieses Vagabundierens liegt freilich noch tiefer: Hans wollte einmal seiner koketten Verehrerin Malwine v. Hainau entfliehen, und Richard mußte ihn begleiten. Malwine aber ist den beiden nachgereist und erscheint jetzt, vom Ochsenwirt geführt, bei Römer, um sich für morgen eine schöne Tracht zu borgen, denn sie will beim Fest mit Hans tanzen. Der erklärt ihr zwar, er wolle nichts mehr von ihr wissen, doch solche Reden machen der siegessicheren jungen Dame wenig Eindruck. Einstweilen flirtet sie mit Richard, der sich ihrem Reiz schwer entziehen

kann. Durch ihre Fürsprache hat auch das Bärbele für morgen ein festliches Kleid von Römer bekommen. Überglücklich fühlt sich das arme Mädel in dem ungewohnten Staat, vor lauter Seligkeit fällt sie dem verdutzten Römer um den Hals und gibt ihm ein Küssle.

2. Akt. Hofraum des Wirtshauses zum »Blauen Ochsen«. Fröhlich beginnt der Cäcilientag. Zwar haben die Bauern in ihrem Übermut den schlechten Einfall, die hexenhafte alte Traudel, Bärbeles Tante, zu bedrohen, und der hereingeschneite Berliner Schmußheim fällt in der Kirche wie im Wirtshaus durch sein unpassendes Benehmen auf – aber derlei tut der heiteren Stimmung vorläufig keinen Abbruch. Dem guten Römer, der schon so weit über allem zu stehen schien, hat der unschuldige Kuß des Bärbele das Herz verwirrt. Seitdem fühlt er sich wie verjüngt – könnte er sie nicht heiraten? Das Bärbele freilich entschuldigt sich jetzt bei ihm wegen der unbedachten Zärtlichkeit. Sie hat sich schon ein wenig verliebt – aber nicht in ihn, sondern in Hans, der sie vor den Schlägen ihrer Tante bewahrt hat. Zu gerne möchte Römer mit ihr tanzen, doch er wagt's nicht: wie leicht könnte er sein Ansehen im Ort gefährden! Schließlich muß er als Alter bei den Alten sitzen. Wieder braucht das Bärbele Schutz: Die Burschen schimpfen sie plötzlich eine Hex und wollen sie nicht auf den Tanzboden lassen. Wieder tritt jetzt Hans für das kleine Schwarzwaldmädel ein. Die allgemeine Stimmung ist indes unversehens ganz bedrohlich geworden, und jäh endet der frohe Festtag in einer wilden Rauferei.

3. Akt. Wirtsstube im »Blauen Ochsen«. Schmußheim und der Ochsenwirt haben bei der gestrigen Keilerei ziemlich Prügel bezogen. Heute will der Wirt als Bürgermeister die Urheber des Krachs feststellen. Zur Vernehmung erscheinen als erste Zeugen Hans und dann Richard mit Malwine, die sich jetzt, von Hans beglückwünscht, als Verlobte vorstellen. Römer hat nach einer schlaflosen Nacht ernstlich beschlossen, das Bärbele zu heiraten. Da erhält er einen Brief, daß Bärbeles Vater, der sich zu Lebzeiten nie um sie gekümmert hat, gestorben ist und ihr ein großes Vermögen hinter-

lassen hat. Noch immer meint er, sie hätte ihn gern; daß jener Kuß nur ein Zeichen ihrer Verehrung für ihn war, lernt er aber doch allmählich verstehen. Er kann sie nicht binden, ihre Liebe gehört ja Hans, und er erkennt: im Herbst des Lebens heißt es entsagen.

Schon mit der Bauernpolka des Vorspiels schlägt Jessel den heiteren volkstümlichen Ton an, der diesem Werk, das mehr Singspiel als Operette ist, seinen eigenen, reizvollen Grundklang gibt und seine Musik über die Gespreiztheiten und die Sentimentalität des Librettos heraushebt. Die hübschen Tanz- und Gesangsweisen zeigen den Komponisten als begabten Melodienerfinder, die wirksam gebauten Finali und die beredten melodramatischen Szenen verraten einen phantasiereichen Könner. Mit besonderer Liebe ist die Gestalt des Blasius Römer gesehen und gezeichnet. Zu den populär gewordenen Stücken des vor 1933 überaus erfolgreichen und nach 1945 nochmals verfilmten *Schwarzwaldmädel* zählen vor allem die Walzerduette *Muß denn die Lieb' stets Tragödie sein* und *Erklingen zum Tanze die Geigen*, Richards *Malwine, ach Malwine, du bist wie eine Biene* und das Ensemble *Mädle aus dem schwarzen Wald, die sind nicht leicht zu haben.*

Leo Fall

* 2. Februar 1873 in Olmütz (Mähren),
heute Olomouc (Tschechien)
† 16. September 1925 in Wien

Einige Werke Leo Falls gehören zum Gelungensten, was die nachklassische zweite Epoche der Wiener Operette hervorgebracht hat. Frische und Noblesse der melodischen Erfindung, Volkstümlichkeit des Ausdrucks und eine stets reizvolle Behandlung des Orchesters gaben seinen vorzüglichsten Schöpfungen oft überdurchschnittlichen Wert innerhalb der zeitgenössischen Produktion. Als Sohn eines Militärkapellmeisters geboren, erlernte der Hochbegabte bereits mit fünf Jahren das Violinspiel und kam als 14jähriger zu Robert und Johann Nepomuk Fuchs ans Wiener Konservatorium. Als Geiger saß er dann mit Franz Lehár im Militärorchester von dessen Vater, Franz Lehár sen. Sein Lebensweg führte ihn über Berlin (1893–96; 1898–1906) und Hamburg (1896 bis 1898), wo er als Kapellmeister tätig war, 1906 zurück nach Wien. Mit der Operette *Der Rebell* (1905), die er einige Jahre später unter dem Titel *Der liebe Augustin* in wirkungsvoller Umarbeitung neu herausbrachte, begann er seine Laufbahn als Operettenkomponist. Berühmt wurde er durch sein zweites Werk *Der fidele Bauer* (1907). Ebenso lebhafte Erfolge erreichte er mit der im gleichen Jahr erschienenen *Dollarprinzessin*, mit der *Geschiedenen Frau* (1908), mit der *Rose von Stambul* (1916) und mit *Madame Pompadour* (1923). Eine Sonderstellung unter seinen Bühnenwerken nimmt das Singspiel *Brüderlein fein* (1909) ein. Falls Ehrgeiz war übrigens nicht auf Operettenerfolge gerichtet: sowohl in seiner Frühzeit wie noch wenige Jahre vor seinem zu frühen Tod beschäftigte er sich mit Opern, die auch, wenngleich mit nur kurz währendem Erfolg, zur Aufführung kamen: *Frau Denise* (Berlin 1902), *Irrlicht* (Mannheim 1905) und *Der goldene Vogel* (Dresden 1920).

Der fidele Bauer

Operette in einem Vorspiel und 2 Akten. Text von Victor Léon (Victor Hirschfeld). Uraufführung am 27. Juli 1907 im Hoftheater, Mannheim.

PERSONEN: Lindoberer, der Bauer vom Lindoberhof (Bar.) – Vinzenz, sein Sohn (Ten.) – Matthäus Scheichelroither (Kom.) – Stefan (Ten.) und Annamirl (Soubr.), seine Kinder – Zopf, die Dorfobrigkeit – Die rote Lisi, Kuhdirn (Sopr.) – Heinerle, ihr Bub – Geheimer Sanitätsrat v. Grunow (Bar.) – Victoria, seine Frau (Alt) –

Horst, Husarenleutnant (Ten.), und Friederike (Sopr.), deren Kinder – Bauern, Mägde und Knechte. Gaukler. Kaufleute. Studenten. Bediente.

Ort und Zeit: Im Dorf Oberwang in Oberösterreich und in Wien, 1896 und 1907.

Vorspiel. *Der Student.* Dorfstraße in Oberwang. Der Zipfelhaubnbauer Scheichelroither setzt alles dran, daß sein Stefan ein Pfarrer werden kann. Aber das geht freilich nur, wenn der reiche Lindoberer, der Firmpate des Stefan, immer wieder kräftig zuschießt. Jetzt hat der Bub das Gymnasium hinter sich, und heut wird er zum Studium nach Wien abreisen. Ein bisserl traurig ist die Abschiedsstunde schon, und dem Stefan ist's schwer ums Herz, als er seiner Schwester, der Annamirl, wer weiß für wie lang, Lebewohl sagen muß. Doch sein immer kreuzfideler Vater freut sich auf die Zukunft seines Sohnes und singt sich und allen den Abschiedsschmerz aus dem Herzen.

1. Akt. *Der Doktor.* Kirchplatz in Oberwang. Kirchweih und Jahrmarkt ist heut, und ein paar Burschen müssen zum Militär einrücken, auch Vinzenz, der junge Lindoberer. Die rote Lisi, die Kuhdirn, schaut sich mit ihrem Buben die Festtagsherrlichkeit an. Es tut ihr weh, daß sie dem Kleinen nichts kaufen kann (*Heinerle, Heinerle, hab kei Geld!*); wie bitter, daß sich keiner von den wohlhabenden Bauern um ihr Kind väterlich annehmen will. Der Scheichelroither erwartet seinen Sohn. Elf lange Jahre sind vergangen, seit er fort ist und er ihn zum letzten Male gesehen hat. Inzwischen ist Stefan zwar leider kein Pfarrer, aber immerhin ein Doktor, ein Arzt geworden. Stolz ist der alte Bauer auf seinen Buben dennoch, und der Annamirl ist die Würde ihres Bruders so zu Kopf gestiegen, daß sie mit gar keinem Burschen mehr tanzen mag, auch mit dem Vinzenz nicht, dem sie früher gut war. Endlich kommt der sehnlich Erwartete. Er entschuldigt sein langes Fernbleiben mit Studium, Praxis, Bücherschreiben. Den anderen Bauern fällt schon auf, wie fremd der Stefan daheim geworden ist, doch sein Vater deutet alles zum Guten. Daß aber der Sohn gleich wieder abreisen will und nur so nebenbei erwähnt, daß er in ein paar Tagen in Berlin die Tochter

des Geheimrats Grunow heiraten wird, schmerzt den Alten. Bald merken alle, daß sich Stefan seiner bäuerlichen Verwandtschaft schämt, denn er rät dem Vater und der Annamirl verlegen ab, zur Hochzeit zu kommen. Der Scheichelroither ist traurig. Um sich zu trösten, nimmt er jetzt den kleinen Heinerle an Sohnes Statt an.

2. Akt. *Der Professor.* Vornehmes Zimmer bei Stefan in Wien. Stefan ist als Dozent an die Wiener Universität berufen worden. Heute erwartet er den Besuch seiner Schwiegereltern und seines Schwagers Horst. Bisher hat er sogar seine Frau Friederike im unklaren über seine Herkunft gelassen. Doch bald wird ihm nun Gelegenheit gegeben, seine falschen Standesbegriffe zu revidieren. Zur selben Stunde wie die erwarteten Berliner Gäste erscheinen unverhofft auch seine eigenen Verwandten, geführt von Lindoberer. Stefan benimmt sich recht verlegen und hilflos. Zum Glück empfindet seine Frau gesünder als er und nimmt die Angehörigen ihres Mannes freundlich auf. Ihre Eltern und ihr Bruder freilich rümpfen die Nasen über die bäuerliche Gesellschaft. v. Grunow ist empört, und die Geheimrätin will sogar, daß Friederike ihren Gatten verlasse. Jetzt endlich tritt Stefan für seine Leute ein. Der alte Scheichelroither aber spürt, was er durch sein Erscheinen angerichtet hat, und will – zufrieden, wenn sein Sohn glücklich ist – künftig selbst gern »im Winkerl« stehen. Nun lenken die Hochmütigen, beschämt von der Gesinnung des Bauern, ein, bald kommt es zur Versöhnung. Auch die Annamirl begreift, wohin falscher Stolz führen kann, und besinnt sich wieder auf ihren Vinzenz.

Elemente des lustigen und rührenden Volksstücks durchziehen und beleben dieses singspielhafte Werk, das schon dank der gelungenen Zeichnung des bäuerlichen Milieus und kraft der geschickten Behandlung eines im Grunde zeitlosen Stoffs immer wieder für viele Theaterbesucher anziehend bleiben wird, das aber vor allem der vorzüglichen Musik wegen nicht in Vergessenheit geraten sollte. Reichtum an frischen Einfällen von volkstümlicher Prägung, treffende Charakterisierung der Gestalten und wirkungssichere Formung der dramatischen Szenen: das sind besondere Vorzüge dieser erfolgreichsten Arbeit Leo Falls. Zu den einprägsamen Weisen des Werks zählen das einst weltberühmte *Heinerle*-Lied, der Marsch *Ist man auch ein Bauer, Bauer, Bauer, Bauer* und das Walzerlied *Jeder tragt sein Pinkerl.*

Die Dollarprinzessin

Operette in 3 Akten. Text von Alfred Maria Willner und Fritz Grünbaum nach einem Lustspiel von Emerich Gatti und Thilo von Trotha. Uraufführung am 2. November 1907 in Wien.

Personen: John Couder, Präsident eines Kohlentrusts (Kom.) – Alice, seine Tochter (Sängerin) – Dick, sein Neffe – Daisy Gray, seine Nichte (Soubr.) – Tom, sein Bruder – Fredy Wehrburg (Ten.) – Hans Freiherr v. Schlick (Buffo) – Olga, Chansonette – Miß Thompson, Wirtschafterin – James, Kammerdiener – Bill, Chauffeur – Stenotypistinnen. Chansonetten. Gäste. Dienerschaft. Gepäckträger.

Ort und Zeit: New York und das imaginäre Aliceville in Kanada, vor 1914.

1. Akt. Elegantes Arbeitszimmer bei Couder. Der steinreiche John Couder hat eine seltsame Passion: er liebt es, Europäer von vornehmer Abkunft in seine Dienste zu nehmen, und kann es sich z. B. leisten, den Freiherrn Hans von Schlick, den wirtschaftliches Pech zur Auswanderung veranlaßt hat, als Stallmeister zu beschäftigen. Auch seine Tochter Alice vertritt die Meinung, daß für Geld alles zu haben sei, etwa auch ein Mann, falls sie Lust hätte, sich zu verehelichen. Und an Lust zum Heiraten fehlt es ihr so wenig wie ihrem Vater, der sich schon längst wieder eine Frau als »Repräsentantin seines Hauses« wünscht, am liebsten eine verkrachte europäische Aristokratin. Darum hat er auch seinen Bruder Tom und seinen Neffen Dick nach drüben geschickt: vielleicht treiben die eine passende Dame für ihn auf. Hans

v. Schlick hat sich als Reitlehrer von Couders Nichte Daisy in seine Schülerin verliebt, doch besteht diese, bei aller Sympathie für Hans, auf einem rein kameradschaftlichen Verhältnis. Dollarprinzessinnen, die von Liebe nichts hören wollen, sind eben nicht leicht zu gewinnen – das erfährt auch Fredy Wehrburg, ein alter Freund von Hans, der sich heute bei Couder um eine Stellung bewirbt und mit dem Gedanken spielt, Alice zu erobern. Es kommt zwar zu einem ganz pikanten Flirt, aber sie scheint in ihm nichts zu sehen als einen vielleicht geeigneten Angestellten für die Firma Couder und weist ihm kühl einen Sekretärposten an. Überraschend treffen nun Dick und Tom in Begleitung einer Dame ein, die sie in Europa für Couder ausgesucht haben. Erstaunt erkennen Fredy und Hans in ihr, die sich hier als russische Gräfin ausgibt, eine einstige gemeinsame Freundin, die Chansonette Olga. Aus naheliegenden Gründen aber einigen sich die drei Europäer rasch auf gegenseitige Diskretion. Olga versteht es glänzend, Couder durch ihren Charme und ihr Temperament für sich einzunehmen.

2. Akt. Wintergarten in Couders Palais. Zwischen Fredy und Alice könnte schon das herzlichste Einvernehmen bestehen, wenn Alice ihre Gefühle nicht hinter herablassender Haltung und Spott verbergen wollte. Sie möchte Fredy gerne demütig um ihre Liebe flehen sehen, er aber ist viel zu stolz, um sich vor dem Hochmut des reichen Mädchens zu beugen. Couder ist inzwischen ganz den Reizen Olgas verfallen und will sie heiraten. Es wäre ihm lieb, wenn sich jetzt auch seine Tochter verloben würde; Alice sagt ihm, daß sie willens sei, Fredy als Gatten zu »erwerben«. Sie zweifelt nicht, daß er das Ehe»angebot« der Milliardärstochter begeistert annehmen werde. Auch Daisy möchte sich gerne mit Hans verheiraten, allerdings unter der seltsamen Bedingung, mit ihm wie Bruder und Schwester zu leben. Von einer solchen Ehe aber will Couder nichts wissen. Daraufhin heiraten Hans und Daisy jedoch heimlich und fliehen aus dem Hause. Bei einer großen Abendgesellschaft gibt Couder seine Verlobung mit Olga bekannt. Alice verkündet, sie werde Fredy Wehrburg zum Manne nehmen. Zu ihrem Er-

Oscar Straus: Ein Walzertraum
Staatstheater am Gärtnerplatz, München

Franz Lehár: Die lustige Witwe
Staatstheater Stuttgart

staunen schlägt aber Fredy ihre lieblose Werbung brüsk aus. Auch die sehr hohe Mitgift, die ihm der entrüstete Vater Couder in Aussicht stellt, macht ihn nicht wanken. Er hat nur Worte der Empörung und des Bedauerns für das Mädchen, das sich der Liebe versagen will und allzusehr an die Macht des Geldes glaubt. Fredy reist ab und überläßt die bestürzte Alice ihrem Kummer.
3. Akt. Im Landhaus Fredys in Kanada. Ein Jahr ist vergangen. Fredy hat es verstanden, aus einer vom Konkurs bedrohten Firma einen rentablen Betrieb zu machen und zukunftsreiche Ölquellen zu erschließen. Alice konnte er nicht vergessen. Darum hat er jetzt unter dem Namen der früheren Firma an Couder geschrieben und ihm das angeblich verlorene Unternehmen zu billigem Kauf angeboten. So hofft er, die Geliebte wiederzusehen. Auch will er Hans und Daisy, die nach ihrer Flucht und Hochzeitsreise bei ihm zu Besuch sind, mit dem Onkel aussöhnen. Daisy hat übrigens längst gelernt, in ihrem Mann mehr als einen brüderlichen Kameraden zu sehen. In Begleitung Alices und seiner Gattin Olga findet sich nun Couder ein und erfährt mit respektvollem Staunen die Wahrheit über die angeblich bankrotte Firma, deren erfolgreicher Repräsentant Fredy geworden ist. Alice spielt noch einmal die Stolze und Überlegene, kann aber schließlich ihre wahren Gefühle nicht länger zurückhalten. Hans findet Gelegenheit, Couder für sich zu gewinnen, indem er Olga gegen eine nette Abfindungssumme dazu bringt, sich von dem Milliardär scheiden zu lassen; denn Couder hat die Verbindung mit der ihn peinigenden »Aristokratin« längst bereut.

Die Musik Leo Falls ist reich an bezwingenden Einfällen und fesselt gleicherweise durch Grazie und Temperamentfülle. Das fein gearbeitete Werk zeigt beispielhaft, auf welch hoher Stufe unterhaltende Musik stehen kann, wenn sich ein wirklicher Meister damit befaßt. Das bis heute bekannteste Stück der Operette ist das volksliedhafte Duett *Wir tanzen Ringelreihn einmal hin und her.* Von besonderem Charme sind aber auch die als Leitmelodien verwerteten Walzermotive *Will sie dann lieben treu und heiß*, *Hm-la, la, la* und *Das sind die Dollarprinzessen* sowie die lustige Nummer *Wigl wagl wigl wak, my monkey* und Olgas *Kosakenlied.*

Brüderlein fein

Altwiener Singspiel in 1 Akt. Text von Julius Wilhelm. Uraufführung am 1. Dezember 1909 im Kabarett »Hölle« im Keller des Theaters an der Wien, Wien.

PERSONEN: Josef Drechsler, Domkapellmeister, ehemals Komponist und Kapellmeister am Leopoldstädter Theater in Wien (Ten.) – Toni, seine Frau (Sopr.) – Gertrud, Haushälterin – Die Jugend (Sängerin).

ORT UND ZEIT: Wohnzimmer im Hause Drechslers in Wien, 1840.

Domkapellmeister Drechsler begeht mit Toni das 40jährige Hochzeitsjubiläum. Seine Frau bereitet mit der Haushälterin Gertrud eine schlichte Feier vor. Die gerührten Ehegatten beglückwünschen und beschenken sich. Eine Spieluhr läßt das Lied *Brüderlein fein* erklingen. Wehmütig erinnert sich Drechsler der Zeit, als er diese Weise für die Gestalt der *Jugend* in Raimunds Zaubermärchen *Der Bauer als Millionär* komponierte. Schon dämmert's, da klopft es, und herein tritt die *Jugend*, wie sie einst in jenem Stück erschien. Sie trägt eine goldene Geige und singt: *»Einmal ihr noch hören sollt meine Melodei – eine Stunde eures Lebens sei euch als Geschenk geweiht!«* Und nun erleben die alten Leutchen wie im Traum ihren ersten Hochzeitstag. Man sieht sie als verliebtes Brautpaar in ihre Stube einziehen und hört vom benachbarten Gasthof, wo die Hochzeitsgäste noch feiern, einen Walzer herüberklingen, zu dessen Weise sie in ihr junges Glück hineintanzen. Dann entschwindet der Traum und mit ihm die *Jugend*. Dankbar und glücklich freuen sich die beiden Alten über das Geschenk dieser Erinnerungsstunde. Zufrieden wandern sie gemeinsam zur Kirche.

Schade, daß dieses stimmungsvolle, von zartestem Sentiment beseelte kleine Werk heute kaum mehr in den Spielplänen erscheint. Leo Fall erweist sich darin als ein ungemein nobler Musiker, für den »schlicht schreiben« nicht »billig werden« bedeutet. Von den tänzerischen Melodien des Stücks ist vor allem die des Walzer-Duetts *Nicht zu schnell und nicht zu langsam* bekanntgeworden. Der historischen Richtigkeit wegen sei noch gesagt, daß nicht Joseph Drechsler (1782–1852), ein Bühnen- und Kirchenkomponist, der als Theorielehrer von Johann Strauß Sohn in die Musikgeschichte eingegangen ist, der Erfinder der Melodie *Brüderlein fein* ist, sondern der Dichter Raimund selbst.

Der liebe Augustin

Operette in 3 Akten. Text von Rudolf Bernauer und Ernst Welisch. Uraufführung am 3. Februar 1912 im Neuen Theater, Berlin. Uraufführung der Erstfassung unter dem Titel *Der Rebell* am 29. November 1905 im Theater an der Wien, Wien.

Personen: Bogumil, Regent von Thessalien – Helene, seine Nichte (Sängerin) – Gjuro, Ministerpräsident – Nicola, Fürst von Mikolics (Kom.) – Pasperdu, Advokat – Augustin Hofer, Klavierlehrer (Ten.) – Jasomirgott, Kammerdiener der Prinzessin Helene – Anna, seine Tochter (Soubr.) – Sigiloff, Gerichtsvollzieher – Matthäus, Klosterpförtner – Hofdamen und Hofherren. Parlamentsmitglieder. Offiziere. Beamte. Soldaten. Diener. Zofen. Brautjungfern.

Ort und Zeit: »Thessalien«, kurz nach 1900.

1. Akt. Boudoir der Prinzessin Helene. Am Hof von Thessalien sieht es bedenklich nach Bankrott aus. Der lebenslustige Fürst Bogumil macht sich allerdings trotz Geldmangel und Pfändungen keine allzu großen Sorgen. Noch gibt es vielleicht eine Rettung, wenn nämlich Prinzessin Helene den Fürsten Nicola heiratet. Der ist zwar sein Todfeind und hat ihn einmal durch einen Staatsstreich in arge Not gebracht, aber er ist halt reich! Freilich, wenn er an die schaurige Nacht vor zwanzig Jahren denkt, in der er fliehen mußte, an jene Nacht, in der dann Helene zur Welt kam und auch dem Kam-

merdiener Jasomirgott eine Tochter geboren wurde – da wird ihm noch heute heiß. Doch die Apanage, die ihm Nicola für die Überlassung des Throns zubilligen wird, ist nicht zu verachten. Alles ist ja auch schon recht gut eingefädelt. Nur Helene ist gar nicht von einer solchen Zwangsehe erbaut. Ihr Herz schlägt, sehr wenig adelsstolz, für ihren Musiklehrer Augustin Hofer, der sie innig verehrt. Verlobt aber ist der Musikus mit ihrer Milchschwester, Jasomirgotts Tochter Anna, die sich allerdings viel zu fein für ihn dünkt. Augustin ist ein bescheidener Wiener Gemütsmensch mit der Devise: *Laß dir Zeit, alles mit Gemütlichkeit!* Seiner »Prinzessin Übermut« vertraut er an, wie wenig er sich eigentlich mit seiner Braut verstehe. Auch findet er, daß Helene mit ihrem natürlichen Wesen im Grunde so wenig wie er selbst für das höfische Leben geschaffen sei.

2. Akt. Galeriesaal im Schloß. Fürst Nicola ist eingetroffen, ein kalter, leerer Formenmensch, der nur ehrgeizig auf den mit seinem Reichtum erkauften Thron lauert. Trotzig begehrt Helene gegen ihn auf. Er behandelt sie nicht einmal besonders höflich. Der alte Diener Jasomirgott, der Augustins Schwärmerei für die Prinzessin wohl bemerkt hat, warnt den Musiker vor solchen Träumereien und rät ihm, mit Anna abzureisen. Doch davon will Anna nichts wissen: Nicola hat ihr schöne Augen gemacht und sie gleich zur Ehrendame seiner künftigen Gattin ernannt. Augustin wieder wird von Helene festgehalten, die ihm sagt, daß sie am liebsten mit ihm unter den einfachsten Lebensbedingungen nach Wien ginge. Zufällig erfährt nun Augustin, daß Nicola den Fürsten Bogumil um seine Apanage prellen und sich außerdem eine Geliebte zulegen möchte. Jetzt will *er* eingreifen – einen solchen Menschen darf Helene nicht heiraten! Er verständigt Jasomirgott, und dieser klärt Helene auf. Als sie bei der Verlobungsfeier sieht, daß Anna die ihr zugedachte »Ehrendame« ist, pariert sie die Beleidigung mit der Ernennung Augustins zu ihrem Ehrenkavalier.

3. Akt. Im Vorhof des einstigen Stammschlosses der Fürsten von Thessalien. Hier, wo schon seit mehr als zwanzig Jahren likörbrauende Mönche hausen, soll die Hochzeit

stattfinden. Hier war es auch, wo in jener Fluchtnacht Helene und Anna zur Welt kamen. Der Klosterpförtner erinnert sich noch gut daran und erzählt heute dem Fürsten und Jasomirgott, daß er damals an der neugeborenen Prinzessin ein Muttermal in Form eines Champagnerpfropfens gesehen habe. So kommt's zutage, daß bei der Taufe die beiden Mädchen verwechselt wurden, denn *Anna* trägt ja dieses Muttermal, das in der fürstlichen Familie erblich ist. Dann ist also Helene Jasomirgotts Tochter! Bogumil will die überraschende Neuigkeit jedoch geheimhalten, um die Hochzeit nicht zum Scheitern zu bringen. Inzwischen hat sich aber Augustin von Anna getrennt, weil sie sich gar zu verliebt von Nicola hofieren ließ. Sie leidet, weil sie nicht Nicolas Frau werden kann, und Helene quält sich, weil sie Augustin liebhat. Jasomirgott möchte all die Not beenden und wagt es schließlich, den Mädchen die Wahrheit zu sagen. Nun führt Helene selbst die beglückte Anna dem Fürsten zu. Den lieben Augustin läßt sie noch ein wenig zappeln, indem sie sagt: »Sie müssen Jasomirgotts Tochter heiraten!« Aber dann erfährt auch er, daß das nicht Anna ist, und darf endlich Helene in die Arme schließen.

Das amüsante Libretto mit seinem durch parodistische Übersteigerungen wirksamen Kontrast zwischen warmherzigen bürgerlichen Menschen und innerlich wie äußerlich bankrottem Kleinadel hat Leo Fall zu einer sehr lebendigen, durch echten Humor, rhythmische Beschwingtheit und aufrichtige Empfindung bezwingenden Musik inspiriert. Sein Können und seine große Begabung offenbaren sich in der reich quellenden Erfindung wie in der sicheren Beherrschung und kompositorisch stets eindrucksvollen Verwendung vielfältiger Ausdrucksmittel der Melodik, Harmonik, Rhythmik und Instrumentation, nicht zuletzt aber auch im wirkungssicheren Aufbau der zahlreichen Ensemblesätze und der dramatisch wichtigen Szenen. Besonders reizvoll ist das zweite Finale gestaltet. Als hervorragend einprägsame Einzelstücke sind neben dem Lied *Laß dir Zeit* (mit dem hübschen Walzer-Mittelteil *Was es Schönes gibt, das nimm dir*) bemerkenswert die

Duette *Und der Himmel hängt voller Geigen* und *Wenn die Sonne schlafen geht* sowie die Terzette *Anna, was ist denn mit dir?* und *Wo steht denn das geschrieben, du sollst nur* eine *lieben.*

Die Rose von Stambul

Operette in 3 Akten. Text von Julius Brammer und Alfred Grünwald. Uraufführung am 2. Dezember 1916 im Theater an der Wien, Wien.

PERSONEN: Exzellenz Kamek Pascha – Kondja Gül, seine Tochter (Sopr.) – Midili Hanum (Soubr.), Güzela, Fatme, Durlane, Emine und Sobeide, Kondjas Freundinnen – Achmed Bey (Ten.) – Müller sen. aus Hamburg – Fridolin, sein Sohn (Ten.-Buffo) – Desirée, die europäische Gesellschafterin Kondjas – Der Direktor und der Liftboy des Hotels »Zu den drei Flitterwochen« – Bül-Bül und Djamileh, zirkassische Dienerinnen Kondjas – Herren und Damen der Gesellschaft. Hotelgäste.

ORT UND ZEIT: Istanbul und ein Schweizer Kurort, vor 1914.

1. Akt. Damensalon bei Kamek Pascha. Kondja Gül soll nach dem Wunsch ihres Vaters den Ministersohn Achmed Bey heiraten. Herkömmlicher Sitte gemäß wird die Hochzeit in wenigen Tagen stattfinden, ohne daß der Braut Gelegenheit gegeben wird, ihren künftigen Mann näher kennenzulernen. Nichts als ein Gespräch, bei dem das Brautpaar durch einen Wandschirm voneinander getrennt sein wird, soll der Eheschließung vorangehen. Kondja lehnt sich innerlich sehr gegen diese traditionelle Heiratssitte auf; mit ihrer Freundin Midili träumt sie oft von »Reformen, ganz enormen«. Ihre Herzensneigung gehört dem Schriftsteller André Lery, dessen Romane sie europäisch freiheitlich denken gelehrt haben. Begeistert von seinen Werken, hat sie dem Dichter auch geschrieben und eine Antwort erhalten, die sie erkennen ließ, daß er ihre Empfindungen erwidert. Sie ahnt nicht, daß André Lery das Pseudonym – Achmed Beys ist, und empfängt diesen bei dem Verlobungsgespräch hinterm Paravent sehr kühl. Nur einem Manne, den sie wahrhaft

liebt, solle ihr Herz und ihre Seele gehören, gibt sie ihm zu verstehen. Achmed hält es für gut, sie vorläufig nicht über seine Identität mit dem von ihr geliebten Dichter aufzuklären. Er wirbt leidenschaftlich um sie, seine »Rose von Stambul«, und wider ihren Willen macht seine temperamentvolle Art Eindruck auf sie. Unkomplizierter als das Verhältnis zwischen Kondja und Achmed entwickelt sich die Beziehung zwischen Midili und deren lustig draufgängerischem Verehrer Fridolin Müller aus Hamburg, der in der Absicht, recht bald eine passende Ehegefährtin zu finden, auf Reisen ging und nun entschlossen ist, die ihm sehr geneigte reizende Türkin heimzuführen.

2. Akt. Prunkgemach im Palast Achmed Beys. Kondjas und Achmeds Hochzeitstag ist gekommen. Um sein nebenbuhlerisches zweites Ich, André Lery, aus Kondjas Gedanken zu verdrängen, hat Achmed seine Braut wissen lassen, daß der Dichter in die Schweiz abgereist sei. Jetzt, in den ersten Stunden des Alleinseins mit ihr, hofft er, ihre Liebe zu gewinnen. Doch sie bleibt abweisend und stellt die Forderung, er müsse mindestens vier Wochen lang nach europäischer Sitte um sie werben, ehe sie sich ergebe. Er bemüht sich natürlich weiter um ihre Gunst, und bei dem Walzer, den er sie tanzen lehrt, scheint es ihm, als schwinde ihr Widerstand – als er jedoch allzu stürmisch wird, zieht sie sich, plötzlich wieder abweisend, in ihr Schlafgemach zurück und sagt ihm, daß sie zu André Lery, den sie liebe, fliehen werde. Nun eröffnet er ihr, daß er selbst ja André Lery sei, doch sie glaubt ihm nicht und verläßt ihn. – Fridolin ist inzwischen mit Midili ganz einig geworden und entführt, als Mädchen verkleidet, die Geliebte aus dem Palaste.

3. Akt. Terrasse des Hotels »Zu den drei Flitterwochen« in einem Schweizer Kurort. Kondja ist hierher gereist, um ihre Freundin Midili aufzusuchen, die Fridolin Müllers Frau geworden ist. Ihre Hoffnung, auf dem Schiff, das sie nach Europa brachte, André Lery zu begegnen, war natürlich vergebens. Erstaunt und enttäuscht vernimmt sie nun, daß Herr Lery hier im Hotel mit seiner Frau erwartet werde. Schon bedauert sie, ihren Gatten in Stambul verlassen zu haben – da

trifft Achmed selbst ein, und jetzt läßt sie sich beglückt überzeugen, daß sie in ihm auch den geliebten Dichter gewonnen hat.

Mit dieser im zweiten Jahr des Ersten Weltkriegs entstandenen Operette konnte der nun 43jährige Komponist die Reihe seiner früheren Erfolgswerke besonders eindrucksvoll fortsetzen. Dazu trug die – schon bei der unmittelbar vorausgehenden Operette *Die Kaiserin* (1915) erprobte – Zusammenarbeit mit den Librettisten Julius Brammer und Alfred Grünwald bei, zwei Wiener Theaterschriftstellern, die sich auch mit gemeinsamen Textbüchern für Leo Ascher (*Hoheit tanzt Walzer*), Emmerich Kálmán (*Gräfin Mariza*, *Die Zirkusprinzessin*), Edmund Eysler (*Die goldne Meisterin*) und Oscar Straus (*Bozena*) als sehr fähige und metierkundige Autoren bewährten. Das Libretto nutzte die zeitbedingte deutsche Sympathie für die politisch verbündete Türkei und das allgemeine Interesse an den europafreundlichen Reformen dieses Landes. Für Leo Fall ergab das Milieu der Handlung einen Anreiz zur Verwendung orientalischer musiksprachlicher Elemente und damit ein reizvolles koloristisches Mittel zur melodischen und klanglichen Charakterisierung der türkischen Atmosphäre des Stücks. Trotz dieser Einfärbungen wahrt die Musik primär die Wesenszüge wienerischer Provenienz, mit dem Vorrang des Walzertakts. Der Reiz und Wert der mit Falls unverkennbarem Können und Geschmack komponierten und instrumentierten Partitur liegt, abgesehen vom Reichtum an originell-einprägsamen thematischen Einfällen, namentlich in der Gestaltung der großen dankbaren Gesangsszenen der beiden Hauptfiguren Kondja und Achmed. Beide Rollen fesseln gleicherweise in solistischen Abschnitten wie in den Zwiegesängen durch dramatisch intensivierte Entwicklungszüge und bezeichnende Momente individualisierender Charakteristik. Eine Art Leitthema der Operette bildet der von Achmed schon bei seinem ersten Auftritt intonierte langsame Walzer *O Rose von Stambul, nur du allein sollst meine Scheherazade sein.* Zwei andere Melodien im Dreivierteltakt – *Willst du rings die Welt vergessen* und *Ein Walzer muß es sein* – beherrschen die zentrale Szene der erregten Auseinandersetzung zwischen der sich versagenden Kondja und dem sie bestürmenden Achmed. Neben solchen dominanten Weisen für das temperamentvoll sensitive, füreinander bestimmte Paar und weiteren Liedern Achmeds (*Euch, ihr Frauen, gilt meine Serenade*, *Zwei Augen, die wollen mir nicht aus dem Sinn*) bietet die Operette aber auch allerlei Amüsantes in den lustig-pfiffigen Duetten der unbeschwerten Liebesleutchen Midili und Fridolin, so in den Strophen *Darum halt ich fein still, wie es Mohammed will*, *Geh, sag Schnucki zu mir* und *Da tanzen sie ein Tanzduett.*

Madame Pompadour

Operette in 3 Akten. Text von Rudolf Schanzer und Ernst Welisch. Uraufführung am 9. September 1922 im Berliner Theater, Berlin.

Personen: Die Marquise v. Pompadour (Sängerin) – Der König – René (Ten.) – Madeleine, seine Frau – Belotte, Kammermädchen der Marquise (Soubr.) – Joseph Calicot (Buffo) – Maurepas, Polizeiminister – Poulard, Spitzel – Prunier, Wirt – Collin, Haushofmeister der Marquise – Boucher – Tourelle – Der österreichische Gesandte – Hofgesellschaft. Bohémiens. Soldaten. Grisetten.

Ort und Zeit: Paris, Mitte des 18. Jahrhunderts.

1. Akt. Im Wirtshaus »Zum Musenstall«. Die Pariser sind nicht gut zu sprechen auf die Pompadour, des Königs allzu mächtige Geliebte; der Dichter Calicot trifft die allgemeine Stimmung gut in seinen Spottliedern. Heute gibt er bei einem Faschingsfest seiner Künstlerfreunde wieder ein solches zum besten. Aber es heißt auf der Hut sein, wenn man so aufrührerisch ist – wie leicht wird man bespitzelt! Da hält sich zum Beispiel, noch unerkannt, der Polizeiminister Maurepas im Saale auf. Er ist freilich aus ganz anderen Gründen hier: auch er ist ein Feind der Pompadour und hofft, sie endlich einmal bei einem Abenteuer zu erwischen, um ihre Stellung beim

König zu erschüttern. Er ist ihr gefolgt, als sie heimlich den Hofball verließ. Schon erscheint sie inkognito im »Musenstall« mit ihrer Kammerfrau Belotte. Bald entdeckt sie unter den Gästen einen Mann nach ihrem Geschmack: den Grafen René, Calicots Freund, der heute, des Landlebens und seiner Ehe etwas überdrüssig, nach Paris gekommen ist, um den Karneval in vollen Zügen zu genießen. Sogleich verliebt er sich in die schöne Maske, die sich gerne von ihm schmeicheln läßt. Auch Belotte findet in Calicot einen Anbeter. In einer Tanzpause bemerkt die Marquise den Polizeiminister, weiß ihn aber schlau abzulenken, indem sie ihm rät, die Aufrührer zu verhaften, zu deren Beobachtung auch sie selbst hergekommen sei. Vergebens sucht sie dann René, um ihn zu retten, zum Verlassen des Festes zu bewegen. So wird er mit Calicot festgenommen, als Maurepas mit seinen Wachen erscheint. Nun gibt sich die Pompadour zu erkennen. Der erbitterte René stimmt jetzt in Calicots Spottlied mit ein. Sie zeigt sich aber »gnädig«: Calicots Strafe wird es sein, ein höfisches Festspiel zu dichten! René wird zum Militärdienst bei ihrem Leibregiment abgeordnet.

2. Akt. Zum Park hin offener Saal bei der Marquise. René hat begriffen, warum ihn die Marquise zu ihrem Regiment beordert hat, und hofft auf Erfüllung seiner Liebeswünsche. Seine um ihn besorgte Frau Madeleine ist aber nach Paris gekommen und erlangt durch einen Brief ihres Vaters Zugang zur Pompadour, die aus diesem Schreiben ersieht, daß Madeleine ihre Halbschwester ist. Noch ahnt sie aber nicht, daß René deren Gatte ist. Maurepas, von dem ihm an Klugheit überlegenen Spitzel Poulard beraten, hat es noch nicht aufgegeben, der Marquise nachzuspüren. Er will dem König selbst Gelegenheit geben, sie bei einem Stelldichein zu überraschen, hält jedoch jetzt irrtümlich den »Hofpoeten« Calicot für ihren Günstling. Er läßt den Dichter auch nicht in Zweifel über seine Meinung. Doch der ängstliche Calicot bittet nun die Pompadour, von ihm als Liebhaber abzusehen; sie aber freut sich, daß Maurepas auf falscher Fahrte ist, und führt den liebeglühenden René in ihr Schlafzimmer. Ehe sie ihm folgen kann, begegnet ihr noch einmal Made-

leine und zeigt ihr ein Medaillon mit dem Bildnis ihres Gatten – René! Ernüchtert erkennt sie, daß an eine Liebesbegegnung mit ihm nicht mehr zu denken ist. Da kommt unangemeldet der König in ihr Zimmer, findet René und läßt ihn abführen. Den Drohungen ihres königlichen Freundes begegnet die Pompadour aber mit der Gegendrohung, er müsse nun wohl in Zukunft an ihrer Stelle die ihm lästigen Staatsgeschäfte allein erledigen, und läßt sofort eine Truhe mit Akten in sein Arbeitszimmer tragen. Sie ahnt nicht, daß sich Calicot beim Kommen des Königs aus Furcht darin versteckt hat. Nur ein Gedanke bewegt sie jetzt noch: Renés Rettung vor einem schmählichen Ende.

3. Akt. Arbeitszimmer des Königs. Schon hat Ludwig das Todesurteil unterzeichnet. Es wird Calicot treffen, denn diesen bezeichnete Maurepas ja als den geheimen Liebhaber der Marquise. Als man aber in ihrer Gegenwart den Dichter aus der Truhe zieht, sehen die erstaunten Herren, daß sich der Verdacht zu Unrecht gegen Calicot richtete. So kann die Pompadour ihre Unschuld beweisen, zumal sie jetzt noch den in ihrem Gemach entdeckten Kavalier als den Gatten ihrer Schwester vorstellt. Versöhnt läßt sie der König von einem jungen Leutnant, der ihr nun René wohl ersetzen wird, zu ihrem Schloß begleiten. Auch Calicot hat Glück – durch eine irrtümliche Unterschrift des Königs gelangt er in den Genuß einer Pension. Er wird mit Belotte so glücklich sein wie René – wieder – mit seiner Madeleine.

Zwei Jahre vor seinem zu frühen Tod errang Leo Fall mit *Madame Pompadour* noch einmal einen starken Erfolg. Das Libretto gab ihm vielfältige Anlässe zur Entfaltung lustiger und empfindsamer Musik, vor allem aber auch – durch das historische Milieu – Möglichkeiten zur charakteristischen Zeichnung der französischen Rokokowelt. Zudem hatte Fall in der Darstellerin der Pompadour, Fritzi Massary, einen von den Berlinern vergötterten Bühnenstar als Interpretin – ein Glücksfall bei der Uraufführung. Das ehedem berühmteste, zum Schlager gewordene Stück des Werks war das Duett *Joseph, ach Joseph, was bist du so keusch*. Nicht weniger prägnant formuliert sind aber z. B. die Walzer *Heut könnt' einer sein Glück bei mir machen* und *Mein Prinzeßchen du, ich weiß ein verschwiegenes Gäßchen*, das Spottlied auf die Pompadour, das Couplet *Dem König geht's in meinem Schachspiel schlecht* sowie einige reizvolle Marsch- und Gavotte-Melodien.

Edmund Eysler

* 12. März 1874 in Wien
† 4. Oktober 1949 in Wien

Eysler zählt zu den frischesten und fruchtbarsten Talenten der silbernen Ära der Wiener Operette. Seine Ausbildung erhielt er am Wiener Konservatorium, das er als Sechzehnjähriger bezog und mit Auszeichnung absolvierte. Ehe er sein Glück als Operettenkomponist machte, lebte er als Klavierlehrer in Wien und beschäftigte sich um 1896 mit der Komposition einer Oper *Der Hexenspiegel*, die, nach Umarbeitung des Librettos und der Musik, als Operette unter dem Titel *Bruder Straubinger* 1903 zu einem großen Erfolg wurde. In der Titelrolle sahen die Besucher der Uraufführung im Theater an der Wien Alexander Girardi. Das Erfolgsglück ist dem Komponisten, der 60 Operetten schrieb, zeitlebens treu geblieben, ausgenommen die Jahre 1938–45, in denen Österreich an Deutschland »angeschlossen« war und Eysler sich seiner jüdischen Herkunft wegen verborgen halten mußte, seine Werke nicht gespielt werden durften. Doch hat sich von seinen vielfach reizvollen und immer gediegen gestalteten Schöpfungen außer dem *Bruder Straubinger* nur noch ein spätes Werk, *Die goldne Meisterin* (1927), wirklich durchgesetzt. Die Titel mancher seiner Operetten hatten zu ihrer Zeit einen guten Klang, so *Die Schützenliesel* (1905), *Künstlerblut* (1906), *Der unsterbliche Lump* (1910), *Der Frauenfresser* (1911) und *Der lachende Ehemann* (1913).

Bruder Straubinger

Operette in 3 Akten. Text von Moritz West (Moritz Nitzelberger) und Ignaz Schnitzer. Uraufführung am 20. Februar 1903 im Theater an der Wien, Wien.

PERSONEN: Landgraf Philipp (Ten.) – Landgräfin Lola, seine Gemahlin (Sängerin) – Exzellenz Naupp, Hofintendant – Fräulein v. Himmlisch, Hofdame – Rückemich, Ratsherr – Bruder Straubinger (Ten.-Buffo) – Oculi, das wilde Mädchen (Soubr.) – Schwudler, Schaubudenbesitzer – Liduschka, seine Frau – Bonifaz, Deserteur – Wimmerer, Stadtschreiber – Bierschopf, Ratsdiener – Damen und Herren vom Hofe. Offiziere. Handwerksburschen. Bürger. Diener.

ORT UND ZEIT: Am Rhein, 18. Jahrhundert.

1. Akt. Platz vor dem Stadttor. Allerlei ist heute los vor der Stadt: Der Landgraf wird aus dem Feld zurückerwartet. Die Obrigkeit zieht auf, um neue Gesellen anzuwerben, und Schwudler, mit seiner Frau Liduschka und seiner besonderen Attraktion, dem »wilden Mädchen« Oculi, macht Reklame für seine Schaubude. Der Hofintendant Naupp wird von Schwudler auf Oculi aufmerksam gemacht: Er soll sie dem Landgrafen empfehlen, der doch so viel für Künstlerinnen übrig hat. Ach, diese ewigen Schwärmereien des Landgrafen für hübsche junge Mädchen – wie oft schon hat die Landgräfin Lola, um die Treue des Gatten besorgt, solche gefährlichen Erscheinungen aus seiner Nähe entfernt, indem sie durch eine gute Aussteuer das Interesse anderer Bewerber auf die jungen Damen lenkte. Heute freut sie sich auf die Heimkehr ihres Mannes. Um ihn zu überraschen, hat sie sich und ihre Hofdamen kostümiert: als Offiziere wollen sie ihn empfangen. Unter den Burschen, die zur Stadt hergewandert sind, befinden sich auch der Rosengärtner Bruder Straubinger und der desertierte Soldat Bonifaz. Straubinger ist todmüd vom Wandern und legt sich vor dem Tor, in Gedanken an seine alte Liebe, die Marie, ein wenig schlafen. Bonifaz, voll Angst, man könne ihn als Fahnenflüchtigen verhaften, nimmt dem Schlafenden seinen Ausweis weg und bewirbt

sich damit erfolgreich um den Rosengärtnerposten. Der Erwachende sieht sich bestohlen und weiß nun nichts Besseres, als in Schwudlers Unternehmen einzutreten. Der findige Schausteller hat auch gleich eine gute Idee: Da Straubinger noch einen Militärpaß seines Großvaters, der jetzt 114 Jahre alt wäre, bei sich führt, verkleidet er den jungen Burschen als steinalten Veteranen und führt ihn so dem inzwischen heimgekehrten Landgrafen vor. Oculi wird ihm als »Pflegerin« beigegeben, in den Betrug jedoch nicht eingeweiht. Merkwürdig stark erinnert das Mädel den Straubinger an seine einstige Braut Marie! Der Schwindel glückt: Die Landgräfin setzt dem vermeintlichen alten Soldaten eine Rente aus, und der Graf, dem Oculi sehr gut gefällt, bewilligt auch dieser ein Gehalt. Schwudler wird zum Hofballarrangeur ernannt.

2. Akt. Im Hofgarten. Bald merkt Schwudler, daß es an diesem armseligen Fürstenhof nicht viel zu gewinnen gibt. Die Landgräfin erfährt von ihm, daß ihr Gatte der kleinen Oculi nachstellt, und sogleich beschließt sie, das Mädchen mit Straubinger zu verheiraten. Doch Oculi wehrt sich energisch gegen diese Ehe mit dem alten, angeblichen Veteranen. Sie liebe einen jungen Mann dieses Namens, sagt sie – ahnungslos, wer sich hinter der Veteranenmaske verbirgt. Jetzt aber weiß Straubinger, daß Oculi wirklich seine Marie ist, und bietet sich an, Oculi zur Frau zu nehmen. Und als sie ihn das Lied singen hört, das er sie einst gelehrt hat, *Küssen ist keine Sünd'*, da erkennt sie ihn und willigt ein. Natürlich wundern sich alle über ihren Entschluß wie über die Ehelustigkeit des »Alten«.

3. Akt. Vor einer Hütte im fürstlichen Wildpark. Die Hochzeitsnacht ist vorüber. Noch immer ist die Landgräfin besorgt, ihr Mann könnte sich mit Oculi treffen, denn die Ehe mit dem greisen Veteranen wäre wohl kein Hindernis! Darum begibt sie sich mit ihren Hofdamen auf die Lauer, um den Landgrafen zu ertappen. Das junge glückliche Paar hat sich inzwischen verliebt zum Frühstück vor die Hütte gesetzt, in die es einziehen durfte. Straubinger möchte ganz gerne nach außen hin die Veteranenrolle weiterspielen, weil er sich ohne Papiere nicht existenzberechtigt fühlt. Da findet Oculi auf einmal seinen Ausweis, den der von Gewissensbissen geplagte

Bonifaz heimlich zurückgebracht hat. Jetzt wirft Straubinger fröhlich seine Verkleidung fort. Die Landgräfin entdeckt belustigt die Verwandlung und kann sorglos lachen, als ihr Gatte bei seinem Versuch, heimlich zur Hütte zu schleichen, von den Hofdamen überrascht wird.

Das schalkhafte Spiel um die Figur des – zu einem volkstümlichen Begriff gewordenen – *Bruder Straubinger* zeigt Eyslers Talent von der besten Seite. Seine besondere Stärke liegt in der Erfindung gesanglicher Walzer von echt wienerischem Charme, aber auch in der treffsicheren, humorvollen musikalischen Zeichnung der Figuren und Situationen. Im 2. Finale, das der hübsche Walzer *O süße Sommernacht* einleitet, erreicht die Erfindungs- und Gestaltungskraft des Komponisten einen besonderen Höhepunkt. Sehr gelungen sind auch die Auftrittslieder des Straubinger (*In München eine Kellnerin*) und der Oculi (*Man nennt das wilde Mädchen mich*); durch reizvolle Führung der Singstimmen fesselt das Terzett *Vierblättriger Klee*; die bis heute populär gebliebene Hauptmelodie aber ist der Walzer *Küssen ist keine Sünd'* geworden.

Die goldne Meisterin

Wiener Operette in 3 Akten. Text von Julius Brammer und Alfred Grünwald nach dem Lustspiel *Die goldene Eva* von Franz von Schönthan und Franz Koppel-Ellfeld (1896). Uraufführung am 13. September 1927 im Theater an der Wien, Wien.

Personen: Margarete, eine reiche Goldschmiedswitwe (Sängerin) – Komtesse Giulietta – Christian, Goldschmiedgeselle (Ten.) – Ritter Fridolin v. Gumpendorf – Graf Jaromir v. Greifenstein – Portschunkula, Haushälterin – Der Altgeselle – Friedl, Lehrbub – Wenzel, Geselle – Bruder Ignatius – Bruder Severinus – Bruder Peregrini – Herren und Damen. Gäste. Bürger und Bürgerinnen. Soldaten. Musikanten. Laternenbuben. Troubadoure. Küfer. Schankburschen. Gesellen und Lehrbuben. Mägde.

Ort und Zeit: Wien und Klosterneuburg bei Wien, zu Beginn des 16. Jahrhunderts, »als ein golden Handwerk noch ein'n goldnen Boden hatte«.

1. Akt. Im Goldschmiedladen der Meisterin. Die hübsche Frau Margarete, die als Meisterin ihrer weithin berühmten Goldschmiedwerkstätte vorsteht, hat eine große Schwäche für alles Adlige. Gestern erst war sie heimlich maskiert auf einem Adelsball, und da hielt sie ein liebenswürdiger Tänzer für eine Prinzessin, und heute hat sie gar bei einem Festbankett der Zünfte vom Kaiser einen Kuß bekommen! Ganz benommen von diesem Erlebnis kehrt sie eben in ihren Laden zurück: *Gräfin sein, Fürstin sein, ach, wie wär' das fein!* Jetzt aber gilt's, im Geschäft nach dem Rechten zu sehen: die Komtesse Giulietta wünscht einen kunstreichen goldenen Teller, und den kann wohl nur der tüchtige neue Geselle Christian anfertigen. Erfreut erkennt Giulietta in ihm einen Bekannten aus Rom. Dort hat Christian bisher als Bildhauer gearbeitet, bis ihn die Not zwang, sich als Goldschmied zu verdingen. Der Meisterin gefällt der selbstsicher auftretende Mann, als sie aber durch zufällige Wendungen des Gesprächs erfährt, daß *er* der maskierte Tänzer war, der sie gestern als Prinzessin hofierte, möchte sie ihn am liebsten entlassen. Doch der Teller für die Komtesse muß erst fertig sein! Und dann – schön war es ja doch auf dem Ball, und nett ist's, noch einmal mit Christian darüber zu plaudern. Darüber wird es Abend, und schon ist die Zeit für den Hausball gekommen, den die Meisterin heute veranstaltet. Bei dieser Gelegenheit stellt ihr der ritterliche Müßiggänger Fridolin v. Gumpendorf seinen liederlichen Kumpan, den Grafen Jaromir v. Greifenstein, vor. Dieser heruntergekommene Graf kann sich nur noch durch eine reiche Heirat retten, und dafür wäre Frau Margarete gerade das Richtige! Christian, der den Liederjahn schon von seiner Nürnberger Heimat her kennt, sucht die Meisterin vor ihm zu warnen, sie ist jedoch so stolz auf den Besuch des adeligen Herrn in ihrem Hause, daß sie auf seine Worte nicht hört.

2. Akt. Hofraum im Hause der Meisterin. Von dem Adelswahn ihrer Herrin ist auch die Haushälterin Portschunkula erfaßt worden, seit ihr der Ritter Gumpendorf beim Hausball im Rausch die Ehe versprochen hat. Dafür hat der Ritter freilich ein schlechtes Gedächtnis. Ihm liegt jetzt nur

daran, die Verbindung des Greifensteiners mit der Meisterin zustande zu bringen. Entzückt hört Margarete, daß der Graf um sie werben will. Wie käme da der Christian überhaupt noch für sie in Frage! Christian aber will ihr beweisen, daß der dämliche Graf ein Lump ist: er hat nach Nürnberg an den Posthalter Paradeiser geschrieben, den Großvater der dort von Greifenstein verlassenen Braut; er soll herkommen nach Wien und Frau Margarete aufklären. Unterwegs ist er schon, aber bis er kommt, wird die Meisterin ein Opfer des Betrügers sein. So verkleidet sich denn Christian als Posthalter Paradeiser, erscheint gerade in dem Augenblick, da Margarete dem Grafen ihr Jawort geben will, und nötigt durch seinen Bericht über Greifensteins Nürnberger Braut den windigen Gesellen zum Abzug. Dann gibt er sich der Meisterin zu erkennen. Sie sieht nun ein, wie recht Christian hatte, und möchte ihn gerne versöhnen, doch er will jetzt von Wien fort.

3. Akt. Wirtshausgarten im Stiftskeller von Klosterneuburg. Die Gesellen und Lehrbuben feiern den jüngsten, eben freigesprochenen Goldschmiedgesellen Friedel und vergnügen sich beim »Faßlrutschn«, doch sind sie bei aller Fröhlichkeit verdrossen, seit Christian fort ist: Sie wollen doch endlich wieder einen richtigen Meister in der Werkstatt haben! Zu einer kurzen Rast vor seinem Abschied von Wien macht auch Christian hier halt. Dann kommt Margarete mit Portschunkula, und zuletzt erscheinen auch die beiden hungrig herumstreichenden traurigen Ritter. Der gute Bruder Ignatius, bei dem sich hier schon mancher Trost und Rat geholt hat, merkt bald, wo seine heutigen Besucher der Schuh drückt; mit Hilfe seines bewährten wundersamen *Bonifazius-Sessels*, der jeden, der darauf sitzt, zwingt, die reine Wahrheit zu sagen, glückt es ihm auch diesmal, Gutes zu stiften. So entlockt er zuerst Christian, dann Margarete ein Bekenntnis der großen Liebe, die sie füreinander empfinden, und dann ist es nicht mehr schwer, das Paar glücklich zu vereinen. Aber auch über Portschunkula und Gumpendorf erfährt Ignatius allerlei Wissenswertes, und bald bringt er den Ritter dahin, das Heiratsversprechen zu halten, das er der Portschunkula gegeben hat.

Jaromir v. Greifenstein aber will nun zu seiner Braut nach Nürnberg zurückkehren, denn inzwischen hat er den echten Großvater Paradeiser getroffen und von ihm erfahren, daß seine Zukünftige eine große Erbschaft gemacht hat. Jetzt liebt er sie wieder »heiß und innig«.

Eysler hat als 53jähriger sein ganzes respektables Können und seine noch unverbrauchte Einfallskraft an dieses Werk gewandt und damit, traditionstreu, noch einmal eine echte Wiener Walzeroperette geschaffen. Auf die Einfügung moderner Tanzformen und Rhythmen hat er, nicht nur des historisierenden Stoffes wegen, sondern in kluger Bescheidung auf die ihm gemäße Art zu musizieren, verzichtet. Die ganze Operette erweist sich als herzhaftes Bekenntnis zu den guten Traditionen der Gattung und bot dem Komponisten willkommenen Anlaß zu einer feurigen Liebeserklärung an seine Heimatstadt Wien. Als einprägsamster melodischer Leitgedanke zieht sich der Walzer *Du liebe, goldne Meisterin* durch das Werk. Auf gleicher Höhe stehen aber Sätze wie das Duett *In Grinzing is a Gasserl* mit dem Walzerrefrain *So ein'n Wein gibt's nur einmal auf der Welt*, der frische Gesellenmarsch *Sein wir lustig, gehn wir schlafen* oder Margaretes schwärmendes Lied *Gräfin sein, Fürstin sein!* mit dem Walzerhöhepunkt *Aber du, du mein Herz, was sagst du.*

Oskar Nedbal

* 26. März 1874 in Tábor (Böhmen)
† 24. Dezember 1930 in Agram, heute Zagreb

Vollblütiges böhmisches Musikantentum kennzeichnete das Wesen Oskar Nedbals. 1892 absolvierte er das Prager Konservatorium, wo er u. a. den Unterricht Anton Dvořáks genossen hatte. Viele Jahre gehörte er als Bratschist dem von ihm mitbegründeten »Böhmischen Streichquartett« an und wirkte gleichzeitig (1896–1906) als Kapellmeister an der Böhmischen Philharmonie in Prag. Nach seiner Übersiedlung nach Wien (1906) übernahm er (bis 1919) die Leitung des dortigen Tonkünstler-Orchesters und war vorübergehend auch Dirigent an der Volksoper. Als Komponist begann er mit ernsten Kammermusik- und Orchesterwerken, schrieb dann zwei Ballette (*Der faule Hans* und *Großmütterchens Märchenschätze*) und wandte sich schließlich mit Erfolg der Operette zu. Dem Erstlingswerk *Die keusche Barbara* (1910) folgte 1913 sein glücklichster Wurf, *Polenblut*. Bis zu seinem Tod veröffentlichte Nedbal noch fünf weitere Operetten, die jedoch den Dauererfolg jenes Hauptwerks nicht mehr erreichten: 1916 *Die Winzerbraut*, 1917 *Die schöne Saskia*, 1918 *Eriwan*, 1925 *Donna Gloria* und 1928 *Mamsell Napoleon*. 1922 trat er in Brünn auch mit einer Oper *Bauer Jakob* hervor.

Polenblut

Operette in 3 Bildern. Text von Leo Stein (Leo Rosenstein). Uraufführung am 25. Oktober 1913 im Carl-Theater, Wien.

Personen: Pan Jan Zaremba, Gutsherr – Helena, seine Tochter (Sängerin) – Graf Boleslaw (Bolo) Baranski (Ten.) – Bronio v. Popiel, sein Freund (Buffo) – Wanda Kwasinskaja, Tänzerin an der Warschauer Oper (Soubr.) – Jadwiga Pawlowa, ihre Mutter – Edelleute. Freunde Baranskis. Bauernvolk. Mägde. Musikanten. Lakaien. Eine Pfändungskommission.

Ort und Zeit: In Warschau und auf dem Gute Baranskis, vor 1914.

1. Bild. *Auf dem Polenball.* Graf Bolo Baranski, ein flotter Lebemann, der sein Gut so vernachlässigt hat, daß er jetzt vor dem Ruin steht, soll mit Helena, der Tochter des Gutsherrn Zaremba, bekannt gemacht werden, denn alle seine Freunde sind sich darüber einig, daß ihm nur eine reiche Heirat noch helfen kann. Aber Bolo will seine Freiheit nicht verkaufen und von einer Ehe nichts wissen, weit mehr interessiert ihn

heute die Tänzerin Wanda, die mit ihrer habsüchtig nach einem reichen Bewerber für ihre Tochter ausschauenden Mutter Jadwiga hier erschienen ist. Helena Zaremba hat sich von ihrem Vater sehr ungern zu dieser »Brautschau« herschleppen lassen: sie ist ein frisches Naturkind, das sich daheim auf dem väterlichen Gut wohler fühlt als hier unter den eleganten Stadtleuten, und heiraten will sie einen richtigen Mann, keinen Lebemenschen. Freilich, als sie nun Bolo sieht, ist sie doch fasziniert von ihm. Aber sie ist viel zu stolz, um ihm auch nur einen Schritt entgegenzukommen. Der alte Zaremba versucht es noch einmal, Bolo für den Heiratsgedanken zu gewinnen. Aber der weist ihn schroff zurück, will Helena nicht einmal kennenlernen. Eher wird er es vielleicht mit der bäurischen Wirtschafterin seines Freundes Bronio v. Popiel versuchen, sein Gut wieder hochzubringen – Popiel hat ihm das ja angeboten; daß ein listiger Racheplan der erbitterten Helena hinter diesem Vorschlag steckt, ahnt er nicht.

2. Bild. *Die Wirtschafterin.* Zimmer auf Baranskis Gut. Bolo, noch immer leichtsinnig, sitzt wieder mit seinen Freunden beim Kartenspiel. Da kommt die Pfändungskommission, angeführt von seinem Hauptgläubiger Zaremba, und räumt hier bis auf den letzten Stuhl aus. Trotzdem lacht und spielt Bolo weiter und denkt verzückt an die schöne Wanda. Als ihm aber Popiel, wie vereinbart, eine resolute Bauernmagd als die Wirtschafterin vorstellt, die seine Verhältnisse wieder in Ordnung bringen werde, geht er doch gerne auf diesen Vorschlag ein und stimmt sogar belustigt der herausfordernden Bedingung der neuen Kraft zu, er müsse sie ganz allein auf seinem Gut kommandieren lassen. Die Wirtschafterin ist natürlich niemand anders als Helena, die durch diese List Bolo einen Denkzettel geben, aber auch helfen will. Sie geht gleich sehr gründlich zu Werk: Mit drastischen Mitteln macht sie zunächst dem lockeren Leben mit den schmarotzenden, guten Freunderln ein Ende. Bolo begehrt zwar noch auf, spürt jedoch bald die Wohltat des neuen Regiments und beugt sich. Ein kaum gekanntes Gefühl regt sich in ihm beim Anblick dieses »Bauernmädchens Marynia«.

3. Bild. *Goldene Ähren.* Park auf dem Gut. Die Sommermonate sind in heißer Arbeit vergangen. Der alte Wohlstand ist auf Bolos Gut wieder eingekehrt. Die Urheberin seines Glücks bekränzt er beim Erntefest mit der Ährenkrone und erklärt ihr seine Liebe. Er hat sich gründlich gewandelt, und Helena-»Marynia« denkt längst nicht mehr an ihre Rache. Noch aber ist sie für ihn nur das schlichte Landmädchen Marynia, noch steht auch Wanda, die wie alle anderen Freunde Bolos zum Fest gekommen ist, zwischen ihr und dem Geliebten – und Wanda räumt das Feld nicht kampflos. Ihr ist die »Wirtschafterin« gleich verdächtig. Bald bringt sie heraus, wer das junge Mädchen wirklich ist, und als Bolo sich aus seiner bedrängten Lage zwischen den beiden Frauen durch die Bekanntgabe seines Entschlusses, »Marynia« zu heiraten, retten will, sagt *sie* ihm höhnend die Wahrheit über den »raffinierten Plan« Helenas, ihn einzufangen. Doch ihre Macht über Bolo ist dahin. Die Liebe, die ihn und Helena innerlich schon verbindet, überwindet alle verwirrenden Bedenklichkeiten dieses Augenblicks. Sie gehören für immer zusammen. Wanda muß sich mit Popiel bescheiden.

Mit seinem *Polenblut* hat Nedbal die Wiener Operette um ein besonders gehaltvolles Werk bereichert. Noble Qualität der Erfindung und Gestaltung zeichnen die liebenswürdige Operette vor allem aus. Dazu kommt der starke Reiz der durch den Stoff bedingten slawischen Tönung der Musik – man spürt sie am deutlichsten in den mehrfach verwendeten Mazurka-, Polka- und Krakowiak-Rhythmen. Höhepunkte sind neben der Kartenspielszene des 2. Bildes und dem Erntefest das 2. und das 3. Finale mit ihren feinen, thematisch beziehungsreichen melodramatischen Episoden. Einfälle von besonderem Charme sind namentlich die schmiegsamen, gesanglichen Walzer *Mädel, dich hat mir die Glücksfee gebracht*, *Ihr seid ein Kavalier* und *Hören Sie, wie es singt und klingt.* Hervorzuheben sind auch die Qualitäten des Librettos, das den Sieg gesunder Arbeitsfreude über die zerstörende Macht liederlichen Genußlebens feiert.

Fritz Kreisler

* 2. Februar 1875 in Wien
† 29. Januar 1962 in New York

In die Geschichte der Operette wird Fritz Kreisler nur als liebenswürdiger Außenseiter eingehen. Weltruhm hat er auf einem anderen, seinem ureigensten Gebiet, erlangt: als einer der großen Konzertgeiger der ersten Hälfte des 20. Jahrhunderts. Seit seinem zwölften Lebensjahr stand Kreisler – ein Schüler von Massart, Hellmesberger und Delibes – auf dem Podium und hat seitdem sein ganzes Künstlerleben lang ungezählte Musikfreunde durch seine überragend virtuose Geigenkunst erfreut. Als Komponist ist er u. a. mit einem Streichquartett und vor allem mit einer Reihe reizvoller Geigenstücke hervorgetreten. Nach dem Ersten Weltkrieg – er lebte von 1915 bis 1925 in den USA – schrieb er seine erste Operette *Apfelblüten* (New York, 1919) und ein gutes Jahrzehnt später, als Berlin sein festes Domizil geworden war, *Sissy.* 1938 wurde Kreisler, seit 1933 in Paris lebend, französischer Staatsbürger. 1940 übersiedelte er wieder nach New York.

Sissy

Singspiel in 2 Akten (4 Bildern). Text von Ernst und Hubert Marischka nach einem Lustspiel von Ernst Decsey und Gustav Holm. Uraufführung am 23. Dezember 1932 in Wien.

Personen: Franz Joseph, Kaiser von Österreich – Erzherzogin Sophie, seine Mutter – Herzog Max in Bayern – Ludovica, genannt Luise, seine Gemahlin – Deren Kinder: Helene, genannt Nené; Elisabeth, genannt Sissy; Karl Theodor, genannt Gackl; Sophie, genannt Spatz; Rupprecht, Annemarie und Maximilian – Feldmarschall Graf Radetzky – Prinz Thurn und Taxis – Baron Hrdlicka, Zeremonienmeister – Graf Creneville, Adjutant – v. Kempen, Oberst der Gendarmerie – Fürst Menschikoff, Abgesandter des Zaren – Ilona Varady, Ballett-Tänzerin – Der Ballettmeister der

Wiener Hofoper – Petzelberger, Wirt des Gasthofs »Zum goldenen Ochsen« – Zenzi, Kellnerin – Peter, Diener. – Ein Wachmann. Ballettmädchen. Offiziere. Leibgardisten. Hofdamen. Lakaien. Bauern. Sänger. Geistliche. Militär. Volk. Gesinde.

Ort und Zeit: Possenhofen und Ischl, 15. bis 17. August 1853.

1. Akt. 1. Bild. Erkerzimmer mit Terrasse im Schloß Possenhofen am Starnberger See. Abseits vom Zwang und von den Umständlichkeiten höfischen Lebens die friedliche Stille seines Landsitzes zu genießen – das liebt der leutselige Herzog Max. Ein Naturfreund ist er, ein leidenschaftlicher Jäger, ein herzensguter Vater seiner sieben Kinder – aber vielleicht ein bisserl zu wenig »herzoglich«, zu schlicht im Auftreten. Mit diesem Sich-gehen-Lassen kann sich seine nervöse und in Etikettefragen überempfindliche Gattin Luise gar nicht abfinden. Ihre Gedanken sind immer auf vermehrte Würde und Geltung gerichtet. Heute ist sie wieder besonders erregt, erwartet sie doch von ihrer vertrauten Schwester Sophie, der Mutter des jungen Kaisers Franz Joseph, für sich und ihre Tochter Nené eine Einladung zum kaiserlichen Hoflager nach Ischl. Dort soll ein kühner Plan Wirklichkeit werden: der Kaiser muß Nené kennenlernen; gewiß wird er sich dann – so wünscht es auch Sophie – mit ihr verloben, und so wird ihre Tochter Kaiserin von Österreich! Alles scheint nach Wunsch zu gehen: der erwartete Bote aus Ischl kommt und holt die Herzogin mit ihrer Tochter ab. Nené ist aber sehr unglücklich über die Absichten der Mutter, ihr Herz gehört ja dem Prinzen Thurn und Taxis. Könnte ihr doch ihre Schwester, die gescheite Sissy, helfen! Doch schon geht's eiligst mit dem Wagen fort, so hastig, daß sogar Nenés silbernes Hofkleid vergessen wird. Sissy grämt sich, daß man ihren Vater bei der Einladung nach Ischl übergangen hat und ihn einfach ausschaltet, wenn es um Nenés Zukunft geht. Herzog Max sieht ein, daß er nicht so untätig zusehen darf, und beschließt, gleichfalls nach Ischl zu reisen. Sissy soll ihn begleiten und auch Nené das vergessene Kleid bringen. – 2. Bild. Empfangssaal in der kaiserlichen Villa in Ischl. Während Sophie und Luise das Arrangement der erstrebten Verlobung ihrer

Kinder besprechen, muß der junge Kaiser den Fürsten Menschikoff in Audienz empfangen, der ihm eine unerwünschte Einladung zur Großjährigkeitsfeier der Zarentochter Eudoxia überbringt. Endlich kommt er zum Frühstücken. Da sieht er draußen im Park ein junges Mädchen, das sich Rosen abpflückt. Er verlangt, daß man ihm die dreiste Gartenbesucherin vorführe. Ehe das geschieht, glückt es dem Herzog Max, der es in seiner »kurzen Wichs« nicht leicht hatte, sich Eintritt zu verschaffen, zu Franz Joseph vorzudringen; bald kommen die Herren in ein angeregtes Jagdgespräch, über dem Max natürlich vergißt, daß er mit dem Kaiser eigentlich über Nené reden wollte. Kaum ist er fort, wird die heimliche Rosenpflückerin hereingeführt. Es ist Sissy, doch zu einer richtigen Vorstellung kommt es nicht, denn der Kaiser hält sie für eine Schneidermamsell, weil sie den Karton mit Nenés Kleid bei sich hat. Die »Mamsell« macht aber großen Eindruck auf ihn. Leider wird die Begegnung durch das Erscheinen seiner Mutter unterbrochen, die ihn mit Nené bekannt macht. Ahnungslos, daß man ihm das Mädchen als Braut zudenkt, empfängt er den Besuch sehr gleichgültig. Seine Gedanken sind ganz bei der reizenden »Schneidermamsell«.

2. Akt. 3. Bild. Extrazimmer im »Goldenen Ochsen«. Heute ist Geburtstag des Kaisers, und da proben die Männer vom Ischler Gesangverein noch das Ständchen, das sie der Majestät am Abend bringen wollen. Herzog Max kommt dazu, gibt sich als kaiserlicher Leibjäger aus und gewinnt sich mit seinem Frohsinn und Singen rasch die Herzen der Männer. Plötzlich wird die Gesellschaft durch das Erscheinen Sophies und Luises verscheucht. Die beiden Damen haben mit Franz Joseph und Nené eine Spazierfahrt gemacht und sind »planmäßig« hier abgestiegen, um die beiden jungen Leute ein wenig allein zu lassen. Zu ihrem Entsetzen finden sie nun Max hier und bald auch Sissy, die sich trotzig auf die Seite ihres Vaters stellt. – 4. Bild. Im Park vor der kaiserlichen Villa. Der Festabend, an dem Sophie die Verlobung Franz Josephs mit Nené zu erleben hofft, ist gekommen. Sissy begegnet, als sie eben Nené das Festkleid bringen

will, dem Kaiser. Besorgt um ihre Schwester, aber auch um ihre schon erwachte eigene heimliche Liebe zu ihm, fragt sie nach seiner bevorstehenden Verlobung. Da erklärt er, er denke gar nicht daran, in diesem Punkte den Wünschen seiner Mutter zu folgen. Freudig erzählt Sissy ihrer Schwester von diesem Gespräch. Luise aber belauscht ihre Töchter und macht nun Sissy den Vorwurf, sei sie neidisch auf Nenés künftiges Glück. Auch ihren Gatten schimpft sie aus, weil er hier störe. Jetzt aber wird der gutmütige Bayernherzog zornig. Ein Glück, daß Franz Joseph zu den Streitenden kommt und endlich erfährt, was man mit ihm plant und – wer die vermeintliche Schneidermamsell ist! Die festlichen Veranstaltungen beginnen – der Gesangverein läßt sich hören, das Ballett tanzt ... Dann hat der Kaiser endlich Gelegenheit, mit Sissy allein zu sein: in einem zarten Tanz finden sie sich, sagen sie sich ohne Worte, was sie füreinander empfinden. Staunend erfahren die beiden Mütter, wie sich alles gegen ihre Absichten und doch eigentlich auch in ihrem Sinne gewendet hat. Franz Joseph verkündet seine Verlobung mit Sissy. Nené darf mit dem Prinzen Thurn und Taxis glücklich werden.

Ein überaus liebenswürdiges, schon vom Libretto her erfreuliches Singspiel, das keinen Atemzug lang vom Historischen beschwert oder gar erdrückt wird – ein Stück, das, wenigstens im altbayerischen und österreichischen Raum, immer wieder Erfolg haben müßte. Kreisler hat die Musik mit einigen der hübschesten Einfälle aus seinen bekannten Geigen-Solostükken ausgestattet (*Wiener Marsch*, *Liebesleid*, *Liebesfreud*, *Schön Rosmarin*, *Caprice viennoise*), darüber hinaus aber noch mit einer ganzen Reihe weiterer volkstümlicher, echt wienerischer Melodien, die – wie jene schon bekannten – alle für seine mit süßem Sentiment gesättigte, rhythmisch pikante Musiquette sehr bezeichnend sind. Reizsam-weiche Harmonisierung und farbiges instrumentales Kolorit steigern noch die Wirkung dieser melodischen Substanz. Lustiges und Gemüthaftes ist glücklich verteilt. Besonders anziehende Stücke sind – neben den genannten – die Walzer *Ein stilles Glück, ein bisserl Musik* und *Ich wär' so gern einmal verliebt.*

Walter Kollo

* 28. Januar 1878 in Neidenburg (Ostpreußen),
heute Nidzica (Polen)
† 30. September 1940 in Berlin

Kollo (eigentlich Kollodziepski) war einer der profiliertesten, produktivsten und erfolgreichsten Operettenkomponisten des Berliner Kreises. Elemente des Volksstücks, des Schwanks, der intimen Komödie geben der Mehrzahl der von ihm bevorzugten Libretti die bezeichnende Note. Solche Texte boten ihm die beste Möglichkeit zur Entfaltung seiner besonderen musikalischen Begabung für die witzige und humorvoll ans Gemüt gehende Kleinform, die sich selbst im großen, durchaus auch effektvoll gestalteten Rahmen der Operette bewährte. Genannt seien *Wie einst im Mai* (1913), *Der Juxbaron* (1913), *Die tolle Komteß* (1917), *Drei alte Schachteln* (1917), *Marietta* (1923; mit den Evergreens *Was eine Frau im Frühling träumt* und *Warte, warte nur ein Weilchen*), *Die Frau ohne Kuß* (1924), *Drei arme kleine Mädels* (1927), *Lieber reich – aber glücklich* (1933), *Die wilde Auguste* (1936) und *Mädel ahoi* (1936). Seit 1901 lebte Kollo in Berlin, war Kapellmeister, Theaterleiter, Musikverleger. Seine Tanzlieder, oft Teil seiner Revuen für den Admiralspalast, wurden Schlager, viele davon vollkommen Eigentum der Berliner: *Es war in Schöneberg im Monat Mai*, *Die Männer sind alle Verbrecher*, *Das ist der Frühling von Berlin*, *Was eine Frau im Frühling träumt* usw. *Solang noch Untern Linden die alten Bäume blühn, kann nichts uns überwinden, Berlin bleibt doch Berlin* war nach dem Zweiten Weltkrieg, besonders in den Zeiten der Blockade Berlins, ein Schlager, mit dem sich die Berliner selbst zum Durchhalten animierten. Libretti und Gesangstexte verfaßte häufig sein Sohn Willi (1904–88), ebenfalls ein Komponist; Willi Kollos *Lied vom Vater Zille* ist durch Claire Waldoff berühmt geworden.

Drei alte Schachteln

Operette in einem Vorspiel und 3 Akten. Text von Hermann Haller. Gesangstexte von Rideamus (Fritz Oliven). Uraufführung am 6. Oktober 1917 in Berlin.

Personen: Ursula Krüger – Charlotte, ihre Schwester (Sängerin) – Klaus Kersting (Ten.) – Cornelius Hasenpfeffer, Sergeant – Auguste, Köchin bei den Geschwistern Krüger (Soubr.) – Rittmeister v. Tresckow – Freundinnen Ursula Krügers. Offiziere. Damen. Soldaten. Schulkinder.

Ort und Zeit: Potsdam, Anfang des 19. Jahrhunderts.

Vorspiel. Zimmer bei den Schwestern Krüger. Ursula Krüger hat die Hoffnung auf Liebe und Ehe seit langem aufgegeben. Doch wünscht sie, ihre jüngere Schwester Lotte möchte bald das ihr selbst versagte Glück finden. Lotte freut sich schon, daß der Mann ihrer Wahl, der Referendar Klaus Kersting, sich heute noch erklären werde. Doch er kommt nur, um ihr wie einer schwesterlich geliebten Freundin Lebewohl zu sagen. Sein jugendlicher Sinn ist auf ein anderes Ziel als die Ehe gerichtet: Als Soldat will er sich im Feld bewähren, und darum hat er sich jetzt anwerben lassen. Auch Auguste, die Köchin der Schwestern, muß sich nun für ungewisse Zeit von ihrem Bräutigam, dem Sergeanten Cornelius Hasenpfeffer, trennen.

1. Akt. Wieder bei Krügers. Zehn Jahre sind vergangen. Wie einst Ursula, so lernte nun auch Lotte verzichten. Sie hat sich während der Kriegsjahre als Lehrerin betätigt. Auf hübsche anmutige Kleider legt sie längst keinen Wert mehr. Die Jugend ist ja doch vorbei! Heute kehren die Soldaten aus dem Feld zurück. Da stapft schon Cornelius ins Haus und begrüßt seine Auguste, und dann tritt auch Klaus Kersting, jetzt als Hauptmann, vor die Schwestern. Wie oft hat er draußen voll Liebe an Lotte gedacht! Nun sieht er freilich, daß das Bild, das er im Herzen trug, nicht mehr der Wirklichkeit entspricht. Lotte spürt seine Enttäuschung und lehnt die Einladung zum Regimentsball ab. Kaum ist er jedoch fort, fühlt sie ihre Torheit, sich wie eine »alte Schachtel« zu gehaben, und bald

ist's mit Ursula und Auguste beschlossen: *Drei alte Schachteln, zierlich und fein, putzen zurecht sich zum Tanzkränzelein.*
2. Akt. Tanzsaal im Regimentskasino. So schön hat sich Lotte gemacht, so reizend und jung sieht sie wieder aus, daß Ursula sie als eine eben angekommene Nichte namens Dörte ausgeben kann. Zum Ärger mancher jungen Mädchen hat sie großen Erfolg bei den Herren, und auch Klaus läßt sich täuschen; allerdings erinnert ihn »Dörte« sehr an Lotte, wie sie vor zehn Jahren war. Sie macht dem rasch Verliebten den Kopf ganz wirr, dann aber sagt sie ihm, es sei schade, daß er keinen jungen Vetter habe, der zu ihr passe – und tanzt mit dem jungen Rittmeister v. Tresckow. Im Zwiespalt seiner Gefühle denkt Klaus daran, wieder zu seiner Truppe zu gehen. Auguste hat auf dem Ball ihre liebe Not mit Cornelius, der hier immer mit anderen, Jüngeren tanzen will und im Feld, wie sie herausbekommen hat, nicht nur mit seiner Braut korrespondiert hat.
3. Akt. Wieder bei Krügers. In dem Heimkehrer sind natürlich längst Bedenken wachgeworden, als er nachts noch über »Dörte« nachdachte. Darum kommt er jetzt schon frühmorgens ins Haus der Schwestern und erregt dort begreifliche Unruhe, als er Lotte und Dörte zusammen sehen möchte. Lotte, die gestern abend angeblich krank war, weiß sich keinen rechten Rat. Schließlich sucht Auguste zu helfen, indem sie sich als »Dörte« verkleidet – doch da ist's mit dem Schwindel um so schneller vorbei. Klaus ist zu der Einsicht gelangt, daß doch niemand besser zu ihm passe als Lotte, und bittet sie um ihre Hand fürs Leben. Auch Auguste und Cornelius werden nun für immer beisammenbleiben.

Seine Wirkung verdankt dieses Singspiel wohl zu gleichen Teilen der Musik und dem Text. Die in schlicht volkstümlicher Weise gezeichnete biedermeierliche Welt, die kräftige Tönung der Berliner Lokalfarbe (Auguste–Cornelius) und nicht zuletzt das Thema der Handlung selbst, das zum mindesten für die reiferen Frauen aller Zeiten und Zonen einen nie veraltenden Betrachtungs- oder Gesprächsstoff bildet – das alles sicherte die Anziehungskraft des Werks, das freilich dann durch Kollos liebenswürdige Musik seinen stärksten Reiz gewonnen hat. Wie im Text, so ist auch in der Musik Humorvolles und Empfindsames geschickt verteilt. Sein Bestes gab der Komponist allerdings weniger im Lyrischen, wo manchmal ein etwas flacher Salonton Platz greift, sondern im Lustigen, im Schelmisch-Graziösen und in geschmeidigen Walzern. Vorzüglich trifft er den munteren Berliner Volkston. Besonders gut gelungen sind die Finali, namentlich das rondoartig gebaute des 1. Akts mit der Leitmelodie des Terzetts *Drei alte Schachteln, zierlich und fein* und das knapp und wirkungsvoll angelegte des 2. Akts mit der Aussprache zwischen Klaus und »Dörte«. Die dankbare, amüsante Rolle der »Aujuste« ist vor allem durch die Berliner Humoristin Claire Waldoff berühmt geworden.

Die Frau ohne Kuß

Lustspiel mit Musik in 3 Akten. Dialog von Richard Keßler. Gesangstexte von Willi Kollo. Uraufführung am 6. Juli 1924 im Schiller-Theater, Berlin.

PERSONEN: Dr. Ernst Hartwig, Frauenarzt (Ten.) – Lotte Lenz, seine Sekretärin (Sängerin) – Georg Langenbach, Fabrikbesitzer – Fritz Sperling, Porträtmaler – Prinz Hussein, Dschahangir (Ten.) – Otto, Diener bei Hartwig – Ein Bote des Standesamts.

ORT UND ZEIT: Berlin, zwanziger Jahre des 20. Jahrhunderts. Schauplatz für alle 3 Akte: Ein Zimmer bei Dr. Hartwig.

1. Akt. Der angesehene Frauenarzt Dr. Hartwig hat seit einiger Zeit eine neue Sekretärin, Lotte Lenz. Seine Freunde, der Fabrikant Langenbach und der Maler Sperling, finden das hübsche, gescheite Mädchen höchst begehrenswert und machen Lotte den Hof – er selbst aber, ein eingefleischter Junggeselle, sieht nichts in ihr als eine sehr tüchtige Arbeitskraft. Er scheint auch nicht zu merken, daß ihre – übrigens sehr zielbewußten – Zukunftsinteressen als Frau ausschließlich *ihm* gelten und keineswegs jenen anderen eifrig bemühten Vereh-

rern. Voll ehrgeiziger Spannung erwartet Dr. Hartwig gerade die Berufung zu einer gynäkologischen Hilfeleistung nach Teheran. Das Telegramm mit der Anweisung, unverzüglich abzureisen, trifft auch ein – doch nun ist eine schwierige Bedingung bei der Berufung an den persischen Fürstenhof: Man erwartet dort, daß der behandelnde Arzt verheiratet sei, und fordert, daß er seine Gattin mitbringe. In dieser Klemme befolgt er Lottes Rat, eine nach der Rückkehr sogleich wieder lösbare Scheinehe einzugehen. »Selbstlos« bietet sie sich an, ohne alle Gattenpflichten diese »Frau auf Zeit« zu spielen. Erfreulicherweise findet sich auch ein Angestellter des nahen Standesamts sofort bereit, formlos die eilige Trauung zu vollziehen. Und schon geht's fort auf die Reise.

2. Akt. Das seltsame Ehepaar ist aus Teheran zurückgekehrt. Dr. Hartwig konnte sich als Arzt wieder auszeichnen; aber Lottes Bemühungen, seine Liebe zu gewinnen, blieben erfolglos. Nicht einen einzigen Kuß hat sie von dem allzu korrekten Schein-Ehepartner bekommen! Und jetzt will er anscheinend auch die verabredete Scheidung beantragen. In Wirklichkeit hat er sich jedoch schon sehr in Lotte verliebt. Doch bedarf es noch drastischer Reizmittel, um ihn zu einem Geständnis seiner Empfindungen zu bewegen. So trachtet nun Lotte danach, ihn eifersüchtig zu machen, und dazu bieten nicht nur neue Begegnungen mit Langenbach und Sperling erwünschte Gelegenheiten, sondern vor allem der unerwartete Besuch des leidenschaftlichen persischen Prinzen Hussein, der sich schon in Teheran um ihre Gunst bewarb. Jetzt findet Dr. Hartwig endlich das erlösende Liebeswort und den Weg aus seiner Scheinehe zu einem echten Liebesbund.

3. Akt. Erst am nächsten Morgen hört das glückliche Paar, daß die damalige Eheschließung keine rechtliche Gültigkeit hatte. Lottes immer noch hoffende Bewerber haben den standesamtlichen Formfehler in Erfahrung gebracht, und Prinz Hussein besteht jetzt auf der gestern mit Dr. Hartwig getroffenen Vereinbarung, daß Lotte seine Frau werden könne, sobald sie nicht mehr Dr. Hartwigs Gattin sei. Doch

muß er angesichts der nun veränderten Lage darauf verzichten, sie nach Persien zu entführen. Was das Ehegesetz noch fordert, das werden die beiden ja bald erfüllen. Auch Langenbach und Sperling müssen natürlich ihre Hoffnungen begraben.

Kollo hat zu diesem – bei guter Darstellung stets wirksamen – Lustspiel eine sehr gefällige Musik beigesteuert, die mit Glück der Personen-Charakterisierung und der Steigerung von Situationsstimmungen dient. Seine amüsanten, klanglich hübsch gefaßten Tanzliedereinfälle zeichnen sich vielfach durch besonders prägnante, wirksame Formulierung aus. Fünf Stücke aus dem kleinen Werk sind sehr populär geworden: das gavottenartige Liedchen *Ein Fräulein aus guter Familie*, Prinz Husseins Lied (Foxtrott) *Persische Rose*, der flotte Marsch *Das ist der Frühling von Berlin*, die Duett-Melodie *Schade, Schatz, daß die Zeit so schnell vorbei war* und der – innerhalb des Ganzen zu größerer thematischer Bedeutung gelangende – Shimmy *Gute Nacht, mein Liebchen, und verschließ dein Stübchen.*

Jean Gilbert

* 11. Februar 1879 in Hamburg
† 20. Dezember 1942 in Buenos Aires

Der französische Name Jean Gilbert ist ein Pseudonym für den deutschen Max Winterfeld. Mit Paul Lincke, Victor Holländer, Rudolf Nelson und Walter Kollo ist der Komponist der *Keuschen Susanne* (1910) ein typischer Vertreter der Berliner Operette geworden. Schlagkräftige, breite Popularität waren Ziel und Ergebnis seines Schaffens, dessen stärkste Erfolge in der Zeit zwischen 1910 und 1920 lagen. In jenen Jahren schrieb er außer der *Keuschen Susanne* u. a. *Die Kinokönigin* (nach 1913 ein Welterfolg), *Polnische Wirtschaft*, *Pupp-*

chen (1912), *Autoliebchen* (1912) und *Die Frau im Hermelin* (1919). Gilbert hatte seine künstlerische Ausbildung an den Konservatorien in Sondershausen und Weimar sowie in Berlin genossen, wirkte dann als Kapellmeister in Bremerhaven, Hamburg und Berlin (Apollo-Theater) und konnte sich seit 1910 ausschließlich dem Komponieren widmen. Er produzierte außerordentlich leicht und schnell und hatte bis 1925 bereits nicht weniger als 57 Bühnenwerke geschrieben. In den zwanziger Jahren erregten *Das Weib in Purpur*, *Annemarie*, *Katja die Tänzerin* und *Hotel Stadt Lemberg* (ein Versuch auf dem Weg zum musikalischen Schauspiel) noch einmal stärker das Interesse des Publikums. Gilbert emigrierte nach 1933 und ließ sich nach Aufenthalten in Madrid und Paris 1939 in Buenos Aires nieder, wo er das Orchester der Rundfunkstation El Mundo leitete und sich 1941 den 1. Preis für die beste argentinische Filmmusik mit dem Tonfilm *Chasta Susanna* (nach seiner Operette *Die keusche Susanne*) errang. – Der Sohn Robert Gilbert (1899–1978) trat gleichfalls als Operettenkomponist hervor (*Die leichte Isabell*, 1930, u. a.), ist aber vor allem als Mitarbeiter seines Vaters, als Verfasser von Gesangstexten zu Werken anderer Komponisten (z. B. zu Benatzkys *Im weißen Rößl*) sowie als Übersetzer und Bearbeiter (u. a. der Musicals *Can-Can*, *My Fair Lady*, *Oklahoma*, *Hallo, Dolly!* und *Cabaret*) bekannt geworden.

Die keusche Susanne

Operette in 3 Akten. Text von Georg Okonkowski nach der Komödie *Fils à Papa* von Antony Mars und Maurice Desvallières. Gesangstexte von G. Okonkowski und Alfred Schönfeld. Textliche und musikalische Neubearbeitung von Robert Gilbert (1953). Uraufführung am 26. Februar 1910 im Wilhelm-Theater, Magdeburg.

Personen: Baron Conrad v. Felseneck, Privatgelehrter (Baßbuffo) – Clementine, seine Frau – Paul, deren Sohn (Ten.-Buffo) – Pauline, deren Tochter (Soubr.) – Fleuron, Parfümfabrikant (Bar.) –

Susanne, seine Frau (Sopr.) – Prof. Hintzmeier, Privatgelehrter – Rosa, seine Frau – René Wildhagen (Ten.) – Krause, Oberkellner – Emil, Piccolo – Irma, Bolle, Graf Zickenblitz, Dichter Rillenbach: Stammgäste im Palais de Danse – Zofe bei Felseneck – Wachtmeister. Polizisten. Professoren der Universität. Studenten in Wichs. Chor. Ballett.

ORT UND ZEIT: Berlin, um 1900.

1. bis 3. Akt. Im Hause des Privatgelehrten Felseneck, der heute seine Erhebung in den Adelsstand feiert, hält man streng auf moralische Disziplin. Papa und Mama zuliebe spielen auch die beiden erwachsenen Sprößlinge die braven Kinder, aber Pauline hat sich bereits heimlich mit René Wildhagen verlobt, obwohl dieser junge Lebemann den Eltern als Schwiegersohn unerwünscht ist, und Paul brennt schon darauf, etwas mit Frauen zu erleben. Frau v. Felseneck, Vorsitzende des Thusnelda-Bundes, erwartet Frau Susanne Fleuron aus Eisenach, die als Mustergattin aus ihrer Hand den Tugendpreis empfangen soll. In Wirklichkeit ist diese »Tugendkönigin« eine sehr lebenslustige, Seitensprüngen nicht abgeneigte Dame. So zeigt sich jetzt, als sie René vorgestellt wird, daß sich die beiden schon kennen und bei einem Aufenthalt in Baden-Baden vor zwei Jahren sogar sehr nahe gekommen sind – ja sie mußten sich damals als Mann und Frau ausgeben, um vor dem gleichfalls dort anwesenden Prof. Hintzmeier, einem Kollegen Felsenecks, keinen Verdacht zu erregen. Jetzt führt das Wiedersehen für René und Susanne, die mit ihrem Mann angekommen ist, zu beängstigenden Situationen, denn auch Hintzmeier befindet sich unter den Gästen. René hatte das Abenteuer fast vergessen und denkt es auch nicht fortzusetzen; er hat soeben um Paulines Hand angehalten – allerdings vergeblich, doch konnte er dem Baron v. Felseneck das Versprechen ablisten, der Heirat zuzustimmen, wenn es dem künftigen Schwiegersohn gelinge, ihn auf einem Seitensprung zu ertappen. René kennt den tugendstrengen Herrn besser, als dieser ahnt, und weiß, was er tun muß, um zum erwünschten Ziel zu gelangen: Er läßt dem Baron ein scheinbar von einer Dame geschriebenes Briefchen mit einer Einladung ins Palais de Danse überbringen, animiert auch Paul und Susanne zum Besuch die-

ses Nachtlokals und verlockt Pauline, ihn dahin zu begleiten. Von der ahnungslosen Mutter unbemerkt, schleichen sich nach dem Gutenachtsagen die Abenteuerlustigen aus dem Hause – natürlich auch der Baron, der im Palais de Danse unter dem Spitznamen »Puppchen« längst wohlbekannt ist. Er verspricht sich eine lustige Nacht und findet in der Tänzerin Rosa bald die angebliche Verfasserin des Einladungsbriefes: Er weiß nicht, daß sie von René für ihn als Gesellschafterin engagiert ist, und ahnt noch weniger, daß sie die Frau seines Freundes Hintzmeier ist, der – gleichzeitig mit Herrn Fleuron – heute zum Manöver einrücken mußte und nun von seiner jungen Gattin, die hier schon früher als Animiermädchen tätig war, hintergangen wird. Bald kommt es zu unvermeidlichen peinlichen Begegnungen, aber in seiner unzweideutigen Lage kann der Baron weder seinem Sohn noch seiner Tochter Vorwürfe über ihre Anwesenheit machen: Von René überlistet, muß er nun dessen Bündnis mit Pauline zustimmen. Von der »keuschen« Susanne aber, die seinen Sohn in die Geheimnisse eines Chambre separée eingeweiht hat, läßt er sich weismachen, sie halte sich als Beobachterin der Sittenzustände in dem Lokal auf. Zum Skandal kommt es, als überraschend auch die Herren Fleuron und Hintzmeier auftauchen und angesichts der heiklen Situation so außer sich geraten, daß schließlich die Polizei eingreift. Am nächsten Morgen haben die eingeschüchterten Teilnehmer der tollen Nacht alle Mühe, vor Frau v. Felseneck die rechte Haltung zu bewahren. Zu allem Überfluß droht eine Entdeckung der nächtlichen Begebenheiten durch den neuengagierten Kammerdiener, in dem sie den Oberkellner aus dem Palais de Danse erkennen; der aber hat in seiner bisherigen Stellung gelernt, diskret zu schweigen. So endet doch alles in Frieden und guter Laune: Susanne hat sich mit Rosa verständigt, und die gutgläubigen Ehemänner lassen sich überzeugen, daß ihre Frauen als Missionsschwestern des Tugendbundes das Nachtlokal besucht hätten.

Bleibt das Libretto mit seinen Zynismen und seinen vom faulen Lebewelt-Zauber behexten Figuren auch anfechtbar – ein wirkungssicher gezimmerter Schwank ist's immerhin, und in der Neufassung, die das ursprünglich in Paris spielende Stück nach Berlin verpflanzt hat, bringt die Ironisierung der bürgerlichen Welt um 1900 noch manchen zusätzlichen Spaß in die Handlung. In dieser erneuerten Form ist die alte Operette wieder erfolgreich geworden, um so mehr, als Robert Gilbert die Musik geschickt überarbeitet, harmonisch modernisiert und auch sonst vielfach verfeinert hat. Durch die Einfügung einiger beliebter, immer noch schlagerhaft effektvoller Stücke aus anderen Werken seines Vaters gelang es ihm überdies, die musikalische Substanz kräftig anzureichern (*Ja, das haben die Mädchen so gerne*, *Puppchen, du bist mein Augenstern* u. a.). Von den Melodien, die 1910 den großen und dauerhaften Erfolg der *Keuschen Susanne* bewirkten, seien der Walzer *Wenn die Füßchen sich heben und schweben* und der Lebemann-Marsch *Wenn der Vater mit dem Sohne auf den Bummel geht* genannt. Als typisches Werk jener Zeit und als sehr bezeichnende Schöpfung Jean Gilberts, der übrigens nicht nur mit Schmiß, sondern auch mit Grazie zu musizieren verstand, hat das Werk seine feste Position in der Geschichte der Berliner Operette.

Leo Ascher

* 17. August 1880 in Wien
† 25. Februar 1942 in New York

Leo Ascher war Jurist und Musiker. Neben seinen Rechtsstudien an der Wiener Universität nahm er Kompositionsunterricht bei Robert Fuchs und Franz Schmidt. Er blieb seinem bürgerlichen Beruf auch treu, als er 1905 mit der Vertonung von Operetten begann. Von seinen insgesamt 32 Bühnenwerken hat sich *Hoheit tanzt Walzer* lange Zeit in den Spielplänen gehalten. Einen ähnlichen Erfolg hat er nicht wieder errungen, obwohl noch manche andere seiner Stücke, z. B. *Der Soldat der Marie* (1916), vorübergehend lebhaften Anklang fanden.

Hoheit tanzt Walzer
(Hochzeitswalzer)

Operette in 3 Akten. Text von Julius Brammer und Alfred Grünwald. Uraufführung am 24. Februar 1912 in Wien. Neufassung unter dem Titel *Hochzeitswalzer* (1937).

PERSONEN: Dominik Gaudenzdorf, Bibliothekar – Lisi, dessen Tochter (Sängerin) – Plunderer – Peperl Gschwandtner, Musiklehrer (Buffo) – Aloisius Strampfl (Ten.) – Sali, Haushälterin bei Gaudenzdorf – Prinzessin Marie (Sängerin) – Frau v. Kalesch, Hofdame – Prinz Victor Bogumil – Prinzessin Creszentia Luise – Graf Bendl, Zeremonienmeister – Gäste. Hofleute. Diener. Musikanten.

ORT UND ZEIT: Wien und Umgebung, Anfang des 19. Jahrhunderts.

1. Akt. Zimmer bei Gaudenzdorf. Unruhig ist's heute im sonst so stillen Haus des Bibliothekars: er feiert sein 25jähriges Dienstjubiläum, und da finden sich viele Gäste ein. Wie froh wäre der vorzeitig gealterte Mann, wenn er seine Tochter Lisi recht bald unter die Haube bringen könnte; der reiche Wirt Plunderer wär' ihm als Eidam schon recht. Aber die Lisi liebt den jungen Habenichts Aloisius Strampfl. Gaudenzdorf hat ihm zwar das Haus verboten, aber er kommt doch heimlich und vertraut seiner Lisi an, daß er die Wirtschaft zur »Silbernen Brezn« erwerben könnte, wenn er ein paar hundert Gulden anzahlen würde. Leider langen seine Ersparnisse nicht dazu. Zum Glück haben die jungen Leut in Lisis Musiklehrer Peperl Gschwandtner einen vertrauten Berater: das ist einer, der nie den Kopf hängen läßt und ebenso fest an seine baldige Ernennung zum Hofkapellmeister glaubt wie an die sonnige Zukunft seiner Schützlinge. In der Hoffnung auf seinen eigenen Aufstieg gibt er dem Strampfl jetzt sein ganzes Geld für den Kauf des Gasthofs. Inzwischen kommt der protzige Plunderer, der wunder was zu tun meint, wenn er eine Beamtentochter überhaupt nimmt. Er hat aber Pech: Zuerst muß er sich mit dem kekken Peperl ärgern, dann sagt ihm die Lisi, daß sie ihn nicht mag, und zuletzt muß er zuschauen, wie ihm der Strampfl,

der sich jetzt auch Wirtshausbesitzer nennen darf, die Braut wegschnappt. Ergrimmt räumt er das Feld. Lisi und Strampfl sehen den Himmel voller Geigen, der Glückstifter Peperl aber kriegt Botschaft, daß es nichts ist mit seinem Kapellmeisterposten.

2. Akt. Gasthausgarten zur »Silbernen Brezn«. Das junge Wirtsehepaar hat kein Glück mit dem Gasthof. Die Konkurrenz des gegenüberliegenden »Goldenen Ochsen«, wo der Lanner mit seiner Kapelle spielt, ist zu stark, und außerdem hat sich der Besitzer, der Plunderer, aus Rache für seine Abfuhr bei Lisi, vorgenommen, den Strampfl zu ruinieren. Auch dem Peperl geht's schlecht: Er hat die Musik aufgeben müssen und ist als Kellner in der »Silbernen Brezn« eingetreten. Trotz dem eigenen Mißgeschick möchte er gern der Lisi und ihrem Mann wieder helfen. Durch schlau verfaßte Zeitungsinserate gelingt es ihm, allerlei heiratslustige Damen und Herren herzulocken, und bald füllt sich der sonst leere Garten mit fröhlichen Gästen. Zufällig findet sich auch die Prinzessin Marie mit ihrer Hofdame ein; des steifen Lebens am Hofe überdrüssig, will sie einmal unerkannt unter einfachen Menschen lustig sein. Peperl, als Kellner, hält die beiden Damen für Domestiken, verliebt sich gleich in die Prinzessin und ermuntert sie zum Singen des Liedes *'s Lercherl von Hernals*. Sie kommt sehr in Stimmung, läßt heimlich die Lannersche Kapelle vom »Goldenen Ochsen« herüberkommen und schließt sich mit Peperl den in Walzerseligkeit sich wiegenden Paaren an. Doch plötzlich ist's vorbei mit ihrem Inkognito: der Hofwagen holt sie zur Heimfahrt ab. Dem Peperl verschlägt's vor Staunen die Rede. Die Prinzessin bedankt sich beim Weggehen noch für die schöne Stunde. Künftig wird es in der »Silbernen Brezn« keine Sorgen mehr wegen Gästemangel geben: das Ereignis des hohen Besuchs und des Lannerschen Gastspiels wird das Renommee der Wirtschaft rasch heben.

3. Akt. Vorraum im Lustschloß der Prinzessin Marie bei Wien. Heute ist der Hochzeitstag der Prinzessin. Ihr ist es weh ums Herz, wenn sie an diese höfische Pflichtehe denkt – wieviel schöner wär's, mit so einem schlichten, aufrichtigen

Menschen wie dem Peperl Gschwandtner durchs Leben zu gehen. Von Liebe zwischen ihnen darf freilich nicht die Rede sein, das wissen sie beide. Aber soviel sie es vermochte, hat sie für sein Glück gesorgt: er ist Musikerzieher ihrer kleinen Geschwister geworden, und jetzt, auf dem Weg zur Trauung, überreicht sie ihm das Diplom seiner Ernennung zum Hofkapellmeister. Jetzt könnte er sich über die Erfüllung seines Lebenstraums freuen, und doch ist er so traurig.

Mit seinen volkstümlichen Gestalten und Vorstadtszenen, in seinem schlichten Humor und seinen naiven Gemütstönen gehört *Hoheit tanzt Walzer* in den Kreis der beliebten Singspiele, die etwas von der Lebensstimmung der »guten alten Zeit« im vormärzlichen Wien fühlbar zu machen versuchen, wie u. a. *Alt-Wien*, *Dreimäderlhaus*, *Wiener Blut*. Die Musik wurzelt in der Wiener Walzertradition. Leo Ascher hat den unzählbaren Schatz an wirksamen Dreivierteltaktern hier um eine ganze Reihe hübscher Stücke bereichert, von denen nur genannt seien: *Drunten am blauen Donaustrand*, *Erst zog ich nur galant den Hut*, *Man preist in tausend Liedern dich, o Wien!*, *Das ist die Prinzessin Tralala* und – natürlich – das *Lercherl von Hernals*. Das Werk ist auch in einer – den Text durch eine Rahmenhandlung erweiternden – Neufassung unter dem Titel *Hochzeitswalzer* erschienen (Zürich 1937).

Robert Stolz

* 25. August 1880 in Graz
† 27. Juni 1975 in Berlin

Robert Stolz hat im Lauf eines halben Jahrhunderts sechzig Operetten und Singspiele komponiert, dazu viele Chansons und Wiener Lieder wie das beliebte *Im Prater blühn wieder die Bäume*. Selbstverständlich konnten bei einer so reichen

Produktivität nicht lauter Treffer zutage kommen. Aber es glückten ihm immer wieder Stücke, die durch ihre gefällige persönliche Note die Gunst des Publikums in hohem Maße errangen und seinen Namen in aller Welt bekanntmachten. Sohn des Dirigenten und Musikpädagogen Jakob Stolz und der Konzertpianistin Ida von Vernay, studierte er bei Robert Fuchs und Engelbert Humperdinck, begann schon als Zwanzigjähriger seine Laufbahn als Kapellmeister und wirkte seit 1905 am Theater an der Wien. 1924 eröffnete er ein eigenes Theater in Wien, hatte aber keine Fortüne als Impresario. Von 1925 bis 1936 lebte Stolz in Berlin, dann wieder in Wien, von wo er 1938 in die Emigration ging, erst nach Paris, dann in die USA. 1946 nahm er wieder in Wien seinen Wohnsitz. Sein Schaffen für die Bühne eröffnete *Schön-Lorchen* (Salzburg, 1903). Aus der Fülle seiner Werke seien hier noch genannt: *Das Glücksmädel* (1910), *Die Tanzgräfin* (1921), *Der Tanz ins Glück* (1921), *Prinzessin Ti-Ti-Pa* (1927), *Eine einzige Nacht* (1927), *Peppina* (1930), *Wenn die kleinen Veilchen blühn* (1932), *Venus in Seide* (1932), *Der verlorene Walzer* (1933), *Der süßeste Schwindel der Welt* (1938), *Frühling im Prater* (1949), *Karneval in Wien* (1950), *Trauminsel* (1962) und *Hochzeit am Bodensee* (1969).

Der Tanz ins Glück

Operette in 3 Akten. Text von Robert Bodanzky und Bruno Hardt-Warden. Uraufführung am 18. Oktober 1921 in Wien.

PERSONEN: v. Bibersbach, Konsul a. D. – Elfriede, seine Frau – Hans-Joachim v. Bibersbach, beider Sohn (Ten.) – Lutz Burgen, sein Freund – Falbstock, Ministerialrat – Adam Mutzenbecher, Hutfabrikant (Kom.) – Eva, seine Frau – Lizzi, beider Tochter (Sopr.) – Helli, Susi: ihre Freundinnen – Desirée Viverande, Schlagersängerin (Soubr.) – Fritz Wendelin, Friseurgehilfe (Ten.-Buffo) – Sebastian Platzer, Logenschließer (Kom.) – Tobias Falkmayer, Friseur – Toni, Lehrjunge – Lilly, Maniküre – Mary, Garderobiere – Ein Diener – »Alhambra«-Besucher. Gäste. Logenschließerinnen.

ZEIT: Um 1920.

1. bis 3. Akt. Der junge Graf Hans-Joachim v. Bibersbach, der sich als Amateur-Botaniker durch die Züchtung eines blauen Edelweißes einen Namen gemacht hat, hält sich heute im Etablissement »Alhambra« auf: nicht, um seine hier auftretende verflossene Freundin Desirée wiederzusehen, sondern um ein junges Mädchen kennenzulernen, das er in der Stadt gesehen und durch ein Inserat um ein Treffen gebeten hat. Das junge Ding, Lizzi, die Tochter des Hutfabrikanten Mutzenbecher, kommt auch wirklich in Begleitung zweier Freundinnen zu diesem ihrem ersten Stelldichein. Ehe aber Hans-Joachim mit ihr in der vereinbarten Loge zusammentreffen kann, begegnet ihm die eifersüchtige Desirée, ahnt seine Untreue, macht Krach, ramponiert seine Eleganz und reißt ihm das als Kennzeichen für Lizzi bestimmte blaue Edelweiß aus dem Frackknopfloch. Während sich der übel Zugerichtete wieder in Form zu bringen sucht, taucht der Friseurgehilfe Fritz Wendelin hier auf – eigentlich nur, um sich in dem Raum umzusehen, in dem er sich morgen am Preis-Schaufrisieren um die Europameisterschaft beteiligen will. Er findet das verlorene blaue Edelweiß, steckt sich's an und wird nun von dem Logendiener Platzer für den von Lizzi erwarteten Grafen gehalten. Er führt ihn in die Loge, und Wendelin findet sich zuerst angstvoll zögernd, allmählich aber mit wachsendem Schneid in die ihm aufgezwungene Rolle hinein. Zu seinem Schrecken kommt es auch noch zu einer Begegnung mit Lizzis Vater, der sich hier aufhält, weil er für Desirée schwärmt und sich ihrer Zusage für die Teilnahme an einem Fest in seinem Haus versichert hat. Die Empörung, seine Tochter in Herrengesellschaft in diesem Varieté zu finden, weicht bald bester Laune, als Lizzi ihm Fritz Wendelin als Grafen vorstellt. Schon träumt er davon, der Herr Graf könnte sein Schwiegersohn werden. Fritz findet Geschmack an seiner Rolle, nimmt die Einladung an und engagiert sogar den Logendiener Platzer, der ihm die nötige vornehme Kleidung beschafft, als Kammerdiener. Was ihn verleitet, die Hochstapelei fortzusetzen, ist freilich im Grunde nur die jäh erwachte Liebe zu Lizzi, die von ihr auch erwidert wird. An dem festlichen Abend herrscht im

Hause Mutzenbecher große Erregung wegen des angekündigten gräflichen Besuchs. Vater und Mutter sehen ihre Tochter bereits als Braut. Nur Desirée ist verstimmt, da sie ja annehmen muß, »ihr« Hans-Joachim erscheine hier als Brautwerber. Beim Anblick des Friseurgehilfen, den sie aus dem Salon, in dem er arbeitet, bereits kennt, verfliegen freilich ihre Sorgen schnell. Fritz gesteht ihr seinen Betrug, aber sie rät ihm, seine Rolle weiterzuspielen. Heimlich veranlaßt sie jedoch Hans-Joachim, sich gleichfalls als Gast einzufinden. Mutzenbecher aber bittet die Eltern des Grafen zu Besuch, damit sie an der von ihm erhofften Verlobung ihres Sohnes teilnehmen. Längst ist es für Fritz zu spät zur Flucht. Schon kommt der alte Graf v. Bibersbach mit seiner Gemahlin und stellt entrüstet fest, daß sich ein Fremder für seinen Sohn ausgibt. Lizzi erfährt von Desirée, daß sie einem Betrüger aufgesessen ist. So endet der Abend mit Verwirrung und Enttäuschungen. Mutzenbechers sind gründlichst blamiert. Hans-Joachim ist jedoch bereit, die Situation für Lizzi zu retten, und verspricht, sie zu heiraten. Davon will aber Lizzi nichts wissen, denn im Grunde liebt sie den kleinen Schwindler Fritz, von dem sie sich jetzt allerdings erbittert abwendet. Verstört zieht Fritz mit seinem gleichfalls empörten und geprellten »Kammerdiener« ab. Am nächsten Tag steht er, nachdem er sich noch an dem Preis-Frisieren beteiligt hat, wieder in seinem Geschäft. Dort erscheint auch überraschend Lizzi, die von zu Hause davongelaufen ist, um ihn zu suchen. Zwar gelingt es ihm, sich vor ihr zu verbergen, doch wird er von Platzer entdeckt und ebenso von Desirée, die sich frisieren lassen will. Auch Hans-Joachim betritt als Kunde den Salon, und bald kommt es zwischen ihm und Desirée zu einer Aussprache, die mit neuem Liebeseinverständnis endet. So muß Vater Mutzenbecher, der den Grafen an sein Eheversprechen erinnern will, feststellen, daß der echte Graf für seine Lizzi verloren ist. Von Fritz, der sich inzwischen mit Lizzi versöhnt hat, will er nichts wissen, bis er erfährt, daß der geschickte Junge beim Schaufrisieren die Europameisterschaft errungen hat. Gegen einen so tüchtigen Bewerber um Lizzis Hand kann er schließlich nichts einwenden.

Die amüsante, schwankhaft entwickelte Hochstaplergeschichte mit ihrer mehr lustigen als scharfen Verspottung kleinbürgerlicher Wunschträume von adeliger Verwandtschaft hat Robert Stolz mit einer sehr gefälligen, einfallsfrischen Musik ausgestattet, die in wohlbedachter, wirkungsvoller Dosierung Heiteres und Gemütsbetontes, draufgängerisch Flottes und liebenswürdig Humorvolles verbindet. Mit spürbarem Vergnügen hat er die Figur des Friseurs Fritz Wendelin musikalisch gezeichnet, daneben aber vor allem auch die in ihrem Spaßton der Wiener Volkskomödie zugehörige Gestalt des Logendieners Platzer. Als besonders geglückte Nummern des kurzweiligen Stücks seien genannt: die Märsche *Ich hab kein Geld*, *Wenn es zehn wird, geht man nicht zu Bett* und *Kleine Mägdelein, blühend wie junger Wein*, der *Kakadu*-Onestep, das Foxtrott-Duett *Guter Mond, schau uns nicht zu*, der Onestep *Hallo, was das für Mädeln sind* und das typische Wiener Lied *Brüderlein, Brüderlein, schau, du mußt zufrieden sein*. Der Neufassung des Werkes, die hier der Inhaltserzählung zugrunde liegt, sind zusätzlich noch ein paar der bekanntesten Lieder von Stolz eingefügt worden, so *Im Prater blühn wieder die Bäume* und *Das ist der Frühling in Wien*. Von besonderem Reiz sind die melodramatisch behandelten Szenen der Operette sowie die mit sicherer Hand geformten, thematisch bezugreichen Finali der beiden ersten Akte.

Zwei Herzen im Dreivierteltakt
(Der verlorene Walzer)

Operette in 3 Akten (8 Bildern). Text von Paul Knepler und Ignaz Michael Welleminsky nach dem gleichnamigen Tonfilm von Walter Reisch und Franz Schulz (1930). Uraufführung am 30. September 1933 im Stadttheater, Zürich.

PERSONEN: Anton Hofer, Komponist (Ten.) – Anny Lohmayer, Operettensängerin – Mizzi Reitmayer, Soubrette – Nicki und Vicki Mahler, Librettisten – Hedi (Sängerin) – Baron Hartenberg – Fredy Pachinger – Dr. Mitislav Isakiewicz, Notar – Der Theaterdirektor –

Blaustingl, Theatersekretär – Weigl, Theaterdiener – Franz Gschwendtner, Heurigensänger – Brigitte, Wirtschafterin bei Mahlers – Der Heurigenwirt – Kammersänger Blinder – Wirtshausgäste. Schauspieler und Schauspielerinnen.

Ort und Zeit: Wien, um 1930.

1. Akt. 1. Bild. Im Haus der Schriftsteller Mahler. Die ständig miteinander streitenden, aber unzertrennlichen Brüder Nicki und Vicki Mahler erwarten voll Freude die Ankunft ihrer Schwester Hedi, die soeben ihre Institutsausbildung vollendet hat. Eine sehr willkommene Abwechslung im Leben der beiden Operettenlibrettisten, die augenblicklich wieder allerlei Sorgen mit ihrem neuesten Werk haben. Da kommt z. B. die Sängerin Anny Lohmayer und erklärt auf einmal, sie wolle in der neuen Operette nicht singen. Angeblich paßt ihr die Rolle nicht, die man ihr zugedacht hat; in Wirklichkeit ist die Entfremdung von ihrem bisherigen Freund Toni Hofer, dem Komponisten des Mahlerschen Librettos, der tiefere Grund ihrer Verstimmung. Hofer selbst bringt jetzt zwar eine glänzende Laune mit, denn er hat gerade ein neues Lied gedichtet und komponiert, aber gerade dieses Lied, das vom Scheiden handelt, reizt Anny aufs neue. Großer Krach! Dabei wollten die Brüder Mahler doch arbeiten. Zum Glück erkundigt sich eben der Theaterdirektor telefonisch nach der neuen Operette, und nun eilen alle, rasch versöhnt, zum Theater. – 2. Bild. Theaterkanzlei. Das Theater braucht dringend eine zugkräftige Novität, um die ständige Kassenflaute zu überwinden. Wird Hofers Operette den erwünschten Erfolg bringen? Nun, die Autoren wissen den Direktor dafür zu interessieren: das Stück wird angenommen – aber eine schöne, zündende Walzermelodie muß dem Komponisten noch einfallen! – 3. Bild. In einer Heurigenschenke. Inmitten der allgemeinen Lustbarkeit sitzen Hofer und Anny. Sie haben sich gar nichts mehr zu sagen. Es ist halt aus, spürt Anny, schon resignierend. Toni erkennt in dem Heurigensänger Gschwendtner einen alten Studienkameraden. Dem vertraut er an, daß ihm in letzter Zeit nichts Rechtes mehr einfällt, und da erinnert ihn Gschwendtner an das Rezept eines gemeinsamen Freundes, der sich in solchen trüben Stunden

nach einer neuen Liebe umsah. Anny hat das Gespräch heimlich mit angehört und rät Toni nun selbst, sich eine neue Muse zu suchen.

2. Akt. 4. Bild. Wieder bei Mahlers. Hedi ist angekommen und wird von ihren Brüdern verwöhnt. Sie freut sich sehr auf die Operettenpremiere und auf die Bekanntschaft mit dem Komponisten Hofer, dessen Melodien es ihr schon lange angetan haben. Aber Nicki und Vicki wollen nichts davon wissen, daß sie Toni kennenlernt. Sie sind überhaupt schlecht auf ihn zu sprechen, weil er den Walzer noch nicht fertig hat. Statt zu arbeiten, plant er heute ein großes Souper in seinem Haus! Doch ein Zufall ermöglicht es den Brüdern, Tonis Plan zu vereiteln: statt einer Schar zerstreuender Gäste soll er abends nur die Soubrette Mizzi Reitmayer bei sich sehen, die sie ihm schicken wollen – die wird ihn schon inspirieren! Hedi hat jedoch diese Intrige erlauscht und beschließt, selbst als »Muse« bei Toni zu erscheinen. Nachdem sie Mizzi unter einem Vorwand abbestellt hat, macht sie sich in ihrem schönsten Kleid auf den Weg. – 5. Bild. Zimmer bei Toni Hofer. Der Komponist wartet umsonst auf seine Gäste. Wieder müht er sich vergeblich, eine Walzermelodie zu finden. Da steht plötzlich wie hergezaubert ein junges Mädchen vor ihm, nennt sich »Fee Florabella«, entzückt ihn durch ihren Liebreiz, soupiert mit ihm – und als sie ihn bittet, ihr etwas vorzuspielen, da strömen ihm die Gedanken nur so zu. Der Walzer ist gefunden! Unbemerkt aber, wie sie gekommen, entschwindet ihm die »Fee« wieder.

3. Akt. 6. Bild. Bei Mahlers. Voll freudiger Erregung eilt Toni noch in derselben Nacht zu den Brüdern Mahler, um ihnen den endlich gefundenen Walzer vorzuspielen. Doch am Klavier merkt er, daß er die Melodie aus dem Gedächtnis verloren hat. Nur ein einziger Mensch kann da helfen – die »Fee«! Aber wo ist sie, wer ist es? – 7. Bild. Bei Mahlers. Von dem Theaterdiener Weigl, der sie bei Hofer gesehen hat und nun wiedererkennt, erfährt Hedi von Tonis Mißgeschick; sie bittet ihn, ja nichts auszuplaudern. Die Brüder feiern gerade den 18. Geburtstag ihrer Schwester. Da bringt ihnen ein Notar die überraschende Kunde, daß Hedi gar nicht ihre wirkliche Schwester ist. Das aber freut die beiden nur: denn nun hofft

jeder, sie heiraten zu können. – 8. Bild. Im Theater. Schon ist die letzte Probe zur neuen Operette, und Toni hat seinen Walzer immer noch nicht gefunden. Ganz verzweifelt setzt er sich wieder ans Klavier – da hört er singen: *Zwei Herzen im Dreivierteltakt, die hat der Mai zusammengebracht!* Sein verlorener Walzer ist es – und da steht auch die »Fee« Hedi, und alles ist gut! Glücklich schließt er sie in die Arme, während Vicki und Nicki ihr Pech beklagen.

Robert Stolz zeigt sich in diesem amüsanten Spiel aus der Welt der Theaterleute als erfindungsreicher Tanzmelodiker, der mit sicher beherrschten, gemäßigt modernen Wirkungsmitteln stimmungsvoll und heiter-graziös zu musizieren versteht. Ein Hauch von echtem Wiener Charme, Humor und süßem Sentiment liegt über dem gefälligen Werk. Der den Tonfall von Johann Strauß aufnehmende, titelgebende Hauptwalzer – der schon als musikalisches Kernstück des drei Jahre vor der Operette entstandenen gleichnamigen Tonfilms bekannt wurde – ist natürlich keineswegs der einzige tragende oder originelle Einfall; nicht minder hübsch sind z. B. der English Waltz *Heute besuch ich mein Glück*, der Foxtrott *Meine kleine Schwester heißt Hedi*, der Blues *Du bist meine schönste Träumerei*, der Marsch *Wenn man zweimal leben könnte* und die in mancherlei Variierung das ganze Stück durchziehende Slowfox-Melodie *Das ist der Schmerz beim ersten Kuß*.

Emmerich Kálmán

* 24. Oktober 1882 in Siófok (Ungarn)
† 30. Oktober 1953 in Paris

Die Wahrheit, daß vor allem anderen die Kraft, Melodien zu erfinden, den Begabungsrang eines schöpferischen Musikers bestimmt, gilt gleicherweise für die ernste wie für die leichte, unterhaltende Musik. Kálmán hat einmal gesagt: »Mit einer

Symphonie kann man vielleicht eine Bedeutung vorschwindeln, die man nicht besitzt; man redet sich einfach auf Eigenart und persönliche Note aus, die einem verbietet, etwas zu schreiben, was dem Nächsten gefällt. Aber schon das einfachste Lied, der kleinste Walzer muß erfunden sein und muß jenen ganz gewissen zündenden Funken haben, der die Leute mitreißt.« Dieser zündende Funke blitzt in den besten Bühnenwerken Kálmáns immer wieder auf, und da er zudem als ausgezeichneter Könner aus jedem seiner Einfälle auch etwas Zwingendes zu machen verstand, da er die Kunst farbenreicher Instrumentation meisterlich beherrschte und den Solisten, dem Chor und dem Orchester gleich dankbare und wirkungsvolle Aufgaben zu stellen wußte, verdienen seine Operetten mit Recht den Beifall, den sie gefunden haben. Kálmán wollte ursprünglich Pianist werden, wandte sich dann, als ihm ein manueller Defekt die Verfolgung dieser Laufbahn unmöglich machte, vorübergehend juristischen Studien zu, vollendete aber doch auch seine musikalische Ausbildung, wurde Musikkritiker in Budapest und errang mit einem Liederzyklus 1907 den Franz-Joseph-Preis der Stadt Budapest. Ein Jahr später erntete er bereits mit der Operette *Tatarenplage*, die später unter dem Titel *Herbstmanöver* weltberühmt wurde, den ersten kräftigen Bühnenerfolg. Im gleichen Jahr 1908 zog er nach Wien. Nach sechs weiteren Stücken glückte ihm mit der *Csárdásfürstin* 1915 ein Werk, mit dem er in die Reihe der meistgespielten Operettenkomponisten aufrückte. Ähnlich erfolgreich waren in den folgenden Jahren *Die Faschingsfee* (1917), *Das Hollandweibchen* (1920), *Die Zirkusprinzessin* (1926) und vor allem *Gräfin Mariza* (1924). Kálmán emigrierte 1938 nach Paris, 1940 in die Vereinigten Staaten, wo er starke Erfolge als Dirigent errang und in New York Ehrendoktor des College of Music wurde. Er kehrte 1948 nach Wien zurück, lebte aber seit 1951 wieder in Paris. Aus der Folge seiner späteren, weniger erfolgreichen Werke seien noch genannt: *Die Herzogin von Chicago* (1928), *Das Veilchen vom Montmartre* (1930), *Kaiserin Josephine* (1936), *Marinka* (1945, New York) und *Arizona Lady* (1954, Bern).

Die Csárdásfürstin

Operette in 3 Akten. Text von Leo Stein (Leo Rosenstein) und Béla Jenbach. Uraufführung am 17. November 1915 im Johann-Strauß-Theater, Wien.

Personen: Leopold Maria, Fürst von und zu Lippert-Weylersheim – Anhilte, seine Frau – Edwin Ronald, beider Sohn (Ten.) – Komtesse Stasi, Nichte der Fürstin (Soubr.) – Graf Boni Kancsianu (Buffo) – Sylva Varescu (Sängerin) – Eugen v. Rohnsdorff, Oberleutnant – Feri v. Kerekes, genannt Feri Bacsi – Botschafter Mac Grave – Gräfin Tscheppe – Baronin Elsner – Kavaliere. Varietédamen. Ein Notar. Ein Oberkellner. Ein Groom. Ein Lakai. Ein Zigeunerprimas.

Ort und Zeit: Budapest und Wien, vor 1914.

1. Akt. Im »Orpheum« zu Budapest. Die schöne Sylva Varescu, das Entzücken aller Kabaretthabitués, feiert heute Abschied; morgen will sie nach Amerika abreisen. Viele Verehrer ihrer Kunst und ihrer Anmut hat sie hier gewonnen – den Grafen Boni, den Herrn v. Kerekes –, aber ihr Herz schlägt nur für einen, für den jungen Fürsten Edwin, der sie leidenschaftlich liebt. Aber er wird sie nicht heiraten können: niemals wird sein Vater zustimmen, daß er sich mit einer Chansonette verbindet. Einem drohenden Telegramm, »die Affäre zu beenden«, folgt heute gar noch ein persönlicher Bote mit der Aufforderung, er müsse sich morgen beim Korpskommando in Wien melden – und er erfährt auch, worum es dem Vater geht: um die Verlobung Edwins mit Komtesse Stasi. In seiner Verzweiflung gibt Edwin nun Sylva vor allen Freunden ein bindendes Eheversprechen; ein Notar muß den Kontrakt sofort ausfertigen. Dann macht er sich zu der unvermeidlichen Reise nach Wien auf. Sylva wird nicht nach Amerika fahren! Aber Graf Boni, der jetzt erst von der plötzlichen Verlobung Edwins mit Sylva erfährt, sagt erstaunt: »Er kann sich ja gar nicht verloben!«, und zeigt Sylva eine der voreilig gedruckten und ausgegebenen Karten, die die Verlobung Edwins mit Stasi ankündigen. Bitter enttäuscht, fühlt sich Sylva hintergangen und beschließt, ihre geplante Überseereise doch anzutreten.

2. Akt. Im Wiener Palais des Fürsten Lippert-Weylersheim. Wochen sind vergangen. Das fürstliche Elternpaar sieht befriedigt, daß sich Edwin gut mit Stasi zu verstehen scheint, und erwartet die Gäste zur Verlobungsfeier. Edwin ist wirklich bereit, Stasi zur Frau zu nehmen, seit Sylva nach Amerika gefahren ist und keinen seiner Briefe beantwortet hat. Muß er sie nicht für treulos halten? Da erscheint Graf Boni und an seinem Arm – Sylva, nun angeblich dessen Gattin. Sie ist aus New York zurückgekommen, wo ihr das schmerzliche Budapester Erlebnis den Namen »Csárdásfürstin« eintrug, und möchte nun Edwin noch einmal sehen. Doch nur als Gräfin durfte sie hoffen, in das fürstliche Haus Eingang zu finden, darum überredete sie Boni, sie als seine Frau auszugeben. Edwin, überrascht und betroffen, sucht ihre Nähe, und bald finden sich die noch immer füreinander entflammten Menschen wieder. Sogleich faßt Edwin den Plan, Boni zur Scheidung von Sylva zu veranlassen. Eine geschiedene Gräfin, denkt er, könne er dann ja unbedenklich heiraten. Boni kann ihm die Trennung von Sylva leicht versprechen. Zudem interessiert ihn heute abend ohnehin nur *ein* Wesen: Stasi! Und die Komtesse spürt in ihm auch den ihr gemäßen Partner – aber Boni ist doch verheiratet, meint sie. Nun will der ahnungslose Fürst Edwins Verlobung mit Stasi bekanntgeben. Was hilft's, daß Edwin sagt: »Ich liebe eine andere.« Sylva aber, entschlossen, die hochmütige Gesellschaft zu brüskieren, stellt sich jetzt als diese »andere« vor, gibt sich zu erkennen und wirft Edwin den in Budapest geschlossenen Kontrakt vor die Füße.

3. Akt. Im Foyer eines Wiener Hotels. Vergeblich sucht Boni die Erregung Sylvas zu beschwichtigen. Besser glückt es vorübergehend ihrem alten, gütigen Budapester Verehrer, Herrn v. Kerekes, der ihr rät, in ihrer Kunst Trost zu suchen. Edwin ist ihr bestürzt nachgeeilt, um alles zum Guten zu wenden, und auch der alte Fürst, um seinen Sohn besorgt, findet sich ein. Boni erreicht jetzt von ihm die Einwilligung zur Ehe mit Stasi, und schließlich wird auch der Widerstand des Fürsten gegen die Verbindung Edwins mit Sylva gebrochen: Herr v. Kerekes erzählt ihm beziehungsvoll von einer

eigenen Jugendliebe, einer Chansonette, die er ohne Bedenken geheiratet hätte, wenn ihm nicht ein Graf zuvorgekommen wäre. Aus diesem Bericht erfährt der Fürst, daß jene Jugendliebe des alten Kerekes seine eigene Frau ist, die er einst als verwitwete Gräfin heiratete! Nun wundern ihn die – wohl ererbten – Neigungen Edwins nicht mehr! ... Der Vermählung seines Sohnes mit Sylva muß er wohl zustimmen.

Ein erstaunlicher Reichtum an zündenden Melodien, packende dramatische Akzente, mitreißender rhythmischer Elan, kluge und wirkungssichere Verteilung von Licht und Schatten im Wechsel von heiter beschwingten, melancholisch umdüsterten, lustig draufgängerischen und leidenschaftlich erregten Szenen: das sind Hauptvorzüge dieses Werks, die seinen Welterfolg leicht erklären. Dazu kommt die geschickte Nutzung ungarischer Volksmusikelemente in Rhythmus, Harmonik und Melodie. Da fast jede Nummer der *Csárdásfürstin* ein Treffer ist, fällt es schwer, nur ein paar Hauptmelodien zu nennen. Zu den bezwingendsten Stücken gehören jedenfalls die Walzer *Machen wir's den Schwalben nach*, *Tausend kleine Engel singen: Hab mich lieb!* und *Weißt du es noch?* neben der Melodie *Habt ihr euch gern so recht aus tiefster Seele* und den Märschen *Ganz ohne Weiber geht die Chose nicht*, *Die Mädis vom Chantant* und *Ja, so ein Teufelsweib fängt dich mit Seel' und Leib*. Von kräftigem Reiz ist auch der Csárdás der Ouvertüre und der Anfangsszene, mit dem die Ungarin Sylva eingeführt wird (*O-la-la, so bin ich gebaut!*).

Gräfin Mariza

Operette in 3 Akten. Text von Julius Brammer und Alfred Grünwald. Uraufführung am 28. Februar 1924 im Theater an der Wien, Wien.

PERSONEN: Gräfin Mariza (Sängerin) – Fürst Populescu – Baron Koloman Zsupán, Gutsbesitzer aus Varasdin (Buffo) – Graf Tassilo Endrödy-Wittemburg (Ten.) – Lisa, seine Schwester (Soubr.) – Karl Stefan Liebenberg – Fürstin Bozena Guddenstein zu Clumetz – Pe-

nizek, ihr Kammerdiener – Tschekko, ein alter Diener Marizas – Berko, Zigeuner – Manja, eine junge Zigeunerin – Dorfkinder. Gäste. Tänzerinnen. Zigeuner. Bauernburschen und -mädchen.
Ort und Zeit: Auf dem Schloßgut der Gräfin in Ungarn, um 1924.

1. Akt. Terrasse des Schloßguts mit angrenzendem Park. Während ihrer langen Abwesenheit in der Stadt hat Gräfin Mariza ihr Gut einem Verwalter anvertraut, dem verarmten Grafen Tassilo, der unter dem Namen Török hier in Dienst getreten ist. So hofft er, für seine Schwester Lisa, die nichts von der Verarmung der Familie erfahren soll, die ihr nötige Mitgift zu verdienen. Seit er auf dem Gut arbeitet, hat sich die Gräfin nie blicken lassen – doch nun erscheint sie auf einmal: eine schöne, lebensfrohe, aber auch launische junge Frau, die hier angeblich ihre Verlobung mit dem Baron Koloman Zsupán feiern will. Die Gäste sind schon zur Stelle, aber die Verlobung ist, wie sie einer Freundin heimlich gesteht, nur ein Schwindel. Sie wollte bloß einmal Ruhe vor ihren Verehrern haben, und darum hat sie einfach einen Bräutigam erfunden. Erschreckt sieht Tassilo, daß mit der Gräfin auch seine Schwester, als eine von Marizas Freundinnen, eingetroffen ist; nun wird er wohl die Wahrheit gestehen müssen. Doch Lisa glaubt, er spiele hier inkognito nur zum Scherz den Verwalter, und so bleibt das Geständnis zunächst unausgesprochen. Mariza aber erlebt jetzt ebenfalls eine Überraschung: der erfundene Bräutigam, Baron Zsupán, existiert wirklich – schon ist er da, stellt sich als Besitzer eines Gutes in Varasdin vor und hofft, die Verlobung, von der er gelesen hat, wahrmachen zu können. Die betroffene Mariza kann sich dem fröhlichen Werber nicht ohne weiteres entziehen. Während man im Schlosse mit der Verlobungsfeier beginnt, sucht Tassilo, für den als »Domestiken« kein Platz im Saal ist, Trost gegen trübe Gedanken im Singen: »Auch ich war einst ein feiner Csárdáskavalier!« Mariza hört ihn und fordert ihn auf, auch für ihre Gäste zu singen, er weigert sich jedoch, und da gibt sie ihm schroff den Abschied. Als aber ihre Gesellschaft in die Stadt zurückgefahren ist, versöhnt sie ihn wieder durch Liebenswürdigkeit, und nun singt er – für sie allein.
2. Akt. Luxuriöser Raum im Schloß. Vier Wochen später. Noch vermag Tassilo sein Inkognito zu wahren. Die Gräfin

fühlt sich wohl in seiner Nähe, und so läßt sie sich auch das heimliche, doch leidenschaftliche Werben des längst in sie Verliebten lächelnd gefallen. Von einer Verlobung mit Zsupán will sie ohnehin nichts wissen, und dieser unerwünschte Freier bemüht sich ja schon um eine andere Braut: um Lisa. Tassilo erträgt es kaum mehr, die immer wieder für ihn demütigende Verwalterrolle weiterzuspielen. In seiner Not spricht er sich in einem Brief an seinen Freund Liebenberg aus, doch dieser Brief gerät zufällig in Marizas Hände. Seinen Inhalt mißverstehend, glaubt sie, daß es Tassilo einzig um ihr Geld zu tun sei. Doch weiß sie nun auch, daß er nicht der einfache »Verwalter Török« ist. Empört und enttäuscht verweist sie ihn vor ihren Gästen auf diesen Brief, entlohnt ihn in fürstlicher Weise für seine Dienste und entläßt ihn.
3. Akt. Im gleichen Raum. Am Morgen nach diesen Vorfällen findet sich Tassilo zum Abschiednehmen noch einmal bei Mariza ein. Ihr Trotz verhindert jedoch jetzt ebenso eine erlösende Aussprache wie sein Stolz. Da bringt das Erscheinen seiner Tante, der Fürstin Guddenstein, die glückliche Wendung: sie hat von Tassilos wirtschaftlicher Not erfahren und heimlich seine schon verpfändeten Güter zurückgekauft. Nun darf er sich als ebenbürtiger Partner Marizas fühlen; die beiden schwierigen Liebenden können endlich ein Paar werden.

Mit *Gräfin Mariza* glückte dem Komponisten das stärkste Erfolgswerk nächst der *Csárdásfürstin.* Wieder siegte er durch die Einfallsfrische und Intensität seiner Melodien, durch die rhythmische Verve seiner Musik, durch glänzendes instrumentales Kolorit und die wirksame Mischung von Humor und Sentiment. Die effektvoll genutzten Elemente ungarischer Volksmusik, die hier stark hervortreten, geben der Operette eine besonders reizvolle Note. Glanzstücke sind u. a. die Walzerlieder *Grüß mir die süßen, die reizenden Frauen im schönen Wien!*, *Einmal möcht' ich wieder tanzen*, *Sag ja, mein Lieb, sag ja* und *Schwesterlein, Schwesterlein*, ferner die Duette *Ich möchte träumen von dir, mein Puzikam* und *Komm mit nach Varasdin* sowie das stimmungsdichte Lied Tassilos *Komm, Zigan, komm, Zigan, spiel mir was vor.*

Die Zirkusprinzessin

Operette in 3 Akten. Text von Julius Brammer und Alfred Grünwald. Uraufführung am 26. März 1926 im Theater an der Wien, Wien.

PERSONEN: Fürstin Fedora Palinska (Sängerin) – Prinz Sergius Wladimir – Graf Saskusin, Rittmeister – v. Petrowitsch, Leutnant – Baron Peter Brusowsky, Adjutant des Prinzen – Direktor Stanislawski – Mister X (Ten.) – Luigi Pinelli, Regisseur – Miss Mabel Gibson, Zirkusreiterin (Soubr.) – Baron Rasumowsky – Samuel Friedländer – Carla Schlumberger, Besitzerin des Hotels »Erzherzog Carl« – Toni, ihr Sohn (Buffo) – Pelikan, Oberkellner – Herren und Damen der Gesellschaft. Gäste. Offiziere. Artisten. Kosaken. Pagen. Tänzerinnen. Clowns. Zirkusmusikanten.

ORT UND ZEIT: Petersburg und Wien, vor 1914.

1. Akt. Im Foyer des Zirkus Stanislawski in Petersburg. Die große Attraktion des Zirkusunternehmens ist der stets mit schwarzer Gesichtsmaske auftretende Mister X, der allabendlich einen tollkühnen Reit- und Sprungakt vorführt. Unter den heutigen Besuchern erscheint auch Fedora, die junge Witwe jenes eifersüchtigen Fürsten Palinski, der vor Jahren seinen Neffen enterbte und um seine Offizierskarriere brachte, weil dieser sich in Fedora verliebte, als er sie einmal als Braut seines Onkels von ferne sah. Einer ihrer jetzigen Verehrer ist Prinz Sergius, der, zu spät zur vollbesetzten Vorstellung kommend, mit Mühe einen jungen Mann zur Teilung seiner Loge bewegen kann. Dieser junge Mann, der Hotelierssohn Toni Schlumberger aus Wien, ist hergekommen, weil er die Zirkusreiterin Mabel Gibson verehrt, die sich bei näherem Zusehen als waschechte Wienerin entpuppt. Doch so leicht bandelt sie mit dem Toni trotzdem nicht an, wenn er auch ein netter Landsmann ist. Mister X, der sich gerade zur Vorstellung einfindet, trifft mit Fedora und ihren Begleitern zusammen: er erschrickt, als er ihren Namen nennen hört, weigert sich, seine Maske vor ihr abzunehmen, bestürmt sie aber mit leidenschaftlichen Worten, als er ein paar Minuten mit ihr allein ist. Während er dann

in der Manege seinen Auftritt absolviert, kommt Prinz Sergius erregt aus dem Zuschauerraum. Fedora hat ihm einen Korb gegeben und gesagt, eher nehme sie noch einen Zirkusreiter! Er schwört Rache, und als ihm nun Mister X wieder begegnet, lädt er ihn zum Souper ein: Er solle dort als »Prinz Korrossoff« auftreten und Fedora den Hof machen. Mister X willigt ein, denn nur als ein Herr von Adel wird er sich der stolzen Frau nähern können, die dem Zirkusreiter nicht einmal die Hand zum Kusse reichte! Er möchte Fedora nahe sein – *er* ist ja jener verstoßene Neffe des Fürsten Palinski und leidet noch immer unter der Qual seiner unerfüllten Liebe. Der Plan des Fürsten glückt: Mister X erscheint ohne Maske im Frack beim Souper und erweckt alsbald das freundschaftliche Interesse Fedoras.

2. Akt. Saal im Palais des Prinzen Sergius. Sechs Wochen sind vergangen. Fedora und Mister X sind heiß ineinander verliebt. Sergius freut sich, daß Fedora auf den falschen Prinzen hereingefallen ist, und hat sich eine Krönung seines Racheplans ausgedacht: Er läßt ihr einen angeblichen kaiserlichen Befehl übermitteln, der sie verpflichtet, schon morgen einen ihr vom Zaren bestimmten Mann zu heiraten. Dann rät er der darüber Entsetzten, diesem Befehl dadurch zuvorzukommen, daß sie sich sofort mit dem »Prinzen Korrossoff« trauen läßt. Sie stimmt freudig zu; die Hochzeit wird vorbereitet. Mister X, der Fedora aufrichtig liebt, verlangt jedoch von Sergius, Fedora müsse vor der Trauung die Wahrheit über ihn erfahren. Sergius denkt natürlich nicht daran, sie aufzuklären; rasch wird die Trauung vollzogen. Gleich darauf erscheinen die herbestellten Zirkusleute als Gratulanten, und nun erfährt Fedora, daß ihr Gatte der Zirkusreiter ist. Wohl beteuert er der gekränkten Frau, die als »Zirkusprinzessin« verlacht wird, seine Liebe und gibt sich als Fedja Palinski zu erkennen – doch nach dem Vorgefallenen gibt es nur eines: Trennung.

3. Akt. Vorraum des Hotels »Erzherzog Carl« in Wien. An jenem aufregenden Abend ist noch ein zweites, glücklicheres Paar getraut worden: Toni Schlumberger und Mabel. Jetzt sind die beiden wieder daheim, aber Toni hat noch

angstvolle Augenblicke durchzustehen, bis er seiner Mutter Carla die Neuigkeit beibringt, daß er verheiratet ist. Doch die Mama ist rasch versöhnt. Schlimmer ist's für ihn, daß Prinz Sergius als Gast erscheint, der ihn in Petersburg für den Sohn eines habsburgischen Erzherzogs hielt, seit er ihm erzählt hatte, er komme vom »Erzherzog Carl«. Der Prinz hat jedoch andere Sorgen – er ist mit Fedora hier und hofft noch immer, sie zu erringen. Sie aber sucht eine Begegnung mit ihrem Gatten, der als Mister X gerade in Wien gastiert. Ihre Liebe zu ihm war schließlich stärker als ihr Stolz. Beglückt schließt er die verloren Geglaubte in die Arme. Sergius hat endgültig das Nachsehen.

Die wirkungssicher gestaltete Handlung, die mit dem führenden Motiv der Intrige des Prinzen Sergius an den *Bettelstudenten* von Millöcker erinnert, bot mit ihren wechselnden, kontrastierenden Schauplätzen (Zirkus, russischer Salon, Wiener Hotel) dem Komponisten reiche Möglichkeiten zur Entfaltung seiner besonderen Begabung für wirksame Milieuschilderung. So zeigt er sich als sicherer Beherrscher des slawischen Kolorits, des bald lässig-eleganten, bald sentimental-erregten Salontons und der echten Wiener Stimmung. Den Ausschlag für den Erfolg aber geben auch hier wieder seine kräftigen, im Ernsten wie im Heiteren so intensiv beredten melodischen Einfälle: die von der Ouvertüre an leitmotivisch verwendete Sehnsuchtsweise des Mister X *Zwei Märchenaugen*, die langsamen Walzer *Leise schwebt das Glück vorüber* und *Im Boudoir der schönsten Frau* (mit dem geradtaktigen Nachsatz-Refrain *Darling, my Darling*), das Husarenlied *Mädel, gib acht* und das hübsche Zirkusliedchen *Die kleinen Mäderln im Trikot*.

Walter W. Goetze

* 17. April 1883 in Berlin
† 24. März 1961 in Berlin

Von den etwa 25 größeren Bühnenwerken Goetzes haben einige als Arbeiten eines sympathischen Melodikers und versierten Könners besonders lebhaften Anklang gefunden, so *Ihre Hoheit, die Tänzerin* (1919), *Die Spitzenkönigin* (1920), *Die vier Schlaumeier* (1923), *Adrienne* (1926), *Der Page des Königs* (1933), *Akrobaten des Glücks* (1933), *Der goldene Pierrot* (1934), *Sensation im Trocadero* (1936) und *Liebe im Dreiklang* (1950). Goetze begann als Chanson-Komponist und Kabarett-Pianist. Den Auftakt seines Bühnenschaffens bildete die Berliner Revue *Nur nicht drängeln* (1912). Ihr folgte 1913 seine erste Operette *Der liebe Pepi.* Den stärksten und dauerndsten Erfolg errang er mit *Ihre Hoheit, die Tänzerin.* Allein in Berlin ist dieses Werk fast 700mal gespielt worden.

Ihre Hoheit, die Tänzerin

Operette in 3 Akten. Text von Richard Bars und Oscar Felix (textliche und musikalische Neufassung 1952). Uraufführung am 8. Mai 1919 im Bellevue-Theater, Stettin.

Personen: Die Herzogin von Tyllberg (Sängerin) – Baronesse Helma, ihre Freundin (Soubr.) – Baron v. Stein, Haushofmeister der Herzogin (Char.-Kom.) – Bolko v. Wellhofen, sein Neffe (Buffo) – Hans v. Mayburg, ein Landjunker (Ten.) – Cimboletto, Direktor eines Tanzensembles (Kom.) – Anita, Kammerzofe der Herzogin – Baumann, Kammerdiener bei Baron v. Stein – Franz, Diener bei Mayburg – Hofgesellschaft. Offiziere. Jäger. Tänzer und Tänzerinnen.

Zeit: Spätes Rokoko oder zu jeder anderen Zeit.

1. Akt. Im Park vor dem Jagdschloß der Herzogin. Hans v. Mayburg, ein romantischer Schwärmer, leidet an einer Lie-

besenttäuschung: Die schöne spanische Tänzerin Marietta hat ihn hochmütig abgewiesen, als er um sie warb. Nun will er als Offizier im Dienst der Herzogin seinen Kummer vergessen. Der Haushofmeister, Baron v. Stein, ist zwar bereit, ihn der Hoheit vorzustellen, möchte aber in die freigewordene Stelle des Leiboffiziers Ihrer Hoheit seinen Neffen Bolko einrücken sehen. Hans v. Mayburg scheint ihm kein gefährlicher Konkurrent für diesen Posten. Zu seiner Enttäuschung muß er jedoch sehen, daß die Herzogin an dem Junker Hans gleich Gefallen findet und ihn auffordert, sie auf die Jagd zu begleiten. Als alle schon unterwegs sind, trifft Bolko ein, fast gleichzeitig mit ihm auch die Freundin der Herzogin, Baronesse Helma. Bolko, ein abenteuerlustiger Charmeur, verliebt sich sofort in das hübsche junge Mädchen, das sich aus heiterer Laune als Kammerzofe der Herzogin ausgibt. Während er der kokett Entfliehenden nacheilt, kommt Hans, die ohnmächtig scheinende Herzogin tragend, zurück. Sie spielt aber nur die vom Anblick eines wilden Ebers zu Tode Erschreckte: in Wahrheit wollte sie mit Hans allein sein, der seit dem Augenblick der ersten Begegnung keinen Blick von ihr gewendet hat; mit Staunen und Entzücken hat er eine verblüffende Ähnlichkeit zwischen der Herzogin und seiner noch immer geliebten Marietta wahrgenommen. Die Herzogin, die diesen Zusammenhang nicht ahnen kann, freut sich über die Zuneigung des Junkers und gesteht später ihrer Freundin Helma das Erwachen ihres Liebesgefühls für Hans. Wie es um *sein* Inneres steht, erfährt sie, als der von Hans verlorene Absagebrief Mariettas und ein Medaillonbildchen der spanischen Tänzerin in ihre Hände gelangt. Schon regt sich ihre Eifersucht, und als nun der Impresario Cimboletto zu ihr kommt, um für sein Tänzerensemble die Auftrittsgenehmigung zu erbitten, faßt sie den Plan, innerhalb dieser Truppe als »Marietta« verkleidet vor Hans zu erscheinen, um so seine wahren Empfindungen zu ergründen. Cimboletto wird in diesen Plan eingeweiht und tut, wie sie ihm befiehlt: er kündigt Hans für den Abend eine Begegnung mit Marietta an.

2. Akt. In einem großen Zelt in der Nähe des Schlosses.

Hier hält sich die im Kostüm spanischer Zigeuner auftretende Tanztruppe Cimbolettos auf. Bolko widmet sich, zum Ärger Helmas, verliebt und entzückt den hübschen Tänzerinnen. Hans bittet den Direktor, »Marietta« fortzubringen, ehe die Herzogin erscheint. Aber schon kommt Ihre Hoheit, als Zigeunerin Marietta verkleidet, und erregt bald einen Sturm wechselnder Empfindungen in ihm. Die Täuschung glückt ihr vollkommen, rasch lebt sie sich in die Rolle der Tänzerin ein, alle halten sie für ein echtes Zigeunermädchen. Im Laufe des erregenden Abends wird sich Hans nun trotz aller lockenden Verführungskünste »Mariettas« klar, daß er nur mehr die Herzogin liebt, Marietta aber nicht mehr. Wohl umarmt er noch einmal die vermeintliche Tänzerin in einem Augenblick leidenschaftlicher Berauschtheit, dann aber sagt er »Marietta«, daß sein Herz einzig der Herzogin gehöre. So hat diese nun aus seinem Munde gehört, was sie erfahren wollte, zieht sich zurück und erscheint dann vor der Gesellschaft wieder in ihrer wahren Gestalt.
3. Akt. Im Boudoir der Herzogin. Helma spielt vor Bolko immer noch die Zofe. Entschlossen, das Mädchen zu heiraten, fürchtet Bolko aber, daß die Herzogin eine solche gar nicht standesgemäße Verbindung wohl schwerlich gutheißen werde. Um so vergnügter ist er, als er nach allerlei neuen Wirren erfährt, wer seine Erwählte in Wirklichkeit ist. Die verliebte Herzogin aber regelt nun alles nach ihrem Willen. Sie schenkt Bolko zur Hochzeit ein Landgut. Hans aber ernennt sie zum Leutnant ihrer Leibgarde und verrät dem Beglückten schließlich auch das Geheimnis ihres Marietta-Abenteuers am vergangenen Abend.

Das nicht zuletzt durch die effektvolle, für eine gute Sängerin und Darstellerin sehr dankbare Partie der Herzogin interessante und wirksame Stück zeigt Goetze als feinnervigen und geschmackssicheren Musiker. Sind seine Einfälle auch nicht besonders individuell, so fesselt er doch durch die noble, auf billige Schlagertöne verzichtende Haltung seiner Musik, durch den Stimmungsreiz schwärmerisch-romantischer Klänge, durch feinen komischen Parlandoton in den heiteren

Szenen und fesselnde Milieuzeichnung. Unter den mit Vorliebe gepflegten Gesangswalzern ragt das Duett *Dich hat Frau Venus geboren* hervor. Zu den bekanntesten Stücken zählt das Lied »vom schwachen Stündchen« (*Im Rausch des Glücks*). Zum Höhepunkt wird das 2. Finale mit seinen einprägsamen Kontrasten von Lyrischem und Dramatischem, Gesanglichem und Tänzerischem.

Der goldene Pierrot

Operette in 8 Bildern. Text von Oskar Felix und Otto Kleinert. Uraufführung am 31. März 1934 im Theater des Westens, Berlin.

PERSONEN: Peter Sander, Weingutsbesitzer – Edith, seine Tochter (Sängerin) – Horst Brenkendorf (Ten.) – Ferdi Larsen (Buffo) – Grit Wasconi, Filmschauspielerin (Soubr.) – Mina, Zofe bei Edith Sander – Heinrich Schmitz – Ein Funkreporter – Ein Empfangschef – Ein Narr – Masken. Herren und Damen der Gesellschaft. Winzer und Winzerinnen. Musiker. Kellner.

ORT UND ZEIT: Eine große Stadt am Rhein, in den dreißiger Jahren des 20. Jahrhunderts.

1. bis 8. Bild. Der Faschings-Elferrat, dessen Vorsitz der Weingutsbesitzer Peter Sander führt, bespricht sich über die seltsame Erscheinung eines Mädchens, das in der Maske eines goldenen Pierrot bei allen großen Festen auftaucht. Niemand kennt die lustige Unbekannte, die sich bisher der Demaskierung stets geschickt zu entziehen wußte. Sander ahnt so wenig wie alle anderen, daß es seine Tochter Edith ist, die da Abend für Abend ihr tolles Wesen treibt. Als vorsichtiger Papa möchte er sie gerne allem Faschingstreiben fernhalten, doch das schlaue Töchterchen weiß sich zu helfen. Manchmal drohte Edith freilich schon die Entlarvung – so auch heute wieder: In ihrer Bedrängnis sucht sie diesmal bei einem fremden Herrn Schutz und gibt sich keck als dessen Frau aus. Im Gespräch mit diesem Helfer in der Not erfährt sie jedoch, daß er der ihr vom Vater zugedachte Zukünftige,

Horst Brenkendorf, ist. Da er nicht weiß, mit wem er redet, erzählt er ihr, daß ihm seine Braut als ein recht hausbackenes Geschöpf beschrieben wurde. So freut ihn begreiflicherweise die Begegnung mit dem feschen goldenen Pierrot um so mehr. Man verabredet ein Wiedersehen. – Tags darauf macht Brenkendorf bei Sanders seinen Antrittsbesuch, und Edith spielt nun das ihm beschriebene spießige Jüngferchen. Wie lustig wird es sein, wenn sie ihn abends als Pierrot wiedertrifft, seinen Bericht über diesen Besuch zu hören! So läßt sich wohl der Charakter des Bräutigams etwas ergründen. Ein gewagtes Spiel – denn natürlich wendet sich der von seiner Braut enttäuschte Horst jetzt mit besonderem Elan dem goldenen Pierrot zu. Edith vertröstet ihn beim zweiten Zusammensein auf später und vereinbart mit ihm, daß sie selbst den Zeitpunkt einer weiteren Begegnung bestimmen wird. – Der Fasching ist vorbei. Ein halbes Jahr später wird Edith Horsts Frau. Gerade am Hochzeitstag bekommt der junge Gatte zu seinem Erstaunen das damals vergeblich ersehnte Billetdoux, durch das ihn der goldene Pierrot zu einem Treffen einlädt. Schon sieht sich Horst, der zu einem solchen Abenteuer jetzt gar nicht mehr aufgelegt ist, der Maske gegenüber, erkennt aber an einem Ring, den sie trägt, daß es Edith ist. Nun folgt er der Einladung des Pierrot. Edith ist schmerzlich betroffen, da sie glauben muß, ihr Mann wolle sie am Hochzeitsabend betrügen. Als sie aber in Tränen ausbricht, beendet Horst das für sie so grausame Spiel und sagt ihr, daß er ihr Geheimnis durchschaut habe. Auch Vater Sander erfährt nun staunend, wer der goldene Pierrot war.

Der Komponist hat diesen unterhaltsamen rheinischen Faschingsbilderbogen mit einer farbenfrohen Musik von großer tänzerischer Lebendigkeit und oft turbulenter Beschwingtheit ausgestattet. Klangreiche Ensemblesätze, Ballettszenen und einprägsame Gesangsmelodien bestimmen die Wirkung des Ganzen. Zu den populär gewordenen Stücken gehören *Goldner Pierrot, eine Nacht mit dir* und *Viel schöne Frauen gibt's im bunten Liebesgarten*, die Duette *Wer am Rosenmontag an Aschermittwoch denkt* (Tango), *Sei pünktlich und laß mich nicht warten, Man spielt nicht mit Herzen* (English-Waltz), das Auftrittslied der Grit *Die Welt ist schön und muß sich drehn* und *Den ersten Walzer hat erdacht der Mann im Mond.*

Ralph Benatzky

* 5. Juni 1884 in Mährisch-Budwitz,
heute Moravské Budějovice (Tschechien)
† 16. Oktober 1957 in Zürich

Ralph (eigentlich Rudolph) Benatzky, der sein Studium mit dem Dr. phil. abschloß, nebenher aber in München Schüler des Komponisten und Dirigenten Felix Mottl gewesen war, galt mit Recht als eine der originellsten Persönlichkeiten unter den Operettenkomponisten seiner Zeit. Kleinformen, wie das Lied und das Chanson, waren seine besondere Stärke. Melodisch prägnant formuliert und rhythmisch pikant, bilden sie die Glanzlichter seiner Bühnenwerke. Mit großer Beweglichkeit ist er dem sich wandelnden Zeitgeschmack nicht nur gefolgt, sondern hat ihn mit besonders charakteristischen Schöpfungen vielfach mitbestimmt. Von der traditionellen Operette gelangte er zur großen Ausstattungsoperette mit singspielhaften Zügen und um 1930 zur intimen Form des musikalischen Lustspiels, in der er wohl sein Bestes gab. Unter den revuehaften Stücken ragt *Im weißen Rößl* hervor. Von den Musiklustspielen hatten *Bezauberndes Fräulein* (1933), *Meine Schwester und ich* (1930) und *Axel an der Himmelstür* (1936) die stärksten Erfolge. In den ersten Berufsjahren hat Benatzky vielfach an Kabaretts gearbeitet, in Wien das »Rideamus« geleitet, später in Berlin für Revuen komponiert. Zur Emigration gezwungen, kam er über Paris 1940 nach Hollywood. 1948 nahm er seinen Wohnsitz in Zürich. Begraben ist er in St. Wolfgang, dem Spielort seines *Weißen Rößl.*

Meine Schwester und ich

Ein musikalisches Spiel in 2 Akten, mit Vor- und Nachspiel. Text von Georges Berr und Louis Verneuil nach ihrem Bühnenstück *Ma sœur et moi* (1931). Deutsch von Robert Blum. Bühnenbearbeitung und Gesangstexte vom Komponisten. Uraufführung am 29. März 1930 im Komödienhaus, Berlin.

Personen des Vor- und Nachspiels: Dolly Fleuriot – Dr. Roger Fleuriot – Der Gerichtspräsident – Die Verteidigerin – Der Gerichtsdiener – Zwei Beisitzer.
Personen des 1. und 2. Akts: Dolly, Prinzessin Saint-Labiche (Sängerin) – Dr. Roger Fleuriot, Bibliothekar (Ten.) – Graf Lacy de Nagyfaludi – Filosel, Inhaber eines Schuhgeschäfts – Irma, Verkäuferin – Ein Kunde – Charly, Kammerdiener – Henriette, Gesellschafterin der Prinzessin – Ein Minister und dessen Frau.

Zeit: Um 1930.

Vorspiel im Gerichtssaal. Dr. Roger Fleuriot will sich von seiner Frau Dolly, einer geborenen Prinzessin von Saint-Labiche, scheiden lassen. Unüberwindliche Abneigung scheint der Grund zu sein, aber der Gerichtspräsident verlangt, um den Fall klar beurteilen zu können, die Vorgeschichte dieser jungen Ehe kennenzulernen. Wir erfahren sie mit ihm aus den beiden folgenden Akten.
1. Akt. Bibliothekssaal des Schlosses Saint-Labiche. Der junge Musikgelehrte Dr. Roger Fleuriot hat einen Posten als Bibliothekar bei Prinzessin Dolly angenommen. Er wird zwar durch günstige Arbeitsbedingungen von ihr verwöhnt, will jedoch heute wieder abreisen, um eine Professur an der Musikakademie in Nancy anzunehmen. Dolly ist aber sehr ungehalten über seine Absicht, fortzugehen: Roger ist ihr überaus sympathisch, doch er übersieht ihre Neigung; oder hindert ihn nur seine Schüchternheit, sie zu erwidern? Da sie die Hoffnung, Roger werde sich vielleicht doch noch vor seiner Abreise erklären, scheitern sieht, greift sie zu einer List, um ihr Ziel zu erreichen. Sie gibt dem Scheidenden einen Brief und einen Ring für ihre Schwester mit, die angeblich in Nancy in einem Schuhgeschäft tätig ist. Kaum ist Roger fort, macht

sie sich eiligst auf, um vor ihm dort einzutreffen, denn sie selbst will die Rolle dieser gar nicht existierenden Schwester Geneviève spielen.
2. Akt. Schuhladen in Nancy. Dolly findet den komischen Schuhgeschäftsinhaber Filosel gerne bereit, sie als Verkäuferin zu engagieren – will sie ihm doch täglich 100 Francs für dieses Entgegenkommen bezahlen. Die bisherige Verkäuferin Irma wird abgefunden und entlassen. Bald taucht Roger auf, um der vermeintlichen Schwester der Prinzessin die aufgetragene Botschaft zu übermitteln, und auf den ersten Blick verliebt er sich in die reizende »Verkäuferin« Geneviève, die der Prinzessin so eigentümlich gleicht. Vor dem einfachen Mädchen ist er nicht so schüchtern, und im Nu sieht sich Dolly am Ziel ihrer Wünsche.
Nachspiel im Gerichtssaal. Dolly und Roger erzählen dem Richter nun noch, wie sie geheiratet haben und wie Roger schließlich erfahren mußte, daß es gar keine Geneviève, sondern nur eine Dolly gibt. Seitdem hat er aber wieder die alten Hemmungen. *Er* will nicht als Fürst leben, *sie* verabscheut seine stille Bürgerlichkeit. Doch eines ist für jedermann und auch für das Gericht zu erkennen: Die beiden lieben sich doch! Und darum werden sie sich jetzt nicht scheiden lassen, sondern es weiterhin miteinander versuchen.

Der lustigen, unbeschwerten Textvorlage entspricht die quicklebendige und leichtfüßige, von keinerlei Sentimentalitäten beschwerte Musik Benatzkys ausgezeichnet. Ihre rhythmische und melodische Pikanterie ist ebenso charmant wie die überaus flüssige Behandlung der von kantablen Elementen durchsetzten Sprechgesangs-Szenen in einem witziglockeren, vom Orchester charakteristisch unterstützten musikalischen Konversationston. Bezeichnend für diese Art der Komposition ist gleich die erste Szene, die als ein – von rezitativischen Einschüben durchbrochenes – Duett im Tempo und Rhythmus einer Gavotte geformt ist. Besonders hübsche, einprägsame Stücke sind die Tangos *Um ein bißchen Liebe dreht sich die Welt* und *Ich war früher doch sonst nicht so*, der Walzer *Freunderl, mir ist heut so gut*, das »leise

Chanson« (Slow-Fox) *Ich bin verliebt* mit dem Refrain *Mein Mädel ist nur eine Verkäuferin* und der Shimmy *Ich lade Sie ein, Fräulein.*

Im weißen Rößl

Singspiel in 3 Akten. Text von Hans Müller und Erik Charell (Erich Löwenberg) frei nach dem gleichnamigen Lustspiel von Oskar Blumenthal und Gustav Kadelburg (1897). Gesangstexte von Robert Gilbert. Musikalische Einlagen von Bruno Granichstaedten, Robert Gilbert, Robert Stolz und Hans Frankowski. Rahmenmusik und Chöre von Eduard Künneke. Uraufführung am 8. November 1930 im Großen Schauspielhaus, Berlin.

PERSONEN: Josepha Vogelhuber, Wirtin »Zum weißen Rößl« (Sängerin) – Leopold Brandmeyer, Zahlkellner (Ten.-Buffo) – Wilhelm Giesecke, Fabrikant (Kom.) – Ottilie, seine Tochter (Soubr.) – Dr. Erich Siedler, Rechtsanwalt (Ten.) – Sigismund Sülzheimer – Prof. Dr. Hinzelmann – Klärchen, seine Tochter – Ein Hochzeitspaar – Der Bürgermeister – Der Oberförster – Der Lehrer – Der Kellner Franz – Der Piccolo Gustel – Der Reiseführer – Der Dampferkapitän – Die Briefträgerin Kathi – Die Kuhmagd Zenzi – Die Hoteliers »Zur Post«, »Zum Wilden Mann«, »Zur Alpenrose« – Zwei Hausdiener – Der Kaiser und sein Leibkammerdiener.

ORT UND ZEIT: In und bei dem Gasthof »Zum weißen Rößl« am Wolfgangsee im Salzkammergut, vor 1914.

1. Akt. Freuden und Geld, aber auch Aufregungen bringt die Fremdensaison in den berühmten Ort am Wolfgangsee. Der Kellner Leopold vom »Weißen Rößl« hat alle Hände voll zu tun, um den Ansturm der Reisenden zu bewältigen. Aber die Arbeit ist's nicht, die ihn aus der Ruhe bringt, sondern die große Liebe zu seiner Chefin, der Wirtin Josepha Vogelhuber. *»Es muß was Wunderbares sein, von dir geliebt zu werden«*, schwärmt er, doch leider will die fesche Frau nichts von seiner Verliebtheit wissen. Ihre heimliche Neigung und Hoffnung gilt einem sympathischen Stammgast, dem Rechtsanwalt Dr. Siedler. Noch heute wird er eintreffen. Zunächst je-

doch entsteigt dem eben angekommenen Dampfer der komisch-cholerische Berliner Trikotagenfabrikant Giesecke mit seiner Tochter Ottilie. Gleich findet der unermüdlich Grantige Anlaß zum Ärger: das Balkonzimmer, das *er* haben möchte, ist für Dr. Siedler reserviert – ausgerechnet für diesen Herrn, den Rechtsvertreter seines Konkurrenten Sülzheimer! Leopold hört nicht ungern von der Abneigung Gieseckes gegen Siedler, denn seinem Nebenbuhler gönnt er alles Gute. Darum versucht er auf eigene Faust, das begehrte Zimmer Giesecke zu geben. Als aber Dr. Siedler nun selbst erscheint, dringt Josepha natürlich darauf, daß der sehnlich erwartete Gast sein vorbestelltes Zimmer auch bekommt. So muß Giesecke doch weichen und in die Dépendance ziehen. Leopold kommt mit Ottilie ins Gespräch und rät ihr, den Dr. Siedler etwas verliebt zu machen; dann werde er wohl ihrem Vater beim Prozeß mit Sülzheimer weniger scharf als bisher gegenübertreten. Doch dieser Rat war gar nicht nötig: Siedler hat Ottilie bereits mit Wohlgefallen bemerkt und beginnt sich um sie zu bemühen.
2. Akt. Josepha glaubt noch immer, Dr. Siedler interessiere sich ernstlich für sie. Zornig entläßt sie den eifersüchtigen Leopold, der unglücklich (zu einer Melodie von Bruno Granichstaedten) seufzt: *»Zuschaun kann i net!«* Doch als Rößlwirtin darf sie sich nicht bloß mit ihren eigenen Sorgen befassen; im Augenblick ist es wichtiger, den ewig verdrossenen Giesecke einmal etwas in Schwung zu bringen, und es gelingt ihr auch vorübergehend mit ihrem Lied *Im Salzkammergut, da kann ma gut lustig sein.* Noch belebender wirkt aber ein Brief des alten Sülzheimer: Der Konkurrent macht den einleuchtenden Vorschlag, durch eine Ehe seines Sohns Sigismund mit Gieseckes Tochter dem leidigen Geschäftszwist ein Ende zu machen. Dr. Siedler bietet sich an, diese Beziehung einzufädeln. Allerdings denkt er in Wirklichkeit gar nicht daran, Ottilie einem anderen zu überlassen. Inzwischen ist auch Sigismund eingetroffen. Für Gieseckes Tochter interessiert er sich jedoch keineswegs, sondern nur für das etwas lispelnde, aber sonst herzige Klärchen, die Tochter des armen Prof. Hinzelmann. Der unglücklich verliebte Leo-

Franz Lehár: Die lustige Witwe
Oper Leipzig

Emmerich Kálmán: Die Csárdásfürstin
Mecklenburgisches Staatstheater Schwerin

pold sieht einen neuen Hoffnungsschimmer: Bei der Gemeinderatssitzung, in der man über die bevorstehende Ankunft des Kaisers berät, erreicht er die Zustimmung, daß der hohe Gast im »Weißen Rößl« Quartier nehmen soll; jetzt bittet ihn die aufgeregte Josepha ganz demütig um seine Unterstützung während des kaiserlichen Besuchs. Aber noch freut er sich zu früh. Die Begrüßungsansprache, die er vor dem Kaiser halten will, mißglückt ihm gründlich, und zu alledem sieht er plötzlich Josepha neben Dr. Siedler stehen. Da verliert er die Nerven und fängt vor allen Leuten zu weinen an.

3. Akt. Der leutselige Kaiser rät Josepha, als sie ihm ihr Herz ausschüttet: »G'scheit sein!«, und schreibt ihr ins Stammbuch: *»Schweige und begnüge dich, lächle und füge dich!«* Endlich erkennt sie, daß Siedlers Herzensneigung ja Ottilie gilt, schickt sich drein und gibt jetzt dem Leopold, als er mit dem Koffer in der Hand um ein Dienstzeugnis bittet, zwar den Abschied als Kellner, engagiert ihn aber zugleich neu als – Ehemann. Erstaunt sehen Giesecke und Prof. Hinzelmann neben diesen endlich Vereinten noch zwei andere glückliche Paare als Verlobte vor sich erscheinen: Ottilie mit Dr. Siedler und Klärchen mit Sigismund.

Die Gründe für die Dauerwirkung des – auch mehrfach verfilmten – Stücks sind wohl kaum in der wenig belangvollen Handlung zu suchen, sondern in der reichen Situationskomik und im Plauderhumor so spaßhafter Figuren wie Giesecke und Leopold, daneben aber auch in der geschickten Auswertung des (vielfach parodistisch gesehenen) älplerischen Sommerfrischemilieus und nicht zuletzt in der launigen, einfallsreichen Musik, in der, stimmungsgerecht, jüngere Tanzrhythmen vom Dreivierteltakt der Walzer und Ländler in den Hintergrund gedrängt werden. Ein paar der bekanntesten Lieder wurden schon in der Inhaltsbeschreibung zitiert – daneben wären etwa noch zu nennen der Walzer *Im weißen Rößl am Wolfgangsee*, der Foxtrott *Was kann der Sigismund dafür, daß er so schön ist* (von Robert Gilbert stammt auch die Melodie dieses Tanzes), der Tango *Und als der Herrgott Mai gemacht* und das Heurigenlied *Erst wann's aus sein wird mit aner Musi.* Robert Stolz hat die Melodien von *Die ganze Welt ist himmelblau* und *Mein Liebeslied muß ein Walzer sein* beigetragen.

Bezauberndes Fräulein

Musikalisches Lustspiel in 4 Bildern. Text vom Komponisten nach Paul Gavaults Schwank *La petite chocolatière.* Uraufführung am 24. Mai 1933 im Deutschen Volkstheater, Wien.

PERSONEN: Das bezaubernde Fräulein (Soubr.) – Der Papa – Paul (Ten.) – Felix – Rosette – Der Direktor – Luise, seine Tochter – Hektor – Julie – Der Chauffeur – Ein Kollege Pauls – Ein Kellner.

ZEIT: Um 1930.

1. Bild. Diele in Pauls Landhaus. Plaudernd und Bridge spielend verbringt Paul mit seinem Freund Felix und dessen Liebster, Rosette, einen schönen Weekendabend im Mai. Er ist ein biederer, aber etwas lederner Gesell, der als Beamter treu seinen Dienst tut. Das Höchste, was er sich vorstellen kann und wünscht, ist die schon angebahnte Ehe mit Luise, der Tochter seines Chefs, die ihm an Schwunglosigkeit ebenbürtig ist. Dem phantasievollen Felix gefällt dieser langweilige Heiratsplan wenig. Aber was kann er tun, um seinen Freund davon abzubringen? Morgen wird ja der Herr Direktor mit seiner Luise persönlich hier erscheinen. In froher Erwartung dieser Gäste gehen sie schlafen. Doch in die nächtliche Stille dringt plötzlich Autolärm: ein paar Minuten später erscheint eine junge Dame namens Annette und weckt alle auf. Sie hat eine Panne und bittet um Hilfe. Felix findet das hübsche, quicke Fräulein gleich bezaubernd und ist zu jeder Hilfeleistung bereit. Als er hört, daß Annette die Tochter eines millionenschweren Schokoladenkönigs ist, sticht er sogar die Autoreifen an, um die Abfahrt für heute unmöglich zu machen. Um so weniger ist Paul von dem Eindringen dieses kecken und vorlauten Geschöpfs entzückt. Er benimmt sich auch gar nicht liebenswürdig, muß aber

schließlich dem unerwünschten Besuch doch Aufnahme gewähren. Der Chauffeur macht sich auf, um Annettes Vater zu benachrichtigen.

2. Bild. Am nächsten Morgen. Vergeblich versucht Paul, durch ausgesuchte Unhöflichkeit die ihm lästige Besucherin zu vertreiben, ehe sein Direktor mit Luise eintrifft. Natürlich empört sich der spießige Schwiegervater in spe über die Anwesenheit dieser mondänen jungen Dame, die auch ihm gegenüber kein Blatt vor den Mund nimmt, und bald zieht er zornig mit seiner Tochter wieder ab. Felix freut sich. Nun erscheint auch Annettes Vater im Hause und gleich darauf ihr Verlobter Hektor, der sich schon eifersüchtige Sorgen macht. Felix rät ihm, ihr ja keine Vorwürfe zu machen, obgleich er weiß, daß für Annette Hektors Zorn ein Liebesbeweis wäre. Erbittert über seine Gelassenheit, löst sie sofort die Verlobung. Weit besser scheint ihr Paul zu gefallen, als er sie wegen des Pechs, das er durch ihr Erscheinen hatte, fürchterlich ausschimpft.

3. Bild. Büro Pauls im Ministerium. Paul hofft noch, den Direktor mit einem Entschuldigungsbrief versöhnen zu können. Felix aber, der sich's in den Kopf gesetzt hat, ihn mit Annette zusammenzubringen, tut alles, um diese Versöhnung zu hintertreiben. Er erzählt Paul von seinem Besuch bei Annette und sagt ihm: »Sie weiß es noch nicht, aber sie ist verliebt in dich!« Ein Bild Annettes schmuggelt er in Pauls Schreibmappe. Bald taucht auch das unselige bezaubernde Fräulein selbst in seinem Büro auf. Von Felix ermuntert, guckt sie in die Schreibmappe, findet das Foto und glaubt nun, Paul liebe sie. Es gelingt ihr, während der Mittagspause mit ihm allein zu sein. Da benimmt sie sich nun sehr charmant und gibt ihm beim Gehen sogar einen Kuß. Gerade in diesem Augenblick tritt der Direktor ins Zimmer. Erbost kündigt er Paul wegen einer angeblichen groben Beleidigung des Personalchefs. Schließlich kommt der Bedrängte dahinter, daß Felix der Verursacher all dieser scheinbar betrüblichen Geschehnisse ist. Ganz gebrochen, lehnt er jetzt auch den Vorschlag des Schokoladenkönigs, Annette zu heiraten, schroff ab.

4. Bild. Am Fluß. Paul trägt sich mit Selbstmordgedanken, spürt aber auch, daß ihn Annette viel mehr fasziniert hat als je zuvor Luise. Doch nie wieder, denkt er traurig, wird er sich ihr nähern können. Da steht das bezaubernde Fräulein auf einmal im bescheidenen Gewand einer Heilsarmeemaid vor ihm. Auch hinter dieser Kostüm-Komödie steckt natürlich Felix! Sie habe allem Reichtum entsagt, erklärt sie nun, und er solle doch auch wie sie künftig ein Leben der inneren Einkehr führen. Gerührt bittet Paul, sie freundschaftlich umarmen zu dürfen. Felix und Annettes Vater, die das Paar eng umschlungen beisammenstehend finden, wissen nun, daß die beiden so glücklich sein werden, wie *sie* sich's gewünscht haben.

Die Vorzüge, die Benatzkys kleine Komödie *Meine Schwester und ich* auszeichnen, sind auch diesem amüsanten, im gleichen aufgelockerten Musizierstil geschriebenen Stück zu attestieren. Ein weiterer reizvoller Beitrag also zu der wünschenswerten Form der intimen Lustspiel-Operette. Leicht und locker, oft mit einer gleichsam improvisatorischen Nonchalance ist alles gefügt, hübsch die Art, mit wenigen Noten – immer mehr andeutend und skizzierend als mit breitem Pinsel auftragend – Stimmungen zu charakterisieren. Klug ist dem Humorvollen und Witzigen der Vorrang gegeben vor dem Lyrisch-Empfindsamen, das zudem, wo es in Erscheinung tritt, stets von einigen Pünktchen Ironie oder Parodie durchblitzt wird. Als besonders charakteristische melodisch-rhythmische Einfälle nennen wir die Introduktion *Abend am Land*, die Walzersuite *Das ist fabelhaft!*, Pauls Chanson *Ach Luise! Kein Mädchen ist wie diese*, das Rumba-Sextett *Was ist los?* und das reizende *Hokuspokus-Fidibus*-Couplet des Felix.

Eduard Künneke

* 27. Januar 1885 in Emmerich a. Rhein
† 27. Oktober 1953 in Berlin

Dank seiner starken Begabung, seinem großen Können und seinen immer spürbaren Bemühungen um künstlerische Qualität errang Eduard Künneke eine führende Stellung unter den Operettenkomponisten seiner Generation. Er entstammte einer niedersächsischen Kaufmannsfamilie, kam schon als Student nach Berlin, wo er an der Hochschule für Musik und später als Meisterschüler Max Bruchs das Rüstzeug für sein späteres Schaffen gewann; zugleich hörte er an der Universität Vorlesungen über Musikwissenschaft und Literaturgeschichte. Als Gesangsbegleiter, Musiklehrer und Leiter eines Potsdamer Männergesangvereins begann Künneke die Tätigkeit des ausübenden Musikers. Sein erstes großes Kompositionswerk war eine Oper, *Die Marmorfrau*, deren am Deutschen Landestheater in Prag vorgesehene Uraufführung indessen weder dort noch andernorts zustande kam. Künneke wurde dann, 1907, Chordirektor am Neuen Operettentheater in Berlin und schließlich, bis 1911, Kapellmeister am dortigen Deutschen Theater. Die Reihe seiner Bühnenwerke eröffnete eine 1909 in Mannheim uraufgeführte, dann von vielen Theatern angenommene Oper *Robins Ende*. Mit einer weiteren Oper *Cœur As* (Dresden 1913) hatte er weniger Glück. Nach dem Ersten Weltkrieg errang er jedoch mit dem Singspiel *Das Dorf ohne Glocke* (1919) einen intensiven neuen Erfolg, der aber schon zwei Jahre später von der durchschlagenden Wirkung seines *Vetter aus Dingsda* weit übertroffen wurde. Bis 1949 schrieb Künneke insgesamt 25 Werke, von denen sich neben dem *Vetter aus Dingsda* die 1932 erschienene Operette *Glückliche Reise* am stärksten behauptete. Weitere Erfolgswerke wurden *Wenn Liebe erwacht* (1920), *Lady Hamilton* (1926), *Liselott* (1932), *Lockende Flamme* (1933, in Neubearbeitung 1959), *Herz über Bord* (1935), *Die große Sünderin* (1935), *Zauberin Lola* (1935) und

Der große Name (1938). Seine letzte Operette, *Hochzeit mit Erika*, erschien 1949. Außer Bühnenwerken hat Künneke auch die Musik zu mehreren Tonfilmen sowie rein instrumentale Kompositionen, u.a. eine Ouvertüre, eine Orchestersuite und ein Klavierkonzert, geschrieben.

Das Dorf ohne Glocke

Singspiel in 3 Akten. Text von Arpad Pásztor nach einer ungarischen Legende. Uraufführung am 5. April 1919 in Berlin.

PERSONEN: Vater Benedikt, der Pfarrer (Baß) – Sofie, seine Wirtschafterin (Soubr.) – Baron Erwin von Lertingen (Bar.) – Steffi, seine Frau (Sopr.) – Der Ortsvorsteher – Peter, ein Schmiedegeselle (Ten.) – Eva, seine Geliebte (Sopr.) – Der Schmied – Der Lehrer – Dessen Frau – Der Müller – Dessen Frau – Andreas, Müllerknecht – Klein-Lieschen, ein Bauernmädel – Der Wirt – Die Wirtin – Der Krämer – Die Kellnerin Resi (Soubr.) – Ein Jude – Ein Kutscher – Der Nachtwächter.

ORT UND ZEIT: Ein deutsches Dorf in den Transsylvanischen Alpen, Ende des 18. Jahrhunderts, mit dem Dorfplatz samt Kirche, Pfarrhof und Wirtshaus als Schauplatz.

1. Akt. Frohe Unruhe herrscht heute im Dorf: Der Pfarrherr, den alle als Vater Benedikt verehren, begeht sein 50jähriges Priesterjubiläum, und da wollen ihn die Leute gebührend feiern. Doch zunächst haben die Handwerksmeister, die das Fest vorbereiteten, noch allerlei mit der Pfarrhaushälterin Sofie zu besprechen; dann geht's auf einen Trunk ins Wirtshaus, wo sie freilich mehr die hübsche Kellnerin Resi als der gepantschte Wein anlockt. Der Pfarrer empfängt inzwischen einen lieben, unerwarteten Besuch: Nach zwanzigjähriger Abwesenheit ist Baron v. Lertingen wieder in die Heimat zurückgekehrt. Die Güter, die sein Vater einst hier besaß und dann verlor, hat er zurückgekauft. Nun trägt er sich mit großen Plänen zur wirtschaftlichen Belebung dieser armen Gegend. Der alte Pfarrer erzählt ihm bekümmert vom großen Leid seines Priesterlebens: Seine

Kirche hat kein Geläut, seit die Türken bei einem Einfall ins Dorf die Glocke raubten. Die arme Gemeinde konnte die nötigen 500 Gulden nie aufbringen. Doch heute soll Vater Benedikts größter Wunsch in Erfüllung gehen, denn endlich haben seine Pfarrkinder das nötige Geld zusammengebracht und übergeben ihm die Summe zu seinem Ehrentag. Gleich will er sich aufmachen, um in der Stadt die Glocke zu kaufen. Während er sich zur Abreise vorbereitet, kommt ein unglückliches Paar über den Kirchplatz: der Schmiedegeselle Peter und seine Braut Eva. Sie müssen voneinander Abschied nehmen. Peter kann hier sein Brot nicht verdienen und will auswandern. Vor dem Bild der Gottesmutter betet Eva, daß der Geliebte ihr die Treue halten möge. Gerührt hat der Pfarrer die beiden beobachtet. Nun tritt er zu ihnen und schenkt dem Peter die für die neue Glocke bestimmten 500 Gulden, damit er einen Hausstand gründen kann. Daß sein Tun Gott wohlgefällig ist, fühlt er, wie er es aber vor der Gemeinde verantworten soll, weiß er nicht.

2. Akt. Ein paar Tage sind vergangen. Im Dorf wundern sie sich, daß der Pfarrer noch nicht von der Stadt zurückgekommen ist. Schon regen sich mißtrauische Stimmen. Vater Benedikt hält sich im Pfarrhaus verborgen. Der erste, der es erfährt, ist der Schmied des Ortes. Sofie vertraut ihm an, daß das Geld fort sei, flunkert aber, Auswanderer hätten es dem alten Herrn unterwegs abgenommen. Der gutgesinnte Schmied mißbraucht sein Wissen nicht, sondern geht hin, um seine Schmiede zu verkaufen und dem Pfarrer mit dem Erlös daraus zu helfen. Bald meldet sich Peter als Käufer der Schmiede. Als er jedoch vor allen Leuten die 500 Gulden aufzählt, wird klar, daß er mit dem Glockengeld bezahlen will. Nur das Hinzutreten des Pfarrers verhindert, daß die erregten Dörfler den vermeintlichen Räuber erschlagen. Jetzt gesteht Vater Benedikt, was er getan – aber sie glauben ihm nicht, beschimpfen und verleumden ihn und wollen ihm schließlich sogar den Schlüssel zur Kirche wegnehmen. Da greift beherzt die Frau des Barons Lertingen ein und nimmt den Schlüssel an sich: denn ihrem Gatten, erklärt sie, stehe als dem Patronatsherrn der Kirche allein das Schlüsselrecht zu.

Erschüttert beschließt der greise Pfarrherr, sein so lange treu verwaltetes Amt aufzugeben und fortzuziehen.
3. Akt. Mitternacht ist vorüber. Erschöpft von Schmerz und Trauer schlummert Vater Benedikt unter dem Baum vor seinem Hause ein. Da hört er himmlische Stimmen singen und sieht im Traum vier Engel eine goldene Glocke zur Kirche und in den Glockenturm tragen. In der Morgendämmerung geht er ins Haus, um sich zum Weggang für immer zu bereiten. Jetzt öffnet sich die Kirchentür, und der Baron tritt mit Knechten daraus hervor: er hat die Glocke gekauft und nachts heimlich im Turm aufhängen lassen. Im Dorfe hat sich die Stimmung wieder zugunsten des alten Pfarrers gewendet. Nun kommen die Leute, um ihn zu versöhnen und zu ehren. Da ertönt, während er ihnen dankt, die Glocke! Jubelnd ruft er: »Die Liebe hat ein Wunder getan!«, und, ein Gloria anstimmend, ziehen sie alle zur Kirche.

Höher als die meisten der in diesem Führer behandelten Stücke erhebt sich dieses stimmungsstarke Singspiel, das den Namen »Volksoper« verdient, über das Niveau der bloß gefälligen, unterhaltenden Operette. Die – im Stil spätromantische – Musik wahrt im Lyrischen, im Heiteren und im Dramatischen beachtliches Niveau. Die Sprache der ausdrucksvollen Orchestersätze (Melodramen!) ist überzeugend und oft ergreifend; die Führung der Singstimmen, der Aufbau der großangelegten Finali, die lebensvollen Entwicklungen der Chor- und Ensemblepartien lassen einen Meister in der Handhabung der instrumentalen, vokalen und satztechnischen Mittel erkennen. Wollte man einige besonders geglückte Stücke hervorheben, so etwa – von den volkstümlich-lustigen – Resis Walzerlied *Herrgott, ich pfeif auf Lieb' und Geld* oder ihr Lied mit Chor *Ohne Zweifel hat der Teufel die Mädel gemacht*; von den lyrischen Teilen die Episode *Wenn die Knospen sprießen* (aus dem großen Duett zwischen Eva und Peter), von den Ensembles das *Gloria* des letzten Akts und, aus dem 2. Finale – neben der im Orchester in reizvoller Polyphonie durchgeführten Schlußentwicklung –, der liedhafte Satz *Dort wo deine Heimat ist.*

Der Vetter aus Dingsda

Operette in 3 Akten. Text von Herman Haller und Rideamus (Fritz Oliven) nach einem Lustspiel von Max Kempner-Hochstädt. Uraufführung am 15. April 1921 im Theater am Nollendorfplatz, Berlin.

PERSONEN: Julia de Weert (Sängerin) – Hannchen, ihre Freundin (Soubr.) – Josef Kuhbrot, Julias Onkel – Wilhelmine, genannt Wimpel, seine Frau – Egon v. Wildenhagen – Ein Fremder (Ten.) – Ein zweiter Fremder (Buffo) – Karl und Hans, Diener.

ORT UND ZEIT: Auf Schloß de Weert, um 1920.

1. Akt. Im Garten vor dem Schloß. Julia de Weert hat lästigen Verwandtenbesuch: Onkel Josse Kuhbrot, ihr Vormund, ist mit Tante Wimpel angekommen, frönt ausgiebig seiner Lust an gutem Essen und Trinken und plagt sein Mündel mit dem Vorschlag, sie solle seinen Neffen August heiraten. Hannchen, Julias Freundin, findet die beiden Gäste ebenso lächerlich wie unausstehlich. Julia selbst will weder von einer Ehe mit dem ihr ganz unbekannten Vetter August etwas wissen noch von dem Heiratsprojekt ihres zweiten Vormunds v. Wildenhagen, der sie gerne mit seinem Sohn Egon verheiraten möchte. Sie denkt ausschließlich an ihren Vetter Roderich. Ihm hat sie vor sieben Jahren ewige Treue geschworen, als er nach »Dingsda«, in irgendeine indische Stadt, auswanderte. Seitdem hat sie zwar nichts mehr von ihm gehört, doch hofft sie, daß er ebenso alle Tage an sie denkt wie sie selbst an ihn. Jedenfalls will sie seine Rückkehr abwarten und sich in der Wahl ihres Gatten nichts vorschreiben lassen. Doch mit dem Bevormunden ist's jetzt ohnehin vorbei, denn gerade heute hat das Vormundschaftsgericht sie für volljährig erklärt. In ihrer Freude darüber fühlt sie sich zu irgendeinem tollen Streich aufgelegt, und da macht es ihr Spaß, einen verspäteten Wanderer zu dessen Überraschung wie einen hohen Gast zu bewirten und ihm das Schlafzimmer ihres Bruders zum Übernachten zur Verfügung zu stellen. Wer der Fremde ist, kann sie zwar nicht erfahren, da sich seine Vorstellung auf die Worte beschränkt: *»Ich bin nur ein armer Wandergesell.«* Doch ist er ihr sehr sympathisch.

2. Akt. Offene Terrasse im ersten Stock des Schlosses. Am nächsten Morgen versucht Hannchen, den Fremden auszuhorchen. Dabei erfährt dieser jedoch viel mehr über Julia und ihre Neigung für den Vetter Roderich als sie über ihn. Er hütet sich zu verraten, daß er der von Onkel Josse herbestellte und längst erwartete Vetter August ist, und kommt nun, ausgerüstet mit seinem Wissen über Julias Herzensgeschichte, auf den Einfall, sich selbst als Roderich de Weert auszugeben. Die Täuschung gelingt eine Zeitlang vollkommen, denn der Onkel hat ihn seit seinen Kindertagen nicht mehr gesehen. Julia ist glücklich, den »Jugendgeliebten« in dem Fremden zu finden. Nur Josse ist über die Anwesenheit »Roderichs« sehr verdrossen. Die Komödie findet jedoch ein jähes Ende, als Egon v. Wildenhagen mit den Ergebnissen der Nachforschungen ankommt, die sein Vater über den echten Roderich eingeholt hat: Danach ist Roderich zwar von Sumatra abgereist, kann aber noch nicht hier sein, da das Schiff in Hamburg bisher nicht eingetroffen ist. Jetzt muß August bekennen, daß er nicht der von Julia Erwartete ist, und sie läßt ihn fortgehen, obwohl sie ihn liebt; denn sie will nur dem wirklichen Roderich angehören.

3. Akt. Wieder im Garten. Durch den Stationsvorsteher erfährt Josse am folgenden Tag, daß sein Neffe August vorgestern angekommen ist. Wo mag er hingeraten sein? Hat ihn vielleicht der lügnerische fremde Wandergesell überfallen und ermordet? Während man den seltsamen Fall erörtert, erscheint wieder ein Fremder vor dem Schloß, ein flotter junger Mann, den Hannchen als erste empfängt. Auf den ersten Blick sind die beiden ineinander verliebt – doch zu ihrer Bestürzung hört Hannchen, daß dies nun der echte Roderich ist. Was wird Julia sagen, wenn sie erfährt, daß Roderich *sie* heiraten will und all die Jahre nicht mehr an Julia gedacht hat? Eine List scheint ihr das einzige Mittel, um alles zum Guten zu wenden: Roderich muß sich Julia als August Kuhbrot vorstellen. Das genügt, um sofort ihre Abneigung gegen ihn zu erwecken! Er aber heilt sie von ihrer Roderich-Schwärmerei, indem er ihr klarmacht, daß der vermeintliche treue Geliebte sich mit einer anderen verlobt und den einstigen Treueschwur

niemals ernst genommen habe. Dann erst gibt er sich ihr zu erkennen. Jetzt erwacht Julia endlich aus ihrer törichten Liebesträumerei und beklagt es, den geliebten Fremden fortgeschickt zu haben. Zum Glück ist aber August schon in der Nähe, und rasch wandelt sich ihre Trauer in Freude.

Künneke erweist sich in diesem stets publikumswirksamen, harmlos-lustigen Stück als origineller Rhythmiker und als ein Melodiker, der seinen Gedanken stets eine sehr präzise, schlagkräftige Fassung zu geben weiß. Sein Können zeigt sich auch in der Orchesterbehandlung, im Ensemblesatz und nicht zuletzt in der Art, wie er, namentlich in den Finales, szenische und dramatische Vorgänge musikalisch schildert oder untermalt. Vor den z. T. etwas salonnahen weichen lyrischen Episoden des Werks ist wohl den heiteren Liedern und Ensembles der Vorzug zu geben, populär geworden aber sind fast alle Stücke der Operette, die humorvollen Tanzweisen ebenso wie die empfindsamen Melodien, voran natürlich das Lied vom *armen Wandergesell*, der Foxtrott *Sieben Jahre lebt' ich in Batavia* und das wie eine kleine Opernparodie anmutende Ensemble *Der Roderich, der Roderich*, aber auch die Walzer *Nicht wahr, hier ist's wie im Zauberreich* und *Ganz unverhofft kommt oft das Glück*, der Tango *Kindchen, du mußt nicht so schrecklich viel denken*, das Duett *Mann, o Mann, an dir ist wirklich nichts dran*, der Onestep *Überleg dir's, überleg dir's vorher!* und der Valse Boston *Strahlender Mond*.

Liselott

Singspiel in 6 Bildern. Text von Richard Keßler nach dem gleichnamigen Lustspiel von Heinrich Stobitzer (1901). Uraufführung am 17. Februar 1932 im Admiralspalast, Berlin. Uraufführung der Erstfassung unter dem Titel *Die blonde Liselott* am 25. Dezember 1927 im Landestheater, Altenburg.

PERSONEN: König Ludwig XIV. – Philipp, Herzog von Orléans, sein Bruder (Ten.) – Kurfürst Karl Ludwig von der Pfalz (Char.-Kom.) – Liselott, seine Tochter (Sopr.) – Freifrau Leonore v. Ratsamshausen, deren Erzieherin – Graf Walter Harling (Ten.) – Marquis de Béthune – Gräfin Françoise de Grançai, Oberhofmeisterin des herzoglichen Hofhalts (Soubr.) – Chevalier de la Garde, Hofmarschall des Herzogs (Ten.-Buffo) – Blanche, Liselotts französische Jungfer (Soubr.) – Lacroix, Küchenchef – Madame Pinard, Beschließerin – Mlle. Jême, Kleiderverwalterin – Madame Dubois, Wirtin einer Taverne – Temple, ein Apache (Buffo) – Jeannette, seine Freundin – Marchese Michielli, venezianischer Gesandter – Der Kardinal – Der Minister des Inneren – Der Justizminister – Der Polizeipräfekt von Paris – Ein Lakai – Hofgesellschaft. Pagen. Bediente. Hafenarbeiter. Apachen. Dirnen. Volk. Das königliche Hofballett.

Ort und Zeit: Heidelberg, Saint-Germain, Paris, Versailles, im letzten Viertel des 17. Jahrhunderts.

1. bis 6. Bild. Die fröhliche pfälzische Prinzessin Liselott, die schon manchen fürstlichen Bewerber ausgeschlagen hat, muß sich heute trotz inneren Widerstrebens entschließen, aus politischen Gründen, im Interesse der Sicherheit ihrer Heimat, den Bruder König Ludwigs XIV., Herzog Philipp von Orléans, zu heiraten. Schweren Herzens nimmt sie Abschied von Heidelberg, von ihrem Vater, dem Kurfürsten, und von ihrem Jugendfreund, dem Grafen Walter Harling. Am französischen Hof wird sie zwar mit Achtung aufgenommen, aber ihr unkonventionelles Wesen, das der König selbst als besonderen Vorzug empfindet, mißfällt ihrem Gatten ebenso wie ihre aller Feinheit der Pariser Mode entgegengesetzte Art, sich zu kleiden. Der Herzog, der bisher mit der Gräfin Françoise de Grançai eng befreundet war, ist ein eitler, verwöhnter Mensch, der seine Tage mit leeren Vergnügungen hinbringt. Jetzt schickt er sich zwar in das Unvermeidliche der Ehe mit der deutschen »Sauerkraut-Prinzessin«, aber zu einem herzlichen Einverständnis zwischen den Gatten kommt es nicht. Liselott bleibt, wie sie ist, macht in ihrem neuen Umkreis Schluß mit mancherlei korrupten Zuständen der Hausverwaltung und bemüht sich, wenngleich vorläufig vergeblich, in Philipp die verborgenen guten männlichen Eigenschaften zu wecken. Ihrem Ärger über die höfischen Verhältnisse

macht sie in drastischen Briefen Luft. Bei ihrem »Großreinemachen« wird die Oberhofmeisterin Françoise de Grançai entlassen. Philipp kündigt sie an, sie werde ihn verlassen, wenn er sich als Ehemann nicht zu besseren Sitten bekehre. Da sie aber überall nur Widerstände spürt, faßt Liselott den Entschluß, in ihre Heimat zurückzukehren. Den Ausschlag gibt ein unverhofftes Wiedersehen mit Graf Harling, der ihr von dort Grüße bringt, zugleich jedoch die aufregende Nachricht, daß man ihren alten Onkel Simmern der Unterstützung revolutionärer Umtriebe verdächtigt und in die Bastille gebracht habe. Nun will sie Paris sofort verlassen. Als der Herzog sieht, daß sie mit ihrer Drohung ernst macht, fühlt er sich doch in seinem Ehrgefühl getroffen, sagt ihr, er werde ihre Flucht verhindern, verspricht aber auch, sich beim König für den unschuldig eingekerkerten Onkel Simmern einzusetzen. Liselott trifft unbeirrt ihre Vorbereitungen zur heimlichen Abreise. In einer anrüchigen Schenke am Seineufer erwartet sie zur Nachtzeit ihre Helfer. Doch Philipp ist ihr auf der Spur geblieben, findet sie und kann ihr mitteilen, daß seine Fürsprache die Freilassung des Onkels bewirkt habe. Die gute Kunde stimmt Liselott freundlicher, und im Verlauf dieses seltsamen Abends erscheint ihr Philipp nun doch als ein liebenswerter Mann. Die Not der Stunde zwingt beide zusammenzuhalten, denn die Hafenschenke erweist sich als Sammelstätte aufrührerischer Elemente. Es glückt ihnen jedoch, die wilde Gesellschaft und ihren Anführer, den Apachen Temple, zu täuschen, ja, schließlich entwickelt sich bei Wein und Tanz sogar ein recht lustiges Beisammensein, das Philipp einen Riesenspaß macht. Durch Liselotts Schlauheit und Humor kommt es zu keinem Konflikt, bis Temple sie zu küssen versucht. In diesem bedrohlichen Augenblick nützt es dem Herzog nichts, daß er sich zu erkennen gibt, denn man glaubt ihm natürlich nicht. Mehr Eindruck macht die schallende Ohrfeige, die Liselott dem zudringlichen Temple versetzt. Jetzt läßt man das Paar unbelästigt fortgehen. Liselott hat ihren Fluchtplan aufgegeben. Sie hat keinen Grund mehr, an der Liebe ihres Gatten zu zweifeln. Graf Harling muß die Hoffnung auf ihre Rückkehr in die Heimat und auf eine Erfüllung seiner heimlichen Liebeswünsche begraben. Die Gräfin Grançai wird endgültig vom Hofe verbannt. Liselott aber lernt, sich anzupassen: sie kleidet sich auch verführerisch nach Pariser Art, und nun sieht der Herzog erst, wie schön sie ist.

Wenn man sich nicht zu viel kritische Gedanken über die historische Wahrheit und Glaubwürdigkeit macht, muß man anerkennen, daß dem Librettisten hier ein dramatisch wirksames, lebendiges und atmosphärisch reizvolles Buch geglückt ist. Dem Komponisten bot es reizvolle Möglichkeiten zu neuer Erprobung seiner Einfallskraft und seines vielseitigen, gestaltungssicheren musikdramatischen Talents. Der Umstand, daß das Stück im 17. Jahrhundert spielt, hat ihn nicht gehindert, eine durchaus moderne Operette zu schreiben, unbedenklich verwendete er die Ausdrucksmittel und Tanzformen seiner Gegenwart und verzichtete fast ganz auf Klänge »im alten Stil«. Vorzüglich gelungen ist ihm vor allem die Charakterisierung der Hauptfiguren: für das affektiert-preziöse Wesen des Herzogs und der Gräfin Grançai fand er ebenso bezeichnende Musik wie für das naturhaft Frische der Liselott und für die empfindsame schwärmerische Art des Grafen Harling. Als besonders ansprechende und einprägsame Stücke nennen wir Liselotts *Glücklich am Morgen, glücklich am Abend*, das amüsante Duett Philipps und Françoises *Gräfin, wie sind wir beide vornehm*, den Foxtrott *Muß denn alles Sünde sein, was uns glücklich macht*, den gefühlvollen Walzer *Sehnsucht nach unseren Küssen brennt, ach, so sehr* und das Couplet des Herzogs *Es ist doch kaum zu fassen*, das übrigens wie einige andere Lieder des Werks von Gustaf Gründgens, dem ersten Darsteller des Herzogs Philipp, textiert wurde. In der Berliner Uraufführung sah man neben Gründgens Käthe Dorsch als Liselott und Hilde Hildebrand als Gräfin.

Glückliche Reise

Operette in 3 Akten (7 Bildern). Text von Max Bertuch und Kurt Schwabach. Uraufführung am 23. November 1932 im Theater am Kurfürstendamm, Berlin.

PERSONEN: Robert v. Hartenau (Ten.) – Stefan Schwarzenberg (Buffo) – Peter Brangersen – Lona Vonderhoff (Sängerin) – Monika Brink (Soubr.) – Homann – Regierungsrat Walter Hübner – Manager Bielefeld – Frau Maschke – Sarah – Angestellte bei Homann. Barmixer. Mestizen. Gesellschaft. Girls.

ORT UND ZEIT: Argentinien und Berlin, um 1930.

1. Akt. 1. Bild. Auf einer einsamen Urwaldfarm in Argentinien. Robert v. Hartenau und Stefan Schwarzenberg sind nach dem Krieg ausgewandert. Jahrelang arbeiten sie nun schon, aber es ist verdammt schwer hochzukommen. Das Leben in der Fremde ist ihnen leid geworden. Ihre einzige Freude: der Briefwechsel mit zwei Mädchen in der Heimat, den sie durch ein Zeitungsinserat angebahnt haben. Lona Vonderhoff heißt die Fernliebste Roberts. Monika Brink ist die Briefpartnerin Stefans: Sehr reich muß sie sein, denkt Stefan auf Grund der Korrespondenz – eine verwöhnte, viele Reisen unternehmende junge Dame der ersten Gesellschaft. Wie schön wäre es, die jungen Frauen herüberzuholen! Mit diesem Vorschlag hat Kapitän Brangersen, der zu Besuch auf die Farm gekommen ist, wohl recht, aber es fehlt ja an Geld. Der alte Bekannte hat jedoch eine gute Idee: Verdient euch die Überfahrt als Stewards! Dieser Plan wird sogleich in die Tat umgesetzt. – 2. Bild. In Berlin. Reisebüro der South American Line Co. Hierher führt Stefan der erste Weg nach der Heimfahrt, denn Monika hat sich immer an diese Adresse schreiben lassen. Sie ist auch hier zu treffen – jedoch nicht als reiche Kundin des Reisebüros, sondern als kleine Stenotypistin. Nur in ihren Briefen nach drüben hat sie die große Dame gespielt. Kein Wunder, daß sie über den Besuch aus Übersee erschrickt. Doch sie faßt sich rasch, spielt die vorgetäuschte Rolle keck weiter und verabredet sich mit Stefan für den Abend. Empört beobachtet ihr Chef,

Herr Homann, ihr Benehmen. Auch Lona Vonderhoff arbeitet hier im Reisebüro. Sie ist mit Regierungsrat Hübner verlobt, ihre große Liebe ist er allerdings nicht, und heute schlägt sie ihm sogar eine abendliche Zusammenkunft ab. Weit besser gefällt ihr offenbar der Herr, der auf der Suche nach Stefan hierherkommt: Robert v. Hartenau. Ahnungslos, mit wem er redet, unterhält er sich mit Lona und gewinnt sie für einen Ausflug an den Wannsee. Die Begegnung mit dem reizenden Mädchen läßt ihn seine Brief-Freundin ganz vergessen.

2. Akt. 3. Bild. Eine Bar im Kasino am Wannsee. Hier treffen sich die beiden Freundinnen mit Stefan und Robert. Doch auch Homann ist in Begleitung Hübners als Gast da. So gerät Monika, die immer noch als Millionärin auftritt, in arge Bedrängnis, und Hübner sieht enttäuscht und resignierend Lona an Roberts Seite. Nun erzählt Robert seiner Begleiterin von jener Briefbekanntschaft und muß zu seiner Verwunderung hören, daß die Dame, die hier vor ihm sitzt, zwar Lona Vonderhoff heißt, aber gar nichts von der ganzen Korrespondenz weiß. In die Enge getrieben, gesteht Monika, daß sie einen doppelten Briefwechsel führte: Sie hat nicht nur als Monika an Stefan, sondern unter Lonas Namen auch an Robert geschrieben! Gleich darauf kommt durch Homann auch ihre Hochstapelei und damit ihre wirkliche Stellung im Reisebüro auf. Bestürzt ziehen sich Stefan und Robert zurück.

3. Akt. 4. Bild. Auf der Straße vor dem Wohnhaus Monikas und Lonas. Ruhelos sind die beiden Freunde die ganze Nacht umhergeirrt. Sie sind sich klargeworden, daß sie trotz der erlebten Überraschungen die Mädchen lieben, und wollen alles zum Guten wenden. – 5. Bild. In Lonas Zimmer. Die nicht minder bedrückten Mädchen sehen die Freunde unten auf der Gasse stehen und warten. Sie bangen und hoffen. – 6. Bild. Wieder auf der Straße. Auf ihrem morgendlichen Weg ins Büro wollen die Mädchen an den Wartenden vorbeihuschen. Lona gelingt es auch, aber Monika wird von Stefan aufgehalten. Er denkt nicht daran, ihr Vorwürfe zu machen, und so sind sie rasch versöhnt und glücklich. – 7. Bild. Im Reisebüro. Hier kann sich Robert endlich mit Lona aussprechen, und bald hat er die nur schwach Wider-

strebende wieder ganz gewonnen. Jetzt muß es der erstaunte Homann erleben, daß ihn seine beiden Stenotypistinnen im Stich lassen, weil sie mit ihren Herzensjungen nach Argentinien gehen werden. Karten für die Überfahrt lösen sie allerdings nicht bei ihm, denn sie müssen sich »rüberarbeiten«, aber er wünscht ihnen doch *»Glückliche Reise«*.

Nach einer Reihe von Werken, deren Erfolg weniger stark und dauerhaft war als der des *Vetters aus Dingsda*, war Künneke hier wieder eine Operette von besonderer Lebendigkeit und Bühnenwirksamkeit geglückt, ein Stück, das sich durch einen neuen großen Reichtum an gefälligen, einprägsamen Melodien auszeichnet. Er hat das dankbare Buch mit Witz und guter Einfühlung in die wechselnden Stimmungen der Handlung und der Figuren des Spiels vertont und sich dabei ganz auf Tanzrhythmen der Zeit und entsprechendes Klangkolorit eingestellt. Ein vorzügliches, gut in die Atmosphäre des 1., in Argentinien spielenden Bildes einführendes Stück ist gleich die Ouvertüre im Tempo di Rumba. Von den vielen bekannt und beliebt gewordenen Nummern der Operette nennen wir den Blues *Das Leben ist ein Karussell*, die Foxtrotts *Warum? Weshalb? Wieso?* und *Am Amazonas*, den Rumba *Jede Frau geht so gerne mal zum Tanztee*, die Tangos *Drüben in der Heimat* und *Nacht muß es sein*, die Duette *Liebe kennt keine Grenzen* und *Deine ist schuld*, den Marsch *Glückliche Reise* und den Paso doble *Schatz, der erste Satz zum großen Glück, der heißt: Ich liebe dich.*

August Pepöck

* 10. Mai 1887 in Gmunden (Oberösterreich)
† 5. September 1967 in Gmunden

Mit mehreren Operetten von nobler musikalischer Haltung hat August Pepöck seinen Ruf als Komponist begründet. Seine erste Ausbildung erhielt er als Sängerknabe des Stifts

St. Florian bei Linz. Als Schüler von Richard Heuberger und Robert Fuchs vollendete er seine Studien in Wien. Nach dem Ersten Weltkrieg wirkte er eine Reihe von Jahren als Theaterkapellmeister in Deutschland und Österreich, bis er sich, von wachsenden Komponistenerfolgen begünstigt, als Freischaffender niederlassen konnte. Seit 1926 lebte er in seinem Heimatort Gmunden. Den Auftakt seiner wirkungsvollen Bühnenwerke bildete *Mädel ade* (Leipzig 1930). Ein Höhepunkt seines Schaffens wurde *Hofball in Schönbrunn*, ein weiterer *Der Reiter der Kaiserin* (Wien 1941). Nach diesem Werk brachte ihm 1942 *Drei Wochen Sonne* einen weiteren kräftigen Erfolg. 1944 befaßte er sich mit der musikalischen Neubearbeitung der Operette *Frühlingsluft* von Josef Strauß. Nach dem Krieg entstand als erstes neues Werk die ländliche Revueoperette *G'schichten aus dem Salzkammergut.* Außer diesen Bühnenschöpfungen schrieb der Komponist auch zahlreiche Lieder und Männerchöre, Tonfilmmusiken, Ouvertüren und Orchester-Suiten sowie eine große Fest-Messe.

Hofball in Schönbrunn

Operette in 3 Akten. Text von Josef Wentner. Gesangstexte von Bruno Hardt-Warden. Uraufführung am 3. September 1937 in Wien.

PERSONEN: Kaiser Franz I. – Kaiserin Marie Louise, seine Tochter, Witwe Napoleons I. – Fürst Clemens Metternich, österreichischer Staatskanzler – Friedrich v. Gentz, Hofrat der Staatskanzlei – Napoleon Franz, Herzog von Reichstadt, Sohn Napoleons I. (Ten.) – Fanny Elßler, Primaballerina des kaiserlichen Balletts (Sängerin) – Graf Coulaincourt (Ten.) – Gräfin Orlowska – Dorette, Zofe bei Fanny Elßler (Soubr.) – Jan, Kammerdiener des Herzogs (Buffo) – Fürst Lobkowitz, Baron v. Eglofstein, Graf Landskron und Freiherr v. Török, Verehrer der Fanny Elßler – Der Inspizient. Der Tanzordner. Ein Theaterdiener. Ein Feuerwehrmann. Ein Lakai. Damen und Herren der Gesellschaft. Großes Ballett. Provenzalische Sänger. Hoflakaien. Bühnenarbeiter. Wachposten.

ORT UND ZEIT: Wien, 1830.

1. Akt. Ballettvorspiel: Man sieht die Bühne der Kaiserlichen Hofoper von hinten, mit Blick in den Zuschauerraum. In der linken Proszeniumsloge ist das Kaiserpaar, in der rechten der Herzog von Reichstadt sichtbar. Auf der Bühne wird das Ballett *Der weiße Schmetterling* – mit einem bravourösen Spitzentanz Fanny Elßlers als Höhepunkt – aufgeführt. Nach dem Tanz wirft der Herzog Fanny ein Rosenbukett zu. – Verwandlung. Fanny Elßlers Garderobe. In der Pause unterhält sich Fanny mit ihrer Zofe Dorette. Zu gerne möchte sie wissen, wer der hübsche junge Offizier ist, der ihr die Rosen verehrt hat. Bald erfährt sie von ihrem Freund, dem alternden Baron v. Gentz, daß es der Herzog von Reichstadt war, der wie ein Staatsgefangener in Schönbrunn lebende einzige Sohn Napoleons. Während Fanny zu einem neuen Auftritt auf die Bühne eilt, läßt sich der Herzog bei ihr anmelden. Fanny empfängt ihn; sein herzliches Liebeswerben erwidert sie mit gleichem Feuer. Doch wird diese erste Begegnung von Baron v. Gentz unterbrochen, der in Begleitung der Gräfin Orlowska eintritt. Mit spitzen Bemerkungen bespöttelt die boshafte Gräfin Fannys Beziehung zu Gentz und des Herzogs Neigung für die schöne Tänzerin. Der Herzog aber tröstet Fanny und lädt sie zu einem Souper bei »Sacher« ein. Gentz erkennt betrübt, daß er sie nun an diesen Jüngling verlieren wird. Überdies fordert Fürst Metternich von ihm eine sofortige Beendigung seiner »Liaison« mit Fanny, da das Mädchen von ihm dazu ausersehen sei, den Herzog von abenteuerlichen politischen Zukunftsgedanken abzulenken.

2. Akt. Salon des Herzogs von Reichstadt in Schönbrunn. Der Erinnerung an seinen großen Vater hingegeben, träumt der Herzog von einer macht- und glanzvollen Zukunft. Wird es seinen Freunden in Frankreich gelingen, ihn zu befreien? Er hofft es und vertraut seine Pläne jetzt auch Fanny an, die seine Geliebte geworden ist und ihn – wie allabendlich – auch heute besucht. Wüßte er, daß Gräfin Orlowska, die Spionin Metternichs, sich hier in einem Wandschrank verborgen aufhält und Zeugin dieser Stunde wird! Fanny verspricht dem Herzog, ihm nach Kräften bei der Verwirklichung seiner Absichten zu helfen. Dann setzen sie sich verliebt zu Tisch. Eine

Musikantenschar bringt dem Herzog ein Ständchen. Nach dieser stimmungsvollen Serenade erscheint der Vorsänger, um den Dank des Herzogs entgegenzunehmen – doch überrascht erkennt dieser in ihm einen Getreuen aus Paris, den Grafen Coulaincourt, der heimlich nach Wien gekommen ist und alles zur Flucht vorbereitet hat. Morgen, beim Maskenball im Schlosse, soll der Herzog unbemerkt den Weg in die Freiheit antreten! Doch muß eine vertraute Person dann im Kostüm des Herzogs auftreten, um die Ballgesellschaft und alle gefährlichen Beobachter zu täuschen. Sogleich plant der Herzog, diese heikle Rolle Fanny anzuvertrauen. Nach Coulaincourts Weggang wird ihm jetzt ein Besuch des Kaisers, seines Großvaters, gemeldet. Während er ihm entgegengeht, glückt es der Orlowska, zu entwischen. Kaiser Franz hört sich die hochtönenden Worte seines Enkels lächelnd an und freut sich, daß er Fanny bei ihm sieht. Später findet sich auch Metternich ein und sagt dem Herzog beziehungsvoll, er möge sich vor herumziehenden fremden »Sängern« hüten, die bisweilen nichts als politische Abenteurer seien. Dann sind die beiden Liebenden endlich wieder ungestört allein.

3. Akt. Ballsaal im Schloß Schönbrunn. Die Stunde der Entscheidung ist gekommen: Während sich die Teilnehmer des Hofballs fröhlich tanzend unterhalten, haben der Herzog, Fanny und auch Graf Coulaincourt Mühe, ihre Erregung zu verbergen. Aber ist nicht alles gut vorbereitet – muß die Flucht nicht glücken? Schon verläßt der Herzog im weißen Domino den Saal, und einen Augenblick später kehrt Fanny im gleichen Domino in die Gesellschaft zurück. Niemand scheint etwas bemerkt zu haben. Nun sitzt er wohl schon im abfahrtbereiten Wagen, denkt sie – bald wird er die rettende Grenze erreichen! Aber Metternich, der seine Gegenmaßnahmen vorbereitet hat, handelt jetzt: Den Grafen Coulaincourt läßt er verhaften, und den Baron v. Gentz beauftragt er, dafür zu sorgen, daß Fanny, die inzwischen von der Orlowska erkannt wurde, schon morgen nach London abreist, er selbst aber bringt den von seinen Häschern aufgegriffenen Herzog in den Saal zurück und verkündet der Gesellschaft, daß Seine

Hoheit den letzten Walzer dieses Festes mit Fanny Elßler zu tanzen wünsche. Und so geschieht's auch – tanzend müssen die Liebenden voneinander Abschied nehmen, anders als sie's gedacht, für immer.

Die Liebesromanze um Fanny Elßler und den Herzog von Reichstadt bot dem Komponisten vielfältige Gelegenheit zur Präsentation seiner Begabung und seines Könnens. Pepöck versteht es, frisch, warmblütig und farbenreich zu musizieren, und hat für die ernsten wie für die heiteren Partien des Buchs überzeugende Klänge gefunden. Er beherrscht die Kunst einprägsamer dramatischer Charakteristik ebenso wie die einer wirkungsstarken Anlage großer Ensembleszenen. Die melodramatischen Orchestersätze fesseln durch beredte Ausdruckskraft. Am persönlichsten aber wirkt seine Sprache in den lyrischen Gesangsszenen. Im Stil spürt man da und dort Einflüsse von Lehár, gelegentlich auch von Puccini, und durch den sehr hübschen Hauptwalzer *Schönste Frau von Wien* geistert sogar *Rosenkavalier*-Klang. Als Dramatiker konnte Pepöck sein Bestes im Finale des spannend gestalteten letzten Aktes geben. Neben dem schon genannten Walzer seien hier als weitere, besonders reizvolle Stücke noch genannt: die Duette *Ich kenn einen Offizier* und *Laß dich noch einmal umarmen, mein Lieb*, die Tango-Serenade *O sieh, Geliebte, wie ruhet das Meer* und das Tanzduett des Bedientenpaares Dorette und Jan, *Mädel, die Lieb' kommt im Polkaschritt.*
Das so sehr von Legenden umrankte Leben der Wiener Tänzerin Fanny Elßler (1810–84), Tochter von Joseph Haydns musikalischem Adlatus und Kammerdiener Johannes Elßler, war in den Augen der Öffentlichkeit ein einziger künstlerischer und gesellschaftlicher Triumph. Sie war in der Tat eine der größten Ballerinen des Jahrhunderts. Zur Formung des Operettenstoffs vergleiche man die wesentlich anders verlaufende Handlung bei Johann Strauß.

Edmund Nick

* 22. September 1891 in Reichenberg (Böhmen),
heute Liberec (Tschechien)
† 11. April 1974 in Geretsried (Oberbayern)

Nick ist auf den verschiedensten Gebieten als schöpferischer Musiker hervorgetreten, schrieb viele Lieder und Chansons, hat Klavierwerke und Kammermusik komponiert, wurde als Tonfilmautor sowie als Verfasser von Begleitmusiken zu Theaterstücken und Hörspielen bekannt und hat auch die Formen des musikalischen Lustspiels und der Operette in geist- und stimmungsreichen Werken gepflegt. Dabei war er ein Feind des billigen Schlagers. Er verfocht die künstlerischen Ideale der klassischen Operette und hat seinen Stil an Meistern wie Hugo Wolf und Richard Strauss gebildet. Ursprünglich Jurist, wandte sich Nick erst nach dem Ersten Weltkrieg ganz zur Musik. Seit 1919 lebte er in Breslau, zuerst als Konzertbegleiter, Klavierlehrer und Kritiker, dann als Kapellmeister der dortigen Schauspielbühnen und schließlich – bis 1933 – als musikalischer Leiter des Breslauer Senders. In den darauffolgenden Berliner Jahren wirkte er vor allem als Dirigent am Theater des Volkes und beim Kabarett »Katakombe«. 1945 ging er nach München, begann hier wieder als Musikkritiker (der »Neuen Zeitung«, später der »Welt« und der »Süddeutschen Zeitung«), übernahm dann die musikalische Direktion des Kabaretts »Die Schaubude« und für zwei Jahre die Leitung der Bayerischen Staatsoperette. 1949 berief man ihn als Professor an die Hochschule für Musik. 1952–56 war er Leiter der Musikabteilung des Nordwestdeutschen Rundfunks in Köln, dann lebte er wieder als Musikschriftsteller in München. Abendfüllende Werke hat Nick in den beiden Operetten *Über alles siegt die Liebe* (1940) und *Das Halsband der Königin* (1948) geboten, musikalische Lustspiele mit den Stücken *Das kleine Hofkonzert*, *Dreimal die Eine*, *Karussell! Karussell!*, *Xanthippe* u. a.

Das kleine Hofkonzert

Ein musikalisches Lustspiel in 3 Akten (10 Bildern) aus der Welt Carl Spitzwegs. Text von Paul Verhoeven und Toni Impekoven. Uraufführung am 19. November 1935 in den Kammerspielen, München.

PERSONEN: Christine Holm (Sängerin) – Serenissimus – Hofmarschall v. Arnegg – Leutnant Walter v. Arnegg, sein Sohn (Ten.) – Oberst v. Flumms – Frau v. Flumms – Hofmedicus – Bibliothekar – Hofkapellmeister – Polizeiminister – Kammerherr – Der arme Poet – Seine Wirtin – Apotheker – Mona, seine Frau – Hanne, deren Tochter (Soubr.) – Jakob, Provisor (Buffo) – Herr Zunder – Bürgermeister – Schildwache – Der Wirt »Zum silbernen Mond« – Hofbeamte. Lakai. Zofe. Der Witwer. Soldaten. Bürger und Bürgerinnen. Musikanten. Damen und Herren des Hofes.

ORT UND ZEIT: Eine kleine deutsche Residenz, um 1840.

1. Akt. 1. Bild. *Am Stadttor.* Zwei Fremde fahren in der Postkutsche in die Stadt ein: Die Sängerin Christine Holm aus München und der Geschäftsreisende Zunder aus Sachsen. Zur Paßkontrolle muß man am Tor halten. Herr Zunder ärgert sich schrecklich über das bummelige Verfahren. Christine lächelt nur. Nach langem Warten erscheint endlich der diensthabende Offizier, Leutnant Walter v. Arnegg. Rasch ist Christines Paß visitiert: Walters Blicke gelten mehr der reizenden Erscheinung der fremden Dame als dem Amtspapier. Er empfiehlt ihr als Quartier den »Silbernen Mond« und nennt ihr auch auf ihre Frage die Adresse des Poeten Emil Knipp. Herr Zunder aber wird streng behandelt, denn er führt Schmuggelware bei sich. – 2. Bild. *Zwischen den Dächern.* Im lauschigen Gärtchen zwischen den Häusern des Apothekers und des Hofmedicus, die an den »Silbernen Mond« angrenzen, sitzen der Hofmarschall v. Arnegg, Oberst Flumms und der Hofmedicus bei einem Spielchen, unterhalten sich über das bevorstehende kleine Hofkonzert bei Serenissimus und geben sich bewundernd dem Anblick einer hübschen Frau hin, die auf dem Hotelbalkon sichtbar wird. Von Walter erfahren sie, daß es Christine ist. Sie genießt den

abendlichen Zauber der kleinen Stadt, während sich im Apothekerhaus zwei heimliche Liebesleutchen vergeblich zu verständigen suchen; denn der gestrenge Apotheker fängt das Brieferl ab, das der Provisor Jakob seiner Tochter Hanne als »Luftpost« durchs Fenster zuzustellen versucht. Nachdem die Herrengesellschaft ins Haus abgezogen ist, nähert sich Walter Christine, die von seiner chevaleresk-draufgängerischen Art sehr angetan ist. – 3. Bild. *Der silberne Mond.* Zunder hat die »Schikane« bei der Paßvisitation nicht vergessen und beschwert sich über die Bevorzugung jener »koketten« Dame. Es gelingt ihm, die Honoratioren so gegen Christine aufzuhetzen, daß diese den Plan fassen, die Fremde auszuweisen, falls sie unangenehm auffalle – man hat ja bereits herausgebracht, daß sie außerehelich geboren ist und hier nach ihrem Vater forschen will. Walter wird Zeuge des böswilligen Geredes, verteidigt die Ehre Christines und nennt sie seine Braut. Christine hat die Szene beobachtet und macht nun, da sie mit Walter Arm in Arm über den Platz geht, seine Behauptung glaubhaft.

2\. Akt. 4. Bild. *Vorzimmer bei Serenissimus.* Der kleinstädtische Klatsch ist schon bis in die Residenz vorgedrungen. Wie kann sich der Sohn des Hofmarschalls mit »dieser Person« verloben! Walter freilich möchte das beim Streit vor dem Gasthof nur behauptete Bündnis mit Christine wahr machen. Doch sein Vater will nichts davon hören und bestimmt Serenissimus zu dem Befehl, die fremde Dame sogleich zur Abreise zu veranlassen. Walter soll sie selbst fortbringen. – 5. Bild. *Der arme Poet.* Emil Knipp muß sein Leben kärglich fristen. Winzige Einnahmen verschaffen ihm die Liebesgedichte, die er bald für den Provisor Jakob, bald für Hanne schreibt: Voreinander pflegen die beiden *seine* Verse als ihre eigenen auszugeben. Auch Christine besitzt eines seiner Lieder: *»Wenn des Abends dunkler Schleier . . . «* Sie hat es im Nachlaß ihrer Mutter entdeckt und hofft durch Knipp zu erfahren, welchem Mann ihre Mutter, die einst als berühmte Sängerin in die Stadt kam, hier nahegestanden ist. Knipp erinnert sich zwar jener Zeit, rät ihr jedoch, das Forschen nach ihrem Vater aufzugeben. Wer weiß, was daraus noch entsteht! Das Gespräch wird durch Walter unterbrochen, der Christine mit Wachsoldaten abholt. Er will sie aber nicht nur zur Grenze begleiten, sondern seinen Dienst quittieren und ihr folgen. – 6. Bild. *Der Bibliothekar.* Serenissimus unterhält sich mit seinem Bibliothekar. Die sittliche Entrüstung der Kleinbürger findet er lächerlich, aber – bitte keinen Skandal! Seine Vorfreude auf das morgige Hofkonzert wird getrübt durch die Nachricht, daß die dafür engagierte Sängerin abgesagt habe. Gerne geht er daher auf den Vorschlag des Bibliothekars ein, die ausgewiesene Sängerin Christine Holm zurückzuholen. Das Gespräch über die fremde Künstlerin weckt Erinnerungen in ihm: Gedanken an die Zeit seiner großen Liebe zu einer Sängerin vor 25 Jahren – und an jenen Abschiedsabend, an dem sie ihm das Lied sang: *»Wenn des Abends dunkler Schleier ... «* – 7. Bild. *Wer zuletzt lacht.* Der Auszug Christines aus der Stadt wird für sie zu einem Spießrutenlaufen durch die Reihen der hämischen Bürger. Als aber der Hofmarschall hinzukommt und ihr unter Entschuldigungen die Einladung aufs Schloß übermittelt, wandelt sich die Stimmung schnell und wendet sich jetzt gegen Zunder, den Urheber der Verleumdungen.

3. Akt. 8. Bild. *Begegnung.* Christine tritt dem zunächst sehr zurückhaltenden Fürsten mit so viel Würde entgegen, daß er rasch zu ihren Gunsten umgestimmt ist. Als sie ihm vom Grund ihres Aufenthaltes in der Stadt und von den Forschungen nach ihrem Vater erzählt, verspricht er ihr sofortige Hilfe. Bezwungen von seiner Liebenswürdigkeit erklärt sie sich bereit, im Hofkonzert zu singen. – 9. Bild. *Variationen.* Der Befehl der Hoheit, Christines Vater ausfindig zu machen, wirkt »Wunder«. In den Akten haben die Beamten freilich nichts gefunden, aber einen Vater schaffen sie doch herbei: für 500 Gulden muß Knipp die Rolle übernehmen. Der verdutzte Poet schickt sich drein; Christine spielt mit. Verzaubert von der höfischen Atmosphäre, in die er unversehens geraten ist, berauscht sich Knipp im Geist an der Vorstellung, selbst Serenissimus zu sein, empfängt als

»Fürst« das erstaunte Paar Jakob und Hanne und vereint die Liebenden. – 10. Bild. *Finale.* Von Christine erfährt Serenissimus die Wahrheit über die erdichtete »Vaterschaft« Emil Knipps. Dabei macht sie die Hoheit aber zugleich auf den zu Unrecht verkannten Dichter aufmerksam – er sei doch der Verfasser der schönen Weise: *»Wenn des Abends dunkler Schleier ...«* Heute abend im Konzert wolle sie dies Lied singen, das der arme Poet einst für ihre Mutter geschrieben. Nachdenklich schweigend vernimmt Serenissimus diese Kunde. Dann sagt er ihr, daß er sich selbst von nun an wie ein Vater um sie annehmen wolle. Er erhebt sie in den Adelsstand und ermöglicht ihr so die Ehe mit Walter. Auch Emil Knipp bekommt ein »von« vor seinen bescheidenen Namen.

Abseits der breiten Operettenstraße, fern von allen lärmenden und aufdringlichen Effekten, finden sich in diesem – auch textlich reizenden – Kammer-Singspiel die feineren und reineren Wirkungen einer stimmungsvollen Musik voll Grazie, Humor und süßer Schwärmerei. Nicks Partitur setzt sich aus einer Folge von anmutigen, melodisch und rhythmisch, harmonisch und klanglich preziös pointierten Miniaturen zusammen, die sich nicht nur der Handlung reizvoll einschmiegen, sondern wirklich viel von der anheimelnden Stimmung und leisen Drolerie spitzwegischer Kleinstadtbilder spürbar machen. Oft gewinnt die melodische Sprache den Tonfall des echten Volkslieds, so besonders in der Komposition des Goetheschen *Heidenröslein.* Unter den lyrischen Melodien ragen auch die Weise *Wenn des Abends dunkler Schleier* und das Liebesduett *Dich, nur dich hat das Schicksal mir auserwählt* hervor, unter den heiteren Stücken die Walzerlieder *Leben ohne Liebe kann man nicht* und *Nochmal jung sein, nochmal dumm sein.*

ARTHUR HONEGGER

* 10. März 1892 in Le Havre
† 27. November 1955 in Paris

In einem Buch über Operetten einen Komponisten von der Art Honeggers zu nennen, erscheint auf den ersten Blick vielleicht abwegig. Sein weltweiter Ruhm gründet sich ja auf ernste Musik, auf Opern, gewichtige Sinfonien, Kammermusiken und szenische Oratorien wie *König David* und *Johanna auf dem Scheiterhaufen*. Dennoch hat der französisch-schweizerische Künstler, dessen Lebenswerk eine ungewöhnliche Aufgeschlossenheit für sehr verschiedenartige Aufgaben dokumentiert, in den dreißiger Jahren Beiträge zur Gattung Operette geboten und sich auch hier als origineller, phantasie- und temperamentvoller Musiker gezeigt. Arthur Honegger studierte in Zürich, dann in Paris, wo er sich dem damals avantgardistischen Kreis anschloß, der als »Groupe des Six« in die moderne Musikgeschichte eingegangen ist. Paris blieb der dauernde Wohnsitz des Komponisten. Von seinen Operetten ist nur die nachstehend beschriebene in Deutschland bekanntgeworden, nicht aber *La belle de Moudon* (1931) und *Les petites Cardinal* (1938).

Die Abenteuer des Königs Pausole
Les aventures du Roi Pausole

Operette in 3 Akten. Text von Albert Willemetz nach dem gleichnamigen Roman von Pierre Louys (1901). Deutsche Textfassung von Hans Zimmermann. Uraufführung am 12. Dezember 1930 im Théâtre des Bouffes-Parisiens, Paris.

PERSONEN: König Pausole – Aline, seine Tochter – Taxis, Minister – Dame Perchuque – Giglio, Page – Diane, Königin »vom Dienst« – Mirabelle, Tänzerin – Meier, Besitzer einer Meierei – Thierette, ein Landmädchen – Ein Brigadier der Wache – Ein Matrose und seine Tochter – Ein braves und ein leichtes Mädchen – Ein Soldat – Eine

Schülerin – Ein Fräulein Mutter – Königinnen. Tänzerinnen. Bäuerinnen. Wachen.

Ort und Zeit: In und bei dem imaginären Tryphème, der Sommerresidenz des Königs, zu unbestimmt gegenwärtiger Zeit.

1. bis 3. Akt. Pausole, jeder Zoll kein König, aber ein freundlicher, nicht humorloser Mann, besitzt einen Harem von 365 Frauen. Für amouröse Abwechslung wäre da also vorgesorgt, doch die Damen erfreuen sich keineswegs eines besonderen Interesses ihres Gebieters. Vergebens erstrebt Diane, die heutige »Königin vom Dienst«, ein Zusammensein mit ihm. Um Ordnungs- und Etikettefragen am Hofe kümmern sich – mit bescheidenem Erfolg – Minister Taxis und die mit ihm konspirierende Dame Perchuque. Zur Erheiterung der gelangweilten Königinnen ist heute ein Ballett engagiert worden. Die kecke Primaballerina Mirabelle wird in der geplanten Aufführung die Hosenrolle des Prinzen Charmant spielen; schon im Kostüm, begegnet sie zuerst Taxis und Perchuque, die ihr gar nicht gewogen sind, dann aber der anmutigen Tochter des Königs, Aline, mit der sie sich gleich anfreundet. Die unschuldige, von ihrem Papa streng allen Versuchungen ferngehaltene Aline hält aber die verkleidete Mirabelle für einen jungen Mann und verliebt sich in sie. Nun erscheint Pausole selbst, zunächst, um die Ballettvorstellung zu sehen, dann, um sich als Gerichtsvorsitzender die Beschwerden einiger Kläger anzuhören. Plötzlich meldet man ihm, daß Aline verschwunden ist; ein hinterlassenes Briefchen klärt ihn auf, daß sie sich von einem, bei dem sie sich geborgen fühle, entführen ließ. Da ist guter Rat teuer! Aber der eben noch wegen eines frechen Streichs angeklagte Page Giglio empfiehlt dem König, die Ausreißerin selbst zu suchen und eine Reise zu unternehmen, die zugleich auch etwas Abwechslung in die Monotonie seines Lebens bringen könne. Willig geht Pausole auf diesen Vorschlag ein. – Auf der nahe bei Tryphème gelegenen Meierei des Herrn Meier herrscht schon große Aufregung, weil man den König, der eigentlich inkognito unterwegs ist, erwartet. Thierette macht darauf aufmerksam, daß für den hohen

Gast kein Zimmer zur Verfügung stehe, da das einzige passende von einem jungen Paar besetzt sei. Bald nach der Ankunft Pausoles entdeckt Giglio in diesem Paar die gesuchten Flüchtlinge, verrät sie jedoch nicht, sondern hält sie nur, als »Thierette« verkleidet, mit der Drohung, sein Wissen auszuplaudern, in Schach. Das Zusammensein der drei endet mit einem Küssespiel, bei dem Aline spürt, daß »Thierette«-Giglio ganz anders zu küssen versteht als Mirabelle. Schließlich muß sich Giglio doch als Mann zu erkennen geben. Jetzt möchte ihn Mirabelle gerne verführen, ihm aber gefällt Aline besser. Pausole hat inzwischen ein Schläfchen gemacht. Seine Reise geht schneller als gedacht zu Ende: Taxis und Perchuque kreuzen unerwartet auf und berichten von einer Revolution der verlassenen Königinnen, also schnell nach Hause! Vorher muß er sich jedoch noch mit verschiedenen Bittstellern befassen und neben allerlei interessanten Wünschen von Frauen und Mädchen auch das Anliegen eines Sprechers der Soldaten, künftig jeden Krieg zu vermeiden, zur Kenntnis nehmen. Dann kehrt man nach Tryphème zurück, wo man sich aber nicht im Schloß, sondern im Hotel »Bouffe Royal« einquartiert. Auch Aline und Mirabelle sind hier gelandet. Aus dem Zimmer des noch ruhenden Königs kommt am Morgen Diane, die endlich bei ihm zu ihrem Liebesrecht gekommen zu sein scheint, doch in Wirklichkeit hatte sich Giglio eingeschlichen und den müden Pausole vertreten. Seine wahre Neigung aber gehört Aline, und die Prinzessin läßt ihn auch nicht in Zweifel darüber, daß ihr seine Liebe viel mehr bedeute als die Freundschaft Mirabelles. Der schlaue junge Mann versteht es, dem König raffiniert das Einverständnis zu seiner Verbindung mit Aline abzulisten. Zum Schein tobt Pausole zwar ein wenig über das ihm zugemutete Fait accompli, gibt aber das Paar zusammen und entschließt sich, als König abzudanken und Schmetterlingssammler zu werden.

Schon das Fast-Nichts an plausibler Handlung, noch mehr der mit keckem bis frivolem Witz anzügliche, auch mit pikanten politischen Akzenten durchsetzte Text rückt das Werk in die Nähe Offenbachscher Burlesken. Sein feinerer Wert liegt in der Musik Honeggers, die diese Wesensverwandtschaft mit dem Geist und der Kunst des klassischen Opéra-bouffe-Meisters erst voll spürbar macht. Um der reizend leichtfüßigen, elegant heiteren und oft geistvoll pointierten Musik willen muß man es bedauern, daß dem *König Pausole* ein breiterer Dauererfolg versagt geblieben ist. Enthält sie auch kaum Melodien, die zu »Schlagern« werden könnten, so entzückt sie doch durch viele charmante Einfälle, durch den echten Lustspielgeist, der in ihr lebt, und durch manche Reize echt französischen Sentiments. Zu den Vorzügen der Operette gehört auch die harmonisch, rhythmisch und klanglich delikate, weithin sehr persönliche Gestaltung der (30 knapp geformte Nummern umfassenden) Partitur. Es fällt schwer, einzelnes hervorzuheben, besonders nennenswert erscheinen aber doch Stücke wie die differenziert geprägten Lieder der Aline, die komische Chorkantate *Vive le Roi Pausole*, das Traumduett Dianes und Giglios, das Terzett *Dem Pfirsich gleichen ihre Wangen* (Aline / Mirabelle / Giglio) und das im Bolerorhythmus gehaltene Lied von der *Spanischen Schokolade* (Thierette).

Paul Abraham

* 2. November 1892 in Apatin (Ungarn)
† 6. Mai 1960 in Hamburg

Wie viele andere Operettenkomponisten hat auch Paul Abraham mit Werken ernster Richtung begonnen. In dem Jahrzehnt, das seiner Studienzeit an der Budapester Musikhochschule (1910–16) folgte, schrieb er u. a. Streichquartette und ein Konzert für Violoncello. Erst als 36jähriger fand er zu der seinem Talent gemäßen volkstümlichen Kunstform. Seine erste Operette, *Der Gatte des Fräuleins*, entstand 1928. Mit seiner zweiten, *Victoria und ihr Husar* (1930), errang er bereits einen durchschlagenden Erfolg. Durch dieses Werk und die in den Jahren 1931 und 1932 folgenden Operetten *Die Blume von Hawaii* und *Ball im Savoy* wurde sein Name in aller Welt bekannt. Auch mit verschiedenen Filmmusiken trat er damals hervor. Die Ereignisse des Jahres 1933 zwangen den Künstler, seinen Berliner Wohnsitz, den er seit 1930 innehatte, aufzugeben und Deutschland zu verlassen. Über Wien, Budapest und Kuba führte ihn sein Weg als Emigrant 1938 nach New York. 1956 kehrte er schwerkrank nach Deutschland zurück.

Victoria und ihr Husar

Operette in 3 Akten und einem Vorspiel. Text von Emmerich Földes, Alfred Grünwald und Fritz Beda-Löhner. Uraufführung am 7. Juli 1930 an den Städtischen Bühnen, Leipzig.

PERSONEN: John Cunlight, amerikanischer Gesandter – Gräfin Victoria, seine Frau (Sängerin) – Graf Ferry Hegedüs auf Doroszma, deren Bruder (Buffo) – O Lia San, Ferrys Braut (Soubr.) – Riquette, Kammerzofe Victorias – Aladar Koltay, Husarenrittmeister (Ten.) – Jancsi, sein Bursche – Pörkelty Istvan, Bürgermeister von Doroszma – Ein russischer Offizier – Ein japanischer Bonze – Japanische Kavaliere und Mädchen. Gäste. Diener. Zofen. Kulis. Kosaken. Husaren. Bäuerinnen. Volk.

ORT UND ZEIT: Sibirien, Petersburg, Japan und Ungarn, nach 1918.

Vorspiel. Sibirische Steppenlandschaft. Der ungarische Husarenrittmeister Koltay ist mit seinem Burschen Jancsi in russische Kriegsgefangenschaft geraten. Traurig gedenkt Jancsi der schönen Heimat und spielt auf seiner Geige das Liebeslied, das Koltay voll sehnsüchtiger Gedanken an vergangene Zeiten anstimmte. Ein Wachsoldat, der zuhört, möchte die Geige gerne haben und verspricht den Gefangenen dafür die Freiheit. Jancsi trennt sich von seinem geliebten Instrument. Sie entfliehen.

1. Akt. Im Haus des amerikanischen Gesandten Cunlight in Tokio. Mr. Cunlight ist zum Gesandten in Petersburg ernannt worden und feiert heute mit seiner Gattin Victoria, einer gebürtigen Ungarin, Abschied von Japan und den dort gewon-

nenen Freunden. Die Verlobungsfeier von Victorias Bruder, Graf Ferry, mit der reizenden Halbjapanerin O Lia San wird die Abschiedsstunde aufheitern. Victoria, die ihrem Gatten, einem noblen Charakter, aufrichtig zugetan ist, scheint seltsam erregt. Gestern, auf einer Fahrt durch die Stadt, hat sie einen Mann gesehen, den sie seit langem tot glaubte: Koltay, ihren einstigen Bräutigam. Auch Koltay, der auf seiner Flucht mit Jancsi hierhergelangte, hat sie wiedererkannt. Nun kommt er in die Gesandtschaft. Man hat ihm gesagt, daß hier Ungarn leben. Er führt sich bei Cunlight unter dem Namen Czaky ein, wird Victoria vorgestellt und erfährt so, daß sie die Frau eines anderen geworden ist. Cunlight bleibt ahnungslos. Er will Koltay, um ihm in die Heimat weiterzuhelfen, mit nach Petersburg nehmen.

2. Akt. In der amerikanischen Gesandtschaft in Petersburg. Victoria sieht sich durch Koltays Erscheinen in auswegloser Bedrängnis. Einer Aussprache mit dem einst und noch immer Geliebten weicht sie aus, bis ihre Zofe Riquette (die schon Jancsis Neigung gewonnen hat) doch eine Begegnung der beiden unter vier Augen herbeiführt. Jetzt erzählt sie ihm, daß man ihr mitgeteilt habe, er sei gefallen; nach langer Trauer sei sie schließlich Cunlights Frau geworden, vor allem aus Dankbarkeit für seine freundschaftliche Güte. Koltay sucht sie vergeblich zu bestimmen, mit ihm in die Heimat zu fliehen, sie will ihrem Gatten die Treue halten. Doch alles drängt zu rascher Entscheidung: die Russen haben den Flüchtling Koltay erkannt; nur Cunlight kann seine Verhaftung verhindern. Er will ihm auch beistehen, obwohl er von Ferry erfahren hat, wer unter dem Namen Czaky in sein Haus gekommen ist. Koltay aber verschmäht seine Hilfe und liefert sich in seiner Verzweiflung selbst dem Feind aus.

3. Akt. Im Dorfe Doroszma in Ungarn. Ein Jahr ist vergangen. Victorias und Cunlights Wege haben sich getrennt. Koltay ist auf Cunlights Intervention hin begnadigt worden und wird bald, vielleicht schon heute, als Austauschgefangener nach Ungarn zurückkehren. Nach einer Weltreise hat Victoria, einsam und hoffnungslos, ihr heimatliches Schloß wieder

Emmerich Kálmán: Die Zirkusprinzessin
Volksoper Wien

Eduard Künneke: Der Vetter aus Dingsda
Staatstheater am Gärtnerplatz, München

aufgesucht. Auch Ferry ist mit O Lia San nach Doroszma gekommen, ebenso Jancsi mit seiner Riquette. Die beiden glücklichen Paare wollen sich heute beim Weinlesefest die Hände fürs Leben reichen. Nach altem Brauch werden aber alljährlich bei der Winzerprobe drei Paare zusammengegeben, und da hoffen nun Ferry und Jancsi, daß Victoria die dritte Braut sein möchte. Jancsi sähe sie gerne mit Koltay vereint und träumt von der rechtzeitigen Rückkunft seines Rittmeisters. Ferry aber will Victoria mit ihrem Gatten aussöhnen, der gegenwärtig in Budapest als Gesandter lebt. Als Cunlight in Doroszma erscheint, zeigt sich Victoria wirklich bereit, ihm aufs neue zu folgen, doch in dem Augenblick, da sie ihm zum zweitenmal ihr Jawort geben will, trifft Koltay ein. Nun finden sich endlich die beiden Menschen, die von je zusammengehörten. Cunlight selbst hatte für Koltays Kommen gesorgt. Hoch über kleinmenschlichem eifersüchtigem Egoismus stehend, will er nichts als Victorias Glück.

Victoria und ihr Husar gehörte zu den großen Operettenerfolgen der dreißiger Jahre. Dazu trug gewiß auch das Textbuch bei mit seinem anregenden, kontrastreichen Wechsel der Schauplätze und mit seinem eindrucksvollen Zeitakzent der Erinnerung an Kriegsgefangenenschicksale der Jahre nach dem Ersten Weltkrieg. Vor allem aber begrüßte man in Paul Abraham mit Recht ein starkes Talent, das mit einem nicht alltäglichen Können die Gabe der Erfindung neuer schlagkräftiger Melodien verband. Stilistisch folgt der ungarische Komponist vielfach den Spuren Kálmáns und des späten Lehár, bekennt sich jedoch viel entschiedener als jene älteren Meister zu modernen Tanzrhythmen. Mit den Farbmitteln gegenwartsnaher Harmonik und reizvoller Instrumentation weiß er namentlich als Kolorist stark zu fesseln. Die Charakterisierung der russischen, japanischen und ungarischen Stimmungslandschaften ist ihm ausgezeichnet gelungen. Aus dem Melodienreigen des Werks greifen wir als Hauptstücke heraus: die Foxtrotts *Ja so ein Mädel, ungarisches Mädel* und *Meine Mama war aus Yokohama*, das Lied Koltays *Nur ein Mädel gibt es auf der Welt*, den Slowfox *Mausi, süß warst du heute Nacht* und die für den sentimentalen Lyrismus Abrahams bezeichnenden English-Waltz-Lieder *Reich mir zum Abschied noch einmal die Hände* und *Pardon, Madame, ich bin verliebt.*

Die Blume von Hawaii

Operette in 3 Akten. Text von Emmerich Földes, Alfred Grünwald und Fritz Beda-Löhner. Uraufführung am 24. Juli 1931 an den Städtischen Bühnen, Leipzig.

PERSONEN: Laya, Prinzessin von Hawaii (Sängerin) – Prinz Lilo-Taro (Ten.) – Kanako Hilo, ein vornehmer Hawaiier – Kapitän Reginald Harald Stone (Ten.) – Lloyd Harrison, amerikanischer Gouverneur von Hawaii – John Buffy, sein Sekretär – Bessie Worthington, seine Nichte – Raka, eine junge Hawaiierin (Soubr.) – Jim Boy, amerikanischer Jazzsänger (Buffo) – Suzanne Provence, seine Partnerin (gespielt von der Darstellerin der Prinzessin Laya) – Perroquet, Oberkellner – Chun-Chun, chinesischer Diener – Lilian – Marineoffiziere. Kadetten. Hawaiische Tänzerinnen. Volk von Hawaii. Herren und Damen der Gesellschaft.

ORT UND ZEIT: In Honolulu und in Monte Carlo, 1895.

1. Akt. Garten der Gouverneursvilla in Honolulu. Seit die amerikanischen Gouverneure hier residieren, sind die Mitglieder der hawaiischen Königsfamilie ins Exil gegangen. Wohl hofft auch jetzt noch eine königstreue Partei unter Führung Kanako Hilos auf eine Wiederherstellung des Königtums, aber Gouverneur Harrison mißt diesen Bestrebungen keine große Bedeutung bei: die Thronerbin von Hawaii, Prinzessin Laya, lebt ja in Paris, Prinz Lilo-Taro aber hat sich den veränderten Verhältnissen so angepaßt, daß von seiner Seite keine restaurativen Aktionen zu fürchten sind – mag er sich auch, wie jetzt nach langer Reise, wieder in Hawaii aufhalten. Gerne freilich sähe es Harrison, vor allem aus politischen Gründen, wenn seine Nichte Bessie sich mit dem Prinzen vermählen würde. Sein Sekretär Buffy ist von diesem Gedanken wenig entzückt, da er Bessie liebt. Nun gibt es eine große Überraschung für die Amerikaner: Ein

von Kapitän Stone befehligtes Schiff bringt zwei bekannte Kabarettkünstler nach Honolulu, Suzanne Provence und ihren Partner, den Jazzsänger Jim Boy. Doch es ist nicht die *echte* Suzanne, die da angekommen ist, sondern eine Frau, die den Namen der Künstlerin benutzt hat, um ungehindert hierherzugelangen – Prinzessin Laya. Ihr ging es nur um ein Wiedersehen der verlorenen Heimat, die Partei Kanako Hilos jedoch erhofft von ihr die Erneuerung des Königtums. Das Volk huldigt ihr voll Begeisterung. Lilo-Taro klärt den Gouverneur und den in Laya verliebten Kapitän Stone auf, wer die vermeintliche Suzanne Provence in Wahrheit ist. Er ist tief bewegt von Layas Ankunft: einst, als sie Kinder waren, wurde sie mit ihm verlobt, und so ist sie jetzt in den Augen der Hawaiier seine Braut. Aber er wird sein Recht auf sie niemals erzwingen, nur eine Frau, die ihn wiederliebt, soll seine Gattin werden.

2. Akt. Saal im königlichen Palast in Honolulu. Laya soll als Blumenkönigin gekrönt werden. Nicht mit Unrecht vermuten die Amerikaner, daß dieses friedliche Fest die Absicht tarnen soll, die Prinzessin als Königin einzusetzen. Laya selbst ist in einen inneren Zwiespalt geraten: sie ist zu vernünftig, um sich in ein politisches Abenteuer einzulassen, doch lockt es sie, Königin dieses herrlichen Inselreiches zu werden. Ehe es aber zur Krönung Layas kommt, überbringt ihr der Gouverneur eine Abdankungsurkunde zur Unterzeichnung. Als sie sich weigert, soll Kapitän Stone sie verhaften – er widersetzt sich jedoch und gefährdet damit seine Karriere. Um ihm zu helfen, entschließt sich Laya, die Urkunde zu unterzeichnen. Lilo-Taro glaubt darin einen Beweis zu sehen, daß sie Stone liebt. Nun erscheint ihm sein Leben sinnlos. Laya aber wird sich jetzt der Stärke ihrer Empfindungen für Lilo-Taro ganz bewußt.

3. Akt. In einer chinesischen Bar in Monte Carlo. Hier, wo die echte Suzanne Provence gerade gastiert, treffen die durch ihre Erlebnisse auf Hawaii Verbundenen wieder zusammen. Stone und Lilo-Taro sind Freunde geworden, seit der Kapitän den Prinzen, der den Tod im Meer suchen wollte, gerettet hat. Endlich schlägt die Entscheidungsstunde für die beiden un-

glücklich in Laya Verliebten: Buffy ist's, der mit Witz und Findigkeit alles ins Lot bringt und dabei auch seine geliebte Bessie gewinnt. So finden sich endlich Laya und Lilo-Taro für immer, Stone aber sucht bei Layas Doppelgängerin Suzanne Provence Trost.

In seinem zweiten Erfolgswerk, nur ein Jahr nach *Victoria und ihr Husar*, zeigte sich Paul Abraham wieder als ein einfallsreicher Musiker, der den sentimentschweren Salon-Tonfall der Zeit ebenso sicher beherrscht wie ihre modischen Tanzformen und sich gleich gut auf dramatische Charakteristik, wirkungsvollen Ensemblesatz, quicke humoristische Intermezzi und reizvolle Stimmungsmalerei versteht. Exotische Effekte in Melodie, Rhythmus und Klang kommen am intensivsten in der hawaiischen Festszene des ersten Finales zur Geltung. Von den vielen einprägsamen Melodien, die das Stück tragen, seien mit Vorrang ein paar lustige genannt: die Foxtrotts *Ich hab ein Diwanpüppchen ... genau wie du* und *My little boy* sowie der Marsch *Wo es Mädels gibt, Kameraden*. Nicht minder klar geprägt, aber bisweilen durch weichliche Züge getrübt sind die lyrischen Lieder *Du traumschöne Perle der Südsee* (Hawaiian Waltz), *Blume von Hawaii, ich liebe dich fürs Leben* (Slowfox) und *Ein Paradies am Meeresstrand*.

Rudolf Kattnigg

* 9. April 1895 in Oberdorf bei Treffen (Kärnten)
† 2. September 1955 in Klagenfurt

Kattnigg lehrte an Musikakademien in Wien und Innsbruck, war Dirigent der Sinfoniker und an der Oper in Wien. Außer Filmmusiken schrieb er eine Oper und die Operetten *Kaiserin Katharina*, *Prinz von Thule* (1936), *Balkanliebe* (1937), *Mädels vom Rhein* (1938) und *Bel ami* (1948).

Balkanliebe
(Die Gräfin von Durazzo)

Operette in 4 Bildern. Text von Erik Kahr und Bruno Hardt-Warden. Uraufführung am 22. Dezember 1937 im Zentraltheater, Leipzig.

PERSONEN: Marko Franjopan, verbannter Fürst von Illyrien (Ten.) – Graf Jorgowan Schenoa und Baron Niko Bakschitsch (Buffo), Gutsherren – Branko Juranitsch, Bandenführer – Zlata, seine Tochter (Sängerin) – Gorin, Korsarenführer – Daniela von Durazzo, Duchesse von Dardanien – Alfonso Boccini-Montrealt, Präfekt von Venedig – Altgraf Bobby aus Wien (Kom.) – Floßhilde, seine Gattin, geb. Fürstin von Clochowetz aus Przihan – Lotte, eine Wiener Vorstadt-Chansonette (Soubr.) – Ein Kellner. Ein Kammerdiener. Ein Hoteldirektor – Korsaren und Korsarinnen. Hotelpersonal. Ball- und Hotelgäste. Gondolieri. Lakaien. Sportgirls.

ORT UND ZEIT: Im illyrischen Karst, in Venedig und in Tirol. Dreißiger Jahre des 20. Jahrhunderts.

1. bis 4. Bild. Unruhe herrscht in Illyrien, seit sich die Gräfin von Durazzo der Herrschaft bemächtigt hat und der rechtmäßige Fürst, Marko Franjopan, in der Verbannung leben muß. Eine revolutionäre Gruppe will Markos Rechte mit Gewalt erkämpfen. Auch Gorin, der Korsar, hat sich mit seinen Leuten der Bewegung angeschlossen. Über all diese Männer hat Zlata, die Tochter des Bandenführers Branko, große Gewalt. Bald wird Marko, mit dem sie verlobt ist, das Zeichen zum Losschlagen geben. Auch unter den Gutsherren des Landes hat der Verbannte ergebene Freunde: so den Grafen Schenoa und den lustigen »Sternguckerbaron« Niko. Die Hoffnung der Aufständischen auf die Rückkehr ihres Fürsten erfüllt sich eher, als man gedacht: überraschend erscheint er schon heute hier in ihrem Lager. Beglückt schließt er Zlata wieder in seine Arme und erneuert seinen Schwur treuer Liebe. Ist er aber nicht zu früh heimgekehrt – droht nicht Verrat? Graf Schenoa jedenfalls berichtet, daß eine Liste mit den Namen der Verschworenen in die Hände der Gräfin von Durazzo gefallen sei, die sich gerade auf einer Fahrt nach Venedig befinde. Nun beschließt Marko, um das verräterische Doku-

ment wiederzugewinnen, gleichfalls nach Venedig zu reisen – auf neutralem Boden will er seiner Feindin persönlich gegenübertreten. Dem Grafen Schenoa gefällt dieser Plan Markos besonders, denn er erhofft sich das künftige Glück des Vaterlandes nicht von einer kriegerischen Auseinandersetzung, sondern von einer ehelichen Verbindung des Fürsten mit der Gräfin. Nach Markos Abreise beredet er daher Zlata, den Geliebten freizugeben. Zlata scheint wirklich zu diesem Opfer bereit, plant aber bald etwas ganz anderes: Mit Hilfe der Korsaren will sie Schenoas Plan durchkreuzen. – In Venedig erwartet Marko in Begleitung Schenoas und Nikos die Ankunft der Gräfin. Von seinen politischen Zielen ahnt man am Lido nichts: er tritt als eleganter Sportsmann auf. Niko aber umschwärmt die hübsche Wiener Chansonette Lotte, die sich in Gesellschaft des komischen Altgrafen Bobby hier aufhält. Eine beunruhigende Zeitungsnachricht stört die friedlichen Plauderstunden: Die Jacht der Gräfin von Durazzo, so liest man, sei unterwegs überfallen worden, doch habe sich die Gräfin in Sicherheit bringen können. Marko ahnt nicht, daß Zlata mit den Korsaren das Attentat verübt hat, die Gräfin gefangennahm und nun selbst auf dem Weg nach Venedig ist, um verkleidet als »Gräfin von Durazzo« vor ihm zu erscheinen. Der Plan glückt: schon betritt sie in Begleitung des gleichfalls unkenntlich maskierten Korsarenführers das Hotel. Nur den Fürsten Montrealt, der die echte Gräfin seit langem kennt, kann sie nicht täuschen, doch läßt er sich durch Drohungen einschüchtern. Marko aber hat sich auf den ersten Blick in die Gräfin verliebt. Voll schmerzlicher Erbitterung muß sich Zlata schon beim ersten Gespräch mit ihm die – seiner Feindin geltenden – Liebesbeteuerungen des Treulosen anhören. – Nun sinnt sie auf Rache; durch sein Benehmen fühlt sie ja nicht nur sich selbst, sondern auch die Sache des Vaterlandes verraten. Bald nähert sich ihr Marko mit neuen zärtlichen Bekenntnissen seiner Neigung. Als er sie aber entzückt an sich ziehen und küssen will, tritt ihm plötzlich der Korsar entgegen und mahnt ihn zur Rückkehr nach Illyrien, wo nun der Kampf begonnen habe. Als Marko zögert, gibt sich

Zlata mit höhnischen Worten zu erkennen, sagt sich trotzig von ihm los und mahnt ihn an seine Pflicht. Wortlos folgt er schließlich dem Korsaren, während sie ihre schmerzliche Erregung im Taumel des Fests zu ersticken sucht. – Der Kampf in Illyrien hat mit Markos Sieg geendet. Mit Genugtuung vernimmt Zlata, die in Begleitung Lottes nach Tirol gefahren ist, die Nachricht von seinem Triumph, doch kann sie sich nicht entschließen, seine Briefe zu beantworten. Lotte macht sich Sorgen wegen der Hotelrechnung – denn den beiden Damen fehlt es entschieden an Geld. Zum Glück aber treffen hilfreiche Bekannte ein: Niko und Bobby, beide von Sehnsucht nach Lotte hierhergeführt. Aussichten, von ihr erhört zu werden, hat freilich nur Niko. Doch Niko ist jetzt nicht nur in eigener Sache nach Tirol gekommen, sondern als Begleiter Markos, der Zlata heimholen und versöhnen will. Sie weigert sich jedoch, ihn zu sehen, bis Lotte ihr weismacht, er sei im Begriffe, wieder abzureisen. Jetzt siegt die Liebe über ihren Stolz und Trotz.

Das recht wirksame Libretto mit seinen musikalisch ergiebigen Kontrasten von südslawischen und italienischen Stimmungselementen fand in Kattnigg einen Komponisten, der alle sich bietenden Anlässe zu packender Situationsschilderung, farbiger Milieuzeichnung und einprägsamer Charakteristik der Gestalten des Spiels geschickt wahrzunehmen verstand. Die Operette verdient als Arbeit eines geschmackvollen Musikers von gediegenem Können ebenso Beachtung wie als Werk eines einfallsreichen Melodikers, der im Lyrischen allerdings den Einfluß Lehárs manchmal nicht zu verleugnen vermag. Musikalisch-dramatischer Höhepunkt ist das zu mächtiger Ensemblewirkung gesteigerte Finale des 3. Bilds. Als besonders wirkungsvolle Stücke seien noch genannt: Markos empfindsames Lied *Heimat, mit der Seele grüß ich dich!*, Zlatas Brieflied *Hast du mich schon ganz vergessen?*, die hübsche Barkarole *Leise erklingen die Glocken vom Campanile*, das Duett *Einmal leuchtet die Sonne*, der Walzer *Das macht nur jener gewisse und zärtliche Zauber einer Frau* und das Foxtrott-Duett *Liebe Lotte, kleine Lotte.*

Nico Dostal

* 27. November 1895 in Korneuburg (Niederösterreich)
† 27. Oktober 1981 in Salzburg

Nachfahren österreichischer Militärkapellmeister – man denke an Lehár und Fall – bringen anscheinend bisweilen eine besondere Begabung für die Operette mit auf die Welt. Auch Nicolaus Dostal, dreizehn Donaukilometer oberhalb Wiens geboren, war ein Neffe und Enkel von k. u. k. Militärkapellmeistern. Aber erst mit 38 Jahren schrieb er seine erste Operette. Auf Wunsch seines Vaters hatte er nach dem Besuch des Gymnasiums in Linz juristische Studien an der Wiener Universität gemacht, dann folgten gründliche Ausbildungsjahre an der Akademie für Kirchenmusik in Klosterneuburg und erste Erfolge als Kirchenmusiker. Doch blieb er der Musica sacra nicht treu. Seine Wanderjahre führten ihn vielmehr als Theaterkapellmeister u. a. nach Innsbruck, Salzburg und 1924 nach Berlin: Hier kam er in intensive Berührung mit der Unterhaltungsmusik, zunächst als Arrangeur und Kapellmeister, bald aber auch als Komponist. Über Tanzschlager und Tonfilmmusiken fand er den Weg zur Operette, und sein Erstling *Clivia* (1933) brachte ihm gleich die volle Anerkennung des Publikums. Nun folgten Jahr für Jahr neue Stücke: 1934 *Die Vielgeliebte*, 1935 *Prinzessin Nofretete*, 1936 *Extrablätter*, 1937 *Monika*, 1939 *Die ungarische Hochzeit*, 1940 *Die Flucht ins Glück*, 1941 *Eva im Abendkleid* und *Die große Tänzerin*, 1942 *Manina*. Zu seinen späteren Werken zählen die Operetten *Der Kurier der Königin* (1950), *Zirkusblut* (1951), *Doktor Eisenbart* (1952), *Rhapsodie der Liebe* (1963) sowie das Kammermusical *So macht man Karriere* (1961).

Clivia

Operette in 3 Akten. Text von Charles Amberg. Uraufführung am 23. Dezember 1933 im Theater am Nollendorfplatz, Berlin.

PERSONEN: E. W. Potterton, ein Finanzmann aus Chicago – Clivia Gray, eine Filmschauspielerin (Sängerin) – Juan (Ten.) – Yola, seine Base (Soubr.) – Lelio Down, Reporter der Chicago Times (Buffo) – Caudillo, Besitzer einer Estancia – Diaz, Hauptmann – Valdivio, Kriminalinspektor – Drei Herren im Domino – Gustav Kasulke – Herren und Damen. Girls. Gauchos. Offiziere. Ordonnanzen. Soldaten. Bediente.

ORT UND ZEIT: In und um Boliguay, einer imaginären südamerikanischen Republik. Dreißiger Jahre des 20. Jahrhunderts.

1. bis 3. Akt. Der gerissene amerikanische Geschäftsmann Potterton hat eine Filmgesellschaft gegründet und befindet sich mit der Schauspielertruppe auf dem Weg nach Boliguay, wo ein Film mit der Hauptdarstellerin Clivia Gray gedreht werden soll. In Wirklichkeit geht es dem Geldmann aber gar nicht um den Film, er hofft nur, auf diese unverdächtige Weise in Boliguay festen Fuß fassen zu können. Er hat dem Land große Kredite gewährt und einer seinen Absichten freundlich gesinnten Regierung in den Sattel verholfen, dieses Regime aber ist jetzt von einer nationalen Gruppe unter der Führung des Generals Olivero gestürzt worden, und Potterton sieht daher seine Absichten mit Recht schwer gefährdet. Seine Tarnung hinter einer Filmgesellschaft fruchtet nichts, die Einreise wird an der Grenze verweigert. Da weiß Caudillo, der Besitzer einer Estancia, Rat: Wenn Clivia Gray einen Boliguayer heiraten würde, bekäme sie die Staatsangehörigkeit des fremden Landes, und mit ihr könnte dann auch die Filmtruppe einreisen. Dic Verwirklichung dieses Plans gelingt auch. In dem boliguayischen Gaucho Juan findet sich überraschend schnell der geeignete Ehepartner, denn dieser gut aussehende junge Mann findet an Clivia ebenso großes Gefallen wie sie an ihm. Er wundert sich zwar, daß sie ihn, einen Wildfremden, sogleich heiraten will, und hat kein Verständnis für ihre Art, die Liebe als ein bloßes Spiel aufzufas-

sen, findet sich aber zu der alsbald vollzogenen Trauung bereit. Niemand ahnt, daß dieser »Gaucho« kein anderer als der neue Regierungschef Olivero ist. Nach der Einreise in Boliguay veranstaltet Potterton einen Festabend, den er zu Verhandlungen mit Gegnern der neuen Machthaber benutzt. Die Regierung Olivero soll gestürzt werden. Doch diese Absicht mißlingt, weil Juan-Olivero und seine aufmerksamen Helfer das abgekartete Spiel rechtzeitig durchschauen und die beabsichtigte Revolte zu verhindern wissen. Nun erfahren die staunenden Fremden, wer der vermeintliche Gaucho war. Potterton und Clivia werden inhaftiert. Juan muß Clivia für eine Mitwisserin der hochverräterischen Pläne halten und wendet sich jetzt von ihr ab, obwohl er sie liebt. Er glaubt nicht an die Echtheit ihrer Gefühle für ihn, doch Clivia ist nicht nur schuldlos in Pottertons politische Machenschaften verstrickt worden, sie hat auch in den wenigen Stunden ihres Zusammenseins mit Juan den Wert echter Liebe erkannt und will ihr bisher so leeres, verspieltes Leben ändern. Potterton gibt seine Sache noch nicht verloren, Clivia ist ja schließlich Oliveros Frau! Aber Juan zerreißt den Ehevertrag. Dennoch ist er tieftraurig gestimmt: gegen die Verschwörung hat er sich zwar siegreich behauptet, aber was bedeutet ihm das Leben ohne Clivia! Ehe es zur Gerichtsverhandlung kommt, entschließt er sich, die Amerikaner fliehen zu lassen. Potterton nutzt diese Gelegenheit auch eiligst, aber Clivia verzichtet auf die ihr gebotene Chance – ihre Liebe ist stärker als ihre Furcht. Glücklich schließt sie Juan aufs neue als Gattin in seine Arme.

Der starke Erfolg, den Dostal mit dieser seiner ersten Operette erntete, hatte gute Gründe: war es ihm doch gelungen, ein farbiges, abwechslungsreiches Bühnenwerk zu schaffen, das die besondere Eigenart seiner Begabung und den Rang seines Könnens sogleich deutlich erkennen ließ. Seine sicher beherrschte Kunst wirkungsvoller dramatischer Gestaltung, aparter Harmonisierung, dankbarer Führung der Singstimmen und reizvoller Klangprägung erscheint so beachtlich wie seine glückliche Gabe, einprägsame Melodien zu finden und die rhythmischen Reize klassischer und zeitgenössischer Tanzformen für effektvolle Einfälle zu nutzen. Besonders bezeichnend für seine Musik ist auch hier schon der sentimentreiche Tonfall lyrischer Liedweisen. Dem südamerikanischen Milieu der Handlung entsprechend sorgte er auch für Stimmungsechtheit des musikalischen Kolorits und verwendete zum Beispiel bevorzugt Tanzrhythmen wie Bolero, Paso doble und Tango. Neben den eindrucksvoll entwickelten Schlußszenen des 1. und 2. Aufzugs fesseln, als charakteristische Einzelnummern, vor allem die Duette *Mit dir möcht' ich durchs Leben wandern*, *Daß ich mein armes Herz an dich verlor*, *Wunderbar, wie nie ein Wunder war* und *Sie sind mir so sympathisch*, der Paso doble *Man spricht heut nur von Clivia* und Clivias Lied *Ich bin verliebt*.

Monika

Operette in 3 Akten. Text von Hermann Hermecke. Uraufführung am 3. Oktober 1937 in Stuttgart.

Personen: Alexander Gundelach, Landrat a. D. – Clementine, geb. v. Wuhlow, seine Frau – Horst-Dietrich, beider Sohn (Ten.) – Kommerzienrat Marquardt – Ottilie, seine Frau – Vera, beider Tochter (Sängerin) – Ralf Kröger, Maler und Bildhauer – Peter Geislinger (zehnjährig), der Erbe des Geislingerhofes – Rosel, Mariele und Monika (Sängerin), seine älteren Schwestern – Michael Geislinger, deren Onkel – Anton Gruber, Dorfschullehrer (Buffo) – Der Sonnenwirt – Jakob Gäbele, Bauer – Johann Lemke, Lohndiener bei Gundelach – Bauern und Bäuerinnen. Burschen und Mädchen. Kinder und Musikanten. Damen und Herren einer städtischen Gesellschaft. Bedienstete.

Ort und Zeit: Im Schwarzwald und in einer norddeutschen Stadt. Dreißiger Jahre des 20. Jahrhunderts.

1. bis 3. Akt. Mariele, eines der drei Mädle vom Geislingerhof im Glottertal, hält Hochzeit. Welche von ihnen wird nun nach ihr Braut werden? Rosel liebt den Lehrer Gruber, Monika den norddeutschen Medizinstudenten Horst-Dietrich Gundelach, der manchmal von Freiburg aus das Dorf besucht

– aber da sind Hindernisse: der Lehrer liebt Monika mehr als die ihm zugetane Rosel, und außerdem muß eine von den Schwestern wohl den Sonnenwirt zum Mann nehmen, denn ihm ist man wegen eines Kredits für Marieles Aussteuer sehr verpflichtet; natürlich mögen sie beide den ältlichen, protzigen Wirt nicht. Unerwartet kommt Horst-Dietrich zu Besuch und berichtet Monika, daß er soeben sein Examen bestanden habe und sich jetzt in seiner Heimatstadt als Arzt niederlassen wolle. Da heißt es wohl für immer Abschied nehmen – aber in dieser Stunde merken die jungen Leute erst, wie gut sie einander sind, und schon ist der Entschluß gefaßt, daß Monika sogleich mit Horst-Dietrich in dessen Heimat reisen solle. Gesagt, getan. Nicht ohne Grund fürchtet der verliebte »Entführer« freilich, daß seine Eltern von der mitgebrachten bäuerlichen Braut nicht eben entzückt sein werden. So kommt es denn auch. Die Mama macht zwar gute Miene zu dieser Überraschung, hofft aber doch, ihr Sohn werde sich noch für die ihm von ihr zugedachte Frau, die Kommerzienratstochter Vera Marquardt, entscheiden. Vera freilich denkt nicht daran, sich solchen Absichten zu fügen, liebt sie doch den Bildhauer Ralf Kröger. Rasch verständigt sie sich mit Horst-Dietrich, daß sie beide einander nicht nehmen wollen. Bei einer Abendgesellschaft im Hause Gundelach, die mit der geplanten Verlobung enden soll, erscheinen plötzlich, als höchst ungebetene Gäste, einige Abgesandte aus dem Glottertal – der Lehrer, der Sonnenwirt und der alte Onkel der Monika –, um die Ausreißerin zur Rückkehr zu bewegen. Horst-Dietrich bewältigt diese heikle Situation recht gewandt, beschwichtigt die ergrimmten Schwarzwälder und bekennt sich tapfer zu seiner Braut Monika, als man seine Verlobung mit Vera bekanntgeben will – doch da erhebt der Sonnenwirt Einspruch, und Monika schweigt verschüchtert. In der Verwirrung der Stunde versteht man einander plötzlich nicht mehr, schließlich fährt Monika mit ihren Leuten wirklich wieder zurück in die Heimat. – Zeit vergeht. Monika kann das bittere Erlebnis nicht verwinden und glaubt, Horst-Dietrich habe sie aufgegeben, weil sie keinerlei Nachricht von ihm erhält. Sie weiß ja nicht, daß der alte Onkel alle seine Briefe hat zurückgehen lassen, um ihr das Vergessen zu erleichtern. Nun wird sie also doch den immer dringlicher werbenden Sonnenwirt heiraten müssen. Doch der hilfsbereite Lehrer hielt durch heimliche Korrespondenz die Verbindung mit Horst-Dietrich aufrecht und unterrichtete ihn nicht vergeblich über Monikas schwierige Lage. So erscheint der verloren geglaubte Bräutigam gerade noch zur rechten Zeit: er hat die Praxis des alten Dorfarztes übernommen und kann Monika heimführen. Dem trotz seinem Zipperlein so heiratslustigen Sonnenwirt aber verordnet er Bettruhe.

Dem ansprechenden, Lustiges und Sentimentales wirksam kontrastierenden Stoff, der wie Jessels *Schwarzwaldmädel* in die anheimelnde Sphäre eines alemannischen Dorfes führt, entspricht die volkstümliche, ja weithin volkstonnahe und singspielhaft gemütvolle Musik Dostals in bester Weise. In wirksamen Gegensatz zur ländlichen Welt stellte er musikalisch die städtische Gesellschaftssphäre des Mittelakts, die im ersten Ensemble der Gäste in hübscher parodistischer Weise gekennzeichnet ist. Die empfindsame Lyrik des Werks erreicht ihren Höhepunkt in dem damals berühmt gewordenen Lied *Heimatland, Heimatland, dein gedenk ich immerdar.* Charakteristische Einfälle sind auch die Duette *Einmal rechtsrum, einmal linksrum, Ein Walzer zu zweien* und *Wenn eine Frau wie ich*, das (an Lehár anknüpfende) Liebeslied Horsts *Dein bin ich immerdar* und das Terzett *Mädle, guck nit so dumm.*

Die ungarische Hochzeit

Operette in einem Vorspiel und 3 Akten. Text von Hermann Hermecke nach der Novelle *Szelistye, das Dorf ohne Männer* von Kálmán Mikszáth. Uraufführung am 4. Februar 1939 im Württembergischen Staatstheater, Stuttgart.

Personen: Kaiserin Maria Theresia – Baron v. Linggen, Kammerherr – Graf Stefan Bárdossy, Obergespan von Hermannstadt (Ten.) – Desider, Edler von Pötök, sein Onkel (Kom.) – Anton v. Halmay,

Freund des Grafen Stefan – Josef v. Kismárty, Stuhlrichter von Popláka (Kom.) – Frusina, seine Gemahlin (Alt) – Janka, beider Tochter (Sängerin) – Der Schloßhauptmann von Preßburg – Rittmeister Baron von Kießling, Kurier der Kaiserin – Leutnant v. Werth, sein Begleiter – Arpád Erdödy, Kammerdiener des Grafen Stefan (Buffo) – Der Protokollschreiber – Der Küster von Popláka – Die Schenkwirtin – Michael, Großknecht; Anna, Magd; Tibor, Knecht: im Dienst des Stuhlrichters – Etelka, ein Bauernmädchen (Soubr.) – János, Zigeunergeiger – Ungarische Magnaten mit ihren Frauen. Offiziere. Damen und Herren einer Hofgesellschaft. Lakaien. Bauernmädchen. Dorfbevölkerung. Kolonisten. Soldaten.

Ort und Zeit: Ungarn (Hermannstadt, Popláka und Preßburg), um 1750.

Vorspiel. Vorzimmer im Schloß des Grafen Stefan in Hermannstadt. Der Kammerdiener Arpád ist eifrig besorgt, seinen Herrn bei einem der »galanten Soupers«, die dieser Frauenfreund liebt, vor Störungen zu schützen. Eben kommt aber ein unabweisbarer Kurier der Kaiserin mit einem dringenden Auftrag an den Grafen: er soll sogleich in dem Dorf Popláka nach dem Rechten sehen. Denn die dort neu angekommenen Kolonisten, denen außer Ackerland auch schöne junge Mädchen als Ehefrauen in Aussicht gestellt worden waren, haben sich beschwert, daß ihnen der Stuhlrichter Kismárty bisher nur alte häßliche Wesen zum Heiraten angeboten habe. Schon gibt Stefan Befehl zum Aufbruch nach Popláka, da fällt ihm ein, daß ja im Zimmer nebenan eine verliebte Dame auf ihn wartet. Darum beauftragt er jetzt seinen Diener Arpád, an seiner Stelle zu reisen und ihn zu vertreten. Onkel Desider und Baron v. Halmay sollen ihn begleiten. Arpád freut sich, auf diese Weise einmal als Herr auftreten zu können.
1. Akt. Park vor dem Haus des Stuhlrichters in Popláka. Die drohende Inspektion beunruhigt Herrn v. Kismárty sehr, denn nun wird es wohl herauskommen, daß er den Kolonisten die Witwen, die es hier seit dem letzten Kriege gibt, als Frauen aufdrängen wollte. Aber Frusina, seine Frau, weiß Rat: sie hat für heute die schönsten Mädchen der Gegend herbestellt; sie sollen zum Schein als Eheanwärterinnen auf-

treten. Den Grafen selbst aber hofft sie für ihre schöne Tochter Janka zu interessieren, diese will aber von dem weit und breit als Don Juan verrufenen Herrn nichts wissen. Mit Eljén-Rufen begrüßt, trifft nun »Seine gräfliche Gnaden, der Herr Obergespan« ein – Arpád spielt seine Herrenrolle mit Geschick –, und alsbald beginnt die schwierige Verhandlung mit dem Stuhlrichter und den Kolonisten, zu deren Sprecher sich, zu Arpáds und Desiders Überraschung und Entsetzen – der echte Graf Stefan macht. Er ist heimlich vor den anderen hier angekommen und gibt sich nun in Bauernkleidern als Kolonist aus, um die Wahrheit über die Vorgänge in Popláka zu ergründen. Verwundert sehen die aufbegehrenden Männer jetzt auf einmal lauter *hübsche* Mädchen zur Brautwahl antreten. Auch Janka hat sich ihnen angeschlossen. So finden sich bald die rechten Paare. Janka wählt sich Stefan, den vermeintlichen Kolonisten, als Partner. Arpád aber verspricht sich ein nettes Abenteuer mit dem Bauernmädchen Etelka, das sich sehr geschmeichelt fühlt, die Neigung des »Grafen« zu erwecken.

2. Akt. Platz vor der Dorfkirche in Popláka. Frau Frusina v. Kismárty macht sich Sorgen wegen den bevorstehenden Hochzeiten und versucht den Mädchen einzureden, daß alle Ehen heute nur zum Schein geschlossen würden. Wie schrecklich wäre es, wenn ihre Janka dem armen Kolonisten angetraut würde! Aber Stefan ist in echter Leidenschaft für das Mädchen entbrannt und möchte Janka wirklich zu seiner Frau machen. Sie erwidert seine Zuneigung und gesteht ihm daher, wer sie in Wahrheit ist: als adeliges Mädchen dürfe sie nicht die Seine werden. Onkel Desider gerät in große Aufregung, als er hört, daß Stefan das Bauernmädel heiraten will. Ratsuchend wendet er sich an Frusina, klärt sie auf und bekommt nun natürlich von der über diese Nachricht hocherfreuten Frau die Zusicherung, daß Graf Stefan ganz gewiß keine Bauerntochter ehelichen werde. Jetzt erfährt auch Janka von ihrer Mutter die Wahrheit: empört über Stefans Unaufrichtigkeit beschließt sie, ihm nicht zum Altar zu folgen. Etelka aber hofft, Gräfin zu werden; Arpád hat sich ja entschlossen, sie zu heiraten. Schon ziehen die Paare zur Kir-

che. Nach der Hochzeitszeremonie gibt es jedoch große Enttäuschungen: als Stefan seine Braut bittet, den Schleier zu lüften, sieht er nicht Janka, sondern deren Magd Anna vor sich. Dem zornig Aufbrausenden aber gibt Janka zu verstehen, daß sie ihm den Betrug nicht verzeihen könne und sich für eine Liebelei zu schade sei. Die kleine Etelka aber muß nun erfahren, daß sie nicht Gräfin, sondern die Frau eines Kammerdieners geworden ist.
3. Akt. Prunksaal im Schloß zu Preßburg. Alle schuldig und schuldlos von den merkwürdigen Ereignissen in Popláka Betroffenen sind heute hier versammelt. Die Kaiserin selbst will bei einem Hofball alles so klug und gut wie nur möglich wieder ins reine bringen. Stefan hofft, Maria Theresia werde seine unfreiwillig eingegangene Ehe mit der Magd Anna lösen. Sie sagt ihm aber, daß das nur geschehen könne, wenn eine andere Frau bereit sei, ihn zu nehmen. Und jetzt folgt Janka dem Drang ihres Herzens, erbittet Verzeihung für ihn und schenkt dem Beglückten aufs neue ihre Liebe. Die bedenklichen Machenschaften in Popláka aber finden keine Gnade vor den Augen der Kaiserin: Sie erklärt alle damals geschlossenen Ehen für ungültig, nur Etelka muß ihren Arpád behalten. Dem leichtfertigen Stuhlrichter erteilt sie eine ernstliche Verwarnung.

Die originelle Handlung mit ihren Reizen ungarischer Menschen- und Umweltzeichnung hat Dostal zu ebenso stimmungskräftiger wie temperamentvoller Musik inspiriert. Der große, andauernde Erfolg des farbenprächtigen, durch dramatische Lebendigkeit, rassige Rhythmen und charakteristische Melodien fesselnden Werks ist wohl zu verstehen. In der empfindsamen Lyrik spürt man Dostals Verehrung für die Art des Altmeisters Lehár. Zu den bekanntgewordenen Melodien der Operette zählen die Sololieder *Spiel mir das Lied von Glück und Treu*, *Heimat, deine Lieder* und *Märchentraum der Liebe*, die Duette *Frag nur dein Herz, was Liebe ist* und *Du bist meines Lebens Seligkeit* (Langsamer Walzer), das lustige Tanzduo *Kleine Etelka, sag doch bitte ja* und der Csárdás *Ungarmädel lieben, daß Atem dir vergeht.*

Manina

Operette in 4 Bildern. Text von Hans Adler und Alexander Lix. Uraufführung am 28. November 1942 im Admiralspalast, Berlin. Erstaufführung der Zweitfassung am 27. November 1960 im Opernhaus der Städtischen Bühnen, Nürnberg.

Personen: Gräfin Amelie Wenderott-Peutingen – Deren Nichten: Hella v. Liechtenau (Sängerin), Carla, Gusti, Franzi, Nelli und Valli – Mario Zantis (Ten.) – Ronni – Obersthofmarschall – Fiametta – Ferdinand, Diener bei der Gräfin – Bebscho, Gärtner bei Mario – Der Wirt – Drei Minister – Ein Offizier – Fischer. Bauern. Leibgardisten. Polizisten und andere männliche und weibliche Einwohner der Stadt Catatea. Dienerschaft der Gräfin.

Ort und Zeit: Wien und Catatea, zwischen 1900 und 1910.

1. Bild. Salon im Palais der Gräfin Amelie. Hella v. Liechtenau hat auf einem Ball den Herrscher eines kleinen südlichen Reiches, König Jalomir, kennengelernt, und ihre energische, zielbewußte Tante, Gräfin Amelie, wußte diese Begegnung gleich zur Verlobung zu steigern. Heute sind die Brautwerber eingetroffen, um Hella zur Hochzeit nach Catatea abzuholen. Ihre Cousinen, mit Ausnahme Carlas, beneiden sie sehr, Hella selbst aber ist nachdenklich-traurig gestimmt – sie träumt in ihrer Lebens- und Liebessehnsucht von einem anderen, unbekannten Glück. Das einzige, was sie mit dem Land, in das sie nun gehen wird, verbindet, sind die Dichtungen des dort lebenden Dichters Mario Zantis.
2. Bild. Wohnraum im Hause Mario Zantis' in Catatea. Vom Volk verehrt und geliebt, vom König und den Hofkreisen nur geduldet, lebt der Dichter in völliger Zurückgezogenheit. Sein Freund Ronni, der als Offizier die Brautwerberfahrt mitgemacht und sich dabei in Carla v. Liechtenau verliebt hat, erzählt ihm, daß König Jalomir merkwürdigerweise zum offiziellen Empfang seiner Braut nicht erschienen sei. Niemand weiß, wo er sich aufhält. Durch die Chansonette Fiametta, die auf einen Sprung bei Mario vorbeikommt, erfährt man aber bald den Grund: sie ist seit einiger Zeit Jalomirs Geliebte und hat ihn aus Eifersucht in dem Lustschlößchen, wo

er sich mit ihr zu treffen pflegt, einfach eingesperrt. Mario findet das so amüsant, daß er sofort ein Spottlied auf den königlichen Casanova dichtet. Fiametta will es noch heute abend im Kabarett singen. Jetzt erscheint eine andere Besucherin bei dem Dichter: Hella! Sie gibt sich ihm nicht als die künftige Königin zu erkennen, sondern nennt sich »Manina«. Er ist entzückt von ihrer Kenntnis seiner Werke, noch mehr aber von ihrer Schönheit. Bald ist es beiden, als seien sie seit langem füreinander bestimmt, und als Mario ihr vom Leben und vom heutigen Abenteuer des Königs erzählt, gibt sie sich ganz diesem großen Liebesgefühl hin und verbringt die Nacht bei ihm. Am Morgen entflieht sie. Ihre Flucht bleibt jedoch nicht das einzige Unheil, das den Dichter heute trifft. Wegen des Spottlieds auf den König wird er verbannt.
3. Bild. Stadtplatz in Catatea. Zwei Jahre sind vergangen. König Jalomir hat abgedankt. Hella wird nach diesen glücklosen Ehejahren allein als Königin herrschen. Für Mario ist die Stunde der Rückkehr gekommen, doch muß er sich noch verborgen halten. Ronni, der sich inzwischen mit Carla verheiratet hat, rät ihm zu einem Gnadengesuch. Trotz vieler Erlebnisse in der weiten Welt hat er die Liebesnacht mit Hella-Manina nicht vergessen; bald hofft er, die Geliebte wieder in seine Arme zu schließen. Während des romantischen Mamamutschi-Volksfestes erscheint er, Amnestie erbittend, vor der Königin. Betroffen erkennt er in ihr seine »Manina«. Da sie jedoch tut, als kenne sie ihn nicht, weist er die Gnade, in der Heimat bleiben zu dürfen, zurück.
4. Bild. Gartenterrasse vor Marios Haus. Der enttäuschte Mario will wieder abreisen. Als ihm Ronni mitteilt, die Königin wolle ihn sprechen, weigert er sich trotzig, zu ihr zu gehen. Doch schon kommt Hella selbst zu ihm, bekennt, wie unrecht sie getan habe, ihn damals zu verlassen, und versichert ihn aufs neue ihrer Liebe. Dennoch bleibt er unversöhnlich und zweifelnd. Erst als sie ihm sagt, sie wolle als Königin abdanken, um ganz dem geliebten Manne anzugehören, erkennt er beglückt, wie wahr und tief sie ihn liebt.

Dostal hat hier eine reizvolle Gesangs- und Tanzoperette geschaffen, die durch schwingende Melodik, rhythmische Frische, Farbigkeit der Klangbilder, aparte Tönungen der Harmonik und viel anmutig-heitere Beweglichkeit besonders anziehend wirkt. In den Liedern und Chören, in den Tänzen und Orchesterzwischenspielen, in den eindrucksvollen dramatischen Steigerungen, in stimmungsstarken Melodramen und in der kräftigen Betonung des südlichen Kolorits des Stoffes (Barkarole, Tarantella) spürt man die sicher formende Hand des bühnenkundigen, phantasiebegabten Musikers. Als einprägsame Einfälle seien genannt: die Lieder Marios *So schön wie du* und *Ich such in jeder Frau Manina*, die bei der ersten Begegnung zwischen Hella und Mario aufklingenden Melodien *Ich kenn dich nicht, ich hab dich nie gesehn* und *Niemand weiß, warum auf einmal süß und heiß*, das Walzerlied Hellas *Ich habe nur an dich gedacht* und die lustigen Duette (Carla / Ronni) *Offenbar kommt es doch nur auf eins bei der Sache an* und *O Carla, Carlina, Carlutscha.*

Fred Raymond

* 20. April 1900 in Wien
† 10. Januar 1954 in Überlingen am Bodensee

Fred Raymond (Pseudonym für Friedrich Vesely) steht mit einer Reihe seiner durch schlagkräftige Melodien, farbigen Klang und wirksame Textbücher fesselnden Operetten noch immer in der Gunst des Publikums. Ehe er sich der Bühne zuwandte, konnte er sich mit verschiedenen, rasch populär werdenden Tanzliedern einen Namen machen. Unter diesen waren wohl die bekanntesten *Ich hab mein Herz in Heidelberg verloren*, *In einer kleinen Konditorei* und *In Mainz am schönen Rhein*, schließlich auch *Es geht alles vorüber, es geht alles vorbei.* Von seinen Operetten seien hier besonders *Lauf ins Glück* (1934), *Ball der Nationen* (1935), *Auf großer Fahrt*

(1936), *Marielu* (1936), *Maske in Blau* (1937), *Saison in Salzburg* (1938), *Die Perle von Tokaj* (1941), *Flieder aus Wien* (1949) und *Geliebte Manuela* (1951) hervorgehoben.

Maske in Blau

Große Operette in 6 Bildern. Text von Heinz Hentschke. Liedertexte von Günther Schwenn. Uraufführung am 27. September 1937 im Metropol-Theater, Berlin.

Personen: Marchese Cavalotti – Armando Cellini (Ten.), Franz Kilian, Josef Fraunhofer, genannt Seppl (Buffo) und Juliska Varady (Soubr.), Kunstmaler – Evelyne Valera, Plantagenbesitzerin (Sängerin) – Gonzala, ihr Majordomus (Char.-Kom.) – Pedro del Vegas – José, ein Gaucho – Der Wirt einer Taberna in Viedma – Empfangschef des »Grand Hotel« in San Remo – Zeitungsverkäufer. Postreiter. Maler. Diener. Gauchos. Hotelgäste. Damen und Herren der Gesellschaft. Frauen und Mädchen auf der Hazienda.

Ort und Zeit: San Remo und Argentinien. Dreißiger Jahre des 20. Jahrhunderts.

1. Bild. Platz vor dem »Grand Hotel« in San Remo. Der Maler Armando Cellini ist durch sein Bild »Maske in Blau« über Nacht berühmt geworden. Mit ihm freuen sich seine Freunde über den Erfolg: Kilian, Seppl Fraunhofer und die temperamentvolle Ungarin Juliska, Seppls Freundin. Noch mehr als sein junger Ruhm aber erregt den Künstler die Hoffnung auf ein Wiedersehen mit dem Modell seines Bildes: Vor einem Jahr hat Armando die Frau, die er nicht vergessen kann, auf einem Ball als »Maske in Blau« kennengelernt. Sie hat ihm ihr Gesicht in jener Nacht, da er sie malte, nicht gezeigt, ihm aber versprochen, übers Jahr wieder nach San Remo zu kommen. Ein Erkennungszeichen wird sie bei sich führen: den Ring, den er ihr damals verehrte. Unter den Fremden, die heute eingetroffen sind, ist auch eine argentinische Plantagenbesitzerin, Evelyne Valera. Ihr Majordomus und Reisebegleiter Gonzala kommt mit Kilian ins Gespräch, der ihm von Armandos Erfolg und auch von der

Liebe des Künstlers zum Urbild seines Gemäldes erzählt. Voll Freude hört Evelyne diese Nachricht – sie selbst war ja die »Maske in Blau«. Wird sie in Armando den Mann finden, den sie als Lebensgefährten ersehnt? Bald fügt es sich, daß sie ihm vorgestellt wird. Man vereinbart einen Besuch in seinem Atelier.

2. Bild. Im Atelier Armandos. Erregt hofft Armando auf Evelynes angekündigten Besuch. Statt der Erwarteten findet sich jedoch zunächst ein Fremder ein: Pedro del Vegas. Er möchte dem Maler das preisgekrönte Bild abkaufen. Als ihm Armando diese Bitte abschlägt, ersucht ihn Pedro, das Bild einer ihm nahestehenden Dame zu malen, die er ihm morgen beim Fest des Marchese Cavalotti vorstellen werde. Wenige Augenblicke nach diesem Besuch steht Evelyne vor Armando. Als er ihr sagt, wie sehr sie ihn an das Modell seiner »Maske in Blau« erinnere, gibt sie sich ihm zu erkennen. Beglückt gestehen sie einander ihre Liebe.

3. Bild. Im Palazzo Cavalotti. Bei dem Fest, das der Marchese Cavalotti zu Ehren seines Schützlings Armando veranstaltet, erzählt Gonzala dem Maler Kilian von den Bemühungen Pedros del Vegas um die Gunst Evelynes: Dieser dunkle Ehrenmann, dem es zweifellos vor allem um ihr Geld zu tun sei, mache sich ernste Hoffnungen, zumal sich Evelyne in der Einsamkeit ihrer Hazienda in Argentinien seine Gesellschaft gefallen ließ und seine Werbungen nicht deutlich genug zurückwies; ein solcher Mensch sei wohl zu allem fähig, wenn man seine Absichten störe! Wirklich wird nun eine gemeine Intrige Pedros den Liebenden zum Verhängnis. Er sagt Armando, daß *er* Evelyne heiraten werde, und gibt ihm den Ring, den ihr Armando vor einem Jahr schenkte, zurück, zum Zeichen, daß das »kleine Abenteuer« von San Remo nun beendet sei. Armando glaubt sich verraten. Daß Pedro den Ring aus Evelynes Handtasche entwendet hat, kann er ja nicht wissen. Auf der Suche nach der verlorenen Tasche begegnet Evelyne dem Intriganten, und als sie seine heftige Werbung ablehnt, versucht er ihr den Geliebten zu entfremden, indem er ihn als unzuverlässigen Künstler hinstellt. Inzwischen haben Gonzala und Kilian, die nichts von diesen

Vorgängen ahnen, beschlossen, vor dem zu befürchtenden Dazwischentreten Pedros eine Entscheidung für Armando und Evelyne herbeizuführen. Auf dem Höhepunkt des Fests geben sie den Gästen die Verlobung der beiden bekannt. Aber Armando lehnt jetzt die Verbindung mit Evelyne schroff ab.

4\. Bild. Auf der Hazienda Evelynes am Rio Grande. Evelyne ist enttäuscht in die Heimat zurückgekehrt. Wie gerne möchte sie Gonzala glauben, daß Armando nur durch ein Mißverständnis zu seinem kränkenden Benehmen an jenem Abend veranlaßt wurde. Pedro, der sich in der Hoffnung, das Erlebnis in Europa würde Evelyne zu seinen Gunsten stimmen, aufs neue einfindet, wird sehr kühl und abweisend empfangen. Auf dem Heimweg gelingt es ihm, ein an Gonzala gerichtetes Telegramm abzufangen, dem er entnimmt, daß Armando, Kilian, Seppl und Juliska soeben in der nahe gelegenen Gouvernementshauptstadt Viedma angekommen sind. Durch einen Gaucho, der Pedro beobachtete, erfährt Gonzala von dem ihm unterschlagenen Telegramm. Er hatte es längst erwartet, ahnt seinen Inhalt und macht sich sogleich nach Viedma auf.

5\. Bild. Vor einer Taberna in Viedma. In Erwartung einer Antwort auf sein Telegramm sitzt Armando mit seinen Freunden beim Wein. Vom Wirt der Taberna hören sie, daß Pedro wohl bald mit Evelyne Hochzeit halten werde; auch erfahren sie die Meinung der Leute über diesen verschuldeten, wenig angesehenen Mann. Doch Pedro hat auch Freunde: Ein Gaucho ergreift seine Partei, und plötzlich kommt es zu bedrohlichem Streit. Juliska bewahrt zwar ihren Seppl vor dem Schlimmsten, aber erst nach Armandos Eingreifen dürfen sich die Freunde wieder sicher fühlen. Armando macht sich jetzt beunruhigt allein auf, um die Hazienda möglichst rasch zu erreichen.

6\. Bild. Wieder auf der Hazienda. Am nächsten Morgen. Armando und Evelyne haben sich ausgesprochen und wiedergefunden. Jetzt kommt auch Gonzala mit den Freunden an, sehr besorgt, daß Armando etwas zugestoßen sein könnte. Noch wissen sie nicht, daß er längst hier ist und unterwegs mit Pedro gründlich abgerechnet hat. Evelyne befreit die Getreuen von ihrer Sorge und ruft Armando aus dem Haus. Bald wird es nun Doppelhochzeit geben – denn auch Seppl Fraunhofer will seine Juliska heiraten.

Der starke, auch in Verfilmungen sich erneuernde Dauererfolg der *Maske in Blau*, die als revuehaft bunte Bilderfolge aus den populären »Traumländern« Italien und Argentinien von kräftiger Bühnenwirkung ist, gründet sich musikalisch auf Melodien, die sich als Schlager einprägen, auf das flotte, zügige Tempo des Ganzen, auf den Reichtum an wirksamen lustigen Tanzstücken und auf die farbige, rhythmisch und harmonisch reizvolle Charakterisierung der exotischen Atmosphäre. Im einzelnen gibt Raymond sein Bestes in kecken Tanzliedern wie *Ja, das Temprament*, *Die Juliska, die Juliska aus Buda-, Budapest*, *Im Gegenteil, ich bin ja für die Ehe* und *Was nicht ist, kann noch werden*, im rein instrumentalen *Walzer in Blau* (Ballett) oder im *Maxixe* des 3. Aktes. Unter den lyrischen Gesangsstücken steht die an Tschaikowsky erinnernde, als Leitmotiv verwendete Moll-Weise *Wenn hell in unserm Land die Sterne glühn* an Ausdrucksqualität über den gleichfalls bekanntgewordenen Liedern *Frühling in San Remo* (Evelyne) und *Schau einer schönen Frau nie zu tief in die Augen* (Armando).

Saison in Salzburg

(Salzburger Nockerln)

Operette in 5 Bildern. Text von Max Wallner und Kurt Feltz. Uraufführung am 31. Dezember 1938 in den Städtischen Theatern, Kiel

PERSONEN: Alois Oberfellner, der Wirt »Zum Salzburger Nockerl« – Stephanie, genannt Steffi, seine Nichte (Sängerin) – Vroni Staudinger, Mehlspeisköchin im Hotel »Mirabell« (Soubr.) – Toni Haberl, Besitzer des Gasthofs »Zum blauen Enzian« (Buffo) – Christian Dahlmann, Chef einer Pneu-Fabrik – Erika, seine Tochter – Olga Rex, Besitzerin der Rex-Autowerke – Frank, ihr Neffe (Ten.) –

Friedrich Wilhelm Knopp, sein Chefmonteur – Max Liebling, Parfümeriefabrikant aus Mödling – Stasi, Kellnerin im »Salzburger Nockerl« – Ein Bergführer – Ein Fremdenführer – Ein Auktionator – Der Direktor des Hotels »Mirabell« – Kellner. Hotelgäste. Einheimische. Burschen und Mädel. Ein Zitherspieler. Ein Barmixer. Chor und Ballett.

Ort und Zeit: Salzburg und Umgebung. Dreißiger Jahre des 20. Jahrhunderts.

1. Bild. Auf der Terrasse des Hotels »Mirabell«. Der sommerliche Fremdenbetrieb hat begonnen. Toni Haberl, der Wirt »Zum blauen Enzian«, sitzt als Gast im »Mirabell«, denn er muß dringend mit der Mehlspeisköchin Vroni reden. Morgen will er die Bergwirtschaft »Zum Salzburger Nockerl« ersteigern, die durch den bisherigen Wirt Alois Oberfellner ganz heruntergekommen ist. Darum sagt er jetzt der Vroni, daß er sie heiraten will, denn er braucht eine tüchtige Hausfrau und Köchin. Auf seinen Rat führt sie einen Krach mit dem Hoteldirektor herbei, so daß sie sofort entlassen und für ihn frei wird. Unter den Gästen des Hotels befindet sich auch Max Liebling, der seit langem vergeblich um Erika, die Tochter des Reifenfabrikanten Dahlmann, wirbt. Doch Erika hat es sich in den Kopf gesetzt, den Rennfahrer Frank Rex zu heiraten. Der aber will von ihr nichts wissen und findet Mittel und Wege, ihr zu entgehen. Viel besser gefällt ihm die reizende Steffi Oberfellner, deren Bekanntschaft er zufällig macht: Sie kommt gerade aus Wien, wo sie in Stellung war, will jetzt hier in der Wirtschaft ihres Onkels zu arbeiten anfangen und hat nun erfahren müssen, daß das »Salzburger Nokkerl« morgen unter den Hammer kommt. Teilnehmend hört Frank, der sich als »Franz Rieger« vorstellt, ihre Erzählung und verläßt gleich darauf mit seinem Monteur, dem ulkigen Berliner Wilhelm Knopp, das Hotel.

2. Bild. In der Wirtsstube des Gasthofs »Zum Salzburger Nockerl«. Toni kommt in der Absicht her, die Wirtschaft zu erwerben. Als aber der Auktionator mit der Versteigerung beginnt, taucht einer auf, der ihn überbietet: Wilhelm Knopp, der – natürlich in Franks Auftrag – als Käufer auftritt. Traurig

muß Toni mit seiner Vroni abziehen. Steffi wird von Knopp sogleich als Wirtschafterin engagiert und »Franz Rieger« – auf ihre Bitte – als Hausbursche. Denn sie ist dem vermeintlichen Franz Rieger schon sehr zugetan und ahnt nichts von der Komödie, die da gespielt wird.

3. Bild. Platz vor den sich gegenüberliegenden Gasthöfen »Zum Salzburger Nockerl« und »Zum blauen Enzian«. Toni hat zum Schaden jetzt auch noch den Spott der Burschen über sein Pech zu ertragen. Als er aber Steffi im »Salzburger Nockerl« wirtschaften sieht, will er sie dem neuen Wirt abspenstig machen, denn er weiß, wie tüchtig sie ist; ja, trotz Vroni hält er sogar gleich um ihre Hand an. Sie sagt ihm jedoch, daß sie den »Franz« gern habe. Die Vroni wieder hofft auf ihre Art der Konkurrenz da drüben Herr zu werden, indem sie die Gäste mit Koketterie anlockt. Ihr erstes Opfer wird Max Liebling. Toni aber kommt mit Vroni wegen ihres Benehmens so in Streit, daß sie ihm aufkündigt und sich im »Nockerl« engagieren läßt. Inzwischen hat Erika Franks Aufenthalt ausfindig gemacht. Entsetzt sieht er sie im »Enzian« erscheinen. Er fühlt sich so glücklich in seiner Liebe zu Steffi, doch leider wird diese jetzt von Herrn Dahlmann aufgeklärt, wer sich hinter dem »Franz« verbirgt. Auch sagt er ihr, daß er in Frank den Verlobten seiner Tochter Erika sehe. Enttäuscht verläßt sie nun ihren Posten und folgt dem Toni als Köchin in den »Enzian«. Kein Wunder, daß durch die Erregung aller Beteiligten bald ein heilloser Wirrwarr entsteht: Frank sieht sich plötzlich wider Willen wirklich mit Erika verlobt, Toni wird wegen Vroni eifersüchtig auf Max Liebling und verlangt von diesem, er müsse Vroni heiraten, während er selbst sich mit Steffi verlobt.

4. Bild. Kleiner Marmorsaal im Hotel »Mirabell«. Ernüchtert muß Erika erkennen, daß sie durch die Verlobung mit Frank zwar ihre Absicht durchgesetzt hat, daß sie aber nie das Herz dieses Mannes gewinnen wird. Auch Steffi und Toni sind natürlich kein glückliches Paar. Toni kann sich zwar mit seiner alten Liebe Vroni aussprechen – wie sich aber alles zum Besseren wenden soll, wissen sie nicht. Frank dagegen bemüht sich vergeblich, Steffi zu versöhnen. Inzwischen

ist Franks Tante, Olga Rex, eingetroffen und erfährt von Knopp alles, was sich zugetragen.
5. Bild. In Maria Plain. Ein Festtag führt alle zur Höhe des Wallfahrtsortes Maria Plain, wo Toni einen Bier- und Weinausschank eröffnet hat und Vroni Lebkuchenherzen feilbietet. Heute soll endlich alles ins reine kommen: zunächst verständigen sich Steffi und Vroni, und bald umarmt der glückliche Toni wieder seine alte Braut, die jetzt auch das berühmte Nockerlrezept Steffis mit in die Ehe bringen wird! Tante Olga hat sich vorgenommen, ihren Neffen wieder von Erika zu lösen. Bald gelingt es der lebensklugen Frau auch, Steffi mit Frank auszusöhnen und – mit Hilfe ihres einstigen Verehrers Dahlmann – Erika mit Max Liebling zu vereinen. Beim Polsterltanz sehen die beiden alten Herrschaften voll Freude endlich die rechten Paare beisammen und entschließen sich nun auch selbst noch zum Heiraten.

Die Stimmung einer Fremdensaison im Salzburgischen war schon einmal – im *Weißen Rößl* – mit Erfolg »operettisiert« worden. Hier nun hat Fred Raymond, unterstützt von geschickten Librettisten, mit Glück versucht, dieser Atmosphäre neue Wirkungen abzugewinnen, und das Ergebnis ist, wie dort, ein lustiges, von Sentimentalität erfreulich freies Stück in Singspielform. Dem Komponisten, der ja ein gebürtiger Wiener war, bot der Stoff die Möglichkeit einer starken Hinwendung zur rhythmischen und melodischen Tradition der österreichischen Operette. So beherrschen weithin Walzer und Ländler das tänzereiche, von temperamentvoller Lebensfreude erfüllte Werk. Die melodischen Einfälle wiegen zwar nicht schwer, sind aber immer gefällig und einprägsam. Als charakteristische Stücke seien hervorgehoben: Steffis stimmungsvolles Lied *Mein Herz war auf Reisen*, der Ländler *Wenn der Toni mit der Vroni*, der Foxtrott *Der Großpapa von Großmama*, der Slowfox *Und die Musik spielt dazu*, das Duett *Reich mir die Hand* (English-Waltz), der lustige *Enzian-Marsch* und die Melodie des Duetts *Warum denn nur, warum denn nur?*, die im *Enzian-Ballett* als Slowfox, Polka und Walzer variiert aufklingt.

Geliebte Manuela

Operette in 5 Bildern. Text von Just Scheu und Ernst Nebhut. Uraufführung am 12. Juli 1951 im Nationaltheater, Mannheim.

PERSONEN: Rugiero Nomi, Präsident – Manuela, seine Tochter (Sängerin) – Sepio, Polizeiminister (Kom.) – Chiquita (Soubr.) – Parlo Duarte, Polizeioberst (Ten.) – Juan – Bobby Bibifax, Bildreporter (Buffo) – Alvaro, Pini, Bolo, Räuber – Majo, Barwirt – Zwei Wahlredner. Gäste. Räuber. Volk. Polizisten. Tänzerinnen und Tänzer. Diener.

ORT UND ZEIT: Ein Staat in Ibero-Amerika, um 1950.

1. Bild. *Fest beim Präsidenten.* Zur Geburtstagsfeier seiner Tochter Manuela hat Präsident Nomi eine glänzende Gesellschaft geladen. Peinliche Störung bringt ein Brief, der, um einen Stein gewickelt, durch ein Fenster hereingeflogen kommt und den Besuch der Räuberbande »Die schwarze Orchidee« ankündigt. Nomi macht seinem ängstlichen Polizeiminister Sepio Vorwürfe, daß er bisher nichts gegen die Bande und ihren Anführer Juan ausgerichtet habe, seit einem Jahr schon treiben die Kerle ihr Wesen. Eigentümlich ist es, daß sie stets nur Reiche ausplündern und dann ihre Beute an die Armen im Land verteilen. Sepio verspricht, mit Hilfe des Obersten Parlo Duarte etwas Entscheidendes zu unternehmen. Schon erscheint Duarte selbst, um Manuela seine Glückwünsche zu sagen, und sie nimmt nicht nur die Gratulation, sondern auch seine innige Liebeserklärung mit der Herzlichkeit wahrer Zuneigung auf. Unter den Gästen befindet sich der Bildreporter Bobby, der hier die Bekanntschaft der rassigen Tänzerin Chiquita macht. Ihr Interesse gilt aber zunächst mehr dem Polizeiminister, von dem sie eine Aufhebung des Verbots ihres *Tanzes der sieben Röcke* erhofft und auch erreicht. Nun beginnt sie auch sogleich, diesen Tanz vorzuführen. Da erlischt plötzlich das Licht im Saal. Mit Maschinenpistolen bewaffnete Räuber dringen ein – in ihrer Mitte Juan mit einer Gesichtsmaske, in silbergrauem Mantel. Während der Bandenchef stumm bleibt, fordert der Räuber Alvaro die Gäste zur

Ablieferung ihres Schmucks und ihrer Brieftaschen auf. Nur Bobby bleibt in diesen aufregenden Minuten geistesgegenwärtig und fotografiert Juan. Jäh, wie sie gekommen, verschwinden die Banditen wieder mit ihrem Raubgut. Bestürzt verlassen die Gäste das Haus; Oberst Parlo schwört, innerhalb von drei Tagen die Räuber zu fassen. Manuela aber, die während des Überfalls nicht im Saal war, bespöttelt sein Pech, daß es ihm nicht gelungen sei, Juans habhaft zu werden.

2. Bild. *Das Haus an der Grenze.* Hier im Urwald hausen die Räuber auf einer kleinen Farm. Sie wissen, daß ihr Chef eine Frau ist, und Alvaro, der sich in sie verliebt hat, möchte gerne das Geheimnis ihrer privaten Existenz von ihr erfahren. Als sie sich weigert, reißt er ihr für einen Augenblick die Maske ab und erkennt – Manuela! Die Auseinandersetzung zwischen den beiden wird unterbrochen, da das Horchgerät der Räuber das Nahen eines Fremden anzeigt. So findet Bobby, der sich hierher verirrt hat, nur den Räuber Pini vor, der ihm einen harmlosen Farmarbeiter vorspielt. Im Gespräch mit ihm erfährt aber der Reporter, daß sich hinter »Juan« eine Frau verbirgt. Später kommt auch der Polizeiminister mit Chiquita hierher, denn alle nehmen tätig oder neugierig an der großen Polizeiaktion gegen die Bande Juans teil. Aber weder Bobby noch Sepio noch Chiquita schöpfen, so nahe dem Ziel, Verdacht, und auch Parlo richtet wieder nichts aus, da ihn Manuela geschickt von seiner polizeilichen Aufgabe abzulenken versteht. Hat er heute aber auch »Juan« nicht gefunden, so darf er nun Manuela, die dem Zauber der Stunde erliegt, liebeglühend in seinen Armen halten.

3. Bild. *Die Palmas-Bar.* Hier sind alle an den Ereignissen Beteiligten wieder beisammen, um Chiquitas Tanzkunst zu bewundern. Nur den Präsidenten Nomi drücken wieder schwere Sorgen; denn die Präsidenten-Neuwahl steht bevor, und als sein Gegenkandidat ist – Juan aufgestellt worden, der die Sympathien der ärmeren Klassen besitzt. Parlo verspricht, er werde Juan noch in dieser Nacht fassen. Als er durch Alvaros Verrat erfährt, daß ein Überfall auf die Gäste

der Palmas-Bar geplant sei, trifft er unverzüglich alle Maßnahmen, um eine Flucht der Räuber zu verhindern. Wieder kommt es zu einem Handstreich der Räuber. Diesmal aber glückt es Parlo, den geheimnisvollen Bandenchef zu greifen. Bestürzt erkennt er Manuela und läßt sie, da er sich zu ihrer Verhaftung nicht entschließen kann, entfliehen.
4. Bild. *Ein Wahltag.* Das Volk, das sich erregt vor dem Präsidenten-Palais sammelt, hört sich zwei Wahlredner an, die für ihre Kandidaten werben. Der findige Bobby begegnet hier Manuela und erkennt nun in ihr – dank dem Foto, das er während des Überfalls beim Präsidenten von Juan gemacht – an einem Schönheitsfleckchen den gesuchten Räuberhauptmann. Manuela ist jetzt willens, ihrem Vater ihr Geheimnis anzuvertrauen. Doch Parlo will das verhindern und läßt sie daher festnehmen.
5. Bild. *Juan in Ketten.* Vor dem Präsidenten sucht Parlo die Gefangennahme Manuelas zu rechtfertigen: er habe sie vor einer gewaltsamen Entführung bewahren wollen. Zugleich kündigt er ihm an, Juan werde sich binnen kurzem selber stellen. Dann bittet er Bobby, sich vor dem Präsidenten als der gesuchte Banditenführer auszugeben und sich selbst anzuzeigen. Doch Bobbys Selbstanklage findet keinen Glauben, da auch Chiquita, um Bobbys Schicksal besorgt, behauptet, Juan zu sein, und schließlich sogar noch der von Bobby eingeweihte Polizeiminister als angeblicher Anführer der »Schwarzen Orchidee« auftritt, um dem Präsidenten die Wahrheit über Manuela zu ersparen. Inzwischen ist die Wahl zu Ende gegangen, aus der »Juan« als Sieger hervorging. Aus dem Gefängnis befreit, kommt nun Manuela selbst zu ihrem Vater, bekennt ihr Tun und sagt ihm, sie habe ja als Räuberin nur das Gute getan, das er stets geplant habe, aber wegen seiner schlechten Berater bisher nicht habe ausführen können. Die Stimmen, die Juan-Manuela bei der Wahl erhalten hat, überläßt sie natürlich ihrem Papa, so daß dieser von neuem Präsident wird. Sie selbst aber will nun Parlos Gattin werden.

Die theatralisch wirksame, mit einer Prise politischer Satire gewürzte Handlung gab dem um flotte, einfach-schlagkräftige Einfälle nie verlegenen Komponisten dankbare Anlässe zur Entfaltung seines wendigen Talents im treffsicheren Charakterisieren von Figuren und Situationen, in exotisierender Stimmungsmalerei, im effektvollen Auswerten dramatischer Spannungen und Steigerungen und – nicht zuletzt – im Erfinden lustiger Tanzstücke. Besonders geglückt sind die Szenen, in deren Mittelpunkt Chiquita steht, so außer dem *Tanz der sieben Röcke* die Duette *Im schönsten Augenblick kommt immer was dazwischen* und *Ich lieb dich morgens* sowie das Terzett *In Texas und in Mexiko*. Hübsch auch das Marschlied *Mit Pulver und Pistolen* und Manuelas Walzerlied *Laß die Frau, die du liebst, nie allein*. Die traditionelle Liebeslyrik des Salons ist mit Stücken wie *Heut ist eine Nacht, die uns allein gehört* (Tango) und *Weißen Flieder schenkt man sich* vertreten.

LUDWIG SCHMIDSEDER

* 24. August 1904 in Passau
† 21. Juni 1971 in München

Der Komponist des *Abschiedswalzers* ist seit 1937 mit Operetten hervorgetreten. Als Sohn eines österreichischen Großkaufmanns sollte Schmidseder nach Absolvierung der Realschule Bankbeamter werden, studierte aber am Münchner Konservatorium Musik und ging 1926 nach Brasilien, nutzte dort seine von früher Jugend an entwickelten pianistischen Fertigkeiten und lernte als Leiter eines Trios auf ausgedehnten Reisen die ganze Welt kennen. 1930 kehrte er nach Deutschland zurück, betätigte sich einige Zeit als Bar-Pianist in Berlin, hatte aber bald als Liederkomponist so starke Erfolge, daß er sich seit 1935 ausschließlich dem eigenen Schaffen widmen konnte. So entstanden im Laufe der Jahre über 450 Einzellieder (*Habanera*, *Gitarren spielt auf*, *Sag mir, Darling*, *Ich hab mich so an dich gewöhnt*, *Ich hab die schönen Maderln net erfunden* u. a.); auch schrieb er zu 45 Tonfilmen die Musik. Als Operettenkomponist begann er in Leipzig mit *Heimkehr nach Mittenwald.* 1939 folgte *Melodie der Nacht* (Berlin, Metropol-Theater) und im gleichen Jahr als zweites großes Erfolgswerk *Die oder keine* – eine Operette, die in Berlin, Hamburg und Dresden in zwei Spieljahren mehr als 1000 Aufführungen erlebte. 1940 brachte Schmidseder in Berlin *Frauen im Metropol*, 1942 in Linz seine *Linzer Torte.* Später eroberte er sich das Wiener Publikum mit *Walzerkönigin* (1946), *Arm wie eine Kirchenmaus* (1948) und *Abschiedswalzer* (1949). In Salzburg erschien 1947 *Glück in Monte Carlo*, in Linz 1951 *Mädel aus der Wachau.*

Abschiedswalzer

Operette in 2 Akten (4 Bildern). Text von Hubert Marischka und Rudolf Österreicher. Uraufführung am 8. September 1949 in Wien.

PERSONEN: Georg Ferdinand Waldmüller – Anita Waldmüller, Sängerin am Kärntnertortheater (Sängerin) – Ilonka v. Szómary – Thussy v. Szómary (Soubr.) – Tibor v. Szómary (Kom.) – Ferry Kornegg, Legationssekretär (Ten.-Buffo) – Ladislaus (Laczi) Kornegg, Gutsverwalter, sein Vetter (Buffo) – Onkel Arpad – Tante Sari – Deren Töchter: Ilka, Vilma, Emmi, Erczi, Juliska und Magda – Der Pfarrer – Horváth, Gutsverwalter – Kathi, Haushälterin bei Waldmüller – Marinka, Magd – Wotruba, Polizist Zigeuner. Gutsgesinde. Ortsbewohner. Musiker.

ORT UND ZEIT: Ungarn und Wien, Mitte des 19. Jahrhunderts.

1. Akt. 1. Bild. Hof des schloßartigen Gehöftes Szómary am Plattensee. Die energische Frau Ilonka hat es dahin gebracht, daß sich Ferry Kornegg mit ihrer Thussy verlobt hat. Heute bereitet sie alles für das Hochzeitsfest vor. Schon tauchen die geladenen Verwandten auf, unter ihnen Onkel Tibor, und bald erscheint auch der Bräutigam. Nach dem Begrüßungstrubel stellt allerdings Tibor unter vier Augen eine recht peinliche Frage an Ferry: wie er sich das vorstelle, Thussy zu hei-

raten, da er doch anscheinend an eine andere gebunden sei? Bei einem Besuch im Atelier des Professors Waldmüller in Wien hat Tibor nämlich ein Bild Ferrys gesehen mit der Widmung »Meiner geliebten Anita in ewiger Treue«! Ferry muß eingestehen, daß er seit drei Jahren mit der Sängerin Anita, der Tochter des berühmten Malers Waldmüller, verlobt sei, doch habe er sich mit ihr zerstritten – und nun sei es eben unversehens zu seiner Verlobung mit Thussy gekommen. An Anita habe er übrigens schon einen aufklärenden Brief geschrieben. Während er das alles dem Onkel klarzumachen sucht, bringt man ihm ein Schreiben aus Wien: Anitas Antwort. Bestürzt liest er, daß sie seinen Brief verrückt fand und sogleich selbst hierher nach Ungarn kommen wolle, um »seinen Geisteszustand zu untersuchen«. Um diesen Besuch zu verhindern, will Ferry schleunigst nach Wien fahren. Eine dienstliche Angelegenheit muß vor Ilonka und Thussy als Vorwand für seine jähe Abreise dienen. Nur mit Mühe läßt sich Thussy abhalten mitzureisen. Nun – Ferrys Vetter Laczi wird sie schon trösten; er ist ja ohnehin, weit mehr als Ferry selbst, in sie verliebt. – 2. Bild. Wohnhalle, zugleich Atelier des Malers Ferdinand Waldmüller in Wien. Am Abend des gleichen Tags bereitet Anita ihre Abreise zu Ferry vor. Sie hat heute Geburtstag, und da ist es schon merkwürdig, daß die Menschen, die sie liebhat, nicht bei ihr sind – auch von ihrem Vater, der seit ein paar Monaten in Italien weilt, ist keine Nachricht gekommen. Aber da kommt der Papa auf einmal wider Erwarten schon von der Reise zurück, bepackt mit vielen Geschenken für die geliebte Tochter. Daß er sie wohl bald verlieren muß, wenn sie den Ferry heiratet, ist ihm ein bitterer Gedanke – dennoch hat er schon ein Bild zu ihrer Hochzeit gemalt, die später berühmt gewordene »Hochzeit in Petersdorf«. Zu seiner und Anitas Überraschung kommt nun plötzlich, so spät am Abend, Ferry zu Besuch. An der Art, wie ihn Anita aufnimmt, merkt der Schwerenöter, daß sie seinen aufklärenden Abschiedsbrief gar nicht erhalten hat. In blindem Eifer hatte er den Brief an eine andere Adresse geschickt und in den für Anita bestimmten Umschlag ein für sie unverständ-

liches Schreiben gesteckt. Wer aber doch etwas von seinem Heiratsplan weiß, ist Vater Waldmüller, der in Rom zufällig eine Einladung zu Thussys Hochzeit in die Hände bekam. Um die Ehre seiner Tochter besorgt, macht er Ferry schwere Vorwürfe. Bald entdeckt auch Anita die auf dem Tisch liegende Hochzeitseinladung – aber rasch bemeistert sie ihre schmerzliche Erregung und schlägt Ferry vor, ein Glas Champagner zum Abschied zu trinken. Arglos glaubt Ferry, sie gebe ihn wirklich frei. Als er jedoch das Haus verlassen will, findet er alle Türen versperrt; Waldmüller und Anita denken nicht daran, ihm zu öffnen. So leicht lassen sie ihn nicht ziehen. So muß Ferry die Nacht hier eingeschlossen verbringen und kann nicht nach Szómary zurückfahren.
2. Akt. 3. Bild. Wieder in Szómary. Ohne Bräutigam haben die Gäste den Polterabend fröhlich verbracht. Nun, am Morgen, wundert sich Frau Ilonka doch sehr über Ferrys Ausbleiben. Thussy, gleichfalls etwas verstört, sucht Trost bei Laczi. Endlich kommt ein Wagen aus Wien, aber zu aller Staunen entsteigt ihm Professor Waldmüller. Mit seiner Erklärung, daß aus der Hochzeit Thussys mit Ferry nichts werden könne, macht er Frau Ilonka freilich sehr böse. Schließlich versteigt sie sich zu dem Vorschlag, Anita mit Geld abzufinden, und verlangt von Waldmüller, er solle im Namen seiner Tochter schriftlich auf Ferry verzichten. Natürlich diktiert der empörte Waldmüller nun dem Vetter Laczi eine völlig gegenteilige Erklärung – da sieht er, wie sich Laczi darüber freut, und erfährt, daß sich Laczi und Thussy gernhaben. Sie würden am liebsten miteinander durchbrennen, aber sie haben ja kein Geld. Jetzt diktiert Waldmüller zum Schein doch eine Verzichterklärung im Sinne Ilonkas, läßt sich 1000 Gulden »Abfindung« aushändigen und gibt sie den zwei Verliebten, die auch gleich auf und davon fahren. – 4. Bild. Wieder in Waldmüllers Wohnung. Bei seiner Rückkehr aus Szómary findet Waldmüller den verdrossenen Ferry immer noch eingesperrt. Spöttisch gibt er ihm lächerliche Ratschläge, wie er sich selbst aus seiner Haft befreien könnte. Schließlich öffnet ihm aber Anita die Tür – doch nun will Ferry gar nicht mehr fortgehen! In der einsam ver-

brachten Nacht ist's ihm klargeworden, daß er doch zu Anita gehört. Als er ihr eben reuig seine Sinneswandlung erklärt, begehrt ein Polizist Einlaß. Er forscht nach der Herkunft der 1000-Gulden-Note, die man bei Laczi und Thussy gefunden hat: denn Frau Ilonka hat die beiden Flüchtigen suchen lassen, und bei der Verhaftung haben sie erklärt, die verdächtige Banknote stamme von Waldmüller. So erfahren nun Ferry und Anita, was sich inzwischen auf Szómary zugetragen hat. Anita ist glücklich, als sie hört, daß Ferry wieder frei ist, ein bisserl will sie ihn aber noch zappeln lassen. Doch jetzt sperrt Vater Waldmüller das Paar ein: »Ihr kommt nicht eher fort von hier, bis euer Bund besiegelt!« ruft er, und seine Taktik hat Erfolg.
Verwandlung. Als lebendes Bild sieht man Waldmüllers Gemälde »Hochzeit in Petersdorf« mit Anita und Ferry als Brautleuten. Schließlich kommen auch die Leutchen aus Szómary hinzu, und alles endet in Fröhlichkeit. Durch den Polizisten läßt Waldmüller Frau Ilonka den »erschlichenen« 1000-Gulden-Schein zurückgeben.

Der lebhafte Erfolg dieses amüsanten Wiener Biedermeierstücks beruht gleicherweise auf der Wirksamkeit des Textbuchs wie auf der Qualität der charmanten Musik. Schmidseder hat sein Werk mit vielen hübschen melodischen Gedanken ausgestattet, die er, ohne auf moderne Rhythmen und Farben zu verzichten, in einer immer geschmackvollen und einfach-klaren Weise reizvoll zur Geltung zu bringen wußte. Sein Musizieren hat durch naturhafte Frische, liebenswürdigen Humor und Grazie etwas Bezwingendes. Ein paar besonders anziehende Nummern: der leicht chopineske einleitende Walzer zum 2. Bild, Waldmüllers Lied *Der Herrgott, der hat das sehr weise gemacht*, der Abschiedswalzer *Tanz mit mir einen Walzer* und die Foxtrotts *Ich bin halt stolz auf meine Tochter* und *Manchmal kommt es über einen.* Von eigenem Reiz ist die effektvolle Kontrastierung des Ungarischen und des Wienerischen im Wechsel der vier Bilder.

Peter Kreuder

* 18. August 1905 in Aachen
† 28. Juni 1981 in Salzburg

Der durch viele einprägsame Lieder, die als »Schlager« die Runde machten, sehr bekannt gewordene Komponist studierte zuerst an der Münchener Akademie der Tonkunst, dann in Hamburg, wurde 1928 musikalischer Leiter der Reinhardtbühnen in Berlin, wirkte dann in München – u. a. 1930 bis 1933 am Schauspielhaus – und ging nach dem Zweiten Weltkrieg in die USA und nach Argentinien. 1951 ließ er sich wieder in München nieder. Kreuder hat über 150 Filmmusiken komponiert und drei Operetten geschrieben, trat aber auch mit einer Oper nach Nestroy, *Der Zerrissene* (Stockholm 1940), hervor. Größte Schlagererfolge waren *Sag beim Abschied leise Servus*, *Im Leben geht alles vorüber* und *Schön war die Zeit*, das zum Titel seiner ersten Autobiographie (1955) wurde. Einen zweiten biographischen Bericht veröffentlichte Kreuder unter dem Titel *Nur Puppen haben keine Tränen* 1971.

Madame Scandaleuse

Musikalische Komödie in 3 Akten. Text von Ernst Nebhut nach einem Bühnenwerk (*Aber – Hélène!*, 1941) von Josef Maria Frank. Uraufführung am 3. September 1958 im Raimund-Theater, Wien.

Personen: Hélène – Gaby, ihre Tochter – Pierre Lalou, ein Bohémien – Marcel de la Grange, Staatssekretär – André, sein Sohn, Gabys Verlobter – Sir Horace Sargent, Attaché der englischen Botschaft – Generalissimo Rodriguez, Kriegsminister einer mittelamerikanischen Republik – Lopez, Polizeiminister dieses Landes – Don Federico, ein Agent – Chinita – Jean, ein Diener.

Ort und Zeit: 1. und 3. Akt im Empfangssalon der Villa Hélènes an der Riviera, 2. Akt im »Salon Paraiso« in einer mittelamerikanischen Haupt- und Hafenstadt. Einige Jahre vor 1914.

1. bis 3. Akt. Als reiche und reizvoll attraktive, obgleich nicht mehr junge Dame lebt Hélène in ihrer Villa an der Riviera. Liebesanträgen des französischen Staatssekretärs Marcel de la Grange und des englischen Botschaftsattachés Sir Horace Sargent weiß sie sich mit Charme zu entziehen. Wichtiger ist ihr die Verbindung ihrer Tochter Gaby mit Marcels Sohn, dem etwas konventionell-prüden André. Ihre eigene Neigung, jedoch kein Wunsch nach ehelicher Bindung gilt dem Kunstmaler Pierre Lalou: mit ihm war sie vor langer Zeit in Paris liiert und sehr glücklich. In ihrem bewegten Leben gab es aber auch eine Ehe – mit einem Mann, dem sie nach Mittelamerika folgte. Dieser Zeit entstammt nicht ihre Gaby, wohl aber der ihr als Erbe zugefallene Reichtum, der sich auf die sagenhafte Ergiebigkeit von Silberminen zu gründen scheint. Übrigens behagt Hélène das Leben in Europa gar nicht mehr, sie will möglichst bald nach Amerika zurückkehren. – Drüben, in der mittelamerikanischen Hafenstadt, in der sie zu leben gewohnt ist, stellt sich bald heraus, daß nicht »Silberminen« die Quelle ihres Einkommens sind, sondern das ertragreiche zweifelhafte Etablissement »El Paraiso«. Hier erscheinen (2. Akt) auch die Herren de la Grange und Sargent wieder, diesmal in handelsdiplomatischer Mission für ihre Länder. Dabei lernen sie staunend die bedenklichen Verhandlungspraktiken des Agenten Federico und des Generalissimo Rodriguez kennen. Die aufregendste Überraschung aber wird jetzt für sie wie für Gaby, André und Lalou, die gleichfalls hierhergereist sind, die Entdeckung, daß Hélène als »Madame Roja« die Chefin dieses anrüchigen Lokals ist. So kommt es zu herben Auseinandersetzungen. Marcel und Sir Horace können sich mit der harten Tatsache von Hélènes Tätigkeit nicht abfinden. Schließlich halten nur Gaby und Lalou noch zu ihr, der Madame Scandaleuse. – Wochen später trifft man sich wieder an der Riviera. Hélène, zornig über die heuchlerische Moral der Männer, will jetzt nur noch ihrer Tochter helfen, die zerbrochene Verlobung mit André zu kitten: heimlich schreibt sie ihm einen verliebten Brief, unterzeichnet mit »Gaby«, und André läßt sich nicht lange bitten zu kom-

men. In einem Anflug von Mut hat er sich, um Gaby doch zu gewinnen, von seiner Familie getrennt und fragt nichts nach seiner Karriere. Inzwischen hat aber auch Gaby mit einem ähnlichen listigen Brief, gezeichnet »Hélène«, den geliebten Freund ihrer Mutter herbeigelockt. So findet sich das junge Paar wieder, und auch Hélène entschließt sich beim Wiedersehen mit Lalou, ihm als Frau zu folgen. Damit zum Happy-End nichts fehle, stimmt auch Marcel der Verheiratung seines André mit Gaby zu; er ist ja so glücklich und schwelgt schon in Hoffnungen auf einen Ministersitz, seit er – wenn auch nicht mit lauteren Mitteln – im Wettlauf um den Handelsvertrag mit den Mittelamerikanern Sieger über Sir Horace geworden ist.

Das geschickt gemachte Libretto um das operettenbewährte Thema von der liebenswerten Außenseiterin, deren Existenz sich nicht in die Sphäre vorurteilsbeschwerter höherer Gesellschaftskreise einfügt, hat den Komponisten zu anregend-reizvollem, stimmungsecht zwischen Humor und leichtem Sentiment schwebendem, temperamentvollem und farbigem Musizieren inspiriert. Elemente der überkommenen neueren Operette bestimmen, gewissermaßen in Summierung vorgegebener Ausdrucks- und Gestaltungsmittel, den stilistischen Charakter des Werks. Kreuder verstand sich gut auf das Erfinden von rasch einprägsamen Melodien mit dem »Schein des Bekannten«. Eine musikalische Dramatisierung durch die Verwendung größerer Formen ist nicht erstrebt, dafür bietet die auch durch reizvolle Harmonik und Instrumentation fesselnde Partitur eine abwechslungsreiche Folge von oft mit dramatischer Funktion eingesetzten Liedern und Tänzen. So kehren im Verlauf des Stücks einige Liedmelodien mehrfach wieder, vor allem die in anziehender Weise mehrfach abgewandelte Leitmelodie *Daran zerbricht man doch nicht* neben anderen Songs wie *Man muß für alles bezahlen* und *Die alte Liebe kehrt immer wieder.* Hübsch ist die als Terzett geformte Szene (3. Akt), in der Hélène ihrer Tochter und André »Ehe-Unterricht« erteilt. Die Hauptpartie (Mezzosopran) hat in Zarah Leander anläßlich ihres Comebacks am Ende der 1950er Jahre eine besonders wirkungssichere Darstellerin gefunden.

Gerhard Winkler

* 12. September 1906 in Berlin
† 25. September 1977 in Wiggensbach bei Kempten

Schon als Zwölfjähriger erlebte Gerhard Winkler, damals Schüler des Berliner Domchors, die Aufführung einer eigenen Komposition, einer Suite für Orchester. Er widmete sich in seiner Heimatstadt einer umfassenden musikalischen Ausbildung und studierte Kompositionslehre, Klavier, Geige und Gesang. Viele Jahre gehörte er zu den bekanntesten deutschen Unterhaltungskomponisten und hat mit Tänzen, Filmmusiken und Operetten große Erfolge errungen. Viele seiner Schlager wurden Welterfolge, so die *Caprifischer* und *O mia bella Napoli*, das *Chianti-Lied* und *Schütt die Sorgen in ein Gläschen Wein*. Seine Bühnenwerke, die musikalische Komödie *Herzkönig* (1946) und die Operette *Premiere in Mailand* (1950), sind als besonders wirksame Schöpfungen eines sicher und einfallsreich über alle zeitgemäßen Ausdrucksmittel gebietenden Komponisten überall mit Freude aufgenommen worden. 1957 folgte *Die ideale Geliebte*, 1960 *Der Fürst von Monterosso*.

Premiere in Mailand

Operette in 3 Akten. Text von Waldemar Frank und Eduard Rogati nach der Novelle *Land ohne Musik* von Carl Peter Gillmann. Gesangstexte von Günther Schwenn. Uraufführung am 12. Februar 1950 im Theater der Stadt Dortmund.

Personen: Akkordeon XI., König von Triolien – Sonata, seine Tochter (Sängerin) – Arietta, deren Hofdame (Tanzsoubr.) – Ernesto Flauto, Innenminister – Enrico Clarino, Justizminister – Giuseppe Fagotti, Finanzminister – Sardinia, Herzogin von Risotto – Chianti, ihr Sohn (Tanzbuffo) – Tino Belcanto, Operettenkomponist (Ten.) – Signora Doullieux, Leiterin der »Casa Musica« – Piano, Leibdiener des Königs – Ein Lazzaroni. Ein Polizeiwachtmeister. Hofmusiker. Hofkapellmeister. Lakaien. Volk von Triolien. Operetten-Ensemble des »Teatro del Corso«. Schülerinnen der »Casa Musica«. Kellner. Gefängniswärter u. a.

Ort und Zeit: Im imaginären Asduria, der Hauptstadt Trioliens, und in Mailand, um 1950.

1. bis 3. Akt. Akkordeon XI., der in Asduria residierende König von Triolien, ein großer Musikfreund, erwartet zur Feier seines 50. Geburtstages den Besuch des von ihm verehrten Komponisten Tino Belcanto. Er hat, selbst den Kontrabaß spielend, mit seinen Ministern ein Kammermusikstück des Künstlers einstudiert, seine Tochter Sonata ein Lied. Aus dem angekündigten Besuch wird jedoch nichts, weil der Komponist der triolischen Polizei bei seiner Ankunft in Asduria verdächtig erscheint und für einen Tag in Haft gesetzt wird. Nun, wenigstens erscheinen einige andere geladene Gäste bei Hofe, so des Königs Jugendfreundin, die Herzogin Sardinia, und ihr Sohn, Prinz Chianti, der heute mit Sonata, seiner Braut in spe, bekannt gemacht werden soll. Chianti läßt sich jedoch nicht sehen: ihn fesselt die anmutige Erscheinung eines Mädchens, das er fälschlich für die Prinzessin hält, in Wirklichkeit aber nur deren Hofdame und Freundin Arietta ist. Beim Festkonzert trägt Sonata das Lied Belcantos so bezaubernd vor, daß die Herzogin ihr zur künstlerischen Ausbildung ihrer Stimme rät. Dieser Plan wird sogleich verwirklicht; in Gesellschaft Ariettas besucht Sonata alsbald die von Signora Doullieux geleitete »Casa Musica« in Mailand. Heute machen die Schulerinnen einen Stadtspaziergang, kommen dabei auch in das Künstler-Café »La grotta d'amore« und sehen dort Tino Belcanto und seinen Freund – Chianti. So kann der Prinz seine Bekanntschaft mit Arietta, die er weiterhin für die Prinzessin hält, erneuern, Tino aber verliebt sich auf den ersten Blick in Sonata. Der Komponist

lädt sie und die anderen Mädchen zur Premiere seiner Operette *Mexikanische Nächte* ein. Nach deren erfolgreichem Verlauf trifft man sich wieder in dem Café, um zu feiern. Für Sonata und Arietta wird jedoch dieser Abend etwas aufregend, denn unter den Gästen befindet sich auch – inkognito als Dr. Knopf – König Akkordeon. Zunächst glückt es ihnen zwar, sich verborgen zu halten: Tino nützt die Zeit, um Sonatas Neigung zu gewinnen, Chianti vertieft seine Beziehungen zu Arietta, die jetzt endlich den Mut findet, ihm zu sagen, daß sie nicht die Prinzessin ist. Plötzlich aber naht das Unheil in Gestalt der Signora Doullieux. Sie stöbert ihre entlaufenen Küken auf, schlägt Skandal und klärt den hinzukommenden König über das Verhalten seiner Tochter und Tino Belcantos auf. Wutentbrannt zieht Akkordeon ab: nie wieder soll eine Note des Komponisten in Asduria erklingen. Er läßt alle Musikinstrumente konfiszieren und bedroht jeden mit Strafe, der eine Belcanto-Melodie singt oder pfeift. Sonata aber soll jetzt baldigst mit dem Prinzen Hochzeit feiern. Doch Chianti erklärt seiner Mutter, daß er Arietta heiraten wolle, und damit ist die Herzogin erstaunlicherweise auch gleich einverstanden. Tino Belcanto, der von den musikfeindlichen Verordnungen nichts weiß, kommt in der Hoffnung, hier seine Operette aufführen zu können, wieder nach Asduria, wird aber mit seiner Künstlerschar sofort eingesperrt. Um zu ihm zu gelangen, macht sich auch Sonata strafbar, indem sie auf der Straße ein Lied des Komponisten singt. Das Volk jubelt ihr zu, und so erfährt nun Tino, wer sie ist. Der König sieht schließlich ein, daß er mit seinen Anordnungen nichts gegen den Willen seiner Tochter ausrichten kann. Er dankt ab und beschließt, sich künftig als Privatmann nur mehr seiner geliebten Baßgeige zu widmen.

Der Reiz dieses Werks, dessen Handlung sich originell vom Herkömmlich-Durchschnittlichen abhebt, liegt in dem sehr frischen Tempo, im Humor und tänzerischen Schwung der einfallsreichen Musik. Winkler beherrschte alle Sparten seines Metiers ausgezeichnet und bewies sein Können vor allem auch in den zahlreichen Ensemblestücken und in seiner

Vorliebe für polyphone, fugierte Sätzchen. Ein Höhepunkt ist – nächst dem 2., effektvoll gesteigerten Finale – die Operettenparodie im 2. Akt. Von den Einzelnummern sind u. a. besonders hübsch die Melodien *Es blühen fremde Blumen*, *Im Rausch der Nacht* und *Komm, schenk dich dem Augenblick!*, das Walzerlied *Wir leben nur einmal* und die Duette *Warum soll ich denn nur so schüchtern sein?*, *Ich hab Musik im Blut* und *Es ist nur ein Schritt von hier.*

Die ideale Geliebte

Operette in einem Vorspiel und 3 Akten. Text von Hermann Hermecke. Uraufführung am 2. März 1957 im Opernhaus der Städtischen Bühnen, Nürnberg.

Personen: Perez Dalles, Staatspräsident der Republik Pelagua – Rodrigo Domenico, Verteidigungsminister – Rosita Costudi, seine Nichte (Soubr.) – Juan Esteban, Justizminister – Gonzales Ribeira, Finanzminister – Margarita Colon, Kultusministerin (Sopr.) – Morphirio Dubiosa, ein reicher Pelaguaner (Ten.) – Zsi Zsi Glamour, seine Freundin (Sängerin) – Pedro Cantaro, sein Privatsekretär (Buffo) – Grita Garworth, Filmstar – Epaminondas Olasses, ein reicher Reeder – Uli Kham, ein vornehmer Orientale – Gräfin Clarissa von Hohenheim, Gesellschaftsdame – Ein Ministerialkanzlist – Ein Oberkellner – Pepe Texochatl, Plantagenarbeiter – Damen und Herren. Indios und Indiofrauen. Filmstars, Sportgrößen, Manager usw. Tänzerinnen und Tänzer. Masken. Musiker. Diener. Volk von Pelagua.

Ort: Im imaginären Staat Pelagua (Vorspiel und 3. Akt), in einem Schloß bei Nizza (1. Akt) und in einem Hotel in Viareggio (2. Akt).
Zeit: Fünfziger Jahre des 20. Jahrhunderts.

Vorspiel bis 3. Akt. Die Regierenden des (vom Librettisten erfundenen) mittelamerikanischen Staates Pelagua sind in peinlicher Bedrängnis: Das Volk droht mit Revolution. Zur Verbesserung der sozialen Verhältnisse aber fehlt es vor allem an Geld. Nun will gar noch der bisher beste Steuerzahler, der reiche Unternehmer Morphirio Dubiosa, das Land für immer verlassen. Der Ministerrat hat ihn heute zu einer Unterredung gebeten, um ihn von diesem Plan abzubringen, aber er läßt sich nicht mehr umstimmen, und man erfährt jetzt auch den tieferen Grund für seine Emigration: Er hofft in Europa die ideale Geliebte zu finden, von der er träumt, denn trotz vieler amouröser Abenteuer und drei Eheversuchen hat er das Glück echter Liebe noch nicht erfahren. Den Gedanken, daß er die Richtige, eine schöne, aber nicht allzuleicht verführbare Frau, wohl auch hier in Pelagua finden könnte, weist er spöttisch zurück. Das ärgert vor allem die Kultusministerin Margarita Colon, für deren Charme Morphirio kein Gespür hat – verzeihlicherweise, denn die ehemalige Schauspielerin trägt nicht nur eine entstellende Hornbrille und eine reizlos strenge Frisur, sondern ist auch ihrer Amtswürde entsprechend sachlich-nüchtern gekleidet. Jetzt aber scheint es ihr verlockend, den sympathischen Mann von seinen geringschätzigen Meinungen über pelaguanische Frauen zu heilen und den »Auswanderer« möglichst bald wieder in die Heimat zurückzubringen. Im Einverständnis mit ihren Ministerkollegen macht sie sich in Begleitung des Verteidigungsministers Rodrigo Domenico und seiner Nichte Rosita alsbald zu einem Europatrip auf, um den Spuren Morphirios zu folgen, der mit seinem Sekretär Pedro, dem Geliebten Rositas, bereits abgereist ist. Im Schloß Montfleury bei Nizza kommt es zur ersten Begegnung: Morphirio, der sich dort unter den blasierten Gästen einer High-Society-Party einfindet, ahnt freilich nicht, daß die Schloßherrin, Prinzessin von Leuchtenburg, in Wahrheit die pelaguanische Kultusministerin ist. Er fängt sogleich Feuer für die höchst anziehende »hochadelige« Dame. An rasche und leichte Siege gewöhnt, muß der Frauenheld hier aber erleben, daß ihn die »Prinzessin« abweist. Es hilft auch nichts, daß er seine derzeitige Freundin, die pikante Ungarin Zsi Zsi Glamour, durch seinen Sekretär in eine scheinbar verfängliche Situation bringen läßt, die es ihm erlaubt, sich von ihr zu trennen und um die Schloßherrin als »freier Mann« zu werben: Margarita bleibt kühl und betont spöttisch den Standesunterschied, der sie von ihm trennt. Die Enttäuschung stimmt Morphirio nachdenklich; die Erinnerung an die »Prinzessin« schwindet auch im Taumel neuer flüchtiger Erlebnisse nicht. Als er aber, Wochen später, bei einem Karnevalsfest in Viareggio die attraktive Diseuse Madeleine Fleuron sieht und singen hört, erscheint ihm plötzlich nur diese Frau begehrenswert. Daß Margarita hier die Rolle der Mademoiselle Madeleine spielt, bleibt ihm natürlich verborgen. Er wirbt leidenschaftlich um sie, bekommt jedoch wieder einen Korb. Sie aber, längst selbst für Morphirio entflammt, hat nun erreicht, was sie wollte: ihn so verliebt zu machen, daß keine andere Frau mehr interessant für ihn ist. Als sie ihn schließlich noch sicht- und hörbar darüber aufklärt, daß Madeleine und die Prinzessin nur »Varianten« *einer* Frau sind, hat er nach der ersten Verblüffung keinen größeren Wunsch, als dieses erstaunlich wandlungsfähige Geschöpf zu gewinnen: nur eine solche Zauberin kann seinen Traum von der idealen Geliebten zur Wirklichkeit machen. Doch sie entzieht sich ihm und reist plötzlich ab. Der Weg, sie wiederzufinden, führt natürlich zurück nach Pelagua. Auf der Hazienda der Kultusministerin hofft er der Ersehnten zu begegnen. Margarita empfängt ihn in ihrer alle fraulichen Reize verbergenden Amtstracht und läßt ihn noch eine Weile zappeln, ehe sie sich dem Staunenden als die Gesuchte zu erkennen gibt. Jetzt hat Morphirio nichts mehr dagegen, eine Pelaguanerin zu heiraten, und damit hat ihn auch die Heimat wiedergewonnen. Inzwischen ist auch der bedrängten Regierung die Lösung der finanziellen und sozialen Probleme des Landes gleichsam in den Schoß gefallen: Eine Oil-Company hat die Erschließung neu entdeckter Ölquellen in Angriff genommen, das bedeutet baldigen Wohlstand für die Bevölkerung. Nun stellt sich zuletzt überdies heraus, daß Morphirio, der während seiner Abwesenheit selbstverständlich auch an seine Geschäfte gedacht hat, der Besitzer dieser Bohrgründe ist.

Das Libretto mit seinen allzu offenen Anspielungen auf Personen aus dem Jet-Set der fünfziger Jahre, wie Porfirio Rubirosa und Zsa Zsa Gabor, erschließt zwar keine neuartigen Stoff- oder Stimmungsbereiche, bietet aber in unterhaltender

Abwandlung erprobter Wirkungen eine dichte Folge von lustigen Szenen und Bildern. Überdies ermöglicht eine Reihe ergiebiger Rollen – vor allem die der Margarita – begabten Darstellern die effektvolle Entfaltung schauspielerischer und gesanglicher Talente. Gerhard Winkler fühlte sich von diesem Buch jedenfalls zu einem temperamentbeschwingten, farbigen Musizieren angeregt, das seine erfinderische Begabung und seine formale Gewandtheit erneut bestätigte. Zu den Vorzügen der Operette gehört ihr Reichtum an einprägsamen tänzerischen Melodien. Bemerkenswert erscheint es, daß der Komponist neben Tanzrhythmen wie Tango, Foxtrott, Habanera, Boogie und Carioca namentlich dem Walzer in mancherlei Spielarten einen bevorzugten Platz eingeräumt hat. Neben der Ouvertüre, den großen Ballettszenen (im 1. und 2. Akt) und den kantablen Duos der Hauptgestalten Margarita und Morphirio fesseln u. a. als besonders hübsche Einfälle Margarita-Madeleines Musette-Walzer mit dem Refrain (im Viervierteltakt) *O Monsieur, Sie haben heute Chancen bei mir*, Ritas und Pedros Duett *Ich hab gewußt, ich werde heut was Liebes sehn* und das Lied mit Chor *Ay ay ay – die Sonne brennt sehr.*

Hans Lang

* 5. Juli 1908 in Wien

Hans Lang, viele Jahre am Kabarett und als Kapellmeister an den Wiener Kammerspielen tätig, hat am Konservatorium seiner Heimatstadt studiert und sich auch von Wien aus mit Liedern aus seinen Filmkompositionen (*Mariandl, Liebe kleine Schaffnerin, Der alte Herr Kanzleirat, Du bist die Rose vom Wörthersee* u. a.) und mit einer Reihe von heiteren Bühnenwerken einen Namen gemacht. Von den Lustspielmusiken seien hier genannt: *Lisa, benimm dich!* (1939), *Der alte Sünder, Die Fiakermilli* (1943), *X für ein U, Höchste Eisenbahn* und *Nur keck*.

Lisa, benimm dich!

Musikalisches Lustspiel in einem Vorspiel und 3 Akten. Text von Peter Fabricius, Ernst Friese und Rudolf Weys. Uraufführung am 21. März 1939 in Wien.

Personen: Baron Egon Heydner, Afrikaforscher – Didi, seine Tochter – Bella, seine Schwester (Sängerin) – Peter, sein Freund und Sekretär (Buffo) – Lisa Wernik (Soubr.) – Felix, Kammerdiener bei Heydner – Mawambi, Köchin ebenda – Beamte im Annoncenbüro und andere Nebenfiguren.

Ort und Zeit: Ein Villenviertel in Wien. Dreißiger Jahre des 20. Jahrhunderts.

Vorspiel. In einem Annoncenbüro. Am Schalter begegnet Peter der anmutigen Lisa Wernik, die durch eine Annonce eine Stellung finden will. Er kommt rasch mit ihr ins Plaudern, erzählt ihr von seinem Freund, dem Afrikaforscher Egon v. Heydner, und zeigt ihr auch das merkwürdige Inserat, das ihm Egon zur Besorgung mitgegeben hat. In der Eile verwechselt er es aber mit Lisas Annoncenvorlage und stürmt davon, ehe sie ihn über den Irrtum aufklären kann. So bleibt, zumal jetzt Schalterschluß ist, Egons Inserat in ihren Händen.

1. Akt. Im Garten der Villa Baron Heydners. Seit seiner Scheidung lebt Egon Heydner einsam, freudlos, ein Feind aller Frauen. Vor Gericht hat man ihm seine Tochter Didi streitig gemacht, da seine Fähigkeit, ein Kind zu erziehen, bezweifelt wurde. Um das Gegenteil zu beweisen, hat er sich vorgenommen, ein gänzlich verwahrlostes Kind in sein Haus aufzunehmen und dessen Erziehung zu übernehmen. Ein solches Wesen zu finden, war der Zweck des Inserats, das er Peter übergeben hatte. Jetzt sitzt er eben beim Frühstück, da klingt von der Straße her eine Ziehharmonika und dazu eine plärrige Kinderstimme. Aufmerksam geworden, läßt er die kleine Sängerin eintreten. Es ist – Lisa, die sich den Wünschen des Inserats gemäß zurechtgemacht hat und benimmt: äußerst ordinär also! Entzückt stellt Egon fest, daß dieses Mädchen in jedem Sinne das ist, was er sucht: Tochter einer trunksüchtigen Mutter und eines Zuchthäuslers, Schwester eines Diebs – oh, Lisa kann herrlich flunkern! Vor Peter, der hinzukommt,

muß sie sich allerdings in acht nehmen – leicht könnte er sie wiedererkennen. Darum zertritt sie dem Kurzsichtigen vorsichtshalber die Brille. Egon will sie nun wie eine Tochter im Hause behalten.
2. Akt. Im Arbeitszimmer Egons. Lisas »Erziehung« macht nur langsam Fortschritte. Doch hofft Egon, daß sie sich heute, wenn seine Tochter zu Besuch kommt, anständig benehmen wird. Heimlich berichtet Lisa telefonisch ihrer Mutter über das bisher Erlebte und schwärmt ihr von Egon vor. Dabei wird sie aber von dessen Schwester Bella belauscht und muß nun notgedrungen Farbe bekennen. Bella verrät sie jedoch nicht, sondern verbündet sich mit Lisa: Sie wollen zusammenhelfen, aus dem verbitterten Egon wieder einen glücklichen Menschen zu machen. Nun bringt Egon sein frühreifes, damenhaft auftretendes Töchterchen Didi ins Haus. Lisa versteht es zu seiner Freude bald, die Kindlichkeit in dem altklugen Geschöpf wiederzuerwecken und ihr das Vaterhaus lieb zu machen. Am Abend zeigt sich Egon im Gespräch mit Lisa ganz verwandelt – gesprächig, gelöst, gar nicht mehr frauenfeindlich –, und da ist sie nahe daran, ihr Geheimnis preiszugeben. Doch nun fehlt ihr der Mut.
3. Akt. Wieder im Garten der Villa. Lisa hat Egons Haus plötzlich verlassen. Seit sie fort ist, spürt er, daß das, was er für sie empfindet, Liebe ist. Als geborene Verwandlungskünstlerin erscheint sie jetzt in neuer Verkleidung als ihre eigene Großmutter vor ihm, sagt dem langsam Begreifenden und schließlich doch ihre List Durchschauenden auf diese Weise, wer Lisa Wernik ist, und predigt: »Schimpft nicht immer auf die Frauen, was wärt ihr ohne sie?« Bella hilft ihm endlich verstehen, daß Lisa ihn liebt, und nun behindert nichts mehr das Happy-End.

Zur Wirkung dieses amüsanten kleinen Kammerspiels trägt der Humor der Dialoge und Situationen ebenso bei wie die von Tanzrhythmen und Jazzklängen beherrschte Musik. Melodisch gefällige Lieder und rhythmisch-pikante Tanzduette stehen neben beredten melodramatischen Szenen und den originellen musikalischen Randbemerkungen der vier Herren, die zuerst als Schalterbeamte des Annoncenbüros auftreten. Von den 14 Nummern der Partitur wirken die Duette *Fräulein, wie kann man nur!*, *Tschulla, bulla, hörst du es nicht?* und *Kind, du sollst nichts versäumen* besonders hübsch.

Friedrich Schröder

* 6. August 1910 in Näfels (Kanton Glarus, Schweiz)
† 25. September 1972 in Berlin

Seit dem glänzenden Erfolg seiner ersten Operette *Hochzeitsnacht im Paradies*, die nach 1942 allein im Berliner Metropol-Theater, an dem der Komponist als Kapellmeister wirkte, über 500mal gespielt wurde, war der Name Friedrich Schröders bekanntgeworden. Nach diesem Werk waren es vor allem die *Nächte in Schanghai* (1947), die sein Ansehen und seine Popularität festigten. Die einprägsamsten seiner Operettenlieder haben ebenso wie manche seiner Einzel-Chansons namentlich durch den Rundfunk weite Verbreitung gefunden. Die Evergreens *Ich tanze mit dir in den Himmel hinein*, *Man müßte Klavier spielen können*, *Ich werde jede Nacht von Ihnen träumen*, *So stell ich mir die Liebe vor* und *Ein Glück, daß man sich so verlieben kann* haben ihm (und ihrem Interpreten Johannes Heesters) als glänzende Melodieeinfälle Nachruhm bis heute gebracht.

Hochzeitsnacht im Paradies

Operette in 8 Bildern. Text von Heinz Hentschke. Liedertexte von Günther Schwenn. Uraufführung am 24. September 1942 im Metropol-Theater, Berlin.

Personen: Dr. Ulrich Hansen (Ten.) – Regine, seine Frau (Sängerin) – Felix Wachtel, Bonbonfabrikant – Poldi – Oberländer, Sportberichter (Buffo) – Veronika, Regines Freundin (Soubr.) – Doña Dolores, genannt Dodo (Soubr.) – Dajos Lajos Földesy, ihr Impresario – Prof. Fisch – Bastian, Portier – Der Präsident des Venezianischen Tennisclubs – Romano Picco, Gondoliere – Egon, Diener – Kätchen, Zofe – Ein Schlosser – Zwei Boxer – Schiedsrichter – Publikum beim Boxkampf. Hochzeitsgäste. Diener. Spanische Tänzerinnen. Hotelgäste. Kellner. Tennisspieler. Gondolieri. Venezianer und Venezianerinnen.

Zeit: Um 1940.

1. bis 8. Bild. Regine, zur Hochzeit bereit, erwartet ihren Bräutigam Dr. Hansen. Die Gäste sind schon gekommen, unter ihnen Regines Freundin Veronika mit ihrem Verlobten Poldi, Onkel Felix Wachtel und Dajos Földesy, der Impresario der Tänzerin Dodo. Von dieser temperamentvollen Künstlerin ist allerdings eine Störung des Hochzeitstages zu befürchten, denn sie war bisher Hansens Freundin und will den Geliebten nicht aufgeben. Schon erscheint sie, in Begleitung ihres Balletts, um die Trauung in letzter Stunde zu verhindern. Onkel Felix gelingt es jedoch, die Damen in den Keller zu locken und dort einzusperren. Inzwischen ist auch der Bräutigam erschienen, und nun kann das Paar ungestört zum Standesamt fahren. – Am Abend dieses Tages begegnen sich Felix und Dajos in Regines Boudoir wieder. Felix hat sich in Dodo verliebt und bittet den Freund, seine Werbung um sie zu unterstützen. Versehentlich läßt jetzt Dajos das Zigarettenetui Dodos hier liegen. Regine findet es, argwöhnt, ihr Gatte habe sich mit der Tänzerin getroffen, und verwehrt ihm den Eintritt ins Schlafzimmer. Verärgert verläßt Hansen das Haus, um sich im Hotel »Paradies«, wo die meisten Hochzeitsgäste wohnen, ein Zimmer zu mieten. Inzwischen hat Regine von ihrer Zofe die Wahrheit über die Herkunft von Dodos Etui in ihrem Boudoir erfahren und begibt sich nun eilig zum »Paradies«, um den Gatten zu versöhnen. Dort feiern die Gäste noch ein wenig. Felix hat bereits guten Kontakt mit Dodo gefunden, Hansen unterhält sich mit dem Portier. Auch Veronika wohnt hier: sie plauscht in ihrem Zimmer noch mit Poldi und muß ihm dann versprechen, ihre Tür nicht zu verschließen, damit er ihr notfalls schnell zu Hilfe kommen könne. Kaum ist sie allein, tritt überraschend Hansen ein! Er hat etwas zuviel ge-

trunken und sich in der Zimmernummer geirrt. Veronika wundert sich sehr, ihm in seiner Hochzeitsnacht hier zu begegnen. Plötzlich klopft es: vor der Tür steht Regine. Voll Schrecken verbirgt sich Veronika unterm Bett. Regine glaubt im Zimmer ihres Gatten zu sein – da sieht sie ein Bein der versteckten Veronika, vermutet, Dodo sei die da unten Verborgene, und eilt empört fort. Vom Lärm dieses Auftritts erschreckt, kommt Poldi, findet Hansen in Veronikas Zimmer und verdächtigt seine Braut der Untreue. – In der Hotelhalle findet Hansen Regine wieder und versucht, ihr das merkwürdige Zusammentreffen zu erklären, da erscheint zur Unzeit Dodo und will ihre alten Rechte auf ihn geltend machen. Nun spürt er, daß seine Hochzeitsnacht vertan ist, und beschließt, die geplante Hochzeitsreise nach Venedig allein anzutreten. Doch nimmt er Veronika mit, die ihn, von Poldis Mißtrauen gekränkt, um seinen Schutz bittet. – In Venedig beteiligt sich Hansen siegreich an einem Tennisturnier. Alle halten hier natürlich Veronika für seine Frau. Mit ihr soll er dem Gondoliere-Fest beiwohnen, bei dem nach altem Brauch allen Paaren, die zusammengehören, ein glückbringender Pokal kredenzt wird. Inzwischen sind auch Felix, Dodo, Poldi und – Regine nach Venedig gekommen. Bald lösen sich die Wirren der Hochzeitsnacht. Nach einer Aussprache mit Dodo ist Regine nicht mehr eifersüchtig auf die Tänzerin. Poldi und Veronika versöhnen sich wieder, und beim Gondoliere-Fest, wo Hansen selbst, als Schiffer verkleidet, den Umtrunk dirigiert, findet sich auch das in seiner Hochzeitsnacht entzweite Paar in Liebe wieder.

Mit seinen gefälligen Melodien und Tanzrhythmen vertritt das zum Teil revuehaft angelegte Stück charakteristisch einen immer wirksamen Typ der späten Operette. Schröder zeigt großes Geschick in der Auswertung seiner griffigen Einfälle; bezeichnende Beispiele dafür sind namentlich die Finalszenen. Manche Nummern wurden sehr populär, vor allem *Ein Glück, daß man sich so verlieben kann* und *So stell ich mir die Liebe vor*, ferner der Walzer *Ich glaube an dich und deine Liebe*, der Paso doble *Dodo ist eine Frau, die jeder kennt*, der langsame Walzer *Alle Wege führen mich zu dir* und die Foxtrotts *Was ich dir noch sagen wollte* und *Ich spiel mit dir.*

Paul Burkhard

* 21. Dezember 1911 in Zürich
† 11. September 1977 in Zell bei Zürich

Burkhard wurde nach dem Besuch des Züricher Konservatoriums Kapellmeister am Stadttheater in Bern (1932–1934), lebte dann einige Jahre als Freischaffender, war 1939–1944 Dirigent und Bühnenkomponist am Schauspielhaus in Zürich und 1945–1957 Kapellmeister des Studio-Orchesters am Landessender Beromünster. Sein Schaffen als Operettenkomponist eröffnete 1935 die Revue-Operette *Hopsa*, der die Werke *3 × Georges* (1936), *Paradies der Frauen* (1938), *Tic-Tac* (1944), *Feuerwerk* (1950), *Tingeltangel-Oper* (1951) folgten. Außer einer großen Anzahl von Bühnenmusiken zu klassischen und zeitgenössischen Dramen schrieb Burkhard u. a. auch die komische Oper *Casanova in der Schweiz* (1942) sowie die musikalische Komödie *Spiegel, das Kätzchen* (nach Gottfried Keller, 1956), eine Ouvertüre nach der Novelle *Der Schuß von der Kanzel* von Conrad Ferdinand Meyer und viele Chansons. Franz Lehár bestimmte ihn zum Verwalter seines künstlerischen Nachlasses.

Hopsa

Eine europäische Operette über Amerika in 2 Abteilungen (17 Bildern). Text von Paul Baudisch und Armin L. Robinson. Gesangstexte von Robert Gilbert und Armin L. Robinson. Uraufführung der Erstfassung am 30. November 1935 im Stadttheater, Zürich. Erstaufführung der Neufassung am 12. Oktober 1957 in Wiesbaden.

Personen: Perkins, Bürgermeister von Wiggletown (Baß, Kom.) – Gloria, seine Tochter (Tanzsoubr.) – Bill Carter, ein junger Lehrer (Ten.-Buffo) – Mary Miller, genannt Hopsa, ein Collegegirl (Soubr.) – Ellery King, Detektiv (Buffo) – Brown, Regisseur (Ten.) – Der Theaterdirektor – Der Komponist – Zwei Textdichter – Ballettmeister – Ein Reporter – Ein Arzt – Theaterpersonal. Collegegirls. Eisenbahnpassagiere. Die Inhaberin einer Artistenpension. Theaterpublikum. Neger und Negerinnen. Feuerwehrleute.

Ort und Zeit: Im imaginären Wiggletown, einer kleinen Stadt in Amerika, und in New York, in den fünfziger Jahren des 20. Jahrhunderts.

I. Abteilung. 1. bis 7. Bild. Im Prolog stellen sich die Hauptfiguren des Spiels vor. Sie kündigen ein Musical an, das als »Märchen« genommen werden soll und die Welt der USA so zeigen will, »wie sich klein Erika vorstellt Amerika«. – Mary Miller mit dem Spitznamen Hopsa ist eine schlechte Schülerin – ein Naturkind, das von der Zukunft nichts begehrt als ein glückliches Familienleben. Ganz andere Pläne hat ihre Freundin, die Bürgermeisterstochter Gloria Perkins: Sie träumt von einer Karriere als Revuestar. Zunächst aber will sie den Lehrer Bill Carter heiraten. Hopsa macht sich Sorgen um Bill: Wie wird es ihm ergehen, wenn er so unversehens in die Ehe mit der ehrgeizigen Gloria hineinstolpert? Aber auch Bill sorgt sich um Hopsa: Wer wird sich um sie kümmern, wenn er fort ist? Aus dem College wird sie ja sicher bald rausfliegen! Er hat aber noch einen Kummer: Da ist ein Detektiv, Ellery King, der ihn sucht; zwar ist er sich keiner Schuld bewußt, aber es ist wohl gut, sich vor ihm zu verbergen. Nun, heute gilt's vor allem, bei Mr. Perkins um Glorias Hand anzuhalten. Das schlägt freilich gründlich fehl. Doch Gloria weiß Rat: gemeinsame Flucht nach New York! Heimlich reist das Brautpaar ab, unbemerkt aber besteigt Hopsa den gleichen Zug. Inzwischen hat Perkins erfahren, was der Detektiv in Wiggletown will: Eine reiche Tante hat Bill zum Universalerben eingesetzt, allerdings unter der Bedingung, daß er keinen Tropfen Alkohol trinkt; der Detektiv aber hat die Aufgabe, festzustellen, ob er wirklich Antialkoholiker ist. Jetzt denkt Perkins gleich ganz anders über den jungen Bewerber um seine Tochter, und als er hört, daß Gloria mit ihm durchgebrannt ist, reist er, in Kings Begleitung, sogleich dem Paar nach. – In New York hat sich Gloria bereits im Roxytheater vorgestellt, wurde aber nur als 16. Girl engagiert. Um ähnliche Stellungen bemühen sich, allerdings vergeblich, Bill und der ihm nachspürende Detektiv. Als der Regisseur Brown zufällig beobachtet, wie Hopsa das populäre Lied vom Nigger Jim singt und tanzt, veranlaßt ihn diese unbeabsichtigte Talentprobe, sie sofort als Hauptdarstellerin einer neuen Revue zu verpflichten.

II. Abteilung. 8. bis 17. Bild. Gloria will, seit sie in New York ist, von Bill nicht mehr viel wissen und denkt nur noch an ihre erhoffte Karriere. Die plötzliche Bevorzugung Hopsas macht ihr natürlich schwer zu schaffen, Mary Miller bewährt sich bei den Proben ausgezeichnet; Brown ist so sehr von ihr angetan, daß er, allerdings vergeblich, versucht, auch als Mann auf sie Eindruck zu machen. – Eines Tages trifft Bill mit dem Detektiv, dem er nicht mehr ausweichen konnte, in einer Bar zusammen. King will ihn zum Trinken veranlassen, doch Bill weigert sich, etwas Alkoholisches zu nehmen. Er ahnt nicht, daß er damit die an die Erbschaft geknüpfte Bedingung erfüllt. – Am Abend der Revue-Premiere kommt er mit Brown ins Gespräch: »Lassen Sie von Mary Miller«, rät ihm der Regisseur, »stören Sie ihre Laufbahn nicht!« Bill sieht das ein, beschließt, nach Wiggletown zurückzukehren, und schreibt Hopsa einen Abschiedsbrief. Kurz vor ihrem ersten Auftritt bekommt sie dieses Schreiben. Sofort verläßt sie das Theater, um Bill zu suchen. Der aber ist, als er plötzlich den Detektiv mit Mr. Perkins auf sich zukommen sah, über die Feuerleiter geflohen, hat sich dabei einen Knöchel verrenkt und liegt, als Hopsa in sein Zimmer kommt, von einem schmerzstillenden Mittel eingeschläfert, auf der Couch. Vor Hopsa aber ist Perkins schon eingetroffen, um den jetzt reichgewordenen, willkommenen Schwiegersohn zu begrüßen. Er weist Hopsa fort und macht ihr vor, Bill habe in seinem Dämmerzustand immer nach Gloria gerufen. So eilt Hopsa bekümmert ins Theater zurück. Dort hat man mit der Aufführung längst begonnen, und das konnte man, weil Gloria für Hopsa einsprang: sie hatte die Rolle heimlich mitstudiert. Und wirklich erntet sie großen Beifall. Übers Jahr wird sie wohl sein, was sie sich wünschte: eine berühmte Diva. Hopsa aber fährt mit Bill nach Hause. Auch ihr Wunschtraum geht in Erfüllung: Glücklichsein mit einem geliebten Mann, einem Baby, einem Farmerhäuschen – mehr begehrte sie ja nicht.

In der Absicht, das ermüdete Genre Operette durch neue Einfälle und Formen zu beleben, hat Burkhard hier, schon am Anfang seines Schaffens, ausgetretene Wege gemieden. Ohne den Walzer ganz zu verschmähen, bekennt sich der Komponist mit Entschiedenheit zu neueren Tanzrhythmen und Klängen, die ja schon durch das amerikanische Milieu besonders gerechtfertigt sind. Im Wechsel von prägnant formulierten Chansons, beschwingten Ensemblesätzen und flotten Tanzstücken entwickelt sich ein durch Humor, Witz und Elan anziehendes, charmantes Spiel. Das Persönliche von Burkhards Stil wird im melodischen und rhythmischen Tonfall wie in der aufgelockerten Art der musikalischen Gestaltung spürbar. Reich an Einfallssubstanz ist namentlich die I. Abteilung des Werks. Dort findet man u. a. so treffsichere Nummern wie das Duett *Jeder hat so seine Träume*, die Ensembles *Wer war Columbus?* und *Mary Miller ist ein Mädchen*, den Blues *Du, ich hab dich lieb* und das Lied *Ich bin ein kleiner Niggerboy.* In der II. Abteilung ist das schmissige tänzerische Motiv *Hopsa, das ist ein Mädel mit Musik* neben dem langsamen Walzer *Ich frag nicht, ob du Geld hast* und dem *Donna-Rosita*-Liedchen besonders einprägsam.

Feuerwerk

Musikalische Komödie in 3 Akten. Text von Erik Charell (Erich Löwenberg) und Jürg Amstein nach dem Lustspiel *Der schwarze Hecht* von Emil Sautter (1939). Gesangstexte von Robert Gilbert und Jürg Amstein. Uraufführung am 16. Mai 1950 im Theater am Gärtnerplatz, München.

PERSONEN: Albert Oberholzer, Fabrikant – Karline, seine Frau – Anna, deren Tochter – Kati, Köchin bei Oberholzer – Josef, Hausdiener – Fritz Oberholzer, Landwirt – Berta, seine Frau – Gustav Oberholzer, Regierungsrat – Paula, seine Frau – Heinrich Oberholzer, Professor – Klara, seine Frau – Herbert Klusmann, Schiffsreeder – Lisa, seine Frau – Alexander Oberholzer, genannt Obolski, Direktor eines Zirkus – Iduna, seine Frau – Robert Fischer, ein junger Gärtner.

ORT UND ZEIT: Eine Residenzstadt, um 1900 bzw. in den zwanziger Jahren des 20. Jahrhunderts.

1. Akt. Wohndiele der Familie Albert Oberholzer. Der Fabrikant Albert Oberholzer feiert seinen 50. Geburtstag. Dazu sind alle lieben Verwandten geladen, und seine Frau, seine Tochter Anna und die Köchin Kati haben alle Hände voll zu tun, den Empfang der Gäste vorzubereiten. Anna würde sich besonders freuen, wenn auch Onkel Alexander käme, der als Bub daheim durchgebrannt und zum Zirkus gegangen ist. Schon kommen die Onkel und Tanten zur Gratulation: der biedere Fritz mit seiner Berta, der ewig zerstreute Professor Heinrich Oberholzer mit Klara, der äußerst distinguierte Onkel Gustav mit seiner energischen Ehehälfte Paula und Herbert Klusmann, der gemütliche Reeder, mit Tante Lisa. Bald blüht der Verwandtenklatsch. Da läutet wider Erwarten noch ein Besuch: Onkel Alexander mit seiner Frau Iduna! Die Verwandten fühlen sich nicht wenig schockiert durch die Ankunft dieses schwarzen Schafs der Familie, aus dem inzwischen der Zirkusdirektor Obolski geworden ist: ein sehr selbstsicher auftretender Herr, der sofort renommistisch von seinem Unternehmen zu reden anfängt. Und dazu diese kokette Frau, die gleich ein Liedchen von ihrem Lieblings-Pony singt! Nur Anna freut sich aufrichtig über den Besuch. Sie ist sogar so begeistert von den Schilderungen der beiden, daß sie zum Entsetzen ihrer Eltern verkündet, sie wolle auch zum Zirkus gehen. Zum Glück blitzt plötzlich draußen im Garten das von Onkel Heinrich vorbereitete Feuerwerk auf – eine hübsche Ablenkung für die etwas verstörten und gereizten Gemüter.

2. Akt. Im Garten bei Oberholzers. Anna hat einen sehr

verliebten Verehrer und Begehrer: den Gärtner Robert. Ihre Eltern wollen zwar nichts von ihm wissen, aber sie trifft sich eben heimlich mit ihm, und jetzt erzählt sie ihm begeistert von ihrem Plan, Zirkusartistin zu werden. Bestürzt sucht Robert sie davon abzubringen, indem er ihr das traute Glück schildert, das er sich an ihrer Seite erhofft. Das Erscheinen der Verwandten stört diese idyllischen Betrachtungen. Die Onkel und Tanten bedrängen Anna so mit Vorwürfen, daß sie schließlich weinend zu Obolski flüchtet, der ihr nun die Herrlichkeiten des freien Zirkuslebens vorgaukelt: Statt des Gartens sieht sie schon die Manege mit all den Artisten, Tieren und Clowns vor sich und mittendrin sich selbst als Trapezkünstlerin. Als Robert wieder zurückkommt und Obolski wegen seiner Verführungskünste heftig angreift, weiß sich Anna keinen Rat: wie soll sie sich entscheiden?
3. Akt. Wieder in der Wohndiele der Villa. Die fröhliche Stimmung, die durch Idunas Charme und Laune aufgekommen ist, belebt die Zusammenkunft der schwunglosen bürgerlichen Leutchen ein wenig: Onkel Heinrich spielt einen Walzer auf, und Gustav und Fritz tanzen sogar mit Iduna. Im Grunde ist es Iduna jedoch gar nicht so leicht ums Herz. Heimlich träumt sie oft vom Frieden stiller Häuslichkeit, abseits vom Trubel des Zirkus-Wanderlebens, fern von den Aufregungen mit ihrem immer wieder für andere Frauen entflammten Gatten. Das alles erzählt sie Anna, die so, betroffen, die Kehrseiten des ihr vorschwebenden glücklichen Artistendaseins kennenlernt. Als sich die Gesellschaft zu Tisch begeben will, machen auf einmal die Frauen geschlossen Front gegen den Eindringling Obolski und seine Frau, die »Verführerin« ihrer Männer. Nun geht der unbeliebte Bruder Zirkusdirektor mit Iduna wieder fort, hält aber vorher den Philistern noch eine gehörige Standpauke. Zärtlich verabschiedet sich Anna von Iduna, der sie verdankt, daß sie wieder weiß, wo eigentlich ihr Platz im Leben ist.

Frisch und schlank, unbeschwert und unpathetisch, frei von Gefühlsaffektationen, gelegentlich auch einmal lieblich-empfindsam, wenn es die Situation verlangt – so ist Burkhards

Musik in dieser unterhaltsamen musikalischen Komödie. Als besonders charmante Nummern prägen sich ein: der – in Dur und in Moll aufklingende – Walzer *Heute hab ich Flügel*, das reizende *Pony-Lied* der Iduna und namentlich auch das in einem großen Ensemble effektvoll genutzte, sehr populär gewordene Liedchen *O mein Papa war eine wunderbare Clown.*

Verzeichnis der Komponisten

Verzeichnis der Operetten

Abbildungsnachweis

Inhalt